心理学 Psychology
Third Edition 第三版 上

［美］丹尼尔·夏克特（Daniel Schacter）
　　　丹尼尔·吉尔伯特（Daniel Gilbert）
　　　丹尼尔·韦格纳（Daniel Wegner）
　　　马修·诺克（Matthew Nock）——— 著
　　　傅小兰 等———————— 译

华东师范大学出版社
·上海·

封面图片由 RJ Muna 提供

    这些人在做什么？跳舞？空手道？悬空？照片里的这名女性是在寻找什么人，还是在指向什么事？玻璃幕后面的那些人又在做些什么？他们是不是隐藏着什么事情？他们是不是正面向着错误的方向？

    通过系统化的观察以及测量人们在不同情境下的反应，我们能够理解许多人类的行为。但是，人类大量的思维、情绪、行为以及背后驱动的影响因素，这些都是我们看不到的，也发生在他人所见之外的（至少绝大多数人们最感兴趣的那些事物是这样）。心理学家业已发展出了很多的方法，打个比方说就是能够做到"窥见玻璃之后"，出自RJ·穆纳之手的这张照片极为传神地表达了这层意义，因而它"霸占"住了我们的眼球。不但如此，这张照片也突显了人类行为之美，以及令人兴奋之处，而这些正是当初吸引我们每一个人投身心理学的原因。

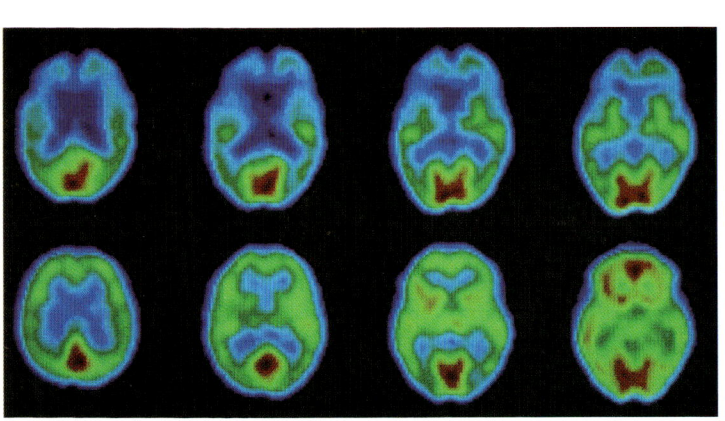

图 1.2 健康人和阿尔兹海默症患者大脑的 PET 扫描图。（正文第 33 页）

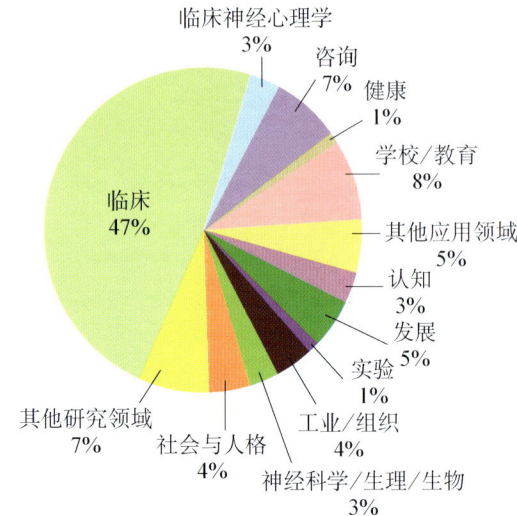

图 1.3 心理学的主要领域。（正文第 43 页）

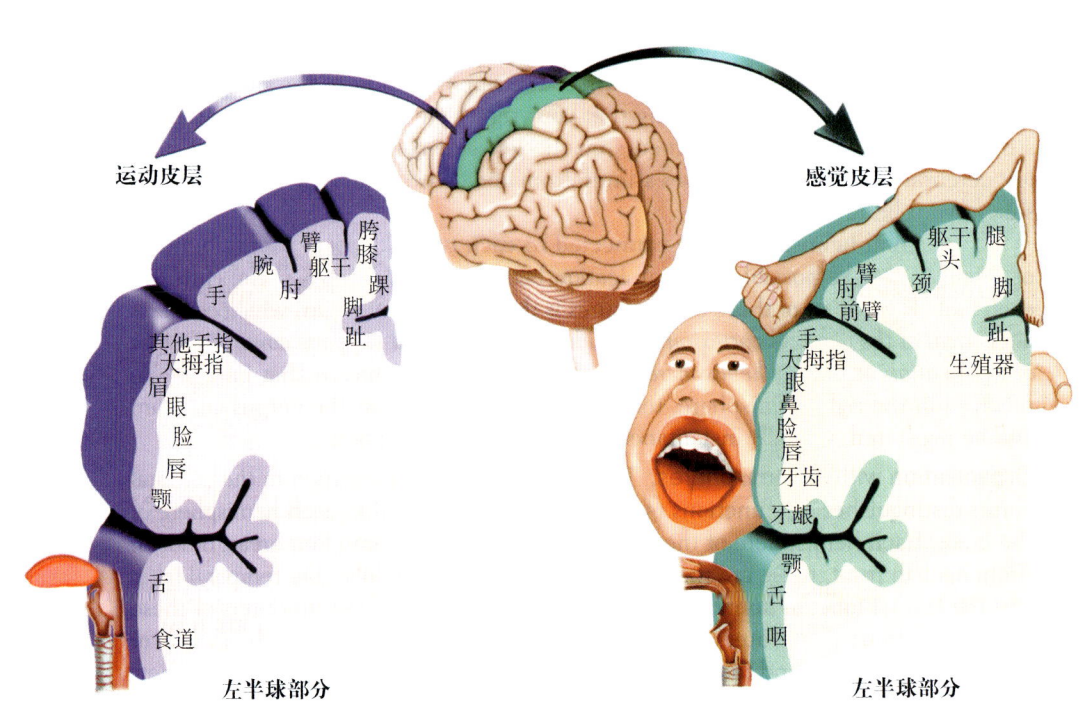

图 3.19 躯体感觉和运动皮层。（正文第 137 页）

人在被观察与不被观察的情况下，其行为大不相同。（正文第 57 页）

穿孔会增加还是减少一个人的魅力？（正文第 85 页）

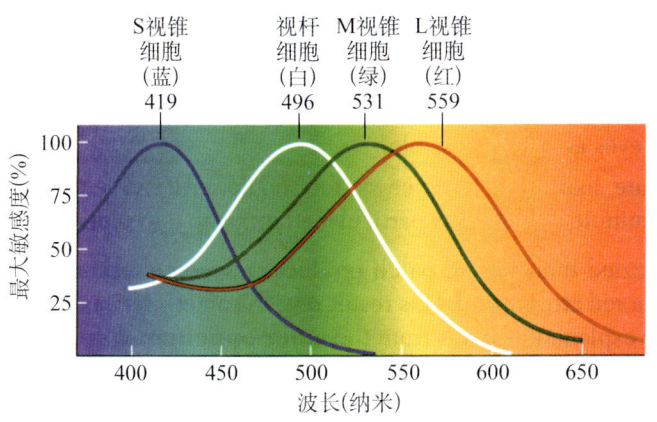

图 4.7　看见颜色。（正文第 190 页）

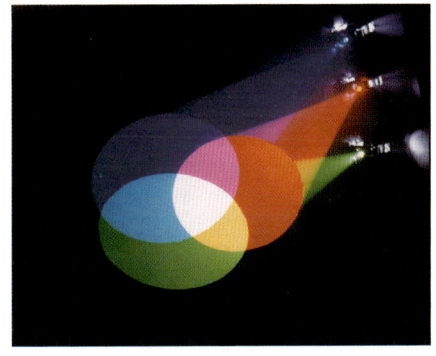

图 4.8　颜色混合。（正文第 190 页）

自我意识既是福祉也是祸因。（正文第 244 页）

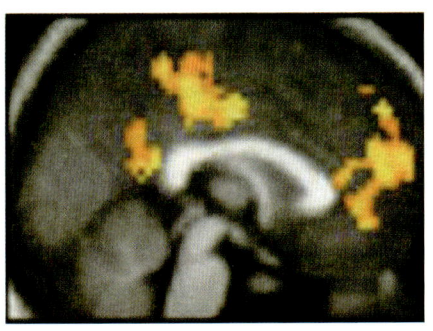

图 5.6　白日梦时活跃的静息网络。（正文第 248 页）

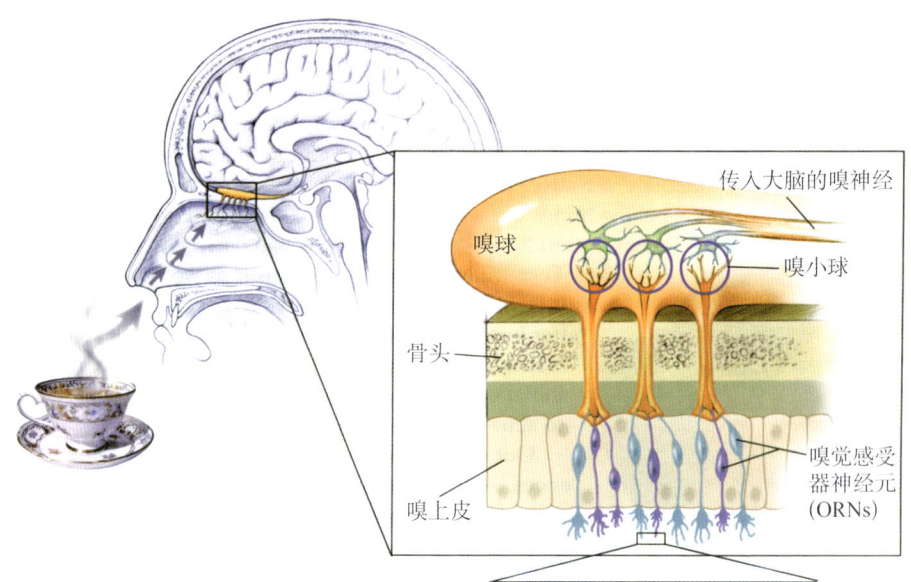

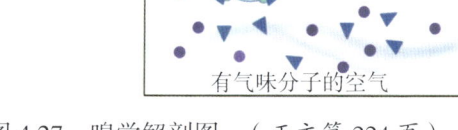

图 4.27 嗅觉解剖图。（正文第 224 页）

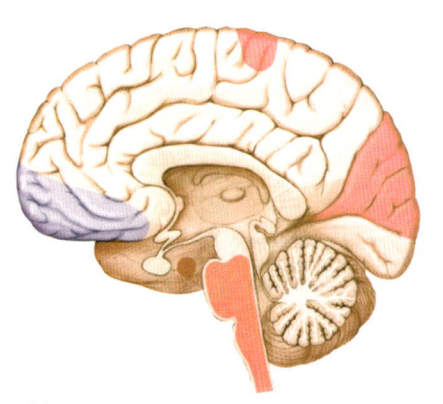

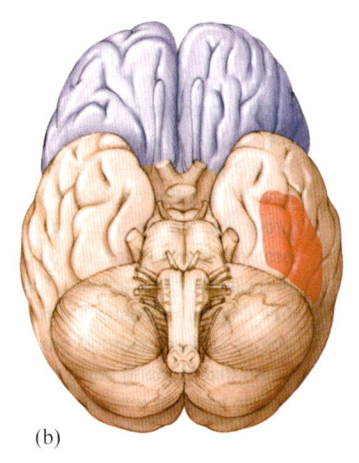

图 5.12 在快速眼动睡眠中激活和没有激活的脑。（正文第 267 页）

为什么孩子们喜欢转圈直到头晕并摔倒呢？
（正文第 269 页）

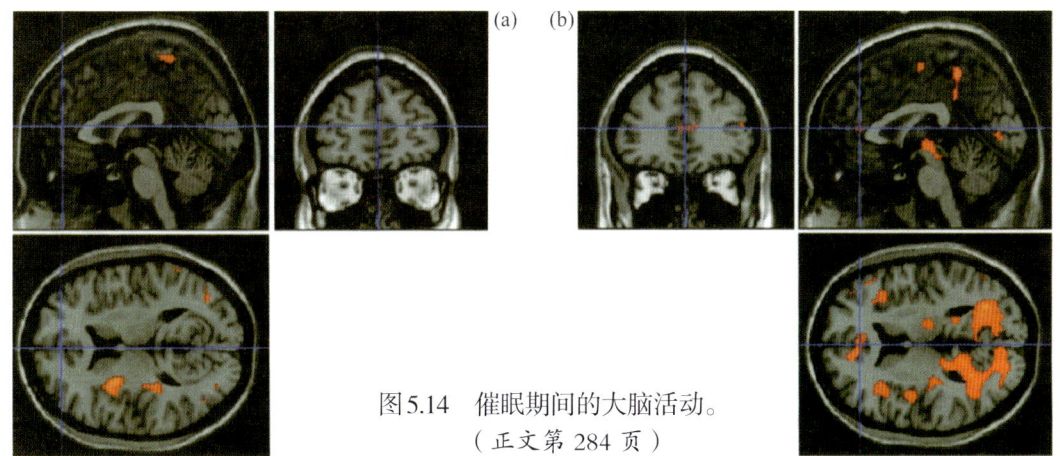

图5.14 催眠期间的大脑活动。（正文第284页）

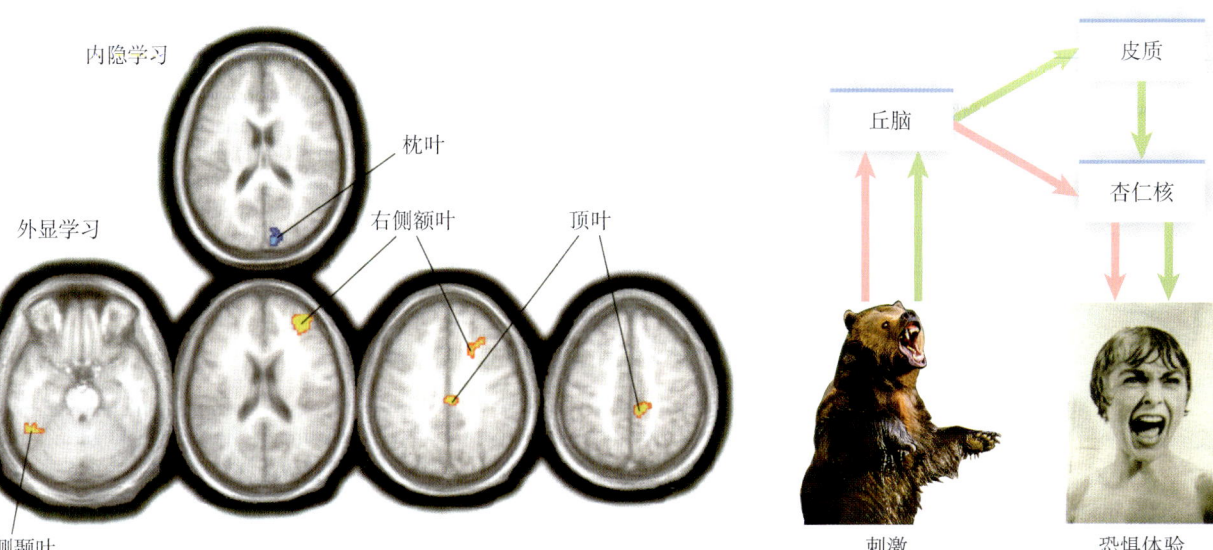

图7.19 内隐学习和外显学习激活不同的脑区。（正文第403页）

图8.6 恐惧的快通路和慢通路。（正文第425页）

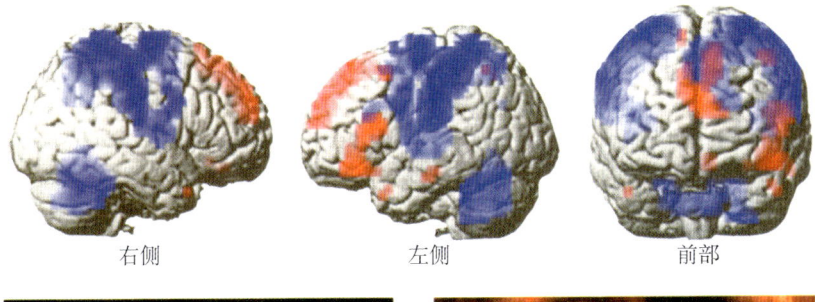

图8.10 眯着的眼睛。（正文第435页）

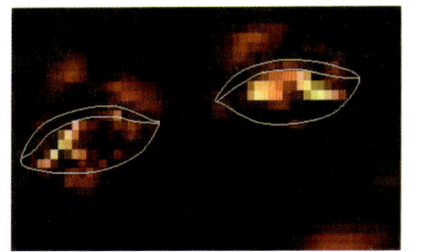 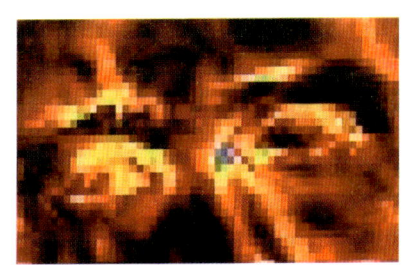

图8.11 测谎仪。（正文第436页）

谨以此版
献给 Dan Wegner,

我们的合作者、同事,
深切怀念的朋友。

Psychology, 3E
By Daniel L. Schacter, Daniel T. Gilbert, Daniel M. Wegner and Matthew K. Nock
First Published in the United States by WORTH PUBLISHERS, New York
Copyright © 2014 by WORTH PUBLISHERS
Cover Photograph © RJ Muna Pictures
Simplified Chinese translation copyright © East China Normal University Press Ltd
All rights reserved.

上海市版权局著作权合同登记　图字：09-2014-589 号

关于作者

丹尼尔·夏克特（Daniel Schacter），哈佛大学讲座教授（William R. Kenan Jr.），心理学教授。夏克特教授在北卡罗来纳大学教堂山分校（University of North Carolina at Chapel Hill）获得文学学士学位。随后，他对各种脑损伤引起的健忘症迸发了极大的兴趣。在多伦多大学（University of Toronto），他继续从事相关研究，并于 1981 年获得了博士学位。接下来的 6 年时间里，夏克特任教于多伦多大学；1987 年，他离开该校，加入了亚利桑那大学（the University of Arizona）心理学系。1991 年开始，夏克特就职于哈佛大学。夏克特教授的研究领域包括有意识与无意识记忆的关系，记忆扭曲和错误记忆的本质，以及人们如何使用记忆来构想未来事件。夏克特教授的许多研究汇集于他的两本著作中，一本是 1996 年出版的《找寻逝去的自我：大脑、心灵和往事的记忆》（Searching for Memory: the Brain, the Mind, and the Past），另一本是 2001 年出版的《记忆的七宗罪：遗忘与记住》（The Seven Sins of Memory: How the Mind Forgets and Remembers），这两本书均获得了美国心理学会颁发的威廉·詹姆斯图书奖（APA's William James Book Award）。此外，夏克特教授在其职业生涯中还获得了多个奖项，其中包括：哈佛大学教学卓越奖（Harvard-Radcliffe Phi Beta Kappa Teaching Prize），实验心理学家协会沃伦奖章（Warren Medal From the Society of Experimental Psychologists），以及美国心理学会杰出科学贡献奖（Award for Distinguished Scientific Contributions from the American Psychological Association）。2013 年，夏克特教授当选为美国国家科学院院士（National Academy of Sciences）。

丹尼尔·吉尔伯特（Daniel Gilbert），哈佛大学埃德加·皮尔斯（Edgar Pierce）心理学教授。吉尔伯特教授在科罗拉多大学丹佛分校（University of Colorado at Denver）获得文学学士学位，并于普林斯顿大学

（Princeton University）获得博士学位。1985年至1996年，他任教于得克萨斯州大学奥斯汀分校（University of Texas at Austin），并于1996年入职哈佛大学。吉尔伯特教授曾获得美国心理学会青年科学家杰出贡献奖（American Psychological Association's Distinguished Scientific Award for an Early Career Contribution to Psychology），迪纳社会心理学杰出贡献奖（Diener Award for Outstanding Contributions to Social Psychology）；在教学上，他获得了诸多奖项，包括：教学卓越奖（Phi Beta Kappa Teaching Prize）以及哈佛学院教授奖（Harvard College Professorship）。吉尔伯特教授的主要研究领域是，人们如何以及如何更好地思考自己对于未来事件的情绪反应。他是世界级畅销书《撞上快乐》（*Stumbling on Happiness*）的作者，这本书获得了当年年度最受欢迎科学图书的英国皇家学会奖（Royal Society's General Prize）。吉尔伯特教授同时还是PBS电视台《情感生活》（*This Emotional life*）栏目的联合作者及主持人。

丹尼尔·韦格纳（Daniel Wegner）是哈佛大学约翰·林斯利教授（John Lindsley Professor in Memory of William James at Harvard University）。他分别于1970年及1974年获得密歇根州立大学（Michigan State University）理学学士学位和博士学位。韦格纳教授的教学生涯始于德克萨斯的三一大学（Trinity University in San Antonio），1990年执教于弗吉尼亚大学（University of Virginia），随后于2000年执教于哈佛大学。韦格纳教授曾为美国人文与科学院院士（Fellow of the American Academy of Arts and Sciences），并获得了美国心理科学协会威廉·詹姆斯奖（William James Awards from the Association For Psychological Science）、美国心理学会杰出科学贡献奖（Award for Distinguished Scientific Contributions from the American Psychological Association），以及实验社会心理学协会杰出科学家奖（Distinguished Scientist Award from the Society of Experimental Social Psychology）。韦格纳教授的主要研究领域包括思维抑制和心理控制，伴侣之间及团体之间的交互记忆（transitive memory），以及人们对自觉意志（conscious will）的体验。对于思维抑制与意识的研究奠定了他的两本畅销书的基础，一本是《白色的熊和其他不必要的想法》（White Bears and Other Unwanted Thoughts），另外一本是《自觉意志的幻觉》（the Illusion of Conscious Will）。这两本书均荣获"优秀学术书籍精选"称号（Choice Outstanding Academic Book）。韦格纳教授于2013年去世。

马修·诺克（Matthew Nock），哈佛大学心理学教授。他在波士顿大学（Boston University）获得文学学士学位（1995），在耶鲁大学（Yale University）获得博士学位（2003），并在贝勒维医院（Bellevue Hospital）及纽约大学儿童研究中心（New York University Child Study Center）完成了临  床实习(2003)。诺克教授从2003年至今执教于哈佛大学。在本科阶段，诺克教授对"为什么人们会有故意伤害自己的行为"这一问题产生了浓厚的兴趣，从那时起，他的研究工作便致力于回答上述问题。他的研究具有跨学科的特点，采用了多样化的研究方法与范式（例如，流行病学调查、实验室实验，以及临床研究），以期更好地理解人们的故意自我伤害行为：这类行为是如何发生发展的，如何预测这类行为，如何预防这类行为的发生。诺克教授荣获了哈佛大学多项教学奖、四项杰出青年奖，并于2011年获得麦克阿瑟奖（MacArthur Fellow）。

简明目录

1	译者序
7	中文版序（附原文）
9	序
1	第1章 心理学的科学之路
52	第2章 心理学研究方法
106	第3章 神经科学与行为
174	第4章 感觉与知觉
235	第5章 意识
289	第6章 记忆
350	第7章 学习
416	第8章 情绪与动机
467	第9章 语言与思维
525	第10章 智力
570	第11章 发展
638	第12章 人格
682	第13章 社会心理学
738	第14章 应激与健康
785	第15章 心理障碍
842	第16章 心理障碍的治疗
891	参考文献

译者序 ·· 1
中文版序（附原文）·· 7
序 ·· 9

第 1 章　心理学的科学之路 ·· 1

现实世界　拖延症的危害 _5

▲ 心理学的起源：成为一门研究心智的科学 ················ 7
心理学的先驱：伟大的哲学家们 _7
从大脑到心智：法国的联结主义 _8
结构主义：将生理学方法应用于心理学 _10
铁钦纳把结构主义引入美国 _12
詹姆斯和机能主义 _13
现实世界　提高学习能力 _14

▲ 临床心理学的发展 ·· 17
弗洛伊德和精神分析理论的发展道路 _17
精神分析理论的影响以及人本主义的反应 _19

▲ 对客观测量的探索：行为主义成为主流 ·················· 21
华生和行为主义的诞生 _21
其他声音　心理学是一门科学吗 _22
斯金纳和行为主义的发展 _24

▲ 回归心智：心理学的拓展 ······································ 27
认知心理学的先行者 _27
认知心理学的技术与发展 _30
当大脑遇到心智：认知神经科学的兴起 _31
大脑可塑性：进化心理学的诞生 _33

▲ 超越个体视角：社会和文化的视角 ························ 36
社会心理学的发展 _36
文化心理学的诞生 _37

目录

文化与社区　西方和东方文化下的分析观和整体观 _38

▲ **心理学职业：过去和现在** ………………………… 41
心理学家联盟：美国心理学会 _41
心理学家在做什么：研究事业 _42
科学热点　心理学是一门枢纽学科 _44

第 2 章　心理学研究方法 ………………………… 52

▲ **经验主义：我们如何认识世界** ………………………… 54
科学方法 _54
探寻的艺术 _56

▲ **观察：发现人们做什么** ………………………… 58
测量 _58
文化与社区　最乐于助人的地方 _62
描述 _64

▲ **解释：发现人们行为表现背后的原因** ………………… 69
相关 _69
变化模式 _70
测量相关的方向和强度 _71
因果 _73
现实世界　几率无处不在 _82
得出结论 _83
科学热点　暴力电影可以成就安宁的街区？ _86
批判性地看待证据 _89

▲ **科学研究的伦理：首要一条，一定没有伤害** …………… 94
尊重人 _95
尊重动物 _96
尊重事实 _98
其他声音　我们负担得起科学吗？ _100

第 3 章　神经科学与行为 ········· 106

▲ 神经元：行为的起源 ········· 107
神经元的组成 _108
神经元的主要类型 _110
神经元的区域特异化 _111

▲ 神经元的电化学动作电位：信息加工 ········· 113
电信号：神经元内的信息传导 _113
化学信号：神经元间的传递 _117

▲ 神经系统的组织结构 ········· 123
神经系统的分类 _124
中枢神经系统的组成 _126

▲ 大脑的结构 ········· 129
后脑 _129
中脑 _131
前脑 _131
大脑的可塑性 _139
现实世界　大脑可塑性和幻肢感 _140

▲ 神经系统的发展和进化 ········· 143
中枢神经系统的产前发育 _144
中枢神经系统的进化发展 _145
基因、表观遗传学和环境 _146
科学热点　表观遗传学与早期经验的持续效应 _152

▲ 脑的研究 ········· 155
脑损伤研究 _156
大脑电位活动的研究 _160
采用脑成像来研究大脑结构并观察活动中的大脑 _161
现实世界　脑死亡和植物人 _166
经颅磁刺激（TMS）_167

其他声音　神经神话 _168

第4章　感觉与知觉 ··· 174

▲ 感觉与知觉是不同的心理活动 ························· 175
心理物理法 _176
测量阈限 _178
信号检测 _179
感觉适应 _181
现实世界　多任务 _182

▲ 视觉 I：眼睛与大脑如何将光波转变为神经信号 ········· 184
感觉光 _185
知觉颜色 _190
视觉的大脑 _191

▲ 视觉 II：识别我们看到的东西 ························· 195
注意：将单一特征捆绑为整体的"胶水" _196
视觉识别物体 _198
知觉深度与大小 _202
知觉运动与变化 _205
文化与社区　文化会影响变化盲吗？ _209

▲ 听觉：甚于及耳 ······································· 210
感觉声音 _210
人类的耳朵 _212
知觉音高 _213
定位声源 _215
听力损伤 _215
现实世界　音乐训练：值得花时间 _216

▲ 躯体感觉：甚于肤浅 ································· 218
触觉 _218
痛觉 _219
身体姿势、运动与平衡 _221

▲ 化学感觉：提味 ·································· 223

嗅觉 _223

科学热点　自上而下的味觉 _225

味觉 _228

其他声音　幻觉与视觉系统 _230

第 5 章　意识 ·································· 235

▲ 意识与无意识：心灵之眼的启与合 ·································· 236

意识的奥秘 _237

意识的本质 _240

科学热点　走神 _245

无意识心理 _251

▲ 睡眠与做梦：晚安，心灵 ·································· 255

睡眠 _256

梦 _263

文化与社区　在世界各地梦对我们意味着什么？_266

▲ 药物与意识：假灵感 ·································· 268

药物的使用与滥用 _269

精神类药物的类型 _272

现实世界　毒品与意识监管 _278

▲ 催眠：易受暗示 ·································· 281

暗示与易感性 _281

催眠效应 _281

其他声音　一位法官对大麻的呼吁 _284

第 6 章　记忆 ·································· 289

▲ 编码：将知觉转化为记忆 ·································· 292

语义编码 _293

视觉表象编码 _293

组织编码 _295

对生存相关信息的编码 _296

▲ **存储：随着时间推移保持记忆** ·········· 298

感觉存储 _298

短时存储和工作记忆 _299

长时存储 _302

科学热点　睡眠巩固记忆 _306

记忆、神经元和突触 _306

▲ **提取：将记忆在脑海中呈现** ·········· 309

提取线索：重现过去 _310

记忆提取的结果 _311

分离提取的成分 _314

文化与社区　文化会影响童年期遗忘吗？_316

▲ **多种形式的记忆：过去如何重现？** ·········· 317

外显记忆和内隐记忆 _318

语义记忆和情景记忆 _321

现实世界　Google 在损害我们的记忆吗？_326

▲ **记忆失败：记忆的七宗罪** ·········· 328

1. 易逝 _328

2. 心不在焉 _330

3. 阻滞 _332

4. 记忆错位 _333

5. 受暗示性 _337

6. 偏差 _339

7. 持久性 _340

记忆的七宗罪是利还是弊？_342

其他声音　早期记忆 _344

第 7 章　学习 ·········· 350

▲ **经典条件反射：一个事件导致另一个事件** ·········· 353

经典条件反射的发展：巴甫洛夫的实验 _353
经典条件反射的基本原理 _355

现实世界　理解吸毒过量 _357

条件情绪反应：小阿尔伯特的案例 _360
深入理解经典条件反射 _362

▲ **操作条件反射：来自环境的强化** ··· 367
操作条件反射的发展：效果律 _367
斯金纳：强化和惩罚的作用 _369

文化与社区　强化物存在文化差异吗？_373

操作条件反射的基本原理 _374
深入理解操作条件反射 _382

科学热点　帕金森病中的多巴胺和奖赏学习 _386

▲ **观察学习：看着我** ··· 392
人类的观察学习 _393
动物的观察学习 _395
观察学习的神经机制 _397

▲ **内隐学习：不知不觉** ··· 400
内隐学习的认知方法 _401
内隐和外显学习使用不同的神经通路 _403

▲ **课堂学习** ·· 405
学习技巧 _405
测验辅助注意 _407
学习控制 _408

其他声音　在线学习 _410

第8章　情绪与动机 ··· 416

▲ **情绪体验：有感觉的机器** ··· 417
什么是情绪？_418
情绪躯体 _420
情绪脑 _423

情绪调节 _426

▲情绪交流：非言语信息 · · · · · · · 428
社交表情 _429

科学热点 人体依据 _432

欺骗性的表情 _433

文化与社区 是说什么还是怎么说？_437

▲动机：开始行动 · · · · · · · 438
情绪的作用 _438

本能和驱力 _440

身体想要什么 _443

生存：食物的动机 _444

现实世界 你吃过了吗？_448

其他声音 肥胖与快乐 _451

心理想要什么 _455

第9章 语言与思维 · · · · · · · 467

▲语言与沟通：从规则到语义 · · · · · · · 468
人类语言的复杂结构 _469

语言的发展 _472

语言发展理论 _476

▲语言发展与脑 · · · · · · · 480
大脑皮层的布洛卡区与威尔尼克区 _480

大脑右半球的功能 _481

双语与脑 _482

其他声音 美国的未来需要双语者 _483

其他物种能学习人类语言吗？_484

▲语言与思维：二者的关系 · · · · · · · 487
语言与颜色加工 _487

语言与时间概念 _488

▲ 概念与范畴：我们如何思维 ················· 489
概念与范畴的心理学理论 _490
概念、范畴与脑 _492

▲ 决策：理性与否 ························· 495
理性理想 _495
非理性现实 _496
文化与社区　文化会影响积极偏向吗？_501
为什么出现决策失误？_502
决策与脑 _504

▲ 问题解决：寻找解决方案 ·················· 507
手段—目的分析 _507
类比问题解决 _508
创造性与顿悟 _509
科学热点　顿悟与脑 _512

▲ 信息转化：如何得出结论 ·················· 515
实践推理、理论推理与三段论推理 _516
现实世界　从拉链到政治极端主义：理解的错觉 _518
推理与脑 _520

第 10 章　智力 ······················· 525

▲ 智力是如何被测量的? ···················· 526
智商 _527
智力测验 _529
现实世界　看上去挺机灵 _532

▲ 什么是智力 ··························· 534
能力的层级结构 _535
中层能力 _538

▲ 智力从何而来？ 544
基因对智力的影响 _544

环境对智力的影响 _549

科学热点 阿呆和阿瓜 _554

基因和环境 _556

▲ 谁的智力最高 557
智力水平的个体差异 _557

智力的群体差异 _559

提高智力 _563

其他声音 科学如何让你变得更好 _565

第11章 发展 570

▲ 妊娠期：子宫有话说 572
妊娠阶段的发展 _573

妊娠环境 _575

其他声音 男人，谁需要他们？ _576

▲ 婴儿期与儿童期：成为一个人 579
知觉与动作发展 _579

认知发展 _582

科学热点 摇篮里的统计学家 _586

社会性发展 _596

现实世界 走这里 _597

道德发展 _604

▲ 青春期：对鸿沟的意识 611
青春期的延长 _613

性 _616

父母与同龄人 _620

科学热点 历史错觉的终结 _623

▲ 成年期：自己也难以置信的变化 624
变化中的能力 _624

变化中的目的 _626
变化中的角色 _629
其他声音　你终将死去 _632

第12章　人格 638

▲什么是人格，如何测量 639
人格的描述和解释 _639
人格的测量 _640

▲特质理论：行为模式的识别 644
作为行为倾向和动机的特质 _645
核心特质的探索 _646
科学热点　表面人格 _648
特质的生物学基础 _650
现实世界　是否存在"男性"和"女性"人格？_651

▲心理动力学理论：意识之外的力量 655
心理结构：本我、自我和超我 _656
性心理阶段和人格的发展 _658

▲人本—存在主义理论：作为一种选择的人格 659
人类需要和自我实现 _660
作为一种存在的人格 _661

▲社会认知理论：情境中的人格 662
人格的跨情境一致性 _662
个体建构 _664
文化与社区　你的人格会随你说哪种语言而改变吗？_664
个人目标和预期 _665

▲自我：镜子里的人格 667
自我概念 _668
自尊 _670

其他声音　人格研究是不是需要更多的"人格"？_676

第13章　社会心理学 ································ 682

▲社会行为：与他人交往 ································ 683

生存：对于资源的争夺 _684

科学热点　老鼠的命运 _694

繁殖：永恒的需求 _696

现实世界　采取行动 _698

离婚：当成本大于收益 _705

▲社会影响：掌控他人 ································ 707

享乐动机：快乐优于痛苦 _708

认可动机：被接受优于被拒绝 _709

文化与社区　免费停车 _710

其他声音　91%的学生阅读了以下内容并爱上了它 _714

正确性动机：正确信息优于错误信息 _716

▲社会认知：理解他人 ································ 722

刻板印象：从类别中作出推论 _723

科学热点　婚礼策划师 _724

归因：从行动中作出推论 _730

第14章　应激与健康 ································ 738

▲应激的来源：是什么让你应激 ································ 739

应激事件 _740

慢性应激源 _740

科学热点　歧视能导致应激与疾病吗？_742

对应激事件的控制感 _743

▲应激反应：记忆复苏 ································ 744

躯体反应 _745

心理反应 _751

▲ 压力管理：应对它 ························· 754
思维管理 _754

躯体管理 _757

情境管理 _760

文化与社区　自由之岛，应激之家？_762

▲ 疾病心理学：心胜于物 ························· 765
疾病的心理效应 _765

识别疾病，寻求治疗 _766

现实世界　这是你的大脑安慰剂效应 _768

躯体性症状障碍 _770

作为患者 _770

医患互动 _771

▲ 健康心理学：感觉良好 ························· 773
人格与健康 _773

健康促进行为和自我调节 _776

其他声音　不健康的自由 _780

第15章　心理障碍 ························· 785

▲ 界定心理障碍：何谓异常？ ························· 787
心理障碍的构念化 _788

心理障碍的分类：DSM_789

心理障碍的成因 _790

文化与社区　心理障碍在世界各地 _793

理解心理障碍的新方向：RDoC_794

现实世界　心理障碍是怎样被定义和诊断的？_796

标签的危险 _797

▲ 焦虑障碍：恐惧来袭 ························· 798
恐怖障碍 _799

惊恐障碍 _801
广泛性焦虑障碍 _803

▲强迫症：陷入怪圈 ····· 805

▲创伤后应激障碍：创伤后的困扰 ····· 807

▲抑郁障碍及双相障碍：任由情绪支配 ····· 808
抑郁障碍 _809
双相障碍 _813

▲精神分裂症及其他精神病性障碍：失去对现实的掌控 ····· 817
精神分裂症的症状及类别 _817
生物因素 _820
心理因素 _822
其他声音　成功与精神分裂 _824

▲儿童及青少年心理障碍 ····· 826
孤独症谱系障碍 _826
科学热点　孤独症谱系障碍的乐观结果 _828
注意缺陷/多动障碍 _828
品行障碍 _830

▲人格障碍：走极端 ····· 832
人格障碍的类型 _832
反社会型人格障碍 _834

▲自伤行为：心智转向攻击自己 ····· 835
自杀行为 _836
非自杀的自我伤害行为 _837

第16章　心理障碍的治疗 ········· 842

▲治疗：给需要者以帮助 ········· 843
为什么很多人未能寻求治疗 _844

现实世界　心理治疗师的类型 _846

治疗方法 _848

文化与社区　世界各地的心理障碍治疗 _848

▲心理治疗：通过互动疗愈心智 ········· 850
心理动力学疗法 _850

人本主义疗法和存在主义疗法 _853

行为疗法和认知疗法 _855

团体治疗：同时疗愈多人心智 _861

科学热点　"重启"心理治疗 _862

▲医学和生物学治疗：用物质改变脑以疗愈心智 ········· 866
抗精神病药物 _866

现实世界　严重心理障碍的治疗 _868

抗焦虑药物 _869

抗抑郁剂和心境稳定剂 _870

草药和天然产品 _873

药物治疗与心理治疗相结合 _873

其他声音　诊断：人 _875

非药物治疗的生物学疗法 _877

▲治疗的有效性：更好还是更坏 ········· 880
治疗的假象 _880

治疗效果研究 _883

哪些治疗有效？_884

▲参考文献 ········· 891

译者序

人类在探索自身的道路上历来都是孜孜不倦，永无止境！

心理学是人类探索自身的一门科学，研究人类的心理和行为。她确实比数学、物理之类的科学更容易使人产生极大的亲切感和好奇心，因而倍受公众青睐。但是，心理学毕竟是一门严肃而系统的科学，对于无意深究的普通大众来说，依然犹如阳春白雪，曲高和寡。因此，市面上、媒体上出现了很多所谓的通俗"心理学"，其中，尤以"星座"和"血型"最为流行。书店中所谓"读心"和"洞察人心的十种策略"等畅销书屡见不鲜，网络上所谓"攻心术"和"心理学解剖缘分"等帖子被疯狂转载。此类书籍神乎其神的名字，把自己包装得仿佛社交秘籍一般，似乎可以教会人一眼看穿别人的心思，猜透他人的性格，使人做到"左右逢源"，应对得宜。

真的是这样吗？如今的心理学，虽然看似一派"红红火火"的景象，实则被深深误解。

- **误解一**：你知道我在想什么吗？

这是第一个误解，也是最经常被提及的误解。心理学家也是人，人们面对的难题与困扰，心理学家同样要面对，同样也会困惑。再聪颖的心理学家也不太可能具有所谓的"读心术"，一眼便洞察别人的心理。

- **误解二**：心理学只是研究人们的情感体验。

心理学的研究范围其实很广，除了情感体验，还包括人类的感觉、知觉、注意、学习、记忆、思维和决策等；心理学，并非只把"眼睛"盯在人们的"爱恨情仇"之上。

- **误解三**：心理学是研究精神病和心理有问题的人，心理学家就是看病。

对心理异常与心理障碍的研究与干预，只是心理学的一部分。必须指出，精神病学不属于心理学，心理学也不是精神病学。心理咨询是心理学的一个重要应用分支。但是，心理学家和心理咨询师是不同的职业，心理咨询师与医生也是不同的职业。

- **误解四**：心理学就是使人成功，或者使人更快乐。

的确，有些心理学派以此为目标，然而，这也只是心理学中的一部分。遗憾的是，当前横溢着的各种打着心理学旗号的是"鸡汤"，而非科学。本书的第二作者丹尼尔·吉尔伯特（Daniel Gilbert）教授在幸福研究领域可谓权威，也许我们应该听听他怎么说"快乐"（见第8章）。

- **误解五**：心理学就是做测试。

测试，也就是心理学家所说的心理测验，是心理学下属的心理测量分支。换句话说，这也还只是心理学的一个部分而已。网络上常常见到的选一下"咖啡、茶、可乐，还是水"就能知道你的性格或者你的恋爱类型，这样的"测试"不但粗糙，而且毫无科学根据，不是心理学的产物。

- **误解六：心理学研究的是潜意识，梦境是主要研究对象。**

弗洛伊德流派只是一个流派，精神分析学说不能代表心理学，弗洛伊德名气虽大，却也不是所有心理学家的"代言人"。本书的第三作者丹尼尔·韦格纳（Daniel Wegner）教授是人的意识与意志研究领域的翘楚，也许我们可以"兼听则明"，看看除了精神分析之外，其他心理学家是如何研究意识的（见第 5 章）。

这时候，你需要一本书来告诉你有关心理学的真相！

虽然误解重重，但这不是恰恰说明了我们整个社会对心理学的巨大热情与渴望吗？作为心理学研究者、工作者和学习者，我们深深爱着这门科学，希望能够尽自己绵薄之力消除误解，"拨云见日"——传播科学的心理学知识。所以，当此次华东师范大学出版社教育心理分社彭呈军社长邀请我组织翻译哈佛大学《心理学》（第三版）时，我欣然应允。

第一次接触到这本《心理学》（第三版），我第一眼看到的是封面上哈佛大学四位杰出心理学家的名字：丹尼尔·夏克特（Daniel Schacter）教授、丹尼尔·吉尔伯特（Daniel Gilbert）教授、丹尼尔·韦格纳（Daniel Wegner）教授以及马修·诺克（Matthew Nock）教授。虽然在本书"关于作者"部分有所介绍，我仍然希望在此向读者更多地展示一些这四位作者出色的工作。

- **丹尼尔·夏克特教授**

美国科学院院士、哈佛大学心理学系前主任。夏克特教授是内隐记忆和内隐学习研究的创始人之一，并在该领域取得了丰硕的成果。他也是哈佛大学的心理学讲座教授。讲座教授是一所高等大学具有最高学术地位的学者。在一所高等学府里，讲座教授不但数量稀少而且是真正的"牛人"。如果大学里的某个专业或学院拥有一位讲座教授，这个专业或学院在学校一定赫赫有名。夏克特教授便如是。

- **丹尼尔·吉尔伯特教授**

社会心理学家，被人们称为"快乐教授"。吉尔伯特教授进入心理学领域也算是机缘巧合。19 岁时，他从高中退学。当时吉尔伯特教授的梦想是成为一名科幻小说作家。为了提高写作水平，他想去当地的社区大学报名写作课程。可惜，注册的老师告诉他：写作课已经满员了，唯一还有名额的就是"心理学导论"了。就这样，他与心理学结缘。在成为一名心理学家之后，吉尔伯特教授可谓全球知名，他领导着一个研究人类快乐本质的实验室，他的著作《撞上快乐》（又称《哈佛幸福课》）被译成 25 种语言，曾经是

《纽约时报》评出的畅销书之一，上榜时间长达 23 周之久。

- **丹尼尔·韦格纳教授**

社会心理学家。在 2000 年执教哈佛大学心理学系之前，他在弗吉尼亚大学（University of Virginia）便已是讲座教授。韦格纳教授获奖众多，特别值得一提的是他在人类思维抑制和心理控制方面的研究。在本书的第 5 章"意识"中，读者可以看到韦格纳教授经典的"白熊实验"。可惜天妒英才。2013 年 7 月，韦格纳教授在马萨诸塞州自己的家中去世。为了纪念他，与他相识三十年的至交好友也是本书的第二作者吉尔伯特教授写道："我相信，丹是现代心理学领域最具有原创精神的思想者。大多数研究者都是沿着前人脚步，使用前人提出的理论，将该领域向前推进。而丹所做的是开辟一条条新路径，指出一个个新方向，一次又一次打开全新的大门！成为一名心理学家并不单单是他的工作，而已经成为了他的全部。他是一位 7 乘 24 的全天候心理学家！"

- **马修·诺克教授**

临床心理学家，曾经获得美国麦克阿瑟奖。这一奖项俗称"天才奖"，是美国跨领域最高奖项之一，旨在表彰在社会发展中发挥重要作用的创造性人才，每年评选各领域 20 名至 25 名杰出人士。

优秀的作者成就了优秀的著作。正如原书序中所说，《心理学》（第一版）在 2008 年出版之后便引起了巨大的反响。巨大的成功与四位作者的写作理念以及对心理学的理解息息相关。他们曾说过，学生们在离开大学之后，很少再去翻看教科书，但是他们继续会在生活中随时随地"遭遇"心理学。正是抱着这种想法，《心理学》（第三版）不但展示了心理学当今的研究进展，而且在传播心理学知识的同时格外关注对学生批判性思维的培养。失之毫厘，谬以千里。作者利用人们生活中常见的场景和实例，首先指出人们有关心理学的错误想法与概念误区，再以此为契机，传递心理学知识，并激发学生思考，培养学生的批判性思维。这是本书的一大特色。此外，作者诙谐、口语化的语言风格成就了本书的第二大特色。他们说："我们在这本书里用了自己的语调（同样的语调我们会在课堂上和自己的学生说，在家里和自己的伴侣、孩子和宠物说），去讲述心理学的故事。将复杂变为简单，将严肃变得有趣。"在他们的心中，心理学是这个世界上最让人感兴趣的学科，于是他们把这本《心理学》变成了世界上最让人感兴趣的心理学书籍！

以上种种，让我对彭呈军社长的"欣然应允"变得并不轻松，时刻担心会"辜负"了这样一本好书。我希望《心理学》（第三版）的中文翻译版能够做好，也许不能与原著比肩（但我们希望做到这一点），但定当尽我之所能，尽本书翻译团队之所能，将一本优秀的教材展示给所有的中文读者。出于这种考量，我邀请并集合了 15 位国内具有较高学术水平且活跃在心理学教学科研一线的青年心理学家，组成了本书的翻译团队，由我担任翻译主编，共同完成这本书的翻译和审校工作。这 15 位译者均拥有心理学博士学位，他们在不同的领域各有所长，并负责翻译相应的章节。这本教材的翻译是我与他们共同工作的成果，是整个团队的心血与智慧的结晶。这 15 位译者以及负责翻译的章节分别是：

- 陈雪峰　博士　中科院心理所　副研究员，第 1 章"心理学的科学之路"
- 刘　烨　博士　中科院心理所　副研究员，第 2 章"心理学研究方法"
- 邱　香　博士　中华女子学院　讲师，第 3 章"神经科学与行为"
- 禤宇明　博士　中科院心理所　副研究员，第 4 章"感觉与知觉"
- 付秋芳　博士　中科院心理所　副研究员，第 5 章"意识"
- 汪　波　博士　中央财经大学　副教授，第 6 章"记忆"
- 邓　园　博士　中科院心理所　副研究员，第 7 章"学习"
- 尚俊辰　博士　燕山大学　讲师，第 8 章"情绪与动机"
- 李晓庆　博士　中科院心理所　副研究员，第 9 章"语言与思维"
- 王思睿　博士　中科院心理所　工程师，第 10 章"智力"与第 11 章"发展"
- 陈文锋　博士　中科院心理所　副研究员，第 12 章"人格"
- 孙慧明　博士　南京政治学院　讲师，第 13 章"社会心理学"
- 吴健辉　博士　中科院心理所　副研究员，第 14 章"应激与健康"
- 龙　迪　博士　中科院心理所　教授，第 15 章"心理障碍"
- 陈　晶　博士　中科院心理所　副研究馆员，第 16 章"心理障碍的治疗"

为了确保本书的翻译质量，我们的翻译工作分成了五大步骤。步骤一：制定规则。首先，在每一位译者着手翻译之前统一团队使用的工具书，例如，对人名的翻译我们以商务印书馆出版的《英语姓名译名手册》（修订第三版）为首要参考工具，以中国对外翻译出版公司出版的《世界人名翻译大辞典（上、下卷）》为次要参考工具。其次，统一全书多个章节中多次出现的术语，以免造成不必要的混淆，例如，我们将"mind"一词统一翻译为"心智"。第三，由于每一章节包含的图表、术语解释以及专栏较多，我们在翻译前统一了翻译的格式及相关细节，力求做到标准化。步骤二：正文翻译。具体细节不做赘述，仅在此感谢每位译者细致的工作与大量的时间投入。翻译是一项需要严肃态度与严谨方法的工作，我们的译者团队在这方面做得十分投入。步骤三：第一轮审校与修改。为了保障质量，我为本书制定了详尽的审校与修改流程。在每位译者提交初稿后，审阅前一章译者的稿子。例如，负责翻译第 3 章的译者，在第一轮时负责审校第 2 章初稿。每位译者在拿到审阅稿之后，对初稿进行修改。步骤四：第二轮审校与修改。

在这一轮，每位译者审阅后一章译者的修改稿。例如，负责翻译第3章的译者，在第二轮时负责审校第4章修改稿。每位译者在拿到审阅稿之后，对修改稿进行修改，然后向主编提交准定稿。步骤五：主编审校。在以上四个步骤后，我再对全书准定稿做第三轮审校。每位译者根据我提出的意见和建议，对准定稿进行修改并定稿。2015年2月15日，我向彭呈军社长呈交了全书翻译定稿，这距2014年4月14日我收到他的翻译邀请，历时整整10个月。

在组织翻译和审校该书的这10个月里，我感触良深！心理学，几乎是伴着人类的文明史成长的。"心理学有着漫长的过去，但只有短暂的历史"，艾宾浩斯这样评价心理学。1879年冯特在莱比锡大学建立第一个心理学实验室，使心理学成为一门独立的学科；其后百余年来，心理学经历了无数的坎坷，实现了初步数据积累，理论流派纷呈。近数十年来，认知神经科学、基因组学、生物信息学、脑成像技术、信息技术和大数据等科学技术的快速发展，为多学科交叉融合进而揭示人类心理与行为的机制创造了契机，心理学不仅已经确立了自己的科学地位，而且成为现代科学体系中的支柱学科之一，是人类科学知识体系中不可或缺的重要组成，在国家发展战略和基础科学研究发展战略中也具有举足轻重的地位。这是我作为一名心理学"门内人"所看到的。

然而，正如开篇所言，大量对心理学有着种种误解的"门外人"还在门口徘徊着。巨大的社会需求与求知无门，形成了鲜明的对比。每每思及于此，便更觉得我们的工作与付出是有意义的，是值得的！

最后，我要对翻译团队的每一名成员表达我最真挚、深切的感谢！我自知一贯对工作极为细致，甚至是严苛。因而，在此更要感谢整个翻译团队全程的支持、配合、付出与不厌其烦的审阅及修改。没有他们的努力工作，便没有今天呈现给大家的这本《心理学》（第三版）中文翻译版。

值此本书中文版出版之际，再次感谢彭呈军社长的邀请、支持、帮助与指导；感谢所有译者们付出的辛勤、细致与耐心的工作；感谢《心理学》（第三版）原书作者为本书写序；感谢段红霞、霍云贞、李楠、李英健、宁丽、王皓宇、吴慧中以及夏金燕（以姓氏为序）为本书在文字审校、资料查询与核对等方面付出的努力；特别感谢王思睿不仅翻译了第10章和第11章，还翻译了原书中的"序"和"关于作者"以及原书作者为该中文版写的序，并参与起草译者序。与此同时，感谢所有为《心理学》（第三版）中文版出版付出努力的人，以及所有在这个过程中给予我们帮助的人！

最后，我要预先感谢所有翻阅本书的读者。倘若翻阅本书，使您对心理学有了新的认识，进而愿意深入学习心理学、研究心理学或应用心理学，那么中国心理学的发展就又多了一份力量！为此，我和本书所有译者都将深感荣幸。

傅小兰

中国科学院心理研究所

2015 年 5 月 26 日

中文版序
（附原文）

2008年3月，重要的国际心理学组织之一美国心理科学协会（Association for Psychological Science，以下简称APS）组成了一个代表团访问中国。代表团一行在中国期间，访问了中国顶尖大学的心理学系与心理学研究机构，并与众多心理学教授及学生进行了交流。随后不久，访问的详情被发表在了APS的期刊《观察者》（Observer）上，在中国的所见所闻给代表团成员们留下了深刻的印象。代表团中的一位心理学家说，"我高兴地看到了心理科学在中国取得了惊人的进步"，另一位心理学家则说，"毋庸置疑的是，心理学在中国扎下了根，并且在迅速地茁壮成长着"。

第三版《心理学》中文版的出版让我们感到万分欣喜，为能在中国心理学的快速发展中尽我们的绵薄之力而感到与有荣焉。我们希望，这本教科书能够让中国的读者感受到我们对心理科学的热忱，点燃学生们对心理学兴趣的火花，并且希望能够为中国心理学的持续发展尽上我们的绵薄之力。

丹尼尔·夏克特（Daniel L. Schacter）
丹尼尔·吉尔伯特（Daniel T. Gilbert）
马修·诺克（Matthew K. Nock）
2015年2月，于剑桥

In March 2008, a delegation of psychologists from one of the major international organizations of psychology, the Association for Psychological Science, visited China. The group met with students and professors in the psychology departments of several leading Chinese universities and research institutes. As reported in an article published in the Association for Psychological Science's *Observer* soon after the visit, the visitors were impressed by what they saw. "I was excited to see the amazing developments in psychological science in China," said one psychologist, and another concluded that "One thing is clear: Psychology in China is happening and happening fast."

We are extremely pleased that with the publication of the Chinese translation of the third edition of our textbook, *Psychology*, we can be part of these exciting developments. We hope that our text conveys to Chinese readers our passion for the field of psychology, helps to spark the interest of students, and contributes in a small way to the continuing development of psychology in China.

Daniel L. Schacter
Daniel T. Gilbert
Matthew K. Nock
Cambridge, February 2015

序

你为什么阅读序言?这本书的正文从第 10 页[1]才开始,你为什么在阅读这几页而非其他处?你是那种不能忍受错过一点儿内容的人吗?你是否为了让买这本书的钱物有所值而一个字也不放过?你是因为阅读习惯而翻开这一页的吗?你是否已经开始觉得犯下一个大错了?

自从记事起,我们就对以下这些问题不停地追问求索:关于我们自己,关于我们的朋友,关于那些由于跑得不够快而被我们看到的人。正是对于人类思维、感受和行为原因的好奇心推动我们走进心理学入门课程的大门,虽然我们可能会记得扑面而来的讲座内容,但是课程结束后,教科书的大部分内容都"还了回去"。造成这种情况的原因可能在于教科书本身,也许这些教科书只是以琳琅满目的百科全书式的方式堆砌了一些事实、人名和日期。所以,期末考试一结束,我们立马到二手书店处理了这些教科书,便不足为奇了。

成为心理学教授之后,我们和其他心理学教授一样:讲课、做研究,在毛背心已经不再流行的很长一段时间后,我们依旧还在穿着它。我们也写了一些人们确实很喜欢读的文字,这让我们觉得挺奇怪:为什么从来没有人去写一本学生真正喜欢读的心理学入门教材?毕竟,心理学是这个已知世界里最让人感兴趣的一门学科,那么,为什么心理学教科书不能成为学生背包里最有趣的东西呢?我们找不出任何理由,所以,我们坐了下来,把自己当作是读书的学生,开始写作这本书。《心理学》在 2008 年出版,这本书引起了巨大的反响。我们此前从未写过教科书,我们也不知道心里究竟该期待些什么,即便是最大胆的想象,我们也不会设想本书会为我们赢得普利策奖!

然而,接下来发生的事情甚至(比获奖)更棒:我们开始收到来自全美各地学生的信件和电邮,学生们向我们表达了他们是多么喜欢读这本书。当然,他们喜欢这本书的内容,因为就像我们前面提到的,心理学是这个已知世界里最让人感兴趣的一门学科。然而,他们之所以喜欢这本教科书还因为这本书看上去并不像一本教科书——文字表述并不枯燥乏味得就像我们在七年级生物课上看到的自然纪录片的背景解说词("看一看海獭,自然界中毛茸茸的小清道夫")。取而代之的是,我们在这本书里用了**自己**的语调——同样的语调我们会在课堂上和自己的学生说,在家里和自己的伴侣、孩子和宠物说(这就是为什么第一版第 19 章的题目是"赶紧从沙发上起来!")。我们致力于去讲述心理学的**故事**——去整合内容而不是单纯地罗列,去展示想法而不是单纯地描述。我们意识到,因为科学是一件复杂而严肃的事,所以很多老师就认为一门科学的教科书也应当是

---

[1] 本书中,凡在文中述及页码的地方,均为英文版页码,读者可按本书边码检索。——编辑注

复杂而严肃的。但我们并不这样认为。我们认为，写作是一门艺术，一门将复杂变得简单、将严肃变得有趣的艺术。给我们写来热情洋溢信件的学生们似乎也是这样认为的（尽管普利策奖委员会似乎不是这么想的）。

这本书的上一版取得了成功——那么为什么我们还要用新版替代它？两个原因。第一，我们实在是疲于回答"封面上那两个穿着国际象棋盘花纹紧身衣辗转腾挪的人是谁"。现在，他们消失了。我们只是再说一次：不是，他们不是作者中的任何两个；是的，他们这个姿势可能确实用了强力胶。第二，也可能是更重要的原因，我们推出了新的一版是因为，世事变迁。科学在变（心理学家们现在了解了关于心智和大脑的方方面面，然而就在几年前，他们还并不了解这些），世界在变（当我们写第一版的时候，还没听说过 iPad 或者巴拉克·奥巴马），我们也在变（研究和阅读让我们对心理学各个领域有了新视角，写作和教学让我们有了帮助学生学习的新方法）。随着我们所处的环境在变，我们自己也在变，我们感到，这本书也应当有所改变。

第三版变化的内容

对批判性思维的新关注

正如科学会不断带来新的证据，发展出新的理论，科学家也在随之改变自己的思维。学生们在一门科学课程中学到的事实性知识，有些在接下来的十年当中依旧会是事实性知识，而另一些需要重新论证，或者被证明是谬误。这就是为什么学生们不仅需要学习事实，同时也需要学会如何对这些事实加以**思考**——如何去检验它们、质疑它们，如何去权衡科学研究提供的各种证据。当然，贯穿整本书，我们都在强调批判性思维，但是在第三版中，我们特意设置了一个新的版块，专门用来帮助学生思考人类在试图思考各种证据时曾经犯下的错误（见第 2 章心理学研究方法中"批判性地看待证据"，第 66 页）。我们希望这部分内容能够帮助学生学会如何在实证证据的基础上形成论据充分的观点——这不仅限于心理学领域，同时希望也能够渗透到学生们的日常生活当中。

"课堂学习"新章节

就像心理学其他教科书一样，本书的前两个版本涵盖了多种学习的类型，从经典的条件反射到观察学习。这些内容在第三版中依旧有所体现。但是，令人费解的是，在绝大多数心理学教科书（包括本书的前两个版本）的学习章节中都没有涉及与我们的读者最为相关的那种学习方式：在课堂里的学习。我们认为现在是改变这种莫名情况的时候了，于是就有了"课堂学习"这部分。现在，在第7章课堂学习的新章节中，我们对该领域令人兴奋的一些新进展进行了总结，包括对最有效的学习方法与技术的评价，对可能导致学习效率低下的认知误区的审视，如何在课堂里提升注意力和学习的研究，以及对在线学习的探讨。"学习"这一章应当和学生们的日常学习密切相关，我们也在尽力做到这一点。

新科研进展

诚然，一本教科书应当为学生提供这一学科经典内容的完整画面，但是，一本教科书同时也应当带着学生在这一学科发展的最前沿地带翩翩起舞。我们希望学生们能够意识到，心理学不是博物馆里的一件展品——心理学并不只是对过去事件的收集，心理学同时也包含了当下正在发生的事件——在这门年轻而不断前进着的科学中，学生们如果

章	科学热点
1	心理学是一门枢纽科学 p.34
2	暴力电影可以成就安宁的街区？ p.64
3	表观遗传学与早期经验的持续效应 p.112
4	自上而下的味觉 p.169
5	走神 p.185
6	睡眠巩固记忆 p.233
7	帕金森病中的多巴胺和奖赏学习 p.292
8	人体依据 p.325
9	顿悟与脑 p.386
10	阿呆和阿瓜 p.414
11	摇篮里的统计学家 p.435
11	历史错觉的终结 p.460
12	表面人格 p.479
13	老鼠的命运 p.516
13	婚礼策划师 p.538
14	歧视能导致应激与疾病吗？ p.552
15	孤独症谱系障碍的乐观结果 p.615
16	"重启"心理治疗 p.642

愿意，心理学里就会有他们的一席之地。正因如此，我们才会在第三版里吸纳了在当今心理学领域正在发生的事。这种想法不但体现在本书超过 400 条的新参考文献中，同时也体现在每一章都会出现的"科学热点"专栏里，专栏将向读者介绍最热门的新发现。

全面升级覆盖 DSM-5

一个有着很多新的研究——同时也有着很多新的变化——的领域是关于心理障碍的研究。正如你将会在本书学习到的，心理学家使用一本名叫《精神疾病诊断与统计手册》（Diagnostic and Statistical Manual of Mental Disorders, DSM）的手册来判断一个人的行为是否可以被确定为"障碍"。举例说来，我们过去、现在和将来都会感到悲伤，但是什么时候极度悲伤能够被诊断为心理障碍，并接受治疗？DSM 就是用来回答这类问题的。DSM 的第四版（DSM-IV）在使用了将近 20 年之后，心理学界现在有了更新后的第五版（DSM-5），第五版刚刚于 2013 年出版。在过去 20 年中，心理学家对于心理障碍的了解又向前迈进了一大步，我们这本书的第三版包括了这方面更新后的内容：心理学家如何思考、定义以及分类各种心理障碍。

新架构

此外，我们还重新安排了本书的内容，以更好地适应心理学教学的最新理念。具体而言，我们将"应激与健康"这一章挪到了"心理障碍"与"心理障碍的治疗"这两章之前。我们认为，这种变化有助于让本书的内容架构更加流畅，原因如下。第一，你随后会学到，应激的体验、人际交往事件和人们对这类事件如何应对有很大的关系，你将会在"人格"与"社会心理学"章学习到人际交往的相关内容。第二，当前关于心理障碍的各种模型将心理障碍视为人的一些潜在素质（例如，基因或其他）与应激生活事件之间共同作用的结果。如果事先学习过机体对于应激的反应，就会对这类模型产生更加直观的感受。第三，在"应激与健康"这一章中提供了一些提升健康水平的行为建议，这些建议可能会在考试期间发挥作用——所以，我们把这章放到前面来，先告诉你这些，而不是让你在学期快结束时才学到这部分内容！

"其他声音"专栏的新特点

在心理学家出现在地球上之前的很长一段时间里，探讨人性的"主力军"是诗人、戏剧作家、评论员、哲学家，以及其他一群由P打头的职业群体。时至今日，依旧如此，他们依旧对人类行为的方式和原因有着深入而独具一格的洞察力。在本书的第三版，我们决定请他们来分享自己的思想，这体现在本书的特色版块，我们称其为"其他声音"专栏。在本书的每一章，读者都会读到一些短文，我们对这些短文的作者进行甄选的标准有三：其一，他们的思想深刻；其二，

章	其他声音
1	心理学是一门科学吗 p.17
2	我们负担得起科学吗？p.75
3	神经神话 p.124
4	幻觉与视觉系统 p.173
5	一位法官对大麻的呼吁 p.217
6	早期记忆 p.261
7	在线学习 p.308
8	肥胖与快乐 p.339
9	美国的未来需要双语者 p.364
10	科学如何让你变得更好 p.421
11	男人，谁需要他们？p.429
11	你终将死去 p.467
12	人格研究是不是需要更多的"人格"？p.503
13	91%的学生阅读了以下内容并爱上了它 p.531
14	不健康的自由 p.579
15	成功与精神分裂 p.613
16	诊断：人 p.653

他们的文笔优美；其三，他们知道我们所不知道的内容。例如，读者会读到一些优秀记者的文章，包括：大卫·布鲁克斯（David Brooks）、特德·噶普（Ted Gup）、蒂娜·罗森伯格（Tina Rosenberg）以及戴维·尤因·邓肯（David Ewing Duncan）；畅销小说作家爱丽丝·兰达尔（Alice Randall）；教育奖获得者，如琳达·摩尔（Linda Moore）、罗伯特·弗兰克（Robert H. Frank）；知名法学学者，如古斯廷·莱辛巴赫（Gustin L. Reichbach）与埃琳·萨克斯（Elyn Saks）；著名科学家，如生物学家格雷格·汉普伊基安（Greg Hampikian），以及计算机科学家达芙妮·科勒（Daphne Koller）。兼听则明，为了确保读者听到的不仅仅是我们的声音，本书还收录了蒂姆·威尔逊（Tim Wilson）、克里斯·查布里斯（Chris Chabris）、丹尼尔·西蒙斯（Daniel

> **转变观念**
>
> 1.你所在国家的一名参议员正在支持一项议案。如果该项议案通过，将会对闯红灯的攻击性驾驶员处以数额巨大的罚款。你的一个同学认为这是一个好主意："教科书已经教给了我们很多关于惩罚和奖励的知识。这很简单。如果我们惩罚了攻击性驾驶员，开车闯红灯的数量将会下降。"你同学的观点是正确的吗？新的法规会适得其反吗？有没有另外一种促进安全驾驶的行之有效的措施？

第13章中的"转变观念"

Simons)以及查尔斯·费尼霍(Charles Fernyhough)的文章。这些杰出的人士中的每一位都叙述了有关人性的重要内容,与此同时,我们也非常高兴地看到,他们愿意借本书展示自己的思想。这些专栏不但鼓励学生批判性地思考心理学的方方面面,同时也展现了心理学与日常生活之间千丝万缕的联系,以及这门科学在公共生活中日益增长的重要性。

"转变观念"中的新问题

784位讲授心理学导论课程的教授的共识是什么?那就是,当学生们第一次来到心理学课堂时,他们通常都带着一些关于心理学的想法,然而,这些想法绝大多数都是错误的。在沃思出版社(Worth Publisher)的那些奇妙的人士的协助下(是他们让我这么写的),我们对讲授心理学导论课程的784位教师做了调查,请他们列出学生们关于心理学最常见的误解有哪些。以此为基础,我们策划了"转变观念"中的一系列问题,读者会在每一章的最后看到这些。这些问题首先会设定一个误解可能出现的日常情境,然后要求读者使用本章刚刚学到的科学知识来纠正这些谬误。我们希望这些练习能够帮助读者应用所学——或者也许可以改变读者关于心理学的一些观念(从而让我们这部分的标题"实至名归")。

对学习者更多的支持手段

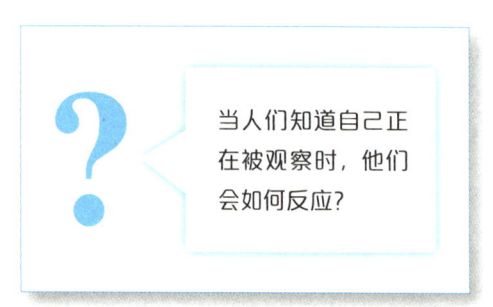

第2章中的"线索问题"

实践

- 线索问题(cue questions):鼓励读者使用批判性思维,并在正文每一个重要段落处提示读者本处最重要的概念。
- 汇总列表(bulleted summaries):在重要的段落之后强化关键概念,并让学生的复习备考更加容易。
- 关键概念小测试(key concepts quiz):在每一章结尾处的用于学生自测本章内容的掌握情况。
- 批判性思维问题(critical thinking questions):贯穿于所有章节的大量图片及说明文字,为学生提供应用所学内容的机会。

实践应用

如果离开了对现实世界的应用价值,那么心理学的各种事实和概念又算是什么呢?在第三版中,我们提供了将本书内容应用于现实世界的大量范例,这些例子都是读者平常有切身体会的。例如,在每一章都包含了"现实世界"专栏,就是为了能够把书内的概念与读者在书外的生活联系在一起。(我们对自己这个创意倾心不已,以至于在序言部分我们都插入了一个"现实世界"专栏!再翻几页你就会看到它。)除此之外,由于文化的影响已经渗入了心理学的各个角落——从人们对线条长度的知觉到人们会排多长的队——在本书的第三版中,我们仍然重视人类文化的多样性,纵观本书,这一点体现在"文化与社区"专栏,具体如下。

根据自然选择理论,能提供生存优势的遗传特性会在一代又一代的群体中扩散。为什么进化出感觉适应?对于躲避捕猎者的小动物来说,它能带来什么好处?对试图捕猎的捕猎者来说呢?

第 4 章中的"批判性思维问题"图文

章	现实世界
1	拖延症的危害 p.4
1	提高学习能力 p.12
2	几率无处不在 p.61
3	大脑可塑性和幻肢感 p.104
3	脑死亡和植物人 p.123
4	多任务 p.135
4	音乐训练:值得花时间 p.162
5	毒品与意识监管 p.212
6	Google 在损害我们的记忆吗? p.248
7	理解吸毒过量 p.270
8	你吃过了吗? p.337
9	从拉链到政治极端主义:理解的错觉 p.390
10	看上去挺机灵 p.400
11	走这里 p.442
12	是否存在"男性"和"女性"人格? p.481
13	采取行动 p.519
14	这是你的大脑安慰剂效应 p.571
15	心理障碍是怎样被定义和诊断的? p.592
16	心理治疗师的类型 p.630
16	严重心理障碍的治疗 p.647

章	文化与社区
1	西方和东方文化下的分析观和整体观 p.30
2	最乐于助人的地方 p.46
4	文化会影响变化盲吗？p.156
5	在世界各地梦对我们意味着什么？p.201
6	文化会影响童年期遗忘吗？p.240
7	强化物存在文化差异吗？p.281
8	是说什么还是怎么说？p.329
9	文化会影响积极偏向吗？p.378
12	你的人格会随你说哪种语言而改变吗？p.492
13	免费停车 p.528
14	自由之岛，应激之家？p.566
15	心理障碍在世界各地 p.589
16	世界各地的心理障碍治疗 p.632

文化与多元文化经验

攻击与文化 p.511
　以及地理学 p.511
　群体 p.514
老龄化人口 pp.460-467
酒精，酗酒 p.207
依恋类型 pp.443-444
吸引力 p.518
自闭症 pp.439,614-615
理想体态 p.519
脑死亡 p.123
从众 p.529
文化，发现 pp.440-441
文化规范 pp.528-529
文化心理学
　定义 pp.28-30
聋文化 pp.356,439
抑郁 pp.601-604
发展
　青春期延长 pp.453-455

自由 p.528
无助 p.45
同性恋
　基因 p.456
　荷尔蒙 p.170
　观点 pp.455-456
饥饿 pp.333-334
内隐学习，老化 p.303
智力 pp.406-407
　年龄 pp.410-412
　文化视角 pp.406-407
　教育 pp.414-415
　生育 p.413
　社会经济因素 pp.399-400, 410, 413-415
　测量偏见 pp.417-419
内部动机 p.442
语言
　双语 pp.363-365

观察学习 pp.295-297
家长与同龄人关系 pp.458-459
知觉错觉 pp.20-21
偏见与刻板印象 p.28
精神分析 pp.633-634
心理障碍
　反社会人格障碍 pp.619-620
　饮食障碍 pp.334-338
　不同文化视角 pp.585,589
　精神分裂症 pp.607-608
种族问题
　民权 p.28
　应激 p.553
推理 p.388
研究伦理 pp.70-74
品牌感官战略 p.129
刻板印象威胁 p.541
应激
　适应一种新文化 p.566

依恋 p.443
　　儿童养育 p.445
　　认知发展 pp.433-435
　　数数能力 p.440
　　道德发展 p.446
做梦，意义 p.201
药物，心理效应 pp.646-654
饮食障碍 pp.334-338
表情，展示原则 p.326
表情，通用 p.323
错误记忆 pp.255-256
家庭治疗 p.643

记忆提取 p.236
人格 pp.491-192
结构 pp.353-355
想法 pp.367-368
预期寿命 p.465
大麻法案 pp.518-524
婚姻 pp.524-225
配偶偏好 pp.518-524
心理学中的少数派 pp.31-32
电影暴力 p.64
规范 pp.528-529
肥胖症 p.577

慢性 p.552
　　贫穷与不平等 p.557
阈下知觉 p.191
自杀 pp.621-322
口味偏好 pp.170-172
少女怀孕 p.457
威胁反应 p.559
语音语调与语义 p.329

男性与女性心理学

攻击与生物学 pp.509-510
酒精
　　近视 pp.208-209
　　怀孕 pp.429-430
吸引力 p.518
美貌的标准 pp.521-522
生物学的性/性别 pp.453-457
躯体形象 p.334
月经初潮 p.453
道德发展 pp.446-451
人格 pp.479，481
信息素 p.170
生理发展 pp.450-454
怀孕
　　母亲和孩子的健康 pp.428-430

抚养儿童
　　依恋关系 pp.443-446
　　日托 p.446
约会 pp.517-518
饮食 pp.337-338
饮食障碍 pp.334-338
弗洛伊德的观点 pp.13-14, 487-488
性别与社会联系 p.465
青少年 p.457
心理障碍
　　抑郁症 p.602
　　恐惧症 p.596
强奸 pp.208-209
恋爱关系 p.524
性
　　风险规避 p.340
　　动机 pp.338-340

幸福 p.463
荷尔蒙 p.453
敌意与心脏病 p.558
嫉妒 p.26
预期寿命 p.464
生活满意度 p.463
婚姻 pp.465-466
伴侣偏好
　　生物学的 pp.517-518
　　文化的 pp.517-518
　　青少年 pp.318-340
社会联系 pp.566-568
刻板印象 p.538
应激，应对 pp.561-563
自杀 pp.621-622
口才 p.476
心理学中的女性 pp.31-32

现实世界

加入心理学"俱乐部"!

很久很久之前,西方科学只是富有的欧洲绅士们的兴趣爱好。所幸的是,心理学领域的面目早已发生了翻天覆地的变化,这种变化至今仍在继续。

与其他绝大多数的学科相比,社会变迁给心理学所带来的开放性与多样性更加显著。例如,2006年,虽然女性在工程和物理科学领域可谓凤毛麟角,但是在心理学领域超过71%的博士学位授予了女性(Burrelli, 2008)。正如数据所示,虽然女性在所有科学领域获得博士学位的比例一直在增加,然而对于心理学而言,女性绝对是主力军。此外,美国心理学博士中,2005年时西班牙裔、非洲裔以及印第安裔学生的比例已经比1985年时翻了一倍有余,来自亚洲和太平洋诸岛的学生数量更是1985年时的三倍(美国国家科学委员会,National Science Board, 2008)。这是现在的数据,放眼未来,心理学是属于每一个人的科学。

随处可见心理学开放性的印记。只需看一看一些大学生心理学俱乐部——或者 Psi Chi(心理学本科生与研究生荣誉团体),或者 Psi Beta(心理学社区大学与专科学校学生荣誉团体)。现在,心理学专业中女生的数量远远多于男生(77%; Planty et al., 2008),在心理学中,来自少数派群体的代表随处可见。在这些心理学社团和荣誉团体中,心理学研究的大门敞开着,欢迎所有群体:任何年龄、性别、性取向、民族、不同能力、肤色、宗教,以及不同的国籍与种族。请加入我们!

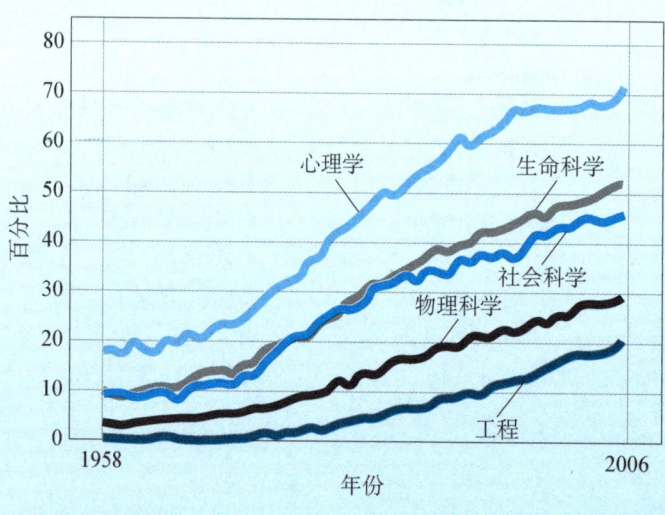

新获得博士学位的女性比例在增加,心理学领域的增速高于其他领域(Burrelli, 2008)。

关注学习效果

以 APA 学习目标与成果为导向的教学

为了让心理学本科教学目标与学习成果具有更强的统一性,美国心理学会(American PsychologicalAssociation,简称 APA)专门组成了一个工作组,来为心理学本科专业能力(Undergraduate Psychology Major Competencies)建设提供教学框架。随后,APA 发布了综合性建议《心理学本科专业 APA 指南》(*The APA Guidelines for the Undergraduate Psychology Major*),2013 年 5 月本书出版了新的 2.0 修订版。针对心理学专业学生从基础课与整个心理学专业学习期间应当掌握的内容,2.0 修订版提出了硬性要求。要求由五个目标组成,具体如下:

目标 1:心理学基础知识

目标 2:科学探究和批判思考方式

目标 3:多元化社会中的伦理与社会责任

目标 4:沟通

目标 5:职业发展

APA 工作组的目的是为心理学系的学生与教师提供最终的全局目标,而不是给出既定的发展路径。在这种思路之下,沃思出版社为学生与教师提供了多样化的支持资源,以帮助他们达成 APA 的目标。最重要的是,《心理学》(第三版)符合 APA 目标的额外资源可以从 LauchPad 下载,网址 http://www.worthpublisher.com/lauchpad/schacter3e。为了便于测验,沃思出版社把所有与《心理学》(第三版)内容对应的条目在题库中都做了相应标记;此外,讲师资源(Instructor's Resource)与 LauchPad 学习系统提供了多种活动与额外的学习内容,帮助学生达成 APA 的五个目标。所有这些资源综合在一起,为讲师提供了一系列有效的工具,帮助课程达成预期效果。

为 MCAT 2015 做准备

从 1977 年至 2014 年,医科院校入学考试[①](Medical College Admission Test,简称 MCAT)的科目包括了生物学、化学以及物理学,但是从 2015 年起,MCAT 考试 25% 的题目将涵盖"行为的心理—社会—生物基础",这些题目中绝大多数都是心理学导论课程所涉及的内容。《2015 年 MCAT 考试预览指南》(*Preview Guide for the MCAT 2015*

---

① MCAT 是申请攻读北美医学类院校的学生所必备的标准化考试。它考察应试者解决问题的能力、批判性思维能力和分析写作技巧,同时考察应试者对学科原理和知识的掌握程度。——译者注

MCAT 2015：感觉与知觉分类		SGWN，《心理学》（第三版）对应	
内容分类 6A：感知环境		章节标题	页码
感觉过程		感觉与知觉	129—173
感觉		感觉与知觉	129—173
	· 阈限	测量阈限	132—133
	· 韦伯定律	测量阈限	132—133
	· 信号检测论	信号检测	133—134
	· 感觉适应	感觉适应	135—136
	· 感受器	感觉与知觉是不同的心理活动	130—132
	· 感觉通路	视觉的大脑	142—145
		触觉与疼痛	163—165
		身体姿势、运动与平衡	166
		嗅觉与味觉	167—172
	· 感受器的多种类型	视觉 I：眼睛与大脑如何将光波转变为神经信号	136—145
		人类的耳朵	158—160
		躯体感觉：甚于肤浅	163—166
		嗅觉与味觉	167—172
视觉		视觉 II	136—156
眼睛的结构与功能		人类的眼睛	138
视觉过程		视觉 I	136—145
	· 大脑的视觉通路	从眼睛到大脑	138—140
	· 平行加工	视觉的大脑	142—145
	· 特征检测	研究大脑电活动	118—119
		视觉的大脑	142—145
听觉		听觉：甚于及耳	157—162
听觉过程		知觉音高	160
	· 大脑的听觉通路	知觉音高	160
头发细胞的感觉接收		人类的耳朵	158—160
其他感受		躯体感觉：甚于肤浅	163—166
		化学感觉：提味	167—173
体感觉		触觉	163—164
	· 疼痛知觉	痛觉	164—165
味觉		味觉	170—173
	· 味蕾 / 检测具体化学物质的化学接收器	味觉	170—173
嗅觉		嗅觉	167—170
	· 嗅觉细胞 / 检测具体化学物质的化学接收器	嗅觉	167—168
	· 信息素	嗅觉	170
	· 大脑的嗅觉通路	嗅觉	167—170
运动感觉		身体姿势、运动与平衡	166
前庭感觉		身体姿势、运动与平衡	166
知觉		感觉与知觉	129—173
知觉		感觉与知觉是不同的心理活动	130—136
	· 自下而上 / 自上而下加工	痛觉	164—165
		嗅觉	167—170
	· 知觉组织（如，深度，形状，运动，恒常性）	视觉 II：识别我们看到的东西	145—157
	· 格式塔原理	知觉组织原则	148—149

Exam）第二版中增加了这样的内容，"认识到健康问题的社会—文化与行为决定因素的重要性"。在新MCAT考试中的心理学相关内容在本书中均有所涵盖，上一表格以本书"感觉与知觉"一章为例，展示了本书内容与《2015年MCAT考试预览指南》中内容的准确对应。本书内容与MCAT心理学考纲内容对应的完整版可以在LauchPad资源区下载，网址http://www.worthpublisher.com/lauchpad/schacter3e。此外，鉴于MCAT代表了一种对科学信息推理能力评估的全球化标准，因而《心理学》（第三版）每一章的题库也新加入了一些以数据为基础的题目，目的就是为了训练学生的量化推理能力。这些问题可以在LauchPad预览中看到。

学生额外补充材料

> **CourseSmart 电子书**是《心理学》（第三版）完整的简易使用格式。学生可以将CourseSmart电子书作为购买的备选，可以在线使用，也可以将它下载到自己的个人电脑或移动媒体播放设备上，如智能手机或iPad。《心理学》（第三版）配套的CourseSmart电子书可以在如下网址预览并购买：www. CourseSmart.com。

> 《**追寻人类的优势：积极心理学指南**》（*Pursuing Human Strengths: A Positive Psychology Guide*），本书由加尔文学院（Calvin College）的马丁·博尔特（Martin Bolt）所著，这是一本帮助学生了解积极心理学的迷人之处以及洞察自身优势的绝好著作。

> 《**心理学导论中的批判性思维**》（*Critical Thinking Companion for Introductory Psychology*），由西佛罗里达和辛西娅·格雷·毕洛伊特学院（West Florida and Cynthia Gray Beloit College）的简·洛宁（Jane S. Halonen）所著。书中包含了批判性思维策略指南，以及诸多练习：模式识别、实践问题解决、创造性问题解决、科学问题解决、心理学推理以及换位思考。

> 沃思出版社很荣幸地向读者推荐若干选自《科学美国人》的文章。《**科学美国人读者：与心理学为伴**》（第三版）以获奖科学新闻为基础，由丹尼尔·夏克特（Daniel L. Schacter）、丹尼尔·吉尔伯特（Daniel T. Gilbert）、丹尼尔·韦格纳（Daniel M. Wegner）以及马修·诺克（Matthew K. Nock）编著，其中包含了心理学领域最前沿的研究工作。基于这些作者本人的进一步选取，本集锦通过这些为普通的非专业民众撰写的文章，帮助读者更为深入地了解心理学。

> 《**心理学与现实世界：描述对社会实质贡献的文集**》（*Psychology and Real World: Essays Illustrating Fundamental Contributions to Society*），这是一本收录

了杰出科学家及其里程碑式研究的优秀文集。本书由非营利性组织 FABBS 基金会①（FABBS Foundation）联合出版，其中收录了伊丽莎白·洛夫特斯（Elizabeth Loftus）关于错误记忆的研究，埃里奥特·阿伦森（Eliot Aronson）的拼图教室研究，以及丹尼尔·韦格纳关于思维压制的研究。部分收入捐赠给 FABBS 基金会，用以资助认知、心理、行为与脑科学协会。

演示报告

- **互动演示幻灯片（Interactive Presentation Slides）**是另一项将沃思出版社丰富的媒体资源引入课堂的方式，并且无需大量的事先准备工作。其中每一个演示课件都包含着重要的心理学议题并整合了沃思出版社高质量的视频与动画，从而打造出引人入胜的教学与学习体验。这些互动式演示文档是对《心理学》（第三版）用户的奖励，非常适合技术新手和专家们使用。
- **讲师资源（Instructor's Resources）**是由威斯康星大学麦迪逊分校（University of Wisconsin-Madison）杰弗瑞·昂里格斯（Jeffery Henriques）开发，能够为新老教师提供多种资料。除了能够为课堂教学提供章节背景阅读资料以及建议之外，手册还为学生的多模式学习提供了丰富的活动资源。讲师资源能够在网上下载，网址是 http://www.worthpublisher.com/lauchpad/schacter3e。
- **心理学导论的沃思视频选集（Worth Video for Introductory Psychology）**包含了 300 多条独家视频，将心理学带入了人们的日常生活之中。这是给《心理学》（第三版）用户的又一项福利，丰富的视频选集涵盖了临床心理学影像、访谈、动画，以及新闻片段，生动地展示了心理学课程中的各个主题。
- **教师休息室（Faculty Lounge）**，是由沃思出版社提供的在线论坛。在这里，教师们能够发现并共享自己喜欢的教学点子和教学资料，包括视频、动画、图片、PowerPoint 幻灯片、新闻故事、文章、网络链接以及课堂活动。您可以登陆网站并上传您喜爱的心理学教学资料，网址是 http://www.worthpublisher.com/faultylounge。

致谢

看到我们几个人的照片之后，无论你会做何猜测，我们都找到了愿意嫁给我们的女人。

---

① FABBS 基金会，全称行为与大脑科学协会基金会（Federation of Associations in Behavioral & Brain Sciences），成立于 2004 年，旨在提升对人类心智、大脑与行为的研究与理解。——译者注

感谢苏珊·麦浩礼（SuanMcGlynn）、玛丽琳·奥列芬特（Marilynn Oliphant）以及卡莎·诺克（Keesha Nock）让奇迹发生，在常年累月忙于本书的写作过程中，感谢她们的爱与支持。

虽然我们几个的名字出现在本书的封面，但是这本书是团队工作的结晶，我们是无比幸运的，拥有一支出色的专业团队在身边。在此，我们特别要感谢他们的支持：马丁·安东尼（Martin M. Antony）、马克·鲍德温（Mark Baldwin）、米歇尔·巴特勒（Michelle A. Butler）、帕特丽夏·山克（Patricia Csank）、丹妮丝·康明斯（Denise D. Cummins）、伊恩·迪尔尼（Ian J. Deary）、霍华德·艾亨鲍姆（Howard Eichenbaum）、山姆·高斯林（Sam Gosling）、保罗·哈里斯（Paul Harris）、凯瑟琳·梅尔斯（Catherine Myers）、茂弘大石（Shigehiro Oishi）、亚瑟·雷伯（Arthur S. Reber）、摩根·萨蒙斯（Morgan T. Sammons）、丹·西蒙（Dan Simons）、艾伦·斯文克尔斯（Alan Swinkels）、理查德·温斯拉夫（Richard M. Wenzlaff）、史蒂芬·杨缇斯（Steven Yantis）、

我们还要感谢编辑、文书以及研究助理莫莉·伊万斯（Molly Evans）以及马克·可尼普里（Mark Knepley）。

除此之外，我们还要感谢重点补充材料的作者们。为了本书能够适应课堂教学，他们提供了深刻见解和丰富的材料支持。他们是查德·格鲁斯卡（Chad Galuska）、杰弗瑞·昂里格斯（Jeffery Henriques）和罗斯·福若哈特（Russ Frohardt），我们感谢你们在教室中不辞辛劳的工作，以及为本书补充材料所做的贡献。

我们在此还要感谢为我们审阅书稿的同仁。感谢这些老师们努力投入，他们是我们最好的同事。

艾琳·埃科恩（Eileen Achorn）
美国得州大学圣安东尼奥分校（University of Texas，San Antonio）
吉姆·艾伦（Jim Allen）
纽约州立大学杰纳苏学院（SUNY Geneseo）
兰迪·阿尔瑙（Randy Arnau）
南密西西比大学（University of Southern Mississippi）
本杰明·班尼特-卡朋特（Benjamin Bennett-Carpenter）
奥克兰大学（Oakland University）
珍妮佛·巴特勒（Jennifer Butler）
凯斯西储大学（Case Western Reserve University）
理查德卡·瓦西亚（Richard Cavasina）
宾夕法尼亚加利福尼亚大学（California University of Pennsylvania）
安布尔·切诺韦思（Amber Chenoweth）
肯特州立大学（Kent State University）
史蒂夫·丘（Stephen Chew）
桑佛德大学（Samford University）
克里斯安·克里斯滕森（Chrisanne Christensen）
南阿肯色大学（Southern Arkansas University）
谢丽尔·希维杰（Sheryl Civjan）
霍利奥克社区学院（Holyoke Community

珍妮佛·黛尔（Jennifer Dale）
奥罗拉社区学院（Community College of Aurora）
珍妮佛·丹尼尔斯（Jennifer Daniels）
康涅狄格大学（University of Connecticut）
约书亚·多比雅斯（Joshua Dobias）
新罕布什尔大学（University of New Hampshire）
黛尔多·提（Dale Doty）
门罗社区学院（Monroe Community College）
朱莉·艾薇-约翰逊（Julie Evey-Johnson）
南印第安纳大学（University of Southern Indiana）
瓦莱丽·法梅尔-杜根（Valerie Farmer-Dugan）
伊利诺伊州立大学（Illinois State University）
戴安·菲贝尔（Diane Feibel）
辛辛那提大学-雷蒙德沃尔特斯学院（University of Cincinnati, Raymond Walters College）
乔斯林·福克（Jocelyn Folk）
肯特州立大学（Kent State University）
查德·古鲁斯卡（Chad Galuska）
查尔斯顿学院（College of Charleston）
阿夫欣·佳里布（Afshin Gharib）
加州多明尼克大学（Dominican University of California）
珍妮佛·吉布斯（Jeffrey Gibbons）
克里斯特佛尔·纽波特大学（Christopher Newport University）
亚当·古蒂（Adam Goodie）
佐治亚大学（University of Georgia）
帕特里·夏葛雷丝（Patricia Grace）
开普兰大学在线（Kaplan University Online）

莎拉·格森（Sarah Grison）
伊利诺伊大学香槟分校（University of Illinois at Urbana-Champaign）
狄丽莎·哈丁（Deletha Hardin）
坦帕大学（University of Tampa）
加布里埃尔·雷德凡斯基（Gabriel Radvansky）
圣母诺特丹大学（University of Notre Dame）
西莉亚·里夫斯（Celia Reaves）
门罗社区学院（Monroe Community College）
黛安·雷迪（Diane Reddy）
威斯康辛大学米尔沃基分校（University of Wisconsin, Milwaukee）
辛西娅·里德（Cynthia Shinabarger Reed）
美国塔兰特大学（Tarrant County College）
大卫·雷茨（David Reetz）
汉诺威学院（Hanover College）
塔尼娅·伦纳（Tanya Renner）
卡皮欧兰尼社区学院（Kapi'olani Community College）
安东尼·罗布特森（Anthony Robertson）
温哥华岛大学（Vancouver Island University）
南希·罗格斯（Nancy Rogers）
辛辛那提大学（University of Cincinnati）
温蒂·罗特（Wendy Rote）
罗切斯特大学（University of Rochester）
拉里·鲁迪格（Larry Rudiger）
佛蒙特大学（University of Vermont）
莎林·萨凯（Sharleen Sakai）
密歇根州立大学（Michigan State University）
史蒂芬·布赖森（Stephen Blessing）
坦帕大学（University of Tampa）

克里斯廷·翁多利洛（Kristin Biondolillo）
阿肯色州立大学（Arkansas State University）
杰弗瑞·布鲁姆（Jeffery Blum）
洛杉矶城市学院（Los Angeles City College）
理查德·鲍温（Richard Bowen）
芝加哥洛约拉大学（Loyola University Chicago）
杰森·哈特（Jason Hart）
克里斯托夫纽波特大学（Christopher Newport University）
莱斯利·哈索恩（Lesley Hathorn）
丹佛大都会州立学院（Metropolitan State College of Denver）
马克·哈芭（Mark Hauber）
纽约市立大学－亨特学院（Hunter College）
杰奎琳·海姆布鲁克（Jacqueline Hembrook）
新罕布什尔大学（University of New Hampshire）
亚伦·哈夫考特（Allen Huffcutt）
布拉德利大学（Bradley University）
马克·赫德（Mark Hurd）
查尔斯顿学院（College of Charleston）
琳达·杰克森（Linda Jackson）
密歇根州立大学（Michigan State University）
珍妮佛·约翰逊（Jennifer Johnson）
瑞德大学（Rider University）
兰斯·琼斯（Lance Jones）
博林格林州立大学（Bowling Green State University）
琳达·琼斯（Linda Jones）
布林学院（Blinn College）
凯瑟琳·贾奇（Katherine Judge）
克利夫兰州立大学（Cleveland State University）
唐·凯茨（Don Kates）

杜佩奇学院（College of DuPage）
玛莎·奈特－欧克利（Martha Knight-Oakley）
沃伦威尔逊学院（Warren Wilson College）
肯·科恩斯夫（Ken Koenigshofer）
查菲学院（Chaffey College）
尼尔·克雷歇尔（Neil Kressel）
威廉帕特森大学（William Patterson University）
乔希·兰多（Josh Landau）
宾州约克学院（York College of Pennsylvania）
弗雷德·莱维特（Fred Leavitt）
加州州立大学东湾分校（California State University, East Bay）
特拉力·特兹林（TeraLetzring）
爱达荷州立大学（Idaho State University）
卡斯滕洛普曼（KarstenLoepelmann）
阿尔伯塔大学（University of Alberta）
雷洛·佩兹（Ray Lopez）
得克萨斯大学圣安东尼奥分校（University of Texas at San Antonio）
杰弗里·勒夫（Jeffrey Love）
宾州州立大学（Penn State University）
格雷格·洛维斯基（Greg Loviscky）
宾州州立大学帕克校区（Penn State, University Park）
马修桑·德斯（Matthew Sanders）
马凯特大学（Marquette University）
菲利普·沙茨（Phillip Schatz）
圣约瑟夫大学（Saint Joseph's University）
范恩·斯科特（Vann Scott）
阿姆斯特朗大西洋州立大学（Armstrong Atlantic State University）

科琳·塞弗特（Colleen Seifert）
密歇根大学（University of Michigan at Ann Arbor）
韦恩·西比利斯基（Wayne Shebilske）
莱特州立大学（Wright State University）
伊丽莎白·舍温（Elisabeth Sherwin）
阿肯色大学小石城分校（University of Arkansas at Little Rock）
丽莎·辛（Lisa Shin）
塔夫茨大学（Tufts University）
肯尼思·索贝尔（KenithSobel）
中阿肯色大学（University of Central Arkansas）
吉纳维芙·史蒂文斯（Genevieve Stevens）
休斯顿社区大学（Houston Community College）
马克·斯图尔特（Mark Stewart）
美国河流学院（American River College）
霍利斯·特劳布（Holly Straub）
南达科他大学（University of South Dakota）
妮可·布拉格（Nicole Bragg）
俄勒冈胡德社区学院（Mt Hood Community College）
珍妮佛·伯尼斯（Jennifer Berneiser）
瓦尔多斯塔州立大学（Valdosta State University）
米歇尔·布伦利（Michele Brumley）
爱达荷州立大学（Idaho State University）
乔西·伯克（Josh Burk）
威廉玛丽学院（College of William & Mary）
琳·达梅（Lynda Mae）
亚利桑那州国家大学（坦佩）（Arizona State University at Tempe）
凯特琳·梅海（Caitlin Mahy）

俄勒冈大学（University of Oregon）
乔治·曼利（Gregory Manley）
得克萨斯大学圣安东尼奥分校（University of Texas at San Antonio）
凯伦·马什（Karen Marsh）
明尼苏达大学德卢斯分校（University of Minnesota at Duluth）
罗伯特·马瑟（Robert Mather）
中俄克拉荷马大学（University of Central Oklahoma）
万达·麦卡锡（Wanda McCarthy）
辛辛那提大学克莱蒙特学院（University of Cincinnati at Clermont College）
丹尼尔·麦克卡内尔（Daniel McConnell）
中佛罗里达大学（University of Central Florida）
罗伯特·麦克纳利（Robert McNally）
奥斯汀社区学院（Austin Community College）
道恩·梅尔泽（Dawn Melzer）
圣心大学（Sacred Heart University）
丹尼斯·米勒（Dennis Miller）
密苏里大学（University of Missouri）
米尼翁·蒙彼蒂（Mignon Montpetit）
迈阿密大学（Miami University）
托德·纳尔逊（Todd Nelson）
加州州立大学斯坦尼斯洛斯分校（California State University, at Stanislaus）
玛格丽特·诺伍德（Margaret Norwood）
奥罗拉社区学院（Community College of Aurora）
阿曼达·奥黑尔（Amanda O'Hare）
堪萨斯大学（University of Kansas）
梅丽莎·皮斯（Melissa Pace）

肯恩大学（Kean University）
布拉德·菲尔普斯（Brady Phelps）
南达科塔州立大学（South Dakota State University）
雷蒙德·菲尼（Raymond Phinney）
惠顿学院（Wheaton College）
克莱尔·圣彼得·皮普金（Claire St. Peter Pipkin）
西弗吉尼亚大学摩根分校（West Virginia University, Morgantown）
克里斯蒂·波特（Christy Porter）
威廉玛丽学院（College of William and Mary）
道格拉斯·普鲁伊特（Douglas Pruitt）
西肯塔基社区技术学院（West Kentucky Community and Technical College）
伊丽莎白·珀塞尔（Elizabeth Purcell）
格林维尔技术学院（Greenville Technical College）
玛丽·施多比（Mary Strobbe）
圣地亚哥米拉玛大学（San Diego Miramar College）
威廉姆斯·特拉瑟斯（William Struthers）
威顿学院（Wheaton College）
丽莎·托马森（Lisa Thomassen）
印第安纳大学（Indiana University）
杰里米·托斯特（Jeremy Tost）
瓦尔德斯塔州立大学（Valdosta State University）
罗拉·图瑞阿诺（Laura Turiano）
圣心大学（费尔菲尔德）（Sacred Heart University）
杰弗瑞·韦格曼（Jeffrey Wagman）
伊利诺伊州立大学（Illinois State University）
亚历山大·威廉姆斯（Alexander Williams）
堪萨斯大学（University of Kansas）
约翰·赖特（John Wright）
华盛顿州立大学（Washington State University）
迪恩·吉住（Dean Yoshizumi）
锡耶拉学院（Sierra College）
基思·杨（Keith Young）
堪萨斯大学（University of Kansas）

我们还要特别感谢沃思出版社的优秀团队。他们是沃思出版社的资深副社长凯瑟琳·伍兹（Catherine Woods）以及本书的发行人凯文·费延（Kevin Feyen），感谢他们在整个过程中对我们的引导与鼓励。本书的策划编辑丹·斯德波尼斯（Dan DeBonis），感谢他在管理整个项目中所表现出的才华、魅力与幽默感。开发编辑瓦莱丽·雷蒙德（Valerie Raymond）和米米·梅莱克（Mimi Melek），印刷及电子出版物开发主任特蕾·西库恩（Tracey Kuehn），项目编辑罗伯特·埃雷拉（RobertErrera），产品经理莎拉·西格尔（Sarah Segal），以及编辑助理凯蒂·加勒特（Katie Garrett），感谢她通过"点石成金"的魔力让一部原稿变成了一本著作。我们的艺术指导芭布斯·莱因戈尔德（Babs Reingold），封面设计保罗·莱西（Paul Lacy），图片编辑西莉亚·瓦拉（Cecilia Varas）以及图片检索负责人伊丽丝·雷德（Elyse Rieder），感谢他们让本书赏心悦目。我们的多媒体编辑瑞秋·科默福德（Rachel Comerford）。以及产品经理史黛丝·亚历山大（Stacey Alexander），感谢她为本书所打造的令人赞叹的补充材料包。我们的市场经理琳赛·约翰逊（Lindsay Johnson），市场开发助理柯莉丝斯·坦布里奇（CarliseStembridge），感谢她们为本书不知疲倦的宣传。感谢你们每一个人和所有人。希望未来还能有机会一起合作。

Daniel L. Schacter
丹尼尔·夏克特

Daniel T. Gilbert
丹尼尔·吉尔伯特

Matthew K. Nock
Cambridge, 2014
马修·诺克

第 1 章
心理学的科学之路

现实世界　拖延症的危害 _5

▲ 心理学的起源：成为一门研究心智的科学 _7
心理学的先驱：伟大的哲学家们 _7
从大脑到心智：法国的联结主义 _8
结构主义：将生理学方法应用于心理学 _10
铁钦纳把结构主义引入美国 _12
詹姆斯和机能主义 _13
现实世界　提高学习能力 _14

▲ 临床心理学的发展 _17
弗洛伊德和精神分析理论的发展道路 _17
精神分析理论的影响以及人本主义的反应 _19

▲ 对客观测量的探索：行为主义成为主流 _21
华生和行为主义的诞生 _21
其他声音　心理学是一门科学吗 _22

斯金纳和行为主义的发展 _24

▲ 回归心智：心理学的拓展 _27
认知心理学的先行者 _27
认知心理学的技术与发展 _30
当大脑遇到心智：认知神经科学的兴起 _31
大脑可塑性：进化心理学的诞生 _33

▲ 超越个体视角：社会和文化的视角 _36
社会心理学的发展 _36
文化心理学的诞生 _37
文化与社区　西方和东方文化下的分析观和整体观 _38

▲ 心理学职业：过去和现在 _41
心理学家联盟：美国心理学会 _41
心理学家在做什么：研究事业 _42
科学热点　心理学是一门枢纽学科 _44

19世纪60年代发生了很多事。亚伯拉罕·林肯（Abraham Lincoln）当选为美国总统，波尼快递（Pony Express）开始在密苏里州和加利福尼亚州之间递送信件，一位名叫安妮·凯洛格（Anne Kellogg）的女士刚刚生了一个小孩，这个小孩长大后发明了玉米片。但是，对于正值18岁、聪明、沉默寡言、对未来生活还没什么想法的威廉·詹姆斯（William

James）来说，这些事都无所谓。他喜欢绘画，但觉得自己没有成为一名真正艺术家的天赋。他对在学校学习的生物学挺感兴趣，但又担忧研究自然科学拿到的薪水不足以养家糊口。于是，就像所有对未来犹豫不决的年轻人那样，威廉放弃了他的梦想，选择了做自己不怎么感兴趣但家人热衷的事情。然而进入哈佛医学院没几个月，他对医学的"不怎么感兴趣"发展成"毫无兴趣"，于是在几位老师的鼓励下，他暂停学习医学，加入一支前往亚马逊河流域进行生物学考察的探险队。尽管探险过程中他学到了大量关于水蛭的知识，但这次探险并没有使他的兴趣集中起来。当他回到医学院后，他的身心健康都开始恶化。大家都认为威廉·詹姆斯不适合去掌控手术刀或管理一堆麻醉药品。

如果詹姆斯后来成为一名艺术家、生物学家或内科医生，也许我们现在就不会对他这么了解。幸运的是，他虽然是一个经常陷入困惑的年轻人，却可以讲五种语言，当他变得非常抑郁以至于不得不再次离开医学院的时候，他决定去欧洲旅行。在那里，他至少没有语言沟通的障碍。在交谈和倾听的过程中，他了解到一门新的学科——**心理学**（心理学的英文 psychology 来自于希腊语的 psyche 和 logos，前者指灵魂，后者指学习）。他发现这个逐渐兴起的领域正在尝试用一种现代的、科学的方法，去回答关于"人的本质"的古老问题。这个问题在他探寻人生意义的过程中如影随形，他对此既熟悉又痛苦，而这个问题之前只有诗人和哲学家在尝试回答（Bjork, 1983; Simon, 1998）。对这门新学科的强烈兴趣驱使詹姆斯返回美国并很快完成医学专业的学习。但他从来没有从事过医学工作，也没尝试去做。他成为了哈佛大学的一名教授并从此终生致力于心理学。他的划时代著作《心理学原理》（*The Principles of Psychology*）时至今日仍被广为阅读，仍是心理学领域最有影响力的著作之一（James, 1890）。

之后又发生了很多事。亚伯拉罕·林肯的头像出现在一便士的硬币上，波尼快递被电子邮件（e-mail）和推特（Twitter）取代，家乐氏公司（Kellogg Company）每年的玉米片销售额大约是 90 亿美元。如果威廉·詹姆斯（1842—1910）还活着，他一定会为此而震惊。但如果他能够看到他参与创立的科学领域的巨大进步，他一定会更震惊。

心理学是研究心智和行为的科学。**心智（mind）**指感知、思维、记忆、情感等个体的内在体验，是人的意识的全过程。**行为（behavior）**指人和动物的可以观察到的活动，是我们每天都在做的事情。在后续章节中你会看到，心理学使用科学方法去研究千百年来困扰人们的关于心智和行为的基本科学问题。对这些问题的回答一定会让威廉·詹姆斯很震惊。我们看看三个例子：

心理学（psychology） 研究心智和行为的科学。

心智（mind） 感知、思维、记忆和情感等个体的内在体验。

行为（behavior） 人和动物的可以观察到的活动。

1. 什么是知觉、思维、记忆、情感的基础？或者说，我们的主观感受的基础是什么？

几千年来，哲学家们试图认识身体这一客观、生理的世界如何与心智这一主观、内在的世界之间相互联系。今天，心理学家知道我们所有的主观感受都是大脑的电活动和化学活动。就像你在本书中将要看到的，心理学研究中最让人兴奋的发现主要集中于人类知觉、思维、记忆和情感与大脑活动的关系。心理学家和神经科学家使用一些新技术去揭示这个关系，而这一切在20年前都像是科幻小说。

比如，功能磁共振技术（functional magnetic resonance imaging, fMRI）使得科学家可以扫描人的大脑，从而确定当人在阅读单词、看到面孔、学习新技能或回忆个人经历时，大脑的哪个部分被激活。最近的一项研究中，科研人员扫描了正在进行复杂手指运动（如弹钢琴）的钢琴家和初学者的大脑。结果显示，与初学者相比，钢琴家大脑中负责手指运动的区域激活程度更低（Krings等，2000）。这个结果说明，长期强化的钢琴演奏改变了钢琴家的大脑，负责手指运动区域的脑功能比初学者效率更高。在"记忆"和"学习"等章节中对此还有更多介绍，你会看到在研究中使用fMRI和其他相关技术是如何改变心理学的一些研究领域的。

2. 心智如何使我们在这个世界上做出各种有效行为？

科学家们有时会说功能决定形式，也就是说，如果我们想知道一个东西是怎么工作的（如一个引擎或一个温度计），我们首先需要知道这个东西是用来做什么的（如驱动交通工具或测量温度）。威廉·詹姆斯经常提到"思考的目的是行动"，心智的功能是帮助我们完成那些高等动物生存繁衍所需要做的事情，如获取食物、获得栖身之处，以及择偶。心理过程被认为是具有"适应性的"（adaptive），意思是心理过程能够使生物体更好地生存和繁衍。知觉使得我们能够识别我们的家人，在猎食者发现我们之前先发现它们，避免撞到迎面而来的车辆。语言使得我们能够组织我们的想法，跟别人沟通，从而使我们能够建立社会群体并进行合作。记忆使得我们不需要一次又一次地解决同一个问题，因为我们可以记住自己做什么以及为什么这么做。情绪使得我们在面对具有生存或死亡意义的重要事件时能够迅速做出反应，使我们能够建立强大的社会关系。这个清单可以无限地列下去。

由于心理过程有适应性，因此在这些方面存在缺陷的人往往会遭遇一些非常艰难的时刻，这就不足为奇了。神经科学家安东尼奥·达马西奥（Antonio Damasio, 1994）讲述了埃利奥特（Elliot）的案例，他是一位中等年纪、拥有很好职业的丈夫和父亲，但是当外科医生在他的大脑中发现一个肿瘤之后，他的生活彻底改变了。外科医生能切除肿瘤以挽救他的生命，他在刚做完手术的那会儿看上去还挺不错。但是，后来奇怪的事情发生了。最初，当埃利奥特的功能恢复到可以自己做决策时，他所做的决策比以前糟糕。随着时间的推移，他做的决策越来越糟糕。工作中，他无法确定应该优先完成的工作，因为他不知道什么事情最重要。而且当具体做事情的时候，他总是会做错。于是他被解雇了。随后他又做了很多很危险的商业冒险，所有这些尝试都失败了。最后他花光了所有积蓄，妻子与他离婚，他又再婚，而第二任妻子最后也离开了他。

是什么毁了埃利奥特的生活？给他做检查的神经科学家并没有发现他的认知功能有什么损伤。他的智商没有下降，语言能力、思维能力、解决逻辑问题的能力与生病之前一样好。但是，当神经科学家给他做了进一步检查后，发现了一件让人吃惊的事情：埃利奥特丧失了情绪体验。比如，当他的老板把解雇通知书给他、把他逐出办公室时，他不会感到悔恨或愤怒；当他把全部积蓄投入到一项非常愚蠢的商业投资中时，他不会感到焦虑；当他的两任妻子先后收拾行李离开他时，他不会感到难过。我们很多人都期望我们能够做到如此淡定从容，那么，到底谁需要焦虑、难过、悔恨和愤怒？答案是：我们都需要。

3. 为什么有时候心智能力的表现不那么有效？

心智是一架神奇的机器，可以迅速完成很多事情。我们可以在开车的同时与乘客聊天、看路牌号、回忆收音机里正在放的这首音乐的名字。但是，就像所有机器那样，心智也经常通过降低准确性来换取速度和功能的多样性。这会使心智系统产生"漏洞"，偶尔也会引发我们高效的心智加工出现一些运行故障。心理学令人着迷的原因之一就是我们每个人都有发生各种各样错误和错觉的倾向。事实上，如果思维、情感和行为不会犯错，人的行为就会永远有秩序、可预测，但却很无趣。显然我们不是这样的。实际上，我们的生活允满意外，这些意外恰恰来自于我们总是在错误的时间做错误的事情。

有一项探究日常生活中思维错误的研究，以下是一些参与这项研究的人所记录的日记（Reason 和 Mycielska, 1982, 第70—73页）：

> 我想把车开出来，但是当我经过通向车库后门的走廊时，我停下来，穿上靴子和园丁服，就像要去院子里干活。

> 我向邮票自动售卖机里投币买邮票，邮票出来后，我说了声"谢谢"。
> 离开客厅去厨房时，客厅里还有人，我就把灯关掉了。

如果这些失误让人觉得可笑，那是因为它们本身就是可笑的。同时，它们对研究人的本质是非常重要的线索。比如，请注意，一个人用邮票自动售卖机买邮票后说"谢谢"，而不是说"请问地铁怎么走"。换言之，这个人不是做了一件完全错误的事情，这件事情如果在一个真正的社交场合，是非常正确的。正如这些例子所表明的，人们经常会自动做一些事情，他们在做这些事情的时候并没有认真考虑，完全是习惯使然。如果我们没有积极地关注我们的所言所行，这些习惯就会被错误触发。威廉·詹姆斯（1890）认为这种习惯的影响可以解释人们心不在焉时的奇怪举止。他在《心理学原理》一书中写道："……心不在焉的人……本来是为了出席晚餐，走进卧室去换衣服，结果却脱掉衣服上

现实世界

拖延症的危害

威廉·詹姆斯知道人的心智和行为之所以让人着迷，在某种程度上是因为人会犯错误。大脑的错误之所以有趣，在于它们有助于我们更好地理解心智活动和行为，同时也具有实际意义。让我们看看一种对生活有非常大影响的"故障"：拖延症。

或多或少，我们都曾有过逃避或推迟完成一项任务的经历。也许任务本身让人生厌，也许任务很困难，也许它没有我们同时想做的别的事情好玩。对大学生而言，拖延症会对学习产生很多影响，比如影响完成学期论文或准备考试。学习拖延症并不少见，超过70%的大学生报告他/她们有某种类型的拖延症（Schouwenburg，1995）。晚上与朋友一起出去玩的确很开心，但是为即将到来的历史考试担心三天，或考试那天一直复习到凌晨4点却并不是件开心的事。马上学习，或者每天学习一点，可以让拖延症的影响小一点。

有些拖延症患者会为自己辩护，宣称他们在压力下会工作得更好，或强调只要一项工作完成了，就没必要在意是不是在截止时间快到之前才完成。这些借口合理吗？或者这些借口仅仅是给事与愿违的行为找的软弱无力的理由吗？

一项对60名心理学系大学生所

做的研究为上述问题提供了一些有意思的回答（Tice 和 Baumeister，1997）。学期伊始，研究人员告诉学生，他们需要在某个时间点之前完成学期论文。如果不能如期完成，可以宽限一段时间。一个月后，学生们完成了一项拖延症测试。同时，在这个月最后一周，记录学生们在过去这周里的身体健康状况、感受到的压力，以及过去一个月内去卫生保健中心（health care center）的次数。

在拖延症量表上得分高的学生更倾向于延迟交论文。开学后的一周内，这些学生报告的压力和身体疾病症状比非拖延症者报告的更少。但是，到学期末，他们报告的压力和疾病症状超过了非拖延症者，而且去卫生保健中心的次数也更多。而且，他们学期论文和课程考试分数更低。近来有很多研究报告拖延症与学业成绩差相关（Moon 和 Illingworth，2005）。因此，除了运用"现实世界"栏提供的提升学习能力的技巧外，在学习这门课以及其他课程时避免拖延症的影响也是明智之举。

床睡觉去了……"

5   詹姆斯认识到心智发生的错误不但有趣，而且给我们带来启示。当代心理学发现研究心智所犯的错误对人类非常有帮助。当一个物体作为一个整体良好运作时，通常不会给我们留下线索去分析它是如何运作的。汽车只要运转良好，它们在高速公路上飞驰的样子就像魔毯一样，因为我们并不知道是什么样的"魔力"在驱动它们。只有当车出故障了，我们才会知道引擎、水泵和其他精细的零部件，以及所有这些部件一起驱动车辆行驶的运行过程。故障和失误不仅仅是破坏或失败，它们更是通往知识的途径（参阅"现实世界"栏中一个普遍发生的例子：拖延症）。同样，了解人类的走神、失误、错误，以及偶尔表现出来的让人觉得迷惑的行为，有助于我们理解正常状态下的思想活动和行为。因大脑手术而变得行为迥异的埃利奥特的故事就是一个例子，充分说明情绪在引导人们做出正常的判断和行为中所起的作用。

心理学令人振奋，因为这门学科解决关于人的经验和行为的最基础的科学问题，我们前面提到的三个问题仅仅是心理学这座巨大冰山的一角。这本书就像是一个向导，引导我们去探索冰山的其他部分。但是，在我们穿起防寒服和抓住丁字斧之前，我们首先需要知道为什么会有这座冰山。想了解 21 世纪的心理学，我们首先需要知道心理学的历史。

心理学的起源：成为一门研究心智的科学

19 世纪 60 年代，年轻的威廉·詹姆斯中断医学学业前往欧洲旅行，他想知道人的本质是什么。但是，当时他所面对的情境比今天同样一个充满好奇心的学生所面对的情境要困难得多，最主要的原因是，当时心理学还不是一门独立的学科。正如詹姆斯不客气地所写的"我听到的第一节心理学课正是我讲的第一课"（Perry, 1996, 第 228 页）。当然，这并不意味着之前没有人思考过人类本质的问题。两千多年来，胡子拉碴、牙齿歪斜的思想家们一直在琢磨这个问题，且事实上当代心理学承认自身源自哲学。我们将从分析这些源头开始，描述早期通过把心智与大脑相连接，从而使心理学成为一门科学的历程。随后，我们将了解心理学家是如何形成不同的阵营（或流派）：结构主义试图通过把心智细分为最基本的元素来分析它，而机能主义关注心理能力是如何让人们适应环境。

心理学的先驱：伟大的哲学家们

自古人类就期望了解自身。古希腊哲学家如柏拉图（公元前 428—公元前 347）和亚里士多德（公元前 384—公元前 322）是最初尝试回答心智如何工作的人（Robinson, 1995）。古希腊哲学家们辩论的很多问题，时至今日心理学家们仍在辩论。例如，认知能力和知识是生而有之，还是只能通过经验获得？柏拉图赞成**先天论（nativism）**，该理论认为人固有或天生具有某些知识。各种文化下的儿童都能发现有些声音有意义，可以组合成词，进而组合成句子。儿童在学会应该在何处排便之前，没有经过任何正式训练就已经掌握了基本的语言。是否学习语言的习性是"天生"的（儿童与生俱来的）？或者，学习语言的能力依赖于儿童的经验？亚里士多德认为儿童的心智就像一块白板，在白板上留下痕迹的是经验。他支持**经验主义哲学（philosophical empiricism）**，该理论认为所有知识都是通过经验获得的。

尽管当代心理学家很少有人认为先天论或经验论是绝对正确的，但是仍然在争论一

先天论（nativism） 认为人固有或天生具有某些知识的哲学理论。
经验主义哲学（philosophical empiricism） 认为所有知识都是通过经验获得的哲学理论。

困扰哲学家们几千年的基本问题是什么?

个问题:特定的行为在多大程度上受先天影响,又在多大程度上受后天影响?在某种程度上讲,古代哲学家们在没有科学证据的基础上能够提出这么多心理学中的重要问题,并且给出了一些非常有见地的解释,这是多么神奇的事情。他们的想法来自于个人观察、直觉和猜测。尽管他们很擅长辩论,但是他们通常会发现要解决争议几乎不可能,因为他们提供的证据并不能够支持他们的理论。在"心理学研究方法"那一章,你会看到,去验证一个理论的能力是科学的基石和当代心理学研究能够形成确定结论的基础。

从大脑到心智:法国的联结主义

我们都知道大脑和身体是可以看得见摸得着的客观存在,而我们心智中的主观内容,如知觉、思维、感受等,不是客观存在。内在感受非常真实,但它们到底在哪儿?法国哲学家勒内·笛卡尔(1596—1650)认为身体和心智根本不是一回事——身体是由客观物质构成的,而心智(或灵魂)是由非物质的,或者说是精神物质构成的。但是,如果身体和心智由不同物质构成,那它们是怎么相互作用的?心智是怎么命令身体向前走的?身体碰到钉子时,心智是怎么说出"哎呀"的?这就是二元论的问题,即心理活动是如何与身体行为协调合作的。

笛卡尔认为心智是通过大脑底部一个非常小的结构——松果体来影响身体的。他提出的这个观点在当时是很孤立的,那个时代的其他哲学家不是反对他的解释,就是提出其他解释。比如,英国哲学家托马斯·霍布斯(Thomas Hobbes,1588—1679)认为心智和身体并非不同的东西,事实上,心智就是大脑在工作。从霍布斯的观点来看,在大脑中寻找一个心智与身体的联结点,就好似在电视上寻找一个图像和显示器的联结点。

最早对二元论的解释是什么?

法国物理学家弗朗兹·约瑟夫·加尔(Franz Joseph Gall,1758—1828)认为大脑和心智是通过体积大小而非腺体被联系在一起的。他研究了动物的大脑以及因病去世者、健康成年人和儿童的大脑,发现随着大脑体积增大,心理能力往往增加;随着大脑受损害,心理能力降低。加尔的发现被广泛接受(关于大脑损伤的内容时至今日仍被接受)。但是,加尔发展出了一个他的证据远远不足以证实的心理学理论,即后来为我们所知且已消亡的学说——**颅相学（phrenology）**（见图1.1）。该学说认为典型的心理能力以及心理特征，从记忆到快乐的能力，都能够定位到大脑的特定区域中。大脑的特定区域与特定的心理能力有关，这一点是正确的。本书后文会讲到，人脑的海马与记忆有关，杏仁核与恐惧有关。但是颅相学的解释过于极端。加尔断言，头盖骨上的凸起或压痕的大小能够反映大脑中相应区域的大小，通过感受这些凸起，能够判断一个人是否友好、谨慎、坚定，以及理想主义等。加尔没有意识到，头盖骨上的凸起不一定能够揭示大脑内部的形态。

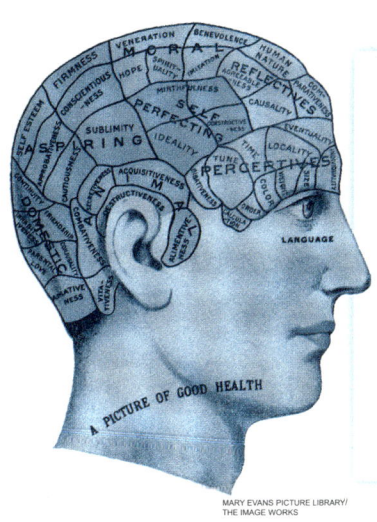

图1.1 颅相学。弗朗兹·约瑟夫·加尔（1758—1828）提出一个理论叫颅相学，该理论认为心理能力（如友好的能力）和心理特征（如谨慎和欢乐）都可以定位于大脑的特定部位。一个人拥有的这些能力越多，相对应地，头盖骨上的凸起就越多。

颅相学的框架搭得很漂亮，还给了年轻人一个互相爱抚的好借口，但归根到底这个理论仅仅基于很薄弱的证据就形成了一系列过于肯定的言论。毫不奇怪，加尔收到的批评和嘲弄非常多。尽管颅相学在其诞生之初曾很受追捧，但它很快就消亡了（Fancher, 1979）。

加尔忙于研究颅相学的同时，其他法国科学家们在试图用更可信的方式来研究大脑和心智的关系。生物学家弗洛朗（Marie Jean Pierre Flourens, 1794—1867）认为加尔的结论太泛化，方法太草率，于是他做了一些手术实验，如取走狗、鸟和其他一些动物大脑的特定部位，他发现这些动物的动作和行为异于大脑未受损的动物。

法国外科医生保罗·布洛卡（Paul Broca, 1824—1880）研究了一位大脑左半球受损的病人（该受损区域即布洛卡区）。病人的名字叫莱沃尔涅（Monsieur Leborgne），他丧失了语言

对大脑受损病人的研究是如何帮助人们理解心智和大脑关系的？

能力，只能发出一个单音节"tan"，但他能够听懂别人对他说的话，并且能够通过手势来交流。布洛卡据此形成一个关键认识：大脑特定区域受损会导致特定心理功能的丧失，

颅相学（phrenology） 现已消亡的一种理论，将特定的心理活动和特征，从记忆到快乐的能力，都定位于大脑的特定区域。

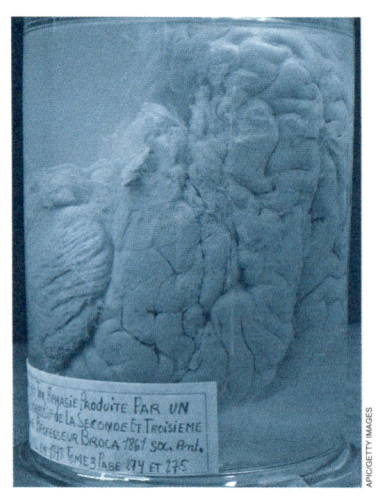

莱沃尔涅（Leborgne）外号叫"tan"，因为这是他能说出来的唯一一个词。1861年他去世后，保罗·布洛卡（Paul Broca）解剖了他的大脑，发现他的大脑左半球受损。保罗·布洛卡认为正是这个区域受损导致了 tan 的言语功能障碍。如今，莱沃尔涅的大脑仍然被保存在法国巴黎迪皮特朗博物馆（Musee Dupuytren）的一个瓶子中。时至今日，已无人知道他的全名。

由此可以肯定大脑和心智是紧密相连的。这个发现对于19世纪而言是非常重要的，因为当时很多人接受了笛卡尔的理论，认为心智与大脑和身体彼此分离，仅仅是相互作用而已。布洛卡和弗洛朗是最早解释心智来源于大脑这一客观物质的人。他们的研究启动了对心理过程的科学探索。

结构主义：将生理学方法应用于心理学

19世纪中叶，心理学从德国科学家的工作中获益颇丰。这些科学家所从事的领域是**生理学（physiology）**，这是一门研究生理过程的学科，特别是人体的生理过程。生理学家发展出很多方法，可以测量神经放电速度等诸如此类的事情，其中有些生理学家开始用这些方法来测量心理能力。威廉·詹姆斯被两位生理学家的研究所吸引，这两位生理学家分别是赫尔曼·冯·亥姆霍兹（Hermann von Helmholtz，1821—1894）和威廉·冯特（Wilhelm Wundt，1832—1920）。威廉·詹姆斯在1867年访问柏林期间写的一封信中称："看起来，心理学成为一门科学的时机到了……亥姆霍兹和海德堡的一位叫冯特的人正在为此而努力。"这两位科学家所做的什么工作吸引了詹姆斯？

亥姆霍兹测量反应时

作为一位兼具生理学和物理学背景的优秀的实验科学家，亥姆霍兹发明了一种方法，可以测量青蛙腿的神经冲动速度，随后他把这种方法用于研究人。亥姆霍兹训练参加者对腿的不同部位接收到的**刺激（stimulus）**——来自外界环境的感觉输入——做出反应。他会记录参加者的**反应时（reaction time）**，即记录对不同刺激做出反应的时间长短。亥

生理学（physiology） 研究生理过程，特别是人体生理过程的学科。

刺激（stimulus） 来自外界环境的感觉输入。

反应时（reaction time） 对不同刺激做出反应的时间长短。

姆霍兹发现，通常人们在脚趾受到刺激后做出反应的时间要长于大腿部位受到刺激时做出反应的时间，而这两个反应时之间的时间差可以用于估计腿部不同位置接受刺激后形成的神经冲动到达大脑的时间。这些发现震惊了19世纪的科学家们，因为当时每个人都认为心理活动是在一瞬间发生的。当你在眼前挥舞双手时，在你看到双手之前并不会感受到手在动。真实的世界并不像那些午夜电影一样，图像和声音之间总是有一点点时差。科学家们以为心理活动的神经过程是同步的，而亥姆霍兹的实验证明这是不对的。而且，他的研究也说明，反应时很可能是研究心智和大脑关系的一个有效方法。

亥姆霍兹的研究结果有什么应用价值？

冯特和结构主义的发展

尽管亥姆霍兹的贡献非常重要，历史学家还是把心理学的诞生归功于亥姆霍兹的研究助理——威廉·冯特（1832—1920; Rieber, 1980）。1867年，冯特在海德堡大学开设了生理心理学课，这可能是世界上第一门生理心理学课程，这门课的讲义于1874年正式出版，书名是《生理心理学原理》。冯特称此书是"使心理学成为一门科学的一次尝试"（Fancher, 1979, 第126页）。1879年，冯特在莱比锡大学建立了世界上第一个专门的心理学实验室，标志着心理学成为一门独立的科学。实验室创建伊始，有很多研究生在实施冯特设计的一系列研究，很快这个实验室就吸引了全世界想要了解冯特创建的这门新学科的年轻学者。

冯特认为科学的心理学应该聚焦于研究**意识**（consciousness），即个体对世界和心智的主观体验。意识覆盖了很广的主观体验。我们可能对景色、声音、味道、气味、身体感觉、思维、感受有意识。冯特想要寻找一条研究意识的科学道路，他发现化学家在尝试把自然物质分解为最基本的元素并进行研究。于是他和他的学生提出了**"结构主义"**学说，即对构成心智的基本元素进行分析。这个学说认为可以把意识分解为基本的感觉和感受，你可以坐在椅子上原地不动地进行一系列结构主义的分析。

化学家的研究对早期心理学的发展有什么影响？

想想我们自己的意识内容。就在此时，你可能在想这些词是什么意思，书上这些字母的视觉呈现特点，钥匙环压着大腿的不舒服感，兴奋或无聊的感觉（大概是兴奋），咖喱鸡沙拉的味道，或者1812年第二次独立战争是否真的达到了预期目的这类问题。在

意识（consciousness） 个体对世界和心智的主观体验。
结构主义（structuralism） 对构成心智的基本元素进行分析的学说。

第1章 心理学的科学之路 < 11

每一个特定时刻,所有这些事情都进入意识流,冯特尝试用一种系统的方法去研究意识,该方法称为**内省(introspection)**,即对个体自身体验的主观观察。在一个典型的内省法实验中,给观察者(通常是学生)呈现一个刺激(通常是颜色或声音),然后让其报告自己内省的结果。观察者描述的是颜色的亮度或声音的响度。他们根据没有经过加工的最初感觉经验来进行报告,而不是根据他们对这种感觉经验所做的解释。比如,给观察者呈现这张纸,观察者不会报告"看到纸上有字"(这被称为是对感受的解释),而可能是报告"看到一些黑色的标记,有些是直的,有些是弯的,背景是白的"。冯特也在尝试谨慎地描述与最基本的知觉相关的感受。比如,当他听到节拍器发出的敲击声时,感到有些节奏听起来比另外一些节奏更悦耳。通过分析感受和感知觉之间的关系,冯特和他的学生希望揭示意识体验的基本结构。

冯特尝试把亥姆霍兹发明的反应时技术应用于研究意识过程的主观测量中。冯特使用反应时去测量知觉刺激与对刺激做出解释之间时长的差异。他让实验参加者在听到声音后就按下按钮。要求其中一部分参加者集中注意力听声音然后再按钮,要求另一部分参加者把注意力集中于按压按钮。那些集中注意力听声音的被试,反应时比集中注意力按压按钮的被试慢十分之一秒。冯特认为,这两组被试都需要意识到声音,但是反应时慢的那一组还需要对声音和按压按钮之间的关系作出解释。反应快的那一组只需要关注他们将要做出的反应,因为不需要完成"进行额外解释"这一步骤,所以他们可以对声音做出自动反应(Fancher,1979)。这类实验开辟了新领域,说明心理学家可以运用科学的方法研究微妙的意识过程。事实上,在后面的章节中你会看到,在当前心理学研究中,反应时仍然是非常有用的方法。

铁钦纳把结构主义引入美国

冯特实验室的开创性工作使得心理学成为一门独立的学科,并且对19世纪的后来者们产生了深远影响。欧洲和美国的许多心理学家去莱比锡向冯特求教。其中的杰出人物之一是生于英国的爱德华·铁钦纳(Edward Titchener,1867—1927),他在19世纪90年代早期跟随冯特学习了两年多。随后返回美国,在康奈尔大学建立了一个心理学实验室(如果你愿意,可以在康纳尔大学心理学系看到保存下来的他的大脑)。铁钦纳把冯特的一些学说引入美国,同时他也进行了一些调整(Brock,1993; Rieber,1980)。例如,冯特强调意识的基本元素之间的关系,而铁钦纳关注的是确立基本元素本身。在他1896年出版的著作《心理学大纲》中,铁钦纳列出了大约44 000种意

内省(introspection) 对个体自身体验的主观观察。

识体验的基本元素，其中大部分是视觉（32 820 种）和听觉元素（11 600 种；Schultz 和 Schultz，1987）。

后来结构主义的影响日渐式微，主要原因来自于内省法本身。科学需要重复观察，如果每位科学家通过显微镜看到的都不一样，那我们就没法确定尘螨的 DNA 结构或生存期。让人叹息的是，即便很有经验的研究者，对他们的意识体验所做出的内省表达也总是不一样（"我看到了一朵像鸭子的云"——"不，我看到的像马"），因此，不同的心理学家对意识体验的基本元素的看法不一样。事实上，有一些心理学家已经开始质疑是否仅通过内省方法就可以确认意识的基本元素。最著名的质疑者之一，就是我们之前已经认识的脾气不好、拥有一个没用的医学学历的年轻人威廉·詹姆斯。

内省法有什么问题？

詹姆斯和机能主义

詹姆斯带着从欧洲游学中得到的可对心理学问题进行科学研究的灵感回到美国。他接受了哈佛大学的教职（主要因为大学校长是他家邻居和好友），而且这个职位允许他购买教学实验所需的设备。于是，詹姆斯凭借冯特和德国同行们开创的实验心理学，在美国大学开设了第一门心理学课程（Schulzt 和 Schulzt，1987）。

詹姆斯同意冯特的某些观点，包括强调内部经验的重要性以及内省法作为一种技术的有效性（Bjork，1983），但他不同意冯特认为意识可以分解为独立元素的观点。

机能主义与达尔文的自然选择论有何关系？

詹姆斯认为，尝试去孤立地分析一个特定时刻的意识（即结构主义者所做的事情）曲解了意识的基本特质。他认为，意识不是一堆分离的元素，而更像是一条溪流。因此，詹姆斯决定从一个全然不同的视角去研究心理学，并开创了后来为我们所知的"**机能主义**"（functionalism），即研究人类适应环境过程中的有意识的心理过程。与研究心理过程结构的"结构主义"不同，机能主义着重研究心理过程所发挥的功能。（见"现实世界"栏中有关提升心理能力之一的策略：学习。）

詹姆斯的想法受到了查尔斯·达尔文（Charles Darwin, 1809—1882）1859 年出版的《物种起源》（*On the Origin of Species by Means of Natural Selection*）的启发。达尔文提出了"**自然选择论**"（natural selection）：有助于生物体生存和繁衍的特征更有可能遗传给后代。

机能主义（functionalism） 研究人类适应环境过程中的有意识的心理过程的学说。
自然选择论（natural selection） 查尔斯·达尔文的理论，认为有助于生物体生存和繁衍的特征更有可能遗传给后代。

根据这个观点，詹姆斯推论因为心理能力具有适应性，也就是说因为心理能力可以帮助人们解决问题、增加生存机会，所以它肯定是逐步进化的。像其他动物一样，人类也需要逃避猎食者、寻找食物、建造栖身之所和吸引异性。应用达尔文的自然选择论原理，詹姆斯（James, 1890）提出，意识提供非常重要的生物功能，心理学家的任务就是理解这些功能。冯特和其他结构主义者在实验室开展研究，而詹姆斯认为这些研究结果不足以解释我们的意识在自然环境中如何发挥作用。反过来，冯特认为詹姆斯并没有足够关注他和其他结构主义者在实验室里得出的最新研究结果。冯特评价《心理学原理》一书，认为詹姆斯是一个一流的作家但不赞成詹姆斯的学说："这是文学，虽然很美，但不是心理学。"（Bjork, 1983, 第 12 页）

由于冯特的理论不乏反对者，詹姆斯的机能主义心理学很快有了拥戴者，尤其是在北美，达尔文的学说在那里影响了很多思想家。斯坦利·霍尔（G. Stanley Hall, 1844—1924）先后

现实世界

提高学习能力

为了更高效地学习这门课，你需要做一些看起来有点奇怪的事情：为难自己。但是，通过正确地"为难自己"，最后你会发现学习这门课对你来说并不难，而且你会学到更多。什么是"正确地为难自己"？我们的心智并不像录像机那样被动记录所有的事情并忠实地存储起来。为了记住新信息，你需要通过复述、解释、自测等方法来积极学习。这些方法看起来很难，但事实上心理学家把这些方法称为"可预期的困难"（desirable difficulties）（Bjork 和 Bjork, 2011）：在学习的关键环节通过主动投入来增加难度会有效提升记忆力和学习效率。以下是一些重要建议：

◎ 复述。一个有效学习方式是复述：自我重复学到的信息。心理学家发现一个很有效的学习策略是间断式复述（spaced rehearsal），即不断延长复述信息之间的时间间隔。比如，假设你想记住刚认识的一个人的名字埃里克（Eric）。马上复述一遍，几秒钟后再复述一遍，间隔一段时间（比如 30 秒）后再复述一遍。然后，以间隔 1 分钟，以及间隔几分钟的节奏进行复述。不断进行难度提高的复述有助于提升记忆力。研究显示，相比没有间隔的复述，这种间断式复述方法能够有效提升长期学习效果（Landauer 和

师从冯特和詹姆斯，并于1881年在北美的霍普金斯大学建立了第一个心理学实验室。霍尔的工作主要关注发展和教育，并且受到进化论的巨大影响（Schultz 和 Schultz, 1987）。

霍尔认为儿童发展的过程是在重复人类进化的过程。因此，儿童的心理能力与我们祖先的心理能力相似，儿童的毕生发展过程与人类千百万年来的进化历程相似。霍尔于1887年创办了《美国心理学杂志》（*American Journal of Psychology*），其后在创建美国心理学会（American Psychological Association，美国第一个心理学家的国家组织）过程中也发挥了重要作用并担任学会第一届主席。

詹姆斯和霍尔的努力为机能主义发展成为北美地区心理学思想的主要流派创造了条件。信奉机能主义的心理学系在很多有影响力的美国大学建立起来，并且为生存下去而奋斗（达尔文一定会为此而自豪），慢慢地机能主义的影响超过了结构主义。到20世纪20年代末，机能主义成为北美心理学最主要的学派。

Bjork, 1978）。你可以尝试用这种方法记忆名字、时间、定义和其他类型的信息，包括这本书上介绍的概念。

◎ **解释**。简单复述有一定作用，但是心理学研究中最重要的成果之一就是：通过思考信息的意义可以更有效地掌握知识。事实上，我们几乎不需要专门去记忆一个经过深思熟虑的东西，深入思考本身就可以加深记忆。比如，假设你想学习斯金纳的行为主义的基本内涵（见第19页）。你可以问自己以下这些问题：行为主义与当时的其他心理学流派有何区别？像斯金纳这样的行为主义者对一些心理学问题的思考是如何引发你的兴趣的，比如精神失常的个体是否要为所犯罪行负责，或者影响你选择专业或职业的因素是什么？要想尝试回答这些问题，你需要回顾所学到的关于行为主义的知识，把这些知识与你已有的经验相结合。看起来这一步比较难，但如果能够把新学到的知识与已有的经验联系起来，学习新知识会容易得多。本书中的批判性思考题目（critical thinking questions）将帮助你回顾和解释学到的知识，然后你会愉快地发现，那些引发你思考的题目会帮助你更好地记忆相关知识。

◎ **建构**。定期思考和回顾课堂上学到的知识。课后就开始回顾，并做好常规"强化"的时间表。不要到最后一秒钟再狼吞虎咽,就像在复述环节中提到的,研究发现间断式回顾和背诵更容易形成长时记忆。

◎**测验**。不要仅仅只是看笔记或课本,尽可能多地进行自测。在"记忆"和"学习"等章节你将会学到,研究发现,相对于一遍一遍地看,主动自测新学到的知识更有助于记忆。自测还有助于回避经常发生的一个陷阱——回顾几遍以后你会觉得已经熟知这些知识了,但这并不意味着你已经掌握这些知识并且可以去解决问题。自测有助于提醒自己还需要学习更多。在本书中你还会看到提示性题目(cue question)(蓝色问号标记的题目),目的就是用于自测和帮助学习及记忆。一定要利用好这些技巧。学习曲线(Learning Curve Study)技术会帮助你自测和学习(见序言中对学习曲线的进一步讨论)。

◎**直击要害**。减轻记忆负荷,有效地记笔记和列大纲。学生们往往会在听课时潦草、杂乱地记笔记,以为课后这

小 结

▲ 哲学家们几千年来都在思考和辩论人的本质,但囿于哲学研究方法的性质,他们无法对自己所持的理论提出实证依据。

▲ 早期尝试科学研究心智与行为关系并获得一定成功的是法国科学家弗洛朗和保罗·布洛卡,他们的研究表明脑区受损会导致行为和心理能力的缺失。

▲ 亥姆霍兹发明了测量反应时的方法,推动了对心智的科学研究。

▲ 威廉·冯特被誉为科学心理学的创始人。他提出的结构主义强调分析意识的基本元素。冯特的学生铁钦纳把结构主义引入美国。

▲ 威廉·詹姆斯将达尔文的自然选择论应用于对心智的研究。他提出的机能主义强调研究人类适应环境过程中的有意识的心理过程。

▲ 斯坦利·霍尔建立了北美第一个心理学实验室、第一本心理学专业杂志和第一个心理学专业学术组织。

些笔记能够帮助回忆，但真正到了复习的时候，会发现很多内容已经无法回忆，笔记也不再清晰。要记住，你不可能记下所有内容，尝试去记录课堂上提到的最主要的内容、案例和人。

◎ **组织**。制作一个清晰标注主要内容的大纲有助于你更好地回顾和记忆新知识，也为你提供了一个进行自测和温习的参考资料。再次强调，这些步骤看起来比较难，但都有助于加深记忆并最终使得学习更容易。

◎ **把问题留待第二天再解决**。前面我们强调了如何"为难自己"，而这一条则是告诉你如何"放过自己"：去睡一觉。在"记忆"那一章的"科学热点"栏目（Hot Science Box）中会报告，研究显示睡眠有助于形成长时记忆。事实上，研究发现，对于记忆重要的、有意义的事情而言，睡眠扮演着重要角色。因此，别忘了把睡眠也列入学习和自测的准备事项中。

临床心理学的发展

结构主义者和机能主义者在实验室里忙碌的同时，在诊所里工作的心理学家们正在研究心理障碍。他们开始意识到，可以通过研究某物为何失灵来理解其如何运作，并且他们对心理障碍的研究影响了心理学的发展。

弗洛伊德和精神分析理论的发展道路

法国内科医生让·马丁·沙尔科（Jean-Martin Charcot，1825—1893）和皮埃尔·雅内（Pierre Janet，1859—1947）报告了他们通过访谈**癔症（hysteria）**患者所得到的惊人发现。癔症是一种通常由于情绪紧张烦乱而导致的认知或运动能力的暂时性丧失现象。尽管没有任何器质性原因，但是癔症患者可能会失明、瘫痪、丧失记忆。然而，如果让患者进入催眠状态（通过暗示而改变的意识状态），他们的症状就会消失：失明的患者可以重见光明，瘫痪的患者可以走路，失忆的患者可以重拾记忆。从催眠状态中苏醒后，患者想不起来在催眠状态下发生了什么，并且又表现出原有的症状。患者在清醒状态和催眠状态下的表现判若两人。

冯特、铁钦纳和其他实验心理学家忽略了这些典型的心理障碍，他们认为这不是科

癔症（hysteria） 一种通常由于情绪紧张烦乱而导致的认知或运动能力的暂时性丧失现象。

学心理学应该研究的主题（Bjork, 1983）。但是威廉·詹姆斯认为研究这些问题对理解心智本质有很重要的作用（Taylor, 2001）。他认为，研究这些严重心理问题的现象是理解正常心智运转的重要方法之一。在我们通常的意识体验中，我们只能意识到一个"我"或"自己"，而在沙尔科和雅内等人描述的分裂状态下，大脑会构造出多个意识中的"自我"，而且这些"我"之间并不会意识到彼此的存在（James, 1890, 第400页）。这些惊人的发现点燃了一位来自奥地利维也纳的年轻内科医生的想象力，他曾于1885年在巴黎求学于沙尔科。他的名字是西格蒙德·弗洛伊德（Sigmund Freud, 1856—1939）。

从沙尔科的巴黎诊所返回维也纳后，弗洛伊德继续他的治疗癔症患者的工作（癔症hysteria 一词来源于拉丁文 hyster，意指子宫。一度认为只有女人才会患癔症，认为该病发作是由于子宫失常）。与内科医生约瑟夫·布鲁尔（Joseph Breuer, 1842—1925）合作一段时间后，弗洛伊德开始自己观察癔症患者，并尝试提出解释患者奇怪行为和症状的理论。弗洛伊德认为这些患者的大部分问题可归因于可能已经遗忘的童年痛苦经历。他认为这些似乎消失了的记忆揭示了无意识心智的存在。按照弗洛伊德的理论，**无意识（unconscious）** 是指虽然不在意识觉察范围内，但可以影响意识状态中的思想、感受和行为的那部分心智。这一想法促使弗洛伊德提出了**精神分析理论（psychoanalytic theory）**，该理论强调无意识心理过程在构建感觉、思维和行为方面的重要性。从精神分析的视角来看，揭示一个人的早期

对癔症患者的研究是如何影响弗洛伊德的？

经历，以及阐释其在无意识状态下的焦虑、冲突和欲望非常重要。精神分析理论成为弗洛伊德发明的心理治疗方法**"精神分析"（psychoanalysis）** 的基础，该疗法强调把无意识状态下的想法引入意识状态，从而更好地理解心理障碍。在精神分析过程中，患者回忆过去的经历（"刚开始学走路的时候，我被一个骑着黑马的戴面具的人吓到了"），并与他们的梦和幻想联系起来（"有时我会闭上眼睛想象可以不付钱就来接受这个时段的治疗"）。精神分析学家运用弗洛伊德的理论去解释患者所言。

20世纪早期，弗洛伊德和他不断增加的追随者们一起发起了精神分析运动。卡尔·古斯塔夫·荣格（Carl Gustav Jung, 1875—1961）和阿尔弗雷德·阿德勒（Alfred Adler,

---

无意识（unconscious） 心智的一部分，虽然不在意识觉察范围内，但是可以影响意识状态中的思想、感受和行为。

精神分析理论（psychoanalytic theory） 强调无意识心理过程在构建感觉、思维和行为方面的重要性的学说。

精神分析（psychoanalysis） 一种强调将无意识状态下的想法引入意识状态以更好地理解心理障碍的治疗方法。

1870—1937）在这场运动中的表现都很突出。但是，他们都是具有独立思考精神的人，而弗洛伊德很显然并不能忍受有人质疑他的理论。没过多久，弗洛伊德和这两个人断绝了关系，这样他可以自己来塑造他所期望的精神分析运动（Sulloway, 1992）。因为该学说认为要想了解一个人的思想、情感和行为，需要深入挖掘这个人的早期性体验和无意识的性渴望，所以精神分析理论引起了很大争议（尤其是在美国）。在那个年代，这些主题对科学讨论而言过于前卫。

弗洛伊德的大部分追随者，就像弗洛伊德自己，接受的都是内科医生的训练，而没有完成心理学实验室实验的经验（尽管在弗洛伊德职业生涯的早期，他在鳗鱼性器官的研究中做过一些很好的实验室实验）。总体上，精神分析家们没有争取到大学里的职位，他们发展理论的过程与冯特、铁钦纳、詹姆斯、霍尔等人基于研究的取向相互独立。弗洛伊德曾与当时顶尖的心理学家们见过几次面，其中一次是在1909年霍尔丁克拉克大学组织的一个心理学家大会上。那是威廉·詹姆斯和西格蒙德·弗洛伊德第一次见面。虽然詹姆斯是在学术机构工作而弗洛伊德的工作对象是临床患者，但他们都认为心理失常是理解心智本质的重要线索。

精神分析理论的影响以及人本主义的反应

许多历史学家认为弗洛伊德是20世纪影响最大的两三位思想家之一，精神分析运动影响了从文学和历史到政治和艺术等各个领域。在心理学内部，精神分析对临床实践有非常大的影响，但在随后的40年里，该影响日益消退。

一部分可能的原因是由于弗洛伊德对人性的看法，他认为人性是黑暗的，他强调人性的局限性和问题，而不是可能性和潜力。他认为人被遗忘了的童年经历和原始性冲动所绑架，他的观点中与生俱来的悲观主义使得那些对人性抱有积极态度的心理学家们很灰心。美国在二战后的那几年是积极和充满活力的：技术的发展正在战胜贫穷和死亡，普通美国人的生活标准

人本主义心理学对人性的积极态度与1960年代的时代精神相吻合。

为什么弗洛伊德的理论现在不具有影响力？

大幅提升，人类实现了登月。那个时代的鲜明特征是成功，而不是衰败。弗洛伊德对人性的看法落后于时代精神了。

此外，弗洛伊德的理论很难去验证，而不能验证的理论在心理学或其他学科中都没什么市场。尽管弗洛伊德对于无意识过程的重视对心理学的发展产生过长久的影响，心理学家们还是开始认真地质疑弗洛伊德理论的许多内容。

这一时期，一些心理学家如亚伯拉罕·马斯洛（Abraham Maslow，1908—1970）和卡尔·罗杰斯（Carl Rogers，1902—1987）掀起了一场称为**人本主义心理学（humanistic psychology）** 的运动，该取向在研究人性的过程中强调人的积极潜能。人本主义心理学家关注人们对自身的热切渴望。相对于把人看作过去经历的囚徒，人本主义心理学家认为人是自由的个体，具有发展、成长、发挥其所有潜力的内在需求。20世纪60年代，当"花之子（嬉皮士）"的那代人发现可以把心理世界看作是一种精神的绽放时，人本主义运动达到了顶峰。人本主义治疗师帮助人们意识到自身潜能，事实上，人本主义治疗师把求助者称为客户而不是病人。在这种关系中，治疗师和客户（而不是精神分析师和病人）之间是平等的。人本主义视角的兴起是弗洛伊德学说影响日益消退的更主要的原因。

小 结

▲ 心理学家把对心理障碍患者的研究作为理解人类行为的途径之一。临床医生沙尔科和雅内研究了一些异常病例，这些患者在催眠状态下的表现与平常状态判若两人，由此推断我们每个人都不止一个"自我"。

▲ 在治疗癔症患者的过程中，西格蒙德·弗洛伊德发展出精神分析理论，该理论强调无意识以及童年经历对形成思想、情感和行为的重要影响。

▲ 让人高兴的是，人本主义心理学家提出了一种积极看待人的研究视角，认为人与生俱来就有成长的渴望，在朋友的帮助下可以获得全部的潜能。

人本主义心理学（humanistic psychology） 一种在理解人性本质时更强调人的积极潜能的学说。

对客观测量的探索：行为主义成为主流

我们讨论临床心理学的发展，一直讨论到了 20 世纪 60 年代，这有一些超前——我们需要把注意力后推几十年，去看一下其他一些重要发展。

20 世纪早期发展出来的一系列心理学学派如结构主义、机能主义、精神分析等，相互之间都非常不同。但这些学说之间有一个共同点：每个学说都尝试通过检验意识状态下的知觉、思维、记忆和情感，或通过试图抽取之前无意识的内容从而理解心智的内部运作，而且所有这些结果都是由实验的参与者或诊所里的患者主观报告的。由于方法学的不可靠性，每种学说都难以确切地说明人的心智过程。进入 20 世纪之后，由于一些心理学家对"心理学应该关注心理世界"发起挑战，一个新的流派诞生了。这个新流派就是**行为主义**（behaviorism），该流派主张心理学家应该严格限定在对客观的、可观察的行为进行科学研究（见"其他声音"：心理学是科学吗？对心理科学的现代讨论）。行为主义与之前的心理学流派相当不同。

华生和行为主义的诞生

约翰·布罗德斯·华生（John Broadus Watson，1878—1958）认为个人的体验太具个性且含糊不清，不能作为科学研究的对象。科学需要重复验证，每个研究者都应该可以对现象进行客观测量，而结构主义者和机能主义者使用的内省法相对而言过于主观。因此，华生认为心理学家不应该描述意识体验，而应该集中全部精力去研究行为——研究人们做什么，而不是人们体验到什么——因为行为可以被每个人观察到，而且可以被客观测量。华生认为，研究行为不仅可以终结那些没完没了且心理学家们也被卷入进去的哲学争论，而且也可以鼓励心理学家去开展应用研究，如在商业、医疗、法律以及教育领域的应用。华生认为，科学心理学的目标就是预测和控制人的行为从而造福社会。

为什么有人想把心智从心理学研究中扔掉？如果你没注意到华生对老鼠和鸟类等动物的研究，你会觉得这种提法看起来有些极端。在这些研究中，心智是一个有争议的问题。我们可以说狗有心智而鸽子没有吗？如果鸽子有心智，那蠕虫有没有？动物行为学家们密切关注着这个领域的问题。1908 年，沃什伯恩（Margaret Floy Washburn，1871—1939）出版了《动物心理》一书，在该书中她回顾了当时已有的对于不同种类动物的知觉、学习和记忆的研究结果。她认为

行为主义如何帮助心理学成为一门科学？

行为主义（behaviorism） 主张心理学家应该严格限定在对行为的客观观察和科学研究的学说。

> **其他声音** 心理学是一门科学吗

虽然没人会质疑你选了一门心理学课程，但你选学的是一门科学吗？一些批评家坚持认为心理学不满足作为一门科学的标准。蒂莫西·威尔逊（Timothy D. Wilson），弗吉尼亚大学心理学教授，基于科学文献这一恰当的信息来源，来应对这些批评（Wilson, 2012）。

"
在我们大学召开的一次会议上，一位生物学家称他是唯一一位来自"科学"系的参会者。当我纠正他的这一说法时，我说自己来自心理学系，而他轻蔑地摆着手，仿佛我在告诉纽约洋基队的队员我也玩棒球一样。

长期以来科学界存在这样一种看法，认为某些硬科学（物理学、化学、生物学）比另外一些所谓软科学（如心理学、社会学）"更科学"。因此无需奇怪在公共领域也有这样的看法。但是近来对社会科学的"科学性"的质疑到了一个很可笑的程度。美国众议院最近投票削减美国国家科学基金会对政治学的预算。紧随其后，一个为《华盛顿邮报》写评论文章的作家认为众议院做得还不够，这位名叫查尔斯·莱恩（Charles Lane）的作家称："美国科学基金会根本不应该支持社会科学研究，因为社会科学的研究假设不像硬科学的研究假设那样，可以通过实验进行验证或推翻。"

加里·古廷（Gary Gutting）在《纽约时报》评论博客中引用了莱恩的评论，他认为："物理学可以做出具体而精确的假设，而社会科学不可以，因为要做出这些假设，首先需要对实验进行随机控制，而只要涉及人，就几乎不可能实现这种控制。"

这些说法对于像我这样的社会科学家来说真是新鲜，因为在我的职业生涯中，我都是在通过精心控制的实验室或非实验室实验来研究人类行为。使这些批评更让人抓狂的是，发出这些批评声音的人们正在一边蔑视这些学科，一边享受这些学科研究带来的好处。

可能我们很多人都听说过有人正在承受抑郁症的痛苦，在寻求心理治疗。他/她可能接受了认知行为治疗，而这种疗法就是通过临床的随机对照实验来验证的。

虐童和青少年早孕等问题是当前社会面临的严肃问题，而心理学家通过实验方法研究开发的干预技术可以有效地降低虐童和青少年早孕问题。

你是否听说过"刻板印象"的威胁？这指的是当一个人属于一个带有消极刻板印象的群体时可能会遇到双倍的困境。比如，当非洲裔美国学生在参加一项难度较大的考试时，他们担心的不仅是自己成绩好坏，同时也会担心如果自己考不好，可能意味着非洲裔美国学生这个群体表现不好。在严格控制的实验中，这种额外的心理负担屡次出现，降低了学业成绩。幸运的是，实验也提供了一些能够有效降低这种威胁的方法。比如，在一所中学进行的干预实验使得学业成绩的差距减小了40%。

你是否认识一个不幸被无辜被捕的人？他也可能因社会心理学实验而受益，这些研究成果已经在嫌疑犯甄别和审讯中得以应用，因此降低了无辜受审的可能性。

实验方法还有一个经常被忽视的优点，就是证明什么东西没有用。比如心理学家揭穿的三个曾经流行的项目的真相：用于预防直接受害者和目击者的创伤后应激障碍的关键事件压力报告（Critical Incident Stress Debriefing），在美国很多学校中使用的D.A.R.E禁毒项目，以及用于预防青少年犯罪的惊吓辅导项目（Scared Straight Program）。

通过精心设计的实验，发现这三个项目要么不起作用，要么在某些案例中甚至起到了反作用。据此，这些项目变得不那么受欢迎，或者对其方法进行了改进。由于发现了这些项目没有作用，社会心理学家为国家节约了几百万美元的预算。

公平地说，社会科学家并非总是尽其所能地发挥实验方法的作用，比如有很多教育项目在广泛使用但没有进行足够的实验验证。但是，越来越多的教育研究者正在尝试使用更好的方法。比如，在最近的一项研究中，研究者将一些教师随机分配到一个名为"我的教学伙伴"（My Teaching Partner）的教学项目中，或者被分配到一个控制组中，前者被设计来提高教学能力。接受该教学项目教师的学生成绩显著好于控制组教师的学生。

那么，社会科学就是完美的吗？当然不是。人类行为非常复杂，不可能通过实验去全面验证人们的行为和为什么表现出这种行为。但是，对于人类行为的实验研究，是有严格控制且符合实验伦理道德的完整的学科体系。很多人因此获益，包括蔑视社会科学，认为科学仅限于研究分子的那些人。

威尔逊关于心理学研究对社会实践发挥积极作用的例子非常精彩，但或许更重要的是他的观点，即认为心理学是基于随机过程所进行的严格控制的实验，而对社会科学的批评正是错误地认为这种实验不可能用于研究人的行为。本书的下一章将介绍心理学家如何运用科学方法研究意识和行为。本书的作者无疑认为心理学是一门科学。但是，心理学是一门什么样的科学？（见"科学热点"栏：心理学是一门枢纽科学）。心理学是否应该努力争取像物理学那样符合通常意义上的"科学法则"，或应该尽量像所谓的"硬科学"一样去做出精确的预测？心理学家应该更关注实验室实验，还是应该花更多时间去研究日常行为？你认为哪种方法是心理学研究中最有前途的工具？对于心理学是哪种科学的争论还有很大空间，希望你在阅读本书的过程中思考这些问题。

Wilson, T.D.（July 12,2012）. Stop Bullying the "Soft" Sciences. In *The Los Angeles Times*（Op Ed）. Copyrigh 2012 Timothy D. Wilson and Sherrell J. Aston. Reproduced by permission.

非人动物跟人类一样，也具备有意识的心理体验（Scarborough 和 Furumoto, 1987）。华生对此观点嗤之以鼻。因为我们无法问鸽子有什么样的内心体验，华生认为研究动物如何学习和适应的唯一办法是研究动物行为，他认为对人类的研究也应该以此为基础。

华生的工作受到了俄国生理学家伊万·巴甫洛夫（Ivan Pavlov, 1849—1936）的影响。巴甫洛夫是最早开展消化的生理学研究的科学家。研究过程中，巴甫洛夫在他研究的狗身上发现一些有意思的事情（Fancher, 1979）。狗不仅仅在看到食物的时候分泌唾液，而且在看到喂食者时也会分泌唾液。喂食者并没有穿狗粮外套，为什么他们的出现会触发狗的最基本的消化反应？为了回答这个问题，巴甫洛夫开发了一套流程，每次喂狗前都发出一种声音，不久之后他发现，只要听到这种声音，不管是否喂食，狗都会分泌唾液。在巴甫洛夫的实验中，声音是刺激物（环境输入的刺激），影响了狗的唾液分泌，狗的行为就是**反应（response）**——被刺激物诱发的行为或生理改变。华生和行为科学家基于这两个概念构建了自己的理论，因此行为主义学说曾被称为刺激—反应心理学（Stimulus-response S-R psychology）。

华生把巴甫洛夫的技术用于研究人类婴儿。在一项著名的、有争议的研究中，华生和他的学生罗莎莉·雷纳（Rosalie Rayner）教会一个叫"小阿尔伯特"、后来广为人知的小孩对一只无害的白鼠（和其他有白色毛皮的动物或玩具）产生强烈的恐惧感，而小孩之前对这些并不害怕。他们为什么要这么做？你在本书的"学习"那一章会了解更多关于这项研究的内容。简言之，华生认为人类行为会受到环境的巨大影响，小阿尔伯特实验证明可以在生命的早期阶段去施加影响进而改变行为。华生和后来的行为主义者都承认环境并不是唯一对行为产生影响的因素（Todd 和 Morris, 1992），但他们认为这种影响是最主要的。与这个观点如出一辙，华生受到了他所处环境的重要影响：他爱上了罗莎莉·雷纳。他拒绝结束这段关系，并由于这一丑闻而失去了约翰·霍普金斯大学的教职。他在纽约一家广告公司找到工作，并在这里把行为主义的原理应用于市场和广告（的确是通过环境来影响行为）。他也写了一些畅销书，把行为主义介绍给普通读者（Watson, 1924, 1928）。所有这些工作（巴甫洛夫的实验室实验、华生和雷纳在人类行为上的应用，以及华生在日常生活中的实践）的结果是，到了 20 世纪 20 年代，行为主义成为了科学心理学中的主流。

斯金纳和行为主义的发展

1926 年，伯勒斯·弗雷德里克·斯金纳（Burrhus Frederick Skinner, 1904—1990）从汉密尔顿大学毕业。像威廉·詹姆斯一样，斯金纳也是个不知道自己该干什么的年轻

反应（response） 被刺激物诱发的行为或生理改变。

人。他想成为一名作家，他对文学的爱好间接地把他引向心理学。斯金纳想知道小说家是否可以在并不了解一个人物为什么要有某些行为的情况下虚构这个人物。当他接触到华生的书，他觉得自己找到了答案。斯金纳从哈佛大学获得心理学博士学位（Wiener, 1996），开始发展新的行为主义学说。在巴甫洛夫的实验中，狗是被动地参加实验，必须固定地站在那里，听声音，然后流口水。斯金纳认识到在日常生活中动物不是固定站在一个地方，它们往往是在做着一些事情。为了寻找住处、食物或配偶，动物在环境中表现出各种行为。斯金纳在想，他是否可以发展出一些行为主义原则，能够用于解释动物如何学习与环境互动。

斯金纳制作了一个他称为"条件操作箱"（conditioning chamber）的装置，这个装置后来以"斯金纳箱"闻名于世。这个箱子里有一个杠杆和一个食物槽，饥饿的大鼠可以通过压杠杆来获得食物。斯金纳观察到，把大鼠放进箱子之后，它会四处走、到处闻和探索，碰巧碰到了杠杆后，就会有一粒食物掉进食物槽。这种情况发生后，大鼠压杠杆的频率就会显著提高并一直持续到大鼠吃饱。斯金纳观察到的这一现象成为他提到的一项行为原则**"强化"（reinforcement）**

斯金纳通过观察饥饿的大鼠的行为，发现了什么？

的客观证据。强化指行为的结果决定该行为在未来出现更多或更少。强化这一概念成为斯金纳的新行为主义学说的基础（见"学习"一章），他在标志性著作《生物的行为：实验分析》（*The Behavior of Organism: An Experimental Analysis*）一书中明确表达了这一概念（Skinner, 1938）。

斯金纳开始尝试运用他的强化理论去改善日常生活。他参观了他女儿所在的四年级的课堂，发现可以把一个复杂的教学任务细分为一些较小的环节，运用强化的原则去一点一点教会孩子，以此来改善教学方式（Bjork, 1993）。他研制出一个称为教学机器的自动化装置（Skinner, 1958）。这个教学机器可以提出一系列难度越来越大的问题，提问的难度取决于学生对前一个较简单问题的回答情况。比如，在学习一个复杂的数学问题的过程中，先问学生一个相关的比较简单的问题。然后，教学机器会告诉学生答案是否正确，如果答案正确，教学机器就会提出难度增大的问题。斯金纳认为如果学生知道自己做出了正确回答，会得到强化并更好地学习。

如果四年级学生和大鼠们都被训练得很成功，那么为什么新行为主义学说会最终会没落呢？在一些很受争议的书中，如《超越自由和尊严》（*Deyond Freedom and Dignity*，1971）以及《瓦尔登湖（二）》（*Walden II*，1948，1986）中，斯金纳构想了他认为的

强化（reinforcement） 行为的结果决定该行为在未来出现更多或更少。

斯金纳的什么言论引发强烈抗议?

乌托邦社会,在这个社会中,行为因强化理论的明智应用而受到合理的控制(Skinner,1971)。在这些书中,他提出了看似简单但令人震惊的说法,他认为我们对于自由意志的主观感受是虚幻的,我们以为自己是在行使自由意志,实际上我们是在对现在和过去的强化做出反应。我们现在所做的事情是因为过去受到了奖赏,我们对于选择做这些事情的感受只是幻觉。斯金纳引用了哲学家贝内迪克特·斯宾诺莎(Benedict Spinoza,1632—1677)在几个世纪前所言:"人们误以为自己是自由的,只有这么想,他们才会觉得自己可以对行为负责,忽视了他们是被什么决定的。至于他们所说的行为基于意志,这只是文字,除此之外毫无意义。"(1677/1982,第86页)

斯金纳辩称自己的理论可以提高人类福祉和解决社会问题。毫不奇怪,这一宣称引发了批评者的强烈抗议,批评者认为斯金纳的理论正在抛弃人类最宝贵的东西——自由意志,他的理论呼唤的是一个强权社会,统治者为了自己的目的而控制人民。批评甚至蔓延到电视指南(TV Guide),他们制作了一期对斯金纳的专访,称他的理论"通过训狗学校的体系来驯化人类"(Bjork,1993,第201页)。由于斯金纳理论的本质,批评家们的攻击很容易得到理解——斯金纳严重低估了人们对自由意志的重视——但是从现在来看,批评家们对此过分渲染了。斯金纳并不想把社会变成"训狗学校",或者是剥夺人们的自由。实际上,他想表达的是可以通过理解人们的行为规则来改善社会福利,比如,政府通过发布广告来鼓励人们喝牛奶或不要吸烟。这些争议的结果使斯金纳的声望达到了极少心理学家们可以企及的高度。一本流行杂志列出有史以来最有影响的100人,斯金纳位列第39名,排在耶稣后面(Herrnstein,1977)。

小 结

▲ 行为主义认为应该研究可以观察的行为和反应,认为内部心理过程是个人化的事件,不能被科学研究。巴甫洛夫和华生研究了刺激和反应之间的关系,强调环境对塑造行为的重要影响。

▲ 受华生行为主义的影响,斯金纳使用斯金纳箱发展出强化理论。他解释说动物和人类会重复能够带来好结果的行为,会逃避带来坏结果的行为。斯金纳拓展了华生关于环境塑造行为的观点,认为自由意志是虚幻的,强化原理可以用于改进社会。

回归心智：心理学的拓展

华生、斯金纳和行为主义者在20世纪30年代到50年代统治着心理学。心理学家乌尔里克·奈塞尔（Ulric Neisser）回忆20世纪50年代早期，他尚在斯沃斯莫尔学院（Swarthmore）学习时的气氛：

> 当时，行为主义成为几乎所有心理学的基本框架。你能学到的只有行为主义心理学。当时的主流看法是，如果你不能使用大鼠来解释，那么这个心理现象就不存在（引自Baars, 1986, 第275页）。

但是，行为主义学说的统治地位并没有延续很久，并且奈塞尔自己在提出一个替代理论的过程中扮演了重要角色。为什么行为主义会被取代？尽管行为主义可以使心理学家去测量、预测和控制行为，但行为主义的确忽视了一些很重要的东西。首先，行为主义忽视了曾经让冯特和詹姆斯等心理学家着迷的心理过程，由于忽视了心理过程，使得行为主义无法解释一些非常重要的现象，比如儿童如何学习语言。其次，行为主义忽视了生物的进化历程，因此无法解释一些问题，如相对于在声音或光与食物之间建立关系，大鼠可以更快地学会在厌恶与食物之间建立关系。就如我们将要看到的，即将取代行为主义的新学说，正好可以解决这些问题。

认知心理学的先行者

即便在行为主义统治的年代，仍然有一些充满改革精神的人专注于研究心理过程，并发表文章。德国心理学家马克斯·韦特海默（Max Wertheimer，1880—1943）致力于研究**错觉（illusions）**，即知觉、记忆和决策过程中发生的主观体验与客观实际之间的偏差。在韦特海默的一项实验中，以先后顺序给人快速呈现两道光。一道光是透过垂直的裂缝呈现，另一道是透过对角线的裂缝呈现。如果呈现两道光之间的间隔时间足够长（五分之一秒或更长），观察者会认为出现的是两道光。但如果间隔时间降低到二十分之一秒左右，观察者会认为只看到了一道光并且这道光发生了移动（Fancher, 1979; Sarris, 1989）。韦特海默以此推论，不能根

从这张图中你看到了什么？为什么你看到的不仅仅是一些随机放置的标记？

错觉（illusions） 知觉、记忆和决策过程中发生的主观体验与客观实际之间的偏差。

为什么人们可能看到的并不是实验者真实呈现的东西?

据独立的元素(如两道闪现的光)导致错觉来解释知觉到的运动,而是把运动的光知觉为是一个整体,并非独立部分的总和。这种一致性的整体表达构成了知觉体验,德语中称之为格式塔(Gestalt)。韦特海默对错觉的解释引领了**格式塔心理学(gestalt psychology)**的发展,该学派强调我们往往知觉的是整体,而不是部分的总和。换句话说,心智使得知觉到的东西有机组织起来,于是人们看到的并不是实验者实际提供的客观物体(如两道独立的光),而是一个整体(一道移动的光)。

另一位专注于研究心智的先行者是弗雷德里克·巴特利特爵士(Sir Frederic Bartlett, 1886—1969),他是一位对记忆感兴趣的英国心理学家。巴特利特对当时已有的研究不满意,尤其是对当时德国心理学家赫尔曼·艾宾浩斯(Hermann Ebbinghaus, 1850—1909)的研究不满意,后者于 1885 年在记忆领域进行了开创性的实验(见"记忆"一章)。艾宾浩斯将自己作为被试,尝试研究他自己如何才能快速准确地记忆和回忆一些没有意义的信息,如三个字母组成的没有意义的词 dap、kir 以及 sul。巴特利特认为研究人们如何记忆日常生活中每天都需要面对的信息更重要,于是他给人们提供一些故事,让他们记住并且过一段时间后请他们回忆,在这个过程中仔细观察这些人回忆的偏差。巴特利特发现了一些艾宾浩斯用无意义音节做实验时不可能发现的有意思的事情。比如,艾宾浩斯发现人们更容易记住他们认为应该发生或期望发生的事情,而不是真实发生过的事情。诸如此类的偏差使巴特利特认为记忆并不是对过去经验的照相机式的复制,我们对过去发生的事情的回忆会受到我们的知识、信念、期盼、渴望以及欲望的影响。

让·皮亚杰(Jean Piaget, 1896—1980)主要研究儿童的心理发展并提出了相关理论。他的研究方法如何明显地脱离行为主义者的研究方法?

格式塔心理学(gestalt psychology) 强调我们往往知觉的是整体,而不是部分的总和的学说。

让·皮亚杰（Jean Piaget，1896—1980）是一位瑞士心理学家，主要研究儿童的知觉和认知偏差，目的是想知道人类心智发展的本质。比如，他在一项研究中给一个三岁大的小孩一大堆粘土和一小堆粘土，让小孩做成两堆一样大的粘土。皮亚杰把其中的一堆粘土分成几小堆，然后问小孩哪堆粘土更多。尽管粘土还是本来那么多，但是，三岁大的小孩往往都会认为被分成几小堆的粘土更多。但是到了6—7岁，就不会发生这样的错误了。就像你在"发展"一章中将要看到的，皮亚杰提出的理论认为年纪小的孩子缺乏一种典型的认知能力，这种能力可以让年纪大一点的孩子知道即使某事物被分成几小份，它仍然保持相同的数量。皮亚杰认为这类偏差是深入研究儿童心理世界的关键（Piaget和 Inhelder，1969）。

德国心理学家库尔特·勒温（Kurt Lewin，1890—1947）也是一位先行者，在他研究思维的那个年代，思维已经从心理学研究中被摒弃了。勒温（1936）认为人对客观世界的主观体验能够很好地预测人的行为。除非人们思考人物角色的体验（如凯伦对布鲁斯有什么感觉，伊万打算怎么向凯西说艾米丽的事，琳达的姐姐南希是不是很恨她妈妈，因为妈妈总是干涉她的婚姻，等等），否则，一部肥皂剧就仅仅是一些没有意义、没有关联的肢体动作。勒温认识到人对外部刺激的解释决定了人们随后的行为，而不是外部刺激本身。轻轻捏一下脸颊令人开心还是不开心，取决于谁干的、在什么情况下以及脸颊的什么部位。勒温使用一个数学概念"拓扑"（tepology）对人的主观体验进行建模。尽管他的拓扑理论不是非常有影响，但他尝试对心理活动进行建模，以及对心理学家应该研究人们如何建构对世界的认识等观点，对心理学产生了持久的影响。

尽管有这些先行者的努力，在1950年之前心理学家还是忽视了对心理过程的研究，直到发生了一件重要的事情：计算机出现了。计算机的诞生对生活实践产生了巨大影响，同时对心理学的理论和概念也产生了巨大影响。人和

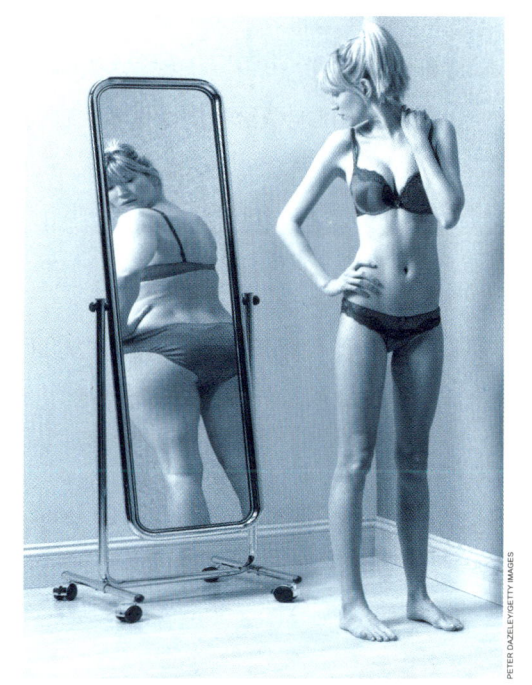

库尔特·勒温认为人们根据自己如何认识世界来做出反应，而不是因为世界本身。

计算机的出现如何改变了心理学？

计算机不同，但两者都可以看作是输入、存储和提取信息的过程，这使得心理学家开始思考计算机是否可以成为研究人类心智的模型。计算机是信息加工过程，信息通过电路传输的过程并不是神话。如果心理学家可以把心理活动如记忆、注意、思考、信任、评价、情感和估算等心理活动，看作信息在大脑中的流动，那么人们就可以科学地研究心智过程。计算机的出现掀起了心理学各个学科领域对心智过程研究的新热潮，并催生了一个新学科——**认知心理学（cognitive psychology）**，即科学研究知觉、思维、记忆和推理等心理过程的学科。

认知心理学的技术与发展

尽管韦特海默、巴特利特、皮亚杰以及勒温等心理学家作出的贡献提供了可以取代行为主义的早期学说，但他们并没有真正实现这个目的。这项工作需要军方来帮助实现。第二次世界大战期间，军方向心理学家求助，想知道怎样才能让战士们更好地学习新技术，如雷达。雷达操作者需要长时间集中注意力观察屏幕，判断屏幕上出现的光点是友军飞机、敌军飞机，还是一群队列排得很整齐的野天鹅（Ashcratf, 1998; Lachman, Lanchman 和 Butterfield, 1979）。怎样才能训练雷达操作者更快更准确地做出反应？这个问题的答案显然不可能是给雷达操作者的食物槽里多放一些子弹。这需要设备的设计者思考和讲清楚认知过程，比如知觉、注意、识别、记忆以及决策。由于行为主义者在解决问题的过程中否认这些认知过程，因此一些心理学家决定否定行为主义并提出新的学说。

二战期间心理学家从飞行员那里学到了什么？

英国心理学家唐纳德·布罗德本特（Donald Broadbent，1926—1993）是最早尝试回答人们如何在同一时间注意多项事物的科学家之一。布罗德本特发现飞行员不能同一时间注意多个设备，必须不断地把注意力从一个设备转向另一个（Best, 1992）。布罗德本特（1958）认为这种应对信息的能力有限性是人的认知过程的基本特征，这种缺陷可以解释很多飞行员犯的错误。与此同时，美国心理学家乔治·米勒（George Miller，1956）指出了人类在多种情境下的认知有限性具有惊人的一致性：我们可以注意并且记忆7（±2）个组块的信息。认知心理学家开始做实验和设计他们的理论，关注于行为主义者忽视了的"人类心智的有限性"这一问题。

如你所知，20世纪50年代计算机的出现对心理学家产生了重要影响。计算机由硬

认知心理学（cognitive psychology） 一门关注知觉、思维、记忆和推理等心理过程的学科。

件（如芯片和硬盘，半个世纪前是磁带和电子管）和软件（存储在光盘里，半个世纪前叫穿孔卡片）构成。如果把大脑比作计算机的硬件，那么心智过程就好像计算机软件程序。这种类比思考使得认知心理学家开始写计算机程序，看哪种程序可以模拟人类的语言和行为（Newell, Shaw 和 Simon, 1958）。

具有讽刺意义的是，认知心理学的出现也受到了斯金纳1957年出版的新书《语言行为》的推动。这本书是行为主义者对人类语言的分析。麻省理工学院的语言学家诺姆·乔姆斯基（Noam Chomsky, b.1928）发表了对该书的致命批判。乔姆斯基认为斯金纳坚持只研究可以观察的行为，使得他忽视了语言的一些非常重要的特征。乔姆斯基认为，语言依赖于一定的心理规律，从而允许人们理解和产生新的单词和句子。即便是儿童，也具有创造他从未听到过的新句子的能力，这显然与行为主义者宣称的儿童通过强化来学习语言的理论背道而驰。乔姆斯基给语言提供了一个充满智慧的，详细、彻底的认知理论，解释了很多行为主义理论无法回答的问题（Chomsky, 1959）。

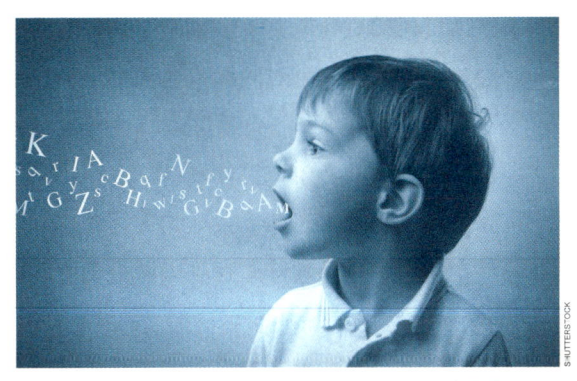

诺姆·乔姆斯基（Noam Chomsky, b.1928）指出，即使是小孩也可以说出他从未听到过的话，因此不可能通过强化来学习语言。对斯金纳理论的这一批评标志着行为主义在心理学中统治地位的终结，推动了认知心理学的兴起。

20世纪50年代的这些发展促成了60年代认知心理学研究的爆发。认知心理学家没有使用19世纪使用的内省研究方法，而是发明了一种新的精巧的方法来研究认知过程。一本标志性专著《认知心理学》中总结了这一新学科兴起时引发的兴奋，这本奈瑟尔（1967）所著的新书为认知心理学的发展提供了基础，引发了随后认知心理学的发展和繁荣。

当大脑遇到心智：认知神经科学的兴起

如果说认知心理学家研究的是心智的软件，那么他们对于大脑这一硬件则所知不多。然而，正如计算机科学家们所知，硬件和软件之间的关系非常重要，需要软硬件的相互配合才能完成工作。我们的心理活动过程看上去如此自然且不需要付诸努力——如注意到某个物体的形状，遣词造句，识别一张熟悉的面孔——但我们忽视了一个事实：这些都取决于大脑内部复杂系统的运作。这一依赖性被很多戏剧性的案例揭示，这些案例中，由于特定脑区受损而导致人丧失了某种特定的认知能力。回忆一下 19 世纪，法国生理学家保罗·布洛卡描述的一位患者，由于左侧脑区受损，致使他一个单词也说不出，尽管他能够很好地理解单词的意思。在本书后面你还会看到，大脑其他区域受损也会导致一些丧失某种特定心理能力的症状（如面孔失读症，患者没有办法识别面孔），或者是表现出奇怪的行为或信念（如卡普拉格综合症，患者认为亲人被一个陌生人冒名顶替）。这些令人惊讶、有时候让人震惊的案例提示我们，即便是最简单的认知过程也首先依赖于大脑。

心理学家卡尔·拉什利（Karl Lashley，1890—1958）曾跟随华生学习，他做了一系列著名的实验，先训练大鼠走迷宫，然后手术破坏大鼠的部分脑区，再看它们是否还能够走迷宫。拉什利希望找到大脑中负责"学习"的精确位置。遗憾的是，似乎没有哪个脑区可以独自可靠地负责学习（Lashley, 1960）。当然，拉什利发现了他从大鼠大脑中取走的脑区越大，大鼠走迷宫的成绩越差。拉什利因为没有发现负责学习的特定脑区而倍受打击，但他的尝试激起了其他科学家迎接这一挑战的兴趣。他们发展出新的研究领域，称之为生理心理学（physiological psychology）。当前，这个领域已经发展成为**行为神经科学（behavioral neuroscience）**，这门心理学分支学科研究心理过程与神经系统和其他躯体活动之间的关系。为了解大脑和行为的关系，行为神经科学家观察动物在完成结构化任务时的反应，比如穿过迷宫去获得食物。神经科学家可以记录完成任务过程中大脑的电反应或化学反应，然后取走大脑中的特定区域，看是否会影响任务成绩。

当然，因为伦理原因，不能在人体上进行大脑手术实验，因此心理学家只能依靠各类自然造成的脑功能损伤或不十分精确的实验来研究人类大脑。出生缺陷、事故或疾病通常会导致特定脑区受损，如果这种损伤破坏了某种典型的能力，心理学家可以据此推断该脑区可能与形成该能力有关。比如，在"记忆"一章你会了解到一位由于特定脑区受损导致完全丧失记忆的患者，你还会看到这个悲剧是如何使得心理学家据此得出一条关于记忆存储的非常有价值的线索（Scoville 和 Milner，1957）。到了 20 世纪 80 年代末期，技术突破推动了非侵入性脑影像技术的发展，使得心理学家可以看到当人在完成一项诸如阅读、想象、倾听和记忆等任务时大脑中发生了什么。脑扫描是一项无与伦比的技术，可以使我们观察大脑活动状态，看到进行某项操作时哪些脑区参与了活动（见"神经科学与行为"一章）。

比如，研究人员运用扫描技术确认了大脑左半球的一些脑区与言语有关，如理解或产生单词（Peterson 等，1989）。后来的扫描研究显示天生聋人通过学习使用美国手语

行为神经科学（behavioral neuroscience） 研究心理过程与神经系统和其他躯体活动之间关系的心理学分支学科。

图 1.2 健康人和阿尔兹海默症患者大脑的 PET 扫描图。PET 扫描是诸多脑成像技术的一种，心理学家用 PET 观察活动的大脑。上方四张脑影像图来自阿尔兹海默症患者，下方四张图来自同龄的健康人。红色和绿色区域代表大脑活动处于较高水平，蓝色区域代表大脑活动处于较低水平。每张图中，上方代表脑前部，下方代表脑后部。可以看到，阿尔兹海默症患者脑前部的低激活水平的区域显著多于健康人。（见插页）

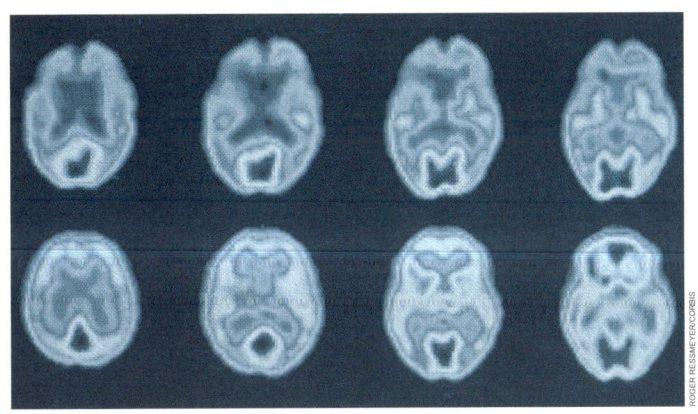

（American Sign Language，ASL）沟通，而使用 ASL 时依赖的是大脑右半球的特定区域（就像左半球一样）。与之相反，听力正常的人们青春期后学习 ASL，在使用 ASL 时依赖的仍然是左半球脑区（Newman 等，2002）。这些发现提示我们，口语和手语通常依赖大脑左半球，虽然大脑右半球也可以参与认知活动，但是仅仅只在特定时期才是这样（也许在青春期之前）。这个发现同时也是一个非常好的例子，说明心理学家可以使用扫描技术来研究具有各种各样认知能力的人们，然后通过这些发现来揭示大脑和心智的奥秘（见图 1.2）。事实上，这个研究领域有专门的名称，即**认知神经科学（cognitive neuroscience）**，这个领域尝试去理解认知过程和大脑活动的关系（Gazaaniga，2000）。

 通过观察大脑运作，我们学到了什么？

大脑可塑性：进化心理学的诞生

心理学重新唤起了对心理过程的研究兴趣，而且对大脑的研究兴趣也与日俱增，这两种发展变化使得心理学家远离了行为主义。除此之外，还有第三条道路也给心理学家指出了一个完全不同的方向。行为主义的一个关键论点认为生物生来就像一张白纸，经

认知神经科学（cognitive neuroscience）　尝试理解认知过程与大脑活动之间关系的学科。

验在白纸上作画，因此每一项经验都可以像其他经验一样画上去。但是在20世纪60年代和70年代进行的实验中，心理学家约翰·加西亚（John Garcia）和他的同事发现，相对于在呕吐反应和光之间建立联系，大鼠可以更快地学会在呕吐反应和食物之间建立联系（Garcia，1981）。这是为什么？在真实的丛林、下水道和垃圾桶里，呕吐反应通常都是由变质食物引起的，而不是由光引起的，尽管做实验的大鼠是在实验室出生，可能从未离开过鼠笼，但几百万年的进化使得它们的大脑在学习自然相关的东西时比学习人为制造的关系更快。换言之，这并不是因为大鼠的学习经验，而是由于大鼠的祖先的学习经验决定了大鼠的学习能力。

尽管这些事实不符合行为主义的学说，但这却是另一门新兴的心理学分支学科的信条。**进化心理学（evolutionary psychology）** 通过研究自然选择过程中延续下来的能力的适应性来研究心智和行为的关系。进化心理学基于达尔文的自然选择理论，正如前文所述，该理论认为有助于生物生存和繁衍的特质更有可能遗传给后代。

自然选择理论曾鼓舞威廉·詹姆斯和斯坦利·霍尔等提出机能主义学说，因为该理论使得他们开始关注心理能力如何帮助人们解决问题进而提高生存几率。但是，直到1975年生物学家威尔逊（E.O. Wilson）出版《生物社会学》一书，进化思想才在心理学中真正体现出来，而且其影响不断持续增加（Buss，1999；Pinker，1997a，1997b；Tooby和Cosmides，2000）。进化心理学家认为心智是一些专门的"模块"的组合，这些模块被用于解决我们祖先几百万年来所面对的觅食、求偶以及繁衍的问题。进化心理学家认为大脑并不是一台通用电脑，可以完成或学习每一件事情。实际上，大脑是一台可以很好地处理一些事情但在其他一些事情上完全不起作用的电脑，带有一套内置应用程序，其设计主要用于完成先前版本的电脑需要完成的事情。

比如，想一想进化心理学家怎么研究嫉妒情绪。所有曾经有过一段浪漫爱情关系的人都有过嫉妒体验，有时候仅仅是因为我们的爱人多看了别人一眼。嫉妒也许是我们都想避免的一种强有力的、不可抗拒的情绪，但是按照进化心理学家的说法，这种情绪体验之所以一直延续到现代依然存在，是因为这是我们的适应能力之一。如果我们的始祖中有人曾体验过嫉妒，那么更有可能去保护自己的配偶、向竞争对手发起攻击，进而更有可能把这种"嫉妒"的基因遗传下去（Buss，2000，2007；Buss和Haslton，2005）。

进化学说的批评者指出，现代人类和动物所拥有的某种特质，在进化过程中可能是服务于其他功能，而不是现在表现出来的功能。比如，生物学家认为鸟类的羽毛在进化过程中最初的作用可能是调节身体温度或帮助捕食，到后来才进化为服务与之完全不同

进化心理学（evolutionary psychology）　通过研究自然选择过程中延续下来的能力的适应性来研究心智和行为的学科。

的飞行功能。同样，人们擅长于学习驾驶汽车，但是没人会认为这是自然选择的结果，这种允许我们成为熟练的汽车驾驶员的学习能力也许是在进化过程中用于满足其他功能的。

哪些证据表明一些特质可以遗传？

这些复杂情况使得批评家们开始好奇进化心理学是否可以通过实验去验证（Coyne, 2000; Sterelny 和 Griffiths, 1999）。我们没有对祖先的想法、情感和行为的记录，化石也不可能提供关于人类心智和行为进化的信息。对心理现象的进化起源进行验证的想法的确是一个极具挑战性但并非不可能的任务（Buss 等，1998; Pinker, 1997a, 1997b）。

首先让我们从进化的适应性可以增加繁殖率这一假设开始。如果某个特定的特质是自然选择的结果，那么就有可能找到证据表明拥有这一特质的生物会繁衍更多的子孙后代。比如，假设因为女性更倾向于与男中音结成伴侣，而不是与男高音，所以男性倾向于拥有低沉的声音。为了检验这一假设，研究者研究了现代社会中的一个原始部落，坦桑尼亚的哈扎人（Hadza）。与进化理论的假设相似，研究者发现男性的音高的确可以预测他的后代数，而女性的音高则没有预测力（Apicella, Feiberg 和 Marlowe, 2007）。这类研究提供的证据使得进化心理学家可以去验证自己的想法。虽然不是所有的进化假设都可以得到验证，但进化心理学家正在开始进行越来越多的新尝试。

小结

▲ 韦特海默、巴特利特、皮亚杰、勒温等心理学家都对行为主义学说提出挑战，并且转而研究心智的内在工作机制。他们的努力，以及后来者如布罗德本特等，为认知心理学的诞生铺平了道路。认知心理学关注知觉、注意、记忆和推理的内在心理过程。

▲ 认知心理学的诞生起源于电脑的发明、心理学家为提高军队作战效率所做的努力，以及乔姆斯基关于语言的理论。

▲ 认知神经科学尝试通过研究大脑受损的个体（在受损脑区与丧失某种特定能力之间建立联系），或利用脑扫描技术研究健康个体，去揭示大脑与行为之间的关系。

▲ 进化心理学关注大脑和行为的适应能力，尝试从自然选择的角度去解释心理过程的本质和起源。

超越个体视角：社会和文化的视角

我们之前所描绘的心理学研究更像是 20 世纪 50 年代科幻电影中的一幕：主角是一个活着的大脑，被放置在地下实验室里的一罐粉色胶状物中，既会思索、会感受，又有希望、会担忧。尽管心理学家经常关注个体的大脑和心智，但并没有忽视一个事实，即人是社会动物，是家庭、朋友、教师或同事等搭建起来的一个社会网络中的一部分。不考虑这个事实去研究人，就好比不考虑蚁穴或蜂巢的影响而去研究蚂蚁和蜜蜂。既然人是我们每个个体遇到的最重要也是最复杂的生物，那么人们的行为受到周围人的影响就毫不奇怪。有两个心理学的分支领域非常强调这一点，即社会心理学和文化心理学。

社会心理学的发展

社会心理学（social psychology） 研究的是社会交往的形成原因和结果。正如该定义所言，社会心理学家关注的研究主题五花八门。历史学家认为社会心理学的诞生标志是 1895 年心理学家和自行车狂热爱好者诺曼·特里普利特（Norman Triplett）所做的一个实验。特里普利特注意到自行车手在跟别人一起骑车时比自己单独骑车时速度更快。他被这个发现激起了好奇心，之后他做了一个实验，发现当有别人在场的情况下儿童给鱼竿缠鱼线的速度更快。当然，特里普利特的研究目的不是为了提高美国儿童的钓鱼能力，他的研究证明，仅仅是他人在场的情况就可以影响到人们的工作绩效，即便完成的是非常普通的任务。

社会心理学的发展始于 20 世纪 30 年代早期，且受到了一些社会事件的影响。纳粹的出现导致一些非常优秀的德国科学家移民到美国，其中有一些是心理学家，如所罗门·阿希（Solomon Asch, 1907—1996）和库尔特·勒温（Kurt Lewin）。这些心理学家都受到了格式塔心理学的影响，这个学说认为"整体优于局部之和"。尽管格式塔心理学家只是在讨论物体的视知觉现象，但是社会心理学家认为这个概念同样抓住了社会团体以及构成社会团体的人们之间关系的本质。哲学

社会事件如何影响社会心理学的发展？

家们几千年来都在思索社会关系的本质，政治学家、经济学家、人类学家和社会学家也在通过科学方法研究社会生活。但最早对社会行为提出类似于自然科学家提出的理论和假设的是这些德国难民。更重要的是，他们是最早通过实验方法去验证这些社会理论的人。比如，勒温（1936）引用了中世纪物理学家提出的"场论"概念，认为社会行为是内部力量（如人格、目标以及信念）和外部力量（如社会压力和文化）综合作用的结果，而

社会心理学（social psychology） 研究社会交往的形成原因和结果的学科。

阿希（1946）用实验室实验检验"心理化学反应"，可以让人们把对别人的零散信息组合成为对别人个性特征的整体印象。

其他一些事件也在社会心理学的发展早期起到了推动作用。比如，大屠杀引起了对一致性和服从的强烈关注，于是一些心理学家如阿希（1956）开始研究在什么情境下人们会互相影响并作出非人道或非理性的行为。民权运动和非洲裔美国人与美国白人之间不断紧张的关系使得心理学家如戈登·奥尔波特（Gordon Allport，1897—1967）开始研究刻板印象、歧视和种族主义，并且得出一些震惊心理学界的结果。他的研究认为歧视是一种知觉错觉的结果，这种知觉错觉就像视错觉一样自然和无法避免（Allport, 1954）。奥尔波特认为，同样是这种知觉错觉，可以帮助我们高效地对社会和物理世界中的信息进行分类，但也使得我们对不同的人群做出错误分类。

社会心理学家研究他人的存在对个体的思想、情感和行为有何影响。现代足球比赛经常会有上万球迷甚至上十万球迷汇聚到体育场，为自己喜爱的球队加油。他们中的大多数相互并不认识，也有相互认识但支持不同球队的；有时会发生球迷骚乱。这类社会事件对个体具有非常大的影响。

与前人相比，当代社会心理学家研究的主题更广泛（从社会记忆到社会关系），使用的研究技术更多样化（从民意测验到脑扫描），但这个心理学领域依然致力于把大脑看作社会器官、把心智看作社会适应、把个体看作社会生物去进行研究。

文化心理学的诞生

北美和西欧人有时会很惊讶地发现这个星球上大多数人的文化与他们两者的文化完全不同。尽管我们之间的相同之处多于不同之处，但是在社会实践、习俗以及生活方式方面不同人种之间的差异仍是非常大的。文化指的是一个特定群体所共有的价值观、传统以及信仰。尽管我们经常在国家或种族层面思考文化，文化还可以因年龄（青年人的文化）、性取向（同性恋文化）、宗教（犹太文化）或职业（专业文化）而不同。**文化心理学（cultural psychology）** 研究的是文化如何影响和塑造身处其中的人们的心理过

文化心理学（cultural psychology） 研究文化如何影响和塑造个体的心理过程的学科。

程（Shweder 和 Sullivan, 1993）。文化心理学家研究的现象很广泛，从视知觉到社会交往，他们想知道哪些现象是普遍存在的，哪些是随时间和地点的变化而变化的。

也许会让人奇怪，最早注意文化影响的心理学家是现在被称为实验心理学创始人的威廉·冯特。他认为完整的心理学应该既包括实验室研究取向，也包括更广泛的文化视角（Wundt, 1900—1920）。但是冯特的想法并没有引起其他心理学家的兴趣，当时那些心理学家正在全身心地解释实验室实验的结果，试图研究人类行为的普遍规则。在心理学领域外，人类学家如玛格丽特·米德（Margaret Mead, 1901—1978）和格雷戈里·贝特森（Gregory Bateson, 1904—1980）通过在世界各地不同区域旅游和仔细观察养育儿童的方式、仪式、宗教纪念等，来研究文化的影响。这些研究揭示了习俗——从北美人的视角来看多少有些怪诞——在文化中发挥着重要的作用，比如新几内亚山区部落的身体自残仪式，以及放血，标志着开始把年轻小伙子训练成勇士（Mead, 1935/1968; Read, 1965）。

20 世纪 80 年代人类学家如何影响了心理学？

但是，那个时候，人类学家和心理学家彼此间并不关注。文化心理学直到 20 世纪 80 年代和 90 年代才在心理学界形成一股力量，这时人类学家和心理学家开始互相交

文化与社区

西方和东方文化下的分析观和整体观

过去十年关于文化对心智和行为影响的研究显著增加。一系列很有意思的研究揭示了来自西方文化的人（如北美和欧洲）和来自东方文化的人（如中国、日本、韩国和其他亚洲国家）在认识世界时的差异。一个比较一致的发现是，西方文化下的人倾向于使用分析观进行信息加工，关注的是客体或人本身，而不太关注其所处的环境，而东方文化下的人更倾向于使用整体观进行信息加工，关注的是客体或人及其与所处环境之间的关系。

其中一项研究很好地展示了这一差异。在该研究中，请美国和日本参加者完成一项被称为画线测验（framed-line test）的任务，该测试评估的是当参与者对一个简单的线条刺激进行判断时，整合或忽略背景信息的能力（Kitayama 等，2003）。如下图所示，让参与者看正方形方框中的一条线。要求参与者在一个新方框内画一条新线，其中一个任务是要求在新方框中画的线与刺激中呈现的线一样长（绝对任务），另一个任务是要求参与者在新方框内画的线距离

流想法和方法（Stigler, Shweder 和 Herdt, 1990）。直到这时心理学家才重新发现冯特在这个领域是一位多么智慧的前辈（Jahoda, 1993）。

物理学家假设 $E=mc^2$，无论 m 在克利夫兰、莫斯科或在猎户座星云中，这个公式都成立。化学家假设水是由氢气和氧气组成，在 1609 年或其他时候都是这样。物理学和化学的原理是通用的。心理学历史上，也有这样的假设被认为是人类行为的原则（Shweder, 1991）。绝对论（absolutism）认为文化对大多数心理现象的影响很小或没影响，"诚实就是诚实，抑郁就是抑郁，不管谁去观察"（Segall, Lonner 和 Berry, 1998, 第 1103

一些心理障碍在不同文化背景下的症状表现非常不同。文化心理学研究在不同文化背景下生活的人的心理过程的共性和差异。

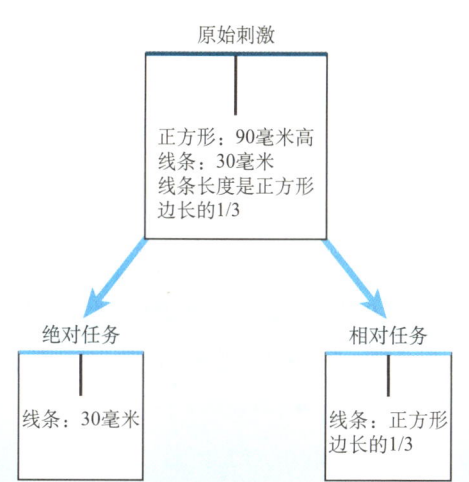

边框的比例与刺激中呈现的线与边框的比例一样（相对任务）。绝对任务涉及分析观，相对任务涉及整体观。研究者发现，居住在美国的美国参与者在绝对任务中的精确性好于相对任务，而居住在日本的日本参与者完成相对任务时的精确性好于完成绝对任务。有意思的是，居住在日本的美国人完成任务的情况与日本人更相似，而居住在美国的日本人完成任务的情况与美国人更相似。但是，我们尚不清楚在一种文化中，从分析模式转变为整体模式，或者反之需要多长时间。关于文化影响的研究在快速发展，甚至已经有研究发现了东西方文化差异可以在大脑中体现出来（Kiayama 和 Uskul, 2011）。

页）。但是，正如一些周游世界的旅行家所知，令人兴奋的、美味的、令人恐惧的方式的确存在文化差异，某种情况可能符合某种文化，但却不一定符合另一种文化。相对论（relativism）认为心理现象可能因文化的不同而不同，所以应该在特定的文化背景下去研究（Berry 等，1992）。尽管几乎在所有文化中都可以观察到抑郁现象，但是其症状可能在不同地方有完全不同的表现。比如，西方文化中非常强调认知相关的症状，如觉得自己一无是处，而在东方文化中却更强调疲惫和躯体疼痛（Draguns 和 Tanaka-Matsumi, 2003）。

为什么心理学的结论总是与个体、区域或文化相关？

现在，大部分文化心理学家的观点处于这两个极端之间。文化会影响很多心理现象，甚至决定一些心理现象，但有些心理现象可能完全不受文化影响。比如，个体早期记忆的年龄因文化而显著不同（MacDonal, Uesiliana 和 Hayne, 2000），而对面孔吸引力的判断则不受影响（Cunningham 等，1995）。正如我们在讨论进化心理学时所提到的，很多具有一致性的心理现象更多地与人类最基本的生物基础相关。相反地，很不一致的那些心理现象往往植根于不同文化下的不同社会实践中。当然，唯一能够证明某个现象具有跨文化多样性或一致性的方法就是设计研究去检验这种可能性，这也是文化心理学家正在做的事情（Cole, 1996; Segall 等，1998）。我们会在本书以及书中的"文化与社区"栏中着重介绍文化心理学家的工作，本章的"文化与社区"栏分析了不同文化下信息加工过程的分析观和整体观。

小结

▲ 社会心理学认为人处于其他人构成的网络中，并探索人们之间是如何互相影响和交互。社会心理学的先行者是德国移民，例如库尔特·勒温，他致力于解释社会现象和问题。

▲ 文化心理学关注与个体有关的更广泛的文化影响，以及不同文化中人们的共性或差异。在该领域中，绝对论者认为文化对大部分心理现象几乎没有影响，而相对论者认为文化的影响很大。

▲ 社会心理学和文化心理学一起拓展了心理学只研究个体的视野。这些心理学的分支学科在人际交互的更广阔的背景中研究人类行为。

心理学职业：过去和现在

如果你在飞机上发现邻座是一位喋喋不休、吵得你无法看杂志的人，那么你可以做两件事情。你可以平静而友好地对那个人说："你知道吗，我已经被一种古怪和愤怒的细菌包围了！"如果这样做看起来有点极端，你也可以这样说："你知道吗，我是一个心理学家，你说话的时候我正在分析你。"这种情况往往会帮你解决面对的问题，而你也不会因为行为极端而被捕。事实是大部分人不知道心理学是什么或者心理学家在干什么，但他们往往有一种模糊的认识，即最好不要跟心理学家交谈。现在，我们已经对心理学的历史有所了解，那么让我们来看看心理学的现在，特别是心理学职业的现状。首先我们会看看心理学从业人员的组织，然后再看心理学家在干什么，最后介绍成为一名心理学家所需要接受的训练。

心理学家联盟：美国心理学会

还记得我们上一次提到威廉·詹姆斯的时候，他正在大波士顿区游荡，解释一门新学科——心理学的价值。1892 年 7 月，詹姆斯和另外五位心理学家到克拉克大学参加由斯坦利·霍尔组织的一个会议。这些参会者都在大学教授心理学课程、做实验、写书。仅仅这几个人几乎不可能组织一个队伍，甚至组织一个曲棍球队都不够，但是这七位心理学家认为是时候组建一个组织，代表心理学是一门职业。于是，美国心理学会（American Psychological Association, APA）成立了。这七位心理学家绝对想不到这个小小的俱乐部如今已经发展为拥有 15 万成员的大组织，这个人数相当于美国一个相当规模的城市的人口。虽然 APA 的创建者都在大学工作，但现在其成员中只有 20% 从事科研工作，大约 70% 的成员在临床或健康相关的机构工作。由于 APA 已经不再像初建时那样聚焦于科学研究，于是 1988 年，450 位心理学科研工作者组建了美国心理科学学会（American Psychological Society, APS），这些成员希望 APS 聚焦于正在从事心理学科学研究人员的特殊需求上。2006 年，APS 改名为心理科学协会（Association for Psychological Science），发展也很迅速，六个月内吸引了 5 000 余名成员，现在大约有 1.2 万名心理学家会员。

妇女和少数族群的角色日益重要

1892 年 APA 仅有 31 位成员，全都是白人男性。现在，APA 近一半的成员是女性，非白种人的成员数量不断增加。近期对博士学位获得者的调查数据也显示人种多样性不断增加。从 1959 年到 2010 年，获得心理学博士学位的女性人数比例从 15% 增加到 70%，获得心理学博士学位的少数族群人数比例也从极少的比例增长到 24%。显然，心理学领域也越来越能够反映出美国社会的多样性。

女性和少数族群参与 APA 和心理学的现状可以追溯到心理学早期的开拓者和追随

玛丽·惠顿·卡尔金斯（Mary Whiton Calkins，1863—1930）是APA首位女性主席。她一生中饱受性别歧视。尽管面对各种学术阻碍（如哈佛大学拒绝为女性颁发正式的博士学位），卡尔金斯在卫斯理学院的科研和教学工作仍然非常杰出。

 心理学诞生以来，从事这项职业的人群构成发生了什么变化？

者们。1905年，玛丽·卡尔金斯（Mary Calkins，1863—1930）成为APA首位主席。卡尔金斯在希腊卫斯理学院（Wellesley college）教书的过程中对心理学产生兴趣。她在哈佛大学跟随威廉·詹姆斯学习，随后成为卫斯理学院的心理学教授，直到1929年退休。在她担任APA主席期间，她构建了自己关于"自我"在心理功能中的理论。卡尔金斯对冯特和铁钦纳认为心智可以区分为基本元素的结构主义观点提出质疑，认为自我是一个独立的结构，不能被打破成更微小的基本元素。卡尔金斯在她辉煌的职业生涯中撰写了4本专著，发表了100多篇文章（Calkins, 1930; Scarborough 和 Furumoto, 1987; Stevens 和 Gardner, 1982）。现在，女性在心理学的各个领域都扮演着重要角色。当年APA的创始者一定会因为女性所做出的突出贡献而感到吃惊，但是威廉·詹姆斯可能不会吃惊，因为他是玛丽·卡尔金斯强有力的支持者。

就像第一次APA会议中没有一位女性一样，当时也没有一位非白种人参会。首位成为APA主席的少数族群心理学家是肯尼斯·克拉克（Kenneth Clark，1914—2005），他于1970年当选。克拉克在非洲裔美国儿童的自我形象领域做了大量研究，认为种族隔离对心理的伤害非常大。克拉克的研究结果对公共政策的影响很大，并且对最高法院在1954年的裁决（裁决布朗教育基金会进行非法种族隔离）做出了贡献（Guthrie, 2000）。克拉克在哈佛大学读本科期间，选修了弗朗西斯·塞西尔·萨姆纳（Francis Cecil Sumner，1895—1954）的心理学课程，克拉克对心理学的兴趣产生于这个时候。萨姆纳于1920年在克拉克大学获得心理学博士学位，是首位获得心理学博士学位的非洲裔美国人。萨姆纳的主要研究兴趣是对非洲裔美国儿童青少年的教育（Sawyer, 2000）。

心理学家在做什么：研究事业

在描述心理学家做什么之前，首先需要说明的是，大部分主修心理学专业的人并没有成为一名心理学家。心理学已成为一个学术、科研和专业化的重要学科，与很多学科和职业道路相关（见"科学热点"栏）。那么，如果你想成为一名心理学家，你应该做什么？如果你不想成为一名心理学家，那你不应该做什么？你有很多条道路去成为一名心理学家，自称为心理学家的人往往拥有各种不同的学位。通常，心理学专业的学生在大学毕业后会进入研究生院学习，以争取在心理学的某个研究领域（例如，社会、认知或者发展心理学）获得博士学位（doctor of philosophy, Ph.D[①]）。在研究生院学习期间，学生通过上课和与导师合作开展研究，从而深入某个研究领域。威廉·詹姆斯能够涉足心理学的每一个领域，因为在他生活的时代，心理学研究领域非常少，但是现在的学生花费将近十年时间，可能只能精通一个专业领域。

获得博士学位后，你可以通过在一位非常有影响力的科学家的研究领域开展合作研究而争取一个博士后职位，或者在大学或学院争取一个教职，或者在政府机构以及企业中争取一个科研职位。学术生涯往往是教学和科研的结合，而在政府或企业机构中的工作往往只涉及科研。

多样化的职业道路

正如前面所说，科研并不是心理学家唯一的职业选择。很多自称为心理学家的人既不教学也不做科研，他们更多的是评估或处理人们的心理问题。这些临床心理学家通常在私立机构工作，与其他心理学家或精神病学家（通常是医生，或有医学学位，或有处方权）合作。其他临床心理学家可能在医院或医学院工作，也有一些在大学或学院承担教职，有些把在私人机构的业务与学术工作结合起来。大多数临床心理学家会专注于某个特定的问题或障碍，比如抑郁、焦虑，而有的关注于某类特定人群如儿童、少数族群或老人（见图1.3）。

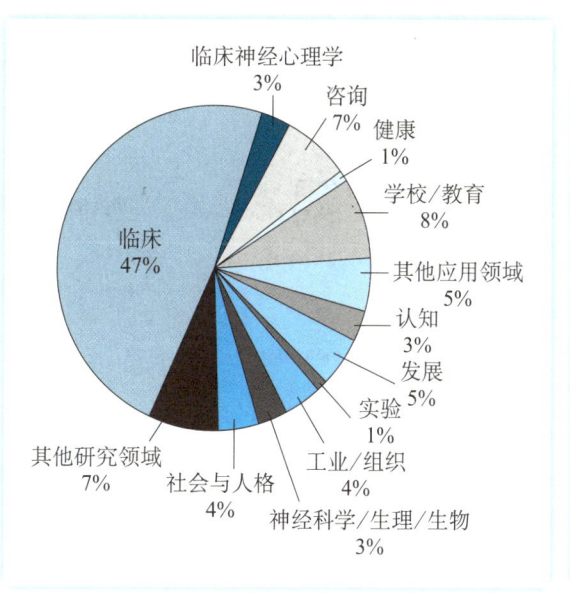

图1.3 心理学的主要领域。心理学家分布在心理学的各个不同领域。获得心理学博士学位的人所从事的心理学各分支的比例如图所示。其中，从事临床心理学的博士毕业生约占近一半。来源：2004年心理学毕业生调查，APA研究办公室发布。

---

① 并非指哲学这一学科的博士，而是指学术型博士，指获得该学位的人对其知识范畴的理论、内容及发展等都具有相当的认识，能独立进行研究，并在该范畴内对学术界有所建树。

科学热点

心理学是一门枢纽学科

本章描述了心理学是如何作为一个研究领域而出现，在第 17 页的"其他声音"栏中描述了心理学的确是一门科学。那么，心理学与其他科学领域之间是什么关系？比如，这个学科领域有多大？与其他学科之间的关联是什么？哪些学科受到了心理学的影响？在当代计算机和信息技术的支持下，研究者可以通过文献检索来绘制科学版图，回答这些问题。科研文章的相关信息、发表在哪些杂志上、一个领域中文章的发表频率以及范式如何被别的领域所引用，当前这些信息完全可以电子化呈现（自然科学和社会科学引文数据库）。研究者可以通过这些信息来了解不同学科之间的内在联系。

比如，凯文·博亚科（Kevin

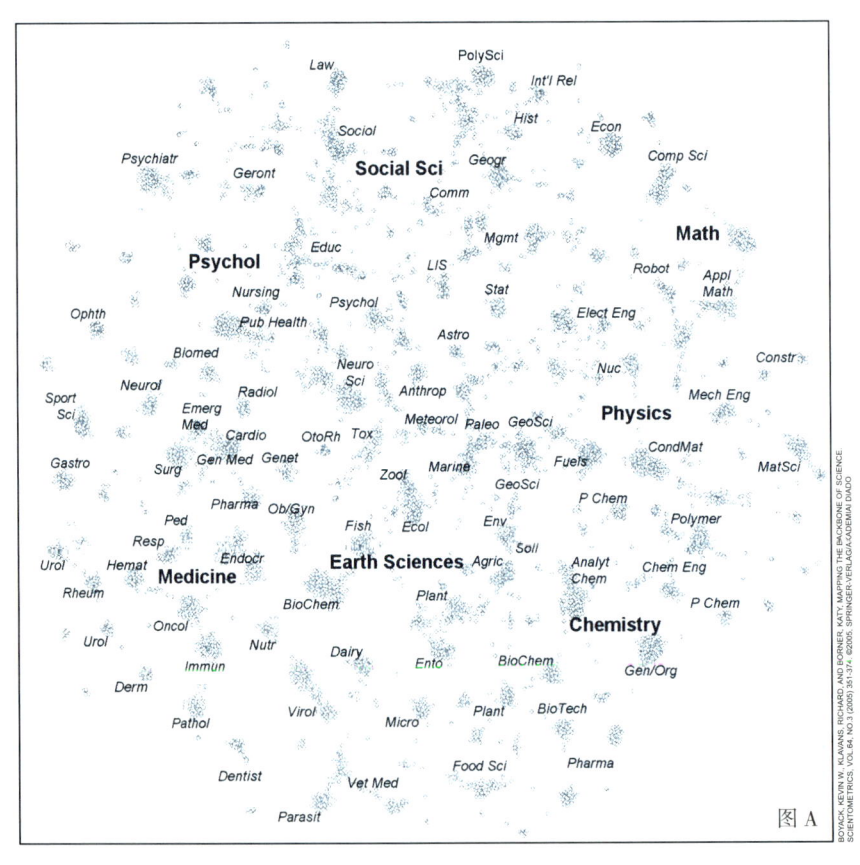

图 A

Boyack）和他的同事2005年发表的一篇名为"枢纽学科的版图"的文章，使用了来自大约1百万篇文章的数据，这些文章有2千3百万篇参考文献、发表在约7000本期刊上，通过计算不同学科领域之间引用文章的情况，描绘了不同学科领域之间的相似程度及内在联系。结果非常有意思，如图A所示，共有七个主要领域，称之为枢纽学科，之间相互关联并对其他学科产生影响。这七个枢纽学科分别是数学、物理学、化学、地球科学、医学、心理学和社会科学。枢纽学科的组织关系也值得分析。如图所示，心理学介于医学和社会科学之间，物理学介于数学和化学之间。其他领域的位置正如我们所猜测的：公共健康和神经科学位于心理学和医学之间，统计学位于心理学和数学之间，经济学位于

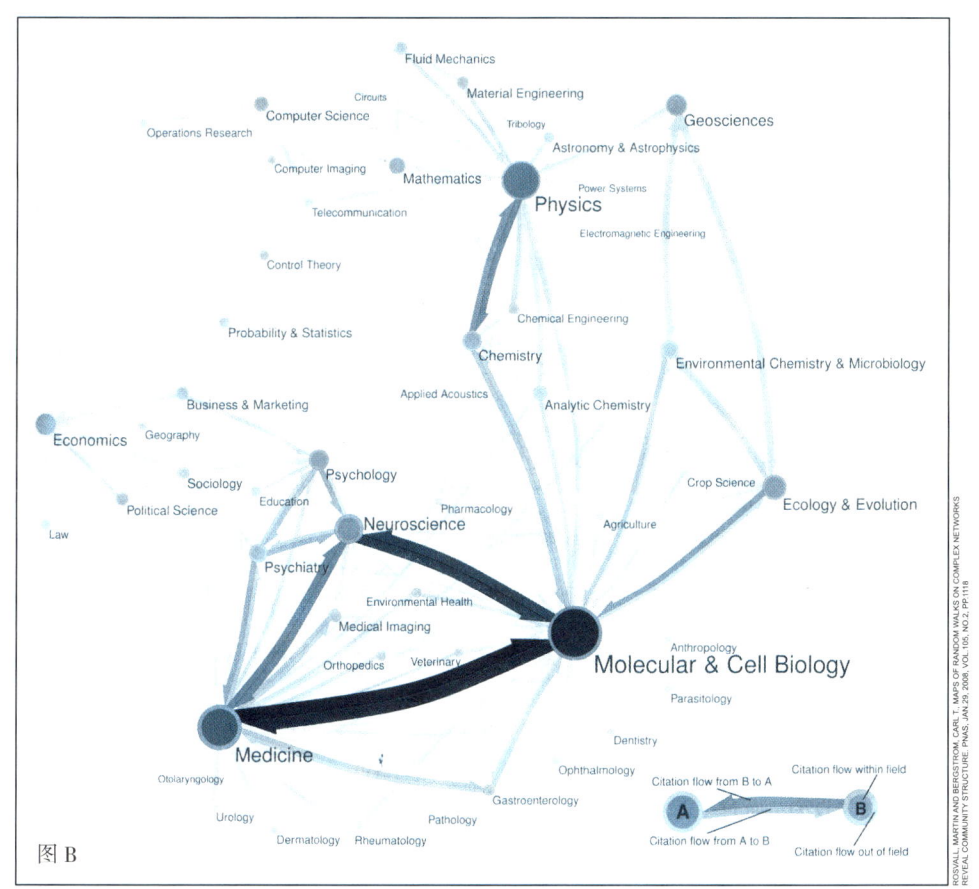

图B

社会科学和数学之间。

类似这样的研究为我们提供了一幅信息图谱：不同的科学领域之间在发展历史中是如何关联的（如过去的引用率）。但是科学是动态和不断变化的，一个重要问题是：当前的科学看起来是什么情况（如果你正在学校，需要决定上什么课以及未来从事什么职业）？另一项研究数据来自 6 000 多个期刊的 6 百万篇引文，勾画出过去 5 年里发表文章的引用情况（该文指的是 2000—2004 年，Rosvall 和 Bergstrom，2008）。在这个分析中，心理学仍然是一门枢纽学科（见图 B）。最大的学科领域依次是分子学和细胞生物学、医学、物理学、神经科学、生态学和进化学、经济学、地理科学、心理学以及化学。心理学研究

心理学通过什么渠道为社会做贡献？

超过 10% 的 APA 成员是咨询心理学家，致力于帮助人们应对工作或职业问题或变革，或者帮助人们应对一些常见的危机如离婚、失业、丧亲。咨询心理学家可能拥有咨询心理学的博士或硕士学位，或拥有社会工作的硕士学位。

心理学家在教育机构也非常活跃。大约 5% 的 APA 成员是学校心理学家，通常为学生、父母和教师提供专业指导。还有相似比例的 APA 成员是工业与组织心理学家，主要关注工作场所中的问题。这些心理学家通常在商业或企业任职，主要工作包括评价员工潜力、寻找提高生产效率的方法，或者帮助员工及管理者更有效地制定战略，应对变革或期望的组织发展。当然，上述这些并没有覆盖到所有接受心理学训练之后的从业范围。比如，运动心理学家帮助运动员提高成绩，司法心理学家为律师和法官提供帮助，消费心理学家帮助公司开发或宣传新产品。事实上，很难想象一个主流企业中没有雇佣心理学家。

即便只是对 APA 成员的简单而不太完整的调查，已经可以看到心理学家所从事领域的多样性。你可以认为心理学家作为一个国际化职业群体，主要工作是科学前沿、帮助人们应对心理问题和心理异常，致力于提升工作、学习和日常生活的质量。

（基于在各领域中期刊文章被引用的频率）与神经科学、精神病学、教育学、社会学、经济学和市场学、医学、生态学和进化学之间有很强的联接。当前还有很多研究不断为勾画这类科学图谱的整体结构添砖加瓦（Borner 等，2012）。

这些研究对大学管理层、基金管理机构以及学生们都有帮助，有助于理解不同学院和系之间的关系，以及一个领域的科学工作与更广泛领域的科学工作之间的关系。这些研究也显示了心理学与其他学科的关系，支持了心理学与许多学科领域和职业道路相关的想法。因此，能够学习这门课真是很棒！

小结

▲ 美国心理学会（APA）自1892年初创以来发展非常迅速，目前有15万来自临床机构、学术机构和应用领域的会员。还有一些心理学家的专业组织如美国心理科学协会（APS），致力于心理学的科学研究。

▲ 由于玛丽·卡尔金斯等先行者的努力，妇女在心理学领域中扮演着日益重要的角色，当今已与男性平分秋色。虽然少数族群经历了更长久的努力，但在弗朗西斯·塞西尔·萨姆和肯尼斯·克拉克等先行者的努力下，在心理学中的参与度也日益增加。

▲ 心理学家从事科学研究之前往往需要通过研究生和博士后训练，就业领域很广泛，包括学校、临床机构和企业等。

本章回顾

关键概念小测试

1. 19世纪，法国生理学家弗洛朗和外科医生布洛卡进行的研究证明了什么之间的关系？
   a. 动物与人
   b. 心智与大脑
   c. 大脑容量与心理能力
   d. 头骨凹凸与心理特质

2. 赫尔曼·冯·亥姆霍兹实施了一项著名的实验，其主题是什么？
   a. 反应时
   b. 儿童学习
   c. 颅相学
   d. 大脑特定区域的功能

3. 威廉·冯特被誉为：
   a. "经验主义哲学"这一短语的创始人
   b. 确立了先天—后天争论这一术语
   c. 科学心理学的创始人
   d. 实施了第一个心理学实验

4. 冯特和他的学生试图去分析构成心智的基本元素，这一学派被称为_____。
   a. 意识
   b. 内省
   c. 结构主义
   d. 客观性

5. 在北美，威廉·詹姆斯和_____建立了机能主义，并使其成为心理学主流学派。
   a. 斯坦利·霍尔
   b. 勒内·笛卡尔
   c. 弗朗兹·约瑟夫·加尔
   d. 爱德华·铁钦纳

6. 机能主义的思想受到了哪本著作的启发？
   a. 达尔文的《物种起源》
   b. 詹姆斯的《心理学原理》
   c. 冯特的《生理心理学原理》
   d. 铁钦纳的《心理学纲要》

7. 为了理解人类行为，法国心理学家让·马丁·沙尔科和皮埃尔·雅内研究_____。
   a. 看起来完全健康的人
   b. 有心理障碍的人
   c. 大脑特定脑区受损的人
   d. 永久丧失认知和运动功能的人

8. 在沙尔科和雅内的基础上，弗洛伊德发展了_____。
   a. 精神分析理论
   b. 癔症理论
   c. 人本主义心理学
   d. 生理心理学

9. 强调人类积极潜力的心理理论是_____。
   a. 结构主义
   b. 精神分析理论
   c. 人本主义心理学
   d. 机能主义

10. 行为主义研究涉及_____。
    a. 观察行为和反应

b. 人类成长的潜力

c. 无意识的影响和童年早期经验

d. 人类行为和记忆

11. 伊万·巴甫洛夫的实验和华生的实验关注_____。

   a. 知觉和行为

   b. 刺激和反应

   c. 奖赏和惩罚

   d. 意识和无意识行为

12. 谁提出了强化的概念?

   a. 斯金纳

   b. 巴甫洛夫

   c. 华生

   d. 玛格丽特·弗洛伊·沃什伯恩

13. 研究诸如知觉和记忆等心理过程的学科是_____。

   a. 行为决定论

   b. 格式塔心理学

   c. 社会心理学

   d. 认知心理学

14. 二战期间,认知心理学家发现很多飞行员出现错误的原因是_____。

   a. 计算机处理详细信息过程中发生错误

   b. 人类处理信息的认知能力有限

   c. 飞行员没有注意到接踵而来的信息

   d. 缺乏行为训练

15. 运用扫描技术观察大脑活动,来看正在进行的某项任务过程中哪些大脑区域被激活,这一技术发展催生了_____。

   a. 进化心理学

   b. 认知神经科学

   c. 文化心理学

   d. 认知加工和语言形成

16. 进化心理学的核心是心智和行为所提供的_____功能。

   a. 情绪

   b. 适应

   c. 文化

   d. 生理

17. 社会心理学与心理学其他分支学科最主要的不同之处是强调_____。

   a. 人际交互

   b. 行为过程

   c. 个体

   d. 实验室实验

18. 文化心理学强调_____。

   a. 所有心理过程都在某种程度上受文化的影响

   b. 心理过程在所有人身上的表现都是一样的,不需要考虑文化差异

   c. 文化塑造了某些心理现象,但不是全部

   d. 对一种文化下个体的研究很难用于解释来自其他文化、具有不同社会认同和礼仪的人

19. 玛丽·卡尔金斯是_____。

   a. 威廉·冯特的第一个心理学实验室里的学生

   b. 进行了关于非洲裔美国儿童的自我形象的研究

   c. 参加了第一次 APA 会议

   d. 成为 APA 首位女性主席

20. 肯尼斯·克拉克_____。

   a. 所做的研究影响到最高法院对禁止在公共学校进行种族隔离的判决

b. 是 APA 的创建者之一

c. 威廉·詹姆斯的学生

d. 致力于研究非洲裔美国儿童青少年的教育

关键术语

心理学	反应时	精神分析理论	认知心理学
心智	意识	精神分析	行为神经科学
行为	结构主义	人本主义心理学	认知神经科学
先天论	内省	行为主义	进化心理学
经验哲学	机能主义	反应	社会心理学
颅相学	自然选择	强化	文化心理学
生理学	癔症	错觉	刺激
无意识	格式塔心理学		

转变观念

1. 你的一位同学说，她学习这门课只是因为她的教育专业有这样的要求，"心理学只不过是研究心理疾病以及怎么治疗。我想成为一名教师，而不是一名心理学家，我不知道为什么要学这门课"。为什么你的朋友应该改变这种想法？哪些心理学的分支学科对教育工作很重要？

2. 你的一位同学承认他觉得心理学课程有意思，但他不会申请心理学作为自己的专业。他说："心理学专业无论将来做什么都必须有研究生学历，我不想在学校度过余生，我想在现实世界中生活。"基于你在本章中学到的关于心理学职业的介绍，你会对他说什么？

3. 5月6日，你注意到一个新闻称当天是"心理学之父"弗洛伊德的生日。是否可以把弗洛伊德称为心理学之父？学习了关于心理学分支学科的这些知识，你认为还有哪些人与弗洛伊德同样重要，甚至比他更重要？

4. 你的一位同学快速翻阅这本书，注意到书中有很多信息，甚至有一整章是关于大脑的。他说："我不知道我们学的为什么这么生物化，我想成为一所学校的咨询工作者，不是大脑外科医生，我不需要通过了解大脑的各个部分或者化学反应去帮助别人。"大脑和心智之间有什么联系？了解大脑对帮助我们理解心智有什么重要作用？

5. 一位同学阅读了斯金纳关于"自由意志只是错觉"的理论后很是受挫:"心理学总是把人当做实验室里行为可以被控制的小白鼠。我不是小白鼠,我有自由意志,我可以决定我接下来要做什么。"你会对你的朋友说什么?理解了心理学基本原理会帮助我们预测每天的具体生活或者人类将要干什么吗?

关键概念小测试答案

1. b; 2. a; 3. c; 4. c; 5. a; 6. a; 7. b; 8. a; 9. c; 10. a; 11. b; 12. a; 13. d; 14. b; 15. b; 16. b; 17. a; 18. c; 19. d; 20. a.

如需更多帮助,请点击:
http://www.worthpublishers.com/launchpad/schacter3e

第 2 章
心理学研究方法

▲ **经验主义：我们如何认识世界** _54
科学方法 _54
探寻的艺术 _56

▲ **观察：发现人们做什么** _58
测量 _58
文化与社区 最乐于助人的地方 _62
描述 _64

▲ **解释：发现人们行为表现背后的原因** _69
相关 _69
变化模式 _70

测量相关的方向和强度 _71
因果 _73
现实世界 几率无处不在 _82
得出结论 _83
科学热点 暴力电影可以成就安宁的街区？ _86
批判性地看待证据 _89

▲ **科学研究的伦理：首要一条，一定没有伤害** _94
尊重人 _95
尊重动物 _96
尊重事实 _98
其他声音 我们负担得起科学吗？ _100

《生命的重建》（*You Can Heal Your Life*）一书迄今为止已经卖出了 3 千 5 百万册。该书作者露易丝·海（Louise Hay）[①]提出，发生在我们身上的每件事情都是由我们自己的想法引起的。她宣称她仅仅通过改变自己的想法而治愈了自己的癌症，并且说其他人也可以通过购买她的书、CD、DVD 和参加她的研讨会来学习她的这种做法。在最近的一次电视访谈中，露易丝·海解释了她如何知道自己的这些技巧是行之有效的。

　　主持人：您如何知道您所说的这些是对的？

---

① 露易丝·海于 1926 年 10 月 8 日出生于美国洛杉矶。美国著名作家，杰出的心灵导师。她倡导"整体健康"观念和"自助运动"，揭示了疾病背后所隐藏的心理模式，认为每个人都有能力采取积极的思维方式，实现身体、精神和心灵的整体健康。——译者注

海：哦，我内心的叮咚声。

主持人：叮咚声？

海：是的，我内心的叮咚声。它告诉我的。它觉得对或者不对。幸福快乐就是选择那些让你感觉良好的想法。它真的是非常简单。

主持人：但是我听您说道，即使没有任何证据证明你所相信的事情，或者即使有科学证据反对它，它都不会改变。

海：是的。我并不相信科学证据，真的不信。科学是非常新生的事物。科学诞生的时间还不太长。我们把科学看得非常重要，但是，你知道，它也仅仅只是一种看待生活的方式。

露易丝·海说她不"相信"科学证据，这意味着什么呢？毕竟，如果海的技巧真的可以治愈癌症，那么甚至她自己肯定会预期那些练习她的技巧的癌症患者比没有练习的癌症患者有更高的治愈比例。这不是"一种看待生活的方式"。这正是简单的、古老的常识——也恰恰是深植于科学深处的常识。

科学告诉我们，想要确切地知道一个陈述是否真实的唯一方式，就是去探寻一番。但是说起来容易做起来难。例如，你如何去探究露易丝·海的话是真还是假呢？你是否会参加她的某个研讨会，并且询问那里的听众是否被治愈了？你是否会检查那些购买了她的书和没有购买她的书的人们的医学记录？你是否会邀请人们报名参加传授她的技巧的课程，然后等着看有多少人得癌症？所有这些做法听起来都非常合理，但事实是，任何一件都不太可能提供特别有效的信息。有一些方法可以比较好地检验诸如露易丝·海所提出的观点，但也有很多不好的方法。在这一章里，你将学习如何区分它们。科学家发展出了一些强有力的工具，可以用来检验何时内心的叮咚声是对的，何时是错的，而且正是这些工具使科学与众不同。正如哲学家伯特兰·罗素（Bertrand Russell, 1945，第527页）所言："并不是从事科学的人笃信的东西使他与众不同，而是他如何、为什么相信这些东西才使他与众不同。"当然事实证明，这也适用于从事科学的女性[①]。

我们将先从检验那些指导科学研究的一般性原则开始，这些一般性原则将科学研究与其他认识世界的方式区分开来。接着，我们将认识到心理学方法是要回答两个基本问题：人们做什么，以及人们为什么这样做？心理学家通过观察和测量来回答第一个问题，他们通过探寻他们所测量的事物之间的关系来回答第二个问题。我们将认识到科学研究让我们得出某些结论，而不是另外的结论，并且我们将认识到大多数人在认真地思考科

---

① 罗素的原文中用"man"指代所有人。该书作者特意将"man"引申为特指男性，然后在此处强调罗素的话也适用于女性，使该书行文更加活泼。——译者注

学证据时存在问题。最后，我们需要仔细思考研究人类和其他动物的科学家所面临的独特的伦理问题。

经验主义：我们如何认识世界

当古希腊人扭伤了脚踝、得了流感，或者被意外烧伤，他们必须从两种医生中做出选择：教条主义者（又称教理神学者，dogmatists，来源于 *dogmatikos*，本意为"信念"）与经验主义者（empiricist，来源于 *empeirikos*，本意为"经验"）。前者认为理解疾病的最好方法是提出一套关于人体功能的理论，后者认为理解疾病的最好方法是观察生病的人们。这两个医学流派的对抗并没有持续很长时间，因为那些去看教条主义医生的病人总是以死亡告终，这对医生的生意来说非常糟糕。今天，我们用教条主义这个词来描述人们死守着他们的臆测的倾向性，用**经验主义**这个词来描述相信可以通过观察来获得准确知识的信念。我们可以通过仔细观察来回答有关自然界的问题，这个事实可能对你来说非常显而易见，但是这个显而易见的事实直到最近才获得广泛认可。在很长的一段人类历史中，人们相信有权威的人可以回答重要的问题，仅仅在刚过去的上一个千年里（尤其是最后的三个世纪），人们才开始更相信自己的眼睛和耳朵，而不是他们的长辈。

科学方法

经验主义是科学方法的最本质的成分，**科学方法**是一套通过实证性证据来探寻真相的方法。本质上，科学方法这样建议我们：当我们对这个世界有一个想法时——例如，关于蝙蝠如何导航，或者月球从何而来，或者为什么人们无法忘记创伤性的事件——我们应该收集与这个想法相关的实证性证据，然后修正我们的想法，使之与证据吻合。科学家通常将这种想法称为**理论**，它是对自然现象提出的假设性的解释。我们可以从理论上假设蝙蝠通过发出声音来听回声进行导航，月球形成于一颗小行星撞击地球，或者当大脑对创伤性事件进行反应时，通过产生化学物质来促进记忆。上述每一个理论都是对自然界如何运行的解释。

当科学家着手提出一套理论时，他们一般遵循简约性原则（the rule of parsimony），这个原则认为能够解释所有证据的最简单的理论就是最好的

什么是科学方法？

经验主义（empiricism） 相信可以通过观察获得准确知识的信念。
科学方法（scientific method） 通过实证性证据来探寻真相的一套方法。
理论（theory） 对自然现象提出的假设性的解释。

理论。简约性来源于拉丁词汇 parcere，意思是"节约"，这个原则通常被归功于 14 世纪的逻辑学家威廉·奥卡姆（William Ockham），他写下名言"如无必要，勿增实体"。奥卡姆并不是认为自然界是简单的，或者复杂的理论是错误的。他只是认为从简单的理论开始才有意义，然后仅仅在必须的情况下才使理论更复杂一些。$E=mc^2$ 这个理论之所以如此可爱，部分原因就是它仅仅只有三个字母和一个数字。

我们想让我们的理论尽可能地简洁，但是我们也想让它们正确。我们如何确定一个理论是否正确？我们可以基于理论得出我们应该在自然界观察到的特定现象的预期。例如，如果蝙蝠真的通过发出声音并听回声导航，那么我们应该可以观察到聋蝙蝠不能导航。这里的"应该陈述"，学术上称之为**假设**，它是基于理论提出的可以被证伪的预期。可证伪这个词是这个定义的关键部分。诸如"神创造了万物"之类的一些理论，因为不能确切说明如果它是对的那么我们应该观察到什么现象，所以没有任何可观测的现象能够证伪它们。因为这些理论并不能产生出假设,所以它们永远都无法成为科学研究的对象。这并不意味着它们是错的——这仅仅意味着我们不能通过科学方法来评价它们。

那么当我们检验假设时会发生什么呢？阿尔伯特·爱因斯坦（Albert Einstein）曾说过一句著名的话："再多的实验也不能证明我正确，但是仅仅一个**实验**就能证明我错误。"为什么会这样？好吧，来想象一下，如果你观察一些蝙蝠，那么你可以从中了解到关于声音导航理论的什么信息呢？如果你看到聋蝙蝠与听力正常的蝙蝠具有同样好的导航能力，那么声音导航理论立刻就被证明是错的；但是如果

像欧几里得（Euclid）和托勒密（Ptolemy）这样的古典思想家，他们相信我们的眼睛发射出光线，照射到我们看见的物体上。伊本·海赛姆（lbn al-Haytham，965—1039）据此推理如果这个观点是正确的，那么当我们睁开眼睛时，看到远处的事物要比看到近处的事物花更长的时间。猜猜看？结果不是这样。仅仅通过这一个观察到的现象，一个流行数个世纪的古老理论绝迹了——就在一眨眼间。

为什么理论可以被证明错误，而不是被证明正确？

假设（hypothesis） 基于理论提出的可以被证伪的预期。

你看到聋蝙蝠比听力正常的蝙蝠的导航能力更差，那么你观察到的现象与声音导航理论一致，但是却不能证明它。毕竟，尽管你今天没有看到一只聋蝙蝠表现出完美的导航能力，但是仍有可能其他聋蝙蝠可以很好地导航，或者你明天就会看到一只。我们不能观察每一只蝙蝠过去和未来的所有表现，这意味着尽管这个理论没有被你观察到的现象证明是错误的，但是通过其他一些观察到的现象，这个理论仍然有机会被证明是错误的。当证据与理论一致时，我们对理论的信心增加，但是这永远不能使我们完全确信。下次你再看到报纸的新闻标题写着"科学家证实某理论正确"，你大可以对它翻个白眼不屑一顾。

科学方法告诉我们，找寻世间真相的最好方法是提出理论，从理论中得到假设，通过收集证据来检验这些假设，然后根据证据来修正理论。但是究竟该如何收集证据呢？

探寻的艺术

人类骑马的历史已有几千年。多少个世纪以来，人们下马之后围坐在一起，相互争论着马在奔跑时，四个马蹄是否可能会同时离地。一些人说会，一些人说不会，还有一些人说他们真的非常希望换一个话题讨论点儿别的。1877 年，埃德沃德·迈布里奇（Eadweard Muybridge）发明了一种设备可以连续快速地拍照，他拍的照片表明当马疾驰的时候，四个马蹄的确会同时离地。这就是事实。再也不会有两个骑手乐于争论这个问题了，因为迈布里奇一劳永逸地解决了这个问题。

为什么解决这个问题需要花这么久的时间？毕竟，人们观察马奔跑已经很多年了，那为什么一些人说他们清楚地看到马可以四蹄腾空而起，而另一些人却说他们清楚地看到任何时候至少有一个马蹄没有离地？这是因为，尽管眼睛非常神奇，但是仍然有很多东西它们看不到，有很多东西它们无法看真切。我们无法看到细菌，但是它们却真实存在。地球看起来非常平坦，但它却是一个不规则的圆球。正如迈布里奇早已认识到的，如果我们想要知道这个世界的真相，我们必须不仅仅是看，而是要做更多调查。经验主义是正确的取向，但是恰当地实践经验主义需要**实证性方法**，这是一套观察的规则和技巧。

在许多学科中，方法一词基本上都指的是提高研究检测力的技术。生物学家使用显微镜，天文学家使用望远镜，因为他们想要观察的事物是肉眼所看不到的。从另一方面来说，人类行为显而易见，所以你可能会期望心理学方法相对简单。事实上，在所有现代科学门类中，心理学家所面临的实证研究挑战最令人生畏，因此心理学的实证方法在所有现代科学门类里属于最复杂的方法。之所以存在这些实证研究挑战，是因为人具有以下三个特质，使他们异常难以研究：

实证性方法（empirical method） 一套观察的规则和技巧。

➢ 复杂性（complexity）：没有任何星系、粒子、分子，或者任何机器像人类大脑一样复杂。科学家可以用精致的细节描述恒星的诞生或者细胞的死亡，但是他们几乎不能说出组成大脑的 5 亿个①相互联结的神经元如何产生出思想、情感和动作，而这些都是心理学关注的核心内容。

是什么使人类特别难以研究？

➢ 变异性（variability）：在绝大多数情况下，一个大肠杆菌与另一个大肠杆菌几乎完全相像。但是人与人之间的变异很大，就像他们的指纹一样。在完全相同的情境下，没有任何两个个体做事情、说话、思考，或者感受事情的方式是完全相同的，这意味着你不能通过了解一个人来认识所有人。

➢ 反应性（reactivity）：不管有没有人观察，一个核素为 133 的铯原子（铯 –133）每秒钟都是振动 9 192 631 770 次。但是当人在被观察时所表现出的思考、感受和行为的方式，往往不同于他们没有被观察的时候。当人们知道他们正在被研究，那么他们的行为总是与通常的行为不同。

事实就是人类非常复杂，个体之间变异很大，行为反应灵活多样，这一事实带给人类行为研究一个非常大的挑战。心理学家已经发展出两类解决方法来战胜这些挑战：观察法（methods of observation）和解释法（methods of explanation）。观察法可以使他们确定人们做什么，解释法可以使他们确定人们为什么这么做。我们在接下来的内容里将仔细讨论这两种方法。

人在被观察与不被观察的情况下，其行为大不相同。例如，如果奥巴马总统意识到一位摄影师（还有边上颇有些顽皮的法国总统萨科齐）正在注视着他，他肯定会抑制住自己扭脖子的冲动。

---

① 原著此处的神经元数量有误。人类大脑中（包括大脑皮层和皮下核团）包含的神经元数量大约为 1 千亿个（该数据参见该书第三章"神经科学和行为"，该数据来源于以下文献：Kandel, E.R., Schwartz, J.H., & Jessel, T.M. 2000. *Principles of neural science*, 4th ed. New York: McGraw-Hill. p19-20.）。该文献由原著作者丹尼尔·夏克特（Daniel Schacter）教授提供。——译者注

> **小结**
>
> ▲ 经验主义相信理解这个世界最好的方法是直接地观察它。直到最近几个世纪，经验主义才逐渐取得主导地位。
>
> ▲ 经验主义是科学方法的灵魂，经验主义认为基于我们关于这个世界的理论可以推导出可证伪的假设，并且因此我们可以通过观察到的现象来检验这些假设。检验的结果能够否定我们的理论，但是不能证明我们的理论。
>
> ▲ 观察并不仅仅意味着"看"。它需要技巧。心理学方法特殊的地方在于，与其他自然现象相比，人类更加复杂，个体之间的变异更大，行为反应更加灵活多样。

观察：发现人们做什么

观察是指使用个体的感官来获取事件（例如，一场风暴或者游行）或者物体（例如，一个苹果或者一个人）的各种属性。例如，当你观察一个圆的红苹果时，你的大脑利用进入你眼睛中的光线模式勾勒出一个关于苹果形状、颜色等特征的指代物。这种非正式的观察对于买水果来说没有问题，但是不能用来做科学研究。为什么呢？第一，众所周知，非正式的观察结果不稳定。同一个苹果在日光下呈现出红色，在夜晚呈现出深红色，或者对于一个人来说是圆的，对另一个人来说是椭圆形的。第二，非正式的观察不能告诉我们那些我们感兴趣的所有属性。不管你看了多长时间，看得多努力，仅仅通过注视苹果，你不可能觉察到苹果的清脆程度或者胶质果肉的情况。

幸运的是，科学家发明了一些技巧来解决这些问题。在下面的第一节里（测量，measurement），我们将看到心理学家如何设计工具，以及如何使用它们来做测量。在第二节里（描述，description），我们将看到心理学家一旦得到了他们的测量结果，接下来做什么。

测量

在相当长的一段人类历史里，人们不知道自己的年纪有多大了，因为根本没有记录时间的方法，也没有重量、体积、密度、温度、或者其他种种类似的度量。今天我们生活在一个充满了尺子、时钟、日历、里程表、温度计和质谱仪的世界。测量不仅仅是科学的基础，它也是现代生活的基础。但是测量到底需要什么呢？不管我们想测量地震的强度，还是分子之间的距离，亦或是一位登记在册的选民的态度，我们必须要做两件事——定义我们希望测量的属性，然后找到一种方式去探测它。

测量需要做哪两件事？

定义和探测

以前你说"我就需要一秒钟"的时候，你大概不会知道你所说的话涉及原子衰变。时间的每一个单位都有操作性定义，**操作性定义**是指用具体的、可测量的术语对研究对象的属性进行的描述。一秒钟的操作性定义是指，当铯-133原子的基态未受外磁场的干扰时，该原子的超精细能级之间跃迁所吸收或者发射出的 9 192 631 770 次固有微波振荡周期所需的时间（光说完这个定义就需要大约 6 秒钟）。需要专门的**工具**来精确地计数铯-133衰减时放射出的光波周期，这个**工具**可以是能够探测操作性定义所规定的条件的任何事物。"原子钟"这个工具可以计数光波的周期，当它计数到 9 192 631 770 次时，这就是正式的一秒钟所需的时间。

我们测量物理属性所遵循的步骤与测量心理属性所遵循的步骤完全一样。例如，如果我们想要测量一个人的智力、害羞程度或者幸福感，我们必须先确定该属性的操作性定义——也就是说，详细说明一些可以显示出其属性的具体的、可测量的事项。例如，我们可能把幸福感定义为一个人微笑的频率。一旦我们这样来定义的话，我们只需要一个检测微笑的工具，例如计算机辅助的摄像机，或者就用人眼来观察。科学测量的关键是确定待测事物的操作性定义，并且有合适的工具测量它。

效度、信度和检测力

定义和探测一个心理属性（例如幸福感）有很多方法，那么哪种方法是最好的呢？操作性定义的最重要特征是具有效度，**效度**是指使用具体的测量工具或手段能够准确测量出所需测量属性的程度。例如，微笑的频率这个具体的事件是定义幸福感这一属性的有效方式，因为正如我们所知，当人们感到幸福的时候，倾向于更多地微笑。幸福的人是否会吃得更多、更健谈，或者花更多的钱吗？嗯，也许是这样，但也可能不是这样。因此，这也是为什么大多数人可能将食物的消耗量、口语表达或者财务开支视为幸福感

操作性定义（operational definition） 用具体的、可测量的术语对研究对象的属性进行的描述。
工具（instrument） 能够探测操作性定义所规定的条件的任何事物。
效度（validity） 使用具体的测量工具或手段能够准确测量出所需测量属性的程度。

一个好的操作性定义和好的测量工具应该具有哪些特性?

的无效测量指标(尽管它们可能是测量其他事物的有效指标)。在某种程度上,人们对效度的判断仁者见仁智者见智,但是大多数人应该同意微笑的频率相对于吃东西、说话或者花钱来说,可以更加有效地、可操作地定义幸福感。

接下来,测量工具最重要的特征是什么?事实上,有两个重要特征。第一,一个好的测量工具应该具有信度,**信度**是指在任何情况下,用相同的测量工具测量同一个事物,可以得到相同测量结果的倾向性。例如,如果一个人星期二与星期三微笑的次数一样多,那么检测微笑的工具在这两天应该测量到相同的结果。如果这个工具得到了不同的结果(也就是说如果这个工具探测到了实际不存在的差异),那么它就缺乏信度。第二,好的工具应该具有检测力,所谓**检测力**就是测量工具可以精确地探测出所测量属性的小幅度变化的能力。如果一个人在周二微笑的次数只是比周三稍微多一点儿,那么一个好的微笑检测器应该可以在这两天得到不同的结果。如果它得到相同的结果(也就是说如果它不能检测到实际存在的微小差异),那么这个检测器可能缺乏检测力(见图2.1)。

图 2.1 测量。在测量属性时有两个步骤。

定义属性 → 检测属性
制定一个具有效度的操作性定义 → 设计一个具有信度和检测力的测量工具

需求特征

一旦我们有了有效的定义,以及一个可靠、有力的工具,那么我们是否就准备好可以测量行为了?是的,只要我们想要测量变形虫的行为,或者雨滴,或者其他任何不会在意我们是否观察它的事物,那我们就可以直接开始测量。但是,如果我们想要测量人类的行为,那么我们还有一些工作需要做,因为当我们想要发现人们通常的行为时,一般人都会试图按照他们认为的我们想要看到的或者期望的方式来做出行为表现。**需求特征**是指观察过程中的某些情境因素,这些因素导致人们按照他们所认为的别人期望的方式来做出行为表现。我们之所以将其称为需求特征,是因为这些特征似乎是"需要"或者要求人们说出或者做出某些特定的事情。当你的爱人问你:"这条牛仔裤让我看起来

信度(reliability) 不管在任何情况下,用相同的测量工具测量同一个事物,都可以得到相同测量结果的倾向性。
检测力(power) 测量工具可以精确地探测出所测量属性的小幅度变化的能力。
需求特征(demand characteristics) 观察过程中的某些情境因素,这些因素导致人们按照他们所认为的别人期望的方式来做出行为表现。

胖吗?"恰当的回答总是"不"。如果曾经有人问过你这个问题,那么你就体验过被需要。正如需求特征通常所显示的那样,它使测量行为变得困难起来。

心理学家避免出现需求特征问题的方法是不带着自己已有的先验知识来观察人们。**自然观察法**是通过在人们生活的自然环境中,采用不干扰他们的方式观

当人们知道自己正在被观察时,他们会如何反应?

察他们,从而收集科学证据的一种手段。例如,采用自然观察法发现,在餐馆里,一起聚餐的人数越多,留下来的小费金额越少(Freeman 等,1975),在杂货店里,饥饿的购物者购买的冲动性物品更多(Gilbert, Gill 和 Wilson, 2002),高尔夫球手在与多个对手同时打球时更可能作弊(Erffmeyer, 1984),在单身酒吧里,男人并不总是去接近最漂亮的女人(Glenwick, Jason 和 Elman, 1978),奥林匹克运动员在赢得铜牌时比赢得银牌时微笑更多(Medvec, Madey 和 Gilovich, 1995)。这些结论都是心理学家在当事人不知道自己正被观察的情况下进行观测得到的。如果这些进餐的人、购物者、高尔夫球手、单身汉和运动员意识到自己正被仔细观察的话,那么心理学家就不太可能观察到与上面相同的结果。

不幸的是,自然观察法并不总是可以有效地解决需求特征这样的问题。第一,心理学家想要观察的一些事情并不会自然发生。如果我们想要知道遭受了感觉剥夺的人完成运动任务(例如打字)的绩效是否更差,我们即使在商场转上很长一段时间,也未必有可能遇到几十个蒙着眼睛带着耳塞的人碰巧路过而且开始打字。第二,心理学家想要观察的一些事情只能通过与一个人的直接互动才能收集到,例如,通过实施调查、进行测验、访谈或者把人放到仪器设备里。如果我们想要知道人们担心自己死亡的频率有多高,人们记忆自己高中同学的名字的准确度有多高,人们解决一个逻辑难题有多快,或者当人们感到嫉妒的时候,他们的大脑产生的电活动有多少,那么仅仅躲起来观察他们是不可能获得结果的。

幸运的是,还有一些其他办法可以避免出现需求特征。例如,当人们做出的行为不能被确认为是他们自己做出的,他们就不太会受到需求特征的影响。心理学家经常利用这一点,让人们私下里做出反应(例如,让他们在独自一人时完成问卷)或者匿名地做出反应(例如,不收集个人信息,诸如人名或者住址)。另一个心理学家经常采用的避免出现需求特征的技巧是测量那些不容易伪装的行为。例如,如果一个人的行为不受他的主观意志的控制,那么这个行为就不会受到需求特征的影响。你可能不希望心理学家

自然观察法(naturalistic observation) 通过在人们生活的自然环境中,采用不干扰他们的方式观察他们,从而收集科学证据的一种手段。

文化与社区

最乐于助人的地方

加利福尼亚大学弗雷斯诺分校的罗勃.勒范恩（Robert Levine）将他的学生派到23个大型的国际化都市进行一项实地观察研究。这些学生的任务是在自然的环境中观察助人行为。在这个实验的两个版本中，他的学生要么假装是盲人，要么假装受伤，正准备穿过马路，与此同时，另一个学生站在一旁观察是否有人会上前帮助他们。第三个版本的实验中，一名学生丢下一支钢笔，看是否有人会捡起来。

结果表明，不管是哪个城市，人们在这三种情况下都会施以援手，但是不同的城市之间的助人行为却有非常大的差别。在这项研究中，巴西的里约热内卢首屈一指，其总体的助人行为比率为93%，成为最乐于助人的城市。马来西亚的吉隆坡的分数最低，只有40%，纽约市的分数排在倒数第二，为45%。平均来看，拉丁美洲的城市都属于最乐于助人的城市（Levine, Norenzayan 和 Philbrick, 2001）。

知道你对她请你阅读的明星八卦杂志非常感兴趣，但是你不能阻止你的瞳孔放大，因为一旦你对看到的东西感兴趣，瞳孔就会自然放大。当人们不知道研究者期望的东西是什么，什么行为与之相关时，他们的行为也不会受到需求特征的影响。例如，你可能想让心理学家相信你正聚精会神地阅读她请你读的华尔街日报上的文章，但是你可能意识不到，当你聚精会神时你的眨眼速度会变慢，因此你不太可能伪装出慢速的眨眼。

 为什么被试单盲设计非常重要？

避免出现需求特征的一个最好办法是不让被观察的人们知道观察的真正目的。当人们对观察的目的一无所知时，他们不能按照他们所设想的他们应该如何表现来做出行为，因为他们根本不知道他们该如何表现。例如，如果你不知道心理学家正在研究音乐对心境的影响，当音乐响起的时候，你不会感到自己有义务微笑。这就是为什么在研究结束之前，心理学家通常不告诉被观察的人，他们正在进行的观察研究的真正目的是什么。

当然，人们非常聪明和好奇，如果心理学家不告诉他们观察的目的，人们通常都会试图自己弄明白。这就是为什么心理学家有时使用掩饰故事（cover stories）或者误导性的解释来故意使人们不能觉察到观察的真实目的。例如，如果心理学家想要知道音乐如何影响我们的心境，他或者她可能会故意告诉你这个研究的目的是考察当播放背景音乐时，人们能够多快地解决逻辑难题。（在这一章的最后，我们将讨论欺骗研究参与者所涉及的伦理问题。）另外，心理学家可能会设计并使用填充项目，或者无意义的测量来误导你，使你无法获知观察的真正目的。所以，有时候心理学家可能会问你好几个问题，这些问题的答案是他或者她真正感兴趣的（你现在有多幸福？），还会问你几个他们并不关心答案的问题（你更喜欢猫还是更喜欢狗？）。单从问你的这些问题来看，你很难猜测观察的真实目的。

观察者偏差

被观察的人并不是唯一能够让测量的结果变得有点儿棘手的人。在一项研究中，要求心理学课上的学生测量老鼠学习走迷宫的速度（Rosenthal 和 Fode, 1963）。一些学生被告知他们的老鼠已经被养殖成了"迷宫迟钝型"的老鼠（即学习走迷宫很慢），另一些学生被告知他们的老鼠被特殊养殖成"迷宫聪明型"的老鼠（即学习走迷宫很快）。尽管所有的老鼠实际上属于同一个品种，但是那些认为自己在测量迷宫迟钝型老鼠的学生报告他们的老鼠学习迷宫的时间长于那些认为自己在测量迷宫聪明型老鼠的学生报告的时间。换句话说，测量的结果精确地反映出学生们期望的结果。

为什么会发生这样的事情？第一，期待会影响观测的结果。我们在测量老鼠走迷宫的速度时很容易出错，并且我们的期望经常决定了我们犯错误的类型。是否老鼠把爪子越过了终点线就算学会了走迷宫？如果一只老鼠睡着了，是否应该让秒表继续跑着，或者应该把这只老鼠叫醒，并再给它一次机会？如果一只老鼠用18.5秒跑完了迷宫，那么在日志本上记录数据时应如何处理小  为什么实验者不知道研究目的非常重要？

数点后的数字？这些问题的答案可能依赖于认为这些老鼠是聪明还是迟钝。这些为老鼠计时的学生们可能尽力做到诚实、警醒、公平和客观，但是他们的期待以一种非常微妙的方式影响他们观察的结果，他们可能既没有觉察到，更没有加以控制。第二，期待会影响实际发生的事情。那些期待自己的老鼠学习得更快的学生可能无意识地做了一些事情，帮助老鼠学习得更好，例如，当聪明的老鼠看向错误的方向时，嘀嘀咕咕地抱怨"哎呀，不要"，或者抚摸迟钝的老鼠时缺乏感情。（我们将在社会心理学那一章更加充分地讨论上面这些现象。）

因此，观察者的期待不但能够影响他们观察到的结果，还会影响他们所观察的人的行为。心理学家使用许多技术来避免这些影响，其中一个最普遍的技术是**双盲**观察法，这指的是一种隐藏其真实目的，既不让观察者知道，也不让被观察者知道的观察法。例如，如果这些学生并没有被告知哪些老鼠是聪明的，哪些是迟钝的，那么他们就不会对他们的老鼠产生任何期待，因而就不可能对测量的结果产生影响。这也是为什么心理学领域有个常用的做法，就是使观察者和研究的参与者都不知道研究目的。例如，研究助手经常实施测量，如果他们不知道正在研究什么内容或者是为什么研究，那么他们也无法产生对被观察的人们将要或者应该做什么行为的任何期待。事实上，当今的很多研究经常被世界上最盲目的实验者实施——计算机——它可以呈现给人们信息，并且毫无预期地测量人们的反应。

描述

你现在知道如何下一个有效的操作性定义，知道如何设计一个可靠的、具有检测力的工具，知道如何使用工具，并且避免出现需求特征和观察者偏差。那么实施了上述步骤之后你得到了什么呢？你得到了一大张写满了数字的纸。如果你像大多数人一样的话，这张写满数字的纸似乎没有提供多少信息。不要担心，多数心理学家和你的感觉差不多，这也就是为什么他们用两个方法来使这张写满了数字的纸变得有意义起来：图示和描述性统计。

图示

一图胜千言，但是一图更胜百万数字。正如你将要在"感觉与知觉"一章中所学习的，视觉是我们最复杂的感觉，人类通常觉得视觉呈现的事物比数字呈现或者语言呈现的更加容易理解。心理学家也是人，他们经常将收集到的测量结果进行图示化。最普遍的一种方法是**频率分布**，这是通过每个测量值出现的次数分布来对测量结果进行图示的一种方法。图2.2呈现了一对代表男性组和女性组在完成精细动作（即用手操作事物）能力测试时的理论假定成绩的频率分布。每个可能的测试分数都标示在横坐标上。每个分数被观测到的次数（或者频率）标示在纵坐标上。尽管一个频率分布图可以呈现出任何形状，但是通常的形状是钟形曲线，其专业的名称是高斯分布或者**正态分布**，是指一种测量频率在中间最高，而在两端对称地递减的数学方式定义的分布。正态分布的数学定义并不重要。（当然，对你而言也许是这样，不过，对于统计学家来说就比较重要了。）对你来说，最重要的是你自己可以很容易地看到：正态分布

什么是频率分布？

双盲（double-blind） 一种隐藏其真实目的，既不让观察者知道，也不让被观察者知道的观察法。
频率分布（frequency distribution） 通过每个测量数值出现的次数分布来对测量结果进行图示的一种方法。
正态分布（normal distribution） 一种测量频率在中间最高，而在两端对称地递减的数学方式定义的分布。

图 2.2 频率分布。这个图显示了假定的男性组和女性组在一个精细动作能力测试上的得分情况。测试得分沿着横坐标呈现，每个得分被观测到的频率沿着纵坐标呈现。

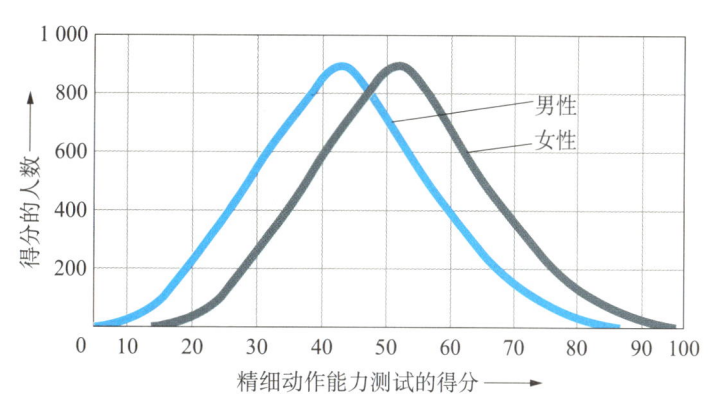

是对称的（即左半边是右半边的镜像），在中间有一个峰，并在两端逐渐减小。

图 2.2 的图示一览无余，这是一张写满数字的纸根本无法做到的。例如，分布图的形状立即就可以让你看出大部分人具有中等的运动能力，只有少数人具有特别好或者特别差的运动能力。你也可以看到男性分数的分布相对于女性分数的分布向左位移了一点儿，这使你立即就可以看出女性倾向于具有比男性更好的精细运动能力。最后，你可以看到这两个分布有大量的重叠，这告诉你尽管女性的运动能力倾向于比男性更好，但是仍然有许多男性比一些女性具有更好的精细运动能力。

描述性统计

频率分布图描述了每一个测量值，因此提供了一幅全面和完整地展示这些测量值的图画。但是，有时一幅全面和完整的图画包含有太多太多的信息。当我们问一个朋友她最近怎么样，我们并不想让她展示给我们她在过去 6 个月每天的幸福感分数的频率分布。我们只是想知道能够准确反映出这个图所提供的本质信息的一个简略的概述（即"我一直过得挺好"，或者，"我最近生活有些起伏"）。在心理学中，能够准确反映频率分布的本质信息的简略概述叫做描述统计。有两种重要的描述性统计：描述

平均来说，男性的身高比女性更高。但是，仍然有许多女性（比如克莱尔·格兰特 [Clare Grant]）比许多男性更高（比如她的丈夫塞思·格林 [Seth Green]）。

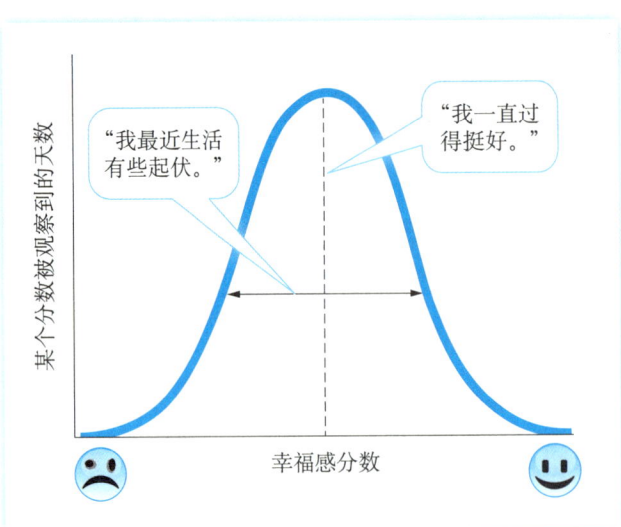

图 2.3 两类描述性统计。 描述性统计被用来描述频率分布的两种重要特征：集中趋势（大多数分数分布在哪里？）和变异性（这些分数与其他分数差别有多大？）。

频率分布集中趋势的描述性统计量与描述频率分布变异性的描述性统计量。

集中趋势描述的是那些倾向于靠近中点的测量值，或者频率分布中点的数值。当朋友说她一直"过得挺好"，她是在描述她这段时间的幸福感的频率分布的集中趋势（或者中点的大致位置，见图2.3）。最常用的三个集中趋势的描述指标是：**众数**（观测频率最高的测量值）；**平均数**（所有测量值的平均数）；**中数**（居于所有测量值中间的数值，也就是大于或者等于一半测量值，同时小于或者等于另一半测量值）。每个描述性统计量的计算方法如图2.4所示。当你听到一个描述性统计量时，诸如"美国大学生平均每天睡8.3小时"，你听到的是关于频率分布的集中趋势描述（在这个例子里，是平均数）。

众数 = 3　因为总共有 5 个 3 分，但是只有 3 个 2 分，2 个 1 分，2 个 4 分，1 个 5 分，1 个 6 分和一个 7 分。
平均数 = 3.27　因为（1+1+2+2+2+3+3+3+3+4+4+5+6+7）/15 = 3.27
中数 = 3　因为 10 个人的得分 ≥ 3；10 个人的得分 ≤ 3

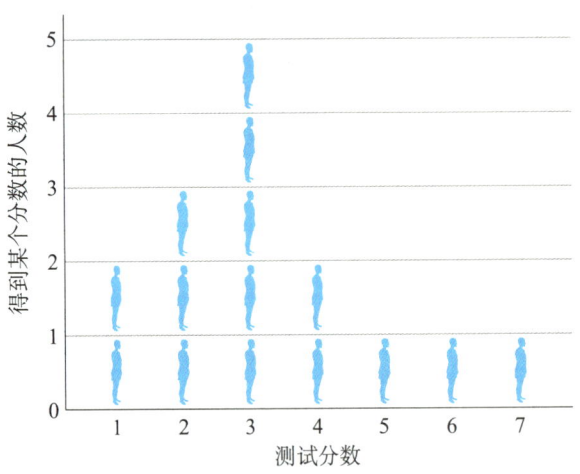

图 2.4 一些描述性统计量。 这个频率分布展示的是 15 个人在 7 点计分测试上的得分。描述性统计量包括集中趋势的度量（例如平均数、中数和众数）和变异性的度量（例如全距和标准差）。

众数（mode）　观测频率最高的测量结果的数值。
平均数（mean）　所有测量结果的数值的平均数。
中数（median）　居于测量结果中间的数值，也就是大于或者等于一半测量结果，同时小于或者等于另一半测量结果。

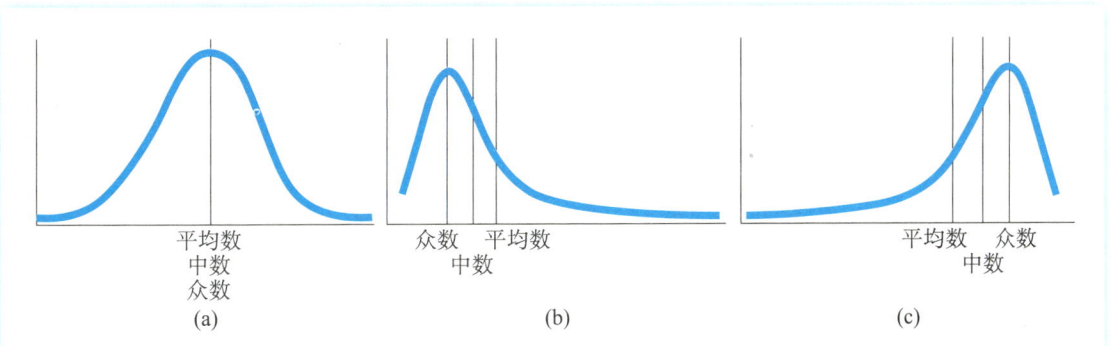

在正态分布里,平均数、中数、众数都是相同的数值,但是当分布不是正态时,这三个描述性统计量就不一样了。例如,想象你测量 40 个大学教授和马克·扎克伯格(Mark Zuckerberg)[①]的净资产。你的测量结果的频率分布就不会是正态的,而是正偏态。你可以在图 2.5 中看到,正偏态分布的众数和中数比平均数低得多,这是因为平均数更容易受到单个极端测量值的影响(在刚才的例子里,如果你过去几年不是都在睡觉的话,应该知道极端值是马克·扎克伯格的净资产)。当分布变成偏态时,平均数被拉向分布的尾端,众数仍然停留在峰值的附近,中数处于平均数和众数之间。当分布是偏态时,只用单个集中趋势的度量会误导整个测量的结果。例如,你刚才测量的平均净资产可能是每人大约十亿美元,但是这使得那些大学教授看起来比他们的实际情况要富有很多很多倍。如果你提到净资产中数是 300 000 美元,净资产众数是 288 000 美元,那么你就为人们的净资产状况提供了更好的描述。事实上,当你听到一些关于"平均人"的新闻,但是没有听到任何关于频率分布形状的报道,那么你应该对此心存怀疑。

集中趋势描述的是频率分布中每个测量值所处的位置,而

图 2.5 偏态分布。当频率分布是正态时(a),平均数、中数和众数都是相同的,但是当分布是正偏态(b)或者负偏态(c)时,这三个集中趋势的测量值就大不一样了。

当马克·扎克伯格走进一间屋子时,他可以戏剧性地大幅增加屋子里人们的平均收入,但是却不怎么会改变中数,而且根本不能改变众数。脸谱网(Facebook)正在致力于改变这个现状。

---

① 美国社交网站 Facebook 的创办人。据《福布斯》杂志保守估计,马克·扎克伯格拥有 135 亿美元身家,是截至目前全球最年轻的自主创业亿万富豪。以上信息来源于百度百科。——译者注

变异性描述的是测量值彼此之间差异的程度。当你的朋友说她"最近生活有些起伏",她提供了一个简要的概述,描述了她在不同时间测量自己的幸福感时,其结果倾向于彼此不同。变异性最简单的描述就是**全距**,它是用频率分布中最大的测量值减去最小的测量值得到的数值。相对于全距大时,当全距小时测量值之间的变化较小。全距易于计算,但是就像平均数,它极易受到单个测量值的影响。如果你说你测量到的人们的净资产从 40 000 美元至 140 亿美元不等,听众可能会以为这些人的净资产在彼此之间都具有非常显著的差异,而事实上,除了一个来自于加利福尼亚的大富翁外,他们都非常相似。

两个测量变异性的统计量是什么?

其他描述变异性的统计量不太受这个问题的影响。例如,**标准差**是一个描述频率分布中每个测量值与该分布的平均值之间的平均差异的统计量。换句话说,指每个测量值与分布的中心点的平均距离有多远。如图 2.6 所示,两个频率分布可以具有相同的平均数,但是却会有非常不同的全距和标准差。例如,研究表明男性和女性具有相同的 IQ 平均分,但是男性的 IQ 分数的全距和标准差更大,这说明相对于女性,男性中的某些个体更有可能比平均水平更聪明,或者更不聪明。

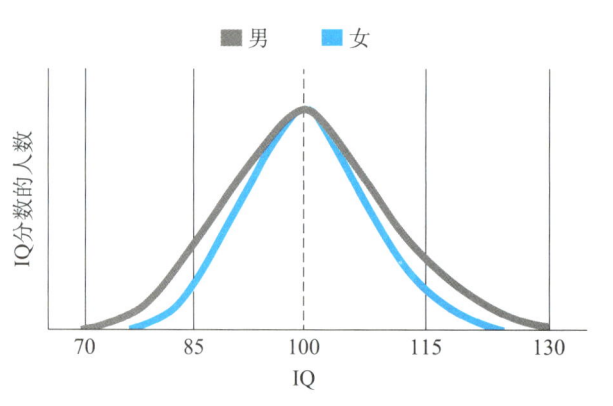

图 2.6 **男性与女性的 IQ**。男性和女性的 IQ 平均数相同,但是男性的 IQ 比女性的变异更大。

全距(range) 用频率分布中最大的测量值减去最小的测量值得到的数值。
标准差(standard deviation) 一个描述频率分布中每个测量值与该分布的平均值之间的平均差异的统计量。

小 结

▲ 测量包括根据具体条件来定义待测属性，并且设计出可以探测这些具体条件的方法。好的测量应该是有效的（它所测量的具体条件，其在概念水平上与感兴趣的属性相关）、可靠的（不管何时，只要测量相同的事物，它都得到相同的测量结果）、具有检测力（只要具体条件存在，它都能够探测到它）。

▲ 当人们知道他们在被观察时，他们会按照他们所认为的应该做的表现来做出行为表现。需求特征是一些情境特征，这些情境特征建议人们，他们应该按照特定的方式来做出行为。心理学家通过在人们生活的自然环境中观察他们或者向人们隐藏研究期待，来试图减少或者消除需求特征。观察者偏差是一种观察者看到他们想看到的结果或者引起别人按照他们期望的方式那样做出行为表现的倾向。心理学家通过双盲观察法来试图消除观察者偏差。

▲ 心理学家经常采用图示的方法来描述他们的测量结果，该方法叫做频率分布图，它通常具有特定的形状，也就是正态分布。心理学家也采用描述性统计量来描述他们的测量结果；最普遍的是描述集中趋势的统计量（例如平均数、中数和众数）和描述变异性的统计量（例如全距和标准差）。

解释：发现人们行为表现背后的原因

　　快乐的人比不快乐的人更健康吗？这应该是一个非常有趣的问题，但是如果能够知道为什么，那么将更加有趣。是否幸福快乐可以使人们更健康？是否保持健康可以使人们更快乐？是否富有可以使人们健康和快乐？通常，科学家希望回答这些问题，并且已经提出了一些利用测量手段的聪明方法来解答这些问题。在接下来的第一部分里（相关），我们将仔细讨论那些可以告诉我们两个事物之间是否相互关联的方法。在第二部分里（因果），我们将仔细讨论那些可以告诉我们两个事物之间的关系是否为因果关系的方法。在第三部分里（得出结论），我们将看到这些方法可以允许我们得出什么样的结论。最后，在第四部分里，我们将讨论我们大多数人在评判性地思考科学证据时遇到的困难。

相关

　　你昨夜睡了多久？你能说出多少美国总统的名字？如果你问一打大学生这两个问题，

表 2.1

假定的表明睡眠与记忆关系的数据

参与者	睡眠的时间（小时）	说出的总统名字数
A	0	11
B	0	17
C	2.7	16
D	3.1	21
E	4.4	17
F	5.5	16
G	7.6	31
H	7.9	41
I	8	40
J	8.1	35
K	8.6	38
L	9	43

我们如何知道两个变量是否相关？

你可能会发现，相对于昨夜熬夜的学生，昨夜睡得好的学生能够说出更多美国总统的名字。类似表 2.1 中所示的问题答案的模式可能会让你得出结论，睡眠剥夺引起记忆问题。但是，你是基于什么得出这个结论的？你打算如何利用你的测量结果，不但从中得知你所测量的学生的睡眠质量与记忆力的情况，而且也可以从中得知二者之间的关系？

变化模式

测量值反映了物体和事件的属性。我们可以通过比较一系列测量值的变化模式来获悉这些事物之间的关系。当你问大学生关于睡眠和总统的问题时，你实际上做了三件事情：

▶ 第一，你测量了一对**变量**，这对变量的取值能够随着个体或者时间变化。（当你第一次上代数课时，你可能惊恐地发现你在小学学习的字母和数字的所有区别都是谎言，你发现数学等式中会包含 Xs 和 Ys，就像包含 7s 和 4s 一样，这些字母叫做变量，因为它们可以在不同的情况下被赋予不同的值。这是相同的道理。）你测量了一个变量（睡眠的时间），这个变量的值可以从 0 至 24 小时变化，你也测量了第二个变量（说出的总统名字），这个变量的值可以从 0 至 44 个变化。

▶ 第二，你一遍又一遍地这样做。也就是你做了一系列的测量，而不是只测量一次。

▶ 第三也是最后，你试图辨别你所做的一系列测量的模式。如果你看一眼表 2.1 的第二列数字，当你眼睛沿着列往下移动，你会发现这列数值在变化。这一列数值具有特定的变化模式。如果你比较第三列与第二列数值，你将注意到这两列数值的变化模式是同步的：在这个例子里，两列数值都从顶部到底部逐渐增加。这种同步化就是共变或者**相关**模式（来源于"相关性"）。如果一个变量的数值变化与另一个变量的数值变化同步，那么两个变量被说成是"共变"或者"相互关联"。正如第二列的数值从小到大变化，第三列的数值也是如此。

变量（variable） 其取值能够随着个体或者时间变化的量。
相关（correlation） 当一个变量的数值变化与另一个变量的数值变化同步，那么说这两个变量相关。

通过找寻同步变化的模式，我们可以使用测量值发现变量之间的关系。确实，这是一直以来发现变量之间关系的唯一方法，这也是为什么大多数我们所知的这个世界上的事情都可以被认为是相关的。例如，你知道吸烟的人通常比不吸烟的人死得更早，但是这仅仅是一种便捷的方式去说：随着香烟的消费量增加，寿命减少。相关关系不但可以像这样描述这个世界，它们也允许我们按其趋势去预测这个世界。例如，假如给定吸烟和寿命之间的关系，你可以相对自信地预测一个今天开始吸烟的年轻人的寿命，可能不会像另一个不吸烟的年轻人那样长。简而言之，当两个变量相关时，根据一个变量的具体数值我们可以预测另一个变量的数值。

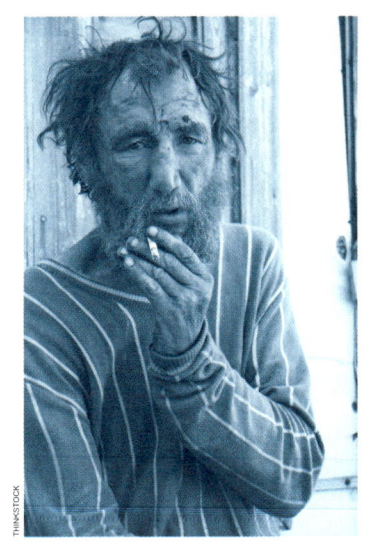

研究者已经发现心理疾患和吸烟之间存在正相关。你能想出三个表明这一相关可能存在的原因吗？

测量相关的方向和强度

如果你预测拥有良好睡眠的人比睡眠剥夺的人具有更好的记忆力，那么你可能大多数时候都是对的。但是，你不会总是对的。统计学家发展出一套方法，通过测量预测所基于的相关的方向和强度来估计这样的预测将会有多精确。

因为相关的方向要么是正向的，要么是负向的，所以方向易于测量。当两个变量具有"一个增多另一个也增多"或者"一个减少另一个也减少"的关系，那么它们之间存在正相关。因此，例如，当我们说更多的睡眠与更好的记忆相关联，或者更少的睡眠与更差的记忆相关联，我们是在描述正相关。相反地，当两个变量具有"一个增多而另一个减少"或者"一个减少而另一个增多"的关系，那么它们之间存在负相关。当我们说吸烟多与寿命短相关联，或者吸香烟少与寿命长相关联，那么我们是在描述负相关。

如何测量相关关系？

相关的方向易于测量，但是强度就有点儿复杂了。

相关系数是相关的方向和强度的数学测量值，用字母 r 表示（来源于"关系"一词）。像大多数测量值一样，相关系数有一个有限范围。这意味着什么呢？如果你来测量你家乡每天的日照时间长度，测量的结果可能从 0 到 24 小时。诸如 −7 和 36.8 这样的数字是毫无意义的。同样地，r 的取值可以从 −1 到 1，超出这个范围的数字也毫无意义。那么，处于这个范围之内的数字意味着什么呢？

▶ 如果每次一个变量的数值增加一定的量，第二个变量也增加一定的量，那么这两

相关系数（correlation coefficient） 相关的方向和强度的数学测量值，用字母 r 表示。

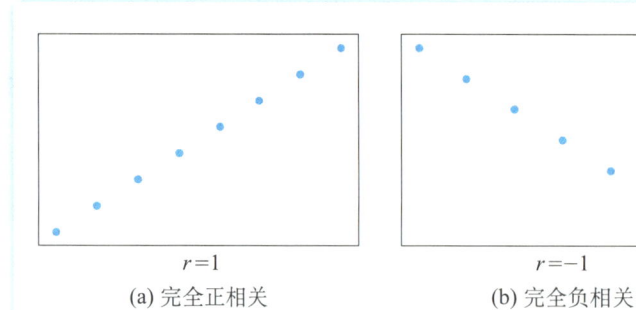
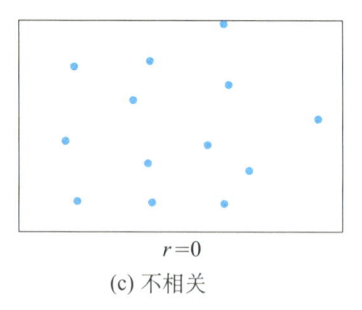

图2.7 三种相关。图示说明两个变量之间的相关。(a)完全正相关（$r=1$），(b)完全负相关（$r=-1$），(c)不相关（$r=0$）。

个变量之间的关系叫做完全正相关，$r=1$（见图2.7a）。例如，如果每增加30分钟的睡眠，伴随着多记住两个总统的名字，那么睡眠和记忆之间存在显著的正相关。

➤ 如果每次一个变量的数值增加一定的量，而第二个变量的数值减少一定的量，那么这两个变量之间的关系叫做完全负相关，$r=-1$（见图2.7b）。例如，如果每增加30分钟的睡眠，伴随着少记住两个总统的名字，那么睡眠和记忆之间的存在显著的负相关。

➤ 如果每次一个变量的数值增加一定的量，而第二个变量既不系统地增加数值，也不系统地减少数值，那么这两个变量不相关，$r=0$（见图2.7c）。例如，如果每增加30分钟的睡眠，有时候伴随着记忆力增加，有时候伴随着记忆力减少，有时候记忆力根本没有变化，那么睡眠和记忆之间不相关。

完全相关非常少见。正如你将在"意识"一章中所学习的，睡眠确实增强记忆的成绩，但是它们之间的关系并不完全相关。并不是每增加18分钟睡眠就可以让你确定地多记住三分之一总统的名字！睡眠和记忆之间正相关（也就是一个增加，另一个也增加），但是它们并不完全相关，因此r处于0到1之间的某个位置。但是到底处于哪里呢？这取决于有多少不符合"每多X分钟睡眠 = 多记住Y个总统名字"这一规则的例外情况。如果只有较少的几个例外，那么r将处于更靠近1的位置。但是如果例外的数量增加，那么r的值会逐渐往0移动。

图2.8展示的四个例子中，都是两个变量为正相关，但是例外的情况数量不一，并且正如你所看到的，例外的数量极具戏剧性地改变了r的值。两个变量可以是完全相关（$r=1$）、强相关（例如$r=.90$）、中等强度相关（例如$r=.70$）、或弱相关（$r=.30$）。因此，相关系数是表明两个变量之间关系的方向和强度的测量值。r前的加减符号告诉我们关系的方向，r的绝对值告诉我们例外情况的数量，进而告诉我们当使用这一相关来做预测时，我们能够达到多大程度的自信。

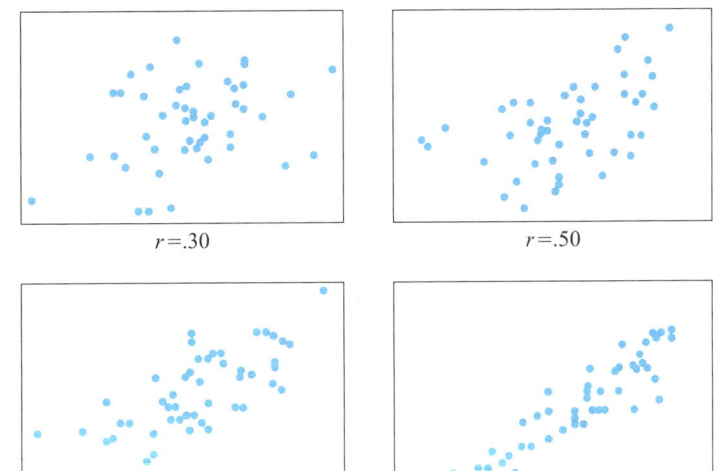

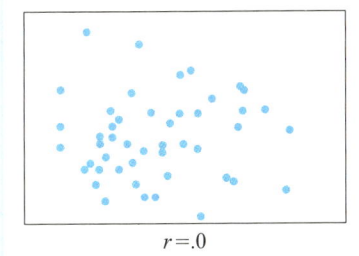

图 2.8 不同强度的正相关。图示说明两个变量之间正相关的不同程度。当不符合 $X=Y$ 规则的例外情况比较少时，相关程度比较强，r 的值更接近 1。当不符合这一规则的例外情况比较多时，相关程度弱，r 更接近 0。

因果

我们时刻都可以观察到相关关系：汽车与污染、腌肉与心脏病发作、性行为与怀孕。**自然相关**是我们观察到的存在于周围世界中的相关关系，尽管这些相关可以告诉我们是否两个变量之间存在关系，但是它们不能告诉我们这些变量之间是什么样的关系。例如，许多研究发现儿童通过媒体（例如，电视、电影、视频游戏）接触到的暴力场景的数量（变量 X）与他们行为的攻击性（变量 Y）之间存在正相关（Anderson 和 Bushman, 2001; Anderson 等, 2003; Huesmann 等, 2003）。一个儿童接触到的媒体暴力越多，这个儿童的攻击性可能更强。这些变量之间具有清楚明了的关系——它们不完全正相关——但是这是为什么呢？

第三方变量问题

一种可能是接触到媒体暴力（X）导致攻击性（Y）。例如，媒体暴力可以教会儿童，攻击性行为是一种发泄愤怒和解决问题的合理方式。第二种可能是攻击性行为（Y）导致儿童接触媒体暴力（Y）。例如，天生具有攻击性的儿童可能特别倾向于寻找机会来玩暴力视频游戏或看暴力电影。第三种可能是第三个与上述研究问题无关的变量（Z）导致儿童具有攻击性（Y），并且导致儿童接触媒体暴力（X），

 什么是第三方变量相关？

自然相关（natural correlation） 我们观察到的存在于周围世界中的相关关系。

后两者都不是彼此的原因。例如，缺少成人的监督（Z）会使得儿童有机会欺负别人，有机会看成人通常不允许他们看的电视节目，而且不会受到任何惩罚。如果是这样的话，那么接触媒体暴力（Y）和攻击性（X）就根本不是互为因果，相反，它们都是缺乏成人监督（Z）引起的后果。换句话说，攻击性行为和接触媒体暴力就是**第三方变量相关**，这是指只是因为两个变量都与第三方变量相关，所以这两个变量也相互关联。三种可能的原因如图 2.9 所示。

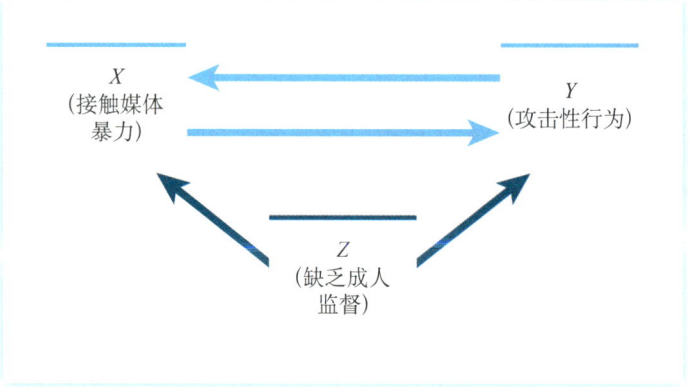

图 2.9 相关的原因。 如果 X（接触媒体暴力）和 Y（攻击性行为）相关，那么至少有三种可能的解释：X 导致 Y，Y 导致 X，或者 Z（一些其他因素，例如缺乏成人监管）导致 Y 和 X，而不是后两者互为因果。

我们如何仅仅凭着简单的观察来确定这三种可能性中哪种最好地描述了接触媒体暴力和攻击性之间的关系？请你做个深呼吸。答案是：我们不能。当我们观察自然相关时，根本无法排除第三方变量相关的可能性。但是不要不加怀疑地就相信这个说法。我们来试着排除第三方变量相关的可能性，然后看看为什么这些努力都注定会失败。

确定第三方变量，例如缺少成人监督（Z），是否既导致接触媒体暴力（X），又导致攻击性（Y）的最简单直接的方法是消除成人监督（Z）的影响在一群儿童中的差异，然后看是否接触媒体暴力（X）和攻击性（Y）之间的相关也消失了。例如，我们可以使用**匹配样本**法来观察儿童，这是一种根据第三方变量，将两组中的参与者匹配成完全同质组的方法（见图 2.10）。例如，我们可以只测量被成人监督的确切时间比例为 Q% 的儿童，这样就可以确保每个接触媒体暴力的儿童与每个没有接触媒体暴力的儿童具有完全一样数量的成人监督时间。还有另外一种方法，我们可以使用**配

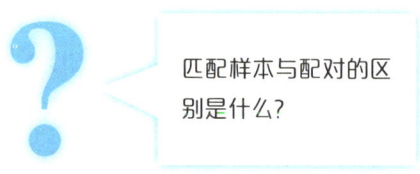

匹配样本与配对的区别是什么？

第三方变量相关（third-variable correlation） 只是因为两个变量都与第三方变量相关，所以这两个变量也相互关联。

匹配样本（matched samples） 根据第三方变量，将两组中的参与者匹配成完全同质组的技术。

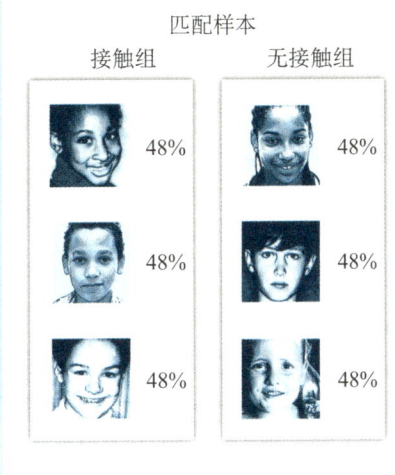
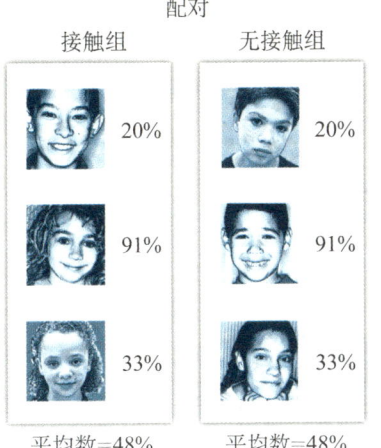

图 2.10 匹配样本与配对。不管是匹配样本法（左图）还是配对法（右图）都要确保接触和无接触组的儿童具有总体上相同的成人监督时间比例，这样我们观察到的任何两组之间的差异就不会被归因为成人监督的差异。

对法来观察儿童，这是一种根据第三方变量，使每个参与者与另一个参与者完全匹配相同的方法。我们可以测量成人监督数量不等的儿童，但是我们可以确保对于我们测量的每个接触媒体暴力、具有 Q% 的成人监督时间的儿童，我们也测量另一个没有接触媒体暴力、具有 Q% 的成人监督时间的儿童，这样可以确保那些接触和没有接触媒体暴力的儿童的平均成人监督时间都相同。不管我们使用哪种方法，我们要知道接触和没有接触媒体暴力的儿童成人监督的平均时间相同。所以，如果那些接触媒体暴力的儿童在平均水平上比那些没有接触媒体暴力的儿童有更多的攻击性行为，我们就可以确定缺少成人的监督不是导致这种差异的原因。

那么我们把问题解决了，对吗？是的，但并不绝对。匹配样本法和配对法虽然有用，但是它们都没有完全消除第三方变量相关的可能性。为什么？因为即使我们使用这些方法排除了某个特定的第三方变量（例如缺少成人监督），我们不能排除所有第三方变量。例如，就当我们完成这些观察研究时，我们突然发现情绪不稳定可能导致儿童被暴力电视节目或者视频游戏吸引，并且做出攻击性行为。情绪不稳定可能成为一个新的第三方变量（Z），我们可能必须设计新的测验来考察它是否能解释接触媒体暴力（X）与攻击性（Y）之间的相关。不幸的是，我们可以整天毫不费力地不断凭空想出新的第三方变量，每次我们凭空想出一个，我们就必须冲出去使用匹配样本法或者配对法做一个新的测验，来确定这个第三方变量是否是导致接触媒体暴力和攻击性之间相关的原因。

你看到问题所在了吗？有无数多个第三方变量，因此 X 与 Y 相关的原因就有无数多

配对（matched pairs） 根据第三方变量，使每个参与者与另一个参与者完全匹配相同的方法。

个。因为我们不能使用匹配样本法或者配对法来实施无数多个研究，所以我们不能百分百地确定我们观察到的 X 与 Y 之间的相关是说明它们有因果关系的证据。**第三方变量问题**是指，因为经常存在着第三方变量相关的可能性，两个变量之间的因果关系不能从它们之间自然发生的相关关系中推论出来。换句话说，如果我们关心因果关系，那么自然发生的相关就无法告诉我们真正想知道的东西。幸运的是，还有其他方法可以使用。

实验法

(a)　　　　　　(b)

实验的两个关键特征是什么？

配对法和匹配样本法可以消除两组之间的单个方面的差异：例如，接触媒体暴力组和没有接触媒体暴力组儿童之间在成人监督方面的差异。问题是，它们只能消除一种差异，而无数的差异仍然存在。如果我们能够发现一种可以消除所有各种差异的方法，那么我们就可以得出接触媒体暴力和攻击性行为之间是因果关系的结论。如果接触媒体暴力的孩子比未接触的孩子更加具有攻击性，并且如果这两组孩子在除了接触媒体暴力之外的任何其他方面都没有差异，那么我们可以肯定他们接触的程度导致他们攻击性的程度。

事实上，科学家有这种方法。这种方法叫做**实验**，实验是一种建立变量之间因果关系的方法。理解实验法如何消除两组之间所有差异的最好方式是仔细考察它们的两个关键特征：操纵和随机分配。

我们应该把"注册账号"键放在网页的什么位置？网页开发者经常生成网页的两个版本。一些网页访问者看一个版本，另一些看另外一个版本，开发者测量每个版本引发的访问者的点击数量。开发者称之为"A/B 测验"，但是科学家称之为实验法。

操纵

关于实验，你必须知道的重中之重是，你早已经知道了实验的重中之重是什么，因

第三方变量问题（third-variable problem）　因为经常存在着第三方变量相关的可能性，两个变量之间的因果关系不能从它们之间自然发生的相关关系中推论出来。
实验（experiment）　一种建立变量之间因果关系的方法。
操纵（manipulation）　改变一个变量的值，以确定它的因果力。

为你毕生都在做实验。想象一下你正使用笔记本电脑在网上冲浪，这时冷不防你的无线网络连接断开了。你猜测另一个设备——比如说你室友的新手机——不知怎么把你从网络上挤掉了。为了验证你的猜测，你会做什么？观察自然相关不会有什么帮助。你可以仔细地记录你何时能够连接和不能连接网络，你的室友何时使用和不使用他的手机，但是即使你观察到了这两个变量之间的相关，你仍然不能得出结论说手机导致你的网络连接断开了。毕竟，如果你的室友害怕巨大的声响，无论何时，只要有雷电交加的暴雨，他就给他妈妈打电话寻求安慰，如果是雷暴使你的路由器关闭，使你的无线网络连接崩溃，那么雷暴（Z）就可能既是你的室友使用手机（X）的原因，又是你的网络连接问题（Y）的原因。

那么，你将如何检验你的猜测？不是观察手机使用和网络连接之间的相关，而是你可以通过故意给你的室友手机上打电话、挂断、再打、再挂断，观察你这么做时，你的笔记本电脑的网络连接的变化，来尝试主动创造相关。如果你观察到"笔记本电脑网络断开"只和"手机通话中"同时发生，那么你可以得出结论，你室友的手机是你上不去网络的原因。你可以把这个手机在 eBay[①] 上卖了，然后被问起时撒个谎了事。你直觉上解决第三方变量问题的这个方法就叫做操纵。操纵是指改变一个变量的值，以确定它的因果力。恭喜！你现在已经是一个专业的操纵者了。

操纵是实验法的关键成分。到目前为止，我们像是参加宴会的宾客一样礼貌地接近科学，拿取提供给我们的事物，并充分利用它。大自然提供给我们不同程度的接触暴力的儿童，以及具有不同程度攻击性行为的儿童，我们忠实地测量这两个变量变化的自然模式，并计算它们之间的相关。这种方式存在的问题是，即使我们做了所有这些事情，我们仍然无法知道我们真正想要知道的东西，那就是，是否这两个变量之间是因果关系。无论我们观察多少匹配样本或配对样本，我们总是无法完全排除第三方变量。但是，实验可以解决这个问题。不同于测量接触暴力和测量攻击性行为，然后计算这两个自然发生的变量之间的相关，实验需要我们完全像你操纵你室友手机的方式来操纵暴力接触。从本质上说，我们需要系统地改变一群孩子是否接触暴力，然后观察他们是否相应地表现出攻击性行为。

有很多方法用来做这个实验。例如，我们可以请一些儿童参加实验，然后让他们中的一半玩一个小时的暴力视频游戏，不让另一半玩。然后，一个小时结束后，我们可以测量两组儿童的攻击性行为，并且比较两组的测量结果。当我们比较测量结果时，我们实质上是在计算我们操纵的变量（接触媒体暴力）与我们测量的变量（攻击性）之间的

[①] 一家可让网民在网上买卖物品的线上拍卖及购物的国际化电子商务网站，成立于美国。类似于中国的淘宝网。——译者注

你如何搞清楚吃 60 个热狗会不会让你生病？你在第一天里把它们吃了，第二天不再吃，然后看哪天你会呕吐。这就是操纵！顺便说一句，2012 年的吃热狗大赛世界冠军乔伊·切斯纳（Joey Chestnut）通过将热狗折叠起来，在 10 分钟内吃了 68 个热狗。这也是操纵！

相关。因为我们是操纵而不是测量接触媒体暴力，我们不需要考虑是否存在第三方变量（例如缺乏成人监督）导致儿童具有不同的接触媒体暴力程度。毕竟，我们已经知道是什么导致的。是的，我们确实知道！

实验法包含了三个关键步骤（以及几个极其令人困惑的术语）：

➤ 第一，我们实施操纵。我们将被操纵的变量称为**自变量**，因为它处于我们的控制下，所以它独立于实验参与者的言行。当我们操纵一个自变量（例如接触媒体暴力）时，我们至少设置两组参加者：一个**实验组**，这组人接受一种特定的操纵，一个**控制组**，这组人不接受特定的操纵。

➤ 第二，在操纵一个变量（接触媒体暴力）的同时，我们测量另一个变量（攻击性）。我们将被测量的变量称为**因变量**，因为这个变量的值取决于被测量的人们的言行。

做实验的三个主要步骤是什么？

➤ 第三也是最后，我们查看我们操纵的自变量是否引起了因变量的变化。图 2.11 具体地展示了操纵如何发挥作用。

随机分配

一旦我们操纵了一个自变量，测量了一个因变量，我们已经完成了实验法所需的两件事情中的一件。第二件事不太符合直觉，但是同样重要。想象一下，我们通过找一组儿童，并问每个儿童他或者她是否愿意参加实验组或者控制组，以此开始我们的接触媒

自变量（independent variable）　实验中被操纵的变量。

实验组（experimental group）　在实验中，与控制组相比，接受特定操纵的一组人。

控制组（control group）　在实验中，与实验组相比，不接受特定操纵的一组人。

因变量（dependent variable）　研究中被测量的变量。

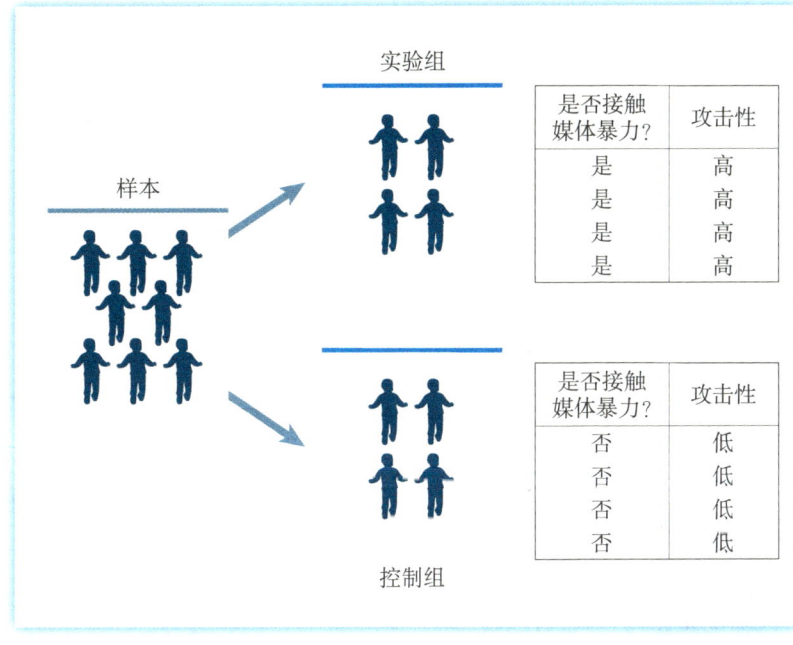

图 2.11 操纵。 自变量是接触媒体暴力,因变量是攻击性。对自变量的操纵产生了实验组和控制组。当我们比较这两组的参与者的行为时,我们实际上是计算自变量与因变量之间的相关。

体暴力和攻击性实验。想象一下,一半儿童说他们愿意玩暴力视频游戏,另一半说他们不愿意玩。想象一下我们让这些儿童做他们想做的事情,一

为什么我们不能任由人们自己选择他们将要参加的实验条件?

段时间后测量他们的攻击性,并且发现玩暴力视频游戏的儿童比不玩的儿童更具有攻击性。这个实验是否允许我们得出玩暴力视频游戏导致攻击性的结论?绝对不是——但是,为什么不是呢?毕竟,我们控制接触与否,就像是否使用手机一样,并且我们也仔细地观察攻击性行为是否会相应地出现。那么,我们哪里做错了?

我们错在让儿童自己决定他们是否玩暴力视频游戏。毕竟,要求玩这些游戏的儿童可能与那些不要求玩的儿童在很多方面存在差异。他们可能年龄更大、更强壮、更聪明,或者年龄更小、更孱弱、更傻,或者被成人监督得更少,或者被成人监督得更频繁。他们之间可能存在的差异可以不断地罗列下去。做实验的整个要义是把儿童分成只在一个方面存在差异的两组,那就是接触媒体暴力。当我们让儿童自己选择他们是否参加实验组或者控制组时,我们使这两个组在无数方面存在差异,这无数方面的任何差异都可能成为第三方变量,从而引起我们观测到的攻击性行为出现任何差异。**自我选择**是当由一个人决定自己是否参与实验组或者控制组时所引起的问题。正如我们不能让大自然决定

自我选择(self-selection) 当由一个人决定自己是否参与实验组或者控制组时所引起的问题。

我们研究中的哪些儿童接触媒体暴力一样，我们也不能让儿童自己决定。那好，谁应该来做决定呢？

为什么随机分配如此有用，如此重要？

草莓沾满巧克力酱后是不是味道更好？如果你把又大又多汁的草莓浸入巧克力酱，而不把又小又干的浸入，那么你就不会知道巧克力酱是否会使味道有所不同。但是，如果你随机分配一些草莓浸入，另一些不浸入，而且浸入的那些总体上味道更好，那么你就科学地证明了每个三岁孩子已经知道的事实。

这个问题的答案有点儿不可思议：没有人可以做决定。如果我们想确定我们研究中接触媒体暴力和不接触媒体暴力的儿童之间存在且只存在一种差异，那么必须是随机决定他们进入实验组还是控制组。如果你掷硬币时，一个朋友问你是什么导致硬币落地时正面朝上，你肯定会准确无疑地说没有什么可以做到。这就是掷硬币的结果是随机的含义。因为掷硬币的结果是随机的，我们可以采用掷硬币的方式来解决自我选择引起的问题。如果我们想要确定一个儿童进入实验组还是控制组既不是由大自然决定的，也不是儿童自己决定的，更不是由无数第三方变量中的任何一个我们只要有时间就可以命名的变量决定的，那么我们必须做的事情就是让它由掷硬币的结果来决定——掷硬币的结果本身没有任何原因决定！例如，我们可以走到实验中的每个儿童前面，掷一个硬币，如果硬币是正面朝上落下，那么把这个儿童分到玩暴力视频游戏的组，如果硬币是正面朝下，那么把这个儿童分到不玩暴力视频游戏的组。**随机分配**是一种靠几率分配人们到实验组或控制组的方法。

如果我们采用掷硬币的方式分配儿童，那么接下来会发生什么呢？正如图2.12所示，我们可以预期的第一件事情是，大约一半的儿童被分配到玩暴力视频游戏的组，大约一半儿童分到另一组。第二——这一点更为重要——我们会预期实验组和控制组有大约数量相同的被大人监督的孩子和不被大人监督的孩子，大约数量相同的情绪稳定孩子和不稳定孩子，大约数量相同的大孩子和小孩子、活跃的孩子、胖孩子、高孩子、有趣的孩子，以及蓝色头发叫拉里·麦克斯威尼（Larry McSweeny）的孩子。换句话说，在任何你能够说的上来和所有你不能说的上来的方面上，我们会预期这两组都有大约数量相同的孩子！因为，这

随机分配（random assignment）一种靠几率分配人们到实验组或控制组的方法。

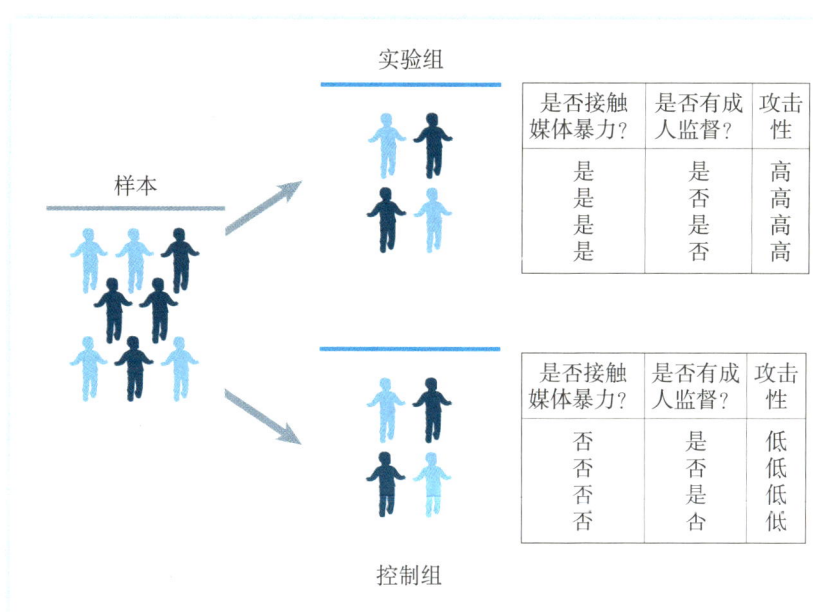

图 2.12 随机分配。有成人监督的儿童用浅蓝色显示,没有成人监督的儿童用深蓝色显示。自变量是接触媒体暴力,因变量是攻击性。随机分配确保实验组和控制组的参与者在所有可能的第三方变量上总体来说是同质的。本质上,随机分配确保不存在第三方变量与因变量的相关。

两组孩子总体上来说,除了在我们操纵的变量上有差异之外,在身高、体重、情绪稳定性、成人监督和已知宇宙中的任何其他变量上都没有差异,所以我们可以确定我们操纵的变量(接触媒体暴力)是导致我们测量的变量(攻击性)上出现变化的唯一原因。因为接触媒体暴力是我们开始实验时这两组儿童之间唯一的差异,在实验的最后,只要我们观测到的攻击性存在任何差异,接触媒体暴力一定是导致这一差异的原因。

显著性

随机分配是一个强有力的工具,但是就像许多工具一样,它并不是每次用的时候都奏效。如果我们随机分配儿童看或者不看暴力电视节目,我们会预期这两组有大约数量相同的有成人监督和无成人监督的儿童,大约数量相同的情绪稳定和不稳定儿童,诸如此类。这段话中的关键词是大约。当你掷 100 次硬币,你会期待大约 50 次正面朝上。但是,在纯属偶然的情况下,100 次掷硬币偶尔会出现 80 次正面朝上,或者 90 次正面朝上,或者甚至 100 次正面朝上。当然这并不经常发生,但是它的确会发生。因为随机分配通过使用诸如掷硬币这样的随机化策略得以实现,所以在一长段时间内,每掷一次就可能分配更多的没有成人监督、情绪不稳定的孩子去玩暴力视频游戏,分配更多有成人监督、情绪稳定的孩子不玩。当发生这样的事情时,随机分配就失败了——并且当随机分配失败时,第三方变量问题死灰复燃,就像一个带着曲棍球面罩心怀不轨的家伙一样。当随机分配失败时,我们不能得出自变量和因变量之间有因果关系的结论。

现实世界

几率无处不在

最近的盖洛普调查①发现53%的大学毕业生相信超感官知觉（extrasensory perception），或者简称ESP。很少有心理学家相信这个。心理学家对概率法则的理解让他们充满了怀疑态度。

想一想那些十分令人惊奇的巧合事件。一天夜里，你梦到一只熊猫驾驶着一架飞机飞越印度洋，第二天你告诉一位朋友，他说"哇哦，我也做了相同的梦！"一天早上，你哼着一首收音机迷乐队②（Radiohead）的老歌醒来（也许是"妄想狂机器人③"），然后一个小时之后，你听到商场在放这首歌。你和你的室友正坐在一起看电视，突然你们转向彼此，异口同声地说"想吃披萨吗？"类似这样的巧合可能会使任何人相信超自然的不可思议的心理现象。

但并不是任何人都这么想。诺贝尔奖获得者路易斯·阿尔瓦雷茨（Luis Alvarez）有一天正在读报纸，一个特别的故事令他想起他的一个多年未见的大学老朋友。几分钟后，他翻到报纸的另一页，非常震惊地看到这个朋友的讣告。但是，在得出他具有非常敏锐的超感官知觉这个结论之前，阿尔瓦雷茨决定利用概率论来测定一下这个巧合到底有多么不可思议。

首先，他估算了一般人的朋友数量，然后他估算了一般人有多频繁地想到自己的每个朋友。根据这些估算，他做了一些非常简单的计算，然后测

当随机分配失败时，我们能得出什么结论？不幸的是，我们什么也不能确定。但是我们能够每次都计算随机分配失败的几率。对你来说如何做这个计算并不重要，但是理解心理学家如何解释它的结果对你来说很重要。心理学家每次做实验都会进行这个计算，除非计算结果告诉他们如果随机分配失败，那么只有不到5%的机会他们可能看到这些特定的结果，不然他们不会接受这些实验结果。

如果随机分配失败了，只有不到5%的机会出现某个结果，那么这个结果被称为统

---

① 盖洛普公司由美国著名的社会科学家乔治·盖洛普博士于1930年代创立，是全球知名的民意测验和商业调查、咨询公司。——译者注

② 一支英国的乐队，在中国大多被翻译为"电台司令"。——译者注

③ 一首收音机迷乐队原唱的歌曲，英文原名为Paranoid Android。——译者注

定出某个人在得知一个朋友死亡之前5分钟想到这个朋友的可能性。这个几率大得令人大跌眼镜。阿尔瓦雷茨预测，例如在一个像美国这么大的国家，每天有10个人会遇到这种不可思议的巧合（Alvarez, 1965）。另一位诺贝尔奖得主不同意。他认为每天有接近80人会遇到（Charpak 和 Broch, 2004）！

统计学教授欧文·杰克（Irving Jack）说："10年有5百万分钟。"这意味着每个人在他的一生中，都有大量的机会遇到某些不可思议的巧合（引用自Neimark, 2004）。例如，2.5亿美国人每天晚上大约做2小时的梦（这可是5亿小时的做梦时间！），因此两个人有时做了相同的梦，或者我们有时梦到了第二天真实发生的事情，这些一点儿也不奇怪。正如数学教授约翰·阿伦·保罗斯（John Allen Paulos）所说（引用自Neimark, 2004）："在现实中，能够想到的最令人不可思议、难以置信的巧合是所有的巧合都完全没有了。"

如果所有这些都让你感到惊奇，那么你并不是唯一一个。研究表明，人们通常低估偶然出现的巧合的发生几率（Diaconis 和 Mosteller, 1989; Falk 和 McGregor, 1983; Hintzman, Asher 和 Stern, 1978）。如果你想从这个事实中捞点好处，那么就召集24个或者更多的人，然后打赌其中肯定有两个人同一天生日。这个事情发生的几率对你非常有利，而且人越多，这个几率越高。事实上，35人时，几率达到85%。开心地敲别人一笔吧！

计上达到显著。你已经学过描述统计，例如平均数、中数、众数、全距和标准差。还有另外一种统计——叫做推论统计——它告诉科学家可以从观察到的实验组和控制组的差异得出什么样的结论或者推论。例如，p（概率的缩写）是一种推论统计，它告诉科学家在一个特定实验中随机分配失败的可能性。当科学家报告 $p<.05$，他们是说根据他们计算的推论统计，如果随机分配失败的话，他们得到的结果发生的几率小于5%，假如这一结果的确发生了，那么随机分配就不太可能失败。因此，实验组与控制组之间的差异不可能由第三个变量引起。

得出结论

如果我们应用了上述所讨论的各种方法，我们就可以设计一个极有把握建立两个变量之间因果关系的实验。这个实验就具有**内部效度**，内部效度是指可以允许实验建立起因果关系的一种实验属性。当一个实验具有内部效度，是指实验内部的所有事情都确切地是按照为了让我们得出因果关系结论的规则而执行。但是这些结论到底是什么？想象一下，如果实验揭示接触和不接触媒体暴力组儿童之间的攻击性存在差异，那么我们可以得出这样的结论：针对我们所研究的被试群体，我们所定义的媒体暴力导致了我们所定义的攻击性。注意那些字体不同的短语。每个短语都对应于我们能够从实验得出的这类结论所受的重要约束，因此我们来逐一仔细讨论。

代表性变量

任何实验的结果都部分地依赖于自变量和因变量是如何定义的。例如，当我们把接触媒体暴力定义为"看两个小时的血淋淋的斧头谋杀"，而不是"看10分钟足球比赛"，或者当我们把攻击性定义为"打断另一个人说话"，而不是"用轮胎撬棍把某个人砸晕"，那么我们更可能发现接触媒体暴力会引起攻击性。我们定义变量的方式会对我们的实验发现产生非常复杂的影响，那么什么是正确的方式呢？

其中一个答案是我们应该按照变量在现实世界中的样子来定义实验中的变量。**外部效度**是指实验的变量按照其在现实生活中正常的、典型的方式来定义的一种实验的属性。一般来说，老师和家长所关心的儿童攻击性行为介于打扰别人和突然袭击之间，儿童接触到的典型媒体暴力介于体育运动和虐待之间。如果实验的目的是确定接触这些类型的媒体暴力是否导致社会上普遍关注的儿童攻击性行为，那么外部效度就非常关键。当实验里的变量按照现实世界中的典型样子来定义，我们就可以说这个变量对现实世界具有代表性。

 为什么外部效度并不是必需的？

外部效度听起来像是一个非常好的主意，以至于你可能会惊奇地发现大多数心理学实验的外部效度很低——并且大多数心理学家并不介意这个。之所以这样，原因是心理学家很少试图通过在实验室创造现实世界的缩微版复制品来了解现实世界。相反，他们通常使用实验来检验从理论中获得的假设，以此来认识现实世界，并且外部效度差的实验经常能做得非常好（Mook, 1983）。

想知道实验是如何做到的，我们先来看一个物理学的例子。物理学家有一个理论，认为热量是分子剧烈运动的结果。这个理论引出一个假设，即当组成某物体的分子运动较慢，那么这个物体就变得比较凉。现在来想象一下，物理学家用实验来检验这个假设，

内部效度（internal validity） 可以允许实验建立起因果关系的一种实验的属性。
外部效度（external validity） 按照实验变量在现实生活中正常的、典型的方式来定义它的一种实验的属性。

用激光使橡皮球里的分子运动慢下来，然后测量橡皮球的温度。你会用"对不起，你的实验不能告诉我们有关现实世界的任何事情，因为实际上没有人会使用激光让橡皮球里的分子运动慢下来"这样的说辞来批评这个实验吗？但愿你不会。物理学家的理论（分子运动产生热量）引出一个在实验室里会发生什么的假设（橡皮球里的分子运动变慢会使它变凉），物理学家在实验室操纵和测量的事件为检验这个理论服务。相同地，一个关于接触媒体暴力和攻击性之间因果关系的深思熟虑的理论，应该引出相应的假设，说明儿童在实验室看过暴力电影后会有什么样的行为表现，而且他们对电影的行为反应可以为检验这一理论服务。如果看过电影《钢铁侠3》的儿童在他们离开实验室的路上更加倾向于彼此推搡，那么任何宣称媒体暴力不会影响攻击性的理论都被证明是错误的。

穿孔会增加还是减少一个人的魅力？答案当然完全取决于你给穿孔下的操作性定义是什么。

总而言之，理论使我们可以得到关于在某个特定情境下可能、必须或将会发生什么事情的假设，实验通常用来创造这些情境，检验假设，从而为引出假设的理论提供支持或者反对的证据。实验并不总是意味着日常生活的迷你版本，因此外部效度并不是一个必须考虑的问题（请见"科学热点"专栏：暴力电影可以成就安宁的街区？）。

代表性人群

我们想象中的研究接触媒体暴力和攻击性的实验让我们可以得到以下结论：针对我们所研究的人群，我们所定义的接触媒体暴力导致我们所定义的攻击性。"研究的人群"这个短语代表了我们可以从实验中得出的这些结论所受的另一个重要的约束。

心理学家研究哪些人呢？心理学家极少观察一个完整的**总体**，总体是指可能被测量的所有的全部整体的集合，例如全人类构成的总体（大约70亿人）、加利福尼亚的总人口（大约3千8百万人）或者唐氏综合症患者的总人口（大约1百万）。相反，他们观察一个**样本**，样本是指从总体中抽取的部分个体的集合。

总体和样本之间的区别是什么？

总体（population） 可能被测量的所有参与者组成的全部整体的集合。

样本（sample） 从总体中抽取的部分个体的集合。

科学热点

暴力电影可以成就安宁的街区？

2000年，美国儿科学会和其他五个公共健康组织发布联合声明，警告儿童接触媒体暴力存在风险。他们引用心理学实验提供的证据，这个心理学实验表明儿童和青少年接触暴力电影之后，其攻击性行为立即呈现急剧上升的趋势。他们注释道："超过1 000项研究……一致地指出媒体暴力和攻击性行为之间存在因果关系。"

根据上述实验室结果，我们可能会期待在现实世界中看到，在电影院观看暴力电影的人数与暴力犯罪人数之间存在相关。当经济学家戈登·达尔和史蒂芬劳·黛拉·维格纳（Gordon Dahl 和 Stefano Della Vigna, 2009）分析了犯罪统计数据和票房统计数据后，他们的确发现了相关——只可惜它是负相关！换句话说，当更多的人们在晚上去电影院看暴力电影，暴力犯罪就更少。为什么？研究者认为暴力电影特别吸引那些更可能实施暴力犯罪的人。因为这些人正忙着看几个小时电影，所以暴力犯罪率下降了。也就是说，血腥火爆的电影把罪犯们从街区吸引到了电影院！

实验室实验清楚地表明接触媒体暴力会导致攻击性。但是，正如电影院线数据所提醒的，实验是一个建立变量之间因果关系的工具，它并不意味着一个迷你版的现实世界，现实世界中事情要复杂得多。

样本可以有多大？总体的容量用大写字母 N 来表示，样本的容量用小写字母 n 来表示，因此 $0<n<N$。如果你将它们解读为表情符号，它们意味着……哦，还是算了吧。

在大多数研究中，n 更接近 0，而不是 N，在一些研究中，$n=1$。例如，有时单个个体非常引人注目，需要详细研究他们，当心理学家研究他们时，采用的是**个案法**，这是一种通过研究单个个体来收集科学数据的方法。通过研究像原口证[①]（Akira Haraguchi）这样的人（他可以背诵圆周率（π）至小数点后100 000位），我们能够更深入地了解记忆；

个案法（case method） 一种通过研究单个个体收集科学数据的方法。

[①] 日本东京千叶县人，1946年出生。于2006年10月3日背诵圆周率（π）至小数点后100 000位。以上信息来自百度百科。——译者注

通过研究像亨利·莫莱森（Henry Molaison）这样的人（由于大脑的损伤，他形成新记忆的能力被损毁），我们能够更深入地了解意识；通过研究像 14 岁的杰伊·格林伯格（Jay Greenburg）这样的人（他谱的乐曲已经被美国茱莉亚弦乐四重奏乐团和伦敦交响乐团演奏录制）来更深入地了解智力和创造力。像这样的个案，研究他们本身不仅非常有趣，而且他们也会对研究我们其余人的心理提供重要的启示。

当然，你将来在这本书中读到的大多数心理学研究包含 10 人、100 人、1 千或者几千人的样本。那么心理学家如何确定哪些人作为他们的样本呢？从总体中选择样本的一个方法是**随机取样**，这是一种确保每个总体成员都有相同机会被选为样本的选取实验参加者的方法。当我们随机从总体中选取参加者作为样本，这个样本就是这个总体的代表性样本。这允许我们将样本得到的

随机取样非常好，但是为什么它并不是必需的？

结果推广到总体——也就是说，如果我们测量整个总体，那么我们在样本上观察到的现象也可以在总体上观察到。你可能早已经对随机取样的重要性有着坚定的直觉认识。例如，如果你到一个农场买一袋樱桃，农场主从袋子里挑选几个给你尝尝，你可能不太愿意把这个样本推广到整个袋子里的樱桃总体。但是，如果农场主请你自己随机在袋子里拿几个，你可能就愿意把这些樱桃作为樱桃总体的代表。①

随机取样听起来像是一个非常好的主意，以至于你可能会惊奇地发现大多数心理学实验采用的是非随机取样——并且大多数心理学家并不介意这个。确实是，实际上你将来读到的每一个心理学实验中的每一个参加者都是志愿者，并且其中大部分都是大学生，他们比总体上的普通人显著地更年轻、更聪明、更健康、更富有，而且白人更多。心理学家研究的 96% 人群来自于那些仅仅拥有世界上 12% 人口的国家，其中 70% 来自于美国（Henrich, Heine 和 Norenzayan, 2010）。

那么为什么心理学家不随机取样呢？他们是别无选择。即使有一个计算机存储管理着世界上所有人类居民的名单，我们可以从中随机选取我们的研究参与者，但是我们该如何找到那位在沙漠上游牧的 72 岁的贝多因族老太太，然后测量她在观看动画片时的大脑电活动呢？我们如何劝说新德里的一个 3 个星期大的婴儿，让其完成一个关于他政治信仰的冗长问卷呢？大多数心理学实验由位于西半球的学院和大学的教授和研究生实施，

随机取样（random sampling） 一种确保每个总体成员都有相同机会被选为样本的实验参加者选取方法。

① 在大量学术论文和书籍中被称为"病人 HM"，生于 1926 年，2008 年 12 月 2 日去世。因癫痫治疗成为"世界最健忘男子"，55 年中配合科学家做了上百次脑科学研究实验，帮助科学家解开了大脑记忆的许多奥秘，被称为世界大脑科学史上最重要的病人。以上信息来自百度百科。——译者注

尽管他们非常想随机地从这颗行星上的总体人群中取样，但是现实情况是他们对此束手无策，只能研究那些自愿参加他们实验的当地人。

 非随机取样为什么不是致命的缺陷？

那么我们从心理学实验中如何了解任何我们想知道的事情？随机取样失败不是致命的缺陷吗？对，不是的，这有三个原因。第一，有时样本和总体的相似性并不重要。如果一头猪仅仅飞过自由女神像一次，那么这立即就证明了传统的猪的运动方式理论是错的。是否所有的猪都会飞，或者是否其他猪会飞都不重要。只要一只会飞，就足够了。甚至当样本不是总体的典型个例，实验的结果仍然可以说明问题。

第二，当将实验结果向外推广非常重要时，心理学家会采用相同的实验程序但是不同的样本来重新实施实验。例如，测量了非随机选取的一组美国儿童在玩过暴力视频游戏后的行为表现，之后我们会用日本儿童重复我们的实验，或者用美国的青少年，或者用成年的聋人。本质上，我们可以把样本的属性，诸如文化背景、年龄、能力当做自变量，我们可以做实验来确定这些属性是否影响我们的因变量。如果我们的研究结果在这些其他样本上得到了重复，那么我们就会更加自信（但是永远都不要完全自信），这个结果描述了人类的一个基本倾向性。如果结果没有被重复，那么我们就知道文化背景、年龄或者能力会影响攻击性。从不同总体中抽取新的样本来重复研究是一个双赢的策略：不管发生什么，我们都会发现一些有趣的事情。

第三，有时样本和总体之间的相似性仅仅是一个合理的起始假定。我们不是问"我是否有一个令人信服的理由让我相信我的样本可以代表总体？"而是问"我是否有一个令人信服的理由让我不相信？"例如，如果一组非随机抽取的 7 个参与者组成的样本吃了一种实验性药物，并且死了，那么我们没人愿意吃这种实验性药物。确实如此，甚至这 7 个参与者是老鼠，我们也可能拒绝吃这种药物。尽管这些非随机取样的参与者与我们在很多方面不同（包括有没有尾巴、胡须），我们中的大多数人都愿意将它们的经验推广到我们身上，因为我们知道即便是老鼠，也与我们共享足够多的基本生物学属性，因此相信那些能够伤害它们的东西也会伤害我们，这个准没错。同样的原因，如果心理学实验证明一些美国儿童在玩过暴力视频游戏之后表现出攻击性，那么我们可能会问，是否

这只老鼠喝了绿色的东西之后死了。你想喝这种绿色的东西吗？为什么不？你又不是一只老鼠，不是吗？

有充分的理由怀疑厄瓜多尔的大学生或者澳大利亚的中年人的行为会与此不同。如果答案是与此不同，那么实验给我们提供了一种方式来考察这种可能性。

批判性地看待证据

1620年，弗朗西斯·培根爵士（Sir Francis Bacon）出版了一本名为《新工具论》（*Novum Organum*）的书，其中他描述了一种发现自然界真理的新方法。他的所谓培根法（Baconian Method）就是我们现在广为人知的科学方法，这个方法使人类在过去的四个世纪里积累了比之前所有世纪合起来积累到的知识还要多。

正如你在这章里所看到的，科学方法使我们获得实证性的证据。但是实证性的证据只有当我们知道如何思考它时才有用，而事实是我们大多数人并不知道。使用证据时需要批判性思维，这个过程涉及问我们自己尖锐的问题，那就是我们是否以一种没有偏颇的方式来解释证据，以及证据是否告诉我们全部真相，而不仅仅是局部的真相。研究表明，大多数人在做这两件事情方面存在困难，并且用来传授和提高批判性思维技巧的教育培训计划并不特别有效（Willingham, 2007）。为什么人们在批判性思维方面存在如此大的困难？

我们来仔细想一下犰狳。有些动物当受到惊吓时会变僵硬，有些动物则躲避、逃跑，或者发出咆哮声。犰狳是跳起来。这个自然的反应倾向千百年来帮助犰狳很好地生存下来，因为千百年来，对犰狳生存最普遍的威胁是响尾蛇。唉，但是这个自然反应倾向在今天却不能帮助犰狳很好地生存下来，因为当它们漫步到得克萨斯州的高速公路上，被高速飞驰而过的汽车惊吓时，它们跳起来（就正好）撞到保险杠上。这个错误，一只犰狳不可能犯两次。

人类也有一些曾经很好地帮助过我们的自然反应倾向，但是后来却不管用了。例如，当我们还在非洲大草原上以一小群人聚居，人人都充当捕猎者—采集者的方式生活时，我们自然的、直觉的思考方式还非常有效。但是如今，我们大部分人都生活在大规模的复杂社会中，这些自然的思维方式会干扰我们在现代世界进行推理的能力。弗朗西斯·培根爵士深谙这个道理。在提出科学方法的同一本书里，他提出，两个古老的人之常情——看到我们所期望的或者想看到的，以及忽略我们没有看到的——是批判性思维的敌人。

我们看到我们期望和想看到的

当给两个人呈现相同的证据，他们经常会得出不同的结论。弗朗西斯·培根爵士深知这是为什么。"人类对外界事物的认识一旦采纳了某种观点……会把任何其他事情也拿来支持和赞同这个观点"，因此我们的"第一个结论将后来的所有事情都染上它的色彩，为它自圆其说"。换句话说，我们预先存在的信念将我们看到的新证据染上它的色彩，导致我们看到我们期望看到的东西。如此一来，证据只是用来确认了我们长期以来相信的事情。

这个倾向已经在心理科学中被广泛地记载。例如，在一项研究中，参与者都被介绍一个名字叫做汉娜的小女孩（Darley 和 Gross, 1983）。一组参与者被告知，汉娜来自于一个富裕的家庭，另一组被告知汉娜来自于一个贫穷的家庭。所有参与者随后都被呈现一些表明汉娜学习能力的证据（尤其是，他们观看一段汉娜参加阅读测验的视频），然后请他们给汉娜打分。尽管给所有参与者观看的视频是完全一样的，相对于那些相信汉娜来自贫穷家庭的参与者，那些相信汉娜来自富裕家庭的参与者给她的成绩的评分更加正性。而且，两组参与者都通过引用视频中的证据来捍卫他们的结论！类似的实验表明，当我们仔细考虑证据时，我们看到什么取决于我们期待看到什么。

并不仅仅只是我们的信念给我们看到的证据染上它的色彩。我们的偏好和偏见，我们的自负和憎根，我们的愿望、需要、渴望和梦想也会如此。正如培根所注释的："人类对外界事物的认识并不是清辉（dry light）[①]，而是浸泡在愿望和情感之中，愿望和情感导致一厢情愿的科学。因为人们倾向于相信他希望是真的事情。"

研究表明培根的这个看法也是正确的。例如，在一项研究中，呈现给参与者一些关于死刑效力的科学证据（Lord, Ross 和 Lepper, 1979）。一些证据表明死刑可以对犯罪起到震慑作用，一些表明不会。参与者会如何利用这些混合在一起的证据？那些原先支持死刑的参与者变得更加支持死刑，那些原先反对死刑的参与者变得更加反对。换句话说，当呈现给他们完全相同的证据时，参与者看到了他们想要看到的东西，结果更加确信他们起初的观点。后续的研究表明，当请科学家评价一些科学研究的品质，这些科学研究要么证实这些科学家相信的观点，要么推翻他们相信的观点，这时也发现了相同的模式（Koehler, 1993）。

 我们的信念和愿望如何塑造我们思考证据的方式？

信念和愿望究竟是如何塑造我们对待证据的看法？人们用不同的标准来对待不同的证据。当证据证实了我们相信的或者想要相信的，我们倾向于问我们自己，"我

[①] "dry light" 最早来源于赫拉克利特关于火、干燥的灵魂的哲学残篇。培根将其借用来隐喻那些无关个人意志、情感、愿望、习惯的纯粹理性。在培根的中译本文集中，对这个词有多个版本的译法，此处采用的是水天明于 2000 年修订水天同先生 1939 年版《培根论说文集》时采用的译法。参考文献：尹穗琼．(2009)"Dry Light"理解和翻译浅析．北京第二外国语学院学报，172（8）：51—56.——译者注

会相信吗？"并且我们的答案通常是"会"；但是当证据没有证实我们相信或者我们想要相信的，我们倾向于问我们自己"我一定相信吗？"并且答案经常是"不一定"（Gilovich, 1991）。你会相信拥有大学文凭的人比没有的人更幸福吗？会！有大量的调查表明的确存在这样的关系，一个理性的人研究了这些证据之后可以轻易地捍卫这个结论。现在问你，你一定相信它吗？嗯，不一定。毕竟，这些调查并没有测量地球上每一个人，不是吗？并且如果调查问题的询问方式不一样，可能会得到不同的答案，对吧？一个理性的人研究了这些证据之后可以轻易地得出结论，教育水平与幸福之间的关系还不足以清楚地下定论。

我们的信念和愿望也影响我们优先考虑哪些证据。大多数人都会和那些与自己观点一致的人在一起，这就是说我们的朋友和家人非常可能更加肯定了我们的信念和愿望，而不是挑战它们。研究也表明，当有机会搜寻证据时，人们偏向于搜寻那些证实他们信念、满足他们愿望的证据（Hart等，2009）。更重要的是，当人们发现了证实他们的信念、满足他们的愿望的证据，他们一般就停止搜寻，但是当他们发现那些反对的证据，他们会继续搜寻更多证据（Kunda, 1990）。

所有这些研究表明，证据为人们理解和解释留下了很大的空间，我们的信念和愿望在这个空间里发挥着作用。因为很容易看到我们期待看到的，或者看到我们想要看到的，所以批判性思维的第一步就是怀疑你自己的结论。一个减少你自己的确定性的最好方法是找到那些质疑你的人，认真倾听他们都说些什么。科学家通过把他们的论文发给那些最有可能不同意他们的同事，或者给那些满是批评者的听众展示他们的研究发现，以此把他们自己毫无保留地给人批评，他们这样做主要是为了使他们能够从一个更加不偏不倚的视角，来看待自己的结论。如果你想开心，带上你的朋友一起去吃午餐；如果你想得到一个正确的结论，那么带上你的敌人。

我们仔细考虑我们看到的，忽略我们没有看到的

在弗朗西斯·培根爵士卓越非凡的著作中的另一部分里，他详述了一个关于某人探访罗马神庙的老故事。神庙的僧侣给这个人看了几个水手的肖像，这些水手恪守自己的宗教誓约，然后奇迹般地在一次海难中幸存下来，接着僧侣认为这是神的力量存在的明显证据。这个探访者停顿了一会儿，然后准确地问出了关键的问题："但是，那些恪守自己誓言却死掉的人，他们的肖像在哪里？"根据培根的观点，我们中的大多数人从来没想过问此类问题。我们对我们看到的证据深思熟虑，却忘了那些我们没有看到的证据。培根宣称"对看不见的事情，我们根本不注意或者只给予一点儿注意"，并且他辩论道这个自然的倾向是"人类认识的最大障碍和偏差"。

培根宣称的人们很少考虑他们没有看到的事情，在这一点上他是对的。例如，在一项研究中，参与者玩一种游戏，游戏里呈现给他们一套三字铭，也就是三个字母的组合，例如SXY、GTR、BCG和EVX（Newman, Wolff和Hearst, 1980）。在每个试次里，实验者指向一套三字铭中的一个，然后告诉参与者这个三字铭是特殊的一个。参与者的任务是弄清楚这个特殊的三字铭的特殊之处是什么。参与者需要经过多少个试次才能弄清楚？这取决于这个三字铭的特殊特征。对于其中一半参与者，如果这个特殊的三字铭总是包含字母T，这些参与者需要看大约34套三字铭才能弄清楚三字铭的特殊之处。但是，对于另一半参与者，特殊的三字铭总是不出现字母T。这些参与者需要多少个试次才能弄清清楚？他们永远也弄不清楚。永远。这个研究告诉我们的是，我们很自然地考虑那些我们看到的证据，但是从不，即使有的话，也是极少考虑我们看不见的证据。

仔细考虑那些看不见的证据为什么非常重要？

不管竞答者的表现有多好，智力抢答游戏（Jeopardy）的主持人阿力克斯·特里伯克（Alex Trebek）似乎总是舞台上最聪明的家伙。但是，如果给竞答者个机会问他几个问题，你是否还会保留你对他的这个印象？

忽略缺失证据的倾向会导致我们得出各种各样错误的结论。我们来看一项研究，参与者被随机分配去扮演一个游戏中的两个角色中的一个（Ross, Amabile和Steinmets, 1977）。游戏要求"提问者"提出一系列困难的问题，要求"竞答者"回答这些问题。只要你稍微试一试，你就会发现提出那些你会回答，但是其他人不会回答的问题，非常容易。例如，想一下你最近一次去过的城市。然后把你入住的酒店名字告诉别人，接着问他们这个酒店在哪条街上。很少有人知道。

因此，那些被随机分为提问者的参与者问了大量听起来很聪明的问题，那些被随机分为竞答者的参与者说了很多错误的答案。下面是最有趣的部分。提问者和竞答者在玩这个游戏时，另一个参与者——观察者——在看他们。游戏结束后，要求观察者猜测一下，游戏的玩家在他们的日常生活中是什么样子的。结果非常清楚：观察者一致地得出结论，提问者比竞答者更富有知识！观察者看到了提问者问尖锐的问题，看到了竞答者说"哦，天呀，我不知道"，观察者只考虑到这些证据。他们没有考虑到的那些他们没有看到的证据。尤其是，他们没有考虑到，如果让那些扮演提问者的参与者反过来扮演竞答者，那些扮演竞答者的参与者反过来扮演提问者，将会发生什么？如果这样的话，可以肯定原来的竞答者将提出聪明问题，原来的提问者将会绞尽脑汁去回答。归根结底？如果批判性思维的第一步是质疑你所看到，那么第二步就是仔细考虑你所没有看到的。

怀疑的态度

温斯顿·丘吉尔（Winston Churchill）曾经说过，尽管对任何事情来说，民主都是非常好的形式，但是对政府来说，民主是最差的运作形式。与此相同，科学并不是认识世界的绝对可靠的方式；它只是比其他方法更不容易犯错。科学是人类的事业，而人类容易犯错误。他们看到他们期望看到的，他们看到他们想要看到的，他们极少考虑他们根本没有看到的事情。

科学与其他大多数人类所从事的事业所不同的地方在于，科学积极地发现和补救它自己的偏差和错误。科学家一直都在致力于使他们的观察结果更加准确，使他们的推理更加严谨，他们邀请尽可能多的人来检验他们的证据，挑战他们的结论。就这样，科学是真真正正的民主——具有世界上独一无二的体制，无名小卒可以战胜最负盛名的大牛。当瑞士专利局默默无名的职员阿尔伯特·爱因斯坦（Albert Einstein）挑战他那个时代最伟大的物理学家时，他没有如雷贯耳的名气、引入注目的学位、呼风唤雨的朋友，或者鼓鼓的钱包。他只有证据。而且他获胜的原因只有一个：他的证据是正确的。

因此，把这本书剩下的章节当做来自这个领域的一个报告——这是对心理学家所做工作的一个描述，他们做的所有这些都是在不断经历错误和跌倒去追寻知识。这些章节告诉我们那些信仰弗朗西斯·培根爵士方法的男男女女，使用这一方法摸索到的有关我们人类的一点点真相，我们到底是谁，我们的身体和心理如何运转，我们一起都在太阳系的第三颗行星上做什么。你不但要带着兴趣阅读它，而且要带着批判的眼光阅读它。一些我们将要告诉你的事情有可能不是真的；我们只是现在还不知道到底哪些不是真的。我们邀请你批判性地思考你在这里阅读到的内容，在其他任何地方也是如此。现在，开始怀疑一切。

> **小结**

▲ 为了确定两个变量之间是否为因果关系，我们必须首先确定他们是否相关。相关可以通过测量每个变量许多次，然后比较每个系列的测量结果的变异模式来完成。如果这些结果共变，那么变量是相互关联的。相关使我们可以根据一个变量的已知的值来预测另一个变量。相关的方向和强度通过相关系数（r）来考察。

▲ 当我们观察两个变量之间的相关，我们不能得出它们是因果关系的结论，因为有无数多的第三方变量可能影响这两个变量。实验可以通过操纵自变量、随机分配参与者到实验操纵的实验组和控制组、测量因变量来解决第三方变量问题。因此，这些测量结果是组间的。如果推论统计表明随机分配失败时，这个结论发生的几率只有5%，那么不同组之间测量结果的差异可以认为是由实验操纵引起的。

▲ 针对实验参与者所在的人群，具有内部效度的实验可以建立操作性定义的变量之间的因果关系。当实验模拟现实世界，那么这就是外部效度。但是，大多数心理学实验并不试图模仿现实世界，而是检验从理论推理出的假设。

▲ 人们难以批判性地思考证据，因为人们有一种自然倾向，看到他们所期望看到的，看到他们所想要看到的，并且只深思熟虑他们看到的，而不考虑他们看不到的。

科学研究的伦理：首要一条，一定没有伤害

也许曾经在某个地方，有人告诉过你把人当做物品来看待并不好。然而，似乎心理学家却偏偏这样做，诸如创设一些引起人们恐惧或悲伤的情境，让人们做令人尴尬或者不道德的事情，或者让他们了解他们压根儿就不想了解的关于自己或者其他人的一些事情。不要被表象迷惑。事实是，心理学家竭尽全力去保护他们的研究参与者的福祉，他们受到一套伦理准则的约束，这套伦理准则就像约束物理学家、律师、会计师的职业守则一样，非常详尽细致、要求众多。这个准则要求心理学家对人、动物和真理要心怀敬重。让我们逐条来讨论心理学家的这些责任。

尊重人

第二次世界大战期间,纳粹医生在人类被试身上实施了惨无人道的实验,例如器官切除,或者把他们浸泡在冰水里,仅仅是为了看他们多久会死去。当战争结束的时候,国际社会通过了1947年版的纽伦堡法案(Nuremberg Code),之后在1964年通过了赫尔辛基宣言(Declaration of Helsinki),其中详细说明了对待人类被试的伦理规则。不幸的是,并不是每个人都遵守这些规则。例如,从1932年到1972年,美国公共健康服务部门实施了臭名昭著的塔斯克吉实验(Tuskegee experiment),实验中399名患有梅毒的非洲裔美国男性被拒绝治疗,这样研究者可以观察这种疾病的病情发展。正如一位记者所写的,政府"把人类当做实验室动物一样用于一项长期、低效率的研究,仅仅是为了看梅毒多久会杀死人"(Coontz, 2008)。

1974年,美国国会建立了国家保护生物医学与行为研究人类受试者委员会。1979年,美国健康、教育与福利部发布了后来被广为所知的贝尔蒙报告(Belmont Report),其中描述了所有涉及人类被试的研究需要遵守的三条基本原则。第一,研究应该表现出对人的尊重,尊重其在不受影响或者胁迫下为自己做决定的权利。第二,研究应该以慈善为先,也就是说它应该尽量使参与者的收益最大化,尽量减少参与者的风险。第三,研究应该是公正的,这意味着它给所有参与者带来的收益和危险是同等的,没有对特殊个体和群体的偏见。

心理学家必须遵守的特定伦理准则合并和扩充了这些基本原则。(你可以在 http://www.apa.org/ethics/code/index.aspx 中找到美国心理学会的《心理学家伦理原则与行为准则(2002)》)。以下是几条心理学研究必须遵守的最重要原则:

> 知情同意书:除非参与者签署**知情同意书**,否则他们可以不参加心理学实验,知情同意书是一份成人签署的书面同意参加研究的协议,该成人被告知了参加实验可能带来的所有风险。这不意味着这个人一定要知道有关研究的所有事情(例如,研究假设),但是这的确意味着这个人必须知道任何可能潜在的伤害或者痛苦。如果有人不能签署知情同意书(例如,因为他们是未成年人,或者心智不足),那么必须从他们的法定监护人那里获得知情同意书。即使人们签署了知情同意书,但是他们仍然有权利在任何时候退出研究,而且不受到任何惩罚。

> 完全没有胁迫:心理学家不能胁迫参与者。胁迫不仅仅意味着生理和心理的胁迫,也包括金钱的胁迫。给人们提供大笔的金钱来劝说他们做一些他们本不太愿意做的事情,这是不符合伦理的。大学生可能会被邀请参加一些研究,作为他们心理学训练的一部分,但是通常会提供给他们通过其他方式学习相同东西的多个选择。

> 保护参与者免于受伤害:心理学家必须竭尽全力保护他们的研究参与者免遭身体

知情同意书(informed consent) 一份成人签署的书面同意参加研究的协议,该成人被告知了所有参加实验可能带来的所有风险。

或者心理的伤害。如果有两种同等有效的方法来做研究，那么心理学家必须使用更加安全的方法。如果没有安全的方法可以使用，那么心理学家不能实施这项研究。

➤ 风险—收益分析：尽管可以要求参与者接受一些小的风险，例如轻微的电击或者小的难堪，但是不能要求他们接受大的风险，例如严重的疼痛、心理创伤，或者任何比他们在日常生活中能够承受的更大的风险。此外，即使当参与者被要求承受小的风险，心理学家必须首先证明从这项研究中可能获取的新知识对社会的益处远远大于这些风险。

➤ 欺骗：心理学家只可以在一种情况下使用欺骗手段，那就是研究的科学、教育或者应用的价值足以证明欺骗是正当的，而且没有其他可行的方法来替换。如果研究可能导致参与者生理或者心理伤害或者伤痛，心理学家永远都不能在这些方面欺骗参与者。

➤ 实验后解说：如果参与者在研究开始前或者进行中以任何方式遭受欺骗，那么心理学家必须提供一份**实验后解说**，这是一份关于研究本质和目的的口头描述。如果参与者在任何方面发生了变化（例如，实验使他感到有些悲伤），那么心理学家必须努力使其不要发生变化（例如，请这个人做一个任务，使其更加快乐），而且使这个参与者恢复到参与实验之前的状态。

➤ 保密：心理学家有义务对研究过程中获取的参与者的隐私和个人信息保密。

这些只是心理学家必须遵守的原则中的一部分。那么这些原则是如何贯彻执行的呢？几乎所有心理学研究由学院和大学的心理学家完成。这些机构有伦理审查委员会（institutional review boards, IRBs），委员会由教师和研究者、大学的职员和当地社区的非专业人员（例如，商业界的领导人或者神职人员）。如果研究受到联邦政府的资助（很多研究都是），那么法律要求IRB至少包括一名非科学家和一名非该机构工作人员。心理学家只能在IRB评审和通过了该研究后，才能开始实施这项研究。

正如你所能想象的，伦理准则和申请程序是如此的严格，以至于有些研究就是不能在任何地方、任何时间被任何人实施。例如，心理学家很想知道一个人在没有语言的环境中长大会如何影响其说话和思考的能力，但是从伦理上他们不能操纵实验中的这个变量。他们只能研究那些语言接触与说话能力之间的自然相关，因此永远也不能牢固地建立这些变量之间的因果关系。的确，因为这样做会需要实施侵犯基本人权的不人道的实验，所以有许多问题心理学家可能永远也不能确定地回答。

尊重动物

并不是所有的研究参与者都有人权，因为并不是所有研究参与者都是人类。其中一

实验后解说（debriefing） 一份关于研究本质和目的的口头描述。

些是黑猩猩、老鼠、鸽子，或者其他一些非人类的动物。美国心理学会准则特别描述了这些非人类的参与者的特殊权利，以下是其中一些较为重要的条款：

> 所有涉及动物的实验流程都必须在受过心理学研究方法训练，并且具有照顾实验室动物经验的心理学家的监督下实施，心理学家负有责任，要确保适当地考虑舒适、健康和人道地对待这些动物。

> 心理学家必须做出合理的努力，以减少动物的不适、感染、疾病和疼痛。

> 心理学家只有在一种情况下才可以使动物遭受疼痛、应激，或者物质匮乏，那就是研究的科学、教育或者应用的价值足以证明这个实验流程是正当的，而且没有其他可行的方法来替换。

> 心理学家必须在适当的麻醉下才能实施所有外科手术流程，必须将动物在手术期间和术后的疼痛降到最低。

这很好——但是足够好吗？有些人并不这样认为。例如，哲学家彼得·辛格（Peter Singer, 1975）争论道，所有能够感觉到疼痛的生物都有相同的基本权利，以不同于对待人类的方式对待非人类生物，这是一种物种歧视，这无异于种族歧视或者性别歧视，同样令人憎恶。辛格的哲学鼓舞了一些组织呼吁停止所有涉及非人类动物的研究，例如善待动物组织（People for the Ethical Treatment of Animals）。不幸的是，它也鼓舞了一些组织攻击那些从事此类合法研究的心理学家。正如两位研究者（Ringach 和 Jentsch, 2009, 第 11417 页）最近报道的那样：

> 我们的汽车和我们的家被投掷过燃烧弹或者被人用水淹过，我们收到过装着浸

有些人认为使用动物做衣服或者做研究不符合伦理道德。另一些人则看到了这两者目的的重要区别。

过毒药的剃刀的邮件,以及通过电子邮件或者语音信箱发来的死亡恐吓。我们的家人和邻居受到过带着面具的愤怒抗议者的恐怖袭击,他们投掷石块、打破窗户,并且喊叫着"你应该自己停止或者被人阻止",他们"知道你夜里睡在哪里"。其中一些攻击已经被归类为企图谋杀。雪上加霜的是,被误导的动物权利激进分子公开煽动其他人在互联网上传播暴力、吹嘘由此产生的罪行,甚至"在道德上师出有名地"挑选暗杀的地点。

在这个问题上,大多数人会站在哪一方?绝大多数美国人认为在道义上可以接受在研究中使用非人类动物,并且说他们会反对政府对这类研究实施禁令(Kiefer, 2004; Moore, 2003)。的确,大多数美国人吃肉、穿皮革,并且支持猎人的权利,这就是说多数美国人看到了动物权利和人权之间的明显区别。科学不属于解决道德争议的领域,每个个体必须对这个问题有自己的结论。但是,无论你站在哪一个立场,有一点非常重要,那就是只有很小比例的心理学家的研究涉及动物,而且此类研究中也只有很小比例的研究会给动物带来疼痛和伤害。心理学家主要研究人类,当他们研究动物时,也主要是研究它们的行为。

尊重事实

伦理审查委员会确保研究者收集数据的过程符合伦理道德。但是一旦数据收集完毕,谁来确保他们分析和报告的过程符合伦理道德?没有人。心理学,就像所有的科学一样,在信誉体系的基础上运行。没有官方负责监督心理学家用他们收集的这些数据干什么,也没有官方负责核查他们宣称的结果是否真实。你可能会发现这有点儿奇怪。毕竟,我们在商店("把这台电视机搬回家,下次你路过时候再把钱给我")、银行("我不需要查询你的账户,你只需告诉我你想取多少钱")或法庭("如果你说你是无辜的,那么好吧,我相信你")时不会使用信誉体系,那么为什么期望它在科学领域能够起作用?科学家是否比其他人更加诚实?

科学家绝对更加诚实!好吧,我们刚刚是假装的。但是,信誉系统并不依赖于科学家特别诚实,而是依赖于科学是一项共同体性质的事业。当科学家宣称他们有重要的发现时,其他科学家不仅仅是鼓掌,他们也会开始研究。当物理学家简・亨德里克・舍恩(Jan Hendrik Schön)在 2001 年宣布他制造出一种纳米晶体管时,这一发现曾经深深震撼了其他物理学家——直到他们努力重复舍恩的工作,然后发现舍恩伪造了数据(Agin, 2007)。舍恩丢了他的工作,博士学位也被撤回,但最重要的是这样的学术造假行为并不能持续太长时间,因为一位科学家的结论将是另一位科学家的研究问题。这不意味着所有的学术造假都会被很快发现：心理学家戴德里克·斯塔佩尔（Diederik Stapel）撒谎、欺骗、伪造数据了几十年，人们才慢慢开始怀疑和调查（Levelt Committee，Noort Committee, Drenth Committee, 2012）。但是这也不意味着重大的学术造假最终都会被揭露。如果一位心理学家用伪造的数据宣称黑猩猩比金鱼更聪明，那么他可能永远也不会被抓到，因为可能没有人会去检验这个非常显而易见的发现，但是，如果一位心理学用伪造的数据宣称相反的发现，那么他很快就需要作出很多解释了。

　　心理学家以他们的信誉担保，他们究竟应该做什么呢？至少要做三件事情。第一，当心理学家撰写实验报告并在学术期刊上发表时，他们必须如实地报告他们做了什么，以及他们发现了什么。他们不能凭空捏造结果（例如，宣称他们实施了他们根本没有真正实施的研究）或者篡改结果（例如，修改他们实际采集的数据），他们不能通过忽视部分数据而误导结论（例如，只报告那些证明他们假设的结果，而绝口不提那些无法证明他们假设的结果）。第二，心理学家必须通过列出那些对他们工作有贡献的人作为研究报告的合作者，以及在研究报告中引用那些做过相关工作的其他科学家来公平地共享研究成果的荣誉。第三，心理学家必须共享他们的数据。美国心理学会行为准则规定，"如果有其他具有专业资质的科研人员想要得到某位心理学家得出结论的数据来重新分析，从而确认结论的真实性，那么符合伦理标准的心理学家不会阻止他们获取数据"。任何人都能检验任何其他人，这一事实就是信誉系统可以起作用的部分原因。

小 结

▲ 伦理审查委员会确保那些参与科学研究的人类参与者的权利是基于对人的尊重、慈善和公正的原则。

▲ 心理学家必须维护这些原则，与参与者签署知情同意书，不胁迫参与者，保护参与者不受伤害，权衡利弊时重视参与者的收益，避免欺骗，对参与者的信息保密。

▲ 心理学家必须尊重动物的权利，人道地对待它们。大多数人们支持在科学研究中使用动物。

▲ 心理学家必须如实地报告他们的研究，恰当地共享研究成果的荣誉，同意其他人获取他们的数据。

其他声音　我们负担得起科学吗？

谁来支付类似这本书中所有研究的费用？答案是你本人。总的来说，科学研究是由政府部门资助的，例如国家自然科学基金委员会，该部门给科学家提供基金（也就是钱），让他们做科学家提出的特定研究项目。当然，政府的这些钱可能会花在其他事情上，例如给贫穷的人提供食物，给无家可归的人提供住宿，照顾病人和老年人，等等。当我们的一些同胞仍然忍饥挨冻时，把纳税人的钱用来资助心理学研究是否有意义？

记者兼作家大卫·布鲁克斯（2011）争论道行为科学研究不是资金消耗——而是对它自身的一种投资，甚至更多。以下是他的原话：

在过去的50年间，我们看到相当多的政策——减少贫穷、无家可归、失学率、单亲家庭和药物依赖的政策——实施的结果令人非常失望。诸如此类的政策失败是因为它们建立在对人性过于简单的认识之上。它们假定人们以一种简单直接的方式来应对激励措施。通常，它们假定金钱可以解决行为问题。

幸运的是，现在我们正处于行为研究的黄金时期。数以千计的研究者正在研究人们真实的行为与我们假定的人们行为之间的差异。他们提出关于我们人类心理和行为更加精准的理论，并评估这些理论在现实世界中应用的结果。下面是一个简单的例子：

当你去更新自己的驾照时，你有机会登记参加器官捐献计划。在德国和美国这些国家，如果你想参加这个计划，你需要选中一个框。大约14%的人会选择。但是行为科学家发现，默认选项的设置至关重要。所以，在一些其他国家，像波兰或者法国，你必须选中一个框来表示你不想参加。在这些国家，超过90%的人会参加。

这是由一个微不足道的、毫不费力的程序改变引起的巨大行为差异。

尽管我们正处于行为科学的黄金时代，但是国会仍然有条例草案想要把国家自然科学基金中的社会、行为和经济学理事会削减掉。削减支出少但是能够在未来产生巨大效益的事项，这恰恰是调节经费预算最不应该出现的方式。

假如说你想减少贫穷。我们对待贫穷有两种传统的认识。第一种假定人们是理性的。人们高效地追求他们目标，不需要太多的帮助来改变他们的行为。第二种假定贫穷来源于文化或者心理的功能障碍，这种功能障碍导致他们有时做出缺乏远见的行为。这两种理论都没有对提出有效的政策有任何帮助。

普林斯顿大学的艾德尔·沙弗（Eldar Shafir）和哈佛大学的森德希尔·穆莱纳桑（Sendhil Mullainathan）最近在联邦政府的资助下，提出了第三个理论，认为匮乏导致其特有的认知特质。

问一个简要的问题：你所在的城市出租车的起步价是多少？如果你像大多数中上阶层的人们一样，那么你不会知道。如果你像许多仍为生计奔波的人们一样，那么你一定知道。穷人必须深思熟虑千百件富人不会思考的事情。当他们买一加仑牛奶时，必须做出复杂的权衡：如果我买了牛奶，我就买不起橙汁。他们不得不决定哪项生活费可以不用支出。

这些问题大大增加了认知需求。大脑的容量是有限的。如果你增加了其中一类问题的认知需求，那么它在解决另一类问题时就不会做得很好。

沙弗和穆莱纳桑给印度种植蔗糖农作物的农民做了一系列测验。在他们卖了他们收获的农作物之后，他们的生活相对比较宽裕。在这个季节，这些农民在IQ测验和其他测验上的得分都比较高。但是在这个季节之前，他们生活拮据，不得不每天仔细考虑上千个决定。在这个季节，同一批农民在这些测验的得分要差很多。他们表现出更低的IQ得分。他们有更多的麻烦需要他们更多的注意力。他们更加缺乏远见。匮乏催生了它自己的心理学。

普林斯顿大学的学生通常不会面对严重的财务短缺问题，但是他们却面临时间短缺的问题。在一项游戏中，他们必须在一系列限时的轮次内回答问题，但是他们可以从未来的轮次借时间。当他们挣扎在时间短缺的阶段时，他们快速地决定借时间，他们几乎都没有注意到游戏组织者会收取高额的利息。这些才华横溢的普林斯顿孩子们义无反顾地扑入工资日贷款①的高利贷商人的怀抱，扑入对他们自己长期发展不利的境地。

沙弗和穆莱纳桑明年会有一本书出版，揭示匮乏——不管是时间、金钱，或者卡路里（正在减肥）——如何影响你的心理。他们也研究穷人的自我感受（self-perception）如何塑造行为。许多人因为被领取福利津贴的表格吓住了，而不愿意申领福利津贴。沙弗和穆莱纳桑在特伦顿②食物赈济处请一些人重温一段他们曾经感到自己胜任工作的时光（自我肯定组），请另一些人详述一段中性的经历（中性组）。近一半的自我肯定组的人随后选择了一个可以领取的福利套餐。而中性组只有16%人这样做。

人是复杂的。我们每个人都有多重的自我，这些自我在不同的背景下显现出来，或者不依赖于背景。如果我们打算解决问题，我们需要理解这些背景，以及这些倾向性如何显现，或者不显现。我们需要围绕这些知识来设计政策。如今，削减这类研究的财政预算就像削减克里斯托弗·哥伦布（Christopher Columbus）发现新大陆时的航海财政预算一样。

---

① 工资日贷款是一种小额、短期贷款，用于贷款人下一次发薪之前临时急用（因此还款日期也就是下次发薪之时）。这种贷款额度往往在100美元到1 500美元之间，通常还款期限是2周，通常年利率在390%到780%。也就是说，每贷款100美元，按期还款的时候（一般是两周左右）需要缴付的利息是15到30美元。以上信息来自百度百科。——译者注
② 美国新泽西州的州府。

你会怎么想？布鲁克斯说的对吗？资助心理科学是使用公共资金时的明智之举吗，或者心理科学仅仅是一个我们负担不起的奢侈品？

来源于 2011 年 7 月 7 日《纽约时报》。

本章回顾

关键概念小测试

1. 可以通过观察来获得准确知识的信念是_____。
   a. 简约性
   b. 教条主义
   c. 经验主义
   d. 科学研究

2. 以下哪个选项是对假设的最佳定义？
   a. 实证证据
   b. 科学调查
   c. 可证伪的预期
   d. 理论观点

3. 因为当人们知道他们正在被研究时，他们不会总是像没被研究时那样行为表现，所以心理学研究方法要考虑到_____这个因素。
   a. 反应性
   b. 复杂性
   c. 变异性
   d. 老练世故

4. 如果一个测量工具无论何时测量同一个事物，都会得到相同的测量结果，那么我们说这个测量工具具有_____。
   a. 效度
   b. 信度
   c. 检测力
   d. 具体性

5. 观测的某个方面的环境设置导致人们按照他们设想的自己应该如何表现的方式来行为表现，这称为_____。
   a. 观察者偏差
   b. 反应条件
   c. 自然栖息地
   d. 需求特征

6. 在双盲观察中，_____。
   a. 参与者知道研究测量的是什么
   b. 人们在他们生活的自然环境中被观察
   c. 研究目的被隐藏，既不透露给观察者，也不透露给被观察的人
   d. 只有客观的统计测量结果被记录

7. 在一个特定的分布中，以下哪个选项描述了所有测量值的平均值？
   a. 平均数
   b. 中数
   c. 众数
   d. 全距

8. 相关系数表明了什么？
   a. 一个特定变量的数值
   b. 相关的方向和强度

c. 相关研究方法的效率

d. 自然相关的程度

9. 当两个变量相关时，什么使我们无法得出以下结论：其中一个变量是原因，另一个变量是结果？

　a. 第三方变量的可能性

　b. 控制组的随机分配

　c. 假阳性相关的存在

　d. 相关强度不可能被精确地测量

10. 研究者实施一项问卷调查研究，关于全国所有年龄阶段的男性和女性对全球变暖的态度。这项研究中的因变量是参与者的＿＿＿＿＿＿＿。

　a. 年龄

　b. 性别

　c. 对全球变暖的态度

　d. 地理位置

11. 实验具有一项特性，可以允许我们得出因果关系的结论，这项特性称为＿＿＿＿＿＿＿。

　a. 外部效度

　b. 内部效度

　c. 随机分配

　d. 自我选择

12. 一个实验的变量按照现实生活中的方式来定义其操作性定义，这个实验可以称为＿＿＿＿＿＿＿。

　a. 具有外部效度

　b. 控制严格的

　c. 操作性定义的

　d. 统计显著的

13. 研究表明人们通常＿＿＿＿＿＿＿。

　a. 持开放的态度，可以看到一个问题的正反两个方面

　b. 不带情绪色彩地理性思考

　c. 仅仅基于事实来得出结论

　d. 以上皆非

14. 当人们发现证实了他们信念的证据时，他们通常＿＿＿＿＿＿＿。

　a. 倾向于停止找寻证据

　b. 找寻那些不能证实他们结论的证据

　c. 找寻可以代表正反两个方面的证据

　d. 与他们的同事交流

15. 当心理学家报告他们的研究结果时，符合伦理道德的做法是什么？

　a. 如实地报告发现

　b. 共享研究成果的荣誉

　c. 使自己的数据可以为未来的研究所用

　d. 以上皆是

关键术语

经验主义	自然观察法	相关系数	因变量
科学方法	双盲设计	自然相关	自我选择
理论	频率分布	第三方变量相关	随机分配
假设	正态分布	匹配样本法	内部效度
实证性方法	众数	配对法	外部效度

操作性定义	平均数	第三方变量问题	总体
工具	中数	实验	样本
效度	全距	操纵	个案法
信度	标准差	自变量	随机取样
检测力	变量	实验组	知情同意书
需求特征	相关	控制组	实验后解说

> 转变观念

1. 回到"心理学的科学之路"这一章,你已经读过关于 B.F. 斯金纳(B.F. Skinner)的介绍,知道他研究过强化的原理,该原理是说一个行为的后果决定了这一行为是否更可能或更不可能在未来发生。因此,例如,如果一只老鼠每次按压杠杆都会得到食物强化,那么这只老鼠按压杠杆的比率会增加。当你告诉同学这个原理,她只是耸耸肩。"这很明显。任何养过狗的人都知道如何训练动物。如果你问我,我只能说心理学就只是常识。你不必实施科学实验来检验那些每个人都已经知道的事情。"你如何解释研究类似"常识"这样的事情到底有什么价值?

2. 你正在和一位朋友一起看电视,这时一个新闻节目报道:一项研究发现,在欧洲,工作时间长的人比工作时间短的人更不快乐,但是在美国却相反:工作时间越长的美国人越快乐(Okulicz-Kozaryn, 2011)。"这是一个有趣的实验,"他说。你指出这个新闻只说了这是一项研究,并没有说是实验。这项研究如果要成为一项实验,它必须具备什么?为什么并不是所有的研究都是实验?这项研究中无法得出你能够从实验中得到的哪些结论?

3. 第一次考试结束后,你的教授说她注意到学生座位的位置与他们考试分数之间的强正相关:"座位位置更靠近教室前方的学生,考试的分数越高,"她说。课后,你的朋友认为你们两个在本学期的剩余时间都应该往前坐,这样可以提高你们的成绩。你已经读过了相关和因果,你不应该对此怀疑吗?有什么可能的原因导致座位与好成绩之间存在相关?你会设计一个实验来检验坐在前排确实会导致好的成绩吗?

4. 你的刑事司法学课上的一位同学认为心理疾病是美国暴力犯罪的主要原因。他提到一个在媒体上广为宣传的谋杀案审判,其中的犯罪嫌疑人被诊断为精神分裂症,他把这个案例作为证据。证明他的观点需要什么科学证据?

5. 你问你的朋友是否愿意和你一起去健身房。"不,"他说,"我从不锻炼。"你告诉他定期锻炼对健康有各种各样的好处，包括极大地降低患心脏病的风险。"我不相信那些，"他回答道，"我有一个叔叔一辈子都是每天早上6点起床去慢跑，但是他仍然在53岁时死于心脏病。"你该如何告诉你的朋友？他叔叔的这个个案到底是否证明了锻炼真的对预防心脏病没有用处？

关键概念小测试答案

1. c; 2. c; 3. a; 4. b; 5. d; 6. c; 7. a; 8. b; 9. a; 10. c; 11. b; 12. a; 13. d; 14. a; 15. d.

需要更多帮助吗？更多资源请参见 LaunchPad 网站：

http://www.worthpublishers.com/launchpad/schacter3e

第 3 章
神经科学与行为

▲ 神经元：行为的起源 _107
神经元的组成 _108
神经元的主要类型 _110
神经元的区域特异化 _111

▲ 神经元的电化学动作电位：信息加工 _113
电信号：神经元内的信息传导 _113
化学信号：神经元间的传递 _117

▲ 神经系统的组织结构 _123
神经系统的分类 _124
中枢神经系统的组成 _126

▲ 大脑的结构 _129
后脑 _129
中脑 _131
前脑 _131

大脑的可塑性 _139
现实世界　大脑可塑性和幻肢感 _140

▲ 神经系统的发展和进化 _143
中枢神经系统的产前发育 _144
中枢神经系统的进化发展 _145
基因、表观遗传学和环境 _146
科学热点　表观遗传学与早期经验的持续效应 _152

▲ 脑的研究 _155
脑损伤研究 _156
大脑电位活动的研究 _160
采用脑成像来研究大脑结构并观察活动中的大脑 _161
现实世界　脑死亡和植物人 _166
经颅磁刺激（TMS）_167
其他声音　神经神话 _168

雷·伊斯特林（Ray Easterling）和戴夫·杜尔森（Dave Duerson）生活在不同的时代和地区：伊斯特林生于1949年，在弗吉尼亚州的里士满长大；杜尔森生于1960年，在印第安纳州的曼西长大。但他们年轻时的生活却惊人地相似。他们都喜欢橄榄球，在防守后卫这个位置打得非常好，从而成为大学校队的明星，并最终进入国家橄榄球联盟（National Football League，NFL）①。20世纪70年代，伊斯特林效力于亚特兰大猎鹰队，作为

---

① 国家橄榄球联盟是世界最大的职业美式橄榄球联盟，也是世界最具商业价值的体育联盟。目前联盟由32支来自美国不同地区和城市的球队组成。国家橄榄球联盟是北美四大职业运动之一。——译者注

"格里茨突袭"①的成员创下了国家橄榄球联盟 1977 年赛季防守位阻击对方使其得分最低的记录。20 世纪 80 年代，杜尔森效力于芝加哥熊队，是那个时代最可怕的防守队员之一，为 1986 年熊队赢得超级杯冠军做出了重要贡献。不幸的是，伊斯特林和杜尔森之间的相似持续到了他们退役后的那些年。他们都遭受了严重的认知功能衰退和抑郁症的折磨，并且都选择自杀来了却残生：杜尔森死于 2011 年，伊斯特林死于 2012 年。他们死后，对其大脑的检验分析表明他们都患有慢性创伤性脑病（chronic traumatic encephalopathy, CTE），这是一种与重复性脑震荡有关的渐进脑损伤（McKee 等，2012）。杜尔森和伊斯特林仅仅只是被诊断为 CTE 的 20 多个前 NFL 球员中的 2 位，在拳击、摔跤、曲棍球和英式橄榄球运动中，多次重复的头部受伤后也能观察到这种病症（Costanza 等，2011; Daneshvar 等，2011; Lahkan 和 Kirchgessner, 2012; McKee 等，2012）。

我们不确定是否是 CTE 导致了伊斯特林或杜尔森的死亡，但我们确定 CTE 与那些备受折磨的个体的一系列认知和情绪障碍有关，包括注意缺陷、记忆丧失、易怒和抑郁，并且这些症状通常始于重复脑震荡的第一个十年，然后随着时间逐渐恶化（McKee 等，2009）。CTE 不只出现在年迈的或退役的运动员中。最近的一项研究发现，一名死于多处头部损伤的 17 岁橄榄球运动员身上也出现了 CTE 的迹象（McKee 等，2012）。幸运的是，CTE 及它的后果已逐渐被专业的体育组织以及大学、高中、其他有年轻运动员的团体意识到，并开始着手解决这个问题。

CTE 的症状及其对患者和家人造成的严重损害警醒着我们：我们的心理健康、情绪健康以及社会幸福主要取决于脑的健康和完整。CTE 的后果同样强调了认识神经科学不仅仅是局限在科学实验室里的学术活动：我们对大脑了解得越多，以及越多的人了解大脑，我们找到解决类似 CTE 这样的问题的机会就越大。

我们将在这一章里讨论大脑如何工作，大脑不工作时会发生什么，以及这两种状态如何决定行为。首先，我们将向你介绍大脑中加工信息的基本单元——神经元。神经元的电活动和化学活动是所有行为、思想和情感的起点。接着，我们将思考中枢神经系统的解剖结构，尤其关注大脑，包括其整体的组织结构、执行不同功能的关键结构以及大脑的进化发展。最后，我们讨论那些我们用以研究大脑并理清有关大脑如何工作的方法，它们包括探测脑损伤的方法和扫描活体健康大脑的方法。

神经元：行为的起源

大约有十亿人会看每四年一次的世界杯总决赛。这确实是一大群人，但如果换一个

---

① 格里茨突袭（Gritz Blitz）：美国国家橄榄球联盟历史上著名的绰号之一，指亚特兰大猎鹰队的防守位置队员。——译者注

角度看，它只比目前生活在地球上的大约 70 亿人类的 14% 略多一点点而已。更可观的数字或许是，在整个赛程中有 300 亿观众调换电视频道来观看世界杯比赛。其实一个相当相当大的数字正处于你的头骨之下，就在此时，正在帮你读懂你看到的上述那些大数目。在你的大脑中约有 1 千亿个神经元在执行各种各样的任务，从而使你表现得像一个人类。

人类的思想、情感和行为通常伴有外显的迹象。想象一下你在去见一位好友的路上会有怎样的感受。观察者可能看到你面带笑容或注意到你走得很快；内心里，你可能预演你将跟朋友说什么，并且体验到当你看到她时产生的巨大幸福感。所有这些外显可见的、主观体验上的迹象都伴随大脑细胞的活动。你的预期，你的幸福感，你走路的速度都是大脑信息加工的结果。在某种程度上，你所有的思想、情感、行为都源于大脑细胞一天一万亿次的信息输入和输出。这些细胞就是**神经元**，即神经系统中通过彼此连接完成信息加工任务的细胞。

神经元的组成

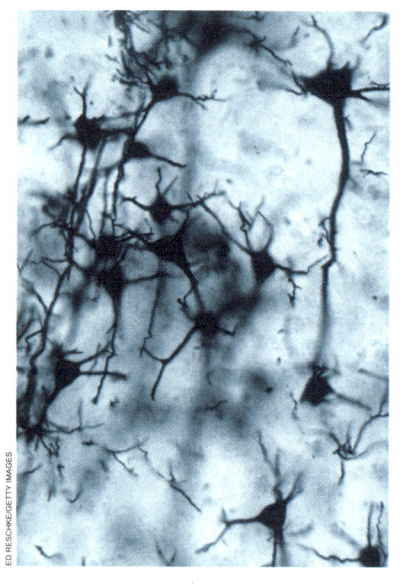

图 3.1　高尔基染色后的神经元。圣地亚哥·拉蒙·卡哈尔用高尔基染色法（如图所示）来凸显神经元的外观。他是第一个看见神经元由一个胞体和许多向其他神经元延展的线状物组成的人。他还惊奇地看到，每个神经元的线状物与其他神经元并无真正的接触。

在 19 世纪的最初十年，科学家们开始将他们的注意从研究四肢、肺、肝转移到研究难以观察的大脑上。哲学家们诗意地描写过一架"施了魔法的织布机"，它能神秘地编织出行为的挂毯①。许多科学家肯定了这个隐喻（Coris, 1991）。对于这些科学家而言，大脑看起来好像由纵横交错的精细纤维线不断连接而成，因而它是一张硕大的原材料编织

神经元（neurons）　构成神经系统的细胞，依靠彼此相互连接完成信息加工任务。

① 英国的生理学家查尔斯·谢灵顿在其《人与人性》一书中写道：人脑乃是一台施了魔法的织布机，千百万织梭往复翻飞于斯，织就花纹转瞬即逝，图案寓意何其深远，几曾又有过驻留时刻。小小图案似合若离，此消彼涨，宛如银河舞于九天。对应的英文原文如下：Swiftly the head mass becomes an enchanted loom where millions of flashing shuttles weave a dissolving pattern, always a meaningful pattern though never an abiding one; a shifting harmony of sub-patterns ... The brain is waking and with it the mind is returning. It is as if the Milky Way entered upon some cosmic dance.　——译者注

网。然而，在 19 世纪 80 年代后期，西班牙心理学家圣地亚哥·拉蒙·卡哈尔（Santiago Ramón y Cajal，1852—1934）掌握了一种为大脑神经元着色的新技术（DeFlipe 和 Jones，1988）。着色突出了整个细胞的轮廓，揭示出神经元拥有不同的形状和大小（见图 3.1）。

卡哈尔发现神经元是由三个基本部分组成的复杂结构：细胞体、树突和轴突（见图 3.2）。就像身体所有器官中的细胞，神经元也有一个**细胞体**（也叫胞体 soma），是神经元最大的组成部分，用于协调信息加工任务并维持细胞存活。像蛋白质合成，产生能量以及新陈代谢等过程都发生在这里。细胞体包含一个细胞核，这里存储着染色体，包含 DNA 或决定你是谁的基因蓝

图 3.2 神经元的组成。一个神经元由三部分组成：细胞体，存储携带机体 DNA 信息的染色体并维持细胞健康；树突，接收其他神经元的信息；轴突，向其他神经元、肌肉或腺体传递信息。

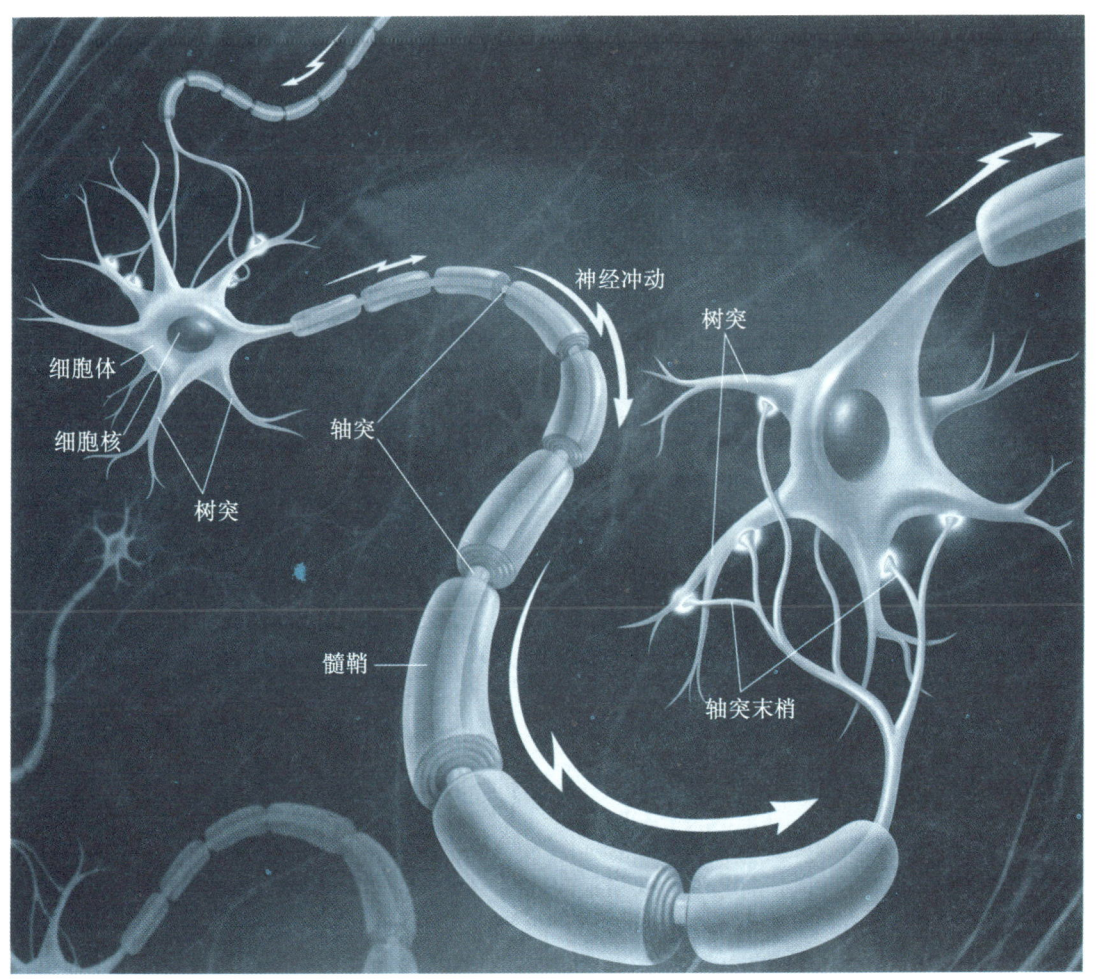

细胞体（cell body or soma） 神经元的组成部分之一，用来协调信息加工任务并维持细胞存活。

本。细胞体外周围着多孔细胞膜，允许一些分子进出细胞。

与人体中的其他细胞不同，神经元细胞膜有两种特殊的延伸方式使得它们之间可以相互交流：树突和轴突。**树突**接收来自其他神经元的信息并将信息传递到细胞体。术语树突源于希腊单词"tree（树）"；的确，大多数神经元拥有很多树枝状的树突。**轴突**向其他神经元、肌肉或腺体传递信息。有些轴突很长，甚至可以从脊髓的底端延伸一米到大脚趾。

神经元的哪个部分使得神经元间能够彼此沟通？

在许多神经元中，轴突外层覆盖着**髓鞘**，是一层绝缘的脂类物质。髓鞘由**胶质细胞**构成（此名源于希腊单词"glue（胶水）"），它是神经系统中的支撑细胞。尽管你的脑中已经有1千亿个神经细胞在繁忙地加工信息，但是仍有10至50倍的胶质细胞为各种各样的功能提供服务。一些胶质细胞消化部分死亡的神经元，一些胶质细胞为神经元提供物质和营养支持，还有一些胶质细胞形成髓鞘协助轴突更有效地传递信息。被髓鞘隔离而绝缘的轴突能够更有效地向其他神经元、器官或肌肉传递信息。事实上，肢体感觉丧失、部分失明及认知运动协调困难（Butler, Corboy和Filley, 2009）等问题，就是由脱髓鞘病变，如多发性硬化，髓鞘退化等，减慢了信息从一个神经元到另一个神经元的传递（Schwartz和Westbrook, 2000）而引发的。

卡哈尔还观察到，神经元的树突和轴突彼此之间并没有真正的接触。一个神经元的轴突与另一个神经元的树突或胞体间有一个小的缝隙。这个缝隙是**突触**的一部分，一个神经元的轴突与另一个神经元的树突或胞体间汇合的区域（见图3.3）。大脑的1千亿个神经元中有很多神经元都有几千个突触连接，所以大多成年人有100至500万亿的突触就不足为奇了。正如你即将看到的，突触间的信息传递是神经元间交流的基础，这个过程使得我们可以去思考、感受和行动。

神经元的主要类型

神经元主要有三种：感觉神经元、运动神经元和中间神经元。每一种神经元都执行不同的功能，**感觉神经元**接收来自外界的信息并通过脊髓将信息传递给大脑。它们的树突上有特异化的末梢，因而能够接收光、声、触、味和嗅觉信号。例如，我们眼睛中的

树突（dendrite）　神经元的组成部分之一，接收其他神经元的传入信息并传递到细胞体。

轴突（axon）　神经元的组成部分之一，将信息传递到其他神经元、肌肉或腺体中。

髓鞘（myelin sheath）　一层绝缘的脂类物质。

胶质细胞（glial cells）　支撑神经系统的细胞。

突触（synapse）　一个神经元的轴突与另一个神经元的树突或胞体间的汇合区域。

感觉神经元（sensory neurons）　接受来自外界的信息并通过脊髓将信息传递给大脑的神经元。

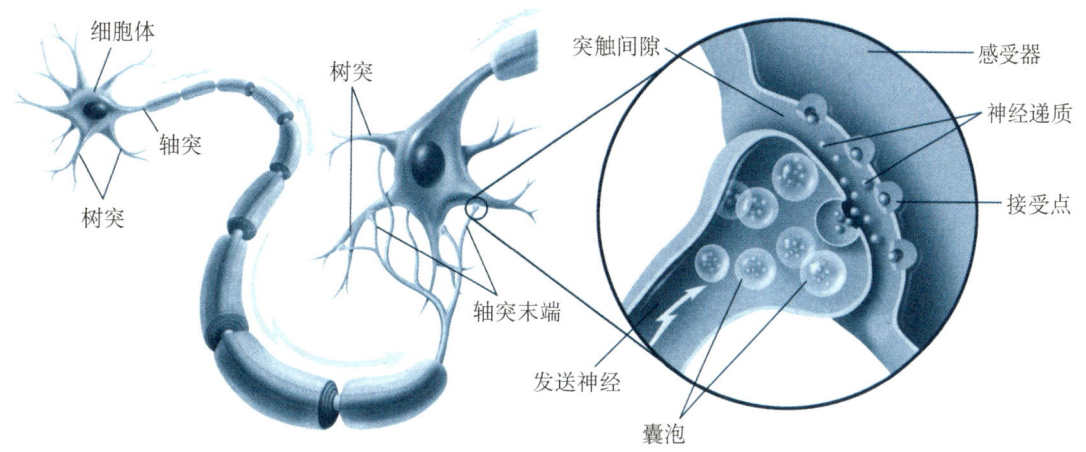

图 3.3 突触。突触是一个神经元的树突与另一个神经元的轴突或细胞体之间连接的汇合区域。注意，神经元间彼此并不真正接触，它们之间有一个小的缝隙用于信息传递。

感觉神经元的末梢对光线敏感。**运动神经元**将来自脊髓的信息传递到肌肉产生动作。这些神经元常常有较长的轴突能够延伸至我们身体远端的肌肉。然而神经系统的大多数是由第三种神经元组成，**中间神经元**，用于连接感觉神经元，运动神经元及其他中间神经元。一些中间神经元将感觉神经元的信息传进神经系统，另一些中间神经元将神经系统的信息传至运动神经元，还有一些中间神经元在神经系统中执行各种各样的信息加工任务。中间神经元在一些小的回路中协同来完成一些简单任务，如对感觉信号的定位，和一些更复杂的任务，如对熟悉面孔的再认。

这三种类型的神经元如何协调工作以传递信息？

神经元的区域特异化

除了感觉、运动和中间连接的功能特异化，神经元也存在一定程度的区域特异化（见图3.4）。例如，浦肯野细胞属于中间神经元的一种，能够从小脑向大脑的其他部位和脊髓传递信息。这些神经元拥有像灌木丛一样浓密精致的树突。锥形细胞，位于大脑皮层，胞体呈三角形，在众多细小的树突中有一个长的树突。双极细胞，位于视网膜上，是感觉细胞的一种，只有一个轴突和一个树突。大脑要加工各种不同种类的信息，所以在细胞水平上进化出大量特异化细胞来处理这些任务。

运动神经元（motor neurons）　将来自脊髓的信号传递到肌肉并产生动作的神经元。

中间神经元（interneurons）　连接感觉神经元，运动神经元或其他中间神经元的神经元。

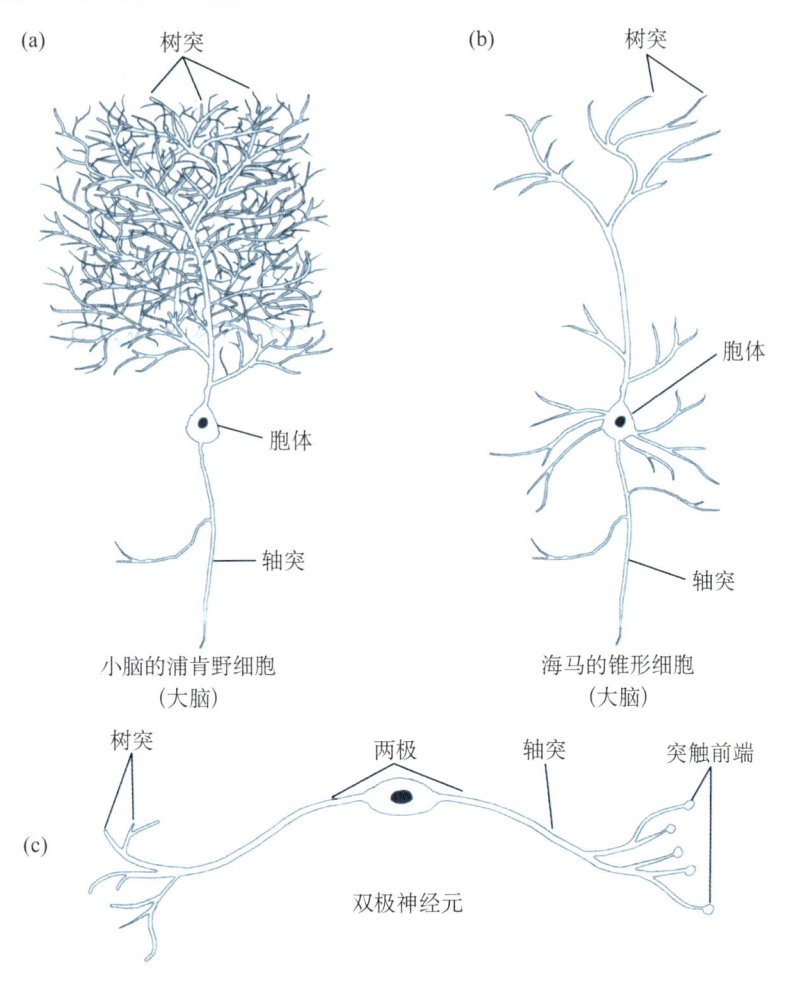

图 3.4 神经元的种类。神经元由一个胞体，一个轴突和至少一个树突组成。然而，神经元的大小和形状之间的差别十分可观。浦肯野细胞拥有许多树枝样繁复分布的树突 [a]。锥形细胞有一个三角形的胞体、许多细小的树突和一个长的树突 [b]。双极细胞只有一个树突和一个轴突 [c]。

小 结

▲ 神经元是神经系统的主要组成部分：它们对接收到的外界信息进行加工，与其他神经元交流，并向身体的肌肉和器官发送信息。

▲ 神经元主要由三部分组成：胞体、树突和轴突。
  ▲ 胞体中有细胞核，存储着有机体的基因物质。
  ▲ 树突接收来自其他神经元的感觉信号并将信息传递到胞体。
  ▲ 每个轴突将来自胞体的信息传递到其他神经元或身体的肌肉和器官中。

▲ 神经元之间并无真正接触。他们之间由一个小的间隙隔离开来,这是突触的一部分,信号经此从一个神经元传递到另一个神经元。

▲ 胶质细胞通常以髓鞘的形式为神经元提供支持。髓鞘包裹着轴突,可加快信息的传递。在脱髓鞘病变中,髓鞘功能衰退。

▲ 根据功能的不同,神经元分不同的种类。主要有三种神经元,包括感觉神经元(如双极神经元)、运动神经元和中间神经元(如浦肯野细胞)。

神经元的电化学动作电位:信息加工

我们的思想、情感和动作取决于神经的信息交流,那这个过程是如何发生的呢?神经元内部以及神经元之间的信息交流分为两个阶段:

- 传导是指在神经元内部,从树突到胞体,再贯穿轴突的电信号移动。
- 传递是指通过突触从一个神经元到另一个神经元的电信号移动。

总之,这两个阶段是科学家们通常所说的神经元的电化学活动。

1939年夏天,生物学家艾伦·霍奇金(Alan Hodgkin)和安德鲁·赫克斯利(Andrew Huxley)发现了静息电位,当时他们在研究海洋无脊椎动物——没有脊柱的海洋生物,如蛤蜊、乌贼、龙虾等(Stevens, 1971)。霍奇金和赫克斯利研究乌贼的巨轴突,因为它比人类最大的轴突长100倍。他们先将细电线插入乌贼的巨轴突内部的果酱状液体中。接着将电线的另一端放置在轴突外围的水状液体中。他们发现轴突内部和外部的电荷存在明显差异,并将此命名为静息电位。

电信号:神经元内的信息传导

神经元的细胞膜上有一些小孔,这些小孔是允许带电荷的小分子,即离子,进出细胞的通道。此外,正是穿过神经元细胞膜的离子流产生了神经元内部的电信号传导。那么这一过程是如何发生的呢?

静息电位：神经元电属性的起源

神经元本身携带的电荷叫**静息电位**，是指神经元细胞膜内外两侧的电位差（Kandel，2000）。20世纪30年代，静息电位第一次被生物学家发现，当时所测到的静息电位大约为 −70 毫伏。这是比一般的电池都要小得多的电位；一个9伏的电池的电位仅约为 9 000 毫伏（Klein 和 Thorne, 2007）。

神经元细胞膜内外存在什么样的差别，从而造就了静息电位？

静息电位源于神经元细胞膜内外两侧离子浓度差（见图3.5a）。离子能携带正电荷（+）或负电荷（−）。在静息状态，与膜外相比，神经元细胞膜内含有高浓度的正离子，即钾离子（K^+），以及带负电荷的蛋白质分子（A^-）①。相比之下，在神经元细胞膜外含有高浓度带正电荷的钠离子（Na^+）和带负电荷的氯离子（Cl^-）。

神经元内外的 K^+ 浓度通过细胞膜上允许 K^+ 进和出的各种通道来控制。在静息状态，允许 K^+ 自由通过细胞膜的通道打开，而刚刚提到的 Na^+ 和其他粒子的通道通常是关闭的。由于神经元内原本含有较高的 K^+ 浓度，一些 K^+ 通过打开的通道外流出神经元，使神经元内侧与外侧的电位差大约为 −70 毫伏。静息电位是一种势能，它为潜在的电脉冲创造了环境，这就像胡佛水坝②，在洪门开启之前一直拦截着科罗拉多河。

动作电位：在各个神经元上传送信号

大多时候神经元保持着静息电位。然而，研究乌贼巨轴突的生物学家们注意到，用短暂的电击刺激轴突能够产生一个信号，这导致了电脉冲沿着轴突传导（Hausser, 2000;

静息电位（resting potential） 神经元细胞膜内侧和外侧之间的电位差。

① 蛋白质分子在溶液中有两性电离现象。假设某一溶液中含有一种蛋白质。当蛋白质等电点（是指由于蛋白质表面离子化侧链的存在，蛋白质带净电荷）pI=pH 时该蛋白质极性基团解离的正负离子数相等，净电荷为 0，此时的该溶液的 pH 值是该蛋白质的 pI 值。某一蛋白质的 pI 大小是特定的，与该蛋白质结构有关，而与环境 pH 无关。在某一 pH 溶液中当 pH>pI 时该蛋白质带负电荷。反之 pH<pI 时该蛋白质带正电荷。pH=pI 时该蛋白质不带电荷人体内 pH=7.4；而体内大部分蛋白质的 pI<6；所以人体内大部分蛋白质分子带负电荷。——译者注，引自百度百科 http://baike.so.com/doc/3614148.html

② 胡佛水坝（Hoover Dam）是一座拱门式重力人造混凝土水坝，世界闻名的水利工程，位于美国内华达州和亚利桑那州交界之处的黑峡（Black Canyon）。于1931年4月开始动工兴建，1936年3月建成。坝下的科罗拉多河（Colorado）原本是美国最深、水流最湍急的河流，如今缓缓而行，就像一头驯服的野兽。胡佛水坝在防洪、灌溉、城市及工业供水、水力发电、航运等方面，都发挥了巨大作用。——译者注

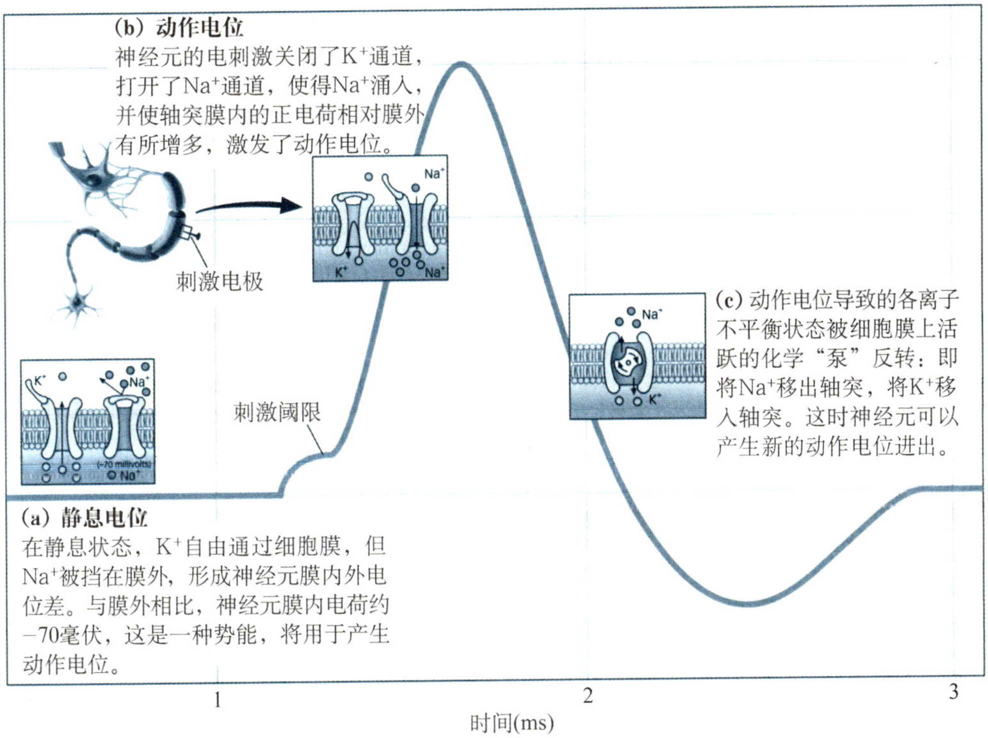
(b) 动作电位
神经元的电刺激关闭了K⁺通道，打开了Na⁺通道，使得Na⁺涌入，并使轴突膜内的正电荷相对膜外有所增多，激发了动作电位。
40
0
−70
膜电位(毫伏)
刺激电极
刺激阈限
(c) 动作电位导致的各离子不平衡状态被细胞膜上活跃的化学“泵”反转：即将Na⁺移出轴突，将K⁺移入轴突。这时神经元可以产生新的动作电位进出。
(a) 静息电位
在静息状态，K⁺自由通过细胞膜，但Na⁺被挡在膜外，形成神经元膜内外电位差。与膜外相比，神经元膜内电荷约−70毫伏，这是一种势能，将用于产生动作电位。
1
2
3
时间(ms)

图 3.5 静息电位和动作电位。神经元本身携带的电荷叫静息电位。电刺激引起动作电位。

Hodgkin 和 Huxley, 1939）。这样的电脉冲被称为**动作电位**，是指电信号沿神经元轴突向突触传导。

只有电脉冲达到一定的水平，或阈限时，才能产生动作电位。当脉冲低于这个阈限值，研究者只能记录到微弱的信号，而且它很快就消失了。当脉冲达到阈限值，就可以观察到一个大得多的信号，即动作电位。有趣的是，加大电击强度不会增加动作电位的强度。动作电位是全或无的：阈限值下的电刺激不能产生动作电位，而达到阈限值或在阈限之上的电刺激总能产生动作电位。不论电刺激是刚到阈限还是在阈限之上，总是产生特征相同和强度相同的动作电位。

研究乌贼巨轴突的生物学家们观察到动作电位的另一个令人惊奇的特性：他们在巨轴突上测量到一个大约 +40 毫伏的电荷，这远远高于零电位。这表明动作电位的驱动机制不仅仅是简单地失去静息电位的 −70 毫伏，因为这只能使电位归零。所以，

？ 为什么动作电位是全或无的？

动作电位（action potential） 电信号沿着神经元的轴突向细胞突触传导。

为什么动作电位可以达到一个零伏以上的值?

当轴突膜上的通道状态发生变化时,动作电位就产生了。记住,在静息电位期间,允许 K^+ 通过的通道是打开的。然而,当电位上升到阈限值时,这些通道瞬间关闭,并且允许带正电荷的钠离子(Na^+)通过的通道打开(见图 3.5b)。我们已经知道轴突细胞膜外聚集的 Na^+ 比轴突细胞膜内多得多。当 Na^+ 通道打开,这些带正电荷的离子(Na^+)内流进轴突,相对轴突外而言,这增加了轴突内的正电荷。Na^+ 流入轴突内导致动作电位达到它的最大值 +40 毫伏。

当动作电位达到最大值后,细胞膜通道恢复到它们的初始状态,K^+ 外流直到轴突恢复到静息电位。这使得轴突膜内多了许多额外的 Na^+,轴突膜外多了许多额外的 K^+。在各离子处于不平衡状态的这段时间,神经元不能产生新的动作电位,所以这一时期被称为**不应期**,也就是指在动作电位之后而新的动作电位还不会产生的一段时间。各离子间的不平衡状态最终被细胞膜上活跃的化学"泵"反转,化学"泵"将轴突膜内的 Na^+ 移出去,将轴突膜外的 K^+ 搬进来(这个泵在动作电位期间不工作;见图 3.5c)。

到目前为止我们已经阐述了动作电位如何在神经元的一个点上产生,但电荷又是如何沿着轴突移动的呢?这是一个多米诺效应。当一个动作电位在轴突的起始端产生时,它开始短距离传播,在与其相邻的轴突位置上产生一个动作电位。这个动作电位也可以传播,在下一个相邻的部位激发出一个动作电位,以此类推下去,就这样完成了电荷沿着轴突的传导。这样简单的机制可以确保动作电位传递到整个轴突,并且不管传导的距离远近,每一个位置上动作电位的强度都不变。

髓鞘加快了动作电位的传导。髓鞘并非覆盖整个轴突,而是一块一块地包裹轴突,小块之间有一个断点,看起来就像腊肠结,这些断点被称为朗飞氏结,名字取自发现它们的法国病理学家路易斯 – 安东尼·朗飞(Louis-Antoine Ranvier)(见图 3.6)。当电流经过有髓鞘的轴突时,电荷几乎是从一个结"跳跃"到另一个结,而并非穿过整个轴突(Poliak 和 Peles,2003)。这个过程叫做跳跃传导,它加快了信息沿轴突的传导。

图 3.6 髓鞘和郎飞氏结。 髓鞘由一种胶质细胞形成,它包裹着神经元轴突以加快动作电位在轴突上的移动。髓鞘间的间断称为朗飞氏结。电脉冲从一结跳到另一结,因此加快了信息沿轴突的传导。

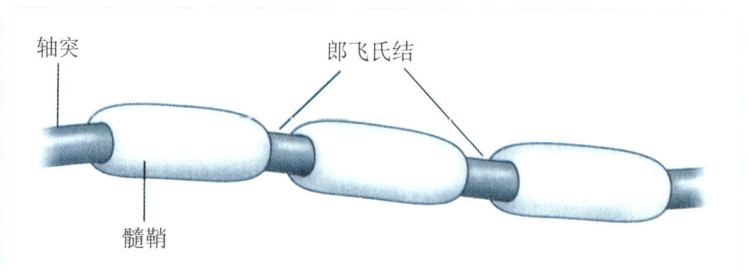

不应期(refractory period) 指动作电位传导的这段时间,在此期间不会产生新的动作电位。

化学信号：神经元间的传递

当动作电位传递到轴突末端，你可能会认为它就停在那儿了。毕竟，神经元间的突触间隔意味着一个神经元的轴突和另一个神经元的树突彼此并无真正的接触。

一个神经元怎样与别的神经元交流？

然而，动作电位的电荷依靠一些化学活动可以通过比较狭小的突触间隔。

轴突通常终结于**突触小体**，这是一个由轴突分化出来的球状结构。突触小体聚集了许多小囊泡或"包"，这里面含有**神经递质**，是指经由突触向接收的神经元树突传递信息的化学物质。接收信息的神经元树突上有**受体**，是指接受神经递质并产生或抑制新的电信号的细胞膜部分。

当 K^+ 和 Na^+ 流经细胞膜时，它们使发送信号的神经元（或称之为位于突触前的神经元），从静息电位变化到动作电位。动作电位由轴突传递到突触小体，并在这里刺激囊泡向突触间隙释放神经递质。递质在突触间隙流动，与位于相邻的接收神经元（或称之为位于突触后的神经元）树突上的受体部位结合。一个新的动作电位就在这个神经元上产生，并且继续沿神经元轴突传向下一个突触和下一个神经元。这种电化学活动称为突触传递（见图3.7），它使得神经元间彼此能够传递信息，最终成为你的思维、情感和行为的生理基础。

现在你已经了解了信息如何从一个神经元传递到另一个神经元的基本过程，那

图3.7 突触传递。[1]动作电位沿轴突传递。[2]刺激囊泡释放递质。[3]递质释放到突触间隙，在此流到突触后神经元树突上的受体部位，并与之结合，产生新的动作电位。神经递质以下列形式被清除出突触：[4]被突触前神经元（发送信息的神经元）重新吸收。[5]被突触间隙中的酶降解。[6]与突触前神经元的自动受体结合。

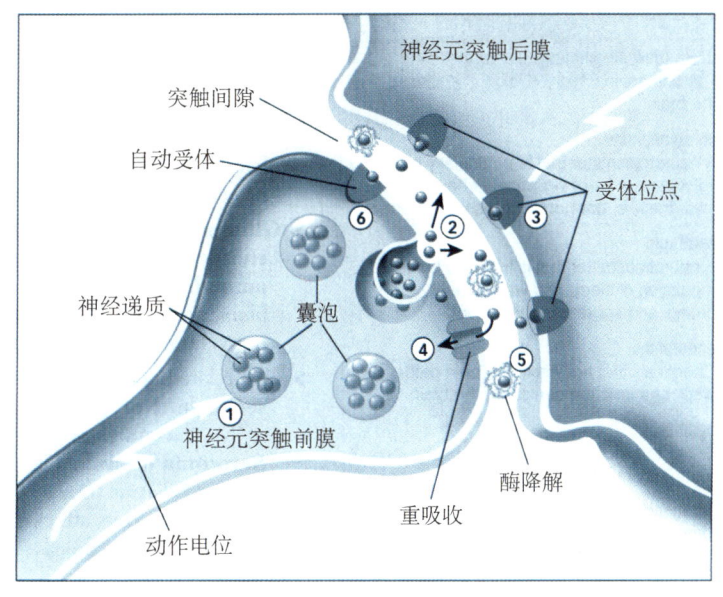

突触小体（terminal buttons） 由轴突分化出来的球状结构。
神经递质（neurotransmitters） 通过突触向接受的神经元树突传递信息的化学物质。
受体（receptors） 接受递质并激发或抑制新电信号的部分细胞膜。

么我们可以再精益求精一点儿。你应该还记得一个神经元能与其他神经元形成数千个突触连接，那么又是什么告诉突触后神经元树突应该接受涌进突触里的哪种递质呢？一种答案是神经元倾向于在大脑中形成特定神经递质的通道；一种神经递质可能大量存在于脑的某一部位，而另一不同的神经递质可能存在于大脑的另一不同部位。

第二种答案是神经递质和受体部位就像锁和钥匙的关系。如同特定的钥匙只能打开特定的锁一样，只有特定的神经递质才能与突触后神经元树突上特定的受体部位结合。神经递质的分子结构必须与受体部位的分子结构相"匹配"。

另一个问题是当化学信号传递到突触后神经元之后，留在突触间隙的神经递质将会怎样？答案是必须有一些物质使神经递质停止作用于神经元；否则，他们将无休无止地发送信号。神经递质通过以下三个过程离开突触间隙（见图3.7）。第一，再吸收，神经递质被突触前神经元的突触小体重新吸收。第二，酶解，在这个过程中神经递质被突触间隙中的酶破坏；特定的酶分解特定的递质。最后，神经递质与突触前神经元上被称为"自动受体"的受体部位结合。自动受体能探测有多少神经递质被释放到突触间隙中，并且当神经递质过量时能够提示神经元停止释放递质。

递质的种类和功能

考虑到不同种类的递质能够激活不同种类的受体，就像一把钥匙开一把锁一样，你可能会想刚刚你的大脑里有多少种神经递质正流动在突触间隙中呢？今天，我们知道大概有60种化学物质在大脑和身体间的信息传递中发挥作用，并对我们的思维、情感和行为产生不同的影响，其中有一些类别尤为重要。我们将其总结如下，在后面的章节里你还会再次看到其中的一些神经递质。

> **乙酰胆碱**（acetylcholine，ACh）是一种参与实现许多功能的神经递质，其中包括随意运动的控制。乙酰胆碱存在于大脑的神经元及连接肌肉和身体器官的轴突突触中，例如心脏。乙酰胆碱激活肌肉产生动作行为，但它也在调节注意、学习、睡眠、做梦和记忆中发挥作用（Gais 和 Born, 2004; Hasselmo, 2006; Wrenn 等，2006）。阿尔兹海默症，这种涉及严重记忆损伤的病理症状（Salmon 和 Bondi，2009），就与生成乙酰胆碱的神经元的退化有关。

> **多巴胺**（dopamine），一种调节运动行为、动机、愉悦程度和情绪激活程度的神经递质。因为它在基本的动机行为（如寻求快乐或与奖赏相关的动作）中发挥

乙酰胆碱（acetylcholine, ACh） 一种参与实现许多功能的神经递质，包括随意运动的控制。

多巴胺（dopamine） 一种调节动作行为、动机、愉悦程度和情绪激活程度的神经递质。

了作用，所以多巴胺对药物成瘾有一定的影响（Baler 和 Volkow, 2006）。多巴胺含量高已被认为与精神分裂症有关（Winterer 和 Weinberger, 2004），而多巴胺含量低则与帕金森综合征有关。

➢ **谷氨酸**（glutamate），是大脑中主要的兴奋性神经递质，它能增强神经元间信息的传递。相反，**氨基丁酸**（gamma-aminobutyric acid，GABA），是大脑中基本的抑制性神经递质，它能抑制神经元的活动。谷氨酸含量过高或氨基丁酸含量过低会引起神经元变得过分活跃，从而导致癫痫。

➢ 影响情绪和觉醒的两种相互关联的神经递质：肾上腺素和 5- 羟色胺。**肾上腺素（norepinephrine）** 是一种主要参与警觉状态，或提高对环境中危险的觉察程度的神经递质（Ressler 和 Nemeroff, 1999）。**5- 羟色胺（serotonin）** 参与对睡眠和觉醒、进食及攻击行为的调节（Dayan 和 Huys, 2009; Kroczc 和 Roth, 1998）。因为这两种神经递质都影响情绪和觉醒，任何一种的含量过低都被认为会导致情绪障碍（Tamminga 等, 2002）。

➢ **内啡肽（endorphins）**，作用于大脑痛觉通道和情绪中心的化学物质（Keefe 等, 2001）。内啡肽的术语是体内吗啡的缩写

神经递质如何让运动员体验到"跑步者的愉悦感"？

（endorphin=endogenous morphine），这是一个很形象的描述。吗啡是合成麻醉药，具有镇静和令人愉快的效果；内啡肽是一种内部产生的具有相似特性的物质，例如使疼痛体验变得迟缓并提升情绪。许多运动员的"跑步者的愉悦感①"推动他们的身体达到忍受痛苦的极限，这可以用大脑中释放了内啡肽来解释（Boecker 等, 2008）。

每种神经递质都以不同的方式影响个体的思维、感受和行为，所以正常的机能包含着每种递质的精细平衡。即使是微小的不平衡——某种递质含量太多或另一种递质含量不足——都会对行为产生显著的影响。这种不平衡有时也会自然产生：例如，当大脑不

谷氨酸（glutamate）　大脑中主要的兴奋性神经递质。
氨基丁酸（gamma-aminobutyric acid 或 GABA）　大脑中主要的抑制性神经递质。
肾上腺素（norepinephrine）　一种主要参与警觉状态，或提高对环境中危险的觉察程度的神经递质。
5- 羟色胺（serotonin）　一种参与调节睡眠和觉醒、进食和攻击行为的神经递质。
内啡肽（endorphins）　作用于大脑疼痛通道和情绪中心的化学物质。

① runner's high 是说跑到一定程度，会达到一种物我两忘的境界，双腿似乎不是自己的，非常轻松。身心非常愉悦，就想那样一直跑下去。——译者注

能产生足量的 5- 羟色胺，就会导致抑郁或紧张情绪。在其他时候人类可能主动寻求不平衡。一些人吸烟、饮酒、吸毒，这些行为不论合法与否，都改变了他们大脑中神经递质的平衡。例如，致幻剂的结构与 5- 羟色胺十分相似，很容易和大脑中 5- 羟色胺的受体结合，对个体的思维、感受或行为会产生与 5- 羟色胺相似的影响。在下一节中，我们将看到一些药物怎样通过这种方式"欺骗"受体。

德国的桑德拉·沃伦霍尔斯特（Sandra Wallenhorst）开始 112 英里自行车比赛，这是 2009 年夏威夷铁人世锦赛的一部分。当运动员投入极限运动时，如沃伦霍尔斯特，他们可能体验到主观的极大快感，这是由于内啡肽的释放，内啡肽是作用于情绪和痛苦中心的化学信使，能提升情绪水平并延缓痛苦体验。

药物如何模仿神经递质

许多药物通过增加、干扰或模仿神经递质的制造或功能来影响神经系统的运行（Cooper，Bloom，和 Roth, 2003; Sarter, 2006）。**兴奋剂**是一种增强神经递质活动的药物。**拮抗剂**是一种限制神经递质功能的药物。一些药物改变的是神经递质的产生或释放，而另一些药物拥有与神经递质极其相似的化学结构，从而能够和相似神经递质的受体结合。通过和受体结合，如果药物能够激活神经递质，则属于兴奋剂；如果限制了神经递质的活动，则属于拮抗剂（见图 3.8）。

迈克尔·福克斯（Michael J. Fox）在他 2009 年的日记中生动地描述了他和帕金森综合征斗争的过程。福克斯的描述提高了对此疾病的公众意识，也激发人们更多的努力去寻找其治疗方法。

举例来说，左旋多巴的研发是为了治疗帕金森综合征，这是一种以颤抖和运动困难为主的运动失调，由使用①多巴胺递质的神经元缺失引起。制造

兴奋剂（agonists） 增强神经递质活动的药物。
拮抗剂（antagonists） 阻碍神经递质功能的药物。

① 原文这里用 "caused by the loss of neurons that **use** the neurotransmitter dopamine"，但从上下文背景来看这里应该是指帕金森综合征是由于**产生 / 分泌**多巴胺神经递质的神经元缺失引起的。——译者注

多巴胺的神经元受到一种叫左旋多巴的普通分子的修改。注射左旋多巴，将提高大脑内左旋多巴的含量，并刺激现有的神经元产生更多的多巴胺。换句话说，左旋多巴相当于多巴胺的激动剂。使用左旋多巴已相当成功地减轻了帕金森综合征的症状（Muenter 和 Tyce, 1971; Schapira 等, 2009）。然而，当使用较长一段时间后，左旋多巴的有效性明显下降，所以许多长期服用者仍有一些该疾病的症状。演员迈克尔·福克斯（Michael J. Fox），1991 年被诊断为帕金森综合征，服用左旋多巴治疗，他在日记中描述了尝试刷牙这样的简单动作：

> 拿起牙刷并不算什么难事，更麻烦的是需要双手协调完成的动作：按住牙刷并把牙膏在毛刷上挤出一条线来。到如今，我的右手又发作了，手腕呈圆周式地来回转动，这对于我下面描述的刷牙过程简直太好了。每当我刷牙时，我只需用左手把我的右手抬到嘴边，一旦欧乐 B 牌牙刷的背面碰到我上唇内侧，我就不用管了。我的右手犹如绷紧的弹弓释放了其张力，毫不逊色于市场上强大的最新型的电动牙刷。由于这是个只能开无法关的开关，想要停下来就得用我的左手抓着右手手腕，把它按到水池中，这时牙刷还在胡乱来回晃动，就像是解除一个持刀挥舞的进攻者的武装。（Fox, 2009，第 2-3 页）

其他的许多药物，包括一些街头售卖的药物，也会改变神经递质的活动。让我们再来看一些例子。

苯丙胺是一种刺激肾上腺素和多巴胺分泌的常用药物。此外，苯丙胺和可卡因都能够阻断肾上腺素和多巴胺的再吸收。增加肾上腺素和多巴胺的释放和阻断突触间隙中这两种递质的再吸收，都会导致两种神经递质的受体激活增多。因此，尽管苯丙胺和可卡因由于作用于大脑的位置和作用机制存在微小差异，从而导致其表现出的心理效应略有不同，但它们都是强激动剂。肾上腺素和多巴胺在情绪控制中发挥关键作用，例如增加任一种递质含量会导致亢奋、失眠和能量爆发。然而，肾上腺素同样会加快心率。超剂量的苯丙胺或可卡因会使得心脏收缩太快造成心脏搏动不足无法有效泵血，进而导致人昏厥，有时甚至死亡。

甲基苯丙胺是苯丙胺的一种变体，由于它对神经元轴突间多巴胺、5-羟色胺和肾上腺素的通路都有影响，所以很难弄清楚它的工作机制。它的兴奋和拮抗作用结合起来，能影响那些帮助我们感知和解释视觉图像的神经递质的功能，这有时会使人产生强烈的幻觉。

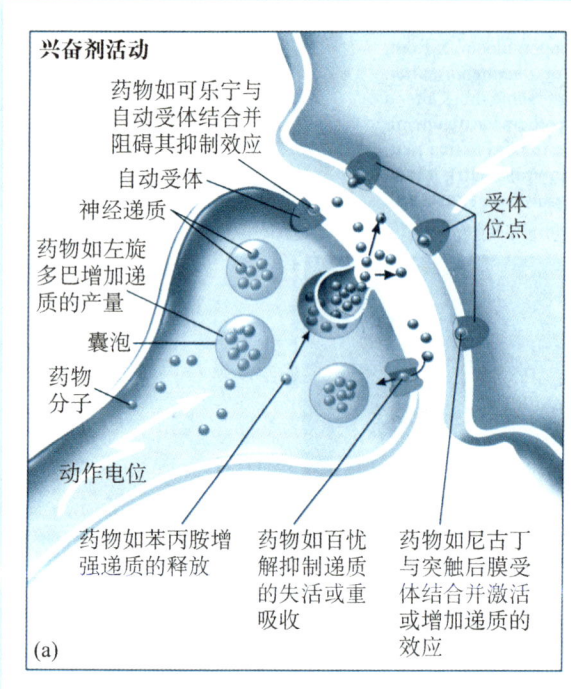
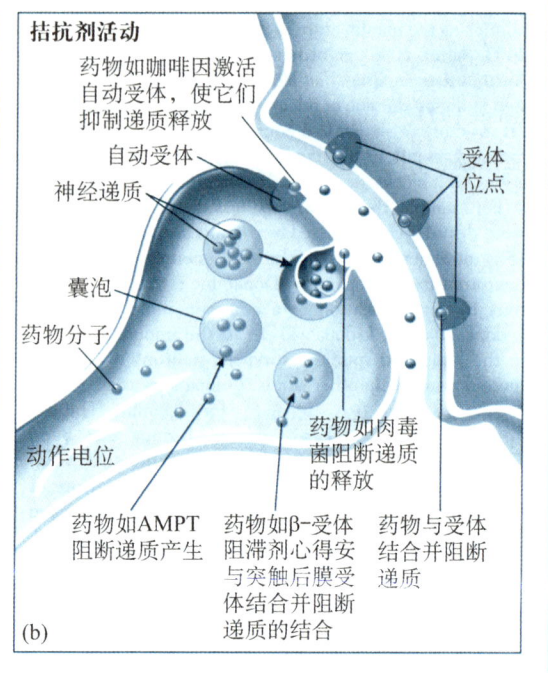

图 3.8 兴奋剂和拮抗剂药物的活动。兴奋剂和拮抗剂能在突触传递的每一个环节增强或阻碍突触传递：神经递质的产生、神经递质的释放、自动受体、重吸收、突触后神经元的受体及突触本身。

氟苯氧丙胺（又称百忧解）是一种治疗抑郁症的常用药物，是另一种神经递质兴奋剂。百忧解能阻断 5- 羟色胺的重吸收，这使其成为一种叫做选择性 5- 羟色胺重吸收抑制剂（SSRIs）的药物的成分之一（Wong, Bymaster 和 Engelman, 1995）。临床抑郁症患者经常表现为大脑中的 5- 羟色胺含量降低。通过阻断 5- 羟色胺的重吸收，使之能够在突触间隙中停留更长时间，停留的量也更多，使 5- 羟色胺的受体有更大程度的激活。5- 羟色胺可提高情绪水平，这有助于缓解抑郁症状（Mann, 2005）。

一种有重要病理作用的抑制剂药物叫**心得安**，类属于能阻断心脏上肾上腺素受体的 β- 受体阻滞剂。因为肾上腺素无法和这些受体结合，心率会慢下来，这对于心跳太快或不正常的患者有帮助。β- 受体阻滞剂也是减少激动、心跳加速、怯场引起的紧张的处方药（Mills 和 Dimsdale, 199；对于抗焦虑和抗抑郁的药物治疗的更多讨论，参见"治疗心理障碍"一章）。

小 结

▲ 神经元内部电信号的传导发生于静息电位被动作电位的电脉冲翻转时。

▲ 神经元的静息电位来源于细胞膜内外侧的钾离子[K^+]浓度差,这是因为允许K^+外流的离子通道开放而允许钠离子[Na^+]和其他离子内流的离子通道关闭。

▲ 如果电信号达到阈限值,将产生动作电位,这个全或无的信号沿着轴突方向往下传递。动作电位产生时轴突细胞膜K^+通道关闭而Na^+通道开放,这使得Na^+流入轴突内。
当动作电位达到最大值后,化学泵翻转离子的不平衡状态,使神经元回复到静息状态。在这个短暂的不应期内,动作电位不能再次被激发。动作电位一旦被激发,将沿着轴突方向传递,并跳过神经突触上的朗飞氏结。

▲ 神经元间通过突触传递交流信息,在突触传递中,一个动作电位能激发发送信息的神经元突触小体释放神经递质,这些递质流经突触与接收信息的神经元树突受体结合。

▲ 神经递质与树突的特定受体部位结合。神经递质通过重吸收、酶降解、与自动受体结合离开突触。

▲ 一些主要的递质包括:乙酰胆碱(ACh),多巴胺,谷氨酸,氨基丁酸,肾上腺素,5-羟色胺和内啡肽。

▲ 药物会影响行为,或作为兴奋剂加快或增加递质的活动,或作为拮抗剂阻断递质的活动。消遣性的毒品①使用会对大脑功能产生影响。

神经系统的组织结构

我们已经知道了单个神经元之间如何相互联系。那么更大的宏观图景是怎样的呢?

---

① 消遣性毒品又称软毒品,相对于海洛因和可卡因等硬毒品而言,软毒品毒性较小、不容易成瘾,但同样可以达到毒品的致幻效果。这些毒品一般是在地下酒吧和舞厅多见,包括摇头丸、大麻、冰毒片剂和k粉等。——译者注

在大脑中，神经元通过形成回路和通路来工作，这反过来又影响身体中其他部分的神经回路和通路。如果没有这种组织结构和"授权"系统，神经元们就可能会毫无目的地在机体内搅动。神经元是神经的砖和瓦，神经是由一束束轴突和支撑它们的胶质细胞组成。**神经系统**是神经元构成的一个交互网络，用以在整个机体内传递电化学信息。在这一节，我们将一起来看看神经系统的主要类型和组成部分。

神经系统的分类

神经系统主要有两个分支：中枢神经系统和外周神经系统（见图3.9）。**中枢神经系统**（central nervous system，CNS）由大脑和脊髓构成。中枢神经系统从外部环境中获取感觉信息，加工并整合这些信息，然后向骨骼系统和肌肉系统发出行动指令。中枢神经系统的顶部是大脑，大脑包含的脑结构可以支持神经系统最复杂的知觉、运动、情感和认知功能。脊髓从大脑延伸下来；和脊髓相连的神经负责加工感觉信息并传达行动指令到身体。

图3.9 人类神经系统。神经系统被分为外周神经系统和中枢神经系统。外周神经系统又可以分为自主神经系统和躯体神经系统。

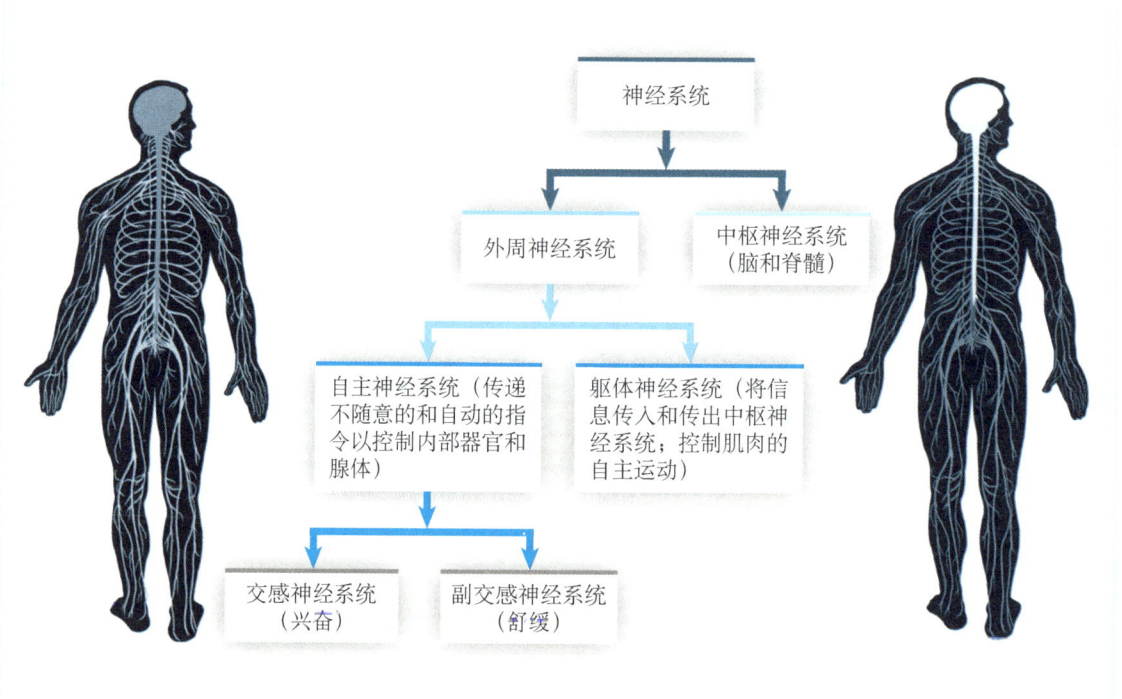

神经系统（nervous system） 由神经元构成的一个交互网络，用以在整个机体内传递电化学信息。
中枢神经系统（central nervous system，CNS） 神经系统的一部分，由大脑和脊髓构成。

外周神经系统（peripheral nervous system，PNS）将中枢神经系统和机体器官以及肌肉连接起来。外周神经系统本身也分成两种类型，躯体神经系统和自主神经系统。**躯体神经系统**是一群在随意肌和中枢神经系统之间传递信息的神经。人类可以有意识地控制这个系统，用它来知觉、思考、并且协调它们的行为。例如，清晨，伸手端起一杯咖啡这一行为就包括了躯体神经精心组织连贯完成的几个动作：你眼睛内的感受器将信息传到你的大脑，大脑确认杯子是在桌子上；大脑将信号传送到你手臂和手指上的肌肉；手上的肌肉向大脑反馈咖啡杯已被端起等信息。

相比之下，**自主神经系统**（automatic nervous system, ANS），是一组传递不随意的和自动的指令信息的神经，用以控制血管、身体器官和腺体。正如其名所示，这个系统可以自主运作调节身体系统，很大程度上独立于我们的意识控制。自主神经系统主要有两个分支，交感神经系统和副交感神经系统。每一个分支都对机体有不同的控制功能。**交感神经系统**（sympathetic nervous system）是一组让机体为遇到的有挑战性或威胁性情境做出行动准备的神经

当你觉得受到威胁时，是什么使你的心跳加速？

（见图 3.10）。举个例子，想象你正在一条暗黑的小巷中深夜独行，身后传来的脚步声让你很害怕。这时你的交感神经系统就要发挥作用了，它扩张你的瞳孔以接收更多的光，加快你的心跳和呼吸以制造更多的氧气供应给肌肉，输送更多的血液到大脑和肌肉，激活你的汗腺以使身体降温。为了保存能量，交感神经系统会抑制你的唾液分泌和肠蠕动、机体免疫反应及对痛觉和伤害的反应。这些瞬间发生的所有自动反应都是为了提高成功逃跑的概率而做好准备。

副交感神经系统（parasympathetic nervous system）帮助机体恢复到正常的平静状态。当你已远离你的潜在威胁物时，你的身体不再需要保持红色预警状态。这时副交感神经系统就会反转交感神经系统的作用，让机体恢复正常状态。副交感神经系统在功能上大致与交感神经系统相反。例如，副交感神经系统可以收缩瞳孔，降低心跳和呼吸频率，

外周神经系统（peripheral nervous system，PNS）　神经系统的一部分，将中枢神经系统和机体器官以及肌肉连接起来。

躯体神经系统（somatic nervous system）　是一群在随意肌和中枢神经系统之间传递信息的神经。

自主神经系统（automatic nervous system）　是一组传递不随意的和自动的指令信息的神经，用以控制血管、身体器官和腺体。

交感神经系统（sympathetic nervous system）　是一组让机体为遇到的有挑战性或威胁性情境做出行动准备的神经。

副交感神经系统（parasympathetic nervous system）　是一组帮助机体恢复到正常的平静状态的神经。

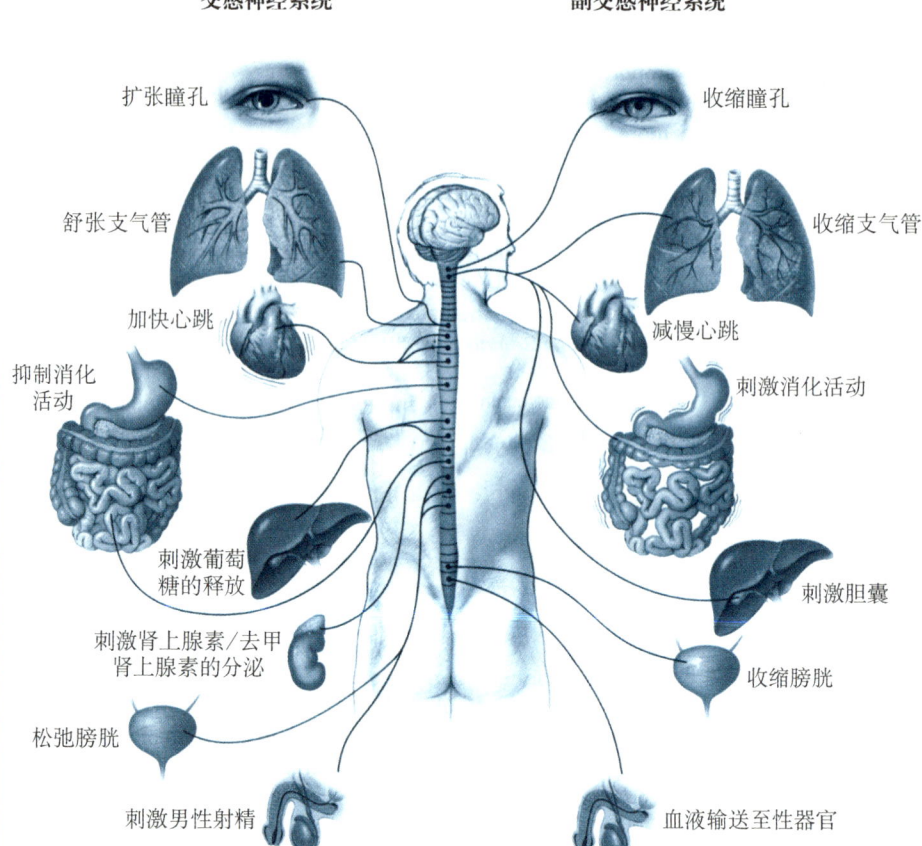

图 3.10 交感和副交感系统。自主神经系统由两个互补的子系统组成。交感神经系统的激活会让机体"兴奋",而副交感神经系统则让机体恢复正常平静状态。

让血液流向消化系统,并且减少汗腺的活动。

交感神经系统和副交感神经系统相互合作共同控制身体的很多功能。性行为就是其中之一,在男人的体内,副交感神经系统使大量血液流向阴茎从而有助勃起,而交感神经系统负责射精。在女人体内,副交感神经系统使阴道润滑,而交感神经系统是性高潮的基础,一次成功的性体验需要这两个系统的微妙平衡;事实上,对自己在性活动中的表现感到焦虑会打破这种平衡。例如,焦虑引起的交感神经系统的兴奋可能会导致男性的早泄和女性阴道润滑的缺失。

中枢神经系统的组成

外周神经系统有许多分支,与此相比,中枢神经系统看起来简单许多。毕竟中枢神经系统只有两个组成部分:大脑和脊髓。但是这两个组成部分可以负责几乎所有的人类行为。

脊髓看起来似乎就像是大脑的无名小卒：因为大脑得到了所有的荣耀，而脊髓只是连接在大脑周围，做着相对简单的任务。但是这些任务举足轻重：它们让你可以呼吸，对疼痛做出反应，收缩或舒张你的肌肉，让你可以行走。另外，如果没有脊髓的话，大脑的任何高级的信息加工都不能付诸行动。

脊髓自身可以执行哪些重要的功能呢？

你需要大脑来告诉你让你的手离开滚烫的火炉吗？对于这种非常基本的动作，脊髓根本不需要大脑的指令。脊髓中感觉输入和运动神经元之间的连接共同促成了**脊髓反射**：神经系统中可以快速使肌肉收缩的通路。如果你碰到了滚烫的火炉，负责痛觉的感觉神经元会向脊髓直接输送信号（见图3.11）。虽然脊髓中只有少量的突触连接，但是这些中间神经元仍然可以将感觉输入传递给手臂肌肉中的运动神经元从而使你迅速缩手。

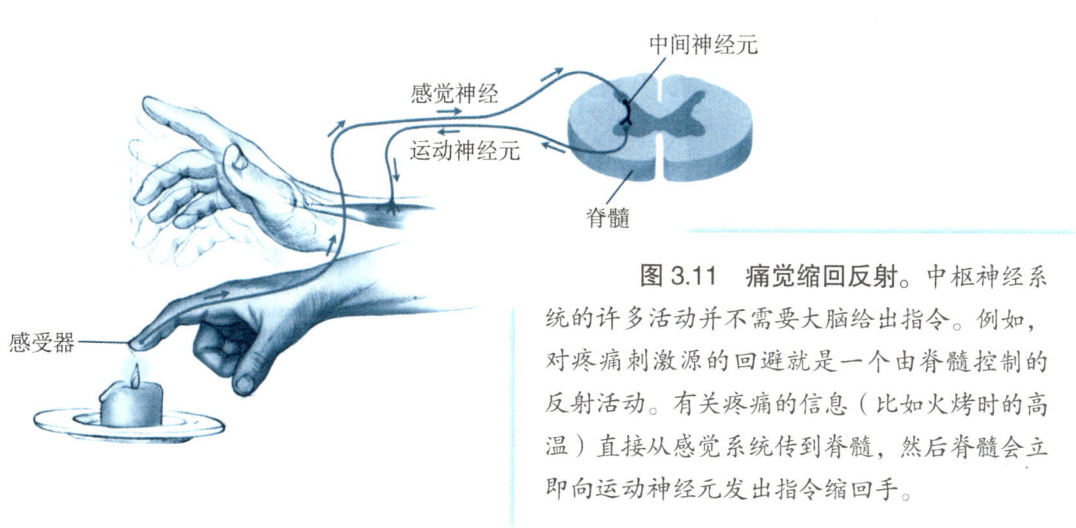

图3.11 痛觉缩回反射。中枢神经系统的许多活动并不需要大脑给出指令。例如，对疼痛刺激源的回避就是一个由脊髓控制的反射活动。有关疼痛的信息（比如火烤时的高温）直接从感觉系统传到脊髓，然后脊髓会立即向运动神经元发出指令缩回手。

更复杂的任务需要脊髓和大脑协作完成。外周神经系统从感觉神经元发出信息通过脊髓传到大脑。大脑发出自主运动的指令通过脊髓传到连接着骨骼肌的运动神经元。如果脊髓受损会切断大脑与感觉神经或运动神经的连接，进而影响人的感知和运动功能。脊髓损伤的部位往往决定机体功能受损的程度。正如你在图3.12中所看到的，脊髓不同的区域控制身体的不同系统。脊髓的特定区域受损，个体会失去损伤部位以下的触觉、痛觉和对肌肉的控制能力。较高部位的脊髓损伤通常会导致更糟的预后效果，如四肢瘫痪（失去四肢的感觉、运动控制）、需要靠呼吸机辅助呼吸、终身瘫痪等。

脊髓反射（spinal reflexes） 神经系统中可以快速使肌肉收缩的简单通路。

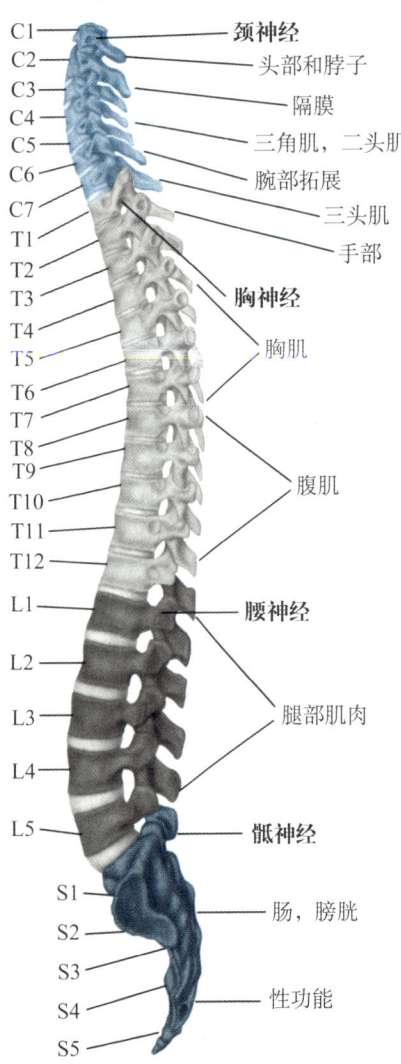

图 3.12 **脊髓的区域。** 脊髓被分为四个主要区域,每个区域分别负责身体的不同部分。较高部位的损伤往往意味着更严重的损害。

1995 年,在电影《超人》四部曲中扮演超人的已故演员克里斯托弗·里夫(Christopher Reeve)因坠马事故损伤了脊髓,导致脖子以下的感觉和运动能力全部丧失。即使经过多年的努力,里夫的感官知觉能力和运动能力也只恢复了一点点,这说明了我们是多么依赖脊髓从大脑向身体传递信息,也说明想要修复这样的损伤有多么困难(Edgerton 等,2004)。遗憾的是,克里斯托弗·里夫由于瘫痪所带来的并发症在 2004 年去世,享年 52 岁。从积极面来说,通过关注大脑在应对损伤时如何变化,研究者在对脊髓的认识和相应损伤的治疗上正在不断推进(Blesh 和 Tuszynski,2009;Dunlop,2008),这些研究进展和大脑的可塑性息息相关,我们将在本章的后面部分提及。

小 结

▲ 神经元组成神经,进而组成人类的神经系统。

▲ 神经系统被分为外周神经系统和中枢神经系统。外周神经系统通过身体的其他部分和中枢神经系统相连,其本身可以分为躯体神经系统和自主神经系统。

▲ 躯体神经系统负责和中枢神经系统互通信息,控制随意肌;而自主神经系统可以自动地控制机体的器官。

▲ 自主神经系统又可以进一步分为交感神经系统和副交感神经系统,它们对机体的作用可以互补。交感神经系统为机体的应激反应做准备,副交感神经系统使机体恢复正常状态。

▲ 中枢神经系统有脊髓和大脑组成。脊髓可以控制一些基本的行为比如脊髓反射。

大脑的结构

人类的大脑,约重三磅,看起来并不怎么起眼。你已经知道是神经元和神经胶质细胞的忙碌运转,使你产生一些美妙的想法、意识和感受。但是大脑的哪个部分的哪些神经元控制哪些功能呢?要回答这个问题,神经科学专家们必须找到一个可以让研究者们容易交流的描述大脑的方法。考虑到大脑不同区域负责的是不同的任务,"自下而上"来研究大脑也许会有帮助。总体来说,简单任务由大脑"较低水平"的脑区负责,复杂的任务由"较高水平"的脑区负责(见图3.13)。或者,如你即将看到的,大脑也可以被分成"并排"的两半:虽然两半侧的大脑结构基本上可以类比,但是其中一侧的大脑专门负责完成的一些任务,另一侧的大脑并不能完成。尽管这些划分让我们更容易了解大脑的结构以及它们的功能,但是请记住,大脑中的这些结构和部位都不可能独立存在。它们都是一个大的、交互作用的、相互依存的整体的一部分。

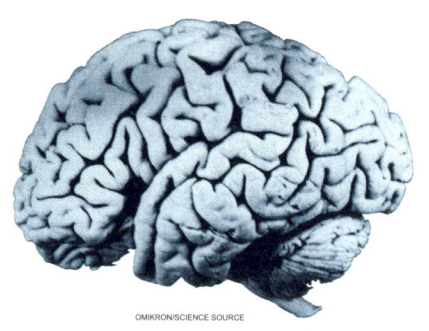

人类大脑重量只有三磅,并且看起来不是很大,但是它的功能是令人难以置信的。

让我们首先按照自下而上的方式进行,来看一看大脑的划分区域,以及每个脑区所负责的功能。采用这种方式,我们可以把大脑分为三个区域:后脑,中脑和前脑(见图3.13)。

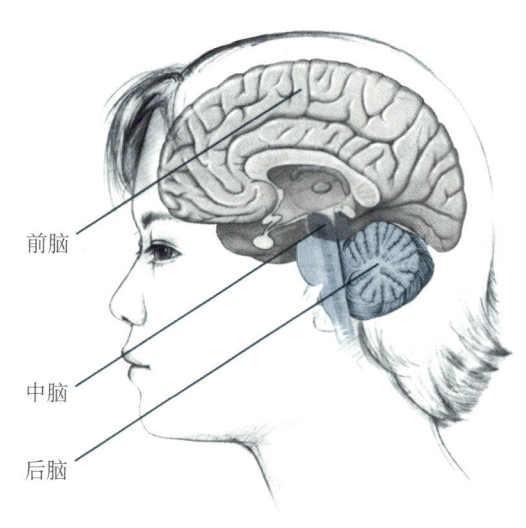

图3.13 大脑的主要脑区。大脑结构可以分为三个部分,自下而上,从简单功能到复杂功能:后脑、中脑和前脑。

后脑

如果你顺着脊髓从尾椎骨到它进入颅骨的地方,你会发现很难找到脊髓终止和大脑起始的分界处。这是因为脊髓延续于**后脑**,这是负责协调脊髓的输入和输出的脑区。后

后脑(spinal reflexes) 负责协调脊髓的输入和输出的脑区。

2011年1月29日，高空钢索表演者弗雷迪·诺克（Freddy Nock）在瑞士的席尔瓦普拉纳滑雪场、海拔10 000英尺的科尔瓦奇峰缆车钢缆上行走，这依赖于他的小脑对行走、动作的协调。诺克当天创造了一项吉尼斯世界纪录。

脑看起来像植物的茎杆，大脑的其他脑区都长在其上，它负责控制机体生命的最基本功能：呼吸、警戒和运动功能。组成后脑的结构有：延髓、网状结构、小脑和脑桥（见图3.14）。

延髓是脊髓向颅腔内延伸的部分，它负责协调心率、血液循环和呼吸。始于延髓并继续向上延伸的有一团神经元叫**网状结构**，它负责协调睡眠、觉醒和唤醒状态。在一个早期的实验中，研究者刺激一只沉睡的猫的网状结构，这使猫几乎立即醒过来并且保持警戒状态。相反地，切断网状结构和大脑其他区域的联系会导致动物进入不可逆转的昏迷状态（Moruzzi和Magoun，1949）。网状结构在人类的警觉状态和无意识状态之间同样维持着微妙的平衡。事实上，许多麻醉剂就是通过减少网状结构的活动，来使病人进入无意识状态。

延髓的后面是**小脑**，这是后脑中一个较大的结构，负责控制精细运动技能。（小脑cerebellum在拉丁语中的意思是"小的大脑"，小脑的结构看起来确实像是大脑的小型复制品。）小脑负责协调各个动作的先后顺序，例如当我们骑自行车时、弹钢琴时，同时小脑也负责在我们走路或者奔跑时保持身体的平衡。小脑的作用体现在它对行为的微调上，让我们可以在不同的动作之间优雅地转换，但它并不负责发出运动指令（Smetacek，2002）。运动的发起牵扯到大脑的很多其他区域，如前所述，不同的脑区之间是相互协作、相互依存的。

大脑的哪个部分负责协调身体的各个动作以保证你能稳稳坐在自行车上？

后脑的最后一个部分是**脑桥**，它是在小脑和其他脑区之间传递信息的结构。虽然桥脑的许多具体功能目前尚不明确，但是它本质上是小脑和大脑的其他脑结构之间的中继站或桥梁。

延髓（medulla） 脊髓向颅腔内延伸的部分，它负责协调心率、血液循环和呼吸。
网状结构（reticular formation） 负责协调睡眠、觉醒和唤醒状态的大脑结构。
小脑（cerebellum） 后脑中一个较大的结构，负责控制精细运动技能。
脑桥（pons） 在小脑和其他脑区之间传递信息的大脑结构。

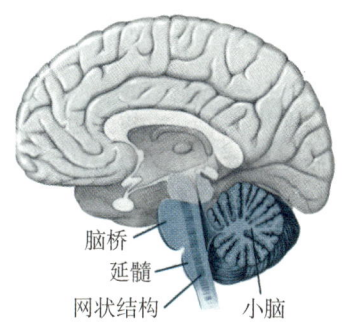

图 3.14 后脑。后脑协调脊髓的信息输入和输出，控制维持生命所需要的基本功能，它包括延髓、网状结构、小脑和脑桥。

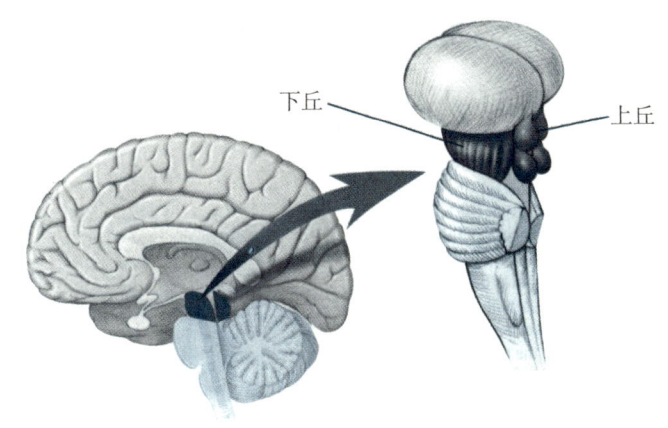

图 3.15 中脑。中脑对定向和运动有很大作用。它包括顶盖和被盖等结构。

中脑

中脑在后脑的上面，人类的中脑相对较小。如图3.15中所示，中脑主要包括两个结构：顶盖和被盖。**顶盖**负责机体在环境中的方向定位。顶盖从眼睛、耳朵、皮肤等部位接受信息输入后，使机体转向刺激源的方向。例如，当你在一个安静的房间里学习时，听到背后右侧喀哒一声，你的身体就会转向声音发出的方向，这就是顶盖在起作用。

被盖参与机体的运动和觉醒。同时它也协助机体在环境中进行方向定位。中脑相对较小，但是此处是汇集涉及觉醒、情绪和动机的神经递质以及依赖这些神经递质的脑区结构的中心地带（White，1996）。如果你只有后脑和中脑你还可以存活。后脑中的结构可以负责机体维持生命所需要的所有功能，而中脑的结构可以让你靠近有利的环境刺激，远离可能产生威胁的环境刺激。但是这些并不算是人类真正的生活，如果要理解那些真正让人称之为人的能力，我们需要考虑大脑的最后一个部分。

前脑

当你在欣赏诗歌之美，发现朋友评论时的话中话，计划下个冬天去滑雪，或者注意到爱人伤心的神情时，你的前脑正积极地运转。前脑是大脑名副其实的最高水平，它控

顶盖（tectum） 中脑中负责机体在环境中的方向定位的脑结构。
被盖（tegmentum） 中脑中参与机体的运动和觉醒的脑结构。

制复杂的认知、情绪、感觉和运动功能。前脑本身分为两个主要的部分：大脑皮层和皮层下结构。

大脑皮层是大脑的最外延肉眼可见的层状结构，分为两个半球。**皮层下结构**是前脑中在大脑皮层包围下的位于大脑中心附近的区域（见图3.16）。我们将会在下一节详细地介绍大脑皮层的两个半球和它们的功能，把最高级的大脑结构放到最后来讲。现在我们一起来看一下皮层下结构。

皮层下结构

皮层下结构坐落在大脑深处，在这里它们受到很好的保护。想象一下你将两手的食指分别插进左右耳朵里直到它们彼此碰到，这个位置就是丘脑、下丘脑、脑垂体、边缘系统和基底神经节的所在（见图3.16）。每一个皮层下组织都在整个大脑的信息传递过程中起着重要的作用，也在执行一些特殊的任务中发挥重要作用，这些任务让我们可以去思考、感受，并表现出人类特有的行为。在这里我们将会对每一个皮层下组织进行简短地介绍，更多详细的内容参见后面的章节。

丘脑、下丘脑和脑垂体。丘脑、下丘脑、脑垂体位于大脑的中心，与其他的几个脑结构有紧密的交互联系。它们将信息传入和传出这些脑结构，并且帮助调节这些脑结构。

 丘脑和电脑有什么相似之处？

丘脑筛选并转达从感官系统传递来的信息，并把这些信息传递到大脑皮层。丘脑接收除了嗅觉之外身体各个主要感觉系统的信息输入，嗅觉直接和大脑皮层联系。丘脑的工作就像是互联网系统中的一个服务器，接收各种信号然后将它们输送至不同的地方（Guilery和Sherman，2002）。但是，丘脑并不像真正的服务器那样机械地工作（将信号A传输到位置B），它会主动地筛选感觉信息，加强其中一部分信息，而减弱其他部分的信息。当人体进入睡眠时，丘脑会关闭感觉信息的传递通道，不让信息进入大脑其他部分。

下丘脑，位于丘脑下方（Hypo这个词根是希腊语中的"下方"），它调节体温、饥饿感、渴感和性行为。虽然下丘脑是大脑的一个很小的区域，但是其中包含的神经群可以监控人类的大多数基本行为，例如维持机体温度、血糖水平，将代谢维持在最佳水

大脑皮层（cerebral cortex） 大脑最外延的层状结构，肉眼可见并被分成两个半球。
皮层下结构（subcortical structures） 前脑中在大脑皮层包围下的位于大脑正中心附近的脑结构。
丘脑（thalamus） 皮层下结构的一部分，筛选并转达从感官系统传递来的信息，并把这些信息传递到大脑皮层。
下丘脑（hypothalamus） 皮层下结构的一部分，调节体温、饥饿感、渴感和性行为。

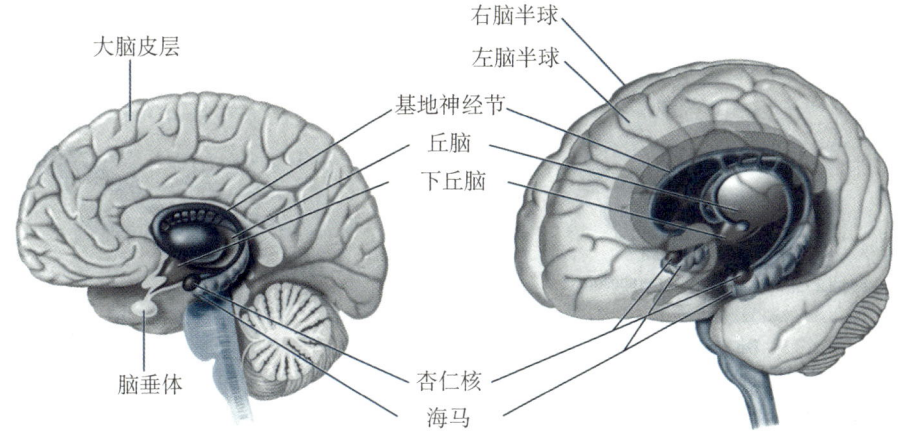

平，从而保证人类的正常功能。下丘脑中一些区域的损伤会导致暴饮暴食，另一些区域的损伤会使动物完全丧失食欲，这说明下丘脑对食物摄入平衡起着至关重要的作用（Berthoud 和 Morrison，2008）。另外，当你想到性行为时，大脑皮层发出的信息会被发送到下丘脑，从而触发荷尔蒙的分泌。最后，对猫的下丘脑一些区域的进行电刺激会使其发出"嘶嘶"声并作出撕咬的动作，对另一些区域进行电刺激会使其表现出正享受强烈快感的行为（Siegel 等，1999）。研究者詹姆斯·奥尔兹（James Olds）和皮特·米尔纳（Peter Milner）发现，对老鼠下丘脑特定区域给予低电流刺激对它来说是一种非常好的奖赏（Olds 和 Milner，1954）。事实上，当老鼠可以通过按键引发弱电流刺激自己时，它们通常会一小时按键几千次，直至它们精疲力竭为止！

图 3.16　**前脑**。前脑是大脑最高水平的脑结构，在复杂认知、情绪、感觉和运动功能中起到至关重要的作用。前脑分为两个部分：大脑皮层和位于其下的皮层下结构。大脑皮层是大脑最外延的一层结构，它分为两个半球，两半球通过胼胝体（见图 3.18）连接。皮层下结构包括丘脑、下丘脑、脑垂体、杏仁核和海马。

在下丘脑的下方是**脑垂体**，机体荷尔蒙产生系统的"主腺"，其释放的荷尔蒙能引导机体其他腺体的分泌活动。下丘脑向脑垂体发出荷尔蒙信号，反过来，脑垂体又向其他腺体发出荷尔蒙信号以控制焦虑、消化活动和生殖过程。例如，当一个婴儿吮吸母亲的乳房，乳房内的感觉神经将信号送至下丘脑，随后下丘脑发出信号至脑垂体，使其释放一种叫"催乳素"的荷尔蒙进入血液（McNeilly 等，1983）。催乳素可以促使乳房里积蓄的乳汁排放。另外，垂体还与压力的应对有关。当我们感觉到威胁，感觉神经将信号传至下丘脑，引发下丘脑分泌促肾上腺激素（ACTH），从而使肾上腺（在肾的上部）

脑垂体（pituitary gland）　机体荷尔蒙产生系统的"主腺"，其释放的荷尔蒙能引导机体其他腺体的分泌活动。

释放激素激活交感神经系统（Selye 和 Fortier，1950）。就像你在本章的前面部分所读到的，交感神经系统使机体做好要么战斗要么逃跑的准备。

边缘系统。下丘脑也是边缘系统的一部分。边缘系统是前脑中的一些结构的总称，包括下丘脑、海马和杏仁核（与动机、情绪、学习和记忆有关）（Maclean，1970；Papez，1937）。边缘系统是皮层下结构和大脑皮层交汇的地方。

海马（名称源于拉丁语中的"海马"，因为其形状与海马相似）的作用是形成新的记忆，并将这些新记忆纳入原有的知识系统从而储存在大脑皮层的其他部分中。海马损伤的人可以从外界获取新信息并在意识中保持几秒的时间，但是只要他们一分心，就会忘记这些信息和曾经获得这些信息的经历（Scoville 和 Milner，1957； Squire，2009）。这种现象只会发生在对可以进入意识的新事实和新经验上，那些已经形成的习惯或者情绪反应并不会受到影响（Squire, Knowlton 和 Musen, 1993）。例如，那些海马受损的人可以记得怎么开车和讲话，但是他们不能回忆起刚刚从哪里开车到哪里，或者刚刚和谁进行了怎样的谈话。你将会在"记忆"一章中读到更多关于海马在形成、储存和合并记忆中起到的作用。

杏仁核（名源于拉丁语中的"杏仁"，因为其形状和杏仁相似）位于海马的末端，它在很多情绪过程中起着主要作用，尤其是情绪记忆的形成（Aggleton，1992）。杏仁核赋予那些与恐惧、惩罚和奖励相关联的中性事件以重要性（LeDoux，1992）。例如，回想一下最近一次令你害怕或者不高兴的经历：当你正要过马路时，一辆高速行驶的车向你冲来；或者你经过一条小巷时冲出一条凶猛的狗。这些刺激——车或者狗——是完全中性的刺激，因为你不是每次经过二手车停车场的时候都会感到惊吓。这些事件中的刺激所带有的情绪色彩正是拜杏仁

为什么你常常能记住创伤性事件的很多细节?

核所赐（McGaugh，2006）。当我们处于情绪唤起的情境中时，杏仁核会刺激海马来记住情境中的许多细节（Kensinger 和 Schacter，2005）。例如，那些在 2001 年 911 恐怖袭击事件中幸存下来的人们，即使在很多年以后仍可以非常清晰地记得当时他们在哪里、正在做什么以及听到那个消息时是什么样的感受（Hirst 等，2009）。特别值得一提的是，

边缘系统（limbic system） 前脑中的一些结构的总称，包括下丘脑、海马和杏仁核。参与动机、情绪、学习和记忆活动。

海马（hippocampus） 一种重要的脑结构，参与形成新的记忆，并将这些新记忆纳入原有的知识系统从而储存在大脑皮层的其他部分中。

杏仁核（amygdala） 边缘系统的一部分，在很多情绪过程中，尤其是情绪记忆的形成过程中起着主要作用。

杏仁核与恐惧信息的编码有着尤为紧密的联系（Adolphs 等，1995；Sigurdsson 等，2007）。有关杏仁核的更多信息可参见"情绪与动机"一章。现在你要记住的就是在大脑深部有一团状如豌豆大小的神经元会帮助你大笑、哭泣，或者在特定的场景下发出惊恐的尖叫。

基底神经节皮层下区域有许多其他的结构，但是我们只再讲一个。**基底神经节**是一组导引有意识运动的皮层下结构。基底神经节位于丘脑和下丘脑附近，它们从大脑皮层接收信息输入，然后再把信息输出传到脑干中的运动中心。基底神经节中有一个部分叫纹状体，与机体姿势和运动的控制有关。就像我们在迈克·福克斯所著的书籍摘录里看到的，那些帕金森综合征的患者通常都会有无法控制的抖动和四肢痉挛的症状，并且无法为了实现某个特定的目标而发起一系列动作。

鬼屋的设计就是要刺激你的杏仁核，但强度不大。

这些症状的发生是因为黑质（位于中脑的被盖中）中产生多巴胺的神经元已开始损减（Dauer 和 Przedborski，2003）。多巴胺供应不足又影响到基底神经节中的纹状体，从而导致了帕金森病症状的出现。

所以，帕金森综合征的问题在哪里呢？是震颤，或者纹状体导引行为不力，或者黑质和纹状体之间配合糟糕，抑或神经水平上多巴胺的缺乏？所有这些说法都对。这一不幸的疾病为大脑和行为两大主题之间的关系提供了很好的阐释。首先，神经水平上肉眼无法看到的活动会对行为水平产生重要的影响。其次，后脑、中脑和前脑结构之间的相互作用表明各区域之间如何相互依存。

大脑皮层

关于大脑的探索之旅带着我们先看了非常小的神经元结构，接着又看了大一些的脑结构——大脑的主要组成部分，然后看到了更大的脑结构：大脑皮层。大脑皮层是大脑最高水平的脑结构，负责认知、情绪、运动和思维中最复杂的功能（Fuster，2003）。它覆盖着整个大脑，就像是一个保护着底部和茎干的蘑菇伞，用肉眼观看，会发现它的表面有很多褶皱。

皮层光滑的表面——凸起的部分——叫脑回，凹痕或缝隙部分叫脑沟。脑回和脑沟代表着进化的硕果。大脑皮层大约和一张报纸面积相当。将这么大面积的皮层塞进人的

基底神经节（basal ganglia） 皮层下结构的一部分，导引有意识运动。

头骨是一件很难的事情。但是如果你将报纸弄皱，你会发现同样的面积可以紧凑地放入较小的空间中。拥有很多高级脑功能的沟回纵横的皮层刚好紧凑、恰当地位于人的颅骨中（见图 3.17）。大脑皮层的功能可以从三个水平来理解：大脑皮层被分割成左右两个半球、每个半球的功能和特定皮层区域的作用。

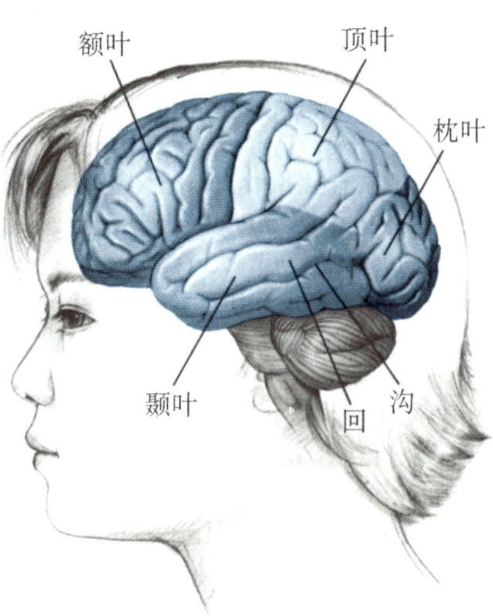

图 3.17 大脑皮层和脑叶。大脑皮层中四个主要的脑叶分别为枕叶、顶叶、颞叶和额叶。大脑皮层光滑的表面部分叫脑回，凹进的部分叫脑沟。

大脑半球间的结构 大脑皮层结构的第一级水平是将其分为左右两个半球。两个半球在形态上多多少少表现出一定的对称性，甚至半球功能也表现一定的对称性。但是，每个大脑半球控制的是对侧身体的功能。也就是说，你的右侧大脑半球接受左侧身体的刺激并且控制左侧的身体，而你的左侧大脑半球从右侧身体接受刺激并且控制右侧身体，这种机制叫"对侧控制"。

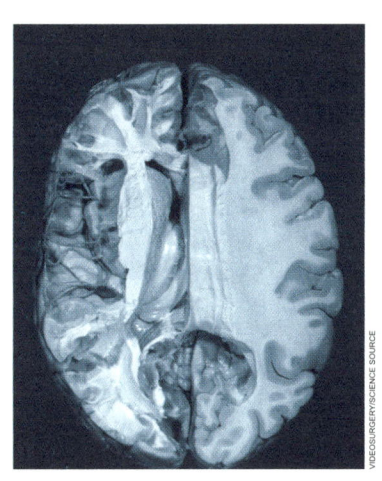

图 3.18 大脑半球。胼胝体连接大脑两半球并且支持两半球之间的信息沟通

大脑两半球之间通过连合连接，连合是一束使左右两半球中平行脑区得以交流的神经元轴突。主要的连合是**胼胝体**，它将左右两侧大脑半球中绝大部分连接起来，并且为两侧半球之间的信息沟通提供支持（见图 3.18）。这表明右侧大脑半球接受到的信息可以通过胼胝体几乎在瞬间就传到左侧大脑半球。

大脑半球内的结构 大脑皮层结构的第二级水平是对大脑半球内部的不同区域的功能划分。每个大脑半球都被划分成了四个区域或者脑叶：如图 3.17 所示的那样，按照从后向前的顺序，它们分别为枕叶、顶叶、颞叶和额叶。我们将会在后面的章节里更为详细

胼胝体（corpus callosum） 厚厚的一束神经纤维，将左右两侧大脑半球中绝大部分连接起来，并且为两侧半球之间的信息沟通提供支持。

地介绍这些脑结构的功能,并说明科学家如何采用各种技术来探索大脑的运作。而现在,我们只对每个脑叶进行简单地介绍。

枕叶位于大脑皮层的后部,它负责加工视觉信息。眼睛上的视觉感受器将信息传至丘脑,丘脑将这些信息传送到枕叶上的基本视觉区域,在这里刺激的简单特征——例如物体边缘的位置以及方向(详见"感觉与知觉"一章)——就会被提取出来。这些特征在枕叶上会被进一步加工处理成为一个更为复杂的刺激"地图",从而使大脑理解所看到的物体到底是什么。你可能可以想象得到,枕叶上的基本视觉皮层的损伤会导致部分或完全失明。虽然信息仍旧可以进入眼睛,眼睛还是完好无损的,但是缺少大脑皮层水平上信息的加工和解读,这些信息与没有出现过没有区别(Zeki, 2001)。

顶叶位于枕叶的前面,负责的功能包括加工与触觉有关的信息。顶叶上含有的躯体感觉皮质是从大脑顶部延伸到两侧的长条形脑组织(见图3.19)。在每个大脑半球内部,躯体感觉皮质表征了对侧躯体表面皮肤上的感觉。躯体感觉皮质的每一部分都与躯体的特定部位相对应。

图3.19 **躯体感觉和运动皮层。**运动皮层是额叶上的一个长条形的脑组织,它表征和控制对侧身体不同的身体部位和皮肤。在运动皮层的正后方,也就是顶叶,是躯体感觉皮层,它与运动皮层相似,表征身体对侧特定部位的皮肤。(见插页)

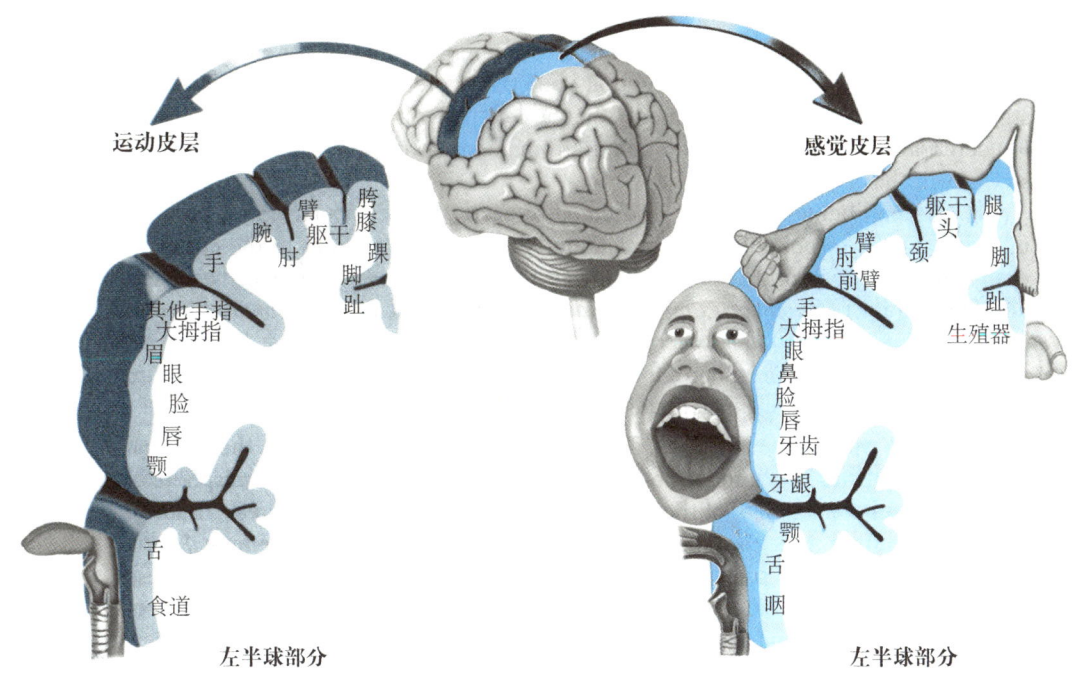

枕叶(occipital lobe) 大脑皮层的一个脑区,负责加工视觉信息。
顶叶(parietal lobe) 大脑皮层的一个脑区,负责加工与触觉有关的信息。

某一身体区域越敏感，那么它对应的躯体感觉皮质就会越大。例如，对应于嘴唇和舌头的躯体感觉皮质就比对应于脚的躯体感觉皮质的面积大。躯体感觉皮质可以用一个变形人来解释，被称为"小矮人模型"，这个模型的身体结构的每一部分是按照它所占躯体感觉皮质的大小来建构的（Penfield 和 Rasmussen，1950）。在躯体感觉皮质的正前方，额叶中有一个与躯体感觉皮质平行的长条形脑组织叫运动皮层。与躯体感觉皮质相似，运动皮质中的不同部分也对应着身体的不同部位。运动皮质指挥随意运动，并且将信息传至基底神经节、小脑和脊髓。运动皮质和躯体感觉皮质就像是大脑皮层接受和发送信息的区域，它们接受信息并且在一定情况下发出对应的指令。

颞叶 位于两个大脑半球中较低的位置，它负责听觉和语言。颞叶中的初级听觉皮层和顶叶中的躯体感觉皮层，以及枕叶中的初级视觉区类似：基于不同频率的声音刺激，它会从耳朵接收到感觉信息（Recanzone 和 Sutter，2008）。然后颞叶中的次级脑区将这些信息加工成有意义的单元，例如话语和词句。颞叶上还含有视觉联合皮质，可以解释视觉信息的涵义，帮助我们识别环境中的一般物体（Martin，2007）。

额叶 在额头之后，包含有专门负责运动、抽象思维、计划、记忆和判断的脑区。就像你刚刚读过的那样，额叶上有运动皮层，它的作用是将全身的运动肌肉协调起来。额叶上的其他区域负责协调思维过程，帮助我们处理信息，提取那些能帮助我们完成计划和进行人际沟通的记忆。简而言之，额叶让我们拥有不同于其他物种的思维、想象、计划和预见能力（Schoenemann，Sheenan，和Glotzter，2005；Stuss 和 Benson，1986；Suddendorf 和 Corballis，2007）。

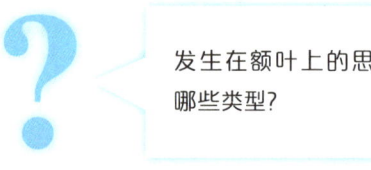
发生在额叶上的思维有哪些类型？

特定脑叶内部的结构 大脑皮层结构的第三级水平是关于大脑皮层中特定脑叶里的信息呈现方式。从负责处理所有细节信息的初级皮层一直到**联合皮层**，信息加工过程是层级式的。联合皮层里的神经元可以为记录在大脑皮层中的信息赋予意义。例如，初级视觉皮层中的神经元是高度特异化的：一些神经元检测环境中水平定向的特征，另一些神经元负责检测运动，还有一些神经元负责加工有关人类和非人类形态的信息。次级视觉皮层对那些初级视觉皮层提取的信息（如形状，动作等）进行解释，从而明白所感知到的到底是什么物体。举个例子来说，这个过程就像觉察到有一只形态硕大的猫正向你的

颞叶（temporal lobe）　大脑皮层的一个脑区，负责加工听觉和语言信息。
额叶（frontal lobe）　大脑皮层的一个脑区，专门负责运动、抽象思维、计划、记忆和判断的脑结构。
联合皮层（association areas）　大脑皮层的若干区域，这些区域里的神经元可以为记录在大脑皮层中的信息赋予意义。

脸冲过来。类似的，初级听觉皮层中的神经元对声音的频率进行登记，但其实是颞叶中的联合皮层将这些声音转成你的朋友尖叫声的意义："小心那只猫！"然后联合皮层将从大脑皮层中各部分获得的信息整合起来，产生出对大脑中已登记信息的整体理解和意义。

联合区的这种属性有一个令人惊诧的例子来源于镜像神经元的发现。**镜像神经元** 是指动物在执行某种行为（比如试图伸手去够某个物体或者操纵某个物体）以及观察其他动物执行同一行为时都会兴奋的神经元。额叶（运动皮层附近）和顶叶中已发现存在镜像神经元（Rizzolatti 和 Craighero，2004；Rizzolatti 和 Sinigaglia，2010）。鸟类、猿类和人类都被发现存有镜像神经元；镜像神经元这一名字反映出它们具有的功能。对人类的神经成像研究发现，镜像神经元会在人类观察别人进行一个行为时产生兴奋，例如伸手抓握动作。当这些行为有一定目标或语境时，例如抓住一只杯子来喝水，镜像神经元的兴奋更强（Iacoboni 等，2005）。而且镜像神经元的兴奋看起来似乎是与认识到行为动作的目的和结果相联系，而不是与做出行为所需的特定动作相联系（Hamilton 和 Grafton，2006，2008；Iacoboni，2009；Rizzolatti 和 Sinigalia，2010）。在"学习"一章中，我们将介绍更多关于镜像神经元在学习中的作用。

最后，联合皮层的神经元相较于初级皮层中神经元，通常特异化较少，灵活性更强。正因为如此，它们能够被学习和经验塑造，从而工作起来更有效率。环境对神经元的这种塑造使我们的大脑更具灵活性或可塑性，这是我们的下一个话题。

当一个动物观看另一个动物执行某个特定行为动作时，观察者脑中一些与行为者脑中类似的神经元被激活。这些镜像神经元似乎在社会行为中发挥着重要作用。

大脑的可塑性

大脑皮层看起来像是一个固定不变的结构，是一大群帮助我们理解外部世界的神经元。但是很明显，感觉皮层并非固定不变。它们能够适应所输入

大脑可塑是什么意思？

镜像神经元（mirror neurons） 动物在执行某种行为（比如试图伸手去够某个物体或者操纵某个物体）以及观察其他动物执行同一行为时都会兴奋的神经元。

感觉信息的各种变化，研究者们称之为可塑性（即可被塑造的能力）。例如，如果你在一次意外中失去了你的中指，那么躯体感觉区域中与该手指相对应的部分开始时也会丧失反应力（Kaas，1991）。毕竟再也不会从中指有感觉输入传到大脑的这个部位了。也许你认为大脑中与该中指对应的部位的神经元会消亡，但是，随着时间推移，躯体感觉

现实世界

大脑可塑性和幻肢感

在截肢很久后，很多病人仍然可以体验到被截部分存在的感觉，这一现象叫做幻肢综合征。患者可以感觉到所失肢体的移动，甚至在像握手这样需要各方协调的动作行为中也是如此。有一些患者甚至报告被截肢的部分还有疼痛感，这是为什么呢？有一些证据表明出现幻肢综合征部分归因于大脑的可塑性。

研究者对截肢和未截肢志愿者的面部、躯干和手臂周围不同区域的皮肤表面进行刺激，观察其大脑活动（Ramachandran 和 Blakeslee，1998；Ramachandran, Brang, 和 McGeoch，2010；Ramachandran, Rodgers-Ramachandran, 和 Stewart，1992）。脑成像技术可以显示出在皮肤受到刺激时躯体感觉区的活动情况。这使研究者能够得到不同身体部位被触摸刺激所激活的躯体感觉区域分布图。例如，当触摸面部时，研究者就可以确定是躯体感觉区哪块最活跃；当触摸躯干时，又是躯体感觉区的哪块区域有反应等等。

截肢者的脑成像显示，对面部和手臂的刺激会激活躯体感觉区中原本对应被截手部的区域。在截肢前，躯体感觉区上面部和手臂所对应区域在手部（现在已经被截的部分）对应区域的旁边。对截肢者面部和手臂的刺激会引起幻肢的感觉；他们报告说"感觉"到已失去的手还在自己身上。

大脑的可塑性可以解释这些现象（Pascual-Leone 等，2005）。面部和上臂的皮层代表区通常位于手部的皮层代表区的两侧，截肢者的面部和上臂的皮层代表区会比较大，并且已占据了部分原本属于手部的皮层代表区域。事实上，现在新的面部和上臂的皮层代表区已经彼此连接上了，它们填补了被截手部的皮层代表区。这些新的映射功能中有一些是很精确的。例如，一些截肢者，当刺激其面部特定区域时，他们报告感觉到被截手上某一个手指还在自己身上。

这个研究和相关研究为以前知之甚少的现象做出了一个解释。人怎么能感觉到已经不存在的身体部分呢？大脑的可塑性——通过大脑组织自身完成的一个适应性过程——给出了答案（Flor, Mikolajsen 和 Jensen，2006）。大脑可以建立新的映射网络，并由此产生奇特的新感觉。这一观点对处理幻肢痛问题也

区域中的这个部位开始对与所失中指邻近的手指产生反应。大脑是可塑的：为了适应环境中输入信息的变化，一些原本对应特定脑区的功能也可以重新分配给其他的脑区（Feldman，2009）。这可能意味着不同的感觉输入会"争相"在大脑皮层的每个区域得到表征（见"现实世界"栏目：大脑可塑性和幻肢感）。

有实际应用价值（Ramachandran和Altschuler，2009）。研究者曾用"镜盒"来教患者形成新的映射来提高其对幻肢的有意识控制。例如，患者会把他完整的右手和幻想的左手放入镜盒，这样当看向镜子时，他就可以看见由他的右手映射出的左手——在他放入幻想左手的地方——从而产生一种他的左手已经恢复了的错觉。这时，这个幻肢似乎就可以对患者发出的运动指令做出反应，经过练习后，患者可以更好地"移动"他的幻肢以应对各种运动指令。这样，当感到握紧的幻肢有剧烈的疼痛时，患者就可以自主地松开幻肢来缓解疼痛。这一基于大脑可塑性的治疗方法已经在大量患者身上得到成功运用（Ramachandran和Altschuler，2009）。举一个令人惊异的例子，研究者曾经利用镜盒来治疗2010年海地地震中下肢被截幸存者的幻肢痛（Miller，Seckel和Ramachandran，2012）。在参与治疗的18名患者中，有17名报告在采用镜盒疗法后疼痛有显著减轻。

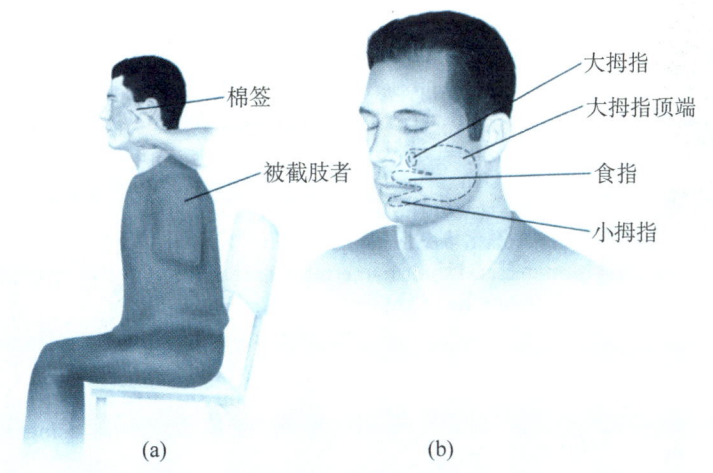

截肢者的映射感觉（a）研究者用棉签轻轻触碰截肢者面部，使其感觉到失去的手还在自己身上；（b）触碰面颊的不同部位甚至还能使其感觉到被截手上的某个手指，如大拇指，还在自己身上。

但是，可塑性的发生并不只是补偿丢失的数据或肢体。对一个手指进行额外大量的刺激可以导致通常本应表征其他手指的脑区也来表征它（Merzanich等，1990）。例如，钢琴演奏家的大脑中，与控制手指对应的皮层区域得到了高度发展：来自手指的连续信息输入要求大脑躯体感觉区上有较大的面积来代表它们。与此现象相一致的是，最近的研究显示，音乐家的运动皮层与非音乐家的运动皮层比起来具有更大的可塑性，这可能意味着大量的练习可以增加运动的突触连接数量（Rosenkranz，Williamon，和Rothwell，2007）。在对裁缝和出租车司机的研究中也有类似的发现，裁缝的拇指和食指对应的脑区得到了高度发展，因为这两个手指对他们这一职业很重要；出租车司机的海马比较发达，因为进行空间导航时经常需要用到它（Maguire，Woolett，和Spiers，2006）。

可塑性还和一个问题有关，而且你可能从来没有想到这个问题会出现在心理学中：你最近做了多少运动？虽然我们希望你通过阅读本书度过大量愉快的时光，但是我们也希望你有足够的时间进行体育锻炼。在老鼠和其他动物身上进行的大量研究都表明，体育锻炼可以增加突触的数量，甚至可以促进海马新神经元的发展（Hilman, Erikson 和 Kramer, 2008; Van Praag, 2009）。最近在人类身上进行的研究也开始验证，心血管运动可以改善大脑功能和认知绩效（Colcombe 等，2004，2006）。虽然这些效果通常在老龄人群中最明显（好了，你的教科书的作者们现在该上跑步机锻炼了！），但是研究已证明它对人生各个年龄段都有益（Heritig 和 Nagel, 2012; Hillman 等，2008, Roig 等，2012）。事实上，一些研究者相信这种活动依赖的大脑可塑性与脊髓损伤（如我们所见，脊髓损伤是一种对人们生活有重大负面影响的疾病）的治疗有关，因为认识到如何通过运动和训练使可塑性最大化，对指导康复训练活动非常有帮助（Dunlop，2008）。大脑的可塑性并不只是一个有趣的理论观点，它在日常生活中也有重要的潜在应用价值（Bryck 和 Fisher，2012）。

日常形式的锻炼如跑步，不仅对你的心脏有益，而且对你的大脑也有好处。

> ///// 小结 /////
>
> ▲ 大脑可以被划分为后脑、中脑和前脑三部分。
>
> ▲ 后脑主要是协调脊髓与延髓、网状结构、小脑和中脑等脑结构之间的信息沟通。这些脑结构分别负责调节呼吸和心率、监控睡眠和觉醒水平、协调精细运动技能，以及就上述信息与大脑进行沟通交流。
>
> ▲ 中脑的结构，即顶盖和被盖，主要是协调管理环境中的定位、运动以及维持对感觉刺激的觉醒状态。
>
> ▲ 前脑主要是协调管理一些较高级的功能，例如感知、情感和思考。前脑还包含皮层下结构，例如丘脑、下丘脑、边缘系统（包括海马和杏仁核）以及基底神经节；所有的这些结构都执行关于动机和情绪的各种功能。同时，前脑还包括大脑皮层，大脑皮层由左右两半球组成，每个大脑半球又分别包含四个脑叶（枕叶、顶叶、颞叶和额叶），大脑皮层使我们拥有人之为人的各种功能：思考、计划、判断、感知和有目的自主行为。
>
> ▲ 大脑中的神经元可以经由环境和经验塑造，这使人类具有惊人的可塑性。

神经系统的发展和进化

令人惊讶的是，人类的大脑很不完美。为什么？人类的大脑远远不像哲学家所诗意般描述的那样，是一个单独的、优美的机器——神奇的织布机，人类大脑事实上是由许多形成于进化过程中不同时间段的组件组成。人类保留了早期版本大脑中工作得最好的那部分，然后在进化的过程中又一点一点加入新的部分直到形成我们现在的大脑。

为了更好地理解中枢神经系统，我们要考虑两个方面的发育：产前发育（从受精到出生的发育）揭示神经系统在物种每一个个体内如何发展和变化；进化发育告诉我们人类的神经系统如何从别的物种改变和进化来。

中枢神经系统的产前发育

神经系统是胚胎第一个发育成形的主要机体系统（Moore，1977）。受精后的第3周，当时胚胎还是一个球形结构，神经系统开始发展。最初这个球形结构的一侧隆起，然后隆起物两边的边缘会逐渐增长直至形成一个凹槽。两边缘增长形成的脊状物合抱在一起将这个凹槽围起来，形成名为神经管的结构。随着胚胎逐渐长大，神经管的尾端会一直保持管状，这就是脊髓的原型。神经管的另一端会扩大，当胚胎4周大时，大脑的三个基本部分就肉眼可见了。在第5周时，前脑和后脑进一步分化出更多结构。从第7周开始，前脑扩展得相当大，开始形成大脑两半球。

随着胎儿大脑继续发育，每一个分支结构都会叠合到下一个分支结构上，并且开始形成成人大脑中那些易于观察的结构（见图3.20）。后脑分化成小脑和延髓，中脑分化成顶盖和被盖，前脑的分化更复杂，要将丘脑和下丘脑同大脑半球分开。随着时间的推移，大脑半球会得到最大程度的发展，最终覆盖大脑的几乎所有其他分支结构。

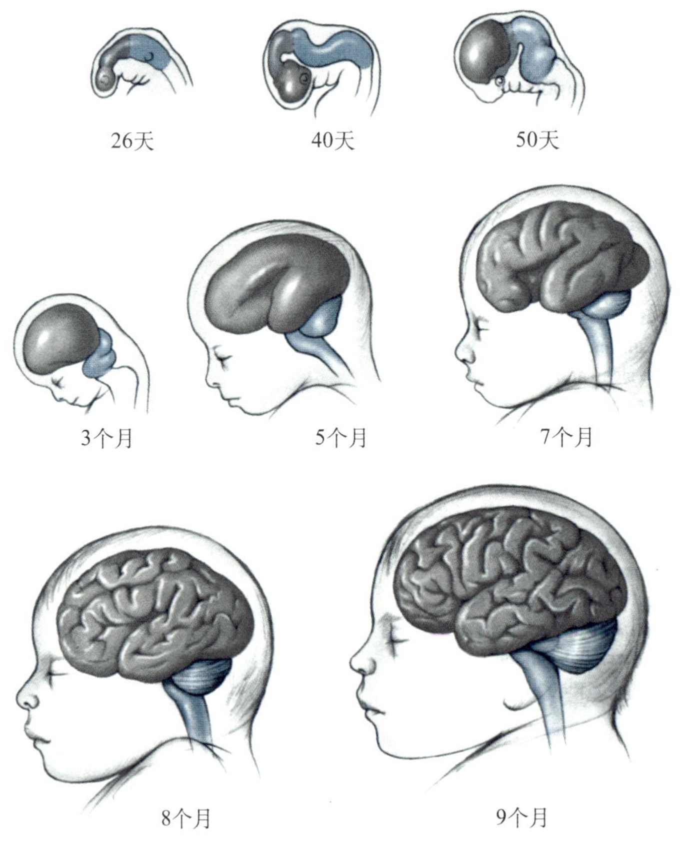

大脑的个体发育（特定个体内的大脑发育过程）是非常惊人的。在大约半个学期（一个学期约15周）的时间里，大脑的基本结构各就各位并且正飞速发展，这使得初生的婴儿带着一个拥有相当复杂装置的功能结构来到这个世界。相比之下，大脑的种系发展（特定种族内的大脑进化）就显得慢很多。但是，这个过程也让人类可以最大程度地使用已开发的大脑结构，让我们可以

图3.20 产前大脑发育。大脑中比较基础的部分：后脑和中脑，最先发育，然后是相继较高级水平的部分。大脑皮层以及它特有的褶皱缝隙直到怀孕中期才开始发育。大脑半球的发育大部分发生在怀孕的最后三个月。

26天　40天　50天
3个月　5个月　7个月
8个月　9个月

完成很多难以置信的任务。

中枢神经系统的进化发展

中枢神经系统的进化，要从简单生物的原始结构进化算起，一直持续到如今人类复杂的神经系统。即使是最简单的动物也有感觉神经元和运动神经元来应对外界环境（Shepherd，1988）。例如，单细胞原生动物在它们的细胞膜上含有对水中食物敏感的分子。这些分子会促进细胞上一些线状物的运动，从而使这个单细胞生物向食物源靠近，这些线状物叫纤毛。世界上第一种神经元出现于无脊椎动物，例如水母；水母触角上的感觉神经元可以感受到潜在的危险猎食者的触碰，这促使水母游向安全地带。如果你是一个水母，这个简单的神经系统就已经足够让你存活下来。世界上第一个能称之为中枢神经系统的结构出现于扁形虫。扁形虫的头部有许多神经元——组成一个简单的大脑——这个简单大脑包含视觉、味觉和运动的神经元以控制捕食行为。从大脑延伸出来一对索状结构形成脊髓。

扁形虫没有特别复杂的大脑，但话说回来，它们也不需要特别复杂的大脑。无脊椎动物身上发现的不成熟大脑逐渐进化成人类身上的复杂大脑结构。

在进化的过程中，脊椎动物和无脊椎动物在神经系统的组织上出现了很大的分离。在所有的脊椎动物体内，中央神经系统是按层级水平组织的：大脑和脊髓中较低水平的结构负责较简单的功能，而神经系统中高级水平的结构负责较复杂的功能。就像你之前看到的，在人体内，反射在脊髓中完成。再往上一级，中脑可以执行稍复杂一些的任务，如对环境中重要的刺激进行定位。最后，更加复杂的任务将在前脑执行完成，例如想象20年后你的生活会是怎样的（Addis，Wong，和Schacter，2007；Schacter，Addis 等，2012；Szpunar，Watson，和McDermott，2007）。

前脑在脊椎动物身上经历了更进一步的进化。在像两栖动物那样的较低级的脊椎动物身上（例如青蛙和蝾螈），在神经管尾端的前脑只是由少量神经元组成。在较高级的脊椎动物身上，包括爬行动物、鸟类和哺乳动物，前脑要大得多，并且前脑以两种不同的形式进化着。爬行动物和鸟类几乎没有大脑皮层，相反，哺乳动物拥有高度发展的大脑皮层，大脑皮层又发展出多个区域，可以执行非常多的高级心理功能。到目前为止，人类的前脑已经发育到了它的顶峰。（见图3.21）。

然而，人类的大脑也并非多么卓越非凡的东西。它只是在可供使用的基础结构上一点一点地持续延伸形成。就像其他的物种一样，人类也有后脑，并且和其他物种一样，

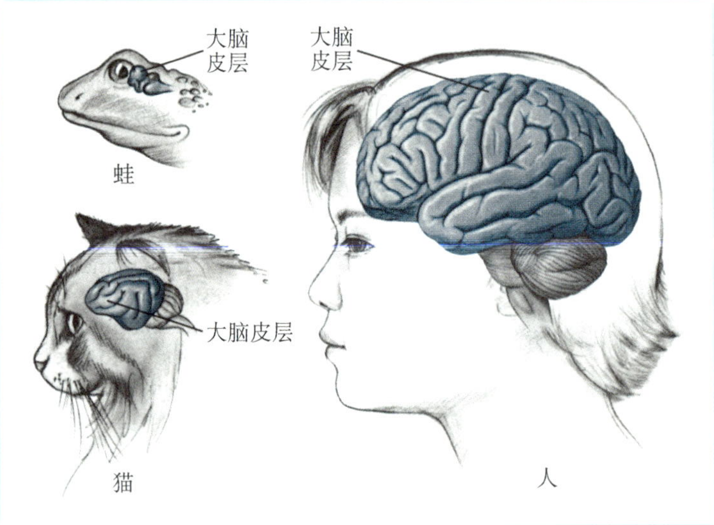

图 3.21　前脑的发育。 爬行动物和鸟类几乎没有大脑皮层，而像老鼠和猫这样的哺乳动物则有大脑皮层，但是它们的额叶所占的比例比人类和其他哺乳动物小很多。这也许可以用来解释为什么只有人类形成了复杂的语言、计算机技术和计算能力。

人类的后脑执行的都是那些用以维持生命的重要任务。对于一些物种来说，这样就足够了。为了维持生存，扁形虫所要做的一切就是进食、繁殖和存活足够长的一段时间。但是随着人类大脑的进化，中脑和前脑中的结构需要发展起来以适应日益复杂的环境需求。牛蛙的前脑只进化到它能在蛙类世界中生存所需的程度。但是，人类的前脑表现出根本性的改良，从而使人类有可能拥有一些独特而非凡的能力，这些能力包括：自我意识、复杂语言运用、抽象推理和想象等。

一些有趣的证据表明，人类大脑的进化比其他物种大脑的进化要快（Dorus 等，2004）。研究者比较了小鼠、大鼠、猴子和人类身上由 200 个与大脑有关的基因组成的基因序列，结果发现灵长类动物中的一些基因进化得更快。而且，他们发现灵长类动物的大脑不仅比其他物种大脑进化得快，而且那些最终会进化成人类的灵长类动物大脑进化得更加迅速。这些研究结果表明，除了进化过程中对环境的一般适应，决定人类大脑的基因尤其受益于发生在进化路程中的各种突变（DNA 片段上基因的变化）（Vallender，Mekel-Bobrov，和 Lahn，2008）。这些研究结果还表明人类的大脑仍在进化中——变得更大并且更能适应环境需求（Evans 等，2005；Mekel-Bobrov 等，2005）。

 我们的大脑仍在进化吗？

从宏观、进化角度来看，基因也许指引了大脑的进化，但是它们同时也指引了个体的发展，指引了一个物种的发展。让我们一起看一下基因和环境如何为行为打下其生物基础。

基因、表观遗传学和环境

人的行为主要是由基因（先天）决定还是由环境（后天）决定？当前的研究逐渐得

出的结论是：先天和后天对于指导行为都起作用。如今研究焦点已转变为探讨两个因素是怎样相互作用，而不再是探寻任一因素的绝对贡献（Gottesman 和 Hanson，2005；Rutter 和 Silberg，2002；Zhang 和 Meaney，2010）。

什么是基因？

基因是遗传传递的主要单元，历史上基因这个单词曾被用来指代两个相异而又相关的概念。最开始，相对抽象的基因概念指的是遗传特定特征例如眼睛的颜色的单元。近年来，基因被定义为一条 DNA（脱氧核糖核酸）链上的片段，这个片段对影响遗传特征的蛋白质分子进行编码。许多基因组织聚合成**染色体**，相互缠绕的双螺旋结构的 DNA 链（见图 3.22）。我们的染色体中的 DNA 通过一种叫做信使 RNA（核糖核酸、mRNA）分子的活动制造蛋白质分子，在此过程中，信使 RNA 会将 DNA 编码的副本信息向生产蛋白质分子的细胞表达。染色体是成对的，每个人有 23 对染色体。这一对对染色体看起来长得差不多但并不相同：你的一对染色体中的一条遗传自你的父亲，另一条遗传自你的母亲。这里还存在着一个变数：双亲的每对染色体中具体哪一条会遗传给你是随机的。

也许对于遗传的这种随机分配来说，最引人注目的一个例子是性别的决定。在哺乳动物中，决定性别的染色体是 X 和 Y 染色体；女性有两个 X 染色体，而男性有一个 X 染色体和一个 Y 染色体。你会从你的母亲那里获得一个 X 染色体，因为她只有 X 染色体

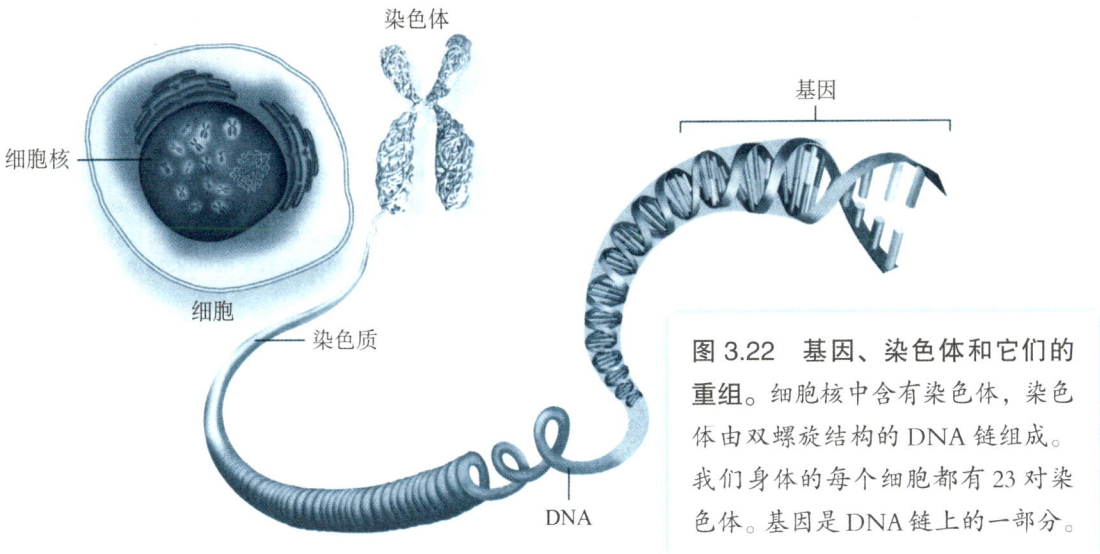

图 3.22 **基因、染色体和它们的重组**。细胞核中含有染色体，染色体由双螺旋结构的 DNA 链组成。我们身体的每个细胞都有 23 对染色体。基因是 DNA 链上的一部分。

基因（gene） 遗传传递的主要单元。
染色体（chromosomes） 相互缠绕的双螺旋结构的 DNA 链。

可以遗传给你，所以，你的生理性别取决于你是从你父亲那里得到又一个 X 染色体还是获得一个 Y 染色体。

　　作为同一个物种，我们身上有 99% 的 DNA 是相同的（和其他类人猿也差不多有这么高的相似性），但是有一部分 DNA 在每个个体上都各不相同。孩子和父母在这一部分 DNA 上的相似度比远系亲属或者没有血缘关系的陌生人要高。孩子与父母中任一方都有一半的基因是相同的，有四分之一的基因与祖父母的相同，有八分之一的基因与堂兄弟姐妹（表兄弟姐妹）相同，以此类推。拥有相同基因的比例被称为亲缘度（degree of relatedness）。

同卵双生子（左）有 100% 的基因相同，而异卵双生子（右）有 50% 的基因相同，这和其他非同时出生的兄弟姐妹一样。同卵双生子和异卵双生子的研究帮助研究者估计基因和环境影响行为的相对贡献率。

　　同卵双生子（monozygotic twins 或 identical twins）拥有最高的遗传亲缘度，他们是从同一个受精卵分裂出来的，因此他们的基因之间相似度为 100%。而异卵双生子（Dizygotic twins 或者 Fraternal twins）是由两个不同的受精卵发育而来的，他们之间只有 50% 的基因相同，这和其他非同时出生的兄弟姐妹一样。

为什么异卵双生子有 50% 的基因相同，与其他非同时出生的兄弟姐妹没什么两样？

　　许多研究者曾努力探寻基因对行为的影响。其中一种方法就是将同卵双生子表现出的特性与异卵双生子表现出的同一特性进行比较。这种研究通常招募在同一家庭抚养长大的双胞胎作为被试，因为这样的环境（他们的社会经济地位、教育机会、亲子教养方式以及环境中的压力）对他们的影响相对保持恒定。相对于异卵双生子，如果发现某一特定特性在同卵双生子身上有更强的表达，就表明了基因对行为的影响（Boomsma，Busjahn，和 Peltonen，2002）。

　　举例来说，异卵双生子中的一个若患有精神分裂症（这是一种心理障碍，我们将会在"心理障碍"一章详细介绍）那么异卵双生子中的另一个会有 27% 的几率罹患此病。

但是对同卵双生子来说，这一统计值就会上升到50%。这一现象就很好地诠释了基因对精神分裂症罹患率的影响。同卵双生子有100%的基因是相同的，如果假设双胞胎的两个人受环境的影响相对恒定的话，那么这个50%的几率就可以归因为基因的影响。在你认识到剩下的50%几率一定是来自环境的影响之前，这个数值听起来高得吓人。总而言之，基因对各种特征的发展、获得率和显现会有影响。但是要想更彻底地理解基因对行为的影响，就必须把环境因素考虑进来。基因性状的表达是其与环境相互作用的结果，而不是其单独作用的结果。

表观遗传学的作用

"基因在一定环境中表达"是一个快速发展的研究领域中的核心观点，这个领域就是**表观遗传学（Epicgenetics）**：*在不改变DNA序列的情况下，环境可以决定基因是否表达以及基因表达的程度。*要理解表观遗传的工作机制，不妨将DNA类比成一场戏剧或电影的剧本。生物学家内丝·凯里（Nessa Carey, 2012）以莎士比亚的《罗密欧与朱丽叶》为例来说明表观遗传学的观点，这部剧在1936年改编成电影，由著名演员莱斯利·霍华德（Leslie Howard）和诺尔马·希勒（Norma Shearer）主演，1996年的另一个电影版本由伦纳德·迪卡普里奥（Leonardo DiCaprio）和克莱尔·戴尼斯（Claire Danes）主演。莎士比亚的剧本为这两部剧提供了基础，但是这两部电影的导演用不同的方式诠释了它，两部电影中的演员也有不同的表演风格。所以，虽然莎士比亚的剧本仍然在那里，这两部电影都有一些偏离莎士比亚的原始剧本，并且彼此之间也不相同。表观遗传中所发生的与这有些相似：在不改变DNA编码的情况下，随着环境的不同基因可能表达或者不表达。

环境可以通过**遗传学标记（epigenics marks）**影响基因的表达，遗传学标记是对DNA的一种化学修饰，这样就可以"打开"或"关闭"DNA了。你可以把这种标记想象成导演在莎士比亚剧本上做的注解，用来决定在特定的电影中如何使用这一剧本。被广泛研究的遗传学标记有两种：

> **DNA甲基化（DNA methylation）**[①] 指的是在DNA上增加一个甲基群。有一种

表观遗传学（epicgenetics） 在不改变DNA序列的情况下，环境可以决定基因是否表达以及基因表达的程度。
遗传学标记（epigenics marks） 对DNA的一种化学修饰，这样就可以"打开"或"关闭"DNA。
DNA甲基化（DNA methylation） 在DNA上增加一个甲基群。

[①] 甲基化是蛋白质和核酸的一种重要的修饰，调节基因的表达和关闭，DNA甲基化能关闭某些基因的活性，去甲基化则诱导了基因的重新活化和表达。DNA甲基化能引起染色质结构、DNA构象、DNA稳定性及DNA与蛋白质相互作用方式的改变，从而控制基因表达。——译者注，引自http://baike.baidu.com/view/3853046.htm?fr=aladdin

特殊的酶称为表观遗传改写酶（epigenetic writers）可以在DNA上增加甲基群。虽然增加一个甲基群并没有改变DNA链，但是这样做可以关掉被甲基化了的基因（见图3.23）。这一过程就像是克莱尔·戴尼斯的导演所做的注解，要求她忽略莎士比亚剧本中的某部分。剧本中的这一部分——就像是被甲基化了的基因——仍然是存在的，但是其内容却没有得到表达。

➢ **组蛋白修饰（Histone modification）** 指的是对一种参与组装DNA的、称为组蛋白的蛋白质加以化学修饰。我们倾向于把DNA想象成如图3.22中那样的自由漂浮的双螺旋结构。可事实上DNA和许多组蛋白紧密地缠绕在一起，就像图3.23中所显示的那样。不管怎样，DNA甲基化负责关掉基因，而组蛋白修饰既可以打开基因也可以关掉它们。和DNA甲基化相似的一点是，组蛋白修饰在影响基因表达时并不改变DNA序列（Carey, 2012）。

好了，现在你已经学习了许多陌生的新术语，也许还曾暗想克莱尔·戴尼斯在《罗密欧与朱丽叶》中的表演是否为她在《国土安全》中扮演卡丽这一角色奠定了基础（想想看吧，卡丽和布罗迪的关系与莎士比亚剧中一对恋人的关系的确有一定相似度）。但是，表观遗传学与大脑和心理学有什么样的关系呢？在过去十年左右的时间里，事实证明它们之间的关系比任

图3.23 表观遗传学。 研究表明DNA甲基化和组蛋白修饰在人类和老鼠的早期经历的长期持久影响中发挥着重要作用。

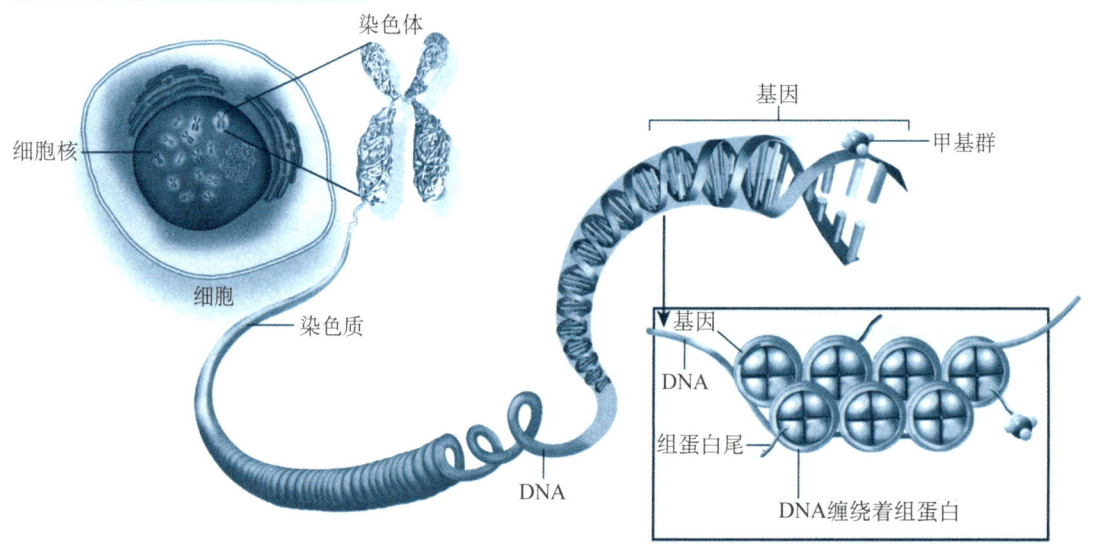

组蛋白修饰（histone modification） 对一种参与组装DNA的称为组蛋白的蛋白质加以化学修饰。

何人想象得都要大。以大鼠和小鼠为研究对象的实验已经表明，DNA 甲基化和组蛋白修饰留下的遗传学标记会影响学习和记忆（Bredy 等，2007； Day 和 Sweatt，2011； Levenson，和 Sweatt，2005）。许多研究，包括近期对人类的研究都已将表观遗传学的改变和压力应对联系在了一起（Zhang 和 Meaney，2010）。例如，对高压力环境和低压力环境下工作的护士进行比较后发现她们的 DNA 甲基化有差别（Alasaari 等，2012）。在一个以 92 名加拿大成年人作为样本的研究中，主观压力感和对压力的生理指标都与 DNA 甲基化水平相关（Lam 等，2012）。另一个研究将生长在相对富裕家庭的个体和生长在相对贫困家庭的个体进行比较后，发现早期生活经历和 DNA 甲基化存在关联，即使是在控制了当前社会经济地位之后结果仍然如此（Lam 等，2012）。一个以 40 名成年英国人为样本的研究中也出现相似的研究结果（Borghol 等，2012）。这些发现和科学热点版块中的许多研究结果相吻合，表明人类和老鼠的早期经历之所以（对日后生活）具有长期持久的影响，是由于 DNA 甲基化和组蛋白修饰在其中发挥着重要作用。

环境因素的作用

基因为种群中表现出某种特征的可能性设定了一个范围，在这个可能性的范围内任何一个个体具体表现出的特征则是由环境因素和经历决定的。你可能会喜欢其他物种的一些遗传能力，例如在水下呼吸，但是无论你多么想拥有这种能力，它都在你的基因可能性范围之外。

有了这些参数，行为遗传学家用一些基于关联度的算法来计算行为的遗传性（Plomin，DeFries，等，2001）。**遗传度（heritability）**指从一组个体身上可观察到的变异中，能由遗传因素解释的比例。遗传度是一个比率，它的值域从 0 到 1.00。当遗传度为 0 时，代表行为特质中的个体差异不能由基因解释；当遗传度为 1.00 时，代表基因是个体差异的唯一原因。你可能已经猜到 0 和 1.00 这两个数值在现实生活中很少出现，它们更多地代表理论上的一种极限而不是实际值。人类行为几乎没有完全是由环境决定或者完全由基因遗传导致的。所以，在 0 和 1.00 之间的数值代表个体差异由基因和环境决定的不同程度——也许这种特征更多地由基因决定，而那种特征更多地由环境决定，但是这两种因素经常一起发挥重要作用（Moffitt，2005； Zhang 和 Meaney，2010）。

遗传度（heritability） 指从一组个体身上可观察到的变异中，能由遗传因素解释的比例。

科学热点

表观遗传学与早期经验的持续效应

一系列振奋人心的研究显示，表观遗传过程在人类早期经验的持久影响中发挥重要作用。这些研究成果主要是来自迈克·米尼（Michael Meaney）的实验室以及他的麦吉尔大学同事的研究。他们开始是研究老鼠的母性行为，最近延伸到研究童年期虐待的持续效应。

让我们先来看看米尼实验室的早期研究工作，它们提供了重要的研究背景（Francis 等，1999；Liu 等，1997）。这个研究注意到老鼠的育儿风格存在很大的差别：一些母鼠会花很多的时间舔舐（licking）它们的幼崽并为其理毛（grooming）（高LG母亲），这些幼崽很享受这个过程。而另一些母鼠并不会花很多时间来做这些事情（低LG母亲）。研究者发现高LG母亲的幼崽长大后，面对紧张的情境时比低LG母亲的幼崽有更少的恐惧感。这是否可以简单地用鼠崽共享了母鼠的基因特征来解释呢？并非如此，米尼和他的同事证实，当高LG母亲的后代由低LG母亲抚养时，也会得到和上述相同的效应；当低LG母亲的后代由高LG母亲抚养时情况也一样。这些效应还伴随着生理变化。当处于容易诱发恐惧的场景中时，相对于由低LG母亲抚养的成年鼠，由高LG母亲抚养的成年鼠分泌的与压力有关的荷尔蒙水平更低。同时由高LG母亲抚养大的老鼠分泌的海马5-羟色胺含量增加——通过在这一章前面的学习我们知道，5-羟色胺水平的升高与高涨的情绪有关——换句话说，高LG的幼鼠长大后会成为"冷静"的老鼠。但是，这个影响是怎样由婴儿期持续到成年期的呢？这就该轮到表观遗传学出场了。母鼠的高LG行为，使得幼鼠的5-羟色胺含量增加，5-羟色胺含量增加促使负责肾上腺皮质激素受体的基因的DNA甲基化降低（另见"应激与健康"一章中对压力和肾上腺激素的讨论），甲基化作用减小又会引起对应基因的更多表达，进而出现平静面对压力的能力（Weaver 等，2004）。被低LG母亲抚养的老鼠负责肾上腺素受体的基因表现出更多的DNA甲基化，这就造成相应基因的表达减少，进而导致平静应对压力的能力不足。因为DNA甲基化很稳定，不随时间的变化而变化。所以这些以老鼠为研究对象的研究也为最近人类的相关研究奠定了基础，表明表观遗传在非常令人不安的童年虐待体验的持续效应中发挥作用。

米尼团队仔细检查了24个在35岁左右自杀的成年人的海马（McGowan 等，2009）发现，海马参与应对压力的过程，并且是大脑中接受肾上腺激素最多的脑区。实验参与者中有12人遭受过童年虐待，另外12人则没有。研究者将他们的海马样本与控制组（12名在相同年龄段突然死亡，但是没有童年虐待经历也没有自杀行为的成年人）的海马进行比较。令人惊讶的是，他们发现，与控制组比较，那12名自杀并遭受过童年虐待的成年人的海马肾上腺激素受体基因的DNA甲基化水平更高，但是另12名自杀但没有遭受童年虐待的成年人和控制组没有这种差异。更高水平的DNA甲基化抑制了那12名遭受童年虐待的自杀者肾上腺素受体基因的表达，这就与那些由低LG母鼠抚养大的老鼠的情况一样。虽然这个研究无法告诉我们那些遭受过虐待和没有遭受过虐待的人，生前DNA甲基化水平上的差异是否影响或者如何影响他们的行为，但是它确实表明表观遗传在人类和老鼠早期负面经历的中发挥着相似的作用。

研究表明早期经历的效应不局限于单个基因，而是广泛地发生在很多基因上。米尼实验室最近的一项研究发现高LG和低LG母亲的后代在海马上有上百种DNA甲基化存在差异（McGowan等，2011）。对遭受过童年虐待自杀者的海马样本的重新分析也显示该样本和没遭受过虐待的控制组样本之间在很多DNA甲基化上都存在差异（Suderman等，2012）。虽然老鼠和人类的甲基化也存在差异，但是这也许反应了两种不同物种间环境与各自生理特征的结合（Suderman等，2012），研究结果的整体趋势表明表观遗传非常有助于理解早期经历对后续发展和行为的影响（Meaney和FergusonSmith，2010）。

高LG妈妈	低LG妈妈
海马中的5-羟色胺含量增加 肾上腺皮质激素受体基因(与压力有关)的 DNA甲基化降低 基因的表达增多	海马中的5-羟色胺含量降低 肾上腺皮质激素受体基因(与压力有关)的 DNA甲基化增加 基因的表达减少
↓	↓
幼崽长成"冷静"的成年个体后， 能较好的调控应激反应	幼崽成年后，冷静应对压力的能力不足

对于人类行为来说，几乎所有对遗传度的估计都在居中的一个区间范围里：0.30 到 0.60 之间。例如，智力的遗传度为 0.50，意味着智力的个体差异有一半是由基因决定，剩下的一半是由环境决定。聪明的人通常（但并不总是）会有聪明的孩子：基因一定会发挥作用。但是聪明的和没那么聪明的孩子，谁进了好学校，谁进了没那么好的学校；谁持之以恒地练习钢琴课上的学习内容，谁没有持之以恒地练习；谁非常努力地学习，谁没有努力地学习；谁遇到了一个好老师和行为榜样，谁没遇到好的老师和行为榜样，诸如此类种种都还难以预料。基因只是影响智力的一个因素，环境影响也对智力的预测起着至关重要的作用（见"智力"一章）。

像智力、记忆这样的能力是通过基因遗传得来的吗？

遗传度被证明是一个在理论上非常有用，在统计上也讲得通的概念，它能帮助科学家理解基因和环境对行为的相对影响力。但是，关于遗传度，有四点重要的内容一定要注意。首先，铭记遗传度是一个抽象的概念：它不能解释具体哪些基因决定了某特征。其次，遗传度是一个人口学概念：它不能解释个体。遗传度帮助我们理解的是群体间产生的差异而不是某一个体的能力。

第三，遗传度依赖环境。就像行为总是在特定环境下发生一样，基因的影响也脱离不了特定的环境。例如，智力并不是个体一成不变的品质：人们的智力与特定的学习环境、社会环境、家庭环境、社会经济地位等有关。所以，只有在设定的环境条件中，计算遗传度才有意义，在另一种环境条件下时，遗传度的计算值可能会发生非常大的变化。最后，遗传度不是命运。它不能告诉我们多大程度的干预可以改变行为特质。遗传度可以帮助我们识别受基因影响的行为特质，但是它不能帮助我们预测个体在特定环境条件或遭遇中会怎样应对。

小 结

▲ 考察神经系统在个体整个生命历程中的发育（个体发生）和在特定物种进化中的发展（种系发生）让我们更好地理解人类大脑。

▲ 神经系统是胚胎形成的第一个系统，刚开始只是一个神经管，它是形成脊髓的基础。神经管的一端膨大，形成后脑、中脑、前脑，这些结构之间彼此叠合在一起。

▲ 在这些脑区内部，开始分化出特定的脑结构。前脑中的分化程度最大，其中值得注意的是，大脑皮层是人脑内最发达的部分。

▲ 神经系统从简单动物（如扁形虫）体内的感觉和运动神经元团，进化到哺乳动物体内复杂的中枢神经系统。
　▲ 人类的神经系统的进化可以看成经历如下几个过程：改善、变得更复杂、扩大其他物种的那些脑结构。
　▲ 爬行动物和鸟类几乎没有大脑皮层。而哺乳动物拥有高度发展的大脑皮层。
　▲ 为了适应更为复杂的环境，人类大脑比其他物种进化得更快。

▲ 基因，或者说遗传传递的单位，是由位于染色体上的 DNA 双螺旋结构的片段构成的。

▲ 人类有 23 对染色体，一半来自父亲一半来自母亲。
　▲ 孩子的基因和父母中的任一方有 50% 是相同的。
　▲ 同卵双生子有 100% 的基因是相同的，异卵双生子和其他兄弟姐妹一样，有 50% 的基因是相同的。鉴于双胞胎的基因相似度，他们经常成为基因研究的研究对象。

▲ 遗传研究表明基因和环境共同作用影响行为。基因为人群特征多样性提供一个范围，但不能预测个体特征；经历和其他环境因素也起到重要作用。

▲ 表观遗传是指在不改变基本 DNA 序列的情况下，影响基因是否表达的环境因素。遗传学标记（例如 DNA 甲基化和组蛋白修饰）能影响特定基因的打开与关闭。表观遗传被证明在老鼠和人类的早期经历的持续性效应中发挥重要作用。

脑的研究

至今，关于神经系统你已经了解了很多：它是怎样组织的，怎样工作的，它的组成成分有哪些，以及这些成分都能做什么。但有一个问题仍悬而未决：我们是怎么知道这些的？解剖学家可以解剖人的大脑并区分不同结构，但通过解剖死者的大脑不能确定哪些大脑结构会影响哪些行为的产生。

科学家们采用了各种不同的方法来了解大脑怎样影响行为，我们看看其中三种主要的方法：研究脑损伤患者；研究大脑的电活动；用脑成像技术研究大脑结构并观察大脑活动。下面就让我们一一了解上述研究大脑的三种方法。

脑损伤研究

为了更好地了解正常大脑的工作过程，明白当大脑不能正常工作时会发生什么是很具有启发性的。很多神经科学研究将特定的心理功能缺失（如感知，运动，情绪或认知功能缺失）与大脑特定部位的损伤联系起来（Andrewes, 2001; Kolb 和 Whishaw, 2003）。通过研究这些病例，神经科学家们能够从理论上推测这些大脑区域正常工作时具有哪些功能。神经科学的现代史可以追溯到保罗·布洛卡（Paul Broca）的研究（详见"心理学的科学之路"一章）。1861年，布洛卡描述了一位由于左侧额叶小部分损伤而不能说话的病人（但仍能理解语言）。1874年，卡尔·韦尔尼克（Carl Wernicke, 1848—1905）描述了一位不能理解语言的患者（但仍能说话），其左侧颞上回区域损伤。这两个区域相应地被命名为布洛卡区和维尔尼克区（另见"语言与思维"一章的图9.3），他们提供了大脑定位最早的证据，即言语产生和言语理解是分开的；他们还证明大多数人的左半球主要负责加工和理解语言（Young, 1990）。

> 脑损伤是如何成为大脑特殊区域的主要研究的？

额叶的情绪功能

正如你已了解的，人类的额叶是非凡的进化产物。然而，心理学第一次得以瞥见额叶的某些功能，还要归功于一个毫不起眼的家伙；他是如此的不起眼，然而在他一生中仅一件事就让他的名字永留在心理学历史年鉴中（Macmillan, 2000）。菲尼亚斯·盖奇（Phineas Gage），25岁，是一名强壮的铁路工人。1848年9月13日这一天，在佛蒙特州的卡文迪许铁路工地上，正当盖奇将爆破用的炸药和导火线装入石缝中时，炸药就爆炸了，一根3英尺长13英镑重的铁棒高速穿过他的头部（Harlow, 1848）。如图3.24所示，铁棒从他的左下颚穿入从头顶中部穿出。难以置信的是，

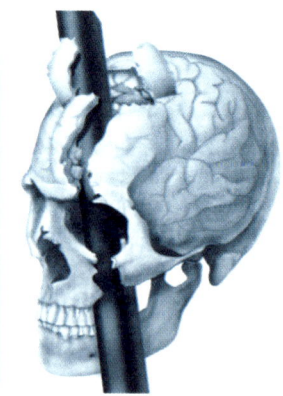

图3.24 菲尼亚斯·盖奇。菲尼亚斯·盖奇的创伤性事件使得研究者探究额叶的功能以及与皮层情绪中心结构的连接。这里还原了金属棒穿过盖奇颅骨的可能通路。

盖奇奇迹般的活下来了，但他的性格却发生了明显的变化。

事故之前，盖奇性格温和、安静、勤勤恳恳并刻苦耐劳。然而，事故发生之后，他变得脾气暴躁、不负责任、优柔寡断并且粗俗无礼。但是，盖奇个性和情绪生活的不幸变故却给心理学带来了意外的收获。他的这个案例第一次让研究者开始探究额叶在情绪调节、计划和决策中的作用。此外，由于额叶和边缘系统皮层下结构的连接受到影响，科学家们可以更好地了解杏仁核、海马及相关的脑结构与大脑皮层间的相互作用（Damasio, 2005）。

左右半球的分工

你可能还记得大脑皮层分为左右两半球，尽管这两半球通常以整体形式进行活动。然而有些时侯，一旦紊乱症状威胁到大脑的功能运作，唯一能做的就是用极端的方法解除这些威胁。那些患有严重而不可控制的癫痫病患者有时候就属于这种情况。癫痫① 始于一侧半球，通过胼胝体（连接左右两半球的较厚的神经纤维）传递到对侧半球，并开始反馈循环，形成脑内的一种风暴。为了减少癫痫发作的严重程度，外科医生们可以切断胼胝体，这个过程被称为割裂脑。其结果是始发癫痫的那侧半球无法再与对侧半球联系，因而也将癫痫隔离在半侧大脑中。这个过程虽然有助于减轻患者的癫痫症状，但同时也导致了一些始料未及的异常行为。

诺贝尔获得者罗杰·斯佩里（Roger Sperry, 1913—1994）发现切断胼胝体的患者的日常行为似乎并未受到割裂脑手术的影响。他对这个发现很好奇，这是否意味着胼胝体在人的行为中不担负任何作用呢？斯佩里认为如此下结论为时过早，他推理：日常行为的损伤虽然难以由偶然观察把握到，却可能被更加敏感的测试捕捉到。为了从实验的角度检验这个推理，斯佩里和他的同事首次研究了切断胼胝体的猫的学习行为，提供了其学习行为不能从一侧半球迁移到另一侧（Sperry, 1964）的证据。之后，斯佩里设计了几个实验来探究裂脑人的行为，在这个过程中他们揭示了左右半球的很多彼此独立的功能（Sperry, 1964）。通常情况下，任何进入左半球的信息同样在右半球有登记，反之亦然：信息进入大脑后沿着胼胝体传递到对侧，使得两个半球都知道发生了什么（见图3.25）。但是对于裂脑人来说，信息进入一侧半球后就待在

胼胝体在行为中扮演怎样的角色？

---
① 癫痫是慢性反复发作性短暂脑功能失调综合征。以脑神经元异常放电引起反复痫性发作为特征。癫痫是神经系统常见疾病之一，患病率仅次于脑卒中。——译者注，资料来源于http://baike.so.com/doc/5328152.html。

图 3.25 **割裂脑实验**。向割裂脑被试呈现屏幕右侧是戒指左侧是钥匙的图片时，她能够说出戒指但说不出钥匙这个词汇，因为左半球"看到"戒指且言语功能通常定位在左半球。她可以用左手在屏幕后的一堆物体中选择一个钥匙。然而，不能用左手选出戒指，因为左半球"看到"的物体不能与身体的左侧部分产生信息连接。

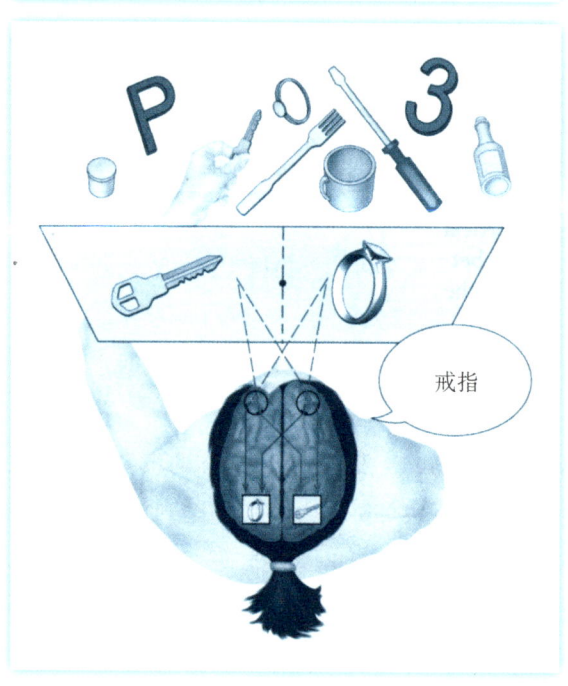

那里，没有了胼胝体的连接，无法将信息传递到另一侧大脑半球。斯佩里和其同事在一系列实验中用这种方法来研究半侧大脑的知觉。例如，他们让裂脑人注视屏幕中的一点，接着在屏幕的左侧（左视野区）或右侧（右视野区）呈现刺激，刺激会被单单投射到对侧的半球（关于信息如何从一侧视野区进入到对侧半球的更多介绍，见"感觉与知觉"一章图 4.10）。

两半球本身分别负责不同类型的任务。你已经了解了布洛卡区和维尔尼克区，这些区域表明言语加工主要是左半球的活动。所以试想一下，一些信息进入裂脑人的左半球，接着要求她用言语来描述那是什么。没问题：左半球获得了信息，它是负责"说话"的半球，所以她能够毫不困难的用言语描述她看到了什么。但假设要求她把左手放在屏幕后并拿起她看到的物体。记住大脑半球分别控制身体对侧行为的，这就意味着左手是被右半球控制的。但这个人的右半球没有任何关于这个物体是什么的线索，因为信息被左半球接收并不能传递到右半球！所以，仅管她看见了物体并能够用言语描述，但她不能用右半球来完成与这个物体相关的其他任务，例如用她的左手从一些物体中准确地挑选出她所看到的物体（见图 3.25）。

当然，向右半球呈现信息可以弥补上述不足。在上述事例中，可以在她的左手中放一个熟悉的物体（如钥匙），她知道那是什么（通过在半空中扭动并旋转钥匙），但是她不能用言语描述手里拿的是什么。在这种情况下，右半球的信息不能传递到负责言语产生的左半球。

此外，假设向裂脑人呈现图 3.26 中不合常规的人脸，这种人脸通常称为嵌合脸，它是由两张完整脸各取一半重新拼合而成。当要求被试指出呈现的是哪张脸时，她会表示看到了两张脸，因为左侧脸的信息被记录在右半球，右侧脸的信息被记录在左半球（Levy,

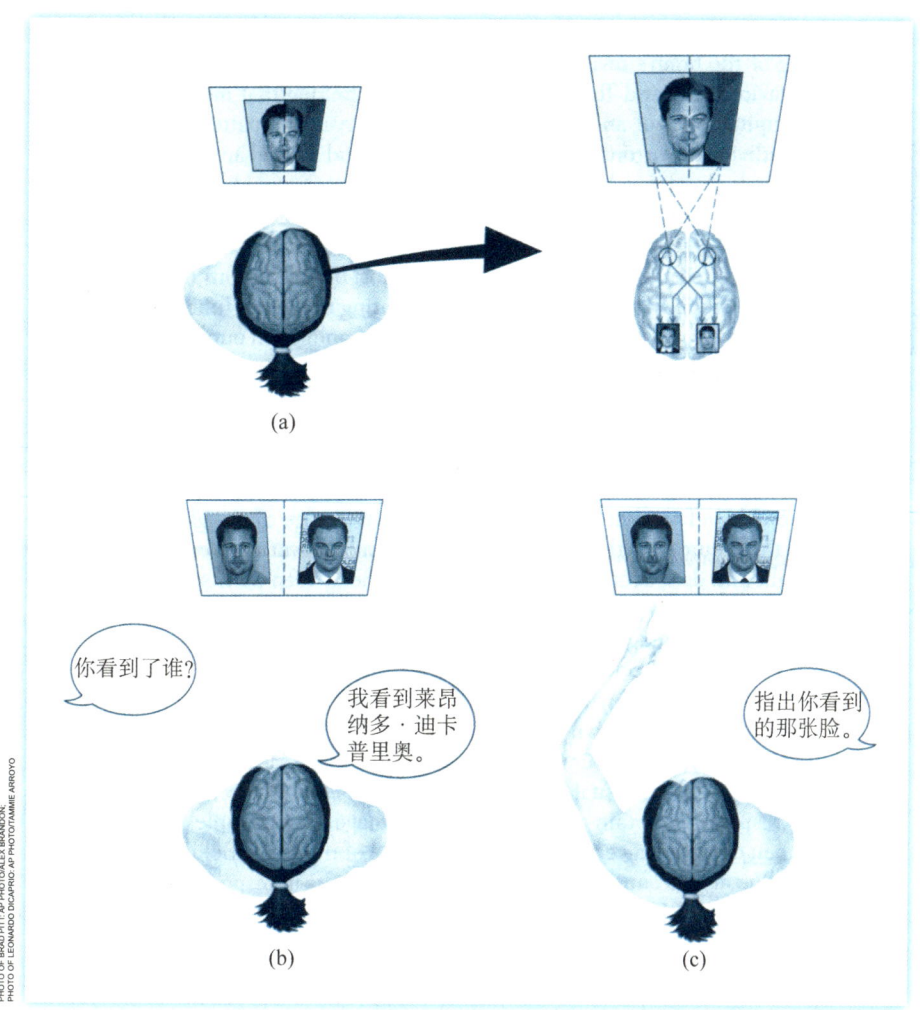

图 3.26 嵌合脸和裂脑人。

[a] 当裂脑人看到布拉德·皮特（Brad Pitt）和莱昂纳多·迪卡普里奥（Leonardo DiCaprio）的嵌合脸时，她的左半球只意识到莱昂纳多·迪卡普里奥，右半球只看到布拉德·皮特。

[b] 当问到看到谁时，她回答"莱昂纳多·迪卡普里奥"，因为言语由左半球控制。

[c] 当要求用左手指出看到的面孔时，她指向布拉德·皮特，因为她的右半球只意识到图片的左半部分。

Trevarthen, 和 Sperry, 1972）。

割裂脑的研究揭示了两半球负责不同的功能，并且只要胼胝体是完整的，两半球就能协同工作。如果从一侧半球向另一侧传送信息的途径中断，那么信息只能停留在最初进入的这一侧半球，由此我们对每侧半球的不同功能有了精准的认识。当然，裂脑人也可以通过简单的小范围转动她的眼球来适应这种情况，这样相同的信息就能分别进入左右两半球。在过去的几十年中，割裂脑研究一直持续进行，并且在人们认识大脑的工作机制的过程中发挥了重要作用（Gazzaniga, 2006）。

大脑电位活动的研究

研究脑结构和行为间联系的第二种途径是记录神经元的电位活动模式。**脑电图（EEG）**，是一种用来记录大脑电位活动的设备。通常，电极被安放在头皮上，虽然突触中的电位活动源和动作电位距离这

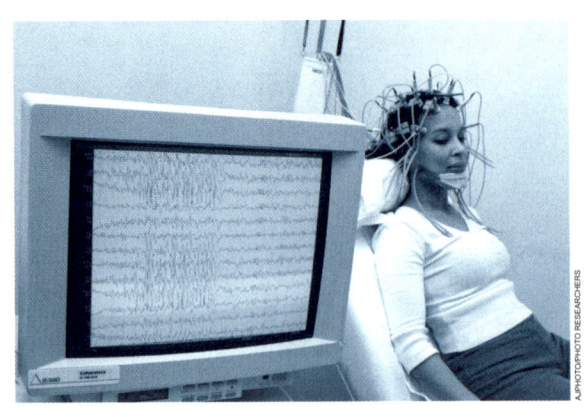

图 3.27 EEG。脑电图（EEG）记录大脑电位活动。意识的许多状态用特定种类的脑电波标识，如觉醒和睡眠阶段。

些电线较远，但 EEG 可以将电信号放大几千倍，这就为基本的电位活动提供了视觉记录的可能，如图 3.27 所示。通过这种技术，研究者能够确定不同意识状态下大脑的活动量。举例来说，正如你在"意识"那一章里了解到的，在觉醒和睡眠状态时，大脑呈现出不同的电位活动模式；事实上，甚至在不同的睡眠阶段也伴随着不同的脑电波模式。EEG 记录使得研究者对睡眠和觉醒状态的本质方面取得了的根本性发现（Dement, 1978）。EEG 也可用于探测清醒个体使用不同心理功能时的大脑电位活动，如知觉、学习和记忆。

 EEG 怎样记录大脑的电位活动？

记录电位活动的另一种新方法使得人们对大脑不同区域的功能有了更精确的了解，这种精确甚至达到细胞水平。诺贝尔奖获得者戴维·休伯（Daid Hubel）和托尔斯滕·维塞尔（Torsten Wiesel）使用一种技术使得电极能被插入麻醉了的猫脑枕叶，从而可以观察到单个神经元动作电位的各种活动模式（Hubel, 1988）。休伯和维塞尔放大了动作电位，通过扩音器能够听到电位信号的咔嗒声并在示波器上显示出电位信号。通过让动物看闪光刺激，休伯和维塞尔记录到了枕叶皮层上神经元对此的反应活动。他们的发现并不多：大多数神经元对这样的一般刺激并不反应。这使他们感到沮丧。休伯（1988，第 69 页）多年后回忆道"我们尝试了我们能想到的所有方法试图让它起反应"，但是，随后他们开始注意到一些有趣的事情。

当一系列看似失败的实验临近结束时，他们在猫眼前呈现一张有一个黑色斑点的玻璃片并听到一段急而快的嘀嗒声，这表明猫枕叶上的神经元被激活了！通过仔细的观察，他们认识到黑色斑点并不能激活神经元，但玻璃片边缘投射的微弱却尖锐的阴影反而能

脑电图（electroencephalograph 或 EEG）　是一种用来记录大脑电位活动的设备。

激活神经元。他们发现不论何时,只要在视野中存在明暗对比,初级视觉皮层的神经元就会被激活,当视觉刺激是黑色背景下的一细条光线时观察的效果尤其明显。在这个情况下,玻璃片边缘产生的阴影提供了一种对比促使特殊的神经元反应。接着他们发现在特定的方位呈现有边缘对比的刺激时,每个神经元都会活跃地反应。从此以后,许多研究表明视觉初级皮层的神经元表征视觉刺激的特定属性,如明暗对比、形状和颜色(Zeki, 1993)。

视觉皮层上的这些神经元被看作是特征觉察器,因为他们对视觉像的特定方面进行选择性的反应。例如,一些神经元只有探测到视野中央有垂直线条时才激活;另一些神经元在知觉到呈45°角的斜线时才激活;还有一些神经元只对宽线、水平线或视野外周区有线条等等有反应(Livingstone 和 Hubel, 1988)。神经元功能特异化的发现对于我们理解视觉皮层如何工作是一个巨大的突破。特征觉察器能够识别刺激的基本维度("斜线……其他斜线……水平线");接着,这些维度在视觉加工的下一个阶段被捆绑组合,从而使刺激得到知觉,并被识别("哦,这是字母 A")。

其他一些研究已经确认了由感觉神经元检测的很多不同特征。例如,颞叶上的一些视觉加工神经元只有在检测到面孔时才激活(Kanwisher, 2000; Perrett, Roll 和 Caan, 1982)。这个区域的神经元专门负责加工面孔;如果这个区域受损,将导致不能识别面孔。这些补充性的发现(某一大脑皮层区域内的神经元负责某一类信息加工,如果该区域受损,对应的信息加工功能会丧失或被改变)提供了大脑与行为相关的最有力的证据。

采用脑成像来研究大脑结构并观察活动中的大脑

第三种神经科学家们用来窥探人脑工作机制的途径只是在近几十年才成为可能。EEG 的数据展示了人类意识水平的整体情况,单细胞记录揭示了特定神经元族群的活动。然而,神经科学的梦想是能够看见行为过程中的大脑运作。得益于神经成像技术(neuroimaging techniques)的广泛使用,这一目标已稳步实现,神经成像技术是用先进的科学技术形成生动的、健康的大脑图像(Posner 和 Raichle, 1994; Raichle 和 Mintun, 2006)。脑结构成像(structural brain imaging)提供关于大脑结构的基本信息,并使得临床工作者或研究人员能够看到大脑结构中的病变。相应的,脑功能成像(functional brain imaging)提供人们在完成不同种类的认知或运动任务时大脑活动的相关信息。

脑结构成像

首批神经成像技术之一是计算机断层扫描(computerized axial tomography, CT)。在

CT 扫描中，扫描器将一个设备绕着人脑旋转，从不同角度采集一系列 X 射线照片。接着电脑程序整合这些图像并提供各个角度的视图。CT 扫描展现了大脑组织的不同密度。例如，在 CT 扫描中高密度的头盖骨看起来是白色的，皮层则是灰色的，在大脑中密度最低的间隙和脑室看起来是黑色的（见图 3.28）。CT 扫描被用来定位损伤或肿瘤，这些部分通常颜色较深，因为它们的密度低于大脑皮层。

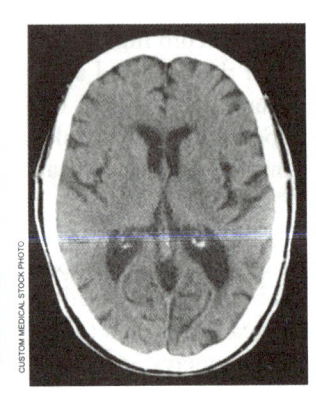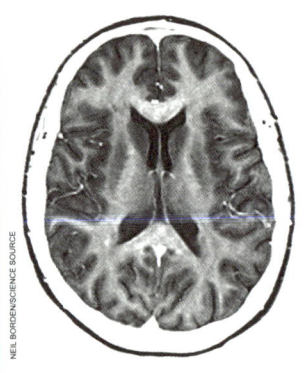

图 3.28 脑结构成像［CT 和 MRI］。CT［左］和 MRI［右］扫描用于提供脑结构的信息，并能帮助确认肿瘤和其他种类的损伤。这里展示了每种扫描的大脑单张切片的影像。需要注意的是 MRI 能够比 CT 扫描提供更清晰、更高像素的成像［有关这些成像如何形成，以及它们描述了什么内容，请参见后续相关论述内容］。

磁共振成像（magnetic resonance imaging，MRI），通过强磁场使大脑组织中特定分子的原子核排列成线。无线电波短暂但强有力的脉冲使得原子核转动无法与磁场方向对齐。当脉冲停止，原子核迅速反弹回到磁场的直线方向中并在此过程中释放少量能量。在反弹的过程中，不同的分子具有各自唯一的能量特征，因而这些特征能够用来揭示大脑结构中不同的分子组成。MRI 合成的软组织图片比 CT 扫描有更好的分辨率，正如图 3.28 所示。这些技术为心理学家提供大脑结构更清晰的图像并帮助人们对大脑损伤（如中风患者）进行定位，但它们并不能揭示大脑的功能。

弥散张量成像（diffusion tensor imaging，DTI）是新近发展起来的一种 MRI 技术，用于白质通路可视化，白质通路是一些将远近不同脑区进行彼此连接的纤维束。DTI 测量了水分子沿白质通路运动或弥散的速率和方向。因为水分子的弥散与通路方向一致，水分子弥散方向的信息能够用来确定白质通路的走向。利用测得的弥散速率和方向，科学家们能够评估白质通路的完整程度，这对于神经学和心理学上的失调病症十分有用（Thomason 和 Thompson，2011）。

由于 DTI 提供了连接大脑不同区域间的通路信息，因而它在绘制人脑的连通性构图方面是一种重要的工具，并在雄心勃勃的人类连接组计划（Human Connectome Project）

中发挥重要作用。这是美国国家健康研究院（National institutes of health）在 2009 年开始资助的一个合作计划，它的合作伙伴包括了曼彻斯特综合医院和加州大学洛杉矶分校的研究人员，还包括华盛顿大学和明尼苏达大学的研究者们。这个项目的主要目标是提供一幅大脑神经通路连接的完整构图：人类脑神经网络体（Toga 等，2012）。人类连接组项目的一个独特而令人振奋的特点是研究者将他们的一些结果公布在网站上（www.humanconnectomeproject.org）供人获取，包括一些他们已经发现的一些连接通路的迷人的彩图。

脑功能成像

脑功能成像技术为研究者提供了比仅仅知道大脑的结构多得多的信息，这让我们能够观察活动中的大脑。这些技术所依据的事实是激活的脑区需要更多的能量来维持神经元的工作。这些能量通过增加激活脑区的血流量来提供，而功能成像技术能探测到血流量的变化。正电子发射断层扫描（positron emission tomography 或 PET），将无害的放射性物质注射进人体血液中，接着在被试完成知觉或认知任务（如阅读或说话）时，用放射性探测器扫描人脑。完成这些任务的过程中，被激活的脑区需要更多的能量及更大的血流量，导致这一区域放射性物质含量更高。放射性探测器记录每个区域的放射性物质含量水平，产生激活区域的计算机图像（如图 3.29）。需要注意的是 PET 扫描不同于 CT 扫描和 MRIs，在 PET 扫描中产生的图像显示了人在完成特定任务时的大脑活动。例如，一个人正在说话时的 PET 扫描将显示出左侧额叶布洛卡区域的活动情况。

对于心理学家而言，现在应用最广的功能脑成像技术是功能性磁共振成像（functional magnetic resonance imaging—fMRI），功能性磁共振成像用来探测暴露在磁场下氧合血红蛋白和脱氧血红蛋白间的差异。血红蛋白是血液中的一种分子，它携带氧将其输送至人体各组织，包括大脑。当激活的神经元需要更多能量和血流量时，氧合血红蛋白便集中在这些激活区域；fMRI 探测氧合血红蛋白，并提供大脑各个区域氧合血红蛋白活动水平的图像（见图 3.29）。就像 MRI 显著优于 CT 扫描一样，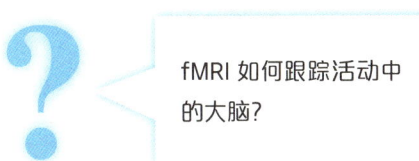

fMRI 如何跟踪活动中的大脑？

fMRI 代表了我们记录行为过程中的大脑活动的能力向前跨越了一大步。fMRI 和 PET 都能帮助研究者非常精确地记录到大脑活动的变化发生在哪里。然而 fMRI 还有许多胜于 PET 的优点。首先，fMRI 不需要人体暴露在任何放射性物质的环境下。第二，与 PET 相比，fMRI 能在较短时间内定位大脑活动的变化，这更有助于分析发生极快的心理过程，如阅

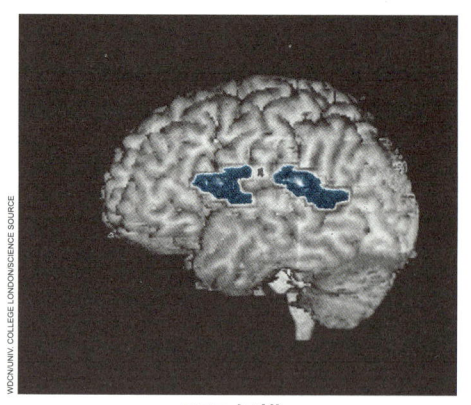

PET 扫描

图 3.29　功能性脑成像（PET 和 fMRI）。PET 和 fMRI 扫描通过揭示不同情况下大脑哪个区域的活动增多或减少来提供有关大脑功能的信息。PET 扫描显示当人在几秒内记忆一连串字母时，左半球脑区（布洛克区，左侧；下顶叶—上颞叶区域，右侧）激活。fMRI 扫描图表明人在听音乐时听觉皮层激活（原版 fMRI 图片，中文版未获授权）。

读单词或识别人脸。使用 PET，为了适应 PET 自身的限制，研究者必须使用和他们在心理实验室中使用的不一样的实验设计。而使用 fMRI 时，研究者采用的实验设计和他们在心理实验室中使用的非常接近。

功能性 MRI 也能用来探测大脑区域之间的关系，这就要用上最近发展起来的技术——静息态功能连接技术（resting state functional connectivity）。正如其名称所示，这种技术不需要被试完成任务；当进行 fMRI 检测时他们只需要安静地休息。功能连接测量的是与时间相关的、发生在不同脑区的自发活动的程度；那些在自发活动上高度相关的脑区被认为在功能上也有高度相关（Lee, Smyser 和 Shimony，2012）。功能连接测量近年来被广泛用于确定大脑神经网络，即一系列彼此之间有紧密联系的大脑区域（Yeo 等，2011）。例如，功能连接可以帮助确定默认神经网络（Gusnard 和 Raichle, 2001），这是分布在额叶、颞叶和顶叶中有着内部联系的一组脑区，额叶、颞叶和顶叶本质上主要负责像记住过去的事件、想象未来的事件、白日做梦及心猿意马等等这样的认知活动（Andrews-Hanna, 2012; Buckner, Andrews-Hanna 和 Schacter, 2008; 参见"记忆"和"意识"相关章节）。功能连接和 DTI（用于测量结构连接）被应用于人类连接组计划的研究，它们将为绘制人类神经网络草图提供重要信息。

来自功能成像的洞见

PET 和 fMRI 让我们能够洞悉发生在大脑特定脑区的信息加工类型。例如，当一个人完成一个简单的知觉任务时，如注视一个圆形棋盘，初级视觉皮层被激活。正如你已经了解的，若棋盘呈现在左侧视野，则右侧视觉皮层被激活；若棋盘呈现在右侧视野，则左侧视觉皮层被激活（Fox 等，1986）。与此类似，当人们注视面孔时，fMRI 显示，位于颞叶和枕叶交界附近被称为梭状回的区域有强烈激活（Kanwisher, McDermott, 和 Chun, 1997）。若这个结构受损，将产生识别面孔障碍——甚至连他们熟知的朋友和家人的面孔也无法识别——尽管他们的眼睛没有问题，并且能识别面孔之外的其他可见的物体（Mestry等,2012）。最后，当人们完成一个有情绪加工参与的任务时（如观看悲伤的图片），研究者发现杏仁核有显著激活，早前你已经学习过，杏仁核与情绪觉醒有关（Phelps, 2006）。额叶负责情绪调节的部分脑区也有明显的激活，事实上，在菲尼亚斯·盖奇事件中，这些脑区很有可能受到损伤（Wang等，2005）。

学习完研究方法那一章你应该知道：科学方法的核心是想法和证据间的关系。科学研究没有时间限制。在这种情况下，这些现代的脑成像技术证实了100多年前源于脑损伤研究的理论。当布洛克和维尔尼克形成他们关于言语产生和言语理解的结论时，他们凭借的只能是一些孤立的个案和较好的直觉。此后，PET扫描证实当一个人在听人说话时、在读屏幕上的文字时、在大声说词句时或在想相关词句时，大脑的不同区域被激活。这表明在执行这些相关但不同的功能时，大脑的不同部分被激活。类似的，那些为菲尼亚斯·盖奇进行检查的医生们很清楚，盖奇大脑受损的部位在盖奇个性和情绪发生巨大变化的过程中发挥了主要作用。此后，fMRI扫描证实额叶在情绪调节中扮演中心角色。采用不同的方法（在上述事例中指，非常古老的个案研究方法和最新近的现代技术）得到相同的结论这非常好。正如你将在书中的不同地方看到的那样，像fMRI这样的脑成像技术也能揭示一些新的、令人惊奇的发现，如在现实世界栏目中所描述的脑死亡和植物人。

尽管我们从fMRI所获得的发现令人振奋，但重要的是我们不能对此忘乎所以，尤其是媒体报道的fMRI结果（Marcus, 2012）。以准确记忆和错误记忆为例，利用"记忆"一章中已经学过的实验范式，fMRI研究已经表明，相对于错误记忆，正确提取时大脑的某些脑区的活动更强（Schacter和Loftus, 2013）。这是否意味着我们准备在法庭上使用fMRI来判断证人的证词是来自正确记忆还是来自错误记忆呢？沙克特（Schacter）和洛夫特斯（Loftus）认为这个问题的答案必然是否定的。原因之一是，我们仍不清楚实验室中进行的有关记忆的fMRI研究结果（通常使用如字词或图片的简单材料）能否推广到像法庭取证这样相对复杂的日常事件中去。此外，fMRI能够区分正确记忆和错误记忆的证据是从一组被试的大脑

为什么我们要避免在fMRI的结果上急于下结论？

活动进行平均得来的。但在法庭上我们需要决定单个个体的记忆准确与否，目前鲜有证据表明fMRI可以做到这一点。总体而言，在仔细思考fMRI证据是如何获得的之后，再来考虑所得证据如何用于日常生活中，这一点非常重要。

现实世界

脑死亡和植物人

1981年，医学、生物医学及行为学研究伦理问题总统委员会将脑死亡定义为大脑所有功能不可逆转的丧失。与你所认为的相反，脑死亡与陷入昏迷或对刺激没反应不是一回事。甚至是EEG的平直线也不能表明所有脑功能已停止，因为负责产生自主呼吸和心跳的后脑网状结构可能仍在活动。

脑死亡因为特拉·史雅芙（Terri Schiavo）获得了全美最高的关注度，在弗罗里达养护院中，特拉·史雅芙凭着人工呼吸装置维持了近15年的生命，在维持生命的进食管被移走后，她于2005年3月31日逝世。像史雅芙这样的人通常被称做脑死亡，但这样的个体应更精确地称之为植物人。一直处于植物人状态是否仍算"活着"呢？神经成像研究的证据表明，被诊断为植物人的个体显示有目的性心理活动的迹象（Monti，2012）。在一项研究中，研究者对一位因车祸导致严重脑损伤的25岁女性采用fMRI观察其大脑活动模式。研究人员对其说一些意思不明确的句子（如咯咯声源于天花板上的横梁）和意思明确的句子（如他的咖啡里加了牛奶和糖）时，fMRI揭示她的大脑里的激活区域与正常被试的脑激活区差不多（Owen等，2006）。此外，当要求她想象打网球或行走穿过自己家的房间时，她的脑区活动再次与正常健康被试的没有差别。

研究者们认为这些发现证明了植物人至少存在着对言语指令的意识理解，或者再好一点，还存在一定意向性。当说"打网球"和"穿过她家房间"时，患者的大脑活动表明她可以理解研究者的话并有按照说的那样去做的意愿。最近的一项fMRI研究使用上述方式和一些相关的心理想象任务，对更大的样本量进行了研究，结果发现54名意识障碍患者中有4名患者的大脑活动表现出有意向性的调节活动（Monti等，2010）。另一些近期研究也表明3个植物人患者中有2个对言语和复杂声音有正常的皮层反应（Fernandez-Espejo等，2008），一个患者对于熟悉的声音比陌生声音有更强烈的情绪反应（Eickhoff等，2008），在另一个患者身上还发现其努力按照指令尝试动一动特定的一根手指（Cruse等，2012）。怎样用这些和其他一些研究结果来影响有关大脑何时算死亡和生命何时算结束的决定？尽管阐述这个问题还为时过早（Laureys 等，2006），但科学家和医生们目前就这些研究结果的伦理和临床应用展开了激烈的讨论（Bernat, 2009; Monti, 2012; Monti, Coleman, 和 Owen, 2009）。

经颅磁刺激（TMS）

早些时候我们注意到科学家通过研究脑损伤患者的行为已经对大脑有了比较多的认识。尽管脑损伤可能与特定的行为模式有关，但这种关系可能是因果关系也可能不是。实验法是确定变量间的因果关系的一种最基本的方法，但从伦理上讲，科学家们不能制造人类的脑部损伤，因此他们不能建立特定部位脑损伤和特定行为模式间的因果关系。功能性神经成像技术，如fMRI，也不能解决这个问题，因为它不能提供由特定大脑活动的特定模式引起特定行为的相关信息。

值得庆幸的是，科学家们已经发现了一种新兴的技术来模拟大脑损伤，即经颅磁刺激（transcranial magnetic stimulation，TMS; Barker, Jalinous 和 Freeston, 1985; Hallett, 2000）。如果你曾将磁铁放在一张纸下，并用磁铁将放在纸上的曲别针拖拽来回移动，你便会知道磁场可以穿过绝缘物质，人的颅骨也不例外。TMS发射一个磁脉冲穿过头颅骨，并在短时间内使大脑皮层神经元无法激活。研究者可以给特定脑区发射TMS脉冲（主要是转变方向），接着测量人在运动、观看、思考、记忆、说话或体验时的暂时变化。通过操纵大脑的状态，科学家们能够完成一些实验以确定变量间的因果关系。

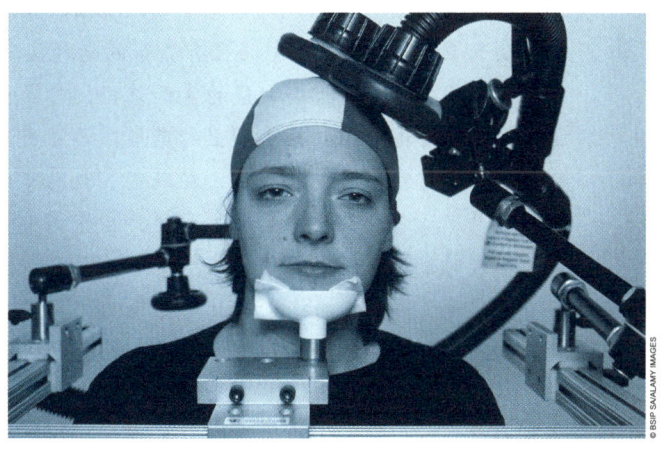

经颅磁刺激（TMS）通过磁脉冲，短暂性模仿大脑损伤，从而使大脑的某些区域处于兴奋状态或抑制状态。

> **其他声音** 神经神话

毫无疑问,你曾听到这样的话"我们只用了大脑的10%",你可能好奇这是否是真的。查布里斯(Chabris)和西蒙斯(Simons)(2012)以Dekker等最近的一项研究(2012)为基础,探讨了这句话和其他有关大脑的描述,这些描述在他们看来近乎神话。

突击测验:下面哪些说法是错误的?

1. 我们只用了大脑的10%。
2. 丰富的环境刺激有利于学前儿童的大脑发育。
3. 不论是听觉式学习、视觉式学习还是动觉式学习,只要个体采用自己偏爱的学习方式来接受信息时,学习效果就会更好。

如果你选择了第一个,恭喜你!我们只用了大脑的10%的想法明显是错误的。尽管它充斥在大众文化中,甚至在心理学家和神经科学家之间也有流传,以至于被人们看做是"10%神话"。与流行的理念相反,整个大脑都被使用了——没有使用的神经元会凋亡,而没有使用的神经通路会萎缩。神经成像研究的结果显示,在大脑扫描中仅有少量区域"变亮"可能看起来是支持了这个假说,但这些变亮的区域只是其活动水平高于基线活动水平;并不代表没有变亮的区域就是在休眠或未被使用。

你赞同另外两个说法吗?如果赞同,你就掉入了我们的陷阱。所有这三个说法都是错误的——至少不能用科学证据证实。更不幸的是,你并不是唯一答错的。

桑内·德克尔(Sanne Dekker)和其在阿姆斯特丹自由大学和普林斯顿大学的同事们在英国和荷兰进行过一项研究,他们向中小学242名老师呈现上述及其他的"神经神话",他们的文章发表在《心理学前沿》(*Frontiers in Psychology*)杂志上。结果发现47%的老师认为10%假说是对的。而且有76%的老师认为丰富的育儿环境能强化大脑是正确的。

这些理念可能源于小白鼠的实验证据,与养在空荡荡的笼子里的老鼠相比,养在有练习车轮、管道等设备的笼子里的老鼠显示了更好的认知能力,并且其大脑的结构的发展更好。但这些实验仅仅表明,在确实贫乏的非自然环境比有机会玩耍和互动的自然环境更容易造成不良的发育后果。同样,在壁橱中长大或在其他切断了人类接触的环境中成长确实对孩子的大脑发育有损害,但这不能说明在一个已经比较典型的环境中,再"丰富"其环境(如持续播放"小小爱因斯坦"[①]类型节目的DVD)会促进认知发展。

有关学习方式的神话最流行:94%的教师认为当课程以学生更偏好的学习方式呈现时,学生将表现得更好。事实上,虽然对于如何学习,学生确实有自己的偏好,但问题是这些偏好与如何有效的学习并无太大关系……

[①] 小小爱因斯坦(Baby Einstein)系列产品由美国迪士尼公司隆重推出,是专门为婴幼儿设计的DVD,精心设计的画面与音乐可以给宝宝适当的视觉和听觉刺激,并增加亲子互动的机会。——译者注

我们自己对美国大众进行的调查中发现，人们对大脑神经神话有更为普遍的认同。大约有三分之二的公民赞同10%神话。许多人也认为记忆的工作机制像视频记录一样或者当有人凝视他们的大脑时，他们能读出里面的内容。

讽刺的是，在德克尔小组的研究中，对神经科学了解最多的老师们也相信大多数神经神话。很明显，老师们急切希望拓展其在有关心智和大脑方面的知识（这点令人钦佩），但是他们很难将事实与他们学到的假说分开。神经神话有很强的直观吸引力，并且在商业和咨询①领域传播得如此之快，以至于从大众意识中根除它们似乎是永远不可能完成的任务，但在教室中减少它们的影响将是一个好的开始。

如果由于某些特别的原因，你想惹怒心理课的老师，似乎找不到比声称"我们只用了大脑的10%"更好的方法了。正如查布里斯（Chabris）和西蒙（Simon）（2012）指出的，尽管在荷兰和英国的中小学教师中赞同这个神话的比例高得惊人，但我们不清楚是否有心理学家在教授你所上的课程时会认可这个神话，我们希望没有。这个假说是如何兴起的？事实上没有人清楚。一些人认为这可能源于伟大的心理学家威廉·詹姆斯的名言"我们正在利用的脑力和生理资源只占可利用资源的一小部分"，或者源于奥尔波特·爱因斯坦试图弄清楚他自己的高智商的意义（Boyd, 2008）。

当你听到一个朋友在说或转述从其他人那里听来的这些无根据的说法时，就到了你采用我们在这个栏目里重点介绍的几种重要思考技能，并付诸行动的时候了，就到了你开始提问的时候了：你这么说的依据是什么？你的朋友是否能说出一项或一类特定的研究来支持他的说法？他说的这些研究是否发表在经过同行评审过的科学期刊上？研究中使用了什么类型的被试群体？样本是否足够大得支持一个明确的结论？这样的结果是否能被重复？这就是我们的主要目的。像神经神话这样的吹牛大话迎头遇到批判性思维时，它就没多少机会存在下去。

例如，在一项早期的TMS研究中，研究者发现给予视觉皮层磁刺激能暂时性地损伤个体探测物体的运动的能力，但并不损伤再认物体的能力（Beckers和Zeki, 1995）。这项有趣的发现，表明运动知觉和物体再认由大脑不同区域完成，但此外，也表明视觉皮层的活动导致运动知觉。最近的研究表明，对视觉皮层上负责运动知觉的特定部位进行TMS，同样损害了人们触摸运动物体的准确性（Schenk等，2005）或损害了在运动视觉背景下触摸静止物体（Whitney等，2007）的准确性。这些发现表明当我们需要对视觉环境中的运动做出反应时，视觉运动区在指导动作上发挥重要作用。

研究者可以操纵大脑活动来探测它的影响，而不是仅依赖脑损伤病人或fMRI或PET扫描的快速成像进行一些观察性研究。科学家们也已经开始将TMS和fMRI结合起来使

---

① 原文是self-help（自助）领域，为了方便我国读者理解才翻译成"咨询"。——译者注

用，从而对TMS区域的功能进行精确定位（Caparelli, 2007）。研究表明TMS没有副作用（Anand和Hotson, 2002; Pascual-Leone等，1993），这些新的工具已经使有关大脑如何产生思维，情感和行为的研究领域发生了变化。

在心理学研究方法一章你已经了解到了相关与因果的不同，并且知道即便两个事件是相关的，也并不意味着一个事件引起了另一个事件。假设研究者设计了一个实验：被试看屏幕上的单词，并要求大声读出每个单词，同时研究者用fMRI探测被试的大脑活动。首先，被试在完成这一任务时fMRI显示大脑的哪些区域会活动？其次，研究者能否肯定地下结论说这些大脑活动区域对于人类的单词发音是必需的？

小结

▲ 研究大脑和行为间的关联，主要有三种途径：

▲ 观察大脑损伤后，相应的知觉、运动、智力和情感能力会受到怎样的影响。通过将特定的心理和行为障碍与大脑特定部位损伤谨慎的关联起来，研究者能够更好地了解正常人在产生这些行为时这些大脑区域扮演着怎样的角色。

▲ 探测整个大脑的电位活动和单个神经元的活动模式。通过脑电图（EEG）能够从颅骨外探测大范围脑区的电位活动模式。对特定神经元进行的单细胞记录能够与特定的知觉或行为事件建立联系，表明这些神经元表征特定类型的刺激或控制行为的特定方面。

▲ 在完成不同知觉或智力任务时用脑成像仪器扫描被试的大脑。伴随特定认知和行为事件的特定脑区能量消耗表明这些脑区负责特定类型的知觉、运动、认知或情绪加工。

本章回顾

关键概念小测试

1. 下列哪项不属于神经元的功能?
   a. 信息加工
   b. 与其他神经元建立联系
   c. 提供营养物质
   d. 向肢体器官或肌肉发送信息

2. 接收来自其他神经元的信息,并将其传递到胞体的是_____。
   a. 细胞核
   b. 树突
   c. 轴突
   d. 腺体

3. 信号如何从一个神经元传递到另一个神经元?
   a. 通过突触
   b. 通过胶质细胞
   c. 通过髓鞘
   d. 发生在胞体中

4. 哪种类型的神经元接受来自外界的信息,并通过脊髓将信息传递到大脑?
   a. 感觉神经元
   b. 运动神经元
   c. 中间神经元
   d. 轴突

5. 电信号沿着神经元轴突传导到突触的过程被叫作_____。
   a. 静息电位
   b. 动作电位
   c. 朗飞氏结
   d. 离子

6. 将信息经突触传递到另一个神经元树突受体部位的化学物质是_____。
   a. 囊泡
   b. 突触小结
   c. 神经元突触后膜
   d. 神经递质

7. _____自主控制身体的器官?
   a. 自主神经系统
   b. 副交感神经系统
   c. 交感神经系统
   d. 躯体神经系统

8. 后脑的哪一部位调节精细运动技能?
   a. 延髓
   b. 小脑
   c. 脑桥
   d. 被盖

9. 大脑的哪一部分与运动和觉醒有关?
   a. 后脑
   b. 中脑
   c. 前脑
   d. 网状结构

10. _____调节体温、饥饿、口渴和性行为?
    a. 大脑皮层
    b. 垂体
    c. 杏仁核
    d. 海马

11. 下列哪项解释了心血管训练对脑功能和认知行为方面的有利作用?

a. 躯体感觉皮质的大小不同

b. 大脑皮层的位置

c. 联合区域的特异化

d. 神经元的可塑性

12. 在胎儿大脑生长过程中，_____ 经历了最大的发展？

a. 皮层

b. 小脑

c. 顶盖

d. 丘脑

13. 第一个真正的中枢神经系统出现在_____。

a. 扁形虫

b. 水母

c. 单细胞动物

d. 早期灵长类动物

14. 在给定的环境中基因决定人的_____。

a. 个性特征

b. 差异性范围

c. 环境的可能性

d. 行为水平

15. 要确定与特定类型的运动、认知或情绪加工有关的大脑区域，最好通过_____。

a. 记录电位活动模式

b. 观察心理障碍

c. 心理调查

d. 脑成像

关键术语

神经元	细胞体（或胞体）	树突	轴突
髓鞘	胶质细胞	突触	感觉神经元
运动神经元	中间神经元	静息电位	动作电位
恢复期	终端结	神经递质	受体
乙酰胆碱（Ach）	多巴胺	谷氨酸	GABA（氨基丁酸）
肾上腺素	5-羟色胺	内啡肽	兴奋剂
拮抗剂	神经系统	中枢神经系统（CNS）	周围神经系统（PNS）
躯体神经系统	自主神经系统（ANS）	交感神经系统	副交感神经系统
脊髓反射	后脑	延髓	网状结构
脑桥	顶盖	被盖	大脑皮层
皮下结构	丘脑	下丘脑	垂体
边缘系统	海马	杏仁核	基底神经节
胼胝体	枕叶	顶叶	颞叶

额叶	联合区	镜像神经元	基因
染色体	表观遗传学	遗传标志	DNA 甲基化
组织蛋白减少	遗传可能性	脑电图（EEG）	

> 转变观念

1. 在深夜观看电视节目时，你听到了来自 BrainGro 产品商的一条广告"众所周知，大多数人只用了 10% 的大脑"，代言人承诺"使用 BrainGro，你可以将百分率从 10% 提升到 99%！"为什么你应该怀疑这条声称我们只用了大脑的 10% 的广告？如果药物真的可以将神经元的活动提高 10 倍将发生什么？

2. 你的朋友觉得抑郁，就到咨询师那去寻求帮助。她说"他给我开了一种药物说能够增加我大脑中的 5-羟色胺的含量，但是我的感觉取决于我，而不是我脑中的一些化学物质"。你将为你朋友提供哪些例子使她相信激素和神经递质确实影响我们的认知、情感和行为？

3. 一位同学阅读了本章关于中枢神经系统进化一节。他认为"进化只是一种理论，不是每个人都推崇。即便我们真的都是从猴子进化而来，这和当今人类的心理学也没有任何关系"你朋友对进化的误解是什么？你怎样向他解释进化与现代心理学之间的关系？

4. 一项研究报道了这样一个新闻节目（Holzel 等，2011），节目说人类若每天进行 30 分钟的冥想并持续 8 周，他们的大脑就会发生变化，他们的海马和杏仁核面积会增加。你将这个告诉给一位朋友，结果他表示怀疑："大脑不会像那样发生变化。基本上，你出生时的大脑和你余生所用的大脑是一样的。"为什么你朋友的说法是错的？大脑随时间变化的特定方式有哪几种？

5. 你的一位朋友宣称找到了他学不好数学的原因。"我从一本书上看到的"他说，"左脑型的人是分析型和逻辑型的，右脑型的人是创造性和艺术型的。我的专业是艺术，所以我一定是右脑型，这就是我为什么学不好数学的原因。"为什么你朋友的观点太简单化？

> 关键概念小测试答案

1. c; 2. b; 3. a; 4. a; 5. b; 6. d; 7. a; 8. b; 9. b; 10. c;
11. d; 12. a; 13. a; 14. b; 15. d.

需要更多的帮助？更多资源可以查询以下网站

http://www.worthpublishers.com/launchpad/schacter3e

第 4 章
感觉与知觉

▲ **感觉与知觉是不同的心理活动** _175
心理物理法 _176
测量阈限 _178
信号检测 _179
感觉适应 _181
现实世界　多任务 _182

▲ **视觉 I：眼睛与大脑如何将光波转变为神经信号** _184
感觉光 _185
知觉颜色 _190
视觉的大脑 _191

▲ **视觉 II：识别我们看到的东西** _195
注意：将单一特征捆绑为整体的"胶水" _196
视觉识别物体 _198
知觉深度与大小 _202
知觉运动与变化 _205
文化与社区　文化会影响变化盲吗？ _209

▲ **听觉：甚于及耳** _210
感觉声音 _210
人类的耳朵 _212
知觉音高 _213
定位声源 _215
听力损伤 _215
现实世界　音乐训练：值得花时间 _216

▲ **躯体感觉：甚于肤浅** _218
触觉 _218
痛觉 _219
身体姿势、运动与平衡 _221

▲ **化学感觉：提味** _223
嗅觉 _223
科学热点　自上而下的味觉 _225
味觉 _228
其他声音　幻觉与视觉系统 _230

---

19 世纪 30 年代，一位名叫唐纳德·德斯基（Donald Deskey）的年轻建筑师和设计师赢得了为纽约市的无线电城音乐厅（Radio City Music Hall）做内部设计的机会。德斯基的设计立即获得了好评，随后他藉此创立了自己的图形设计公司。1946 年，德斯基为宝洁公司革命性的新洗衣液汰渍（Tide）设计包装。汰渍洗衣液首次使用了合成化合物，而不是一般的老式普通肥皂（Hime，1995）。尽管今天我们已经非常熟悉这个设计，即

蓝色字体的"汰渍"嵌在黄色和橘色的公牛眼珠般的圆环上，但在1946年，这是首次在商品包装上使用日光荧光颜色，这样的字体和图案迥异于任何人见过的任何产品设计。人们不可能错过货架上的汰渍产品。该设计的推崇者认为，"包装本身已经非常动态地传达了新产品的特殊功效"。1949年汰渍产品上市，而宝洁从此一往无前。

今天我们已经习惯了那些充斥着热情的、煽动性的、甚至性感的图像的产品促销广告。在电视广告里，这些画面伴随着流行音乐，希冀由此引发有利于产品的氛围。因为这些刺激的画面与声音也有可能让你想起乏味的产品。这种广告称为感觉品牌推广，其核心观念在于采用所有的感觉通道进行产品促销或品牌推广。感觉品牌推广不仅包含画面和声音，而且除视觉和听觉外还囊括了嗅觉、味觉和触觉。试驾时你是否闻到你期待的那种新车的味道？这是一种专门制作的香味，喷洒在车内，试图引起潜在顾客的正性情感。Bang和Olufsen是丹麦的一家高端立体声音响制造商，该公司精心设计了产品的遥控器，让顾客使用遥控器时有种独特的手感。而新加坡航空一直被评为"世界最佳航空公司"，公司为其飞机机舱内的气味申请了专利（称为史蒂芬·佛罗里达水，Stefan Floridian Waters）。

如同1946年的宝洁，这些公司认识到感觉和知觉对塑造人们的体验和行为的力量。

在这一章中，我们将深入讨论感觉与知觉的本质。感觉和知觉的体验是我们生存和繁衍的基础，如果我们不能准确理解周围环境，人类将迅速消亡。的确，有关感觉与知觉的研究是大部分心理学的基石，是通向理解诸如记忆、情绪、动机或决策等更复杂的认知和行为的途径。不过感觉与知觉有时也表现出各种错觉，在科学博览会或书店中你可能会看到这些错觉。这些错觉提醒我们：对环境的知觉不像表面看来那么简单和直接。

我们将讨论我们的感觉如何编码周围环境中的物理能量，然后传入大脑并进入意识。在我们的感觉中视觉占主导，我们相应地用相当多的篇幅来了解视觉系统是如何工作的。然后我们讨论如何把声波知觉为词语、音乐或噪声。随后是躯体感觉，主要是触觉、痛觉和平衡觉。最后以重要的化学感觉，即嗅觉和味觉结束，这两种感觉让你能够品尝美味佳肴。不过在所有这些之前，我们首先回顾心理学家是如何测量感觉与知觉的，借此审视所有的感觉系统。

感觉与知觉是不同的心理活动

对我们来说，感觉与知觉似乎是同一个东西。但其实两者是不同的心理活动。

> **感觉**是感觉器官产生的简单刺激。它是你的身体与物理世界交互时对光、声、压力、气味或味道的基本记录。
> 中枢神经系统记录下感觉后，**知觉**在你的大脑水平上产生。知觉是为形成心理表征而对感觉的组织、识别和解释。

 大脑对我们看到和听到的东西起什么作用？

例如，你的眼睛正在快速浏览这些句子。你的眼球里的感受器正在记录由页面反射而来的各种不同的光线模式。而你的大脑将光信号整合加工成为有意义的词的知觉，如"有意义的"、"知觉"和"词"。你的眼睛是感觉器官，并不会真地看见了词；它们只是对页面上的不同线条和曲线进行编码。你的大脑是知觉器官，将那些线条和曲线转换成条理分明的词和概念的心理表征。

所有这些听起来有点奇怪，这是因为你的意识经验告诉你似乎你直接阅读了这些词。当你想起"神经科学与行为"这一章中关于脑损伤的讨论，你会发现有时一个人的眼睛能正常工作，但她却无法识别她已熟知多年的面孔。大脑的视觉加工中心受损影响对由眼睛传入的信息的解释，即感觉完好而知觉能力受损。因此，感觉与知觉是相关而又分离的事件。

感受器如何与大脑联系？这完全取决于**转导**过程，即体内的传感器把环境中的物理信号转换成编码后的神经信号并传入中枢神经系统。在视觉过程中，物体表面的反射光将物体形状、颜色和位置的信息传入眼睛。

在听觉过程中，（从声带，或许从吉他弦的）振动导致气压发生变化并在空间传播至听者的耳朵。在触觉过程中，物体表面作用于皮肤的压力表明物体的形状、纹理和温度。而在味觉和嗅觉过程中，扩散在空气中或溶解在唾液里的分子提示这是我们想吃的还是不想吃的东西。在上述每种情况下，外部环境的物理能量转化成中枢神经系统的神经能量（见表4.1）。在本章随后的分节中，我们将更详细地讨论所有五种基本感觉如何进行转导：即视觉、听觉、触觉、嗅觉和味觉是如何发生的。

心理物理法

了解到知觉发生在大脑中之后，你可能好奇，如果两个人在日落时仰望天空时看到

感觉（sensation） 感觉器官产生的简单刺激。
知觉（perception） 对感觉的组织、识别和解释以形成心理表征。
转导（transduction） 指体内的很多感受器将环境的物理能量转化为编码后的神经信号发送到中枢神经系统。

> 表 4.1

转导

五种感觉将环境中的物理能量转换成神经信号然后传入大脑。

感觉	感觉输入	转换成神经能量
视觉	物体表面（例如树叶）的反射光把物体的形状、颜色和位置的相关信息提供给眼睛	（更详细的视图见图 4.3）
听觉	（可能来自吉他弦的）振动导致气压发生变化并在空间传播到达听者的耳朵	（更详细的视图见图 4.23）
触觉	物体表面对皮肤的压力提示其形状、纹理和温度	（更详细的视图见图 4.26）
味觉和嗅觉	空气中扩散的或溶解在唾液中的分子提示了物质的身份，能吃还是不能吃。	（更详细的视图见图 4.27）

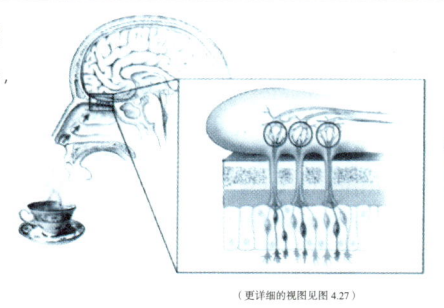

的是否是相同的颜色。人与人之间对光和声音的基本知觉是否可能有显著不同？思考这个问题是一件有趣的事情。我们怎样客观地对此进行测量呢？测量刺激的物理能量，例如光的波长，是很简单的。你只要网购所需设备，自己也许就能完成。但是你怎么量化一个人对光的个人的主观知觉呢？

由威廉·冯特（Wilhelm Wundt）和爱德华·铁钦纳（Edward Titchener）倡导的结构主义试图通过内省来测量知觉经验（见"心理学的科学之路"这一章）。糟糕的

 为什么心理物理学家只测量刺激的强度是不够的？

是他们失败了。毕竟，两个人可以用相同的词（"橘色"和"美丽"）来形容日落的体验，但两个人都无法直接知觉到对方在同一事件中的体验。19 世纪中期，德国科学家和哲学家古斯塔夫·费希纳（Gustav Fechner, 1801—1887）提出了一种测量感觉与知觉的新方法，称为**心理物理法**：该方法既测量刺激的强度又测量观察者对该刺激的敏感性（Fechner, 1960, 1966）。在一个典型的心理物理实验里，研究者要求观察者做一个简单的判断，例如，是否看到了闪光。心理物理学家随后将测量刺激，如闪光强度，与观察者的每个是或否反应关联起来。

测量阈限

心理物理学家测量过程的伊始是呈现一个简单的感觉信号，用以精确确定需要多少物理能量才能让观察者有感觉。心理物理中最简单的量化度量是**绝对阈限**，即刚好有 50% 的试次能检测到某刺激所需的最低强度。阈限是一个边界。隔离房子的内、外部的门是一个阈限，同样，两种心理状态（如意识和无意识）的边界也是阈限。要找出感觉的绝对阈限，需考虑的两种状态是感觉到还是没感觉到某刺激。表 4.2 列出了所有五种感觉的大致感觉阈限。

例如，要测量出听觉的绝对阈限，观察者坐在一个隔音的房间里，戴着与计算机连在一起的耳机。主试会呈现一个纯音（敲击音叉发出的声音），并用计算机改变纯音的响度或持续时间，再记录下观察者在每种条件下报告的是听到还是没听到声音。实验结果如图 4.1 所示。请注意根据曲线的形状，从没听到至听到的转变是渐变的而不是突变的。

如果用很多不同的音调来重复这个实验，我们能观测并记录下从很低到很高的音高的音调的阈限。结果表明，人们倾向于对人类交谈时的音调范围最敏感。如果音调足够低，比如管风琴的最低音，绝大多数人根本听不到；我们只能感觉到。如果音调足够高，同样我们也听不到，不过

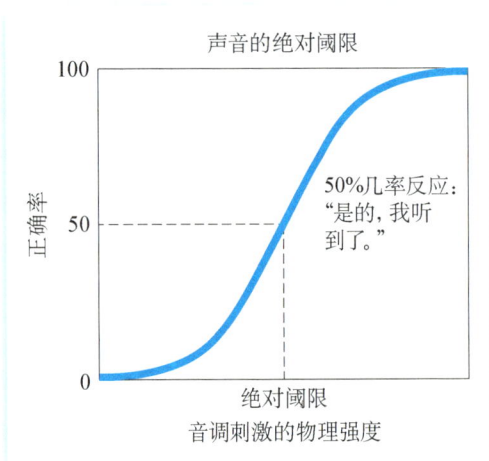

图 4.1 绝对阈限。 我们中的有些人比其他人敏感，我们甚至可能在自己的绝对阈限下检测出感觉信号。这里图示的绝对阈限是指随着刺激强度的增加，观察者在 50% 的试次中检测到刺激的点。随着刺激强度逐渐增加，我们更频繁地检测到刺激。

心理物理法（psychophysics） 测量刺激的强度及其观察者对该刺激的敏感性的方法。
绝对阈限（absolute threshold） 在 50% 的试次中刚好能检测到刺激所需的最小强度。

狗和其他很多动物能听到。

在估计我们对模糊刺激的敏感性时，绝对阈限是有用的；但相比于只是刺激的出现和消失，人类的知觉系统更擅长检测刺激的变化。当父母听到小孩啼哭时，能分辨出"我饿了"，"我很烦躁"，"有东西咬我的脚趾头"等不同的哭声是有用的。**最小可觉差（just-noticeable difference, JND）**，指刚好可以检测出的刺激的最小变化。

最小可觉差不是一个常数，而是取决于测量的刺激强度以及测量的感觉通道。以测量光的最小可觉差为例。呈现给暗室中的观察者一束亮度固定的光，称为标准光，旁边是比较光，比标准光稍亮或者稍暗。如果标准很暗，观察者能区别两束光在亮度上非常小的差异，即最小可觉差很小。但如果标准很亮，那么亮度差异很大时才能被区分出来。此时最小可觉差较大。

比率对测量最小可觉差有什么重要性？

计算差异阈限时，重要的是刺激之间的比率。1834 年德国生理学家恩斯特·韦伯（Ernst Weber; Waston, 1978）最早注意到了这个关系。费希纳把韦伯的洞察直接应用到心理物理学中，得出的形式化关系称为**韦伯定律**：最小可觉差是一个恒定的比率而与强度差异无关。例如，如果你拿起一个 1 盎司的信封，然后拿起一个 2 盎司的信封，你可能能觉察到两者的差异；但如果你拿起一个 20 磅的包裹，然后拿起一个 20 磅 1 盎司的包裹，你可能觉察不到两者的差别。

表 4.2

大致的感觉阈限

感觉	绝对阈限
视觉	晴朗的黑夜 30 英里远的烛光
听觉	万籁俱寂时 20 英尺远闹钟的滴答声
触觉	苍蝇的翅膀从 1 厘米外落在脸颊上
嗅觉	一滴香水扩散至约 6 间房那么大的空间
味觉	一茶匙的糖溶解在两加仑的水里

信号检测

测量绝对和差异阈限需要一个关键假设：阈限是存在的！但科学家对生物学的了解却大多表明大脑里不太可能是这样离散的、全或无的变化。人类不会突然快速地在知觉到和知觉不到之间切换；实际上，请记住从感觉不到至感觉到是渐变的（见图 4.1）。同

最小可觉差（just noticeable difference, JND）　刚好能被检测到的刺激的最小变化。
韦伯定律（Weber's law）　刺激的最小可觉差是一个恒定的比例而与强度差异无关。

 我们对环境的知觉有多准确和完整？

样的物理刺激，例如在不同的情况下呈现的一束暗光或一个低音，同一个人可能有时能知觉到，有时知觉不到。请记住，绝对阈限被界定为 50% 的机会知觉到刺激，这意味着另外 50% 的机会是知觉不到刺激的。

所以，我们对感觉刺激的准确知觉是有点任意的。不管是在心理物理实验室或是在周围环境，感觉信号都面临很多竞争的噪声，噪声指所有其他来自内部和外部环境的刺激。任何时刻，记忆、心境和动机与你所看到的、听到的以及闻到的东西交织在一起。这些内部"噪声"的竞争使你无法以完美的集中注意来检测刺激。环境的其他光、声音和味道一般来说也在竞争注意；你极少有机会撇开其他所有物体只注意一个刺激物。由于噪声，你可能无法知觉到你感觉到的所有东西，你甚至可能知觉到你没有感觉到的东西。回想你上次的听觉实验。毫无疑问，你错过了一些呈现的"哔"声，但你也可能报告你听到了实际上没有呈现的"哔"声。

心理物理学取向之一的**信号检测论**，认为对刺激的反应取决于有噪声时人对刺激的敏感性以及人的决策标准。也就是说，观察者斟酌刺激诱发的感觉证据并与内部的决策标准相比较（Green 和 Swets，1966； Macmillan 和 Greelman，2005）。如果感觉证据超过标准，观察者报告"是，我检测到了刺激"。如果感觉证据低于标准，观察者报告"不，我没检测到刺激"。

信号检测论让研究者能在噪声条件下量化观察者的反应。在信号检测实验里，刺激，如一束暗光，随机呈现或不呈现。如果你曾做过测试你外周视觉的眼科检查，你就知道这样的设置：不同强度的光在视野的不同位置闪现，你的任务是看到闪光就反应。观察者在信号检测实验里必须决定他们是否看到了光。如果呈现了光，观察者做了正确的是反应，这称为击中。如果呈现了光，而观察者说否，这称为漏报。如果没有呈现光而观察者报告是，这称为虚报。如果没有呈现光且观察者报告否，这称为正确拒绝：观察者正确检测到刺激没有出现。

信号检测论提供了一种测量独立于观察者的决策策略的知觉敏感性（知觉系统表征感觉事件的效率）的方法。它直接考虑观察者的反应倾向，例如在没有任何迹象时随意地说是，或仅在明显有刺激时才保守地报告是。即使前者比后者更经常地报告是，两者分辨刺激是否出现的正确率可能是一样的。

信号检测论已经实际应用于家庭、学校、工作甚至驾驶。例如，一个放射科医生需

信号检测论（signal detection theory） 对刺激的反应不仅依赖于个体对伴随噪声的刺激的敏感性也依赖于个体的反应标准。

要根据乳腺照影判断一个妇女是否有乳腺癌。放射科医生知道某些特征，如特定大小和形状的阴影，与癌变出现有关。不过非癌变的特征与癌变特征可能有非常相似的外观。放射科医生可能会按照非常宽松的标准来做决策，并通过活体检验核查所有癌症的可能。这个决策策略尽可能减小了错过真的癌症的可能性，但是也导致了很多不必要的活体检验。而一个非常保守的标准可以减少不必要的活体检验，但将错过一些能治好的癌症。

如图所示的纽约市的感恩节游行的人群给我们的视觉系统提供了一个具有挑战性的信号检测任务。

另一个例子是，假设警察正在追捕一个疑犯，并有理由相信他现身于一场人头攒动的足球赛。尽管执法机构提供了一个相当好的描述（6英尺高，沙褐色的头发，有胡须，戴眼镜），但仍需要检查成千上万的人。把所有5英尺5英寸到6英尺5英寸的男子统统抓起来可能能击中（抓到疑犯），但却以极高的虚报（很多无辜的人被拘留和盘问）为代价。

在建立决策标准的时候必须仔细斟酌这些不同类型的错误。信号检测论提供了一种实用的方式以选择不同的标准，并使决策者可以考虑击中、漏报、虚报以及正确拒绝的后果（McFall 和 Treat，1999；Sweet，Dawes 和 Monahan，2000）。涉及信号检测的日常生活的常见任务的一个例子请看"现实世界"栏目。

感觉适应

当你走进面包店，新鲜出炉的面包的味道簇拥着你，但几分钟之后这种味道就消退了。如果你潜入冷水中，最初水温让你颤栗，但几分钟之后你就习惯了。当你半夜里醒来想喝杯水，浴室的灯光亮瞎了你双眼，但几分钟之后你就不用眯着眼。这些都是**感觉适应**的例子：当有机体适应当前环境后，对持续刺激的敏感性会降低。

感觉适应（sensory adaptation） 对持续刺激的敏感性倾向于随时间下降，因为有机体适应了当前情境。

现实世界

多任务

据估计，驾驶时使用手机发生事故的机会可能增加4倍（McEvoy等，2005）。为了回应高速公路安全专家以及类似这样的统计，州立法部门通过了限制有时甚至禁止驾驶时使用手机的法律。你可能觉得这是一个好主意……对路上的其他每个人来说。然而在驾车时，你当然可以做到同时在手机上按号码、交谈或甚至输入短信，并同时安全有礼地驾驶。对吗？一句话，错。

这里讨论的议题是选择性注意，或者说是只知觉当前与你有关的东西。知觉是对相关或感兴趣的信息的主动的时刻的探索，而不是被动地接收任何发生的信息。驾车时用手机打电话需要你同时在两个独立的感觉输入源，视觉和听觉上玩杂耍。这会造成问题，因为研究发现当注意指向听觉，视觉区的活动会减弱（Shomatein和Yantis，2004）。

这种多任务在你驾车途中需要突然反应时会造成麻烦。研究者们在一个非常仿真的驾驶模拟器里对一些有经验的驾驶者进行了测试，在驾驶者听收音机或用手机谈论某政治议题时，测量了他们对刹车灯和停止标志的反应时以及其他的实验任务（Strayer, Drews和Johnston, 2003）。相比于其他任务条件，这些有经验的驾驶者使用手机交谈时的反应显著更慢。这是因为电话交谈需要记忆提取，思考以及计划说什么，而交谈的话题往往还带有情绪色彩。而诸如听收音机等任务则需要较少的注意。

受测的驾驶者如此专注于他们的谈话以至于他们的心思似乎不再在车里。他们变慢的刹车反应导致停车所需的距离变长，这取决于车的速度，有可能导致追尾。手机是手持的还是免提的没有多大区别，而真实驾驶的现场研究也得到了类似的结果（Horrey

---

感觉适应对大多数有机体来说是有用的。想象一下，如果没有感觉适应，你的感觉和知觉世界会是怎样？早上穿牛仔裤时，粗糙的衣料摩擦着你赤裸的皮肤，在之后的几个小时之内你依然觉察到这种感觉，如同最初的几分钟。你走入公寓，垃圾的臭味永远也不会消退。如果你总是意识到嘴巴里舌头的感觉，你一定心有旁骛。相对于恒定的刺激，我们的感觉系统对变化的刺激反应更强。不变的刺激通常不需要采取任何行动；你的车可能一直发出一种你已经习惯了的嗡嗡声。但刺激的改变通常提示需要采

和Wickens, 2006)。这说明要求驾驶者使用免提手机的法律对减少事故没有什么效果。在驾驶模拟器中边驾驶边使用手机，即使在大量练习之后，使用手机仍然会有破坏性影响（Cooper和Strayer, 2008）。在涉及短信输入时这种情况变得更糟：相比于与文本无关的控制条件，在模拟器中不管是发送还是接收文本信息，驾驶者看路面的时间急剧减少，很难保持车道，错过若干变道，也很难与前车保持合适的距离（Hosking, Young和Regan, 2009）。近来的一篇综述做了总结，认为驾驶时输入短信堪比酒驾，比吸食大麻更恶劣（Pascual-Ferrá, Liu和Beatty, 2012）。

有趣的是，相比于那些报告在日常生活中不常做多任务的人，那些报告在日常生活中经常做多任务的人在实验室任务要求在受干扰条件下集中注意时反而遇到了困难（Ophir, Nass和Wagner, 2009）。因此，当几千磅重的金属壳在高速上疾驰时，我们做多任务能做多好？除非你有两个头，每个头里有一个大脑——一个说话一个专注于驾驶——你才能很好地注意路面而不是关注于电话。

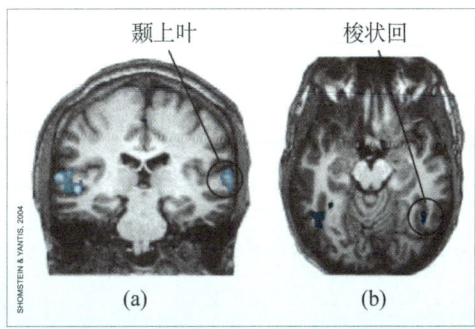

注意转移 参与者执行任务时进行fMRI扫描，任务要求他们在视觉和听觉信息之间进行注意转移。(a) 专注于听觉信息时，涉及听觉加工的颞叶上部的一个区域表现出活动增强；(b) 与此成鲜明对比，当参与者专注于视觉信息时，视觉区域，即梭状回，表现出活动增强。

取行动。如果你的车开始发出不同的噪声，你不仅会注意到它，而且你更可能会为此做点什么。

根据自然选择理论，能提供生存优势的遗传特性会在一代又一代的群体中扩散。为什么进化出感觉适应？对于躲避捕猎者的小动物来说，它能带来什么好处？对试图捕猎的捕猎者来说呢？

第4章 感觉与知觉 183

小结

▲ 感觉和知觉对生存至关重要。感觉是感觉器官的简单刺激，而知觉是在大脑水平上对感觉的组织，识别和解释。

▲ 我们所有的感觉依赖于转导过程，即将来自环境的物理信号转变为神经信号，由感觉神经元传入中枢神经系统。

▲ 19世纪，研究者们发展出心理物理法，这是一种研究知觉的方法，测量刺激的强度以及观察者对刺激的敏感度。心理物理学家已发展出一些流程以测量观察者的绝对阈限，即刺激刚好能被检测到所需的最小强度，以及测量最小可觉差（JND），即刚好能检测到的刺激的最小变化。

▲ 信号检测理论让研究者能区分观察者对刺激的知觉敏感性和对刺激做决策的标准。

▲ 感觉适应之所以发生是因为对长时间刺激的敏感性随时间而下降。

尽管由于其他原因仍有争议，研究者们发现动作射击游戏能改善注意甚至基本的视敏度（Green 和 Bavelier, 2007; Li 等，2009）。

视觉 I：眼睛与大脑如何将光波转变为神经信号

也许你为你的 20/20 视力感到骄傲，即使这是经过眼镜或隐形眼镜校正后的视力。20/20 指的是用斯内伦视力表（Snellen chart）进行的检查结果，该检查以其发明者，荷兰的眼科专家赫尔曼·斯内伦（Hermann Snelle）的名字命名，用于评估**视敏度**，即看见精细细节的能力；20/20 表明一个正常人能从 20 英尺远看清最小的那行字母。但如果你访问猛禽眼科办公室，你的视觉骄傲荡然无存。鹰、老鹰、猫

视敏度（visual acuity） 看见精细细节的能力。

头鹰以及其他猛禽拥有比人类强得多的视敏度：大多数是强八倍，或者是相当于20/2的视力（即正常人2英尺远能看到的，这些鸟能在20英尺远看到）。进化让你的复杂的视觉系统能将外界的视觉能量转化为大脑内的神经信号。人类的眼睛拥有对不同波长的光能反应的感受器。我们在看人、地方和东西时，光和颜色的模式告知我们哪里某个平面终止而另一平面开始。这些表面的反射光的阵列，保持它们的形状信息，让我们得以形成场景的心理表征（Rodieck，1998）。因此，了解视觉要从了解光开始。

感觉光

可见光就是电磁光谱中我们能看到的部分，是非常非常小的一部分（见图4.2）。你可以把光看做能量波。如同海浪一样，光波在振幅以及波峰之间的距离，即波长上有差异。光波有三个属性，每个属性有其物理维度以及所产生的对应的心理维度（见表4.3）。换句话说，光的物理维度与人无关：波长、振幅和纯度是光波自身的属性。人把这些属性感知为颜色、亮度和饱和度。

- 光的波长决定了其色调，或人感知到的颜色。
- 光波的强度或振幅——峰有多高——决定了我们感知到的光的亮度。
- 纯度指的是组成光的不同波长的数量。纯度对应于人感知到的饱和度，或者是颜色的鲜艳程度。

图4.2 **电磁光谱**。人眼可见的光波组成了从紫—蓝到红的颜色彩虹，短波端之外是紫外线，蜜蜂能看见，而长波端之外是红外线，夜视装备就是基于红外线来工作的。例如，戴着夜视眼镜的话，一个人能在完全漆黑时检测出另一个人的身体热量。光波是微小的，而图形底部的尺度让我们了解它们的波长差异，以纳米为（nm; 1 nm= 百万分之1米）单位。

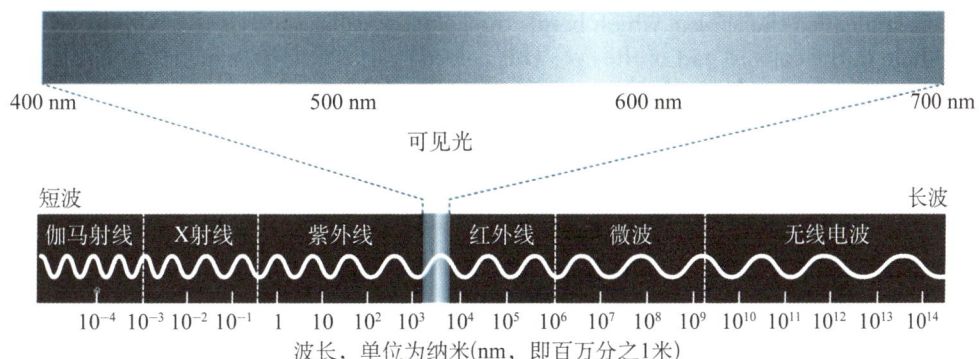

> 表4.3

光波的属性

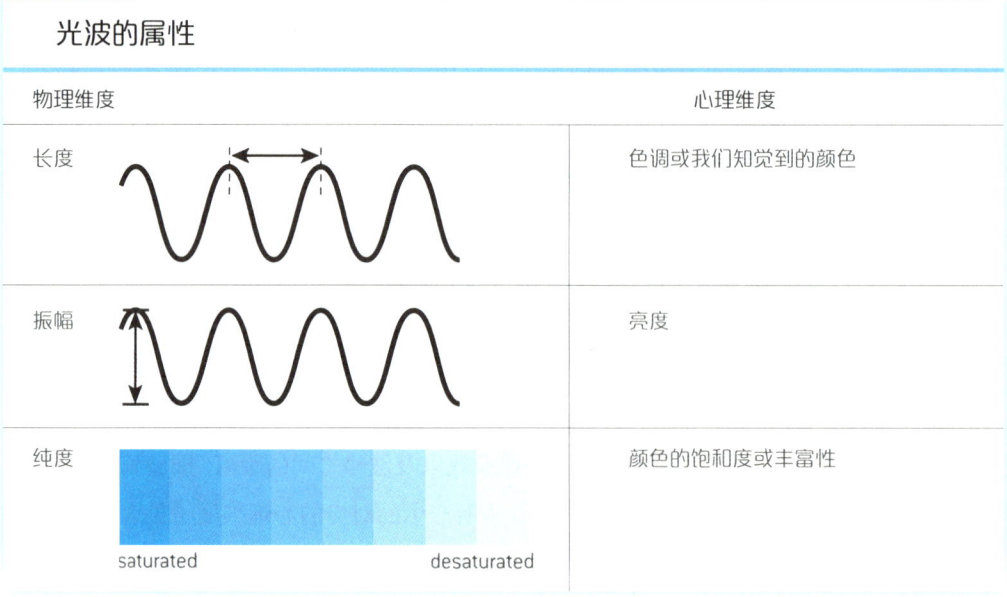

物理维度	心理维度
长度	色调或我们知觉到的颜色
振幅	亮度
纯度	颜色的饱和度或丰富性

人类的眼睛

眼睛进化成为检测光的专门器官。图4.3展示了人类眼睛的剖面图。到达眼睛的光,首先通过一个称为角膜的清澈光滑的外部组织,角膜使光波折射并通过瞳孔,那是眼睛有颜色部分的一个孔。有颜色的这部分称为虹膜,是个半透明的炸面圈形状的肌肉,控制瞳孔的大小从而

图4.3 人眼的解剖图。
人眼是进化来负责检测光的专门器官

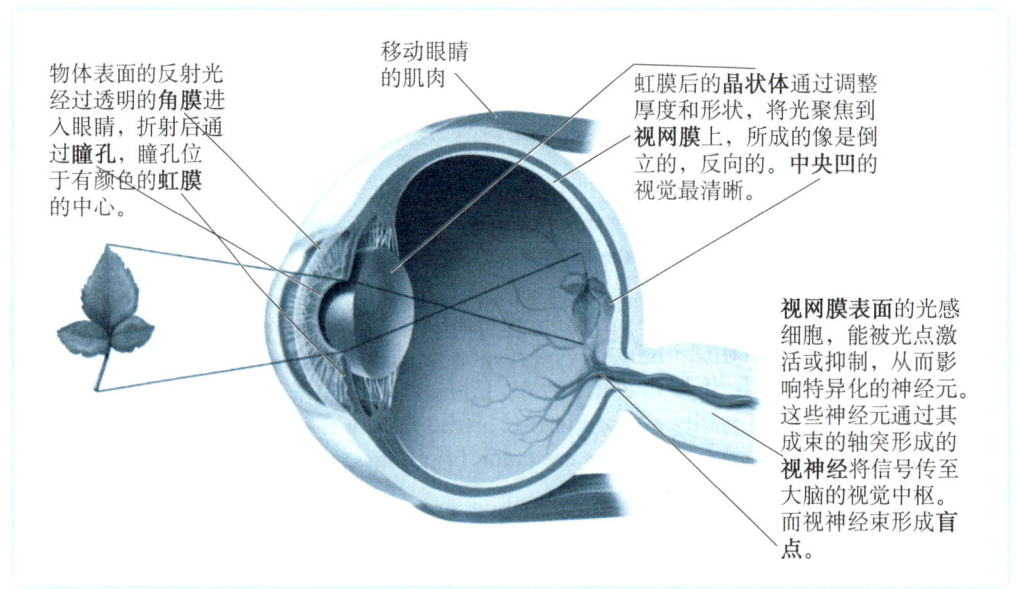

物体表面的反射光经过透明的**角膜**进入眼睛,折射后通过**瞳孔**,瞳孔位于有颜色的**虹膜**的中心。

移动眼睛的肌肉

虹膜后的**晶状体**通过调整厚度和形状,将光聚焦到**视网膜**上,所成的像是倒立的,反向的。**中央凹**的视觉最清晰。

视网膜表面的光感细胞,能被光点激活或抑制,从而影响特异化的神经元。这些神经元通过其成束的轴突形成的**视神经**将信号传至大脑的视觉中枢。而视神经束形成**盲点**。

控制了进入眼睛的光的多少。

紧挨在虹膜后面，眼睛内部有肌肉控制晶状体的形状，晶状体再次使光折射并聚焦到**视网膜**，一个衬在眼球的背部的光敏组织。肌肉改变晶状体的形状，以聚焦位于不同距离的物体，对于远处的物体，晶状体变得扁平一些，而对于近处的物体，晶状体变得圆一些。这一过程称为**调节（accommodation）**，眼睛籍此在视网膜上维持清晰的影像。图 4.4a 演示了调节是如何进行的。

如果你的眼球稍稍有点过长或过短，晶状体就不能把影像恰好聚焦到视网膜上。如果眼球过长，影像会聚焦在视网膜之前，导致近视（myopia），如图 4.4b 所示。如果眼球过短，影像聚焦在视网膜之后，结果是远视（hyperopia），如图 4.4c 所示。眼镜，隐性眼睛以及手术可以矫正这两种情况。例如，眼镜和隐性眼镜都提供了额外的透

眼镜怎样校正视力？

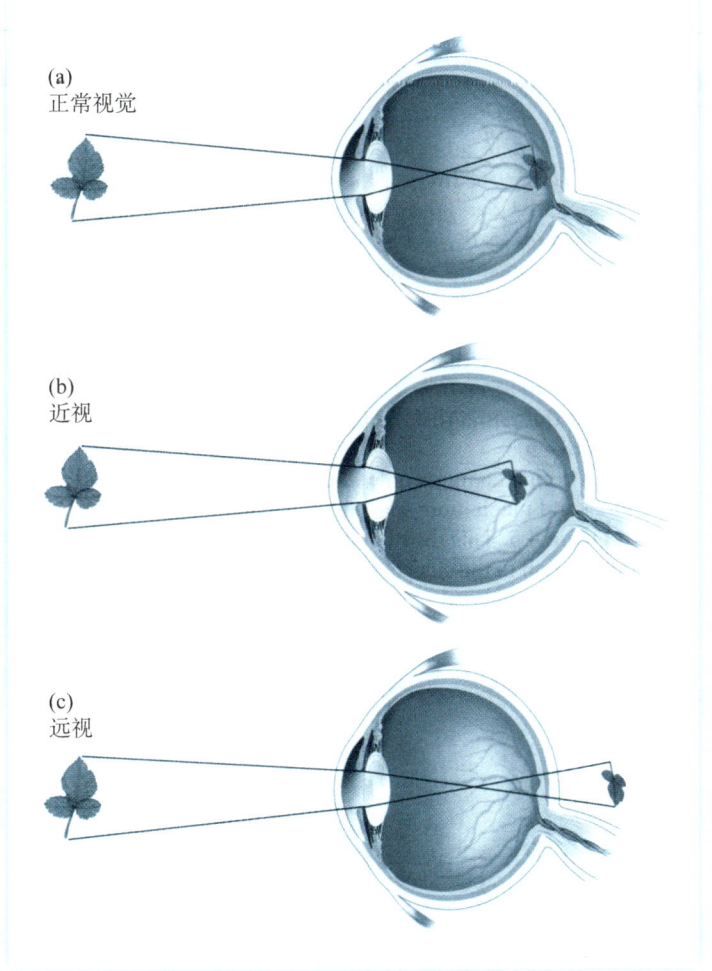

图 4.4 调节。眼睛内部的晶状体通过改变形状将近处或远处的物体聚焦到视网膜上。（a）正常视觉的人将近处和远处物体的图像都聚焦在眼睛后部的视网膜上。（b）近视的人能看清近处的东西，但远处的东西会模糊，因为它们的反射光被聚焦在视网膜前面，因此称为近视。（c）远视的人的问题正好相反：远处的物体是清晰的，而近处的物体则是模糊的，因为它们的焦点落在视网膜的后面，因此称为远视。

视网膜（retina）　衬在眼球后部的光敏组织。

调节（accommodation）　眼睛通过该过程保持视网膜上的清晰成像。

镜以帮助更适当地聚焦光，而像激光援助屈光角膜层状重塑术 LASIK 可以在物理上重塑眼睛现有的晶状体的形状。

从眼睛到大脑

光的波长怎样变成有意义的图像？视网膜是身体之外的光世界和中枢神经系统中的视觉世界之间的接口。视网膜上有两种感光细胞，含有能将光转变为神经冲动的光敏色素（pigment）。**视锥细胞**能检测颜色，在普通白昼条件下工作，并使得我们可以聚焦到精细的细节。**视杆细胞**在弱光条件下变得活跃并让我们可以夜视（见图 4.5）。

视杆细胞比视锥细胞敏感得多，但这种敏感性是有代价的。因为所有的视杆细胞含有同样的光色素，它们不提供任何有关颜色的信息，

图 4.5 视网膜放大图。视网膜表面由光感受器细胞，即视杆细胞和视锥细胞组成，上面还有一层透明神经元，由双极细胞和视网膜神经节细胞依次连接而成。所有视网膜神经节细胞的轴突汇集在一起形成了视神经。特写的视图是视敏度最高的区域，即中央凹的横切面图，那里聚集了大多数对颜色敏感的视锥细胞，让我们看到细节及其颜色。视杆细胞是在弱光条件下起主要作用的光感受器，分布在视网膜上除了中央凹以外的所有地方。

视杆细胞和视锥细胞的主要区别是什么？

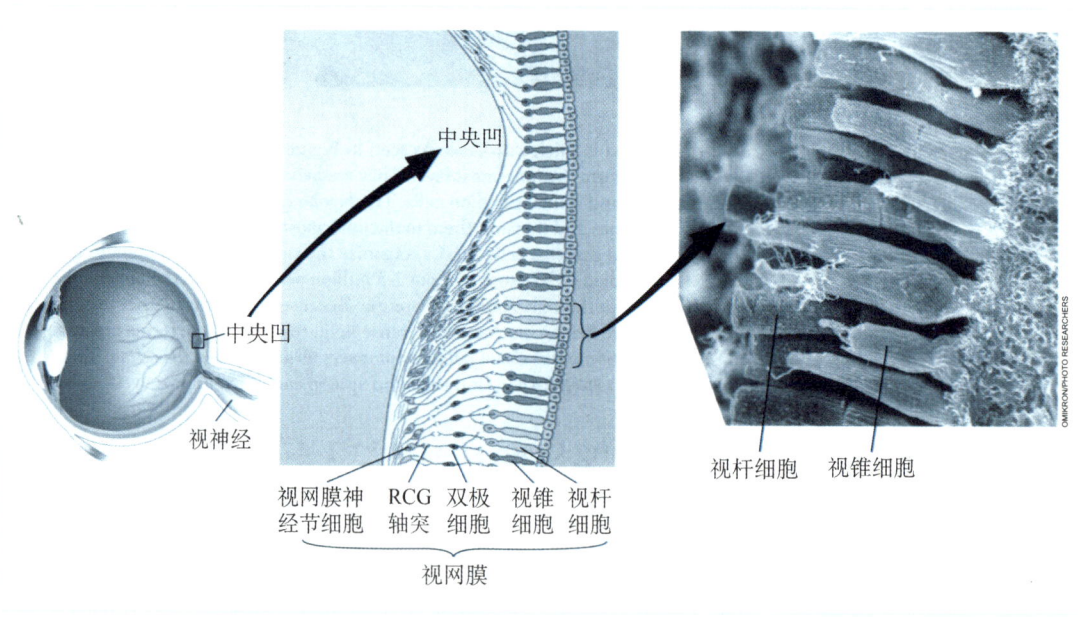

视锥细胞（cones） 检测颜色的光感受器，在正常白昼条件下工作，让我们能聚焦于精细细节。
视杆细胞（rods） 在弱光条件下活动以产生夜视的光感受器。

只能感受灰度的深浅变化。下次你半夜醒来前往浴室喝水时，思考一下。只有窗外的月光照亮你的路，你看到的房间是彩色的还是灰度的？视杆细胞和视锥细胞在其他几个方面也有差异，最重要的是数量上的差异。大约有 1 亿 2 千万的视杆细胞大致均匀分布在两个视网膜上，除了最中央的区域，即**中央凹**，视网膜上的这个区域视觉最清晰，几乎没有视杆细胞。中央凹处视杆细胞的缺失使得弱光条件下视觉的清晰度下降，但这可以克服。例如，业余天文爱好者夜里通过望远镜观察昏暗的星星时，他们知道把目标看偏一些，这样影像不会落在无视杆细胞的中央凹，而是落在视网膜的其他区域，那里有高度敏感的视杆细胞。

与视杆细胞相比，每个视网膜只包含约 6 百万视锥细胞，这些视锥细胞稠密地聚集在中央凹，只稀疏分布于视网膜的其他区域，如图 4.5 所示。这样的视锥细胞分布直接影响到视敏度并解释了为什么边上的物体落在你的外周视觉，不是那么清晰。周边那些物体的反射光一般不会落在中央凹，这样形成的影像就不太清楚。视觉系统编码和表征精细细节越多，那么感知到的图像就越清晰。这类似于把 6 百万和 2 百万像素的数码相机的成像质量相比较。

视网膜上布满了细胞。如图 4.5 所示，光感细胞（视杆细胞和视锥细胞）形成了最里面的一层。它们处在一层透明神经元之下，那是双极细胞和视网膜神经节细胞。双极细胞收集来自视杆细胞和视锥细胞的神经信号，并把它们传递到视网膜的最外层，在那称为视网膜神经节细胞（RGCs）的神经元组织这些信号并将其传入大脑。

视网膜神经节细胞——一只眼睛大约有 150 万——的轴突束形成了视神经，并通过视网膜上的一个孔离开眼睛。因为这个孔上既没有视杆细胞也没有视锥细胞，所以无法感觉到光，这个孔在视网膜上形成了一个**盲点**，视野中的这个位置不会在视网膜上产生任何感觉。尝试用图 4.6 中演示的方法找到你每只眼的盲点。

图 4.6 盲点演示。 为了找到你的盲点，闭上你的左眼，用右眼盯住十字。拿着书让书距离你的眼睛约 6 至 12 英寸（15 至 30 厘米），将书前后缓慢移动，直至圆点消失。圆点现在落在你的盲点上，因此是看不见的。此时，竖直的线条看起来可能是连续的，因为视觉系统会填补缺失的圆点所占的区域。要测试你左眼的盲点，把书倒过来，闭上你的右眼重复以上步骤。

中央凹（fovea） 视网膜上视觉最清晰，没有任何视杆细胞的区域。
盲点（blind spot） 视野中的某个位置，在视网膜上不产生任何感觉。

知觉颜色

大约在1670年,艾萨克·牛顿爵士(Sir Issac Newton)指出,颜色不是光的属性。实际上,颜色只是我们对可见光的波长的知觉(见图4.2)。我们将波长最短的光知觉为深紫色。随着波长的增加,知觉到的颜色逐渐并连续变化成蓝色,然后是绿色,黄色,橙色,最后是波长最长的红色。这一彩虹似的色调以及对应的波长称为可见光谱,如图4.7所示。

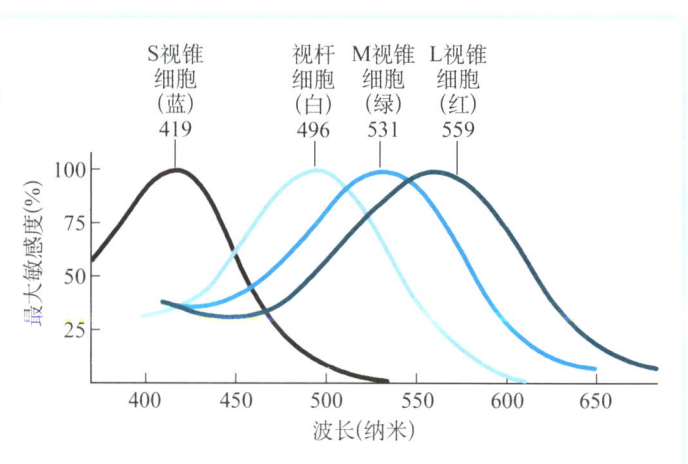

图 4.7　**看见颜色**。我们能知觉到各种颜色,是因为物体会选择性地吸收某些波长的光而反射其他的光。颜色知觉对应于三种视锥细胞的总体活动。每种视锥细胞只对可见光谱中一段狭窄的波长最敏感——短(蓝光),中(绿光)或长波(红光)。以白线表示的视杆细胞,对中等波长的可见光最敏感,但对颜色知觉没有贡献。(见插页)

你可能记得所有视杆细胞用于暗视觉很理想但分辨颜色很糟糕。相反,视锥细胞分为三类,每一类对红(长波),或绿(中波),或蓝(短波)光的一种特别敏感。红绿蓝是光的三原色;颜色知觉源于视网膜上对应于光的三原色的三种基本元素的不同组合。例如,照明设计者将原色光组合起来,例如在某个表面照射红和绿色聚光灯以形成黄光,如图4.8所示。请注意该图的中心,红、绿和蓝光重叠的地方,看起来是白色的。这说明,白色表面实际上反射了所有波长的可见光。

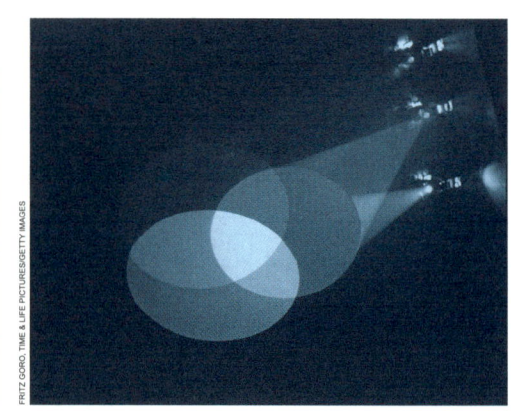

图 4.8　**颜色混合**。人类可以知觉上百万种不同的颜色,这些颜色不仅是光的波长产生的,也是刺激吸收或反射的光的波长的混合物。有颜色的探照灯的工作原理是使物体表面反射特定波长的光,刺激视锥细胞的红、蓝或绿感光色素。如果所有波长的可见光都被反射,我们看到的是白光。(见插页)

视网膜上的三种视锥细胞优先对不同波长的光（对应于蓝，绿和红光）反应的事实意味着三种视锥细胞的反应模式对每种颜色进行了独特的编码。实际上，研究者可以从三种视锥细胞的相对放电率反推回去，"读出"进入眼睛的光的波长（Gegenfurtner 和 Kiper，2003）。遗传疾病中一种视锥细胞缺失，某些罕见情况下两种或全部三种视锥细胞缺失，导致色觉障碍。这种特质与性别有关，影响男性远多于女性。

色觉障碍通常称为色盲，但实际上，只缺失一种视锥细胞的人仍能分辨很多颜色，只是不如拥有全部三种视锥细胞的人能分辨的颜色多。你可以利用感觉适应的观点产生暂时性的色觉障碍。如同你身体的其余部分，视锥细胞也需要临时的休息。盯着某种颜色太久会导致对该颜色反应的视锥细胞疲劳，形成感觉适应，并导致颜色后效。你自己要演示这个效应，请看图 4.9 并遵循以下指导语：

> 盯着两个色块之间的小十字 1 分钟。尽量保持你的眼睛不动。
> 1 分钟后，看下方的十字。你应该能看见生动的颜色后效，持续 1 分钟或更长时间。请注意后像的颜色。

红色块产生绿色的后像而绿色块产生红色的后像，你是否感到困惑？这个结果揭示了颜色知觉的一些重要特点。对此的解释来自**颜色拮抗系统**，该理论认为成对的视觉神经元的作用是相反的：红色敏感细胞相对于绿色敏感细胞（如图 4.9），而蓝色敏感细胞相对于黄色敏感细胞（Hurvich 和 Jameson，1957）。颜色拮抗系统理论解释了颜色后效。当你看某种颜色，例如绿色，那么对绿色反应最强的视锥细胞将随时间变得疲劳。当你盯着一块白色或灰色时，本来应该同等地反射所有的光，但此时绿色敏感的视锥细胞反应微弱，而相比之下，依旧有活力的红色敏感细胞反应强烈。结果呢？你看到色块被染成红色。

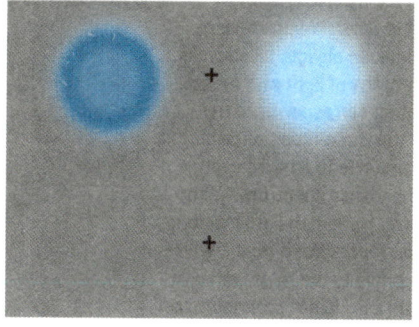

当你眼睛里的视杆细胞疲劳了会发生什么？

图 4.9 颜色后效演示。遵循正文里的补充指导语，剩下的交给感觉适应。当后像消失后，你可以回去继续阅读本章。

视觉的大脑

包含着视网膜的编码信息的系列动作电位（神经冲动）沿着视神经传至大脑。离开每只眼睛的视神经的轴突有一半来自对右视野的信息进行编码的视网膜神经节细胞，另一半来自对左视野的信息编码。这两个神经束分别连接

颜色拮抗系统（color-opponent system） 成对的视觉神经元，其作用相反。

 左右眼有什么关系？左右视野有什么关系？

到大脑的左右两个半球（见图4.10）。视神经从每只眼睛传输到位于丘脑的外侧膝状体（lateral geniculate nucleus，LGN）。你可能记得"神经科学与行为"这一章提到，丘脑接收来自除了嗅觉的所有感觉的输入。视觉信号从丘脑传输到脑的后部，一个叫 **V1区** 的区域，该区域是枕叶中包含初级视皮层的部分。在此，信息会系统映射成为视觉场景的表征。

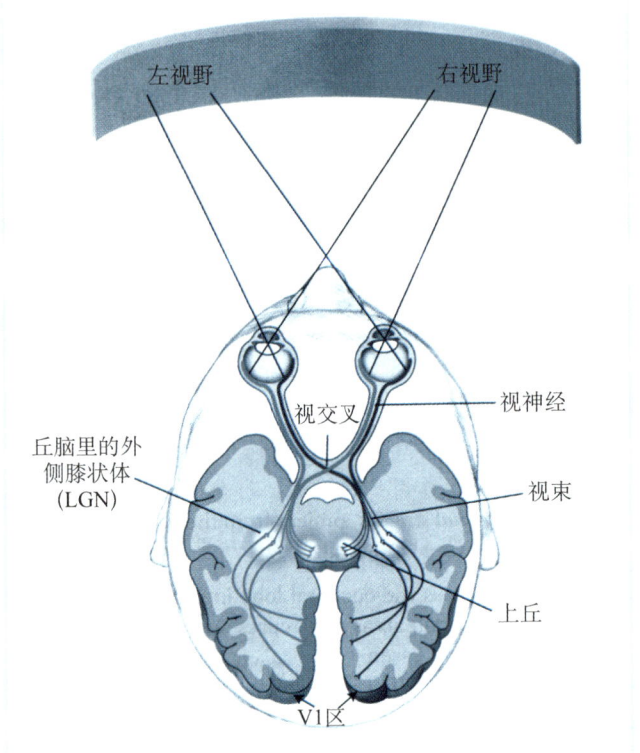

图4.10 从眼睛到大脑的视觉通路。 右视野的物体刺激视网膜的左侧，而左视野的物体刺激视网膜的右侧。每只眼睛传出一条视神经，这是由视网膜上的视网膜神经节细胞的轴突集合而成。在视神经进入大脑之前，在视交叉处，来自一只眼的一半的视神经会交叉到另一只眼。每条视神经的左边一半（代表右视野）通过丘脑进入大脑的左半球，而每条视神经的右边一半（代表左视野）也经过同样的路径进入大脑的右半球。这样，右视野的信息最终传至左半球而左视野的信息最终传至右半球。

负责知觉形状的神经系统

视觉的一个最重要的功能是知觉物体的形状；如果我们不能区分物体彼此的形状，那么我们的日常生活将会一团糟。要明白这点，只需想象一下，不能有效区分温热的裹着光滑糖衣的炸面圈和笔直的西芹茎会怎样。不能区分形状的话，早餐会成为痛苦的经历。知觉形状依赖于物体边缘的位置和朝向。因此，V1区专门用于编码边缘朝向并不足为奇。你在"神经科学与行为"一章中也读到，视皮层的神经元选择性地对空间中特定朝

V1区（area V1） 枕叶中包含初级视皮层的部分。

向的条形和边缘反应（Hubel 和 Weisel，1962，1998）。实际上，V1区含有神经元群，每种会"调谐"至只对视野中的特定朝向反应。这意味着知觉到物体是竖直朝向时，有些神经元放电；如果知觉到物体是水平朝向的，其他一些神经元放电；当知觉到物体是对角线45°朝向时，另一些神经元放电，以此类推（见图4.11）。所有这些特征检测器协调反应的结果是建构了一个复杂的视觉系统，可以检测出炸面圈在哪里，西芹在哪里。

图4.11 单神经元特征检测器。 V1区包含对特定朝向的边缘反应的神经元。这里展示的是猴子看不同朝向的线条（右图）时记录下的单个神经元的反应（左图）。如果线条是向右倾斜45°，那么这个神经元会持续放电，线条竖直时少很多，而向左倾斜45°时则完全不放电。

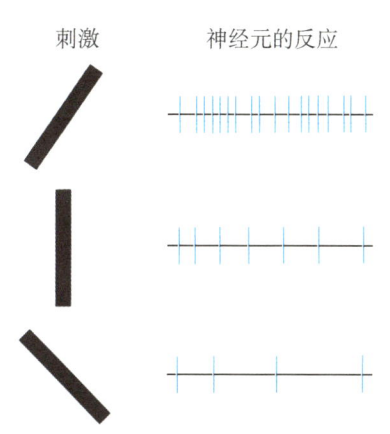

What，Where 和 How 通路

两条功能分离的通路，或视觉流，从枕叶皮层投射到大脑其他部位的视觉区域（见图4.12）：

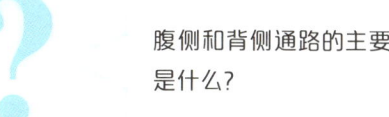

腹侧和背侧通路的主要功能是什么？

- 腹侧（下）通路从枕叶传至颞叶的底部，包括表征物体形状和身份的大脑区域，换句话说，它是什么，本质上是"what"通路（Kravtiz 等，2013; Ungerleider 和 Mishkin，1982）。

- 背侧（上）通路从枕叶往上传至顶叶（包含一些颞叶的中上部），连接分辨物体位置和运动的脑区，换句话说，它在哪里（Kravtiz 等，2013）。因为背侧通路让我们可以知觉空间关系，研究者最初称之为"where"通路（Ungerleider 和 Mishkin，1982）。后来神经科学家认为由于背侧通路对指导诸如瞄准，够，或用眼追踪等动作至关重要，"where"通路更宜称为"how"通路（Milner 和 Goodale，1995）。

我们怎么知道两条通路在哪里？最激动人心的证据来自这些脑区中某一区域的损伤导致的功能障碍研究。

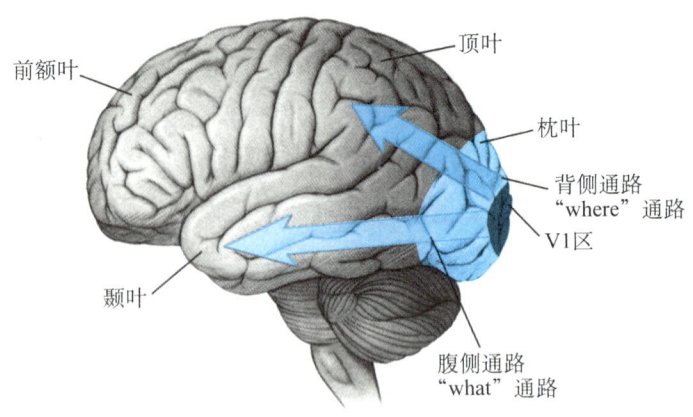

图 4.12　视觉通路。相互联结的视觉系统形成了一条从枕叶的视觉区域到颞下叶的通路。这条腹侧通路让我们可以识别我们看到的是什么。另一条相互联结的通路从枕叶经过颞上叶传到顶叶区域。这条背侧通路让我们可以定位物体，跟踪物体的运动以及随着它们移动。

图4.13　测试视觉形状失认症。（左图）研究者要求 D.F. 转动她的手，与测试装置上的槽的方向一致，她无法照做。（右图）但是，当要求她把卡片插入不同角度的这个槽时，D.F. 近乎完美地完成了任务。

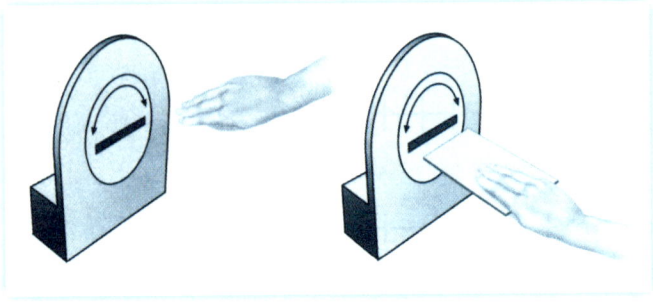

例如，一个叫 D.F. 的女性，其枕叶外侧的一个较大区域永久受损，那是腹侧通路的区域（Goodale 等，1991）。她的视觉识别物体的能力严重受损，但她通过触觉识别物体的能力保持正常。这表明，她不是有关物体的记忆受损而是物体视觉表征受损。D.F. 的脑损伤属于**视觉形状失认症**这一范畴，即不能通过视觉识别物体（Goodale 和 Milner, 1992, 2004）。令人惊讶的是，尽管 D.F. 不能在视觉上识别物体，但她能准确地通过视觉指导自己的动作，如图 4.13 所示。用 fMRI 扫描 D.F. 时，研究者发现在指导运动过程中，她的背侧通路区域表现出正常激活（James 等, 2003）。

相反，顶叶（背侧通路的一部分）受损的其他病人，则不能通过视觉指导他们的够和抓握动作（Perenin 和 Vighetto, 1988）。不过，他们的腹侧通路完好，意味着他们能认出物体是什么。

从这两种受损模式我们可以得出腹侧和背侧视觉通路是功能分离的结论；其中之一受损而另一通路可以保持完好。当然，在视知觉中两条通路必须共同作用以整合"what"和"where"信息，研究者们正开始研究它们是如何交互的。最近的 fMRI 研究提示了

视觉形状失认症（visual form agnosia）　不能通过视觉识别物体。

一些有意思的可能情况，这些研究发现背侧通路的某些区域对物体的身份属性敏感，例如，对不同大小或不同视角的相同物体的线条图的反应不同（Konen 和 Kastner, 2008; Sakuraba 等, 2012）。这可能就是使背侧和腹侧通路得以交换信息的机制，从而整合"what"与"where"（Farivar, 2009; Konen 和 Kastner, 2008）。

小结

- ▲ 光通过眼睛的若干层组织到达视网膜。视网膜上有将光转变为神经冲动的两类感光细胞：视锥细胞，在正常白昼条件下工作并感觉颜色；以及视杆细胞，在弱光条件下工作以产生夜视。神经冲动通过视神经传入大脑。

- ▲ 视网膜分成若干层，最外面一层由视网膜神经节细胞（retinal ganglion cell, RGC）组成，这些细胞收集并传导信号至大脑。RGCs 束形成视神经。

- ▲ 光落到视网膜上引起三种视锥细胞中每种细胞的特定反应模式，这三种视锥细胞是颜色知觉的关键：短波（蓝）光，中波（绿）光和长波（红）光。三种视锥细胞的整体反应模式形成了每种颜色的唯一编码。

- ▲ 视网膜编码的信息沿着视神经传输至大脑，视神经先传至丘脑处的外侧膝状体，然后传至枕叶初级视皮层，即 V1 区。

- ▲ 两条功能分离的通路从枕叶投射至大脑其他部位的视觉区域。腹侧通路传输至颞下叶，包含表征物体的形状和身份的脑区。背侧通路从枕叶到顶叶，连接识别物体的位置和运动的脑区。

视觉 II：识别我们看到的东西

我们视觉系统的旅程已经揭示了它是如何完成一些颇为令人惊奇的伟业。但视觉系统还需要做得更多以让我们能够有效地与我们的视觉世界交互。现在我们来思考，视觉系统如何将单独的视觉特征整合为整个物体，让我们可以识别那些物体是什么，将物体组织成为视觉场景,并检测那些场景中的运动和变化。一路上,我们将发现,研究视觉错误和错觉让我们可以深入了解这些加工是如何进行的。

注意:将单一特征捆绑为整体的"胶水"

位于视觉系统不同部位的特异化的特征检测器能分析视觉物体的多维特征中的每一个特征:朝向、颜色、大小、形状等等。但不同的特征如何组合成一个统一的物体呢?什么使得我们能够轻易又正确地知觉到一幅照片中的年轻男子穿的是红色衬衫而年轻女子穿的是黄色衬衫?为什么我们没有看到自由漂浮的红色色块和黄色色块,或者是错误的组合,例如年轻男子穿黄色衬衫而年轻女子穿红色衬衫?研究者们把这些问题称为知觉的**捆绑问题**,即特征是如何整合在一起,这样我们的视觉世界看到的是统一的物体,而不是自由漂浮或错误组合的特征(Treisman, 1998, 2006)。

错觉性结合:知觉错误

在日常生活里,我们正确地将特征整合为统一的物体是如此自动而又轻松,以至于可能很难理解捆绑居然是个问题。然而,研究者们发现了(人们)在捆绑中的错误,揭示了这一加工如何进行的线索。一类这样的错误称为**错觉性结合**,即多个物体的特征被错误组合的知觉错误。在一项开创性的研究里,安妮·特瑞斯曼(Anne Treisman)和希拉里·施密特(Hilary Schmidt)(1982)给

错觉性结合的研究对我们了解注意在特征捆绑中的作用有什么帮助?

参与者短暂呈现了两侧为黑色字母中间是彩色字母的视觉排列,指示参与者首先报告黑色字母然后描述彩色字母。参与者经常报告错觉性结合,例如,声称看到了蓝 A 或红 X,而不是实际呈现的红 A 或蓝 X(见图 4.14a 和 b)。这些错觉性结合并不是猜测的结果;错觉性结合比诸如报告未呈现过的字母或颜色等其他错误,发生得更频繁(见图 4.14c)。错觉性结合对参与者来说是真的,参与者确信真地看到了,如同正确知觉到的真实的彩色字母。

为什么会发生错觉性结合?特瑞斯曼和她的同事们提出了**特征整合理论**试图解释

捆绑问题(binding problem) 特征如何结合在一起使我们在视觉世界中可以看到统一的物体而不是自由漂浮或错误结合的特征。

错觉性结合(illusory conjunction) 不同物体的特征被错误组合的知觉错误。

特征整合理论(feature-integration theory) 该理论认为检测物体的单独特征不需要集中注意但需要集中注意将这些单独特征捆绑在一起。

这一现象（Treisman, 1998, 2006; Treisman 和 Gelade, 1980; Treisman 和 Schmidt, 1982），该理论认为检测诸如颜色、形状、大小以及字母的位置等组成刺激的单独特征并不需要集中注意，但将这些特征捆绑在一起却需要集中注意。从这一角度来说，注意提供了将特征捆绑在一起所需的"胶水"，而当参与者难以全神贯注地注意需要粘合在一起的特征时，就会发生错觉性结合。例如，在我们刚讨论过的实验里，要求参与者先加工彩色字母两侧的字母，因此减少了对彩色字母的注意导致错觉性结合发生。如果改变实验条件，参与者可以全神贯注地注意彩色字母，那么他们就能够正确将特征捆绑在一起，错觉性结合就会消失（Treisman, 1998; Treisman 和 Schmidt, 1982）。

顶叶的作用

捆绑过程利用了腹侧通路即"what"通路的脑区加工的特征信息（Seymour 等，2010; 见图4.12）。但由于捆绑涉及将腹侧通路中不同部位对特定空间位置上的特征的加工结果整合在一起，因此捆绑也特别依赖于背侧通路即"where"通路中的顶叶（Robertson, 1999）。例如，特瑞斯曼和其他研究者研究了R.M.，他遭受中风从而左右顶叶均受损。尽管他的视觉功能的很多方面完好，但他在注意空间分离的物体时有很严重的问题。如果呈现如图4.14所示的刺激，尽管给予他长达10秒的时间来看那些字母阵列，但R.M.仍会知觉到不寻常的大量的错觉性结合（Friedman-Hill, Robertson 和 Treisman, 1995; Robertson, 2003）。最近一些对类似脑损伤个体的研究表明，顶叶的上部和后部的损伤有可能产生类似的问题（Braet 和 Humphreys, 2009; McCrea, Buxbaum 和 Coslett, 2006）。健康个体在完成这些顶叶受损个体不能完成的视觉特征捆绑任务时，相同的顶叶区域会激活（Shafritz, Gore 和 Marois, 2002），搜索组合特征时也会激活（Corbetta 等，1995; Donner 等，2002）。

图4.14 错觉性结合。当诸如颜色和形状等特征被错误组合在一起，就发生了错觉性结合。例如，呈现给参与者红A和蓝X，有时他们报告看到了蓝A和红X。其他错误，例如误报字母（如报告字母T但T没有出现过）或误报颜色（报告绿色但绿色没出现过），则很少出现，表明错觉性结合不是出于猜测（基于Robertson, 2003）

视觉识别物体

迅速浏览一下旁边的补充示意图。尽管这些字母彼此差异很大，但你可以轻易地认出它们全都是字母 G 的样例。现在用你最要好的朋友的面孔来同样演示一下。你朋友可能是一头长发，但有一天她决定剪得令人惊讶的短。想象某一天你的朋友剪了一个令人惊讶的发型，或是戴了眼镜，染了头发，或是戴了鼻环。尽管你朋友现在看起来截然不同，你仍轻易地认出就是这个人。就像那些 G 的变化，你不知怎地就能抽取出你朋友面孔的基础特征，使你能正确识别你的朋友。

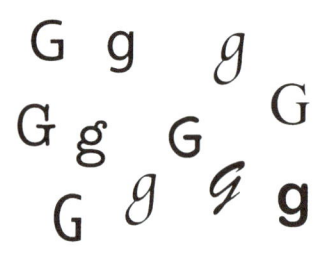

仅匆匆一瞥，你就能认出所有这些字母都是 G，它们在大小、形状、角度和朝向的差异本应该让你的识别变得困难一点。物体识别加工的哪一点让我们能毫不费力地完成这个任务呢？

这个思维训练看起来似乎有些无聊，但这是个不小的知觉成就。如果视觉系统对每次出现微小变异就有些为难的话，其低效将会非常显而易见。我们要费劲地加工信息才能发觉出现在不同会议上的朋友是同一个人，更不要说努力地审视才知道一个 G 到底是不是真的是 G。总之，物体识别进行得相当流畅，大部分原因归于我们前面讨论过的特征检测器。

在不同的条件下，特征检测器是如何帮助视觉系统从传入眼睛的立体的光阵列中获取正确的物体知觉，例如你朋友的脸？一些研究者赞成模块观，认为特异化的脑区，或模块，检测并表征人脸、房子或其他身体部位。使用 fMRI 来扫描健康年轻成人，研究者们发现，相比于其他物体范畴，颞叶的一个子区域对面孔的反应最为强烈，而附近的一个区域对建筑和风景的反应最强烈（Kanwisher, McDermott 和 Chun, 1997）。这种观点认为，我们不仅有辅助视知觉的特征检测器，还有"面孔检测器"，"建筑检测器"，可能还有其他特异化的神经元用于特定范畴的物体知觉（Downing 等，2006; Kanwisher 和 Yovel, 2006）。其他研究者赞成物体范畴是一种更为分布式的表征。这种观点认为，多个脑区的激活模式（共同）识别了某个看到的物体，包括面孔（Haxby 等，2001）。每个观点都能比另一观点更好地解释某些数据，研究者们仍在继续争论它们相对的优势。

用于准确测量癫痫的发作位置的实验提供了看待这个问题的另一个视角；这些实验也让我们深入了解人脑内的单个神经元如何对物体和面孔反应（Suthana 和 Fried, 2012）。在一个研究里，基罗加等（Quiroga 等，2005）把电极放置在遭受癫痫折磨的病人的颞叶。然后给这些志愿者呈现面孔和物体的照片，同时记录志愿者的神经反应。研究者们发现颞叶的神经元对从不同视角观看的特定物体，对从不同角度拍照的穿不同衣服和不同表情的人都有反应。有时，这些神经元也对代表这些相同物体的词反应。例如，对悉尼歌剧院的照片反应的神经元也对"悉尼歌剧院"这个词反应，但当"艾菲尔铁塔"

这个词呈现时没有反应。

总之，这些实验表明了**知觉恒常性**原则：即使感觉信号有些方面发生改变，知觉保持一致性。再次回想一下本章前面有关差别阈限的讨论。我们的知觉系统对变化刺激的相对差异敏感并考虑到感觉输入的变异。知觉恒常性原则有助于解释为什么你仍能认出你朋友，尽管她的头发颜色或发型有变化或是附加了面部首饰。对于变化，你的视知觉系统好像不是反应为，"看起来这是一张新的不熟悉的面孔"。而是似乎是这样反应，"有趣……这张脸跟平时看起来不太一样"。知觉对刺激的变化敏感，而知觉恒常性让我们首先注意到差异。

我们如何认出朋友，即使他们戴着太阳镜？

知觉组织原则

在物体识别起作用之前，视觉系统必须完成另一件重要的任务：将属于相同物体的图像区域组合起来形成物体的表征。在第 1 章里我们读过，我们倾向于知觉到一个统一的完整的物体，而不是分离部分的集合，这个观点是格式塔心理学的基石。格式塔原则描述了人类知觉的很多方面的特性。其中最重要的是格式塔知觉组织定律，这些定律决定了事物的特征和部位是如何组成一个整体的。以下是一些示例：

➢ 简单性：科学的一个基本原则是，最简单的解释通常是最好的解释，因此如果对物体的形状有两个或更多的可能解释，那么视觉系统倾向于选择最简单或最可能的解释。在图 4.15a 里我们看到一个箭头。

➢ 封闭性：我们倾向于填补视觉场景的缺失元素，这样我们能将被缺口分开的边缘知觉为属于完整的物体。在图 4.15b 里，我们看到了一个箭头，尽管有缺口。

➢ 连续性：对于有相同朝向的边缘和轮廓，具备格式塔心理学家所谓的良好连续性，我们知觉上倾向于将它们组成一个整体。在图 4.15c 里，我们知觉到两条交叉的线条而不是两个 V 形。

➢ 相似性：在颜色、亮度、形状或纹理上相似的区域被知觉为属于相同的物体。在图 4.15d 里我们知觉到三列图形——一列圆形，两侧各有一列三角形。

➢ 邻近性：相近的物体倾向于被组织在一起。在图 4.15e 里，我们知觉到三组或三"簇"点，每组有 5 或 6 个点，而不只是 16 个点。

➢ 共同命运：一起移动的视觉图像的元素被知觉为一个移动物体的组成部分。在图 4.15f 里，路牌上的系列闪光点被知觉为一个移动的箭头。

知觉恒常性（perceptual constancy） 该知觉原则认为即使感觉信号的某些方面发生变化，知觉保持一致性。

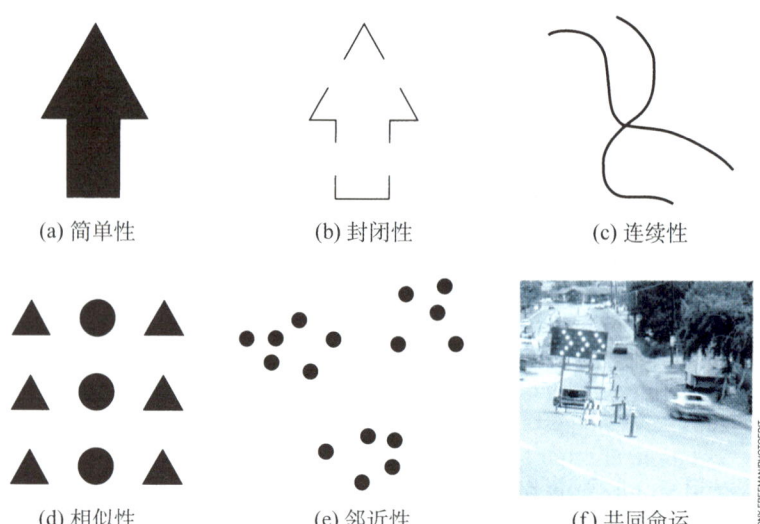

图 4.15 知觉组织原则。由格式塔心理学家首先提出的原则现在得到了实验证据的支持，实验表明大脑倾向于对进入的感觉信息赋予规则。知觉的一条神经策略是对刺激中的图案反应以及将相似的图案组织在一起。

(a) 简单性　(b) 封闭性　(c) 连续性
(d) 相似性　(e) 邻近性　(f) 共同命运

图像背景分离

知觉组织对我们的视觉识别物体的能力来说是一个强有力的辅助。组织也涉及在视觉上分离物体及其环境。用格式塔的术语来说，这是将图像从其所在的背景中识别出来。例如，本页上的单词被知觉为图像：它们从印刷的纸，即背景上凸显出来。类似的，教室里，你的老师被知觉为图像，而其他元素被当作背景。当然你能以其他方式知觉这些元素：单词和纸都是称为页的东西的组成部分，而你的老师和教室一起可被知觉为你的学习环境。但通常我们的知觉系统会集中注意到某些与环境不同的物体上。

大小提供了什么是图像什么是背景的一个线索：较小的区域可能是图像，例如大大一张纸上的小字母。运动也有帮助：（我们希望）你的老师是一位精力充沛的讲师，在静止的环境中到处移动。物体识别的另一关键步骤是边缘分配。对于图像和背景之间的某边缘或边界，该边缘属于图像还是背景？如果该边缘属于图像，那就有助于明确物体的形状，而背景则在该边缘之后延伸。但有时分辨哪是哪并不容易。

丹麦心理学家埃德加·鲁宾（Edgar Rubin, 1886—1951）利用这一两可性，发展出一个著名的错觉，称为鲁宾花瓶，或更一般地称为可逆的图像背景关系。你可以用两种方式观看图 4.16 所示的"面孔花瓶"错觉，要

图 4.16 两可边缘。鲁宾经典的可逆图像—背景错觉是这样产生的：注视图像的中心，即使感觉刺激保持恒定，你的知觉也会在花瓶和面孔剪影之间交替。

么是黑色背景上的花瓶，要么是一对彼此相对的面孔剪影。你的视觉系统可停留在其中一种或另一种解释，但每几秒钟就会在两者之间转换。这个现象之所以发生，是因为本来应该正常区分图像和背景的边缘实际上均不属于二者：它对于确定花瓶的轮廓以及面孔的轮廓的作用是一样的。fMRI 的证据很好地表明，当人们把鲁宾图像看作是面孔时，我们先前讨论过的颞叶的面孔选择性区域比将图像看作是花瓶时有更强的激活（Hasson 等，2001）。

物体识别理论

对于物体识别，研究者们提出了两类宽泛的解释，一种基于物体的整体，而另一种基于物体的部分。

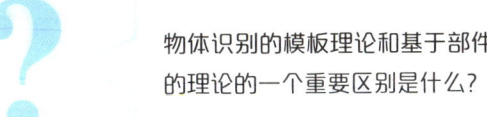

物体识别的模板理论和基于部件的理论的一个重要区别是什么？

> 根据基于图像的物体识别理论，你以前看过的物体在记忆里被存为**模板**，即可与视网膜像中看到的形状直接比较的心理表征（Tarr 和 Vuong, 2002）。你的记忆将模板与当前的视网膜像相比较，并选出与当前图像最匹配的模板。基于图像的理论被广泛接受，但它们还不能解释有关物体识别的所有现象。其一是，要正确匹配图像和模板，意味着你必须存有一个正常朝向的杯子模板，一个侧面的杯子模板，一个倒立的杯子模板等等。这导致一个笨拙低效的系统，因此不可能是有效的，然而任何人从侧面看到一个杯子都极少长时间感到困惑。

> 基于部分的物体识别理论认为，大脑把看到的物体分解成部分的集合（Marr 和 Nishihara, 1978）。一个重要的基于部分的物体识别理论主张物体是以结构化描述的形式存储在记忆中：物体部分的心理清单以及这些部分的空间关系（Biederman, 1987）。部分清单相当于称为几何子（geons）的几何元素的字母表，几何子可以组成物体，如同字母可以组成单词（见图 4.17）。基于部分的物体识别不需要为每个看到的物体存储模板，因此避开了一些基于图像的理论的陷阱。但基于部分的物体识别确实有很大的限制。最关键的是，它使物体识别只发生在范畴水平而不是个体水平。例如，基于部分的理论可以解释识别诸如面孔这类物体，但不能有效解释你是如何区分你最要好朋友的面孔与一个陌生人的面孔。

每种理论都有其长处和短处，这使得物体识别成为心理学的一个活跃的研究领域。

模板（template） 可以与视网膜像中看到的形状直接比较的心理表征。

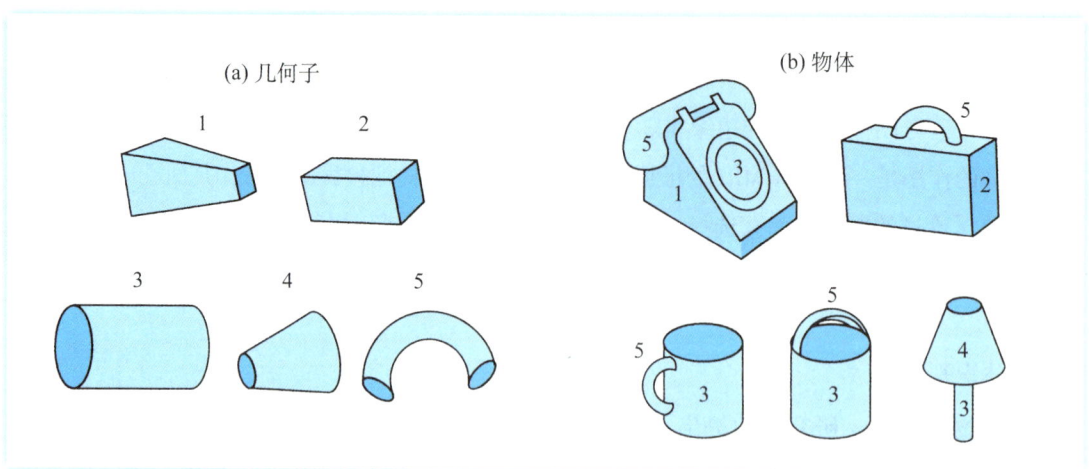

图 4.17 几何元素的字母。基于部件的理论认为诸如（b）所示的物体是由如（a）所示的更简单的称为几何子的 3D 零件组成，正像字母组合成了不同的词。

研究者们正在发展混合理论试图利用每种理论的长处（Peissig 和 Tarr，2007）。

知觉深度与大小

环境中的物体是在三维空间中分布的——长度、宽度和深度——但视网膜的成像只有两维，长度和宽度。大脑是如何加工一个平面的两维的视网膜图像，让我们可以知觉物体的深度以及它有多远呢？从一些深度线索中可以找到答案，你在空间中移动时这些线索会不断变化。单眼和双眼深度线索都有助于视知觉（Howard，2002）。

单眼深度线索

单眼深度线索是指只用一只眼睛观看场景时产生的有关深度的信息。这些线索依赖于距离和大小之间的关系。即使闭上一只眼，你注意的物体的视网膜像随着物体的远离而变小，随着物体靠近而变大。我们的大脑习惯利用视网膜像大小的这些差别，即相对大小，来知觉距离。

我们的大脑尤其习惯利用称为熟悉大小的单眼深度线索。例如，大多数成人大约都处于一个熟悉的高度范围（可能是 5 至 7 英尺高），因此单是视网膜像的大小通常就是他们距离你有多远的一个有效线索。我们的视觉系统会自动校正大小差异并将其归于距离的差异。图 4.18 演示了这种心理校正对于熟悉大小来说有多强。

单眼深度线索（monocular depth cues）　当你仅用单眼观看时，场景中提供的深度信息。

图 4.18 熟悉大小与相对大小。当你看人的图像时，例如左边的照片里的人，或者是看你熟知的物体，你看起来较小的物体显得离你更远。只是做了一点图像操作，在右边的照片里，你知觉到的相对大小差异远比投射到你视网膜上的大得多。在两幅照片里，穿着蓝色马甲的人的图像大小是完全一样的。

除了相对大小和熟悉大小，还有几种其他的单眼深度线索，例如：

▶ 线性透视，指延伸至远处的平行线似乎汇聚在一起的现象（见图 4.19a）。

▶ 纹理梯度，指当你观看由几乎统一的图案组成的表面时，由于图案元素的大小以及图案之间的距离，随着表面远离观察者，图案会逐渐变小（见图 4.19b）。

▶ 遮挡，指一个物体部分遮挡住另一物体（见图 4.19c）。你可以推断遮挡的物体

图 4.19 图像深度线索。视觉艺术家依赖各种单眼线索来让他们的作品显得活灵活现。即使你戴着眼罩，你也可以根据图像中如线性透视（a），纹理梯度（b），遮挡（c）以及相对高度（d）等这些线索来推测距离、深度以及位置。

第 4 章 感觉与知觉

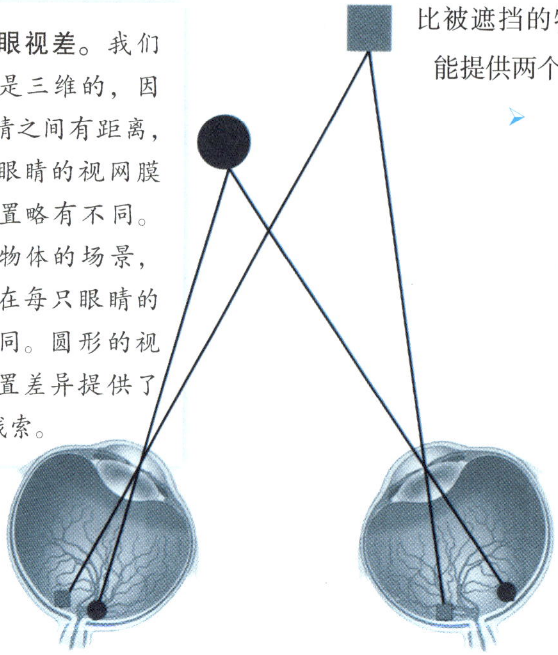

图 4.20 双眼视差。我们看到的世界是三维的，因为我们的眼睛之间有距离，物体在每只眼睛的视网膜上成像的位置略有不同。对于这个双物体的场景，方形和圆形在每只眼睛的成像位置不同。圆形的视网膜像的位置差异提供了强烈的深度线索。

比被遮挡的物体更近。但是，遮挡本身不能提供两个物体之间的距离信息。

➤ 图像的相对高度，这取决于你的视野（见图 4.19d）。近的物体在视野的下部，而远的物体则在靠上的位置。

双眼深度线索

我们也可以通过**双眼视差**获取深度信息。双眼视差是指双眼的视网膜像的差异所提供的深度信息。因为我们的两只眼睛略有分开，每只眼睛看世界的角度稍有不同。你的大脑计算两个视网膜像之间的差异从而知觉物体有多远，如图 4.20 所示。从图的上面往下看，稍远的方形和稍近的圆形落在每个视网膜上的位置都不同。

1838 年查尔斯·威特斯通爵士（Sir Charles Wheatstone）首先把双眼视差当作深度线索来讨论。威特斯通后来发明了立体镜，尤其是可以装上两个水平方向上不同位置拍摄的一对照片或绘制的画作的支架。（威特斯通不缺乏原创思想；他还发明了手风琴，早期的电报，以及创造了显微镜这个词。）如果每只眼看其中一幅图像，那么两幅图像一起会产生生动的深度感。三维魔景机玩具是威特斯通的发明的现代继承者，而 3D 电影也是基于这一相同的理念。

深度与大小错觉

我们都很容易受错觉的影响，而你可能记得"心理学的科学之路"一章里提到过，错觉是知觉、记忆和判断的错误，此时主观体验与客观事实有差异（Wade, 2005）。大小和距离的关系一直被用来产生精巧的错觉，主要是通过愚弄视觉系统错判物体的距离。所有这些错觉根据相同的原则：如果你看到的两个物体投射了相同大小的视网膜像，那么你知觉较远的物体会被知觉为较大。一个最著名的错觉是埃姆斯小屋，由美国眼科专家阿德尔伯特·埃姆斯（Adelbert Ames）于 1946 年创建。小屋是梯形的而不是方形的：

双眼视差（binocular disparity） 双眼的视网膜像的差异所提供的深度信息。

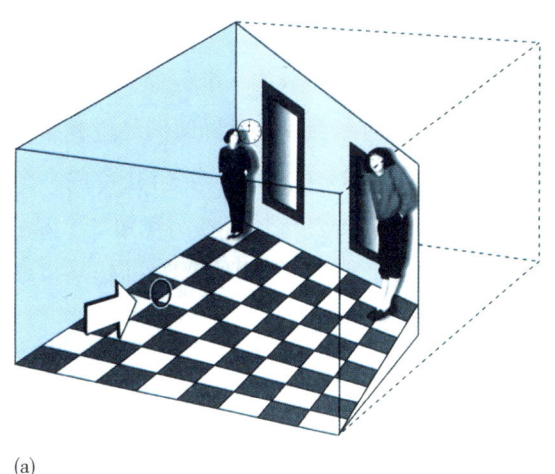

(a)　　　　　　　　　　　　　(b)

图 4.21　令人惊叹的埃姆斯小屋。
（a）显示埃姆斯小屋的实际比例的示意图揭示了它的秘密。房间的四面构成了一个梯形，有两面平行，但有个后墙偏离方形很远。不均匀的地板使得房间在远端角落的高度比另一角落的高度看起来矮。加上专门设计的窗户和地板等欺骗性的线索，找两个人分别站在远处的角落，你就可以准备骗某个不知情的了。（b）从观察口用一只眼睛观察埃姆斯小屋内部，观察者以为大小距离关系正常，也就是以为两个人在相同远的地方。但是基于熟悉大小的单眼线索，两人在视网膜像的大小差异将导致观察者下结论，其中一个人很矮小，而另一个人很高大。

只有两边是平行的（见图 4.21a）。站在埃姆斯小屋的一个角落的人在物理上距离观察者是站在另一角落的人的两倍远。但当通过墙上的一个小孔往里看时，埃姆斯小屋看起来像是方形的，因为窗户的形状以及地板的瓷砖都被仔细地制作，使得从观察口看起来小屋是方形的（Ittelson, 1952）。

视觉系统知觉远端的墙为竖直于视线方向，因此沿着墙站在不同位置的人看起来是同样的远，而观察者直接根据视网膜像的大小来判断他们的大小。结果是，站在右边角落的人看起来比站在左边角落的人大得多（见图 4.21b）。

知觉运动与变化

现在你应该比较清楚地了解我们是如何看到物体是什么和在哪里，如果物体呆在一个地方不动，这个过程是非常简单的。但显然现实世界里充满了移动的目标。物体随时间变换其位置：鸟飞马跑，雨雪菲菲，而树屈于风。理解我们是如何知觉运动以及为什么我们有时知觉不到变化能让我们更能理解视觉系统在日常生活中是如何工作的。

运动知觉

为了感觉运动，视觉系统必须对空间和时间信息都进行编码。最简单的情况是一个静止的观察者试图知觉一个运动的物体。

当物体移动经过观察者的静止视野时，它首先刺激了视网膜的一个位置，而一小会之后它刺激了视网膜的另一个位置。大脑的神经回路能够检测到这种随时间的位置变化并对特定速度和方向的运动反应（Emerson, Bergen 和 Adelson, 1992）。颞叶中部的一个称为 MT 的区域（是我们前面讨论的背侧通路的一部分）专门用于运动的视知觉（Born 和 Bradley, 2005; Newsome 和 Paré, 1988），而这个脑区的损伤会导致正常运动知觉障碍（Zihl, von Cramon 和 Mai, 1983）。

当然，在现实世界里，你很少是一个静止的观察者。当你走来走去时，你的头和眼总在移动，此时运动知觉不是那么简单。为了正确知觉物体的运动并且让你可以趋近或避开它们，运动知觉系统必须考虑你的眼睛的位置和运动，从根本上是你的头和身体的位置和移动。大脑通过监控你的眼睛和头的移动并从视网膜像的运动中"减去"这些移动来达成这一点。

> 颜色知觉和运动知觉都部分依赖于拮抗加工过程，这是为什么我们会受诸如颜色后效与瀑布错觉等错觉的影响。

运动知觉，就像颜色知觉，一部分是以拮抗过程的方式起作用并受感觉适应的影响。一种称为瀑布错觉的运动后效与颜色后效类似。如果你盯着瀑布的下行的激流几秒钟，然后看瀑布旁边的静止的物体，例如树或岩石，你会体验到一种向上运动的后效。这里发生了什么呢？

这一过程与盯着红色块后看到绿色类似。运动敏感的神经元与大脑中的运动检测器细胞相连，而运动检测器对相反方向的运动编码。运动感来自这两种相反的感受器的强度的差异。如果一种运动检测器细胞由于适应一个方向的运动而疲劳了，那么相反的感受器将接管。结果是运动被知觉为往相反的方向。fMRI 的证据表明，当人们看着静止刺激并体验到瀑布错觉时，MT 区的活动增加，而 MT 区在运动知觉中起关键作用（Tootell 等，1995）。

赌场标志上的闪光如何产生运动感觉？

环境中物体的运动不是唯一能产生运动知觉的事件。拉斯维加斯赌场标志上连续的闪光也能产生强烈的运动感，因为人们把系列闪光看作一个完整的移动物体（见图4.15f）。这种把不同位置上连续快速交替出现的信号知觉为运动的现象称为**似动**。

视频技术和动画也依赖于似动。电影每秒闪过 24 幅静止的帧（fps）。更慢的速度会产生突变感较强的运动感；而更快的速度将是一种资源浪费，因为我们不能知觉到比 24 fps 更平滑的运动。

变化盲与非注意盲

运动涉及物体位置随时间的变化，但视觉环境中的物体可以不涉及运动的方式变化（Rensink, 2002）。你可能每天都走过一个相同的服装店橱窗，并注意到正在展出一件新的外套或连衣裙，或者是当你看到你朋友的新发型的时候感到惊讶。直觉上，我们认为我们能轻易检测我们视觉环境中的变化。然而，我们的轻松直觉受到了称为**变化盲**的实验演示的挑战。当人们不能检测出场景的视觉细节的变化时，就发生了变化盲（Rensink, 2002; Simons 和 Rensink, 2005）。令人惊奇的是，即使场景的主要细节发生变化，也会发生变化盲，而我们会错误地认为自己不会错过这些变化（Beek, Levin 和 Angelone, 2007）。例如，在一个研究中，参与者观看一个视频，视频中一个年轻金发男子坐在桌子旁，站起来从桌边走开，然后离开房间（Levin 和 Simons, 1997）。场景然后转到房间外面，年轻男子在打电话。所有这一切似乎很清楚，但参与者不知道的是，坐在桌子旁的男子与打电话的男子不是同一个人。尽管两人都年轻、金发，并戴着眼镜，他们显然不是同一个人。但是，三分之二的参与者未能注意到这个变化。

通过剪辑视频来产生变化盲是一回事，那么在真实互动中会发生变化盲吗？另一个研究检验了这一想法，该研究的实验者在大学校园里向一个人问路（Simons 和 Levin, 1998）。当他们正在说话的时候，两个人抬着一扇门走过他们俩中间，门后面还藏着另一个实验者（见图 4.22）。两个实验者在门后交换位置，因此当两个人抬着门走过之后，变成另一个人在问路，而不是几秒钟之前在那里的那个人。令人惊奇的是，15 个参与者中只有 7 个报告注意到这个变化。

尽管人们能够无视这么大的变化令人惊奇，但这些发现再次表明了集中注意对视知觉的重要性（见第 146 页有关特征整合理论的讨论）。正如集中注意是将物体特征捆绑在一起

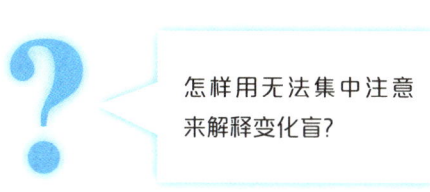

怎样用无法集中注意来解释变化盲？

似动（apparent motion） 刺激在不同位置交替快速接连出现导致的运动知觉。
变化盲（change blindness） 指人们未能检测到场景的视觉细节的变化。

图4.22 变化盲。 白发男子正在给一个实验者指路（a），他会在移动的门后面消失（b），由另一个实验者代替（c）。像很多其他人一样，这个人未能发现看起来很明显的变化。见 Simon, D.J. 和 Levin, D.T. (1988). Failure to detect changes to people during a real-world interaction. *Psychonomic Bulletin & Review*, 5(4),644−649.

的关键，它也是检测物体和场景的变化所必需的（Rensink, 2002; Simons 和 Rensink, 2005）。变化盲常常发生在人们未能集中注意于变化物体的情景（尽管视觉系统已经登记了该物体），而对于吸引注意的物体则较少发生的（Rensink, O'Regan 和 Clark, 1997）。

另一种密切相关的现象，**非注意盲**，也有力地说明了集中注意对有意识的视觉体验的作用。非注意盲指的是不能知觉到注意焦点之外的物体。想象下面的场景。你在看一群站成一圈的人在传篮球，一个人穿着大猩猩服走过这个圈，其中大猩猩还停下来捶打了一下胸部。难以置信你会错过大猩猩，对吗？再想想。西蒙斯和查布里斯（Simons 和 Chabris, 1999）拍摄了这样的场景，用两队，每队3名运动员相互传球，而此时穿大猩猩服的人走进来然后离开。要求参与者观看该视频并跟踪球的运动，计算其中一个队的传球数。由于参与者的注意集中在移动的球上，他们当中约有一半人未能注意到捶胸的大猩猩。

该研究结果很有现实意义，因为我们中的很多人总在忙于用手机发信息或打电话，而同时还在做其他的日常事务。我们已经看到使用手机对于驾驶有负面影响（见现实世界：多任务）。艾拉·海曼（Ira Hyman）及其同事们（2010）想知道日常生活中使用手机是否会导致非注意盲。他们招募了一个小丑，在西华盛顿大学的校园中间的一个大广场骑独轮车。在一个宜人的下午，研究者们询问151名走过广场的学生是否看到了小丑。75%使用手机的学生未能注意到小丑，而没使用手机的学生中只有不到50%。使用手机分散了集中注意，导致了更多的非注意盲，再次表明我们对视觉世界的意识体验局限于被集中注意选择的那些特征或物体。

非注意盲（inattentional blindness）　未能知觉到不在注意焦点的物体。

文化与社区

文化会影响变化盲吗？

本章这部分讨论的实验表明变化盲是显著的现象并在很多场合发生。但我们讨论的变化盲的证据来自西方文化，主要是美国的被试。那么来自其他文化的个体是否也发生变化盲？如果是，是否有理由猜测不同文化下的变化盲有所不同？回想一下在"心理学的科学之路"一章中的"文化与社区"栏目里，我们讨论了一些证据，表明来自西方文化的个体依赖于分析型的信息加工（例如，他们倾向于专注于物体而对其周围情境不加注意），而来自东方文化的个体则倾向于采用整体型信息加工（例如，他们倾向于注意物体及其周围情境的关系；Kitayama 等，2003; Nisbett 和 Miyamoto，2005）。

想到这个区分，增田和尼斯比特（Masuda 和 Nisbett，2006）注意到以往主要使用美国参与者的有关变化盲的研究，表明参与者更可能检测出场景中主要或焦点物体的变化，而不太可能检测出周围情境的变化。他们假设，与西方文化的个体相比，东方文化的个体将会更专注于周围情境，因此更可能注意到周围情境的变化。为了检验这个假设，他们使用静态照片和短小视频进行了三个实验以考察美国（密西根大学）和日本（东京大学）的大学生的变化检测（Masuda 和 Nisbett，2006）。每个实验里，他们要么改变场景中的主要或焦点物体，要么改变周围情境（例如，场景中背景的物体）。

实验结果与假设相符：日本学生比美国学生检测出更多的情境信息的变化，而美国学生比日本学生检测出更多的焦点物体的变化。这些结果扩展了早先东西方文化的个体看待世界的方式不同的研究报告，进一步表明，东方人更多关注物体出现的情境而西方人则更关注物体本身。

小 结

▲ 分离的物体的特征被错误组合在一起，就发生了错觉性结合。根据特征整合理论，注意提供了将特征捆绑在一起的胶水。顶叶对注意很重要，并且在特征捆绑中起作用。

▲ 枕叶和颞叶的一些区域选择性地对特定物体范畴反应，支持模块说，该观点认为特异化的脑区表征特定范畴的物体，如面孔、房子或身体部位。

▲ 知觉恒常性原则指即使感觉信号变化，知觉仍保持一致。格式塔的知觉组织原则，例如简单性、封闭性和连续性，决定了事物的特征和部分是如何组成一个整体。

▲ 基于图像和基于部分的理论都只解释了一些而不是全部的物体识别的特性。

▲ 深度知觉依赖于：单眼线索，例如熟悉大小和线性透视；双眼线索，例如视网膜视差；以及基于运动的线索，以头部随时间的移动为基础。

▲ 我们根据运动敏感神经元的输出强度的差异来体验运动的感觉。这些加工会产生诸如似动等错觉。

▲ 当我们未能注意到我们环境中可见的甚至是显著的特征时，变化盲和非注意盲就会发生，这表明我们的有意识的视觉体验依赖于集中注意。

听觉：甚于及耳

视觉基于视网膜上光波的空间模式。相反，听觉则均与声波有关：空气压力随时间的变化。很多东西可以产生声波：一棵树倒在森林的地面上，鼓掌时双手的撞击，一次激动人心的演讲中声带的震动，激流金属音乐会中低音吉他弦的共鸣。要了解听觉体验，需要了解我们是怎样把空气压力的变化转变为知觉到的声音。

感觉声音

击打一个音叉会产生一个纯音，这是一种简单的声音，首先增加空气压力然后形成相对的真空。当声波从声源朝所有方向向外传播时，上述周期会每秒重复成百上千次。与光波具有三个（物理）维度并对应于三个视知觉维度类似，声波也有三个物理维度。频率、振幅和复杂性决定了我们听到的音高、响度和音色（见表4.4）。

▷ 声波的频率，或其波长，依赖于气压的峰值多久一次传到耳朵或麦克风，以每秒的周期数，或赫兹（Hz）来衡量。对于声波的物理频率的变化，人们知觉到的是**音高**的变化，即声音有多高或多低。

> 声波的振幅指幅度，与人类听觉阈限（被定为零分贝，即 0 dBs）有关。振幅对应于**响度**，或声音的强度。为了说明振幅和强度的概念，叶子在柔和的微风中发出的沙沙声大约是 20 dB，正常的交谈大约是 40 dB，大喊大叫则是 70 dB，超级杀手合唱团音乐会是 130 dB，而 1 英里外起飞的航天飞机的声音则为 160 dB 或更高。这个响度足以导致听觉系统永久性受损，也比痛觉阈限高多了；实际上，任何 85 dB 以上的声音足以导致听觉受损，取决于暴露的时间和类型。

> 声波的复杂性，或其混合频率的差异，对应于**音色**，指听者对音质或共鸣的体验。音色提供了关于声音本质的信息。以

为什么同一个音符用笛子和小号奏出来的声音有如此大的差异？

同样的响度演奏同样的音调可以产生不同的知觉体验，这取决于是用笛子还是小号来演奏，这个现象完全取决于音色。很多自然的声音也体现了波长的复杂性，例如蜜蜂的嗡嗡声，演讲的音调，小溪的潺潺声。不像音叉的嗡嗡声那么单纯，蝉鸣含有很多不同的声音频率。

▶ 表 4.4

声波的属性

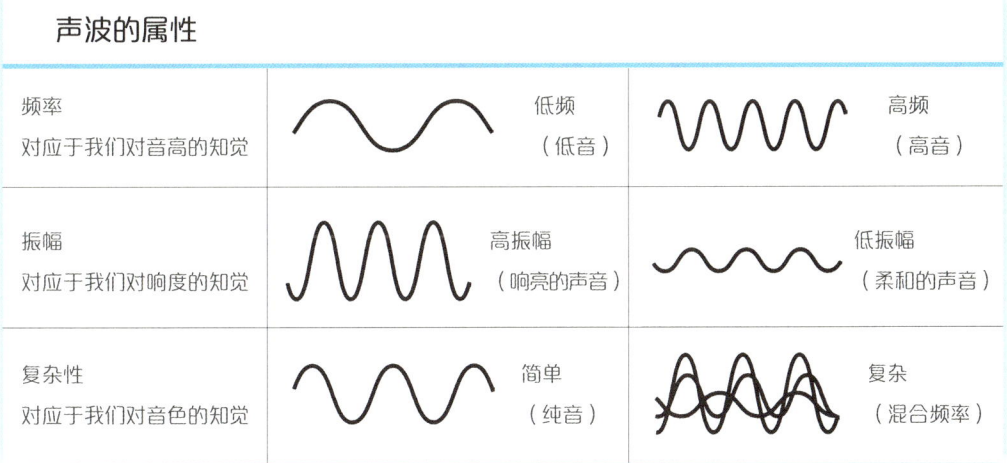

音高（pitch） 声音有多高或多低。
响度（loudness） 声音的强度。
音色（timbre） 听者对音质或共鸣的体验。

大多数声音，例如人声、音乐、风吹动树的声音、刹车的尖叫以及猫咪的咕噜声，由很多不同的频率而不是由一种频率组成。尽管你知觉这种混合物（例如猫咪的咕噜声，而不是咕噜声中的 206 Hz 成分）时耳朵首先对声音做的事情就是将其分解——分析它——成为分离的频率成分。大脑然后从这些分离的频率成分中"建构"音高、响度和音色等心理属性，就像视知觉是从视网膜的活动的空间模式"建构"而来。我们关于听觉的讨论焦点，是听觉系统如何编码和表征声音频率（Kubovy，1981）。

人类的耳朵

听觉系统如何将声波转换成神经信号？这一过程与视觉系统差别很大，不过这也不足为奇，因为光是一种电磁辐射，而声音是气压随时间的物理变化：不同形式的能量需要不同的转导过程。人类的耳朵分成三个不同的部分，如图 4.23 所示。外耳收集声波并将其汇集到中耳，中耳把振动传至内耳，内耳镶嵌在头盖骨上，在此声波被转导为神经冲动。

外耳包括伸到头部外面的可见部分（称为耳廓）、耳道和鼓膜。鼓膜是一块密闭的平整的皮肤，随着被外耳收拢并汇集入耳道的声波而振动。中耳，是鼓膜后一个充满空气的小室，含有人体内最小的称为听小骨的三块骨头。根据形状它们的名称分别是锤骨、砧骨和镫骨。三块听小骨组合成为一个杠杆，可将来自鼓膜的振动机械传递和放大并传入内耳。

图 4.23 人类耳朵的解剖图。 耳廓汇集声波进入耳道使鼓膜振动，振动的速率对应于声音的组成频率。在中耳，听小骨接收鼓膜的振动，将其放大，并通过振动充满液体的耳蜗表面上的膜传入内耳。内耳中的液体将波动能量传至听觉感受器，听觉感受器将其转导为电化学活动，激活组成听神经的神经元，传入大脑。

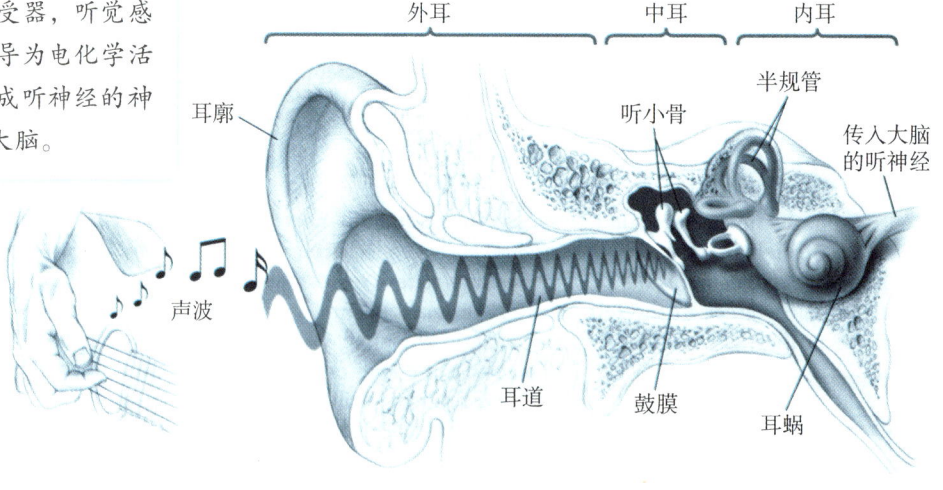

内耳含有螺旋状的**耳蜗**（lochlea，即拉丁文的蜗牛），一个充满液体的管道，是听觉转导的器官。沿着耳蜗延伸的方向把耳蜗从中间分开的是**基底膜**，当从听小骨的振动传至耳蜗中的液体时，基底膜会在内耳中产生振动（见图4.24）。它的波浪式的动作刺激成千上万的**毛细胞**。毛细胞是嵌在基底膜上的特异化的听觉感受神经元。然后毛细胞释放神经递质分子，引起神经信号，并通过听神经传入大脑。你可能没想到让你全身酥软的耳语"我爱你"始于很多盘旋的小毛发，但这确实就是听觉的机制！

毛细胞如何使我们能听到？

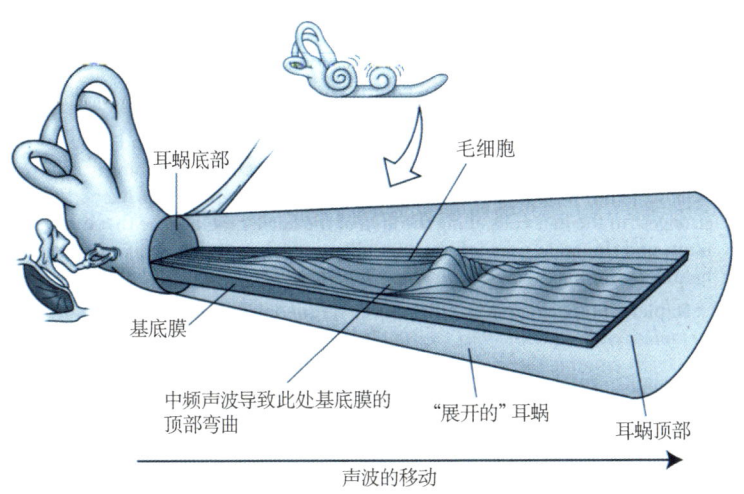

图4.24 听觉转导。 在耳蜗内部（这里显示的是耳蜗展开后的视图），基底膜随耳蜗内液体的波动而振动，其顶部振动对应于低频，而底部振动对应于高频，而嵌在那些位置的毛细胞感受器随之弯曲。毛细胞的运动在听神经元中产生冲动，其轴突从耳蜗处形成听神经。

知觉音高

听神经的动作电位从内耳传入丘脑并最终到达称为**A1区**的大脑皮层，该区是颞叶中含有初级听皮层的部分（见图4.25）。我们大多数人左半球的听觉区域负责分析与语言相关的声音，而右半球的听觉区域专门分析有韵律的声音和音乐。也有证据表明，听觉皮层也由两条分离的通路组成，大致类似于视觉系统的背侧和腹侧通路。空间（"where"）听觉特征让你可以在空间中定位声源，是由听觉皮层的后（尾）部来处理，然而非空间（"what"）听觉特征让你识别声音，是由听觉皮层的下（腹）部来处理（Recanzone 和

耳蜗（cochlea） 一个充满液体的管道，是听觉转导的器官。
基底膜（basilar membrane） 内耳的一个结构，当听小骨的振动到达耳蜗液体时，基底膜会振动。
毛细胞（hair cells） 特异化的听觉感受器神经元，嵌在基底膜上。
A1区（area A1） 颞叶中包含初级听皮层的部分。

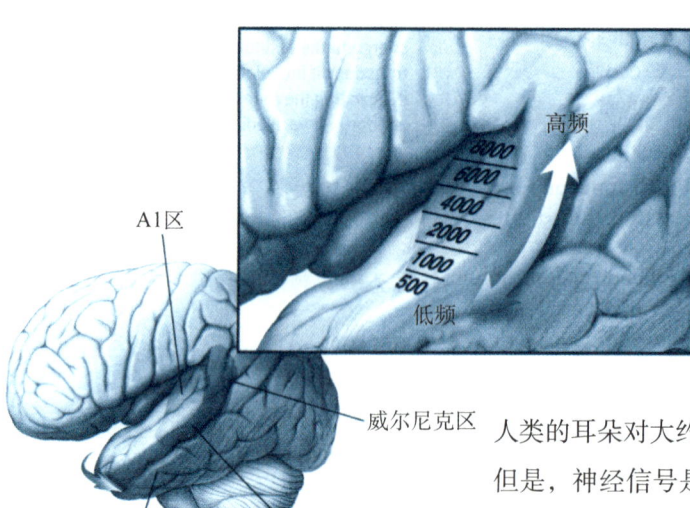

Sutter, 2008)。

A1区的神经元对简单音调具有良好的反应,而后继的大脑听觉区域则负责加工越来越复杂的声音(见图4.25,插图;Rauschecker 和 Scott, 2009; Schreiner, Read 和 Sutter, 2000; Schreiner 和 Winer, 2007)。

人类的耳朵对大约1 000至3 500 Hz的频率最敏感。但是,神经信号是如何编码声音的频率的呢?我们的耳朵进化出两种机制来编码声波的频率,一种用于高频,另一种用于低频。

图4.25 初级听皮层。A1区位于每个半球外侧裂的下方折叠在颞叶里。大多数人左半球的听觉区支配话语功能。A1皮层具有这样的拓扑组织(插图):低频映射到大脑前部而高频映射到后部,对应于耳蜗内基底膜的组织(见图4.24)。

> **位置编码**,主要用于高频,指不同的频率刺激基底膜的特定位置产生神经信号。20世纪30年代至50年代,诺贝尔奖获得者盖欧尔格·冯·贝凯希(Georg von Békésy, 1899—1972)进行了一系列的实验,他使用显微镜观察被捐来用于医学研究的尸体的内耳的基底膜(Békésy, 1960)。贝凯希发现基底膜的动作像是移动的波浪(见图4.24)。声音刺激的频率决定了波浪的形状。如果是低频,那么基底膜宽的松软的那端(顶端)振动得最厉害;如果是高频,基底膜窄的、硬的那端(底端)振动得最厉害。基底膜的振动使

 声波的频率与我们所听到的东西是如何关联的?

得毛细胞弯曲,产生听神经中的神经信号。振动最厉害的基底膜区域的毛细胞的轴突放电最强烈,大脑根据哪些轴突最活跃来帮助判断你"听到"的音高。

> 另一种补充的加工过程用于处理低频。**时间编码**,通过进入听神经的动作电位的放电率来记录相对的低频(最高约5 000 Hz)。来自毛细胞的动作电位与传入的声波的波峰在时间上同步(Johnson, 1980)。如果你能想像一只低音鼓的"嘭嘭嘭"的节律,那么你也能想像与此节拍相对应的动作电位的"放电放电放电"。

位置编码(place code) 不同的频率刺激基底膜的特定位置,大脑据此判断音高。
时间编码(temporal code) 耳蜗根据进入听神经的动作电位的发放频率对低频进行编码。

这一过程提供给大脑非常精确的有关音高的信息，是对位置编码提供信息的补充。

定位声源

正如我们双眼的位置不同赋予我们立体视觉，我们位于头部两侧的耳朵赋予我们立体听觉。到达较近的耳朵的声音比到达较远的耳朵的声音要大一些，这主要是因为听者的头阻挡了部分的声音能量。当声源的位置从一侧（最大的区别）移至正中间（没区别）时，这种响度的区别递减。

声音位置的另一线索来自时间：声波到达较近的耳朵会比到达较远的耳朵要快一些。这个时间差异可以短暂到只有几毫秒，但与强度差异一起，足以让我们知觉声音的位置。如果声源比较模糊，你发现你会把头转来转去寻找声源。这样做你就改变了到达你耳朵的声波的相对强度和时间，从而收集到更好的关于声源的可能信息。转动头部也让你能用眼睛来寻找声源——你的视觉系统可比你的听觉系统更擅长精确定位事物。

听力损伤

大致来说，听力损伤可以有两类成因。传导性听觉损伤的产生是因为鼓膜或听小骨损伤以至于不能有效地将声波传导至耳蜗。而耳蜗本身则是正常的，因此这是耳朵的活动部件，即锤骨、砧骨、镫骨或鼓膜的"机械问题"。大多数情况下，药物治疗或手术能校正这一问题。用助听器放大声音也能改善声音在耳朵附近的骨头的传导从而直接传入耳蜗。

放大声音对哪一类听力损伤有帮助？

感觉神经听力损伤是耳蜗、毛细胞或听神经的损伤导致的，随着年纪的增加，这种损伤几乎发生在我们所有人身上。对于经常性暴露于高噪声（如摇滚音乐家或飞机机械师）的人群，感觉神经听觉损伤会加剧。只是放大声音没什么帮助，因为毛细胞已不能转导声波。在这些情况下，人工耳蜗也许能提供一些帮助。

人工耳蜗是取代毛细胞功能的一种电子装置（Walrzman, 2006）。装置的外部包括置于耳后的麦克风和一个大约 USB 密钥大小的声音处理器，以及一个置于耳后头皮的小而扁平的外部传输器。植入的部分包括头骨中的一个接收器，以及一条插入耳蜗以刺激听神经的含有电极的金属丝。声音处理器实际上就是一台小的计算机，它将麦克风收集的声音转换成电信号。然后电信号被传至植入的接收器，接收器激活耳蜗里的电极。人工耳蜗现在已被常规使用，它能改善听觉至能理解对话的程度。

当人们变老时，常常经历显著的听觉损伤，而婴儿则极少发生。但是，没有学会说话的婴儿则容易受听觉损伤的影响，可能因为听觉损伤而错过语言学习的关键期（见"学习"这一章）。如果这个时期没有听觉反馈，那么正常对话几乎无法达成，而早期使用人工耳蜗，能帮助聋儿改善对话和语言技能（Hay-McCutcheon 等，2008）。人们正努力为年幼如 12 个月或更小的小孩植入人工耳蜗，以使其语言正常发展的机会最大化（DesJardin, Eisenberg 和 Hodapp, 2006; Holman 等，2013）。（有关音乐与脑发育的重要性，请见"现实世界"栏目）。

现实世界

音乐训练：值得花时间

你小时候学过弹奏乐器吗？或许对你来说，音乐本身就是奖励（或者不是）。对主要为了让爸爸妈妈高兴的练习者而言，下面是好消息。音乐训练有许多好处。我们从大脑开始。音乐家比非音乐家的运动皮层的可塑性更高（Rosenkranz 等，2007）；他们在大脑中的运动区域和听觉区域比非音乐家有更多的灰质（Gaser 和 Schlaug, 2003; Hannon 和 Trainor, 2007）；他们对音乐刺激的大脑反应与非音乐家不同（Pantev 等，1998）。而且音乐训练的影响还扩展到非音乐领域的听觉加工（Kraus 和 Rosenkranz, 2010）。例如，听到话语时，音乐家比非音乐家有更强的大脑反应（Perbery-Clark 等，2012）。在噪音背景下音乐家也表现出对呈现的话语有更好的检测能力（Perbery-Clark, Skor 和 Kraus, 2009）。在小孩，年轻成人甚至通常在噪声环境下知觉话语会遇到严重困难的老人身上也有此效应（Perbery-Clark 等，2011）。

谨记不要将相关和因果关系混淆，你可能会问：音乐家和非音乐家的区别反映的是音乐训练的效应吗？或者首先反映的可能是遗传的个体差异使得某些人成为了音乐家？

或许那些被先天赐予对音乐或其他听觉刺激有更强大脑反应的人，由于其自然天赋，注定会成为音乐家。但近来的一些实验支持了音乐训练的因果作用。一个研究发现，与那些未受训练的小学生相比，经过 15 个月的音乐训练（学弹钢琴）的小学生的听觉和运动皮层表现出结构化差异（Hyde 等，2009）。更重要的是，音乐训练组表现出的大脑变化与运动和听觉技能的改善有关。另一项研究比较了两组 8 岁小孩，一组受 6 个月的音乐训练而另一组受 6 个月的绘画训练。音乐训练改变了大脑对音乐和话语刺激的电反应，而这些变化与音乐和话语知觉任务提高的绩效相关（Moreno 等，2009）。最新的一些音乐训练研究也表明了对话语知觉的益处（François 等，2013），提示童年期的音乐训练引起的神经变化会持续到成年期（Skoe 和 Kraus，2012）。

我们还不知道为什么音乐训练对听觉加工有如此广泛影响的全部原因，但一个可能的原因是学习弹奏乐器需要注意声音的精准细节（Kraus 和 Chandrasekaran，2010）。毫无疑问，未来的研究将指出其他的因素，但迄今为止的研究让我们确信你练习乐器花的时间是值得的。

小结

▲ 知觉声音取决于声波的三个物理维度：声波的频率决定了音高；振幅决定了响度；频率的复杂性或混合的差异，决定音质或音色。

▲ 听觉的音高知觉始于耳朵，耳朵包括外耳、中耳和内耳。外耳汇集声波传入中耳，而中耳将振动传至内耳，内耳含有耳蜗。源自内耳的动作电位沿听觉通路通过丘脑到达颞叶的初级听皮层（A1 区）。

▲ 听知觉依赖于位置编码和时间编码。我们定位声源的能力主要依赖于头部两侧双耳的位置。

▲ 一些听力损伤可以通过助听器放大声音来克服。当毛细胞受损时，人工耳蜗是一种可能的解决方案。

躯体感觉：甚于肤浅

视觉和听觉提供了远处的环境信息。通过对环境中光线和声音能量反应，这些"距离"感让我们识别和定位我们周围的物体和人。相比之下，躯体感觉，也称为本体感觉，则是近距离且个体化的。**触觉**指用手通过触摸和抓握物体对环境的主动探索。我们使用我们肌肉、肌腱和关节里的感受器以及我们皮肤里的各种感受器来感觉我们周边的世界（见图4.26）。

触觉

触觉始于将皮肤感觉转变为神经信号。皮肤表皮下的四种感受器让我们可以感觉压力、纹理、图案或皮肤的振动（见图4.26）。我们触摸物体或试图抓握物体时，这些特异化细胞的感受野一起工作，提供了丰富的触觉体验。此外，温度感受器，感觉冷和热的神经纤维，在你的皮肤温度变化时反应。当然所有这些感觉在知觉中是无缝融合的，而细致的生理学研究已经成功地分离了触觉系统的不同部分（Hollins, 2010; Johnson, 2002）。

对身体表面的神经表征有三个重要的原则。首先，身体左侧由右脑表征，反之亦然。其次，就像大脑的视觉区大部分负责视敏度最高的中央凹视觉，大脑的触觉区大部分也是负责空间分辨率较高的皮肤表面的触觉。指尖和嘴唇擅长分辨细微的空间细节，而背部的下面完成这项任务就会比较

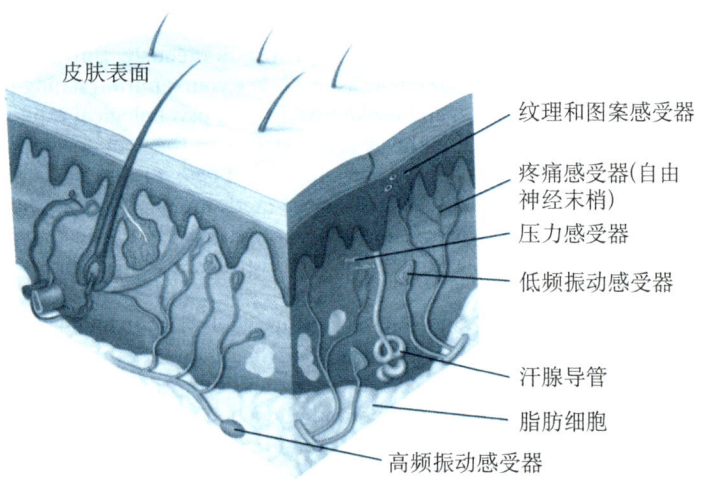

图4.26 触觉感受器。特异化的感觉神经元形成了不同的触觉感受器，用于检测压力、温度以及对皮肤的振动。触觉感受器对在其感受野内的刺激反应，其轴突通过脊柱或颅神经进入大脑。痛觉感受器栖身于所有能感受痛觉的身体组织内，分布在骨头周围，肌肉和内部器官里面，以及皮肤表皮下面。两种痛觉感受器（快速传导即时的尖锐的痛觉的神经以及传导持久的缓慢的隐隐的痛觉的神经）都是自由神经末梢。

触觉（haptic perception） 通过双手触摸和抓握物体对环境的主动探索。

差。回想一下你在"神经科学与行为"一章中读到的有关小人的内容；你会想起身体不同位置将感觉信号投射到顶叶躯体感觉皮层的不同位置。第三，越来越多的证

> 为什么辨别空间细节是指尖和嘴唇的重要功能？

据表明触觉也有类似于我们在视觉和听觉中的划分的"what"和"where"通路。触觉的"what"系统提供有关物体表面属性的信息；触觉的"where"系统提供有关正在触摸的外部空间位置信息或是正在被刺激的躯体位置信息（Lederman 和 Klarzky, 2009）。fMRI 证据表明，"what"和"where"触觉通路分别涉及顶叶的下部和上部区域（Reed, Klatzky 和 Halgren, 2005）。

触觉信息对我们的决策和判断可以有很强的影响。例如，最近的研究表明，相比于只是看见但并不触摸该物体，只是触摸我们还没有拥有的物体就会提高我们的拥有感，并导致我们高估物体的价值（Peck 和 Shu, 2009）；触摸物体越久，我们评估其价值越高（Wolf, Arkes 和 Muhamma, 2008）。下次你在商店里考虑购买一件昂贵物品时，你可能会记住这个"只是触摸"效应。也许售货员知道这个效应：2003 年假日购物节期间，伊利诺州的首席检察官办公室警告购物者小心那些鼓励他们触摸商品的商家。

痛觉

生命中没有痛觉是不是很吸引人？尽管痛觉可以说是最不愉快的感觉，但触觉的这一方面却是对生存最为重要的：痛觉说明对身体的伤害或潜在的伤害。没有感觉痛觉的能力，我们可能就会忽略感染、骨折或严重的烧伤。先天性的痛觉缺失，一种罕见的特异性损伤痛觉知觉的遗传疾病，更多的是一种诅咒而不是恩赐：遭受这种疾病的小孩经常伤到自己（例如咬伤自己的舌头，或抓痒时划伤自己的皮肤）且在儿童期的死亡风险增高（Nágasako, Oaklander 和 Dworkin, 2003）。

对组织的伤害会被痛觉感受器转导，痛觉感受器的自由神经末梢如图 4.26 所示。研究者们已经区分了 A-δ 纤维与 C 纤维。A-δ 纤维反应迅速，一个人突然遭受伤害时感受到的最初的尖锐痛觉就是它传导的。如果你赤脚在外面跑，而你的脚趾碰到了一块石头，你会首先感受 A-δ 纤维传来的一阵突然的针刺一样的痛觉，并很快消失，接下来的是一种持续的隐隐的由 C 纤维传导的痛觉。而先天性痛觉缺失时 A-δ 纤维与 C 纤维都会受损，这是为什么该病症可能会危及生命的原因之一。

你可能记得"神经科学与行为"这一章里提到，痛觉缩回反应是由脊柱来调节的。当你碰到热炉子，你几乎瞬间撤回你的手而不需要大脑的参与。但痛觉的神经信号——例如当你摔倒后因支撑自己而肘部扭伤——会传输至大脑的两个分离的区域并引发两种

不同的心理体验（Treede 等，1999）。一条痛觉通路将信号传至躯体感觉皮层，识别在哪里疼以及是哪种类型的痛觉（尖锐的，烧伤的，隐隐的）。另一条痛觉通路将信号传至大脑的动机和情绪中心，例如下丘脑和杏仁核，以及前额叶。这方面的痛觉让人不愉快并促使我们逃离或减轻痛觉。

通常感觉上痛觉似乎是来自导致疼痛产生的受伤组织所在的位置。如果你烧伤了自己的手指，你会觉得痛觉来自那里。除了皮肤，我们的痛觉感受器还分布在别的地方：骨头周围、肌肉内部，以及内脏里等等。当痛觉在内部例如在躯体内的某个器官发生时，我们实际上感觉到的痛觉却是在躯体表面。当来自内部和外部区域的感觉信号汇集在脊柱的相同神经细胞时，这种**转介痛觉**就会发生。常见的一个例子是心脏病发作：受害者通常感觉到痛觉是发自左手臂而不是胸腔内。

痛觉的强度通常不能单单从导致痛觉的损伤程度来预测（Keefe, Abernathy 和 Campbell, 2005）。例如，草皮脚趾伤听起来是最轻的伤；这种痛觉来自大脚趾，是重复弯曲或用力导致的，体育赛事里的跑步者或橄榄球员可能会碰到。这种对躯体的一小块区域的伤害听起来很轻微，却可以让运动员伤停一个月，并且相当的疼。另一方面，你可能听说过一两个关于某人连续几个小时在刺骨的冷水里跋涉，或者是在一次拖拉机事故后拖着伤腿在乡村公路上走了一英里以寻求帮助，或者是不顾剧烈的疼痛和大面积的组织损伤而完成某些其他难以置信的壮举。痛觉类型和痛觉强度之间的相关并不完美，这个事实激发了研究者们的兴趣。

近来的一些证据表明主观痛觉强度在不同种族之间是有差异的（Campbell 和 Edwards, 2012）。例如，一个研究考察了对实验室诱发的不同痛觉的反应，包括热痛和冷痛，发现相比于白人青年，非洲裔美国年轻人对几种痛觉的容忍度较低，他们把相同的痛觉刺激评价为更强烈和更令人不愉快（Campbell, Edwards 和 Fillingim, 2005）。

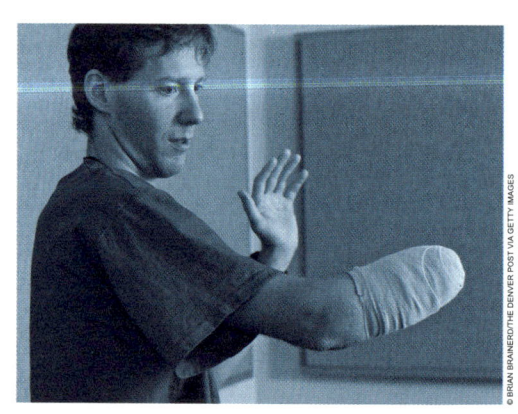

艾伦·罗尔斯顿（Aron Ralston）在犹他州一处偏远的大峡谷远足时遭遇不幸。一块1 000磅的大石头把他压在一个3英尺宽的地方长达5天，最后他没有办法，只好用一把小刀将自己的小臂截肢。然后他扎上止血带，用绳索下降到大峡谷地面，跋涉到安全的地方。这个故事以及类似的故事说明，伤害的程度与感受到的痛觉强度并不完全相关。自我截肢毫无疑问是极其痛苦的，但幸运的是在这个故事里它没有让人变得虚弱。

转介痛觉（referred pain）来自体内和体表部位的感觉信息汇集在脊髓的相同神经细胞时的痛觉感受。

关于痛觉知觉，有一个理论称为**痛觉的阀门控制理论**，认为来自体内的痛觉感受器的信号可以被脊柱的中间神经元通过两个方向的反馈来阻止或控制（Melzack 和 Wall, 1965）。例如，通过摩擦受影响的地方，痛觉可以被皮肤感受器控制。摩擦你受伤的脚趾会激活神经元"关闭阀门"来阻止痛觉信号传入大脑。痛觉也可以通过调节传递痛觉的神经元的活动来控制。这种神经反馈是由丘脑深处的活动引发的，而不是由痛觉自身。

为什么有时候摩擦受伤部位有助于缓解痛觉？

神经反馈来自中脑中称为导水管周围灰质（periaqueductal gray, PAG）的区域。在极端条件下，例如高度焦虑，自然产生的内啡肽会激活 PAG 传递抑制信号给脊柱内的神经元，然后抑制住传往大脑的痛觉信号，这样就调制了痛觉的体验。PAG 也可以通过如吗啡等鸦片类药物的作用来激活。

另一种不同的反馈信号可以增加痛觉感受。这个系统可以由感染或习得危险信号等事件所激活。当我们病得厉害时，我们本应体验到中等疼痛但却感觉到非常痛。这种痛觉促进信号大概是进化来促使人们在生病时休息，避免剧烈活动，让能量致力于康复。

尽管有关痛觉的阀门控制理论的一些细节遭到挑战，但理论的一个关键概念——痛觉是双向的——有着广泛的启示。感觉将如痛觉等信息传入大脑，这个过程被知觉心理学家称为自下而上的控制。大脑随后将感觉数据加工为知觉信息，以支持运动，物体识别以及最终更复杂的认知任务，如记忆和计划。但有充分的证据表明大脑也对我们感觉到的东西施加大量控制。视错觉，格式塔原则使我们填补、塑形、修圆一些实际不存在的图案等提供了一些例子。这种自上而下的控制也解释了大脑是如何影响触觉和痛觉的体验。

身体姿势、运动与平衡

听起来有些奇怪，但感觉和知觉的一个方面是在任何既定时刻了解你身体的部位在哪里。你的身体需要某些方式来感觉其在物理空间的姿势而非总是通过移动眼睛来视觉核实四肢的位置。与姿势、运动和平衡有关的感觉依赖于我们体内产生的刺激。肌肉、肌腱和关节内的感受器提示了躯体在空间中的姿势，而有关平衡和头部运动的信息则源于内耳。

感受器提供了我们知觉我们四肢、头部和躯体的姿势和运动所需要的信息。这些感

痛觉的阀门控制理论（gate-control theory of pain） 痛觉感觉的理论，其基本观点是来自体内痛觉感受器的信号能被脊髓内的中间神经元通过两个方向的反馈来阻止或控制。

受器也提供了我们是否正确完成了想做的动作以及手持的物体对运动有多大影响等反馈信息。例如，当你挥动棒球棒，球棒的重量影响你的肌肉移动你的手臂，当球棒击中球时感觉会发生变化。通过学习，肌肉、关节以及肌腱关于你的手臂实际运动的反馈可以用于改善你的表现。

保持平衡主要依赖于**前庭系统**，该系统位于内耳紧挨着耳蜗，由三个充满液体的半圆形管道及其附属器官组成（见图4.23）。半圆形的管道排列在三个相互垂直的方向上，并与毛细胞相连，当头部移动或加速时，毛细胞将检测液体的移动。毛细胞的弯曲会在前庭神经产生活动，然后被传至大脑。这样检测到的运动帮助我们保持平衡，或者保持我们身体相对于重力的状态（Lackner 和 DiZio，2005）。

为什么闭着眼睛单脚站立这么困难？

视觉也能帮助我们保持平衡。如果你发现你相对于竖直方向比如房间的轮廓倾斜，你会移动你的腿和脚以防止摔倒。心理学家通过实验考察了平衡的这个视觉特性。他们让参与者处于可以前倾或后倾的房间里（Bertenthal, Rose 和 Bai, 1997; Lee 和 Aronson, 1974）。如果房间倾斜的程度足够大——尤其是测试小孩时——人们会倾斜身体以试图抵消他们的视觉系统告知他们的内容。当视觉线索提供的信息与前庭器官反馈的信息不一致时，可能会导致运动性恶心。下次你试图在行驶中的汽车后座上读书时请记住这一差异！

小结

▲ 身体表面的感受器将神经信号传至躯体感觉皮层，顶叶的一部分，而大脑将信号转变为触觉。

▲ 痛觉的体验取决于沿两条不同通路传递的信号。一条通路将信号传至躯体感觉皮层以提示痛觉的位置和类型，而另一条通路将信号传至大脑的情绪中心导致不愉快的感觉让我们希望逃离。痛觉体验在不同个体间是有差异的，这可以通过痛觉的阀门控制理论的自下而上和自上而下的控制来解释。

▲ 平衡和加速主要依赖于前庭系统，但也受视觉影响。

前庭系统（vestibular system） 三个充满液体的半圆形管道以及附属器官，位于每个内耳的耳蜗附近。

化学感觉：提味

躯体感觉都是关于身体内部或表面的物理改变：视觉和听觉感觉环境的能量状态——光波和声波——触觉则由身体内部或表面的物理变化所激活。我们讨论的最后一类感觉具有相同的化学基础，能将远距离和近距离的信息整合起来。嗅觉和味觉的化学感觉对你呼吸时飘入鼻腔内的或溶解在唾液内的物质的分子结构进行反应。嗅觉和味觉结合起来产生我们称之为味道的知觉体验。

嗅觉

嗅觉是我们了解最少的感觉，也是唯一直接与前脑有联系的感觉，并有通路连接到前额叶、杏仁核和其他前脑结构（回想一下"神经科学与行为"一章中提到其他感觉首先与丘脑相连）。这种映射提示嗅觉与涉及情绪和社会行为的脑区有密切的关系。动物的嗅觉似乎进化为一种提示熟悉性的感觉：友好的生物，可吃的食物还是可接纳的性伴侣。

无数物质会释放气味到空气中，而随着我们呼吸的空气，一些有气味的分子进入我们的鼻子。如图 4.27 所示，位于鼻腔上部的是一层称为嗅膜的粘膜，其中含有大约 1 千万**嗅觉感受器神经元**（olfactory receptor neurons, ORNs），即引起嗅觉的感受器细胞。有气味的分子会与这些特异化的感受器上的位置结合，如果发生足够多的结合，ORNs 会发送动作电位进入嗅觉神经（Dalton, 2003）。

每个嗅觉神经元具有只与某些但不与其他气味分子结合的感受器，似乎感受器是一把锁，而气味是一把钥匙（见图 4.27）。一簇 ORNs 将其轴突从嗅膜延伸至**嗅球**，这是

人类能闻出多少种气味？

一个位于鼻腔上方前额叶下方的脑结构。人类拥有大约 350 种不同的 ORN，通过每种气味诱发的独特的神经活动模式，我们可以区分大约 10 000 种不同的气味。这种设置类似于我们依赖视网膜的三种感受器细胞就可以看到各种各样的颜色，而依赖于触觉的四种感受器细胞就可以接受不同的皮肤感觉。

有些狗拥有多达人类 100 倍的 ORNs，因此相应地具备可以检测和辨别上百万种气味的敏锐能力。尽管如此，人类对某些极低浓度的物质的气味也非常敏感。例如，对于添加到天然气中的一种帮助检测天然气泄漏的化合物，0.000 3 ppm 浓度就可以被闻出来。相反，有些物质如丙酮（指甲油去除剂），大部分人认为是刺激性的，其浓度要高

嗅觉感受器神经元（olfactory receptor neurons, ORNs） 引起嗅觉的感受器。

嗅球（olfactory bulb） 位于鼻腔上方和前额叶下方的大脑结构。

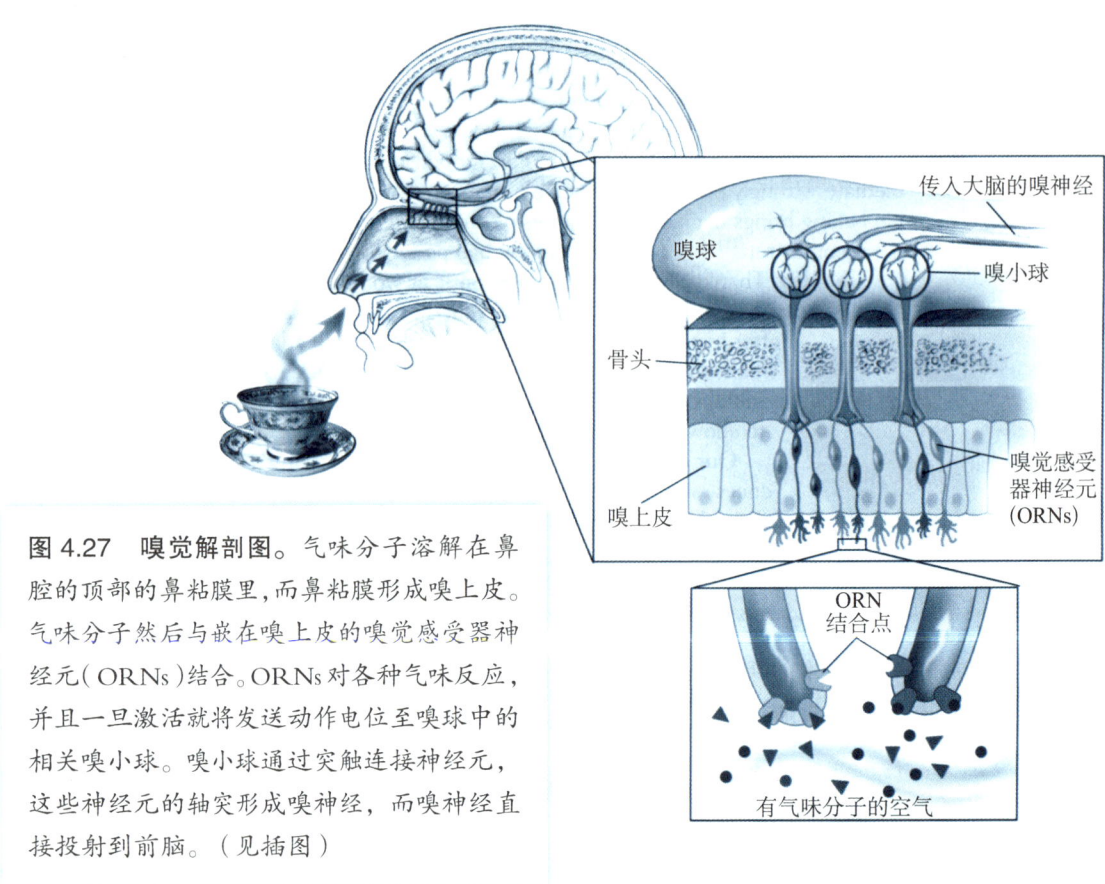

图 4.27 嗅觉解剖图。气味分子溶解在鼻腔的顶部的鼻粘膜里,而鼻粘膜形成嗅上皮。气味分子然后与嵌在嗅上皮的嗅觉感受器神经元(ORNs)结合。ORNs对各种气味反应,并且一旦激活就将发送动作电位至嗅球中的相关嗅小球。嗅小球通过突触连接神经元,这些神经元的轴突形成嗅神经,而嗅神经直接投射到前脑。(见插图)

达 15 ppm 或更高时才能被检测到。

嗅球的输出传至大脑的不同中心,包括负责控制基本需求、情绪和记忆的部位。气味知觉包括识别气味的身份信息,这涉及将嗅觉输入与存储在记忆中的信息联系起来(Stevenson 和 Boakes, 2003),以及我们对气味是否产生愉悦的情绪反应(Khan 等, 2007)。这两种加工哪个更早发生?当你走进一所房子,闻到新鲜出炉的巧克力曲奇的美妙香味,你是在识别出香味之前还是之后产生的正性情绪反应呢?根据物体中心取向,有关气味物体的身份信息被迅速从记忆中提取,并触发情绪反应(Stevenson 和 Wilson, 2007)。而根据效价中心取向,首先产生情绪反应并以此为基础判断气味的身份(Yeshrun 和 Sobel, 2010)。而最近试图区分这两种观点的研究支持气味知觉首先受记忆引导然后受情绪影响(Olofsson 等, 2012)。

嗅觉和情绪之间的关系解释了为什么气味能对我们有即时的强烈的正性或负性影响。如果吸入一点烘烤的苹果派的味道,让你想起童年的美好记忆;或是不经意闻到呕吐物让你回忆起你曾参加过的一个糟糕派对,你就能理解这一点。幸亏感觉适应也作用于嗅觉,如同它作用于其他感觉一样。不管这种联系是好是坏，几分钟后气味就消退了。嗅觉适应是有道理的：它让我们可以检测可能需要我们采取行动的新气味，只是有了初始的评价之后，最好还是降低我们的敏感性让我们可以检测其他气味。

我们的嗅觉体验不仅依赖于自下而上的影响，例如气味分子与ORNs的结合，也依赖于自上而下的影响，例如我们先前关于某气味的经验（Gottfried, 2008）。与这一观点一致，对于相同的气味，相比于具有不吸引人的文字标签例如体味，具有吸引人的文字标签例如切达芝士，会使人们将该气味评价为更令人愉悦（de Araujo 等，2005; Hert 和 von Clef, 2001）。fMRI 证据表明，对于相同的气味，相比于将其当作体味，当人们把它当作切达芝士时，诸如眶额皮层等涉及体验愉悦性的脑区会有更强烈的激活（de Araujo 等,2005; 有关味道知觉的相关研究发现，请看"科学热点"栏目，自上而下的味觉）。

自上而下的味觉

在 2008 年，一本《葡萄酒试验》（The Wine Trials, Goldstein 和 Herschkowitsch, 2008）的书的出版令不少葡萄酒鉴赏师大动肝火。这本书基于作者和几个同事分析的在 17 次葡萄酒盲品中对价格不一的葡萄酒采集的 6 175 例观察结果，这些品酒会由主要作者和美食评论家罗宾·戈尔茨坦（Robin Goldstein）组织（Goldstein, Almenberg, Dreber, Emerson, Herschkowitsch 和 Katz, 2008）。总之结果表明，品尝者稍稍更喜欢便宜的葡萄酒而不是昂贵的葡萄酒。

这些研究发现当然不会鼓励普通葡萄酒消费者下次购买葡萄酒时花费更多的钱，但是知道葡萄酒的价格是否会影响其享用这个问题依然悬而未决。就像嗅觉，我们的味觉体验部分受自下而上的影响，例如被食物分子引发的五种味觉感受器的活动模式，但它也受自上而下因素的影响，例如知道我们正在食用或饮用的东西的品牌。

为了研究自上而下因素（价格知识）对享用葡萄酒的影响以及相关的脑活动，研究者们使用 fMRI 扫描了 20 个参与者，在他们饮用不同的葡萄酒或控制饮品时扫描（Plassman 等,2008）。参与者被告知他们将品尝五种不同的解百纳赤霞珠红葡萄酒，不同的葡萄酒通过价格来识别，他们需要评价他们有多喜欢每种葡萄酒。但是参与者并不知道，实际上只出现了三种不同的葡萄酒，两种关键的葡萄酒重复出现了两次。一种关键的葡萄酒某次出现时标的是实际价格（5美元）而另一次标为高价（45美元）；另一种关键葡萄酒某次出现时标的也是其实际价格（90美元），而另一次出现时标的是低价（10美元）。这种设计使研究者可以比较当参与者认为实际上相同的葡萄酒是昂贵和便宜时的评价和脑活动。

结果表明，在扫描期间参与者均报告更喜欢标高价时的这两种葡萄酒而不是标低价时。对于fMRI的分析结果，研究者主要关注眶额皮层中部（mOFC）的活动，mOFC是前额叶深处一个已知的涉及愉悦体验编码的脑区（Kuhn和Gallinat, 2012）。mOFC的活动水平与以前fMRI研究中味觉愉悦性的主观评价密切相关（Kringelbach等，2003）。如下面的附图所示，对于两种葡萄酒，mOFC在高价条件下均比低价条件下有更强的活动。

这些结果清楚地表明，味觉体验和相关的神经活动可以受自上而下因素例如价格知识的影响。相关工作还揭示了其他的自上而下因素，比如期望，也可以影响味觉体验和脑反应（Nitschke等，2006）。我们来看一下最近的一个fMRI研究，研究者操纵参与者是否期待将要品尝的饮品是甜的或是无味的（Veldhuizen等，2011）。大多数试次里，参与者的期望得到满足：提示他们预期甜的或无味的饮品，然后拿到的饮品正是提示的类型。但在某些试次里，则违反了他们的预期：提示他们预期甜的或无味的饮品，但随后拿到的是相反的类型。当违反预期时，不管拿到的是甜的还是无味的饮品，大脑的一些脑区的活动会增强，部分反映了一种"惊讶"的反应。然而，当出乎意料的刺激为甜味时，大脑的味觉系统中被称为前脑岛的部分表现出最强的活动，这表明自上而下因素可以影响大脑中已知的涉及味觉体验的脑区的活动。

这些研究的结果应该给那些愿意花钱买昂贵品牌的消费者一些安慰。尽管在盲品条件下他们无法区分昂贵品牌和便宜品牌，但只是知道饮用的是昂贵的葡萄酒就可以产生愉悦的体验。

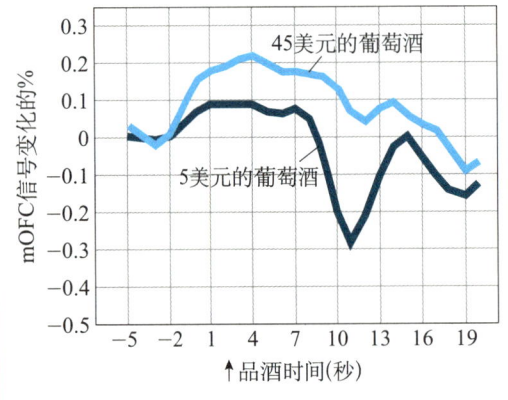

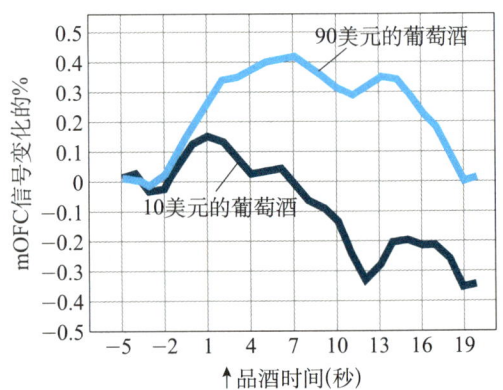

嗅觉在社会行为中也起作用。人类和其他动物能从**信息素**中检测气味，信息素是相同物种的其他个体释放的能影响动物行为或生理的生化气味。父母能根据气味将自己的孩子与别人的孩子区分开来。婴儿能区分它母亲的乳房的味道和其他母亲的味道。信息素在昆虫和包括老鼠、狗和灵长类等在内的一些哺乳类动物的繁殖行为中也起作用（Brennan 和 Zufall，2006）。那么人类的繁殖行为是否也同样如此？

有关个体对异性的味道的偏好研究得到了复杂的结果，相比于其他令人愉悦的气味，人们对异性的气味并没有表现出一致的偏好。然而，最近的一项研究提供了对可能包含人类信息素的气味的反应与性取向之间的关系。研究者们使用正电子发射断层扫描（PET）研究大脑对两种气味的反应，一种气味与男性汗液中分泌的睾丸酮有关，另一种气味与可以在女性尿液中找到的雌激素有关。基于睾丸酮的气味激活了异性恋女性的下丘脑（大脑中控制性行为的部位；见"神经科学与行为"一章），但是同性恋男性则不然，而基于雌激素的气味则激活异性恋的男性的下丘脑，但是妇女则没什么反应。令人惊奇的是，同性恋男性对两种气味的反应与女性完全一样：基于睾丸酮而不是基于雌激素的气味激活了其下丘脑（Savic，Berglund 和 Lindstrom，2005；见图 4.28）。三组人对其他与性唤起无关的普通气味的加工非常类似。一个后续研究发现同性恋女性对基于睾丸酮和基于雌激素的气味的反应与异性恋男性的非常相似（Berglund，Lindstrom 和 Savic，2006）。总之，这两项研究表明一些人类信息素与性取向有关。

图 4.28　**嗅觉与社会行为。**在一个 PET 研究中，给异性恋女性，同性恋男性，以及异性恋男性呈现了几种不同的气味并对他们进行了扫描。在呈现一种基于睾丸酮的气味（图中用 AND 指代）时，异性恋女性（左）和同性恋男性（中）的下丘脑有显著激活，而异性恋男性（右）则没有（Savic 等，2005）。

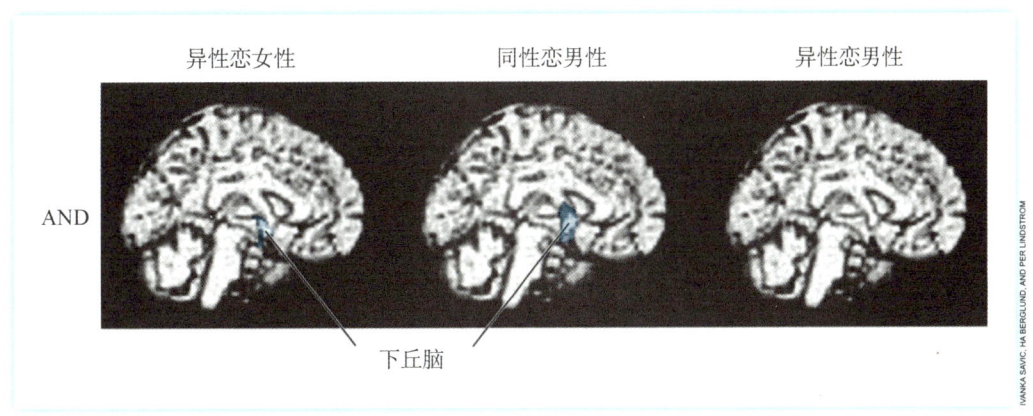

异性恋女性　　同性恋男性　　异性恋男性

AND

下丘脑

信息素（pheromones）　由物种的其他个体散发的生化气味，能影响动物的行为或生理。

味觉

化学味觉的一个主要任务是识别那些对你有坏处的东西——有毒和致命的。很多毒药是苦的，这是我们避免吃那些让我们恶心的东西的好的根据，因此味觉规避具有明显

为什么味觉有进化的优势？

的适应意义。味知觉的一些方面是遗传的，例如避免那些极端苦的味道，有些是习得的，例如避免那些曾经导致呕吐的特定食物。不管哪种情况，舌头和可能的食物的直接接触让我们预计某些东西是有害的还是可口的。

舌头上覆盖着成千上万的称为乳突的裸眼轻易可见的小突起。每个乳突里由成百上千的**味蕾**，这是味觉的转导器官（见图 4.29）。口腔中大约包含 5 000 至 10 000 个味蕾，相当均匀地分布在舌头、口腔顶部以及喉咙的上部（Bartoshuk 和 Beauchamp, 1994; Halpern, 2002）。每个味蕾包含 50 到 100 个味觉感受器细胞。味觉随年龄而衰退（Methven 等, 2012）；平均来看 20 岁的时候人们已经损失了大约一半的味觉感受器。这可能解释了为什么年幼的孩子似乎总是"挑剔的食客"，因为他们有更多的味蕾使他们能感受更多的味道。

人类的眼睛包含有成百万的视杆细胞和视锥细胞，人类的鼻子包含大约 350 种不同的嗅觉感受器，但味觉系统只有五种主要的味觉感受器：咸、酸、苦、甜和鲜。前四种大家很熟悉，但鲜可能不熟悉。实际上，知觉研究者们还在争论它是否存在。鲜感受器是被日本科学家发现的，他们将其归于诸如肉

图 4.29 味蕾。 味蕾位于舌头的乳突上，口腔的后部，以及两侧和顶部的乳突内。(a) 每个味蕾包含一系列的感受器细胞，对称为促味剂的食物中的各种化学成分反应。(b) 促味剂分子溶解在唾液中并刺激形成味觉感受器细胞末梢的微绒毛。(c) 每个味蕾与一条颅神经的分支在其底部相连。

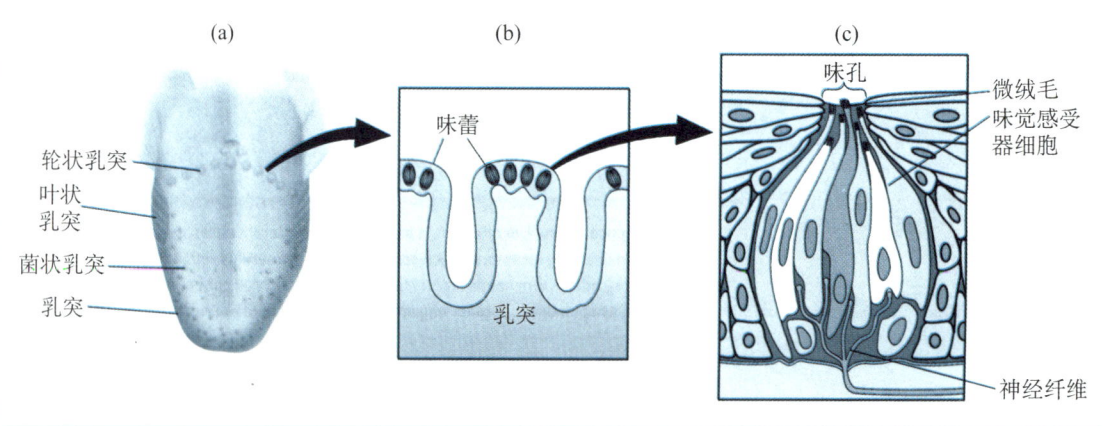

味蕾（taste buds） 味觉的转导器官。

和奶酪等富含蛋白质的食物诱发的味道（Yamaguchi, 1998）。如果你是一个肉食者，喜欢抹着黄油的牛排或是干酪汉堡包在你嘴里的味道，你就知道鲜味是什么。

每个味蕾含有几种味觉感受器细胞，其末梢称为微绒毛，对食物中的味觉分子反应。咸味感受器会被氯化钠（食盐）强烈激活。酸感受器细胞对诸如醋，酸橙汁等酸反应。苦和甜味感受器比较复杂。同等数量的不同的苦味物质会激活苦味感受器上大约 50 到 80 个不同的结合点。同样，甜味感受器细胞也由糖以外的很多物质激活。

尽管鲜味感受器细胞我们了解最少，但研究者们正在研究其关键特征（Chandrashekar 等，2006）。鲜味感受器对谷氨酸，一种存在于含蛋白质的很多食物中的氨基酸，反应最为强烈。

本书"神经科学与行为"一章中提到过，谷氨酸是一种神经递质；实际上它是一种主要的兴奋性神经递质。在亚洲食物中广泛使用的食物添加剂味精（monosodim glutamate, MSG）尤其激活鲜感受器。但有些人在食用味精后会头痛或有过敏反应。

当然，味觉的体验远比我们讨论的五种基本感受器丰富得多。任何溶解在唾液里的食物分子都会引发特定的由五种基本味觉感受器组合的活动模式。尽管我们经常认为味道主要源自味觉，实际上，味觉和嗅觉一起产生了这种复杂的知觉。正如所有葡萄酒鉴赏家所宣称的，必须有良好训练的嗅觉才能完全体验葡萄酒的味道，否则无法鉴赏。这是为什么葡萄酒酷爱者被教导要嘴巴含着酒的时候吸气：这使葡萄酒的气味分子得以由这一"后门"进入鼻腔。（葡萄酒的味道也受认知因素的影响，请参见"科学热点"栏目。）

你可以很容易演示嗅觉对味觉的贡献，你可以试着捂着鼻子品尝几种不同的食物，以防止嗅觉系统检测到气味。如果你感冒了，你可能已经知道结果会怎样。你最喜欢的微辣的墨西哥卷饼或你很感兴趣的意大利面可能吃起来平淡无味。

味觉体验在个体之间的差异也是很大的。大约 50% 的人报告咖啡因、糖精、某些绿色蔬菜以及其他物质有轻微的苦味，而 25% 的人报告一点苦味没有。前一类人称为美食家，而后一类人称为非美食家。而余下的 25% 的人则是超级美食家，他们报告这些物质，尤其是深绿色的蔬菜，非常非常苦，简直难以下咽（Bartoshuk, 2000）。小孩一开始都是美食家或超级美食家，这有助于解释为什么他们在食物偏好上早期有挑食的倾向。因为超级美食家倾向于避免包含他们体验为非常苦的味道的水果和蔬菜，他们患结肠癌等病症的健康风险可能会增加。另一方面，由于他们也倾向于避免肥腻的含乳脂的食物，他们也会比较瘦，也可能降低了心血管疾病的风险（Bartoshuk, 2000）。有证据表明遗传因素也对味知觉的个体差异有影响（Kim 等，2003），但所涉及的特定基因仍有待更多的了解（Hayes 等，2008; Reed, 2008）。

小结

▲ 我们的味觉嗅觉体验与气味分子与特异化的嗅觉感受器上特定位置的结合有关,然后汇集到嗅球内的小球体里。嗅球然后将信号传至大脑控制需要、情绪和记忆的区域,这有助于解释为什么嗅觉对我们有即时和强烈的影响。

▲ 嗅觉也涉及社会行为,如信息素所展示的那样,它与很多物种的繁殖行为和性反应相关。

▲ 味觉依赖于味蕾,味蕾分布在舌头、口腔顶部和喉咙上部,也依赖于对应于咸、酸、苦、甜和鲜等五种基本味觉的味觉感受器。

▲ 就像嗅觉体验,味觉体验在不同个体之间差异很大,部分依赖于认知因素。

其他声音 幻觉与视觉系统

我们依赖知觉系统提供有关周围环境的可靠信息。但我们也已看到知觉受各种错觉的影响。更令人惊讶的是,我们的知觉系统还能产生幻觉:知觉到我们周围环境中不存在的光线、声音或其他感觉体验。纽约时报对知觉心理学家 V.S. 拉玛钱德朗(V.S. Ramachandran)有个访谈,苏姗·克鲁格林斯基(Susan Kruglinski)将访谈写成文章报道。正如拉玛钱德朗在访谈中所言,弱视或者甚至视网膜严重受损的盲人也会产生栩栩如生的视觉幻觉。

几年前的某一天,多丽丝·斯通文斯(Doris Stowens)看见莫里斯·森达克(Maurice Sendak)的书《怪物到哪去了》中的怪物闯入了她的卧室。然后怪物变成了传统的泰国舞者,有着长长的黄铜指甲,他们的舞蹈狂野热烈,从地板跳到墙壁,又跳到天花板。

尽管目睹这一幕场面很震惊,85 岁的斯通文斯小姐意识到她看到了幻觉,她确信这与她正遭受眼疾黄斑变性有关。

"我马上知道,我大脑和眼睛之间发生了一些什么,"她说。

斯通文斯小姐说，自从她遭受部分视力损伤之后，她每周会有好几次看到粉色的墙和老式的美国被子从眼睛的盲点里飘出来。

实际上，斯通文斯小姐的幻觉是查尔斯·邦尼特综合症(Charles Bonnet syndrome)的结果，一种发生在视觉有问题的人身上的奇怪但相对常见的疾病。由于绝大多数视觉有问题的人都是70岁以上，这种以其18世纪的发现者的名字命名的综合症主要发生在老人身上。由于老人更容易受认知衰退影响，其中包括幻觉或妄想，查尔斯·博内综合症很可能被误诊为精神疾病。

由于害怕被认为是精神病，很多患这种病的病人从未咨询过医生。

"这不是一种罕见的疾病，"加州大学圣迭戈分校的神经学家V·S·拉玛钱德朗博士说，他写过关于该疾病的著作。"它相当常见。只是患这种病的人不愿意谈起它。"

研究者们估计视力比20/60差的人大约有百分之10至15患有这种疾病。任何导致盲点或弱视的眼疾都有可能是源头，包括白内障、青光眼、糖尿病视网膜病变以及更常见的黄斑变性。幻觉有各种各样的，从简单的色块或图案到栩栩如生的人或风景的图像，到梦里的幻影。幻觉通常是短暂的，不具威胁性，患有这种疾病的人通常也知道他们看到的不是真的……

研究者们认为，在某些方面，定义该综合症的幻觉与幻肢或幻听现象类似。幻肢指的是病人生动地感觉到已被截掉的肢体，而幻听则是指耳聋时却听到了音乐或其他声音。在所有这三种情况下，（错误）知觉的产生是由于缺失了通常源源不断传入大脑的感觉信息。

对于视觉，初级视皮层负责接受信息，也负责形成记忆的或想象的形象。拉玛钱德朗博士和其他专家说，这种双重功能提示正常视觉实际上是进入的感觉信息和内部产生的感觉输入的融合，大脑用习惯看到的或期待看到的来填充视野。例如，如果你希望坐你边上的人穿蓝色衬衣，那么你从侧面迅速一瞥，有可能会将红衬衣错看成蓝衬衣。更直接的注视让更多的外部信息进入以校正这一错误知觉。

"在某种意义上，我们一直都在产生幻觉，"拉玛钱德朗博士说，"我们所谓正常的视觉是我们选择的最符合现实的幻觉。"

视力受损的范围越大，可获得的外部信息越少，不足以校正和指导大脑填补感觉缺口。结果可能是泰国舞者或儿童读物里的怪物……

250多年以前，瑞士科学家博内首次描述了查尔斯·邦尼特综合症，邦尼特自己的盲人祖父也体验过类似斯通文斯小姐所报告的幻觉。但是，神经科学家和其他科学家直到最近才开始研究这种疾病。你能根据已学的视觉系统的知识来解释这种疾病吗？一个视力很差或根本看不见的人怎么会有这么强烈的视觉体验呢？什么脑加工可能负责这些类型的幻觉？对体验视觉幻觉的人的脑成像的研究提供了一些线索，研究发现特定类型的幻觉会伴随着负责幻觉的特定内容的大脑反应（Allen, Larøi, McGuire 和 Aleman, 2008）。例如面孔幻觉会伴随着已知的涉及面孔加工的颞叶的某一部位的活动。我们超越视网膜之外对视觉系统的认识，能为我们深入了解为什么盲人能体验到视觉幻觉提供启示。

本章回顾

关键概念小测试

1. 感觉涉及_____，而知觉涉及_____。
   a. 组织；协调
   b. 刺激；解释
   c. 识别；翻译
   d. 理解；信息

2. 什么过程将环境的物理信号转化为神经信号，由感觉神经元传至中枢神经系统？
   a. 表征
   b. 识别
   c. 传播
   d. 转导

3. 刚刚能检测到刺激需要的最小强度称为_____。
   a. 比例大小
   b. 绝对阈限
   c. 最小可觉差
   d. 韦伯定律

4. 身体外光线的世界和中枢神经系统内视觉的世界是通过_____联结的。
   a. 角膜
   b. 晶状体
   c. 视网膜
   d. 视神经

5. 光落在视网膜上，使三种视锥细胞产生特定的反应模式，导致我们能够看到_____。
   a. 运动
   b. 颜色
   c. 深度
   d. 阴影

6. 大脑的什么部位是初级视皮层？那里的编码信息系统对应于视觉场景的表征。
   a. 丘脑
   b. 外侧膝状体
   c. 中央凹
   d. V1 区

7. _____可以解释我们具备在视觉上组合细节的能力，并因此知觉到统一的物体。
   a. 特征整合理论
   b. 错觉性结合
   c. 联觉
   d. 腹侧和背侧通路

8. 特异化的脑区表征特定类别的物体的观点是_____。
   a. 模块观
   b. 注意加工
   c. 分布式表征
   d. 神经反应

9. _____原则认为即使感觉信号改变，知觉保持一致性。
   a. 似动
   b. 信号检测
   c. 知觉恒常性
   d. 封闭性

10. 基于图像和基于部件的理论都涉及_____问题。
    a. 运动检测
    b. 物体识别

c. 图像背景分离

d. 判断邻近性

11. 相对大小和线性透视是什么类型的线索?

   a. 基于运动的

   b. 双眼

   c. 单眼

   d. 模块

12. 声波的频率决定了什么?

   a. 音高

   b. 响度

   c. 音质

   d. 音色

13. 在头部两侧我们双耳的位置是我们_____能力的关键。

   a. 定位声源

b. 决定音高

c. 判断强度

d. 识别复杂性

14. 我们体验的痛觉的位置和类型是由发送到_____的信号提示的。

   a. 杏仁核

   b. 脊髓

   c. 痛觉感受器

   d. 躯体感觉皮层

15. 什么能最好地解释为什么嗅觉会具有即时和强烈的效应?

   a. 情绪和记忆的大脑中枢也涉及嗅觉

   b. 我们拥有大量的嗅觉感受器神经元

   c. 我们从信息素中检测气味的能力

   d. 不同的气味分子形成不同的活动模式的事实

关键术语

感觉	知觉	转导	心理物理法
绝对阈限	最小可觉差（JND）	韦伯定律	信号检测论
感觉适应	视敏度	视网膜	调节
视锥细胞	视杆细胞	中央凹	盲点
颜色拮抗系统	V1区	视觉形状失认症	捆绑问题
错觉性结合	特征整合理论	知觉恒常性	模板
单眼深度线索	双眼视差	似动	变化盲
非注意盲	音高	响度	音色
耳蜗	基底膜	毛细胞	A1区
位置编码	时间编码	触知觉	转介痛觉
痛觉的阀门控制理论	前庭系统	嗅觉感受器神经元（ORNs）	
嗅球	信息素	味蕾	

> 转变观念

1. 你的一个朋友选了一门医学伦理课。"我们今天讨论了一个棘手的个案,"她说,"这与一个病人有关。他已经处于植物人状态若干年,他的家庭需要决定是否移除他的生命维持设备。医生说他意识不到他自己或周围环境,没有任何恢复的希望。但当光照到他眼睛时,他的瞳孔会收缩。这表明他能感觉到光,因此他一定有某种知觉环境的能力,对吗?"无法得知这个特定个案的任何细节,你如何对你的朋友解释这个病人可能只是感觉到光但知觉不到光?你可以用本章的其他什么例子来说明感觉和知觉的差异?

2. 在你的哲学课上,教授让大家讨论"知觉即现实"这一命题。从哲学的观点,现实是事物确实存在的状态,然而知觉是观察者看起来是什么。心理物理学对此有何说法?感觉传导在那三方面能改变知觉,导致知觉会与绝对现实有差异?

3. 一个朋友读到了关于一个美国士兵勒罗伊·佩特里(Leroy Petry)的故事,他因为拯救了两个战友的性命而获得了荣誉勋章。士兵们在阿富汗交战,这时一个手榴弹落在他们的脚下;佩特里捡起手榴弹试图将其投掷至远处,但手榴弹爆炸了,炸掉了他的右手。根据新闻报道,佩特里起初一点儿也不觉得疼;相反,他给自己的胳膊扎了止血带同时还大声命令他的士兵,因为战斗还在继续。"真是令人惊讶的英勇,"你的朋友说,"但关于感觉不到疼痛那点——太疯狂了。肯定是他的意志是那么坚强以至他不顾疼痛而继续战斗。"你会跟你朋友说什么?疼痛的知觉是如何被改变的?

> 关键概念小测试答案

1. b; 2. d; 3. b; 4. c; 5. b; 6. d; 7. a; 8. a; 9. c; 10. b; 11. c; 12. a; 13. a; 14. d; 15. a.

需要更多的帮助?额外的资源在 LauchPad 上:

http://www.worthpublishers.com/lauchpad/schapter3e

第 5 章
意识

▲ **意识与无意识：心灵之眼的启与合** _236

意识的奥秘 _237

意识的本质 _240

科学热点　走神 _245

无意识心理 _251

▲ **睡眠与做梦：晚安，心灵** _255

睡眠 _256

梦 _263

文化与社区　在世界各地梦对我们意味着什么？_266

▲ **药物与意识：假灵感** _268

药物的使用与滥用 _269

精神类药物的类型 _272

现实世界　毒品与意识监管 _278

▲ **催眠：易受暗示** _281

暗示与易感性 _281

催眠效应 _281

其他声音　一位法官对大麻的呼吁 _284

无意识通常直到你需要它时，你才会真的感激它。有一天，在手术台上，正当医生为贝尔·里斯金（Belle Riskin）的喉咙插呼吸管时，她清醒了，她需要无意识。她感觉呛着了，但是她看不见，不能呼吸、喊叫或者活动，甚至不能眨一下眼睛。她不能用动作示意外科医生她恢复意识了。"我害怕极了。这为什么发生在我身上？我为什么感觉不到我的胳膊？我能感觉到我的心在头脑内砰砰地跳。那种感觉就像被活埋，有人把东西猛推到你的喉咙上，"之后她解释说，"我知道我有意识了，手术正在进行中。我只能意识到，我在被插入管子（Groves，2004）。"

怎么会发生这种事情？手术中的麻醉应当使病人失去意识"感觉不到痛"，但在这个病例中——在每 1 000—2 000 例手术中约有 1 例（Sandin 等，2000）——病人在某种程度上恢复了意识，甚至记住了这些经历。有些病人记得痛，有些病人记得手术器械在盘子里的叮当声或者医生与护士的谈话。现代手术不应该这样进行，问题源于用来放松肌肉的药物使病人不能随意活动，这样对手术不会产生无益的影响。那时，用于诱发无意识的药物失效，但病人的肌肉会处于极度放松状态，不能示意或者告诉医生有问题。

在手术中清醒本身听起来就相当难熬了，但这还会引起其他混乱。恢复意识的病人在手术中会变得惊慌和情绪化，使血压和心跳升高到危险的水平。清醒还可能会引起后面的情绪问题。幸运的是，已开发出了一种通过测量大脑的电活动来监测清醒度的新方法。这套系统用贴在病人头上的感受器在 0（大脑内没有电活动）到 100（完全觉醒）的范围上给出读数，提供了一种"意识计量仪"。麻醉师利用这一读数来注射麻醉剂，使病人在手术中保持在一般麻醉所推荐的 40—60 的范围内；他们发现，这一系统降低了术后报告有意识的情况以及对手术经历的记忆（Myles 等，2004），并且为延长麻醉期而使病人在这个读数上低于 45 会增加术后负面后果包括死亡的危险（Kertai 等，2010）。在手术室中有一台这样的仪器可能会帮助贝尔·里斯金进入她非常需要的无意识状态。

当然，大多时候，意识是我们珍爱的东西。要不然，我们怎么能感受特别喜欢的艺术品，老歌中熟悉的歌词，香甜多汁的桃子的味道，或者爱人的手的抚摸？**意识**是人对世界和内心的主观经验。尽管你可能认为意识仅仅是"清醒"，意识的定义特征是经验，当你清醒或者在生动的梦境中你会有的经验。意识经验对成为人类意味着什么至关重要。在设法监控贝尔·里斯金的意识时，麻醉师的困境是一个严峻的提示，一个人不可能体验到另一个人的意识。你的意识是完全私人的，个人经验的世界只有你能知道。

怎样才能研究这个私人的世界呢？我们将以直接考察意识为起始点，试图理解意识是什么样的，它如何与心理的无意识加工相对照。然后，我们通过探讨变化了的意识状态来考察违背常态的意识：睡眠与梦，对酒精和其他药物的沉醉，以及催眠与冥想。就像旅行者远途跋涉后学会了家的含义，我们可以通过探讨意识奇异的变化来学习意识的含义。

意识与无意识：心灵之眼的启与合

此刻，什么使你觉得是你？可能的感觉仿佛是你在你头脑的某个地方通过你的眼睛来审视这个世界。你会感觉到你的手在这本书上，并且注意到你身体的位置或者房间里的声音，当你让自己注意它们时。如果你合上双眼，你可能会在心中想起事情，仿佛思想和感受一直来来往往，在你的想象中穿梭。然而，实际上，"你"在哪里？意识的剧院如何使你看到你生活中你心里面的一些事情，而不是别人的？你的心理剧院仅有一个座位，这使得你难以与朋友、研究者分享你心理荧屏上放映的东西，甚至你自己也无法第二次以完全相同的方式享有它。我们首先看一下直接研究意识的困难，考察意识的本质（在这个心理剧院中可以看到什么），然后探究无意识心理（什么是心灵之眼看不见的）。

意识（consciousness） 人对世界和内心的主观经验。

意识的奥秘

诸如物理、化学和生物等其他科学都有奢侈的研究对象，我们都能看见的东西。心理学也有研究对象，即研究人及其大脑与行为，但是它所面临的独特挑战是要弄清对象的含义。

意识最大的奥秘是什么？

物理学家不会关注神经元是什么样的，但是心理学家希望理解人是什么样的；也就是说，他们寻求理解他们所研究的人的主观观点。心理学家希望将**现象学**的理解，事物如何看起来像是有意识的人，纳入到对心理和行为的理解之中。毕竟，意识是非同寻常的人类属性。但是，将现象学纳入心理学也带来了有史以来伟大的哲学家们一直思索的未解之谜。让我们看一下两个较为棘手的意识之谜：**他人心理的问题**和身—心问题。

他人心理的问题

一大奥秘是被称为他人心理的问题，即在洞悉他人的意识时遇到的主要困难。你怎么知道其他人是有意识的？当然，他们告诉你他们是有意识的，并且经常详细地描述他们如何感受，如何思考，他们正在经历什么以及这一切有多好或者多坏。没有明确的方法将一个有意识的人与一个做事或说话与有意识的人相同但却是没有意识的人区分开来。哲学家参照恐怖电影中活着的已死去的生物（Chalmers, 1996），将这一假想的无意识的人称为僵尸。哲学家的僵尸可以谈论感受（"灯光太亮了！"），甚至看起来可以对它们做出反应（蹙眉离开），但是可能根本不具有任何内在的感受。没有人知道是否存在这样的僵尸，但是话又说回来，因为他人心理的问题，我们没有人可以确切地知道另一个人不是僵尸。

甚至麻醉师使用的意识计量仪也有不足。它显然不能使麻醉师具体了解手术台上病人会是什么样。它只能预测病人是否会说他们是有意识的。我们根本就缺乏直接洞悉他人意识的能力。简而言之，在经验领域你是唯一一个真正知道它是什么样的人。

他人心理的问题还意味着你没有办法说明其他人对事情的感受和你完全一样。例如，尽管你知道红色对你来说是什么样的，但是你不能知道它对其他人也是一样的。可能他们认为你看到的是蓝色，只是在意识层面上称它为红色。如果他们的内在经验"像"蓝色，但是他们说它看起来很热并且是西红柿的颜色，你永远不会说他们的经验与你的不同。当然，多数人在描述他们内心生活时会相互信任，做出了其他人的心理与他们自己的心理非常像的一般假设，但是，他们并不知道这是事实，并且不能直接知道它。

现象学（phenomenology） 事物如何看起来像是有意识的人。
他人心理的问题（problem of other minds） 我们在洞悉他人的意识时遇到的主要困难。

人们如何洞悉他人的心理？

人们如何洞悉他人的心理？研究者进行了一个大规模的在线调查，要求人们比较13个不同对象的心理，如婴儿、黑猩猩、机器人、男人和女人等的18个不同心理能力，如感觉疼痛、愉悦、饥饿和有意识的能力等（见图5.1；Gray, Gray 和 Wegner, 2007）。例如，参与调查者在判断感觉疼痛的心理能力时，会比较成对的对象：狗还是青蛙更会感觉到疼痛？婴儿还是机器人更会感觉到疼痛？当研究者用因素分析（参见"智力"一章）的计算方法来考察不同心理能力上的所有比较时，他们发现了心理知觉的两个维度。人们会根据感受能力（如感觉疼痛、愉悦、饥饿、清醒、生气或害怕的能力）和主体能力（如自我控制、计划、记忆或思考的能力）判断心理。如图5.1所示，参与调查者将一些对象列为近乎没有感受力或者主体性（女尸），另一些列为具有感受力但是几乎没有主体性（婴儿），有一些既有感受力也有主体性（成人），还有一些被认为是有主体性但没有感受能力（机器人、上帝）。因此，对心理的知觉不只是包含某物是否有心理。人们认为心理既有感受能力又能让我们进行活动。

最后，他人心理的问题是心理科学的一个问题。正如你记得的在"方法"那章提到的那样，科学方法要求一位科学家进行的任何观测，原则上任何其他科学家也可以进行。但是，如果其他人的心理无法观测，那么意识又怎么能成为科学研究的课题呢？一个激进的解决方法是将意识从心理学中完全去掉，通过放弃所有心理的研究来追随其他科学进入完全的客观性。这是行为主义提供的解决方法，事实证明这一方法有它自己的缺陷，正如

图 5.1 心理知觉的维度。 被试在判断13个研究对象的心理能力时，发现了心理知觉的两个维度（Gray 等，2007）。被试把心理视为在感受能力（如感觉到疼痛或者愉悦的能力）和主体能力（如计划或者进行自我控制的能力）上的变化。他们认为正常成人（男人、女人、或者"你"，参与调查者）在两个维度上都有心理活动，而其他对象则被认为是具有较弱的感受或者主体能力。例如，处于永久植物状态的人（persistent vegetative state, PVS, 植物人）被认为是仅有一些感受体验而几乎没有主体能力。

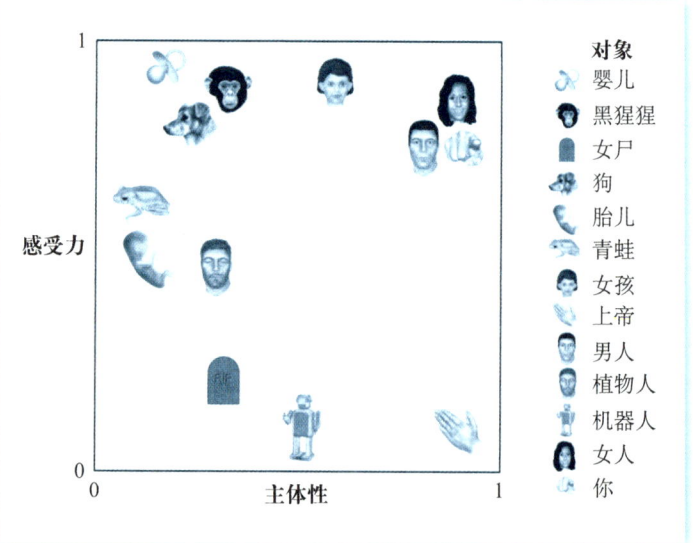

你在"心理学的科学之路"一章中看到的那样。尽管有他人心理的问题，但是现代心理学还是接受了意识的研究。精神生活惊人的丰富性不容被忽略。

感受能力如何不同于主体能力？

身心问题

意识的另一个奥秘是**身心问题**，即心理与大脑和身体的关系问题。法国哲学家和数学家雷内·笛卡尔（Rene Descartes, 1596—1650）因提出人的身体是物质构成的机器而人的心理或灵魂是不同的实体构成的"思想物质"等思想而著名。他提出，心理通过松果体来对大脑和身体施加影响，松果体是位于近大脑中心的一个小的结构（见图5.2）。事实上，松果体甚至不是一个神经结构，而只是一个内分泌腺，因此并不能成为人类意识的中心。我们现在知道，在笛卡尔提出的松果体内心理与脑之间几乎没有联系，而心理和脑之间的连接无处不在。换句话说，"心理是脑的机能"（Minsky, 1986, 第287页）。

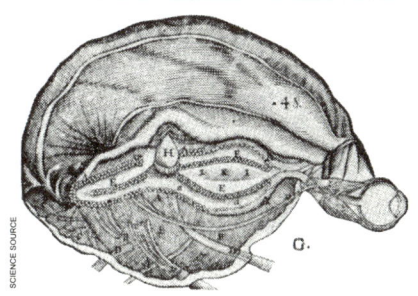

图5.2 灵魂的位置。笛卡尔设想灵魂——意识——可能位于脑室内的松果体。笛卡尔（1662）独创的绘图说明，松果体（H）正处于脑的中间，是灵魂适宜栖居的位置。

不过，笛卡尔正确地指出了生理与心理协调的困难。多数心理学家认为，心理事件与大脑事件紧密相连，以至于每个思想、知觉或感受都与脑内神经激活的特定模式相关（参见"神经和行为"一章）。例如，想起一个人会伴随神经连接和激活的独特排列。如果神经重复这个模式，那么你一定在想同一个人；反过来，如果你在想这个人，那么神经活动就会是这个模式。

然而，一系列很具说服力的研究表明，脑的活动先于有意识的心理活动。研究者在志愿者头皮上放置了传感器，在他们反复决定什么时候移动手时，测量他们的脑电活动（Libet, 1985）。还要求被试在做出决定的时刻，报告在钟表面上快速移动的一个点的位置，来指出他们有意识选择移动手的确切时间（图5.3a）。一般说来，大脑在自发动作开始前约半秒钟（精确地说是535毫秒）时开始出现电活动。这是讲得通的，因为显然脑的活动似乎是开始一个活动所必需的。

虽然这个实验表明，在人有意识地决定手的动作之前，大脑已开始出现电活动。正如图5.3b所示，这些研究发现，

什么先发生：脑的活动还是思维？

身心问题（mind-body problem） 心理与脑和身体的关系问题。

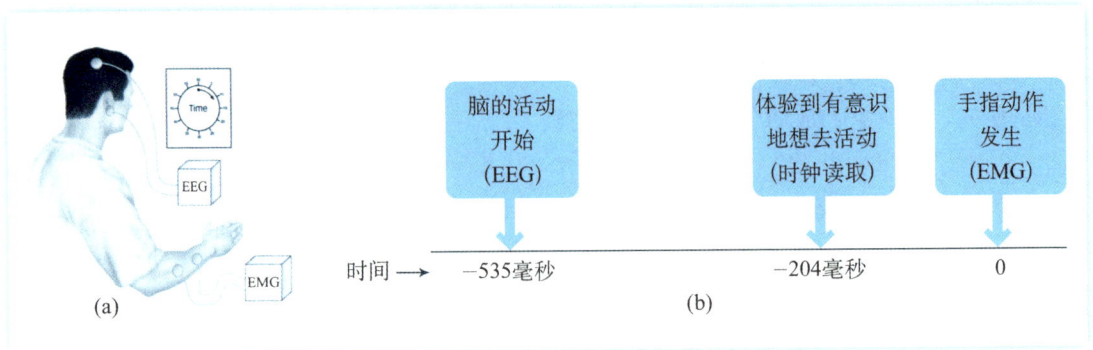

图 5.3　有意识意愿的时间。（a）在本杰明·里比特（Benjamin Libet）的实验中，要求被试随意移动手指，期间观看一个点在钟面上移动，以标记有意识活动开始的时间。同时，EEG传感器测定脑的活动开始的时间，EMG传感器测定肌肉运动的时间。（b）实验表明，大脑的活动（EEG）先于手指的自觉活动（EMG），而且报告有意识移动手指的时间也在脑的活动之后。

在被试报告他们试图有意识移动手的300多毫秒之前，大脑就已经变得活跃起来。似乎你有意识地想去活动的感觉可能是你脑的活动的结果而不是原因。尽管你个人的直觉是你想到了这个动作，然后去做，但是，这些实验表明，你的大脑在你思考或做之前，就已经在准备思考和行动的方式了。在我们看起来它可能很简单，我们的思维在引导我们的大脑和身体，但事件的顺序可能是另一种形式（Haggard 和 Tsakiris, 2009; Wegner, 2002）。

意识充满神秘，但心理学家喜欢挑战。虽然研究者可能无法看到其他人的意识或者确切知道意识是如何由脑产生的，但这并不妨碍他们收集人们有意识经验的报告和了解这些报告如何揭示意识的本质。

意识的本质

你会如何描述你自己的意识？研究人员调查人们的描述发现，意识具有四个基本属性（意向性、统一性、选择性和短暂性），它发生在不同的层次，包括一系列不同的内容。让我们来逐一看一下这些观点。

四个基本属性

意识的第一个基本属性是意向性：指向一个对象的特征。意识总是关于某件事情的。心理学家试图测量意识和它的对象之间的关系，考察这一关系的范围大小和持续时间。意识指向一个对象能多久，以及它一次能承受多少个对象？研究人员发现，有意识的注意（attention）是有限的。尽管你在脑海里看到了所有丰富的细节、景象、声音、情感和

思想的万花筒，你的意识对象在任何一个时刻都是它的一小部分（见图5.4）。为了描述这一局限性如何起作用，心理学家提出了意识的其他三个属性：统一性、选择性和短暂性。

意识的第二个基本属性是统一性，它与多样性相对，是将来自感觉器官的所有信息整合为一个连贯整体的能力。当你阅读这本书时，你的五官都接受了大量的信息。你的眼睛在页面（或屏幕）上浏览到许多黑色字体，

图5.4 贝洛托（Bellotto）的德累斯顿（Dresden）[左]。贝纳多·贝洛托（Bernardo Bellotto，1720—1780）创作的"德累斯顿圣母教堂的风景"中，在远处桥上的人看起来栩栩如生。然而，当你仔细查看细节时（右图），你会发现，人们仅是由象征人们的笔法来绘制的——这里一只手臂，那里一具躯干。意识产生了类似"填充"的假象，使它看起来具有完备的细节，即使在边缘区域也是如此（Dennett，1991）。

同时感受到在你周围的相当多的形状、颜色、深度和纹理的排列；你的手紧握一本厚厚的书（或计算机）；你的臀部和脚感觉到重力使你对椅子或地板的压力；你还可能听到音乐或另一个房间的谈话，同时闻到新出锅的爆米花的味道（或者你室友的脏衣服的味道）。虽然你的身体不断地感受到来自你周围世界的庞大信息，你的大脑将所有这些信息神奇地整合为一个统一的意识经验（或者整合为两个，如在"神经科学与行为"一章裂脑患者描述的那样）

意识的第三个属性是选择性，包括某些对象而非其他对象的能力。虽然你把周围的许多感觉结合为一个连贯的整体，但你必须决定哪些信息包括在内，哪些信息排除在外。这个属性是在**双耳分听**研究中表现出来的，在双耳分听实验中，人们戴着耳机，每只耳朵听到的是不同的信息。被试被告知要大声重复他们一只耳朵听到的，同时呈现给另一只耳朵的是不同的信息（Cherry，1953）。专注于他们要重复的话语的结果是，被试很少注意到第二条信息，通常甚至不会意识到在某一刻它由英语变成了德语！所以，意识

双耳分听（dichotic listening） 在这一任务中，人们戴着耳机聆听呈现给每只耳朵的不同信息。

你的头脑怎么知道让哪些信息进入意识，而哪些要过滤出去呢？

过滤掉了一些信息。同时，当不注意的耳朵的语音由一个男人的声音变成一个女人的声音时，被试确实会注意到，这表明意识的选择性也可以使其听到其他信息。

意识是如何决定让什么信息进入而又过滤出去什么信息呢？意识系统最倾向于选择个人特别感兴趣的信息。例如，在所谓的**鸡尾酒会现象**中，人们听到某条信息而同时把附近的其他信息过滤掉。例如，在双耳分听的情景中，在不注意的耳朵中提及被试的名字时，很有可能会被听到（Moray，1959）。或许你也已经注意到，在聚会中当其他人在你听力所及范围内提到你的名字时，无论你正在进行什么样的谈话，你的注意都会突然从谈话中转过来。选择性不仅是清醒时意识的一个属性：其他状态下头脑也以这种方式在工作。例如，即使在睡眠中，人对自己的名字比别人的名字也更敏感（Oswald, Taylor和 Triesman, 1960）。这就是为什么，当你试图唤醒一个人时，最好是用这个人的名字。

意识的第四个也是最后一个基本属性是短暂性，或变化的趋势。意识摇摆不定，坐立不安，就像在飞机上你座位后面坐着的那个蹒跚学步的孩子一样。走神不只是有时，而是不断地从一个"此刻"到下一个"此刻"，然后再到下一个（Wegner, 1997）。你在之前"心理学的科学之路"那一章节见到的威廉·詹姆斯（William James），极好地将意识描述为一条河流："意识……本身似乎不会将自己切成碎片。诸如"链"或"火车"等词都不能去描述它……这没有连接，它是流动的。一条"河"或"流"是隐喻，通过它才得到最合理的描述"（James, 1890，第1卷，239页）。以"意识流"的风格写的书，如詹姆斯·乔伊斯（James Joyce）的《尤利西斯》（Ulysses），描述了旋转、混沌和不断变化的意识流。以下是摘录：

我希望我可以用手指把那只鸡的每一小块都取来它是那么的美味焦黄鲜嫩只是我不愿吃掉盘子里的所有东西那些叉和煎鱼铲还镀着银我希望我有一些我可以轻易地将一双放入我的袖套然后在我与他们玩乐时总能取出它们在餐馆里当钱用支付你入喉咙的小东西我们必须感谢我们有茶渍的杯子里的茶水它本身就值得大大的赞美如果世界要继续它就是要被分裂首先我至少要另外两件漂亮的女士内衣但是我根本不知道他喜欢什么样的女士内裤我也不必想难道他会说不行吗直布罗陀（Gibraltar）的一半女孩从不穿它们要么赤裸着如上帝造她们一样安达路西亚（Andalusian）唱她的马努拉（Manola）她并不掩藏她没有的东西是的第二双缎纹袜子出现了抽丝仅穿了一天我今天早上本可以把它们带给卢尔斯（Lewers）大吵大闹让一个人换掉它们不

鸡尾酒会现象（cocktail-party phenomenon） 人们会听到某信息而同时把附近其他信息过滤掉的现象。

再烦我自己冒险走近他搞砸整件事我要的一种塑身胸衣在报纸淑女（the Gentlewoman）上做了广告便宜且在臀部有彩带他保存了一个我有但那个并不好他们怎么说的他们给出了讨人喜欢的图形6/11线避免了用绕着后腰的不美观的宽面来减少赘肉我的小腹有点太大了我必须在晚餐时节食或者我太喜欢它了（1922/1944，第741页）

意识流这样流动，部分是因为有意识心理的容量有限。毕竟我们人类只能容纳这么多的信息在头脑中，当选择了更多的信息时，当前的一些信息必须消失。因此，我们注意的焦点是不断变化的。意识不可避免地流动，它甚至会改变我们观看一个不变的物体时的知觉，如内克尔（Necker）立方体（见图5.5）。

意识的水平

意识可以被理解为有不同的水平，从最小意识到全意识到自我意识。在本章开头你读到的外科病人的意识计量仪上，所有那些水平的意识都可能被认定为"有意识"。心理学家所区分的意识的这些水平不是整体大脑活动的程度，而是涉及对外界和自我的不同意识程度。

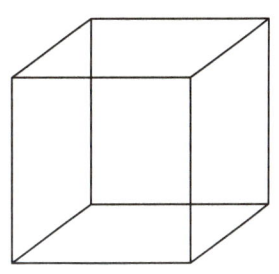

图5.5 内克尔立方体。立方体有可逆视角的属性，你可以把一个或其他两个正方形的面放在你心灵之眼的前面。虽然开始时可能需要花一点时间去翻转图形，一旦人们学会这样做，便可以有规律地翻转它，大约每3秒一次（Gomez 等，1995）。即使当目标是一个不变的对象时，意识流也在流动。

在其最小意识的形式中，意识只是人与世界的一个连接。例如，当你感觉到阳光从窗户射进来，你可能会转向阳光。这种最小意识是一种低级的感觉意识与反应，当头脑输入感觉信息和可能输出行为时它即发生（Armstrong，1980）。甚至在睡眠时有人拨弄你，你翻了个身，这种感觉意识和反应也可能发生。就好像某件事在你脑子里留下了印象，至少在这个意义上你经历过，但是你可能完全不认为有过这个经历。就此而言，甚至动物或者植物也可以有这一最小意识水平。但因为他人心理的问题以及动植物出了名地不愿与我们交谈，我们不能确切知道是否它们感受到使它们做出反应的事物。至少对人类而言，我们可以确切地认为，存在"感觉像"是它们的事情，并且当我们醒着时它们至少在**最小意识**水平。

当然，人类意识通常不仅仅是最小的，但究竟增加了什么呢？想一想，在春天的一个早晨，阳光照在你的枕头上，你醒来时的美好感觉。不仅是你具有这一经验：全意识意味着你也知道你经历这一经验。伴随全意识的关键要素是你知道并能报告你的心理状

最小意识（minimal consciousness） 一种低级的感觉意识与反应，当头脑输入感觉信息和可能输出行为时它即发生。

什么因素使全意识区别于最小意识？

态。这是一个微妙的区别：全意识意味着你经历某一心理状态时，你知道具有这种心理状态。例如，当你一条腿受伤了，你无心碰到它时，你的痛可能是最小意识的。毕竟，你感到痛，似乎是因为你动了，也确实碰到了你的腿。只有当你意识到腿受伤了，这痛才变成完全有意识的。你曾经在开车时突然意识到，你不记得过去15分钟里的开车？可能的情况是，你不是无意识的而是最小意识的。当你完全了解并考虑你的驾驶时，你已进入全意识的境界。**全意识**不仅包含思考的东西，还包含想到你在思考事情的事实（Jaynes，1976；见"科学热点"栏目）。

全意识包括对自己的某种**自我意识**：人注意到自己所处的特定心理状态。（"我在这里读这句话。"）然而，这与自我意识不太一样。有时，意识是完全被自我淹没。（"我不仅在读这句话，而且今天我的鼻尖上有一个污点，弄得我感觉像玩过雪橇。"）自我意识集中在自我上，排除几乎所有其他事情。

威廉·詹姆斯（1890）和其他理论家已指出，自我意识是另一种不同的意识水平，自我作为一个对象吸引了人们的注意（Morin，2006）。大多数人报告经历过这样的自我意识：当他们感到尴尬时，当他们发现自己处于群体注意的焦点时，当有人用相机对准他们拍照时，或者当他们深刻反思自己的思想、感情或个人品质时。

自我意识既是福祉也是祸因。照镜子可以使人在如诚实等深层品质上也可以在如长相等浅层特征上评价自己。

自我意识倾向于使人评价自己和注意到自己的缺点。例如，照镜子会使人们评价自己——不仅思考他

什么时候人们会费尽心思避免照镜子？

们的外表，而且也思考他们在其他方面是好还是坏。

当人们做了让自己感到羞愧的事情时，人们会费尽心思避免照镜子（Duval和Wicklund，1972），自我意识无疑可以破坏好心情，以至于长期的自我意识倾向与抑郁相关（Pyszczynski，Holt和Greenberg，1987）。然而，因为镜子会使人进行自我批判，当人们看到自己的镜中像时，自我意识可以使他们在短时间内更乐于助人、更愿与人合作并且有

全意识（full consciousness） 你知道并能报告你的心理状态的意识水平。

自我意识（self-consciousness） 一种特定水平的意识，在这种意识水平里自我作为一个对象吸引了人们的注意。

较少的攻击性（Gibbons，1990）。如果人们会拿着镜子把自己当成审查对象仔细审视，也许每个人都会更文明一点。

科学热点

走神

是的，走神。理想的情况下，不会走神那么多，以至于不能完成这个段落。但是，随着时间的推移它确实会游移不定，不仅改变原来的主题，而且有时还会"开小差"。你一定有过这样的阅读经验，突然意识到你甚至还没有加工你所阅读的内容。即使你的眼睛费力地瞄着那些印刷的字，在某一刻你开始想其他的事情——只有到了后来，你才发现自己走神了，也许在想我在哪里？或者，我为什么要到这个房间来？

走神或"独立于刺激的思考"最常发生在我们从事重复性的要求不高的任务时（Buckner, Andrews-Hanna和Schacter，2008）。这种情况经常发生。最近的一项研究表明，在我们的日常活动中，无论我们在做什么，我们近一半（45.9%）的时间都在走神（Killingsworth和Gibert，2010）。事实上，在记录的每个活动中至少30%的时间会发生走神（有一个例外是在做爱时，在这期间显然难得有独立于刺激的思考）。本研究发现，虽然思想经常走神，但是人们在走神时会比他们在思考当下正在做的事情时明显更不高兴。

新的研究表明，走神可以帮助创造性地解决问题。一个真实的例子是，据说爱因斯坦想到的一些最伟大的突破，不是当他坐在他办公桌边时，而是在散步时。

了解走神与不高兴之间的关系可能会使你感觉……不高兴。但在阅读这个方框的结尾前，请不要走神离开！事实证明，走神可能也有它的好处。几千年来，世界上一些最伟大的思想家注意到，他们最重要的突破来自做白日梦或者走神时。例如，据说，爱因斯坦是在散步时（而不是坐在他的办公桌旁），在他的相对论上取得重大突破。新的研究表明，走神可能确实有助于促进我们创造性地解决问题。在最近的一项研究中，研究人员检验了这个想法，他们让被试完成一个创造性的问题解决的测试，要求被试对一些日常用品（例如砖、羽毛）想出尽可能多的用途，之前和之后都从事一个高要求或要求不高的任务（Baird等，2012）。作者假设并发现，进行要求不高的任务时，会促进高水平的走神（确实是这样），并相应地提高其先前测试的成绩（确实是这样），但不是新测试的成绩（再次正确）。这些结果表明，让我们的心灵徜徉，一直保持活跃，可以提高我们创造性思考和解决难题的能力。

大多数动物不会走这条通往文明的道路。一般的狗、猫或鸟，似乎都对镜子困惑不解，不理睬镜中的自己或者把它看作是其他动物在那后面。然而，对着镜子花一些时间的黑猩猩，有时的行为方式表明它们在镜子中认出了自己。为了考察这个问题，研究人员在一只黑猩猩眉毛上涂了一种无味的红色染料，然后观察被唤醒的黑猩猩对着镜子的表现（Gallup，1977）。如果黑猩猩把镜中像解释为抹着不常见的化妆品的其他黑猩猩，我们预期它只是看着镜子或者接近它。但是黑猩猩在观察镜子时伸向自己的眼睛——而不是镜中像——这表明它认出镜中像映出的是它自己。

这个实验范式已经对许多不同的动物重复了多次，结果发现，黑猩猩和猩猩（Gallup，1997），可能海豚（Reiss 和 Marino，2001）、甚至大象（Plotnik, de Waal 和 Reiss，2006）和喜鹊（Prior, Schwartz 和 Gunturkun，2008）与人类一样可以认出自己的镜中像。狗、猫、猴子和大猩猩也被测试过，但它们似乎不知道它们是在看它们自己。即使人类也不是立刻就能自我识别。婴儿直到约 18 个月的年龄才能认出镜子中的自己（Lewis 和 Brooks-Gunn，1979）。正如镜子自我识别测试结果显示的那样，自我意识体验仅限于少数的动物和发展到一定阶段的人类。

意识的内容

在想什么呢？对这个问题，每个人的想法是什么？了解人们在想什么的一个方法是去问他们，很多研究就是要求人们进行出声思维。一个更系统的方法是经验取样技术（experience-sampling technique），要求人们在特定的时间报告他们的意识经验。例如，通过配备电子传呼机或者打手机，要求被试在一天内随机的几个时间段内记录他们当时的思想（Bolger, Davis 和 Rafaeli，2003）。

经验取样的研究表明，意识是由当前环境主导的——看到的、感觉到的、听到的、尝到的、闻到的——所有都是心理的重点。很多意识超越对环境的指向，转向人们当前关心的事，或者这个人在反复思考的东西（Klinger，1975）。表 5.1 显示的是一项明尼苏达的研究结果，要求 175 个大学生报告他们当前关心的事情（Goetzman, Hughes 和 Klinger，1994）。研究者将他们关心的事情划分为表中的类别。请记住，这些事情是这些学生不介意报告给心理学家的；他们私下念念不忘的事情可能是不同的，可能会更加有趣。

想一下你自己当前关心的问题。在过去的一两天里在你的脑海里出现最多的主题是什么？你心里"要做的事情"的清单可能包括你想得到的、要保留的、想避开的、要从事的、想记住的等等（Little，1993）。清单上的事情经常在脑海中冒出，有时候甚至带着一种情感共鸣（"明天这门课要考试！"）。在一项研究中，研究者利用测定人的皮

> 表 5.1

你在想什么？大学生当前关心的事情

当前关心事情的类别	例子	提到这一事情的学生的频次
家庭	与现在的家庭建立更好的关系	40%
室友	改变室友的态度或行为	29%
家务	打扫房间	52%
朋友	结识新朋友	42%
约会	期望约到一个人	24%
性亲密	避免性事	16%
健康	节食与锻炼	85%
职业	得到一份暑期工作	33%
教育	去研究生院	43%
社会活动	得到校园组织的认可	34%
宗教	更多地去教堂	51%
财务	支付租金或者账单	8%
政府	改变政府的政策	14%

肤传导水平（SCL）来评估被试的情绪反应（Nikula, Klinger 和 Larson-Gutman, 1993）。SCL 传感器贴在被试的手指上，研究表明，当他们的皮肤出汗时能较好地反映他们在思考一些令人不安的事情。偶尔，SCL 会自发地提高，研究者询问了被试在这些时刻他们有意识的思考内容。与 SCL 正常时相比，这些情绪化的时刻通常与当前关心的事情突然在脑海里冒出来相对应。当自身不带有情绪色彩的观点是当前关心的主题时，它们也会带着情感出现在脑海中。

我们之前谈讨过对我们当前关心的事情的想法，但是在日常生活中我们实际做这些事情时，我们的主观经验是什么？当然，我们每个人都在忙于自己的日常生活，但很少会考察我  研究者怎么研究主观经验？

们每时每刻的经验是什么样的，或者对经验进行交叉比较。研究人员利用经验抽样的方法，记录了人们日常活动中体验到的情绪，发现了有趣的结果。最近的一项研究收集了超过 900 个职业女性的数据，通过要求她们回忆过去一天的事情，记录了她们从事每项活动的感受（Kahnaman 等，2004）。有些结果和预期一样。例如，如表 5.2 所示，在上下班、工作或做家务时，人们在正性情绪上得分最低，但不幸的是，这是我们如何度过我们每天的大部分时间的。在这项研究中女性在与他人亲近时，会报告最正性的情绪，尽管她

表 5.2

今天过得怎么样？女性正性情绪和日常活动时间量的等级排列。

活动	平均情感等级 正性情绪	平均的小时/天
恋爱关系	5.10	0.2
社交活动	4.59	2.3
放松	4.42	2.2
祈祷、膜拜、冥想	4.35	0.4
吃饭	4.34	2.2
锻炼	4.31	0.2
看电视	4.19	2.2
购物	3.95	0.4
准备食物	3.93	1.1
打电话	3.92	2.5
打盹	3.87	0.9
照看我的孩子	3.86	1.1
电脑、电子邮件、网络	3.81	1.9
家务	3.73	1.1
工作	3.62	6.9
上下班	3.45	1.6

 做白日梦时大脑的什么部位活跃？

们一天只有12分钟的亲近时间。一些与直觉不太一致的发现是落在二者之间的活动。在调查研究中，父母经常报告他们和自己的孩子在一起时他们最开心；但是当被问到前一天的确切事件时，与孩子们在一起的排名仅比做家务高两个等级，远低于像购物、看电视、造人等其他活动。

白日梦。在做白日梦时，当前令人忧虑的事情似乎不再那么令人忧虑了，不过，在这种意识状态下，看似漫无目的的思绪进入了脑海。当思绪以这种方式飘荡时，你似乎只是在浪费时间。然而，即使手头上没有在做的具体任务，大脑也是活跃的。一项磁共振成像研究通过扫描人们在休息时脑的激活状态，来考察白日梦时所进行的心理活动（Mason等，2007）。通常，在大脑成像研究中，人们没有时间做白日梦，因为他们忙于完成心理任务——扫描要花钱，为了他们的钱，研究人员想得到尽可能多的数据。但是当人们不忙时，他们大脑的许多区域仍然表现出广泛的激活模式——现在被称为大脑的静息网络（Gusnar和Raichle，2001）。梅森（Mason）等人的研究表明：当人们在做他们非常了解的心理任务，以至于他们可以一边完成任务一边做白日梦时，这一网络就会被激活（见图5.6）。人们已经知道，静息网络包含思考社交、自我、过去和未来的脑区——这些都是在白日梦中萦绕在心头的（Mitchel, 2006）。

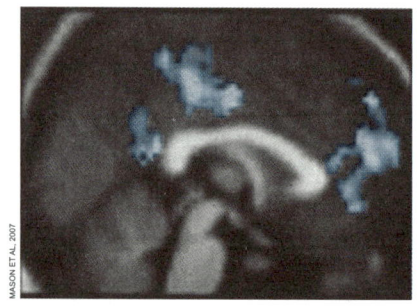

图 5.6 白日梦时活跃的静息网络。核磁共振成像的结果显示，在扫描时当没有给人特定的心理任务去做时，被称为静息网络的许多区域是活跃的。（见插页）

思想抑制。有时，意识中当前关心的事情占了上风，把白日梦和日常思考变成沉思和忧虑。反复出现的想法，或者似乎总不能成功的解决某问题的尝试，可能会主宰意识。当这种情况发生时，人们可能会进行**心理控制**，试图改变心理的意识状态。例如，有人为经常担心未来而苦恼（"万一我毕业时找不到一份体面的工作怎么办？"），可能会选择试着不去想这些，因为它会导致过多的焦虑与犹豫。无论什么时候这个念头冒出来，这个人都会进行**思想抑制**，刻意回避某一想法。这似乎是一个非常明智的策略，因为它消除了忧虑，让人去想其他的事情。

真是这样吗？俄罗斯伟大的小说家陀思妥耶夫斯基（Fyodor Dostoyevsky, 1863/1988，第49页）这样评论压抑思想的难度："试着为你自己提出这样一个任务：不去想一只北极熊，你会看到那被诅咒的家伙每一刻都浮现在你的脑海中。"受这种评论的启发，丹尼尔·韦格纳（Daniel Wegner）和他的同事（1987）在实验室中让被试完成这一任务。要求被试在5分钟内尽量不去想白熊，同时把他们大声说出来的所有想法记录在录音机里。另外，要求他们如果在脑海中出现一头白色的熊就按铃。平均而言，他们每分钟超过一次提到白色的熊或者按铃（表示想到了熊）。压抑思想根本不起作用，相反，它会使不想要的想法反复频繁出现。更重要的是，一些被试后来被特别要求改变任务，刻意去想象一只白色的熊时，说来也怪，这时他们会全神贯注于它。在图5.7中他们响铃的图表说明，这些被试在脑海中出现白熊的次数要远远多于那些前期没有压抑的一开始仅

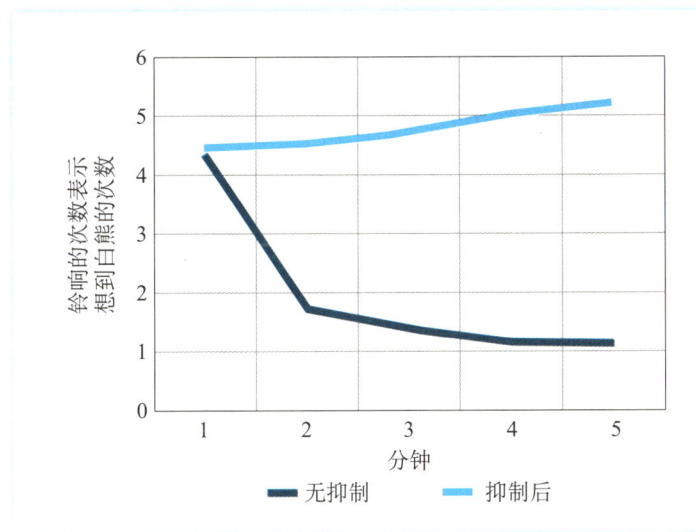

图5.7　反弹效应：先要求被试努力不去想一只白色的熊，然后要求被试去想那只熊，并且只要这只熊在脑海里出现就按铃。相比那些没有前期压抑一开始仅被要求去考虑熊的人们，这些先压抑想法的被试会想到更多的熊，出现了思维增强的反弹。

心理控制（mental control）　试图改变心理的意识状态。
思想抑制（thought suppression）　刻意回避某一想法。

被要求去思考熊的被试。这种**思想抑制的反弹效应**，压抑的思想更频繁地返回意识的倾向，表明心理控制的尝试真的很难。试图压抑某一思想的行为本身可能导致这一思想以一种更强大的方式返回意识。

用反语的监控。和思想抑制相似，引导意识进入其他方面的尝试都会导致恰恰与期望相反的心理状态。多么的具有讽刺意味：努力地刻意去完成一项任务可能产生恰恰相反的结果！在人们受到打扰或者承受压力时，这些令人啼笑皆非的效应似乎最可能发生。例如，当人们试图拥有一个好心情时，受到打扰往往会变得悲伤（Wegner, Erber 和 Zanakos，1993）。那些想放松一下的人们受到打扰时竟然会比那些不想放松的人们变得更加焦虑（Wegner, Broome 和 Blumberg，1997）。同样，试图不要错过一个高尔夫球拉击球，稍不留神，往往就导致了不想要的错过（Wegner, Anslield 和 Pilloff，1998）。**心理控制的反向加工**理论指出，这样的反向错误发生，是因为监控错误的心理过程自身会产生错误（Wegner，1994a，2009）。例如，努力不去想一只白熊，头脑的一小部分却在反向地寻找那只白色的熊。

有意识地避免令人烦恼的想法是一种明智的策略吗？

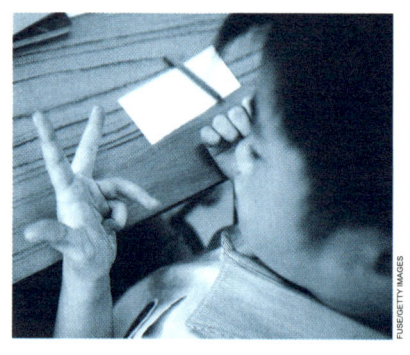

在听到一个简单的问题（4+5是几？）和想出问题的答案之间没有意识的步骤——除非你必须掰着手指头数。

这种反向监测过程在意识中不存在。毕竟，如果对抑制过程的监控需要将目标保持在意识中，竭力不去想是没有用的。例如，如果努力不去想白熊，意味着你有意识地不断地给自己重复，"没有白色的熊！没有白色的熊！"然而你从一开始就失败了：尽管你努力消除它，但是它就在你的意识里。相反，用反语的监控是在意识之外发挥作用的心理过程，使我们对所有不要想的、不想碰的、或者不要做的事物更加敏感。因此，如果这些东西回到我们的脑海里，我们就会发现它们，并有意识地设法再次对它们进行控制。不幸的是，这个无意识的监控一直伴随在背景中，无意识监控提高了对那些特别不想要的想法的敏感性。反向加工是有效的心理控制所需要的心理功能——它们协助在意识中消除某一想法——但是有时它们会导致仿佛命中注定的失败。心理控制的反向效应产生于在意识之外发挥作用的过程，因此，它们提醒我们，

思想抑制的反弹效应（rebound effect of thought suppression） 压抑的思想更频繁地返回意识的倾向。

心理控制的反向加工（ironic process of mental control） 反向错误的发生是因为监控错误的心理过程自身会产生错误。

心理装置的大部分内容可能隐藏在我们的视野之外，处于我们经验的边缘之外。

无意识心理

许多心理过程是无意识的，在某种意义上我们感觉不到它们的发生。例如，当我们说话时，"我们真的没有意识到自己在搜索词语、将词语联成短语、把短语联成句子……思维的真实过程……实际上是无意识的……只有思维的准备、思维的材料和思维的最后结果是被有意识地知觉到的（Jaynes，1976，第41页）。为了合理地说明意识的作用，想一下简单的加法包括的心理加工。在意识中听到一个问题（4+5是几？）和想出答案（9）之间发生了什么？也许什么都没有——答案就出现在脑海里。但这是一项计算，必须进行点思考。毕竟，年龄很小的你可能通过数你的手指头来解决这样的问题。现在，你不再需要这么做了（请告诉我你已经不必这么做了），答案似乎在你的脑海里自动冒出来，凭借一个你不需要意识到任何潜在步骤的过程，就此而言，它甚至不允许你意识到步骤。答案就突然出现了。

在20世纪早期，结构主义心理学家如冯特认为，内省法是最好的研究方法（见"心理学的科学之路"一章），研究的志愿者学习描述他们的想法，试图了解当一个简单的问题带给头脑一个简单的答案时发生了什么（Watt，1905）。他们描绘了你也可能描绘的空白。意识似乎不能填补这一空白，但答案来自某个地方，这一空白指向无意识心理。为了探索这些隐藏的角落，我们可以看看西格蒙德·弗洛伊德（Sigmund Freud）提出的无意识的经典理论，然后再看看现代认知心理学的无意识心理过程。

弗洛伊德的无意识

无意识真正的倡导者是西格蒙德·弗洛伊德。正如你在"心理学的科学之路"一章中读到的，弗洛伊德的精神分析理论把有意识的想法看作是由无意识加工构成的更深层心理的表层。这远不止是一个隐蔽加工的集合，弗洛伊德称之为**动态无意识**——一个活跃的系统，包含终生隐藏的记忆，人最深层的本能和欲望，以及人在控制这些力量时内心的斗争。例如，动态无意识可能包含着一个人对父母或者无法抑制地对一个无助的婴儿隐藏的性想法——这些想法是一个人的秘密不会让别人知道，甚至他们自己都不知道。根据弗洛伊德的理论，无意识是一种受**压抑**检查制约的力量，是从意识里去除不可接受的思想和记忆，把它们保存在无意识的心理过程。如果没有抑制，一个人可能会想、做

动态无意识（dynamic unconscious）　一个活跃的系统，包含终生隐藏的记忆，人最深层的本能和欲望，以及人在控制这些力量时内心的斗争。

压抑（repression）　从意识里除去不可接受的思想和记忆，把它们保存在无意识的心理过程。

或者说所有无意识的冲动或动物的欲望,不管多么自私或者不道德。有了抑制,这些欲望被控制在动态无意识的深处进行。

弗洛伊德口误告诉我们有关无意识心理的什么?

弗洛伊德在言语错误和意识的疏忽或者通常被称为弗洛伊德口误中寻找无意识心理的证据。例如,忘了你不喜欢的人的名字似乎是具有特殊意义的失误。弗洛伊德认为错误不是随机的,而是有一些附加的意义,可能是由聪明的无意识心理形成的,即使人有意识地否认它们。例如,在报道美军杀死了乌萨马·本·拉登(Osama bin Laden)的新闻时,福克斯新闻,一个保守的新闻媒体的几个记者和评论员分别报道成奥巴马·本·拉登(Obama bin Laden)已经死了。这一错误甚至出现在一个印刷的新闻节目公告上。

福克斯新闻口误有意义么?一个实验表明,人们当前迫切关注的问题确实会引起言语中的口误(Motley 和 Barrs,1979)。一组参与者被告知他们可能会接受轻微的电击,而在另一组没有提及这件事。要求每个人快速阅读一系列的词对,其中包括 shad bock。那些在小组里被警告电击(shock)的被试在阅读这对词汇时会出现更多的口误,会脱口而出 bad shock。

在乌萨马·本·拉登死后,在保守的福克斯新闻频道几个员工出现口误,报道成奥巴马·本·拉登死亡。

与在这样的实验中形成的口误不同,许多弗洛伊德归因于动态无意识的有意义的错误是提前不可预测的,因而依赖于聪明的事后解释。这样的解释可能是错误的。指出一系列随机事件的模式与科学地预测和解释一个事件发生的时间和原因是不同的。一个事件发生后,任何人都可以对这个事件提供一个合理的、有说服力的解释,但真正的科学工作要提供可以检验的假设,并基于可靠的证据来评估这些假设。弗洛伊德的书《日常生活中的心理病理学》(*The Psychopathology of Everyday Life*, 1901/1938)表明,与其说动态无意识会产生错误,不如说弗洛伊德本人是一位在别人看似随机的错误中发现含义的大师。

无意识认知的现代观点

与弗洛伊德一样,现代心理学家同样对无意识心理过程对意识和行为的影响感兴趣。然而，不像弗洛伊德把无意识看作一个充斥着动物的欲望和压抑的思想的动物园，现在的研究把无意识心理看作是制造有意识思想和行为产品的工厂（Kihlstrom，1987；Walson，2002）。**无意识认知**包括某个人没有感受到，却引起了他的思想、选择、情感和行为的所有心理过程。

当一个人的思想或行为被呈现在意识之外的信息改变时，就说明无意识认知在发挥作用。这发生在**阈下知觉**中——由一个人不能有意识报告知觉到的刺激所影响的思想和行为。在 1957 年首次引发了对无意识潜在影响的担忧，一个市场销售员詹姆斯·维卡里（James Vicary）声称，在新泽西大剧院通过在电影放映期间在屏幕上短暂闪烁词语"吃爆米花""喝可乐"提高了他的特卖。已经证实他的故事是个恶作剧，许多使用类似方法增加销售的尝试都失败了。正是这种在意识之外影响行为的想法激起了对于阴险的"阈下说服"的一轮惊恐，它依然困扰着人们（Epley，Savitsky 和 Kachelski，1999；Pratkanis，1992）。

虽然上面的故事是一个恶作剧，但我们意识之外的因素确实会影响我们的行为。例如，一个经典的研究报道，接触"老龄化"的信息会使人走路变慢。约翰·巴格（John Bargh，1996）和他的同事让学院的学生完成一项调查，要求他们用各种词语造句。没有告知学生大多数词普遍与衰老有关（弗罗里达，灰色，皱纹），甚至之后他们也没有报告意识到这一倾向。在这种情况下，"衰老"的理念不是阈下呈现的，只是不很明显。当这些被试离开实验走入大厅时，对他们开始计时。与那些没有接触到衰老相关词语的人们相比，这些被试走得更慢！正如阈下知觉一样，接触一些理念可以在我们没有意识的情况下影响我们的行为。

无意识头脑可能有点像"心理管家"，掌管着背后繁琐的、微妙的或者意识不愿劳神的任务（Bargh 和 Chartrand，1999；Bargh 和 Morsella，2008；Bower，1999）。心理学家们一直在争论这个"心理管家"会有多聪明。弗洛伊德把极大的智慧归于无意识，相信它掩藏着复杂的动机和内在的冲突，以一些令人吃惊的思想和情感以及心理障碍来表达它们（见"心理障碍"一章）。当代认知心理学家想弄清无意识是否那么聪明，然而，他们指出一些无意识过程十足的"愚蠢"（Loftus 和 Klinger，1992）。例如，构成阈下视觉刺激知觉的无意识过程，虽然可以理解单个词，但是似乎不能理解词对的组合含义。例如，对有意识头脑而言，一个词对："敌人输了"在某种程度上是积极的——让你的敌人输了挺好。然而，阈下呈现这一词对会让人想到消极的事情，好像无意识头脑只是

无意识认知（cognitive unconscious） 引发一个人的思想、选择、情感和行为的所有心理过程，即使这个人没有感受到。

阈下知觉（subliminal perception） 由一个人不能有意识报告知觉到的刺激所影响的思想和行为。

选择室友就像玩彩票：你赢了一些，你又输了一些，然后你输得更多。

把不愉快的单个词"敌人"和"输了"简单相加（Greenwald，1992）。或许，这个"心理管家"一点儿都不聪明。

然而，在某些情况下，无意识头脑可以做出比有意识头脑更好的决定。在实验中，要求被试在三个假设有多个不同品质的人中选择一个他们愿意和其做室友的人（Dijksterhuis，2004）。客观上说，有一个候选人比较好，具有更多积极的品质，给被试4分钟让他们做出有意识的决定时，人们通常会选择那一个。要求第二组信息呈现完后立即做出决定，但鼓励第三组做出一个无意识的决定。这一组在信息呈现完毕和给出答案前也给了4分钟（和给有意识组的时间一样），但在此期间他们的有意识头脑在忙于解一组字谜。正如在图5.8中可以看到的，无意识决策组比立即决策组或有意识决策组对好室友有更强的偏好。无意识头脑似乎比有意识头脑更能理清复杂的信息并做出最佳的选择。有时，你凭直觉做出的决定比你冥思苦想的决定更令人满意。

什么证据表明无意识心理是一个好的决策者？

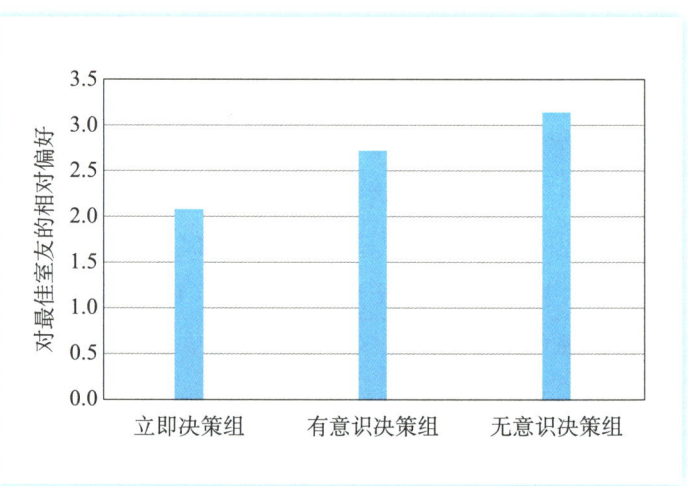

图5.8 决策。在进行室友的决定时，有时间进行无意识思考的人比那些有意识思考或仓促决定的人选择了更好的室友（Dijksterhuis，2004）。

> **小结**

▲ 意识是心理学的一个奥秘,因为无法直接感知他人的心理,也因为头脑和身体之间的关系错综复杂。

▲ 意识具有四个基本属性:意向性、统一性、选择性和短暂性。它也可以被理解为具有不同的层次:最小意识,全意识和自我意识。

▲ 有意识的内容可能包括当前的问题、白日梦和不想要的想法。

▲ 无意识过程有时被解读为弗洛伊德动态无意识的表达,但更普遍地被认为是形成我们有意识思想和行为的无意识认知过程。

▲ 无意识认知起作用时,阈下知觉和无意识决策过程会不知不觉地影响人的思想或行为。

睡眠与做梦:晚安,心灵

睡着了像什么样?有时它根本什么都不像。睡眠可以产生一种状态,在这种状态下心理和大脑关闭了形成经验的功能:你的心理剧院关闭。但这过于简单化了,

为什么睡眠被认为是一种变化的意识状态?

因为剧院在夜里会重新开启,放映怪诞狂热的电影——也就是梦。梦的意识包括历经的转变,这种转变非常激进,通常被认为是一种**变化的意识状态**:一种显著不同于正常的关于外界和内心的主观经验的经验形式。这种变化的状态可能伴有思想的变化、时间感的混乱、失去控制的感觉、情绪表达的变化、身体形象和自我意识的改变、知觉的扭曲以及意思或者意义的变化(Ludwig,1966)。本节中的两个主题是睡眠和梦的世界,提供了关于意识的两个独特视角:一个视角是无意识心理,另一个视角是变化的意识状态。

变化的意识状态(altered state of consciousness) 一种显著不同于正常的关于外界和内心主观经验的经验形式。

睡眠

想一下一个日常的夜晚。当你开始入睡，错乱的思想和表象以及奇怪的组合取代了忙碌的任务导向的清醒的心理，其中有些近乎梦幻。这一睡前的意识被称为临睡状态。在某些罕见的夜晚，你可能会体验到**临睡肌跃症**，突然的颤动或者跌落感，仿佛从楼梯上踏空。没有人确切知道它们为什么会发生。最终，你心理的存在完全消失。时间和感受停止了，你是无意识的，而事实上似乎那里没有"你"在那里进行感受。但是，接下来梦登场了，一个对生动的、超现实主义的意识的整体展望，这是你白天无法得到的，这一系列经历的发生有着奇怪的前提条件，你正在经历着的实际都不"在场"。可能会出现更多无意识的拼凑，伴随更多零星的梦境。最后，当你进入后睡眠意识（半睡眠状态）时，清醒意识的曙光以一种朦胧的模糊不清的形式再次回来，然后醒来，经常是头发乱蓬蓬的。

睡眠周期

在晚上睡眠期间事件发生的顺序是人类生命主要节律的一部分，睡眠和觉醒周期。这种**昼夜节律**是一种自然发生的 24 小时的周期，源于拉丁文 circa（about 大约）和 dies（day 天）。即使人们被隔离在没有钟表的地下建筑里（"没有时间的环境"），他们想睡时就可以睡，他们也往往有一个约 25.1 小时的休息—活动周期（Aschoff，1965）。这种比 24 小时略微的偏离不容易解释（Lavie，2001），但这似乎是很多人倾向于每晚都想晚点儿睡，并且每天都想晚点儿起的原因。我们是 25.1 小时周期的人生活在一个 24 小时的世界里。

然而，睡眠周期远不是简单的开—合的例行程序，因为在这一节律中许多生理和心理过程都有起有伏。1929 年，研究者第一次用 EEG（脑电图）对人类大脑进行了记录（Berger，1929；见"神经科学与行为"一章）。在这之前，许多人提供了对他们夜间经历的描述，研究人员知道睡眠期间有较深和较浅的阶段以及做梦的周期。但是不唤醒睡眠者不破坏睡眠，就没有人能对睡眠测量更多的东西。EEG 记录的数据表明，伴随昼夜周期，脑电活动中存在一个有规律的变化模式。在清醒状态下，这些变化会在警觉时的高频活动（β波）和放松时的低频活动（α波）之间更替。

在睡眠期间脑电发生了最大的变化。这些变化表明，在夜间存在一个有规律的模式，这使得睡眠研究人员确定了睡眠的五个阶段（见图 5.9）。在睡眠的第一阶段，EEG 的运

EEG 记录告诉了我们有关睡眠的什么？

昼夜节律（circadian rhythm） 一种自然发生的 24 小时的周期。

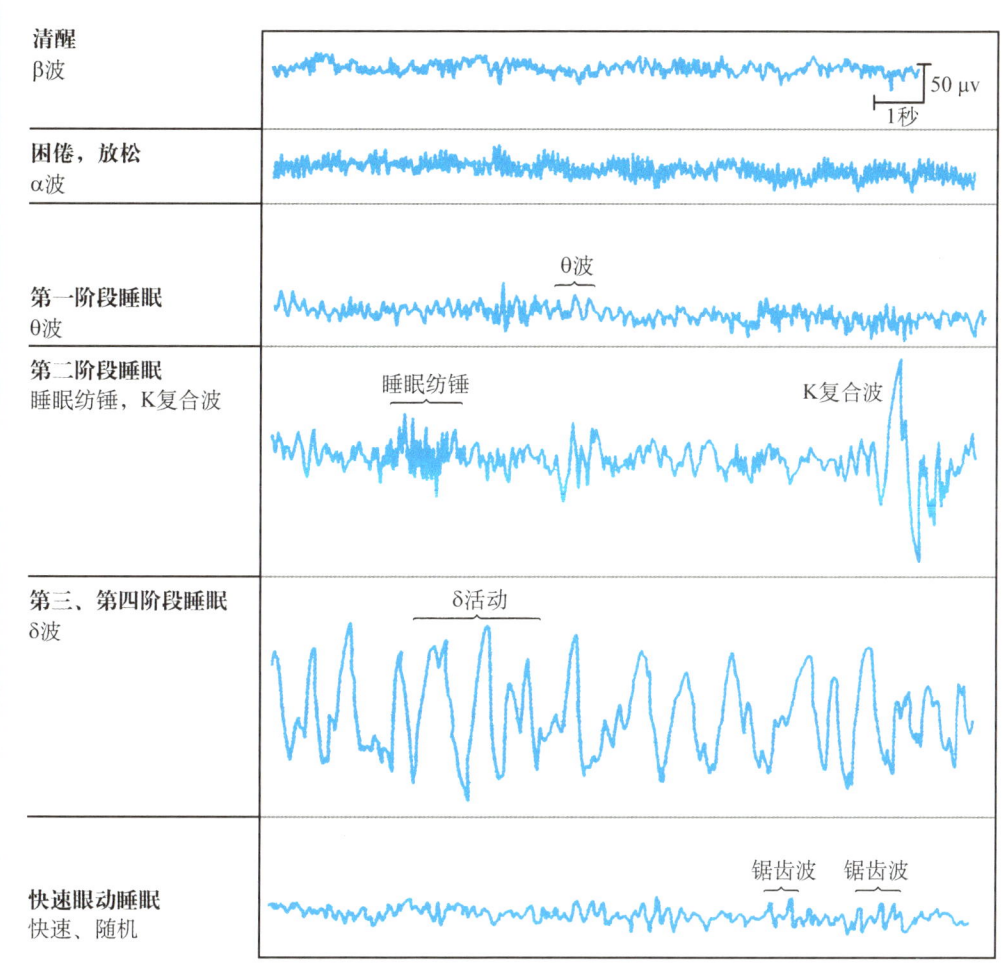

动频率模式甚至比 α 波更低（θ 波）。在睡眠的第二阶段，这些模式被称为睡眠纺锤或 K 复合波的短脉冲活动打断，睡眠者变得有些更难被唤醒。睡眠最深的阶段是第三和四阶段，称之为慢波睡眠，在此期间 EEG 模式显示的是被称为 δ 波的活动。

第五个睡眠阶段即**快速眼动睡眠阶段**以快速眼动和高水平的大脑活动为特点，EEG 模式成为高频锯齿波，类似 β 波，表明此时大脑与醒着的时候

图 5.9　在不同睡眠阶段中的 EEG 模式。清醒的大脑显示的是高频的 β 波的活动，在困倦或者放松时会变为低频的 α 波。第一阶段的睡眠表现为低频的 θ 波，在睡眠的第二阶段伴随的是被称之为睡眠纺锤或 K 复合波的没有规律的模式。第三、四阶段以最低频的 δ 波为标志。在快速眼动睡眠中，EEG 模式返回到与清醒时的 β 波相似的高频的锯齿波。

快速眼动睡眠阶段（REM sleep）　以快速眼动和高水平的大脑活动为特点的睡眠阶段。

一样活跃（见图 5.9）。通过睡眠过程的**眼电图**（EOG）——测量眼动的一种仪器，研究人员发现，在 REM 期间被唤醒的睡眠者比在非快速眼动期间唤醒的人报告有更多的梦（Ascrinsky 和 Kleitman，1953）。在快速眼动睡眠期间，脉搏加快、血压升高并有性唤起的迹象。同时，肌肉运动的测量则表明，除了眼球的快速移动外睡眠者是完全静止的。（看某人睡觉，你可能会通过他们闭着的眼睑看到快速眼动。但是在公共汽车站对陌生人这样做你可要当心）。

虽然许多人认为他们不太做梦（就算是这样），在快速眼动睡眠期间被唤醒的人 80% 报告在做梦。如果你一直想知道梦实际上是在一瞬间发生的，还是可能像发生他们描绘的事件所需要的时间那样久，那么快速眼动的睡眠分析会为你提供一个答案。睡眠研究者威廉·德蒙特（William Dement）和纳撒尼尔·克雷特曼（Nathaniel Kleitman，1957）叫醒进入快速眼动睡眠 5 分钟或 15 分钟的志愿者，要求他们根据所记得的梦中的事件，判断他们做了多长时间的梦。在 111 例睡眠者中有 92 例是正确的，这表明梦的发生是"实时"的。快速眼动睡眠的发现对梦提供了许多启示，但不是所有的梦都发生在快速眼动期。在其他睡眠阶段也有报告在做梦的，但是并不多——发生在那些时间的梦被描述得更像正常的思维，而不像在快速眼动期的梦那样狂野。

 典型的夜间睡眠有哪些阶段？

把 EEG 和快速眼动数据合起来描绘了典型的夜间睡眠如何以睡眠阶段循环进行的景象（见图 5.10）。在夜晚的第一个小时，你从醒着径直进入睡眠的最深阶段第四阶段，这个阶段以 δ 波为标志。这些慢波表示神经放电总体同步，仿佛大脑此时是在做一件事而不是多件事："电波"的神经元当量穿过一个场的集群，就像许多个体同步移动一样。

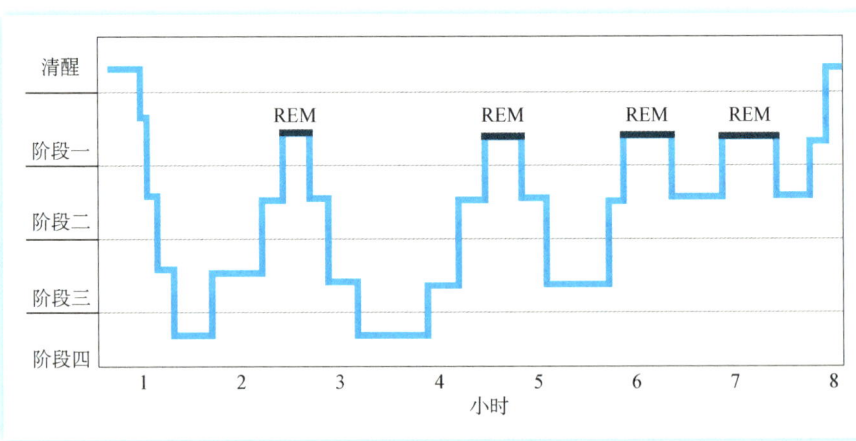

图 5.10 夜间睡眠的阶段。 在典型夜晚的时间里，睡眠周期先进入较深阶段的睡眠，然后进入较浅阶段的睡眠。在随后的周期中快速眼动期变长，第三、四阶段的深度慢波睡眠在半夜消失。

眼电图（EOG）（electrooculograph） 测量眼动的一种仪器。

然后你回到浅睡阶段，最终到达快速眼动期和梦乡。请注意，尽管快速眼动睡眠比那些较低阶段的睡眠轻，但是它也是足够深的，以至于你可能很难被唤醒。然后，每90分钟或者整个晚上，你继续进行快速眼动睡眠和慢波睡眠阶段的更替。随着夜晚时间的推移，快速眼动期变长，浅度睡眠阶段在这些周期中占据了主导地位，第三、四阶段的慢波睡眠在半夜消失。虽然当时你是无意识或者梦 – 意识，但是你的大脑和心理周期通过每次不同状态的卓越排列使得你有了一晚上的睡眠。

睡眠需要和睡眠剥夺

人们要睡多少小时？答案取决于睡眠者的年龄（Dement，1999）。新生儿24小时里会睡6到8次，合计起来经常超过16小时。通常在9个月和18个月之间，但有时甚至更晚，婴儿的短期睡眠周期最终统一为"整夜睡眠"。典型的6岁的孩子可能需要11或12个小时的睡眠，睡眠减少的过程持续到成年期，每晚平均睡约7至7.5小时。随着年龄的增长，人们甚至可以承受比这更少的睡眠。在一生中，我们大约睡1小时，清醒2小时。

睡眠真的很多。我们可以承受少一点的睡眠吗？在1965年，由威廉·德蒙特（William Dement）监督，兰迪·加德纳（Randy Gardner）为一项科研项目坚持264小时12分钟不睡。17岁的兰迪最终真地去睡时，他只睡了14小时40分钟，醒来时就基本恢复了（Dement，1978）。

像这样的壮举表明睡眠也许是可牺牲的。这就是经典的通宵熬夜者背后的理论，为了应对一个困难的考试，你也许试过这一方法。但

睡眠与学习的关系怎样？

事实证明，这个理论是错误的。罗伯特·史蒂克戈德（Robert Stickgold）和他的同事（2000）发现，在学习一项复杂的知觉任务时，当人们完成练习任务后坚持通宵学习，他们所学的东西会被抹掉。即使弥补两晚的睡眠之后，他们对最初学习的任务还是没有多少印象。学习之后接着睡眠似乎是巩固记忆所必需的（见科学热点：睡眠巩固记忆，"记忆"一章）。正常情况下，记忆似乎都会逐渐衰退，除非睡眠帮你保持住它们。通宵学习可以帮助你为应对考试而临时抱佛脚，但它不会使学习的材料铭记在心，因为这完全违背了睡眠与学习的规律。

其他方面的事实也证明睡眠是必需品而不是奢侈品。在极端情况下，睡眠缺失可能是致命的。强迫老鼠去打破兰迪·加德纳（Randy Gardner）的人类醒着的时间记录，甚至要保持更长时间的清醒时，它们很难调节自己的体温，尽管比平常吃得多，但是体重却在下降。它们的身体系统受损，它们平均会在21天死亡（Rechtshaffen等，1983）。

莎士比亚把睡眠称为"大自然温柔的保姆",显然,即使是健康的年轻人,每晚几个小时的睡眠剥夺也会累加不利的影响:降低心理灵敏度和反应时,变得易怒和抑郁,增加事故和受伤的风险(Coren,1997)。

有些研究只要检测到人进入特定的睡眠阶段,就唤醒他们,从而有选择性地剥夺人在不同阶段的睡眠。快速眼动睡眠剥夺的研究表明,这部分睡眠在心理上很重要。只要快速眼动睡眠活动开始就被唤醒,几天后,人或大鼠都会出现记忆问题和过度攻击行为(Ellman等,1991)。大脑一定了解快速眼动睡眠的价值,因为快速眼动睡眠剥夺会导致第二天晚上更多的快速眼动睡眠(Brunner等,1990)。反过来,剥夺慢波睡眠(在三和四阶段)会导致更多的生理效应,只要几个晚上的慢波睡眠剥夺就会使人们感觉困倦、疲劳、对肌肉和骨骼疼痛过分敏感(Lentz等,1999)。

显然,忽视对睡眠的需要是危险的。但是,为什么我们首先有这样的需要呢?所有的哺乳动物似乎都睡眠,但睡眠的需要量有很大的不同(参见图5.11)。长颈鹿的睡眠每天不到2个小时,而褐色蝙蝠每天睡近20小时。很难解释睡眠需要的这些变化以及这种需要的存在。在无意识的睡眠期间发生的复原难道无法在意识状态中实现吗?毕竟,在进化过程中睡眠是有潜在的代价的。睡着的动物很容易被猎获,因此,除非睡眠有显著的益处可以弥补了这一脆弱性,睡眠习惯似乎不会如此广泛地在跨物种间形成。睡眠理论尚未能确定为什么大脑和身体进化到需要再现这些无意识的片段。

图5.11 虽然睡眠的长短不同,但是所有哺乳动物和昆虫似乎都需要睡眠。下次,你睡过头了,有人指责你"睡得像个婴儿"时,你可以告诉他们,你睡得不是像个婴儿而是像老虎或者棕蝠。

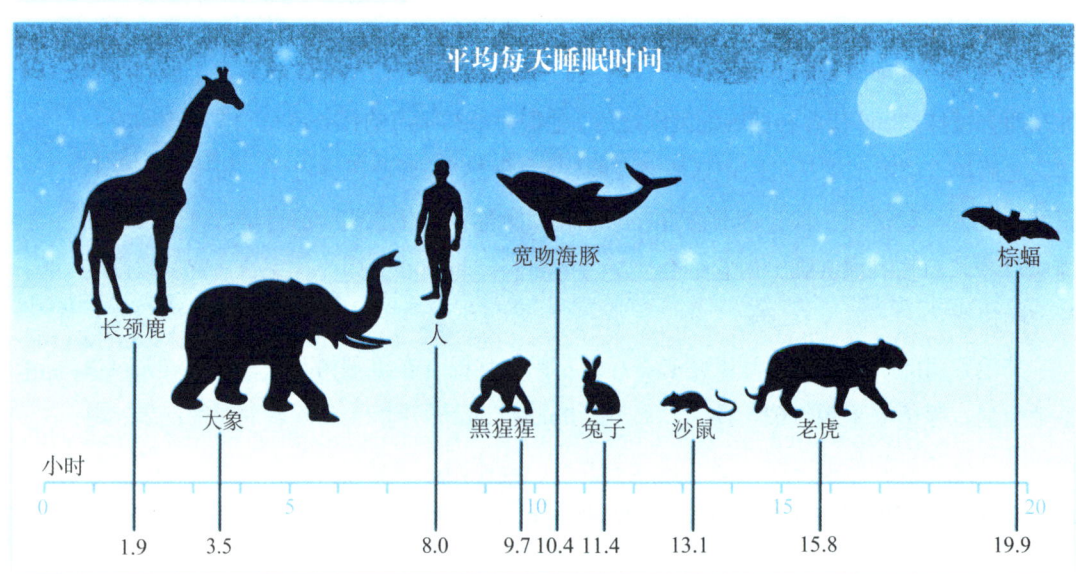

睡眠障碍

在回答这个问题"你睡得好吗?"喜剧演员斯蒂芬·莱特(Stephen Wright)说,"不好,我犯了几个错误"。每个人都喜欢睡得好,但很多人却深受睡眠障碍的困扰。困扰睡眠最常见的障碍包括失眠、睡眠呼吸暂停和梦游。

失眠即难以入睡或难以保持睡眠,也许是最常见的睡眠障碍。大约30%—48%的人报告有失眠的症状,9%—15%报告失眠严重以至于导致白天抱怨,6%的人达到失眠的诊断标准,即持久的妨碍睡眠的问题(Bootzin和Epstein, 2011; Ohayon, 2002)。不幸的是,失眠往往是一个持续性的问题,大多数人失眠的经历至少有一年(Morin等, 2009)。

失眠有许多可能的原因。在有些情况下,失眠是源于选择的生活方式,如夜班工作(自我诱导失眠);而在有些情况下,失眠的发生是对抑郁、焦虑或其他一些条件的反应(继发性失眠);在其他情况下,没有明显的诱发因素(原发性失眠)。无论何种类型的失眠,都会因为担心失眠而加重(Borkevec, 1982)。毫无疑问,你经历过睡眠很重要的夜晚,如第二天有课堂发言或一个重要的面试,你会发现你无法入睡。睡眠的欲望引发心理控制的反向过程——提高了对无眠迹象的敏感度——这种敏感度干扰了睡眠。事实上,在一次实验中,被试因被告知快速入睡而变得过分敏感,比那些没有被告知要赶紧睡觉的人更难以入睡(Ansfield, Wegner和Bowser, 1996)。某些情况下对失眠的反常的解决方法可能是放弃对睡眠的追求而找点别的事情做。

和另一个常见的疗法——使用安眠药相比,放弃努力睡眠的尝试可能会更好。虽然镇静剂对与情感事件相关的短暂睡眠问题是有用的,但长期使用则是无效的。首先,大多数安眠药  安眠药会引起什么问题?

会让人上瘾。人变得依赖安眠药来睡觉,可能需要增加剂量才能达到同样的效果。即使短期使用镇静剂,也会干扰正常的睡眠周期。虽然药物促进睡眠,但是药物会缩短快速眼动和慢波睡眠的时间(Qureshi和Lee-Chiong, 2004),剥夺人们的梦和他们最深的睡眠阶段。因此,使用药物达到的睡眠质量不如不用药物的好,并且可能会有副作用,如疲劳、烦躁。最后,突然停止服用安眠药会导致比以前更严重的失眠。

睡眠呼吸暂停是在睡眠期间呼吸短暂停止的一种疾病。因为呼吸暂停包括呼吸道的自然收缩,睡眠呼吸暂停的人通常打呼噜。当呼吸暂停一次超过10秒,并且一晚上发生多次,就可能导致多次觉醒和睡眠缺失或失眠。呼吸暂停症最常发生在中年肥胖的男性中(Punjabi, 2008),由于睡眠者不容易注意到,故可能不会就诊。同床的伴侣终于厌

失眠(insomnia) 难以入睡或难以保持睡眠。

睡眠呼吸暂停(sleep apnea) 在睡眠期间呼吸短暂停止的一种疾病。

> 唤醒梦游者安全吗？

倦了打鼾声和睡眠者重新呼吸时吵人的喘气声，或者因为白天过度嗜睡，睡眠者可能最终寻求治疗。治疗包括减肥、药物、推动空气进入鼻腔的睡眠面罩或者解决该问题的手术。

梦游症（或**梦游**），当人睡着的时候起来四处走动，即发生梦游。梦游症多见于儿童，集中于4岁和8岁之间，15%—40%的孩子至少经历过一次（Bhargava, 2011）。梦游通常发生在夜间早期，常常是在慢波睡眠阶段，梦游者可能在行走时或者没有清醒地返回床上时醒来，在这种情况下，到了早晨他们可能不记得这些情节。梦游者的眼睛通常是睁着的，眼神呆滞。除了漫画里，一般不是伸展手行走。梦游症通常与任何其他的问题都无关，问题只是在于梦游者有时做一些奇怪的或者不明智的行为，例如，在厕所以外的地方撒尿，睡着觉时离开房子。在睡着时人们走得往往不是很协调，可能被家具绊倒或跌落楼梯。毕竟他们是在睡觉。与流行的观点相反，唤醒梦游者或把他们带回床上是安全的（但最好等到他们做完他们的事情）。

在动画片中，梦游者伸着她们的双臂，闭着眼睛，但这只是动画片。现实生活中的梦游者通常睁着眼睛，正常走路，有时眼神呆滞。

还有其他不常见的睡眠障碍。**嗜睡症**是在清醒的活动中睡眠突然袭来的一种疾病。嗜睡症包括睡眠的梦境状态（和快速眼动一致）闯入清醒阶段，往往伴随着无休止的过度睡眠和无法控制的睡眠发作，持续时间从30秒到30分钟。这种疾病似乎有遗传基础，它在家族中发病，可用药物有效治疗。**睡眠瘫痪症**是醒来时无法动弹的经验，并且有时与嗜睡有关。这可怕的经验通常发生在你从快速眼动睡眠醒来时，且在你重新获得运动控制之前。这段时间通常只持续几秒或几分钟，可伴有半睡半醒的（觉醒时）或入睡的（入睡时）幻觉，梦的内容好像发生在清醒的世界。最近一系列非常巧妙的研究表明，半醒前幻觉有人物在卧室的睡眠瘫痪症，似乎可以解释许多外星人绑架和性侵犯的记忆恢复（治疗师用催眠来帮助睡眠者[错误地]把它拼合在一起（McNally 和 Chancy, 2005））的知觉实例。**夜惊症**（或**睡惊症**），伴随恐慌和强烈的情绪唤起而突然清醒。这些恐惧大

梦游症（或**梦游**）（somnambulism or sleepwalking） 当人睡着的时候起来四处走动，即发生梦游。
嗜睡症（narcolepsy） 在清醒的活动中睡眠突然袭来的一种疾病。
睡眠瘫痪症（sleep paralysis） 醒来时无法动弹的经验。
夜惊症（或**睡惊症**）（night terror or sleep terror） 伴随恐慌和强烈的情绪唤起而突然清醒。

多发生在孩子身上，成年人只有约2%（Ohayon，Guilleminault 和 Priest，1999）。最常发生在睡眠周期早期的非快速眼动睡眠阶段，睡眠者通常不会报告有梦的内容。

总之，在我们晚上闭着眼睛时会有很多事情发生。人类遵循着一个非常规律的睡眠周期，在夜间经历五个睡眠的阶段。无论是睡眠剥夺还是睡眠障碍干扰了这一周期，都会对清醒意识产生影响。但是在夜间睡眠中还有其他事情发生，它们影响着我们睡眠和清醒时的意识。

梦

睡眠研究先驱威廉·德蒙特（William C. Dement，1959）说"梦允许我们每个人在我们生命的每个晚上安静地、安全地疯狂"。确实，梦似乎的确有点失常。我们在梦里经历疯狂的事情，但更奇怪的是事实上我们是作家、制片人和我们经历的疯狂事件的导演。只是，这些经历是什么，如何解释它们呢？

梦的意识

梦远离现实。你可能梦见在公众场合赤身裸体，从高处坠落，在重要的约会上酣睡不醒，你的牙齿松动、脱落，或者被追逐（Holloway，2001）。这些事情不太可能发生在现实中，除

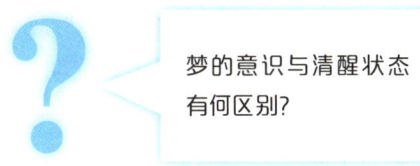

梦的意识与清醒状态有何区别？

非你的生活特别糟糕。在梦境中意识的特点也与清醒时的意识有重大变化。与清醒状态相比，梦的意识有五个主要特点（Hobson，1988）。

> 我们都强烈地感受到情绪，无论是狂喜或者恐惧或者喜爱或者敬畏。
> 梦里的思维不合逻辑：时间、地点和人物的连续并不适用。例如，也许你发现自己在一个地方，中间无需任何旅行，你又到了另一个地方——或人物可能从一个梦境到另一个梦境就改变了身份。
> 感觉充分形成而且是有意义的；视觉为主，你也可以强烈地感受到声音、触摸和运动（虽然疼痛是很少见的）。
> 梦的发生伴随着不加批判地接受，好像人物和事件是完全正常的而不是奇怪的。
> 梦结束后我们很难回想起梦。只有从梦中被唤醒时，人们才常常记得梦，即使在醒来短短几分钟里，也可能丢失了梦的记忆。如果清醒的记忆是这样糟糕，那么你会大部分时间半裸地站在大街上，忘记了你的目的地、衣服和午餐的钱。

然而，并不是我们所有的梦都荒诞离奇。与弗洛伊德夜间历险的疯狂故事相去甚远，梦一般是平平常常的（Domhoff，2007）。我们常常梦到世俗的主题，反映之前清醒

的经历或"白天残留的印象"。当前的意识内容会在最近刚经历的图像中冒出来（Nikles 等，1998）。梦可能是睡眠中体验到的混合感觉，就像在一个研究中，在快速眼动睡眠阶段往睡眠者脸上喷洒水滴，会促使他们梦见水（Dement 和 Wolpert，1958）。白天残留的印象通常不包括情景记忆，也就是，白天完整的事件在心中的重演。相反，反映白天经历的梦往往是从醒着的生活中选择出的感官经验或物体。梦不是事件的简单重播，梦常常包括从不同的时间和地点"相互交错的经历片段"，我们的心灵将其编织成一个单独的故事（Wamsley 和 Stickgold，2011）。例如，你与室友在海滩度过有趣的一天之后，你那晚的梦里可能包括跳起的沙滩球或一群海鸥的片段。在一项研究中被试玩电脑游戏俄罗斯方块，发现被试经常报告梦到俄罗斯方块游戏的几何图形落下来——即使他们鲜有报告正在做实验和玩游戏（Stickgold 等，2001）。甚至患有严重健忘症的人尽管根本不能记得玩过的游戏，但是也会报告在他们的梦中出现了像俄罗斯方块的图形（Stickgold 等，2000）。梦的内容是对白天的事件所拍的快照，而不是复述你所做所见的故事。这意味着，梦的到来常常没有明确的情节或故事主线，所以它们也许没有太多意义。

一些最难忘的梦是噩梦，这些可怕的噩梦会惊醒做梦者（Levin 和 Nielsen，2009）。一套来自大学生每日梦的日志表明，虽然有些人可能每晚都有噩梦，但一般学生每年大约有 24 次噩梦（Wood 和 Bootzin，1990）。儿童的噩梦比成人多，经历过创伤性事件的人倾向于做噩梦，重温这些事件。例如，以 1989 年旧金山湾地区的地震为例，经历过地震的大学生比那些没有经历地震的人，报告了更多关于地震的噩梦（Wood 等，1992）。这种创伤效应可能会产生创伤事件的梦：一般而言，当警察经历了"危机事件"的冲突和危险时，他们往往有更多的噩梦（Neylan 等，2002）。

梦的理论

梦是亟待解决的难题。你怎么能不想了解这些经历的意义呢？梦也许是不切实际和令人困惑的，但是它们在情感上引人入胜，充满了你自己生活中的生动形象，它们看起来很真实。对梦的意义的探索可以一直追溯到圣经上的人物，他们对梦进行解析并且在梦中寻找预言。在旧约中，先知丹尼尔（这本书三个作者的最爱之一）通过解释巴比伦的尼布甲尼撒王的梦来讨好他。自古以来，关于梦的含义的问题一直是炙手可热的，主要因为梦的意义通常一点也不明显。

在梦的第一个心理学理论中，弗洛伊德（1900—1965）指出，梦是混乱和模糊的，因为动态无意识创造的梦就是让它们混乱和模糊。根据弗洛伊德的理论，梦象征愿望，这些愿望中有些愿望是不可接受的禁忌或焦虑，使得大脑只能以伪装的形式来表达它们。弗洛伊德认为，许多最不可接受的愿望是有关性的。例如，他会把火车进入隧道的梦解释为性行为的象征。根据弗洛伊德的理论，梦的显性内容（梦的表面主题或浅层意义）是其隐形内容（梦真正的深层意义）的烟幕。例如，梦见朋友所居住的街对面的公园里一棵树被烧光了（**显性内容**），可能代表希望朋友死掉的一个伪装的心愿（**隐形内容**）。在这个案例中，希望朋友死去是不被接受的，所以伪装成一棵树着火了。弗洛伊德的方法的问题是对任何梦都有无数个可能的解释，找到正确的解释靠主观臆测，并且要说服做梦者这种解释优于其他解释。

虽然梦并不代表精心隐藏的愿望，但是有证据表明它们确实以压抑的思想重新出现为特征。研究人员要求志愿者想一个自己的熟人，然后在睡觉前花五分钟写下  我们梦到我们压抑的思想的证据是什么？

心里想到的所有事情（Wegner，Wenzlaff 和 Kozak，2004）。在写的时候，要求一些被试压抑想这个人的念头，要求另一些被试集中想这个人，还有一些被试只是自由地写出任何事情。第二天早上，被试写关于梦的报告。总的来说，所有被试都提到，梦到他们说出名字的人比梦到其他人更多。但是，如果他们是被分配在夜幕降临前压抑想这个人的一组，那么他们会更经常地梦见他们说出名字的人。这一发现表明，弗洛伊德关于梦的猜想是正确的，梦是那些不需要的思想的港湾。也许这就是为什么演员梦见忘了台词，旅行者梦见迷了路，球员梦见漏掉了球。

梦的另一个重要理论是**激活整合模型**（Hobson 和 McCarley，1977）。这一理论指出，当大脑在睡眠中试图将随机发生的神经活动赋予意义时就形成了梦。在清醒的意识中，头脑致力于解释很多感觉器官接收的信息。例如，在课堂上你推测你听到的奇怪的噪音是你手机的震动声，或者你意识到你房间外面的奇怪味道应该来自烤糊的爆米花。在梦的状态下，你的头脑不会通达外面的感觉，但是它会继续做它通常做的事情：解释信息。因为现在的信息源于神经活动，这一神经活动的发生没有真实知觉提供的连续性，所以大脑的解释机制可以自由运作。这可能是为什么在梦里，例如，人有时可以变为其他人。没有知觉到的真实人来帮助大脑保持一个稳定的看法。头脑在努力知觉和对大脑活动给予意义时，你在有关杂货店的梦中看到的人可能看起来像店员，但是当梦的场景移到你的学校时，他变成了你最喜爱的老师。人们在次日清晨解释他们的梦时，最感兴趣的

显性内容（manifest content） 梦的表面主题或浅层意义。
隐形内容（latent content） 梦真正的深层意义。
激活整合模型（activation-synthesis model） 一种理论认为，当大脑在睡眠中试图将随机发生的神经活动赋予意义时就形成了梦。

文化与社区

在世界各地梦对我们意味着什么?

一项最近的研究（Morewedge 和 Norton, 2009）考查了来自三个不同文化的人们如何评价他们的梦。要求被试在1（根本不同意）到7（完全同意）的量表上对不同的梦的理论给出评分。来自美国、韩国和印度相当多数量的学生认同弗洛伊德的理论，即梦是有意义的。只有很少比例的人认同其他的观点，如梦促进学习或者是无关的大脑活动的副产品。附图显示了所有三个文化群体的研究结果。看起来似乎世界多数地区的人们都有一个直觉，认为梦是由某些深层的相关内容构成的。

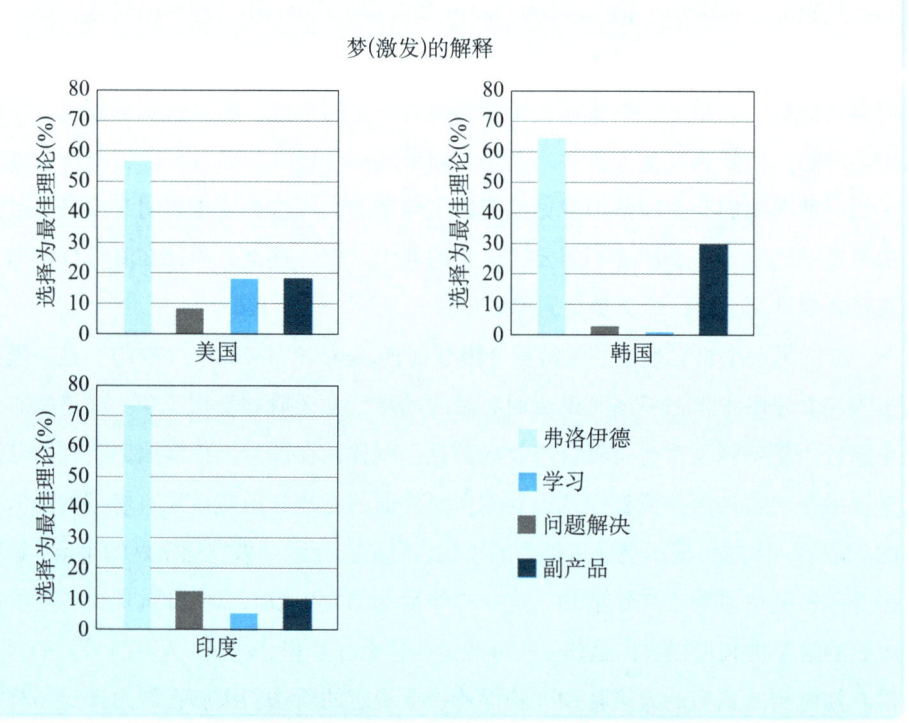

梦(激发)的解释

可能是拓展他们在整个夜晚所进行的解释活动。

弗洛伊德的理论和激活整合理论的区别在于，他们将梦的意义放在不同的重要性上。在弗洛伊德的理论中，梦从意图开始，而在激活整合理论中，梦以随机开始——但是头脑在解释梦的过程时可以加入意义。梦的研究尚未确定这些理论中的哪一理论或者另一理论可以最佳地解释梦的意义。

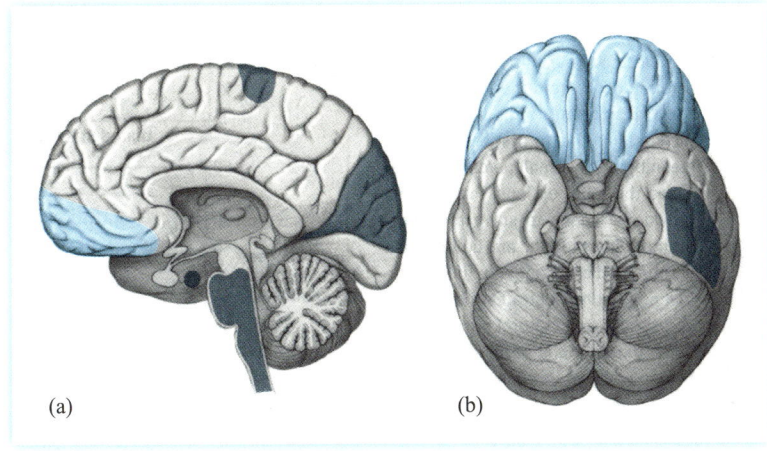

图 5.12 在快速眼动睡眠中激活和没有激活的脑。标为红色的是快速眼动睡眠期激活的脑区，那些标为蓝色的是没有激活的脑区。(a)侧面图表示杏仁核、视觉联合皮层、运动皮层和脑干被激活，前额叶没有激活。(b)背面图表示其他视觉联合区的激活且前额叶没有激活（Schwartz 和 Maquet, 2002）。(见插页)

做梦的大脑

在我们做梦时大脑中发生了什么？几项使用 fMRI 的研究扫描了睡眠时人们的大脑，关注快速眼动睡眠期间出现变化的脑区。他们的研究表明，在快速眼动期间脑的变化明显对应于梦中发生的意识的某些变化。图 5.12 表示的是在做梦的大脑中发现的一些激活或者失活模式（Nir 和 Tononi, 2010; Schwartz 和 Maquet, 2002）。

在梦中，有从高处俯视、潜藏的危险人物、偶尔的怪物、细小的琐事，以及至少会出现过一次的你走进教室才想起有重要考试的情形。这些主题说明，负责恐惧或情绪的脑区在某种程度上在梦中加班工作，并且这在 fMRI 的扫描中是清晰可见的。杏仁核参与对危险或者令人紧张的事件的反应，杏仁核在快速眼动睡眠中确实十分活跃。

典型的梦还是一个视觉的仙境，视觉事件出现在几乎所有的梦境中。然而，只有较少的听觉感受，甚至更少的触觉感受，并且几乎没有嗅觉或者味觉。这一梦的"图片展"当然不包括真实的知觉，只是视觉事件的想象。原来负责视知觉的脑区在梦中不会被激活，而负责想象的枕叶的视觉联合区确实会表现出激活（Braun 等, 1998）。你的大脑足够聪明，会意识到它不是真的看到了离奇的形象，而是把它看作是想象的离奇形象。

在 REM 睡眠中，前额叶表现出比平常清醒意识状态相对较少的唤醒。这对做梦者意味着什么？一般说来，前额叶与计划和活动执行有关，而梦仿佛经常是无计划和杂乱无章的。也许这就是为什么梦通常没有很合乎情理的故事线索——它们是由没有计划能力的作者编造的剧本。

fMRI 如何告诉我们梦为什么没有连续的故事线索？

梦的另一个奇怪的事实是在眼球快速移动时身体则是完全静止的。在快速眼动睡眠阶段，运动皮层是被激活的，但是贯穿脑干的脊髓神经元抑制了运动活动的表达（Lai 和 Siegal, 1999）。原来这是在梦中脑活动的一个有用的特点，否则，你可能起床并表演你的每个梦！事实上，受一种罕见睡眠障碍折磨的人会失去快速眼动睡眠阶段正常的肌肉抑制，因此会将梦里的内容表演出来，在床上剧烈移动或者在卧室里高视阔步（Mahowald 和 Schenck, 2000）。然而，在睡眠中行动的多数人可能没有做梦。在梦中大脑特别地抑制了行动，这也许是让我们不要伤着我们自己。

小 结

▲ 睡眠和梦呈现出头脑中一副意识的一种变化状态的景象。

▲ 在晚上的睡眠中，大脑在五个睡眠阶段中进进出出，多数梦发生在快速眼动阶段。

▲ 在人的一生中睡眠的需要在减少，但是剥夺睡眠或者梦会带来负面的心理或者生理影响。

▲ 睡眠会受到包括失眠症、睡眠呼吸暂停、梦游症、嗜睡症、睡眠瘫痪症和夜惊症疾病的扰乱。

▲ 在梦中，做梦者不加批判地接受情绪、思想和感觉的变化，但是在清醒时却很少记得。

▲ 梦的理论包括弗洛伊德的心理分析理论和激活整合模型。

▲ 有关梦中大脑的fMRI研究揭示了与视觉想象、其他感觉的降低、诸如恐惧等情绪感受的增加、计划能力的减少以及动作的防止等相关的脑活动。

药物与意识：假灵感

反乌托邦小说《勇敢的新世界》的作者奥尔德斯·赫胥黎（Aldous Huxley, 1932），曾写下他服用药物酶斯卡灵（一种致幻剂）的亲身经历。《知觉之门》（*The Doors of Perception*）描述了他偏离正常意识时强烈的心理体验，他形容为"生活中的一切都在闪着内在的光,并具有无限的意义。例如,一把椅子的腿——它们是多么神奇的管状物,它们是多么奇妙的平坦光滑!我花了几分钟——或是几年——不只是盯着那些竹椅的腿,而是实际变成了它们"(Huxley,1954,第22页)。

变成了椅子的腿?这也许比变成椅子的座要好,但它听起来仍然像一种古怪的经验。不过,很多人经常通过使用药物来寻找这种经验。**精神药物**是通过改变大脑的化学通信系统来影响意识或行为的化学药品。在"神经科学与行为"一章,我们在探讨大脑系统的神经递质时,你读到了一些这样的药物。在"治疗"一章,我们在谈到它们在心理疾病治疗中的作用时,你会以一个不同的角度读到它们。这些药物无论是用于娱乐、治疗还是用于其他方面,它们都是通过增加神经递质的活动(兴奋剂)或减少神经递质的活动(拮抗剂)来发挥作用。

一些最常见的神经递质是5-羟色胺、多巴胺、γ-氨基丁酸(GABA)和乙酰胆碱。药物通过阻止神经递质与突触后神经元基的结合,并借助突触前神经元进行再回收抑制,或者通过提高它们的结合和传输,来改变神经递质的功能。不同的药物可以增强或减缓传递模式,使脑电活动发生变化,这模拟了大脑的自然运作。例如,一种如地西泮(苯二氮卓)的药物诱发睡眠但阻碍做梦,所以形成一种类似慢波睡眠的状态,即大脑每晚所自然形成好几次的睡眠状态。其他药物所引起的大脑活动模式在自然情况下不会发生,但是它们对意识的影响却是剧烈的。就像赫胥黎亲身经历了变成椅子的腿一样,使用药物的人的经验不同于任何他们在正常清醒时的意识状态或者甚至在梦中可能出现的体验。为了了解这些变化的状态,让我们先探究人们如何使用和滥用药物,然后考查精神药物的主要类型。

药物的使用与滥用

为什么有时孩子们会旋转到感到晕眩并摔倒?偏离正常现象的意识状态具有某种奇怪的魅力,纵观历史,人们通过舞蹈、禁食、诵经、冥想、摄取形形色色的离奇的化学药品来麻醉自己,以追寻这些变化的意识状态(Tart,1969)。人们对意识变化的追求甚至会付出代价,从伴随头晕的恶心,到对摧毁生命的药物痴迷,以及随之而

为什么孩子们喜欢转圈直到头晕并摔倒呢?即使在很小的时候,改变意识状态似乎就是种好玩儿的事情。

精神药物(psychoactive drugs) 通过改变大脑的化学通信系统来影响意识或行为的化学药品。

变化了的意识的魅力是什么？

来的药物成瘾。在这方面，追求意识的变化是一种致命的诱惑。

通常，药物诱发的意识的改变以愉快开始，发出最初的魅力。研究者通过观察实验室的动物如何努力获得精神药物，来测量精神药物的魅力。在一项研究中，研究人员让白鼠通过按压杠杆来给自己静脉注射可卡因（Bozarth 和 Wise，1985）。在为期30天的研究中，白鼠借助获得可卡因的自由通道，增加可卡因的使用。它们不仅持续高频率地自我注射，而且偶尔会纵情到让自己抽搐痉挛。它们不再清洁自己，停止饮食，直到体重平均减轻几乎三分之一。实验结束时，约90%的白鼠死去。对白鼠而言，诸如糖或似糖的甜味比可卡因更具吸引力（Lenoir 等，2007），但它们对可卡因的喜好是极其认真的。

当然，白鼠不是微缩的小人，所以这项研究不是理解人对可卡因反应的坚实依据。但研究结果确实清楚地表明，可卡因是会上瘾的，而且上瘾的结果可能是很可怕的。实验室动物自我给药的研究表明，动物不仅会努力获得可卡因，还有酒精、苯基丙、巴比妥盐酸、咖啡因、鸦片制剂（如吗啡、尼古丁和海洛因）、苯环己哌啶（PCP）、MDMA（摇头丸）和THC（四氢大麻酚、大麻的有效成分）。有一些精神药物，动物不会努力去获取（如麦司卡林或安定药吩噻嗪），表明这些药物导致成瘾的可能性较小（Bozarth，1987）。

人们第一次使用精神药物通常不会上瘾。他们可能会试过几次，然后再次尝试，并最终发现他们使用的药量倾向于随时间而增加，因为药物耐受性、身体依赖和心理依赖等几个原因。**药物耐受性**是经过一段时间后需要较大的药物剂量来达到同样效果的倾向。医生采用吗啡控制患者疼痛面临耐受性的问题，因为需要持续加大药物的剂量才可能减少相同的痛苦。随耐受性增加而来的是药物过量的危险；用于娱乐的使用者发现需要使用越来越多的药物才能产生同样的兴奋。但是，如果一批新的海洛因或可卡因比平时的浓度大，使用者达到同样兴奋的"正常"服用量可能是致命的。

停药会产生什么问题？

成瘾药物的自我给药也可以由停药症状引起，即停止使用药物导致的症状。一些停药症状表现为身体依赖，伴随停药出现疼痛、痉挛、幻觉、或其他不适症状。受身体依赖折磨的人会寻求继续用药物，以避免身体不适。一个常见的例子是"咖啡因头疼"，当没有喝到日常的爪哇咖啡时，有些人会抱怨头痛。其他的停药症状源自心理依赖，即使身体症状都消失了还渴望重新恢复药物。经过一段时间，药物会形成一种不断萦绕在头脑的情感需要，

药物耐受性（drug tolerance） 经过一段时间后需要较大的药物剂量来达到同样效果的倾向。

特别是在让人们想起药物的情况下。例如，一些戒烟者报告渴望饭后一支烟，甚至在他们已经成功戒烟几年后。

药物成瘾揭示了人性的弱点：我们不能透过我们行为的直接后果，来领会和鉴别长远的后果。虽然我们喜欢认为，我们的行为是受对未来结果的理性分析指导的，但是更典型的情况是，"先玩再付钱"直接导致"让我们现在多玩点吧"。近在眼前的快乐景象在强烈地召唤着我们，而这个行为在未来某个时间将会付出的代价是苍白的、模糊的、遥远的。例如，让人们选择今天接收 1 美元还是一周后获得 2 美元，大多数人会在今天拿这 1 美元。然而，如果同样的选择是在未来一年的某一天（当今天意外之财的即时快感不是很强时），人们选择等待并获得 2 美元（Ainslie, 2001）。服用大剂量药物有关的即刻满足可能胜过了服用这些药物产生的后果的理性分析，比如药物成瘾。

源自药物成瘾的心理和社会问题是严重的。对许多人来说，药物成瘾成为一种生活方式，对某些人来说，它是导致死亡的原因。像前面提到的研究中对可卡因成

克服成瘾的统计数字是多少？

瘾的大鼠（Bozarth 和 Wise, 1985），有些人如此依赖药物，以至于他们的生活都受其控制。然而，事情并不一定就此结束。这一结局是为大众所熟知，因为毒瘾成为一个循环可见的社会问题，由重复犯罪、重复入狱和治疗计划而"公开化"。但药物成瘾的生活不是使用药物的人唯一可能的结局。斯坦利·沙赫特（Stanley Schachter, 1982）指出，成瘾的可见性是在误导，事实上许多人能克服成瘾。他发现，在有吸烟史的样本人群中，64% 的人能够成功戒烟，尽管许多人不得不一次又一次地尝试才最终成功。事实上，在 20 世纪 80、90 年代和 21 世纪前十年进行的大规模研究一致表明，那些滥用药物的人群中有大约 75% 的人能战胜他们的药物成瘾，年龄在 20—30 岁的人群在药物使用中下降最大（Heyman, 2009）。一项对士兵在越南染上海洛因成瘾的经典研究发现，他们返回美国几年后，只剩下 12% 的人还有瘾（Robins 等, 1980）。回归正常生活的向往和义务，加上缺少与他们药瘾相关的熟悉环境和面孔，使得返回家乡的士兵可能成功戒瘾。虽然成瘾是危险的，但不一定是无法治愈的。

把所有消遣性药物的使用都看作"成瘾"可能不准确。例如，在这一点上，在西方社会的历史上许多人不会把重复使用咖啡因称为成瘾，有些则不会将使用酒精、烟草和大麻称为成瘾。然而，在其他时间和地点，它们中的每一个都被认为是一个可怕的成瘾，应该被禁止并受到公众谴责。例如，在第 17 世纪早期，在德国使用烟草是死刑，在俄罗斯是被阉割，在中国是被斩首（Corti, 1931）。对于吸烟者那不是个好年代。相反，在历史上有好几个时期，可卡因、海洛因、大麻、安非他明每一个都很流行，甚至被当作

医疗药品推荐,没有贴上任何成瘾的污名(Inciardi,2001)。

虽然"成瘾"作为一个概念被我们大多数人熟悉,但是实际上对什么是"成瘾"竟没有一个标准的临床定义。成瘾的概念已经扩展到人类的许多追求,产生了这样一些词语,诸如性成瘾、赌博成瘾、工作成瘾、当然还有吃巧克力成瘾。在不同时期社会有不同的反应,药物的某些用途被忽略,其他用途被提倡,另一些则只是征税,但其他的却受到强烈禁止(见"现实世界"栏目,第212页)。与其把所有的药物使用看作是一个问题,不如重点思考这样使用药物的代价和益处,以建立帮助人们基于这些知识来选择相应行为的方法(Parrott等,2005)。

精神类药物的类型

每天,五分之四的美国人都以某种方式使用咖啡因,但并不是所有的精神药物都这么被人熟知。为了了解这些有名的和不知名的药物是如何影响精神的,让我们考虑几大类药物:镇静剂、兴奋剂、麻醉药、致幻剂和大麻。表5.3总结了这些不同类型药物已知的潜在危险。

镇静剂

镇静剂是降低中枢神经系统活动的物质。最常用的镇静剂是酒精,其他包括巴比妥酸盐、苯二氮类药物、有毒吸入剂(如胶或汽油)。镇静剂有止痛和镇静作用,高剂量往往会引起睡眠,过高的剂量也可能导致呼吸停止。服用镇静剂会产生身体依赖和心理依赖。

酒精。酒精是镇静剂之王,它在全球范围内的使用始于史前,在大多数文化中容易获得,并作为一种社交认同的物质被广泛接受。12岁以上的美国人52%报告在过去的一个月中喝过酒精饮料,还有24%在这段时间狂饮酒精饮料(连续超过五杯)。甚至在年轻人(18—25岁)中比例更高,62%的报告在上一个月喝过一次酒,还有42%报告狂饮过(美国国家健康统计中心,2012)。

酒精的最初效果是愉快和减少焦虑,感觉很积极。随着摄入量不断加大,造成醉酒,导致反应变慢、言语不清、判断力差以及其他思维和行为效能的降低。尽管目前仍不了解酒精影响神经机制的确切方式,但是像其他镇静剂一样,酒精会增加神经递质GABA的活性(De Witt,1996)。正如你在"神经科学与行为"一章读到的那样,GABA通常抑制神经冲动的传递,所以酒精的一个作用是作为一种抑制剂——阻止其他神经元放电的化学药品。但这里有许多矛盾之处。有些人饮酒后大声喧哗并好斗,有些却变得情感

镇静剂(depressants)　降低中枢神经系统活动的物质。

表 5.3

药物的危险

药物	危险		
	过量 (服用过多可以导致受伤或死亡吗?)	身体依赖 (停止服药会让你感到难受吗?)	心理依赖 (当停止使用时你会渴望它吗?)
镇静剂 酒精 苯二氮类/巴比妥酸盐类药物 有毒吸入剂	X X X	X X X	X X X
兴奋剂 安非他明 MDMA(摇头丸) 尼古丁 可卡因	X X X X	X X X	X ? X X
麻醉药(鸦片、海洛因、吗啡、美散酮、可待因)	X	X	X
致幻剂(LSD、麦司卡林、西洛西宾、PCP、克他命)	X		?
大麻		?	?

脆弱、眼泪汪汪,还有人变得闷闷不乐,还有人变得举止反常,同一个人在不同情况下可能体验到其中的每一种效应。一种药物怎么能做到这样呢?研究者提出了两种理论来解释这些不同的作用:期望理论和酒精近视。

期望理论指出,在特定情况下,酒精的作用可以由人们对酒精会如何影响他们的预期而产生(Marlatt 和 Rohsenow, 1980)。例如,如果你看过朋友或家人在

为什么人们会经历不同的醉酒?

婚礼上饮酒,并且注意到这往往让人喜悦和爱好交际,在类似的节日,你自己喝酒也可能体验到这些影响。反过来,看到人们喝醉了在酒吧打架,可能会导致你酒后爱挑衅。

考察实际摄入酒精的作用不依赖所知觉到的酒精摄入量的研究,检验了期望理论。在使用**平衡的安慰剂设计**的实验中,在实际刺激出现或不出现时对行为进行观察,安慰剂刺激出现或不出现时也对行为进行观察。在这样的一项研究中,给予被试含酒精或替

期望理论(expectancy theory) 在特定情况下,酒精的作用可以由人们对酒精如何影响他们的预期而产生。
平衡的安慰剂设计(balanced placebo design) 在这种研究设计中,实际刺激出现或不出现时对行为进行观察,在安慰剂刺激出现或不出现时也对行为进行观察。

代液体的饮品，并让每组中一些人相信他们饮了酒，而另一些人相信他们没有饮酒。例如，当他们没有饮酒时，告诉他们喝的是酒，可能是在杯子的塑料盖上沾了一点伏特加，让它有那个味道，而杯子里的饮料只是奎宁水。这些实验常常表明，相信自己喝了酒可以与真的摄入酒精一样强烈地影响行为（Golman，Brown 和 Christiansen，1987）。你也许看到过晚会上人们仅仅喝了一瓶啤酒就变得喧闹，因为他们预期啤酒有这一作用，而不是因为啤酒真的有这一影响。

> 哪一个理论，期望理论还是酒精近视理论，认为，人对酒精的反应（至少部分）是通过类似观察学习的过程学到的？

另一种解释酒精各种效应的理论取向是**酒精近视**理论，指出酒精妨碍注意力，导致人们以简单的方式对复杂的情况做出反应（Steel 和 Josephs，1990）。该理论认为，生活中充满了复杂的推力与拉力，而我们的行为常常是一个平衡的动作。想象一下，你竟在迷恋一个与你朋友约会的人。你是进行情感告白还是看重你们的友谊？近视理论认为，当你喝了酒，会损坏你良好的判断力。变得很难理解这些不同选择的微妙之处，不恰当的反应是完全倾向这种或那种方式。所以，酒精可能会让你在朋友的约会上语惊四座，或者也许只是对着啤酒哭泣你的胆怯，这取决于你在近视状态所倾向的方式。

在一项关于酒精近视理论的研究中，男士（其中一半正在喝酒）观看了一段一位不友好女士的视频，然后询问他们一个男人对一个女人实施性侵犯行为在多大程度上可以被接受（Johnson，Noel 和 Sutter-Hernandez，2000）。那个不友好的女士似乎提醒他们性是不可能的，事实上，比起那些头脑清醒的男士，正在喝酒又看过这个视频的男士更不可能认为性侵犯是可以接受的。然而，当一组看到一位友好女士视频的男士被问到同样的问题时，比起那些没有饮酒的男士，这些饮酒的男士更倾向于认可这种性提议，即使这些要求可能是令人讨厌的。显然，酒精让这个涉及浪漫关系的复杂决定看起来简单了（"哇，她这么友好！"）——可能做出严重的错误判断。

酒精近视（alcohoh myopia） 酒精妨碍注意力，导致人们以简单的方式对复杂的情况做出反应。

期望理论和近视理论两者都认为，人们饮酒后往往会走极端（Cooper，2006）。事实上，喝酒似乎是引发极端行为造成社会问题的主要因素。酒后驾驶是交通事故的主要原因。在 2009 年，卷入致命车祸的 22% 的司机的血液酒精含量达 0.8% 或更高（美国人口普查局，2012）。对女大学生的一项调查显示，酒精导致了约 76% 的无行为能力强奸案（在受害者因自己喝醉而无行为能力后强奸），还有 72% 的药物或酒精促成的强奸（行为人在强奸前故意灌醉受害者）（McCauley 等，2009）。

巴比妥酸盐类、苯二氮类药物和有毒的吸入剂。和酒精相比，其他镇静剂并不太受欢迎，但仍被广泛使用和滥用。巴比妥酸盐类如速可眠或宁比妥，被指定为辅助睡眠或手术前麻醉的处方药。苯二氮类药物如安定、阿普唑仑也称为轻微镇静剂，被指定为抗焦虑的药物。这些药物是由内科医师开具，用于治疗焦虑和睡眠问题，但与酒精混合使用时，它们是危险的，因为可以导致呼吸抑制。身体依赖是有可能的，因为长期使用后停用会产生严重的症状（包括痉挛），心理依赖也很常见。最后，有毒的吸入剂或许是这一类别中最令人害怕的物质（Ridenour 和 Howard，2012）。通过气态的家居产品如胶水、发胶、指甲油去除剂或汽油，甚至儿童都很容易接触到这些药物。抽鼻子闻到或"深呼吸"这些产品的气体可以产生短暂的如醉酒的效果，但过量会致命，持续使用可能导致永久性的神经损伤（Howard 等，2011）。

兴奋剂

兴奋剂是刺激中枢神经系统，提高觉醒和活动水平的物质。包括咖啡因、尼古丁、可卡因、安非他明、莫达非尼和摇头丸，有时有一种合法的药物用途。例如，安非他明（也叫 speed），原本是准备药用如减肥药；然而，安非他明类如脱氧麻黄碱和右旋苯异丙胺被广泛滥用，长期使用会造成失眠、好斗和偏执。兴奋剂提高大脑中多巴胺和去甲肾上腺素的水平，从而引起依赖这些神经递质的脑环路更高水平的活动。因此，它们增加使用者的警惕性和能量，经常产生自信的欣快感和一种把事情做完的强烈动机。兴奋剂产生身体依赖和心理依赖，其停药症状包括如疲劳和消极情绪等的抑郁效应。

摇头丸（也被称为 MDMA，"X"或"E"），安非他明衍生物，是一种兴奋剂，但也有点像迷幻药（不久我们会谈到）的附加效应。摇头丸因让使用者感到共情从而接近他们周围的人而特别出名。它经常被用作晚会的药物，在舞蹈俱乐部或狂欢晚会上提高群体的感受，但它也有令人不快的副作

兴奋剂会产生依赖吗？

兴奋剂（stimulants） 刺激中枢神经系统，提高觉醒和活动水平的物质。

用，如引起牙关紧闭及干扰体温调节。作为这些问题的补救措施，锐舞文化普及了镇静剂和果汁，但使用者仍非常易得心绞痛和衰竭。虽然摇头丸不可能像其他药物那样引起身体或心理的依赖，但它还是会导致一些依赖。此外，在街上卖的药丸有时发现有杂质，这是很危险的（Parrott，2001）。摇头丸对人类大脑中5-羟色胺神经元的潜在毒性作用还存在争议，尽管越来越多来自动物和人类的研究证据表明，持续使用与5-羟色胺神经元的损伤有关，也可能与情绪、注意力、记忆力和冲动控制的问题相关（Kish等，2010；Urban等，2012）。

使用可卡因有哪些危险的副作用？

可卡因取自可可植物的叶子，安第斯山脉的土著人将其作为咀嚼的药物已经培育了几千年。是的，都市传奇是真的：直到1903年，可口可乐还含有可卡因，还可能在使用（去掉了可卡因的）可可树叶作为香料——虽然公司没有说（百事可乐从不含可卡因，可能是由一些褐色的物质制成）。西格蒙德·弗洛伊德尝试了可卡因，并在一段时间内非常热情地描写它。可卡因（通常用鼻子吸）和强效可卡因（抽的）产生的兴奋和狂喜让人和老鼠严重上瘾，在本章前面你已经读过。脱离成瘾以令人不快的崩溃形式出现，使用可卡因危险的副作用包括如失眠、抑郁、攻击和偏执等心理问题，以及如心脏病发作、死亡或体温过高等身体问题（Marzuk等，1998）。虽然可卡因已作为晚会的药物广受欢迎，但要高度重视对其形成依赖的极大的潜在可能性及其潜在的致命的副作用。

尼古丁算是一个谜。这是一个几乎没有人把它推荐给新人的药物。它通常包括吸入闻起来味道不太好的烟，至少在最初，还不是获得兴奋的方式，顶多是有些头晕或恶心的感觉。那为什么人们要吸烟呢？使用烟草主要是由戒烟引起的不快而非使用时的愉快诱发的。人们报告从吸烟中得到的积极影响——如放松、注意力更加集中等——主要来自戒烟症状的缓解（Baker, Brandon和Chassin，2004）。对付尼古丁的最好方法就是永远不去碰它。

麻醉药

源于罂粟种子的鸦片及其衍生物海洛因、美沙酮、吗啡、可待因（以及如哌替啶和奥施康定等处方药）被称为**麻醉药（或阿片类药物）**，取自鸦片的缓解疼痛的会让人高度上瘾的药物。麻醉药引起的幸福和放松的感觉是令人享受的，但也能导致昏迷和嗜睡。

麻醉药（或阿片类药物）［narcotics or（opiates）］ 取自鸦片的缓解疼痛的会让人高度上瘾的药物。

麻醉药的成瘾性是很强的，长期使用会产生耐受性和依赖性。因为这些药物通常是由皮下注射器注射，当使用者共用注射器时，还会引起如HIV等疾病的危险。不幸的是，这些药物特别诱人，因为它们模拟了大脑自身内在放松和快感的体系。

大脑产生内源性阿片肽或内啡肽，这些是与鸦片紧密相关的神经递质。正如你在"神经科学与行为"一章中所了解到的那样，内啡肽对大脑内部如何处

麻醉药，为什么会令人特别着迷？

理痛苦和压力起作用。这些物质当然会减少痛苦的感受。例如，当你运动锻炼一段时间，开始感觉肌肉在燃烧，你可能也发现有一段时间疼痛缓解了——有时甚至是在运动期间。内啡肽由脑下垂体分泌，其他脑区视它为受伤或劳动的反应，它会形成一种自然的补偿（如所谓的跑步者的兴奋），随后疼痛感减少幸福感增加。然而，当人们使用麻醉药时，脑内被人为地大量充斥了内啡肽受体，这时会降低受体有效性，也可能抑制内啡肽的产生。当外部供给的麻醉药停止时，就可能发生停药症状。

致幻剂

使意识产生极端变化的药物是**致幻剂**，改变感觉和知觉并经常引起视听幻觉的药物。这些药物包括LSD（麦角酸酰二乙氨或酸）、酶斯卡灵、裸头草碱、PCP（苯环己哌啶）和克他命（一种动物麻醉剂）。这些药物有些取自植物（酶斯卡灵取自皮约特仙人掌，裸头草碱或"魅惑菇"取自蘑菇），自古以来就被人们使用。例如，采食皮约特仙人掌在一些美国土著民的宗教习俗中发挥着重要的作用。另一些致幻剂大多是合成的。1938年，LSD首先由化学家阿尔伯特·霍夫曼（Albert Hofman）制造，引发了一连串影响1960年代大众文化的实验。当时哈佛大学心理学系的讲师蒂莫西·里瑞（Timothy Leary），支持使用迷幻药"审视内心，关注社会，退出世俗"。甲壳虫乐队唱的"钻石天空中的露西"（当然，可能否认这指的是LSD）；这轮关注导致很多人对致幻剂进行了实验。

实验不是很成功，这些药物会使知觉发生巨大改变。感觉似乎异常强烈，静止的物体看起来可能在移动或改变，模式或颜色可能显现出来，这些感觉可能伴随着夸张的情绪，从超然的幸福到极端的恐惧。这些就是导致"我变成了椅子的腿"的药物。但致幻剂的作用是很强烈和不可预测的，营造了一个心理上的坐过山车，一些人发觉引人入胜而另一些人

致幻剂有哪些效果？

致幻剂（hallucinogens） 改变感觉和知觉并经常引起视听幻觉的药物。

则觉得不胜烦扰。致幻剂是自我给药的动物不会为其努力的药物的主要种类,所以人类不可能对这些药物上瘾也就不足为奇了。致幻剂不会引起明显的耐受性或依赖性,很少有用药过量导致的死亡。尽管致幻剂仍然在喜欢对他们的知觉做实验的人们中享有微弱的人气,但是与其说它们是一种文化潮流,不如说它们是一种危险的诱惑。

大麻

大麻(或**大麻类毒品**)是一种叶片和花蕾中含有称为四氢大麻酚(THC)药物的植

现实世界

毒品与意识监管

对于毒品使用每个人都有自己的意见。由于不可能知觉到其他人头脑里发生了什么,我们为什么还在乎人们对他们自己的意识做了什么呢?意识是政府可以立法的东西吗?或者人们可以自由选择他们自己的意识状态吗(McWilliams, 1993)?毕竟,一个"自由社会"怎么能够证明监管人们在他们自己脑袋里做什么是有必要的呢?

个人和政府在回答这些问题时,两者都指出毒品成瘾对毒品成瘾者和社会的代价,必须"承载"没有收入的人们,支付他们的福利,甚至常常要照顾他们的孩子。你在新闻里每天都见到,吸毒者似乎是麻烦制造者和罪犯,是所有那些与毒品有关的枪击、持刀抢劫的罪魁祸首。对毒品问题的普遍愤怒以对毒品开战的形式出现,一项联邦政府计划在尼克松时代出炉,

重点是将毒品使用作为刑事犯罪,试图通过监禁使用者来阻止用药。

然而,毒品使用没有因为对毒品40年的战争而停止,相反,监狱里塞满了因吸毒被捕的人。从1990年到2007年,在州和联邦监狱毒品涉案人员的数量从179 070到348 736——猛增了94%(司法统计局,2008)——不是因为毒品使用在显著增加,而是由于关押的毒品犯罪涉案人员的增加。为了让许多人不被毒品毁掉他们的生活而将他们关起来,但事实是监狱毁掉了他们的生活。像1920年到1933年失败的禁酒政策(Trebach 和 Zeese, 1992)一样,毒品战争的政策所造成的危害似乎比它所预防的危害要大得多。

我们可以做些什么?奥巴马政府的政策是逐渐结束战争思维,转而关注减少毒品带来的危害(Fields,

大麻(或**大麻类毒品**)(marijuana) 一种叶片和花蕾中含有称为四氢大麻酚(THC)药物的植物。

物。当大麻本身或以浓缩的麻醉药形式被吸食时，这种药物会引起一种陶醉的状态，有轻微的幻觉。使用者把这种体验描述为愉悦、高度敏锐的视听和知觉到一连串的想法。大麻会影响判断力和短期记忆，损害运动技能和协调性——在使用期间，驾驶车辆或操作重型设备都不是一个好的选择（"老兄，我的推土机在哪里？"）。研究者发现，脑内对THC反应的受体（Stephens，1999）通常是由一种被称为大麻素的神经递质激活，这种物质是在脑内自然产生的（Wiley，1999）。大麻素参与情绪、记忆、食欲和疼痛知觉的调节，还被发现会刺激实验室动物一时暴饮暴食，就像大麻在人类身上的作用一样

2009）。这种**降低危害的方法**是对高风险行为的反应，重点是降低这些行为对人们生活的破坏（Marlatt和Witkiewitz，2010）。降低危害起源于荷兰和英国的策略，如对一些毒品的使用消除刑事处罚，或为静脉注射毒品的使用者提供无菌注射器来帮助他们避免由共用针头感染HIV和其他传染病（Des Jarlais等，2009）。降低危害甚至可能包括为吸毒者提供毒品，以减少他们从非法供应商那里得到未知剂量的不纯药物时中毒和过量的风险。相应地，对酗酒者而言，降低危害的观念是满足他们现在的水平（就是他们目前的饮酒量），不是谴责他们的饮酒行为，而是允许适度饮酒同时最大限度地减少酗酒的有害影响（Marlett和witkiewitz，2010）。降低危害的策略不一定要寻求公众的支持，因为他们挑战了大众的观念，即解决药物和酒精问题必须要用禁令：完全停止使用。

似乎有越来越多的人支持这样的观点，即人们应该自由决定是否需要使用物质来改变他们的意识，尤其是这种物质的使用会带来医疗好处，如减少恶心、降低失眠和增强食欲。自1996以来，18个州和哥伦比亚特区已经制定法律，将医用大麻的使用合法化。在2012年11月6日，科罗拉多州和华盛顿州成为最先将纯粹娱乐用大麻合法化的两个州。事实上，联邦法律将大麻继续列为Ⅰ类管制物质将问题复杂化了，所涉及的法律问题可能需要数年才能够完全解决。的确，刚听到合法化倡议通过时，科罗拉多州长约翰·希肯卢珀（John Hickenlooper）警告科罗拉多州的公民："联邦法律仍然宣称大麻是非法药物，所以不要匆忙地扔掉奇多脆和金鱼饼干（Cheetos和Goldfish）。"

降低危害的方法（harm reduction approach） 对高风险行为的反应，重点是降低这些行为对人的生活的破坏。

第5章 意识 279

（Williams 和 Kirkham，1999）。黑巧克力中发现的一些化学物质亦与大麻素相仿，虽然非常弱，但也许能解释人们在享用"一剂量"的巧克力后所声称的幸福。

大麻成瘾的可能性不大，因为耐受性似乎不会发展，身体的停药症状是最小的。然而，心理依赖性是可能的，有些人会成为长期的使用者。在有历史记载以来，无论作为一种疼痛和/或恶心的药物还是一种消遣药物，大麻的使用就已遍布世界，但是对它的使用仍存在争议。大麻的滥用和依赖与增加抑郁、焦虑和其他形式精神疾病的风险相关。许多人还担心大麻(以及酒精和烟草)是一种**入门毒品**，使用这一毒品会增加后续使用更有害毒品的风险。这一入门理论已获得诸多证据支持，但最近的研究对这个理论提出挑战，认为不论药物的类型，一般前期药物的使用都会增加以后药物问题的风险（Degenhardt 等，2010）。由于将危害归因于大麻的使用，美国政府把大麻列为 1 类管制物质，确认不能用于医疗，认为大麻具有与海洛因等毒品一样滥用的高可能性。尽管联邦法律反对使用大麻，在美国约 42% 的成年人报告他们在生活中的某个时刻使用过大麻——这个比率比大多其他国家观察到的都更高（Degenhardt 等，2008）。也许由于认识到公众对大麻的认可，最近，好几个州已采取举措以允许医用大麻的销售，使拥有大麻合法化（所以违者是罚款而不是进监狱），或销售和拥有大麻完全合法化。关于大麻法律地位的争论可能需要数年来解决。在此期间，取决于你在哪里生活，使用大麻最大的风险可能是被监禁（见"现实世界：药物和意识监控"）。

 使用大麻有哪些危险？

小 结

▲ 精神药物通过改变大脑的化学通信系统以强化或削弱神经递质的作用来影响意识。

▲ 药物耐受性会导致过量，而身体依赖和心理依赖可导致成瘾。

▲ 精神药物的主要类型包括镇静剂、兴奋剂、麻醉药、致幻剂和大麻。

▲ 镇静剂酒精的不同效应由预期理论和酒精近视解释。

入门毒品（gateway drug） 使用这一毒品会增加后续使用更有害毒品的风险。

催眠：易受暗示

你可能从未被催眠，但是你可能听说过或读过它。这种奇事经常被在令人惊奇的氛围里描述，催眠的舞台演示使它看起来非常强大和神秘。当你想到催眠时，你可能想象人们完全受催眠师的操纵，催眠师命令他们像小鸡一样跳舞、或者"回到"早期的童年时代以及用孩子一样的声音说话。许多关于催眠的大众观点都是错误的。**催眠**是指一种社会互动，在这种社会互动中一个人（催眠师）做出暗示，引起另一个人（催眠对象的）主观经验世界的改变（Kirsch 等，2011）。催眠的本质是引导人们预期他们意识之外的某些事发生在他们身上（Wegner，2002）。

暗示与易感性

为了诱发催眠，催眠师可能让被催眠者静静地坐着，集中精力于某物如墙壁上的一个点（或一只摆动的怀表），然后向这个人指出催眠会有怎样的影响（例如，"你的眼皮慢慢合拢"或"你的胳膊越来越重"）。即使没有催眠，一些被暗示的行为也通常会发生，这仅仅是因为一个人在集中注意它们——例如，仅仅想他们的眼皮慢慢合拢，可能会使许多人微微闭上眼睛，或者至少眨眼。然而，在催眠状态中，可以提出一些大多数人在正常情况下不会做的异常行为，如挥动他们的手臂发出很大的咯咯声——处在易受暗示状态下的人们会遵从它们。

不是每个人都可以同样被催眠。易感性千差万别。一些极易受暗示的人很容易被催眠，大多数人都只受到有限的影响，而有些人则完全不受催眠者企图的影响。易感性不

什么使有些人容易被催眠？

能由一个人的人格特征来轻易做出预测。催眠师通常用一系列设计好的暗示旨在使人进入更易受影响的精神状态，来测量某人的催眠易感性。一个人易感性的最佳指标是这个人自己的判断。所以，如果你认为你是可以被催眠的，那么你就会被催眠（Hilgard，1965）。具有活跃的生动想象力的人，或是那些容易沉浸在观看电影等活动中的人，在某种程度上往往也是催眠的良好候选人（Sheehan，1979；Tellegen 和 Atkinson，1974）。

催眠效应

观看舞台催眠术，你可能认为催眠的主要作用是让人做奇怪的事情。那么，关于催

催眠（hypnosis） 指一种社会互动，在这种社会互动中一个人（催眠师）做出暗示，引起另一个人的（催眠对象的）主观经验世界的改变。

眠，我们确切知道的真实情况是什么样呢？有一些令人印象深刻的演示表明，在那些催眠状态下会发生真正的变化。例如，在1849年庆祝艾伯特（Albert）王子的生日时，要求一个被催眠的客人忽视任何大的噪音，当一支手枪在他脸边开火时，他甚至没有躲避。现今，在舞台秀上催眠师已被劝阻不要使用枪支，但他们往往让志愿者表演其他让人印象深刻的本领。催眠状态下超常力量的大众说辞，包括要求被催眠的人变得"硬如木板"以及肩膀在一把椅子双脚在另一把椅子悬空地躺着，催眠师站在被催眠者的身上。

研究表明，催眠尽管可以破坏记忆，但具有重大的局限性。易受催眠的人可以被引导体验**催眠后遗忘**，在催眠暗示要忘记后记忆提取失败。例如，欧尼斯特·希尔加德（Ernest Hilgard, 1986）教给被催眠的人记一些偏远城市的人口，并建议他忘记该学习单元；之后，这个人非常惊讶自己能够给出正确的人口普查数字。问他怎么知道这些答案时，这个人断定他可能是从电视节目里学到的。这种健忘症届时可以在随后的催眠中得到恢复。

重要的是，研究发现，只有在催眠状态下失去的记忆可以通过催眠恢复。声称催眠可以帮助人们挖掘正常意识下他们不能找回的记忆似乎是错误的，因为被催眠的人往往编造记忆来迎合催眠师的暗示。例如，在20世纪80年代，一位副警长保罗·英格拉姆（Paul Ingram）被他的女儿指控性侵犯，审讯者要求他在一次次地庭审中放松和想象已犯了这些罪。他在这些庭审中承认做了几十次可怕的"像撒旦式的例行侵犯"行为。然而，当独立调查员理查德·奥弗什（Richard Ofshe）使用同样的技巧问英格拉姆一项奥弗什无中生有编造的罪行，即一件英格拉姆从来没有被指控的罪行时，这些供词受到质疑。英格拉姆出示了三页手写供词，完整的对话（Ofshe, 1992）。然而，这个案件中的检察官认可英格拉姆的有罪答辩，在公众呼吁和他致力于数年的辩护后于2003年才得以释放。当一个人声称记得某事，即使在催眠状态下也很难说服他人这样的记忆是错误的（Loftus和Ketchum, 1994）。

什么证据支持催眠会引起身体上看得见的变化这一观点？

催眠可以引起身体上可预见的生理和行为改变。一个已为大家接受的效应是**催眠镇痛（hypnotic analgesia）**，通过对催眠易感的人催眠来减少疼痛。一项研究（见图5.13）发现，对于在实验室志愿者身上诱发的疼痛，催眠比吗啡、地西泮（安定）、阿司匹林、针灸或安慰剂更有效（Stern等，1977）。对催眠敏感的人，催眠可用于控制外科手术和牙科手术中的疼痛，在某些情况下比任何形式的麻醉都更有效（Druckman和Bjork, 1994；Kihlstrom, 1985）。

催眠后遗忘（posthypnotic amnesia）　在催眠暗示要忘记后记忆提取失败。
催眠镇痛（hypnotic analgesia）　通过对催眠易感的人催眠来减小疼痛。

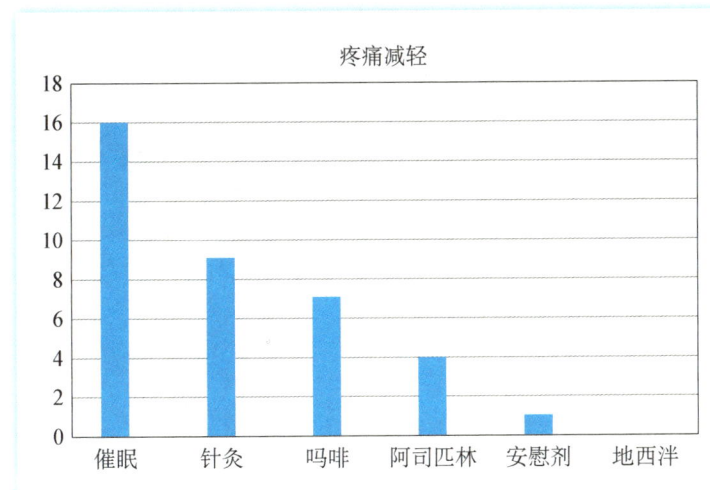

图 5-13 催眠镇痛（Hypnotic Analgesia）。用不同技术治疗实验室诱发的疼痛时，人们报告疼痛减轻的程度。催眠获胜（Stern 等，1977）。

研究表明，催眠能够让人控制以前所认为的不受意识控制的心理过程。例如，Stroop 任务（Stroop, 1935）是一个经典的心理测验，在这一测验中要求人命名纸上单词的颜色（以红、绿、蓝色等墨水出现）。这是一个简单的任务。然而，有时这个单词本身就是该颜色的名称，但用了不同颜色的墨水印制。结果发现，命名的墨水颜色和文字内容不匹配（例如，当单词"绿色"用红色墨水写时）比内容是中性的或一致时（例如，如果"桌子"或"红色"用红墨水写的），人们的反应会明显更慢并会出现更多错误。无论我们怎样努力都会出现这种效应。令人惊讶的是，在易受暗示的人们被催眠并被告知以相同的方式对所有单词进行反应时，这种效应完全消失了（Raz 等，2002）。重要的是，虽然后续的研究表明，催眠暗示没有要求消除 Stroop 效应。事实证明，暗示易受暗示的人对所有单词进行相同反应就具有和催眠相同的效果（Lifshitz 等，2013）。这表明催眠效应可能是易受暗示的人遵守他人暗示的结果。

尽管如此，在催眠暗示中，人们并不只是告知催眠师想要听的，而是似乎在经历他们所被要求经历的东西。例如，在催眠暗示下，当要求那些易被催眠的人感知颜色时，他们负责颜色视觉的脑区被激活，即使向他们呈现的是灰色刺激（Kosslyn 等，2000）。在进行 Stroop 任务时，那些可以消除 Stroop 效应的人在暗示下会表现出前扣带回皮层（ACC）活动的减少，这一脑区参与冲突监测（图 5.14；Raz, Fan 和 Posner，2005），与知觉到的颜色名称和墨水之间没有冲突时相一致。总的来说，催眠暗示似乎改变了那些经历催眠的人的主观知觉，正如他们在自我报告、行为和脑活动的变化中反映出来的那样。

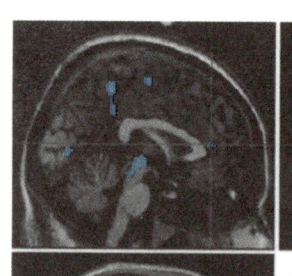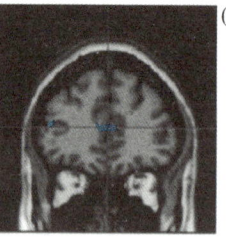(a) (b)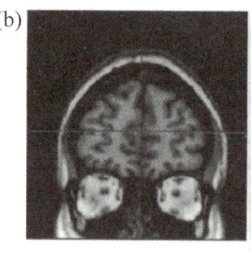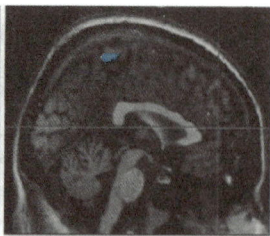

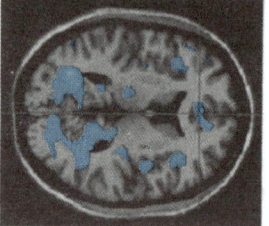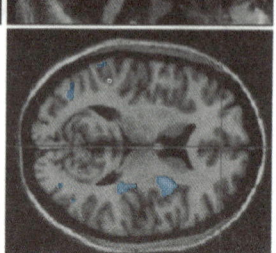

图 5.14 催眠期间的大脑活动（a）研究人员发现，所有人在 Stroop 任务中前扣带回皮层都被激活。前扣带回皮层（十字线显示的）参与冲突监测。（b）然而，在催眠状态下，易受催眠的人比不易被催眠的人在这一脑区表现出活动的减少（Raz 等，2005）。（见插页）

小结

▲ 催眠是一种以受暗示性为特点的意识状态的变化。

▲ 虽然很多说法夸大了催眠的效应，但是催眠可以使人形成不自主发生动作的体验，形成痛觉缺失甚至改变大脑的活动方式，表明催眠经历的不只是想象。

其他声音　一位法官对大麻的呼吁

所有麻醉药都应该是非法的吗？我们应该在一个人可接受的自己意识的变化与刑事或病态行为之间的哪里画条线呢？让我们看一个具体的例子——请站在大麻合法化的立场思考一下。可敬的纽约州最高法院法官古斯廷·L·莱辛巴赫（Gustin L. Reichbach，2012，第 A27 页）最近写了一篇关于这个问题措辞强硬的文章（在这里稍微简述一下），虽然他的态度让很多人惊讶。

三年半以前，我62岁生日时，医生发现我的胰腺上有一个肿块。结果是第3阶段的胰腺癌。我被告知我会在4到6个月内死去。今天，我是少数患有这种病幸存这么长时间的几个人之一。但是我没有预见到，在献身法律生活40年，包括作为纽约州法官20多年后，我对改善临终关怀的寻求将我引向大麻。

我的幸存需要巨大的代价，包括几个月的化疗、地狱般的放疗和残酷的手术。大约一年前，我的肿瘤消失，但后来又复发了。大约一个月前，我开始了一个新的更加无力的疗程。每隔一周，在接受为时三小时的静脉注射推进器的化疗药物后，在接下来的48个小时我将戴着一个泵慢慢注入更多药物。

常伴有恶心和疼痛。一个人要努力吃足够的食物以延缓这个病所带来的急剧的体重减轻。吃，人生一大乐趣，现在已经成为每日的战斗，每吃一口就是一个小的胜利。每一种处方药治疗一个问题，并导致一种或两种以上的药物来抵消其副作用。止痛药导致食欲不振和便秘。抗恶心药物引起血糖升高，这对我来说是一个严重的问题，因为我的胰腺缺乏免疫力。睡眠，可能缓解一天的痛苦，却变得越来越行踪不定。

吸食大麻是唯一的药物，它使我的恶心得以一定程度的缓解，刺激了我的食欲，并促进睡眠。我的医生开的口服的合成替代品屈大麻酚没有作用。朋友们不想看我遭受痛苦，冒着一些个人的危险，选择为我提供大麻。我发现，在晚饭前几口大麻是我在吃饭这场战斗中的弹药。睡前再多吸几口会使迫切需要的睡眠成为可能。

这不是一个法律和秩序的问题，它是一个医学和人权的问题。在纪念斯隆－凯特林（Sloan Kettering）的癌症中心接受治疗，我享受绝对黄金标准的医疗护理。但是不能期望医生做什么法律禁止的事情，即使他们知道这是对他们的病人最有益的。当临终关怀被认为是基本的人类医疗权利时，医用大麻应该是无可争议的。

癌症是一个无党派的病，无处不在，很难想象立法者的家庭没有遇到过这一瘟疫。这是要帮助所有受到癌症影响的人，和那些我现在说了之后得了癌症的人。鉴于我的职位是一个审判法官还在审理案件，好心的朋友质疑我暴露这一问题是否明智。但我认识到，由于种种原因，其他癌症患者可能无法说出我们的困境。一种治疗癌症的药物可以缓解症状又没有副作用，却仍被列为是没有药用价值的毒品，这是癌症界另一个让人心碎的难题。

因为宣称一项有效的医疗技术违反法律会影响我们司法的公正，所以作为一个法官又是一个遭受致命疾病折磨的癌症病人，我觉得有必要说出来……医学尚未找到治愈的方法，拒绝我们使用一种已被证明可以改善我们痛苦的物质是野蛮的。

我们应该如何确定哪些改变意识的物质可以为我们的社会使用，哪些应该是非法的？你会提出什么标准？应该根据使用该物质有关的对健康的负面影响来做决定吗？给如法官莱辛巴赫所描述的积极效应多大的权重？在本章中描述的研究检验了药物使用的入门理论，但并不支持这一理论。如果你有机会设计并进行一项研究来回答这一领域的一个关键问题，你会做什么？

本章回顾

关键概念小测试

1. 下列哪一项不是意识的基本属性？
   a. 意向性
   b. 不统一性
   c. 选择性
   d. 短暂性

2. 目前，无意识的过程被理解为_____。
   a. 一个思想抑制的集中模式
   b. 一个关于记忆、本能、欲望的隐藏系统
   c. 一个空白状态
   d. 产生思想和行为的缺乏经验的心理过程

3. 当阈下无意识过程影响思想和行为时，是___无意识在工作。
   a. 最小
   b. 压抑
   c. 动态
   d. 认知

4. 睡眠和清醒周期是人类生命的主要模式，被称为____。
   a. 昼夜节律
   b. 睡眠阶段
   c. 意识状态的变化
   d. 阈下知觉

5. 随着年龄增长，睡眠的需求_____。
   a. 降低
   b. 增加
   c. 波动
   d. 保持不变

6. 在梦中，做梦者____情感、思想和感觉的改变。
   a. 怀疑
   b. 完全意识不到
   c. 不加批判地接受
   d. 客观地看待

7. 哪一种梦的解释提出，在大脑试图给随机的神经活动赋予意义时就形成了梦？
   a. 弗洛伊德的精神分析理论
   b. 激活整合模型
   c. 无意识认知模型
   d. 显性内容框架

8. 对做梦的大脑的功能磁共振成像（fMRI）研究揭示所有以下现象，除了____。
   a. 情绪的敏感性增加
   b. 激活与视觉相关的活动
   c. 增加计划能力
   d. 阻止运动

9. 精神药物对意识的影响是通过改变_____的作用。

    a. 兴奋剂

    b. 神经递质

    c. 安非他明

    d. 脊髓神经元

10. 耐药性包含_____。

    a. 经过一段时间，需要较大的剂量才能达到同样的效果

    b. 接受新的经验

    c. 使用药物的最初吸引力

    d. 戒断时疼痛症状的减轻

11. 提高唤醒和活动水平并影响中枢神经系统的药物是_____。

    a. 抑制剂

    b. 兴奋剂

    c. 麻醉药

    d. 致幻剂

12. 酒精期望是指_____。

    a. 酒精的初始效果是欣快和减少焦虑

    b. 作为一个社会认可的物质，酒精被广泛接受

    c. 酒精导致人们用简单的方法对复杂情况做出反应

    d. 在特定情境下，人们关于酒精如何影响他们的信念

13. 催眠已经被证明具有_____。

    a. 影响身体的力量

    b. 对记忆提取的积极效应

    c. 镇痛作用

    d. 返回童年记忆的效应

14. 以下四个人中哪个人最不可能是一个好的催眠候选人？

    a. 杰克，花很多时间看电影

    b. 伊万，相信她容易被催眠

    c. 埃文，有积极生动的想象力

    d. 伊莎贝尔，爱运动

关键术语

意识	现象学	他人心理的问题	身心问题
双耳分听	鸡尾酒会现象	最小意识	全意识
自我意识	心理控制	思想抑制	思想抑制的反弹效应
精神控制的反向加工	动态无意识	抑制	认知无意识
阈下知觉	变化了的意识状态	昼夜节律	快速眼动睡眠阶段
眼电图	失眠	睡眠呼吸暂停	梦游症（或梦游）
嗜睡症	睡眠瘫痪症	夜惊（或睡眠惊恐）	显性内容
隐性内容	激活整合模式	精神药物	药物耐受性
镇静剂	期望理论	平衡安慰剂设计	酒精近视
兴奋剂	麻醉药（或阿片类药物）	致幻剂	大麻（或大麻类毒品）

降低危害的方法   入门毒品   催眠   催眠后失忆

催眠镇痛

> 转变观念

1. "昨晚我做了一个非常奇怪的梦,"你的朋友告诉你。"我梦见我试图像鸟儿一样飞翔,但我不断飞进晾衣绳里。我在网上查了一下,在梦里你努力飞翔意味着在你的生活中有人挡着你的路、阻止你向前。我想那一定是我男朋友,所以也许我最好跟他分手。"基于你阅读的本章内容,你会告诉你的朋友关于梦的解释可信吗?

2. 在一个早晨的课上,你发现朋友在打呵欠,你问他昨晚睡得好吗。"在工作日,我白天上课,晚上值夜班,"他说,"因此,我这一个星期没睡太多。但我觉得没问题,因为我星期六早晨可以晚起补上睡眠。"你朋友认为可以用周末补觉来平衡平日睡眠不足的想法现实吗?

3. 你和一个朋友正在看 2010 年的电影《盗梦空间》,主演莱昂纳多·迪卡普里奥(Leonardo DiCaprio)饰演公司间谍。受雇于一个名叫斋藤(Saito)的商人,迪卡普里奥的角色是在竞争对手睡着时在他的无意识里植入一个想法。根据计划,当对手醒来时他会不得不按照那个想法行动,这是斋藤公司获利的秘密。"这是一个很酷的主意,"你的朋友说,"但这是纯粹的科幻小说。没有所谓的无意识,当你有意识时,无意识的思想不可能影响你有意识时的行为方式。"你会告诉你的朋友什么?我们有什么证据证明无意识心理存在并且会影响有意识行为?

> 关键概念小测试答案

1. b; 2. d; 3. d; 4. a; 5. a; 6. c.; 7. b; 8. c; 9. b; 10.a;
11. b; 12. d; 13. c; 14. d.

需要更多帮助?更多资源请登陆 LauchPad 的网站

http://www.worthpublishers.com/launchpad/schacter3e

第 6 章
记忆

▲ **编码：将知觉转化为记忆** _292
语义编码 _293
视觉表象编码 _293
组织编码 _295
对生存相关信息的编码 _296

▲ **存储：随着时间推移保持记忆** _298
感觉存储 _298
短时存储和工作记忆 _299
长时存储 _302
科学热点　睡眠巩固记忆 _306
记忆、神经元和突触 _306

▲ **提取：将记忆在脑海中呈现** _309
提取线索：重现过去 _310
记忆提取的结果 _311
分离提取的成分 _314

文化与社区　文化会影响童年期遗忘吗？_316

▲ **多种形式的记忆：过去如何重现？** _317
外显记忆和内隐记忆 _318
语义记忆和情景记忆 _321
现实世界　Google 在损害我们的记忆吗？326

▲ **记忆失败：记忆的七宗罪** _328
1. 易逝 _328
2. 心不在焉 _330
3. 阻滞 _332
4. 记忆错位 _333
5. 受暗示性 _337
6. 偏差 _339
7. 持久性 _340
记忆的七宗罪是利还是弊？_342
其他声音　早期记忆 _344

在 12 岁那年，吉尔·普莱斯（Jill Price）开始认识到自己可能有超常记忆力。那年的 5 月 30 日，她正在为七年级的科学课期末考试做准备时，她的思绪开始漂移，她开始觉察到自己能够生动地回忆起去年 5 月 30 日那天发生的所有事情。一个月后，相似的事情发生了。在洛杉矶天堂湾和她朋友凯西品尝香草蛋奶时，吉尔回忆起就在一年前他们做了同样的事。吉尔觉得凯西也会像自己这样容易地回忆起来这件事，可让吉尔惊讶的是，凯西竟茫然地回答道："我们去年做这件事了吗？"

回忆起发生在一年前的事件的细节看起来可能没什么了不起。你也许可以回忆起去年生日你做了什么，或者去年你在哪里过的感恩节，但是，你能记得去年的今天你所做事情的细节吗？或者，去年的今天的一周前、一个月前、6个月前或者6年前你做了什么？你可能记不得这些了，但是吉尔记得。

随着吉尔长大，她的记忆重现变得更频繁了。现在吉尔快到50岁了，她能够清晰地回忆起从1980年代早期以来她每一天发生的事情的很多细节（Price和Davis，2008）。这不是吉尔的主观感觉。加州大学欧文分校著名的记忆研究者詹姆斯·麦克高夫（James McGaugh）博士及其同事对吉尔的记忆进行了连续几年的研究，并得到了令人震惊的发现（Price，Cahill和McGaugh，2008）。例如，他们让吉尔回忆从1980到2003期间的每一个复活节的日期，这个任务很难，因为复活节可能处于3月22日和4月15日之间的任何一天。尽管吉尔事先没有意识到会被问到这个问题，但是她还是既迅速又准确地回忆出了这些日期。在研究者测试过的被试中，没有任何其他人能够做到这一点。当吉尔被问到若干年前发生的公共事件〔罗德尼·金（Rodney King）被警方殴打？O.J.辛普森（O.J. Simpson）判决？亚特兰大奥运会上的爆炸案？〕的日期时，她会将正确答案脱口而出（1991年3月3日；1995年10月3日；1995年7月25日）。此外，研究者还随机选择了不同的日期，询问吉尔在这些日期所做事情的细节，并将吉尔的回忆与她的个人日记进行比对。她同样可以既迅速又准确地作出回答：1986年7月1日做了什么？——"那个夏天，那个月，那一天的事情完整地浮现出来。我和（朋友的姓名）去了（餐馆的名称）。"1981年10月3日做了什么？——"那是个周六。整个周末都在公寓里闲逛，戴着手臂绑带，我的肘部受伤了。"1994年4月27日做了什么？——"那是个周三。回忆这一天很容易，因为我清楚地知道我在哪里。我那天在佛罗里达，我被叫去和祖母道别，他们都觉得祖母快要死了，但是她后来活了下来。"（Parker等，2006，第39-40页）

我们都渴望拥有吉尔那样的超常记忆，对吗？未必。看看吉尔怎么看待自己的记忆能力的："大多数人把我这样的记忆力称作天赋，但我觉得是个负担。每一天我的整个生活细节都在脑海中盘旋浮现，我都快疯了！！！"（Parker等，2006，第35页）

吉尔·普莱斯能够准确地记得在过去30年发生在她生活中的几乎每一件事情，这得到了她日记的证实。但是，她的超常记忆与其说是福倒不如说是祸。

为什么吉尔能够比我们其他人更能完整地回忆起过去，对于这一点研究者们仍然不了解全部原因。但是，吉尔并非是唯一拥有如此超常记忆的人。随着介绍吉尔和麦克高夫博士的60分钟故事的播出，吉尔的超常记忆力开始广为人知。这个故事引发了世界各地的人向麦克高夫博士询问，这些人也觉得自己拥有吉尔那样的超常记忆力。尽管他们中的大多数并不具备超常记忆力，但麦克高夫博士及其同事还是发现了11个人拥有"极为出色的自传体记忆力"，这种记忆力与研究者在吉尔·普莱斯身上观察到的超常记忆力相似（LePort等，2012）。研究者发现，在与记忆有关的几个脑区的结构方面，拥有出色自传体记忆的被试与控制组被试存在差异，这说明进一步研究这些不寻常的个体可能有助于理解记忆更为普遍的本质。

记忆指的是随着时间推移存储和提取信息的能力。尽管我们很少人具备吉尔·普莱斯那样的超常记忆力，也极少有人具备极为出色的自传体记忆力，但是我们每个人都拥有独特的身份，这种身份与我们所思考、感觉、实施和经历的事件紧密联系。记忆便是这些事件的残留物，是经验在我们脑中引起的持久的改变，以及经验消失后留下的痕迹。如果经历了事件但并未在脑中留下痕迹，那么就和这个事件没有发生过一样。但是，正如吉尔的故事所提示的，记得生活中的一切事情也未必是什么好事。我们将在本章的后面部分更为全面地探讨这一点。

一个人能够像吉尔那样轻易回忆起过去，不应该让我们忽视记忆行为实际上是很复杂的。因为记忆是如此异常复杂，它也是异常脆弱（Schacter，1996）。我们都有这样的经历：很想回忆起某事，却回忆不起来；或者某事从未发生，我们却记得它发生过。为什么在有的情形下记忆可以很好地为我们服务，而在有的情况下又和我们玩残酷的恶作剧？我们何时能够相信自己的记忆？我们何时又应该对记忆保持怀疑？只有一种记忆还是有多种记忆？心理学家已经探索并回答了包括这些问题在内的很多关于记忆的问题。

正如你在本书的其他章所看到的，头脑所犯的错误为我们理解其基本的功能运作提供了重要的启发，记忆领域是对这一点的最好例证。在本章里，我们将探讨记忆的三个重要功能：**编码**，即将我们所知觉、思考或感觉的转化为持续记忆的过程；**存储**，即随着时间的推移将信息保持在记忆中的过程；**提取**，即将之前编码和存储的信息在头脑中提取出来的过程。接下来我们将探讨几种不同类型的记忆，并且特别关注记忆的错误、扭

记忆（memory） 随着时间推移，存储和提取信息的能力。
编码（encoding） 将我们所知觉、思考或感觉的转化为持续记忆的过程。
存储（storage） 即随着时间的推移将信息保持在记忆中的过程。
提取（retrieval） 将之前编码和存储的信息在头脑中提取出来的过程。

曲和缺陷是通过哪些方式揭示记忆本质的。

编码：将知觉转化为记忆

巴伯利斯（Bubbles P.）是一位职业赌徒，他没有受过正式教育，生活的大多数时间都在当地的俱乐部掷骰子，或者在玩高赌注的扑克。只要瞟一眼，他可以轻易地脱口而出20个数字，无论是顺向还是逆向的（Ceci，DeSimone和Johnson，1992）。大多数人能够听一列数字，然后从记忆中复述出来，只要这列数字不超过7个（参照图6.1，你自己可以试一下）。

图 6.1 **数字记忆测试**。你能记得多少数字？从图中的第一行数字开始，同时用一张纸把下面的数字盖住。对于每行的数字，先看一秒钟，然后盖住。等过了几秒钟，试着复述一下刚才看到的那行数字。然后把纸移开，看看你的复述是否正确。如果是正确的，就继续到下一行的数字，用相同的方法来测试对数字的复述，直到你不能回忆出某行的全部数字。你能正确记住的最后一行的数字的个数就是你的数字广度。巴伯利斯能够记住20个随机的数字，或者从上往下5行的所有数字。你做得怎样？

```
        2 8
       6 9 1
      0 4 7 3
     8 7 4 5 4
    9 0 2 4 8 1
   5 7 4 2 2 9 6
  6 4 7 1 9 3 0 4
 3 5 6 7 1 8 4 8 5
1 0 2 8 8 3 4 7 2 9
4 7 2 0 8 2 7 4 2 6 4
7 3 1 0 9 3 4 3 5 1 3 8
```

巴伯利斯如何具备如此超常的记忆力？至少两千年以来，人们将记忆看做是一个记录设备，精确记录从感官进入的信息，然后将这些信息存储下来备用。这种观点很简单而且是凭直觉获得的，但也是完全错误的。记忆是我们脑中已经存储的信息和通过感官而来的新信息进行组合而产生的。从这种意义上而言，记忆就像做饭一样：由食谱开始，在整个过程中即兴发挥。我们将旧信息加入新信息，混合、摇晃、烘焙，最后记忆便跳跃而出。记忆是被构建的，而

记忆的形成如何与按照食谱做菜相似？

不是被记录的。编码是将我们所知觉、思考或感觉到的信息转化为持久记忆的过程。让我们看看三种类型的编码过程——语义编码、视觉表象编码以及组织编码，然后考虑对我们的祖先而言编码所具备的可能的生存价值。

语义编码

记忆是新旧信息的组合。因此，任何特定记忆的属性既依赖于之前存储在记忆中的旧信息，也同样依赖于来自不同感官的新信息。换言之，我们如何记住某事依赖于我们当时如何对它进行思考。例如，作为一个职业赌徒，巴伯利斯发现数字对他而言极有意义。因此，当他看到一连串的数字，他往往会去思考它们的意义。他可能想到这些数字如何与他最近在赛马场的赌注联系起来，或者与他经历一个晚上后在扑克牌桌上的胜利联系起来。你可能会通过反复朗读来记住 22061823 这串数字，而巴伯利斯则会想到下面这些：下注 220 美元按照 6 比 1 的赔率，赌第 8 号马会在第 3 场比赛中名列第 2。实际上，当巴伯利斯进行记忆测试的材料不是数字而是面孔、词语、物体或者位置时，他的记忆成绩并不优于平均水平。

在一项研究中，研究者向被试呈现一系列词语，然后让他们进行如下三种判断中的一种（Craik 和 Tulving，1975）：语义判断，要求被试思考词语的意义（比如"帽子是否是一类服饰？"）；押韵判断，要求被试思考词语的发音（比如"hat 与 cat 押韵吗"？）以及视觉判断，要求被试思考单词的外形（HAT 是大写的还是小写的？）。判断任务的类型影响了被试对每个词语的思考方式——即他们用何种旧信息与新信息组合——从而对其记忆产生了明显影响。进行语义判断（即思考词语的意义）的被试的记忆远好于那些思考单词长什么样或发什么音的被试。这些结果和其他研究的结果表明，**语义编码**明显增强信息的长时保持，语义编码是将新信息与存储在记忆中的旧信息已有知识进行有意义地联系的过程（Brown 和 Craik，2000）。

那么这种语义编码发生在何处？进行这种类型的信息加工时脑中在发生什么？研究表明，语义编码与额叶左下区域和左颞叶内部区域的活动增强存在独特的相关（参见图 6.2a；Demb 等，1995；Kapur 等，1994；Wagner 等，1998）。实际上，上述两个区域在编码某个项目时的激活程度与被试能否回忆起该项目直接相关。这些区域的激活程度越高，被试回忆起相应信息的可能性越大。

哪种编码最有效：语义编码、韵脚编码还是视觉判断编码？为什么？

视觉表象编码

公元前 477 年，雅典希腊诗人西蒙尼戴斯（Simonides）刚一离开某场宴会，宴会所在地的天花板就垮塌了，在场的所有人都因此丧生。西蒙尼戴斯仅仅通过想象宴会饭桌周围的每

语义编码（semantic encoding） 将新信息与存储在记忆中的旧信息进行意义上的联系的过程。

把椅子以及回忆坐在那里的人就能够叫出每位死者的名字。西蒙尼戴斯虽不是第一个但属于最擅长使用**视觉表象编码**的人，这种编码即将新信息转变为心理图画加以存储的过程。

如果你想使用西蒙尼戴斯的方法来构建持久的记忆，你只需将你想记住的信息转换为视觉图像，然后将其存储在一个熟悉的位置。例如，如果你去杂货店，想记住需要购买可乐、爆米花和奶酪酱这几样东西，你可以将你屋子里的房间作为地点，想象你的客厅灌满了可乐，卧室的枕头塞满了爆米花，而澡盆则是一池油腻的奶酪酱。等到了杂货店，你可以在头脑里扫视你的房子，"看看"每间屋子，从而回忆起你要买的东西。

大量实验表明，视觉表象编码能明显增强记忆。在一个实验中，在学习一组词语时通过将词变为视觉图像的方法进行记忆的被试，在随后的测试中能够回忆出的词语数量是那些仅仅在脑海中复读词语的被试的两倍（Schnorr 和 Atkinson，1969）。为什么视觉表象编码的效果这么好？首先，视觉表象编码和语义编码所起的某些作用是一样的。在创建视觉形象时，你就将新信息与记忆中已有的旧信息知识联系了起来。例如，一辆停放的轿车的视觉图象可能帮助你形成与你初吻记忆之间的关联。

其次，当你采用视觉表象编码词语或其他言语信息时，你最终就有了两个不同的针对记忆项目的心理占位符——一个是视觉的，另一个是言语的，这就让你有了更多的回忆方式，而不仅仅是言语的心理占位符（Paivio，1971，1986）。视觉表象编码会激活枕叶的视觉处理区域（参见图6.2b），这表明在基于视觉表象形成记忆的时候，人们实际上要谋求视觉系统的帮助（Kosslyn 等，1993）。

> 视觉表象编码如何影响记忆？

图6.2　在不同判断任务中的脑活动。 fMRI 研究表明，在不同的判断任务中，不同的脑区会激活。（a）在语义判断任务中，左侧额叶下部会激活；（b）在视觉判断任务中，枕叶会激活；（c）在组织判断任务中，左上额叶会激活。

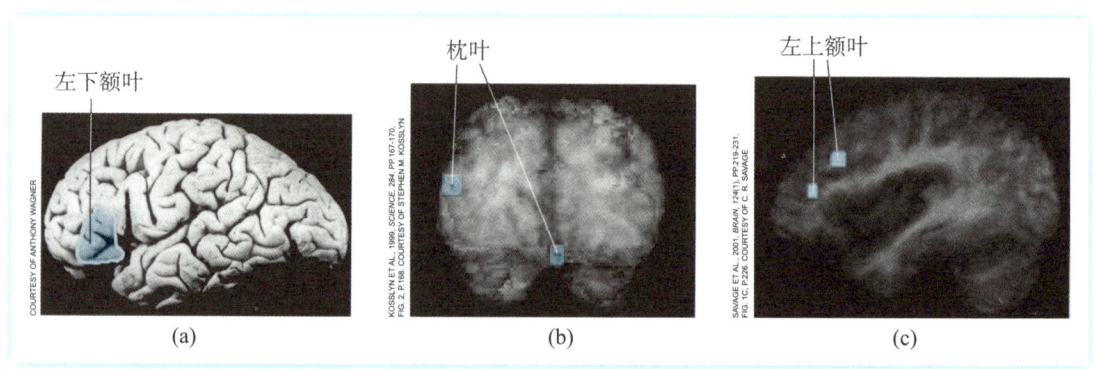

视觉表象编码（visual imagery encoding）　将新信息转换为视觉形象加以存储的过程。

组织编码

你是否曾经和一群朋友在餐馆点菜,惊讶地看着服务员听你点菜却没有把你点的菜写下来?为了弄明白服务员是怎么做到的,一名研究者花了3个月时间待在餐馆,在那里,服务员按照惯例写下所点的菜,然后将票据放在客人桌上,走向厨房,告诉厨师要做什么菜(Stevens,1988)。研究者让服务员佩戴上麦克风,让他们出声思考,也就是当他们在餐馆内走来走去完成一天的工作时将所思考的内容大声说出来。研究者发现,一旦服务员离开了客人的桌子,就立即将客人点的菜品组合或分类成:热饮、冷饮、热菜、凉菜。服务员将这些项目组合成与厨房布局一致的序列,首先下饮品的菜单,然后是热菜的菜单,最后是凉菜的菜单。服务员利用**组织编码**来记住相应的菜单,组织编码即根据在一系列项目间的关系将信息进行归类的过程。

有没有想知道服务员如何可以记得谁点了比萨、谁点了炸薯条,即使什么都没写下来?有些人已知道如何运用组织编码。

例如,假定你需要记住下面的词语:桃子、奶牛、椅子、苹果、桌子、樱桃、狮子、睡椅、马匹、课桌。这个任务看起来很难,但是如果你将这些项目分成三类:水果(桃子、苹果、樱桃)、动物(奶牛、狮子、马匹)和家具(椅子、桌子、睡椅、课桌),这个任务就会容易很多。研究表明,让人们将不同的项目像这样分类可以有效提高他们随后对项目的回忆成绩(Mandler,1967)。甚至可以使用更复杂的组织结构,如同图6.3呈现的层级结构(Bower等,1969)。人们可以通过将项目组织成多层级的类别来提高对单个项目的回忆,这些层级从高往低可以分为一般类别(如动物),中间类别(如鸟和鸣鸟),以及具体样例(如鸫鹩和麻雀)。

为什么备考时在脑海中对材料进行组织可以提高你之后对相关材料的提取?

正如语义编码和视觉表象编码可以激活特定脑区,组织编码也可以激活特定脑区。正如你在图6.2c看到的,组织编码激活左侧额叶的上表面(Fletcher,Shallice和Dolan,1998;Savage等,2001)。不同类型的编码策略似乎依赖于不同脑区的激活。

组织编码(organizational encoding) 根据在一系列项目中的关系将信息进行归类的过程。

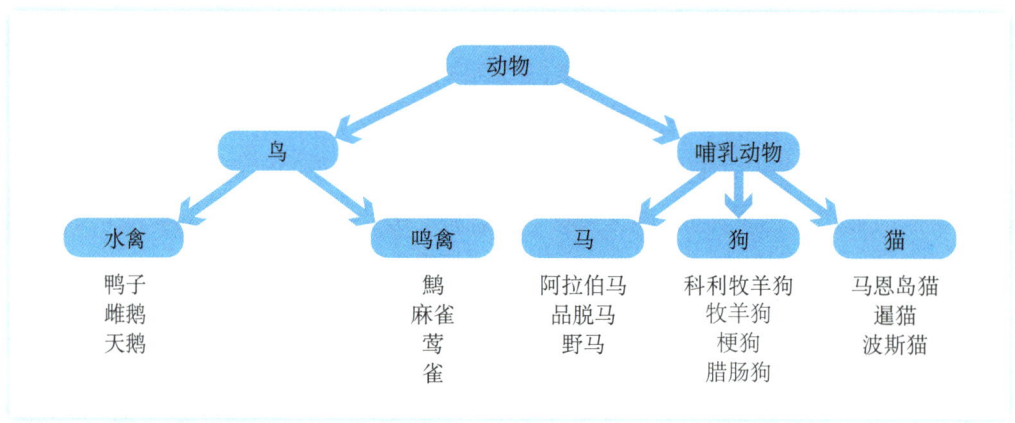

图 6.3 将词语组织成一个层级结构。将词语组织成概念上的不同组别并将它们彼此联系（正如这个例子里的层级结构），之后更容易从记忆中重构出相应的项目（Bower 等，1969）。通过记住每个词所属的层级类别能够更容易地回忆出这个例子里的 17 个词。

对生存相关信息的编码

对新信息进行编码在日常生活的诸多方面都是很重要的。缺乏这种编码能力，你几乎没有机会获得学位。我们祖先的生存可能依赖于信息编码以及之后回忆起诸如食物和水的来源或者捕食者在何地出现等信息（Nairne 和 Pandeirada，2008；Sherry 和 Schacter，1987）。

最近的实验通过考察对与生存相关信息的编码检验了这些观点。实验受到了基于达尔文自然选择原则的进化观点的启发：有助于生物体生存和繁衍的特征比其他特征更有可能遗传给后代（参见"心理学的科学之路"一章）。因此，那些有助于我们生存和繁衍的记忆机制应该通过自然选择得以保存，我们的记忆系统的建立方式应使我们很好地记住那些与生存相关的被充分编码的信息。

为了检验这个观点，研究者让被试执行三种不同的编码任务（Nairne，Thompson 和 Pandeirada，2007）。在生存编码条件下，要求被试想象自己被困在外国的一个草原，缺乏任何维系生存的资源，而且在接下来的几个月，他们将需要食物和水的供应，还需防止自己被捕食。研究者随后向被试随机呈现之前选好的词（例如，石头、草地、椅子），让被试在 1—5 量表上评价在假设的情境下每个物品和生存的关联程度。在迁徙编码条件下，第二组被试被要求想象自己正打算搬到外国的一个新家，并在 1—

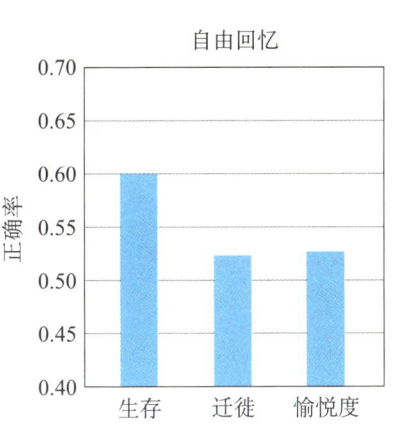

图 6.4 生存编码提高随后的回忆。一头向我们猛扑过来的可能威胁我们生存的美洲狮和回忆成绩有何关系？人们对词语进行生存编码后能回忆起更多的词语（Nairne 等，2007）。

5 量表上评价每个物品对于他们建立新家的有用程度。最后，在愉悦度编码条件下，向第三组被试呈现同样的词，要求他们在同样的 5 点量表上评价每个词的愉悦度。

如图 6.4 所示，实验结果表明，与迁徙编码和愉悦度编码条件相比，生存编码条件下被试回忆出了更多的词。在后续实验中，研究者发现，和其他几种非生存编码（包括语义编码、表象编码或组织编码）相比，生存编码条件下自由回忆的成绩更高（Nairne，Pandeirada 和 Thompsoh，2008）。生存编码为何导致了如此高的记忆成绩？生存编码利用了语义编码、视觉表象编码和组织编码的元素，这使得生存编码优于其他三种编码的任何一种（Burns，Hwang 和 Burns，2011）。此外，生存编码可激励被试进行广泛的计划，这一点促进了记忆并可能解释生存编码的诸多好处。例如，当被试想象自己被困在缺乏食物的草原的情景并根据与生存的相关性编码一系列词的时候，与不需要涉及计划的生存情景相比，需要涉及计划的生存情景导致了更好的记忆成绩。关键是，在涉及计划（比如计划一场晚餐聚会）但不涉及生存的情景中（比如计划一场晚餐聚会），被试也表现出更好的回忆成绩（Klein，Robertson 和 Delton，2011）。当然，对将来进行计划本身对我们的长远生存至关重要，因此这些发现仍然与进化的观点大致吻合，即记忆的建立方式是为了能够支持我们进行计划，记忆将对未来的不同思考联系起来，从而增强生存的可能性（Klein 等，2011；Schacter，2012；Suddendorf 和 Corballis，2007）。

////// 小结

▲ 编码是将我们感官接收的信息转化为持久记忆的过程。大多数关于卓越记忆力的例子反映的是对编码策略的高超运用,而不是所谓的过目不忘的记忆。无论我们是否有意识地想记住一个事件或事实,记忆会受到我们所采用的编码方式的影响。

▲ 语义编码、视觉表象编码和组织编码都可以增强记忆,但是这三种编码方式涉及不同脑区的激活。

▲ 从信息对生存的意义角度来编码信息是一种特别有效的增强随后回忆成绩的方式,这或许是因为我们的记忆系统以此方式进化,使得我们很好地记住那些和生存相关的信息。

存储:随着时间推移保持记忆

编码是将知觉到的信息转化为记忆的过程。但是,记忆的标志性特点之一是你可以在周二而不是周三把记忆提取到脑海里,然后在周四再次提取出来。那么,在我们没有使用记忆的时候,记忆在哪里呢?很显然,记忆以某种形式存储在你的脑中。正如之前提到的,记忆存储是随着时间的推移保持信息的过程。有三种主要类型的记忆存储:感觉记忆、短时记忆和长时记忆。正如这些名称所提示的,这三种记忆存储的区分依据主要是它们记忆保持的时间不同。

感觉存储

感觉记忆是一种将感觉信息保持几秒钟或更短时间的一类记忆存储。在一系列经典实验中,被试被要求记住几排字母(Sperling,1960)。在一个版本的程序中,被试观看三排字母,每排有四个字母,如图6.5所示。字母在屏幕上一闪而过,呈现的时间是1/20秒。当要求被试回忆他们刚看过的12个字母时,被试回忆出的字母不到一半。这里存在两种可能的解释:要么被试无法在如此短时间内编码所有12个字母,要么他们已经编码了这些字母,但是在试图回忆看到的所有字母时却把它们忘掉了。

为了检验这两种可能的解释,研究者采用了一个精巧的设计。在字母刚刚从屏幕上

感觉记忆(sensory memory) 一种将感觉信息保存几秒或者更少时间的记忆存储。

消失时，呈现一个音调提示被试报告某一特定行的字母。高音表示被试需要报告最上面一行的字母，中音表示被试需要报告中间行的字母，低音表示被试需要报告最下面一行的字母。当被要求报告仅仅一行的字母时，人们可以报告出该行几乎所有的字母！因为音调是在字母从屏幕上消失之后才呈现的，研究者得出结论：如果要求回忆一行，那么被试可以回忆任何一行中同样数量的字母。由于被试事先并不知道需要报告哪一行的字母，因此研究者推断几乎所有的字母都被编码了。事实上，如果音调的呈现大幅度延迟，被试则无法完成任务，因为信息已经从感觉记忆中消散。就像闪光灯手电筒的后像，在屏幕上一闪而过的字母是视觉映像，一种在记忆中保持很短时间的痕迹。

因为我们有不止一个感官，我们有不止一种感觉记忆。**视像记忆**是一种对快速消退的视觉信息的存储。有一个相似的存储区用来暂时存储声音信息。**声像记忆**是一种对快速消退的听觉信息的存储。当你理解某个人刚刚说过的

图 6.5　**视像记忆测试**。当几行字母在屏幕上只闪烁 1/20 秒就消失时，很难回忆出各个字母。但是如果在字母格呈现后，立即让被试回忆特定一行的字母，被试的回忆成绩会很高。斯柏林（Sperling）用这种程序来表明，尽管视像记忆能够存储所有几行字母，但是衰减极为迅速，被试难以回忆起所有的字母（Sperling，1960）。

视像和声像记忆中的信息持续多久才衰减？

话存在困难，你可能会在脑海中不断回放最后几个词语——听它们在你"心灵的耳朵"里回响。说话时也是这样。在这种情况下，你就在提取存储在声像记忆中的信息。视像记忆和声像记忆的标志性特点是它们在非常短的时间内保持信息。视像记忆通常在 1 秒或更短的时间内就消退，声像记忆则通常在 5 秒内消退（Darwin，Turvey 和 Crowder，1972）。这两种感觉记忆有点像甜甜圈店：东西来了，在货架上短暂停留，随后便被抛弃。如果你想要一个，那就得赶紧去拿。

短时存储和工作记忆

第二种记忆存储是**短时记忆**，这种记忆将非感觉信息保持几十秒但不到一分钟。例

视像记忆（iconic memory）　一种对迅速衰减的视觉信息的记忆存储。
声像记忆（echoic memory）　一种对迅速衰减的听觉信息的记忆存储。
短时记忆（shor-term memory）　一种记忆存储，可以将非感觉信息保持几十秒但是不到 1 分钟。

如，如果有人告诉你一个电话号码，你通常可以轻易重复出来，但仅仅是在几十秒内。在一项研究中，被试被要求记住诸如 DBX 和 HLM 这样的辅音字母串。看完每个字母串，要求被试从 100 开始以 3 为单位倒数一段时间，然后要求被试回忆之前看过的字母串（Peterson 和 Peterson，1959）。如图 6.6 所示，对辅音字母串的记忆迅速消退，从 3 秒间隔后的大约 80% 下降到 20 秒间隔后的不足 20%。这些结果表明，信息可以在短时记忆存储中保持大约 15 秒到 20 秒。

? 在你想记住一个电话号码时，为什么不断重复它是有用的？

如果 15 秒到 20 秒不足够怎么办呢？如果我们需要在更长的时间内保持信息怎么办呢？我们可以采用一种策略来克服短时记忆的固有限制。**复述**是通过在脑海中重复信息，从而将信息保持在短时记忆中的过程。如果某人给你一个电话号码，但是你不能将其立即存储在手机里或者将其写下来，那么你可以不断重复默念该电话号码，直到你可以将其存储在手机里或者将其写下来。每重复一次该号码，你就将其重新输入短时记忆，使这条信息可以有另外的 15 秒到 20 秒的时间得以保持。

短时记忆能保持信息的时间是有限的，它能保持的信息量也有限。大多数人只能在短时记忆中保持 7 个数字，如果有新的数字进入短时记忆，旧的数字就脱离记忆了（Miller，1956）。当然，短时记忆的有限性不止针对数字，它也可以保持 7 个字母或词。实际上，短时记忆可以同时保持大约 7 个有意义的项目（Miller，1956）。因此，提高短时记忆存储的方法之一是将几个字母组合成一个有意义的项目。**组块**即将小条的信息组合成更大的集群和组块，这些集群和组块更容易保持在短时记忆中。服务员采用组织编码将顾客的菜单分类，实际上就是在将信息形成组块，这样一来他们需要记忆的信息量就减少了。

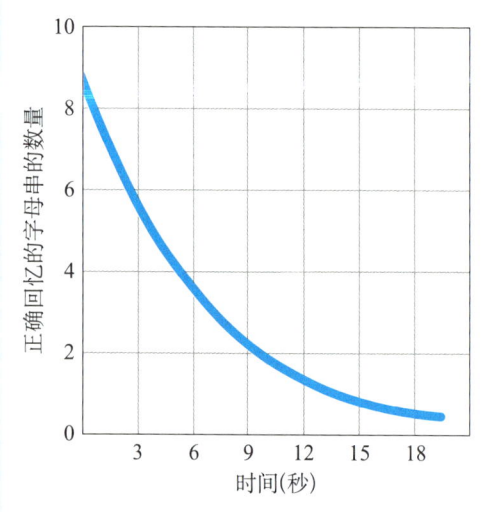

图 6.6 短时记忆的衰减。一项在 1959 年进行的实验表明，如果没有复述，短时记忆将很快衰减。在一个记忆 3 个字母组成的字符串的测试中，如果测试是在学习后几秒钟进行，那么回忆成绩较高。但是如果测试时间后延 15 秒钟，被试就几乎记不得任何字符串了（Peterson 和 Peterson，1959）。

复述（rehearsal） 通过不断重复将信息保持在短时记忆中的过程。

组块（chunking） 将小条信息组合成一个更大的集群和组块，这些集群和组块更容易保持在短时记忆中。

短时记忆最初被认为是一种信息在有限时间内得以保持的"地方"。最近，研究者提出并改善了一个更为动态的容量有限的记忆系统，即**工作记忆**，它是在短期存储中对信息的动态保持（Baddeley 和 Hitch，1974）。工作记忆包含一些子系统用来操纵视觉图像或言语信息，也包含一个中央执行系统用来协调上述子系统（Baddeley，2001）。如果你想在思考下一步棋的同时，在头脑中保持棋盘上的棋子的排布，你就要依赖工作记忆。工作记忆包含对棋子位置的视觉表征、对可能移动的心理执行，以及你对进出记忆的信息流的意识，所有这些信息都在有限的时间内存储。简言之，工作记忆模型既承认这种记忆存储的有限性以及通常与之相关的各种活动的有限性。

基于工作记忆模型的研究告诉我们，工作记忆在认知的诸多方面都起着重要作用。

例如，对工作记忆的言语子系统神经受损的个体进行的研究表明，他们不仅难以将数字串和字母串保持几十秒，而且难以习得新词汇。这表明，工作记忆的言语子系统与语言习得能力之间存在联系（Baddeley，2001；Gathercole，2008）。

脑成像研究表明，工作记忆的中央执行成分依赖于额叶的区域，这些区域对诸多认知任务的控制和操纵信息起着重要作用（Baddeley，2001）。工作记忆任务得分较低的儿童在课堂上学习新信息存在困难，且难以有良好表现（Alloway 等，2009）。工作记忆技能可以培养吗？这种培养能增强认知功能吗？在过去的几年，这些问题已成为研究热点（Klingberg，2010；Shipstead，Redick 和 Engle，2012）。

在典型的研究里，被试首先大量地练习那些需要对视觉或言语信息进行保持和操纵的工作记忆任务。然后，用一些没有具体学习过的新的工作记忆任务对被试进行测试，同时也测试一些涉及诸如推理、理解或持续注意的其他认知任务。目前已经得到了一些令人振奋的研究发现。例如，对小学生进行几种工作记忆任务训练（每天大约35分钟，持续至少20天，训练的总时间在5到7周），结果发现，与未接受训练的工作记忆较低的儿童相比，受过训练的儿童在其他的工作记忆任务的绩效有所提高（Holmes，Gathercole 和 Dunning，2009）。即使在训练结束的6个月之后进行测试，这种提高仍然存在。也有证据表明，经过训练后在数学任务上的成绩也有提高。不过，在工作记忆训练的研究中，研究者通常是将接受训练的被试和未接受任何训练的被试进行比较，或者和那些训练任务难度低于工作记忆组的被试进行比较，因此，工作记忆本身是否能解释所观察到的绩效改善效应，这一点尚不清楚（Slagter，2012）。实际上，最近的一项研究里用主动加工（一项视觉搜索任务）做控制条件，结果发现工作记忆训练改善了训练过的工作记忆任务的绩效，但是并未改善其他认知任务的绩效（Redick 等，2013）。还需要进行更多的研究以确定工作记忆训练是否能够普遍性地改善认识绩效（Shipstead 等，

工作记忆（working memory） 短时存储中对信息的动态保持。

2012）。

长时存储

艺术家凡科·马格纳尼（Fanco Magnani）于1934年出生在意大利的庞蒂图（Pontito）。1958年，他离开自己的村庄，游历世界，于20世纪60年代在旧金山定居。到达旧金山不久，他染上了一种奇怪的疾病。每天晚上，他都会狂热地梦到庞蒂图，在梦里他生动地回忆起村庄的细节。很快，这些梦里的内容以无法抵挡的回忆的形式侵入了他觉醒状态下的生活。马格纳尼认为能使他摆脱这些脑海中的图像的唯一办法就是将它们展现在画布上。在接下来的20年里，他大部分时间都花在画画上，以精致的细节画出他对自己热爱的村庄的记忆。多年以后，摄影师苏珊·史瓦琛贝格（Susan Schwartzenberg）带着马格纳尼的画作集来到庞蒂图，从马格纳尼画作的角度拍摄了每处场景。马格纳尼的画作和苏珊·史瓦琛贝格拍摄的照片有着惊人的相似（Sacks，1995；Schacter，1996）。

马格纳尼对自己村庄的视觉认知和后来对村庄的艺术重构之间隔了很多年，这表明非常具体的信息有时可以被存储很长的时间。与存储时间有限的感觉记忆和短时记忆相反，**长时记忆**是一种可以将信息保持数小时、数天、数周、或者数年的记忆存储。与感觉记忆和短时记忆相反，长时记忆没有容量限制（见图6.7）。例如，大多数人能够回忆出自己母语中的10 000到15 000个词语、成千上万的事实（法国的首都是巴黎和3×3=9），以及无数的个人经历。想想你可以背诵的所有歌词，你就能明白你的长时记忆里存储了很多信息！

令人惊奇的是，即使很多年都没有再想到的一些信息，人们也可以从长时记忆中回忆出来。例如，研究发现，即使毕业50年之后，人们依然能够从年鉴照片中正确再认出大约90%的高中同学（Bahrick，2000）。考虑到在实验之前大部分的信息都有很多年未

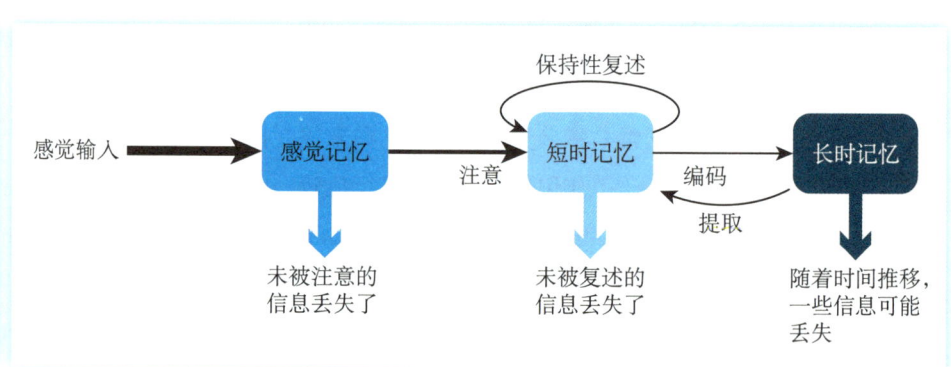

图6.7 信息在记忆系统内的流动。信息会经历记忆的几个阶段，包括被编码、存储和用于随后的提取。

长时记忆（long-term memory） 一种可以将信息保持几小时、几天、几周甚至几年的记忆存储。

被提取过，能正确再认这么多照片的确很了不起。

海马的作用是索引

长时记忆存储在脑的什么地方呢？回答这个问题的线索来自不能存储长时记忆的个体。不是每个人都拥有将信息编码并存储在长时记忆的能力。1953年，一个27岁的男性HM（其姓名的首字母为HM）患上了严重的癫痫（Scoville和Milner，1957）。为了消除他的癫痫发作，HM的医生们孤注一掷，切除了他的部分颞叶，包括海马及其周围的区域（见图6.8）。手术后，HM能够正常交谈，能使用和理解语言，在智力测试方面也表现良好，但是他不能记住手术后发生的任何事情。HM可以轻松地重复电话号码，这表明他的短时记忆没有问题（Corkin，2002，2013；Hilts，1995；Squire，2009）。但是，一旦信息离开他的短时记忆存储，就永远消失了。例如，他经常会忘记自己刚刚吃过饭，或者不能认得每天照看他的医护人员。对HM及其他病人的研究表明，海马对于将新信息转化为长时记忆起着至关重要的作用。海马一旦受损，个体就会患上**顺行性遗忘症**，不能将新信息从短时记忆短时存储转化为长时记忆长时存储。

一些个体也会患上**逆行性遗忘症**，不能提取某个特定日期，通常是受伤或手术的日期之前的记忆。HM的顺行性遗忘比逆行

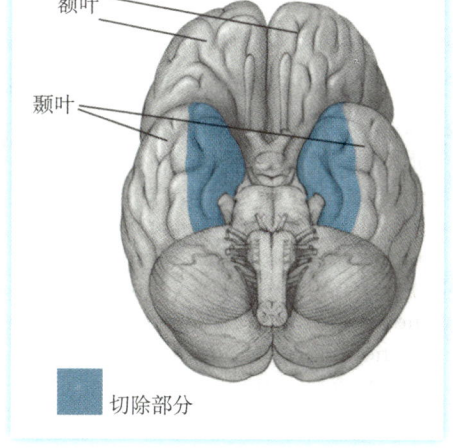

图6.8　**海马受损病人**。HM的海马及其邻近的内侧颞叶（阴影区域）被手术切除，以消除他的癫痫发作（左图）。结果，他不能记得手术后发生的事情。亨利·莫莱森（Henry Molaison，右图），即广为人知的病人HM，于2008年12月2日在康涅狄格州（Connecticut）的哈特福德（Hartford）附近的一个养老院去世，享年82岁。自1953年失忆之后，亨利作为被试参与了数不清的记忆实验，此举对我们理解记忆和大脑做出了杰出贡献。

顺行性遗忘症（anterograde amnesia）　不能将信息从短时记忆转入长时记忆。
逆行性遗忘症（retrograde amnesia）　不能提取某个特定日期之前获取的信息，这个日期通常是受伤或手术的日期。

性遗忘更为严重，说明海马不是存储长时记忆的地方。实际上，研究表明，单个记忆的不同方面——视觉、听觉、嗅觉和情感内容——被存储在大脑皮层的不同位置（Damasio，1989；Schacter，1996；Squire 和 Kandel，1999）。一些心理学家认为，海马的功能是作为一种"索引"，用以连接那些本来是分离的信息片段，从而使我们可以将它们作为完整的信息来识记（Schacter，1996；Squire，1992；Teyler 和 DiScenna，1986）。随着时间的推移，这个"索引"必要性会逐渐减弱。

回到我们之前提到的做饭的类比，你可以将海马看作是一张打印好的食谱。第一次做馅饼时，你需要食谱帮助你查找所有的食材，将它们以适当的比例混合好。不过，随着你做馅饼的数量增多，你就不再需要依赖之前的食谱了。与此类似，尽管在记忆形成的初期，海马起着很重要的作用，随着记忆时间的增加，海马的重要性就降低了。另外一种可能性是，海马的索引功能对某些保留很长时间的记忆起作用（对个体经验的非常具体的回忆，这种回忆让我们觉得几乎在重温过去），但是对不具体的更笼统的记忆则没有作用（Harand 等，2012；Winocur，Moscovitch 和 Bontempi，2010）。就做饭的类比来说，如果你要做的饭很复杂、包含很多具体的细节，那么每次做饭你可能都需要依赖那个食谱，但是如果你做的饭相对简单，则不需要依赖食谱。科学家仍然在争论这样一个问题，那就是海马在多大程度上帮助我们回忆起过去事件的细节（Bayley，Gold 等，2005；Kirwan 等，2008；Moscovitch 等，2006；Squire 和 Wixted，2011；Winocur 等，2010），但是将海马看作是一个索引的观点可以解释像 HM 那样的病人为何不能形成新的记忆，却能够回忆过去的事件。

记忆巩固

随着时间的推移，海马对于保持记忆的重要性逐渐降低，这个观点与**记忆巩固**密切相关。记忆巩固指的是记忆在脑中逐渐变得稳固的过程（McGaugh，2000）。编码结束不久，记忆尚处于脆弱状态，很容易受到破坏。记忆巩固一旦发生，记忆便不容易受到破坏。有一种记忆巩固发生的时间就是几秒到几分钟。例如，如果某人在一场车祸中头部受伤，后来不能回忆起车祸发生前几秒钟或几分钟的事情，但是可以正常回忆其他更早的事情，这种情况下头部受伤可能阻碍了短时记忆转化为长时记忆的巩固过程。另一种记忆巩固的发生需要更长的时间——数天、数周、数月乃至数年，而且可能涉及信息从海马向可以长久存储信息的大脑皮层的转移。这种长时程的记忆巩固过程可以解释为什么因海马受损而患有逆行性遗忘症的个体能够正常回忆起儿时的事件，但是不能回忆起他们患上

记忆巩固（consolidation） 记忆在脑中变得稳固的过程。

遗忘症之前几年所发生的经历（Kirwan 等，2008；Squire 和 Wixted，2011）。

记忆是如何得以巩固的？回忆过去的事件、思考过去的事件以及与他人谈论过去的事件可能会有助于记忆巩固（Moscovitch 等，2006）。尽管你可能没有意识到这一点，但有一件每晚你毫不费力进行的事情促进了记忆的巩固，那就是睡眠。正如在"科学热点"栏目中解释的，过去十年越来越多的证据表明，睡眠在记忆巩固中扮演重要角色。

大多数研究者长期相信，记忆得到充分巩固便会在脑中永久固定下来，比计算机病毒还难消除。但是，近年来迅速进展的另一方面的研究表明，事情并不是那么简单。实验表明，即使看起来得到巩固的记忆在被回忆之后也会变得易受破坏，因此需要对它们再次进行巩固。这个过程被称作**记忆再巩固**（Dudai，2012；Nader 和 Hardt，2009）。关于记忆再巩固的证据主要来自老鼠的研究，这些研究表明，当老鼠提取一天之前获取的新信息时，给老鼠施以能够阻止初始记忆巩固的药物（或电击）就会导致遗忘（Nader，Shafe 和 LeDoux，2000；Sara，2000）。关键是，如果动物没有积极提取记忆，那么在初始编码一天后施加相同的药物（或电击）就没有效果。这个发现令人惊讶，因为之前的观点认为，记忆一旦得以巩固，阻碍初始记忆巩固的药物或电击就不会有任何影响。正相反，似乎每次提取记忆，记忆就会变得易受破坏，必须重新加以巩固。

被巩固的记忆在何时会易受破坏？

是否有一天我们能够通过破坏记忆的再巩固来消除痛苦记忆？近期基于经历过创伤的个体的研究表明，这是有可能的。在施加抗焦虑药之后对创伤经历的记忆再次激活，创伤症状就会减少（Brunet 等，2008，2011）。其他研究采用非创伤个体为被试，不使用药物，在恐惧性记忆（施加电击的同时呈现特定物体）建立一天后，对其记忆进行激活，也得到了类似发现。当记忆被激活几分钟后（此时记忆容易被再巩固），呈现非恐惧性信息（重新呈现物体但不伴随电击）会在很长的时间内降低对物体的恐惧性反应。但是，如果非恐惧性信息是在记忆被激活6小时后（此时记忆不容易被再巩固）才呈现，那么呈现非恐惧性信息则不会有长期的影响（Schiller 等，2010）。相关的研究表明，破坏记忆的再巩固似乎可以消除条件性恐惧记忆，这种记忆存储于一个叫做杏仁核的脑区。我们在本章的后续部分将学到，杏仁核在情绪性记忆中起着重要的作用（Agren 等，2012）。记忆的再巩固看起来是一个有着诸多重要启示的关键记忆过程。

记忆再巩固（reconsolidation） 回忆时，记忆变得易受破坏，需要对它们再次进行巩固。

科学热点

睡眠巩固记忆

正打算在下一次大考之前熬夜？你有理由重新思考一下：在睡眠时，我们的头脑并不是简单地关闭（参见"意识"一章），实际上对记忆而言，睡眠可能和觉醒一样重要。

大约在一个世纪以前，詹金斯（Jenkins）和达伦巴克（Dallenbach）（1924）就报告称，睡眠之后，对近期获取的信息的回忆成绩要优于同样时间的觉醒之后。但是，詹金斯和达伦巴克并不认为，睡眠在增强和巩固记忆方面起什么积极作用。他们认为，睡眠只是被动地帮助我们避免外部信息对我们记忆的干扰。正如后摄干扰所解释的（p.250），这样的观点是合理的。不过，在过去的几年中，越来越多的证据表明，睡眠在记忆的巩固中起到了积极的作用，而不只是保护我们免受觉醒状态的干扰（Diekelman 和 Born，2010；Ellenbogen，Payne 和 Stickgold，2006）。睡眠有选择性地促进了那些能够反映一段经历的意义或要点的记忆的巩固（Payne 等，2009），以及那些在情感上比较重要的记忆（Payne 等，2008），这表明，睡眠能帮助我们记住对我们重要的事件，同时丢弃那些不重要的事件。

这个观点得到了近期研究证据的支持：只有当人们预期会被测试时，睡眠对后续记忆的促进效应才会出现。在一项研究中，威廉（Wilhelm）等人（2011）发现，学完一列词对后，那些被告知随后会测试他们记忆的被试在睡觉后比在清醒同等时间后表现出了回忆成绩的提高。但是，另一组被试事先未被告知将进行记忆测试（他们对此也没有表示怀疑），他们在睡眠后和觉醒相比并没有表现出回忆成绩的提高。

在一项补充研究中（van Dongen 等，2012），被试学习一些建筑物或家具的图片，每一张图片都与幻灯片上的某个特定位置相关（见下图）。

记忆、神经元和突触

我们已经讨论了与记忆存储相关的脑区，但是记忆是如何存储或者存储在哪里，我们尚未涉及太多。研究提示记忆存储关键依赖于神经元间的间隙。你回忆一下前面"神经科学与行为"这一章，突触是一个神经元的轴突与另一个神经元的树突之间的狭窄空隙，神经元之间的交流就是通过神经递质在突触之间传递实现的。但事实上，横跨一个突触传递神经递不久，被试接受图片位置联想的记忆测试。随后，被试被告知在 14 小时后将再次进行针对建筑物图片或家具图片的测试（相关类别），但不会对另一类型的图片进行再次测试（无关类别）。一半被试在睡眠之后进行测试（对这些被试，初始的学习是在下午进行的），另一半的被试在学习之后保持觉醒（对这些被试，初始的学习是在早晨进行的）。再次测试结果表明，对睡眠组被试而言，对相关类别的遗忘小于无关类别的遗忘，但是觉醒组被试却没有出现这种差异。此外，对睡眠组的被试而言，睡眠时间与相关信息的保持存在相关，但与无关信息的保持没有相关。睡眠时间更长的被试保持的相关信息更多。

因此，当你发现自己在为备考学习了数小时后在打盹，科学证据支持你应该好好地睡一觉。

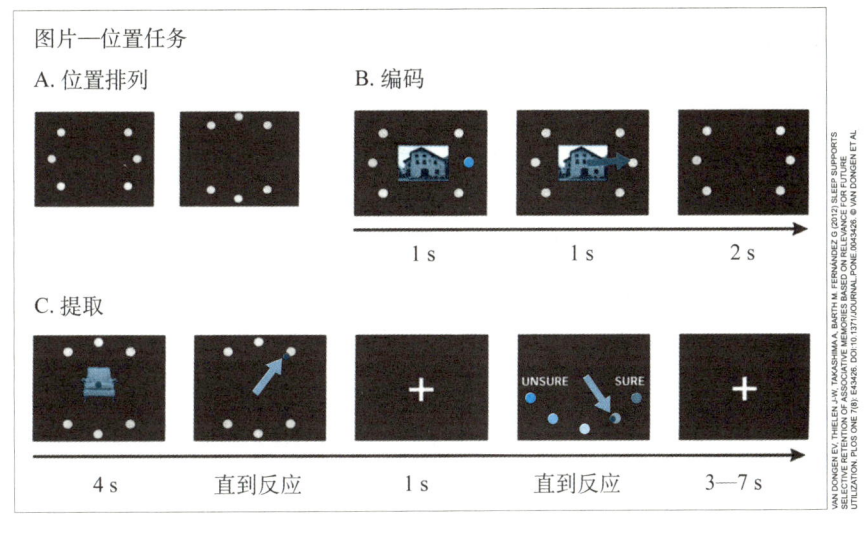

质并不像将一个玩具船从池塘的一边推到另一边，因为神经递质在突触间的传递实际上会改变突触。具体而言，神经递质在突触间的传递会增强两个神经元的联接，从而易化下一次神经递质的传递。这就是为什么研究者曾说，"细胞一起放电就会连在一起"（Hebb，1949）。

神经元之间的交流增强了彼此的联接从而易化下一次的交流，这个观点为长时记忆提供了神经基础，我们对此的认识大部分来自于一种微小的海洋动物海兔。关于海兔和记忆的故事与神经科学家埃里克·坎德尔（Eric Kandel）的研究有关，他因为对海兔的

看了很多关于鲨鱼的电影，就不敢在海里游泳了吗？有什么样的证据表明，有一天我们或许可以清除令我们痛苦的记忆？

研究在2000年获得了诺贝尔奖。坎德尔最初对海兔感兴趣是在20世纪50年代后期，当时全世界就只有两个人研究这种小动物。但是海兔对坎德尔很有吸引力，因为相对而言它不那么复杂，神经系统极为简单，仅仅有20 000个神经元（和人脑大约1 000亿的神经元相比）。因此，坎德尔相信自己的直觉，把海兔作为了研究对象（Kandel，2006）。

当实验者对海兔的尾部施加微弱电击时，海兔会立即缩回它的腮。如果隔一会儿再次施加微弱电击，海兔的缩腮速度会更快。但是，如果一个小时后再次施加微弱电击，海兔的缩腮速度就会和第一次一样慢了，似乎海兔不"记得"一个小时之前发生的事情了（Abel等，1995）。但是，如果实验者反复对海兔施加微弱电击，它就会形成持久的"记忆"，可以保持数天甚至数周的时间。研究表明，这种长时存储涉及神经元之间生成新的突触连接（Abel等，1995；Kandel，2006；Squire和Kandel，1999）。因此，海兔的学习是基于突触的改变，既有短时存储上的改变（神经递质的释放增加），也有长时存储上的改变（新突触的生成）。任何能形成记忆的经历都会导致神经系统的物理改变——即便你是一只海兔。

如果是比海兔复杂的动物——比如说大猩猩或者你的室友，那么类似的突触增强过程发生在海马。我们已经知道，海马这个脑区对新的长时记忆的存储起着至关重要的作用。在20世纪70年代早期，研究者对老鼠海马中的一个神经通路施加了短暂的电流刺激（Bliss和Lømo，1973）。结果发现这种电流刺激增强了处于神经通路上的突触之间的联系，而且这种增强可以持续数小时甚至数周。研究者将这种过程称作**长时程增强**（通常叫做LTP），即神经元之间跨突触的交流增强了联接，从而易化了后续交流的过程。长时程增强所具备的许多特性使得研究者认为它在长时记忆存储方面扮演重要角色：在海马的几个神经通路中都存在长时程增强，它可以被快速诱发，而且可以持续很长时间。实际上，阻断长时程增强的药物能使老

 记忆的建立如何形成神经系统的物理改变？

长时程增强（long-term potentiation，LTP） 神经元之间跨突触的交流增强了联接，从而易化了后续交流的过程。

鼠变为啮齿动物的病人 HM：这些动物很难记住它们近期去过的地方，并且容易在迷宫中迷路（Bliss，1999；Morris 等，1986）。

通过研究加利福尼亚海兔的极为简单的神经系统，研究者可以确定，长时记忆存储依赖于神经元之间新突触联接的生成。

> ## 小 结
>
> ▲ 有几种不同类型的记忆存储：
>
> 　　感觉记忆可以将信息保持 1 或 2 秒。
>
> 　　短时记忆或工作记忆可以将信息保持 15 到 20 秒。
>
> 　　长时记忆可以将信息保持数分钟到数年或几十年。
>
> ▲ 正如有严重遗忘症的 HM 等几位病人所表明的那样，海马及其附近的结构在长时记忆存储中起着重要作用。海马对记忆巩固也有重要作用。通过记忆巩固，记忆变得不容易随着时间推移而受到破坏。睡眠对记忆巩固有重要贡献。
>
> ▲ 记忆存储依赖于突触的改变，长时程增强可以加强突触之间的联接。

提取：将记忆在脑海中呈现

　　储钱罐有令人非常沮丧的地方。你把钱放进去，你可以晃来晃去，确保钱在里面，但是你无法轻易把钱拿出来。如果记忆就像储钱罐里的硬币，存在那里却难以取出，那当初把它们存在里面还有何意义呢？记忆提取是一种将之前已经被编码和存储的信息提取出来的过程，记忆提取可能是所有记忆过程中最为重要的过程（Roediger，2000；Schacter，2001a）。

提取线索：重现过去

从头脑里面提取信息的最佳方法之一是在头脑外面碰见与头脑中信息相关的信息。头脑外的信息被称作**提取线索**，即与之前存储的信息相关且可以促进对这些信息的提取的外部信息。提取线索极为有效。有多少次你说过这样的话："我知道谁是电影《曲线难题》（Trouble with the curve）的主演，但就是想不起她的名字？"，一旦你的朋友给你提示（"她是不是演过朱莉和茱莉亚（Julie 和 Julia）？"），答案就会立即从你脑海中闪出来（"艾米·亚当斯（Amy Adams）！"）。

在一个实验中，本科生被试学习一列词语，比如桌子、桃子、床、苹果、椅子、葡萄和课桌（Tulving 和 Pearlstone，1966）。随后，他们被要求写出所有他们能记住的学习词表里的词。当他们极为确信自己已经穷尽记忆里存储的所有词的时候，实验者给被试呈现提取线索，比如"家具"或"水果"，再次让他们回忆词表的词。结果发现，之前确信自己不可能再回忆出任何词语的被试突然能够回忆出更多的词语。这些结果表明有时候即使信息暂时不能被提取出来，但仍然存在于记忆中，同时也表明提取线索可以帮助我们把难以被提取的信息提取出来。

提示信息是一种提取线索，但不是唯一的。根据**编码特异性原则**，如果一个提取线索可以帮助重建信息最初被编码时的特定方式，那么这个线索就可以是一个有效的提示物（Tulving 和 Thomson，1973）。外部环境常常可以成为有效的提取线索（Hockley，2008）。例如，在一个研究里，潜水员在陆地和水下分别学习一些词语。结果发现，当回忆时的情境与最初编码时的环境保持一致时，被试的回忆

你能举出使用过的一个提取线索的例子吗？

成绩最好，因为环境本身成为了提取线索（Godden 和 Baddeley，1975）。正在恢复中的酒瘾者如果到了之前酗酒的地方，就会重燃饮酒的欲望，因为这些地方成了记忆的提取线索。下面的做法可能是聪明的：在一间教室找到一个座位，每天在该座位上学习，最后在考试的时候也坐在该座位上，因为椅子带给你的感受和处于该座位时你看到的东西可能帮助你回忆之前在该座位曾经识记过的信息。

提取线索不一定是外部环境，也可以是内部状态。**状态依存性提取**指的是如果个体

提取线索（retriecal cue） 与已存储的信息相关且可以促进对这些信息的提取的外部信息。

编码特异性原则（encoding specificity principle） 如果一个提取线索可以帮助重建信息最初被编码时的特定方式，那么这个线索就是一个有效的提示物。

状态依存性提取（state-dependent retrieval） 如果个体在编码和提取信息时处于相同的内部状态，那么对信息的回忆成绩就会更好。

在编码和提取信息时处于相同的内部状态，那么对信息的回忆成绩就会更好。例如，处于悲伤或快乐的心境有助于对悲伤或快乐情境的回忆（Eich，1995），这就是心情低落时很难"看到光明的一面"的部分原因。类似地，你可能会预期一个在醉醺醺的状态下备考的学生会考得很差，这样想也许是对的，但前提是这个学生犯了这样的错误，即在清醒的状态下参加考试！状态依赖性提取的研究表明，如果这个学生在醉醺醺的状态下学习备考，他第二天可能会考得很差，但是如果他第二天早餐是六罐啤酒而不是麦片的话就可能会考得更好（Eich，1980；Weissenborn，2000）。原因何在？因为个体在编码时的生理和心理状态与被编码的信息是相关联的。例如，处于愉快的心境可以影响部分负责语义加工的脑区的电活动模式，表明心境对语义编码有直接影响（Kiefer 等，2007）。如果个体在提取时的状态与编码时的状态一致，状态本身就会成为提取线索——就像一座桥梁，将经历事件的时刻和回忆该事件的时刻联系起来。提取线索甚至可以是思想本身，一个思想将另一个相关的思想从记忆中提取出来（Anderson 等，1976）。

根据编码特异性原则可以做出一些非常寻常的预测。例如，对一个词进行语义判断（如，*brain* 是什么意思？）通常会比对此进行押韵判断（如，什么词和 *brain* 押韵？）引发更为持久的记忆，关于这一点之前你已经学过了。如果给你看"brain"这个词的卡片，你的朋友被要求思考 *brain* 是什么意思，而你则被要求想一个与 *brain* 押韵的单词。到了第二天，如果我们问你俩这样的问题："嗨，你们昨天看到的词语是什么？"那么我们会预期你的朋友会有更好的回忆。然而，如果我们不问上面那个问题，而是问你们俩："和 *train* 押韵的词语是什么？"——这个提取线索和你进行编码时的背景更匹配，那么我们会预期你会比你朋友有更好的回忆（Fisher 和 Craik，1977）。这是一个令人惊讶的发现。**迁移适宜性加工**原则指的是，编码和提取的情境背景匹配时，记忆更容易从一个情境迁移到另一个情境（Morris，Bransford 和 Franks，1977；Roediger，Weldon 和 Challis，1989）。

记忆提取的结果

人类记忆与计算机存储有着显著区别。从计算机里提取出一个文件并不会影响该文件在将来被打开的可能性。但是人类记忆则不同。记忆提取不仅仅是读取记忆中的信息，而且会以诸多重要的方式改变记忆系统的状态。

迁移适宜性加工（transfer-appropriate processing）　编码和提取的情境背景匹配时，记忆更容易从一个情境迁移到另一个情境。

提取能够增强后续记忆

一段时间以来，心理学家已经知道记忆提取可以增强所提取的记忆，使得个体更容易在将来回忆起这一信息（Bjork，1975）。这个发现让你惊讶吗？可能不会。重复一个项目通常会提高对该项目的记忆，提取行为促进后续

学生应该花更多的时间进行自我测试（提取）还是反复地学习？

的记忆可能仅仅是因为信息被重复了一遍，从而导致你获得学两遍信息而不是一遍信息的好处。很合理，对吗？错了。实际上，从记忆中提取信息产生了和再次学习不同的效应。有一个实验清楚地说明了这一点。在该实验中，被试学习一些简短的故事，然后要么再学习一遍要么参加一个需要提取故事的测试（Roediger 和 Karpicke，2006）。被试在学习结束后 5 分钟、2 天或者 1 周后进行回忆测试。正如图 6.9 展示的，在 5 分钟的延迟条件下，再次学习故事的被试的回忆成绩稍好于那些学习后进行提取的被试。关键的发现是，在 2 天和 1 周的延迟条件下，相反的结果出现了：那些在学习后进行提取的被试在回忆测试中的成绩要高于再学一遍的被试。后续的实验使用外语词汇作为学习材料，依然表明对学习的项目进行提取的被试在延迟测试中的成绩要远远好于那些再次学习的被试（Karpicke 和 Roediger，2008）。这些发现对教育背景下的学习有着重要的启发意义（Karpicke，2012），这一点我们将在"学习"那章中进一步探讨。

学习后测试会损害随后记忆

提取可以增强记忆保持，但并不是总是如此。存在一种**提取引发遗忘**的现象，即从长时记忆中提取一个项目损害了随后对相关项目的回忆（Anderson，2003；Anderson，Bjork 和 Bjork，1994）。

让我们看看一个典型的提取引发遗忘的实验是

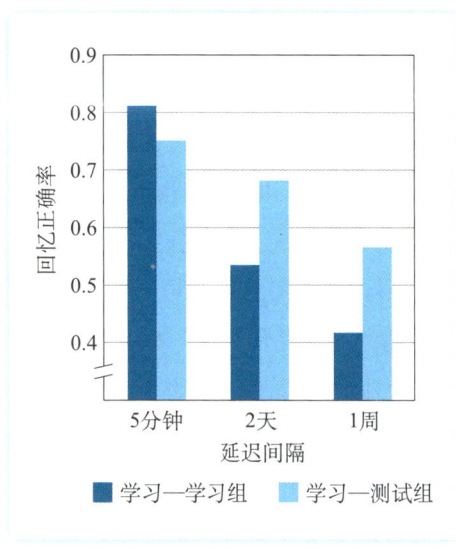

图 6.9 记忆测试对信息的长期保持有促进作用。在 5 分钟的保持间隔条件下，学习—学习组的被试的回忆成绩稍微高于学习—测试组。但是，当保持间隔延长到 2 天和 1 周时，结果发生了明显改变：学习—测试组的回忆成绩远远高于学习—学习组（Roediger 和 Karpicke，2006）。

提取引发遗忘（retrieval-induced forgetting）从长时记忆中提取一个项目损害了随后与提取项目相关的项目的回忆。

怎么做的（Anderson 等，1994）。被试首先学习一些词对，每个词对包含一个类别名称和来自该类别的样例（例如，水果—桔子，水果—苹果，树木—榆树，树木—桦树）。接下来，被试根据给出的类别线索和目标样例的首字母练习从之前学习过的类别中回忆出目标样例。例如，对于水果这个类别，被试根据线索"水果或____"练习回忆出桔子，而非回忆出苹果。总的思路是，被试在练习回忆桔子时，就会试图抑制相应的竞争样例（苹果）。对于其他类别（例如，树木），被试不进行针对任何学习词对的回忆练习。随后，被试被要求回忆出之前学过的所有词语。如预料的那样，与之前没有经过回忆练习的词语相比（例如，桦树），被试对经过回忆练习的词语（例如，桔子）的回忆成绩更好。但是，在被试回忆相关的词语过程中，之前没有回忆的词语（例如，苹果）可能会受到抑制，那么对这些词语的回忆成绩如何呢？结果发现，被试对这些词语的回忆成绩最差，这表明对相似的目标样例的回忆（例如，桔子）导致了对相关的却受抑制的样例（例如，苹果）的遗忘。实际上，就算没有成功提取出目标样例，在回忆目标样例的过程中对竞争样例的抑制，仍然会降低随后对竞争样例的回忆能力（Storm 等，2006）。

你能想到其他在日常生活中提取诱发遗忘影响记忆的例子吗？这里有两个例子。首先，提取导致遗忘可以发生在对话中：如果说话者有选择性地提及记忆中的某些方面与听众共享，但是不提及相关的事件信息，听众就很难记起被忽略

在对话中，提取如何诱发遗忘？

的事件信息，这对说话者也是一样（Cuc，Koppel 和 Hirst，2007；Hirst 和 Echterhoff，2012）。这种效应甚至出现在对重要事件如 2001 年美国 911 事件的记忆上（Coman，Manier 和 Hirst，2009）。其次，提取诱发遗忘可以影响目击者的记忆。让一部分目击者观看一场表演的犯罪场面，然后询问他们关于犯罪场景的一些细节。和另一些没有被询问细节的目击者相比，那些一开始就被询问细节的目击者对之前没有被问到的相关细节的回忆能力受损（Mac Lead，2002；Shall，Bjork 和 Handal，1995）。这些发现表明，对目击者的初次访谈要尽可能完整，从而避免对询问中没有被问及的重要细节出现提取诱发的遗忘（MacLeod 和 Saunders，2008）。

提取会改变随后的记忆

除了提高或损害随后记忆，提取也会改变我们从一次经历中获得的记忆。看看最近的一个实验。在该实验中，被试游览一个博物馆，在那里他们观看了一些特定的展览，每个展览都包含几个不同的站点（St. Jacques 和 Schacter，in press）。在游览过程中，被

作为最近实验的一部分，被试戴着相机，当他们在博物馆里游览时，相机每15秒钟进行一次拍摄。

试带着一个相机，每隔15秒会自动拍下被试前面的东西。两天之后，被试来到记忆实验室（在另外一个楼里）进行"再次激活阶段"。通过观看之前拍的照片，被试在某些站点的记忆被再次激活，然后要求被试在5点量表上评价自己再次体验在每个站点时所发生的事情的生动程度。接下来，向被试展示一些没有参观过的站点的新照片，并要求他们判断这些新照片与之前参观过的站点的照片的相关程度。最后，在经历再次激活阶段2天后，被试参加记忆测试。

被试有时会错误地回忆出新照片中的站点是最初参观的一部分。最重要的是，容易犯这种错误的被试也倾向于在再次激活阶段表现出更生动的回忆。换言之，提取和再次生动地经历在博物馆里实际看过的信息会导致被试将一些不属于最初经历的信息囊括到自己的记忆中。这个发现可能与我们之前讨论过的记忆的再巩固现象有关，即再次激活记忆会导致记忆暂时变得容易受到破坏和改变。至少这个发现强化了这样一种观点，即提取记忆所涉及的远远不只是将信息简单地呈现出来。

分离提取的成分

在结束记忆提取这个主题之前，让我们看看这个过程实际上是如何发生的。有理由相信，试图回忆某个事件和成功地回忆出某个事件是两种截然不同的过程，分别发生在不同的脑区（Moscovitch，1994；Schacter，1996）。例如，人们试图提取之前呈现的信息时左侧额叶的活动会增强（Oztekin，Curtis 和 McElree，2009；Tulving 等，1994）。

 试图回忆和成功回忆时大脑活动有何不同？

这种增强可能反映了试图挖掘过去事件的认知努力（Lepage 等，2000）。然而，成功地回忆起过去经历往往伴随着海马的活动（见图6.10；Eldridge 等，2000；Giovanello，Schnyer 和 Verfaellie，2004；Schacter，Alpert 等，

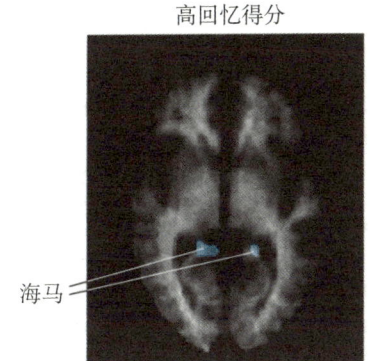
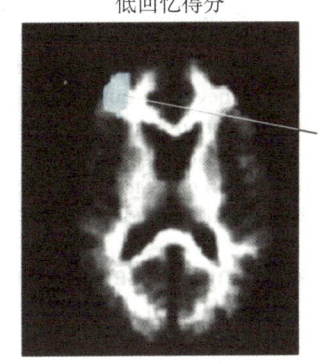

高回忆得分　　　　低回忆得分

左侧额叶

海马

图 6.10　成功回忆和未能成功回忆的 PET 扫描图像。被试成功回忆起之前在实验中见过的词语时（在回忆测试中的得分高），海马的活动增强。当被试试图但是未能成功回忆起之前见过的词时（在回忆测试中的得分低），左侧额叶的活动增强（Schacter，Alpert 等，1995）。

1996）。此外，成功的回忆也会激活在加工经历的感觉特征方面起作用的部分脑区。例如，回忆之前听过的声音时伴随着听觉皮层（颞叶的上部）的活动，而回忆之前看过的图片时伴随着视觉皮层的活动（在枕叶；Wheeler，Petersen 和 Buckner，2000）。尽管记忆提取看似一个单一的过程，但是脑研究表明记忆提取涉及不同的可辨认的过程。

　　这个研究发现对理解我们刚刚讨论的提取诱发遗忘现象有一定的启发。近期的 fMRI 证据表明，在记忆提取过程中，参与提取努力的额叶内的区域在抑制竞争者方面起一定作用（Benoit 和 Anderson，2012；Kuhl 等，2007；Wimber 等，2009）。在提取时海马的活动表明，成功地回忆起不该回忆的竞争者时，额叶就会参与进来抑制对竞争者的回忆。一旦竞争者的回忆受到抑制，额叶就不必像之前那样竭力控制记忆提取，最终使得对目标样例的回忆更为容易（Kuhl 等，2007）。此外，成功地抑制不该回忆出的项目会导致海马的活动降低（Anderson 等，2004）。一旦我们理解特定脑区在记忆提取中的特定作用，这些发现都是讲得通的。

文化与社区

文化会影响童年期遗忘吗?

你可以很容易地回忆起生活中不同时期的许多经历。但是,对于生命中最初几年的经历你可能只有很少或者没有任何记忆,这被称作童年期遗忘或婴儿期遗忘。平均而言,个体最初的记忆可以追溯到3岁到3岁半(Dudycha和dycha,1933;Waldfogel,1948),女性报告的最初的记忆(3.07岁)稍早于男性(3.4岁)(Howes,Siegel和Brown,1993)。但是,这些数据是基于西方文化(例如,北美和欧洲)下的个体,这种文化强调谈论过去。在那些不怎么强调谈论过去的亚洲文化下,例如,韩国和中国,个体报告最初的记忆发生的时间会晚一些(MacDonald,Uesiliana和Hayne,2000;Muln,1994;Peterson,Wang和Hou,2009)。针对加拿大和中国儿童的比较研究表明,两种文化下8岁儿童报告的最初记忆出现时间要早于14岁儿童所报告的,表明早期记忆会随着儿童的年龄增长而减弱或消失(Peterson等,2009)。关键是,14岁中国儿童报告的最初记忆的出现时间要晚于加拿大的14岁儿童所报告的。实际上,中国14岁被试的儿童期遗忘起始点与北美成年被试一致。因此,文化甚至对我们生命的最早期记忆都有着显著影响。

小结

▲ 我们是否能回忆起过去的经历取决于是否存在能引发回忆的提取线索。如果提取线索呈现的背景与编码时的背景一致,那么提取线索就有效。心境和内部状态可以作为提取线索。

▲ 从记忆中提取信息对随后的回忆有影响。提取可以提高对被提取信息的记忆,如测试对后面的回忆成绩有促进效应所说明的那样。但是,提取也会损害对那些没有被提取的相关信息的记忆。当新信息与生动的回忆相联时,提取也会改变随后的记忆。

▲ 提取可以分为两种：其一是我们试图回忆过去所发生的事件时的认知努力，其二是成功地回忆起存储在脑海中的过去事件。神经成像研究表明，试图回忆可激活左侧额叶，而成功地回忆已存储的信息则会激活海马以及与该经历中知觉方面相关的脑区。

多种形式的记忆：过去如何重现？

1977年，神经学家奥立佛·沙克斯（Oliver Sacks）采访了一位叫做格雷格（Greg）的患有脑肿瘤的年轻人，这种疾病让他丧失了记忆日常事件的能力。格雷格能够记得的一件事情是他20世纪60年代在纽约格林威治（Greenwich）村庄的生活，那是他得脑瘤之前的若干年，当时他的主要职业似乎是参加他最喜欢的"死之华"乐队的摇滚演唱会。在随后的多年里，对该乐队演唱会的记忆一直跟随着他，这期间格雷格住在医院受到长期护理，定期接受沙克斯博士采访。1991年，沙克斯博士将格雷格带到纽约麦迪逊广场花园看了一场"死之华"乐队的音乐会，想看看这种重大的事件是否可以恢复格雷格的记忆能力。"刚才的演出太棒了"，当他们离开音乐会时格雷格对沙克斯说道，"我会永远记住今晚的演唱会。这是我一生中最美好的时光"。但是，第二天早上，沙克斯博士遇到格雷格并问他是否记得昨晚在广场花园的音乐会时，格雷格一脸茫然地说道："不，我从来没去过广场花园"（Sacks，1995，第76-77页）。

尽管格雷格无法形成新记忆，一些发生在他身上的新的事件似乎会留下些印记。例如，格雷格不能回忆起得知自己的父亲去世，但是在听说该消息后的若干年里，他的确显得悲伤和孤僻。与此类似，HM在手术后无法形成新记忆，但是如果让他做一个需要跟踪运动物体的游戏，他的成绩会随着每一轮游戏而得以提升（Milner，1962）。格雷格不能有意识地回忆起听说自己父亲去世的消息，HM不能有意识地回忆起参与了跟踪运动物体的游戏，但是他们都表现出被自己迅速遗忘的经历永久改变了的清晰迹象。换言之，从行为上看，他们似乎声称自己什么都记不起来，但实际上却记得某些事情。这表明，肯定存在几种不同类型的记忆，有些可以有意识地回忆出来，而有些则无法有意识地回忆（Eichenbaum和Cohen，2001；Schacter和Tulving，1994；Schacter，Wagner和Buckner，2000；Squire和Kandel，1999）。

外显记忆和内隐记忆

人们可以被过去经历改变但却意识不到这些经历,这一事实表明,至少有两种不同种类的记忆(见图6.11)。一种是**外显记忆**,即人们可以有意识地或者刻意地提取过去的经历,例如回忆去年夏天的假期,

你"知道如何"做某事依赖的是什么类型的记忆吗?

刚读过的小说中的事件,或者为备考而学习的知识,这些涉及外显记忆。实际上,任何时候你以"我记得……"这样的方式开始表述时,你所说的就是外显记忆。如果过去的经历影响到后来的行为和绩效,即便个体没有做出回忆的努力或者意识不到回忆,这种情况涉及的就是**内隐记忆**(Graf 和 Schacter,1985; Schacter,1987)。内隐记忆不能被有意识地回忆,但是其存在可以通过我们的行为"暗示"出来。格雷格在他父亲去世后表现出持续的悲伤,尽管他不能有意识地回忆起自己得知了父亲去世的消息,这就是内隐记忆的例子。HM 在跟踪任务

像杰克·怀特(Jack White)这样的吉他手极为依赖程序性记忆来获得和使用那些弹奏高水平音乐所需的技能。

上绩效提高了,尽管他不能有意识地记得自己参与了该任务,这也是内隐记忆的例子。其他例子还包括骑自行车或系鞋带或弹吉他的能力:你可能知道如何做这些事情,但是你可能无法描述自己是如何做这些事情的。做这些事情所需的知识反映了一种叫做**程序性记忆**的内隐记忆,即通过练习逐步获得的技能,或"知道如何"做事情。

程序性记忆的一个标志是你记得的事情会自动转化为行为。有时你可以解释是如何做的(将一个手指放在E弦的第三品上,将一个手指……),有时你不能解释如何做的(骑上自行车,然后,呃……保持平衡)。遗忘症患者的海马通常受损但可以获得新的程序性记忆,这一现象表明,海马可能对外显记忆是必要的,但对内隐程序性记忆却不是必要的。实际上,似乎是海马之外的脑区(包括运动皮层的一些区域)参与了程序性记忆。"学习"那一章将进一步探讨这一证据,在那一章你也将看到程序性记忆对学习各种运动、

外显记忆(explicit memory) 有意识地或刻意回忆过去经历的行为。
内隐记忆(implicit memory) 过去的经历影响到后来的行为和绩效,即便个体没有做出回忆的努力或者意识不到回忆。
程序性记忆(procedural memory) 因为练习或知道如何做某事而逐渐获得技能。

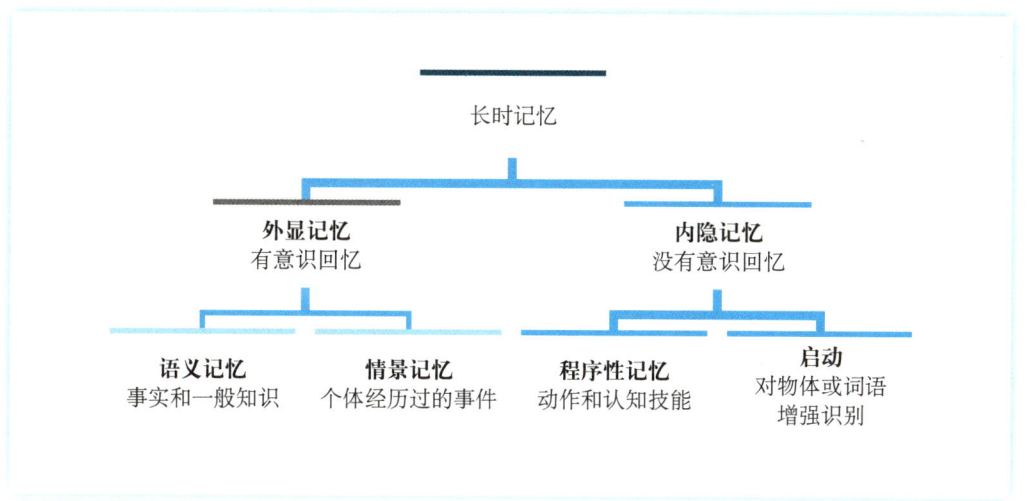

图 6.11 多重记忆系统。外显记忆和内隐记忆是彼此不同的。因此，遗忘症患者可能丧失外显记忆，但是会对不能有意识回忆出来的材料表现出内隐记忆。

知觉和认知技能至关重要。

并非所有的内隐记忆都涉及程序性记忆或"如何做"的记忆。例如，在一个实验中，大学生被试被要求学习一长列词语，包括像 avocado（鳄梨）、mystery（神秘）、climate（气候）、octopus（章鱼）和 assassin（刺客）这样的词语（Tuiving, Schacter 和 Stark, 1982）。随后，在外显记忆测试中，向被试呈现一些学习过的词语和一些被试没学过的新词，让被试判断哪些词语之前学习过。为了测试内隐记忆，向被试呈现的是单词的片断，要求被试想一个词来把这些片段补充完整。你可以尝试做一下：

    ch＿＿＿＿nk   o＿t＿p＿＿   ＿og＿y＿＿＿   ＿l＿m＿te

你可能在完成第一个和第三个词（chipmunk 花栗鼠、bogeyman 魔鬼）时会遇到困难，但是却轻而易举地完成第二个和第四个词（octopus 章鱼、climate 气候）。在之前的学习阶段看过 octopus 和 climate 这两个词会使得在后面的残词补全任务中更容易提取出这两个词语。这是**启动**的一个例子。启动指的是因为最近接触过某个刺激（比如词语或物体）而增强了想起某个刺激（比如词语或物体）的能力（Tulving 和 Schacter, 1990）。正如启动水泵可以使水流更容易，启动记忆系统也可以使一些信息更容易被提取。在残词补全实验中，被试对之前学过的词语表现出启动效应，即使被试不能有意识地回忆之前见

启动（priming）　因为最近接触过某个刺激（比如词语或物体）而增强了想起某个刺激（比如词语或物体）的能力。

 启动如何使记忆更有效率？

过这些词语。这表明，启动是一种内隐记忆而非外显记忆。

关于启动的一个着实令人震撼的例子来自米切尔（Mitchell，2006）的研究。被试首先学习一些描绘日常物体的黑白线条图。然后，向被试呈现一些很难辨认的线条图的片段。一些图上画的是在之前实验中学习过的物体，另一些图上画的则是没有学习过的新物体。米切尔发现，被试正确地识别出了更多的学过的图画片段而非新物体的图画片段，而且与之前没有看过图片的控制组被试相比，实验组被试正确识别出的学过的物体更多——这是一个清楚地证实启动的例子（见图6.12）。最令人震撼的发现是：在实验完成的17年后，被试再次参加图画片段测试！这么多年过去了，被试对于之前看过那些图画的外显记忆已经极少或者不存在了，一些被试甚至都不记得自己曾经参加过实验！"很抱歉，我真的压根儿记不得这个实验了。"一位36岁的男性被试说道，尽管测试表明他出现了很强的启动效应。一个36岁的女性表现出了更强的启动效应，她却说"根本什么都不记得了"（Mitchell，2006，第929页）。这些结果表明，启动是一种内隐记忆，此外，启动效应可以维持很长的时间。

由此，你可能预期像HM和格雷格这样的遗忘症者患者也会表现出启动效应。实际上，许多实验已经表明，尽管遗忘症患者对学习过的项目没有外显记忆，但是却可以表现出很强的启动效应。这种效应通常和正常的非遗忘症被试一样大，尽管遗忘症患者对学习过的项目没有外显记忆。这些结果以及其他类似的结果表明，与程序性记忆一样，启动并不需要在遗忘症患者中受损的海马结构的参与（Schacter和Curran，2000）。

既然程序性记忆和启动不需要海马，那么需要哪些脑区参与呢？实验表明，启动与某些皮层区域的活动减弱有关，这些区域在被试执行非启动任务时活动会增强。例如，向被试呈现词干mot__或tab__，要求其提供出现在脑海中的第一个词时，参与视觉加工的枕叶的部分区域和参与词语提取的额叶的部分区域的活动会增强。但是，如果被试通过看motel和table这两个词而得以启动后再执行同样的任务，上述区域的活动会变弱（Buckner等，1995；Schott等，2005）。被试在两个不同的情况

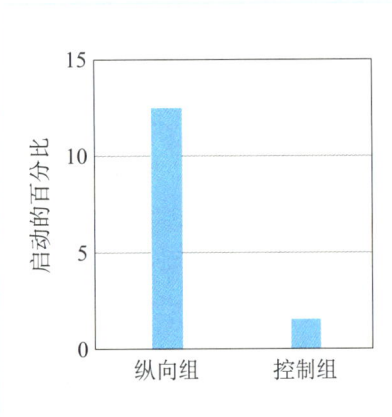

图6.12 视觉物体的长时启动。见过日常物体的黑白线条图画的被试，在17年后再次接受测试，测试中要求他们努力从四分五裂的绘图中识别出物体（纵向组）。这些被试表现出了很强的启动效应。与之相反，17年前没有看过那些线条图的被试（控制组）则没有表现出显著的启动（Mitchell，2006）。

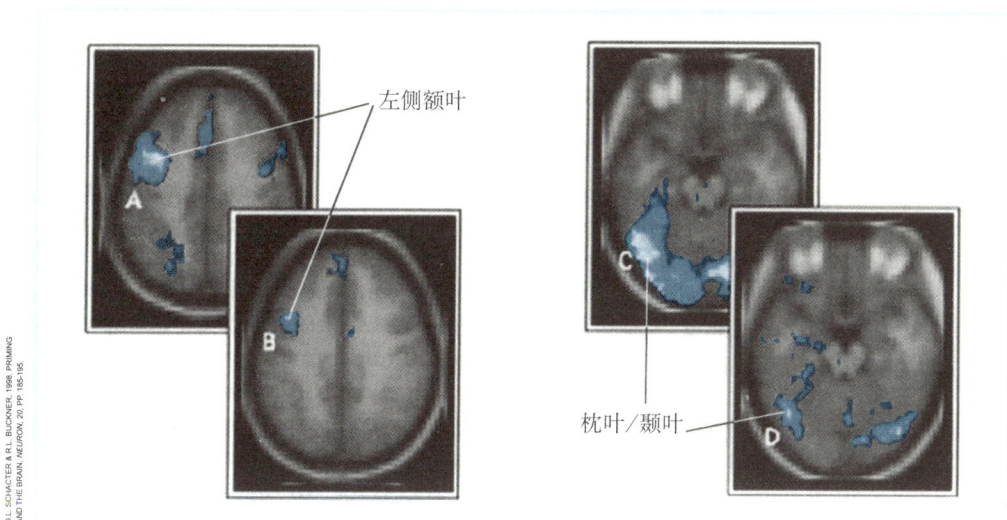

下观看一些日常物体的图片,也会出现类似的现象。第二次看到某张图片时,比最初看图片所激活的视觉皮层部分区域的活动会降低。启动似乎可以让负责词语和物体知觉的部分皮层的某些区域在近期接触该词语或物体后更容易对它们进行识别(Schacter, Dobbins 和 Schnyer, 2004; Wiggs 和 Martin, 1998)。这表明,在启动之后大脑节省了一些加工时间(见图6.13)。

图6.13 刺激的启动和非启动加工。在很多不同任务中,启动与皮层的激活程度降低相关。在每一对fMRI的图像中,左上方的图(A,C)显示了额叶(A)和枕叶/颞叶(C)的脑区,这些脑区在非启动任务(在这里是根据视觉的词语线索提供相应的词语)中是激活的。在每对图的右下方(B,D)显示的是在同样任务的启动条件下相同脑区的激活程度降低。

神经成像的研究也表明,两种不同形式的启动涉及了不同的脑区:一个是知觉启动,其反映的是对项目知觉特征(例如,词语或图片的视觉特征)的内隐记忆;另一个是概念启动,其反映的是对词语意义或如何使用物体的内隐记忆。采用fMRI的研究表明,知觉启动主要依赖于大脑后部区域,例如视觉皮层;而概念启动则主要依赖于大脑前部的区域,例如额叶(Wig, Buckner 和 Schacter, 2009)。此外,也有证据表明,知觉启动主要与右半球相关,而概念启动主要与左半球相关(Schacter, Wig 和 Stevens, 2007)。

语义记忆和情景记忆

想想这两个问题:(1)我们为什么庆祝7月4日?(2)迄今为止你见过的最

壮观的 7 月 4 日庆典是哪一次？每个美国人都知道第一个问题的答案（我们庆祝 1776 年 7 月 4 日独立宣言的签署），但是对于第二个问题我们则有各自不同的答案。尽管这两个问题都需要你从长时记忆进行搜索并有意识地提取存储在长时记忆里的信息，第一个问题要求你提取的是每个美国学童都知道的事实，这个事实不是你个人生活经历的一部分；第二个问题则要求你重温某个特定的时间和地点或者一段情景。上述两种记忆被分别称作语义记忆和情景记忆（Tulving，1972，1983，1998）。**语义记忆**是一个由相关的事实和概念构建的网络，这些事实和概念网络组成了我们对这个世界的一般知识，而**情景记忆**则是在特定时间和空间发生的个人过去经历的集合。

情景记忆很特别，因为它是唯一的一种可以让我们在脑海里进行时间旅行的记忆，带我们回到过去，重温我们身上发生过的事件。这种能力让我们得以连接过去和现在，从而构建我们生活的完整故事。遗忘症患者通常可以重温那些在遗忘症出现之前的过去的情景，但是他们无法重温那些遗忘症发生之后的事件。例如，格雷格不能重温 1969 年之后发生的情景，因为从那以后他丧失了形成新的情景记忆的能力，但是，遗忘者患者可以形成新的语义记忆吗？

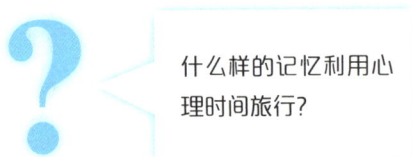

什么样的记忆利用心理时间旅行？

研究者研究了 3 名海马受损的年轻被试，他们海马受损是因为出生时难产而引起脑部缺氧（Brandt 等，2009； Vargha-Khadem 等，1997）。他们父母发现自己的孩子不能回忆起在一天里发生的事情，不得不经常提醒预约时间，而且经常会迷路、辨不清方位。考虑到他们海马受损，你可能也会预期这 3 个人学业成绩会很差，甚至可能被看成学习障碍者。然而，令人惊叹的是，3 个孩子都学会了阅读、写作和拼写，发展了正常的词汇量，获得了其他类型的能让他们在学业上表现良好的语义知识。基于这些证据，研究者得出如下结论：海马对获取新的语义知识并不是必需的。

情景记忆与想象未来

我们已经看到，情景记忆让我们回到过去，但实际上，情景记忆也可以让我们想象未来。一位起初被称为 K.C. 的遗忘者患者为此提供了初步的证据。K.C. 不能回忆过去的任何情景，而且当被要求想象未来的情景（比如，明天可能会做什么）时，他什么都

语义记忆（semantic memory） 一个由相关事实和概念构成的网络，这些事实和概念组成了我们对这个世界的一般知识。

情景记忆（episodic memory） 在特定时间和空间发生的个体过去经历的集合。

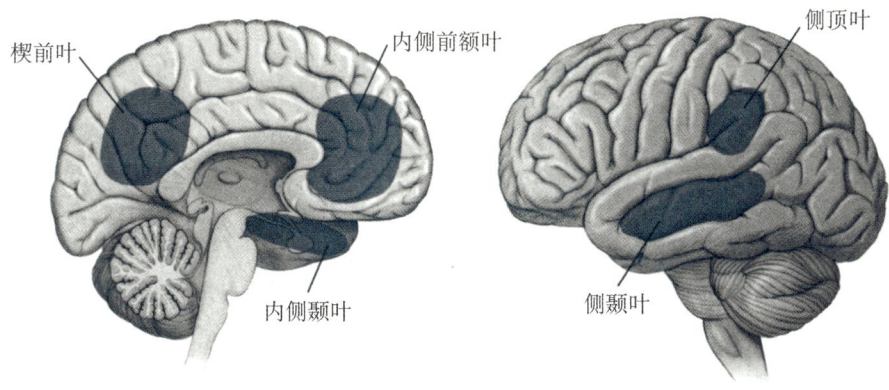

想象不出来（Tulving，1985）。与这个发现一致，来自海马受损的遗忘者患者更多的近期研究表明，一些患者很难想象新的经历，比如在沙滩晒日光浴（Hassabis 等，2007）或者在他们日常生活中可能发生的事件（Race, Keane 和 Verfaellie，2011）。类似的现象也会随着衰老而出现。当要求回忆过去实际发生的事情或者想象将来可能出现的新情景时，老年人回忆或想象的细节要少于大学生被试（Addis, Wong 和 Schacter，2008；Schacter, Gaesser 和 Addis，2012）。与这些发现一致的是，神经成像研究也表明，在回忆过去或想象未来情景时，我们已知的负责情景记忆的大脑网络（包含海马）会表现出类似的活动增强（Addis, Wong 和 Schacter，2007；Okuda 等，2003；Schacter, Addis 等，2012；Szpunar, Watson 和 Schacter，2007；Okuda 等，2003；Schacter, Addis 等，2012；Szpunar, Watson 和 McDermott，2007；参见图 6.14）。

图 6.14 回忆过去和想象未来依赖的脑区的共同网络。在人们回忆过去实际发生的情景和想象可能发生在自己未来生活中的情景时，一个共同的脑网络被激活了。这个网络包括海马体，即内侧颞叶的一个部分，其一直以来被认为在情景记忆中扮演重要角色（Schacter, Addis 和 Buckner，2007）。

总体看来，这些发现提供了很强的证据支持，我们在很大程度上依赖于情景记忆去想象我们的未来（Schacter, Addis 和 Buckner，2008；Szpunar，2010）。情景记忆很适合这种任务，因为情景记忆是一个很灵活的系统，可以使我们以新的方式重组过去经历的元素，从而得以在头脑中想象将来可能出现的不同情景（Schacter，2012；Schacter 和 Addis，2007；Suddendorf 和 Corballis，2007）。例如，当你想象在几天后和一个朋友进行一次艰难的

情景记忆如何帮助我们想象未来？

谈话时，你可以基于过去经验设想几种展开对话的可能方式，而且希望能基于过去经验避免去说一些让情况变得更糟的话。不过，正如我们后面将要讨论的，情景记忆的这种灵活性可能是导致一些错误记忆的原因。

社会因素对回忆的影响：协作性记忆

迄今为止，我们主要讨论了在个体身上独自发挥作用的记忆。但是，目前的讨论是不完整的，其中缺少了一些重要的方面：其他人。回忆有着重要的社会功能。和朋友或家人聚在一起讨论共同经历的记忆，是一件对我们大多数人来说都很熟悉而且令人开心的事情。当我们在脸谱网（Facebook）上贴出聚会或度假的照片时，我们就是在和朋友分享记忆。此外，我们会很快就和他人分享记忆。在一项日记研究中，大学生被试被要求每天记录一个难忘的事件，连续记录一周。结果发现，在这些事件发生的那天结束之前，他们会把这些事件62%的内容向他人透露（Pasupathi，McLean和Weeks，2009）。和他人分享记忆可以增强记忆（Hirst和Echterhoff，2012），但是我们也已经看到，讨论记忆的某些方面而忽略其他相关事件也会导致提取诱发遗忘（Coman等，2009；Cue等，2007）。心理学家对人们在群体中如何回忆越来越感兴趣，这被称作协作性记忆（Rajaram，2011）。

在一个典型的协作性记忆实验中，被试首先独自学习一系列目标材料，比如一列词语（正如我们已经讨论过的传统记忆实验里的那样）。有意思的事情发生在记忆提取阶段，此时被试组成一个小组（通常两个或三个人）去尝试回忆之前学过的目标材料。小组回忆的项目数量可以和单个被试在没有任何帮助下独自回忆的项目数量进行比较。

协作小组通常比单个被试回忆出更多的目标项目（Hirst和Echterhoff，2012；Weldon，2001），这表明协作有助于回忆。这个结果非常有意义，也基本上和我们关于这种情形下会发生什么的直觉相吻合（Rajaram，2011）。例如，蒂姆（Tim）可能回忆出艾米丽（Emily）遗忘的项目，埃里克（Eric）可能回忆出蒂姆和艾米丽都没回忆出的项目，因此小组回忆的项目总数会超过单个被试独自回忆的项目数量。

但是，有意思的事情出现在将协作小组的成绩和名义小组（即将几个独立回忆的被试的回忆项目组合在一起）的成绩进行比较时。让我们比较一下由3个被试组成的名义小组和由3个被试组成的协作小组。在名义小组里，让我们假设学习了8个词语后，蒂姆回忆出了第1个、第2个和第8个项目，艾米丽回忆出了第1个、第4个和第7个项目，埃里克回忆出了第1个、第5个、第6个和第8个项目。在独立回忆的情况下，蒂姆、艾米丽和埃里克总共回忆出了出现过的8个项目中的7个项目（没有人回忆出第3个项目）。令人惊讶的发现是，目前很多研究表明，协作小组回忆出的项目数量要少于名义小组，即当蒂姆、艾米丽和埃里克一起回忆时，他们回忆出的项目数量通常要少于他们独立回忆的项目数量（Basden等，1997；Hirst和Echterhoff，2012；Rajaram，2011；Rajaram和Pereira-Pasarin，2010；Weldon，2001）。这种因为小组形式的回忆而引起的负面效应叫做协作抑制：相同数量的个体共同回忆出的项目数量少于他们独自回忆的项目数量。

这里到底是什么原因呢？基于直觉，大多数人相信共同合作会提高而不是降低回忆绩效（Rajaram，2011）。那为什么结果相反呢？一种可能性是，在小组中，一些个体容易出现"社会懈怠"，即让其他组员承担工作，自己不尽义务。尽管很多人都知道社会懈怠会在小组中出现（Karau和Williams，1993），但记忆研究者检验了它对

为什么通常协作小组比名义小组回忆的项目数要少？

协作抑制的解释，并否定了这种解释（Barber，Rajaram和Fox，2012）。一个更有可能的解释是，当共同回忆学习项目时，小组中个体成员所使用的提取策略扰乱了其他成员所使用的提取策略（Basden等，1997；Hirst和Echterhoff，2012；Rajaram，2011）。例如，假定蒂姆先开始回忆，而他是按照项目最初的呈现顺序回忆的。这种提取策略可能对艾米丽有干扰，因为艾米丽更喜欢先回忆最后一个项目再反向回忆整个词表。

但是，协作性回忆有其他好处。当个体在小组中一起回忆信息时，他们会接触到那些由其他成员回忆出而他们没有回忆起的项目，这会在后来再次进行测试时提高他们的记忆成绩（Blumen和Rajaram，2008）。此外，当小组成员讨论他们回忆出的项目时，他们可以帮助彼此纠正和降低记忆错误（Ross，Blatz和Schryer，2008）。这些发现和早期的研究所显示的关系亲密的夫妻通常依赖协作回忆的发现相一致（也叫做交互记忆；Wegner，Erber和Raymond，1991），这些研究表明夫妻中的一方能回忆出与另一方共享的特定种类的信息。（在协作性回忆方面，你可以依赖你的电脑吗？请参见现实世界：Google在损害我们的记忆吗？）因此，下次你和朋友分享过去活动的记忆时，会让你的记忆变得更好，同时也变得更糟。

现实世界

Google 在损害我们的记忆吗?

在回过头来阅读这个板块之前,先花点时间试图回答一个简单的问题:哪个国家的国旗不是矩形的?现在,让我们讨论一下你在搜索答案时你的脑海中闪现了什么(正确答案是尼泊尔)。你是不是一开始会想各种国旗的形状?在脑海中想一遍世界地图?或是,你是否会想到电脑,更具体一点,想到将问题输入 Google?还是在不久以前,当问到上面的问题时大多数人会试图联想起各种国旗的图像或者在脑海中遨游世界,但是,一项在本教材作者之一的实验室所进行的近期研究表明,在遇到这样的问题时,我们中的大多数人会想到电脑和 Google 搜索(Sparrow, Liu 和 Wegner, 2011)。

斯帕罗(Sparrow)等人发现,与被问到知道答案的简单问题相比,在被问到比较难的一般知识问题(如那个关于非矩形的国旗的问题)后,人们在对电脑词汇(例如,Google, Internet, Yahoo)的印刷体颜色命名的速度要慢于非电脑词汇(例如,Nike, table, Yoplait)。对电脑词汇印刷体颜色的命名速度慢,这表明在被问到困难的问题之后,人们在思考与电脑相关的事情,这会干扰他们对词汇印刷体颜色的命名能力。研究者得出结论认为,如今当我们不能马上知道问题的答案时已经非常习惯于在 Google 上搜索信息,以至于我们立即想到的是电脑而不是在我们的记忆中搜索。在遇到困难的问题时想到电脑还是说得通的:进行 Google 搜索比想象各种国旗的样子能让我们更加迅速

小 结

▲ 长时记忆包含几种类型。外显记忆指的是有意识地或刻意地提取过去的经历,而内隐记忆(例如,程序性记忆和启动)则指的是过去经历对后续行为和绩效的无意识的影响。程序性记忆涉及通过练习而获取技能,启动指的是因为之前接触过相关刺激而改变了识别或确认一个物体或一个词的能力。

▲ 遗忘症患者可以保留内隐记忆,包括程序性记忆和启动,但是缺乏外显记忆。

你的电脑为你记住了什么？

地得到答案。但是，这个结果也引发了令人担忧的问题：依赖电脑和因特网对人类记忆有负面影响吗？如果我们依赖Google搜索答案，我们会不会在不知不觉中让我们的记忆荒废了呢？

为了探讨这些问题，斯帕罗等人进行了另外一些实验。在其中一项实验中，他们发现，与告知被试电脑里的答案将被删除相比，如果告知被试电脑将存储答案，那么被试更难回忆起输入电脑里的一些不重要的事实（"鸵鸟的眼睛比脑更大"）。但是，在后续实验中，他们发现，如果被试将信息存储到电脑上若干文件夹中的某一个时，被试通常能够回忆起他们把信息存储在了哪里，即使他们不记得这个信息本身了。人们似乎是将电脑作为帮助自己记忆事实的一种高效手段，同时依赖自身记忆来想起哪里可以找到这些信息。斯帕罗和同事指出，人们可能是在努力使自己的记忆适应新技术，他们依赖电脑就像我们有时会依赖其他人（朋友、家人或同事）那样，用于记住那些我们自己可能无法记住的事实。这一点和我们之前讨论的协作记忆类似。正如与其他人一起协作回忆有利有弊，和电脑一起协作回忆也是如此。

▲ 情景记忆是指对发生在特定时间和空间的过去经历的回忆。情景记忆让我们既能回忆过去也能想象未来。语义记忆是一种对事实、联系或概念的网络式的、一般的、不带个人色彩的知识。

▲ 协作记忆指的是在小组中回忆。协作回忆既可以损害记忆（协作抑制），也可以通过让人们接触新信息并帮助纠错而提高记忆。

记忆失败：记忆的七宗罪

今天你可能还没怎么考虑过你的呼吸，原因是从你醒来的那一刻，你就一直可以毫不费力地顺畅呼吸。但是一旦你不能呼吸，你就会意识到它是多么重要。记忆也是如此。每一次我们看见、思考、注意、想象或疑惑时，就是在利用我们的能力去使用存储在脑中的信息，但只有当我们失去这种能力时，我们才会真切地意识到我们应该如何珍视它。我们已经看到，在其他背景下理解人类思维和行动的缺陷和错误可以揭示出各种不同行为的正常运作机制。与此类似，记忆错误，即记忆的"七宗罪"可以帮助我们理解记忆的正常运作机制以及记忆隔多长时间可以良好运作（Schacter，1999，2001b）。下面我们将详细讨论记忆的七宗罪。

1. 易逝

I·刘易斯·"小摩托"·利比被指控作伪证和阻碍司法，但是他声称遗忘相关的记忆问题是导致自己错误陈述的原因。

2007年3月6日，美国副总统迪克·切尼（Dick Cheney）的前任办公室主任I·刘易斯·"小摩托"·利比（I. Lewis "Scooter" Libby；注：scooter是他的昵称）被指控作伪证、作虚假陈述，并阻碍联邦调查局（FBI）执行的调查，该调查针对的是布什政府的成员是否在几年前违法将一名中情局（CIA）特工的身份泄露给媒体。利比的辩护团则认为，利比对联邦调查局的询问所做出的任何错误陈述只是错误记忆导致的，而不是出于欺骗的意图。利比的案件受到了大众媒体的广泛关注，并引发了一场全国范围的辩论：利比怎么可能忘记如此重要的事件？后续研究表明，人们有时会把那些影响遗忘重要事件的因素弄错（Kassam等，2009）。尽管针对利比的遗忘问题存在争议，有一点是确定的：记忆可以而且的确会随着时间流逝而减弱。此处的罪魁祸首是记忆的**易逝**：随着时间的流逝推移忘记了发生的事情。

记忆的易逝发生在记忆的存储阶段，在经历被编码之后和被提取之前。你已经看到了在感觉记忆和短时记忆存储里的记忆易逝——快速遗忘。易逝也发生在长时记忆存储中，这一点是在19世纪70年代后期由赫尔曼·艾宾浩斯（Hermann Ebbinghaus）的研究首次证实的。艾宾浩斯是一位德国哲学家，他自己学完一些无意义音节之后在不同的延迟间隔下测试自己的记忆保持（Ebbinghaus，1885/1964）。他把根据自己在不同延

易逝（transience） 随着时间的流逝忘记所发生的事情。

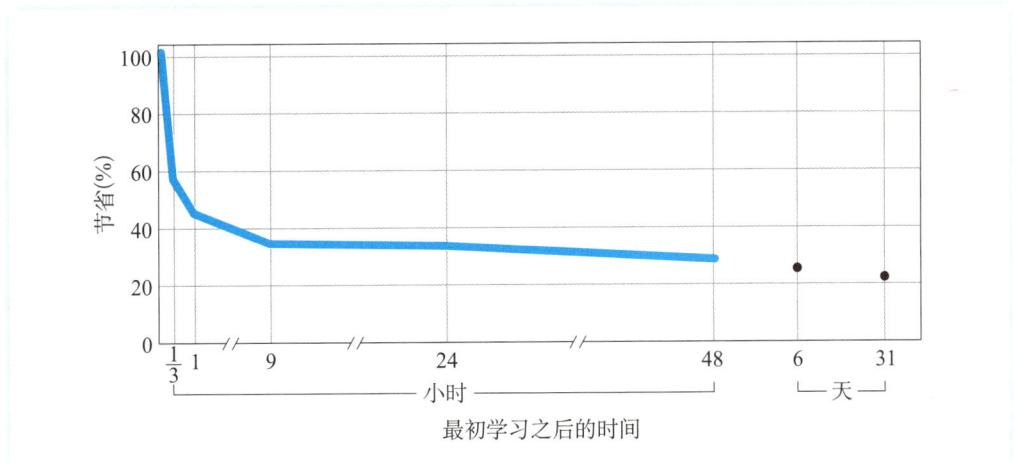

迟时间下的保持率作图，绘出了如图 6.15 所示的遗忘曲线。艾宾浩斯发现，在最开始的几次测试中，记忆的保持迅速下降，在随后的测试中，遗忘速度逐渐降低——这一基本模式被后续的记忆研究者所证实（Wixted 和 Ebbensen，1991）。

图 6.15　**遗忘曲线。** 在学习完若干无意义音节后，赫尔曼·艾宾浩斯在不同的延迟时间下测试自己的记忆保持。记忆的保持是用节省的百分比来表示的，即和最开始学习的时间相比，重新学习无意义音节所需要的时间与最开始学习所需时间相比的百分数。

例如，有研究对英语母语者在 1 年到 50 年前他们的高中或大学时期所习得的西班牙词汇进行了测试，结果发现，在这些学生最后一节课结束后的最初 3 年里记忆成绩出现迅速下降，而在随后的年头里记忆只有非常微弱的损失（Bahrick，1984，2000）。在所有这些研究里，随着时间的推移记忆的下降速度都不是恒定的；在学习后很短的时间内大多数遗忘就开始发生了，而随着时间的推移遗忘得越来越少。

随着时间的推移，我们不仅会丢失记忆，而且我们记忆的性质也会改变。在遗忘曲线中较早的时间点上——几分钟、几小时、几天，记忆中保持的内容相对具体，这使得我们重现过去的准确性即使不是完美的也是较为令人满意的。但是随着时间的推移，我们越来越依赖一般记忆来提取通常会发生的事情，试图通过推断甚至猜测重构过去的细节。记忆的易逝涉及从具体记忆到笼统记忆的逐步转变（Brewer，1996；Eldridge，Barnard 和 Bekerian，1994；Thompson 等，1996）。在一项早期研究中，英国被试阅读一则简单的美国民间故事，里面包含奇怪的场景和陌生的情节。然后，在间隔一段时间之后，被试尽可能准确地复述该故事（Bartlett，1932）。被试出现了有趣但是可以理解的错误，他们经常省略那些他们觉得难以理解的细节，或者增加一些细节让故事显得连贯。随着时间的推移，故事特定细节的记忆慢慢消逝，而故事的总体意义却留在了脑海，

一般的记忆如何扭曲特定的记忆?

但通常被试按照与自己世界观一致的方式加工和修饰了故事的总体意义。因为这些读者被试对故事不熟悉,因此他们把他们存储的一般信息强加进来,在复述时增加了与自己世界观一致的一般信息,修补出一个合理的可能会发生的故事从而构建出在自己看来较为合理的回忆。

但是,另外一种记忆会被扭曲的方式是来自其他记忆的干扰。例如,如果你每天做同样的工作任务,周五到来的时候,你可能很难记得周一做了什么,因为后续的任务和之前的任务混在了一起。这是**后摄抑制**的例子,即后续的学习损害了对之前获取的信息的记忆(Postman 和 Underwood,1973)。与之相反,**前摄抑制**指的是前面的学习损害了对后面获取的信息的记忆。如果你在单位或学校每天使用相同的停车位,你可能曾经出去找自己的车却站在那,被前几天在哪里停车的记忆所迷惑,一下子不知道自己把车停在哪里了。

2. 心不在焉

著名大提琴演奏家马友友在曼哈顿将价值 250 万的大提琴放在了一辆出租车的后备箱里,10 分钟后到了目的地,他把车费付给司机,离开了出租车,却忘了他的大提琴。几分钟后,马友友意识到问题后报警了。幸运的是,几个小时内找到了出租车,大提琴也拿回来了(Finkelstein,1999)。但是,如此有名大提琴家怎么会忘记仅仅 10 分钟之前放置的如此重要的东西呢?这里的罪魁祸首并不是记忆的易逝。一旦马先生意识到自己对大提琴做了什么,他就回忆起了自己把它放哪里了。这个信息并没有从他的记忆里面消失(这也是他为何能够告诉警察大提琴在哪里的原因)。

作为记忆易逝的一个例子,如果在听到一个故事和复述一个该故事之间有一定的时间间隔,那么对北美传说不熟悉的被试就更有可能复述出故事的大意而不是具体的细节。这张图片是由利文斯顿·布尔创作,其名称为:"老鹰霍克(Hawk)撞击燧石制造光亮,并且将球体点燃。"

后摄抑制(retroactive interference) 后面学习的信息损害了对前面获取的信息的记忆。
前摄抑制(proactive interference) 前面学习的信息损害了对后面获取的信息的记忆。

实际上，马友友是受了**心不在焉**的害，即缺乏注意而导致的记忆失败。

是什么让人们心不在焉？一个常见的原因是缺乏注意。注意在将信息编码到长时记忆方面起着至关重要的作用。没有足够的注意，信息就不太可能被妥善存储并在后来被回忆出来。在分散注意的研究中，被试记忆一些材料，比如一列词语，一则故事或一系列图片。与此同时，要求他们执行一项把他们的注意从学习材料上引开的额外任务。例如，在一项研究中，被试聆听并记忆由 15 个词语组成的词列，随后会有记忆测试（Craik 等，1996）。对某些词列，要求他们集中注意。但是在听其他词列时，他们同时看到包含四个盒子的视觉画面，并要根据星号的出现或消失来按不同的键。随后的记忆测试表明，分散注意条件下被试回忆出的词语更少。

在注意被分散时，大脑里面发生了什么？在一项研究中，被试学习一个词对表，同时研究者采用 PET（正电子发射断层扫描）对脑部进行扫描（Shallice 等，1994）。一些被试在学习词对的同时执行一项需要很少注意的任务（以相同的方式反复移动一根小棍）。其他被试则在学习词对时执行一项需要很多注意的任务（反复移动一根小棍，但是每一次的移动方式都是新的、不可预期的）。研究者发现，在分散注意条件下，被试的左下额叶的活动降低。正如你之前看到的，编码期间左下额叶区的活动增强与更好的记忆成绩相关。分散注意阻止了左下额叶发挥其在语义编码中的正常作用，结果就会导致心不在焉的遗忘。更近期的 fMRI 研究表明，分散注意也会以降低海马在编码中的参与程度（Kensinger，Clarke 和 Corkin，2003；Uncapher 和 Rugg，2008）。考虑到海马对情景记忆的重要作用，这个发现可能有助于解释为何因心不在焉导致的遗忘有时是如此极端，比如我们会忘记片刻之前把钥匙和眼镜放在哪里了。

个体的注意被分散时，记忆会受到何种影响？

另一个常见的导致心不在焉的原因是忘记我们计划在将来要执行的行动。在某个特定的日子，你需要记住上课的时间、地点，需要记住将和谁在什么地方共进午餐，需要记住去买什么食物做晚餐，你也需要记住你去睡觉时看到这本教材的哪一页了。换言之，你必须记住记得去做某事，这叫做**前瞻性记忆**，即记得在将来要做某些事情（Einstein 和 McDaniel，1990，2005）。

前瞻性记忆的失败是心不在焉的一个主要原因。要避免这些问题，通常需要在你需要记住执行某项行动的时候有一个可以利用的线索。例如，空中交通管制

心不在焉（absentmindedness） 因为缺乏注意而导致的记忆失败。
前瞻性记忆（prospective memory） 记得在将来要做某些事情。

一边开车一边接电话是日常生活中注意分散的一个普遍现象；一边开车一边用手机发短信更糟糕。这样做会非常危险，越来越多的州已经禁止这种行为。

员有时必须推迟一项行动，例如接受飞行员改变高度的请求，但需要记住在几分钟后当情形改变时执行该项行动。在一个模拟的空中交通管制实验中，研究者向管制员提供电子信号，提醒他们在1分钟后执行一项被延期的行动。在一种条件下，提醒在1分钟的等待时间内给出，在另一种条件下，提醒在需要执行行动的时刻给出。只有在需要提取记忆的时刻给出提醒，管制员对需要执行行动的记忆才会得以改善。在等候期间提醒并没有起到什么作用（Vortac, Edwards 和 Manning，1995）。因此，早提醒根本就不算是提醒。

3. 阻滞

你是否曾试图回忆一位著名电影演员的名字或者一本你读过的书，你觉得答案就在嘴边、在脑海中某个地方了，但就是提取不出来？舌尖体验就是记忆**阻滞**的一个经典例子，指的是即使你尽力了也无法提取已经在记忆中的信息。你非常需要的信息已经被编码和存储了，有一个可用的线索就能诱发出回忆。信息本身并没有从记忆中消退，你也没有忘记要去提取它。相反，你正在经历的是彻底的提取失败，这种记忆故障让人特别沮丧。你应该有能力提取出你寻求的信息，这一点似乎是绝对清楚的，但现实情况是你不能。研究者将这种舌尖的状态描述成"一种温和的折磨，有点像处于打喷嚏的边缘状态"（Brown 和 McNeill，1966，第326页）。

研究表明，当人们处于舌尖状态时，他们通常是知道自己不能回忆出的项目的一些信息的，比如一个词语的意思（Schwartz，2002）。为了诱发舌尖状态，实验者向被试播放20世纪50年代到20世纪60年代的电视节目的主题曲，让被试说出电视节目的名称。那些听到了电视剧《明斯特一家》（The Munsters）主题曲却想不起来电视剧名字的被试通常会说那是另一个恐怖剧《亚当斯一家》（The Addams Family）的主题曲。

记忆阻滞尤其经常发生在回忆人名或地名时（Cohen，1990；Semenza，2009；Valentine，Brennen 和 Bredart，1996）。为什么？因为与普通的名称相比，人名和地名与

阻滞（blocking） 即使个体尽力也无法提取记忆中的信息。

相关概念和知识的联系更弱。某个人姓贝克（Baker）并不能提供关于他本人的很多信息，但是，如果说他是一个面包师（baker）则会传递关于他个人的信息。为了说明这一点，研究者向被试展示卡通和连载漫画人物的图片，一些人物的名字是描述性的，突出了人物的关键特征——比如坏脾气（Grumpy）、白雪公主（Snow White）、守财奴（Scrooge），而其他人物的名字是人为起的——比如阿拉丁（Aladdin）、玛丽·波平斯（Mary Poppins）、匹诺曹（Pinocchio）（Brédart 和 Valentine，1998）。即使被试对这两类名字的熟悉度一样，他们对描述性名字的回忆比对人为名字的回忆更少地出现记忆阻滞。

为什么白雪公主比玛丽·波平斯更容易回忆出来？

尽管记忆阻滞出现时令人沮丧，但对我们大多数人而言，这种现象并不会经常出现。不过，随着年龄增长，记忆阻滞情况会增多，那些60来岁和70来岁的老年人常常会抱怨出现记忆阻滞（Burke 等，1991；Schwartz，2002）。更令人惊讶的是，一些脑受损的个体几乎一直处于舌尖状态（Semenza，2009）。有这样一个病人，她看了40张著名人物的照片后只能回忆出2个人的名字，而健康的控制组被试可以回忆出25个名字（Semenza 和 Zettin，1989）。但是，她仍然能够正确回忆出32个人的职业，这和控制组被试没有区别。这个个案以及其他类似的个案为研究者提供了哪个脑区参与提取正确的名字。在回忆名字时发生的记忆阻滞，通常是因为中风所导致的左侧颞叶部分的皮层表面区域受损。实际上，研究发现已经提供了相应证据支持：被试在回忆名字时，颞叶内的区域出现了很强的激活（Damasio 等，1996；Gorno-Tempini 等，1998）。

4. 记忆错位

1995年，美国俄克拉荷马城的联邦大楼遭到炸弹摧毁，该事件发生后不久，警察开始搜寻两个分别叫约翰·多伊1（John Doe 1）和约翰·多伊2（John Doe 2）的嫌疑人。后来查明，约翰·多伊1实际上叫做蒂莫西·麦克维（Timothy McVeigh），他被迅速逮捕，承认了罪行，并被判罪处以死刑。但是约翰·多伊2从未被找到。约翰·多伊2被认为在爆炸发生的两天前，陪麦克维到艾略特的汽车修理厂（Elliot's Body Shop）租用货车。实际上，约翰·多伊2根本不存在，他只是艾略特汽车修理厂的技工汤姆·凯辛格（Tom Kessinger）的记忆的产物，当麦克维租车的时候，他也在场。一天之后，凯辛格在场的情况下，另外两个人也来租了辆货车。第一个人和麦克维很像，个子很高，皮肤白皙。第二个人比较矮壮，黑头发，戴着蓝白色帽子，左侧袖子下面有纹身——这和对约翰·多伊2的描述很匹配。汤姆·凯辛格混淆了对同一地点不同日期看到的人的回忆。他受到

图6.16 记忆错位。1995年，俄克拉荷马城的默拉（Murrah）联邦大楼遭到了恐怖爆炸。警方的素描图所画的约翰·多伊2被认为是罪犯蒂莫西·麦克维在实施爆炸时的同伙。后来确认，目击证人把他于不同日期在艾略特的汽车修理厂看到的不同人的回忆给混淆了。

了**记忆错位**的影响，将回忆或想法归到了错误的来源上（见图6.16）。

记忆错位是目击者错误识别的主要原因之一。基于受害者对面孔的生动回忆，记忆研究者唐纳德·汤姆森（Donald Thomson）被指控犯有强奸罪，但最终因为无懈可击的不在犯罪现场的证明，他的清白得以证明。在强奸发生的时候，汤姆森正在接受关于扭曲记忆的电视直播采访！受害者被侵害之前，观看了该电视节目，因此将汤姆森的面孔错误地记忆成强奸犯的面孔（Schacter，1996；Thomson，1988）。汤姆森的案例尽管有些戏剧性，却不是孤立的事件：在那些嫌疑人被判罪后又通过DNA证据被证明是清白的250个案件里，超过75%的案件里存在目击者错误记忆的因素（Garrett，2011）。

记忆的一个方面是记得我们的记忆来自哪里。这被称作**来源记忆**，即对在何时、何地和以何种方式获取信息的记忆（Johnson，Hashtroudi和Lindsay，1993；Mitchell和Johnson，2009；Schacter，Harbluk和McLachlan，1984）。人们有时能正确地回忆出之前学习的事实，或者正确地识别出之前见过的某人或某物，但是对信息的来源却出现归类错误了——正如发生在汤姆·凯辛格身上和唐纳德·汤姆森案件中那位强奸受害者身上的那样（Davies，1988）。这种记忆错位可能是似曾相识体验的原因，似曾相识体验指的是你突然觉得自己曾经到过某种情境，即使你不能回忆出任何细节。与过去经历相似的当前情景可能触发一种总体上的熟悉感，导致个体错误地认为自己之前曾经处于一模一样的情境之中（Brown，2004；Reed，1988）。

记忆错位（memory misattribution） 将回忆或观点归结到错误的来源上。
来源记忆（source memory） 对在何时、何地和以何种方式获取信息的记忆。

额叶受损的个体特别容易出现记忆错位（Schacter 等，1984；Shimamura 和 Squire，1987）。这可能是因为额叶在努力提取信息的过程中起重要作用，这一过程对于挖掘记忆的正确来源是必要的。额叶受损的个体有时会出现奇怪的记忆错位。1991 年，一位叫做 MR 的 40 岁左右的英国摄影师觉得自己对那些不认识的人有一种强烈的熟悉感。他不停问妻子是否每一个路过的陌生人是某个"名人"——电影演员、电视新闻人员或当地明星。MR 的熟悉感如此强烈，他经常无法抑制地向陌生人靠近，问他们是不是名人。在正式的测试中，MR 对真实的名人的识别正确率与控制组的健康被试并无差别，但是 MR 还"识别"出超过 75% 的不熟悉的面孔，而健康被试几乎不会这样。神经检查表明，MR 患有多发性硬化症，造成额叶受损（Ward 等，1999）。心理学家将 MR 所犯的这类记忆错位叫做**错误再认**，即对于之前没有经历的事情的熟悉感。

如何对似曾相识体验作出解释？

MR 的主观体验，正如日常似曾相识的体验一样，其特征就是个体有一种强烈的熟悉感却无法回忆出任何相关的细节。其他神经受损个体也表现出一种于近期被发现的记忆错位，叫做"似曾经历过"，即强烈但却是错误地感到自己有过某种经历，并记得所发生的细节（Moulin 等，2005）。例如，在看电视的时候，此类病患个体会确信自己之前看过电视剧的每一集了，即使他看的是全新的一集。在购物的时候，他会常常认为没有必要购买所需物品，因为他记得自己已经买过了。尽管这种奇怪的记忆障碍的神经基础尚不明了，但可能是涉及颞叶部分区域受损，正常情况下这些区域可以让个体产生主观上的记得感（Moulin 等，2005）。

不过，我们都容易出现记忆错位。做一下下面的测试，这会是你自己体验错误再认的好机会。首先，学习表 6.1 里面的两列词语，每个词读一秒。你完成之后，回到这个段落来看更多的指导语，但是不要再回过去看表里的词！现在，试着判断一下如下的哪些词语是你刚才学过的：味道、面包、针头、皇帝、甜味、细线。如果你认为自己之前学过味道和细线这两个词，你是正确的。如果你认为没学过面包和皇帝，你也是正确的。但是，如果你认为自己学过针头和甜味这两个词，你就大错特错了。

大多数人会犯完全同样的错误，自信地声称自己学过织针头和

表 6.1

错误再认

酸的	细线
糖果	别针
食糖	眼睛
苦的	缝纫
好的	尖锐
味道	尖端
牙齿	刺痛
美的	顶针
蜂蜜	草垛
苏打	疼痛
巧克力	伤害
心脏	注射
蛋糕	针筒
蛋挞	织物
馅饼	编织

错误再认（false recogniiton） 对之前没有经历的事件感到熟悉的感觉。

甜味这两个词。这种情况之所以发生，是因为之前词表的所有词语都与针头或甜味有关。看到学习词表的每个词语会激活相关的词语。因为针头和甜味与所有相关的词有关系，因此与其他词语相比这两个词变得更为激活，以至于仅仅几分钟后，人们就发誓他们真的学过针头和甜味这两个词语（Deese, 1959; Galla, 2006, 2010; Roediger 和 McDermott, 1995, 2000）。实际上，使用 PET 和 fMRI 的脑成像研究表明，错误再认和真实再认激活了很多相同的脑区，包括海马（Cabeza 等, 2001; Schacter, Reiman 等, 1996；见图 6.17）。当人们观看一系列常见物体（例如，轿车、雨伞）的图片，然后向他们呈现和之前看过的物体样子类似的新物体，这种情况下也会出现类似的结果：被试经常会错误地再认出相似的新物体。在错误再认过程中激活的许多脑区和真实的再认时所激活的脑区一样（Gutchess 和 Schacter, 2012; Slotnick 和 Schacter, 2004）。

不过，错误再认是可以被减少的（Schacter, Israel 和 Racine, 1999）。例如，近期的研究表明，如果给被试两个选项，一个是他们实际看到过的物体（例如，一辆轿车），一个是视觉上近似的新物体（另一辆轿车，与他们实际看过的车很像），被试几乎总是选择他们之前实际见过的轿车，因而避免了

图 6.17 在正确和错误再认下海马的活动。 在正确和错误再认下，很多脑区都表现出相似的活动，包括海马。此图显示了对视觉形状正确和错误识别的一项 fMRI 研究结果（Slotnick 和 Schacter, 2004）。(a) 折线图显示了以 fMRI 信号的强度来衡量的海马的激活水平随时间变化的情况。该图显示，在几秒钟后，对之前学过的形状做出正确再认的激活水平（深蓝线）与对之前没呈现的形状的错误再认的激活水平（天蓝线）相当。与正确地将没呈现过的形状判断为新的激活水平（蓝灰线）相比，正确再认和错误再认都增强了海马区的激活水平。(b) 左侧海马的一个区域。

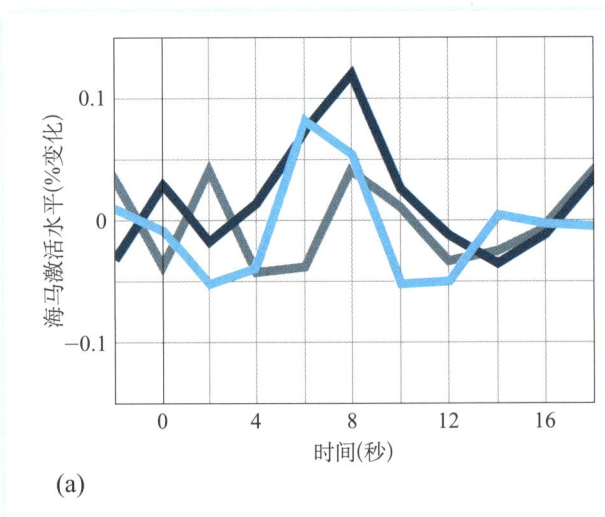

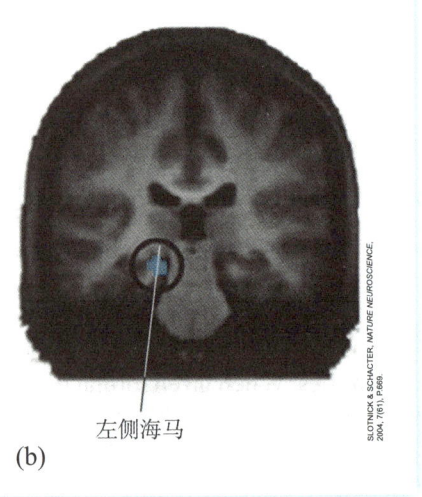

左侧海马

出现错误再认（Guerin等，2012a，2012b）。这个结果表明，出现错误再认的部分原因至少是因为相似的新物体是单独呈现的，这时候被试不能回忆起之前实际看过的物体的特定细节，而要准确地将近似的物体判断为新物体就需要提取这些细节。但是，这种信息在记忆中是存在的，因为被试能够正确地区分学过的物体和视觉上相似的新物体。当人们对一个人、物体或事件有强烈的熟悉感但又回忆不出特定细节时，出现记忆错位的条件就具备了，这种状况既会出现在实验室里，也会出现在现实世界中涉及目击者记忆的情况下。理解这一点可能对降低目击者记忆错位的严重后果具有重要意义。

5. 受暗示性

1992年10月4日，一架埃拉勒航空公司（El Al）的货运飞机撞上了阿姆斯特丹南部郊区的一幢公寓大楼，造成39名居民和4名机组成员全部丧生。该场灾难连续多日占据荷兰新闻报道的主体，人们观看飞机坠毁场面的片段，阅读关于这场灾难的消息。10个月后，荷兰心理学家问大学生一个简单的问题："你在电视上看到过飞机撞到公寓那一刻的场景吗？" 50%的人回答看过（Crombag, Wagenaar和Van Koppen, 1996）。所有这一切似乎显得极为正常，但一个关键的事实是：根本没有飞机真正撞击公寓时那一刻的电视画面。研究者问了一个具有暗示性的问题，即暗示曾经播放过撞击时刻的电视画面。回答问题的人可能观看过飞机坠毁后的电视画面，他们也可能读过、想象过或讨论过飞机撞上公寓时发生的事情，但他们绝对没有看到过飞机撞公寓时的画面。这种暗示性的问题使被试将来自这里或那里的信息错误归入根本不存在的电视画面上。**受暗示性**就是将来自外部的误导性信息整合到个人回忆当中的倾向。

目击者如何会被误导？

如果误导性的细节能够被植入人们的记忆中，是否也有可能对被试暗示从未发生的完整事件呢？答案似乎是可能的（Loftus, 1993, 2003）。在一项研究中，一名叫做克里斯（Chris）的青少年被试被他哥哥吉姆（Jim）要求尽力回忆他在5岁时在商场走失的事情。一开始克里斯什么都回忆不出来，但是几天后，他产生了关于自己走失的详细回忆。他回忆自己"感到非常害怕，可能再也见不到家人了"，还记得一位穿着法兰绒衬衫的好心的老人发现他在哭泣（Loftus, 1993, 第532页）。但是，根据吉姆和其他家庭成员的回忆，克里斯从未在商场走失过。在一项更大规模的针对植入记忆的研究中，24名被试

受暗示性（suggestibility） 将来自外部的误导性信息整合到个体回忆中的倾向。

1992年,一架埃拉勒航空公司的货运飞机撞上了阿姆斯特丹南部郊区的一幢公寓大楼。荷兰心理学家问大学生是否在电视上看到过飞机撞到公寓那一刻的电视画面,大多数人回答看过。实际上,根本不存在这样的电视画面(Crombag 等,1996)。

? 为何回忆童年经历时会受到暗示的影响?

中大约有 25% 的人错误地回忆自己小时候在商场或类似的公共场所走失过(Loftus 和 Pickrell,1995)。

人们在受暗示的情况下产生错误记忆,其原因和记忆错位产生的部分原因是一样的。我们不能将经历的所有细节存储在记忆中,这使得我们易于接受关于可能发生了什么或者应该发生什么的暗示。此外,视觉表象在构建错误记忆方面也扮演着重要角色(Goff 和 Roediger,1998)。让人们想象一个事件,比如想象在婚礼上不小心将潘趣酒(punch)洒在新娘父母身上,这会增强他们产生关于事件的错误记忆的可能性(Hyman 和 Pentland,1996)。

在 20 世纪 80 年代和 90 年代,针对人们在接受心理治疗过程中对儿时经历回忆的准确性问题引发了一场争论,受暗示性在这场争论中起着重要的作用。一个广被宣传的例子涉及一名叫做戴安娜·哈尔布鲁克斯(Diana Halbrooks)的女性(Schacter,1996)。在接受心理治疗几个月之后,她开始回忆其儿时令她不安的事件,比如,母亲曾试图杀死她以及父亲对自己进行了性虐待。尽管其父母否认曾发生过这些事件,但是心理治疗师还是鼓励她相信自己记忆的正确性。最后,戴安娜·哈尔布鲁克斯中止了治疗,开始认识到她所恢复的"记忆"是不准确的。

这种事情怎么会发生呢?心理治疗师所使用的许多旨在唤起被遗忘的童年记忆的技术明显存在暗示性(Poole 等,1995)。具体而言,研究表明,想象过去的事件以及催眠对形成错误记忆有促进作用(Garry 等,1996: Hyman 和 Pentland,1996;McConkey,Barnier 和 Sheehan,1998)。更近期的研究表明,那些人们自发对事件的回忆能够被他人证实的可能性和那些从未忘记自己遭遇侵犯的个体的记忆被证实的可能性是一样的,而那些被具有暗示性的治疗技术唤醒的记忆则几乎无法得到他人证实(McNally 和 Geraerts,2009)。

6. 偏差

2000 年，乔治·布什（George W Bush）和阿尔·戈尔（Al Gore）竞选美国总统，彼此不分上下，在投票结束 5 周后，最高法院进行裁决。投票结束后的第二天（当时结果仍然是个未知数），研究者让布什和戈尔的支持者评价他们在竞选结果出来后自己可能的幸福程度（Wilson，Meyers 和 Gilbert，2003）。在戈尔宣布失败后的第二天，同样的这群支持者再次评价自己的幸福程度。4 个月之后，这些被试回忆自己在竞选结果一出来时自己的幸福程度。

在最高法院宣布布什竞选获胜后，那些最终享受到正面结果（他们的竞选人上台执政）的布什支持者们理所当然会感到幸福。不过，他们在回顾时高估了自己当时的幸福程度。与此相反，戈尔的支持者对最后的结果不满意。但在竞选结果宣布 4 个月后，戈尔的支持者则低估了在结果出来时自己的幸福程度。这两组支持者所回忆的幸福程度与自己当时实际的幸福程度都存在不一致（Wilson 等，2003）。

这些结果表明，记忆存在**偏差**的问题，即目前的知识、信念和感受都可能扭曲对之前经历的回忆扭曲。有时候，人们从过去经历中所回忆的，与其说是反映了过去实际发生的，倒不如说是反映了他们目前所思考、感觉或相信的。研究者也已经发现，个体当前的心境可以导致回忆过去经历时出现偏差（Bower，1981；Buchanan，2007；Eich，1995）。因此，除了帮助你回忆实际发生的悲伤事件（正如你在本章前面看到的），悲伤的心境也能够导致你在回忆那些可能不是那么悲伤的事件时出现偏差。一致性偏差指的是重构过去以吻合当前的偏差。在 1973 年，一名研究者让一些被试评价对一些社会争议问题的态度，这些问题包括大麻的合法化、妇女权利以及支持少数民族（Marcus，1986）。在 1982 年，再次让被试针对上述问题进行同样的态度评价，同时，让被试说出自己在 1973 年的态度评价是怎样的。结果发现，比起他们在 1973 年实际所说的，在 1982 年被试对自己在 1973 年的态度评价的回忆与他们在 1982 年所持的信念更紧密相关，而不是他们在 1973 年实际所说的。

如果你支持的候选人在大选中获胜，你认为你会有多幸福？如果几个月之后让你回忆，你认为自己能够准确地回忆出当时的幸福程度吗？很有可能，记忆过程的偏差会改变你对之前幸福程度的回忆。实际上，在听到说 2000 年总统选举结果的 4 个月之后，布什的支持者高估了他们当时的幸福程度，而戈尔的支持者则低估了当时他们当时的幸福程度。

偏差（bias）　个体目前的知识、信念和感觉对之前经历的回忆的扭曲。

 你目前的观点如何影响对过去事件的记忆?

一致性偏差夸大了过去和现在的相似性,而变化偏差则夸大了我们现在所感觉或相信的和我们过去所感觉或相信的两者之间的差异。换言之,变化偏差也会发生。

例如,我们大多数人愿意相信我们的浪漫依恋关系会随着时间的推移而增强。在一项研究中,正在约会的情侣连续4年每年评价一次他们恋爱关系的当前质量,并回忆在过去的一些年里他们的感觉(Sprecher,1999)。那些4年里都还在一起的情侣回忆他们的爱恋程度比上一次报告的程度都有所增加。但是,当时他们实际的评价数据并没有显示出爱恋程度的增加。客观地说,这些情侣今天对彼此的爱并不比昨天更强。但是,他们的确在主观回忆时觉得有所增加。

一种特殊的变化偏差是自我中心偏差,即为了让自己在回顾过去时显得很好而夸大现在和过去的变化的倾向。例如,学生们有时所回忆的考试之前的焦虑程度要高于他们当时所报告的实际焦虑程度(Keuler和Safer,1998),献血者回忆的献血前紧张程度要高于他们当时实际的紧张程度(Breckler,1994)。在这两个例子中,变化偏差会渲染记忆,让人们觉得自己过去的表现比实际的要更勇敢或更有胆量。与此类似,让大学生回忆高中的成绩,并且将他们的回忆与高中的实际成绩记录进行比对,结果发现,他们对得A的成绩的回忆正确率非常高(89%正确),而对得D的成绩的回忆率极度不准确(29%正确率,Bahrick,Hall和Berger,1996)。同样的自我中心偏差也出现在对大学成绩的回忆上:81%的错误夸大了实际成绩,而且甚至在被试刚毕业就询问他们时这种偏差就存在了(Bahrick,Hall和DaCosta,2008)。人们在按照自己期许的方式而不是事情的本来面目来记住自己的过去。

7. 持久性

艺术家梅林达·斯蒂克尼-吉布森(Melinda Stickney-Gibson)在公寓醒来闻到烟的味道。她从床上跳下来,看到一团团黑烟从地板的缝隙冒出来。猛烈的火焰已经包围了整幢公寓,逃跑的唯一方式就是从她位于三层的公寓窗户跳下去。她刚跳到地面没不久,整幢大楼就爆炸成一个巨大的火球。尽管她逃过了火灾,从窗户跳下来也幸免于难,但关于那次火灾的记忆却困扰着她。当她在空白的画布前坐下来,开始新的创作时,关于那个可怕夜晚的记忆就会闯入她的脑海。之前她的作品是明亮的、色彩鲜艳的抽象画,而后来则变成了灰暗的禅画,包含的色彩只有黑色、橙色和赭色——即火焰的颜色(Schacter,1996)。

梅林达·斯蒂克尼-吉布森的经历展示了记忆的第七个也是最致命的罪：**持久性**，即我们希望忘记过去的事件，但这些事件的回忆却频繁入侵我们的脑海。梅林达的经历并非独特；在令人不安或震惊的事件（例如烧掉梅琳达家的火灾）发生后，记忆的持久性便会出现。尽管能够迅速回忆过去的事件通常被认为是好事情，但是对于顽固性而言，这种能力却变成了一种讨厌的负担。

严格控制的实验室研究表明，对情绪性经历的回忆往往要好于对非情绪性经历的回忆。例如，对令人不愉快的图片（例如残缺的身体）或令人愉快的图片（例如有吸引力的男性或女性）的记忆要比对中性图片（例如家居物品）的记忆更加准确（Ochsner，2000）。情绪唤醒似乎可以将注意力集中到事件的中心特征上。在一个实验中，和观看非情绪性图片系列的被试相比，那些观看了一系列包含血淋淋的车祸场面的情绪唤醒图片的被试能回忆起更多的中心主题，而较少回忆起外周的细节（Christianson和Loftus，1987）。

侵入性的记忆是情绪性经历的不良后果，因为与非情绪性经历相比，情绪性经历通常引起更生动而持久的回忆。有一则证据是来自**闪光灯记忆**的研究，闪光灯记忆指的是对我们在何时何地听到轰动性事件的详细的记忆。例如，对于2011年9月11日世贸大楼和五角大楼遭受的恐怖袭击事件，大多数美国人能够精确地回忆出他们在何处以及如何听说该事件的——几乎就像脑海中有一个闪光灯自动开启，持久而生动地记录下该事件（Kvavilashvili等，2009）。几项研究表明，闪光灯记忆并非总是那么准确，但是通常情况下比对同一时间里发生的一般事件的回忆要更好（Larsen，1992；Neisser和Harsch，1992）。闪光灯记忆可以保持的更长久，部分原因是诸如911恐怖袭击这样的事件所引起的情绪唤醒，还有部分原因是我们倾向于谈论和思考这些经历。回想之前所学的，语义编码可以增强记忆：当我们谈论闪光灯记忆的相关经历时，就会对其进行精细加工，从而进一步增强对该经历被讨论的那些方面的记忆（Hirst等，2009）。

情绪性创伤如何影响记忆？

为什么我们的记忆会如此持续？在对情绪事件的反应方面，脑内一个很小的杏仁形状的结构起着重要作用，该结构称为杏仁核，如图6.18所示。杏仁核可以影响那些使我们在经历情绪唤起事件时能进入高效运转状态的荷尔蒙系统。这些与应激相关的荷尔蒙（比如，肾上腺素和可的松）会使身体进入应对威胁的状态，同时它们也会增

持久性（persistence） 对我们希望忘记的事件的侵入性回忆。
闪光灯记忆（flashbulb memories） 对我们在何时何地听说轰动性事件的详细回忆。

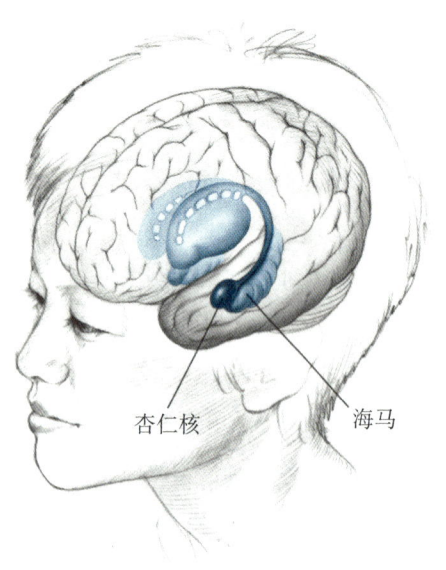

图 6.18 **杏仁核对记忆的影响。**杏仁核位于海马旁边，它对情绪性事件有强烈的反应。杏仁核受损的个体无法对情绪性事件形成比对中性事件更好的回忆（Cahill 和 McGaugh，1998）。

强我们对该事件的记忆。杏仁核受损并不会导致总体的记忆缺陷。不过，杏仁核受损的个体对情绪事件的记忆和对非情绪性事件的记忆没有差异（Cahill 和 McGaugh，1998）。

例如，想一下在这种情况下会发生什么：被试观看一系列图片，这些图片一开始展示的是一位母亲带着孩子走路去学校，后来的图片涉及一个情绪唤起事件：孩子遭遇了车祸。随后的测试表明，被试对情绪唤起事件的记忆要好于对一般事件的记忆。但是，杏仁核受损的被试对这两类事件的记忆却一样好（Cahill 和 McGaugh，1998）。PET 和 fMRI 扫描表明，健康被试在观看一系列包含情绪唤起事件的图片时，杏仁核的激活程度可以很好地预测随后对这些图片的回忆。如果在观看情绪性事件时杏仁核的活动增强，那么被试就更有可能在随后的测试中回忆起这些事件（Cahill 等，1996；Kensinger 和 Schacter，2005，2006）。如果给被试施以某种药物干扰了杏仁核介导的压力荷尔蒙分泌，那么他们对情绪性内容的记忆就不会好于对一般内容的记忆。

在很多情况下，对高度情绪性的事件，特别是那些对生命有威胁的事件形成稳固记忆有很明显的好处。不过，此类记忆可能会变得过度稳固以至于干扰了日常生活的其他方面。

记忆的七宗罪是利还是弊？

你可能已经得出结论，人类进化让我们承载了一个效率极低的记忆系统，这个记忆系统如此容易出现错误以至于经常损害我们的生活质量。事实并非如此。记忆的七宗罪是我们为记忆提供的诸多好处而付出的代价，是人类记忆系统正常高效运作中出现的偶然产物。

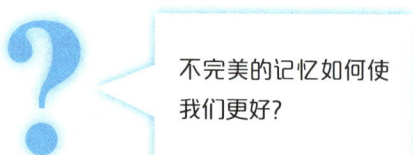

不完美的记忆如何使我们更好？

例如，考虑一下记忆的易逝。不管过去了多久，依然记得生活中的每个事件的所有细节难道不是很棒的事情吗？未必如此。你还记得吉尔·普利斯，在本章开始我们描述的那位女性吗？她就具有这种能力,却说这种能力快要把她逼疯了。

忘记那些已不是当前需要的信息(比如一个过去的电话号码)对我们来说是有好处的,有时候也是很重要的。如果随着时间的推移,我们不会渐渐忘记信息,我们的脑子里就会充斥着不再需要的各种细节(Bjork,2011; Bjork 和 Bjork,1988)。在同一时间段内,与被频繁使用的信息相比,不被频繁使用的信息在将来更可能不会需要(Anderson 和 Schooler,1991,2000)。从本质上看,记忆是在打赌:如果我们最近没有使用某些信息,那么在将来也可能不会用到它们。更多情况下,我们是赌赢了的,这就导致记忆的易逝成了具有适应意义的特性。但是,我们这种赌注的失败分外敏感——我们因为遗忘而感到沮丧,却从未意识到我们所赌赢的记忆正常运作时带给我们的好处。这就是为什么人们经常记忆一出现问题就开始抱怨:遗忘的弊端令人痛苦,这显而易见,但是遗忘的好处却被隐藏了。

与此类似,尽管心不在焉和记忆阻滞也令人沮丧,但是它们只是我们的记忆成功地归类外来信息、保持那些值得注意和回忆的细节、放弃那些不那么值得注意和回忆的细节的副产品。

记忆错位和受暗示性之所以存在,是因为我们经常不能回忆起我们看到一张面孔或者了解一个事实的具体时间和地点。这是因为记忆具有适应机制,以保持当前环境下最有可能需要的信息。我们几乎不需要记住每次经历的所有精确的背景细节。只有当我们认为这些细节在随后会被用到的情况下,我们的记忆才会仔细地记录这些细节,而大多数情况下这对我们是有好处的。此外,我们经常使用记忆来预测将来可能发生的事件。正如之前讨论的,记忆是灵活的,能让我们以新的方式将过去的经历的元素重新组合,这样一来我们就能在脑海中想象可能发生的各种情形。但是,这种灵活性——作为记忆的一种优势——有时也可能导致记忆错位,即过去经历的元素被错误地组合在一起(Schacter 和 Addis,2007; Schacter,Cuerin 和 St. Jacques,2011)。记忆偏差会让记忆出现偏离,使我们过度感觉良好,但是这种偏差有个好处,那就是增强自我的总体满意程度(Taylor,1989)。对自我怀有积极的幻觉可以促进心理健康(Taylor,1989)。尽管记忆的持久性会让我们经受那些最好能被忘记的创伤性记忆的烦扰,但总体而言,记得那些可能威胁我们生存的危险的或创伤性的事件可能具有适应性意义。

尽管上述记忆的七宗罪会给我们的生活造成麻烦,但是它们也具有适应性意义的一面。你可以将这七宗罪看作是我们在享受记忆在大部分情况下正常运作所带来的好处而付出的代价。

> **小结**

▲ 记忆的错误可以被归结为七宗罪。

▲ 记忆的易逝表现为记忆的迅速下降以及之后出现的缓慢遗忘。随着时间的推移,记忆从精细转为笼统。衰减和干扰都会促进记忆的消逝。心不在焉是由缺乏注意、浅层加工以及自动化的行为所引起的。当存储的信息暂时不能被提取就会发生记忆阻滞,比如舌尖现象。

▲ 记忆错位出现在如下情形:我们感到熟悉却不能回忆或错误地回忆事件出现的时间和空间的细节信息。记忆错位可以导致目击者的错误判别或错误再认。额叶受损的个体特别容易出现错误再认。记忆的受暗示性会导致对某些细节或整个情景的记忆被植入脑海中。诸如催眠或视觉想象这样的暗示技术能够促进对被暗示的事件的生动回忆,心理治疗师使用暗示技术可能会导致来访者出现一些关于儿时创伤的错误记忆。记忆偏差反映了个体当前的知识、信念和感觉对记忆或过去经历的影响。记忆偏差能够导致我们把过去与目前的情形保持一致、夸大过去和现在的差别、或者以一种有助于使自己显得不错的方式来记住过去。

▲ 记忆的持久性反映了这样一个事实,即情绪唤醒通常会增强记忆,无论我们是否想要记得某次经历。记忆的持久性的部分原因是受杏仁核影响的荷尔蒙系统的作用。尽管记忆的七宗罪会给我们的生活带来麻烦,它们也具有适应性意义。

▲ 记忆的正常运作会带给我们好处,大多数情况下记忆是可以正常运作的,你可以将记忆的七宗罪看成是我们为享受这些好处而付出的代价。

> **其他声音** 早期记忆

在他的最近的一本关于记忆的书《时光的碎片》的一个精彩的段落里,心理学家查尔斯·费尼霍(Charles Fernyhough)(2012,第1-2页)描述了他试图回忆自己钓到的第一条鱼。他得到了他认为的答案,但是他是怎么知道的?

"你能记得吗?"

这开始于我7岁儿子的一个问题。我们在拜沙阿连特茹(Baixa Alentejo)租住的小屋的院子里打发时间,等着去阿尔加维(Algarve)海岸进行轮船旅行。艾萨克(Isaac)用他度假的钱买了一个手持玩具,可以将泡沫火箭推向高空,其中有个火箭在游泳池后面的碎石地面上弄丢了。我们在一起寻找的时候,他喋喋不休地说从葡萄牙回国后好想和我一起去钓鱼。我告诉过他当我还是他那么大的时候经常和叔叔在我祖父母位于艾塞克斯房子的后院湖里钓鱼。儿子突然问道:

"那你还记得钓到的第一条鱼吗?"

我直直地站着,望着外面的农田从我们所在山坡的较高的地方倾斜而下。我已经有35年没钓鱼了,但是我有时仍然可以回忆起和叔叔短途出游的日子。当回忆起那些日子,一些过去的画面就会在我脑海中浮现。我能回想起中间有个小岛的绿湖,那如垂柳叶模样的裸露岩石在我当时幼小的眼里想象中是多么神秘而不可触及!我能感受到爱开玩笑的叔叔在我身旁,他时而沉默良久,时而友善地打趣。我记得将去了皮的小块白面包浸在池塘的水中,然后拿出来捏软后放在鱼钩上作为诱饵的感觉,以及看到一只白鼬在下午来造访时的激动心情(对一个充满热情的年幼业余自然主义者而言),那只白鼬匆匆在芦苇丛穿跃,黑色末梢的尾巴上下摇摆。我记得将鱼钩从赤睛鱼的嘴里取出,然后将这个肌肉发达的银色家伙扔回湖里,让它带着穿孔重新生活,这真是个诡异、有点可怕的举动。但是,我从来都没想起过感觉到鱼线被拽着的时刻,以及预期鱼要被钓上来的激动。我也肯定没有被问到过这样的问题,让我将回忆范围缩小到第一次钓到鱼的时刻。

"我不知道,"我回答道。"我是这么认为的。"

什么能解释我的不确定呢?

试着回忆你生活中关于某个特定事件的最早的记忆:你如何知道你的回忆什么时候发生?你如何知道你正在回忆的就是真实的事件呢?你需要什么样的证据才能确信记忆是正确的呢?你能想到可能提供相关证据的实验吗?

解决这个问题的一个方法是询问人们对那些有具体日期的事件的记忆,比如弟弟妹妹出生的日期,自己所爱的人的去世日期,或者搬家的日期。例如,一项研究发现,个体在他们大约2.4岁的时候就能回忆出弟弟妹妹出生日期前后发生的事件(Eacott和Crawley,1998)。

你认为从这些研究中能得出确凿的结论吗?是否有可能人们对这些早期事件的记忆是基于在这些事件发生很久后家庭成员的谈话而形成的?一位成年人或儿童若能记得自

己的妹妹出生时自己正在医院吃冰淇淋，那可能只是回忆起父母在该事件发生后所告诉他的事情（见文化和社区栏目）。精细设计的实验可能帮助我们回答查尔斯·费尼霍在回应儿子天真的问题时所引发的疑问，但是要真正解开早期记忆之谜，我们还有一段很长的路要走。

Charles Fernyhough, *Pieces of Light: How the New Science of Memory Illuminates the Stories We Tell About Our Pasts.* London: Profile Books Ltd.，2012/New York: Harper, 2013. Copyright © Charles Fernyhough，2012. 经许可使用。

本章回顾

关键概念小测试

1. 记忆编码是_____的过程。
   a. 将我们知觉、思考或感觉到的转换成持久记忆
   b. 随着时间的推移将信息保持在记忆中
   c. 将之前存储的信息重新提取出来
   d. 我们回忆之前学过但被遗忘的信息

2. 下面哪个过程是将新信息以一种有意义的方式与已经存储在记忆中的信息相联系？
   a. 自发编码
   b. 组织编码
   c. 语义编码
   d. 视觉表象编码

3. 我们的祖先依赖于下面哪一种编码？
   a. 组织信息的编码
   b. 繁殖机制的编码
   c. 与生存相关信息的编码
   d. 愉悦情形的编码

4. 哪种记忆存储将信息保存1到2秒钟？
   a. 逆行记忆
   b. 工作记忆
   c. 短时记忆
   d. 感觉记忆

5. 记忆在脑中变得稳固的过程被称作_____。
   a. 巩固
   b. 长时记忆
   c. 视像记忆
   d. 海马索引

6. 长时程增强的发生是通过_____。
   a. 中断神经元之间的通讯
   b. 增强突触的联接
   c. 再巩固被破坏的记忆
   d. 睡眠

7. 你处于悲伤的心境时更容易回忆起悲伤的事件，这表明了_____。
   a. 编码特异性原则
   b. 状态依存性提取

c. 迁移适宜性加工

d. 记忆的可被提取性

8. 下面哪一项关于记忆提取的后果的表述是错误的?

   a. 提取诱发的遗忘能够影响目击者记忆。

   b. 记忆提取能够增强被提取的记忆。

   c. 记忆提取能够损害随后的记忆。

   d. 记忆提取通过对信息的重复来增强随后的记忆。

9. 脑成像研究表明,试图回忆会激活_____。

   a. 左侧额叶

   b. 海马区域

   c. 枕叶

   d. 颞叶的上部

10. 有意识地或刻意地回忆过去经历被称作_____。

    a. 启动

    b. 程序性记忆

    c. 内隐记忆

    d. 外显记忆

11. 遗忘症患者不能保持下面哪一种记忆?

    a. 外显记忆

    b. 内隐记忆

    c. 程序性记忆

    d. 启动

12. 回忆起你小时候参加的一次家庭团聚反映的是_____。

    a. 语义记忆

    b. 程序性记忆

    c. 情景记忆

    d. 知觉启动

13. 记忆的保持率在开始快速下降,随后遗忘速度变缓,反映了下面哪种现象?

    a. 组块

    b. 阻滞

    c. 心不在焉

    d. 易逝

14. 目击者的错误鉴别或错误再认最有可能是_____导致的。

    a. 记忆错位

    b. 记忆的受暗示性

    c. 记忆的偏差

    d. 后摄抑制

15. 情绪唤醒通常会增强记忆,下面哪一点支持这个事实?

    a. 自我中心偏向

    b. 记忆的持久性

    c. 前摄抑制

    d. 来源记忆

> 关键术语

记忆	编码	存储	提取
语义编码	视觉表象编码	组织编码	感觉记忆
视像记忆	声像记忆	短时记忆	复述

组块	工作记忆	长时记忆	顺行性遗忘
逆行性遗忘	记忆巩固	记忆再巩固	长时程增强（LTP）
提取线索	编码特异性原则	状态依存性提取	迁移适宜性加工
提取诱发的遗忘	外显记忆	内隐记忆	程序性记忆
启动	语义记忆	情景记忆	记忆的易逝
后摄抑制	前摄抑制	心不在焉	前瞻性记忆
记忆的阻滞	记忆错位	来源记忆	错误再认
记忆的受暗示性	记忆偏差	记忆的持久性	闪光灯记忆

转变观念

1. 你的一个朋友在她小时候父亲因癌症去世，"我真的希望我可以更好地回忆起他"，她说道。"我知道所有的记忆都封存在我的头脑中。我正在考虑接受催眠来解开其中的一些记忆。"你解释说我们实际上并不能将对发生的一切事情的记忆存储在头脑中。你会举哪些例子来说明记忆可以随着时间推移而丧失？

2. 你的另一个朋友生动地记得在2001年9月11日和父母坐在起居室，观看电视直播世贸中心双子楼在恐怖袭击中倒塌了。"我记得母亲在哭泣，"他说道，"她的哭泣比电视画面更吓人。"后来，他回家探望父母，和母亲讨论起911恐怖袭击事件。母亲确信地告诉他在恐怖袭击发生的那天上午他其实在学校，到午饭时间才被送回家，那是在世贸中心双子楼塌陷之后了，他对这个说法非常震惊。"我不能理解，"后来他告诉你。"我认为她一定是搞糊涂了，因为我对那天上午的事情记得非常清楚。"假设你朋友的母亲对事件的回忆是正确的，你会如何向朋友解释他的快照记忆可能是错误的？他可能出现了哪种记忆的错误？

3. 你问学心理学的同班同学是否愿意形成一个学习小组来准备即将到来的考试。"我没有冒犯之意，"她说道，"但是我只需要阅读这一章八到十遍，我就可以达到最佳的学习效果，我不需要什么学习小组就能做到这一点。"你同学的学习计划有什么错误？学习小组的成员可以通过哪些方式帮助彼此提高学习效果？

4. 你和一个朋友参加一个校园聚会，遇到了很多之前没见过的人。聚会后，你的朋友说，"我喜欢我们遇到的大多数人，但是我永远记不住他们所有人的名字。有些人记忆力好，有些人记忆力差，我对此也无可奈何。"你会给朋友什么建议来帮助他在下一次聚会时记住他所遇到的人的名字？

5. 你的一个朋友正在上一门刑事司法的课，她读到一个案例，一个被指控为谋杀罪的犯罪嫌疑人后来因为 DNA 证据被证明是清白的。"这是对司法的亵渎，"她说道。"很明显，目击证人将罪犯从若干嫌疑人中挑了出来，在法庭审判时又将他辨认为罪犯。来自化学实验室的证据不应该比目击证人的证词更算数。"关于目击者证词，你的朋友没有意识到什么方面？哪种记忆错误可能导致目击者相信自己正确地做出了鉴别，但实际上做出了错误的鉴别？

关键概念小测试答案

1. a; 2. c; 3. c; 4. d; 5. a; 6. b; 7. b; 8. d; 9. a; 10. d;
11. a; 12. c; 13. d; 14. a; 15. b.

需要更多帮助吗？更多资源就在 LaunchPad，请登陆

http//www.worthpublishers.com/launchpad/schacter3e

第 7 章
学习

▲ 经典条件反射：一个事件导致另一个事件 _353
经典条件反射的发展：巴甫洛夫的实验 _353
经典条件反射的基本原理 _355
现实世界　理解吸毒过量 _357
条件情绪反应：小阿尔伯特的案例 _360
深入理解经典条件反射 _362

▲ 操作条件反射：来自环境的强化 _367
操作条件反射的发展：效果律 _367
斯金纳：强化和惩罚的作用 _369
文化与社区　强化物存在文化差异吗？_373
操作条件反射的基本原理 _374
深入理解操作条件反射 _382
科学热点　帕金森病中的多巴胺和奖赏学习 _386

▲ 观察学习：看着我 _392
人类的观察学习 _393
动物的观察学习 _395
观察学习的神经机制 _397

▲ 内隐学习：不知不觉 _400
内隐学习的认知方法 _401
内隐和外显学习使用不同的神经通路 _403

▲ 课堂学习 _405
学习技巧 _405
测验辅助注意 _407
学习控制 _408
其他声音　在线学习 _410

珍妮弗（Jennifer）是一名 45 岁的军队护士。伊拉克战争期间，她在国外服务了 19 个月。在此之前，她与结婚 21 年的丈夫以及他们的两个孩子平静地住在美国的一个乡村。在伊拉克，她为美国士兵及其他国的士兵提供医疗护理，同时也为伊拉克市民、囚犯、军事极端分子提供医疗服务。

珍妮弗被安排在靠近巴格达的一个医院服务了 4 个月。在那里她目睹了许多骇人听闻的事件。监狱通常是迫击炮残酷袭击的目标，导致大量严重的人员伤亡，包括那些有血腥的外伤和肢体残缺的人。珍妮弗每次轮班工作 12—14 小时，每每在接近一些受伤最严重的伤员时还要尽量避开袭来的炮火。她经常会闻到烧焦后的肉体发出的气味以及看到那些"年轻的，破损的身体"，这些都成为她日常工作中的一部分（Feczer 和

Bjorklund，2009，第285页）。

这种反复的创伤对珍妮弗造成了伤害。回到家后，很显然她并没有遗忘她在伊拉克战争期间的经历。珍妮弗反复地想起这些经历。这些经历也大大地影响了她对日常生活中各方面的反应。在煮肉时看到血或闻到气味会使她胃疼，以至于她不得不停止吃肉。以前她对直升飞机靠近的声音并没有感觉，而在伊拉克这个声音标志着有新的伤员要运到，现在这个声音会让珍妮弗感到更强烈的恐惧和焦虑。她时常从噩梦中惊醒，那些梦都是关于她在伊拉克所经历的那些最糟糕的事情，例如照看那些多处截肢的伤员。用描述她的案例的作者的话来说，珍妮弗被她在伊拉克的经历"永远地改变了"（Feczer和Bjorklund，2009）。这就是为什么尽管詹妮弗的故事很令人担忧，但却能很有说服力地用来介绍学习这个主题。

珍妮弗回到家后发生在她身上的大部分事情反映了一种基于联结的学习的作用。在伊拉克的场景、声音和气味已经和负性情绪发生了联系，形成了一种持久的结合。所以，当她在家里面对类似的场景、声音和气味就引起了类似的强烈的负性感受。

学习是对那些能导致生物体行为发生变化的不同的技术、程序和结果的总和的简称。学习心理学家已经识别出并研究了多至40种不同类型的学习。然而，它们都有一个基本的原理。**学习（learning）** 包括了从经验中获得新知识、新技能或反应，导致了学习者状态的相对持久的变化。这个定义强调了以下几个关键内容：

> 学习是基于经验的。
> 学习引起了生物体的变化。
> 这些变化是相对持久的。

回想一下珍妮弗在伊拉克的时光，你就会发现所有这些因素：经验，例如直升飞机接

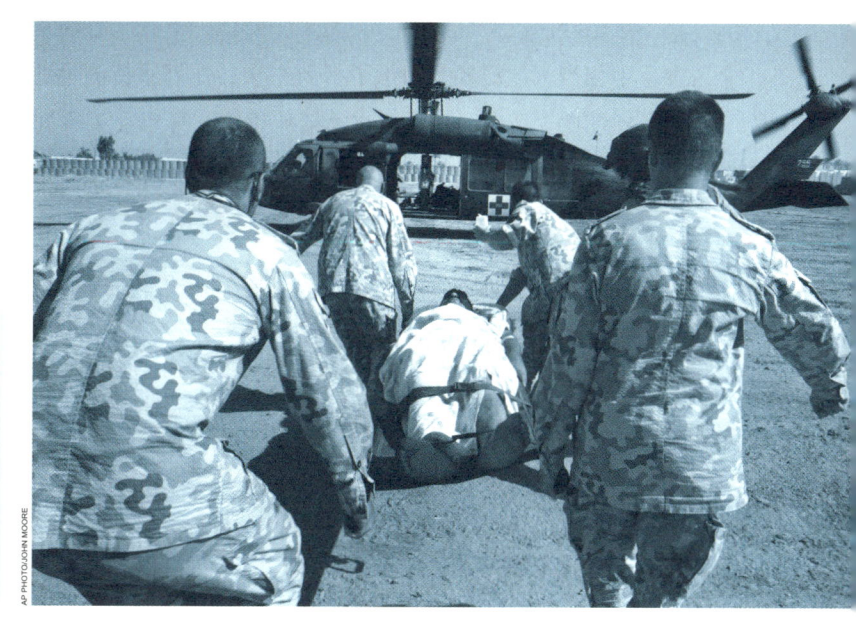

伊拉克战争期间，在巴格达附近的监狱医院服务的4个月中，珍妮弗学会了将直升机降落的声音和伤员联系在一起。这种习得的联结对她产生了持久的影响。

学习（learning） 从经验中获得的新知识、新技能或反应导致了学习者状态的相对持久的变化。

近的声音和伤员到来之间建立了联结；这些经验改变了珍妮弗对某些特定情景的反应模式；这种改变持续了很多年。

学习也可以在更简单的、非相互关联的形式下发生。你或许了解一种叫**习惯化（habitation）**的现象，指的是重复或持续接触一种刺激导致反应逐渐减少的过程。如果你曾经住在当地飞机场的航线下方，或靠近铁路线，或挨着一个繁忙的高速公路，那么当你第一次住进去的时候，你可能会注意到波音 737 冲向降落跑道时的震耳欲聋的轰鸣声，或火车在铁轨上奔驰的咔哒声，或者繁忙的车流声音。你或许也会注意到，住了一阵后，轰鸣声不再那么震耳欲聋了，甚至最后你都忽略了附近的飞机、火车或汽车的声音。这种受欢迎的反应减少就是习惯化的过程。

习惯化甚至能在最简单的生物体上发生。例如，在"记忆"一章里，你已经了解了诺贝尔奖获得者埃里克·坎德尔（Eric Kandel, 2006）对小小的海参类动物海兔进行的深入研究。坎德尔及同事清楚地展示了海兔的习惯化表现：当轻轻触摸海兔时，一开始它会缩鳃，但经过反复轻触后这个反应逐渐变弱。此外，海兔还能表现出另一种简单的被称为**敏感化（sensitization）**的学习方式，它指的是一个刺激的出现导致了对随后刺激的反应增强。例如，坎德尔发现在受到巨大的惊吓后，海兔对轻微的触碰会表现出更强的缩鳃反应。类似地，如果某个房子近期被窃贼闯入过，房主会对那些以前并不会影响到他们的半夜的声响变得高度敏感。

尽管这些简单的学习类型很重要，但是在本章里，我们将集中在更复杂的、心理学家已经广泛研究的学习类型上。回想一下在"心理学的科学之路"一章里，心理学历史中相当大的篇幅都归给了行为主义，他们坚持测量那些可观测的、可量化的行为，不考虑那些无关的、无从知晓的精神活动。行为主义是 20 世纪 30 年代到 1950 年底大部分心理学家的主要观点，大部分关于学习理论的基础工作也是在这一时期开展的。

你或许会对行为主义和学习理论存在交集觉得有点惊讶。毕竟从某个水平来看，学习是抽象的：某个无形的东西对你起作用，随后你思考或行动就不一样了。你如果把这种转变解释为一种精神观念的变化也是符合逻辑的。但是，大部分的行为主义者认为学习中的"经验的永久改变"可以很好地表现在任何生物体上：大鼠、狗、鸽子、小鼠、猪，或人类。从这一点来看，行为主义者把学习看成是一种不需要精神活动的、纯粹的行为活动。

在许多方面来说，行为主义者是对的。我们所了解的关于生物体如何学习的许多知识都直接来自行为主义者对行为的观察。然而，他们也夸大了事实。若要了解学习过程，还是需要考虑到一些重要的认知因素（指的是精神活动的成分）。在本章的头两部分，

习惯化（habituation） 重复或持续地接受一种刺激导致反应逐渐减少的过程。

敏感化（sensitization） 一个刺激的出现导致了对随后刺激的反应增强的一种简单的学习形式。

我们将讨论两个主要学习方法的发展及其基本原理：经典条件反射和操作条件反射。随后，我们将转到一些仅仅靠观察其他人就可以发生的重要的学习类型，此类观察学习在行为的跨文化传播中起着重要作用。再之后，我们将发现某些类型的学习完全可以在意识之外发生。最后，我们将讨论在一种对你来说很重要的环境下的学习：课堂学习。

经典条件反射：一个事件导致另一个事件

美国心理学家约翰·华生（John B. Watson）发起了行为主义运动。他声称心理学家应"永远不使用意识、精神状态、心智、内容、内省检验、表象及此类的术语"（Watson, 1913, 第166页）。华生这种煽动性的言论主要是受到了一位俄国生理学家伊凡·巴甫洛夫（Ivan Pavlov, 1849—1936）的研究工作的鼓舞。

巴甫洛夫因其对狗分泌唾液的研究而获得了1904年诺贝尔生理学奖。巴甫洛夫通过手术在狗面颊植入导管，测量他们对不同食物的唾液分泌，以此来研究实验室动物的消化过程。很偶然地，他对唾液分泌的研究揭示了一种学习形式的机制。这种学习被称为经典条件反射。当一个中性刺激和一个可以导致自然反应的刺激配对后，中性刺激会导致反应出现，这时**经典条件反射（classical conditioning）**就发生了。在他的经典实验里，巴甫洛夫发现，将诸如铃声或纯音这样的中性刺激和另一种能自然地引发唾液分泌的刺激例如食物进行联系后，狗能学会对这些中性刺激分泌唾液。

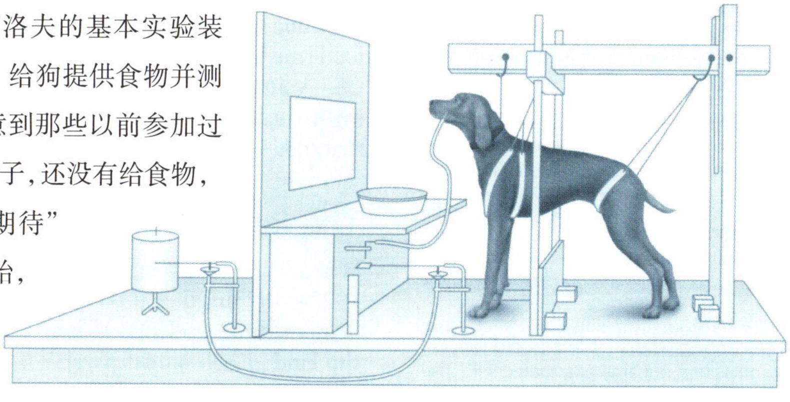

图7.1 巴甫洛夫研究经典条件反射的装置。 巴甫洛夫用一个铃铛或一个音叉给动物呈现听觉刺激，视觉刺激可以在屏幕上呈现。

经典条件反射的发展：巴甫洛夫的实验

如图7.1所示，巴甫洛夫的基本实验装置是把狗用带子固定住，给狗提供食物并测量唾液分泌反应。他注意到那些以前参加过实验的狗只要一被拴上带子，还没有给食物，它们就开始产生一种"期待"的分泌唾液反应。一开始，巴甫洛夫及同事认为这种反应只是干扰，因为

经典条件反射（classical conditioning） 当一个中性刺激和一个可以导致自然反应的刺激配对后，中性刺激会导致反应出现，由此产生的一种学习类型。

它们妨碍了收集自然产生的唾液。实际上，这些狗的反应符合经典条件反射的四个基本要素：

➢ 最初给狗呈现一盘食物的时候，他们开始分泌唾液。这没什么奇怪的——在大部分的动物面前摆放食物都会引发唾液分泌过程。巴甫洛夫把呈现食物称为一种**无条件刺激**（unconditioned stimulus，US），即能可靠地引起生物体自然反应的刺激。

➢ 他把狗的唾液分泌称为一种**无条件反应**（unconditioned response，UR），即由无条件刺激可靠地引起的一种反射性的反应。

➢ 巴甫洛夫很快就发现，他可以使狗对中性刺激分泌唾液，就是那些通常不会引起动物唾液分泌的事物，例如铃声。在各种不同的实验里，巴甫洛夫把食物和铃声配对呈现、和节拍器的滴答声配对呈现、和音叉的嗡嗡声配对呈现，或是和闪烁的光配对呈现（Pavlov，1927）。果然，他发现狗会对这些声音或闪光分泌唾液，这些刺激就成为了**条件刺激**（conditioned stimulus，CS），即在和一个无条件刺激配对后能引起生物体可靠反应的中性刺激（见图 7.2）。

图 7.2 经典条件反射的要素。在经典条件反射中，先前的中性刺激（如铃铛的声音）和一个无条件刺激（如呈现食物）配对出现。经过多次配对试验后，仅靠条件刺激（声音）就可以引起一个条件反应。

➢ 自然界不存在什么东西能让一

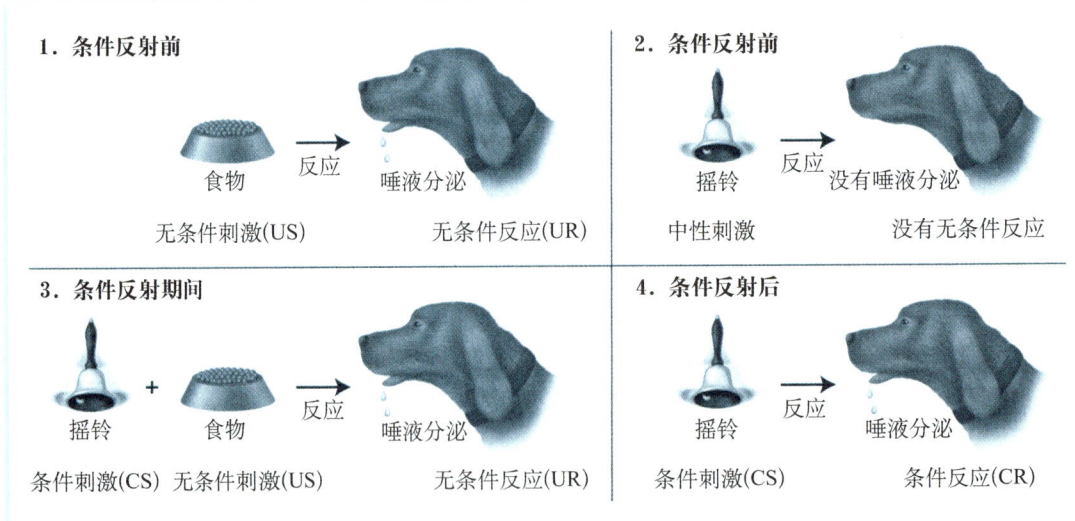

无条件刺激（unconditioned stimulus，US） 能可靠地引起生物体自然反应的刺激。
无条件反应（unconditioned response，UR） 由无条件刺激可靠地引起的一种反射性的反应。
条件刺激（conditioned stimulus，CS） 在和一个无条件刺激配对后能引起生物体可靠反应的中性刺激。

只狗对铃声分泌唾液。然而,当条件刺激(铃声)与无条件刺激(食物)配对出现一段时间后,动物就学会把食物和声音联系起来。最终,条件刺激就足以引起反应,即唾液分泌。这个反应和无条件反应类似,不过巴甫洛夫把它称为**条件反应(conditioned response,CR)**,即和无条件反应相似但却是由条件刺激引起的一种反应。在这个例子里,狗分泌唾液(条件反应)最终是仅由铃声(条件刺激)引发的,因为铃声和食物(无条件刺激)在之前经常被联系在一起。

想想你自己的狗(或猫)。你的狗是不是总是知道什么时候要吃晚饭,就差自己拉开椅子、把餐巾塞到她的领口了?好像她每天都眼盯着时钟,等待晚饭时间似的。哎呀,你的狗并不是看守时间的猎犬。事实上,食物(无条件刺激)的出现已经和复杂的条件刺激联系在一起了——你站起身、走到厨房、打开橱柜、使用罐头开瓶器——这样一来条件刺激本身就告诉狗它们的食物就要来了,因而触发了她准备要吃饭的条件反应。

为什么一些狗好像知道它们什么时候开饭?

经典条件反射的基本原理

当巴甫洛夫的研究发现首次出现在学术杂志和流行杂志上时(Pavlov,1923a,1923b),这些内容引起了一股兴奋的热潮,因为心理学家们终于有了可靠的证据来说明条件反射是如何导致习得行为的。这正是行为主义心理学家约翰·华生所提出来的:一个生物体经历可观察和可测量的事件或刺激,而且在生物体上发生的变化可以被直接观察和测量到。狗能学会对蜂鸣声分泌唾液,而且不需要去解释为什么会发生、狗需要什么、或者动物是如何考虑这些情境的。换句话说,在经典条件反射范式下并不需要考虑心理层面,正是这一点吸引了华生和行为主义者们。巴甫洛夫也意识到他的研究发现具有重要的意义,并着手对经典条件反射的机制进行了系统的研究。让我们更仔细地看一下这些原理中的一部分。(正如在"现实世界"一栏里所写的,这些原理可以解释为什么会出现吸毒过量)

习得

还记得你第一次得到一条狗的时候吗?很可能她看起来一点也不聪明,尤其是当你去厨房时她茫然地盯着你的样子,她并没有预期到食物马上就要来了。这是因为通过经

条件反应(conditioned response,CR)　和无条件反应相似但却是由条件刺激引起的一种反应。

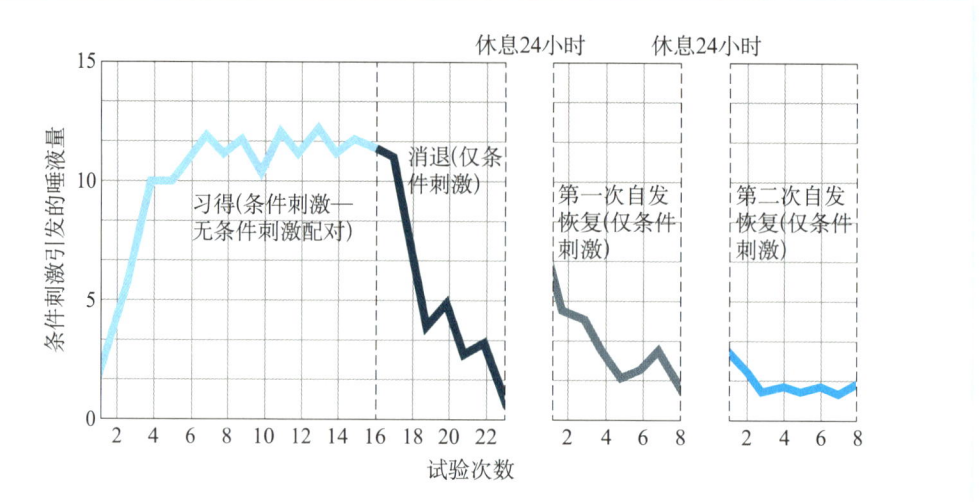

图 7.3 习得、消退和自然恢复。 在经典的条件反射中,条件性刺激原本是中性的,并且不会引起特定的反应。在把条件刺激和无条件刺激配对呈现几次后,条件刺激本身就可以引发唾液反应(条件反应)。学习往往发生得很快,之后随着反应的稳定发展而趋于平稳。在消退中,条件反应很快消失直到不再出现。然而,一段休息时间后,通常会出现条件反应的自发恢复。事实上,即使是在没有额外学习的情况下,一个习得很好的条件性反应可能在很多个休息时间段后仍能表现出自发恢复。

典条件反射进行学习需要一段时间来建立条件刺激和无条件刺激的联系。这一段时期被称为**习得**(acquisition),即经典条件反射中条件刺激和无条件刺激共同出现的阶段。在经典条件反射的最初阶段,通常会有一个学习逐渐增加的过程:起点很低,然后快速提高,再缓慢地减少。正如图 7.3 所示。经过声音和呈现食物的多次配对,巴甫洛夫的狗的唾液分泌量逐渐增加。类似地,你的狗最终也能学会把你去厨房准备和随后的食物出现这两者联系起来。一旦学习被建立起来,条件刺激本身就能稳定地诱发条件反应。

二阶条件反射

一旦条件反射建立起来,有一种叫**二阶条件反射**(second-order conditioning)的现象也会出现:由条件刺激和一个之前已与无条件刺激建立联系的刺激相匹配而产生的条件反射。例如,在一个较早开展的实验里,巴甫洛夫反复地将一个新的条件刺激(黑

习得(acquisition) 经典条件反射中条件刺激和无条件刺激共同出现的阶段。
二阶条件反射(second-order conditioning) 由条件刺激和一个之前已与无条件刺激建立联系的刺激相匹配而产生的条件反射。

色正方形）和已经能引起稳定的唾液分泌反应的铃声匹配在一起。经过多次训练试验后，尽管这个正方形从来没有直接地和食物配对过，但是他的狗也能对黑色正方形分泌唾液。二阶条件反射有助于解释为什么有些人渴慕金钱，以至于他们积攒财富并把财富看得比它所能购买的东西还珍贵。起初，金钱是用来购买那些能使人产生愉悦感受的东西的，例如豪华轿车。之后，尽管金钱并不直接地和驾驭新跑车的刺激感相联系，但通过二阶条件反射，金钱便开始和此类欲求建立起了联系。

现实世界

理解吸毒过量

警察们经常会面对一个令人不解的现象：成瘾者因毒品使用过量而突然死亡。这种死亡之所以让人费解至少有三个原因：这些受害者通常是有经验的毒品使用者；摄入的毒品剂量往往并不大于他们通常的摄入量；死亡往往发生在不寻常的环境中。有经验的毒品使用者就是这样：很有经验！因此，你会认为他们过量摄入毒品的可能性应该是比较低的。

经典条件反射为我们理解这些死亡是如何发生的提供了一些思路。第一，当经典条件反射发生时，条件刺激不只是一个简单的铃声或纯音：它也包括了条件反射发生时所处的背景环境。事实上，巴甫洛夫的狗常常是在它们刚接近实验仪器时就开始分泌唾液。第二，很多条件反应是对无条件刺激的补偿反应。比如说，海洛因会降低一个人的呼吸频率，因此身体通过加速呼吸做出一个补偿的反应，从而保证体内平衡的状态，这就是一个非常重要的条件反应。

经典条件反射中的这两个细节能帮助我们解释在经验丰富的毒品使用者身上出现致命的海洛因摄入过量行为这种看似矛盾的现象（Siegel, 1984, 2005）。当毒品被注入时，整个环境（毒品用具、房间、灯光、毒瘾者的同伴）都起到了条件刺激的作用，并且成瘾者的大脑通过分泌神经递质来抑制海洛因的效果。时间长了，这种保护性的生理反应成为条件反应的一部分。像所有的条件反应一样，它发生在条件刺激出现的时候，但却在实际摄入毒品之前。这些补偿性的生理反应也使得成瘾者为了达到相同的效果而不断地增加药量。最终，这些反应产生了毒品耐受，这在"意识"

一章里讨论过了。

基于经典条件反射的这些原则，在一个新环境下摄入毒品对于一个长时间的毒品使用者来说可能是致命的。如果成瘾者在一个足够新的环境或之前从来没有摄入海洛因的环境中摄入和往常相同的剂量，这时条件刺激改变了，那么通常起保护作用的生理补偿性的条件反应要么不出现，要么显著地减少（Siegel 等，2000）。结果是，成瘾者通常摄入的药量就变得过量了，因而导致了死亡。直观上说，成瘾者会坚持在他们熟悉的毒品站、鸦片馆或"打靶场"等地方就是因为这个原因。这种效应也被实验证实了：与新环境相比，在同样环境中给有大量吗啡经验的老鼠加大剂量，它们更有可能存活下来（Siegel，1976；Siegel 等，2000）。这种基本效应会发生在各种毒品上。例如，和熟悉线索（啤酒味的饮料）相比，大学生在新线索（辣椒－薄荷味的饮料）下产生的对酒精致醉效果的耐受性更低（Siegel，2005）。

理解这些原则也有助于对药物成瘾者的治疗。例如，与毒品摄入相关的熟悉的环境线索构成条件刺激，引发了大脑对于毒品的补偿性反应，这一反应可以在成瘾者身上感受为戒断反应。在线索暴露疗法中，成瘾者被暴露在毒品相关的环境中但不摄入通常剂量的毒品，最后导致了线索环境和毒品效应之间联结的消退。经过这种治疗后，在面对熟悉的毒品相关线索时，成瘾者就不再会产生和戒断反应相联系的补偿反应，因而使得正在恢复的成瘾者更易于保持节制（Siegel，2005）。

尽管鸦片馆和毒品站可能都是已经破败的房产，但是在那里使用毒品对成瘾者来说往往更安全。环境开始成为成瘾者条件刺激的一部分，所以很讽刺的是，取缔毒品站，迫使毒瘾者在新环境中使用毒品，或许会导致更多的因吸毒过量的死亡。

消退和自发恢复

在巴甫洛夫和同事对习得的过程进行大量的研究后，他们开始转到下一个符合逻辑的问题：如果他们继续呈现条件刺激（铃声）而不呈现无条件刺激（食物），将会发生什么？如果反复呈现条件刺激而没有无条件刺激，其后果可以想象。正如在图7.3中第一图表区的右侧所展示的，唾液分泌行为急速地减少，并持续下降，直到最后狗不再对铃声分泌唾液。这个过程被称为**消退（extinction）**，即当条件刺激反复呈现却没有无条件刺激时，习得的反应逐渐消失。引入这个概念是因为条件行为是被"消灭"了，再也观察不到了。

虽然巴甫洛夫知道能通过条件反射建立学习然后消除学习，但是他想知道条件行为的消除是否是永久的。是否一次消退过程就足以把条件反应彻底淘汰掉？抑或在狗的行为里还有一些残留的改变，使得条件反应还有可能再次出现？为了研究这个问题，巴甫洛夫消除了经典条件反射建立的唾液分泌反应，随后让狗休息了一段时间。当狗被带回到实验室，再次给他们呈现条件刺激时，他们表现出了**自发恢复（spontaneous recovery）**，即休息一段时间后消退的习得行为出现恢复的趋势。这个现象展示在图7.3中间的图表区。请注意，即使没有额外的条件刺激和无条件刺激的联系，这个恢复也会发生。有些条件行为的自发恢复甚至发生在再一次休息之后，这个时期实际上也是第二次的消退（看图7.3的右侧图表区）。很显然，消退并没有完全抹掉已经获得的学习。条件刺激引发条件反应的能力变弱了，但没有消失。

泛化和分化

如果你换了一个新的罐头开罐器，你觉得你的狗会不会犯难，无法预期到她的食物会出现？是否需要对这个改变的条件刺激重新建立一轮条件反射？

罐头开罐器的改变是如何影响一条已经条件化的狗的反应的？

可能不需要。如果条件刺激—无条件刺激配对的微小变化生物体都需要一整套新的学习过程的话，这样的生物体也太缺乏适应性了。事实上，这时候会出现**泛化（generalization）**的现象：即使新的条件刺激和习得阶段使用的条件刺激有微小的差别，也能观察到条件反应。这意味着条件反射泛化到了和最初训练时条件刺激类似的刺激上。可以预期的是，新刺激变化得越多，观察到的条

消退（extinction） 当条件刺激反复呈现却没有无条件刺激时，习得的反应逐渐消失。
自发恢复（spontaneous recovery） 休息一段时间后消退的习得行为出现恢复的趋势。
泛化（generalization） 即使新的条件刺激和习得阶段使用的条件刺激有微小的差别，也能观察到条件反应。

件反应越少。如果你把手动的开罐器换成电动开罐器,你的狗很可能表现出更弱的条件反应(Pearce, 1987; Rescorla, 2006)。

当一个生物体对一个新刺激产生泛化,会发生两件事情。首先,对用做泛化测试的新刺激产生反应,这说明生物体能识别出最初的条件刺激和新刺激之间的相似性。其次,对新刺激产生较弱的反应,这说明它意识到了两个刺激之间的差异。对于第二种情况,生物体表现出的是**分化**(discrimination),即能区分相似却不同的刺激的能力。泛化和分化是一个硬币的两面。其中一个表现得多,另一个就表现得少,训练可以调节两者之间的平衡。

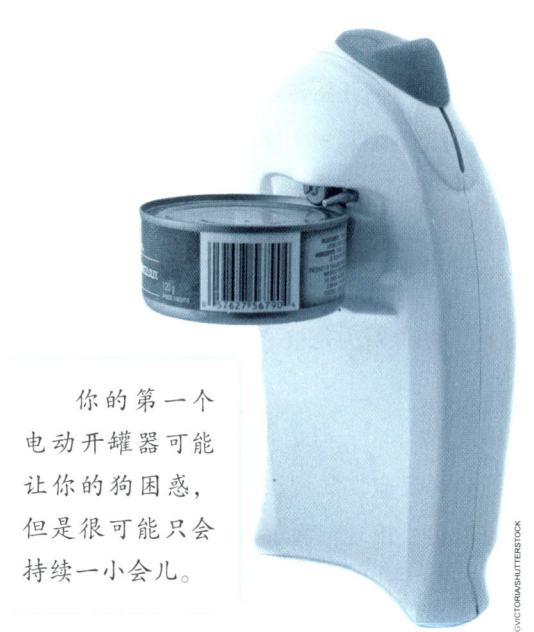

你的第一个电动开罐器可能让你的狗困惑,但是很可能只会持续一小会儿。

条件情绪反应:小阿尔伯特的案例

在你断定经典条件反射仅仅是训练狗的复杂方法之前,让我们再重新看看巴甫洛夫研究中的更广泛性的原理。经典条件反射表明仅仅通过确立适合的条件就能实现在行为上的持久的和实质的改变。正是这种简易性吸引了行为主义者。实际上,华生和他的追随者想的是,有可能根据经典条件反射的原理对任何生物体的任何行为做出一种普遍性的解释。作为向这个方向迈进的一步,华生和他的研究助手罗莎莉·雷纳(Rosalie Rayner)进行了一项富有争议的研究(Watson 和 Rayner, 1920)。为了支持他所认为的"即使复杂的行为也是条件反射的结果"这一观点,华生找了9个月大的"小阿尔伯特"(Little Albert)来帮忙。阿尔伯特是一个健康的、发育良好的婴儿,根据华生的评估,他是"严肃的,非情绪化的"(Watson 和 Rayner, 1920,第1页)。华生想看看这样一个孩子能不能通过经典条件反射出现强烈的情感反应,也就是恐惧。

华生给小阿尔伯特呈现了许多刺激:一只白老鼠、一只狗、一只兔子、各种面具和烧着的报纸。多数情况下,阿尔伯特的反应是好奇或漠不关心,他没有对任何物品表现出恐惧。华生还要确定哪些东西能使他害怕。当阿尔伯特看着雷纳时,华生突如其来地用一个锤子敲响钢条,制造了很大的噪音。正如预期的一样,这个声音使阿尔伯特哭了,身体发抖,表现出不高兴。

随后,华生和雷纳让小阿尔伯特经历了经典条件反射的习得阶段。他们给阿尔伯特

分化(discrimination) 能区分相似却不同的刺激的能力。

呈现了一只白老鼠。就当阿尔伯特伸手摸老鼠的时候，他们敲响了钢条。这种配对方式反复出现了几次。最终，仅仅是看到老鼠就使得阿尔伯特恐惧地退缩、哭泣、叫嚷着躲开它。这个情况下，无条件刺激（巨响）和条件刺激（出现老鼠）配对使得条件刺激本身就足以引发条件反应（恐惧反应）。小阿尔伯特还表现出了对刺激的泛化。看见白色兔子、海豹皮大衣和圣诞老人的面具也能使他产生同样的恐惧反应。

为什么小阿尔伯特害怕老鼠？

华生做这些的目标是什么呢？第一，他想表明用巴甫洛夫的技术也可以使相对复杂的反应被条件化。第二，他想表明像恐惧和焦虑这样的情绪反应可能通过经典条件反射产生，因此这些反应未必如弗洛伊德及其跟随者所认为的是更深的无意识过程或早期生活经验的结果（见"心理学的科学之路"一章）。正相反，华生提出恐惧是可以被习得的，正如其他行为一样。第三，华生想确认条件反射可以运用在人类身上，正如可以用在其他动物身上一样。这个研究因其用随意的方式来对待幼儿而备受争议，特别是因为在随后的几年里华生和雷纳并没有跟踪了解阿尔伯特或他妈妈的情况（Harris，1979）。由于有现代的伦理准则来控制对研究参与者采用何种处理措施，因而此类研究在今天已经无法开展了。然而在当时，这种研究是符合心理学的行为主义观点的。

这类在小阿尔伯特身上发生的条件恐惧反应也发生在本章开头提到的珍妮弗的例子里。由于珍妮弗经历了伊拉克的生活，因此听到原来并没有感觉的直升飞机声音都能使她感到恐惧和焦虑。事实上，有一项治疗技术已被证明能有效地治疗由此类创伤所引发的恐惧，这一技术就是直接建立在经典条件反射的原理上的：个体在一个安全的环境中反复地面对和他们的创伤相联系的条件刺激，试图消除条件恐惧反应（Bouton，1988；Rothbaum 和 Schwartz，2002）。然而，条件情绪反应包括很多种，不只是恐惧和焦虑反应。例如，广告商懂得条件情绪反应可以包括各种积极情绪，他们希望潜在的消费者能把这些情绪和商品联系起来。这就是为什么妩媚的女性通

你认为广告商在百威啤酒（Budweiser）的广告中突出克莱兹代尔马（Clydesdale horse）的形象，他们在期待什么样的反应？

常会出现在那些以年轻男士为目标受众的广告里，例如啤酒和运动跑车广告。甚至当你听到电台里播放一首你和前男朋友或女朋友经常听到的歌时，让你觉得温暖和模糊的感觉，这也是条件情绪反应的一种类型。

深入理解经典条件反射

作为一种学习形式，经典条件反射可以稳定地产生：它有一套简单的原理，并能应用于真实生活的情境。简而言之，经典条件反射为心理学家提供了一套非常好的方法用以了解学习的内部机制，到今天依然如此。

然而，正如许多强大的首创成果一样，经典条件反射也已受到了更深入地审视，就是为了弄清它到底是如何、何时及为什么会起作用的。让我们通过以下三个方面来进一步了解经典条件反射的机制：认知的、神经的和进化的机制。

经典条件反射的认知机制

正如我们所看到的，巴甫洛夫的工作使得行为主义者梦想成真。从这点上看，条件反射是发生在狗、老鼠或人身上的事情，和这个生物体如何考虑条件反射情境是分开的。尽管在喂食者靠近的时候狗开始分泌唾液（见"心理学的科学之路"），但是，当巴甫洛夫靠近的时候狗并没有分泌唾液。最终必定会有人提出一个重要的问题：为什么这时候狗不分泌唾液呢？毕竟巴甫洛夫也给狗送食物，他为什么没有变成条件刺激？实际上，如果华生在那些令人不快的无条件刺激声音敲响时也出现，为什么小阿尔伯特不害怕他呢？

不知为何，巴甫洛夫的狗能很敏感地意识到巴甫洛夫不是一个可靠的预示食物要来的标志物。巴甫洛夫和食物的到来是联系起来的，但是他也和其他与食物无关的活动相联系，例如检查设备，把狗从狗屋带到实验室，站在旁边和其他同事交谈。

罗伯特·雷斯科拉（Robert Rescorla）和阿伦·瓦格纳（Allan Wagner）（1972）率先推断经典条件反射是在动物学会建立一种预期时发生的。因为铃的响声和食物系统地配对在一起，起到了为实验室的狗建立这一认知状态的作用。由于巴甫洛夫缺乏和食物的有效联系，因此狗没有建立这种状态。实际上，在这种情境下，很多反应都被条件化了。当铃声响起时，狗也会摇尾巴、发出乞求的声音、看着食物来的地方（Jenkins等，1978）。简而言之，真实发生的事情就像图7.4里描绘的那样。

雷斯科拉-瓦格纳模型介绍了一种认知成分来解释各种靠简单行为主义观点难以解释的经典条件反射现象。例如，该模型预期不熟悉的条件刺激比熟悉的条件刺激更容易产生条件反射。理由是正因为熟悉，所以对熟悉的事件已经有了预期，使得新的条件反

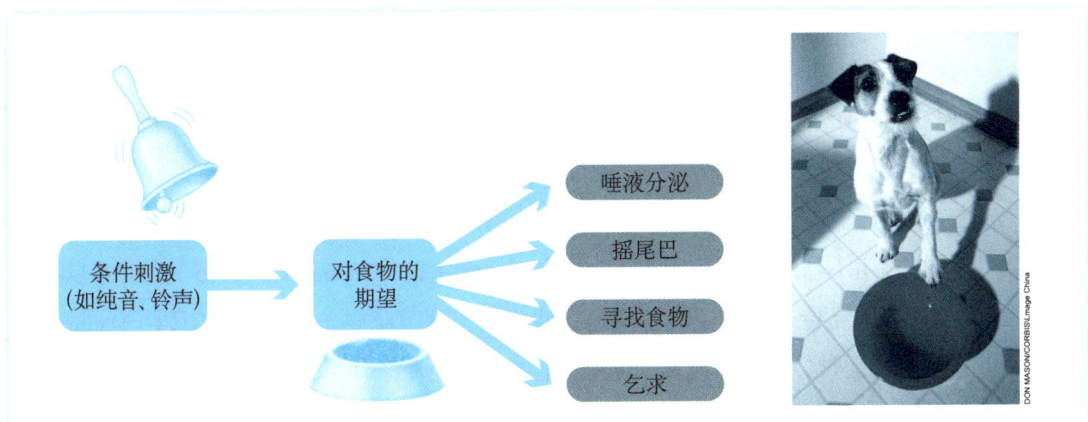

射更难建立起来。简而言之,经典条件反射可能是一个最原始的过程,但它实际上非常复杂,并且包含了明显的认知成分。

由这种经典条件反射的认知观所引发的一个问题就是意识的作用。在雷斯科拉-瓦格纳模型里,认知成分未必是有意识的。相反,这些成分反映了非意识联系机制的作用,这种机制所做的不只是记录下共同出现的事件:它们还把这些共同出现的事件和之前的经验联系起来,产生出期待。在人类身上开展的经典条件反射研究发现,条件反射可以在没有察觉到条件刺激和无条件刺激之间关系的情况下形成。而如果采用了在条件刺激和无条件刺激之间插入短暂间隔这种特殊的条件反射方法,就无法形成条件反射。这种情况下,对条件刺激和无条件刺激之间关系的意识似乎是发生条件反射的必要条件(Clark,Manns 和 Squire,2002;Clark 和 Squire,1998)。然而,甚至连小小的海兔都能出现此类的条件反射,科学家们也不相信海兔能够具备意识。毕竟,相对于人类的上百万个神经元和复杂的大脑系统,在海兔身上发生的条件反射仅有几个神经元参与(Bekinschtein 等,2011)。这些研究提醒我们,尽管经典条件反射具有许多跨物种的相似性,但同时也存在很多差异。

图 7.4 经典条件反射中的期望。在经典条件反射的雷斯科拉-瓦格纳模型中,条件刺激起到了建立期望的作用。期望进而导致了一系列和条件刺激的出现相关联的行为。

条件反射中的期望作用是如何挑战行为主义观点的?

经典条件反射的神经机制

巴甫洛夫认为他的研究为了解大脑是如何工作的提供了一些启发。毕竟,巴甫洛夫所受的训练是医学的,而非心理学的,所以当心理学家对他的发现感到兴奋时他多少有些惊讶。近期的一些研究已经阐明了一些巴甫洛夫曾希望了解的条件反射和大脑之间的关系。

理查德·汤普森（Richard Thompson）及其同事持续开展了几十年的开创性研究，关注的是兔子眨眼反应的经典条件反射。在最基本的眨眼条件反射中，条件刺激（纯音）之后紧随着无条件刺激（吹气），吹气引发反射性的眨眼反应。经过许多次条件刺激—无条件刺激配对后，仅仅出现条件刺激就能出现眨眼反应。汤普森和同事的研究非常有说服力地表明小脑对于眨眼条件反射的出现非常关键（Thompson，2005）。对小脑损伤病人的研究也支持这一结论，表现为这些病人出现了眨眼条件反射的障碍（Daum等，1993）。近期的神经影像研究发现健康年轻成人在眨眼条件反射中小脑会激活（Cheng等，2008），为这个观点勾勒出了一个完整的图画。正如你在"神经科学与行为"一章中所学到，小脑是后脑的一部分，它在运动技能及学习中发挥着重要作用。

除了眨眼反射，恐惧条件反射也被广泛研究。同样是在"神经科学与行为"一章里，你已了解到杏仁核在情感体验中发挥着重要作用，这些情感体验包括恐惧和焦虑。所以杏仁核尤其是一个叫中央核的区域，对于情绪条件反射非常关键，这一点并不会让人觉得奇怪。

假设一只老鼠接受了一系列的条件刺激—无条件刺激配对学习，条件刺激是纯音，无条件刺激是微弱的电刺激。在自然情况下，当老鼠体验到突如其来的疼痛刺激时，他们会表现出防御反应，即凝滞（freezing），表现为蜷缩不动。此外，它们的自主神经系统开始工作：心跳加快、血压升高、释放各种和压力有关的荷尔蒙。当恐惧条件反射发生时，这两个成分——一个是行为的，一个是生理的——都出现了，只不过是由条件刺激引发的。

杏仁核的中央核通过两条不同的通路与大脑其他部分相连接，由此产生了以上两种结果。如果杏仁核和中脑的连接中断，老鼠就不会表现出凝滞反应。如果杏仁核与下丘脑的连接中断，和恐惧相联系的自主反应就会终止（LeDoux等，1988）。因此，杏仁核的活动是恐惧条件反射的一个核心要素，其与大脑其他区域的连接负责产生条件反射的各种特定表现。与老鼠和其他动物一样，杏仁核也参与了人类的恐惧条件反射（Olsson和Phelps，2007；Phelps和LeDoux，2005）。

杏仁核在恐惧条件反射中起到什么作用？

经典条件反射的进化机制

除了认知机制，进化机制也在经典条件反射中发挥重要作用。正如你在"心理学的科学之路"一章所学的，进化和自然选择是与适应性相结合的：适应的行为使得生物体在它所处的环境下得以生存并繁荣兴旺。对于经典条件反射，心理学家也开始了解到这类学习为何具有适应价值。很多探讨适应性的研究都在关注条件性的食物厌恶。

看看这个例子：一个心理学教授曾经到南加州参加一个工作面试，对方邀请他去一家中东餐馆吃午饭。由于吃了变质的鹰嘴豆泥，他一夜都没睡着，并发展到终生都厌恶鹰嘴豆泥。

表面上看，这像是一个经典条件反射的例子，但是这个例子有其特殊的方面。鹰嘴豆泥是条件刺激，病菌或其他毒性来源是无条件刺激，产生恶心的结果是无条件反应。这个无条件反应（恶心）和曾经是中性的条件刺激（鹰嘴豆泥）联系起来，就变成了条件反应（对鹰嘴豆泥厌恶）。然而，接待心理学家的其他人都吃了鹰嘴豆泥，没有人报告感到不适。所以不是很清楚无条件刺激是什么，不可能是在食物里面的东西。此外，从吃鹰嘴豆泥和感到不适之间的间隔是几个小时；而通常来说，刺激之后伴随的反应是相当快的。最令人困惑的是，只有单次的习得过程就使这种厌恶得到了巩固。而通常来说，条件刺激要和无条件刺激经过多次的配对才能建立学习。

这些特殊之处从进化的角度来看并不特殊。任何需要摄取各种食物的物种都必须发展出这样的机制并借助该机制来学会避开那些曾经吃了会生病的食物。为了具有适应性价值，这个机制应当具备一些属性：

> 应该有经过大概一次或两次试验就能发生的快速学习。如果该学习需要更多次的试验，那动物可能就会因为吃了有毒的物质而死亡。

> 条件反射能在很长的时间间隔后发生，其间隔可能长达几个小时。毒性物质通常不会马上就导致疾病，所以生物体需要在较长时间范围内建立起食物和生病之间的关系。

> 生物体应该发展出对食物的气味或口味的厌恶，而不是对食用该食物的厌恶。仅仅基于气味就拒绝可能的毒性物质比食用该食物再拒绝具有更好的适应性。

> 习得的厌恶应该更多地是针对陌生的食物而非熟悉的食物。如果一个动物对它生病当天吃的所有东西都产生了厌恶，那并不是适应性的表现。我们的心理学家朋友并没有对他午餐喝的可乐或早餐吃的炒蛋产生厌恶，只是鹰嘴豆泥的样子和气味让他不舒服。

约翰·加西亚（John Garcia）和他的同事通过一系列的老鼠实验展示了经典条件反射的适应性（Garcia和Koelling，1966）。他们用了各种各样的条件刺激（视觉、听觉、触觉、味道和气味）以及几种能在几个小时后导致恶心和呕吐的无条件刺激（注射毒性物质、辐射）。研究者发现，当条件刺激是视觉、听觉或触觉刺激时，条件反射很弱或几乎没有。但是，具有独特味道或气味的刺激则使老鼠产生出强烈的食物厌恶。

这个研究有一种有趣的应用。由此也发展出一套应对辐射或化疗后产生不良副作用的方法：癌症病人因治疗过程中经历了恶心的感觉，而发展出对治疗前吃的食物的厌恶。布罗伯格和伯恩斯坦（Broberg 和 Bernstein，1987）推论说，如果在老鼠身上的发现能推广到人类的话，那么一个简单的技术就能使这种负性后果减到最小。他们在病人进行治疗前的一餐饭后给他们一种不寻常的食物（椰子口味或根啤口味的糖）。很显然，病人绝对只是针对这种不同寻常的口味食物出现了条件性的食物厌恶，而非对那一餐吃的所有东西都厌恶。除非是那些对根啤和椰子非常喜爱的病人，这些病人不会对他们平时经常吃的东西产生厌恶。

通过我们对食物厌恶的理解，癌症病人的不适是如何被减轻的？

诸如此类的研究表明进化已经给每个物种提供了**生物准备性**（biological preparedness），即对某些特定联系的学习优于其他联系的倾向，这样的话某些行为对一些物种比其他物种来说更容易被条件化。例如，能引起老鼠食物厌恶的味道和气味刺激无法在大部分的鸟身上发挥作用。鸟主要依赖视觉线索来寻找食物，对味道和气味相对不敏感。但是，你或许也能猜到，用不熟悉的视觉刺激作为条件刺激相对来说容易让鸟产生食物厌恶，例如颜色鲜艳的食物（Wilcoxon, Dragoin 和 Kral，1971）。事实上，大部分的研究者都赞同这一点，即用那些对生物体具有生物学意义的刺激能更好地产生条件反射（Domjan，2005）。

小结

▲ 经典条件反射可以被看成是将中性刺激和有意义的事件或刺激进行配对的一种练习。伊凡·巴甫洛夫的早期工作是将中性的纯音（条件刺激）和一个有意义的举动——给饥饿的动物呈现食物（非条件刺激）——配对。正如巴甫洛夫和其他人所展示的那样，在经典条件反射的习得阶段将条件刺激和无条件刺激进行配对最终能使得仅靠条件刺激自身就能引发出称为条件反应（CR）的反应。

▲ 经典条件反射受到了心理学家的拥戴。例如约翰·华生，他认为经典条件反射为人类行为模型奠定了基础。作为一名行为主义者，华生相信理解行为并不需要考虑诸如思维或意识这样的高级功能。

生物准备性（biological preparedness） 对某些特定联系的学习优于其他联系的倾向。

▲ 然而，随后的研究者发现经典条件反射的内在机制其实比简单的条件刺激和无条件刺激相联系更加复杂（也更有趣）。经典条件反射涉及建立预期，而且对条件刺激是否是无条件刺激的真正预测物的程度很敏感。这些都意味着经典条件反射涉及一定程度的认知。

▲ 小脑在眨眼条件反射中发挥重要作用，而杏仁核则对恐惧条件反射很重要。

▲ 经典条件反射的进化机制表明，每个物种都能基于其进化历史在生物学上倾向于习得某种特定的条件刺激—无条件刺激关系。简而言之，经典条件反射并非是一种仅仅用来建立联系的随意的机制。正相反，它是一种因具有适应性价值而被精确进化出来的精密复杂的机制。

操作条件反射：来自环境的强化

经典条件反射所研究的是被动反应的行为。大部分的动物不会主动地分泌唾液或感到焦虑。相反，动物是在条件反射的过程中不自主地表现出这些反应的。非自主行为仅仅占我们所有行为中的很小部分。其余的行为都是我们主动做出的。我们做出这些主动行为是为了获得奖赏并回避惩罚。了解这些主动行为对于描绘关于学习的完整画面至关重要。因为经典条件反射很少提及这些主动行为，所以我们现在转到另一种不同的学习类型：**操作条件反射（operant conditioning）**，即生物体的行为结果能决定这一行为在将来是否会被重复的一种学习类型。研究操作条件反射就是去探索主动行为。

操作条件反射的发展：效果律

关于主动行为如何影响环境的研究始于和经典条件反射研究差不多相同的时期。事实上，爱德华·桑代克（Edward L. Thorndike，1874—1949）在19世纪90年代就首次考察了主动行为，早于巴甫洛夫发表其研究发现的时间。桑代克的研究关注的是工具行为（instrumental behavior），也就是需要生物体去做些事情、解决一个问题，或是操控环境中某些物品的行为（Thorndike，1898）。例如，桑代克用一个迷箱来完成了许多实验。迷箱是一种带门的木条板箱子，当用正确的方式触碰一个隐秘的杠杆后，门就可以被打

操作条件反射（operant conditioning） 生物体的行为结果能决定这一行为在将来是否会被重复的一种学习类型。

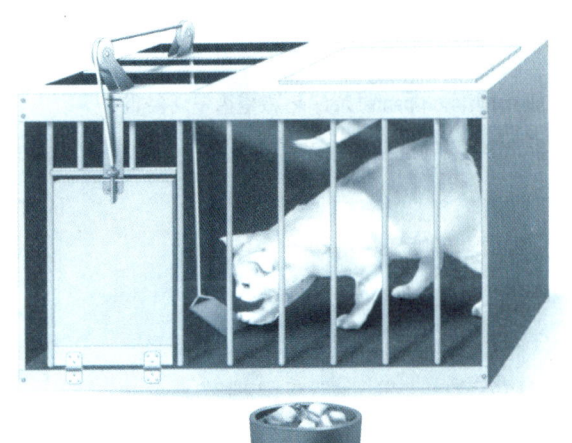

图 7.5 桑代克的迷箱。在桑代克的原创实验里,食物就放在箱子的门外,猫可以看见。如果猫触动了合适的杠杆,杠杆就会打开门,让猫出来。

 行为和奖赏的关系是什么?

开(见图 7.5)。一只饥饿的猫被放到迷箱后会尝试各种动作试图逃脱——抓门、大声地喵喵叫、在箱子里嗅来嗅去、把爪子伸到笼子外面,然而只有一种行为能打开门吃到食物:用正确的方式按压杠杆。当猫做到这一点以后,桑代克把猫放回笼子里再来一轮。别误会,桑代克可能是真的喜欢猫。他绝非戏弄这些猫,而是要研究一个重要的行为原理。

相当快地,这些猫就开始很熟练地按压杠杆把自己放出去。注意一下这里发生了什么。首先,猫做出了很多可能的(但最终无效的)行为,但是只有一个行为带来了自由和食物。随着时间推移,无效的行为变得越来越少,工具性的行为(直接触开门闩)变得越来越频繁(见图 7.6)。通过这些观察,桑代克提出了**效果律(law of effect)**:伴随着"满意结果"的行为倾向于被重复,而那些产生"不愉快结果"的行为不太可能被重复。

图 7.6 效果率。当桑代克的猫试图逃出箱子时,它们表现出尝试—错误的行为。它们做了很多无关的活动和动作,随着时间推移,它们发现了解决办法。一旦它们弄清楚哪种行为有助于打开门闩,它们就停止了其他无效行为,而且逃离箱子的速度越来越快。

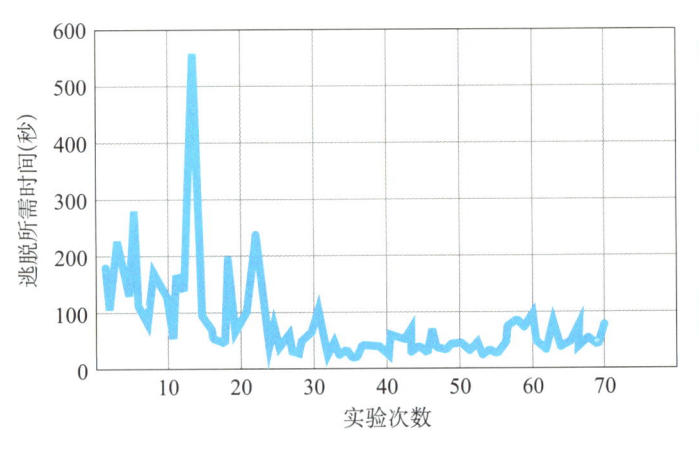

效果率(law of effect) 伴随着"满意结果"的行为倾向于被重复,而那些产生"不愉快结果"的行为不太可能被重复。

桑代克用来研究学习的实验情景和经典条件反射的研究情景非常不同。还记得在经典条件反射的实验里，不管动物会做出什么反应，无条件刺激在每次训练试验中都会出现。无论狗是否分泌唾液，巴甫洛夫都会给它食物。但是在桑代克的研究里，动物的行为决定了接下来会发生什么。如果行为是"正确的"（也就是门闩被打开），动物就得到食物的奖励。不正确的行为产生不了任何结果，动物一直被困在箱子里直到它们做出正确行为为止。尽管不同于经典条件反射，桑代克的研究工作还是能引起当时行为主义者的共鸣：它依然是可观察的、可量化的，并且不需要涉及心理就能做出解释（Galef，1998）。

斯金纳：强化和惩罚的作用

在桑代克的研究之后的几十年，斯金纳（B.F. Skinner，1904—1990）创造了**操作行为（operant behavior）**这个术语，用来指生物体所产生的对环境有影响的行为。在斯金纳的系统里，生物体做出的行为都是在以某种方式对环境进行"操作"，环境则会通过加强这些行为（即强化它们）或使行为不再发生（即惩罚它们）来做出回应。斯金纳简单而巧妙的观察表明，大多数的生物体不像拴着的狗那样，不管环境如何只会被动地等待接受食物。正相反，大部分的生物体就像在箱子里的猫那样，发现自己可以在环境中积极地进行探究来获得奖赏（Skinner，1938，1953）。

斯金纳和他众多研究参与者之一。

为了科学地研究操作行为，斯金纳对桑代克的迷箱进行了改进。操作条件反射室（operant conditioning chamber），或者通常被称为斯金纳箱（Skinner box）（见图7.7）使得研究者能在一个可控的环境中研究小型生物体的行为。

斯金纳对学习的研究主要关注强化（reinforcement）和惩罚（punishment）。这两个术语因为具有常识性的意义，所以很难去定义。例如，有些人喜欢坐过山车，但其他人觉得过山车很吓人。所以坐过山车对一些人是强化，而对另一些人则是惩罚。狗可以通

操作行为（operant behavior） 生物体所产生的对环境有影响的行为。

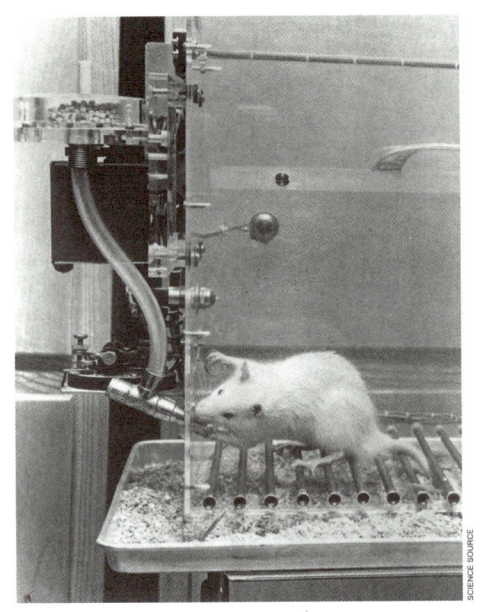

图 7.7 斯金纳箱。在一个典型的斯金纳箱或操作条件反射室中，一只老鼠或鸽子或其他大小合适的动物被放入这个环境中，研究者观察这些动物在运用操作条件反射原理开展的学习阶段中的表现。

过表扬并抚摸它们的肚子来进行训练——这些做法对猫就几乎不起作用。所以，斯金纳就通过在行为上产生的效果来给这两个概念做了中性的定义。**强化物（reinforcer）** 就是能使导致强化的行为的概率增加的刺激或事件，而**惩罚物（punisher）** 就是能使导致惩罚的行为的概率减少的刺激或事件。

一个特定的刺激是作为强化物还是惩罚物取决于它是增加还是减少了一个行为发生的可能性。给予食物通常来说是在强化，增加了能引发食物出现的行为；拿走食物通常来说是在惩罚，导致了行为的减少。打开电击开关是典型的惩罚（减少了导致惩罚的行为）；关掉电击开关是奖励（增加了导致奖励的行为）。

为了使这些可能性之间有明显的区别，斯金纳用正性（positive）来表明出现刺激的情况，负性（negative）来表明拿掉刺激的情况。由此，就有正强化（positive reinforcement，奖励刺激出现）和负强化（negative reinforcement，令人不悦的刺激被拿掉），以及正惩罚（positive punishment，实施了令人不悦的刺激）和负惩罚（negative punishment，奖励刺激被拿掉）。这里的正和负分别意味着某个东西被添加或被拿走，而不是我们日常说的好和坏。从表 7.1 可以看到，正和负强化增加了行为发生的可能性，正和负惩罚减少了行为发生的可能性。

> 表 7.1

强化和惩罚

	行为可能性增加	行为可能性减少
刺激呈现	正强化	正惩罚
刺激移除	负强化	负惩罚

刚一开始，这些术语的区别可能会让人感到困惑。毕竟"负强化"和"惩罚"听起来都好像是"不好的"，会导致同样的行为。但是，举例来说，负强化涉及的是令人愉

强化物（reinforcer） 能使导致强化的行为的概率增加的刺激或事件。
惩罚物（punisher） 能使导致惩罚的行为的概率减少的刺激或事件。

快的东西,它是指拿走了令人不愉快的东西,如电击,而没有了电击的确是让人愉快的。

在促进学习方面,强化通常比惩罚更有效。这里有很多原因(Gershoff,2002),但其中一个原因是:惩罚预示着某个不被接受的行为出现了,但是它无法指明到底该做什么。由于小孩子冲到一个繁忙的街道上而揍他屁股当然能阻止孩子的这个行为,但是却不能促进他学会理想的行为。

在学习理想的行为时,为什么强化比惩罚更具有建设性?

初级和次级强化与惩罚

强化物和惩罚物通常是通过基本的生物学机制发挥作用的。一只鸽子若在斯金纳箱里啄到了目标,通常能得食物丸子的强化。而一只动物学会了逃离电刺激就避免了爪子受到刺痛的惩罚。食物、舒适感、得到庇护或保暖都是初级强化物(primary reinforcers),因为它们有助于满足生理需求。然而,在我们日常生活中大多数强化物或惩罚物却和生理关系很小:言语表扬、青铜色的奖杯或者钱都具有很强大的强化功能,但是它们没有一样东西尝起来味道很好,或是能帮助你在晚上保暖。关键的一点是,我们学会了基于这些和生理满足关系很小或毫无关系的强化来做出很多行为。

这些次级强化物(secondary reinforcers)通过经典条件反射和初级强化物发生联系从而得以发挥效用。例如,钱原来是一个中性的条件刺激,通过和初级无条件刺激联系,诸如获得食物或得到庇护,成为了一个条件性的情感因素。闪烁的灯光最初也是一个中性的条件刺激,通过和超速罚单和罚款联系在一起而具有了强大的负性因素。

负强化包括了将一些令人不愉快的事物从环境中消除。当爸爸停车时,他获得了一个奖励:他的"小怪兽"停止尖叫了。然而,从一个孩子的角度来看,这是一个正强化。孩子的闹脾气导致了积极的东西添加到环境中——停车吃零食。

即时和延迟的强化与惩罚

决定一个强化物有效性的关键因素是行为的出现和强化物之间的时间长短:间隔的

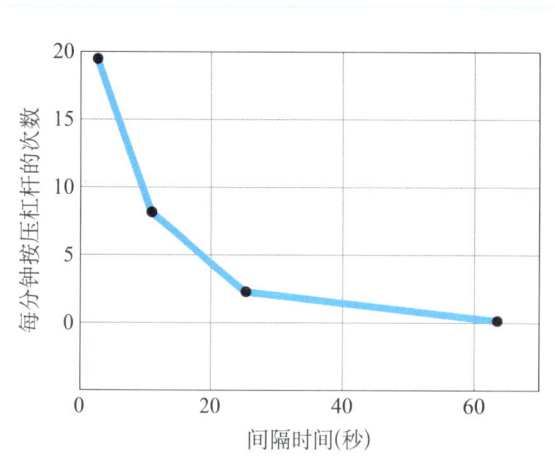

图 7.8 延迟强化。老鼠为了得到食物奖励而按压杠杆。研究者们变化了按压杠杆和给食物强化之间的时间间隔。随着间隔时间的延长，按压杠杆的次数大幅度地减少。

延迟强化的概念是如何与戒烟困难相联系的？

时间越长，强化物的有效性就越小（Lattal, 2010；Renner, 1964）。这一点在一些拿饥饿老鼠所做的实验中能很显著地表现出来，在这些实验中食物强化出现在老鼠按压杠杆后的不同时间里（Dickinson, Watt 和 Griffiths, 1992）。仅仅是几秒钟的延迟强化就导致随后老鼠按压杠杆的次数减少，而延迟到一分钟就使得食物强化物完全失效了（见图7.8）。对这一效应最可能的解释是，延迟强化使得老鼠难以弄明白到底它们需要做什么行为才能得到强化物。同样的道理，那些希望用糖果来强化孩子安静玩耍的家长应该在孩子正在安静玩耍的时候给他们糖果；如果等到孩子做其他事情——例如玩锅碗瓢盆弄得很大声时再给糖果，孩子就很难把强化物和安静玩耍的行为联系起来（Powell 等，2009）。

即时强化比延迟强化具有更大的效能，这一点或许有助于我们了解为什么去做那些具有长期益处的行为那么难。那些非常想戒烟的吸烟者会立刻被因点烟而产生的放松感所强化，但是却要等待很多年才能被因戒烟而获得的更好的健康所强化。那些真的希望减少体重的节食者可能很容易就屈服于巧克力圣代所提供的即时强化的诱惑，而不是等几个星期或者几个月之后再获得由体重减轻而带来的强化（看起来和感觉上更好）。

类似的原理也适用于惩罚：普遍来说，行为和实施惩罚之间的间隔越长，惩罚能抑制目标行为的效果就越差（Kamin, 1959；Lerman 和 Vorndran, 2002）。在非实验室环境中，延迟惩罚而导致效用减弱会是一个很严峻的问题，因为在日常生活中往往很难在问题行为出现后立刻或尽快地实施惩罚（Meindl 和 Casey, 2012）。例如，如果孩子在商场里面胡闹，父母可能无法用关禁闭的方法马上惩罚孩子，因为在商场的环境下是无法实现的。有些问题行为，例如说谎，可能很难马上就被识破，所以对其的惩罚必然是延迟的。同时在实验室环境和日常生活环境开展的研究发现，一些策略能增加延迟惩罚的有效性，包括增加惩罚的严厉程度，或者用言语指导来缩小行为和惩罚之间的差距（Meindl 和 Casey, 2012）。例如，在商场里的父母可以对胡闹的孩子说清楚将在何时、何地对他关禁闭。

假设你是一个郊区小镇的市长,你想要制定一些新的政策来减少在居民区街道上超速的司机的数量。你会如何使用惩罚来减少你不期望的行为(超速)?你会如何使用强化来增加你期望的行为(安全驾驶)?根据本节中关于操作性条件反射的原理,你觉得哪一种方法会更有成效?

文化与社区

强化物存在文化差异吗?

强化物在操作性条件反射中起到了很重要的作用,采用正强化的操作方法已经被广泛地应用在日常的生活场景中,例如行为治疗(见"心理疾病的治疗",第626—663页)。一些用来评估哪种强化物对个体有奖励作用的调查表明,不同的群体之间存在着巨大的差异(Dewhurst和Cautela,1980;Houlihan等,1991)。

最近,来自美国、澳大利亚、坦桑尼亚、丹麦、洪都拉斯、韩国和西班牙的750名高中生参与了一项调查,该调查旨在评估不同强化物在不同被试群体中可能存在的跨文化差异(Homan等,2012)。调查中要求学生们用5点量表来评价一系列的活动的奖赏程度,这些活动包括听音乐、演奏音乐、各种体育运动、购物、读书和朋友一起消磨时光等等。研究者们假定美国高中生会与第三世界国家如坦桑尼亚、洪都拉斯的高中生差别最大,这也正是他们所发现的结果。美国和韩国学生之间的差异几乎是一样的大,让人有些惊讶的是,美国和西班牙学生之间的差异也是同样。美国和澳大利亚或丹麦的学生之间的差异要小很多。

对于这些结果应该持保留态度,因为除了文化背景外,研究者们并没有控制一些可能影响结果的变量,如经济地位。尽管如此,这些结果提示我们,在设计那些使用强化物来影响来自不同文化的个体的行为的项目或干预方案时,应该将文化差异性考虑在内。

操作条件反射的基本原理

在确定了强化和惩罚如何导致习得行为后,斯金纳和其他科学家开始拓展操作条件反射的参数。这包括观察一些在经典条件反射中已经熟知的现象(例如辨别、泛化和消退),也包括一些实际的应用,例如如何最好地实施强化,或如何让生物体产生复杂的习得行为。让我们看一下操作条件反射的一些基本原理。

分化、泛化和环境的重要性

每天我们至少脱一次衣服,但是通常不会在公共场合脱衣服。我们在摇滚音乐会上尖叫,但是不会在图书馆尖叫。我们在餐桌上说"请把肉汤递过来",而不会在教室里这么说。尽管这些不过是常识罢了,桑代克却是第一个意识到这些信息背后的意义:学习是在特定背景(contexts)下发生的,而不是在任何貌似合理的背景下发生的。斯金纳随后重新定义了这一点,大部分的行为都是在刺激控制(stimulus control)下的,也就是说当适宜的辨别刺激(discriminative stimulus)——即意味着某一行为将被强化的刺激——出现时,特定的反应才会发生。斯金纳将这一过程称为"三相相依"(three-term contingency):辨别刺激的出现(同班同学一起在星巴克喝咖啡),一个反应(开玩笑

学习是在特定背景下发生的是什么意思?

说某个心理学教授的腰围增加而发际线后退)产生了强化物(同学们大笑)。同样的反应在不同的环境中——该教授的办公室——很有可能产生非常不一样的结果。

毫不奇怪,刺激控制能表现出类似在经典条件反射中所看到的分化和泛化的效果。为了展示这一点,研究者使用法国印象派画家克劳德·莫奈(Claude Monet)的绘画作品或巴勃罗·毕加索(Pablo Picasso)立体主义时期的绘画作品作为辨别刺激(Watanabe,Sakamoto 和 Wakita,1995)。实验中的被试只有在对适当的画作做出反应时才能得到强化。经过训练,被试能很好地做出辨别。那些用莫奈作品进行训练的被试在莫奈的其他作品出现时做出反应;而那些用毕加索作品进行训练的被试在毕加索立体主义时期的其他作品出现时做出反应。

正如你可能会预期的那样,接受莫奈训练的被试不会对毕加索的画做出反应,接受毕加索训练的被试不会对莫奈的画做出反应。而且,这些被试的反应还表明,他们会对来自同一类绘画传统的绘画者产生泛化。那些接受莫奈训练的被试会对奥布斯特·雷诺阿(Auguste Renoir,另一位法国印象派画家)的画作做出适当的反应;而接受毕加索训练的被试则会对立体主义画家亨利·马蒂斯(Henri Matisse)的作品做出反应,尽管它们之前并没有见过这些作品。如果这些结果对你来说一点也不稀奇的话,那么如果知道这

些实验被试是鸽子，它们被训练对这些作品做出啄键的反应，你肯定会觉得惊讶了。即便刺激对反应者毫无意义，刺激控制以及反应者能发展出刺激辨别和刺激泛化的这种能力也是能发挥作用的。

消退

正如经典条件反射一样，当强化停止时操作行为也会经历消退。如果在啄键的行为之后不再出现食物，那鸽子就会停止啄键。如果你投币给自动贩卖机后却没有得到糖果或可乐，你也不会再投更多的钱进去。面带笑容若迎来愁容和皱眉的回应，那笑容也会很快消失。从表面上看，操作行为的消退和经典条件反射的消退很类似：反应率的下降非常快，如果经过一段休息时间，通常会看到自发恢复。

但是，这两者有很重要的区别。正如之前提到的，在经典条件反射中，无论生物体做什么，无条件刺激在每一次试验中都会出现。而在操作条件反射中，强化仅仅是在做出适当的反应时才出现，而且之后不是总出现。松鼠每次去森林里不一定都能找到坚果，汽车销售员不可能向每一个来试驾的人售出汽车，研究者做很多不成功也永远无法发表的实验。然而这些行为并不会弱化或逐渐消失。实际上，这些行为通常会变得更强、更持久。所以奇怪的是，操作条件反射的消退比经典条件反射的消退更复杂，因为在一定程度上它依赖于受到强化的频繁程度。实际上，这个原理正是接下来我们要分析的操作条件反射的一个重要基础。

操作性条件反射和经典条件反射的消退概念有何不同？

强化程序

斯金纳对消退中显而易见的自相矛盾之处很好奇。在他的自传里，他描述了他是如何开始研究这一问题的（Skinner，1979）。在他早期的实验里，他都是很费力地把老鼠的食物和水揉搓成食物丸子来强化老鼠。他忽然想，如果把每次老鼠按杠杆就给强化改成间歇性地给食物或许能节省点时间和力气。这一做法产生了戏剧性的效果。老鼠不仅继续按杠杆，而且它们还根据强化物出现的时间和频率对按压杠杆的速率和模式做出了调整。在经典条件反射里，学习试验的绝对次数（number）是很重要的；与之不同，在操作条件反射里，强化出现的模式（pattern）才是关键的。

斯金纳探索了许多种强化程序（Ferster 和 Skinner，1957；见图7.9）。其中两个最重要的是：基于强化间隔时间的间隔程序（interval schedule）和基于反应强化比率的比

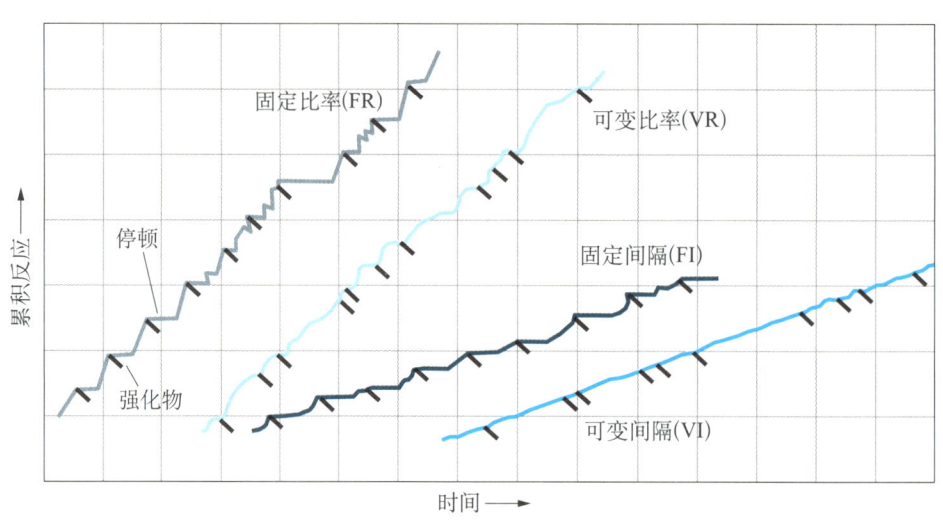

图 7.9 强化程序。不同的强化程序导致不同的反应率。这些线表明在每种强化条件下的反应数量。黑色斜线标记的是实施强化的时刻。请注意，比率程序倾向于比间隔程序产生更高的反应率，表现为固定比率和可变比率强化的线段更倾斜。

率程序（ratio schedule）。

间隔程序。在**固定间隔程序**（fixed-interval schedule，FI）中，若出现合适的反应，强化物就在固定的时间段内呈现。例如，在一个 2 分钟的固定间隔程序中，只有等上一次强化过去 2 分钟后才会出现下一次强化。在这种强化程序下，斯金纳箱中的老鼠和鸽子都产生了一种可以预期的行为模式。它们在强化出现后表现出很少的反应，而在下一个时间间隔快要结束的时候出现了反应的爆发。许多本科生的表现也是类似。他们平时很少做功课，一直到临近考试，他们才会突击地看书学习。

在**可变间隔程序**（variable-interval schedule，VI）中，行为在上一次强化

学生为了考试临阵磨枪的行为往往和鸽子在固定间隔程序下被强化的行为是一样的。

固定间隔程序（fixed-interval schedule，FI）若出现合适的反应，强化物就在固定的时间段内呈现的操作条件反射原理。

可变间隔程序（variable-interval schedule，VI）行为在上一次强化结束后的一个平均的时间段内受到强化的操作条件反射原理。

结束后的一个平均的时间段内受到强化。例如，在一个2分钟的可变间隔程序中，反应是平均2分钟被强化一次，而不是每过2分钟就被强化。可变间隔程序通常会产生稳定的持续的行为反应，因为下一次强化的时间是难以预期的。可变间隔程序在日常生活中不常见，不过有一个例子就是电台节目送奖品，比如送出看摇滚演唱会的门票。这里的强化——拿到门票——可能在广播播出时段内平均每一小时才出现一次，但出现的时间是不固定的。可能是在10点时间段内的早些时候，或者11点时间段内的晚些时候，或者刚刚到12点的时候，等等。

广播电台是如何使用强化程序来让你保持收听的？

固定间隔程序和可变间隔程序都倾向于产生缓慢的、有条不紊的反应，因为这里的强化是遵照时间尺度的，不依赖产生了多少反应。在固定间隔程序的2分钟时间里，不管老鼠按杠杆是1次还是100次都是无关紧要：无论行为反应次数多少，只有等到2分钟的间隔结束后用于强化的食物丸才会给出。

比率程序。在**固定比率程序**（fixed-ratio schedule，FR）中，强化是在特定数量的反应出现后才实施的。一个程序可能是在每4次反应后出现强化，另一个程序可能是每20次反应出现强化。还有特殊的例子是每次反应后都出现强化，这个情况叫做连续强化（continuous reinforcement），也正是这种强化驱动了斯金纳去研究这些强化程序。需要注意的是，在以上的每个例子里，强化和反应的比率一旦确定下来就会保持固定。

比率程序是如何使你不停地花钱的？

很多情况下，人们并不知道他们已经被固定比率程序强化了：书店常常会在你买了一定数量的书后给你一点赠品；计件工人制造一定数量的产品后会获得报酬；有些信用卡公司会根据客户消费的金额按百分比进行返还。若是执行了固定比率程序，通常来讲，人们就能明确地知道何时会出现下一次的强化物。干洗店的计件工人如果是按10次反应的固定比率程序计酬的话，那在他洗烫第9件衣服的时候就知道再完成一件衣服就可以发工钱了。

这个纺织工厂的计件工按照固定比率程序来获得报酬：她们在缝制完一定数量的衬衣之后获得报酬。

固定比率程序（fixed-ratio schedule，FR）　强化是在特定数量的反应出现后才实施的操作条件反射原理。

在**可变比率程序**（variable-ratio schedule，VR）中，强化是基于反应的特定平均次数来实施的。例如，如果一个干洗店的工人是按照 10 次反应可变比率程序而不是固定比率程序计酬的话，她或他就会在平均洗烫 10 件衣服后获得报酬，而不是在每第 10 件衣服的时候得到报酬。现代赌场的老虎机就是基于可变比率程序来兑奖的，这个比率由控制机器的随机数生成器来决定。某个赌场可能做广告说他们的老虎机"平均每拉 100 次杆"就会赢钱。这或许没错。但是一个玩家可能拉了 3 次杆就赢了头奖，而另一个玩家拉了 80 次杆都没有赢奖。反应与强化的比率是可变的，正是这一点使得赌场生意得以维持。

毫不奇怪的是，可变比率程序会比固定比率程序产生更高的反应率，这是因为生物体永远不知道下一次强化在什么时候出现。此外，比率越高，反应率也往往更高。基于 20 次反应的可变比率程序会比基于 2 次反应的可变比率程序产生出更多的反应。如果强化程序提供的是**间歇强化**（intermittent reinforcement），即只有一部分的反应会伴随着强化，那么由此产生的行为会比连续强化程序所产生的行为更难消退。有一个方法可以记住这一效应，就是一个程序越不规律越间歇，生物体就越难以判断何时已经处于消退阶段了。

比如，你往饮料出售机投了 1 元钱，却没有饮料出来，而你并不知道这个机器已经坏了。因为你已经习惯于通过连续强化程序得到你的汽水——投 1 元钱出 1 瓶汽水，所以此时环境中的变化很容易就被察觉到，你也不会再往机器里面投钱了：你很快就表现出了行为的消退。然而，如果你把 1 元钱投到老虎机里，你也不知道这个机器已经坏了，你在投了一两次钱后是否会停止呢？几乎可以肯定你不会停止的。如果你是经常玩老虎机的人，你就已经习惯了玩好多次都没有赢任何东西，所以也很难分辨出有什么异常了。在间歇强化的情况下，所有生物体都会表现出对消退的极大抵抗，在他们停止反应之前都会继续尝试很多次。这一效应甚至在婴儿身上也能观察到（Weir 等，2005）。

间歇强化和它们所产生的强烈的行为表现之间的关

想象你拥有一个保险公司，你想要鼓励你的销售员尽可能多地卖保险。你决定基于他们卖的保险单数量来给他们奖金。你如何使用固定比率程序来设定你的奖金系统？使用可变比率程序呢？你认为哪个系统能让你的销售更努力地工作，卖出更多的保险？

可变比率程序（variable-ratio schedule，VR） 强化是基于反应的特定平均次数来实施的操作条件反射原理。
间歇强化（intermittent reinforcement） 只有一部分的反应会伴随着强化的操作条件反射原则。

系被称为**间歇强化效应**（intermittent reinforcement effect），即在间歇强化下所保持的操作行为要比在连续强化下所保持的操作行为更难消退。一个极端的例子是，斯金纳逐渐延长可变比率程序，一直到他能使一只鸽子为了得到一次食物强化而啄灯光键的次数达到惊人的 10 000 次！在这种程序下形成的行为几乎是不可能消退了。

通过连续接近法塑造行为

你是否去过海洋馆，而且想知道海豚是如何学会连贯地完成从水中跳跃到空中、旋转、落回水中、翻跟斗、跳圈这些动作的呢？好吧，它们并没学会。等等——它们当然会——你已经看到了。实际上，它们并没有学会把这些复杂动作变成一个连贯的动作。相反，它们行为中的每一个部分是经过长期训练塑造的，一直到最终看起来像一个连贯动作似的。

斯金纳注意到，巴甫洛夫和桑代克那些反复试验的实验太过人为了。行为很少是在固定的模式下发生，就是刺激先出现然后生物体不得不做出这种或那种活动的这种模式。我们是连续地做出动作和行为的，我们周围的环境也对我们的行为做出回应。因此，我们大部分的行为是**塑造**（shaping）的结果，即一种由连续强化到形成最终理想行为的学习。一组行为的结果塑造下一组行为，其结果又塑造下一组行为，以此类推。

操作条件反射是如何产生复杂行为的？

1943 年的一天，斯金纳正在做一个由通用磨坊公司赞助的战时项目。他正在一个面粉厂顶楼的实验室里，那个地方经常有鸽子来光顾，这时候斯金纳意识到了塑造的潜力（Peterson，2004）。怀着愉快的心情，斯金纳和他的同事决定试试看他们能否教鸽子用它们的嘴来"击球"，斯金纳把这个球放在一个箱子里，同时还放了一些大头针。一开始并不奏效，直到后来斯金纳决定强化所有的反应，甚至是那些和击球相去甚远的动作，比如仅仅是看着球的动作。"结果让我们很惊讶"，斯金纳回忆说，"几分钟后，球就在箱子的墙上来回弹跳，仿佛那些鸽子已经成为了壁球冠军选手。"（Skinner，1958，第 974 页）。斯金纳把这一想法运用到了后来的实验室研究中。例如，他注意到如果你把一只老鼠放到斯金纳箱等着它自己按杠杆，那可能要等很长的时间。按杠杆这个动作在老鼠的自然反应系统里所处的级别并不高。然而，要塑造它们按杠杆就相对来说容易一些。仔细地观察老鼠：当它转向杠杆的方向，就给食物奖励。这会强化它们转向杠杆，

间歇强化效应（intermittent reinforcement effect） 在间歇强化下所保持的操作行为要比在连续强化下所保持的操作行为更难消退。

塑造（shaping） 一种由连续强化到形成最终理想行为的学习。

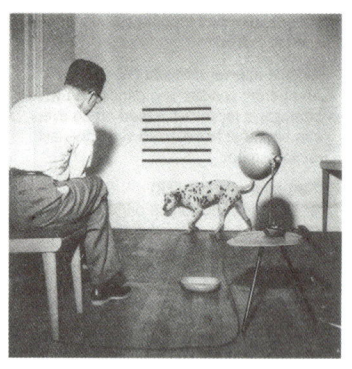
1 分钟

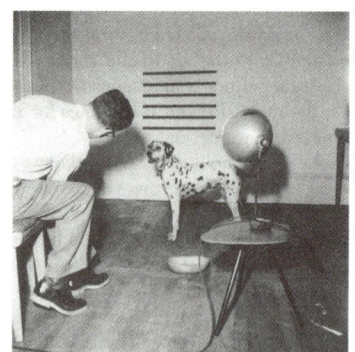
4 分钟

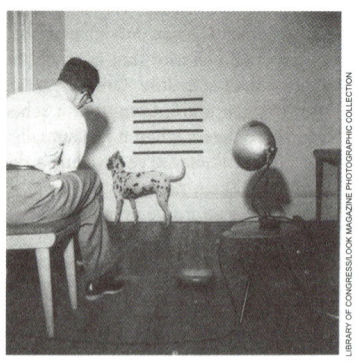
8 分钟

斯金纳正在塑造一条叫阿格尼斯(Agnes)的狗。在 20 分钟的时间内,斯金纳能够使用连续接近的强化来塑造阿格尼斯的行为。结果训练出了非常灵巧的动作：漫步、后腿站立以及跳跃。

使它们更多地做出这个动作。现在,等待老鼠向杠杆走一步,然后给食物。这将强化它们走向杠杆。当老鼠更近地走向杠杆后,等它触摸到杠杆就给食物。请注意,这里面没有一个动作是最终想要的行为(稳定地按杠杆)。然而,每一个动作都是对最终结果的连续接近(sucessive approximation),或者说一个行为逐渐地接近整体的理想行为。的确很多动物训练的例子里这些相对低等的动物似乎在完成惊人的复杂动作,你可以仔细想想在海豚的例子里,每一个小动作是如何被强化直到能稳定地表演出完整的一系列动作的。

迷信行为

目前为止我们所探讨的这些内容都表明,建立稳定的操作行为的核心之一就是生物体的反应和强化出现之间的相互关系。在连续强化的情况下,每一种反应就跟随一种强化物,这时候就是一对一的,或者说是完美的相关。在间歇强化的情况下,相关就弱一些(也就是说,不是每一次反应都有强化出现),但也不是零相关。然而,正如你在"心理学研究方法"一章所学的,两个事情相关(即它们倾向于在时间和空间上同时出现)并不意味着存在因果关系(即一个事情的出现稳定地导致另一个事情的出现)。

行为主义者如何解释迷信?

斯金纳(1948)设计了一个实验来表明这两者之间的区别。他把一些鸽子放进斯金纳箱,把食物分配器设定为每 15 秒钟给一次食物,然后就把鸽子留在各自的箱子里。随后,当他回来时发现鸽子出现了奇怪的、各不相同的行为,例如在一个角落无目的地啄或是转圈。他把这些行为称为是"迷信的",并且对这些行为的出现进行了行为主义的

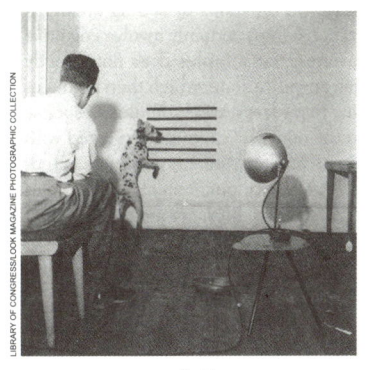 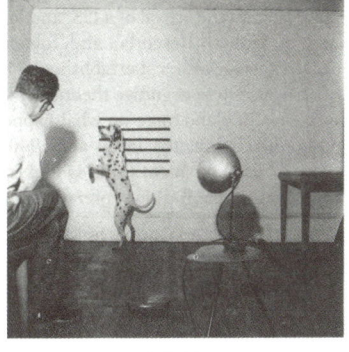 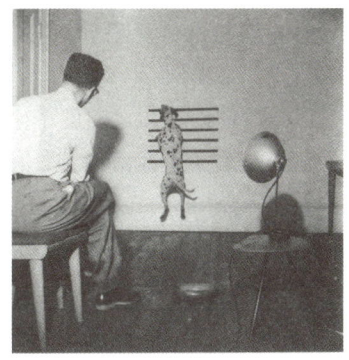

12 分钟　　　　　　　　16 分钟　　　　　　　　20 分钟

分析。他认为，这些鸽子仅仅是在重复那些被偶然强化的行为。当食物出现的时候，一只鸽子碰巧在角落无目的地啄，它就把出现食物和这一动作联系起来了。因为这一动作被食物的出现强化了，鸽子就很可能重复这一动作。现在，在角落啄的动作会更多地出现，那么也更有可能在 15 秒后食物再次出现时被强化。对每一个鸽子来说，被强化的行为最有可能就是当食物第一次出现时它们恰好正在做的动作。斯金纳的这些鸽子所做的就好像是它们的行为和食物出现之间存在因果关系似的，而实际上这仅仅是一个偶然的相关关系。

尽管有些研究者对斯金纳将这些行为描述为迷信行为存在质疑（Staddon 和 Simmelhag，1971），但是随后的研究已表明，对成人或儿童实施不由他们的反应决定的强化程序也会产生看似迷信的行为。当反应和奖赏的关系仅仅是偶然的时候，人类也会和鸽子类似地表现出好像两者之间存在相关关系似的（Bloom 等，2007；Mellon，2009；Ono，1987；Wagner 和 Morris，1987）。此类研究发现对于运动迷来说应该不觉得奇怪。棒球队员如果碰巧没洗澡而当天打出了好几个全垒打，他们就会倾向于保持不洗澡的传统，因为他们相信这种糟糕的个人卫生状况和球场上好运气的这种偶然联系或许是一种因果关系。这种"臭气带来全垒打"的观念只是人类迷信的众多例子之一（Gilbert 等，2000；Radford 和 Radford，1949）。

人们相信很多不同的迷信，并且做出各种迷信行为。棒球运动员和教练的迷信众所周知。当底特律老虎队（Detroit Tigers）在 2011 年夏季取得连胜后，老虎队的经理吉米·莱兰（Jim Leyland）拒绝更换他的内衣。他每天穿着这些内衣到棒球场，直到连胜结束。斯金纳认为迷信源于对不合理行为的意想不到的强化。

第 7 章　学习　381

深入理解操作条件反射

正如经典条件反射一样，操作条件反射也很快被证实是一种非常有力的学习方法。但是，正如之前的华生一样，斯金纳对于观察到生物体做出习得技能感到非常满意；他并不从心理过程上寻找更深层的解释（Skinner, 1950）。按照他的观点，一个生物体以某种方式对环境中的刺激做出反应，并不是因为这个动物有任何需求、愿望或意愿。然而，一些关于操作条件反射的研究更深入地挖掘出能产生类似强化结果的内在机制。正如我们在本章前一节中对经典条件反射所做的分析一样，我们将考察以下三个方面来拓展我们对操作条件反射的认识：操作条件反射的认知、神经、进化机制。

操作条件反射的认知机制

爱德华·蔡斯·托尔曼（Edward Chace Tolman, 1886—1959）是较早质疑斯金纳对学习进行严格行为主义解释的学者之一，也是最强烈提倡对操作学习进行认知方法分析的倡导者。托尔曼认为，学习远不只是仅仅知道环境中的状况（刺激的特性）和能观察到特定结果（强化反应）。取而代之，托尔曼提出，动物建立了一种手段—目的（means-ends）关系。也就是说，条件反射的经验产生了知识或信念：即在这个特定的情境下，如果做出特定反应（能达到目的的手段），一个特定的奖励（目的状态）就会出现。

托尔曼的手段—目的关系或许会让你想起经典条件反射中的雷斯科拉—瓦格纳模型。雷斯科拉认为，通过建立对无条件刺激出现的预期，条件刺激才能发挥作用，这些"预期"必然涉及认知加工。在雷斯科拉和托尔曼的模型里，刺激并没有直接引起反应；而是刺激建立了一种内部认知状态，然后由此产生行为。这些学习的认知理论较少关注刺激—反应（S-R）联系，而更多关注生物体在面对刺激时头脑中发生了什么。在20世纪30年代到40年代期间，托尔曼和他的学生做了很多关注潜伏学习（latent learning）和认知地图（cognitive maps）的研究。这两个现象强有力地表明对操作学习行为进行简单的刺激—反应解释是不足够的。

潜伏学习和认知地图。在**潜伏学习**里，某些东西被习得，但是并没有表现出行为的改变，一直到在未来的某个时候才表现出来。潜伏学习可以很容易地在老鼠身上建立，不需要任何明显的强化物就能出现。这一发现直接挑战了认为所有学习都需要某种形式的强化的主流行为主义观点（Tolman 和 Honzik, 1930a）。

托尔曼每天把三组老鼠放在迷宫里，连续放2周。控制组的老鼠不接受任何走迷宫

潜伏学习（latent learning） 某些东西被习得，但是并没有表现出行为的改变，一直到在未来的某个时候才表现出来。

的强化，它们只是在迷宫里面到处跑，一直到它们跑到迷宫终点的目标格子里。在图7.10里，你可以看到在2周的学习时间内，控制组（浅蓝色线）在找迷宫出路方面进步了一点点，但不是很多。第二组老鼠接受了常规的强化；当它们到目标格子时会发现那里放了一点食物奖励。毫不奇怪，这些老鼠表现出很明显的学习效果，见图7.10里的蓝灰色线。第三组在最初10天里和控制组一样没有强化，后来7天给予奖励。这一组的行为（天蓝色线）很令人吃惊。在开始的10天里，它们的表现和控制组的老鼠类似。然而，在最后7天，它们表现更像是每天都接受强化的第二组老鼠那样。很显然，尽管在前10天里第三组老鼠的行为并没有受到任何的强化，但是它们已经了解了迷宫并知道目标格子的位置。换句话说，它们表现出了潜伏学习。

对托尔曼来说，这些结果意味着他的老鼠们已经超越了单纯的"从这里开始到这里结束"的学习，而是形成了关于迷宫的复杂的心理图画。托尔曼称之为**认知地图**（**cognitive map**），即对环境物理特征的心理表征。托尔曼认为，老鼠已经形成了迷宫在心理图画，沿着"两次左转，然后右转，然后在角落很快地左转"这样的路子走。他还设计了一些实验来验证这个想法（Tolman和Honzik，1930b；Tolman，Ritchie和Kalish，1946）。

对认知解释的进一步支持。有一个简单的实验为托尔曼的理论提供了支持，同时对顽固的行为主义者提出的非认知解释形成了巨大挑战。托尔曼在迷宫里训练了一组老鼠，

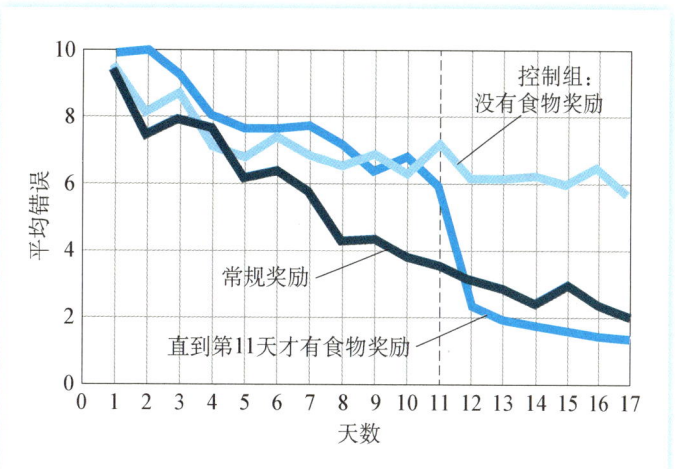

图7.10 **潜伏学习**。控制组中的老鼠从来没有接受过任何的强化（浅蓝色线），它们在迷宫中找路的成绩在17天中有进步但不是很多。接受常规强化的老鼠（蓝灰色线）表现出很明显的学习；它们的错误率随着时间稳定下降。潜伏学习组的老鼠（天蓝色线）在头10天里和控制组一样没有强化，而在最后7天像常规奖励组那样接受强化。该组的成绩在第12天时显著提高了，这表明尽管在前10天里这些老鼠没有接受任何的强化，但是它们已经了解了迷宫并知道目标格子的位置。此外，值得注意的是，在最后7天里，这些潜伏学习者所犯的错误似乎比常规奖励组的更少。

 认知地图是什么，为什么它们是对行为主义的挑战？

认知地图（**cognitive map**） 对环境物理特征的心理表征。

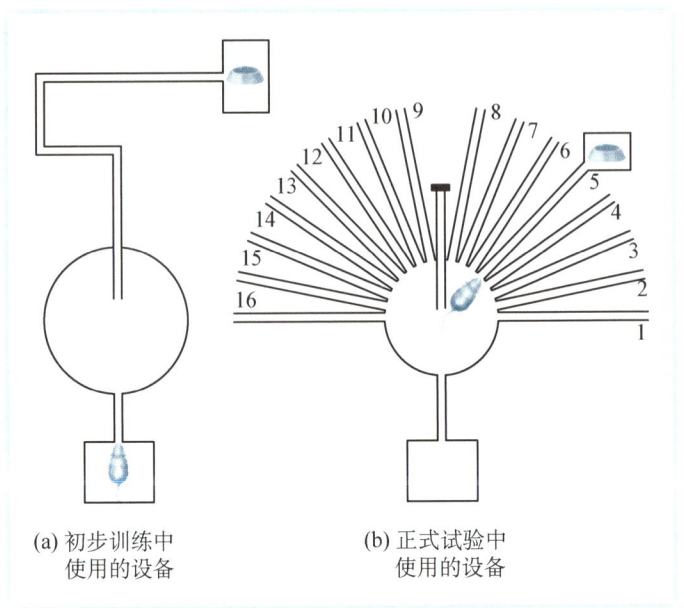

图 7.11 认知地图。(a) 在左图迷宫中被训练从起点格子跑到目标格子的老鼠能很快掌握这个任务。当这些老鼠被放在右图 (b) 中直路被堵住的迷宫时，它们做了一些不同寻常的事情。它们并不是回过头去尝试最近的路（如图中标记为 8 或 9 的路），这样的话就符合刺激泛化的预期。这些老鼠通常都选择了通道 5，这条路能直接到达在训练时的目标格子的位置。这些老鼠已经形成了对它们环境的认知地图，知道它们需要到达的地点相对于出发点的空间位置。

(a) 初步训练中使用的设备 (b) 正式试验中使用的设备

如图 7.11a 所示。如你所见的，老鼠跑进直线跑道，左转、右转再右转经过一段路，然后就到达了迷宫终点的目标格子。因为我们是从迷宫上方观看的，所以我们可以看到老鼠在迷宫终点处的位置是在相对于起点的"斜右上方"。当然，在迷宫里的老鼠看到的是一组又一组的墙和拐角，一直到最终到达目标盒子。尽管如此，在大概四个晚上之后，老鼠都能准确无误、毫无迟疑地学会走出迷宫。真是聪明的老鼠。不过，它们比你想象得还要聪明。

在老鼠掌握了迷宫的走法后，托尔曼改变了一下情况，把老鼠放到了图 7.11b 所示的迷宫里。目标格子相对于起点的位置还是一样的。但是，在主路口旁边多出了很多其他的路，而老鼠已经学会走的直路被堵住了。大部分的行为主义者会预期，当老鼠走到最熟悉的路然后发现路被堵住的这种情况下，老鼠会表现出刺激的泛化并选择最接近的路线，比如紧挨着直线路最近的一条路。这并不是托尔曼所观察到的。当遇到被堵住的路时，老鼠们恰恰是跑入了一条能够直接达到目标格子的路。这些老鼠已经形成了关于它周围环境的复杂心理地图，而且在情况发生变化的时候能够成功地依据地图来行动。潜伏学习和认知地图表明，操作条件反射不仅仅是动物对一个刺激进行反应。托尔曼的实验强有力地表明，即使是在老鼠身上，操作学习中也存在认知成分。

学习信任：更好或更差。 一项实验通过让人们和虚拟同伴玩"信任"游戏来研究学习和大脑活动（使用fMRI）之间的关系，认知因素也在这个实验中发挥了重要作用（Delgado，Frank和Phelps，2005）。在每次试验里，被试可以留下1元钱的奖励，或者把这个奖金转给一个同伴，这样的话同伴能得到3元钱。同伴则可以留下3元钱，或者分一半给被试。当和愿意分享奖金的同伴玩游戏时，被试更愿意把钱转给同伴；而当和不愿意分享的同伴玩游戏时，被试更愿意一开始就把钱留下。根据在游戏里尝试—错误的学习，参与实验的被试通常都会发现谁是值得信任的，然后转更多的钱给那些通过分享而强化了他们的同伴。

在德尔加多等人（Delgado等）的一项实验中，被试得到了关于他们同伴的详细描述，这些同伴分别被描述成值得信任的、中立的以及不可信的。尽管在游戏过程中这三类同伴的分享行为并没有差异——他们通过分享给了被试同样程度的强化，但是被试对他们同伴的认知却产生了很强大的影响。被试给那些可信任的同伴转了更多的钱，而完全忽略了本应对他们游戏行为产生塑造作用的每一次试验的反馈，因此他们收到的奖金的数量反而减少了。凸显了认知效应的强大作用后，用于区分正性和负性反馈的大脑信号就只有当被试和中立的同伴玩游戏的时候才变得明显。当和值得信赖的同伴玩游戏时，这种反馈信号就消失了；当和不可信的同伴玩游戏时，这种信号就减少了。

此类效应可以帮我们理解很复杂的现实生活例子，例如大骗子伯纳德·麦道夫（Bernard Madoff）的案例。2009年3月他被判诈骗了无数投资者的上亿美元，这一被广泛报道的事件引起了全世界的关注。麦道夫曾是纳斯达克股票交易市场的主席，对投资者来说，他似乎是一个极其值得信赖、可以安全投资的对象。这些强有力的认知观念导致投资者忽略了危

为什么认知因素成为人们信任伯纳德·麦道夫的一个因素？

险的信号，这些信号本应该能让他们了解麦道夫行为的真实情况。如果是这样的话，结果就是当代社会里最昂贵的学习失败的例子了。

操作条件反射的神经机制

一旦心理学家认识到各种各样的事物都可以起到强化物的作用，他们就开始寻找能解释这一效应的内在大脑机制。关于特定脑结构如何实现强化过程的首个进展是发现了愉快中枢（pleasure center）。詹姆斯·奥尔兹（James Olds）和他的合作者在老鼠大脑的不同部位植入了微小的电极，并让老鼠通过按压杠杆来控制对它自己大脑的电刺激。他们发现某些大脑区域，尤其是在边缘系统的区域（见"神经科学与行为"一章），能产

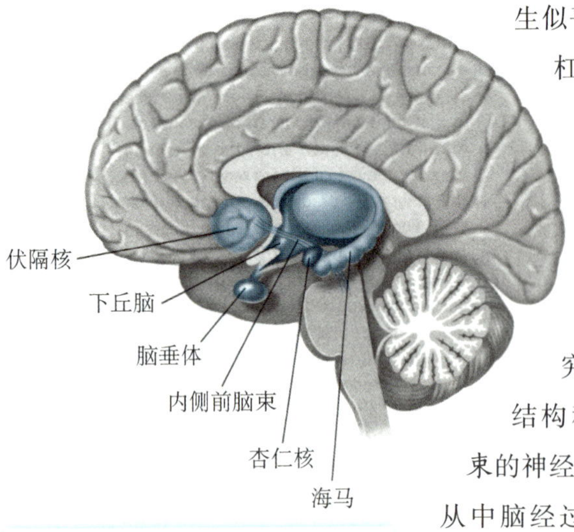

生似乎是很强烈的积极体验：老鼠会反复地按压杠杆刺激这些部位。研究者观察到，这些老鼠会连续好几个小时忽略吃饭、喝水和其他维持生命所需的东西，而仅仅是为了接受对大脑的直接刺激。于是他们把大脑的这些区域称为愉快中枢（Olds，1956；见图7.12）。

在这些早期研究之后的许多年里，研究者已经确认了一些通过刺激传递奖赏的脑结构和通路（Wise，1989，2005）。在内侧前脑束的神经元对那些产生愉快的刺激最敏感，该通路是从中脑经过下丘脑（hypothalamus）到伏隔核（nucleus accumbens）。这一点也不奇怪，因为心理学家已经确认这一束神经细胞对于涉及愉快感受的行为（例如吃饭、喝水及性活动）至关重要。其次，这条通路上的神经元，尤其是伏隔核的神经元，都是多巴胺能的（即它们分泌神经

图7.12 大脑的愉快中枢。
伏隔核、内侧前脑束、下丘脑都是大脑中主要的愉快中枢。

（标注：伏隔核、下丘脑、脑垂体、内侧前脑束、杏仁核、海马）

科学热点

帕金森病中的多巴胺和奖赏学习

我们中有很多人的亲戚或朋友中患有帕金森病，这种疾病表现为动作障碍和使用多巴胺的神经元丧失。正如你在"神经科学与行为"一章中学到的，左旋多巴（L-dopa）药物常被用来治疗帕金森病，因为它可以刺激存活的神经元产生更多的多巴胺。多巴胺在奖赏相关的学习中也起着重要作用。

研究者们关注了多巴胺在基于奖赏的学习中的作用，尤其是对于奖赏的期望。一个重要的观点就是多巴胺在奖赏预测错误（reward prediction error）中扮演着重要角色，奖赏预测错误指的是实际获得的奖励和预期获得的奖励之间的差异。例如，当一个动物按压杠杆时，获得了意外的食物奖励，由此产生了一个正性（positive）的预期错误（比预期的结果更好），动物学会了再次按压杠杆。相反地，当一个动物期望通过按压杠杆来获得奖励，但是没有获得奖励，由此产生了一个负性（negative）的预期错误（比预期的结果更糟），接下来动物就不

递质多巴胺）。还记得在"神经科学与行为"一章中，大脑中较高的多巴胺水平通常是和积极情绪联系在一起的。近些年来，关于多巴胺的具体作用出现了一些不同的观点，其中有的观点的认为多巴胺更多地是和对奖赏的预期相联系的，而不是和奖赏本身（Fiorillo，Newsome 和 Schultz，2008；Schultz，2006，2007），有的观点则认为多巴胺和缺乏或渴求某个事物的联系更紧密，而不仅仅是喜欢某个事物（Berridge，2007）。

特定的脑区结构是如何在强化过程中发挥作用的？

无论最后哪个观点是正确的，研究者都已经找到证据来支持存在一个由多巴胺发挥重要作用的奖赏中心。首先，正如刚才看到的，老鼠会牺牲其他基本需求来刺激这个通路（Olds 和 Fobes，1981）。而如果对这些老鼠注射了阻断多巴胺反应的药物，它们就会停止对愉快中枢的刺激（Stellar，Kelley 和 Corbett，1983）。第二，诸如可卡因、安非他命和鸦片一类的药物能激活这些通路和中枢（Moghaddam 和 Bunney，1989），而多巴胺阻断药物会显著地减小它们的强化效果（White 和 Milner，1992）。第三，fMRI 研究发现，当异性恋的男性在观看性感女性的图片时（Aharon 等，2001）以及人们认为他们将要得到钱的时候（Cooper 等，2009；Knutson 等，2001），伏隔核的活动会增加。最后，那些

大可能再次按压杠杆。因此，奖励预期错误能够作为一种"教学信号"帮助动物学会用最大化奖励的方式来行动。

在一些将奖励预期错误和多巴胺相关联的开创性研究中，沃尔弗拉姆·舒尔茨（Wolfram Schultz）和他的同事记录了猴子大脑中位于奖赏中枢的多巴胺神经元的活动。他们发现，当猴子获得了出乎意料的果汁奖励时，这些多巴胺神经元表现为活动增加；而若猴子没有获得所期望的奖励时，这些神经元的活动降低。这表明了多巴胺神经元

在产生奖赏预测错误中起了重要作用（Schultz，2006，2002；Schultz，Dayan 和 Montague，1997）。舒尔茨的发现已经得到了脑成像研究的支持，这些研究发现人类大脑中与奖励学习有关的脑区也会产生奖赏预测错误信号，而且多巴胺参与了这些信号的生成（O'Doherty 等，2003；Pessiglione 等，2006）。

那么，这些发现是怎么和帕金森病相联系的呢？一些研究发现在帕金森病患者身上表现出奖赏学习的障碍（Dahger 和 Robbins，2009）。另一些研究提供了

证据表明，当帕金森病患者完成奖赏相关的学习任务时，奖赏预测错误信号被阻断了（Schonberg等，2010）。最近的研究考察了治疗帕金森的药物对奖赏学习和奖赏预测错误信号的影响。在其中一个研究中，帕金森患者被分为两组，一组用左旋多巴治疗（包括一些服用刺激多巴胺受体药物的被试），另一组不治疗。然后他们要完成一个奖赏学习任务，该任务是从两个电脑动画的螃蟹笼子中进行选择，其中一个比另一个更有可能获得奖励（即一只螃蟹；Rutledge等，2009）。每次选择后，被试都会得到关于他们选择结果的反馈。服用多巴胺能药物的被试比没有用药的被试有更高的学习率。但是，对正性奖赏预测错误的学习（基于正性结果的学习）要比负性奖赏预测错误的学习（基于负性结果的学习）效果更明显。

这些结果可能和帕金森病的另一个奇特之处有关：有些患者会出现强迫性赌博、购物以及冲动相关的严重问题。这些问题似乎主要是帕金森药物刺激多巴胺受体的结果（Ahlskog，2011；

接受了初级强化的老鼠，例如给食物、水、或让其进行性活动，它们的伏隔核多巴胺分泌增加——不过只有当它们觉得饿、渴或性唤起的时候才会这样（Damsma等，1992）。根据我们之前关于强化复杂性的讨论，最后这个发现正是我们所预期的。毕竟，当我们饿的时候，食物的味道更好；当我们被性唤起的时候，性活动更愉快。奖赏和强化的内在生物结构或许是逐步进化出来的，以确保各物种能参与到有助于生存和繁衍的活动中（更多关于多巴胺和帕金森病之间的关系的内容，请看科学热点：帕金森病中的多巴胺和奖赏学习）。

操作条件反射的进化机制

你应该还记得，经典条件反射有一个由进化精确调控的适应性的价值。毫无疑问，我们也能从进化的角度来看操作条件反射。这一观点源于一系列早期条件反射实验的有趣发现。一些行为主义者采用如图7.13的简单T型迷宫来研究老鼠的学习，结果发现如果老鼠在实验当天的第1次试验中在迷宫的 臂发现了食物，那么在接下来的一次试验中他们通常会跑到迷宫的另一臂。一个坚定的行为主义者肯定不会预期到老鼠会这么做。毕竟在这些实验中的老鼠已经很饿了，而且它们被强化向一个特定的方向拐弯。而根据操作条件反射，这种强化应该增加转向同一方向的可能性，而不是减小这种可能性。经过了更多次的试验，老鼠最终学会走到有食物的一臂，但他们必须学会克服走到另一个

Weintraub，Papay 和 Siderowf，2013）。伍恩等人（Voon 等，2011）研究了那些只在患了帕金森病并服用刺激多巴胺受体的药物后才出现赌博和购物问题的被试。在这些被试完成奖赏学习任务的同时用 fMRI 对他们进行脑功能扫描。在任务中，他们从有更高或更低概率赢钱或输钱的刺激中做出选择。把他们的表现和那些无论是否服用药物均没有出现赌博或购物问题的帕金森患者相比发现，那些有强迫赌博和购物问题的患者在赢钱时的学习率出现了增加。重要的是，在他们的纹状体（一个位于基底神经节的皮层下区域）出现了正性奖赏预测错误信号的增强（见图 3.16），这个脑区有大量的多巴胺受体，并与奖赏预测错误相关。研究者认为这些结果可能反映了药物的治疗在那些对冲动行为敏感的个体身上所产生的效果。

未来还需要更多的研究来解开多巴胺、奖赏预测错误、学习和帕金森病之间的复杂关系，但目前的研究表明此类探索必将有着重要的实践和科学意义。

错误方向的最初倾向。我们怎么解释这一点呢？

从行为主义角度看起来让人困惑的东西如果从进化的角度来看就变得很有道理了。老鼠都是觅食者，和所有的觅食类物种一样，它们已经为了生存而进化出一种高度适应的策略。它们在所处环境中到处跑动寻找食物。如果它们在某处发现了食物，就把食物吃了（或者储藏起来），然后看看其他地方有没有更多的食物。如果它们没有发现食物，他们就到环境中的其他地方去觅食。所以，如果老鼠在 T 型迷宫的右臂发现了食物，下次找食物的地方显然就是左臂。老鼠知道在右臂已经没有多余的食物了，因为它们刚刚把在那里发现的食物吃了！当然，诸如老鼠这样的觅食类动物已经较好地发展出了空间表征能力，以便让它们能高效地搜索所处的

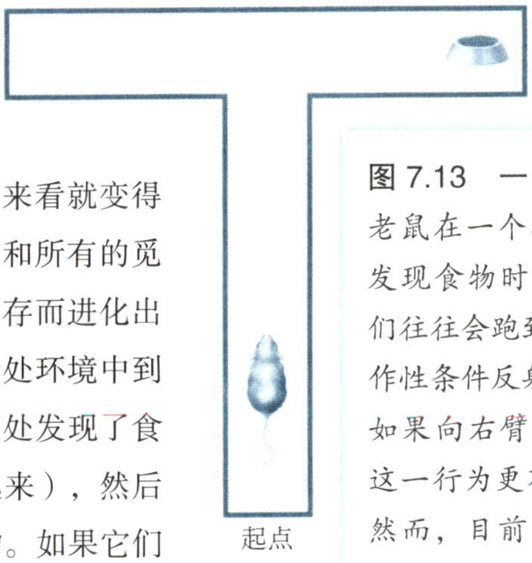

起点

图 7.13 一个简单的 T 型迷宫。当老鼠在一个典型的 T 型迷宫的右臂发现食物时，在下一个试验里，它们往往会跑到迷宫的左臂。这是和操作性条件反射的基本原理是对立的：如果向右臂跑的行为得到了强化，这一行为更有可能在将来再次出现。然而，目前的这个行为却完全符合老鼠的进化准备性。正如很多觅食动物一样，老鼠探索它们的环境来寻找食物，很少会返回已经找到过食物的地方。很显然，如果食物已经在 T 形迷宫的右臂被发现过了，那么接下来老鼠就会去搜寻迷宫左臂看看那里是否有更多的食物。

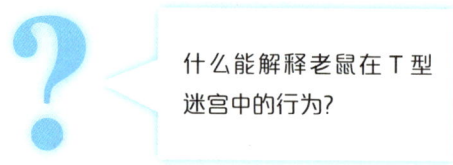
什么能解释老鼠在T型迷宫中的行为？

环境。倘若有机会进入一个复杂的环境，如图7.14所示的多臂迷宫，老鼠则会很系统地一个臂一个臂地寻找食物，而极少返回到它们原来走过的地方（Olton 和 Samuelson，1976）。

斯金纳早先的两位学生，凯勒·布里兰（Keller Breland）和玛丽安·布里兰（Marian Breland）属于最早的那批研究者，他们发现不仅仅是在T型迷宫里的老鼠会给行为主义者带来麻烦（Breland 和 Breland，1961）。布里兰夫妇指出，心理学家和他们研究的生物体看起来好像对于生物体应该做什么这个问题有"不同的观点"。他们的论述很简单：当出现此类矛盾时，动物总是对的，而心理学家最好重新考虑一下他们的理论。

布里兰夫妇因训练动物拍广告片和电影而发迹。他们通常用猪来进行训练，因为猪出人意料地善于学习各种技巧。但是，他们发现要教会猪去完成一个把硬币扔到盒子里的简单任务却异常困难。这些猪并没有去放硬币，而是在拱硬币，好像要把他们从土里挖出来似的，还用它们的鼻子把硬币甩到空中，把硬币到处推。

布里兰夫妇还试图训练浣熊完成同样的任务，其表现虽然不同但结果一样很糟糕。浣熊不停地用它们的

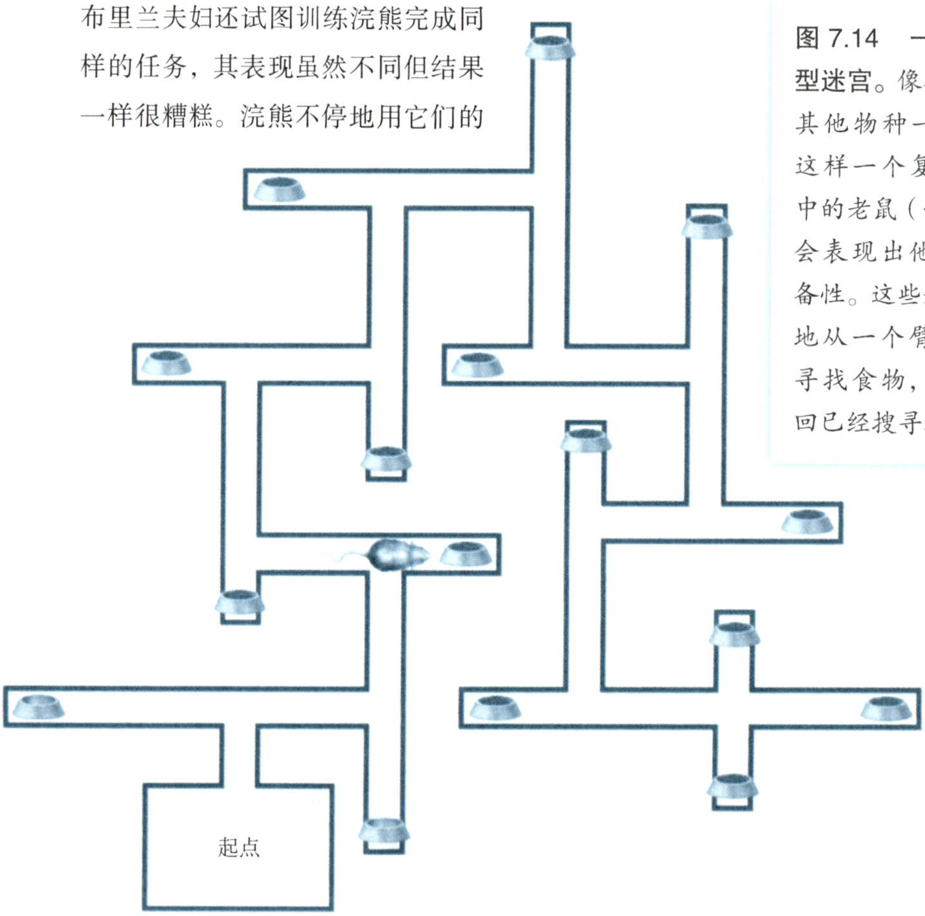

图7.14 一个复杂的T型迷宫。像很多觅食类的其他物种一样，被放在这样一个复杂T型迷宫中的老鼠（如图中这只）会表现出他们的进化准备性。这些老鼠将会系统地从一个臂到一个臂地寻找食物，从来不会返回已经搜寻过的迷宫臂。

手掌揉搓硬币，而不是把硬币放到盒子里。

当学会了把硬币和食物联系起来后，动物开始视硬币为食物的替代品。从生理上，猪已经预设了要拱出它们的食物，浣熊则已经进化出用它们的手掌揉搓食物来清洗食物。这正是这两个动物对硬币所做的事情。

生物的错误行为：猪的生物倾向就是要从地里拱出它们的食物，正如浣熊倾向于洗它们的食物一样。想要通过训练使任何物种做出不一样行为的尝试都被证明是徒劳的。

布里兰夫妇的工作表明，所有的物种，包括人类，在生理上已经预设了会更加稳定地习得某些事情而不是其他事情，并且按照和它们的进化历史相一致的方式对刺激做出反应（Gallistel，2000）。然而，这些适应性的行为是经过了非常漫长的时间在特定的环境中进化出来的。如果这些环境改变了，一些支撑其学习的行为机制会导致生物体误入歧途。那些把硬币和食物联系在一起的浣熊没有办法学会通过把硬币扔到盒子里而获得食物；此时，"自然"占了上风，浣熊在浪费时间搓洗硬币。重点是，尽管每个生物体的大部分行为源于由进化机制塑造而成的预定倾向，这些机制有时候会产生具有讽刺性的后果。

小结

▲ 由斯金纳提出的操作条件反射是一种过程，通过该过程，行为被强化并且更有可能发生，其中复杂的行为通过强化来塑造，动作和结果的偶然联系对于决定生物体表现出怎样的行为非常关键。

▲ 和华生一样，斯金纳试图不考虑认知、神经或进化机制来解释行为。然而，正如经典条件反射一样，这种做法最终被证明是不全面的。

▲ 操作条件反射有一个明显的认知成分：生物体做出行为就好像它们对自己动作产生的结果有所预期并能相应地调整它们的动作似的。认知的影响有时候会超过了反复的反馈对学习的影响。

▲ 对动物和人的研究都强调了会影响学习的神经奖赏中心所发挥的作用。

▲ 操作性条件反射内部的关联机制有其生物进化的根源。有一些事情是相对容易习得的，而另一些事情则很难习得。物种的历史通常是某个物种之所以为之的最好线索。

观察学习：看着我

4 岁大的罗德尼（Rodney）和他 2 岁大的妹妹玛吉（Margie）总是被告诫要离烤炉远一点。这对任何孩子和很多成年人来说都是很好的建议。不过作为一个淘气的小孩，罗德尼有一天决定加热烤箱，把他的手伸进去，直到他的肉被烤得缩回手，疼得直叫。实际上与疼痛相比，罗德尼更多地是被吓着了——听了这个故事的人都不会怀疑罗德尼在那天学到了重要的东西。不过，站在一旁的小玛吉看了全部经过，她也学到了同样的教训。罗德尼的故事是行为主义者教科书里的例子：实施惩罚导致行为的改变。但是，怎么解释玛吉的学习呢？她既没有受到惩罚也没有受到强化——她甚至没有对这个古怪的机器的直接经验——但是可以确定的是将来她肯定也会像罗德尼一样让她的手远离烤炉。

 为什么弟弟妹妹好像比第一个孩子学得更快？

玛吉的故事就是一个**观察学习**（observational learning）的例子，就是通过观察他人的行动来学习。观察学习挑战了行为主义者对经典和操作条件反射的基于强化的解释，毫无疑问此类学习导致了行为的变化。在所有的社会中，适宜的社会行为大部分是通过观察得以代代传承的（Bandura，1965）。每一代的青年人都能学会我们文化中的大部分

观察学习（observational learning） 通过观察他人的行动来学习。

礼节和行为，这不仅仅是通过对年轻人的刻意训练，而且是通过年轻人对长辈和其他人的行为模式观察学到的（Flynn 和 Whiten，2008）。像用筷子或学习用遥控器控制电视这样的任务，如果在我们自己尝试之前先看别人做这些事情的话就更容易学会。甚至更复杂的任务，例如做手术，也有一部分是通过对示范者的大量观察和模仿来学习的。如果一代外科医生是通过桑代克所研究的试误法或斯金纳所痴迷的连续接近塑造法来掌握他们的手术技术的话，光是想一下这种可能性都会让所有人感到非常焦虑。

人类的观察学习

艾伯特·班杜拉（Albert Bandura）及其同事的一系列研究已经成为了心理学上的里程碑，在这些研究中他们考察了观察学习的各种参数（Bandura，Ross 和 Ross，1961；更多关于班杜拉研究的讨论见"社会心理学"一章）。研究者把学前儿童带到一个游戏区，在那里有很多4岁孩子通常都喜欢的玩具。随后有一个成年人示范者（model）进到屋子里，该人的行为对其他人可能会产生指导作用。他坐到了对面的角落里，那里放着其他玩具，包括一个大的塑料充气的不倒翁，它有一个很重的底部，当把它打倒的时候它会自己弹回来。

对于孩子和攻击行为，不倒翁实验说明了什么？

那个成年人安静地玩了一会，然后开始对不倒翁发起攻击，把它打倒、跳到上面、用棍子打、把它在屋子里踢来踢去，还喊着"砰！"、"踢它！"。这之后，孩子们被允许去玩各种玩具，包括一个儿童大小的不倒翁。那些刚才观察了成年人动作的儿童比另一组没有观察到这个攻击行为示范者的儿童对不倒翁做出攻击行为的可能性多出两倍多。

那又如何？孩子都喜欢破坏东西，而且不倒翁本来就是用来打着玩的。尽管如此，如图7.15所示，孩子所表现出来的模仿程度还是非常让人吃惊的。实际上，成人示范者刻意地做了一些特别的动作，例如用玩具棍子击打不倒翁，或者把不倒翁扔到空中。这样，研究者就能分离出那些明显是观察学习所导致的攻击行为。这些研究中的孩子也表现出对他们观察到的行为的后果很敏感。当孩子看到成年人因为攻击行为而受到惩罚时，他们就表现出很少的攻击性。当孩子看到成人因为攻击行为受到奖励或表扬时，他们的攻击行为就会增加（Bandura，Ross 和 Ross，1963）。在班杜拉的研究中看到的观察学习对于社会学习和行为、规范、价值的文化传递都有启示作用（Bandura，1977，1994）。

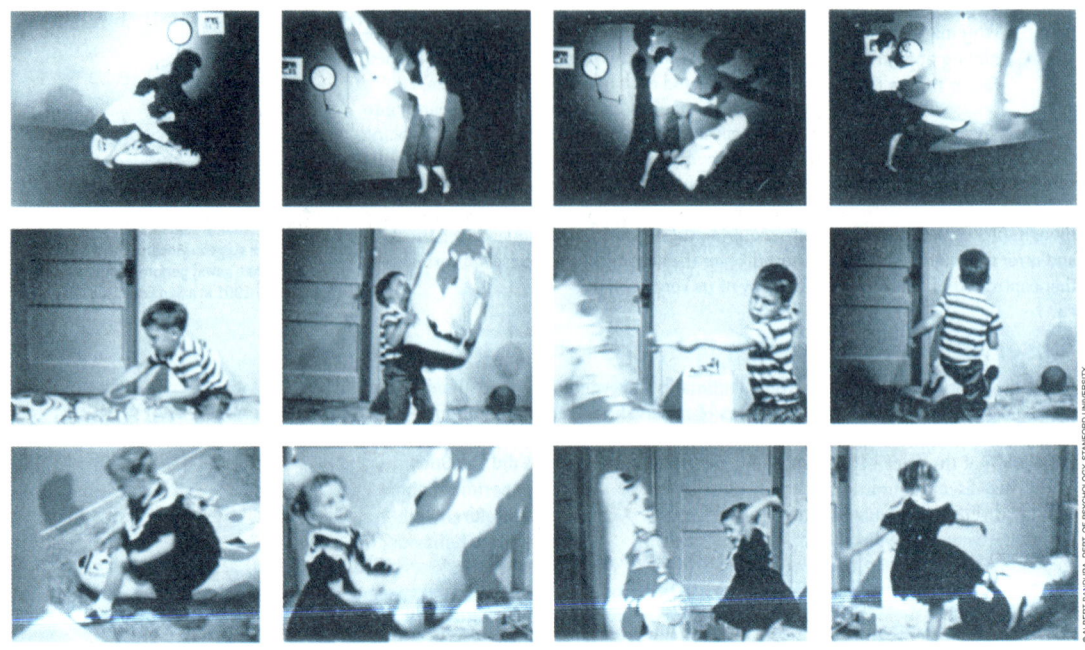

图 7.15 击打不倒翁。那些看到成人示范者对不倒翁表现出攻击行为的儿童更可能表现出攻击性。这种行为的发生缺乏任何直接的强化。观察学习是儿童产生这些行为的原因。

近年来关于儿童的研究表明，观察学习适用于培养那些可以在文化内部广泛传播的行为。其做法是通过一种名为**传播链（diffusion chain）**的过程，即个体最初通过观察其他人做出某一行为来学会该行为，然后该个体作为一个示范者让其他个体学习该行为（Flynn，2008；Flynn 和 Whiten，2008）。有很多实验考察了传播链在学前儿童中的作用方式，其采用的实验流程是一个孩子（B）观察一名成人示范者（A）做出一个目标动作，例如使用一种新异的工具而获得奖赏。随后，B 作为另一个小孩（C）的示范者，C 观察 B 做目标动作，之后小孩 D 观察 C 做目标动作，以此类推。现有的结果显示，儿童能通过观察成人示范者使用新异工具而学会使用该工具。更重要的是，儿童还能作为其他儿童学习使用该工具的有效示范者。

传播链的早期研究表明，诸如使用新异工具这样的行为可以在 10 个孩子之间准确地传播（Flynn 和 Whiten，2008；Horner 等 2006）。更近期的研究则表明，工具使用可以在包含了 20 个孩子的传播链内有效地传递（Hopper 等，2010）。这些关于跨越多种"文化世代"传播的研究发现所强调的是，观察学习适合通过传播链来传递，因而是一种影

传播链（diffusion chain）个体最初通过观察其他人做出某一行为来学会该行为，然后该个体作为一个示范者让其他个体学习该行为。

响我们文化的潜在的有力手段。

观察学习在日常生活的许多方面都很重要。体育就是一个很好的例子。差不多所有体育活动的教练在向运动员示范关键技术和技巧的时候都依赖于观察学习。运动员同样也有大量的机会观察其他运动员完成动作。对从事集体运动和个人运动的学校运动队员、业余水平运动队员的研究显示，所有人都报告说他们非常地依赖观察学习来提高他们在特长运动项目中关键技巧的表现成绩，而学校运动队的运动员比业余运动员更多地依赖于观察学习（Wesch，Law 和 Hall，2007）。不过，能不能仅仅通过观察一个技能就能使其成绩提高，而不需要实际的练习呢？许多研究已表明，观察其他人完成一个动作任务，包括伸手拿一个目标物体到按照特定顺序按键的各种任务，都能在观察者身上产生显著的学习效果。事实上，观察学习一项任务有时候能导致和练习任务本身一样多的学习效果（Heyes 和 Foster，2002；Mattar 和 Gribble，2005；Vinter 和 Perruchet，2002）。

在向运动员示范技术时，教练们依赖于观察学习。

动物的观察学习

人类并不是唯一一种能通过观察进行学习的生物。有许多物种能通过观察进行学习。例如，在一项研究中，一些鸽子观察了另一些鸽子通过啄喂食器或踩一个杠杆而获得强化。当把它们放进笼子时，这些鸽子倾向于做出它们看到的那些鸽子之前所做的技巧（Zantall，Sutton 和 Sherburne，1996）。

在一项有趣的系列实验里，研究者发现，在实验室养大的恒河猴从未见过蛇，但仅仅通过观察其他猴子的恐惧反应它们就能发展出对蛇的恐惧（Cook 和 Mineka，1990；Mineka 和 Cook，1988）。事实上，这些实验室养大的恒河猴的反应是如此真实而明显，以至于它们可以作为其他实验室养大的恒河猴的示范者，产生一种观察学习的"链条"。这些发现也支持了我们之前的讨论，每一个物种已经针对特定的行为进化出特殊的生物倾向。几乎所有在野生环境中长大的恒河猴都会对蛇恐惧，这一点有力地表明这种恐惧是该物种的倾向性之一。这一研究也有助于解释为什么人类患有的一些恐惧症是如此普遍，例如对高度的恐惧（恐高）、对封闭空间的恐惧（幽闭恐惧症）。甚至在那些从未在此类环境中有不愉快经历的人身上也存在这些恐惧（Mineka 和 Ohman，2002）。这些如果猴子看到其他猴子对蛇表现出恐惧，那么它们会通过观察学习学会害怕蛇。但是猴子不能通过观察学习而被训练出来害怕花朵——不管让它们看多少次其他一些已经被条件反射训练而害怕花的猴子的表现都不行。用生物准备性的原理如何解释这个发现？

恐惧可能不是来自于特定的条件反射的经历，而是来自于对他人反应的观察和学习。

关于动物观察学习的最重要问题之一就是猴子和黑猩猩能否通过观察他人使用工具而学会使用工具，而我们已经看到幼儿能够做到这一点。在其中一个最早开始研究这一问题的控制实验中，黑猩猩观察一个示范者（主试）用一个T型的金属棍把食物朝自己拨（Tomasello等，1987）。随后让黑猩猩自己完成任务时，和没有观察过任何工具使用的一组相比，这些黑猩猩表现出更多的学习。然而，研究者注意到这些黑猩猩很少用和示范者完全一样的方式来使用工具。所以，在随后的实验里，他们采用了一种新异的做法（Nagell，Olguin和Tomasello，1993）。在一种条件下，示范者按正常的方法使用一个耙子（耙子的锯齿对着地面）来拿到食物奖励。这种方法非常不高效，因为耙子的锯齿离得太宽，食物有时会从锯齿之间滑掉。在另一种条件下，示范者把耙子翻过来，这样锯齿朝上，耙子扁平的边接触地面——这是更高效地拿到食物的方法。当让黑猩猩自己去拿食物时，所有观察过工具使用的组都比没有观察过示范者使用工具的组表现得更好。然而，那些观察了更高效做法的黑猩猩并没有比那些观察低效做法的黑猩猩更多地

使用高效做法；两组的表现是一样的。与之相比，2岁的儿童进行相同的实验，两组观察学习条件下的儿童都用和示范者所做的完全一样的方法来使用工具。黑猩猩似乎只是学会了工具可以用来获取食物，儿童则学会了关于如何使用工具的特定知识。

以上这些研究中的黑猩猩是由它们的母亲在野生环境中养大的。在一个相关的研究里，研究者想知道那些在其生长环境中和人类有所接触的黑猩猩能不能学会模仿和示范者完全相同的动作（Tomasello，Savage-Rumbaugh和Kruger，1993）。答案是它们完全可以：在更类似人类环境中长大的黑猩猩比那些由它们母亲养大的黑猩猩表现出更具体的观察学习，它们的表现更像人类的儿童。这些发现使得托马塞洛等人（Tomasello等，1993）提出了他们称之为文化适应假

 在人类环境中长大的猩猩和在野外长大的猩猩相比，它们在认知上的区别是什么？

设（enculturation hypothesis）的观点：在人类文化中抚养长大对黑猩猩的认知能力有很显著的影响，尤其是在完成诸如使用工具这样的任务时能理解他人意图的能力，这一能力又进而增加了他们观察学习的能力。也有其他人批评这一假设（Bering，2004），他们提到除了托马塞洛等人（Tomasello等，1993）的研究结果以外很少有证据能支持这一假设。

然而，一些更近期的研究在卷尾猴身上发现了类似的结果。卷尾猴因它们能在野外使用工具而闻名，例如使用树枝或石头锤来砸开坚果（Boinski，Quatrone 和 Swartz，2000；Fragaszy 等，2004），或者用石头挖出深埋的树根（Moura 和 Lee，2004）。弗里德曼和怀特（Fredman 和 Whiten，2008）研究了那些在野外由母亲养大的猴子以及在以色列被人类家庭训练来为四肢残障人士服务的猴子。一个示范者展示了两种使用螺丝刀的方法来找到藏在盒子里的食物奖赏。一些猴子观察示范者从盒子中间戳一个洞，另一些猴子则观察示范者在盒子边缘撬开盒盖（见图 7.16）。控制组则不观察任何工具的使用。和控制组的猴子相比，所有由母亲养大的和由人类养大的猴子都表现出观察学习。但是，由人类养大的猴子比由母亲养大的猴子更多地做出了和它们所观察到的完全一样的动作。

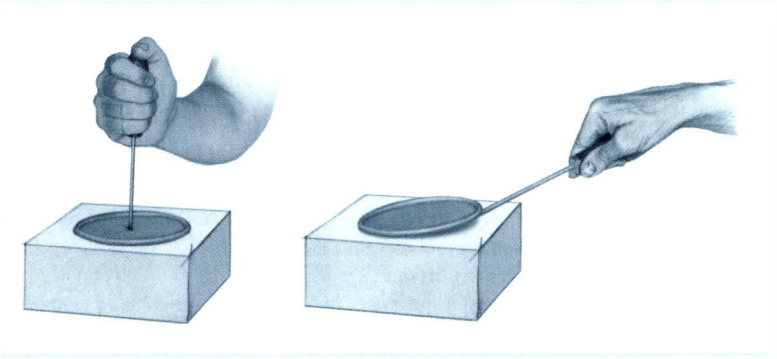

图 7.16 观察学习。在野外由母亲养大的猴子和被人类抚养的猴子观看示范者（左）用螺丝刀往盒子中间戳一个洞拿到食物奖赏，或者是（右）用螺丝刀撬开盒盖。两组都表现出观察学习，然而由人类养大的猴子更有可能做出与其所观察到的完全相同的动作。

尽管这些证据意味着文化会对观察学习的认知过程产生影响，研究者还是指出这些观察学习的效应可能源于许多因素对人类饲养的猴子的影响，包括它们对工具有更多的经验、更注意示范者的行为，或者如托马塞洛等人（1993）最初认为的，它们对他人意图的敏感性更高。因此，要理解这些过程的确切性质还需要更进一步地研究（Bering，2004；Tomasello 和 Call，2004）。

观察学习的神经机制

观察学习也会涉及一种神经成分。正如你在"神经科学与行为"一章所学的，镜像神经元（mirror neurons）是在灵长类动物（包括人类）的大脑里发现的一种细胞。当动

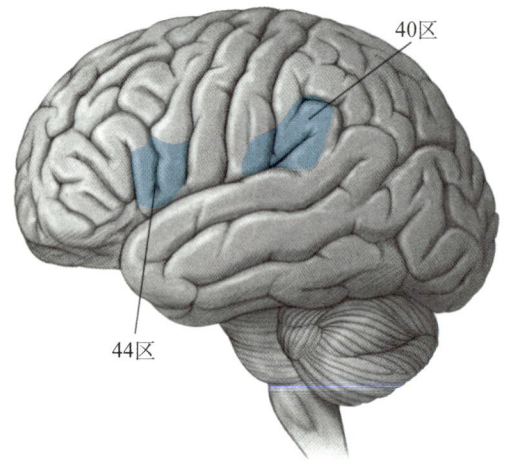

图 7.17 镜像神经系统。大脑额叶（44 区）和顶叶（40 区）的区域被认为是人类镜像神经系统的一部分。

物做出一个动作时，例如猴子伸手拿食物，镜像神经元就会激活。然而，更重要的是，当动物看到他人做出同一个特定动作的时候，镜像神经元也会激活（Rizzolatti 和 Craighero，2004）。尽管这个"他人"通常是指的同一物种，但是一些研究发现当看到人类做出一个动作时，猴子脑中的镜像神经元也会激活（Fogassi 等，2005）。比如，当猴子看到人类拿一块食物，或吃掉食物，或把食物放到容器里的时候，它们的镜像神经元就激活。

镜像神经元可能在模仿行为以及对未来行为的预测中发挥着重要作用（Rizzolatti，2004）。镜像神经元被认为存在于额叶和顶叶的一些特定亚区里，有证据显示每个亚区对观察某类特定动作的反应最强（见图 7.17）。当某个动物看着另一个动物做动作时，如果相应的神经元被激活，这可能表明它觉察到了他人的意图，或者表明该动物在预期下一步动作的可能的步骤。尽管对于镜像神经元的确切功能还存在争论（Hickok，2009），但所有这些成分——对充分了解的行为进行机械模仿、意识到行为即将如何发生——都有助于观察学习。

镜像神经元是做什么的?

在健康成人身上开展的观察学习研究已经表明，观看他人完成任务和他们自己完成任务时激活了一些相同的脑区。你认为自己是一个好的舞者吗？你是否观看过优秀舞者——你的朋友或者《与星共舞》（Dancing with the stars）①节目里的明星，以此希望提高自己舞蹈动作呢？在一项近期的 fMRI 研究里，被试在扫描的前几天要完成两项任务：跟着不熟悉的电子舞曲练习一些舞蹈动作以及观看舞蹈视频，视频里是伴着不熟悉的电子舞曲完成的其他舞蹈动作（Cross 等，2009）。随后，对被试进行脑成像扫描，扫描的同时让他们观看自己跳过的或看过的舞蹈动作视频，以及没练习过的舞蹈动作视频。

对 fMRI 的分析结果显示，和没有训练过的动作相比，观看之前跳过或看过的舞蹈动作激活了非常相似的大脑网络，包括被认为是镜像神经系统一部分的脑区；还有一些脑区表现为对之前跳过的动作视频的激活比对看过的动作视频的激活更多。扫描之后对被

---

① 《与星共舞》是一档由美国 ABC 电视台于 2005 年开始播出的跳舞比赛节目。——译者注

试进行了突击的舞蹈测试，结果表明被试在之前看过的舞蹈动作上的表现比没有训练过的舞蹈动作的表现更好，表现出了显著的观察学习，而表现最好的是之前跳过的舞蹈动作（Cross 等，2009）。所以，观看《与星共舞》的确能提高你的舞蹈技能，而在舞池里练习应该更有帮助。

相关证据表明对某些动作技能的观察学习依赖于运动皮层，已知该脑区对运动学习很关键。例如，当被试观看其他人完成一项复杂的伸手动作时出现了显著的观察学习（Mattar 和 Gribble，2005）。为了检验观察学习是否依赖于运动皮层，研究者采用了经颅磁刺激（TMS）技术，在被试刚刚观察完伸手动作时对运动皮层进行刺激（在"神经科学与行为"一章已学过，TMS 会暂时阻断其所刺激的脑区的功能）。让人惊讶的是，把 TMS 用在运动皮层上会极大地减少观察学习，而把 TMS 用在运动皮层以外的控制脑区则对观察学习没有影响（Brown，Wilson 和 Gribble，2009）。

这些研究发现表明，某些类型的观察学习是以那些对动作来说很关键的大脑区域为基础的。当一个生命体根据其他生命体的行为来形成自己行为时，学习就会加速，以及潜在的危险错误（想一下玛吉，她肯定不会在烤炉上烫着手）也会得以避免。

观察专业的舞蹈者，例如《与星共舞》节目中的休格·雷伊·伦纳德（Sugar Ray Leonard）和安娜·特里邦斯亚亚（Anna Trebunsyaya），使用了很多和实际练习跳舞时相同的大脑区域，并且能够产生显著的学习。

小结

▲ 观察学习是建立在认知机制上的，诸如注意、知觉、记忆或推理。但是观察学习也有生物进化的基础，最根本的原因在于：它具有生存价值。观察学习是各物种收集关于其周围世界信息的一个重要过程。

▲ 观察学习有着重要的社会文化影响，它似乎非常适合于在个体间传播新的行为。大猩猩和猴子能够从观察学习中受益，尤其对那些在人类环境中长大的猩猩和猴子来说更是如此。

▲ 观察学习时大脑的镜像神经元系统开始激活，而且观察和完成一个技能激活了许多相同的大脑区域。观察学习和参与运动的大脑区域有紧密的联系。

内隐学习：不知不觉

我们可以认为，人们对发生在他们周围的各种事情的规律很敏感。大部分的人并不会因为没有完全清楚地意识到究竟发生了什么而在生活中踌躇不前。好吧，或许你的室友会这样。但是，人们通常都能理解他们身边发生的语言的、社会的、情感的或感觉运动的事情，以至于他们能逐渐地建立起对这些规律的表征，而无需有意识地觉察就可以习得。这一过程通常被称为**内隐学习（implicit learning）**，即学习的发生基本上不依赖于对信息获得的过程及其产物的意识。因为其发生不需要意识，所以内隐学习就是"不知不觉"潜入的知识。

你是如何在没有意识到的情况下学会一些东西的？

在本章一开始讨论的习惯化就是一种非常简单的内隐学习，在该学习中反复暴露于某一刺激导致反应减少。习惯化甚至会出现在诸如海兔这样的简单生物体身上，这些生物缺少外显学习所必须的脑结构，例如海马（Eichenbaum, 2008; Squire 和 Kandel, 1999）。与之相比，有些类型的学习一开始是外显的，但随着时间发展开始变得更加内隐。例如，当你刚开始学开车时，你可能要对很多必须同时进行的动作投入大量注意力（轻轻地踩油门同时打开转向灯，看后视镜同时转动方向盘）。这些复杂的动作组合现在对你来说可能已经不需要那么费劲而且自动化了。随着时间推移，外显学习已经变得内隐了。这种学习上的区别可能会让你想起记忆上也存在类似的区别。在"记忆"一章里，你已经学过内隐记忆和外显记忆的区别。内隐和外显学习是否和内隐和外显记忆相对应呢？它们不是简单的对应，不过学习和记忆是不可避免地联系在一起的。学习产生记忆，反过来记忆的存在意味着获得了知识，以及经验被记录和存储在大脑里，或者说学习已经发生。

10年前，没有人知道怎么用大拇指打字，现在几乎所有的青少年都能自动化地做这件事。

学习和记忆是如何相互关联的？

内隐学习（implicit learning） 学习的发生基本上不依赖于对信息获得的过程及其产物的意识。

内隐学习的认知方法

当研究者开始研究儿童如何学习语言和社会行为的时候，心理学家对内隐学习的兴趣也被点燃起来（Reber，1967）。大部分的儿童在他们6、7岁的时候已经在语言上和社会化上发展得相当复杂了。然而，大部分的儿童达到这个状态的过程中对于他们已经学到了东西并没有外显的意识，而且对他们到底学会的是什么也没有外显的意识。例如，尽管大人常告诉他们外显的社会行为规则（嚼东西的时候不要说话），但他们是通过经验来学会如何举止文明的。他们大概不会知道自己是在何时及如何学会一个动作的特定步骤的，甚至也无法说出他们行为背后的原理。尽管如此，大部分孩子都学会了举止文雅地吃饭、别人对你说话时要倾听以及不要踢狗。

为了在实验室里研究内隐学习，在早期的研究中会给被试15或20个字母串，让他们记住这些字母串。这些字母串乍一看像是无意义的音节，实际上它们是根据一套复杂的称为人工语法（artificial grammar）的规则来形成的（见图7.18）。被试并没有被告知存在这些规则，但是随着经验增加，他们逐渐地对特定字母组合的"正确性"形成一种模糊的、直觉的感觉。这些字母组合对被试来说开始变得熟悉，而且他们加工这些字母组合比加工"不正确"的字母组合要更快更高效（Rever，1967，1996）。

符合语法的字母串	不符合语法的字母串
VXJJ	VXTJJ
XXVT	XVTVVJ
VJTVXJ	VJTTVTV
VJTVTV	VJTXXVJ
XXXXVX	XXXVTJJ

图7.18 人工语法和内隐学习。这些是由人工语法形成的字母串示例。被试首先接触了语法的规则，随后接受对新字母串的测试。被试能够准确地把合理的、符合语法的字母串和不合理的、不符合语法规则的字母串区分开来，尽管他们通常都不能清晰地讲出他们做判断时所遵循的规则是什么。使用人工语法是研究内隐学习的一种方法（Reber，1996）。

看一下图7.18中的的字母串。左侧的那些字母串是正确的，符合人工语法的规则；右侧的都违反了规则。两者的差别是非常细微的，如果你没有经过实验中的学习过程，这两类材料看起来非常的像。实际上，每个非语法串只有一个字母违反了规则。实验要求被试根据是否符合语法规则来给新的字母串分类。结果发现人们能非常好地完成这个任务（他们通常达到60%—70%的正确率），但是他们无法明确地说出他们所使用的规则或规律。类似的经验就是当我们看到语法错误的句子时的那种情况。你能马上意识到有什么地方错了，并且肯定能写出符合语法的句子，但是除非你是经过训练的语言学家，不然的话你可能会发现很难说出这个句子违反了哪个英语语法，或者你是用什么规则来修改句子的。

其他一些关于内隐学习的研究采用了序列反应时（serial reaction time）任务（Nissen

为什么内隐习得的任务很难解释给别人听?

和 Bullemer,1987)。在实验中,研究的参与者能看到电脑屏幕上有五个小格子。每个格子会短暂地亮一下,当格子亮时,要求被试尽可能快地按下格子下面对应的按键。和人工语法任务一样,亮光的顺序看起来是随机的,但实际上它是遵循一种规律的。经过练习,研究参与者最终会更快地完成任务,好像他们已学会预期接下来哪个格子最有可能亮起来似的。但是,如果你问他们,他们通常不知道这些灯有什么规律。

内隐学习具有一些区别于外显学习的特点。例如,当要求完成内隐任务时,人与人之间的差异相对来说是很小的。但是在外显任务上(例如有意识的问题解决),他们则表现出巨大的个体差异(Reber, Walkenfeld 和 Hernstadt,1991)。内隐学习似乎和智商无关:平均来说,那些在标准智力测验上得高分的人并不比成绩中等的人在内隐学习任务上表现得更好(Reber 和 Allen,2000)。内隐学习在一生中的变化很小。研究者发现在 8 个月大的婴儿身上已经充分发展出了对复杂的、有规则的听觉刺激规律的内隐学习(Saffran, Aslin 和 Newport,1996)。研究者给婴儿听一串由实验室制作的无意义词组成的语音流。例如,婴儿听到一串语音"bidakupadotigolabubidaku",其中包含无意义词 *bida*。研究者不会告诉婴儿哪些声音是词,哪些不是词。但是经过几次重复后,婴儿会表现出他们已经学会了这些新词。婴儿倾向于喜欢新异的信息,他们会花更多的时间去听那些之前没有呈现过的新异的无意义词,而较少去听那些已经呈现过的诸如 bida 这样的无意义词。很明显,该研究中的婴儿和大学生一样善于学习这些序列。在生命的另一端,研究发现内隐学习的能力能一直延续到老年,而且这些能力的衰退比外显学习能力的衰退要缓慢(Howard 和 Howard,1997)。

内隐学习能显著地抵御那些已知的影响外显学习的各种障碍。一组患有各种严重精神疾病的病人已经无法解决那些对大学生而言轻而易举就能解决的简单问题,然而,这些病人却能和大学生一样完成人工语法学习任务(Abrams 和 Reber,1988)。其他研究发现,严重的遗忘症病人不仅具有正常的内隐记忆,而且表现出几乎正常的对人工语法的内隐学习(Knowlton, Ramus 和 Squire,1992)。实际上,他们能对新的字母串做出准确的判断,尽管他们对曾经参加了实验的学习阶段完全没有外显记忆!与之相反,一些研究已表明阅读障碍儿童(这些人尽管有正常的智力和很好的教育机会但是却不能获得阅读能力)在人工语法的内隐学习(Pavlidou, Williams 和 Kelly,2009)和运动空间序列的系列反应时任务(Bennett 等,2008;Orban, Lungu 和 Doyon,2008;Stoodley 等,2008)上都表现出缺陷。这些研究表明,内隐学习存在问题在发展性阅读障碍中扮演着重要角色,在开发治疗方案时需要将其考虑进去(Stoodley 等,2008)。

内隐和外显学习使用不同的神经通路

患有遗忘症的个体表现出完好的内隐学习,这一点强有力地表明内隐学习的脑基础和外显学习的脑基础是不同的。正如我们在"记忆"一章中学过的,遗忘症病人的特点是内侧颞叶的海马及周边结构受损,由此推断这些脑区对于内隐学习并不是必须的(Bayley,Frascino 和 Squire,2005)。而且,哪些脑区会激活取决于人们是如何完成该任务的。

什么技术表明内隐学习和外显学习是与不同的脑结构相关联的?

比如,在一项研究里,被试看一系列的点阵图,每一个图看起来就像夜晚天空的星星一样(Reber 等,2003)。实际上,所有的刺激都是遵照一种基础的原型点阵来组织的。但是,这些点的变化很大以至于看的人几乎不可能猜出它们具有相同的结构。实验开始前,一半的被试被告知这些点阵存在原型,也就是说,给予他们的指导是鼓励他们使用外显的加工。另一组人则是给出标准的内隐学习指导语:除了要求他们注意点阵,其他什么都不说。

随后,这些被试接受大脑扫描,扫描时要求他们判断新的点阵,把它们分为符合原型的和不符合原型的。有趣的是,两个组在这个任务上表现得一样好,都能对新点阵做出大概 65% 的正确分类。然而,脑成像显示,两组人是使用大脑的不同区域来做出判断的(见图 7.19)。那些给予外显指导语的被试表现为在额叶皮层、顶叶皮层、海马以及其他已知和外显记忆相关的脑

图 7.19 内隐学习和外显学习激活不同的脑区。被试在用内隐或外显学习对点阵进行分类的同时接受 fMRI 脑成像扫描。在内隐学习后,枕叶(蓝色区)表现为大脑激活的减弱。外显学习后,黄色、橙色和红色区表现为大脑激活的增强,这些区包括左侧颞叶(最左侧),右额叶(从左数第 2 个和从右数第 2 个),和顶叶(从右数第 2 个和最右侧)(Rever 等,2003)。(见插页)

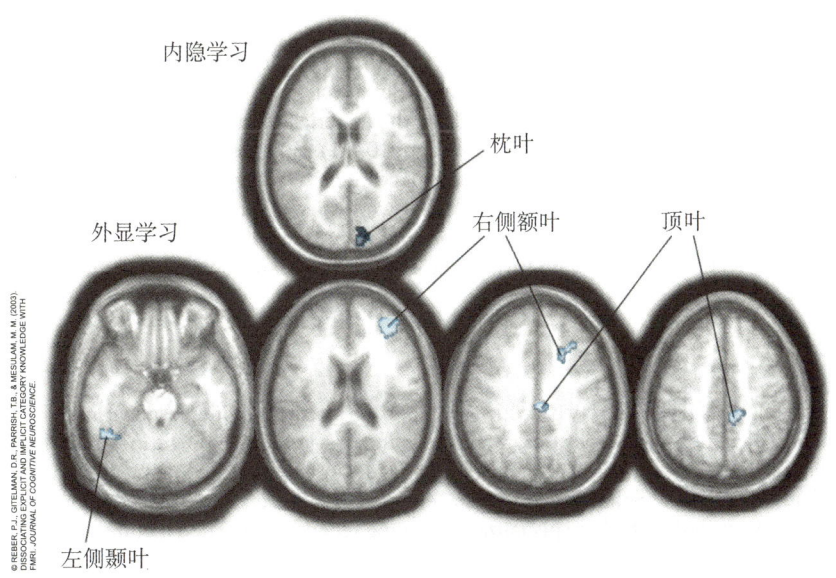

区上的激活增强。那些给予内隐指导语的被试表现为在涉及视觉加工的枕叶区的激活减弱。这一结果表明，根据人们是使用外显还是内隐学习来完成任务，他们所调用的脑区结构也有所不同。

其他的研究也开始精确定位两个最常用的内隐学习任务所涉及的脑区：人工语法学习和序列反应时任务中的序列学习。一些 fMRI 研究已经表明，布洛卡区在人工语法学习中被激活（Forkstam 等，2006；Petersson, Forkstm 和 Ingvar，2004），正如你在"神经科学与行为"一章中所学的，布洛卡区在语言产生中扮演着重要角色。此外，采用近头皮电刺激的方法来激活布洛卡区能提高人工语法的内隐学习，这可能是易化了对语法规则的获得过程（De Vries 等，2010）。相比之下，运动皮层似乎对序列反应时任务的序列学习很关键。当采用最新发展的长时程 TMS 技术来暂时阻断运动皮层时（该技术能使试被试在完成任务时不需要持续地使用 TMS），序列学习就被消除了（Wilkinson 等，2010）。

小 结

▲ 内隐学习是一个不需要学习者外显意识的参与就可以对规律进行探测、学习和存储的过程。

▲ 简单的行为（如习惯化）可以反映内隐学习；但是复杂的行为（如语言使用和社会化）也可以通过内隐的过程被习得。

▲ 可以用来研究内隐学习的方法包括人工语法和序列反应时任务。

▲ 内隐和外显学习有很多方面的不同：内隐学习比外显学习的个体差异更小；有外显学习问题的精神病和遗忘症患者可以表现出完好的内隐学习；脑成像研究表明内隐和外显学习使用的脑区结构不同，有时候使用的方式也不同。

课堂学习

这一章里，我们已经从行为的、认知的、进化的、神经的角度考察了几种不同类型的学习。你可能会觉得奇怪，我们还没有讨论一种对你现在来说需要投入大量精力的学习类型：在教育情境中的学习，例如课堂。回到本书的第一章（"心理学的科学之路"），我们回顾了一些我们认为对于学习本课程和其他课程有用的技巧（见"现实世界：增强学习技巧"，第10—11页）。但是，我们并没有说太多关于支持这些建议的真实研究。在过去的几年中，心理学家已经发表了大量特别关注提高在教育环境中的学习的研究。让我们看一下关于学习技巧这些研究都说了什么，然后转到另一个同样重要的话题——对学习过程进行控制。

学习技巧

学生们采用多种多样的学习方法以期提高学习效果。最普遍的方法——你可能也用过的——包括标重点、划线、重读、总结和视觉形象记忆法（Annis和Annis，1982；Wade，Trathen和Schraw，1990）。这些方法和其他方法的效果如何呢？一组专门研究学习的心理学家在近期发表了一个详尽的研究，考察了10种常被学生使用的学习方法（Dunlosky等，2013）。他们通过4个主要变量来考察每一种方法的有效性：学习条件（例如，该方法多常用、在什么情境下使用），即将学习的材料（例如，课文、数学问题、概念），学生特点（例如，年龄和能力水平），以及结果测量（例如，机械记忆的保持、理解、问题解决）。基于这4个变量的整合，邓罗斯基等人（Dunlosky等）评估了每一种方法的整体有效性，并把它们分为高、中、低三种效能。表7.2列出了10种方法的简要说明以及每一种方法的整体效能评估。

撇开它们的普遍程度不说，标重点、重读、总结和视觉形象记忆法都得到了低效能的评价。这并不是说这些方法对于提高学习毫无价值，只是它们都有明显的局限性，如果用其他方法的话更高效——这也是为什么这些方法都没有出现在"提高学习技巧"的信息栏里。在"提高学习技巧"一栏中的确回顾了两种方法，大致对应于表7.2中的被评为中等效能的精细质问和自我解释。我们还在"记忆"一章里讨论过和这些方法有关的材料（第220—263页）。此外，"提高学习技巧"一栏里还强调了两个得到高效能评价的方法：分散练习和练习测验。让我们深入地看一下认为这两项技术的确具有益处的研究，这一问题在过去的几年里已经得到了广泛深入的研究。

> 表 7.2

学习技巧的有效性打分

技巧	描述	效能
精细质问	对表述明确的事实或概念为什么是正确的给出一个解释	中等
自我解释	解释一个新的信息如何与已知的信息相关，或者解释问题解决中的每个步骤	中等
总结	给学习材料写出（任意长度的）总结	低
标重点/划线	在阅读学习材料时标记出可能是重要的部分	低
关键词记忆法	当阅读或听讲时，使用文字材料的关键词或心理图像	低
视觉形象	当阅读或听讲时，尝试对文字材料形成心理图像	低
重读	初次阅读之后，再重新学习一遍文字材料	低
练习测验	对于学习的材料进行自我测验或练习测验	高
分散练习	制定一个练习时间表，将学习活动的时间分散开来	高
交错练习	制定一个练习时间表，把不同类型的问题混在一起练习；或者制定一个学习时间表，在同一段学习时间内混合学习不同类型的材料。	中等

分散练习

考前临阵磨枪（在相当长一段时间忽略学习，然后在考试前集中学习；Vacha 和 McBride，1993）是在教育生活里很常见的现象。对各种大学和学院的本科生进行问卷调查显示，无论哪个院校都有从 25% 到 50% 不等的比例的学生报告他们依赖于考前的临阵磨枪（McIntyre 和 Munson，2008）。尽管临阵磨枪比完全不学要好，但是当学生为了测验集中复习时，他们在重复地学习需要学习的信息，而每次重复之间间隔的时间很短或没有时间间隔，这个过程也被称为集中练习。这样学习的学生也无法得到分散练习的好处。分散学习就是要把学习活动分散开，这样在重复学习材料之前有更多的时间间隔。（而且那些依赖于考前集中复习的学生也会产生一些与拖延有关的健康和行为问题，这些都罗列在第 270 页的"现实世界"栏里了）。

分散练习相对于集中练习的好处早已被熟知。实际上，这一点首次是在艾宾浩斯所做的关于无意义音节记忆的经典研究（1885/1964）中提出的（见"记忆"一章）。最让人印象深刻的就是分散练习所产生的益处非常普遍。这些益处可表现在学习许多不同类型的材料时，包括外语词汇、定义，以及面孔-姓名匹配；而且不仅仅是对本科生如此，对小孩、老年人和因为脑损伤而存在记忆问题的病人也是如此（Dunlosky 等，2013）。一项研究综述回顾了 245 个不同的研究、涉及超过 14 000 被试，其总结发现，平均而言，被试在分散练习后能记住 47% 所学的信息，而集中学习后记住的信息为 37%（Cepeda 等，

2006)。

尽管所有的证据都表明分散练习是一个有效的学习策略,但是我们并不完全了解为什么会是这样。一个有可能的解释是:进行集中练习,提取近期学过的信息会相对容易一些;而在分散练习里,要提取不是近期学过的内容要更难一些。提取困难比提取容易更有利于随后的学习,这一点符合在"提高学习技巧"一栏里介绍的"适宜难度"的观点(Bjork 和 Bjork,2011)。无论如何去解释分散练习的效应,不可否认的是它能给学生带来益处。

练习测试

如同分散练习一样,练习测试已经被证明适用于广泛的学习材料,包括学习故事、事实、词汇和文学(Dunlosky 等,2013;Karpicke,2012;同时见与此内容有关的学习曲线,其中使用了练习测试)。正如在"记忆"一章所学的,练习测试很有效,部分原因是因为从记忆中提取一个信息进行测试比仅仅重学一遍更能促进随后的保持(Roediger 和 Karpicke,2006)。然而,如果问学生他们更愿意使用的策略,他们大部分都表示更愿意重读材料而不是自我测试(Karpicke,2012)。当测试很难且需要付出巨大努力来提取信息时,测试的效果通常是最好的(Pyc 和 Rawson,2009),这一点也符合适宜难度的假设(Bjork 和 Bjork,2011)。测验不仅能增加对测试材料中精确内容的掌握,而且能提高从一个情景运用于另一个情景的学习迁移(Carpenter,2012)。例如,如果你用简答题做了练习测试,那么这个测试比重新学习更能提高你在简答题和多重选择问题上的成绩(Kang,McDermott 和 Roediger,2007)。

测试还能提高从所学材料中提取结论的能力,这一点是学习中很重要的一部分而且对于在课堂上表现优异很关键(Karpicke 和 Blunt,2011)。

为什么难的练习测验有最大的益处?

测验辅助注意

本书作者之一于近期开展的一项实验室研究强调了测验的另一项好处:在课堂里引入小测验可以通过减少走神的趋势而促进学习(Szpunar,Khan 和 Schacter,2013)。在上课过程中,你知道你应该注意听讲,但是你是否会常常走神呢——考虑你晚上的安排、回忆起电影的一个场景或者给一个朋友发短信?这可能发生过不止一次。研究显示,在课堂上学生经常走神(Bunce,Flens 和 Neiles,2011;Lindquist 和 McLean,

2011；Wilson 和 Korn，2007）。关键是走神严重影响了对上课内容的学习（Risko 等，2012）。在斯潘纳等人（Szpunar 等，2013）的研究里，被试观看一段关于统计的课堂录像，该录像被分成了 4 个部分。所有被试都被告知每个部分之后可能有测验，也可能没有测验；他们还被鼓励在看录像时做笔记。

> 测验组的被试在每个部分结束后都进行测验。
> 非测验组的被试只在最后那个部分结束后才进行测验（在之前的每个部分结束后他们要解代数题）
> 重复学习组的被试在每个部分结束后看测验的材料，但是不做测验。

在整个课程中的随机时刻，所有组的被试都会被询问是否在注意听课，或是走神到了其他事情上。非测验组和重复学习组被试的回答中有大概 40% 的时候都说他们走神了，而在测验组被试的走神发生率少了一半，大概有 20%。在课程过程中，测验组的被试会做更多的笔记，而且在最后的测验中也比其他两组的被试记住了更多的信息，其他两组的成绩则差不多。测验组被试比其他两组被试对最后测验的焦虑也更少。这些结果表明，测验的价值来自于鼓励人们在课堂上保持注意力，不鼓励和任务无关的活动，例如走神，而是鼓励与任务相关的活动，例如记笔记。因为测验的这些好处是通过人们对课堂录像的反应而观察的，所以它们能最直接地应用于在线学习，在线学习就是以录制的课堂录像为主的（见 "其他声音：在线学习"）。不过，我们完全有理由相信这些结果也能应用于自然的课堂环境。

进行练习测验是如何帮助走神的思绪集中注意力的？

学习控制

现在是心理学入门课程期末考试前的晚上。你已经花费了很多时间复习课程笔记以及本教科书上的材料，你觉得你已经把大部分的内容学得很好了。已经到了冲刺阶段，所剩时间很少，你需要决定最后剩余的时间是学习心理障碍还是社会心理学。你如何做这个决定呢？潜在的后果是什么呢？学习过程中很重要的一部分是要评估我们对某事物的了解程度以及我们需要投入多少时间去学习它。

近来的研究表明，人们关于自己学了什么的判断在指导后续学习中起着关键作用（Dunlosky 和 Thiede，2013；Metcalfe，2009）。实验证据揭示，这些被心理学家称之为学习判断（judgments of learning, JOLs）的主观评估对学习具有因果关系的影响：人们通常投入更多的时间学习那些他们认为还没有学好的内容（Metcalfe 和 Finn，2008；Son 和 Metcalfe，2000）。

JOLs 是导致决定对某一材料学习多少的原因。这个发现很重要，因为 JOLs 有时候是不准确的（Castel，McCabe 和 Roediger，2007）。例如，为了准备一个测验读了或重读了一章书或一篇文章后，这些材料感觉好像非常熟悉了，这种感觉使你确信你已经把这个材料学得很好不需要再学了。然而，熟悉感具有误导性：这可能是源于低水平加工的结果，例如知觉启动（见"记忆"一章），而不是那种能让你测验成绩优秀所需的学习（Bjork 和 Bjork，2011）。类似的，近期研究表明，学生在判断他们对新学的术语定义掌握得如何时常常是过度自信的，而且他们并不能有效地学会这些知识（Dunlosky 和 Rawson，2012）。要避免被这种主观的印象所误导的一个方法就是，当你为了测验学习时，时不时地在类似测验的情况下自我测试一下。例如在学习术语定义的例子里，再仔细地把你的回答和真正的定义对比一下。

JOLs 会以哪种方式起到误导作用？

因此，如果你要准备这门课的期末考试，需要决定是否投入更多的时间学习心理障碍或社会心理学，尝试一下使用学习控制，拿这两章的内容测试一下自己；你就可以用测试的结果来帮你决定哪一章需要进一步学习。留心一下研究者的结论（Bjork，Dunlosky 和 Kornell，2013），若要成为一个更有经验的、更有效的学习者，你需要了解：（a）学习和记忆的关键特征；（b）有效的学习技巧；（c）如何监测和控制自己的学习；（d）那些可能妨碍学习判断的偏差信息。

小 结

▲ 关于学习技巧的研究表明，一些很普遍的学习方法如划重点、划线、重读的效用很低，然而一些其他的技巧如练习测验和分散练习则有很高的效用。

▲ 练习测验促进了记忆的保持和学习的迁移，而且也能增强学习，减少课堂上的走神。

▲ 学习判断在决定要学习什么材料时起到了因果决定作用，但是学习判断会产生误导。

其他声音 在线学习

由于一些领先的实体学院或大学发起的新的在线创意,在线学习已经变成了近期的一个热门话题。达芙妮·科勒(Daphne Koller)是斯坦福大学的一名计算机科学教授,她是流行的在线学习平台Coursera的创始人之一。她在2012年4月发起Coursera之前的几个月写了下面这篇文章。

我们的教育系统处在一种危机状态。在发达国家中,美国的基础数学和科学教育质量排名第55位,高中学校竞争力排名第20位,取得科学或工程专业本科学位的大学生比例排名第27位。

作为一个社会,我们可以也应该对教育投入更多的金钱。但是那只是解决方法的一部分。高质量教育的高花费使得它被限制在大量人口之外,在美国和外国都是如此,并且从整体上威胁着学校在社会中的地位。我们需要大大地降低那些花费,与此同时提高质量。

如果这些目标看起来自相矛盾的话,让我们来看一个历史中的案例。在19世纪,60%的美国劳动力集中在农业,而且经常有食物短缺。如今,农业人口只占不到2%的劳动力,而且还有食物剩余。

这种转变的关键就是技术的使用——从轮作策略到GPS引导的农场机械化——后者极大地提高了生产力。与之相比,我们的教育方法却从文艺复兴后几乎保持不变:从中学到大学,大部分的教学是通过讲课者对着满屋的学生做演讲,而只有一部分学生在集中注意听讲。

我们应该如何提高教育水平,同时减少花费呢?在1984年,本杰明·布鲁姆(Benjamin Bloom)表明个体辅导比标准课堂环境的优势大很多:接受辅导的学生平均表现优于98%的课堂学生。

直到现在,都很难看出如何才能使人们可以负担得起个人化的教育。但是我认为技术或许能提供一个方法来实现这个目标。

考虑一下可汗学院(Khan Academy)的成功,这一学院起始于萨尔曼·可汗(Salman Khan)试图远程地教他侄女学数学。他录制了一些带有讲解的短视频,把它们放在网上,还做了一些自动评分的测验来扩充这些视频。这个简单的方法是如此的引人注目,以至于到目前为止,已经有超过7亿的视频被上百万的人观看。

在斯坦福,我们最近使用同样的形式,在网上放了三个计算机科学课程。结果非常显著,在头4个星期,30万学生注册了这些课程,百万次的视频观看和成百上千的作业上交。

我们能从这些成功中学到什么?首先,我们看到视频内容对于学生来说很有吸引力,学生中的很多人都是在 YouTube 上长大的，这些视频对于讲课者来说也很容易制作。

第二，通过短的、小规模的组块来呈现内容，而非整块的长时间讲座，更适合学生的注意广度。其所提供的灵活性也使每个学生得到量身定做的指导。那些准备不足的学生可以在背景材料介绍中花费较长的时间，而不会因为担心同学或老师的看法而感到不舒服。

相反地，有天资的学生可以进展得快些，避免了无聊和分心。简而言之，每个人都能获得类似个体辅导的个人化的学习体验。

被动地观看是不够的。通过练习和评估来参与是学习的重要组成部分。这些练习设计出来不仅是为了评价学生的学习，而且更重要的，是为了通过促进回忆和把观点放入情境中来增进理解。

此外，测验使得学生可能在掌握了一个概念后就开始后续学习，而不是必须得花费固定的时长盯着正在解释这个概念的老师。

对于很多类型的问题，我们现在有方法能自动化地评估学生们的作业。使得学生可以在练习后及时得到其表现的反馈。随着技术发展的不断努力，我们检查各种不同类型答案的能力将越来越接近人类评分者。

当然，这些学生—电脑的交互也有一些需要克服的鸿沟。学生必须能够提出问题和讨论材料。我们如何把人类之间的交互拓展到成千上万个学生们中间呢？

我们斯坦福的课程提供了一个论坛，在那里学生可以投票决定问题和回答，这使得最重要的问题能很快地得到解答（通常是由另一个学生回答的）。在将来，我们可以让网络技术做到能支持更多的互动形式，例如实时小组讨论，既支付得起，又是大规模的。

更广泛地说，在线形式使我们有能力去识别哪些东西是起作用的。直到目前，很多教育研究只是基于十几个学生开展的。而在线技术能够捕获到每次的点击：哪些地方学生看了不止一次，他们在哪里停顿，他们犯了哪些错误。这些大数据对于理解学习的过程、弄清楚哪些策略真的最适合学生都是无价的资源。

一些人反驳说在线教育不能教授创造性的问题解决和批判性思维。但是要实践问题解决，学生必须首先掌握一定的概念。通过为这第一步提供经济划算的解决方法，我们可以集中宝贵的课堂时间用于更多互动的问题解决活动，从而实现深入的理解并且促进创造力。

这种形式我们称为翻转课堂（flipped classroom），老师有时间和学生互动，激发和挑战他们。尽管在我所教的斯坦福课程上，学生的出勤是可选，但是它还是比很多标准的讲座式课堂的出勤率要高。加利福尼亚北部的罗斯阿图斯（Los Altos）学区就采用了这种混合的做法，通过使用可汗学院，数学补习班的七年级学生迅速地提高了他们的成绩，到达超前或熟练水平的比例从 23% 提升到 41%。

教育部所做的基于 45 个研究的 2010 年分析报告表明，在线学习和面对面学习一样有效，而且混合学习比这二者都更有效。

在线教育可以满足两个目标。对于那些足够幸运、可以接触到好老师的学生，混合学习意味着用同样或更低的花费可以得到更好的产出。对于数百万在美国或国外的那些无法接触到良好的、面对面教育的学生，在线学习可以为他们开启一扇新的大门。

纳尔逊·曼德拉（Nelson Mandela）曾说过："教育是你可以用来改变世界的最有力的武器。"通过运用技术来服务教育，我们可以在有生之年改变世界。

科勒为在线学习提供了强有力的积极的支持证据，自从这篇文章发表后在线课程得到了迅速的传播，这说明其他人也同意她的观点。另外，科勒关于信息传达要以"小规模组块"的方式、要使用测验的这些观点，和正文中讨论的斯潘纳等人（Szpunar等，2013）最近的研究发现是一致的，即间歇性的测验能够减少在线学习时的走神现象。但是对在线学习并不是没有批判的声音。例如，在纽约时报上的一篇专栏评论提到在科勒文章发表6个月后哈佛和麻省理工学院也宣布了他们自己的在线计划，大卫·布鲁克斯（David Brooks，2012a）提出了一些重要问题："如果少数明星教授可以给数百万人上课，剩下的教员怎么办？学术水平会一样的严格吗？那些没有足够内在动机能在电脑前一个小时接一个小时地呆着的学生该怎么办？当你并不是真的和热情的老师同学的一个教室里时，有多少交流信息——手势、情绪、眼神接触——都损失了？"

你认为什么是在线学习的主要挑战？在你自己的教育经验中，面对面的互动有多重要？你希望看到研究者做出哪些关于促进在线学习有效性的研究？

摘自《纽约时报》，2011年12月5日 @2011《纽约时报》版权所有。经允许使用，受美国版权保护法保护。未经允许不得打印、复印、发表、传播本内容。

http://www.nytimes.com/2011/12/06/science/daphne-koller-technology-as-a-passport-to-personalized-education.html

本章回顾

关键概念小测试

1. 在经典条件反射中，一个条件刺激和一个非条件刺激配对后产生_____。
   a. 一个中性刺激
   b. 一个条件反应
   c. 一个非条件反应
   d. 另一个条件刺激

2. 当条件刺激不再和非条件刺激配对时会发生什么？

a. 泛化

b. 自发恢复

c. 消退

d. 习得

3. 华生和雷纳想通过小阿尔伯特实验表明行为主义的什么观点?

a. 条件反射包含着一定程度的认知。

b. 经典条件反射有进化的成分。

c. 仅靠行为主义不能解释人类的行为。

d. 甚至复杂的行为如情绪也受到经典条件反射的影响。

4. 大脑的哪部分涉及恐惧的经典条件反射?

a. 杏仁核

b. 小脑

c. 海马

d. 下丘脑

5. 在对某种食物有过不好的经验之后,人们会终生厌恶这种食物。这表明条件反射有_____方面。

a. 认知的

b. 进化的

c. 神经的

d. 行为的

6. 下面关于操作性条件反射的描述哪一个是不准确的?

a. 动作和结果对于操作条件反射很重要。

b. 操作条件反射包含行为的强化。

c. 复杂的行为无法由操作条件反射解释。

d. 操作条件反射的机制和进化行为的根源有密切关系。

7. 下面哪个机制在斯金纳的行为方法中没有作用?

a. 认知

b. 神经

c. 进化

d. 以上全部

8. 潜伏学习为操作性条件反射中存在认知成分提供了证据,因为_____。

a. 其发生不需要明显的强化

b. 它既需要正强化也需要负强化

c. 它指出了神经奖赏中心的工作方式

d. 它依赖于刺激—反应的关系

9. _____的神经元活动负责强化过程?

a. 海马

b. 脑垂体

c. 内侧前脑束

d. 顶叶

10. 下面哪一个机制不能够帮助形成观察学习的基础?

a. 注意

b. 知觉

c. 惩罚

d. 记忆

11. 神经研究表明和观察学习密切相关的脑区是参与什么活动的?

a. 记忆

b. 视觉

c. 动作

d. 情绪

12. 哪一种学习的发生基本上不依赖于对信息获取的过程和产物的意识?

a. 潜伏学习

b. 内隐学习

c. 观察学习

d. 意识学习

13. 反复或长时间地暴露在一个刺激下导致了反应的逐渐减少,这个过程被称为_____。

   a. 习惯化
   b. 外显学习
   c. 序列反应时
   d. 延迟条件反射

14. 下面关于内隐学习的描述哪一个是不准确的?

   a. 一些学习形式刚开始是外显的,但随着时间进展变得更加内隐。
   b. 内隐学习甚至能在最简单的生物体上发生。
   c. 智商分数高的人更擅长内隐学习任务。
   d. 儿童在很大程度上是通过内隐学习来学习语言和社会行为的。

15. 对内隐指导语的反应导致了哪个脑区的激活减少?

   a. 海马
   b. 顶叶
   c. 前额叶
   d. 枕叶

16. 哪一个学习策略被证明是最有效的?

   a. 给文章划重点
   b. 重读
   c. 总结
   d. 做练习测验

关键术语

学习	习惯化	敏感化	经典条件反射
无条件刺激(US)	无条件反应(UR)	条件刺激(CS)	条件反应(CR)
习得	二阶条件反射	消退	自发恢复
泛化	分化	生物准备性	操作条件反射
效果率	操作行为	强化物	惩罚物
固定间隔程序(FI)	可变间隔程序(VI)	固定比率程序(FR)	可变比率程序(VR)
间歇强化	间歇强化效应	塑造	潜伏学习
认知地图	观察学习	传播链	内隐学习

转变观念

1. 一位朋友正在学习儿童教育的课程。她说:"在过去,老师们都用身体惩罚,当然这再也不被允许了。现在,一个好老师应该只用强化。当学生做出了好的行为,老师应该给予一个正强化,如夸奖;当儿童行为不好时,老师应给予一个负强化,像责备或收回特权。"你朋友对强化的理解存在什么误区?你能否给出更好的例子来说明负强化如何有效地运用在小学课堂?

2. 你家人的一位朋友正在努力训练她的女儿每天早上铺床。你建议她试一下正强化。一个月后，她给你反馈说："效果不是很好。每次她铺好床，我就在日历上贴一个金色的星星。到了这周末，如果有七个星星，我就给维琪（Vicky）一个奖励——一颗甘草糖。但是至今为止，她只获得过两次甘草糖。"你如何解释为什么理想行为（铺床）并没有因为这个强化程序而增加呢？

3. 你在复习准备考试，你让你的学习伙伴说一下经典条件反射的定义。她说："在经典条件反射中，有一个刺激，即条件刺激，能够预测即将发生的事件，即无条件刺激。通常，条件刺激是不好的事情，比如电击、恶心或恐怖的巨大噪声。学习者为了阻止无条件刺激而做出一个反应，即条件反应。有时候，条件性刺激是好的东西，比如给巴甫洛夫的狗的食物，然后学习者为了获得无条件刺激而做出反应。"这个定义有什么错误？

4. 你的一个同学说，相对于"学习"这一章他更喜欢上一章（"记忆"）。他说："我想成为一名精神科医生，因此我最关心人类的学习。条件反射是可以训练动物按压杠杆或表演杂技的很有效的方法，但是它实在是和人类学习没人多关系。"人类的学习和动物的学习有什么相似？你能否举出现实生活的例子来表明条件反射确实会在人类身上发生？

关键概念小测试答案

1. b; 2. c; 3. d; 4. a; 5. b; 6. c; 7. d; 8. a; 9. c; 10. c; 11. c; 12. b; 13. a; 14. c; 15. d; 16. d.

需要更多帮助？额外的资源位于 LaunchPad:

http://www.worhtpublishers.com/launchpad/schacter3e

第 8 章
情绪与动机

▲ **情绪体验：有感觉的机器** _417
什么是情绪？_418
情绪躯体 _420
情绪脑 _423
情绪调节 _426

▲ **情绪交流：非言语信息 _428**
社交表情 _429
科学热点　人体依据 _432
欺骗性的表情 _433

文化与社区　是说什么还是怎么说？_437

▲ **动机：开始行动 _438**
情绪的作用 _438
本能和驱力 _440
身体想要什么 _443
生存：食物的动机 _444
现实世界　你吃过了吗？_448
其他声音　肥胖与快乐 _451
心理想要什么 _455

莱昂纳多(Leonardo)5岁了而且非常可爱。他能做许多其他5岁的孩子们能做的事情：玩拼图、搭积木，以及和成年人一起玩猜谜游戏。但是与其他5岁孩子不同，莱昂纳多从没有为他的能力感到自豪，也未曾对他妈妈生气，或者厌倦他的功课。那是因为莱昂纳多处在一个无法感受任何情绪的状况中。他从来不会感到高兴或者伤心、快乐或者失望、害羞、嫉妒、恼怒、兴奋、感激或者悔恨。他从来没有笑或者哭过。

莱昂纳多的状况严重地影响了他的生活。例如，由于他不能感受情绪，他对那些能带给大多数孩子快乐的事情都不感兴趣，比如吃曲奇饼干、玩捉迷藏或者看星期六早晨的动画片。而且因为他不能感觉情绪，他不能凭直觉了解别人的感受，这使他的人际交往遇到困难。他的妈妈花了好多年教他做出表达情绪的面部表情，例如惊奇和伤心，以及怎样觉察他人的

一个典型的5岁儿童能感受到诸如骄傲、生气、厌烦等情绪。

莱昂纳多和他的"妈妈"，麻省理工学院教授辛西娅·布雷齐尔。

表情。莱昂纳多现在知道，当有人对他说友好的话时，他应该微笑；而且他应该时不时抬起眉毛，来表达对别人所说的话感兴趣。莱昂纳多学习得很快，而且他表现得很好，以至于陌生人在和他交流时难以相信他的内心深处什么都感受不到。

所以当莱昂纳多的妈妈对他微笑的时候，他经常回报以微笑。然而，他妈妈敏锐地发现，莱昂纳多只是做出妈妈教他的表情，而且他不是真的爱她。

不过没关系，虽然莱昂纳多不能回报她的感情，辛西娅·布雷齐尔博士（Dr. Cynthia Breazeal）仍然认为他是她所设计的最伟大的机器人之一（Breazeal，2009）。

是的，莱昂纳多是一台机器。他能看到和听到，他能记忆和推理。但是尽管他有可爱的微笑和会意的眨眼，他还是没有任何感觉，这导致他和我们极其不同。我们爱和恨的能力，感到好笑和烦恼的能力，感到兴高采烈和极为震惊的能力，这是我们人性的基本元素，而且对其他人来说，一个不能感受这些情绪的人更像是个机器人。但是这些我们称为情绪的东西究竟是什么，它们为什么如此重要？在本章中我们将探讨这些问题。首先我们将讨论情绪的本质，并且理解它们怎样与我们身体和大脑的状态联系起来。接下来我们将看看人类怎样表达情绪，以及他们如何使用这些表情与其他人交流。最后，我们将分析情绪在动机中的重要作用——它们如何告知并迫使我们去做从发动战争到性爱的一切事情。

情绪体验：有感觉的机器

莱昂纳多不知道爱是什么感觉，而且没办法可以教他，因为试图对一个从没有体验过爱的人描述爱的感觉，有点像试图对天生的盲人描述绿颜色。我们可以告诉莱昂纳多是什么引起了这种感觉，["每当我看到玛丽莲（Marilynn）时它就发生了。"]而且我当你看这张照片的时候,你不可能什么都没感觉到,同时又不大可能准确地说出你感觉到的是什么。

们可以告诉他这种感觉的结果("我呼吸急促并且说愚蠢的话"),但是最终这些描述都没抓住重点,因为爱的本质特征——像所有情绪的本质特征一样——是体验。感觉好像要去爱什么东西,这种感受就是爱的定义特征(Heavey, Hurlburt 和 Lefforge,2012)。

什么是情绪?

我们如何来研究一个很难描述其定义特征的东西?心理学家开发了一项聪明的技术,这项技术利用了一种现象:虽然人们并不总能说出某个情绪体验是什么感觉("爱是……嗯……呃……"),但是他们通常可以说出一个体验和另一个体验有多相似("和愤怒相比,爱更像是高兴")。通过让人们评价很多情绪体验的相似性,心理学家已经能使用一项名为多维尺度的技术绘制一张这些体验的地图。

这项技术背后的数学是复杂的,但逻辑简单。如果你拟定一个美国六个城市之间距离的列表,把它拿给一个朋友,要求她把这些距离变成一张地图,你的朋友就会画出一张美国地图(见图8.1)。为什么?因为没有其他地图能让每个城市和其他城市之间的距离是恰好正确的。

相同的技术可以用来生成一张情绪的地形图。如果你列出很多情绪体验的相似性(给那些感觉相似的情绪分配较小的距

	芝加哥	洛杉矶	旧金山	奥马哈	菲尼克斯	波士顿
芝加哥	0	1 749	1 863	433	1 447	856
洛杉矶	1 749	0	344	1 318	367	2 605
旧金山	1 863	344	0	1 432	658	2 708
奥马哈	433	1 318	1 432	0	1 029	1 288
菲尼克斯	1 447	367	658	1 029	0	2 290
波士顿	856	2 605	2 708	1 288	2 299	0

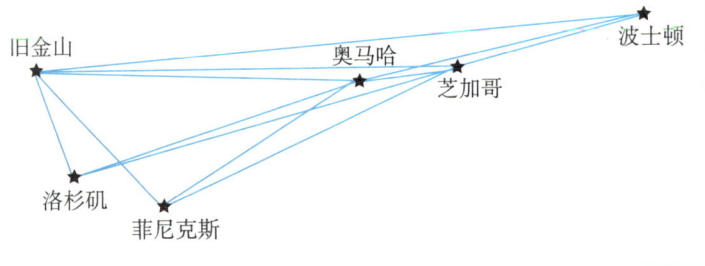

图 8.1 从距离到地图。知道事物之间的距离——例如多个城市——能让我们绘制出一张地图来表示它们在哪些维度上不同。

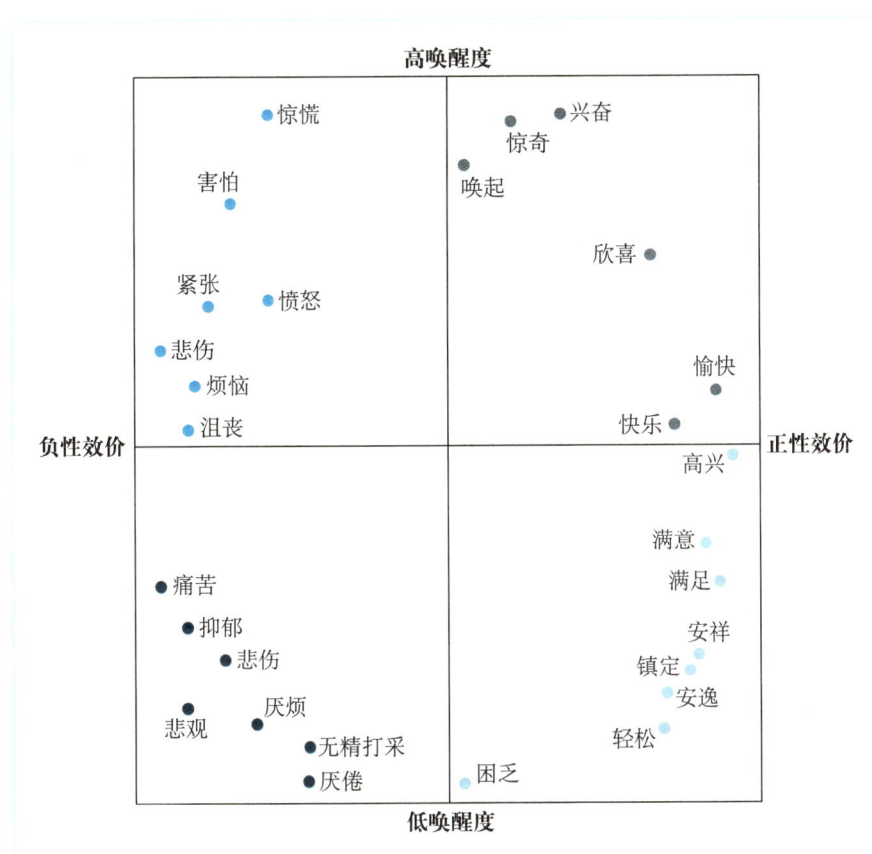

图 8.2 情绪的两个维度。正如城市能用它们的经度和纬度定位一样,情绪也能用它们的唤醒度和效价来定位。

离,给那些感觉不相似的分配较大的距离),然后要求一个朋友把它们整合到一张图上,你的朋友将只能画出一张像图 8.2 所示的图。这是能使每一个情绪体验彼此之间的距离恰好准确的唯一的图。这张图有什么好处?事实证明,地图不仅表示事物之间有多接近;它们也提示了这些事物在哪些维度上不同。例如,图 8.2 的地图显示情绪体验在两个维度上不同,这两个维度叫做效价(这个体验有多积极或者多消极)和唤醒度(这个体验有多主动或多被动)。研究表明所有情绪体验都可以用它们在这张二维地图上独一无二的坐标来描述(Russell, 1980; Watson 和 Tellegen, 1985; Yik, Russell 和 Steiger, 2011)。

 心理学家为什么使用多维尺度?

这张情绪体验图提示,任何情绪的定义必须包含两方面:第一,情绪体验是好的还是坏的;第二,这些体验有特殊的身体唤醒水平。记住这两点,我们可以把**情绪**定义为

情绪(emotion) 一个与特定生理活动模式联系在一起的积极或消极的体验。

一个与特定生理活动模式联系在一起的积极或消极的体验。正如你即将看到的，理解情绪的第一步就是理解这个定义中的体验部分和生理活动部分是怎样联系起来的。

情绪躯体

你也许可以想一下，如果你现在走进厨房并且看到一只熊在闻橱柜，你会感到恐惧，你的心率开始加快，而且你双腿的肌肉做好了逃跑的准备。但是在19世纪晚期，威廉·詹姆斯（William James）提出，引起情绪的事件实际上可能是以相反的顺序发生的：首先你看到了熊，然后你的心脏剧烈跳动，你的腿部肌肉收缩，然后你感到恐惧，恐惧只不过是你对躯体反应的体验。如詹姆斯（1884，第189-190页）所写的，"躯体变化直接跟随着对兴奋的事情的知觉……当这种躯体变化出现时对该变化的感觉就是情绪"。在詹姆斯看来，每种独特的情绪体验都是特定的生理反应模式的结果，而且他认为如果没有心率加速和肌肉紧张，就不会有任何情绪体验。大约在同一时期，心理学家卡尔·兰格（Carl Lange）提出了相同观点，所以这个观点被称为情绪的**詹姆斯－兰格理论**，即一个刺激引起躯体活动，然后产生大脑中的情绪体验。根据这个理论，情绪体验是我们对外界的物体和事件的生理反应的结果，而不是原因。

詹姆斯以前的学生，沃特·坎农（Walter Cannon）非常不喜欢这个观点，他和他的学生菲利普·巴德（Philip Bard）一起提出另一个观点。情绪的**坎农－巴德理论**是指，一个刺激同时引起躯体活动和大脑中的情绪体验（Bard，1934；Cannon，1927）。坎农提出他的理论优于詹姆斯－兰格理论的几个原因。首先，他指出，虽然躯体经常反应较慢，但情绪发生较快。例如，难堪的躯体反应是脸红，需要15秒到30秒才发生；但是，人们在注意到某件事情（比如他们的裤子当众掉了下来）的几秒钟内就感到难堪了。所以脸红怎么可能是这种感觉的原因呢？第二，人们常常很难准确觉察到躯体反应，例如心率的改变。如果人们不能觉察他们心率的改变，他们怎么能把这些改变体验为情绪呢？

凯特（Kate）王妃是通过让威廉（William）王子难堪而使他脸红，还是通过让他脸红而使他难堪？尴尬的感觉比脸红提前多达30秒，所以脸红不大可能是情绪体验的原因。

詹姆斯－兰格情绪理论（James-Lange theory） 关于一个刺激引起躯体活动，然后躯体活动产生大脑中的情绪体验的理论。

坎农－巴德理论（Cannon-Bard theory） 关于一个刺激同时引起躯体活动和大脑中的情绪体验的理论。

第三，非情绪刺激——例如室温升高——能引起和情绪刺激相同的躯体反应。那么为什么人们发烧的时候不觉得恐惧呢？最后，坎农指出，并没有足够多的独特的躯体活动模式来解释人们经历的所有独特的情绪体验。如果很多不同的情绪体验都和同一种躯体活动模式相关联，那种活动模式怎么能是情绪体验的唯一决定因素呢？

这些问题都很好，大约在坎农提出这些问题之后的30年，心理学家斯坦利·沙赫特（Stanley Schachter）和杰尔姆·辛格（Jerome Singer）提供了一些答案（Schachter 和 Singer, 1962）。詹姆斯和兰格是正确的，在于他们将情绪等同于对躯体反应的知觉。但是坎农和巴德也是正确的，在于他们注意到没有足够多的不同的躯体反应能够解释人类能体验到的广泛多样的情绪。尽管詹姆斯和兰格认为，不同的情绪是对不同躯体活动模式的不同体验，沙赫特和辛格提出不同的情绪仅仅是对同一躯体活动模式的不同理解，他们称之为"无差别的生理唤醒"（见图8.3）。

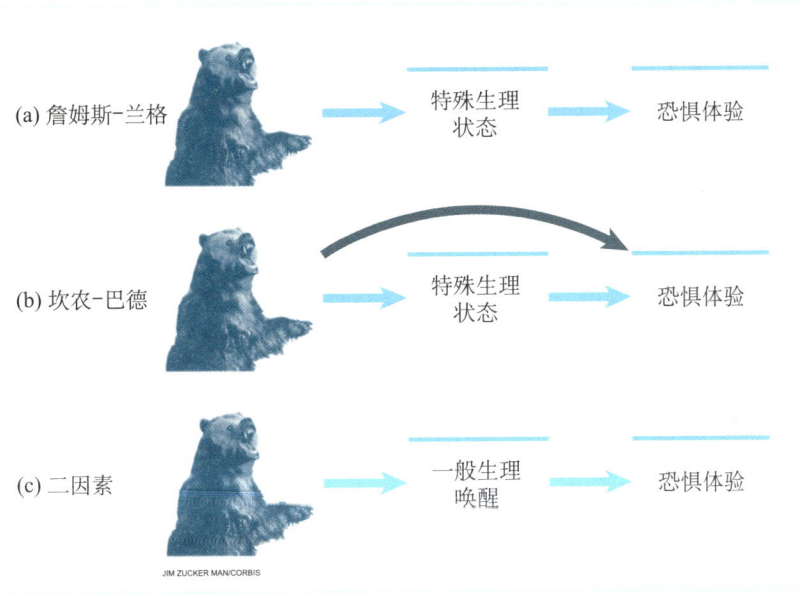

图8.3 情绪的经典理论。经典理论对情绪的起因提出了不同的观点。詹姆斯-兰格理论提出，刺激引发特殊的生理状态，然后这种生理状态被体验为情绪（a）。坎农-巴德理论提出，刺激引发了独立的特殊生理状态和情绪体验（b）。二因素理论提出刺激引发一般的生理唤醒，导致大脑对此进行解释，这种解释又导致了情绪体验（c）。

沙赫特和辛格的情绪**二因素理论**指出情绪是基于对生理唤醒的原因的推理。当你看到一只熊在你的厨房里，你的心脏开始剧烈跳动。你的大脑快速扫描环境，寻找心率加快的合理解释，并且首先注意到了一只熊。同时注意到一只熊和剧烈跳动的心脏之后，你的大脑做了大脑擅长做的事：它把这两者结合起来，做了一个合乎逻辑的推理，并把你的唤醒解释为恐惧。换言之，当你面对某个你认为会吓着你的东西而被生理唤醒时，

二因素理论（two-factor theory） 关于情绪是基于对生理唤醒的原因的推理的理论。

 情绪的二因素理论怎样扩展了早期理论？

你把这唤醒标记为恐惧。但是如果你面对某个你认为会使你高兴的东西而产生完全相同的躯体反应时，你可能会把这唤醒标记为兴奋。根据沙赫特和辛格的观点，人们对所有情绪刺激有相同的生理反应，但是他们在不同的场合对生理反应的解释不同。

过去的半个世纪，二因素模型进展得如何？该模型的一个观点发展得非常好。例如，在一项研究（Schachter 和 Singer，1962）中，被试被注射了肾上腺素，引起了生理唤醒，然后面对一个可笑的或者一个令人讨厌的合作者。正如二因素理论所预期的，当合作者表现得可笑时，被试认为他们感到高兴，但是当合作者表现得令人讨厌时，被试认为他们感到愤怒。后续研究表明当人们被其他方式唤醒——假设让他们在实验室里骑健身自行车——他们随后感觉漂亮的人更加漂亮、讨厌的人更加讨厌、有趣的动画片更加有趣，似乎他们把他们健身所引起的唤醒解释为吸引力、恼怒或者愉悦（Byrner 等，1975；Dutton 和 Aron，1974；Zillmann，Katcher 和 Milavsky，1972）。实际上，甚至当人们仅仅是认为他们被唤醒时——例如，当他们听一段心脏快速跳动的录音并且被引导相信他们听到的心跳是他们自己的（Valins，1966），这些效应也会出现。二因素模型认为人们对他们被唤醒的原因进行推断，而且那些推断影响他们的情绪体验，就这点来说二因素模型看起来是正确的（Lindquist 和 Barrett，2008）。

但是，研究并未对该模型的观点宽容到认为所有情绪体验都仅仅是对同一躯体状态的不同解释。例如，研究者测量了被试体验六种不同情绪时的生理反应，发现愤怒、恐惧和悲伤都引起了比厌恶更快的心率；恐惧和厌恶引起了比悲伤或愤怒更高的皮电反应（出汗）；并且愤怒引起的手指温度提高幅度比恐惧所引起的大（Ekman，Levenson 和 Friesen，1983；见图 8.4）。这些研究结果已经在不同年龄、职业、性别和文化群体中得到重复。实际上，一些生理反应似乎是独特对应于某种单一情绪的。例如，脸红是面部、颈部、胸部的皮下毛细血管中血容量增加的结果，研究指出人们只在感到难堪的时候才会脸红，而当他们感受到其他情绪时不会（Leary 等，1992）。同样，自主神经系统的副交感神经分支（负责放慢和镇定，而不是加快和兴奋）的某些活动模式似乎只和亲社会情绪有关，例如同情（Oately，Keltner 和 Jenkins，2006）。

那么，哪个两人组合所提出的理论是正确的呢？当詹姆斯和兰格提出并非所有情绪对应的生理反应模式都相同时，他们是正确的。但是当坎农和巴德提出人们对这些反应模式并非完全敏感，因而人们有时必须对当前的感觉进行解释时，他们是正确的。我们

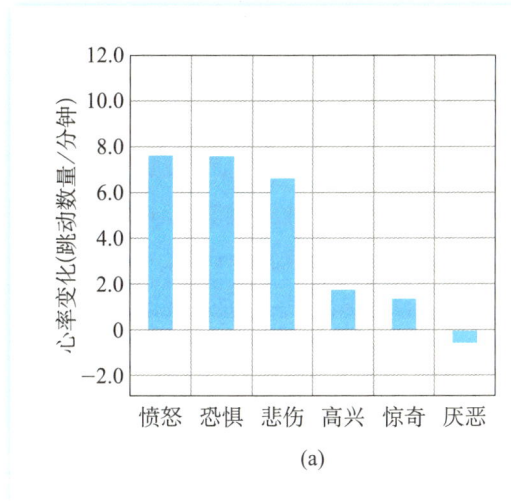
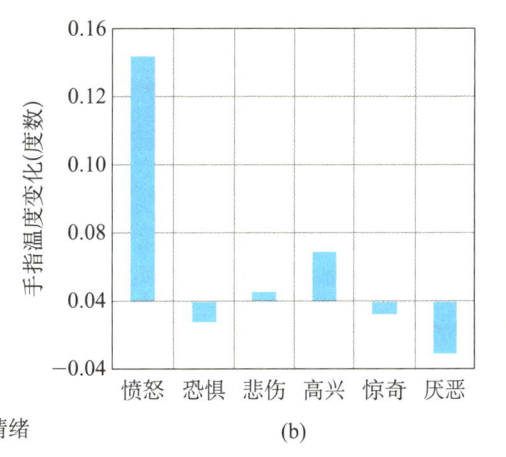

图 8.4 情绪的生理学。 与二因素理论的观点相反,不同的情绪似乎有不同的潜在生理唤醒模式。愤怒、恐惧和悲伤都比高兴、惊奇和厌恶引起了更高的心率(a)。愤怒引起的手指温度提高幅度比其他任何情绪都大得多(b)。

的躯体活动和我们的心理活动既是我们情绪体验的原因也是结果。我们尚不清楚它们相互作用的本质,但是,正如你将在下文中所见,通过沿着从心脏跳动到活体脑的情绪之路,在过去几十年里相关研究已经取得了很大的进展。

情绪脑

20世纪30年代晚期,心理学家海因里希·克吕弗(Heinrich Klüver)和医生保罗·布希(Paul Bucy)有一个偶然的发现。在给一只名叫奥萝拉(Aurora)的猴子做完脑外科手术的几天后,他们发现她行为怪异。首先,奥萝拉几乎会吃任何东西,而且几乎会和任何一只猴子性交——好像她不再能辨别好的和坏的食物,或者好的和坏的配偶。第二,奥萝拉好像完全无畏和镇定,在她被实验员训练的时候,甚至她面对蛇的时候都保持镇静(Klüver 和 Bucy, 1937, 1939)。奥萝拉出了什么事?结果发现,在手术期间,克吕弗和

旅行者和老虎有一些共同点:各自有一个以闪电般速度工作的杏仁核来决定对方是否是一种威胁。为什么大自然将大脑设计成能如此快地做这个特殊的决定?

布希偶然损伤了奥萝拉大脑中一个叫杏仁核的结构。后续研究证实杏仁核在产生诸如恐惧的情绪时起重要作用。例如，在一项研究中，研究者通过手术使进入猴子左眼的信息被传递到杏仁核，但进入猴子右眼的信息没有进入杏仁核（Downer，1961）。当猴子只用它的左眼看威胁性刺激时，它做出了恐惧和惊慌的反应；但是当它只用右眼看威胁性刺激时，它就是镇定而平静的。对人类的研究发现了几乎一样的结果。例如，人们通常对情绪唤起性词语有较好的记忆，例如死亡或呕吐，但是杏仁核损伤的人（LaBar 和 Phelps，1998）或者服药导致杏仁核内的神经传递暂时损伤的人（van Stegeren 等，1998）没有这种记忆优势（见图8.5）。有趣的是，虽然杏仁核损伤的人在看到威胁时常常不感到恐惧，但是当他们体验到威胁时会感到恐惧，例如，当他们突然发现自己不能呼吸的时候（Feinstein 等，2013）。

图 8.5 **情绪识别和杏仁核**。面孔表情被变形成一个连续的序列，从高兴到惊奇到恐惧到悲伤到厌恶到愤怒，然后回到高兴。把这个序列呈现给一个双侧杏仁核损伤的病人和 10 名没有脑损伤的控制组被试。虽然病人对高兴、悲伤和惊奇的识别与控制组大体一致，但是她对愤怒、厌恶和恐惧的识别能力受损（Calder 等，1996）。

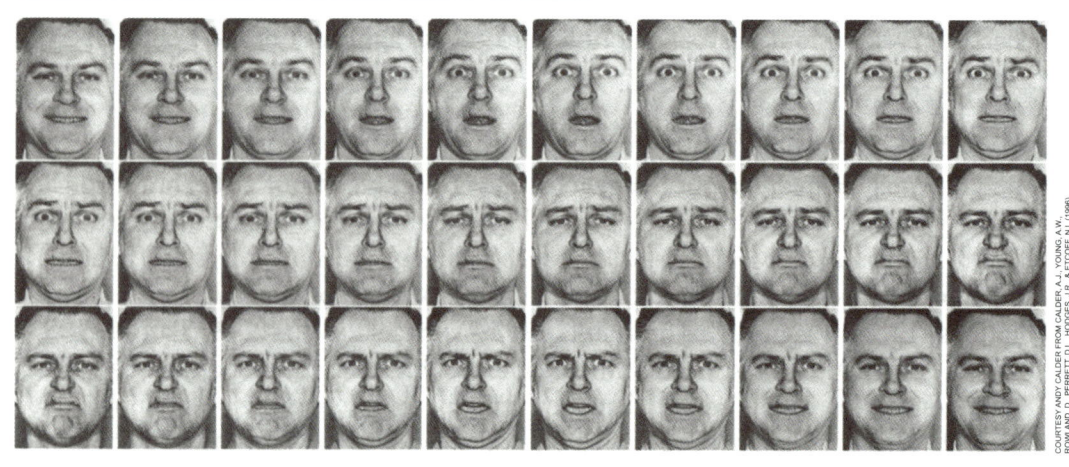

杏仁核究竟是做什么的呢？它是某种"恐惧中心"吗？不完全是这样（Cunningham 和 Brosch，2012）。在一个动物感觉到恐惧之前，它的大脑必须首先决定存在让它感到害怕的东西。这个决定叫做**评价**，是指对一个刺激中与情绪相关的方面的评估（Arnold，1960；Ellsworth 和 Scherer，2003；Lazarus，1984；Roseman，1984；Roseman 和 Smith，2001；Scherer，1999，2001）。杏仁核对做出这些评价有重要作用。事实上，杏仁核是一个极其快而敏感的威胁探测器（Whalen 等，1998）。心理学家约瑟夫·勒杜（Joseph LeDoux）（2000）绘制了刺激的信息在大脑中传输的路径，并且发现信息是同

评价（appraisal） 对一个刺激中与情绪相关的方面的评估。

时经由两条不同的路径传输的："快通路"，从丘脑直接到杏仁核，以及"慢通路"，从丘脑到皮质然后到杏仁核（见图8.6）。这意味着当皮质正在缓慢地用这些信息对刺激的身份和重要性进行全面分析的时候（"这好像是个动物……可能是个哺乳动物……可能是个熊属类动物……"），杏仁核已经接受了从丘脑直接传递来的信息，而且做了一个非常快而简单的决定："这是一个威胁吗？"如果杏仁核对这个问题的回答是肯定的，它将启动神经活动，最终引起躯体反应和我们称为恐惧的有意识体验。

皮质需要更长的时间来处理信息，但是最终完成时，它就向杏仁核发送一个信号。那个信号可以告诉杏仁核保持恐惧状态（"我们已经分析完全部数据，并确认，那东西是一只熊——而且熊会咬人！"）或者降低恐惧（"放松，它只是一个穿着熊戏服的人"）。当实验对象被要求体验悲伤、恐惧和愤怒情绪时，他们的杏仁核活动增强，皮质活动减弱（Damasio等，2000），但是当要求他们抑制这些情绪时，他们的皮质活动增强，杏仁核活动减弱（Ochsner等，2002）。从某种意义上说，杏仁核踩着情绪的油门，然后皮质踩着刹车。这就是为什么皮质损伤的成人和儿童（儿童的皮质还没发育好）都难以抑制他们的情绪（Stuss和Benson，1986）。

关于大脑的研究表明，情绪是原始系统的一个部分，这个系统能让我们迅速地做出反应，而且是在对那些与我们的生存和幸福有关的事物的信息掌握得很少的基础上就能做出反应。当我们的新皮质识别一个刺激、考虑它对该刺激所知道的东西、小心地计划做出反应时，我们古老的杏仁核所做的是它在皮质进化的几千年前就已经能做得很好的任务：它瞬间就对我们环境中的物体和事件的重要性做出了决定，而且在必要的时候，让我们

图 8.6 **恐惧的快通路和慢通路。**根据约瑟夫·勒杜（2000）的研究，一个刺激的信息同时经由两条路径传输："快通路"（用粉红色表示），从丘脑直接到杏仁核，以及"慢通路"（用绿色表示），从丘脑到皮质然后到杏仁核。因为杏仁核先接收丘脑传来的信息，后接收皮层传来的信息，所以人们在知道刺激是什么之前，就会害怕。（见插页）

 边缘系统和皮质如何相互作用产生情绪？

的心脏和腿准备好脱离险境。

情绪调节

你可能在意也可能不在意刺猬、耳垢或者1812年的战争，但如果你是人，你几乎必然在意你的感受是什么。**情绪调节**是指人们影响自身情绪体验所使用的策略。虽然人们偶尔想体验消极情绪而不是积极情绪（Erber，Wegner和Therriault，1996；Michaela等，2009；Parrott，1993；Tamir和Ford，2012），但是大部分时间人们宁愿感觉良好而不是感觉糟糕。

人们十之八九报告说他们每天至少有一次要试图调节自己的情绪体验（Gross，1998），而且他们描述了1 000多种不同的调节策略（Parkinson和Totterdell，1999）。有些是行为策略（例如，回避会触发有害情绪的情景），还有一些是认知策略（例如，使用能触发想得到的情绪的记忆；Webb，Miles和Sheeran，2012）。研究表明，人们常常不知道什么策略是最有效的。例如，人们倾向于认为压抑，也就是抑制情绪的表面信号，是一个有效的策略。但一般来说，这不是最有效的策略（Gross，2002）。相反，人们倾向于认为给情绪贴标签，也就是把自己的感受用词语描述出来，对他们情绪的影响很小，但实际上，这种做法通常能有效地降低情绪状态的强度（Lieberman等，2011）。

情绪调节的最好策略之一是**重评**，也就是通过改变对唤起情绪的刺激的思考方式来改变个人的情绪体验（Ochsner等，2009）。例如，一项研究中，观看一段被描述成快乐的宗教仪式的割礼视频的被试，比那些看相同视频但没有听相同描述的被试的心率更慢，痛苦更少（Lazarus和Alfert，1964）。在另一项研究中，请被试看诱发消极情绪的图片，例如一个女人在葬礼上哭的图片，并扫描他们的大脑。之后要求一些被试重新评价这张图片，例如，想象图中这个女人是在婚礼而不是葬礼上

情绪调节是很难的。2011年，俄勒冈州波特兰市仅仅因为发现一个男人在这个水库撒尿，就冲掉8百万加仑的饮用水。虽然少量尿液对健康没有威胁，但这让人们感到恶心——而且不能调节，那种情绪使波特兰市民花费了接近30 000美元。

情绪调节（emotion regulation） 人们影响自身情绪体验所使用的策略。
重评（reappraisal） 通过改变对唤起情绪的刺激的思考方式来改变个人的情绪体验。

哭。结果表明当被试最初看到这张照片时，他们的杏仁核变得活跃。但是当他们重新评价这张图时，皮质的几个重要区域变得活跃，过了一会儿，他们的杏仁核不再活跃（Ochsner 等，2002）。换言之，被试能够通过换个方式理解图片来减少他们杏仁核的活动。

重评是一项重要技能。一些人比其他人擅长重评（Malooly，Genet 和 Siemer，2013），而且重评的能力与心理和身体健康都有关系（Davidson，Putnam 和 Larson，2000；Gross 和 Munoz，1995）。实际上，你将在"应激与健康"那章学到，治疗师常常通过教人们如何重新评价生命中的重要事件来试图缓和抑郁症和痛苦（Jamieson，Mendes 和 Nock，2013）。另一方面，这个能力可以让我们减少对那些受苦的人的同情（Cameron 和 Payne，2011）。大约两千年前，古罗马皇帝马库斯·奥雷柳斯（Marcus Aurelius）写到："如果你因外界事物而痛苦，这疼痛不是由于这件事情本身，而是由于你对它的评价；而且你有能力在任何时候撤销这个痛苦。"现代科学表明这个皇帝的确是有真知灼见的。

小结

▲ 情绪体验很难描述，但是心理学家已经确定了情绪体验的两个潜在维度：唤醒度和效价。

▲ 心理学家花了一个多世纪的时间来试图了解情绪体验和生理活动是如何联系的。詹姆斯 - 兰格理论提出一个刺激引起生理反应，这种生理反应引起一个情绪体验；坎农 - 巴德理论提出一个刺激同时引起情绪体验和生理反应；沙赫特和辛格的二因素理论提出一个刺激引起无差异的生理唤醒，人们对这种生理唤醒进行推理。没有一个理论是完全正确的，但是每个理论都有被研究支持的部分。

▲ 情绪是由边缘系统和皮质结构的复杂相互作用产生的（见 98 页图 3.16）。一个刺激信息同时传输到杏仁核（其快速评价刺激的好坏）和皮质（对这个刺激做较慢和更全面的分析）。在某些情况下，杏仁核先引起情绪体验，然后皮质抑制这种情绪。

▲ 人们关心自己的情绪体验而且使用很多策略去调节情绪。重评是指改变自己对物体或事件的思考方式，这是情绪调节的最有效的策略之一。

情绪交流：非言语信息

机器人莱昂纳多也许不能感受情绪，但是他一定能笑，并且能眨眼、能点头。的确，和莱昂纳多交流的人很难相信他是机器人，原因之一就是莱昂纳多表达了他实际上没有的情绪。**表情**是一种情绪状态的可观察的信号，虽然机器人能被教会表达出表情，但人类似乎能很自然地做这件事。

1982年9月19日，斯科特·法尔曼（Scott Fahlman）在一个互联网用户组里发布了一条信息，"我提议用下面的字符串作为开玩笑的标志：:-) 歪着头读。"表情符号因此诞生。法尔曼的笑容（右上）是高兴的信号，然而他的表情符号是一个象征符号。

我们的情绪状态有多种表达方式。例如，它们改变了我们说话的方式——从我们讲话的语调和变音到音量和音长——而且研究表明听者只根据声音线索就能推断出说话者的情绪状态，而且准确率高于随机水平（Banse 和 Scherer，1996；Frick，1985）。观察者也能根据一个人的注视方向、走路的节奏、甚至简单碰一下手臂来判断情绪状态（Dael，Mortillaro 和 Scherer，2012；Dittrich 等，1996；Hertenstein 等，2009；Keltner 和 Shiota，2003；Wallbott，1998）。在某种意义上，我们是宣传自己内心活动的会走路会说话的广告。

当然，你的脸被设计得比身体其他任何部分都更精巧以用来表达情绪。你的面部下方有43块肌肉，可以创造超过1000种独特的组合，这使你能以惊人的微妙和特异性的程度来传达情绪状态的信息（Ekman，1965）。心理学家保罗·艾克曼（Paul Ekman）和华莱士·弗里斯（Wallace

为什么我们是我们内在状态的"会走路会说话的广告"？

Friesen）（1971）花了多年时间将人类面部能做的肌肉运动进行分类。他们分离了46种独特的运动，称之为运动单元，他们给每个单元一个数字编码和一个名字，如"鼓脸颊器"，"压酒窝器"和"鼻唇加深器"（很巧，这些都是重金属乐队的名字）。研究表明这些运动单元的组合与特定的情绪状态有确切的关系（Davidson 等，1990）。例如，当我们感觉高兴时，我们的颧大肌（使我们嘴角上扬的肌肉）和眼轮匝肌（卷曲我们外眼角的

表情（emotional expression） 一种情绪状态的可观察的信号。

肌肉）产生了一个独特的面部表情，它被心理学家描述为"活动单元6和12"，对我们其他人来说就是"微笑"（Ekman和Friesen，1982； Frank，Ekman和Friesen，1993； Steiner，1986）。

社交表情

为什么我们的情绪全部写在了我们的脸上？1872年，查尔斯·达尔文（Charles Darwin）出版了《人类和动物的表情》（*The Expression of the Emotions in Man and Animals*），在这本书中他推测了表情的进化意义。达尔文注意到人类和动物有某些共同的面部和姿态表情，而且他提出这些表情是用来交流有关内心状态的信息的。不难看出这种交流非常有用（Shariff 和 Tracy，2011）。例如，如果一个占统治地位的动物露出牙齿并传达"我对你生气"的信息，假如这时下级动物低下头并传递"我害怕你"的信息，那么两者就能在不流血的情况下确定社会等级。达尔文认为，表情是一种很便捷的方式，让一个动物使另一个动物知道它的感觉以及它将如何行动。从这个意义上，表情有点像是非言语语言中的词汇。

根据查尔斯·达尔文（1872/1998）的观点，人类和动物都使用面部表情来交流他们内心状态的信息。

表情的普遍性

当然，只有当所有人都讲同一种语言时，这种语言才有用，因此达尔文提出**普遍性假设**，该假设认为表情对每个人都有相同的含义。换言之，每个人表达高兴时自然会笑，而且每个人都自然地明白笑意味着高兴。

达尔文的假说有一些证据。例如，就算从没见过人脸的人也能像其他见过人脸的人一样做出相同的面部表情。先天性失明的人在高兴的时候会笑（Galati，Scherer 和 Ricci-Bitt，1997； Matsumoto 和 Willingham，2009），而且当把苦的化学药品放到出生2天的婴儿嘴里时，他们会做出厌恶表情（Steiner，1973，1979）。另外，人们在判断其他文化成员的表情时正确率很高（Ekman 和 Friesen，1971； Elfenbein 和 Ambady，2002；

普遍性假设（universality hypothesis）表情对每个人都有相同的含义。

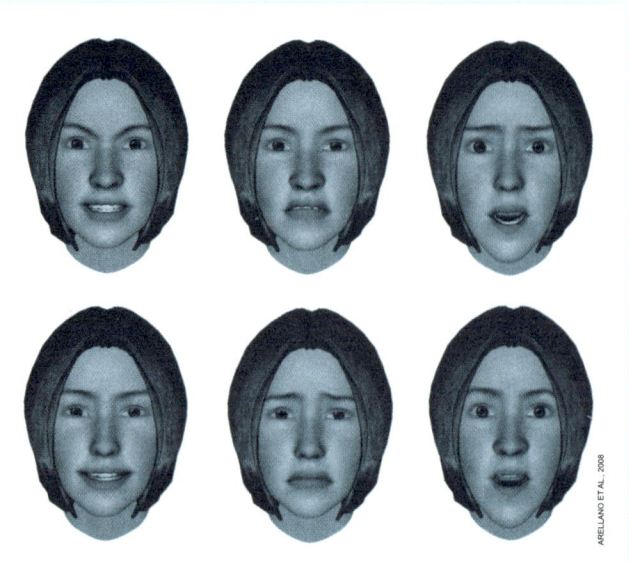

图 8.7 六种基本情绪。全世界的人普遍同意这六个面孔显示出愤怒、厌恶、恐惧、高兴、悲伤和惊奇。这种广泛共识的可能原因是什么？选自 Arellano，Varona 和 Perales，2008。

? 什么证据表明面部表情具有普遍性？

Frank 和 Stennet, 2001；Haidt 和 Keltner, 1999)。不仅智利人、美国人、日本人都认为笑是高兴的标志而皱眉是悲伤的标志，而且前文字阶段文化的人也是这么认为的。在 20 世纪 50 年代，研究者拍了一些西方人表达愤怒、厌恶、恐惧、高兴、悲伤和惊奇的照片（见图 8.7），并把这些照片给南部福尔人（Fore）看，这个民族生活在巴布亚新几内亚高原的石器时代，他们那时还几乎从未接触过现代世界。研究者让这些被试把每张照片和一个词匹配（如"高兴"或"害怕"），并发现南部福尔人完成匹配的成绩基本和美国人一样。（唯一例外的是福尔人难以区分惊奇表情和恐惧表情，这可能是因为对生活在野外的人来说，惊奇的事情很少是令人愉快的。）这类证据使很多心理学家相信至少有六种表情——愤怒、厌恶、恐惧、高兴、悲伤和惊奇——具有普遍性。其他一些情绪——难堪、可笑、内疚、害羞和骄傲——可能也有普遍的面部表情模式（Keltner, 1995；Keltner 和 Buswell, 1996；Keltner 和 Haidt, 1999；Keltner 和 Harker, 1998；Tracy 等，2013）。

但这些证据并未说服所有的心理学家。例如，最近研究（Gendron 等，in press）表明，和南部福尔人类似，一个与世隔绝的叫做辛巴（Himba）的部落里的人能像美国人一样把面孔和情绪词匹配。但是当要求辛巴人把"有相同感受"的面孔相匹配时，他们做出的匹配和美国人做出的非常不同。这些研究提出普遍性假说可能被过分强调了。目前，我们可以自信地说，全人类对很多面部表情的情绪含义有相当大的共识，但是这个共识不是完美的。

表情的起因和作用

不同文化的成员用相同的方式来表达很多情绪，但是为什么会这样？毕竟，他们的语言不同，为什么他们笑的样子一样，皱眉的样子也一样？答案就是词语是符号，而面部表情是信号。符号是随意指定的，和它们象征的东西没有因果关系。说英语的人用 *cat* 这个词来表示一个特定的动物，但是没有任何关于猫科动物的东西能引起这个特定的声音从我们口中发出，而且当其他人用不同的声音——如 *popoki* 或 *gatto*——来表示相同的东西时，我们也不感到惊讶。相反，面部表情不是情绪的随意符号。它们是情绪的信号，因为信号是由它们预示的东西引起的。高兴的感觉引起颧大肌收缩；因此收缩是这个感觉的信号，就像雪地上的脚印是有人走过的信号一样。

当然，正如一个符号（*bat*）可以有不止一个含义（木头球棒或飞行的哺乳动物），信号也一样。实际上，高兴和悲伤这两种情绪经常产生类似的面部表情，我们怎样区分它们呢？研究认为一种答案就是背景。当有人说"中场手用球棒（bat）击球，"这个句子提供了一个背景告诉我们 *bat* 的意思是"球棒"不是"哺乳动物"。同样，面部表情所处的背景常常告诉我们那个表情是什么意思（Aviezer 等, 2008; Barrett, Mesquita 和 Gendron, 2011; Meeren, Heijnsbergen 和 de Gelder, 2005）。

我们的情绪体验引起我们的表情，但反过来也一样成立。**面部反馈假说**（Adelmann 和 Zajonc, 1989; Izard, 1971; Tomkins, 1981）提出表情能引起它们所表示的情绪体验。例如，当人们发出长的"e"音或用牙叼着一支铅笔时（两者都导致颧大肌收缩），比发出长的"u"音或用嘴唇夹着一支铅笔时，他们觉得更高兴（Strack, Martin 和 Stepper, 1988; Zajonc, 1989; 见下页的图 8.8）。同样，当人们被要求抬起眉毛时，他们觉得事情更令人惊讶，当他们被要求皱鼻子时，他们觉得气味更难闻（Lewis, 2012）。发生这些事情是因为随着时间的推移，面孔表情和情绪状态之间形成了强烈的联系（记得巴甫洛夫吗？），最终各自都可以引起对方。不仅面孔有这些作用。例如，当人们握拳的时候会感到更自信（Schubert 和 Koole, 2009），当要求伸出中指时，他们会把他人评价为更有敌意（Chandler 和 Schwarz,

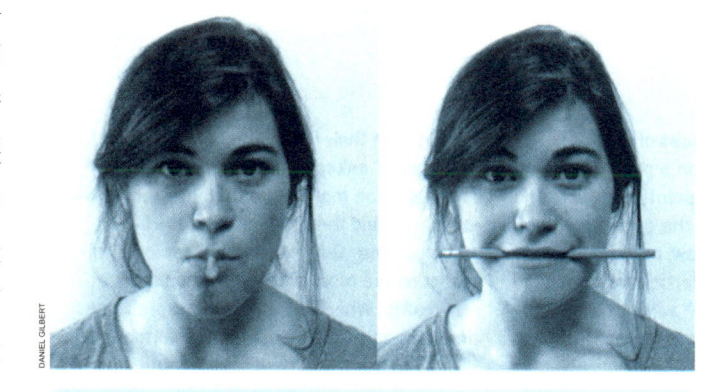

图 8.8 **面部反馈假说**。研究表明用牙叼住一支笔的人比用嘴唇夹着一支笔的人感觉更高兴。这两种姿势分别引起了与笑和皱眉相关联的肌肉的收缩。

面部反馈假说（facial feedback hypothesis）　情绪表情能引起它们所表示的情绪检验。

第 8 章　情绪与动机　431

科学热点

人体依据

你从一个面孔上能看出什么？比你意识到的要少得多。阿维泽尔（Aviezer）、特罗佩尔（Trope）和托多罗夫（Todorov）（2012）给被试呈现一些从刚赢了一分或者刚输了一分的网球运动员的照片上截取的面孔，请被试猜测这个运动员处于积极还是消极情绪。图表中最左边的柱形显示，被试无法区分两者。他们猜测"胜利的面孔"和"失败的面孔"都有相同程度的消极情绪。

然后，研究者给一组新的被试呈现从刚赢了一分和刚输了一分的网球运动员照片上获取的身体（没有面孔），要求被试做相同的判断。中间的柱形显示，被试做得很好。被试猜测"胜利的身体"处于积极情绪，"失败的身体"处于消极情绪。

最后，研究者把运动员的身体和面孔一起呈现给一组新的被试。最右侧的柱形显示，被试对身体－面孔组合的评价和他们对单独的身体的评价一样，这说明被试在做判断时完全依赖运动员的身体而不是面孔。但是，随后当问被试他们主要依赖哪些信息时，超过半数的被试说他们依赖面孔！

面孔表情比我们大多数人所意识到的更加模棱两可。当我们看到人们表达愤怒、恐惧或者喜悦时，我们在使用他们的身体、声音和他们的自然以及社会背景的信息来理解他们的感觉。但是，我们错误地认为我们是从他们的面孔表情来获取大部分信息的。

这个故事有什么寓意？下次你想要知道一个输了的运动员的感觉时，应更多地关注失败而非丢脸。（对不起）。

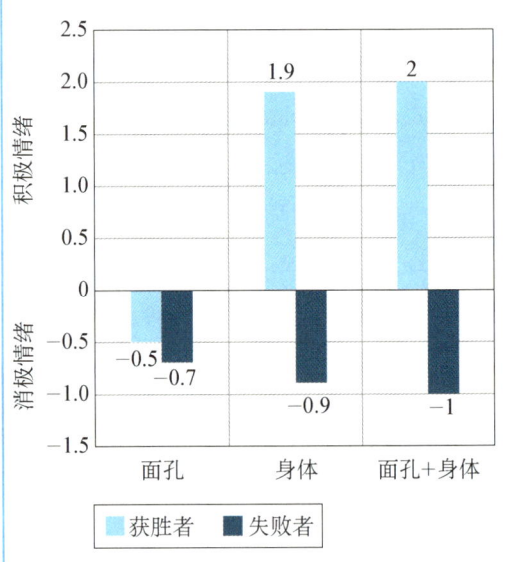

Hillel Aviezer, Yaacov Trope, and Alexander Todorov. Body Cues, Not Facial Expressions, Discriminate Between Intense Positive and Negative Emotions. *Science*, *30*, November 2012: Vol.338, no.6111, pp.1225-1229. DOI: 10.1126/science.1224313

2009）。

表情能引起它们所表示的情绪体验这个事实可以帮助解释为什么人们普遍擅长识别他人的表情。很多研究表明人们会无意识地模仿他人的身体姿势和面部表情（Chartrand 和 Bargh，1999；Dimberg，1982）。当我们看到某个人笑（或读到某个人笑），我们的颧大肌会轻微收缩——几乎可以肯定你的颧大肌现在也是这样的（Foroni 和 Semin，2009）（顺便说一下，模仿互动伙伴面部表情的趋势是天生的，是的，甚至猿类也会这样；Davila Ross，Menzler 和 Zimmermann，2008）。因为面部表情能导致它们所表示的情绪体验，模仿他人的表情使我们能感觉到他们的感受，进而识别他们的情绪。

为什么情绪表情会引起情绪体验？

这个观点的依据是什么？首先，当自己不能做出面孔表情时，例如面部肌肉被肉毒杆菌毒素麻痹的时候（Niedenthal 等，2005），人们就难以识别他人的情绪。当人们不能体验自身的情绪时，他们也难以识别他人的情绪（Hussey 和 Safford，2009；Pitcher 等，2008）。例如，杏仁核损伤的人不能正常地感觉到恐惧和愤怒，通常也难以识别他人这两种情绪的表情（Adolphs，Russell 和 Tranel，1999）。与之相反的一面，天生擅长识别他人情绪的人常常是天生善于模仿的人（Sonnby-Borgstrom，Jonsson 和 Svensson，2003），他们的模仿技巧似乎能获得回报：那些模仿谈判对手面部表情的谈判者比不模仿的人能赚到更多钱（Maddux，Mullen 和 Galinsky，2008）。

注射肉毒杆菌毒素是一种常见的美容手术，它可以麻痹特定的面部肌肉。美国偶像前任评委西蒙·科威尔（Simon Cowell）（引自 Davis，2008）定期使用肉毒杆菌毒素并且说，"肉毒杆菌毒素和牙膏一样平常……它管用，你每年用一次——谁会在乎？"好吧，也许他应该在乎。一些证据表明注射肉毒杆菌毒素既影响情绪体验（Davis 等，2010），又影响加工情绪信息的能力（Havas 等，2010）。根据你目前所学的，发生这种事情可以用什么现象来解释？

欺骗性的表情

我们的表情可以真实地传递我们的情绪，也可能不是。当一个朋友讽刺我们的发型时，我们用拱形的眉毛和加强的手势来真实地表达我们的鄙视；但如果我们的上司做了相同的评论，我们忍气吞声并且假装苦笑。我们知道可以对同伴而不是上级表现出鄙视，这就是**表达规则**，即恰当表达情绪的规范（Ekman，1972；Ekman 和 Friesen，1968）。服从表达规则需要几个技巧：

表达规则（display rule） 恰当表达情绪的规范。

- 强化是指夸大情绪的表达，例如一个人假装对礼物的感觉比实际的感觉更惊奇。
- 去强化是指抑制情绪的表达，例如输掉比赛的人试着让自己看上去比实际的痛苦要小。
- 掩盖是指感觉一种情绪但表达出另一种情绪，例如玩扑克牌的人手里拿着4张纸牌A时，试着表现出痛苦而非高兴。
- 中性化是指感受到了情绪但是不表现出来，例如在律师们辩论的时候，法官试着不表现出他的偏向。（见图8.9）。

> 不同文化的情绪表情有哪些不同？

图8.9 中性化。你能说出这个人是什么感觉吗？他肯定不希望被看出。道尔·布朗森（Doyle Brunson）是一位扑克冠军玩家，他知道怎样保持一张"扑克脸"，即不能提供自身情绪状态信息的中性表情。

虽然不同文化的人使用很多相同的技巧，但是他们使用这些技巧服务于不同的表达规则。例如，一项研究中，日本和美国大学生观看一段令人不舒服的车祸和截肢手术视频（Ekman，1972；Friesen，1972）。当学生们不知道研究者在观察他们时，日本学生和美国学生做出了一样的厌恶表情，但是当他们意识到自己正被观察时，日本学生（而不是美国学生）用高兴表情掩盖了厌恶。在很多亚洲国家，在受尊敬的人面前表现出消极情绪是无礼的，因此这些国家的人们倾向于掩盖或中性化自己的表情。不同文化有不同的表达规则这一事实也有助于解释为什么人们更容易识别自己文化成员的面孔表情（Elfenbein和Ambady，2002）。

我们试图去遵守自己文化的表达规则，但并不总是做得那么好。达尔文（1899/2007）指出"那些最不服从意志的面部肌肉，有时会泄露一个轻微的、转瞬即逝的情绪"（第64页）。曾经看过选美比赛的失败者向冠军表示祝贺的人都知道声音、身体和面孔是经常背叛自己情绪状态的"泄漏"装置。例如，即使当人们用勇敢的笑来掩盖自己的失望时，他们的面孔倾向于表达出一阵仅持续1/5到1/25秒的失望（Porter和ten Brinke，2008）。这些微表情发生得太快，以至于几乎不可能被肉眼发现。另外四种更容易被发现的特征似乎可以区别真实和虚假的表情（Ekman，2003）。

- 形态：某些面部肌肉常常会对抗意识的控制，对一个受过训练的观察者来说，这些所谓的可靠的肌肉很有启示作用。例如，颧大肌使嘴角上扬，当人们自发地笑或强迫自己笑时都会这样。但是只有真实的、自发的笑能发动眼轮匝肌，使眼角起皱纹（见图8.10）。
- 对称：真实的表情比虚假的表情更加对称。一个轻微不对称的笑比完美平均的笑显得更不真实。

> 持续时间：真实的表情通常持续半秒钟到 5 秒钟，持续更短或更长时间的表情更像是假的。

> 时间模式：真实的表情在几秒钟内的出现和消失是流畅的，但虚假的表情的出现和消失则更加突然。

我们的情绪不仅泄露在脸上：它们处处可以泄露。研究表明当我们说谎时，言语和非言语行为的很多方面都会改变（DePaulo 等，2003）。例如，与说真话的人相比，

图 8.10 眯着的眼睛。你能辨别 1986 年美国小姐选美大赛的这两位决赛选手哪个是冠军吗？看看她们的眼睛。只有一个女人表现了象征真心高兴的"角皱纹"迹象。右边的是冠军，但也不要太为左边的失败者难过。她的名字是哈莉·贝瑞（Halle Berry），她有一个很好的演艺事业。

说谎者语速更慢，回答问题需要时间更长，回答的细节较少。与说真话的人相比，说谎者更不流利，更不投入，更不确定，更紧张而且更不愉快。奇怪的是，一个说谎者警示信号之一就是他或她的表现有点太好了。说谎者的谈话缺少真话通常存在的瑕疵，例如过多的细节（"我注意到抢劫犯穿的鞋和我上周在布卢明代尔百货店看到的鞋一样，而且我怀疑他用什么买的鞋"），自发的纠正（"他有六英尺高……嗯，不，实际上更像六尺二英寸高"），还有自我怀疑（"我觉得他是蓝眼睛，但我真的不确定"）。

鉴于真实表情和虚假表情之间稳定的不同点，你可能会认为人们应该很容易区分这两者。事实上，研究表明人们表现得很糟糕，很多情况下处于随机水平（DePaulo，Stone 和 Lassiter，1985；Ekman，1992；Zuckerman，DePaulo 和 Rosenthal，1981；Zuckerman 和 Driver，1985）。一个原因是人们有很强的倾向去相信他人是真诚的，因此人们更倾向于把说谎者误认为说真话的人，而不是把说真

美国众议院议长约翰·博纳（John Boehner）在国会金质奖章的颁奖仪式上擦眼泪。哭非常难控制，因此提供了一个人情绪强度的可靠信息。

话的人误认为说谎者（Gilbert，1991）。第二个原因是人们似乎不知道自己应该注意什么和应该忽略什么（Vrij 等，2011）。例如，人们认为语速快是说谎的标志，但实际上不是，而人们认为语速慢不是说谎的标志，但实际上却是。人们是很糟糕的谎言探测者，他们甚至不知道自己有多糟糕：一个人探测谎言的能力和此人对这种能力的自信之间完全是零相关（DePaulo 等，1997）。

当人们不能很好地完成某件事时（例如，把数字加和或者拿起 10 吨石头），他们通常让机器来做（见图 8.11）。机器能比我们更好地查出谎言吗？答案是肯定的，但这一点也不奇怪。应用最广泛的测谎机器是多导生理记录仪，它可以测量很多与压力相关的生理反应，而当人们害怕被发现说谎时经常感觉到压力。多导生理记录仪对谎言的检测率显著高于随机水平，但是它的出错率也太高了，以至于它不能成为可靠的测谎仪。例如，想象一下经过某个机场的 10 000 人中有 10 个是恐怖分子，当连接

 测谎仪的问题是什么？

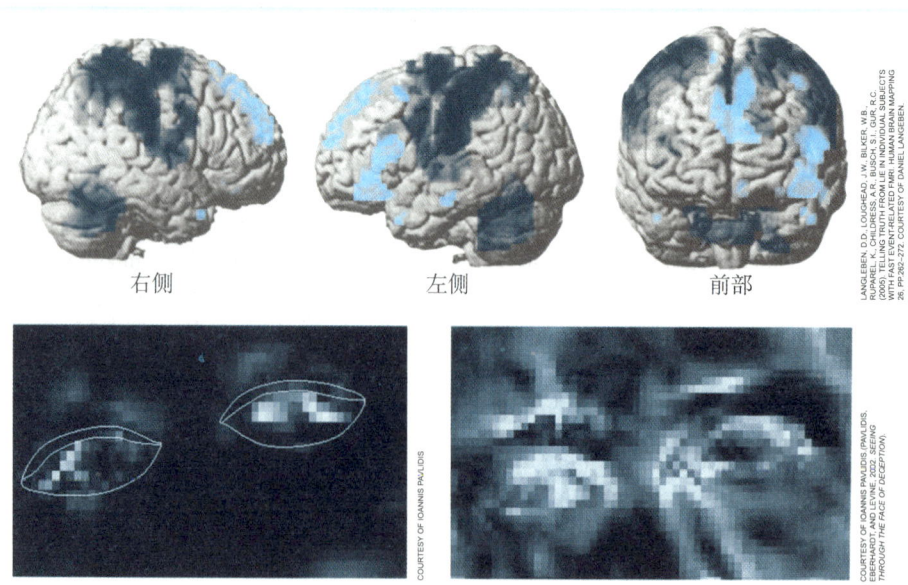

图 8.11 测谎仪。一些研究者希望用测量大脑和面部血流量改变的精确机器来代替多导生理记录仪。像上面的图所呈现的，一些脑区在人们说谎时比说真话时更活跃（用红色表示），另一些脑区在人们说真话时比说谎时更活跃（用蓝色表示；Langleben 等，2005）。下面的图显示的是由热成像照相机拍摄的图像，这个照相机检测面部不同区域的血流量所产生的热量。这些图呈现了一个人说谎前（左）和说谎后（右）的脸（Pavlidis，Eberhardt 和 Levine，2002）。虽然这些技术都不是绝对的精确，但不久以后这种情况可能会改变。（见插页）

右侧　　　　左侧　　　　前部

多导生理记录仪时,他们都说自己无罪。灵敏度被设置成最高的多导生理记录仪能抓住10个说谎者中的8个,但是它也会错误地抓住1 598个无辜的人。

灵敏度被设置成最低的多导生理记录仪只会错误地抓住39个无辜的人,但是也只能抓住10个恐怖分子中的2个。这些数据的假设是恐怖分子不知道怎么蒙骗测谎仪,实际上人们经过训练是能做到这一点的。难怪全国研究理事会(2003)警告说,"考虑到它的准确率,要以高概率识别出那些在人群中占少数的威胁重大安全的人,就需要设定一个很灵敏的测试,导致每个威胁重大安全的人都会牵连成百上千无辜的人"(第6页)。简而言之,人和机器都不太善于检测谎言,所以撒谎仍然是普遍的行为。

文化与社区

是说什么还是怎么说?

我们通过注意人们说话的内容和说话的方式可以了解很多他人的信息。但是最近的证据(Ishii、Reyes和Kitayama,2003)提出有些文化更注重这两者中的一个。

参与研究的被试听到一个声音朗读令人愉快或令人不愉快的词(例如漂亮或抱怨),这个声音是用愉快或者是用不愉快的声调发出的。某些试次中,要求被试忽略这个单词,判断这个声音的愉快程度;另一些试次中,要求被试忽略这个声音,判断这个单词的愉快程度。

被试更难忽略哪种信息?这取决于被试的国籍。美国被试比较容易忽略朗读者的声调,但是比较难忽略被朗读的单词的愉快程度。另一方面,日本被试比较容易忽略单词的愉快程度,但比较难忽略朗读者的声调。在美国,似乎是说什么比怎么说更重要,但是在日本,恰恰相反。

小结

▲ 声音,身体和面孔都能表达关于一个人的情绪状态的信息。

▲ 达尔文认为这些表情对所有人都一样,能被普遍理解,研究认为这个观点是正确的。

▲ 情绪引起表情，但是表情也能引起情绪。

▲ 情绪模仿使人们能体验他人的情绪，进而识别它们。

▲ 并非所有表情都是真实的，因为人们使用表达规则帮助自己决定表达哪种情绪。

▲ 不同的文化有不同的表达规则，但人们使用相同的技巧来制定这些规则。

▲ 真实表情和虚假表情之间、真话和谎言之间都有稳定的不同点，但人们通常不善于判断什么时候一个表情或者一段话是真的。多导生理记录仪能辨别真话和谎话，它的正确率高于随机水平，但错误率也糟糕地高。

动机：开始行动

莱昂纳多是个机器人，所以他按照程序指令做事，仅此而已。因为他没有需求和欲望——不需要友谊，不想要巧克力，也不讨厌做作业——他不能发动自己的行为。他能学习，但他不能渴望，因此他不能像我们一样被动机驱动去行动。**动机**指的是一个行为的目的或心理原因，而且单词情绪（emotion）和动机（motivation）共有一个含义为"行动（to move）"的词根，这一点并不是巧合。与机器人不同，人类行动是由于自身情绪的驱使，而且情绪通过两个不同的方式来驱使人行动：第一，情绪向人们提供关于世界的信息；第二，情绪是人们努力奋斗的目标。让我们依次分析这两个方式。

情绪的作用

在老科幻电影人体抢夺者入侵中，一对夫妻怀疑大部分他们认识的人已经被外星人绑架并用复制品替代了。在低劣的电影中，这种奇怪的想法是常见的故事手段，但它也是卡普格拉综合症的主要症状（见图8.12）。这个综合症的患者通常认为他们家庭中的一个或多个成员是冒充者。一个卡普格拉综合症患者告诉她的医生，"他和我父亲一模一样，但他真的不是。他是个好人，但他不是我父亲……可能我父亲雇用他来照顾我，给他一些钱这样他可以帮我付账单"（Hirstein 和 Ramachandran，1997，第438页）。

动机（motivation） 一个行为的目的或心理原因。

当然，这个女人的父亲没有被抢走身体，他也没有雇用他的替身演员。而是这个女人的颞叶（识别面孔的部位）和边缘系统（产生情绪的部位）之间的神经联结受到损伤。结果，当她看到她父亲的面孔时，她能够识别，但是因为这个信息没有传递到她的边缘系统，她不能体验她父亲的面孔应该产生的温馨的情感。她的父亲"看起来对劲"但"感觉不对劲"，因此她断定面前这个男人是冒充者（见图8.12）。

卡普格拉综合症患者把自身的情绪体验当作有关世界的信息，事实证明，我们其他人也是这样。例如，当在晴天询问人们的生活时，他们报告说生活更美好一些，而在雨天询问时则不是这样。因为在晴朗的天气里人们自然感觉更快乐，而且他们把这个快乐作为有关生活质量的信息（Schwarz 和 Clore，1983）。心情好的人比心情不好的人相信自己有更高的几率会中彩票。为什么？因为人们把自己的心情作为关乎在一项任务中成功的可能性的信息（Isen 和 Patrick，1983）。我们都知道满意的生活和光明的前途让我们感觉良好——因此当我们感觉良好时，我们断定自己的生活一定是满意的，我们的前途一定是光明的。

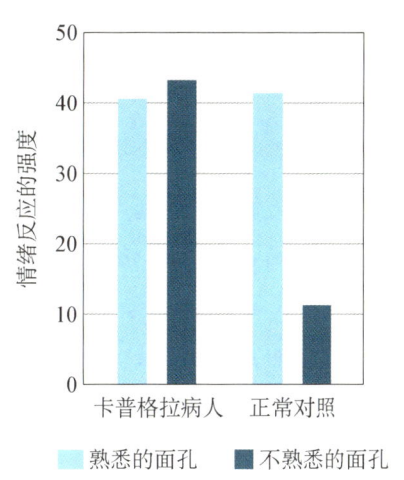

图8.12 卡普格拉综合症。这张图展示了卡普格拉综合症病人和一个对照组被试对一系列熟悉的和不熟悉的面孔的情绪反应（用皮肤电来测量）。虽然对照组对熟悉面孔比对不熟悉面孔的情绪反应更强，但是卡普格拉病人对二者的情绪反应类似（Hirstein 和 Ramachandran，1997）。

因为世界影响我们的情绪，我们的情绪可以提供有关世界的信息（Schwarz，Mannheim 和 Clore，1988）。的确，最近的研究提出，相信自己的情绪能提供此类信息的人常常比不相信的人能做出更精确的预测和更好的决定（Mikels，Maglio，Reed 和 Kaplowitz，2011；Pham，Lee 和 Stephen，2012）。

我们从我们的情绪获得的信息如此有用，以至于如果没有它，我们就会迷失。当神经科学家安东尼奥·达马西奥（Antonio Damasio）受命去检查一个有一种罕见形式脑损伤的病人时，他让这个病人在两个约会日期间做选择。这听起来好像是个简单的决定，但是在接下来的半小时，这个病人列举了同意和反对每个可能日期的理由，完全不能决定哪个选项更好（Damasio，1994）。问题不是这个患者的思考或推理能力受到损伤。正相反，他太能思考和推理了。他不能做的是感觉。这个病人的损伤使他不能体验情绪，所以当他考虑一个选项（"如果我下周二来，我就得取消和弗雷德（Fred）一起的午餐"），他不会比考虑另一个选项时（"如果我下周三来，我就得早起赶公交车"）感觉更好或

情绪怎样帮助我们做决定?

更糟糕。而且由于他在考虑他的选择时感觉不到任何东西,他不能决定哪个最好。研究表明,当给具有这种特殊形式脑损伤的人去赌博的机会时,他们会下很多鲁莽的赌注,因为他们感觉不到焦虑的痛苦,而焦虑会告诉他们即将做的事情是愚蠢的。另一方面,在不确定条件下,这些人是出色的投资者,正因为他们愿意冒大多数人不愿意冒的风险(Shiv等,2005)。

如果情绪的第一个作用是给我们提供有关世界的信息,那么第二个作用就是告诉我们如何处理这个信息。**享乐原则**是指人们被动机驱动去体验快乐和避免痛苦的主张,这个主张有着悠久的历史。古希腊哲学家亚里士多德(Aristotle)(公元前350年/1998)认为,享乐原则解释了所有关于人类动机所需要了解的事情:"正是因为这个,我们才做我们所做的事情。"我们想要很多东西,从和平和繁荣到健康和安全,但是我们想要这些只出于一个原因,就是它们使我们感觉良好。柏拉图(Plato)(公元前380年/1956)问道:"这些东西让我们感觉良好的原因,除了它们能带来快乐并去除和避免痛苦之外,还有其他原因吗?""当你把它们称为好的时候,你是否有除了快乐和痛苦之外的其他标准?"柏拉图和亚里士多德提出快乐不仅是好:它是好的意思。

那么,根据享乐原则,我们的情绪体验可以被认为是一个测量从坏到好的仪器,而且我们的原始动机——甚至可能是我们唯一的动机——是让仪器上的指针尽可能地靠近好。即使有时我们会自愿做一些使指针朝相反方向倾斜的事情,例如让牙医在牙齿上钻孔,或为了上一个无聊的课而早起,我们做这些事是因为我们相信,它们将来能把指针朝好的方向推,并在那个方向上保持较长的时间。

本能和驱力

如果我们的原始动机是让指针朝向好,那么什么东西把指针推向那个方向,又是什么东西把它推开?这些东西是从哪获得的力量来把我们的指针推来推去,他们到底是如何做到推动指针的?这些问题的答案在于两个在心理学史上发挥了非常重要作用的概念:本能和驱力。

本能

当给新生儿喝一滴糖水时,它会笑,而当给它10 000美元的支票时,它好像根本不在乎。等这个婴儿到了上大学的时候,这些反应恰恰相反。显然大自然赋予我们某些动机,

---

享乐原则(hedonic principle) 人们被动机驱动去体验快乐和避免痛苦的主张。

这种体验再赋予我们其他东西。威廉·詹姆斯(1890)把寻找特定目标的自然趋势称为本能，他把本能定义为"以某种方式的行为来产生特定结果的能力，不需要预见结果，也不需要提前训练表现"（第383页）。根据詹姆斯的观点，大自然天生地使企鹅、鹦鹉、小狗和人类不经过训练就想要某些东西，并且不需要思考就去执行能得到这些东西的行为。他和同时代的其他心理学家试图把这些东西列举出来。

本能是解释了行为，还是仅仅给行为命名？

不幸的是，他们太成功了，仅仅几十年间，他们的本能列表已经长得离谱，而且包括一些很奇怪的条目，例如"保密的本能"和"磨牙的本能"。到了1924年，社会学家路德·伯纳德（Luther Bernard）共数出5 759种本能并且推断，在制作列表的30年后，这个术语似乎将面临"用法种类繁多和普遍缺乏关键标准"的问题（Bernard，1924，第21页）。此外，一些心理学家开始担心把人们和他人交朋友的倾向归因为"归属本能"更多地是一个描述而不是解释（Ayres，1921；Dunlap，1919；Field，1921）。

到了1930年，本能的概念已经不再流行了。它不仅不能解释任何事情，而且它有悖于美国心理学热门的新趋势：行为主义。行为主义者在两个方面拒绝本能的概念。第一，他们相信行为应该由引起行为的外界刺激来解释，而不是由行为可能依赖的假想的内心状态来解释。约翰·华生

所有动物生来就有本能。在每年西班牙潘普洛纳的奔牛节活动中，没人告诉公牛去追逐赛跑者，也没人教赛跑者逃跑。

（John Watson，1913）写道"心理学必须放弃从意识寻找所有解释的时代似乎已经来到了"（第163页），而且行为主义者认为本能只是一种被华生禁止提及的不必要的"思维废话"。第二，行为主义者对遗传行为的观点不感兴趣，因为他们相信所有复杂的行为都是习得的。因为本能是存在于生物体内部的遗传趋势，所以行为主义者对此倍加反感。

驱力

但是在几十年内，一些华生的年轻追随者开始意识到绝对禁止提及内心状态会导致

某些现象难以解释。例如，如果所有行为都是对外界刺激的反应，那么为什么上午 9 点安静的坐在笼子里的老鼠到了中午会转来转去地找食物？笼子里没有任何改变，为什么这只老鼠的行为会改变？这只游荡的老鼠在对什么可见的、可测量的外界刺激做反应呢？明显的答案是老鼠在对自身内部的某些东西做反应，这意味着华生的年轻追随者（他们称自己是"新行为主义者"）不得不从老鼠的内部来解释它游荡的原因。如果不谈华生禁止他们提及的"思想"和"感觉"，他们怎么能做到这件事呢？

人体和温度调节器有哪些相似之处？

他们开始注意到身体有点像温度调节器。当温度调节器发现屋里太冷时，它们发送信号开启调整的行动，例如打开火炉。类似地，当身体发现自己饿了，他们会发送信号开启调整行动，例如吃东西。**内稳态**是指一个系统采取行动来使自身保持在一个特定状态的趋势。两个新行为主义者克拉克·赫尔（Clark Hull）和肯尼思·斯彭斯（Kenneth Spence）认为老鼠、人和温度调节器都有保持体内平衡的机能。为了生存，一个生物体需要保持营养、温度等都在精确的水平上，而且当这些水平偏离最优点时，生物体就收到信号来启动调整行动。这个信号叫做**驱力**，即由生理需要引起的内部状态。根据赫尔和斯彭斯的观点，生物体觉得有价值的不是食物本身；而是减少对食物的驱力。饿是一个驱力，驱力是一个内部状态，而且当生物体吃东西时，它们是在尝试改变自己的内部状态。

虽然本能和驱力这两个词在心理学中已经不被广泛

亚里士多德提出水有"重力"，火有"浮力"，而且这些属性使它们分别向下和向上走。现在看来，亚里士多德显然仅仅在描述这些元素的运动，并未真正解释运动的原因——很像威廉·詹姆斯把行为归因于本能。顺便说一句，该图是拉斐尔（Raphael）1509 年的杰作《雅典学院》，图中柏拉图和亚里士多德一起站在拱门下。

内稳态（homeostasis） 一个系统采取行动来使自身保持在一个特定状态的趋势。
驱力（drive） 由生理需要引起的内部状态。

使用了，这两个概念还是能教给我们一些东西。本能的概念提醒我们大自然赋予生物体寻求特定事物的趋势，而且驱力的概念提醒我们这种寻求是内部状态发起的。心理学家威廉·麦克杜格尔（William McDougall）（1930）把动机的研究称为策动心理学，这个术语来自希腊单词"欲望"，而且人们很显然是有欲望的——有一些是通过经验获得的，有一些则不是——欲望驱动人们做出特定的行为。我们有哪些欲望，我们做哪些行为来满足它们？

身体想要什么

亚伯拉罕·马斯洛（Abraham Maslow）（1954）试图以一种有意义的方式整理人类欲望（或者，他称它们为需要）的列表（见图8.13）。他指出一些需要（例如吃东西的需要）必须在其他需要（例如交友需要）之前被满足，而且他建立了一个需要层次，最迫切的需要在底层，最可以延迟的需要在顶部。马斯洛认为，作为一种规则，当下一层的需要被满足后，人们才更有可能去经历上层的需要。所以当人们饿或者渴或者疲倦时，他们不太可能寻求知识实践或道德明确性（见

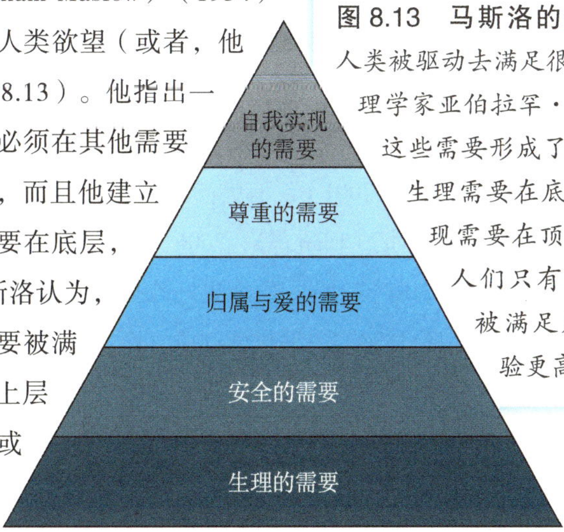

图 8.13　马斯洛的需要层次。人类被驱动去满足很多需要。心理学家亚伯拉罕·马斯洛认为这些需要形成了一个层次，生理需要在底层，自我实现需要在顶尖。他提出人们只有下一层需要被满足后才会去体验更高层的需要。

图8.14）。根据马斯洛的观点，具有优先权的需要通常是那些我们和其他动物共有的需要。例如，因为所有动物必须生存和繁殖，所有动物都需要吃东西和交配。人类也

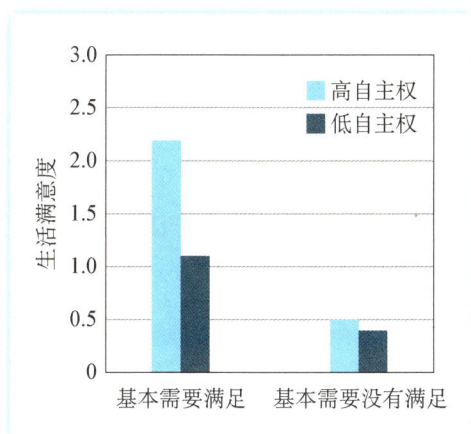

图 8.14　什么时候高层次需要是重要的？马斯洛是正确的。一项最近针对世界上51个最贫困的国家的77 000人的研究（Martin和Hill，2012）表明如果人们的基本需要满足了，自主权（也就是自己做决定的自由）就会提高他们的生活满意度。但是当人们的基本需要没有满足时，自主权没有引起满意度的差异。

有这些需要，但正如你将看到的，它们比我们想象的更强大和更复杂（Kenrick 等，2010）。

生存：食物的动机

动物通过进食把物质转变为能量，而且他们被一种叫做饥饿的内部状态所驱动去进食。但是什么是饿，它从哪里来？时时刻刻，你的身体都在向大脑发送关于目前能量状态的信号。如果你的身体需要能量，它发送一个增强食欲的信号告诉大脑开启饥饿，而且如果你的身体有足够的能量时，它发送一个减少食欲的信号，告诉大脑关掉饥饿（Gropp 等，2005）。没有人确切地知道这些信号到底是什么，或者他们是如何被发送和接收的，但是研究已经发现了多种可能的物质。

例如，胃饥饿素是胃里产生的一种激素，而且好像是通知大脑开启饥饿的信号（Inui，2001；Nakazato 等，2001）。当人们被注射胃饥饿素时，他们变得极度地饥饿而且比平常多吃 30%（Wren 等，2001）。有趣的是，胃饥饿素也能与海马体的神经元结合，而且会暂时增强学习和记忆（Diano 等，2006），这样当身体最需要食物的时候，我们便能更好地找到食物。瘦素是脂肪细胞分泌的一种化学物质，而且它好像是通知大脑关掉饥饿的信号。它似乎是通过让食物不那么有价值来做到这点的（Farooqi 等，2007）。生来缺乏瘦素的人很难控制食欲（Montague 等，1997）。例如，2002 年，医学研究者报告了一个体重 200 磅的 9 岁女孩的病例，但只是注射了几次瘦素之后，她的食物摄入量就减少了 84% 并达到了正常体重（Farooqi 等，2002）。一些研究者认为化学物质开启和关闭饥饿的想法过于简单，而且他们争论说没有一个普遍的叫饥饿的状态，而是有很多种不同的饿，每种对应一种独特的营养缺乏，而且每种都由一个独特的化学信使开启（Rozin 和 Kalat，1971）。例如，被剥夺了蛋白质的老鼠在脂肪和糖类降低时会寻求蛋白质，说明他们正在经历一个特别的"蛋白质饿"而非一般的饿（Rozin，1968）。

饥饿的目的是什么？

无论饥饿是一个还是多个信号，这些信号的最初接收者是下丘脑。下丘脑的不同部分接收不同的信号（见图 8.15）。

图 8.15 饿，饱和下丘脑。 下丘脑由很多部分组成。总的来说，外侧下丘脑接收开启饿的信号而腹内侧下丘脑接收关掉饿的信号。

外侧下丘脑
腹内侧下丘脑

外侧下丘脑接收增强食欲的信号，而且当它受损时，坐在装满食物的笼子里的动物也会把自己饿死。腹内侧下丘脑接收减少食欲的信号，而且当它受损时，动物会暴食到生病和肥胖的程度（Miller，1960；Steinbaum 和 Miller，1965）。这两个结构曾经被认为是大脑的"饿中枢"和"饱中枢"，但事实证明这个观点过于简单（Woods 等，1998）。下丘脑结构在开启和关掉饥饿方面发挥着重要作用，但它们执行这些功能的精确方式是复杂的，而且我们对此知之甚少（Stellar 和 Stellar，1985）。

饮食障碍

饿的感觉告诉我们什么时候吃饭和什么时候停止。但是对于 1 千万到 3 千万患有饮食障碍的美国人来说，吃东西是一件复杂得多的事（Hoek 和 van Hoeken，2003）。例如，**神经性贪食症**是一种饮食性疾病，特点是暴饮暴食之后清洗胃肠。贪食症患者通常在较短时间内吞下大量的食物之后吃泻药或者诱发呕吐把食物排出体外。这些人陷入一个循环：他们通过吃来缓解如悲伤和焦虑的消极情绪，但后来又担心体重增加会使他们经历如内疚和自我厌恶的消极情绪，这些情绪后来导致他们清洗胃肠（Sherry 和 Hall，2009；参见 Haedt-Matt 和 Keel，2011）。

神经性厌食症是一种饮食性疾病，特点是对变胖有强烈的恐惧，而且严重限制食物摄入量。厌食症患者常常有一个曲解的身体形象，这导致他们实际上很瘦时却相信自己是肥胖的，而且他们常常是高成就的完美主义者，认为自己对饮食的严格控制是意志力战胜冲动的一种胜利。与你所预期的相反，厌食症患者血液中的胃饥饿素水平非常高，这说明他们的身体急切地想开启饿信号，但是饿的呼叫被压抑、忽略或否决了（Ariyasu 等，2001）。与大多数饮食障碍一样，厌食症患者女性多于男性，而且 40% 新确诊的厌食症病例是 15—19 岁的女性。

芭尔·拉芙莉（Bar Refaeili）是以色列最有名的超级模特。2012 年，以色列制定一部法律禁止身体质量指数低于 18.5 的模特出现在广告中。因此一个 5 英尺 8 英寸高的模特的体重必须至少是 119 磅。

神经性贪食症（bulimia nervosa） 一种饮食性疾病，特点是暴饮暴食之后清洗胃肠。
神经性厌食症（anorexia nervosa） 一种饮食性疾病，特点是对变胖有强烈的恐惧，而且严重限制食物摄入量。

厌食症既有文化的原因也有生物学的原因（Kiump 和 Culbert，2007）。例如，患厌食症的女性常常相信纤瘦等于美丽，不难理解这是为什么。美国女性平均身高是 5 英尺 4 英寸，平均体重是 140 磅，但是美国时装模特平均身高是 5 英尺 11 英寸，平均体重是 117 磅。的确，大部分大学年龄的女性表示想比实际的自己更瘦些（Rozin，Trachtenberg 和 Cohen，2011），接近 1/5 的人表示被看到买巧克力棒会觉得难堪（Rozin，Bauer 和 Catanese，2003）。但厌食症不仅是"疯狂的虚荣"（Striegel-Moore 和 Bulik，2007），很多研究者相信这个疾病还有尚未被发现的生物学的和/或遗传学的成分。例如，虽然厌食症主要影响女性，但是如果男性有一位患厌食症的双胞胎姐妹，那么他们患厌食症的风险就急剧提高（Procopil 和 Marriott，2007），这说明厌食症可能与胎儿期接触雌性激素有关。

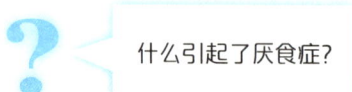

什么引起了厌食症？

贪食症和厌食症是很多人的难题。但是美国最普遍的饮食相关的问题是肥胖症。自 1999 年以来，美国人的体重整体增加了超过十亿磅（Kolbert，2009）。现在美国男性平均体重比 20 世纪 70 年代时增加了 17 磅，美国女性平均体重增加了 19 磅。超重的儿童比例增加了一倍，超重的青少年比例增加了两倍，而且现在 40% 的美国女性太胖了而不能入伍。1991 年，每个州的肥胖症比率都不超过 20%。2012 年，只有一个州（科罗拉多）的肥胖症比率低于 20%（见图 8.16）。

肥胖症的定义是身体质量指数（BMI）大于或等于 30。表 8.1 帮你计算你的 BMI，而且你可能不会喜欢你所了解到的。尽管身体质量指数对某些人的死亡率的预测要好于对其他人的死亡率的预测（Romero-Corral 等，2006；vanDis 等，2009），但大部分研究者都同意极端高的 BMI 是不健康的。每年，肥胖症相关的疾病使美国花费 1470 亿美元（Finkelstein 等，2009），而且导致 3 百万人死亡（Allison 等，1999）。除了这些身体

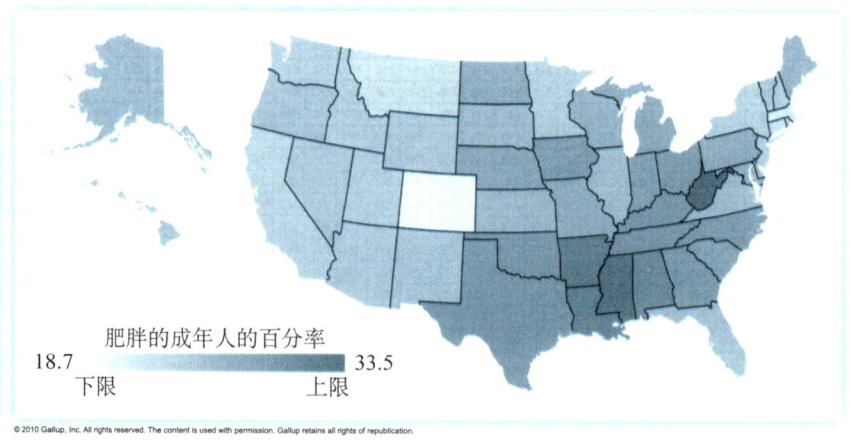

图 8.16 肥胖症的地理分布。这张 2013 年的美国肥胖症比率地图表明到处都有肥胖症问题，但尤其在东南部。

表8.1

身体质量指数

身体质量指数	正常						超重				肥胖								极度肥胖																		
	19	20	21	22	23	24	25	26	27	28	29	30	31	32	33	34	35	36	37	38	39	40	41	42	43	44	45	46	47	48	49	50	51	52	53	54
身高（英寸）	体重（英磅）																																			
58	91	96	100	105	110	115	119	124	129	134	138	143	148	153	158	162	167	172	177	181	186	191	196	201	205	210	215	220	224	229	234	239	244	248	253	258
59	94	99	104	109	114	119	124	128	133	138	143	148	153	158	163	168	173	178	183	188	193	198	203	208	212	217	222	227	232	237	242	247	252	257	262	267
60	97	102	107	112	116	123	128	133	138	143	148	153	158	163	168	174	179	184	189	194	199	204	209	215	220	225	230	235	240	245	250	255	261	266	271	276
61	100	106	111	116	122	127	132	137	143	148	153	158	164	169	174	180	185	190	195	201	206	211	217	222	227	232	238	243	248	254	259	264	269	275	280	285
62	104	109	115	120	126	131	136	142	147	153	158	164	169	175	180	186	191	196	202	207	213	218	224	229	235	240	246	251	256	262	267	273	278	284	289	295
63	107	113	118	124	130	135	141	146	152	158	163	169	175	180	186	191	197	203	208	214	220	225	231	237	242	248	254	259	265	270	278	282	287	293	299	304
64	110	116	122	128	134	140	145	151	157	163	169	174	180	186	192	197	204	209	215	221	227	232	238	244	250	256	262	267	273	279	285	291	296	302	308	314
65	114	120	126	132	138	144	150	156	162	168	174	180	186	192	198	204	210	216	222	228	234	240	246	252	258	264	270	276	282	288	294	300	306	312	318	324
66	118	124	130	136	142	148	155	161	167	173	179	186	192	198	204	210	216	223	229	235	241	247	253	260	266	272	278	284	291	297	303	309	315	322	328	334
67	121	127	134	140	146	153	159	166	172	178	185	191	198	204	211	217	223	230	236	242	249	255	261	268	274	280	287	293	299	306	312	319	325	331	338	344
68	125	131	138	144	151	158	164	171	177	184	190	197	203	210	216	223	230	236	243	249	256	262	269	276	282	289	295	302	308	315	322	328	335	341	348	354
69	128	135	142	149	155	162	169	176	182	189	196	203	209	216	223	230	236	243	250	257	263	270	277	284	291	297	304	311	318	324	331	338	345	351	358	365
70	132	139	146	153	160	167	174	181	188	195	202	209	216	222	229	236	243	250	257	263	270	277	284	291	298	305	313	320	327	334	341	348	355	362	369	376
71	136	143	150	157	165	172	179	186	193	200	208	215	222	229	236	243	250	257	265	272	279	288	293	301	308	315	322	329	338	343	351	358	365	372	379	388
72	140	147	154	162	169	177	184	191	199	206	213	221	228	235	242	250	258	265	272	279	287	294	302	309	316	324	331	338	346	353	361	368	375	383	390	397
73	144	151	159	166	174	182	189	197	204	212	219	227	235	242	250	257	265	272	280	288	295	302	310	318	325	333	340	348	355	363	371	378	386	393	401	408
74	148	155	163	171	179	186	194	202	210	218	225	233	241	249	256	264	272	280	287	295	303	311	319	326	334	342	350	358	365	373	381	389	396	404	412	420
75	152	160	168	176	184	192	200	208	216	224	232	240	248	256	264	272	279	287	295	303	311	319	327	335	343	351	359	367	375	383	391	399	407	415	423	431
76	156	164	172	180	189	197	205	213	221	230	238	246	254	263	271	279	287	295	304	312	320	328	336	344	353	361	369	377	385	394	402	410	418	428	436	443

来源：选自National Institutes of Health, 1998. Clinical Guidelines on the Identification, Evaluation, and Treatment of Overweight and Obesity in Adults: The Evidence Report. 关于超重和肥胖症的这个信息和其他信息请参见 www.nhlbi.nih.gov/guidelines/obesity/ob-home.htm.

风险之外，肥胖者常常被他人负面地看待，他们的自尊较低，而且生活质量较低（Hebl和Heatherton，1997；Kolotkin，Meter和Williams，2001）。肥胖的女性比不肥胖的女性赚钱少7%，而且肥胖症的耻辱印记太强大了，以至于平均体重的人如果和肥胖的人有关系，他们也会被负面地看待（Hebl和Mannix，2003）。当然这些都非常不公平。正如一位科学家所指出的，我们需要"对肥胖症宣战，而不是对肥胖者宣战"（Friedman，2003）。

肥胖症有许多原因。例如，肥胖症具有高度可遗传性（Allison等，1996），而且可能有基因的成分，这也许可以解释为什么过去几十年美国人增加的不成比例的体重来自那些已经是最胖的人（Flegal和Troiano，2000）。一些研究提出环境中的"肥胖基因"毒素可以扰乱内分泌系统的功能而且使人们易于患肥胖症（Grün和Blumberg，2006；Newbold等，2005），但是其他研究认为肥胖症是由于消化道内缺乏"好细菌"（Liou等，2013）。无论原因是什么，肥胖者常常对瘦素有抵抗力（也就是，他们的大脑对关闭饥饿的化学信使没反应），而且即使注射瘦素似乎也没用（Friedman和Halaas，1998；Heymsfield等，1999）。

基因、环境污染和细菌都曾被和肥胖症的趋势联系起来。但是，在大多数情况下肥胖症的原因没这么神秘：我们只是吃得太多了。当然，我们饿的时候就会吃，但是在我们悲伤或焦虑的时候也会吃，或者在别人吃东西的时候也会吃（Herman，Roth和Polivy，2003）。有时我们吃饭是因为钟提醒我们，这就是为什么遗忘症患者不记得刚刚

| ? | 人们为什么吃得过多? | 吃过第一顿午饭后,能高兴地吃第二顿午饭(Rozin等,1998;见"现实世界"专栏)。这种情况为什么会发生?毕竟,大多数人不会把自己呼吸得生病,也不会

把自己睡得生病,为什么我们会把自己吃得生病?

该责怪的是(自然的)设计。千百年前,我们的祖先面临的主要与食物有关的问题是饿死,人类进化出两个策略来避免饿死。第一,我们已经发展出了被那些每一口都能提供大量能量的食物所强烈吸引(换言之,即富含热量的食物)的能力,所以大多数人更喜欢汉堡包和奶昔而不是芹菜和水。第二,我们发展了把多余的能量用脂肪的形式储存起来的能力,这使我们在食物丰富时能比我们所需要的吃得更多,然后在食物缺乏时以我们的储备为生。我们被精美地设计来应对一个高热量食物缺乏的世界,问题是我们已不再生活在那样的世界里了。相反,我们生活的世界里,现代技术创造的脂肪奇迹——从巧克力纸杯蛋糕到香肠披萨——都很便宜而且很容易买到。正如两个研究者最近所写,"我们在非洲大草原上进化;我们现在生活在糖果世界"(Power和Schulkin,2009)。更糟糕的是,糖果世界的很多食物往往富含饱和脂肪酸,这会产生矛盾的效果,即使得大脑对一些告诉我们停止吃的化学信使的敏感性更低(Benoit等,2009)。

现实世界

你吃过了吗?

1923年,一位《纽约时报》的记者问英国登山运动员乔治·利·马洛里(George Leigh Mallory)为什么想攀登珠穆朗玛峰。马洛里回答:"因为它在那里。"

显然,这也是我们为什么吃东西的原因。布赖恩·文森克(Brian Wansink)和同事(2005)想知道人们吃掉的食物量是否会受到他们所看到的在他们面前的食物量的影响。因此,他们邀请被试到实验室,请他们坐在一个装着番茄汤的大碗前面,并告诉他们想吃多少就吃多少。在该研究的一个条件下,每当碗里的汤只剩下1/4的时候,一个侍者就来到桌子旁边把被试的碗重新装满。在另一个条件下,那个碗不是由侍者来重新装满;而是,在被试不知道的情况下,碗底部被一个长管子连接到装着汤的大桶上,所以每当被试从碗里喝汤时,这

吃得过多而且变得超重或肥胖是非常容易的，反之就很难了。人类身体在两方面拒绝减肥。第一，当我们体重增加时，我们体内的脂肪细胞体积和数量都会增加（通常男性在腹部，女性在大腿和臀部）。但是当我们减肥的时候，我们的脂肪细胞的体积减少但数量不减少。一旦我们的身体增加了一个脂肪细胞，这个细胞差不多就停留在那里了。我们节食的时候细胞可能会变瘦，但不可能死亡。

为什么节食这么难而且没有效果？

第二，我们的身体对节食做出的反应是降低**新陈代谢**，即身体消耗能量的速率。当我们的身体感觉我们生活在饥荒中时（当我们拒绝给身体供养时身体就会这样推断），它们发现了更有效地把食物转变成脂肪的方法：对于我们的祖先来说这是个很巧妙的方法，但对于我们则是真正的麻烦。实际上，如果先给老鼠过量喂食，再节食，然后再过量喂食，之后再节食，它们在第二轮节食时长胖的速度更快，减肥的速度更慢，这说明在每一轮节食中，它们的身体变得能越来越有效地把食物转变为脂肪（Brownell等，1986）。最终结论就是预防肥胖症比战胜肥胖症更容易（Casazza等，2013）。

个碗就会慢慢地、不知不觉地自己重新装满。

研究者的发现发人深省。不知道自己从"无底碗"里喝汤的被试比从正常碗里喝汤的被试多喝了高达73%的汤——然而，他们不认为自己多喝了而且他们没有报告说感觉更饱。

我们似乎更容易记住我们在吃什么而不是吃了多少，这会导致我们吃得过多，即使我们一直尽力去做相反的事。

例如，一项研究表明，一家意大利餐厅的用餐者经常选择把黄油抹在面包上吃，而不是用面包蘸橄榄油吃，因为他们认为这样做可以减少每片的热量。当然他们是对的。但是他们没意识到，他们会无意识地多吃23%的面包来补偿这个减少的热量（Wansink和Linder，2003）。

这个研究和其他研究建议，减少我们腰围的最好方式无非就是数一下我们吃了多少口。

新陈代谢（metabolism）　身体消耗能量的速率。

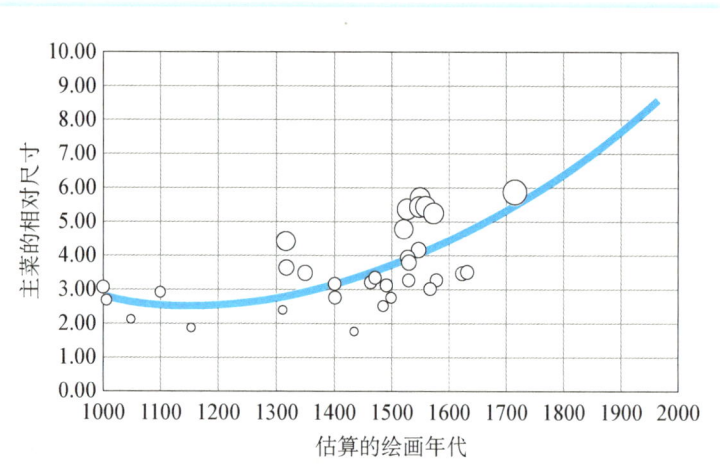

肥胖症几率增加的一个原因是"正常的饭菜分量"越来越大。研究者分析了在1000年到1800年间的52张描绘《最后的晚餐》的画,他们发现画中盘子的平均尺寸增加了66%(Wansink和Wansink,2010)。

而且预防肥胖症不像你想象的那么难。例如,仅仅通过把煮鸡蛋放在距离沙拉台上更健康的食材10英寸远的地方,研究者就使顾客吃的鸡蛋量减少了大约10%(Rozin等,2011)。把勺子换成钳子减少了吃鸡蛋量的16%。在一项研究中,当每第七个薯片被涂成红色时,爱吃零食的学生吃品客薯片的量就会减少,可能因为颜色标记让他们记住自己吃了多少(Geier,Wansink和Rozin,2012)。在另一项研究中,如果用白色盘子代替红色盘子,人们会少吃22%的番茄酱意大利面,可能因为白色盘子提供了鲜明的对比,让他们看到自己正在吃什么(van Ittersum和Wansink,2012)。这些研究和许多其他研究表明我们环境中的小改变能防止我们腰围的大改变。

生殖:性行为的动机

食物驱动我们是因为它对我们生存是必不可少的。但是性行为对我们的生存也是必不可少的(至少对于我们DNA的生存来说是),因此进化把性的欲望深深地植入了几乎我们每个人的大脑中。从某些程度上说,接线图是简单的:腺体分泌激素,激素经过血液进入大脑并且激发性欲。但是哪些激素,大脑的哪些部位,以及是什么最先触发了这个过程?

激素去氢表雄酮(DHEA)似乎参与了性欲的最初启动。男孩和女孩都从大约6岁时开始分泌这个慢性起效的激素,这或许可以解释为何男孩和女孩都在大约10岁时感觉到最初的性兴趣,尽管男孩比女孩更晚到青春期。

> **其他声音**　肥胖与快乐

没人想成为胖子。至少你可能会这么想。但小说家爱丽丝·兰达尔（Alice Randall）指出，对某些文化来说，长得胖不仅是可以接受的——而且是很理想的。

"
五分之四的黑人女性严重超重。四分之一的中年黑人女性患糖尿病。在美国每年有1 740亿美元被花费在糖尿病相关疾病上，而且肥胖症很快超过了吸烟，成为导致癌症死亡的原因，是时候尝试新东西了。

我们需要的是美国黑人的身体－文化革命。为什么？因为很多参与肥胖症讨论的专家不清楚有关黑人女性和肥胖的关键东西：很多黑人女性肥胖是因为想长胖。

黑人诗人露西尔·克利夫顿（Lucille Clifton）1987年的诗"对我臀部的敬意"以自夸开头，"这些臀部是大臀部"。她把黑色大臀部塑造成女性想拥有的和男性渴望的东西。她不是第一个也不是唯一反映这个社会共识的人。20年前，在1967年，德克萨斯黑人乔·特克斯（Joe Tex）用一首自己写和录的歌"苗条的大腿和身段"占据了美国黑人的广播频道。他的一句歌词到今天还经常出现在我的脑海："某个男人，将把你带到某个地方，苗条的大腿和身段。"对于我，这似乎完全不可能。

黑人胖子和白人胖子在导致疾病的化学过程上可能相同。但在文化上不同。

20世纪60年代有多少白人女孩长大后会祈祷拥有肥胖的大腿？我知道我是。我祈求上帝赐给我像我的舞蹈老师戴安娜（Diane）那样的大腿。我不想长得像白人模特崔姬（Twiggy）一样，她的男孩造型是白人女孩的梦想。也没有乔·特克斯在我耳畔回响。

有多少白人中年女性担心如果她们的体重降到200磅以下，她们的丈夫会觉得她们不漂亮？我还没见过一位这样的女性。

但是我知道很多黑人女性，她们理智的、英俊的、成功的丈夫在他们的女人开始减肥时就开始担心。我的律师丈夫就是其中一个。

另一个朋友，一个有色人种的女性终身教授告诉我，当她开始减肥计划时，她那位同为有色人种终身教授的丈夫祈求她不要丢掉"下面的糖"。

我生活在纳什维尔。纳什维尔和孟菲斯之间一直在进行对抗。在黑色纳什维尔，我们喜欢认为自己是以大学和教堂而著名的极其整洁的棕色城镇。相反，黑色孟菲斯以它的音乐和酒吧还有教堂而闻名。我们经常用道路来取笑彼此城市，说在纳什维尔的每个拐角都有一个教堂，在孟菲斯的每个拐角都有一个教堂和一个酒类商店。现在的说法是，在黑色孟菲斯的每个拐角都有一个教堂，一个酒类商店和一个透析中心。

用于治疗糖尿病的几十亿资金是我们没有用在教育改革和退休津贴上的，而且更糟糕的是，据估计，如果我们继续这样下去，到 2030 年治疗美国的肥胖流行病的全部花费会达到差不多 1 万亿美元。

我们必须改变……

兰达尔提议，如果我们真的想解决肥胖症问题，我们必须首先明白为什么一些人根本不觉得它是问题。你同意吗？

删减版"黑人妇女和肥胖"选自《纽约时报》，2012 年 5 月 5 日。®2012 年《纽约时报》版权所有，保留所有权利。所使用的内容得到许可，并受美国版权法的保护。

未经书面许可，这些内容禁止印刷、复制、再分发或新的版权转移。

http://www.nytimes.com/2012/05/06/opinion/sunday/why-blackwomen-are-fat.html

其他两种激素则更具有性别特异性的效果。男性和女性都分泌睾丸素和雌激素，但是男性分泌前者更多，而女性分泌后者更多。正如你将在"发展"那章学到的，这两种激素是造成青春期生理和心理改变的主要原因。但它们是否也是成年人性欲消长变化的原因呢？

答案似乎是肯定的——如果这些成年人是老鼠的话。睾丸素通过作用在下丘脑的特定区域使雄性老鼠的性欲提高，而雌激素通过作用在下丘脑的另一个区域使雌性老鼠的性欲提高。这些区域的损伤会减少对应性别的性动机，而且当把睾丸素或雌激素用在这些区域时，性动机提高了。简而言之，睾丸素调节雄性老鼠的性欲，而雌激素调节雌性老鼠的性欲和生育能力。

人类的情况更加有趣。大部分雌性哺乳动物（例如狗，猫，老鼠）只有在雌激素水平高时才会对性行为有兴趣，这种情况发生在它们排卵时（也就是它们"动情"或"发情"时）。换言之，雌激素调节这些哺乳动物的排卵和性兴趣。但是女人在每月周期中的任何时间都可以对性感兴趣。虽然女性体内的雌激素水平在月经周期中急剧变化，但有研究提出性欲几乎很少变化。在我们进化过程中的某个时候，女性的性兴趣似乎变得独立于排卵期。

为什么女人不表现出清楚的排卵信号？

一些理论家推测这种独立性的优势是它让男性更难知道女性是否在她每月周期的受孕期。雄性哺乳动物常常是在配偶排卵时小心地守护他们的配偶，但是当他们的配偶没有排卵时，他们就会去寻找其他雌性。如果雄性无法用他配偶的性接受程度来辨别她什么时间排卵，那么他别无选择，只能一直在周围守护她。对于试图让配偶留在家里以帮助抚养孩子的女性来说，连续并独立于生育能力的性兴趣可能是一个很好的策略。

如果女性的性欲的激素基础不是雌激素，那是什么呢？两个证据表明问题的答案是睾丸素——引起男性性欲的同一种激素。首先，当给女人使用睾丸素时，她们的性欲增加。第二，男人生来比女人的睾丸素多，而且他们普遍有更强的性欲。男人比女人更可能想到性，有性幻想，寻求性和性行为多样性（不管是地点还是伴侣），手淫，在恋爱早期想进行性行为，为了性牺牲其他东西，对性行为持放任态度，而且抱怨伴侣的性欲低（Baumeister, Cantanese 和 Vohs，2001）。这些都表明睾丸素可能是男人和女人共同的性欲的激素基础。

雌性狒狒胸部的红色（左）表示她在发情期而且愿意进行性行为。女人的性兴趣（右）不局限于她每月周期的一个特殊时间。

性行为

男人和女人可能性欲水平不同，但他们在性行为期间的生理反应非常相似。20世纪60年代之前，人类性行为的数据主要是由人们对关于他们性生活的问题的回答组成的（而且你可能注意到这是一个人们常常不说实话的话题）。威廉·马斯特斯（William Masters）和弗吉尼亚·约翰逊（Virginia Johnson）通过进行开创性的研究改变了这一切，他们在实验室内实际测量了数百个志愿者在手淫和性交时的身体反应（Masters 和 Johnson，1966）。他们的工作加深了对**人类性反应周期**的理解，它是指性行为期间生理唤醒的几个阶段（见图 8.17）。人类的性反应有 4 个阶段：

> 在兴奋期，性器官内和周围的肌肉张力和血流增加，心率和呼吸频率增加，血压升高。男人和女人的乳头都可能勃起，上半身和面部的皮肤有"性红晕"。男人

人类性反应周期（human sexual response cycle） 性行为期间生理唤醒的几个阶段。

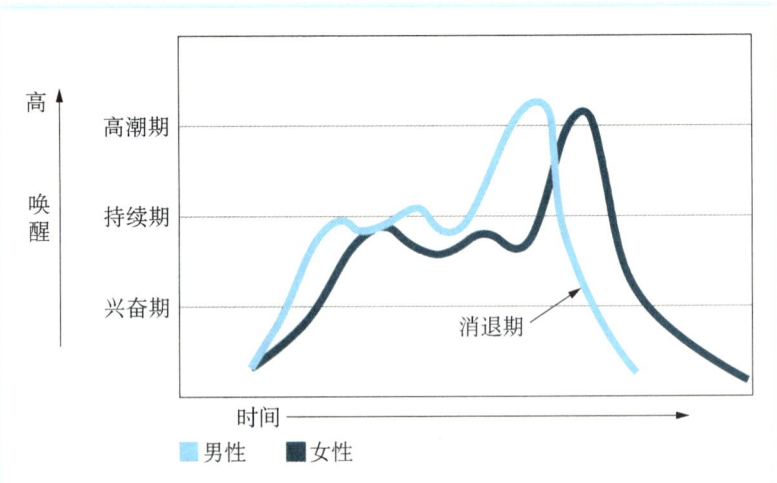

图 8.17 人类性反应周期。男人和女人的性反应周期非常相似。男人和女人都经历兴奋、持续、高潮和消退期，虽然他们反应的时间可能不同。

的阴茎通常变得勃起或部分勃起，而且他的睾丸向上拉起，而女人的阴道常常变得润滑，而且她的阴蒂变得肿胀。

> 在持续期，心率和肌肉紧张更加提高。男人的膀胱关闭以防止小便和精液混合，而且阴茎底部的肌肉开始稳定的有节奏的收缩。男人的尿道球腺可能分泌少量润滑液体（顺便说一下，这经常包含足够导致怀孕的精子）。女人的阴蒂可能轻微回缩，而且她的阴道可能变得更加润滑。她的外阴可能肿胀，而且她的肌肉紧绷，并且减少了阴道口的直径。

> 在高潮期，呼吸变得急促，骨盆肌肉开始一系列有节奏的收缩。男人和女人都会经历肛门和下部骨盆肌肉的快速周期性收缩，而且女人也经常伴有子宫和阴道的收缩。在这个阶段，男人射出大约二到五毫升精液（取决于他们上次性高潮过去了多久，以及在射精之前被唤起了多长时间）。95% 异性恋的男人和 69% 异性恋的女人报告说他们上次性行为时有性高潮（Richters 等，2006），不过大体上 15% 的女人从来没经历过性高潮，不到一半的女人从性交本身体验性高潮，而且大体上一半女人说曾经至少有一次"假装"过性高潮（Wiederman，1997）。女人经历性高潮的频率似乎有遗传的成分（Dawood 等，2005）。而且当男人和女人在性高潮时，他们通常体验到强烈的快感，这是不言而喻的。

> 在消退期，肌肉松弛，血压降低，身体恢复到休息状态。大部分男人和女人经历一个不应期，这期间更多的刺激不会产生兴奋。这个阶段可能持续几分钟到几天，通常男性的时间比女性的长。

虽然性是生殖的前提条件，但大部分性行为都不打算生孩子。例如，大学生很少想怀孕，但是他们却发生性行为，原因是身体吸引（"这个人有美丽的眼睛！"），作为一种达到目的的手段（"我想走红"），增加感情交流（"我想更深层次的交流"），以及缓和紧张（"这是我的伴侣愿意和我在一起的唯一方法"；Meston 和 Buss，2007）。虽然男人比女人更倾向于报告说他们因为纯粹的身体原因发生性行为，但是表 8.2 表明男人和女人最频繁的回答没有很大的不同。值得注意的是并非所有性行为都是被这些原因驱动的：大约一半大学年龄的女人和四分之一大学年龄的男人报告说在约会中有过不必要的性行为（O'Sullivan 和 Allegeier，1998）。我们将在"社会心理学"那章讲更多关于性吸引和恋爱的内容。

> 为什么人们发生性行为？

表 8.2

性的原因

	男人和女人报告发生性行为的前十个原因	
	女人	男人
1	我被这个人吸引了。	我被这个人吸引了。
2	我想体验身体的快感。	这感觉很好。
3	这感觉很好。	我想体验身体的快感。
4	我想表现我对这个人的感情。	这很有趣。
5	我想表达我对这个人的爱。	我想表现我对这个人的感情。
6	我被性唤起而且想释放。	我被性唤起而且想释放。
7	我是"好色的"。	我是"好色的"。
8	这很有趣。	我想表达我对这个人的爱。
9	我意识到我在恋爱。	我想达到性高潮。
10	我是"一时激动"。	我想讨好我的伴侣。

来源：Meston 和 Buss，2007.

心理想要什么

生存和生殖是每个动物的头等大事，因此我们被食物和性强烈驱动这一点并不奇怪。但我们也会被其他东西驱动。我们渴望巧克力之吻和各种浪漫的亲吻，但是我们也渴望友谊和尊重、安全和确定感，智慧和意义以及很多很多。我们的心理动机和我们的生物学动机一样强大，但是它们有两点不同。

第一，虽然我们与大多数动物有相同的生物学动机，但是我们的心理动机是相对独特的。黑猩猩和兔子还有知更鸟以及海龟都会被驱动发生性行为，但似乎只有人类会给该行为赋予意义。第二，虽然我们的生物学动机很少——食物、性、氧气、睡眠以及少数其他东西——我们的心理动机实际是无限的。我们所关心的感觉和思想、知识和信念，拥有和存在的事情太多了，而且多种多样，没有心理学家能列出完整的列表（Hofmann，Vohs 和 Baumeister，2012）。然而，即使你看着一个不完整的列表，你很快会注意到心理动机在三个主要维度上变化：外在与内在，有意识与无意识，以及趋近与回避。让我们逐个来讨论。

内在的与外在的

参加心理学考试和吃法式薯条在很多方面不同。一个让你疲劳而另一个让你发胖，一个需要你活动嘴唇而另一个不需要，等等。但是这些活动的关键不同是，一个是达到目的的手段而另一个本身就是目的。**内在动机**是指从事本身具有奖赏的行为的动机。当我们因为它好吃而吃法式薯条时，因为感觉良好而锻炼时，或者因为它好听而听音乐时，我们是被内在动机驱动的。这些行为没有报酬：行为本身就是报酬。相反，**外在动机**是从事能够导致奖赏的行为的动机。当我们为了避免牙龈炎（并获得约会机会）而用牙线清洁牙齿时，当我们为了付房租（并获得约会机会）而努力工作赚钱时，以及当我们为了得到大学学位（并赚钱来得到约会机会）而参加考试时，我们是被外在动机驱动的。这些东西都不能直接带来快乐，但是从长远来看它们都能导致快乐。

外在动机备受批评。美国人倾向于相信人们应该"跟随自己的内心"而且"做他们喜欢的事，"而且我们同情那些只是为了取悦他们的父母而选择课程的学生，以及那些只是为了赚一堆钱而选择工作的父母。但事实是，我们因为相信它们将来会带来更大的奖赏而去做这些行为的能力是我们物种最重要的才能之一，而且没有其他物种能做到和我们完全一样的好（Gilbert，2006）。在关于延迟满足能力的研究中（Ayduk等，2007；Mischel等，2004），人们通常面临一个选择，是立刻得到他们想要的东西（例如，一勺冰激凌）还是等待以后得到更多他们想要的东西（例如，两勺冰激凌）。等待冰激凌很像参加考试或者用牙线清洁牙齿：它不是很有趣，但是你做这件事是因为你知道最后你会得到更多的奖赏。研究表明，能延迟满足的 4 岁的儿童在 10 年后被认为更聪明、社交能力更强，而且他们进入大学时的学术能力评估测试成绩更高（Mischel，Shoda 和 Rodriguez，1989）。实际上，延迟满足能力对一个孩子的学习成绩的预测比

为什么人们应该延迟满足？

内在动机（intrinsic motivation） 从事本身具有奖赏的行为的动机。
外在动机（extrinsic motivation） 从事能够导致奖赏的行为的动机。

智商的预测好（Duckworth 和 Seligman，2005）。显然关于外在动机有很多值得一提的东西。

对于内在动机也有很多内容要讲（Patall，Cooper 和 Robinson，2008）。当人们被内在动机驱动时工作更努力，他们更喜欢所做的工作，而且他们更有创造力地工作。两种动机都有优点，所以很多人尝试建立的生活是被同一个活动的内在和外在动机驱动——我们做自己最喜欢的事而且得到一大笔钱。谁没有幻想过成为一个艺术家或者运动员或者坎耶（Kanye）①的私人派对策划？唉，研究提出，做你喜欢的事情来赚钱到最后还能喜欢你所做的事情是很难的，因为外在的奖赏能削弱内在兴趣（Deci，Koestner 和 Ryan，1999；Henderlong 和 Lepper，2002）。例如，一项研究中，要么付钱给那些本来就喜欢玩拼图的大学生来完成拼图，要么让他们完成拼图但不给钱，结果那些被付钱玩拼图的学生以后不大可能再玩拼图（Deci，1971）。在一个类似的研究中，向那些喜欢用变色笔画画的儿童承诺如果使用变色笔会获得奖品，或者不会获得奖品，于是那些被承诺给奖品的儿童以后不大可能再使用变色笔（Lepper，Greene 和 Nisbett，1973）。似乎在某些情况下，人们认为给予奖赏意味着一个活动本身不令人快乐；（"如果他们付钱来让我玩这个拼图，它肯定不会很有趣。"）因此奖赏可以导致人们失去他们的内在动机。

为什么奖赏有时适得其反？

正如奖赏可以削弱内在动机一样，惩罚可以建立内在动机。在一项研究中，对没有内在兴趣去玩一个玩具的儿童在实验主试威胁如果他们碰了玩具就要被惩罚的时候，忽然获得了兴趣（Aronson，1963）。如果实验主试明确警告不许作弊，那些对考试作弊没有内在动机的大学生更可能会作弊（Wilson 和 Lassiter，1982）。威胁表明一个被禁止的活动是值得做的，而且威胁也会产生矛盾的结果，就是促进那些本来打算阻止的行为。例如，当一批日托中心烦透了那些接孩子迟到的家长时，有些日托中心对迟到制定了罚款。如图 8.18 所示，罚款导致迟到数量增加（Gneezy 和 Rustichini，2000）。为什么？因为家长是被内在动机驱动来接他们的孩子而且他们一般尽力做到准时。但是当日托中心对迟到处以罚款时，家长变成被外在动机驱动来接孩子——而且由于罚款金额不是特别大，他们决定交一点罚款来让他们的孩子在日托中心多待一个小时。当威胁和奖赏把内在动机变成外在动机时，会产生意想不到的结果。

---

① 坎耶·欧马立·韦斯特（Kanye Omari West，1977 年 6 月 8 日——），是一位美国的饶舌歌手、唱片制作人、作家和歌手，目前为止共发行了四张专辑。在 2008 年 5 月 16 日，坎耶·韦斯特被 MTV 电视台选为该年度"最热门饶舌歌手"。——译者注

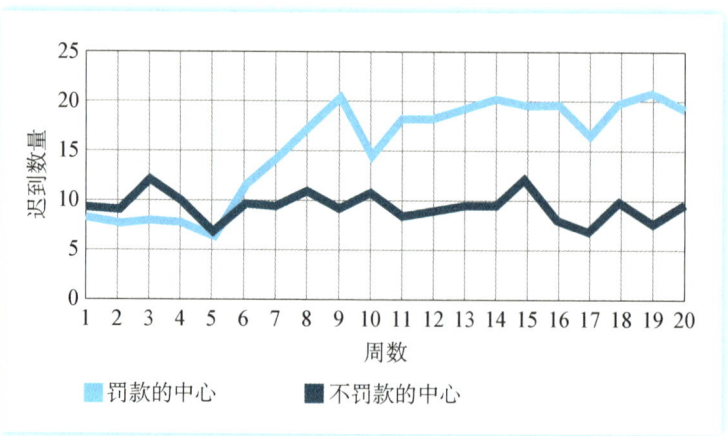

图 8.18 **当威胁适得其反时**。威胁可以导致曾经被内在动机驱动的行为变成被外在动机驱动。对迟到的家长处以罚款的日托中心发现迟到的家长数量增加了。

有意识的与无意识的

当获奖的艺术家或科学家被要求解释他们的成就时,他们通常这样说,"我想把颜色从形式中解放出来"或"我想治愈糖尿病"。他们几乎不会说,"我想超越我爸爸的成就,从而向我妈妈证明我值得她爱"。人们显然有**有意识的动机**,即人们意识到的动机,但是他们也有**无意识的动机**,即人们没有意识到的动机(Aarts,Custers 和 Marien,2008;Bargh 等,2001;Hassin,Bargh 和 Zimerman,2009)。

例如,心理学家大卫·麦克莱兰(David McClelland)和约翰·阿特金森(John Atkinson)认为人们的**成就需要**不同,即解决有价值的问题的动机(McClelland 等,1953)。他们认为这个基本动机是无意识的,因此一定要用特殊的技术如主题统觉测验来测量,该测验给人们呈现一系列图画,让他们根据图画讲故事。某个人的故事中"与成就相关的意象"的数量从表面上说明了这个人的无意识的成就需要。(在"人格"那章你将学到更多这类测验。)虽然关于这类测验的效度和信度存在很多争议(Lilienfeld,Wod 和 Garb,2000;Tuerlinckx,De Boeck 和 Lens,2002),但是研究表明一个人在这个测验中的反应可靠地预测了这个人在特定环境中的行为。例如,它们可以预测儿童在学校的学习成绩(Khalid,1991)。研究还提出这个动机可以像思维和情绪那样被"启动"。例如,当像成就这样的词非常快地呈现在电脑屏幕上以至于人们不能有意识地知觉到它们时,那些人就会特别努力地解决一个难题(Bargh 等,2001)而且如果他们失败了会特别不高兴(Chartrand 和 Kay,2006)。

有意识的动机(conscious motivations) 人们意识到的动机。
无意识的动机(unconscious motivations) 人们没有意识到的动机。
成就需要(need for achievement) 解决有价值的问题的动机。

什么决定了我们是否意识到我们的动机？大多数行为有一个以上的动机，而且罗宾·瓦莱契（Robin Vallacher）和丹尼尔·韦格纳（Daniel Wegner）（1985，1987）提出完成一个行为是容易还是困难决定了我们将会意识到哪些动机。

当行为简单的时候（例如，扭一个灯泡），我们意识到最一般的动机（例如，能帮上忙），但是当行为困难的时候（例如，扭一个卡在灯座里的灯泡），我们意识到更特殊的动机（例如，把螺纹对准）。瓦莱契和韦格纳认为人们经常意识到他们行为的一般动机，只有在他们遇到问题时才会意识到更特殊的动机。例如，一个实验中，被试用一个正常的杯子喝咖啡，或者用一个有着非常沉底座的杯子喝咖啡。当问他们在做什么时，用正常杯子喝咖啡的人解释说他们在"满足需要"，而用沉重的杯子喝咖啡的人解释说他们在"吞咽"（Wegner等，1984）。我们执行一个行为的难易程度是决定我们能否意识到自己的动机的很多因素之一。

什么让人们意识到他们的动机？

迈克尔·菲尔普斯（Michael Phelps）显然有很高的成就需要，这就是他最终成为有史以来最充满荣誉的奥林匹克运动员的原因之一。

趋近与回避

诗人詹姆斯·瑟伯（James Thurber，1956）写道："所有男人在死前应该努力学习／他们逃避什么，趋向什么，以及为什么。"享乐原则描述了两个概念上截然不同的动机：一个"趋向"快乐的动机和一个"逃避"痛苦的动机。这些动机被心理学家称为**趋近动机**，即经历积极结果的动机，和**回避动机**，即不去经历消极结果的动机。快乐不仅仅是缺少痛苦，痛苦也不仅仅是缺少快乐。它们是发生在大脑中不同部位的互相独立的体验（Davidson等，1990；Gray，1990）。

研究提出，在其他条件相同的情况下，回避动机通常比趋近动机更强大。如果一个游戏中抛硬币得到正面就付给他们10美元，但是如果是背面他们要付8美元，那么

趋近动机（approach motivation） 经历积极结果的动机。
回避动机（avoidance motivation） 不去经历消极结果的动机。

大部分人都会拒绝抛硬币，因为他们相信输掉 8 美元的痛苦比赢 10 美元的快乐更强烈（Kahneman 和 Tversky，1979）。因为人们认为，和相同数量的获利相比，损失会诱发更强的情绪反应，所以与获得利润相比，他们更有可能冒险去避免损失。当被试被告知一个疾病会使 600 人死亡，而且要在使用 A 疫苗还是 B 疫苗之间做选择，A 疫苗可以挽救 200 人，B 疫苗有三分之一的几率挽救所有人，有三分之二的几率一个人也挽救不了，这时四分之三的被试决定谨慎行事并选择 A 疫苗。但是，当要求人们在 C 疫苗和 D 疫苗之间选择，C 疫苗使 400 人死亡，D 疫苗有三分之一的几率没有人死亡但有三分之二的几率所有人都会死亡，这时大约四分之三的被试决定赌博选择 D 疫苗（Tversky 和 Kahneman，1981）。现在，如果你计算一下，你很快就会发现 A 疫苗和 C 疫苗是一样的，B 疫苗和 D 疫苗是一样的。对相同疫苗的描述只是用两种方式来说同一个事情。但是，当用死亡的数量（像 C 和 D 那样）而不是用挽救生命的数量（像 A 和 B 那样）来描述疫苗时，大部分人都愿意冒个大风险。有趣的是猴子也表现出相同的趋势（Lakshminarayanan，Chen 和 Santos，2011）。

平均来说，回避动机比趋近动机强烈，但是这两个趋势的相对强度在人和人之间有些不同。下一页的表 8.3 展示了用于测量一个人趋近和回避趋势的相对强度的一系列问题（Carver 和 White，1994）。研究表明，那些用高趋近性项目描述自己的人比不用被高趋近性项目描述的人在获得奖赏时更高兴，而那些用高回避性项目描述自己的人比那些没有被高回避性项目描述的人在受到威胁时更加焦虑（Carver，2006）。正如一些人对奖赏比对惩罚更敏感一样（反之亦然），一些人通常认为他们的行为是试图获得奖赏而不是回避惩罚（反之亦然）。有促进焦点的人通常以获得利润为思考依据，而有预防焦点的人通常以回避损失为思考依据。在一项研究中，被试被要求做字谜任务。一些被试被告知他们参加这个实验将得到 4 美元，但是如果他们找出 90% 以上的全部可能单词就能多赚一美元。另一些被试被告知他们参加这个实验将得到 5 美元，但是他们可以避免因为遗漏了超过 10% 的可能单词而损失一美元。有促进焦点的人在第一种情况下比第二种情况下表现好，但是有预防焦点的人在第二种情况下比第一种情况下表现好（Shah，Higgins 和 Friedman，1998）。类似地，具有高成就需要的人通常在某种程度上更能被他们对成功的希望所驱动，而具有低成就需要的人通常在某种程度上更能被他们对失败的恐惧所驱动。

被驱动的回避和被驱动的趋近之间的不同是什么？

> **表 8.3**

测量行为抑制系统和行为激活系统的量表

这些项目中的每一个对你的描述程度如何？黑色的项目测量你的回避趋势的强度，蓝色的项目测量你的趋近趋势的强度。

即使有某件不好的事将要发生，我也不会感到恐惧或焦虑。[低回避性]

我不辞辛苦去获得我想要的东西。[高趋近性]

当我做某事做得好时，我喜欢坚持。[高趋近性]

如果我觉得它有趣时，我经常愿意尝试新事物。[高趋近性]

当我得到我想要的东西时，我感觉兴奋且精力充沛。[高趋近性]

批评和责骂对我伤害很多。[高回避性]

当我想要某个东西时，我通常会全力以赴去得到它。[高趋近性]

我做事情经常只是因为它们可能有趣。[高趋近性]

如果我看到一个能得到我想要的东西的机会，我就马上行动。[高趋近性]

当我认为或知道某人生我的气时，我感觉相当担心和不安。[高回避性]

当我看到一个能得到我喜欢的东西的机会，我马上感觉兴奋。[高趋近性]

我经常在冲动下行动。[高趋近性]

当我认为不愉快的事情将要发生时，我经常会被"激怒"。[高回避性]

当好事发生时，它强烈地影响我。[高趋近性]

当我认为我在某个很重要的事情上没做好时，我感觉担心。[高回避性]

我渴望兴奋和新的感觉。[高趋近性]

当我想得到某个东西时，我使用一种"不惜一切代价"的方法。[高趋近性]

和我的朋友们比，我的恐惧非常少。[低回避性]

赢得比赛让我感到兴奋。[高趋近性]

我担心犯错误。[高回避性]

来源：Carver 和 White，1994.

那么，人们想回避的最大的东西可能是什么？所有动物都在努力活着，但只有人类认识到这种努力最终是徒劳的，而且死亡是生命必然的终点。一些心理学家提出，回避与死亡有关的焦虑的动机造成了一种"存在恐惧"的感觉，而且我们的大量行为仅仅是试图处理好这种感觉。**恐惧管理理论**是一个关于人们对知晓他们自身必然死亡如何做出反应的理论，它认为人们处理他们的存在恐惧的方法之一是发展出一种"文化世界观"——一系列关于什么是"好"、"正确"和"真实"的共同的信念（Greenberg，Solomon 和

恐惧管理理论（terror management theory） 关于人们通过发展出一种"文化世界观"来处理他们的存在恐惧的理论。

Arndt，2008；Solomon 等，2004）。这些信念使人们把自己看做不只是平凡的动物，因为他们居住在一个有意义的世界，在这世界里他们能获得象征性的永生（例如，通过留下一大笔遗产或生孩子）而且可能甚至是真正的永生（例如，通过表现虔诚并在来世获得一席之地）。根据这个理论，我们的文化世界观是一个防护罩，用来缓解因知晓我们自己必然死亡而产生的焦虑。

恐惧管理理论产生了死亡突显性假设，该假设预测那些想起自己必然死亡的人们将会加强他们的文化世界观。在过去的 20 年中，这个假设被将近 400 个研究支持。结果显示，当使人们想起死亡的时候（经常以很微妙的方式，例如在实验室中把单词"死亡"闪现几毫秒，或在恰巧接近墓地的街道拐角拦住人们），他们更倾向于赞扬和奖励那些和自己有相同文化世界观的人，贬低和惩罚那些和他们文化世界观不一样的人，看重他们的配偶和为自己的国家辩护，对"动物性"的行为例如哺乳感到厌恶，等等。所有这些反应可能是支持其文化世界观的方法，从而可以抵抗由于提醒其必然死亡而自然引起的焦虑。

人们如何处理对死亡的认识？

小 结

▲ 情绪通过提供有关世界的信息来间接驱动我们，但是它们也能直接驱动我们。

▲ 享乐原则认为人们趋近快乐并回避痛苦，而且这个基本动机是其他所有动机的基础。所有生物出生时就有某些动机，通过经验再习得其他动机。

▲ 当身体感到缺乏时，我们会感到一个要弥补缺乏的驱力。生物的动机常常优先于心理动机。生物动机的一个例子是饥饿，它是一个复杂的生理过程系统的结果，而且这个系统的问题可以导致饮食障碍和肥胖症，这两个问题都难以克服。另一个生物动机的例子是性兴趣。男人和女人在性行为中经历了大致相同的生理事件顺序，他们发生性行为的大部分原因相同，他们都有被睾丸素调节的性驱力。

▲ 人们有很多心理动机，这些心理动机在三个主要维度上变化。内在动机可以被外在奖赏和惩罚削弱。人们通常意识到比较一般的动机，除非行为的困难迫使他们意识到那些通常是无意识的更特殊的动机。回避动机一般比趋近动机更强烈，不过这一点对一些人比另一些人更适用。

本章回顾

关键概念小测试

1. 情绪可以被它们在哪两个维度上的位置来描述?
   a. 动机和尺度
   b. 唤醒度和效价
   c. 刺激和反应
   d. 痛苦和快乐

2. 哪些理论家提出一个刺激同时引起情绪体验和生理反应?
   a. 坎农和巴德
   b. 詹姆斯和兰格
   c. 沙赫特和辛格
   d. 克吕弗和布希

3. 哪个大脑结构最直接地参与了对一个刺激是好还是坏的迅速评价?
   a. 皮质
   b. 下丘脑
   c. 杏仁核
   d. 丘脑

4. 通过_____,我们可以借助改变诱发情绪的刺激的意义来改变情绪体验。
   a. 钝化
   b. 评价
   c. 效价
   d. 重评

5. 下列选项哪个不支持普遍性假设?
   a. 先天失明的人做出与基本情绪有关的面部表情。
   b. 刚出生几天的婴儿对苦味做出厌恶的表情。
   c. 经过设计的机器人能呈现表情。
   d. 研究者发现,生活在石器时代并与外界隔绝的人可以识别西方人的表情。

6. _____观点是表情可以引起情绪体验。
   a. 表达规则
   b. 表情欺骗
   c. 普遍性假设
   d. 面部反馈假说

7. 两个朋友请你帮他们解决分歧。你听完每个人的观点,对一个观点有情绪反应,但是你没有表达出来。这是哪个表达规则的例子?
   a. 去强化
   b. 掩盖
   c. 中性化
   d. 强化

8. 下列选项哪个不能辨别真实和虚假的表情?
   a. 时间模式
   b. 持续时间
   c. 对称
   d. 轻浮

9. 下列哪个陈述不正确?
   a. 某些面部肌肉稳定地参与真实的面部表情。
   b. 即使有时人们勇敢地用笑来掩饰失望,他们的脸上常常表达出一阵短暂的失望。
   c. 研究表明人类洞察谎言的能力非常好。
   d. 多导生理记录仪检测谎言的正确率高于随机水平,但它们的出错率仍然很高。

10. 享乐原则陈述了_____。

    a. 情绪为人们提供信息

    b. 人们被驱动去体验快乐和回避痛苦

    c. 人们把心情作为在一项任务上取得成功的可能性的信息

    d. 动机只能通过经验获得

11. 根据早期心理学家的观点，一种寻求某个目标的非习得的倾向叫作_____。

    a. 本能

    b. 驱力

    c. 动机

    d. 矫正行为

12. 根据马斯洛的观点，我们最基本的需要是"_____"。

    a. 自我实现和自尊

    b. 生物的需要

    c. 在其他需要都满足之后才是重要的

    d. 归属感和爱

13. 下列哪一项不是心理动机变化的维度？

    a. 内在—外在

    b. 有意识—无意识

    c. 回避—趋近

    d. 评价—重评

14. 以下哪个陈述是正确的？

    a. 男人和女人进行性行为的原因很多是相同的。

    b. 男孩和女孩在不同的年龄体验最初的性兴趣。

    c. 男人和女人的生理唤醒顺序非常不同。

    d. 人类的男性性驱力由睾丸素调节，而人类的女性性驱力由雌激素调节。

15. 以下哪个活动最可能是外在动机的结果？

    a. 完成纵横字谜

    b. 追求成为音乐家的事业

    c. 吃冰淇淋作为甜点

    d. 用牙线剔牙

关键术语

情绪	詹姆斯－兰格理论	坎农－巴德理论	二因素理论
评价	情绪调节	重评	表情
普遍性假设	面部反馈假说	表达规则	动机
享乐原则	内稳态	驱力	神经性贪食症
神经性厌食症	新陈代谢	人类性反应周期	内在动机
外在动机	有意识的动机	无意识的动机	成就需要
趋近动机	回避动机	恐惧管理理论	

> 转变观念

1. 一位朋友临近毕业并得到了几个工作机会。"我去了第一个面试,"她说,"而且我真的喜欢这个公司,但是我知道我不应该在做困难的决定时依赖第一印象。你应该完全理性而且不让自己的情绪成为障碍。"情绪常常是理性决定的障碍吗?情绪在哪些方面能帮助我们做决定?

2. 在看电视时,你和一个朋友了解到一个名星在餐馆里用拳打了一个粉丝。"我失去了理智,"这个明星说,"我看到我在做什么,但是我不能控制自己。"根据电视报道,这个明星被判处去参加愤怒管理课程。"我不是为暴力辩解,"你的朋友说,"但是我也不确定愤怒管理课程有什么用。你不能控制自己的情绪;你只是感觉它们。"关于我们尝试控制自己情绪的方法,你能给你朋友举什么例子?

3. 你的一个朋友刚被她男朋友甩了,而且她非常伤心。她整天待在房间里哭泣,拒绝出门。你和你的室友决定在这个困难的时期留心照顾她。"消极情绪非常有破坏性,"你的室友说,"我们最好没有消极情绪。"你会告诉你室友什么?消极情绪在哪些方面对我们的生存和成就是关键的?

4. 一个朋友是学教育学专业的。"我们今天学习到,有几个城市,包括纽约和芝加哥,给通过课程或在成绩测验中表现好的学生现金奖励。这是在贿赂孩子得高分,你一停止发钱,他们就会停止学习。"你的朋友认为外部动机削弱了内部动机。这个情况在哪些方面更复杂?

5. 你的一个朋友是个健身爱好者,他所有业余时间都在锻炼,而且对他的腹肌线条非常骄傲。但是他的室友非常胖。"我经常告诉他节食和锻炼,"你朋友说,"但是他根本没有减掉一点重量。如果他稍微有多一点的意志力,他就能成功。"你会告诉你朋友什么?当一个人减肥有困难时,什么因素会导致这个困难?

> 关键概念小测试答案

1. b; 2. a; 3. c; 4. d; 5. c; 6. d; 7. c; 8. a; 9. c; 10. b; 11. a; 12. b; 13. d; 14. a; 15. d.

需要更多帮助吗?更多的资源请参见 LaunchPad 网站:

http://www.worthpublishers.com/launchpad/schacter3e

心理学

Psychology
Third Edition
第三版 | 下

[美] 丹尼尔·夏克特（Daniel Schacter）
丹尼尔·吉尔伯特（Daniel Gilbert）
丹尼尔·韦格纳（Daniel Wegner）
马修·诺克（Matthew Nock）—————— 著

傅小兰 等——————————— 译

华东师范大学出版社
·上海·

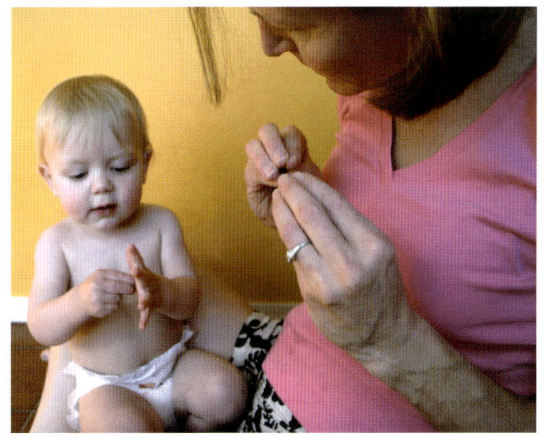
如果失聪婴儿出生后就跟父母学习手语，他们的双手动作也会表现出"牙牙学语"。（正文第 473 页）

语言发展的里程碑反映的是语言学习经验，而不是一般认知能力的发展。（正文第 476 页）

婴儿能够模仿成年人的面部表情——当然，反之亦然。（正文第 580 页）

儿童不是孤独的探索者。（正文第 594 页）

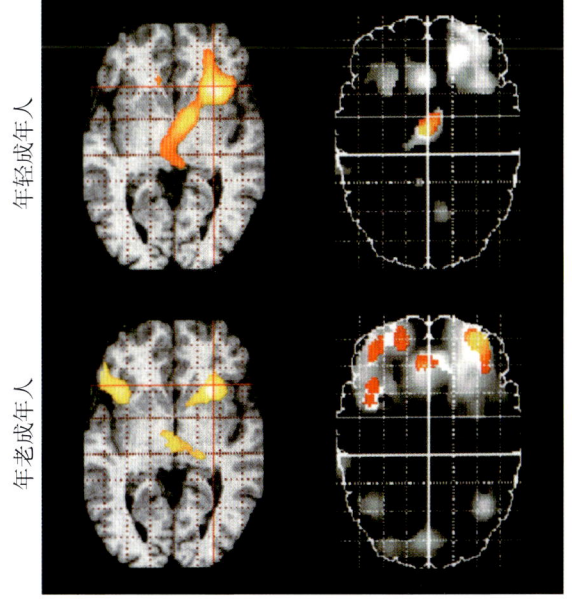
图 11.18　年轻和年长大脑的双侧性。（正文第 627 页）

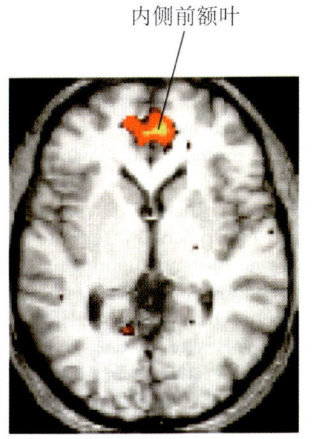
图 12.5　大脑中的自我概念。（正文第 669 页）

为什么现在这么流行"群体中的生存斗争"之类的真人秀节目?(正文第 673 页)

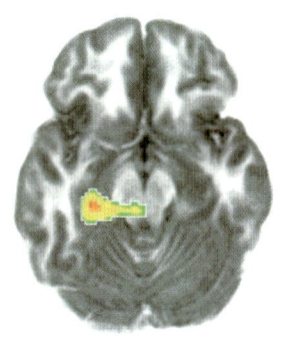

图 16.6 药物治疗和心理治疗对脑的影响。(正文第 877 页)

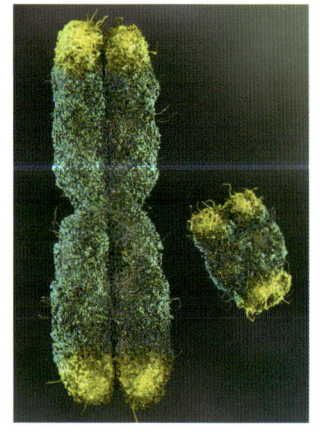

端粒(黄色部分)。(正文第 749 页)

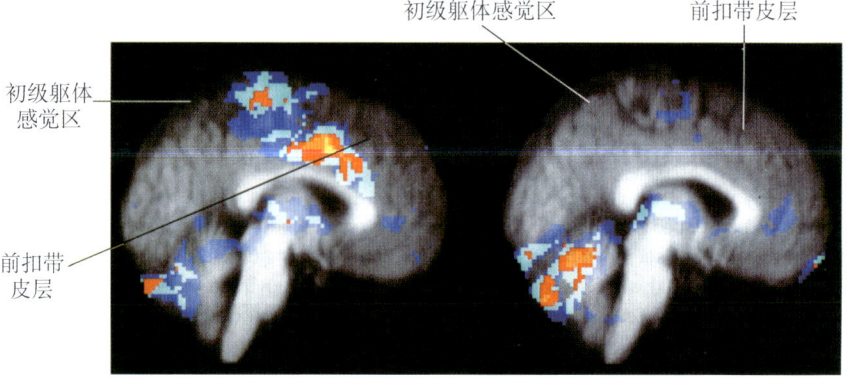

图 14.5 疼痛的大脑。(正文第 767 页)

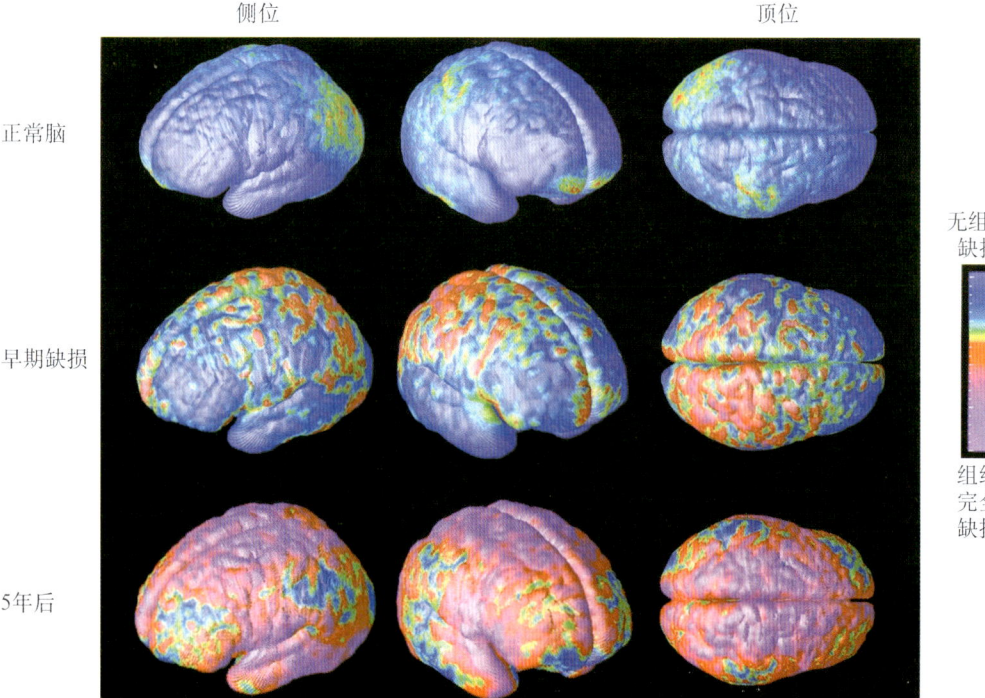

图 15.6 患有精神分裂症的青少年脑组织缺损。(正文第 823 页)

第 9 章
语言与思维

▲ **语言与沟通：从规则到语义** _468
人类语言的复杂结构 _469
语言的发展 _472
语言发展理论 _476

▲ **语言发展与脑** _480
人脑皮层的布洛卡区与威尔尼克区 _480
大脑右半球的功能 _481
双语与脑 _482
其他声音　美国的未来需要双语者 _483
其他物种能学习人类语言吗？_484

▲ **语言与思维：二者的关系** _487
语言与颜色加工 _487
语言与时间概念 _488

▲ **概念与范畴：我们如何思维** _489
概念与范畴的心理学理论 _490
概念、范畴与脑 _492

▲ **决策：理性与否** _495
理性理想 _495
非理性现实 _496
文化与社区　文化会影响积极偏向吗？_501
为什么出现决策失误？_502
决策与脑 _504

▲ **问题解决：寻找解决方案** _507
手段—目的分析 _507
类比问题解决 _508
创造性与顿悟 _509
科学热点　顿悟与脑 _512

▲ **信息转化：如何得出结论** _515
实践推理、理论推理与三段论推理 _516
现实世界　从拉链到政治极端主义：理解的错觉 _518
推理与脑 _520

一个名为克里斯托弗（Christopher）的英国男孩具有非凡的语言天赋。他 6 岁时就从姐姐的教科书上学会了法语；仅用 3 个月的时间就通过教科书掌握了希腊语。更为惊人的是，他长大成人后能熟练使用 16 种语言进行交流。对他进行英语—法语翻译测试时，得分与法语母语者一样好。向他呈现人造语言时，他能轻而易举地推敲出其复杂规则，实际上就连资深的语言专业学生都很难破解这些规则（Smith 和 Tsimpli，1995）。

如果你认为克里斯托弗非常聪明、甚至是个天才，那么你就错了。他在标准智力测验上的得分远低于一般水平。连4岁小孩能够顺利通过的简单智力测验，他都不能完成；他甚至不能掌握像井字游戏这样简单的游戏规则。虽然展现出非凡的语言天赋，他一直在教习所生活，因为他不具备独立生活所需的决策、推理或问题解决等认知能力。

克里斯托弗的优势与弱势充分说明，认知是由一系列不同的能力组成的。有些人能够快速学会语言，但是不一定具有决策和解决问题的天赋；有些人擅长推理，但是学习语言的能力却一般。这一章会讲述五种高级认知能力：习得和运用语言，形成概念和范畴，决策，问题解决与推理。与其他动物相比，人类在以上五个方面表现出卓越的能力，这些能力把人类和其他动物区分开来。本章将分别讲述每种能力的独特心理特点；同时，从脑损伤个体和神经成像研究两个方面揭示每种能力的神经基础。虽然这五种能力之间有明确的区别，他们也有一些重要的相同之处。这些能力在我们的日常生活的各方面（包括工作、学习、人际关系）都发挥着关键作用；如克里斯托弗的例子所示，某一方面的能力缺陷会导致永久的生活失常。

蜜蜂通过跳"8"字舞告诉同伴食物相对于蜂巢的位置和距离。

语言与沟通：从规则到语义

"大部分社会性动物都有一套能彼此间传递信息的沟通交流系统。蜜蜂通过跳"8"字舞告诉同伴食物相对于蜂巢的位置和距离等信息（Kirchner 和 Towne, 1994; Von Frisch, 1974）。黑长尾猴能发出3种不同的警报叫声，分别表示不同猎食者出现：豹、鹰和蛇（Cheney 和 Seyfarth, 1990）。"豹声"能让他们快速爬到树的高处；"鹰声"提示他们仰视天空。正如简单的语言一样，每种警报叫声都有特定的意义和功能。

语言（language） 是用于沟通的符号系统，这些符号通过语法规则组织在一起、并且传达特定的意义。

语法（grammar） 是一套规则，语言单元通过这套规则组织在一起、传递特定的意义。个体之间通过语言相互传递信息、协同行动、形成社会纽带。

人类语言是从其他物种的符号系统发展来的。然而，与黑长尾猴的求救声相比，人类语言具有3个独特的特点。第一，与简单的符号系统不同，人类语言具有复杂的结构。人类能表达广泛的思想和概念，能产生无限的新句子。第二，人类能够用词汇指代抽象

语言（language） 用于沟通的符号系统，这些符号通过语法规则组织在一起、并且传达特定的意义。

语法（grammar） 一套规则，语言单元通过这套规则组织在一起、传递特定的意义。

事物，如讽刺或民主。这些词汇不可能从简单的"警示声"演化而来。第三，人类在思考时会用语言来命名、归类和描述事物，从而影响知识在大脑中的组织方式。蜜蜂不可能进行有意识的思考："我今天要向北方飞行、找到更多的花蜜，这样就能给蜂王一个好印象。"

人类语言和其他动物的交流系统的差异是什么？

在这一部分，我们将介绍人类语言的复杂结构的构成要素，学习语言的难易程度，以及遗传和环境如何影响语言的习得和使用。我们将通过观察先天语言障碍来揭示语言在大脑中的组织方式；介绍研究人员教猩猩学习人类语言的各种尝试。最后，我们将讨论长期存在的难题：语言和思维的关系。

人类语言的复杂结构

与其他沟通方式相比，人类语言的进化相对较晚。口语大概产生于1至3百万年前，而书面语仅仅出现于6 000年前左右。大概有4 000多种人类语言，语言学家把其归结为50个语系（Nadasdy, 1995）。尽管存在不同之处，所有的语系都共享一个基本的结构，即，包含一系列的声音及其声音的组合规则，从而表达意义。

语言的共同特征是什么？

基本特点

口语区别于噪声的最小的声音单元是**音素**（phonemes）。口语的这些基本单元在发音方式上存在差别。如，当说 *ba* 的时候，声带在声音开始时就立刻振动；当说 *pa* 的时候，在 *p* 音起始后的大概60毫秒后，声带才开始振动。在英语中，*b* 和 *p* 是不同的音素，因为他们的发音方式不同。

每种语言都有自己的**音系规则**（phonological rules），根据这些规则，音素组合成口语信号。例如，*ts* 在德语中可作为首音，而在英语中则不可以作为首音。通常，人们不需要任何指导就可以学习这些音系规则。如果违反了这些规则，口语信号就会听起来很奇怪，即，听起来存在口音。

音素组合成**词素**（morphemes），语言的最小意义单元（见图9.1）。例如，听者会

音素（phonemes）　口语区别于噪声的最小的声音单元。

音系规则（phonological rules）　一系列规则，根据这些规则，音素组合成口语信号。

词素（morphemes）　语言的最小意义单元。

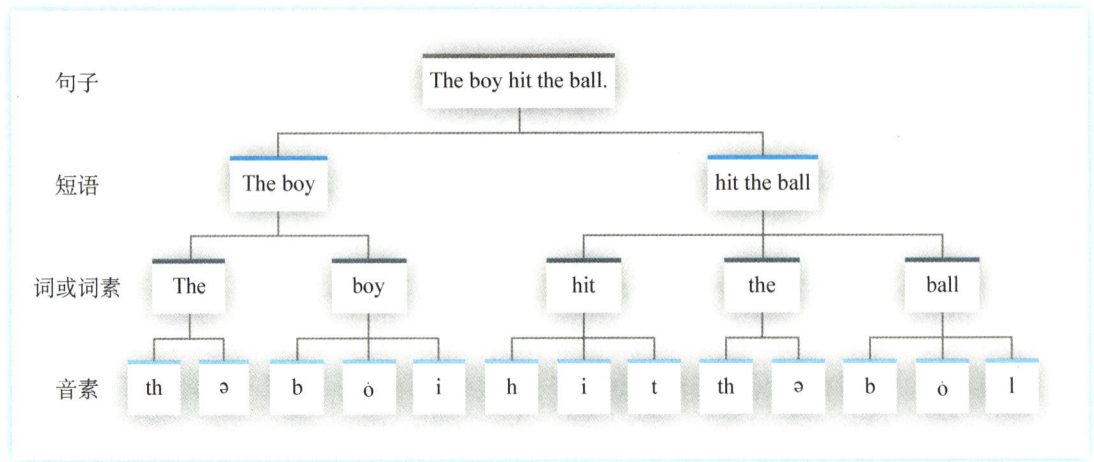

图 9.1 语言单元。句子——最大的语言单元——可逐渐拆分为更小的语言单元：短语、词和音素。在所有的语言中，音素和词素构成词，词构成短语，最终组合成句子。

把口语信号 pat 的首音部分识别为 pe，但是它没有任何的意义。与之不同，词素 pat 在语流中是传达意义的。

所有的语言都具有语法规则，一般包括词法和句法两类规则。**正字法规则**（morphological rules）说明了词素是如何组合成词汇的。一些词素——实意词素和功能词素——可独立成词。实意词素（content morphemes）指代"事物"或"事件"（如，狗、猫、拿）。功能词素具有语法功能，例如把句子连接在一起（和、或者、但是）或指示时间（……的时候）。人类语言中大约一半的词素是功能词素，正是这些功能词素使人类语言形成复杂的结构，从而表达抽象的概念，而不仅仅是指代具体的物体。

依据句法规则，功能词素和实体词素可以进行"组合"、"再组合"，从而形成无限的新句子。**句法规则**（syntactical rules）是一系列规则，它说明了词汇是如何组合成短语或句子的。英语最简单的句法规则是，一个句子必须包含一个或多个名词，名词和形容词或冠词组合成名词短语（见图 9.2）。一个句子也必须包含一个或多个动词，动词与副词或冠词组合成动词短语。因此，"狗叫"是一个完整的句子，而"楼房旁边的大灰狗"则不是一个完整的句子。

意义：深层结构和表层结构

声音和规则是语言传达意义的必要成分。一个句子可以完全符合句法规则，但是却没有任何意义，如著名的美国语言学家诺姆·乔姆斯基（Noam Chomsky）举的一个例子（1957，第15页），"无色彩的绿色想法气势汹汹地睡着（Colorless green ideas sleep furiously）"。尽

正字法规则（morphological rules） 一系列规则，根据这些规则，词素组合成词汇。

句法规则（syntactical rules） 是一系列规则，它说明了词汇是如何组合成短语和句子的。

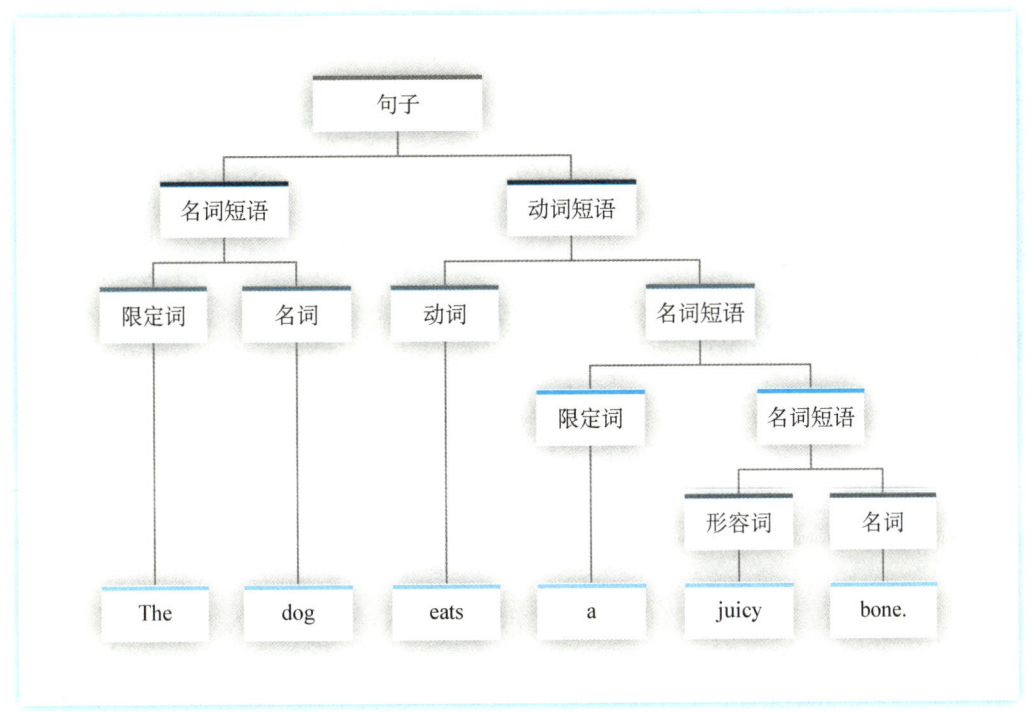

图 9.2 句法规则是词汇组合成句子所依据的规则。每个句子必须包含一个或多个名词，名词和形容词或冠词组合成名词短语。一个句子也必须包含一个或多个动词，动词与副词或冠词组合成动词短语。

管这个句子没有违法任何语法规则，听者却会眉头紧蹙、不知所云。语言通常能够很好地表达意思，但日常生活中也会有误解发生。这些误解有时来源于句子的表层结构和深层结构之间的差异（Chomsky,1975）。**深层结构（deep structure）** 是指句子的意义；**表层结构（surface structure）** 是指句子的措辞方式。"狗追猫"和"猫被狗追"具有同样的深层结构，但是不同的表层结构。

产生一个句子时，你起始于句子的深层结构（句子的意义），然后建构一个表层结构来传达意义。句子的理解正好相反，你先加工句子的表层结构，然后抽取句子的深层结构。句子的深层结构一旦形成，句子的表层结构往往会被遗忘（Jarvella，1970，1971）。在一项研究中，研究者向被试呈现故事录音，然后在测验阶段让被试挑选出所听到的句子（Sachs, 1967）。当与故事中的句子相比，测试阶段的句子具有相同的深层结构、但是不同的

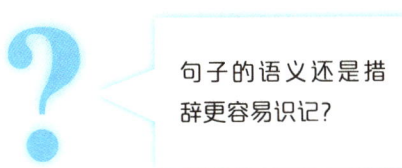

深层结构（deep structure） 句子的意义。
表层结构（surface structure） 句子的措辞方式。

表层结构时，被试往往不能做出正确选择。例如，故事中的句子是"他拍了约翰的肩膀（He struck John on the shoulder）"，被试经常认为他们听到的句子是"约翰的肩膀被他拍了（John was struck on the shoulder by him）"。相反，被试能正确拒绝句子"约翰拍了他的肩膀（John struck him on the shoulder）"，因为这个句子的深层结构与原句不同。

语言的发展

语言是复杂的认知技能，但是在上学之前，我们就能与玩伴和家人进行复杂的对话。语言发展的三个特征值得我们牢记。第一，儿童学习语言的速度惊人。1岁孩子的词汇量大概是10。到4岁时，他们的词汇量迅速扩展到1 000，平均每天大概学习6至7个新词。第二，儿童在语言学习过程中很少犯错；即使有错误出现，这些错误往往是语法规则的过度迁移造成的（这将在随后详细介绍）。这是一项了不起的技能。"任何一个包含10个词汇的句子，都有3百万种词汇重组方式，但是只有几种组合方式是符合语法规则并且富有意义的"（Bickerton，1990）。第三，对于儿童来说，被动语言学习快于主动语言学习。在语言发展的每个阶段，儿童的语言理解能力好于表达能力。

> 为什么我们快速地遗忘句子的表层结构，但却能有效地进行交流？这一现象能给人类带来什么益处？

口语声音的区别性特征

刚出生时，婴儿能区分出人类语言中的所有声音。在出生后的6个月内，他们就失去了这一能力；像大人一样，他们只能区分出母语中的一些对比性声音。例如，在英语中，l和r是两个完全不同的发音，比如词汇read和lead；然而在日语中，l和r两个音很难区分、属于同一音素。成人日语母语者不能区分l和r；然而，成人英语母语者能很容易地区分这两个音——刚出生的日语婴儿也表现出了与成人英语母语者相同的区分能力。

> 什么语言能力是儿童具有、而成人没有的？

在一项研究中，研究者创建了一系列重复发音，如"la-la-la"或"ra-ra-ra"（Eimas等，1971）。他们控制一个安抚奶嘴，每当婴儿吮吸奶嘴时，就会自动播放"la-la"音。在实验中，刚出生的婴儿开始时很感兴趣，一直吮吸奶嘴、播放"la-la"音。过了一会，婴儿失去了兴趣，吮吸频率降到了刚开始时的一半。此时，研究者把重复播放的声音调换成了"ra-ra"音。日本婴儿重新恢复了吮吸奶嘴的兴趣，这表明他们能区分旧的、无趣的刺激"la"和新新的、有趣的刺激"ra"。

刚出生的婴儿虽然能区分口语声音，但是他们还不能发出这些声音，主要依靠咕咕学语（主要是一些简单的元音，如 ah-ah）、哭声和笑声以及其他声音进行交流。4 至 6 个月的婴儿开始牙牙学语，他们能把元音和辅音组合在一起构成音节，虽然这些音节没有任何意义。无论是哪种母语的婴儿，牙牙学语都会经历同样的阶段。例如，d 和 t 的发音早于 m 和 n 的发音。即使天生失聪的婴儿也会发出他们从没听过的声音，表现出与正常婴儿一样的发音历程（Ollers 和 Eilers，1988）。这说明婴儿不仅仅是在模仿他们听到的声音，牙牙学语是语言发展历程中的自然而然的一个阶段。最近的研究发现，牙牙学语说明婴儿已经开始集中注意准备学习语言（Goldsteiin 等，2010）。与正常婴儿相比，失聪婴儿的牙牙学语相对较晚（开始于出生后的 11 个月，而不是 6 个月），而且数量相对较少。

然而，牙牙学语得以继续发展的一个前提条件是，婴儿能听到自己的声音。实际上，若出现牙牙学语的延迟发展或停滞，我们有必要去检查一下婴儿的听力问题。牙牙学语出现问题会导致口语障碍，但是不一定会阻碍言语的习得。如果父母用美国手势语（ASL, American Sign Language）与他们进行交流，失聪儿童也会在正常年龄用手语进行牙牙学语——大约在 4 至 6 个月（Petitto 和 Marentette, 1991）。他们的牙牙学语包络组成 ASL 的一些基本手语音节。

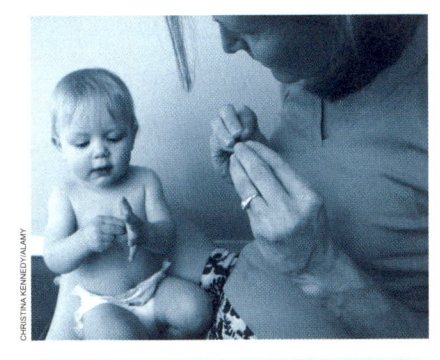

如果失聪婴儿出生后就跟父母学习手语，他们的双手动作也会表现出"牙牙学语"，这一现象的出现时间与正常婴儿的牙牙学语时间相同。（见插页）

语言发展的里程碑

在出生后的 10 至 12 个月，婴儿开始说出（或用手势表示）第一个词汇。在 18 个月时，婴儿能够说出大约 50 个词汇，而且他们能理解的词汇量比能说出的词汇量高出好几倍。开始走路的幼童一般先学习名词，然后再学习动词；他们学习的名词一般是日常生活中具体物体的名称（如，椅子、桌子、牛奶）（见表 9.1）。此时，词汇量会有爆炸式增加。到上学时，儿童的词汇量至少有 10 000。到五年级时，儿童的词汇量能达到 40 000。上大学时，学生的平均词汇量大概是 200 000。**快速投射（fast mapping）** 指仅仅经过一次接触、儿童就能把词汇投射到其深层概念上，快速投射能使儿童快速学习词汇（Kan 和 Kohnert, 2008; Mervis 和 Bertrand, 1994）。儿童学习语言如此容易，这与之后学习其他概念或技能（如，

快速投射（fast mapping） 仅仅经过一次接触，儿童就能把词汇投射到其深层概念上。

数学、写作）所要付出的努力形成鲜明对比。

在24个月时，儿童开始产生"双词句"，如"更多牛奶（more milk）"或"扔球（throw ball）"。这类句子被称为**电报式语言（telegraphic speech）**，因为他们仅仅由实词构成，不包含任何功能词素。尽管不包含介词、冠词等功能词汇，这些双词句是符合语法的，即，词汇的排列顺序符合母语的句法规则。所以，例如，如果孩子想让你把球扔给他，他会说"扔球（throw ball）"、而不是"球扔（ball throw）"；他想要更多的牛奶时，他会说"更多牛奶（more milk）"、而不是"牛奶更多（milk more）"。这些简单的句子表明，2岁的儿童已经掌握了他所学习的母语的句子规则。

2岁儿童已掌握了语言的基本规则，其具体表现是什么？

语法规则出现

儿童学习语法非常容易，他们产生句子时所犯的一些有趣的错误就是很好的证据。如果你听2或3岁儿童说话，就会发现，对于常见动词，他们会运用正确的过去式，如"我跑了（I ran）"和"你吃了（you ate）"。当4或5岁时，对于同样的动词、同一组儿童却运用错误的过去式，如"I runned"和"you eated"，而且他们从未听别人使用过这种错误过去式（Prasada 和 Pinker, 1993）。因为年幼的儿童会记住表达他们想交流的信息的具体发音（即，词汇）。但是，当儿童掌握了母语的语法规则后，他们会过度泛化这些规则。例如，当他知道过去式是在动词后加 ed 时，规则的过度泛化就使得 run 的过去式变为 runned 甚至是 ranned，而不是 ran。

这些错误表明语言习得不仅仅是简单地模仿成人的语言。相反，儿童通过所听到的话语总结出句法规则，然后运用这些规则创造出他们从没听过的言语形式。他们这样做的时候不需要意识到他们学过的语法规则。实际上，儿童或成人很少能明确说出自己母语的语法规则，但是，他们说出的句子都是符合规则的。

到3岁时，儿童能产生包含功能词的完整的简单句子［如，给我那个球（Given me the ball）和那个是我的（That belongs to me）］。在接下来的2年内，句子变得更加复杂。到4、5岁时，语言习得的各个方面都已完成。随着儿童的进一步成熟，他们的语言技能变得更加精湛，能理解语言的微妙用意，如幽默、讽刺或反语。

为什么说儿童不可能是通过模仿来学习语言？

电报式语言（telegraphic speech） 仅仅由实词构成，不包含任何功能词素的句子。

> 表 9.1

语言发展的里程碑

平均年龄	语言发展的里程碑
0—4 个月	能区分口语声音（音素）的不同。咕咕学语，尤其是对口语做反应时。
4—6 个月	牙牙学语，能产生辅音。
6—10 个月	能理解词汇和简单的要求。
10—12 个月	能使用单个词汇。
12—18 个月	词汇量达到 30—50（简单的名词、形容词和动作词汇）。
18—24 个月	依据句法规则形成双字短语。词汇量达到 50—200。能理解规则。
24—36 个月	词汇量达到 1 000，能产生短语和不完整的句子。
36—60 个月	词汇量达到 10 000；产生完整的句子；掌握语法规则（如，过去式 -ed）和功能词（如，the 和 but）。能形成疑问句和陈述句。

语言发展与认知发展

语言发展一般经历一系列的阶段；完成一个阶段之后、再进入下一个阶段。几乎所有的婴儿都会顺次经过以下阶段：单字句，电报式语言，包含功能词的简单句。我们很难找到有力的证据证明婴儿可以直接进入简单句阶段，尽管有些骄傲的父母如此宣称，可能包括你自己的父母！语言顺序式的发展与非语言认知能力的发展密切相关（Shore, 1986; Wexler, 1999）。例如，儿童的单词或双词句阶段可能与他们有限的工作记忆容量有关，即，工作记忆只能容纳一个或两个词；只有其他认知能力得到进一步的发展，他们才会具备产生简单句的能力。相反，儿童语言的顺次发展可能与他们的语言经验相关，即，反映了儿童的语言知识的逐渐增加（Bate 和 Goodman, 1997; Gillette 等，1999）。

我们很难把这两种可能性分离开。最近一些研究运用新的策略来考察这一问题，即，一些被领养的儿童在领养前没有接触过英语，研究者观察这些领养儿童是如何学习英语的（Snedeker, Geren 和 Shafto, 2007, 2012）。据官方统计，2012 年美国有超过 8 600 名国际领养儿童（U.S. Department of State, 2013）。这些领养儿童的绝大部分是婴儿或学步儿，但是也有一部分是学前儿童。通过考察这些学前儿童学习英语的模式可揭示语言发展和认知发展之间的关系。如果婴儿语言的顺次性发展只是一般认知能力发展的副产品，那么年长的领养儿童会表现出不一样的语言发展模式。相反，如果语言发展的里程碑与语言经验密切相关，那么年长的领养儿童会向婴儿一样表现出顺次性语言发展。

斯内德克（Snedeker）和同事于 2007 年研究了年龄介于 1.5 岁至 5.5 岁之间的领养儿童（Snedeker 等，2007），这些领养儿童在 3 至 18 个月前从中国来到美国。研究者把材料邮寄给父母,他们定期给领养儿童录音,并且填写问卷描述儿童的语言特点。研究者把这些资料与婴儿单语者的资料相比较。结果非常清晰:与婴儿一样,学龄前领养儿童也表现出顺次性语言发展。他们首先产生单字句,然后逐渐发展到简单句阶段。同时,与婴儿相同,他们掌握的词汇主要是名词,很少产生功能词。

为什么有关国际收养儿童的研究特别有用?

学龄前中国儿童被母语为英语的父母收养。与母语为英语的婴儿一样,这些收养儿童顺次经历语言发展的关键里程碑。语言发展的里程碑反映的是语言学习经验,而不是一般认知能力的发展。(见插页)

结果表明,某些语言发展过程中的主要里程碑与语言经验密切相关。然而,领养儿童的词汇量的增长速度明显快于婴儿,这可能是一般认知能力的发展造成的。总体来看,这项研究告诉我们,早期语言发展中的关键转折点是人类语言习得的独特特点,这不受一般认知能力发展的影响。另一方面,斯内德克和同事在2012年的研究为这个结论提供了更多支持,也证明了一般认知能力的发展在语言发展中的作用(Snedeker 等,2012)。例如,对于一些指代"过去"或"将来"的词汇,例如,明天,昨天,以前或以后,领养儿童的学习速度显著快于婴儿,这可能是因为婴儿在表征抽象概念时存在困难;因此,与认知发展更加成熟的学龄前儿童相比,婴儿需要用更多的时间掌握抽象概念。

语言发展理论

我们已经对语言发展有所了解,那么它的内部机制是什么呢?语言习得的机制尚无定论;时至今日,还存在3种理论的激烈相争:行为论、先天论、交互作用论。

行为主义者的解释

斯金纳(B.F. Skinner)的语言学习的行为论认为,我们学习语言与我们学习其他技能的方式相同:通过强化、塑造、消退和你在"学习"那章学过的其他操作条件反射原则完成(Skinner, 1957)。随着婴儿的逐渐发展,他们开始尝试说话。那些没有得到强化的发音逐渐消退,那些得到强化的发音逐渐保留下来。例如,当婴儿发出"Prah"的音时,很多父母都不感兴趣。然而,当一个发音即使与"da-da"有微弱的相似时,宠爱的父母也会微笑、大叫或口头表扬"好孩子",使发音得到强化。长大的儿童也会模仿他们所听到的话语。父母和其他长辈会强化那些符合语法规则的模仿,忽视或惩罚那些不符合语法规则的模仿,从而塑造儿童的语言。"我要牛奶不是(I no want milk)"这句话可能会被父母的各种否定反应而压制;然而"我不要牛奶,谢谢(No milk for me, thanks)"则可能得到父母的表扬而被强化。

行为主义者的解释是富有吸引力的,因为它提供了一个语言发展的简单阐述,但是这一理论不能解释一些语言发展的基本特点(Chomsky, 1986; Pinker, 1994; Pinker 和 Bloom, 1990)。

第一,父母并没有花很多时间来教给儿童语法。在一项设计周密的实验中,研究者发现父母更多的对儿童说话的内容做反应,而不是对话语是否符合语法做反应(Brown 和 Hanlon, 1970)。例如,当儿童表达自己的感受"没人喜欢我(Nobody like me)"时,他/她的妈妈会说"为什么你会这样想(Why do you think that)?"或 "我喜欢你(I like you)!" 而不会说"现在,认真听好,跟我重复:没人喜欢我(Now, listen carefully and repeat after me: Nobody likes me)"。

第二,儿童产生的符合语法的句子远远多于他们听到的句子。这说明儿童不仅仅是在模仿,他们是在运用句法规则来创造新句子。如前所述,同一深层结构可表达为几个表层结构不同的句子。这几个具有不同表层结构的句子,儿童在语言学习过程中不可能全都听到过,也不可能全都被强化过;更合理的解释是,儿童具备了产生合理句子的能力。

第三,如前所述,儿童在语言学习过程中犯的错误可能是语法规则过度泛化。根据行为主义的解释,如果儿童仅仅通过尝试错误或模仿学习语言,就不会出现过度泛化的现象。也就是说,如果语言是通过强化个别的短语或句子来发展的,儿童很难去进行过度泛化。

对于一个行为主义者来说,为什么儿童会重复"da-da"而不会重复"Prah"?

先天论

语言和认知的研究在 20 世纪 50 年代经历了巨大的转变,当时语言学家诺姆·乔姆斯基(Noam Chomsky, 1957, 1959)对行为论进行了强烈的抨击。乔姆斯基认为,语言学习能力是内置于大脑中的,这使得人们通过简单的接触就能快速学习语言。乔姆斯基和同事认为,人类的语言学习能力具有特异性,区别于一般智力。**先天论(nativist theory)**

先天论(nativist theory) 认为语言发展是一种先天的生物能力的观点。

认为,语言发展是一种先天的生物能力。乔姆斯基认为,人类大脑里具有**语言习得装置**(language acquisition device, LAD),即,促进语言发展的一系列程序。语言发展是伴随婴儿的成长自然而然地发生的;只要婴儿能接受到足够的刺激输入,他们就能维持这种语言发展能力。

克里斯托弗的故事与语言发展的先天论观点一致。他具有学习语言的天赋,但是他的总体智力水平低下,这说明语言发展的能力与其他认知能力不同。有些人表现出了完全相反的模式:他们具有一般水平或接近一般水平的智力,但是他们的语言存在某种问题或是无法学习语言。这就是**遗传性言语障碍**(genetic dysphasia),虽然具有正常的智力水平,但是不具备学习语法结构的能力的症状。遗传性言语障碍一般通过一个主导基因在家族中传递(Gontier, 2008; Gopnik, 1990a, 1990b; Vargha-Khadem 等, 2005)。下面是具有这种言语障碍的儿童所产生的句子:

She remembered when she hurts herself the other day. (她记得那天当她伤害自己的时候。)
Carol is cry in the church. (卡罗尔在教堂里哭。)

上述谈话中的儿童都具有正常的智力水平,但是,他们的语法存在问题,即使接受特殊语言训练后也没有改观。当问他们周末做什么时,一名儿童写到"周六,我看电视(On Saturday I watch TV)"。老师把她写的句子更正为"周六,我看了电视(On Saturday, I watched TV)",并且特别强调动词的过去式要加 -ed。一个星期后,老师又要求她描述周末的活动。她写到"周六,我洗漱,我看了电视,我上了床(On Saturday I wash myself and I watched TV and I went to bed)"。我们发现,即使她记住了特定动词的过去式看了(watched)和上了(went),她不能把这些规则扩展到其他词汇上,洗了(washed)。

如先天论所预期的,有关遗传性言语障碍儿童的研究表明,正常儿童能够轻易学习语言的语法规则是因为他们具有相应的先天装置。这一理论能够解释为什么刚出生的婴儿能够区分任何语言的音素,即使他们从没听到过这些音素。如果婴儿通过模仿学习语言,如行为论所认为的,那么,

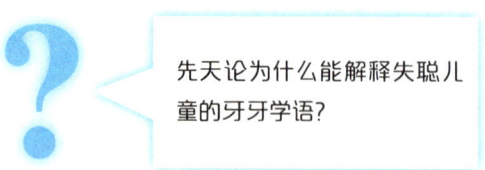
先天论为什么能解释失聪儿童的牙牙学语?

语言习得装置(language acquisition device, LAD)　促进语言发展的一系列程序。
遗传性言语障碍(genetic dysphasia)　虽然具有正常的智力水平,但是不具备学习语法结构的能力的症状。

他们就只能区分实际听到过的音素。先天论也能够解释为什么失聪婴儿也能牙牙学语，也会经历与正常儿童一样的语言发展模式。如果我们确实具有学习语言的先天生物装置，语言的发展表现出这些特点就是意料之中的事了。

先天论观点的另一证据来自一项有关鸣禽的研究，这项研究发现语言只能在一个特定的发展阶段获得。如果在幼年的某一特定阶段，鸣禽被剥夺了听到任何鸟叫声的机会，那么他们再也学不会鸟叫了。吉妮（Genie）的悲惨故事（Gurtiss, 1977）表明，人类语言的获得也遵循同样的机制。在20个月大的时候，吉妮被父母绑在椅子上，进行了隔离。她的父亲禁止吉妮妈妈和哥哥跟她说话，他自己也只对吉妮进行咆哮和喊叫。吉妮的悲惨经历一直维持到13岁。之后吉妮的生活大有改观，并且接受了多年的语言训练，但是太晚了。她的语言技能只能停留在初级水平。她掌握了基本的词汇，能够表达自己的思想；但是她不能掌握英语的语法规则。

日常生活中也存在这样的例子：一旦进入青春期，语言学习就会变得非常困难（Brown, 1958）。有关移民者学习语言的研究数据证实了以上观点。在一项研究中，移民者说英语的熟练程度与他们在美国的居住时间长短无关，而是与他们移民时的年龄相关（Johnson和 Newport, 1989）。在儿童时期就来美国的人，英语最熟练；然而，移民的年龄一旦超过了青春期，英语的熟练水平就显著下降，即使他们在美国已经居住了很多年。一项fMRI研究也发现，对于第二语言在大脑中的表征方式，与学习第二语言较晚的人相比（9岁后），学习第二语言较早的人（1岁至5岁之间）表现显著差异（Bloch 等, 2009）。

交互作用论的解释

先天论经常遭到批评，是因为它解释了语言为什么发展，但是没有说明语言是怎么发展的。语言习得的完整理论应该解释先天具有的学习语言的生物能力是如何与环境相互作用的。交互作用论认为，虽然婴儿出生时就具有学习语言的生物能力，社会互动才是学习语言的关键要素。交互作用论者指出，父母在与婴儿的互动过程中会调整自己的说话方式，从而使语言的学习过程更容易：和与成人讲话时相比，与孩子讲话时降慢语速、发音更清楚、尽量用简单的句子等（Bruner, 1983; Farrar, 1990）。

一项研究表明，先天失聪儿童能够创造新的语言，从而为生物和环境交互作用的观点提供了进一步的证据（Senghas, Kita 和 Ozyurek, 2004）。在1980年之前，生活在尼加拉瓜（Nicaragua）的失聪儿童一般呆在家中，与其他失聪儿童几乎没有互动。在1981年，一些失聪儿童开始参加假期学校。起初，学校还

语言发展的交互作用论与行为主义论和先天论的不同之处是什么？

未教给他们手语，他们在家也从未学过手语，这些儿童逐渐开始使用他们自己创造的手势语进行交流。

在过去的 30 年里，手语已经有了很大的发展（Pyers 等，2010），研究者也考察了这种新的语言，以了解经过更长时间演化出的语言的显著特征。例如，在讲述某种经历时，成熟的语言一般把其拆分成几个独立成分。当描述运动的物体时，如滚下山，我们的语言会把运动（滚）和方向（向下）拆分开。然而，当我们做简单的手势时，我们只是做一个持续的向下运动，来表示运动的意思，发明尼加拉瓜手语的那名儿童就是使用这种简单的手势。随后，一些年龄更小的儿童进一步发展了尼加拉瓜手语，他们能够运用独立的符号分别表示运动的方向和运动的类型——成熟手语的区别性特征。年幼的儿童不仅仅是在模仿年长的儿童，这意味着我们具有用语言拆分经历的先天能力。尼加拉瓜手语的创造过程很好地说明了先天生物基础（运用语言的先天能力）和后天经验（在一个与外界隔离的失聪环境中长大）的相互作用。

语言发展与脑

随着大脑的逐渐成熟，特定的神经结构开始表现出功能特异化，这为语言的发展创造了机会（Kuhl., 2010; Kuhl 和 Rivera-Gaxiola, 2008）。那么，大脑的语言中心在哪呢？

随着儿童的成长，大脑的语言加工能力有哪些变化？

大脑皮层的布洛卡区与威尔尼克区

在婴儿早期，语言加工广泛分布于大脑的众多区域，随后逐渐聚焦于两个脑区：布洛卡区（Broca）和威尔尼克区（Wernicke）。随着大脑的成熟，这两个区域表现出的语言加工的功能特异性逐渐明显，他们通常被称为语言加工中枢。布洛卡区和威尔尼克区的损伤会导致**失语症**（aphasia），即，语言产生和理解上存在缺陷。

布洛卡区位于左侧前额叶，主要负责语言的产生（包括口语和符号语言），特别是负责加工系列性信息（见图 9.3）。在"心理学的科学之路"那章中讲到，布洛卡区是由法国医生波尔·布洛卡（Paul Broca）命名的，他发现大脑左侧前额叶特定区域的损伤会导致语言问题（Broca, 1861, 1863），即，布洛卡失语症。这种失语症的主要表现是不能产生语言，但是能理解语言的意义，虽然句法结构越复杂、语言理解越困难。他们只能

失语症（aphasia） 语言产生和理解上存在缺陷。

说出简短、片断的短语，这些短语主要是实词（如，猫，狗）；说出的话语缺乏功能词素（如，和，但是），而且存在语法结构错误。布洛卡区存在损伤的人会产生这样的句子"啊，星期一，呃，凯西公园。两个，呃，朋友，还有，呃，30分钟（Ah, Monday, uh, Casey park. Two, uh, friends, and, uh, 30 minutes）"。

威尔尼克区位于左侧颞叶皮层，主要负责语言的理解（包括口语和符号语言）。这个区域的名字来源于德国的神经病学家卡尔·威尔尼克（Carl Wernicke），他发现一个存在语言困难的病人在左侧颞叶皮层的后部存在损伤（Wernicke, 1874）。与布洛卡区存在损伤的人相比，这种病人的语言问题明显不同，主要表现在两个方面：他们能产生符合语法的句子，但是这些句子完全没有意义；他们在理解语言的意义时存在很多困难。威尔尼克区存在损伤的人会产生这样的语句"感觉非常好。换句话说，我之前能够工作雪茄。我不知道如何。我听不到的事情就在这里（Feel very well. In other words, I used to be able to work cigarettes. I don't know now. Things I couldn't hear from are here）"。

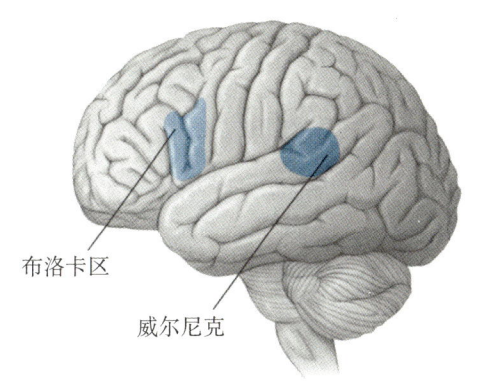

图 9.3　布洛卡区和威尔尼克区。神经科学家通过研究脑损伤个体，从而更好地认识大脑的工作机制。当布洛卡区损伤时，人们不能正常地产生句子；当威尔尼克区损伤时，人们能产生句子，但是这些句子是没有意义的。

在正常的语言理解过程中，词汇意义判断会高度激活威尔尼克区；这一区域损伤，则不能正常理解口语或符号语言的意义，但是能正确识别非语言声音。例如，日语的书写系统既包含代表语言声音的符号（如，英语中的字母），也包含传达意义的象形文字（如，汉语中的象形文字）。威尔尼克区存在损伤的日本人不能书写和理解语音符号，但是能够理解象形文字的意义（Sasanuma, 1975）。

大脑右半球的功能

虽然布洛卡区和威尔尼克区在语言加工中起着非常重要的作用，但并不是只有这些脑区参与语言加工。大脑右半球也参与了语言的加工过程，特别是语言的理解过程，这主要有四方面的证据（Jung-Beeman, 2005）。第一，当采用双视野技术把词汇呈现在正常被试的大脑右半球时（见认知神经科学一章），大脑右半球也能够在一定程度上理解词汇意义。第二，大脑右半球受损的个体也存在微妙的语言理解问题。第三，一些神经成像研究表明，在语言任务中大脑右半球也会激活。第四方面的证据与语言发展密切相关，一些儿童在青春期时，因为治疗癫痫，大脑左半球被完全切除，但是他们的很多语言技能都能恢复。

双语与脑

早期有关双语儿童的研究表明，双语学习会影响正常的智力发展。与单语儿童相比，双语儿童的语言加工速度较慢，智力测验的分数较低。经过重新分析，我们发现这些研究存在几个重要缺陷。第一，测验是用英语呈现的，但是这些儿童的优势语言并不是英语。第二，双语被试经常是第一或第二代移民，他们的父母不能熟练使用英语。最后，与单语儿童相比，双语儿童大多数来源于社会经济水平较低的家庭（Andrews, 1982）。

随后的研究控制了这些无关因素，发现双语儿童的认知技能呈现完全不同的模式。有关语言习得的数据表明，单语儿童和双语儿童在语言发展的历程和速度上都没有显著差异（Nicoladis 和 Genesee, 1997）。实际上，对于一些来自于中产阶层并且双语都非常流利的儿童而言，他们在几项认知技测验上的得分都高于单语儿童，包括认知控制能力，例如灵活地变换注意焦点来搜索信息（Bialystok, 1999, 2009; Bialystok, Craik 和 Luk, 2012）。在日常生活中，双语者经常需要抑制无关的语言，从而使认知控制能力得到锻炼。最近的证据表明，双语者在随后的生活中也有所获益：与单语者相比，双语者得老年痴呆的年龄更晚，这也许是因为他们在日常生活中积累了更多的备用认知能力或"认知储备"（Schweizer 等, 2012; 其他声音栏目列举了这个发现和其他双语学习的益处）。与以上观点一致，双语学习会在大脑中留下长期的痕迹（Mechelli 等, 2004; Stein 等, 2009）。例如，与单语者相比，双语者的左侧顶叶（这一区域也与语言加工有关）的灰质密度更高；第二语言越熟练，灰质密度就越高（Mechelli 等, 2004，见图9.4）。

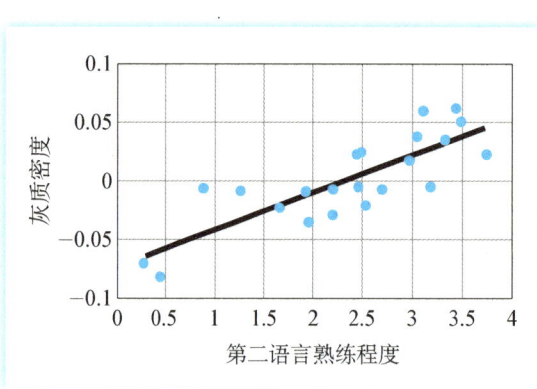

图9.4 双语改变大脑结构。 早期双语学习会增加大脑的灰质密度。与单语者相比，双语者在左侧顶下小叶的灰质密度更高。第二语言越熟练，顶下小叶灰质密度越高。第二语言学习越早，此区域的灰质密度也越高。有趣的是，在语言流畅性任务中，此区域会激活（Mechelli 等, 2004）。

其他声音　美国的未来需要双语者

最近的研究显示，双语学习会给人类带来一些益处。琳达·摩尔（Linda Moore, 2012）引用了《华盛顿外交官》（Washington Diplomat）中提到的众多益处，她提倡美国教育系统应该在更早的年龄向孩子教授外语。

面对全球经济的到来，美国人正面临着巨大的劣势。外事局的一项新的研究表明，10个美国人有8个美国人只会说英语，而且教外语的学校正在逐渐减少。但我们的经济竞争者却在做相反的事。

美国教育部的统计数据表明，2亿多中国学生正在学英语，然而只有2万4千多美国人在学汉语。要获得美国的学士学位，外语成绩只占总成绩的1%。每年在国外留学的本科生不到2%。

世界正走向多语化，然而我们国家基本上都是单语者。欧盟的居民中，一多半的人能说非母语，四分之一多的人能说3种语言。在欧洲，小学和中学都向学生教外语；在欧洲，学习外语的大学生远远多于美国。

据美国城市大学校长乔尔·克莱因（Joel Klein）和前国务卿康多莉扎·赖斯（Condoleezza Rice）主持的一项外事局工作报道，"教育的失败使美国的经济繁荣、国际地位和人身安全都面临着巨大的威胁"。他们警告道，"如果不解决这一恶化已久的问题，美国将赶不上世界的发展步伐，领先地位也将逐渐削弱"。

几十年来，我们不对学生进行双语或多语教育，我们错误地认为，外语学习会占用其他科目的时间、使学习成绩下降。然而，最近的研究表明，学习外语是有益的投资、而不是浪费。佐治亚州大学的一项研究表明，与单语者相比，双语者在一些标准测验包括学习能力倾向测验（SAT）上的得分更高。乔治梅森大学的研究也发现，与其他人相比，较早掌握第二语言的学生在整个学习生涯（课程学习以及标准测验）中的表现更出色。

一些教育家认为，学习外语能使注意更集中、提高计划能力和问题解决能力。在其他的益处中，这说明学外语的学生能够灵活、有效地从一个领域转移到另一个领域。应用语言学中心也指出，学习外语的时间越早，我们受益就越多，这些益处会伴随你一生。加利福尼亚大学的神经科学家研究发现，学习外语会帮助人们克服一些老年问题，会延迟遗忘症、阿尔兹海默症等老年病的病发年龄。

我认为，学龄前至小学六年级期间学习外语是非常有益的。我们学校训练东北华盛顿的350名学生用两种语言（英语和法语，或者英语和西班牙语）来思考、说、读、写和学习。

在这些学生中，80%的学生来自于低收入家庭。但是，他们在12月份公立学校的测评中表现优异，这与他们的外语学习经验和相应能力的发展密切相关。公立学校的测评系统包括学习成绩、出席率、升学率等。

学习外语的益处不仅仅局限于课堂上。在毕业后，第二语言好的人的职业发展也更好。劳动局的统计数据表明，越来越多的职业需要员工能熟练使用多种语言（包括说和写）。佛罗里达大学的研究显示，在多语城市中，如迈阿密和圣安东尼奥，会讲第二语言的人们的收入比平均年收入高 7 000 美元。我希望我们的学生能够抓住这些机会，取得更好的发展。

Korn/Ferry 公司的一项有关国际董事的研究表明，在公司董事中，有 31% 的人会说至少两种语言，这更加显示了双语学习的经济效益。

进行多语教育，学生的能力就不再局限于数学和阅读，他们将会在更广阔的范围内发展他们的能力。绝大多数政策制定者希望自己的孩子技能广泛，但是他们却不把这种教育理念应用到学校中。

其他国家已经得到了教训，开始让学生学习外语。学生们的外语学习正在使他们获益。我想看到美国教育局鼓励当地教育机构把更多的钱投入到双语或多语学习中。考虑到好工作的全球竞争性，这不是奢侈，而是非常必要的。这将帮助我们的儿童，我们的国家，在未来的经济竞争中取胜。

你被摩尔的言辞说服了吗？如果没有，为什么？如果是，你认为教育系统应该为推动"多语教育"做些什么？对于低年级的学生来说，剥夺其他课程的学习时间会给我们带来什么影响？你认为我们应该如何研究早期外语学习的功效？

Moore, L.（August 31, 2012）. America's Future Has to Be Bilingual. In The Washington Diplomat. Copyright 2012 The Washington Diplomat. Reproduced by permission.

然而，一些研究也发现了双语学习的劣势。与每种语言的单语者相比，双语者的每种语言的词汇量更少（Portocarrero, Burright 和 Donovick, 2007）；双语者的语言加工速度更慢，产生句子的时间更晚（Bialystok, 2009; Taylor 和 Lamvert, 1990）。所以，学习第二语言既有好处也有坏处。

其他物种能学习人类语言吗？

与其他物种的喉咙和爪子相比，人类的声带和灵活的双手更适合人类语言。然而，人们付出了很大努力去教非人类动物，特别是猿类，用人类语言沟通。

早期，人们教给猿类说话，这一尝试完全失败了，因为它们的声带不适合发出人类语言的声音（Hayes 和 Hayes, 1951）。随后的一些尝试取得了一定的成功。例如，教给猿类美国手语或者用电脑操纵代表词汇的几何符号。艾伦（Allen）和比阿特丽克斯·加德纳（Beatrix Gardner）首次教猿类学习美国手语（Gardner 和 Gardner, 1969）。加德纳他们教的是一只名叫沃肖（Washoe）的年轻雌猩猩，他们把她视为一名失聪儿童，对她做手语，当她有正确的手语反应时进行奖励，用一个叫塑造的过程帮助她摆出正确的手语姿势。4年内，沃肖学会了将近160个词汇，能产生简单的句子，例如"更多水果（More fruit）"。她也能创造新的词汇，如"水鸟（water bird）"指代"鸭子（duck）"。和一只恒河猴打架后，她做出手势"脏的猴子（dirty monkey）！"。这是对词汇创造性地应用，因为她只学习过用脏的（dirty）形容过脏的事物。

其他猩猩也用同样的方式学习美国手语，沃肖和这些猩猩能很快地用手语进行交流，为学习语言创造了有利的环境。沃肖的同伴，一个名叫露西（Lucy）的猩猩，学会了用"喝水果（drink fruit）"来形容西瓜（watermelon）。当沃肖的第二个婴儿去世后，她的饲养员让她领养了一只婴儿猩猩，名叫劳丽丝（Loulis）。

几个月后，虽然从没有接触过人类手语者，劳丽丝通过观察沃肖与其他猩猩交流，学会了68个手语词汇。当熟练运用美国手语的人观察猩猩之间的手语交流时，他们能轻而易举地理解交流的内容（Fouts 和 Bodamer, 1987）。一名观察者（纽约时报的记者，他与沃肖相处了一段时间）报道到，"我突然意识到我好像是在与另一个和我有相同母语的生物交流"。

一些研究者曾经教给过倭黑猩猩用几何图形–键盘系统交流（Savage-Rumbaugh, Shanker 和 Taylor, 1998）。其中的明星学员是坎兹（Kanzi），通过观察研究者教他的妈妈，学会了键盘系统。像劳丽丝一样，年轻的坎兹能相对容易地学习语言，而他的妈妈从未学会这一键盘系统。正如人类、鸟以及其他物种一样，猩猩也有学习语言的关键期。

坎兹学会了几百个词汇，而且能把这些词汇组合成几千个词汇。像人类儿童一样，他的语言被动学习的能力高于语言产生的能力。在一项研究中，研究者测试9岁的坎兹对660个口语句子的理解能力。研究者用复杂的句子命令坎兹做出简单的动作，例如，"拿在微波炉里面的球（Go get the ballon that's in the microware）"和"把矿泉水倒进可乐（Pour the Perrier into the Coke）"。一些句子甚至存在误导，如"去拿松针，在冰箱里（Get the pine needles that are in the refrigerator）"，其实在地板的显眼处有很多松针。令人不可思议的是，坎兹能完成这660个口语指令中72%的指令（Savage-Rumbaugh 和 Lewin, 1996）。

这些研究表明，猩猩能够掌握较大的词汇量，能把词汇组合成简单的句子，能理解具有复杂语法结构的句子。这些技能都非同一般，因为人类语言并不是猩猩自身的交流系统。同时研究发现，猩猩学习

在观察研究者教他妈妈学习的过程中，年轻的雄猩猩坎兹通过键盘系统学会了几百个词汇和词汇组合。

语言的神经基础与人类学习语言的神经基础存在一定程度的重合（可能与其他物种也有重合）。

猩猩在学习、理解和运用人类语言时也存在一些限制。第一个限制是词汇量。如前所述，沃肖和坎兹的词汇量是几百个；然而，4 岁儿童的词汇量是 10 000 左右。第二个限制是猩猩所掌握的词汇的种类，这些词汇主要是具体的物体和简单的动作。猩猩（和其他几个物种）能把声音或符号与具体物体或简单动作建立匹配关系，但是很难理解抽象词汇。如，在理解经济学的意义时，沃肖和坎兹明显表现出困难。也就是说，猩猩能用符号指代他们所能理解的概念，但是他们的概念库远远小于人类的概念库。

第三个也是最主要的一个缺陷与猩猩所能理解和使用的语法复杂性有关。猩猩虽然能把一系列词汇符号组合在一起，但这不会超过 3 个或 4 个词汇；即使有时候会超过 4 个词汇，句子很少是符合句法的。只要把猩猩产生的句子和儿童产生的句子相比较，我们就明白人类语言是如此复杂、人类产生和理解语言的速度如此之快并且如此容易。

有关猩猩和语言的研究对我们了解人类和语言有什么启示？

小结

▲ 人类语言具有复杂的层级式结构——音素、词素、短语、句子。

▲ 每一层语言信息的组织和理解都遵循一定的语法规则，儿童在发展的早期阶段就能掌握这些语法规则，语法规则的学习并不是外显地传授的。相反，儿童似乎先天具有生物性程序，能够从听到的话语中抽取语法规则。

▲ 语言的理解和产生依赖于独特的脑区，布洛卡区负责语言产生，威尔尼克区负责语言理解。

▲ 单语者和双语者表现出同样的语言发展速率。然而，一些双语者具有更好的执行控制能力，能更灵活有效地集中注意、搜索信息，他们的阿尔兹海默症的发病年龄更晚。

▲ 非人类灵长类动物也能学习新的词汇，建构简单的句子。但是，他们的词汇量有限，句法结构的复杂度也有限。

语言与思维：二者的关系

语言是我们心理世界的主导特征，有人甚至把语言和思维相等同。一些理论家认为语言仅仅是表达思想的手段。**语言相对论**（linguistic relativity hypothesis）认为，语言塑造思维方式。语言相对论是由美国语言学家本杰明·沃夫（Benjamin Whorf）提出的（Whorf, 1956），他是一个工程师，在业余时间学习语言，尤其对本土美语感兴趣。语言相对论经常引用的例子来自于加拿大的因纽特人。他们的语言用很多不同的词汇指代白色、冻结、片状的降雨，也就是我们所说的雪。沃夫认为，既然因纽特人有多个词汇指代雪，那么他们感知和思考雪的方式应该不同于英语母语者。

语言与颜色加工

沃夫观察到的现象因太具趣闻性而受到了批评（Pinker, 1994），一些严格控制的实验对沃夫假说提出了质疑。埃莉诺·罗施（Eleanor Rosch）对达尼人进行了研究（Rosch, 1973），这是一个生活在新几内亚岛的与世隔绝的农业部落。他们只有两个颜色词：亮的（light）和暗的（dark）。如果沃夫假说是对的，那么达尼人在感知和学习各种渐变色时应该会存在困难。但是，罗施的研究表明，在学习渐变色时，达尼人的成绩与那些母语有很多颜色词的人一样好。然而，最近的研究表明，语言也许真的会影响颜色的加工（Roberson 等，2004）。研究者把英国儿童与非洲儿童进行了对比，这些非洲儿童来自于纳米比亚游牧部落的辛巴人。英语有 11 个颜色词，而辛巴人几乎与外界隔离、只有 5 个颜色词。例如，他们用词汇 serandu 指代英语中的红的（red）、粉的（pink）和橙的（orange）等颜色。

研究者向儿童呈现一系列标有名称的颜色，让他们从 22 个不同的颜色中挑选出与之相同的颜色。年龄最小的儿童，无论是英国人还是辛巴人，几乎没有接触过这些颜色词，他们会把相似的颜色相混淆。随着儿童年龄的增加，他们掌握的颜色词也增加，这时他们的颜色选择反应也与掌握的颜色词相匹配。英国儿童在选择已经习得了名称的颜色时，犯错减少；同样，对于与辛巴人的颜色词相对应的颜色，辛巴儿童的犯错明显减少。结果表明，语言确实会影响儿童对颜色的加工。

 语言如何影响我们理解颜色？

我们在成人身上也观察到了同样的现象。请看图 9.5 中的 20 个蓝色长方形，从左边的浅蓝色到右边的深蓝色逐渐变化。在俄语中，有不同的词汇分别标示浅蓝色（goluboy）

语言相对论（linguistic relativity hypothesis） 认为语言塑造思维方式的理论。

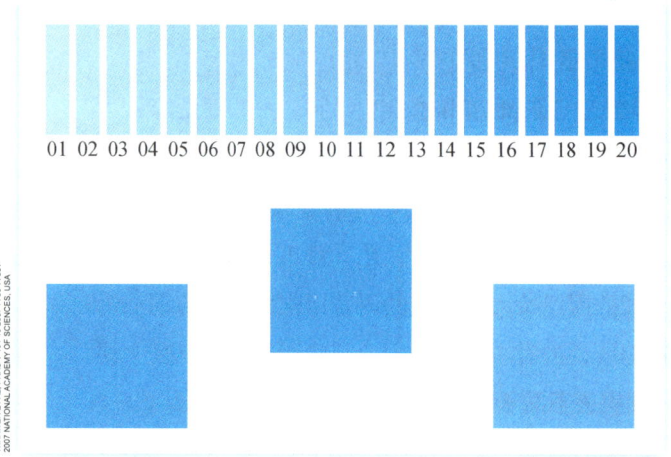

图9.5 语言影响我们如何思考颜色。与英语不同,俄语有不同的词汇描述浅蓝色和深蓝色。研究者让被试选择图下方的两个色块中哪个与图上方的色块颜色相匹配。与两个色块都是同一类颜色相比,当一个色块是浅蓝(goluboy)另一个色块是深蓝(siniy)时,俄语母语者的反应更快;然而,对于英语母语者,两种条件下的反应速度无显著区别。

和深蓝色(siniy)。研究者试图考察,与隶属于同一颜色词的蓝色相比,俄语母语者对隶属于不同颜色的蓝色是否会做出不同的反应(Winawer等,2007)。英语母语者和俄语母语者都把1—8识别为浅蓝色、9—20识别为深蓝色;只有俄语母语者会用不同词汇指代这两种不同的颜色。在实验中,研究者向他们呈现3个蓝色块(见图9.5下方),被试的任务是选择出下方两个方块中哪个与上方色块的颜色相匹配。与两个色块都是浅蓝或都是深蓝相比,当一个色块是浅蓝另一个色块是深蓝时,俄语母语者的反应更快;然而,对于英语母语者,两种条件下的反应速度无显著区别(Winawer等,2007)。与儿童的研究结果一样,语言同样会影响成人的颜色加工。

语言与时间概念

也有研究从另一个角度研究语言与思维的关系,它们考察语言如何影响时间的加工。在英语中,我们经常用空间词汇指示时间,如向前(forward)或向后(back):"我们放眼向前,看向一个光明的未来(We look *forward* to a promising future)"或"按照我们的时间表把会议时间向后挪(move a meeting *back* to fit our schedule)"(Casasanto和Boroditsky, 2008)。我们同样会用这些词汇来描述水平的空间关系:"向前3步或者向后2步(taking three steps *forward* or two steps *back*)"(Boroditsky, 2001)。相反,汉语一般用垂直空间维度描述时间:上(up)指示"以前",下(down)指示"随后"。研究者向英语母语者或汉语母语者以垂直或水平方式呈现一些物体,然后让他们进行时间判断,如,3月是否比4月早(Boroditskky, 2001)。英语母语者在看到水平呈现的物体时对时间的判断更快;而汉语母语者在看到垂直呈现的物体时对时间的判断更快。当英语母语者学会使用汉语的空间词后,他们在垂直呈现物体时的时间判断也会变

 水平时间概念和垂直时间概念之间有什么不同?

快。以上结果充分证明，语言可以影响思维。

然而，值得注意的是，当语言和思维中的一种能力受损时，另一种能力能够保持完好，前面提到的克里斯托弗的事迹就是一个很好的例子。因此，有研究者指出，沃夫关于语言影响思维的假说只是部分正确（Regier 和 Kay, 2009）。与此一致，其他研究者也指出，仅仅说语言是否影响思维太过于简单化了，我们应该去探索语言影响思维的具体原因和方式。例如，沃夫和霍姆斯最近摒弃了语言完全影响思维的观点（Wolff 和 Holmes, 2011）。他们指出，充分的证据表明，语言可以通过以下两种方式影响思维：凸显概念的具体特征；使我们形成有利于问题解决的口语规则。由此可见，最近的研究开始具体指出语言相对论的合理和不合理之处。

西方人在讨论把会议向前或向后移几天，平行时间概念。汉语母语者在讨论把会议向上或下推移，垂直时间概念。

小结

▲ 语言相对论认为，语言塑造思维。

▲ 有关颜色加工和时间判断的研究证明，语言会影响思维。然而，语言和思维在一定程度上是分离的。

概念与范畴：我们如何思维

在 2000 年 10 月，一位名字首字母为 JB 的 69 岁老人去进行神经生理测查，结果发现，他不能理解词汇的意义，但是在其他感知和认知技能上都表现正常。在 2002 年，随着病情的加重，他参加了另一项研究，此研究主要关注语言在命名、识别和分类中的作用（Haslam 等, 2007）。研究者通过 15 个月观察发现，他的使用颜色的语言能力受损严重；他不能命名颜色，不能把物体与其经典颜色匹配（如，草莓和红色，香蕉和黄色）；但是，虽然他的语言受损，JB 具有正常的颜色分类能力，他能像正常人一样把颜色分类为绿色、黄色、红色和蓝色。也就是说，虽然与颜色有关的语言能力受损，JB 具有完好的颜色概念——这表明，概念不仅仅指的是语言（Haslam 等，2007）。

概念（concept）是用于指代各类事、物等范畴性信息的心理表征，这些范畴通过共享特征组合在一起。概念是抽象的表征、描述或定义，它用于标示事物的范畴或类别。各类事物在大脑中是以概念的方式组织在一起的，它们基于相似性归为不同的范畴。"狗"这一范畴大致包括以下信息"体型较小的动物，有四只蹄子、有皮毛、会摇尾巴、会叫"。"鸟"这一范畴包括的特征有"体型较小、有翅膀、有喙、会飞"。在日常生活中，我们通过实体或事件之间的相似性把它们归为同类。例如，"椅子"这一概念大概具有以下特征"坚固、平坦、能坐在上面"。范畴是通过一系列属性和特征来定义的，桌椅、躺椅、石凳、酒吧凳等等都具有以上特征。

概念是我们认识世界和进行思考的基本单元。我们先比较几个概念形成理论，然后介绍几个有关概念在大脑中的形成和组织方式的研究。正如其他认知能力一样，我们通过观察存在缺陷的个体来认识概念在大脑中的组织方式。

 概念对我们有什么作用？

概念与范畴的心理学理论

早期的心理学理论认为概念是一些规则，描述了范畴的充分和必要条件。必要条件是一个实体归属于某一范畴必须具有的条件。例如,在判断某一不熟悉的动物是否是狗时，你会想，它必须是哺乳动物；如果不是哺乳动物，它肯定就不是狗，因为所有狗都是哺乳动物。充分条件是指，如果一个实体具备了这些条件，那么它肯定就归属于这一范畴。如果有人告诉你这只动物是德国牧羊犬，你知道德国牧羊犬是一种狗。德国牧羊犬就是狗这一范畴的充分条件。

用传统的充分条件和必要条件定义各种自然概念并不是一件容易的事。例如，你对狗的定义是什么？你能说出一系列的规则，把所有的狗都包括进来，把所有的非狗都排除在外吗？我们绝大多数人都做不到，但是我们依然很容易地用狗这个概念把实体区分为狗和非狗。下面三种理论试图解释人们的范畴化过程。

家族相似性理论（Family Resemblance Theory）

埃莉诺·罗施（Eleanor Rosch）在**家族相似性**的基础上，列出了概念的充分和必

概念（concept） 用于指代各类事、物等范畴性信息的心理表征，这些范畴通过共享特征组合在一起。
家族相似性（family resemblance theory） 范畴的一个成员拥有范畴成员的典型性特征，但是不一定所有的成员都拥有这些特征。

图 9.6 家族相似性理论。这些成员存在家族相似性是毋庸质疑的，即使史密斯兄弟中的任何两人都不共享所有的家族特征。原型是序号为 9 的兄弟，他拥有所有的家族特征：棕色头发、大耳朵、大鼻子、胡子和眼镜。

要特征，即家族成员的典型性特征、但是不一定每个家庭成员都拥有这些特征（Rosch, 1973, 1975; Rosch 和 Mervis, 1975; Wittgenstein, 1953/1999）。例如，你和哥哥的眼睛像妈妈；但是你和妹妹的高颧骨像爸爸。你、你的父母以及你的兄弟姐妹之间有很强的家族相似性；但是，在家族内，没有所有成员都具备的定义性特征。同理，鸟类的很多成员都具有羽毛和翅膀，这是鸟类的独特特征。如果其他动物拥有这些特征，它就被视为鸟类，因为它与鸟类的其他成员具有家族相似性。图 9.6 描述了家族相似性理论。

原型理论（Prototype theory）

罗施在家族相似性理论的基础上，提出了概念的**原型理论**，心理概念（我们自然形成的）是围绕原型组织在一起的。原型是范畴内"最好"或"最典型"的成员。原型拥有本范畴的最多的或全部独特特征。对于北美人来说，鸟类的原型是鸲鹩，长有羽毛和翅膀的体型较小的动物，能在空中飞、会下蛋、会迁徙（见图 9.7）。如果你生活在南极，你心目中鸟类的原型会是企鹅：体型较小的动物，长有脚蹼、会游泳、会下蛋。按照原型理论，如果知更鸟是鸟类的原型，那么与鸵鸟相比，金丝雀就是鸟类更好的成员代表，因为金丝雀与知更鸟共享更多的特征。人们通过把新样例与范畴原型相比较来进行范畴判断。这与传统方法不同，传统方法认为个体要么属于这个范畴、要么不属于这个范畴（如，它要么是狗或者鸟要么不是狗或者鸟）。

原型（prototype） 范畴的"最好"或"最典型"的成员。

特征	一般鸟类	鹪鹩	蓝鹭	金雕	家鹅	企鹅
飞行	√	√	√	√		
唱歌	√	√	√			
下蛋	√	√	√	√	√	√
小	√	√				
在树上做窝	√	√				

图 9.7 范畴的关键特征。一般的鸟类成员都拥有的一些关键特征；但是，不是每个成员都拥有所有这些特征。在北美，鸟类的最佳样例是鹪鹩、而不是企鹅或鸵鸟。

样例理论（Exemplar Theory）

与原型理论不同，**样例理论**认为，我们通过把新样例与存储在记忆中的该范畴的其他样例相比较、来判断新样例是否属于该范畴（Medin 和 Schaffer, 1978）。想象一下，你在丛林中散步，你通过眼睛的余光看到一只长有四条腿的动物，它可能是一只普通的狼、也可能是一只丛林狼，这时你想起了你表哥的德国牧羊犬。你认出它是条狗。于是你继续散步，而不是惊慌地逃跑。你把这只新的动物识别为狗，是因为它与你见过的其他狗很相似，它是狗这一范畴的一个好样例。在某些情况下进行范畴归类时，样例理论比原型理论更有效，比如，我们不仅记起了狗的原型的样子、而且记起了具体的狗的样子。图 9.8 说明了原型理论和样例理论之间的区别。

概念、范畴与脑

一些研究试图考察概念和范畴的神经基础，这将有助于我们进一步了解上述心理学理论。例如，在一项研究中（Marsolek, 1995），当把刺激材料呈现在右视野时，被试对原型的分类速度更快，这说明原型信息首先到达大脑左半球（见"神经科学与行为"那一章中对"左右大脑半球如何接受外界信号"的讨论）。相反，当把刺激材料呈现在左视野时，被试对曾遇到的样例信息的分类速度更快，这说明样例信息首先到达大脑右半球。

以上结果表明，原型和样例在分类过程中都发挥着一定的作用：大脑左半球主要负责形成原型，大脑右半球主要负责识别样例。

最近，利用神经成像技术的研究也发现，在形成概念和范畴的过程中，原型和样例都发挥着

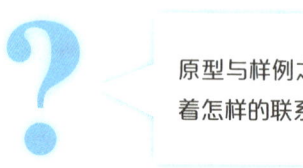
原型与样例之间存在着怎样的联系？

样例理论（exemplar theory） 把新样例与存储在记忆中的该范畴的其他样例相比较来进行范畴归类。

图9.8 原型理论和样例理论。原型理论认为,我们归类新客体时,把它们与范畴的原型(典型性成员)进行比较。样例理论认为,我们归类新客体时,把它们与范畴的其他成员进行比较。

作用。视觉皮层参与原型的建构,前额叶和基底神经核参与样例的学习(Ashby和Ell, 2001; Ashby和O'Brien, 2005)。这表明,样例的学习涉及信息分析和决策过程(前额叶),原型的建构涉及图像加工的启发式过程(视觉皮层)。

30年前的一些研究更有力地证明了概念、范畴和大脑之间具有关联。两个神经生理学家(Warrington和McCarthy, 1983)报告了一个具有脑损伤的病人,他不能识别人造物体,也不能提取与人造物体相关的信息;但是,对于有生命体和食物,他具有完全正常的认知水平。第二年,神经生理学家(Warrington和Shallice, 1984)又报告了4个脑损伤病人,他们的表现模式正好相反:他们能识别人造物体,但是不能识别有生命体和食物。之后,研究者相继发现了将近100个相似的案例(Martin和Caramazza, 2003)。在此基础上,研究者提出了**范畴特异性损伤**(category-specific deficit)这一综合病症,即,不能识别某一特定范畴内的实体,但是能识别这一范畴外的实体。

范畴特异性损伤甚至发生在刚出生不久的婴儿身上,这些婴儿的相关脑区长有肿瘤。

范畴特异性损伤(category-specific deficit) 一种神经综合症,不能识别某一特定范畴内的实体,但是能识别这一范畴外的实体。

两位研究者报告了一个名为亚当（Adam）的病例，他是16岁的男孩，在出生后的第二天就得了中风（Farah 和 Rabinowitz, 2003）。亚当在识别面孔和其他生命体时存在严重的困难。向他呈现樱桃的图片时，他说是中国的空竹；呈现老鼠的图片时，他会识别为猫头鹰。向他呈现动物图片时，他犯此类错误的概率是79%；呈现植物图片时，他犯此类错误的概率是54%。相反，当呈现的图片是非生命物体时，如铲子、扫帚、香烟等，他犯错误的概率只有15%。这个案例说明了什么呢？亚当在出生后的第二天中风，16岁时仍然表现出范畴特异性损伤，可见人类大脑天生就对各种感知信号存在广义上的范畴分类，如有生命体和无生命体。

范畴特异性损伤的类型与脑区受损的具体位置有关。这一病症主要是因为大脑皮层的左半球中风或长有肿瘤（Mahon 和 Caramazza, 2009）。左侧颞叶的前部受损，识别人类时有困难；颞叶与枕叶和顶叶的交接处有损伤，则不能提取工具的名字（Damasio等，1996）。同样，神经成像研究表明，正常人在进行任务操作时，动物信息和工具信息分别激活颞叶和视觉皮层的相关区域（见图 9.9* Martin, 2007；Martin 和 Chao, 2001）。

为什么特定的脑区对物体或动物表现出加工偏向呢？一种可能性是，加工偏向来自于个体在生活中积累的视觉经验。另一种可能性是，正如亚当的例子所示，大脑内具有预设的程序，特定脑区主要负责特定信息的加工。最近一项研究通过观察先天失明的成人的范畴特异性脑区来检验以上两种观点（Mahon 等，2009）。在核磁扫描时，正常人和失明者都听到一系列的词汇，包括动物名词和工具名词。被试判断每个词对应物体的大小。结果发现，正常人和失明者表现出完全相同的脑区的范畴加工偏向。例如，对于动物名词和工具名词在视觉皮层和颞叶区域的激活模式，两类群体都表现出完全相同的结果，即与图 9.9 中的结果类似。

视觉在范畴特异性组织中的作用是什么？

以上结果充分证明，视觉皮层的范畴特异性组织模式不依赖于个体的视觉经验。这一范畴特异性组织模式也可能与失明者接触事物的其他感知经验有关，如触觉经验（Peelen 和 Kastner）。然而，结合亚当的例子，对以上结果最简单的解释是，大脑的范畴特异性组织模式是与生俱来的（Bedny 和 Saxe, 2012; Mahon 等，2009）。

---

* 中文版没有得到原版图9.9授权，读者可自行查找：Alex Martin & Linda Chao, Current Opinions Neurobiol. 2001, 11:194—201. 图 9.9　范畴特异性加工的脑区　被试被要求无声命名动物或工具图片的名称，同时对他们进行磁共振扫描。结果表明，被试对动物图片进行命名时，白色区域有更强激活；被试对工具图片进行命名时，黑色区域有更强激活。主要包括以下脑区：视觉皮层的脑区（1, 2）、颞叶的部分脑区（3, 4）和运动皮层（5）。注意：图式是左右颠倒的。

> **小结**

▲ 我们知识库中的各类事、物等信息是以概念、原型和样例的方式组织在一起的。

▲ 主要有三类概念获得理论：家族相似性理论，范畴内的成员共享某些特征而不是所有特征；原型理论，依据范畴的原型（典型样例）来判断新的成员；样例理论，把新成员与记忆中存储的其他范畴样例相比较进行范畴归类。

▲ 神经成像研究表明，原型和样例的加工分别基于不同的脑区。

▲ 通过研究存在认知或视觉缺陷的个体发现，人脑把概念组织为不同的范畴，如有生命体和人造物体，视觉经验不是范畴发展的必要条件。

决策：理性与否

我们使用类别和概念来指导日常生活中数以百计的决策和判断。有些决策很简单（穿什么，早餐吃什么，以及步行、骑车还是开车去上课），而有些就要困难得多（买哪辆车，租哪个公寓，周五晚上跟谁出去闲逛，甚至是毕业后从事哪项工作）。有些决策基于正确的判断，而有些则不然。

理性理想

经济学家认为，如果我们都是理性的并且可以自由做决策，那么我们的表现会如**理性选择理论（rational choice theory）**所预测那样：我们基于事情发生的可能性、判断结果的重要性，并结合这两个方面来做决策（Edwards，1955）。这意味着，我们的判断取决于我们赋予可能出现的结果的重要性。例如，假设有 10% 的可能性获得 500 美元和有 20% 的可能性获得 2 000 美元，要求你在这两者之间进行选择，理性人应该会选择第二种情况，因为它的预期收益是 400 美元（2 000×20%），而第一种情况的预期收益仅为 50 美元（500×10%）。选择具有最高预期价值的选项似乎是很简单的，所以很多经

理性选择理论（rational choice theory） 一种传统观点，我们基于事情发生的可能性、判断结果的重要性，并结合这两个方面来做决策。

济学家接受理性选择理论的基本想法。但是，这个理论在多大程度上描述了我们的日常生活中的决策呢？在许多情况下，答案并不是很好。

非理性现实

将新事件或新物体进行归类的能力总是一个有用的技能吗？唉，它不是。当某些具体任务自动激活这些技能的时候，人类决策的长处可以转变成弱点。换句话说，那些使有利于快速、准确认知的规则可能突然出现，并干扰我们的决策。

判断频率和概率

请看下面的词汇列表：

街区 桌子 街区 钢笔 电话 街区 磁盘 眼镜 桌子 街区 电话 街区 手表 桌子 糖果

你可能发现了词汇街区和桌子出现的频率较其他词汇更高。事实上，研究说明人们非常擅长估计频率，或简言之，某些事将要发生的次数。这个技能在决策方面是很重要的。与此相反，我们被迫从概率，或者说事情发生的可能性，这个角度进行思考时，我们的表现就没那么好了。

为什么考虑事情发生的频率，相对于考虑事情发生的可能性，更可能做出较好的决策？

概率的描述方式不同，人们的决策表现也不同。在一个实验中，研究者让100名医生预测一些成年女性患乳腺癌的可能性，这些女性的乳房X光检查显示她们可能患有乳腺癌。诊断病情时，医生被告知要考虑乳腺癌的稀少性（研究进行时，其概率仅为1%）和放射线的正确识别率（79%的时间可以正确识别，几乎10%的时间会错误诊断）。在100个医生中，95人认为患癌症的概率是75%！然而，正确的答案是8%。在做判断时，这些医生不能把多种信息同时考虑进去（Eddy, 1982）。很多医学筛查测试都报告了相似的令人沮丧的结果（Hoffrage 和 Gigerenzer, 1996；Windeler 和 Kobberling, 1986）。

然而，当用频率信息代替概率信息重复这项研究时，研究结果有了戏剧性的转变。问题陈述为"每1 000名女性中有10名有乳腺癌"，而不是"1%的女性真的有乳腺癌"，这时46%的医生给出了正确答案；而当问题以概率的方式呈现时，只有8%的内科医生给出了正确答案（Hoffrage 和 Gigerenzer, 1998）。这项研究说明，当寻求建议时（即使是从一个高度熟练的决策者），至少要确保你的问题是以频率而不是以概率的方式描述的。

易得性偏见

请看图9.10中所呈现的名字列表，现在把目光从书上转移开，并估计一下图中男性和女性名字的数量。你有没有注意到，名单里有些女性是名人而男性都不是？你是不是估计错了，认为名单里女性的名字多于男性（Tversky 和 Kahneman，1973，1974）？如果向你呈现的名单中包含一些著名男性和普通女性，那么你可能会得出正好相反的估算，因为人们通常会受**易得性偏见**（availability bias）的影响：对于那些更容易从记忆中获取的项目，人们判断它们出现的频率更高。

易得性偏见影响我们的判断，因为记忆强度和发生频率直接相联系。相对于不频繁的项目，频繁发生的项目更容易记忆，所以你很自然地推断：你记忆较好的项目肯定也更频繁地发生。不幸的是，在上述情况下，较好的记忆不是源于更高的频率，而是源于更高的熟悉度。

Jennifer Aniston	Robert Kingston
Judy Smith	Gilbert Chapman
Frank Carson	Gwyneth Paltrow
Elizabeth Taylor	Martin Mitchell
Daniel Hunt	Thomas Hughes
Henry Vaughan	Michael Drayton
Agatha Christie	Julia Roberts
Arthur Hutchinson	Hillary Clinton
Jennifer Lopez	Jack Lindsay
Allan Nevins	Richard Gilder
Jane Austen	George Nathan
Joseph Litton	Britney Spears

图9.10 **易得性偏见。** 看名字列表，估计女性和男性名字的数量。

记忆强度和发生频率有什么关系？

易得性偏见这种解决问题的捷径通常被称为**启发式**（heuristics），即，有利于决策过程的快速而有效的策略，但不能保证问题解决的成功。启发式是思维捷径，或"经验规则"，在解决问题时经常是有效的，但不是永远有效（Swinkels，2003）。与之相反，**算法**（algorithm）是一个定义明确的程序或规则序列，它能保证问题解决的成功。例如，要做一个幻灯片汇报，其中要用到一些你平常很少用的功能（如插入电影和复杂动画），考虑两种途径：(1)努力去回忆你最近一次做过的相似幻灯片；(2)按照之前记录下的详细的步骤进行操作，即，你最近一次做相似的幻灯片时，记录下了详细的操作步骤，它正确地告诉你怎么插入电影和创建复杂动画。

第一个程序是智能的启发法，它有可能会成功，但是你需要一直在记忆中搜索直到最终用尽时间和失去耐心。第二个策略是一系列定义明确的步骤，如果执行得当，将会确保解决问题。

合取谬误

易得性偏见描绘了人类认知的一个潜在错误资源，不幸的是，它不是唯一的一个，

易得性偏见（availability bias） 那些更容易从记忆中获取的项目被判断为出现的频率更高。
启发式（heuristics） 有利于决策过程的快速而有效的策略，但不能保证问题解决的成功。
算法（algorithm） 一个定义明确的程序或规则序列，它能保证问题解决的成功。

请看下面的描述：

琳达31岁，单身，率真，并且很聪明。在大学里，她主修哲学。作为一个学生，她深度关切歧视和社会公平等话题，还参加了反核游行。

对事情的哪种陈述更可能？

a. 琳达是一个银行出纳员。
b. 琳达是一个银行出纳员并且在女权运动中活跃。

在一项研究中，89%的参与者将选项b列为比选项a更有可能（Tversky和Kahneman，1983），尽管那在逻辑上是不可能的。假如说琳达是银行出纳员的可能性是20%，可毕竟有那么多的职业她都可能从事。相对独立地，我们说她是女权运动中活跃的可能性也是20%，同时，她也可能有其他兴趣。两件事情同时都正确的联合概率是它们各自概率的乘积。换句话说，她是出纳员的20%可能性乘以她参加女权运动的20%可能性，得出两件事情同时发生的可能性是4%（0.20×0.20=0.04，或4%）。多个事件的联合概率永远比每个事件的单独概率小，因此，单独一个事情发生永远比一系列事件同时发生的可能性大。

这被称为**合取谬误（conjunction fallacy）**，因为人们认为两个事件同时发生比单个事件的发生可能性更大。谬误在于，信息越多，人们认为它们都正确的可能性越大。事实是，可能性迅速下降。基于对她的描述，你认为琳达在上次竞选中还投了自由党竞选人的票吗？你认为她也写诗歌吗？你认为她也在公平住房请愿书上签了名吗？通过每一点附加信息，你可能会想你正在得到一个关于琳达更好的描述，但是正如你在图9.11所见，所有这些事情都同时正确的可能性很小。

> 更多信息在有些时候是怎么将人们引向错误结论的？

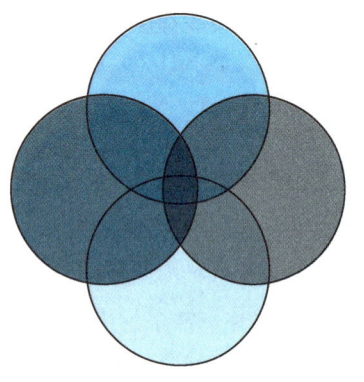

■ 琳达是一个银行出纳员。
■ 琳达是一个女权主义者。
□ 琳达写诗歌。
■ 琳达支持了一个公平住房请求。

图 9.11　合取谬误。 人们通常认为，随着每一点附加信息的增加，一个人所有情况同时真实的可能性会增加。而实际上，这个可能性下降的非常快。注意，所有可能性的交叉点比任意一个可能性的区域都要小很多。

合取谬误（conjunction fallacy） 人们认为两个事件同时发生比单个事件的发生的可能性更大。

代表性启发法

思考下面的情境：

一个心理学家小组基于与工程师和律师的面谈写了100个详细描述，这些描述来自70个工程师和30个律师。下面将会把这些描述随机呈现给你。阅读每一个描述然后停下来决定这个人更像工程师还是律师。记下你的决定然后继续读下去。

1. 杰克（Jack）喜欢阅读与社会和政治话题有关的书。面谈期间，他在争论中表现出了特别的技巧。
2. 汤姆（Tom）是一个孤独的人，他喜欢在空余时间解决数学难题。面谈期间，他的语言仍然是很抽象，他的情绪也控制得很好。
3. 哈利（Harry）是个聪明的人，也是一个狂热的壁球运动员。面谈期间，他问了很多有深刻见解的问题并且讲话非常得体。

向被试呈现以上描述，并让他们判断所描述的人是工程师或律师的可能性（Kahneman 和 Tversky，1973）。记住，在这些描述里，70个是工程师，30个是律师。如果被试考虑到这一比率，他们的判断应该反映以下事实，即，工程师是律师的两倍多。但是研究者发现人们没有利用这个信息，他们的判断仅仅依据这个描述与他们对工程师和律师的概念的接近程度。所以，大多数被试会做出这样的判断：描述1更像律师，描述2更像工程师，而描述3则可能是任何一个。

考虑一下被试对哈利的判断。他的描述既不像工程师也不像律师，所以大多数人说他从事两个职业的可能性是相等的。实际上，在这些被描述的人中，工程师要超过律师的两倍，所以哈利更有可能是一名工程师。人们似乎忽略了基本比率方面的信息，或一个事件的现有概率，而是将判断基于与类别的相似性。研究者们称其为**代表性启发法**（**representativeness heuristic**）：通过把一个物体或事件与这个物体或事件的原型进行比较做概率判断（Kahneman 和 Tversky，1973）。因此，概率判断就向被试所具有的律师和工程师的原型偏斜。相似性越高，他们就越可能判断为那一个类别的成员，尽管有那么多有用的基本比率信息。

启发法，比如易得性、代表性、或合取谬误，不仅体现了我们思考方式的长处，也体现了我们思考方式的弱点。我们很擅

> 什么能导致人们忽略一个事件的基本比率信息？

代表性启发法（representativeness heuristic） 一个思维捷径，通过把一个物体或事件与这个物体或事件的原型进行比较进行概率判断。

长依据原型形成类别，并依据与原型的相似性做分类判断。判断概率不是我们的特长，如我们在本章前一部分所述，人类大脑可以很容易地处理频率信息，如果概率问题重新用频率的方式进行描述，那么人们的决策通常可以得到改善。

框架效应

你已经看到，根据理性选择理论，我们的判断取决于我们赋予预期结果的价值。那么我们将价值赋予我们的选择所得到的效果如何呢？研究显示，当对问题的措辞（或组织）方式不同时，人们会对同一问题给出不同的答案，即，产生**框架效应（framing effect）**。框架效应能影响价值分配。

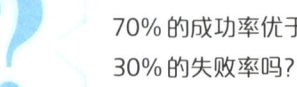
70%的成功率优于30%的失败率吗？

例如，如果人们被告知某种药物有70%的有效率，他们通常都会印象很深刻：这种药物有70%的次数能治愈困扰你的疾病，这听起来很不错。而如果改为告诉他们一种药物有30%的失败率——30%的次数毫无益处——那么人们通常认为这种药物是一个具有潜在危害的、需要躲避的东西。请注意，给出的信息是相同的：70%的有效率意味着30%的次数是无效的，尽管如此，信息的组织方式还是导致了人们截然不同的结论（Tversky和Kahneman，1981）。

最引人注目的框架效应是**沉没成本悖论（sunk-cost fallacy）**，当人们依据先前的投资情况对当下情境做决策时就会发生这个问题。想象一下为了看到最喜欢的乐队，你排队排了3个小时，花了100美元买音乐节的门票，但是在户外音乐节当天，你醒来发现天气寒冷多雨，如果去音乐节的话你会很悲惨。但是你最终还是去了，因为考虑到如果你待在家里的话，你为门票花掉的100美元和排队花掉的时间都会被浪费掉。

请注意你有两种选择：（1）花100美元并舒服地待在家里或（2）花100美元并在雨中忍受好几个小时。两

值得花钱吗？ 运动队有时会试图去证明他们对表现不佳运动员的昂贵投资，这是沉没成本效应的一个例子。希度－特科格鲁（Hedo Turkoglu）是一个高薪球员，但是他最近的表现辜负了他的薪水。

框架效应（framing effect） 人们依靠问题的措辞（或组织）方式对同一问题给出不同的答案。
沉没成本悖论（sunk-cost fallacy） 一种框架效应，当人们依据先前的投资情况对当下情境做决策时就会发生这个问题。

种情况下100美元都已经没有了：这就是一个沉没成本，在你决策的时候已经无法挽回。但是你组织问题的方式产生了问题：因为你投资了时间和金钱，所以你有责任坚持到底，即使那不再是你想要的。如果你能消除这种感觉，然后自问，我宁愿花100美元舒舒服服的呢，还是花100美元淋雨挨冻呢？机智的选择是很清楚的：待在家里听播客！

即使是美国职业篮球联赛（NBA）也要为沉没成本悖论而感到愧疚。教练应该让最多产的运动员参加比赛并让他们在团队里待的时间更久，但他们没有这样做。薪水最贵的运动员有更多的时间在球场上，并且呆在团队的时间也比薪水便宜的球员更久，即使昂贵运动员的表现没有达到标准（Staw和Hoang，1995）。教练更想要证明的是，自己对昂贵球员的投资是正确的，但他们没有认识到这样所带来的损失。框架效应是要付出代价的！

文化与社区

文化会影响积极偏向吗？

除了本章里描述的启发法和偏见之外，人类的决策经常还能表现出积极偏向效应：相对于其他人，人们相信自己在未来经历积极事件的可能性更大，而经历消极事件的可能性更小（Sharot，2011；Weinstein，1980）。几项研究已经发现，积极偏向在北美洲人群中比在一些东方文化（比如日本）人群中更加明显（Heine和Lehman，1995；Klein和Helwig-Larsen，2002）。最近的一项研究通过调查美国、日本和阿根廷的精神卫生工作者对自然灾害和恐怖袭击的可能性的判断考察了积极偏向。他们都接受过应对这些事件的培训（Gierlach，Blesher和Beutler，2010）。在某种程度上，这3个样本都表现出明显的积极偏向：每个国家的研究对象都认为他们比这个国家的其他人遭受灾害的风险更小。尽管如此，美国样本的积极偏向还是最强的。这个偏见在恐怖袭击问题上是最明显的，并且有着跨文化的效应。尽管美国近来经历了恐怖袭击，但美国人认为他们遭受恐怖袭击的危险还是比日本或阿根廷人要低。

一些类似的研究发现有助于我们了解积极偏向发生的原因。尽管已经提出了很多可能性（Sharot，2011），研究者们还是没有提出一个可以解释所有相关证据的理论。集中讨论积极偏向的文化相似性和文化差异可能会有助于达到那个目标，虽然我们不应该过于乐观地认为我们会很快达到那个目标！

为什么出现决策失误？

如你所见，在日常生活中，决策经常失误，漏洞百出。我们的决策会因问题呈现方式的不同而大相径庭（如，频率和概率，以损失而不是节省的方式来组织）。还有，我们容易表现出各种谬误，比如沉没成本悖论或合取谬误。对于为什么日常决策会表现出这些问题，心理学家们提出了几个解释，我们将讨论两个最有影响的理论：前景理论和概率格式理论。

前景理论

根据推理的完全理性模型，人们应该做使价值最大化的决策，换句话说，他们应该寻求心理学家和经济学家所谓的"期望效应"。我们每天都面临着这些决策。如果你要做关于金钱的决策，而金钱是你所重视的，那么你就应该选择可以给你带来最多金钱的结果。当决定要租哪个公寓时，你可能会去比较它们的月供，并选择更能省钱的那一个。

但是如你所见，人们经常做出与这个简单原则相悖的决策。问题是，为什么？为了

相对于获利，为什么大多数人会冒更大的风险去避免损失？

解释这个效应，阿莫斯·特沃斯基和丹尼尔·卡尼曼（Amos Tversky 和 Daniel Kahnman）（1992）提出了**前景理论（prospect theory）**：人们选择在评价潜在损失时承担风险，而评价潜在获利时避免风险。这些决策过程通过两个阶段发生。

> 首先，人们简化可用信息。所以，在一个像选择公寓这样的任务中，他们倾向于忽略很多潜在的可用信息，因为公寓在很多方面都不一样（餐馆的距离，有没有游泳池，地毯的颜色，等等），依据所有因素来对公寓进行比较的工作量太大，而只关注重要的信息则会更高效。

> 在第二阶段，人们选择他们认为能带来最大价值的前景，这个价值因人而异、并且可能与客观衡量的"最大价值"所不同。比如，你可能会选择房租更高一些的公寓，因为你可以步行到达 8 个很棒的酒吧和餐馆。

前景理论还做了其他的设想来解释人们的选择模式，一个被称为"确定性效应"的设想认为，做决策时，人们会给予确定性的结果更多权重。玩彩票时，在 80% 的可能性赢 4 000 美元和直接得到 3 000 美元之间做决定时，大多数人选择 3 000 美元，尽管第一个选择的预期价值比第二个选择多 200 美元（4 000×80%=3 200）！很明显，相对于期

前景理论（prospect theory） 人们选择在评价潜在损失时承担风险，而评价潜在获利时避免风险。

望支付，人们做选择时赋予确定的事物更多权重。

前景理论还假设，在评估选择时，人们将之与一个参考点进行比较。比如，假设你还是在两间公寓之间犹豫不决。公寓 A 的月租是 400 美元，如果在每月的 5 号之前支付的话会有一个 10 美元的折扣，公寓 B 的月租是 390 美元，如果在每月的 5 号之后支付的话会有一个 10 美元的追加罚款。尽管这两间公寓的花费客观上是一样的，但是不同的参考点使得公寓 A 比公寓 B 在心理上似乎更有吸引力。

前景理论还假设，相对于实现收益，人们更愿意冒险去避开损失。如果让你的首月房租肯定会有 300 美元的折扣，或者你玩轮盘赌博，有 80% 可能性得到 400 美元的折扣，如果在两者之间做选择，你很可能会选择较低折扣的确定结果，而不是选择更高折扣的潜在结果（400×80%=320）。尽管如此，在损坏房屋造成的"确定的 300 美元罚款"和轮盘赌博"有 80% 可能性的 400 美元罚款"之间进行选择的话，大多数人会选择更高一些的潜在损失，而不选择确定损失。这种风险偏爱的不对称性表明，如果我们认为可以避开损失的话，会更乐意去冒些风险，但是如果我们预期会损失利益的话，就会去规避风险。

> 根据理性选择理论，做选择时人们会评估所有选项并选择能给他们带来最大利益的一个，但是，心理学研究发现，情况并不尽如此。政治候选人是怎么利用合取谬误、框架效应，或前景理论去影响选民对他们的对手（或其观点）的评价呢？

马克罗·鲁比奥

克里斯·克里斯蒂

哈里·里德

频率格式假说

根据**频率格式假说（frequency format hypothesis）**，我们的思维经过进化会去注意事情发生的频繁程度，而不是事情发生的可能性（Gigerenzer，1996；Gigerenzer 和 Hoffrage，1995）。因此，我们可以轻松地理解、加工，以及操纵频率信息，因为那是数

频率格式假说（frequency format hypothesis） 我们的思维进化到去注意事情发生的频繁程度，而不是它们发生的可能性。

为什么相对于概率我们更擅长评估频率？

量信息在自然环境中呈现的方式。例如，你上课路上遇见 20 名男性，15 名女性，5 条狗，13 辆车和 2 辆自行车的车祸，这些信息是以频率的形式呈现的，而不是以概率或百分比的形式呈现的。从进化的角度来说，概率和百分比是近期的产物，它出现于 17 世纪中期（Hacking，1975）。几千年之后，人类才发展出了这些文化概念。为了能像日常认知工具一样有效使用它们，我们需要经过多年的学校教育。因此，我们容易在概率方面犯错也就不足为奇了。

与之相反，人们可以几乎毫不费力并完美无瑕地追踪频率信息（Hasher 和 Zacks，1984）。我们也很擅长识别两件事情多久同时发生一次（Mandel 和 Lehman，1998；Spellman，1996；Waldmann，2000）。当两个显示器呈现出的项目数不同，6 个月大的婴儿是可以辨别出来的（Starkey，Spellman 和 Gelman，1983，1990）。频率监控是一个基本的生物能力，而不是通过正式教导而习得的技巧。根据频率格式假说，以频率形式而非概率形式呈现的数据信息能引起行为的改善，因为它利用了我们的进化力量（Gigerenzer 和 Hoffrage，1995；Hertwig 和 Gigerenzer，1999）。

决策与脑

有一名男性叫埃利奥特（Elliot）（你在"心理学的科学之路"那章简略看到过），在得脑瘤之前，他是一个成功的商人、丈夫以及父亲。手术之后他的智能似乎未受损。但是，他分不清重要和非重要的活动，会花好几个小时在平凡琐碎的任务上。他丢掉了工作，并且卷入了几宗使他破产的高风险金融投资。他在讨论发生的事情时毫无困难，但是他的描述超然而冷静，他的抽象智力似乎与他的社会和情感能力分离了。

研究证实，以上对埃利奥特破产的解释有一定合理之处。在我们的研究中，研究者通过一个博弈任务考察了健康被试与前额叶损伤者的不同。博弈任务涉及风险决策（Bechara 等，1994，1997）。4 层扑克牌面朝下放着，要求被试对其做 100 次选择，那些扑克牌都各自代表指定数量的钱，他们可能赢得或失去这些钱。其中两层牌会带来大的回报或大的损失，而另外两层则会带来较小的回报或损失。游戏时，记录被试的皮电反应（GSRs）用来测量其情绪反应。

前额叶损伤参与者的成绩反映了埃利奥特的现实生活问题：他们选择的冒险和安全扑克牌一样多，导致大多数人的最终破产。最初，健康被试也从各层选择同等数目的牌，但他们会逐渐转向选择"安全层"的牌。尽管两组被试对大的回报和损失都表现出了强烈的情绪反应（通过他们的同类皮电反应 GSR 大小来测量），但是出现了策略上的差异。

两组被试有一个重要的差异。随着游戏的进行，当健康被试仅仅在考虑从"风险层"选牌时，他们就开始表现出预期情绪反应。甚至在他们能说出有些层比另一些层更具风险之前，他们的皮电反应（GSR）分数就出现了一个激烈的跳跃（Bechara 等，1997）。然而，前额叶损伤被试在想象从"风险层"选牌时并没有表现出这些预期效应。非常明显，他们的情绪反应没有引导他们的思维，所以他们会继续做出风险决策（如图9.12所示）。

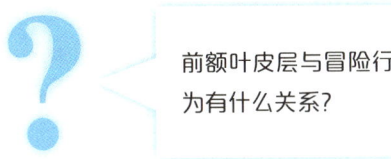

前额叶皮层与冒险行为有什么关系？

对前额叶损伤被试的进一步研究发现，他们的风险决策产生于他们对行为后果的不敏感（Naqvi，Shiv 和 Bechara，2006）。不能根据直接后果进行思维，他们不会改变选择去应对损失概率的逐渐增多和奖赏概率的逐渐减少（Bechara，Tranel 和 Damasio，2000）。有趣的是，有物质依赖问题的个体，如酒精和可卡因上瘾者，会表现出相同的行为方式。在博弈任务中，他们大多数与前额叶损伤个体的表现一样差（Bechara，2001）。近期的一些研究发现博弈任务中的这种缺陷具有跨文化性，在中国的酗酒青少

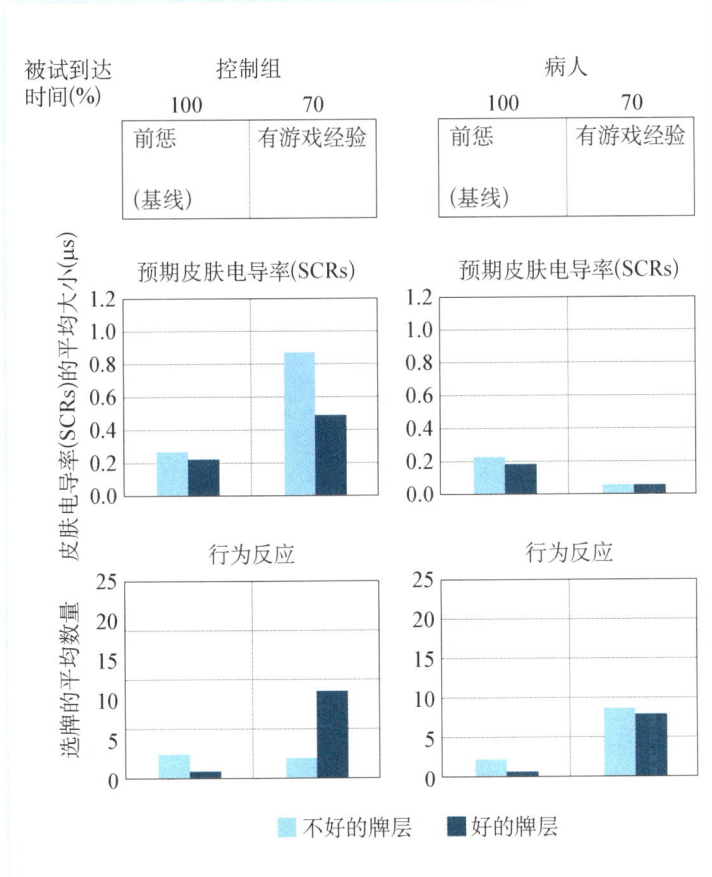

图9.12 风险决策的神经科学。在一个风险决策研究中，研究者比较了健康的控制组被试和前额叶损伤被试的选择。游戏中，被试从4层牌中选择某一层里的一张，其中两层是风险较大的牌，即可以提供大回报或大损失。另外两层是较安全的牌，它们的回报或损失都较小。在游戏的开始，两组被试都从两类牌层中选择相等次数的牌，随着游戏的进行，健康被试避开不好的牌层，并且在仅仅在考虑从"风险层"选牌时就表现出了很大的情绪反应（SCRs，或皮肤电导率）。另一方面，前额叶损伤被试会继续以相等的频率从两种牌层中选择，并且没有表现出情绪习得、以致最终破产。（Bechara et al., 1997）

年身上也发现出同样的决策问题（Johnson，Xiao 等，2008）。这些发现对如道路安全这样的日常主题有着潜在的重要意义。最近一项研究考察了因酒后驾车（DWI）而获罪的人，在博弈任务中表现差的违法者比表现好的人更可能犯重复酒驾罪（Bouchard，Brown，和 Nadeau，2012）。近来相关研究记录了暴食者在博弈任务中的缺陷，他们同样对未来后果不敏感（Danner 等，2012）。

健康个体的脑成像研究提供的证据与前面前额叶损伤个体的研究相符合：进行博弈任务时，相对于安全决策，当被试需要进行风险决策时，前额叶皮层的一块区域得到了激活。实际上，激活的区域位于博弈任务中表现差的人所损坏的前额叶部分，并且这个区域的激活越高，健康个体在任务中的表现就越好（Fukui 等，2005；Lawrence 等，2009）。总之，脑成像研究和脑损伤病人研究清楚地说明了风险决策的某些方面依赖于前额叶皮层。

小结

▲ 人的决策常常与完全理性的过程相背离，伴随这个背离出现的错误使我们了解人类思维是如何工作的。

▲ 我们赋予结果的价值在判断中具有很大的权重，以致它们有时会遮蔽客观证据。当要求人们做概率判断时，他们会把问题转化为他们知道如何解决的东西，比如判断记忆强度，判断与原型的相似度，或估计频率。而这会导致判断失误。

▲ 当一个问题与他们的心理算法匹配时，人们表现出相当高的技能、做出合理判断；当对一件事做概率判断时，人们的表现就产生了很大的变化。

▲ 因为我们觉得避开损失比获得收益更重要，框架效应从而影响我们的选择。情绪信息也强烈地影响着我们的决策，我们甚至没有意识到这种影响的存在。尽管这些效应有时会使我们误入歧途，它们在日常决策中还是常常起着关键作用。

▲ 前额叶皮层在决策中起着重要的作用，前额叶损伤的病人比健康个体会做出更多风险决策。

问题解决：寻找解决方案

当你发现你正身处一个自己不愿意待的地方时，你就有了一个问题，在这种情形下，你努力寻找一个方法去改变环境，那么你最终得以待在一个你所期望的地方。假如那是考试前一晚，你想要学习但是你无法安静下来专注于学习资料，这是一个你不想要的情境，所以你努力想办法来帮助自己专注。你或许可以从最感兴趣的部分开始，或者给自己一些奖励，比如一个音乐小歇或走到冰箱那里看看。如果这些方法能使你开始学习，那么你的问题就解决了。

两大类型的问题使我们的日常生活复杂化。第一种，也就是最常见的一种，是不明确问题，它没有一个清楚的目标或定义良好的解决路径。你的学习障碍就是一个不明确问题：你的目标没有得到清楚定义（即，以某种方式开始专注），达到这个目标的解决路径更不清楚（即，有很多开始专注的方法）。很多日常问题（做一个更好的人，找到那个特别的人，实现成功）定义都不明确。相反，一个定义明确的问题有非常具体的目标和清楚定义的解决路径。这方面的例子包括，沿着一组清楚的指示去学校，解决简单的代数问题，或下一局国际象棋。

手段—目的分析

1945 年，德国心理学家卡尔·邓克尔（Karl Duncker）报告了一些关于问题解决过程的重要研究。他呈现给被试一些不明确问题，并让他们在解决问题时"出声思考"（Duncker, 1945）。基于他们报告的问题解决方法，邓克尔提出了**手段—目的分析（means-ends analysis）**这一术语，用以描述了问题的解决方案，即，寻找减少现状和预期目标之间差异的方法或步骤的过程。这个过程通常采取以下步骤：

1. 分析目标状态（即，你想要达到的预期结果）。
2. 分析目前形势（即，你的起点，或现状）。
3. 列清现状和目标状态的差异。
4. 通过以下几种方法来减少差异
    - 直接手段（没有中间步骤的解决问题程序）。
    - 生成子目标（解决问题过程中的一个中间步骤）。
    - 寻找一个具有已知解决方案的相似问题。

请看一个例子，这是邓克尔问题之一：

一位病人在他的腹部有一个肿瘤，这个肿瘤不可以手术。因为它周围都是健康

手段—目的分析（means-ends analysis） 是指寻找减少现状和预期目标之间差异的方法或步骤的过程。

但脆弱的组织。这些组织在手术中会被严重损害。病人如何得救?

目标状态是病人不再有肿瘤并且周围组织没有损坏。当前状态是病人有一个被脆弱组织包围着的且不可手术的肿瘤。这两种状态之间的区别是肿瘤。一个"直接手段"解决方法可能会用 X 射线消灭肿瘤,但是 X 射线法可能会损坏周围组织,也有可能会因此杀死病人。"子目标"可能会去改造 X 射线仪从而使它产生一个较弱的效果,达到了子目标之后,"直接手段"解决方法就会向病人的腹部发射弱化了的 X 射线。但是这个方法也不可行:弱化的 X 射线不会损坏健康组织,但是也杀不死肿瘤。那怎么办呢?寻找一个具有已知解决方案的相似问题。下面我们来看这是怎么做到的。

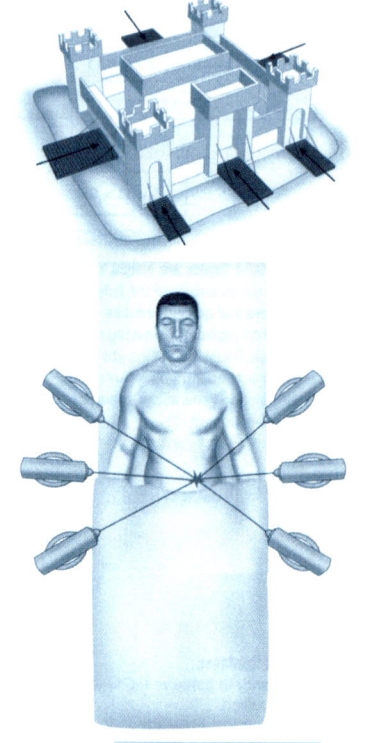

图 9.13 类比问题解决。正如更小、更轻的部队可以到达要塞而不破坏桥梁,许多小剂量的 X 射线可以破坏肿瘤但不伤害脆弱的周围组织,在两个案例中相加的力量都达到了目标。

类比问题解决

类比问题解决(analogical problem solving),指我们试图通过寻找一个具有已知解决方案的相似问题、并将这个解决方案运用到当前问题上从而解决问题。请看下面的故事:

一座由很多桥包围的岛屿是敌人的要塞部位,这个巨大的要塞有严密的守卫,只有一个非常大的军队才可能夺得它,不幸的是,如此大军队的重量会让周围桥梁不堪重负。所以,一个聪明的将军把军队分成几个小分队,把这些小分队分派到不同的桥上,测定渡过桥梁的时间,所以多个路线的士兵得以同时在要塞会合并夺取要塞。

这个故事为肿瘤问题的解决提供建议了吗?应该是的。除去肿瘤和袭击敌人要塞是非常不同的问题,但是这两个问题是类似的,因为它们有共同的基本结构:目标状态是不破坏周围桥梁的情况下占领要塞;当前状态是一个被敌方占领的要塞和周围脆弱的桥梁;二者区别在于正占领着的敌人。解决方法是将所需的兵力分成小一些的部队,这样他们就足够轻以渡过桥梁,并把部队同时送到桥上使他们在要塞会合,会合起来的部队将形成一只足够强的军队从而夺取要塞(参见图 9.13)。

类比问题解决(analogical problem solving) 指我们试图通过寻找一个具有已知解决方案的相似问题、并将这个解决方案运用到当前问题上从而解决问题。

这个孤岛要塞的类似问题为肿瘤问题提供了下面的"直接手段"解决方案:

> 把 X 射线仪放在病人周围,让它们同时发射弱化的 X 射线并在肿瘤那里会合。弱化的 X 射线的联合力量足以消灭肿瘤,但单个 X 射线足够弱从而使周围健康组织得以不被破坏。

读完要塞的故事之后你想到这个解决方法了吗?在采用了肿瘤问题的研究中,只有10%的被试自发产生了正确的解决方法,如果被试阅读了孤岛要塞问题或其他类似故事的话,这个比例就上升成了30%。但是,有些被试有机会阅读了不止一个类似问题或收到了明确的提示让他们运用要塞故事的解决方法,这些被试的成功率突然就跳跃到了75%(Gick 和 Holyoak,1980)。

为什么单独的要塞问题是无效的?因为问题解决受到问题间表面相似性的强烈影响,而肿瘤和要塞问题的关系根植于它们的内部结构(Catrambone,2002)。

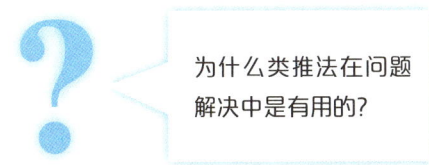

为什么类推法在问题解决中是有用的?

创造性与顿悟

类比问题解决展示给我们,成功地解决一个问题通常需要掌握这一类型问题的基本原理,并且随着解决的问题数量的逐渐增加,我们识别特定问题类型和找出解决方案的能力逐渐增强。但是,一些问题的解决似乎涉及顿悟和一些创造性的解决方法,这些都是之前没有尝试过的。创造性和顿悟式的解决方法通常需要重构问题,这样它就会转变成一个你已经知道如何解决的问题(Cummins,2012)。

天才和顿悟

考虑一下数学家弗里德里克·高斯(Friedrich Gauss)(1777—1855)出色的思维。有一天,高斯的小学老师要求同学们把数字从1加到10,他的同班同学都费力地算了起来,高斯灵光一现突然就找到了答案。高斯把从1到10的数字想象成砝码,如图9.14所示排列在平衡木上,从左侧开始每个砝码增加1,为了使横梁平衡,左侧的砝码必须与右侧的配对,这从中间开始就可以看到,并且会发现5+6=11,然后向外扩展,4+7=11,3+8=11,等等。这就产生了5个可以加成11的数字对,现在问题就简单了,用乘法。高斯的天才之处在于以一种方式重构了问题,这种方式使他发现了一个简单且精妙的解决

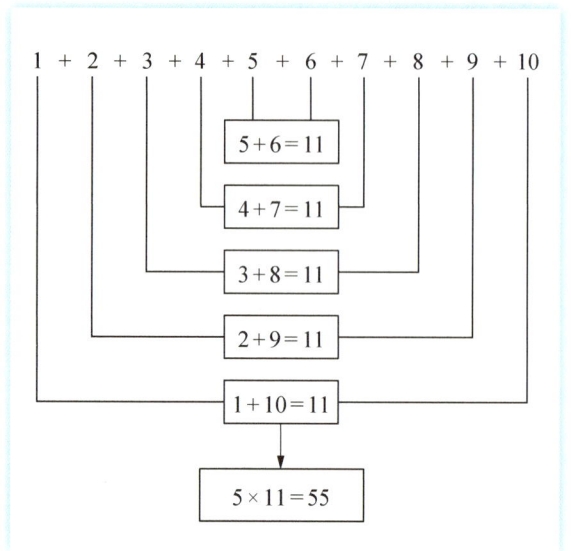

图9.14　天才和顿悟。 年轻的弗里德里克·高斯（Friedrich Gauss）想象出了这里呈现的计划，并且迅速把一个繁琐的相加问题简化为了一个简单的乘法任务。高斯早期的顿悟让他之后意识到一个有趣的事实：这种解决方法可以推广到一系列任何长度的数字。after Werthermer, 1945/1982

方法，否则这将是一个很繁琐的任务——另外，这种解决方法可以推广到一系列任何长度的数字。

根据格式塔心理学家的观点，像这样的顿悟反映了问题的自发性重构。与突然的顿悟不同，在渐进式的问题解决中，一个人会逐渐距离解决方案越来越近。顿悟的早期研究者发现，如果人们感到自己在逐渐变热（逐渐接近解决方案），那么他们更倾向于解决非顿悟问题。但是，人们是否觉得热并不能预测他们解决顿悟性问题的可能性（Metcalfe 和 Wiebe，1987）。顿悟问题的解决方法似乎是从天而降的，与被试的感受无关。

无意识在顿悟中的作用是什么？

但是，后来的研究认为，突然顿悟的解法其实可能是无意识渐进过程的结果（Bowers 等，1990）。在一项研究中，呈现给被试一些如图 9.15 所示的成对的三个词序列，让被试找与每个序列中的 3 个词汇相关联的第 4 个词。但是每对中只有一个序列有一个共同联系，可以解决的序列被称为一致的，没有解决方法的那些被称为不一致的。

即使被试没有找到解决方案，他们也能可靠地判断哪对是一致的，而不仅仅是随机判断。但是，如果顿悟是突然发生、是一种全或无的方式的话，那么被试的成绩应该是处于随机水平。因此，即使是顿悟问题解决也是一个渐进的过程——发生在无意识中。这个过程的工作模式大概是这样的：构成问题的线索模式无意识地激活了记忆中的相关信息。然后激活向记忆网络扩散开来，征集到更多相关信息（Bowers 等，1990）。当激活了足够多的信息，它就会超越意识的阈限，从而使我们体验到问题解决方法的一个顿悟。

在"草莓"和"交通"之间寻找关联可能会需要一些时间，即使是对正在积极找出它们之间关系的人来说也一样。但是如果"草莓"这个词激活了长时记忆中的"果酱（jam，有堵塞的意思）"（参见记忆章节），然后激活从"草莓"传播到了"交通"，这个难题的解决方法就会突然出现在意识中，而思考者却不知道它是怎么出现的。似乎突然的顿悟来自于一个渐进过程，这个渐进过程来源于信息在记忆中的激活扩散，随着被激活知识的增多，新信息会出现。但是，有关问题解决的脑研究发现，通过顿悟解决的问题和通过采用更精细策略解决的问题之间有着巨大的差异（参见科学热点）。

Coherent	Incoherent
Playing	Still
Credit	Pages
Report	Music
Blank	Light
White	Folk
Lines	Head
ticket	Town
Shop	Root
Broker	Car
Magic	House
Plush	Lion
Floor	Butter
Base	Swan
Snow	Army
Dance	Mask
Gold	Noise
Stool	Foam
Tender	Shade

Solutions: Card, paper, pawn, carpet, ball, bar

图9.15 顿悟是渐进的。要求被试找与每个序列中的3个词汇相关联的第4个词，即使被试没有找到解决方案，他们也能可靠地判断哪些序列是可以解决的，哪些是没有答案的。试着去解决一下这个问题。（Bowers et al.,1990）

功能固着

如果顿悟是一个简单的渐进过程，那为什么它的发生并没有更频繁一些呢？在前面提到过的一项研究中，顿悟解决方案的出现只有25%。顿悟很珍稀是因为问题解决（就像决策）受到了框架效应的影响。在问题解决中，框架会限制解决方法的类型。**功能固着（functional fixedness）**——"认为物体的功能是固定不变的这样一个趋势"——会限制我们的思考。看图9.16和图9.17，继续阅读之前看你能否解决里面的问题。图9.16里，你的任务是用下面的物体照亮一间暗室：一些图钉，一盒火柴，和一支蜡烛。图9.17里，你的任务是，使用桌子上的东西，找一个方法去抓住一根从天花板上吊下来的绳子，并同时够到在很远地方的另一根绳子。

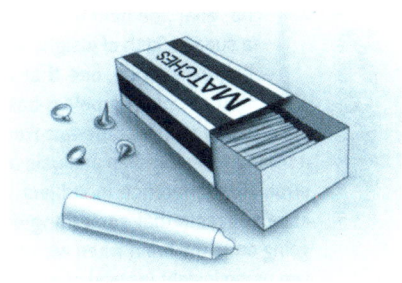

图9.16 功能固着和蜡烛问题。怎么利用这些物体（一盒火柴，一些图钉，和一支蜡烛）把蜡烛装在墙上以照亮整个房间？先思考一下这个问题再去第388页图9.19查看答案。

功能固着（functional fixedness）　认为物体的功能是固定不变的这样一个趋势。

科学热点

顿悟与脑

伴随顿悟而来的"啊哈"时刻是一种扣人心弦的体验，这更凸显了根据顿悟解决问题和通过一步一步分析或者说尝试错误的方法解决问题的感觉截然不同。这个主观感觉上的不同说明，我们在用顿悟法和分析策略解决问题时的大脑活动不同（Kounios 和 Beeman，2009）。

为了考察与顿悟相关的脑活动，研究者采用了叫做"复合远程关联"的程序，这个程序在某些方面与图 9.15 中的三词问题相似。每一个复合远程关联问题包含 3 个词汇，比如 crab，pine 和 sauce。有时人们用顿悟法来解决这些问题：答案词汇（apple）突然间跃然于脑海，并且不知道是从哪儿来的。有时人们用分析策略来解决问题，那会尝试很多方法去产生 crab 的复合词，然后评价它们是否符合 pine 和 sauce。Crabgrass 可以，但是它不符合 pine 和 sauce，crabapple 呢？可以！问题从而得到解决。

让被试在想到答案时按键反应，然后描述他们是通过顿悟还是分析策略得到答案的。在最初的一项研究中，研究者采用脑电图（EEG；参见神经科学章节）的方法测量被试尝试解决问题时的脑电活动。他们观察到了很惊人的东西：在被试想到答案前大约三分之一秒开始，与分析策略解决的问题相比，顿悟解决的问题诱发了一个突然且剧烈的高频电活动（每秒 40 个周期，或 gamma 波段）（Jung-Beeman 等，2004）。这个激活以右侧颞叶皮层的前部为中心，略高于右耳。为了考察大脑活动，研究者随后采用 fMRI 技术进行了一项相似研究，发现顿悟法比分析策略法有更大激活的唯一区域是右侧颞叶区。

伟大的法国科学家路易·巴斯德（Louis Pasteur）曾说过："机会只青睐有准备的头脑"，受这一观点的启发，研究者们问道：问题呈现前的脑活动能否影响问题解决的方式，是通过顿悟法还是通过分析策略法（Kounios 等，2006）。答案是肯定的，在问题通过顿悟法得到解决之前的时刻，在额叶深处被称为前扣带回的一个脑区得到了更大的激活，这个脑区控制着一些认知过程，比如把注意力从一件事情转移到另一件事情的能力。研究者们认为，前扣带回的更大激活使被试能够注意并探测到那些仅仅略微激活的关联，那些较弱的关联可能位于潜意识层面，并从而促进顿悟。

采用复合远程关联任务的一个相关研究显示，与情绪不那么积极的人相比，当人们处于积极情绪时，他们更多采用顿悟法去解决问题（Subramaniam 等，2009）。另外，如图所示，积极情绪与问题呈现前的时候前扣带回的高度激活相关，这说明处于积极的情绪状态有助于让大脑为顿悟做准备，积极情绪"启动"前扣带回，并因此增加人对有助于问题解决的关联的探测能力。积极情绪和顿悟之间的这种关系可能有助于解释近来一个著名的发现：中度酒精中毒导致复合远程关联任务中表现的提高，并且产生一个更强烈的感觉，那就是问题解决的方法是顿悟的结果（Jarosz, Colflesh 和 Wiley，2012）。作为选择，酒精的益处可以归因于控制、专注过程的减少，这释放了产生远端联系的能力。

哪些个体更有可能依赖顿悟而不是分析策略去解决复合远程关联呢？问题解决前的脑活动为这个问题提供了线索（Kounios 等，2008）。研究者们采用 EEG 的方法去测验静息态的大脑活动，结果发现，顿悟问题解决者们比分析策略解决者在右侧大脑半球表现出更多的静息活动，这与另外一些将创造力与右半球活动联系起来的研究相一致（Folley 和 Park，2005；Howard-Jones 等，2005）。

这些研究结果表明，当你经历"啊哈"瞬间的时候，就像一个熟悉的灯泡形象在你的脑海中炸开：这些瞬间确实伴随着一些类似大脑电力激增的东西，并且都以某些具体类型的电活动模式为先导。关于如何打开思维的灯泡并保持明亮，似乎未来的研究会告诉我们更多。

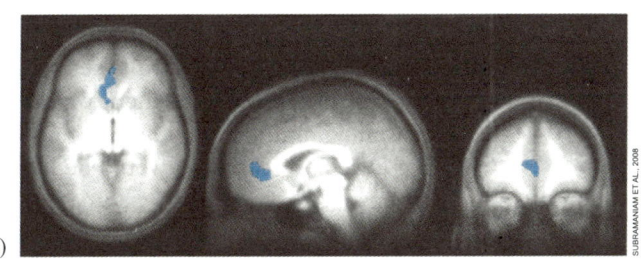
(a)

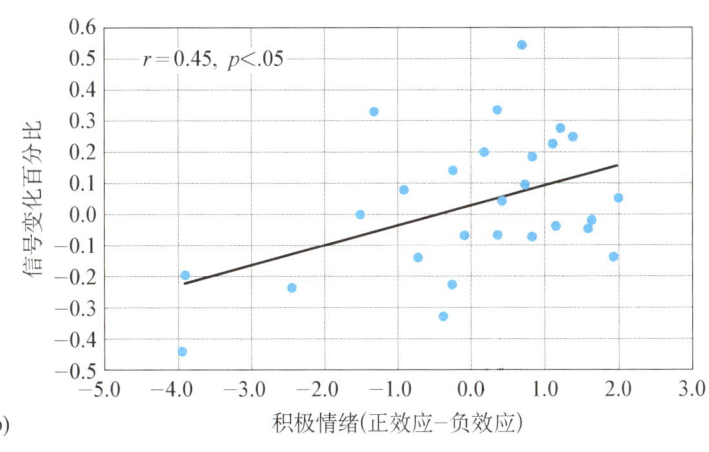
(b)

〔a〕用顿悟法解决问题前的时刻，积极的情绪状态与前扣带回的增强激活相关联〔蓝色区域〕。〔b〕积极情绪〔正效应－负效应〕与前扣带回的加强活动有关，这意味着创造问题解决所需关联的能力提高了。

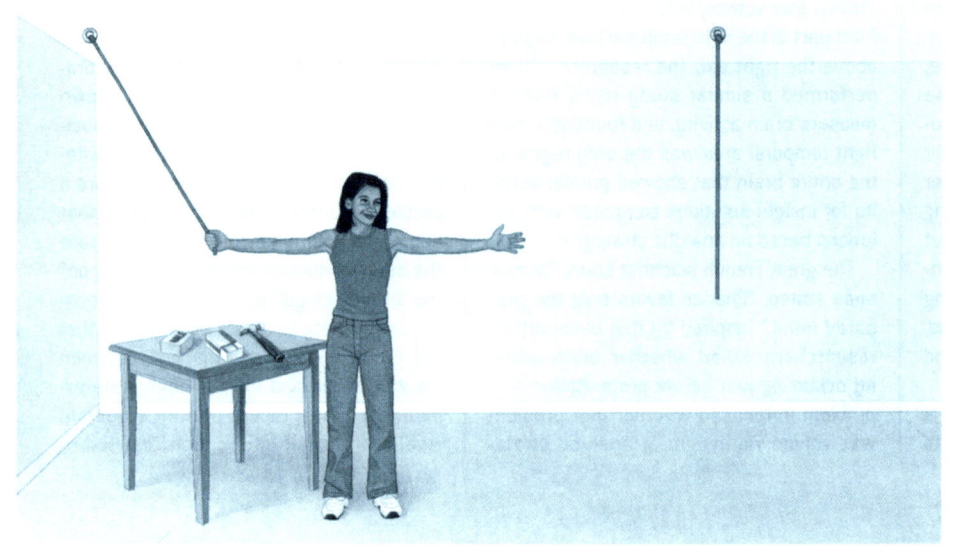

图9.17 功能固着和绳子问题。两根绳子悬挂在天花板的两边，它们的长度足够系到一起，但是它们的位置离开太远，无法在抓住一根的同时够到另一根。使用桌子上的工具（钉子、火柴和一把锤子），你会怎么去完成这个任务呢？把你的答案与第389页图9.20的答案进行比较。

图9.18 9-点问题。试着只用4条直线把9个点连接起来，条件是这个过程中笔不能离开纸。把你的答案与391页图9.21相比较。

我们倾向于只从普通的、常见的或"固定的"功能角度来思考这些物体，这是解决这类问题时的困难之源。我们不去想把火柴盒用来当烛台，因为盒子一般都是用来装火柴的，而不是用来装蜡烛的。相似的，把锤子当成摆锤来用也是我们所想不到的，因为锤子的传统功能是敲击东西。功能固着阻碍你解决这些问题了吗？（解决方法在图9.19和9.20中）

有时框架效应会限制我们提出解决方案的能力。继续阅读之前，请先看图9.18。试着只用4条直线把9个点连接起来，条件是这个过程中笔不能离开纸。为了解决这个问题，你必须允许所画的直线伸出围绕这些点的虚框（参见图9.21），这个限制在此问题中不存在，但是存在于问题解决者的思维中（Kershaw和Ohlsson，2004）。尽管在表面上顿悟似乎为这类问题的解决提供了方法，但研究认为，人们解决这类顿悟问题时所用的思维过程是渐进式的、可被描述为一个渐进的手段—目的分析（MacGregor，Ormerod和Chronicle，2001）。

> **小结**

▲ 像概念形成和决策一样，问题解决是一个把新的输入（在这里指问题）翻译成旧知识的过程。问题可能是定义不明确的也可能是定义明确的，从而引导出或多或少明确的解决方案。

▲ 我们想出的解决方案既依赖于我们知识的组织，又依赖于问题的客观特征。尽管我们经常将事情组织成我们已经知道和理解了的事情，手段—目的分析和类比问题解决法还是为有效的解决方案提供了途径。

▲ 正如在功能固着案例中，有时知识会限制我们的问题解决过程，使本来很容易就可以找到的解决方法变得很难找到。

信息转化：如何得出结论

推理（reasoning）是一种心理活动，通过把信息或观念组织成一系列的步骤从而得出结论。毫无疑问，有时候我们的推理看起来很明智，有时则不然。考虑一些事故保险索赔案件的原因：

> "今天早上我撞到公交车时，我是像平时一样7点钟去上班。公交车早了5分钟。"
> "回家的时候我进错院子了，结果就撞到了平时不在那里的树。"
> "我的车是合法停泊，只不过倒车的时候碰到了另外一辆。"
> "事故的非直接原因是一个小车里面长着一张大嘴的家伙。"
> "挡风玻璃碎了，原因未知，可能是伏都教徒干的。"

当类似这样的倒霉司机跟你理论时，你可能就会觉得他们想法是不合逻辑的。所谓的逻辑，就是一个规则系统，明确了在一系列的陈述之后可以做出哪些结论。换句话说，如果你知道某些已知命题是正确的，那么逻辑会告诉你另外的命题中哪些一定是正确的。比如，假设"杰克（Jack）和吉尔（Jill）去爬山了"是真命题，那么根据逻辑规则，"吉尔去爬山了"也一定是真命题。如果在承认第一个命题是真的基础上否认第二个命题为真，

推理（reasoning）为得出结论而将信息或观念组织为一系列步骤的心理活动。

那么就会引起冲突。逻辑是评估、推理的工具，但是不应该将其与推理混为一谈。如果你认为逻辑就是推理，那么这无异于你将泥瓦匠的工具（逻辑）当成盖房子（推理）。

实践推理、理论推理与三段论推理

本章前面的部分已经讨论过决策，这是一种依靠概率进行推理的活动。实践推理和理论推理也可以帮助我们做出决策（Walton，1990）。**实践推理（practical reasoning）** 可以明确下一步该做什么，或者说是推理出直接的行动。手段—目的分析法就是一种实践推理。比如分析如何在没有车的情况下穿过镇子去看音乐会。相反，**理论推理（theoretical reasoning）**（也叫论述推理）目标是推理出一种观念。理论推理可以让我们将符合逻辑的观念从其他观念中分离开来。

假设你希望你的朋友布鲁斯（Bruce）带你去音乐会，但是他说他的车坏了。你一定会寻找其他方法去听音乐会。如果之后你看到布鲁斯开车去了音乐会现场的停车场，你可能会这样推理："布鲁斯告诉我他的车坏了，但是他刚刚才开进停车场。如果他的车坏了，他不可能开车过来。所以要么是他忽然修好了车，要么是他欺骗我。如果他欺骗了我，他真不够朋友。"需要注意的是，理论推理不存在行动指向的目标，只是通过一系列的推断去得到一个信念，在所给的例子中，这个观念就是"这个朋友不靠谱"。

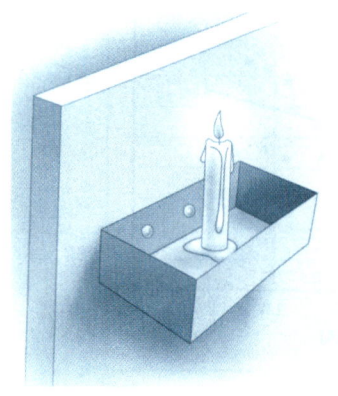

图 9.19 蜡烛问题的解决方法。是什么让这个问题这么难？盒子的常用功能（装火柴）干扰了我们认识到它可以作为一个烛台装在墙上。

如果这个例子让你觉得人们对于实践推理和理论推理同样擅长，那么实验证据会告诉你错了。一般来讲，明确下一步做什么比决定哪个观念符合逻辑要容易的多。在跨文化研究中，寻求理论推理时，从没有接受过教育的人身上体现出了实践性回答的趋势。比如，想象一段发生在一位尼日利亚稻农（文字出现之前的克佩列人中的一员）和一位美国研究者之间的对话（Scribner，1975，第 155 页）：

> 实验者：所有克佩列人都是稻农，史密斯（Smith）（西方人名）先生并不是一个稻农，那么请问他是一个克佩列人吗？
> 农夫：我不认识这个人，我从来没有见过他。
> 实验者：只是按我的描述来思考。

实践推理（practical reasoning）　明确下一步该做什么，或者说是推理出直接的行动。
理论推理（theoretical reasoning）（或论述推理 discursive reasoning）　目标是推理出一种观念。

农夫：如果我认识这个人，我可以回答你的问题，但是因为我不认识他，我不能回答这个问题。

实验者：以你作为一个克佩列人的直觉来试试。

农夫：如果你认识一个人，当问到关于他的问题时，你能回答出来。但如果你不认识这个人，当问到关于他的问题时，你就很难回答。

正如这个专家所说，这位农夫并没有理解这个问题可以用理论推理来解决。相反，他执着于检索和核实事实，这种策略对于这一类任务并不起作用。

当文字出现之前文化中的人遇到需要实践推理的任务时，情况大不相同。发生在肯尼亚乡村的著名实验例证了一个典型的结果（Harkness，Edwards 和 Super，1981）。这是一个两难问题，一个男孩必须要决定是否要顺从父亲，把他挣来的钱的一部分交给家庭，尽管之前他父亲承诺过他可以自己保留所有的钱。听到这个两难故事后，参与者被问及男孩应该怎么做。一下是一位村民的具有代表性的回答：

一个孩子必须把你要求的东西给你，正如你会满足他的各种需求一样。为什么他要对自己所得如此自私呢？父母爱他的孩子，这个男孩拒绝给钱可能是因为他没有意识到他的父亲需要帮助……通过展示对另一个人的尊敬，我们的友谊得到确立，并因此使得家庭能够昌盛。

这个文字出现之前时期的个体理解这个实际问题没有困难。他的回答充满了智慧，富有洞察力且经过了良好的推理。这类跨文化研究的一个主要发现是，推理能力依赖于任务是否对参与者有意义，而不是他们本身问题解决的能力。

跨文化研究展示了推理测验的哪些内容？

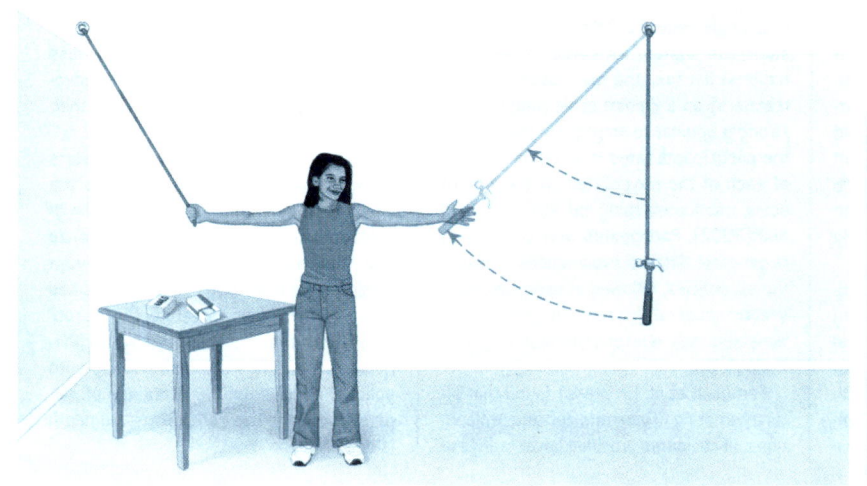

图 9.20 细绳问题的解决方法。锤子的固有功能（敲东西）干扰了它本身可以作为有重量的摇摆使细绳甩到人手中的这种认知。

在工业化社会中，受过教育的个体倾向于在逻辑上犯类似的错误，例如**信念偏差**（belief bias）：人们是否接受一个结论取决于这个结论是否看起来可信，而不是这个论点是否在逻辑上是可靠的（Evans, Barston 和 Pollard, 1983；请见"现实世界"专栏）。举个例子，**三段论推理**是让人根据已有的两个真命题，判断一个结论是否为真。请看以下两个三段论，衡量每个命题，思考当前两个命题为真时，结论是否成立：

三段论1：
命题1：没有香烟是不贵的；
命题2：有些易上瘾的东西是不贵的；
结论：有些易上瘾的东西不是香烟。

现实世界

从拉链到政治极端主义：理解的错觉

拉链是非常有用的物品，我们每个人用它们的次数都数不胜数。在被要求一步一步地进行解释之前，多数人认为自己对拉链的原理有很好的理解。在罗森布利特（Rozenblit）和凯尔（Keil）（2002）的实验中，被试首先对各种日常用品（如，拉链、可冲式座便器、缝纫机等）或日常事务的流程（如，如何制作巧克力饼干）的理解深度进行打分，然后他们被要求一步一步地、详细地进行解释。在看过专家级的说明和图解后，他们再次对自己的理解深度进行打分。第二次的分数显著低于第一次。在试图解释日常用品的工作原理以及日常事务的流程后，再看到更详细的专家解释，让被试了解到他们高估了自己的理解深度。罗森布利特和凯尔将这称为解释深度错觉。其他研究发现，即使之后没有专家解释，仅仅让被试进行详细解释，解释深度错觉仍然能出现。

近期的研究发现解释深度错觉同样存在于日常生活的一个非常不同的领域：政治极端主义。很多困

信念偏差（belief bias） 人们关于是否接受一个结论的判断取决于这个结论是否看起来可信，而不是这个论点是否在逻辑上是可靠的。

三段论推理（syllogistic reasoning） 根据已有的两个真命题，判断一个结论是否为真。

难时期（如天灾、疾病等）都有两个相同的特点：它们都包含复杂的政策，并且倾向于偏向政治频谱的任意一端，并产生极端的观点。费恩巴赫（Fernbach）等人（2013）想知道两极化观点的出现是否是由于人们高估了自己对相关政策的理解深度。为了研究这个假设，研究者让被试评估了自己对6条实时政策的立场（伊朗核制裁，为社会稳定而提高退休年龄，单一保险人医疗系统，二氧化碳排放的总量管制与交易制度，国家统一税，教师的绩效工资体系），评估使用7点量表，从最强烈反对到最强烈支持。其次，按照先前罗森布利特和凯尔（2002）所用的7点量表，让被试分别评估了自己对6条政策的理解，并随后要求参与者对6条政策进行详细的解释。之后再让参与者对每条政策的立场和对所有政策理解程度再度进行打分。

费恩巴赫等人（in press）发现，在进行详细解释之后，参与者会对政策的理解有更低的评估，并且相比之前，他们对六条政策的立场也显得不那么极端了。更进一步的研究发现，那些在解释前后对理解深度打分的降幅最明显的被试，也会在解释政策后呈现出最缓和的立场。这些变化是对政策进一步思考的结果，还是仅仅由"解释过程"造成的？为了解决这个问题，研究者又做了额外的实验。他们要求一部分被试提供对政策的解释，要求另一部分被试列出自己站在某一立场的理由。结果是，做出解释的被试再一次降低了他们对政策理解的评估和立场的极端性，而列出立场理由的被试并没有表现出这样的差异。最后的实验显示，在做出解释后，参与者表示他们捐赠相关支持群体的可能性会降低，这表现了他们立场的缓和。

所有的结果支持了这样的观点，那就是极端政治观点来源于——至少部分地由于——解释深度错觉：一旦人们意识到他们对相关政策事项的了解并不如他们所想象得那么透彻时，他们的观点会变得缓和。虽然能同时解释政治政策和拉链功能的心理学现象并不多，但理解深度错觉是其中之一。

三段论2：
命题1：易上瘾的东西没有不贵的；
命题2：有些香烟不贵；
结论：有些香烟不易上瘾。

如果你和多数人一样，可能会认为第一个三段论推理的结论是对的，而第二个是错的。事实上，研究者发现近乎 100% 的人认为第一个结论为真命题，而只有不到半数的人接受第二个推理的结论（Evans, Barston 和 Pollard, 1983）。但是这两个三段论推理的结构是一模一样的。这个结构的三段论会推出正确的结论，所以两个结论都是正确的。很明显，对结论的信念影响了人们的判断。

推理与脑

fMRI 研究为推理任务中的信念偏差提供了新的观点。在信念—负载（belief-laden）条件下，被试一边接受核磁扫描一边进行三段论推理，这些推理的结论的可信度会受到已有知识的影响；而在信念—中性（belief-neutral）条件下，三段论的命题里含有一些晦涩模糊、不被被试熟知的术语，比如：

三段论 3：
命题 1：没有密码是高度复杂的；
命题 2：有些结绳语高度复杂；
结论：所有结绳语都不是密码。

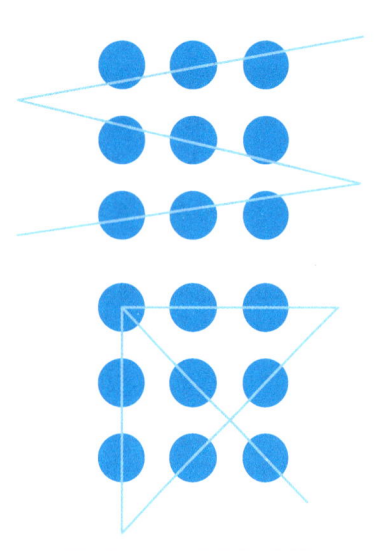

图 9.21 九点难题的两种解决办法。解决这个问题需要"跳出箱子思考"，也就是走出由点分布所暗示形成的想象的箱子。这个局限的箱子并不存在，它是受到了问题解决者知觉定势的影响。

被试进行信念—中性推理时激活的脑区不同于信念—负载推理时激活的脑区（见图 9.22）。在信念—负载推理时，涉及从长时记忆中检索和选择事实的左侧颞叶活动增加；相反，在信念—中性推理时，相同部位的脑区激活度很低，而涉及数学推理和空间表征的顶叶区域却表现出了更大的激活（Goel 和 Dolan, 2003）。这些证据表明，被试在进行两种推理任务时采用了不同的方法，信念—负载推理更多依赖于先前编码的回忆，而信念—中性推理更多依赖于抽象思维加工。这些发现和其他神经影像学的研究结果一致，即大脑的推理中心并不是唯一的，不同类型的推理任务依赖于和不同的脑区有关的不同加工（Goel, 2007）。

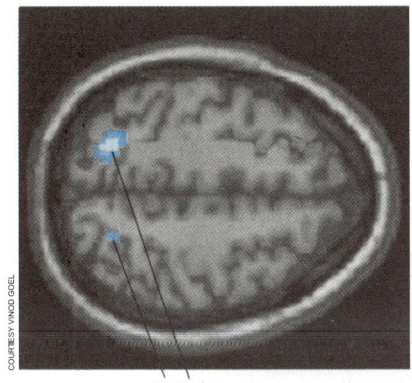
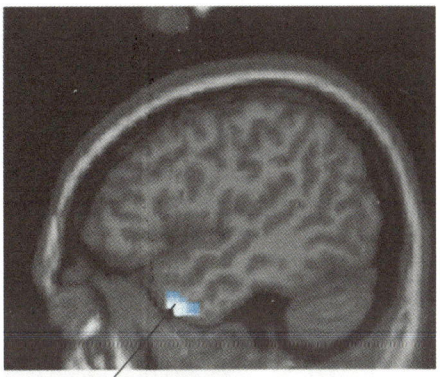

(a) 信念—中性推理　　**(b) 信念—负载推理**

上顶叶　　左侧颞叶前部

图 9.22　推理中激活的脑区。这些来自 fMRI 研究的影像显示，不同类型的推理激活了不同的脑区。顶叶区 (a) 只在逻辑推理时被激活而不受先前信念的影响（信念—中性推理）；而 (b) 显示当推理受到先前信念影响时，左侧颞叶激活（信念—负载推理）。结果显示人们用不同的方式来解决不同的推理难题。

小 结

▲ 推理的成功取决于命题或情境的内容性质。虽然人们在评估一系列命题的真实性时遭遇理论推理困难，但却可以出色地进行实践推理。

▲ 信念偏差描述了对命题结论的判断扭曲，它导致人们关注结论的可信性，而不是结论与前提条件之间的逻辑关系。

▲ 脑成像研究的证据说明，不同的脑区与不同类型的推理相关联。

▲ 在本章的很多地方我们都能看到，那些之前帮助我们理解知觉、记忆、和学习的策略——认真地检测错误和试图将脑的信息整合到我们的心理分析中——同样能够帮助我们理解思维和语言。

本章回顾

关键概念小测试

1. 词组成短语和句子的规则是什么?
   a. 音系规则
   b. 正字法规则
   c. 结构规则
   d. 句法规则

2. 下面关于语言发展的陈述哪项是不正确的?
   a. 语言习得很大程度上是一个儿童模仿成人语言的过程。
   b. 深度结构指句子的意义,而表面结构指句子的措辞方式。
   c. 孩子开始上学的时候有 10,000 的词汇量是很平常的。
   d. 孩子对语言的被动掌握比主动掌握发展的更快。

3. 什么理论认为语言发展是一种天生的生物能力?
   a. 快速投射
   b. 行为主义
   c. 先天论
   d. 交互作用论

4. 促进语言学习的过程集合指_____。
   a. 音系规则
   b. 语言障碍
   c. 语言习得装置
   d. 语法规则泛化

5. 布洛卡区的损毁会导致_____。
   a. 不能理解语言
   b. 符合语法规则的语言产生困难
   c. 婴儿牙牙学语的再次出现
   d. 书写困难

6. 语言相对论主张_____。
   a. 语言和思维是独立的认知现象
   b. 不同的文化中词汇有不同的意义
   c. 人类语言对非人动物来说太复杂了
   d. 语言塑造了思维的本质

7. 一个范畴最典型的成员是_____。
   a. 原型
   b. 范例
   c. 概念
   d. 定义

8. 我们对范畴的代表成员而不是所有成员的特征进行判断从而形成概念,下面哪个理论是基于此的?
   a. 原型理论
   b. 家族相似性理论
   c. 样例理论
   d. 启发式理论

9. 对范畴外物体的识别正常,但不能识别特定范畴物体,这被称为_____。
   a. 范畴偏向组织
   b. 认知—视觉缺陷
   c. 范畴特异性损伤
   d. 失语症

10. 使用以下哪种方式最可能得出问题的解决方法?
    a. 理性选择理论

b. 概率

c. 启发法

d. 算法

11. 问题表达方式的不同导致人们对同一问题给出不同的答案，是因为_____。

   a. 易得性偏向

   b. 合取谬误

   c. 代表性启发法

   d. 框架效应

12. 观点"相对于实现收益，人们更愿意冒险去避开损失"描述的是_____。

   a. 期望效益

   b. 频率格式假说

   c. 前景理论

   d. 沉没成本悖论

13. 前额叶损伤的人倾向于_____。

   a. 强烈的预期情绪反应

   b. 风险决策

   c. 皮肤电反应

   d. 对行为后果特别敏感

14. 米兰达（Miranda）有一个目标，分析她目前的情境，并列出目标与当前情境的不同，然后提出一个策略减少二者之间的差异。米兰达正致力于_____。

   a. 手段—目标分析

   b. 类比问题解决

   c. 利用顿悟

   d. 功能固着

15. 哪种推理以决定行动为目标？

   a. 理论推理

   b. 信念推理

   c. 三段论推理

   d. 实践推理

> 关键术语

语言	语法	音素	音系规则
词素	正字法则	句法规则	深层结构
表面结构	快速投射	电报式语言	先天论
语言习得	遗传性语言障碍	失语症	语言相对论
概念	家族相似性理论	原型	样例理论
范畴特异性损伤	理性选择理论	易得性偏差	启发法
算法	合取谬误	代表性启发法	框架效应
沉没成本悖论	前景理论	频率格式假说	手段—目的分析
类比问题解决	功能固着	推理	实践推理
理论推理（或论述推理）	信念偏差	三段论推理	

> 转变观念

1. 你向一个朋友提及你刚学过的内容，即我们所学的第一语言可以塑造我们的思维方式。你的朋友说，哪里的人都是人，你说的不对。你会用什么证据来支持自己的观点呢？

2. 2011年9月，《连线杂志》（Wired magazine）刊登的一篇文章讨论了美国国家橄榄球联盟（NFL）教练在第四次进攻时做出的决策。在第四次进攻时，教练可以选择攻击性打法，尝试继续进攻（甚至是达阵得分）；教练也可以选择弃踢或任意球，这些是安全打法，但比达阵得分得的分要少。数据显示，冒险打法一般来说会比安全打法赢得更多的分数。但是在现实中，教练选择安全打法的可能性超过90%。在阅读这篇文章时，你的朋友表示怀疑，他说："教练又不傻，他们都想赢，""为什么他们一直做错误决定呢？"你的朋友正在把人假设成理性决策者。你的朋友错在哪里？是什么促使足球教练做出非理性决策？

> 关键概念小测试答案

1.d; 2.a; 3.c; 4.c; 5.b; 6.d; 7.a; 8.b; 9.c; 10.d; 11.d; 12.c; 13.b; 14.a; 15.d.

需要更多帮助吗？更多资源在：
http://www.worthpublishers.com/launchpad/schacter3e

第 10 章
智力

▲ 智力是如何被测量的? _526
智商 _527
智力测验 _529
现实世界　看上去挺机灵 _532

▲ 什么是智力 _534
能力的层级结构 _535
中层能力 _538

▲ 智力从何而来? _544
基因对智力的影响 _544

环境对智力的影响 _549
科学热点　阿呆和阿瓜 _554
基因和环境 _556

▲ 谁的智力最高 _557
智力水平的个体差异 _557
智力的群体差异 _559
提高智力 _563
其他声音　科学如何让你变得更好 _565

当安妮·麦佳雷（Anne McGarrah）在 57 岁去世的时候，她的年纪已经超过了自己能数清的数字了。这是因为安妮完全不会数数。与大多数患有威廉斯氏综合征（Williams syndrome）的人相似，安妮不能做 3 加 7 的加法运算，不能兑换 1 美元的零钱，也不能区分左边和右边。她的缺陷相当严重，导致生活无法自理，也无法从事全职的工作。那么，安妮的时间都用来做什么了呢？

　　我热爱阅读。人物传记、科幻、小说、报纸上各种文章、杂志上的文章，无论是什么内容我都会去阅读。我最近刚读了一本关于一个小女孩的书——她出生在苏格兰——她家在一个农场里……我热爱听音乐。我有一点点喜欢贝多芬，但是特别喜欢莫扎特、肖邦和巴赫。我喜欢他们的音乐风格——非常轻柔、非常空灵，这是让人觉得十分愉悦的音乐。我觉得贝多芬的作品让人有点压抑。（Finn, 1991, 第 54 页）

虽然威廉斯氏综合征患者通常无法自己系鞋带或者整理床铺，但是他们经常会在音乐和语言方面表现出天赋。威廉斯氏综合征是由于人类7号染色体上缺少了20个基因而造成的。目前还没有人了解为什么如此细微的基因差异会对人们的认知能力造成如此巨大的损害，却同时又给人们留下了一些特殊的才能。

安妮·麦佳雷是不是一个聪明的人？对于一个连简单的加法都不会做的人，说她聪明似乎是很诡异的一件事。但是，你要说一个能够对巴洛克式对位法①和19世纪浪漫主义文学发表明确观点的人不聪明，似乎也是一件很诡异的事。在艾尔伯特·爱因斯坦和霍默·辛普森②（Homer Simpson）的世界里，我们很容易就能把天才和傻瓜区分开来。但是，在我们自己和安妮·麦佳雷的世界里：人们有些时候灵光乍现，部分时候聪明伶俐，多数时间是有能力完成任务的，但是偶尔可能会比一棵西兰花还要傻。这就促使我们提出一个艰难的问题：智力究竟是什么？20多年前，52位出色的科学家齐聚一堂，目的就是希望能够回答这个问题，他们的结论是，**智力（intelligence）是一种能力，它能够指引人们思考，让人们适应环境，并且从经验中学习**（Gottfredson, 1997）。正如你将要在本章所看到的，对智力的这种定义同时涵盖了科学家和普通人在使用智力这个术语时所指的内容。

一百多年来，心理学家对智力提出了四个问题：智力如何被测量？智力究竟是什么？智力从何而来？哪些人拥有智力而哪些人不具备智力？正如你将要看到的，智力是能力的一种集合，它能够被相当准确地测量，它是先天基因和后天经验的共同产物，这是一种在一些人或一些群体中表现得更明显的事物。

智力是如何被测量的？

很少有什么比一个有着强烈使命感的人更加危险的了。在20世纪20年代，心理学家亨利·戈达德（Henry Goddard）主持了一个对艾丽斯岛（Ellis Island）的新移民进行智力测验的项目。他得到的结论是，绝大多数犹太人、匈牙利人、意大利人和俄罗斯移民是"智力低下的"（feebleminded）。戈达德还把他的智力测验作为工具，用来筛选智力

---

① 对位法是在音乐创作中使两条或者更多条相互独立的旋律同时发声并且彼此融洽的技术。对位法是音乐史上最古老的创作技巧之一，是复调音乐的主要写作技术。——译者注

② 霍默·辛普森是美国电视动画《辛普森一家》中的一名虚构角色，辛普森是一家五口中的父亲。霍默是部分美国工人阶级的典型代表。虽然他贪食、懒惰、常惹是生非且非常愚蠢，但却偶尔能展现出自身的才智与真实价值，譬如对自己家人的热爱及保护。——译者注

智力（intelligence） 一种能够指引人们思考、让人们适应环境并且从经验中学习的能力。

低下的美国家庭（他声称，这些智力低下的美国家庭是这个国家多种社会问题的罪魁祸首），他建议美国政府应当把这些人放逐到与世隔绝的区域内，然后"把这些人的生育能力移除"（Goddard, 1913，第107页）。美国政府随后通过了对来自欧洲南部和东部移民的法律禁令，此外美国27个州也颁布了法令，要求对"智力缺陷"人群实行绝育。

从戈达德的时代到我们这个时代，智力测验一直被用来为针对不同种族、宗教和国籍人群的偏见与歧视披上一层合理的外衣。虽然智力测验研究领域已经取得了大量令人瞩目的成就，但它的历史还是更多地伴随着欺骗与耻辱（Chorover, 1980; Lewontin, Rose和Kamin, 1984）。智力测验的使用偶尔具有令人厌恶的目的，这其实是一件特别讽刺的事情，因为，正如你接下来会看到的，研发智力测验的最初目的其实是极其高尚的：为了帮助学校里学习落后的学生取得成功。

智商

在20世纪末，法国发起了一场翻天覆地的教育改革，改革的目标是让所有社会阶层的孩子都能够上小学。一时间，法国小学教室里坐满了各种各样的学生，他们准备好接受小学教育的程度可谓是大相径庭。法国政府请来了阿尔弗雷德·比纳（Alfred Binet）和泰奥多尔·西蒙（Theodore Simon）来研发一种测验，然后学校里的教育者们使用这种测验就可以为那些学习落后于同龄人的孩子们设计补习计划（Siegler, 1992）。"在这些孩子受教育前，"比纳写道（1909），"他们应当先经过筛选。那么，如何完成筛选呢？"

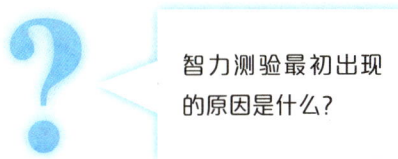

智力测验最初出现的原因是什么？

比纳和西蒙担心，如果让老师来做筛选，那么补习班教室里将会坐满了穷人家的孩子；如果让家长来做筛选，那么补习班教室里肯定会是空空荡荡的。所以就必须研发一种客观的测量工具，它能够不带偏见地测量孩子的能力。比纳和西蒙小心翼翼地开始了自己的工作，他们开始寻找一些测验任务，班级中最好的学生能够完成这些任务，同时最差的学生不能完成这些任务——换句话说，就是那些能够把最好和最差的学生加以区分，并且能够预测他们随后在学校学业成绩的任务。他们尝试使用的任务包括，逻辑问题解决、词语记忆、图形复制、区分可食用和不可食用的食品、押韵词句写作，以及提问回答，例如"当曾经侵犯过你的人要求你的原谅，你该怎么做？"比纳和西蒙选定了30种上述类型的任务并用这些任务组成了一项测验，他们声称这项测验可以测量一个孩子的"自然智力"。那么，"自然智力"这个词组代表了什么意义呢？

> 我们在此将自然智力与教育分离开……我们尽可能地不去考虑受教育的程度，教育是一个人拥有知识的程度……我们不给学生阅读材料，也不要求书写，对于我们所呈现的测验来说，一个人靠着死记硬背式的学习可能是不会成功的。事实上，如果是这样的话，我们使用这个测验甚至不会发觉这个人在阅读方面存在缺陷。在此，我们所要考虑的单纯只是一个人自然智力的水平而已。（Binet, 1905）

比纳和西蒙设计了一套测验，目的是考察一个孩子过往教育成就（achievement）中独立学习的学力（aptitude）成分，从这个角度讲，他们将这套测验称为对自然智力的测验。比纳和西蒙提出，教师可以使用他们的测验简便地对某一名特定儿童的"心智水平"（mental level）加以估量，方法是对不同年龄组大量学生的测验分数取平均，然后确定某一名特定儿童的测验分数和哪个年龄组的平均分最接近。例如，一名孩子的年龄是 10 岁，但是这个孩子的测验分数和 8 岁年龄组儿童的平均分几乎一样，那么这个孩子的心智水平就是 8 岁的水平，因此这个孩子需要参加补习班。

两种智商分数之间存在着怎样的差异？

德国心理学家威廉·斯登（William Stern, 1914）提出，应当以儿童心理年龄（mental age）作为基础来考察其心智水平，他同时提出，确定一名儿童是否正常发展的最好方式就是计算儿童心理年龄与生理年龄之间的比率。

美国心理学家刘易斯·推孟（Lewis Terman, 1916）通过统计方法将这种比较做了规范化，发展出了一种智力商数（intelligence quotient），或者称智商分数（IQ score）。IQ 分数有两种计算方法，每一种方法又存在着自身特有的问题。

杂志专栏作者玛丽莲·沃斯·莎凡特（Marilyn vos Savant）被称为这个世界上智商得分最高的人。那个站在她身旁相应来说比较愚蠢的人是她的丈夫罗伯特·贾维克（Robert Jarvik）医生，人造心脏的早期发明者之一。

➢ **比率智商（ratio IQ）** 的统计方法是，用一个人的心理年龄除以生理年龄，然后乘以常数100。根据这个公式，如果一个10岁儿童的测验分数与10岁组儿童的平均分基本相同的话，那么他的比率智商应当是100，因为（10/10）×100 = 100。如果一个10岁儿童的测验分数与8岁组儿童的平均分基本相同的话，那么他的比率智商应当是80，因为（8/10）×100 = 80。那么，这种方法存在什么问题呢？好的，如果一个7岁的儿童能够做到像14岁儿童的水平，那么他的比率智商应当是200，这个高分看上去还是很合理的，因为毕竟一个7岁孩子能做代数题还是挺聪明的。但是，如果一个20岁的人能够表现得像40岁的人，那么他的比率智商也应当是200，这个分数看上就完全不具备合理性了。

➢ **离差智商（deviation IQ）** 的统计方法是，用一个人的测验分数除以这个人所在年龄组的平均测验分数，然后乘以常数100。根据这个公式，如果一个人的得分和他所在年龄组的平均分相同，那么他的离差智商就是100。离差智商克服了比率智商的缺点。原因是这样的，比如说，一个20岁的人测验分数和40岁年龄组的平均分相近，这个人不会被错误地贴上天才的标签。唉，离差智商却存在着另外的问题：它不能在不同年龄段之间进行比较。如果一个5岁大的儿童和一个65岁大的成人的离差智商都是100，那么这意味着他们俩的分数都和同龄人的平均分相同，但是我们不能说他们俩的智力程度相同。谁更聪明一点？通过比较离差智商，我们不能得到答案。

每种计算IQ的方法都存在缺陷——但是，幸运的是不同的计算方法存在的问题也不同，那么我们就能把它们合并使用。在测试儿童的时候，心理学家通常会选择比率智商，而测试成人的时候，则会使用离差智商。

智力测验

对于当代绝大多数智力测验来说，其设计与研发的源头都可以追溯到100多年前比纳和西蒙的工作。举例来说，斯坦福—比纳智力量表（Stanford-Binet Intelligence Scale）就是在比纳和西蒙原有的测验基础上发展而来的，它最初是由斯坦福大学的刘易斯·推孟和他的同事加以更新。韦氏成人智力测验（Wechsler Adult Intelligence Scale, WAIS）可能是世界上应用最为广泛的智力测验工具了，它是取其开发者戴维·韦克斯勒（David Wechsler）之名。与比纳–西蒙最初的测验方式相似，韦氏成人智力测验也是通过要求受试者回答问题和解决问题来测量智力的。受试者要完成的任务包括，比较不同想法和事物之间的相似与不同之处，从所示证据中导出推论，算术与规则应用，

比率智商（ratio IQ）　其统计方法是，用一个人的心理年龄除以生理年龄，然后乘以常数100（见离差智商）。

离差智商（deviation IQ）　其统计方法是，用一个人的测验分数除以这个人所在年龄组的平均测验分数，然后乘以常数100（见比率智商）。

> 表 10.1

韦氏成人智力测验表 IV 中的分项测验和核心主题

WAIS-IV	核心主题	问题与任务
言语理解测验	词汇	这个测验要求受试者向施测者说明特定词汇的意义。例如：椅子（简单）、跨踌的（中等）和自以为是（高难）。
	相似性	这个测验要求受试者向施测者回答 19 个词语对，两两之间有什么相似之处。例如：一个苹果和一个梨子在哪些方面具有相似性？一幅油画和一首交响乐之间有什么相似之处？
	信息	这个测验要求受试者向施测者回答若干涉及通用知识的问题。这些问题囊括了人物、地点和事件。例如：一星期有几天？法国的首都是哪里？说出地球三个大洋的名称。《但丁地狱之旅》（*The Inferno*）的作者是谁？
知觉推理测验	木块图	这个测验中受试者会看到一些由红色和白色正方形和三角形组成的图形，受试者需要使用带有红色和白色面的立方体把刚才看到的图形复制出来。
	矩阵推理	这个测验要求受试者补全一个模式图形中缺失的部分，从而使得整个模式图形符合某种逻辑。例如：（如图所示）下放的这四个符号哪一个适合放在表格中空白的小格子中？
	视觉谜题	这个测验要求受试者完成视觉谜题，例如这个："在这些图形中选择三张放在一起能够组成这个谜题？"
工作记忆测验	数字广度	这个测试要求受试者复述一串数字。这串数字的长度从 2 个到 9 个不等。在数字广度测验的第二部分，受试者复述这串数字的时候，要以反向复述的方式完成。一个简单的例子是这样的：如数 3–7–4。一个复杂的例子是，3–9–1–7–4–5–3–9。
	算术	这个测试要求受试者解决一些算术题，这些题目包含简单的和复杂的条目。
加工速度测验	符号搜索	这个测试要求受试者判断一对抽象符号中是否包含着某个清单中的抽象符号。这样的清单数量很多，受试者需要在 2 分钟内尽可能地完成尽量多的搜索判断。
	编码	这个测试要求受试者根据特定的编码规则在一系列给定的符号（例如，叉子、圆圈或者上下颠倒的 T）下面写上相应的数字，受试者要在 90 秒的时间内尽可能写出更多的数字。

对物品的记忆和操作，形状排列，词义表述，通用知识回忆，对日常生活中实际行为的解读，数字使用以及对细节的注意力等方面。在比纳—西蒙早期测验的指导思想中，这些测试都是不要求受试者书写词汇的。在表 10.1 中展示了部分韦氏成人智力测验中的例题。

在你看来，这些例题可能更像是有趣的游戏（也许需要去掉"有趣的"这个部分），但是几十年来的研究显示，诸如韦氏成人智力测验等，一个人在这类测验中的表现确实能够对他日常生活中大量重要的领域能够取得的成果做出预测（Deary Batty 和 Gale, 2008; Dean:, Batty Pattie 和 Gale, 2008: Der, Batty 和 Deary, 2009; Gottfredson 和 Deary 2004; Leon 等, 2009; Richards 等, 2009; Rushton 和 Templer, 2009; Whalley 和 Deary, 2001）。例如，智力测验分数是一个人收入的良好预测指标。一项研究比较了家庭中在智商得分上存在显著差异的兄弟姐们，结果发现，对于家里那些智商得分低的子女来说，他们

智力能够对人生中哪些重要方面做出预测？

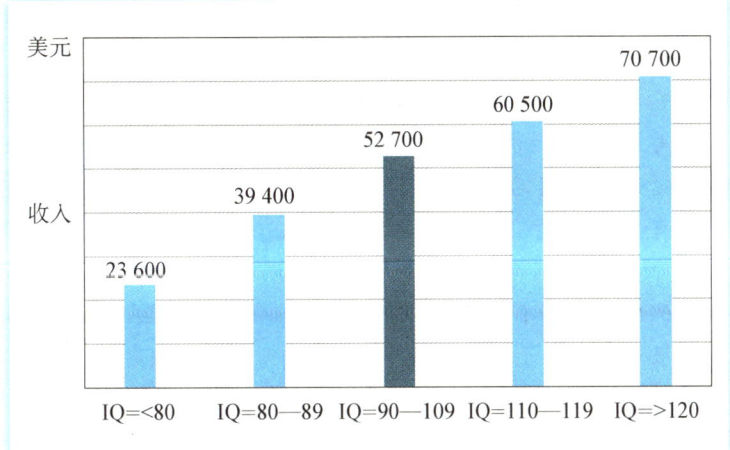

图 10.1　兄弟姐妹之间收入水平与智力之间的关系。这张图表展示了一个智商在 90—109 的人平均年收入水平（深蓝色），以及比他/她智商更高或更低的兄弟姐妹的年收入水平（浅蓝色）。

一生的收入大概只是家里智商分数高的子女的一半而已（Murray, 2002；见图 10.1）。

造成这种现象的原因之一是，在高智商人群身上存在着一系列有助于他们经济上获得成功的特质。例如，高智商人群更有耐心，他们更善于计算风险，他们更善于对人们接下来要做出的行为和自己应当如何正确回应这些行为做出预测和预判（Burks 等, 2009）。然而，高智商人群比智商稍低人群（或者是自己的亲兄弟姐妹！）收入更多的主要原因是，受教育程度的差异（Deary 等, 2005; Nyborg 和 Jensen, 2001）。事实上，与一个人的社会阶层相比，他/她的智商是其受教育程度更好的预测指标（Deary, 2012; Deary 等, 2005）。高智商人群呆在学校的时间更长，在学校的表现也更好：智商和学业表现之间的相关系数大约是 r=0.50，这个数据具有跨群体和跨情境的稳定性。在离开学校之后，情况依旧如此。高智商人群在工作岗位上的表现也更加出色（Hunter 和 Hunter, 1984），有研究人员得出结论，"在雇佣没有以往工作经验的员工时，对他们未来绩效和学习能力最有效的预测指标就是一般心智能力"（Schmidt 和 Hunter, 1998，第 262 页；见"现实世界"栏目）。

现实世界

看上去挺机灵

离你面试开始的时间还有30分钟。你又把自己的发型检查了两次,吃了一颗薄荷糖以确保口气清新,再次浏览了你的简历以确保没有错别字,然后又演练了一次对所有常规问题准备好的答案。现在你要做的就是用你的智力打动面试官,无论你的智力是不是真的很不错。由于智力是一个人所拥有的最为可贵的特质,所以,无论是否真的聪明伶俐,我们都会努力尝试给别人留下我们很聪明的印象。因此,我们会说一些很精巧的笑话,谈及一些我们阅读过的那些书籍长长的书名,希望以此打动我们潜在的雇主、潜在的约会对象、潜在的客户以及潜在的岳父岳母/公公婆婆。

但是,我们这么做是不是正确的?如果这样做是正确的,那么我们是否能够获得应得的称赞?研究表明,事实上,我们每一个普通人都能够对他人的智力水平做出良好的判断(Borkenau 和 Liebler, 1995)。例如,观察者在看过两张人物照片之后就可以对这两个谁更聪明做出相当可靠的判断(Zebrowitz 等, 2002)。如果让观察者观看时长为1分钟的视频,视频的内容是不同的人正在与他人进行社交活动,结果发现观察者可以准确地估计出视频中哪个人的智商分数最高——即便他们看到的视频是没有声音信号的(Murphy, Hall 和 Colvin, 2003)。

人们对他人智力水平的判断是基于各种线索的,从生理特征(身高和外形吸引力)到衣着(头发

瓦哈德·麦斯胡德(Wahad Method)正在面试易佩司国际海运公司(EPC global)的应用工程师职位。研究发现,如果候选人在面试过程中能够保持与面试官相互注视,那么面试官就更有可能认为候选人智力较高。而且,面试官是对的!

是否被打理得很好以及是不是戴眼镜），再到行为举止（走路的步速和说话的语速）。但是，所有这些线索没有一个真正是对一个人智力水平的可靠预测指标。那么，一个人能够对他人智力水平做出良好判断的原因是，除去所有这些无用的线索，人们同时还会考虑另一条非常有用的线索：眼睛的注视方向。结果发现，高智商的人在自己说话和倾听他人讲话的时候都会将眼睛注视着自己的谈话对象，观察者了解这一点，并且能够利用这一点来准确估计一个人的智力水平，而不是那些什么场景中的神秘信息或者一个人带什么领结所传递出的信号（Murphy等，2003）。以上这些在观察者是女性（她们是对他人智力水平更好的判断者）而被观察者是男性（他们的智力水平更容易被准确估计）的时候尤为正确。

那么，底线在哪里？让口气清新的薄荷糖没问题，在前额的头发上用点定型啫喱肯定也没什么问题，但是，当你参加面试的时候，别忘了注视对方。

高智商人群并不仅仅是更加富有，他们的健康水平也更好。研究人员对上百万人进行了长达数十年的追踪研究，结果发现智力和健康及长寿之间存在着显著的相关。高智商人群吸烟和酒精摄入的可能性更低，同时参与身体锻炼和健康饮食的可能性更高（Batty等，2007；Weiser等，2010）。无怪乎他们的寿命更长。事实上，一名年轻人的智商分数每增长15分，他/她死亡的风险就会降低24%，这些死亡的风险包括了心血管疾病、自杀、

智商和收入之间存在着高度的相关。肯·詹宁斯（Ken Jennings）在电视游戏节目比其他人类选手赢得了更多的奖金——超过三百万美元。而他两次在危险边缘（Jeopardy）游戏中被击败：一次是在2004年被南茜·齐格（Nancy Zerg）打败；另一次是在2011年被IBM公司一台名为"沃森"（Watson）计算机打败。（在谈到被一台机器打败的时候，詹宁斯豁达地说，"我个人很乐意看到新的计算机霸主的诞生"。）

他杀以及重大事故（Calvin 等，2010）。当然，健康、财富和其他一些数据都显示高智商人群寿命更长，这是由于他们在学校中的表现更好，因而他们的工作也会更理想，因而他们会有更高的收入，因而他们可以避免患上诸如心血管疾病之类的疾病（Deary, Weiss 和 Batty, 2011）。无论如何是什么原因造成了这样的结果，底线是非常清晰的：智力功不可没。

小结

▲ 智力是一种心智上的能力，它赋予人们指引自己的思维、适应环境以及从经验之中学习的能力。

▲ 智力测验会提供一种被称为智商分数或 IQ 的分数。比率智商是一个人心理年龄和生理年龄之间的比率，离差智商是一个人智力测验分数与他/她所在同年龄组平均分之间的偏离程度。

▲ 智力测验分数可以对一个人在人生大量重要领域能够取得的成果做出预测，例如学术表现、职业技校、健康状况以及财富。

什么是智力

在 20 世纪 90 年代，迈克尔·乔丹（Michael Jordan）五次赢得了美国篮球职业联赛（National Basketball Association, NBA）最有价值球员奖项（Most Valuable Player），确保了芝加哥公牛队六次获得联盟的总冠军，乔丹本人也创造了 NBA 常规赛历史上最高平均分的纪录。美国联合通讯社（The Associated Press）将他誉为本世纪第二伟大的运动员，ESPN[①]则直接称他为本世纪最伟大的运动员。所以，当乔丹 1993 年退出职业篮球界加入职业棒球联赛的时候，所有人包括他自己在内都惊讶地发现——呃，实在没有一种方法能够说得更婉转一些——乔丹的棒球打得真是一塌糊涂。乔丹的一位队友哀叹，"他用烫衣板都打不到弧线球"，棒球大联盟经理直接称他是"比赛的耻辱"（Wulf, 1994）。鉴于自己黯淡无光的表现，无怪乎乔丹在一个赛季之后就放弃了棒球，转而继续回到了篮球赛场，在那里乔丹带领公牛队再次实现了

[①] ESPN 是一家 24 小时专门播放体育节目的美国有线电视联播网。——译者注

NBA 三连冠。

迈克尔·乔丹在篮球场上的光芒四射和他在棒球场上的乏善可陈毫无疑问地证明了一件事，这两项运动需要不同的能力，而同一个人不一定同时拥有这些能力。然而，如果篮球和棒球需要的是不同的能力，那么评论一个人是本世纪最伟大运动员的意义何在？运动天赋（athleticism）是否是一种毫无意义的抽象概念？关于智力的科学研究也被类似这个问题纠缠了长达一百多年之久。正如我们所看到的那样，智力测验分数能够对一个人在多个领域所取的成果做出预测，从学术成就到健康长寿。但是，这些是因为智力真的是人类心智方面一种真正的财富，还是因为智力仅仅只是一种毫无意义的抽象概念呢？

能力的层级结构

威廉·冯特（Wilhelm Wundt，他建立了世界上第一个实验心理学实验室）的学生查尔斯·斯皮尔曼（Charles Spearman），对上述问题做出了明确回答。斯皮尔曼发明了一种名为**因素分析**（factor analysis）的技术，这是一种统计方法，能够使用若干几个潜在因素来解释大量数据之间的相关关系。（我们在这一个部分里会对这种方法加以详述。）虽然斯皮尔曼的方法相当复杂，但是背后的原理却非常简明：如果真的存在一种单一且通用的能力叫做智力，且这种能力能够确保人们完成各种各样的智能行为，那么具备这种能力的人应该能够完成几乎所有的事情，而缺乏这种能力的人应该不能完成几乎所有的事情。换句话说，如果智力是一种单一且通用的能力，那么在一个人所有各种测试的成绩之间应当存在着极高的正相关。

为了证明是否果真如此，斯皮尔曼（1904）对学龄儿童区分色彩之间、音符之间以及区分重量之间微小差异的能力做了测量，然后斯皮尔曼计算了儿童在这些测验上的得分与他们在学校不同课程科目成绩之间的相关系数，同时还计算了这些测验得分与学校教师对儿童心智能力评估结果之间的相关系数。研究揭示了两个重要结果：第一，绝大多数测验之间确实存在着正相关：在一项测验上得分高的孩子（例如，在音乐上对升 C 和 D 的区分能力）在另一项测验上也倾向于获得高分（例如，代数公式求解）。一些心理学将斯皮尔曼的这项发现称为"所有心理学中最鸡肋的重复结果"（Deary, 2000, 第 6 页），且事实上，就算老鼠在不同认知测试之间的成绩也会表现出一种高度的相关（Matzel 等，2003）。第二，斯皮尔曼的研究结果显示，虽然各种测验成绩之间存在着正相关，但是这种相关关系却不是完美无缺的：在一项测验上取得最高分的孩子并不一定会在所有

因素分析（factor analysis） 一种统计方法，能够使用若干个潜在因素来解释大量数据之间的相关关系。

测验上取得最高分。斯皮尔曼把发现的两种结果综合起来提出了**智力的两因素理论**，该理论认为若要完成每一项任务，都需要综合一般能力（g）和针对这种任务的特殊技能（s）。

即便斯皮尔曼的结论看上去不无道理，却也并不是所有人都能够认同的。刘易斯·瑟斯顿（Louis Thurstone，1938）就提出，虽然绝大多数测验的得分之间确实存在着正相关，但是某一类言语测验的得分与另一类言语测验得分之间的相关系数要明显高于言语测验得分与知觉测验得分之间的相关系数。瑟斯顿使用了"群相关"（cluster of correlation）这一概念来指出，事实上是不存在所谓 g 因素的，取而代之的是一些稳定且相互之间独立的心理能力，例如知觉能力、言语能力以及数字能力等等，瑟斯顿将之称为"基本心理能力"（primary mental abilities）。这些基本心理能力既不像 g 因素那样通用（例如，某人可能具有很强的言语能力但数字能力很弱），也不像 s 因素那样特殊（例如，某人具有很强的言语能力，那么他倾向于在读和写两方面都有良好的表现）。本质上说，瑟斯顿解释说，就像我们把运动分别称为棒球和篮球，且没有任何一种运动叫做竞技，那么智力也是类似，我们具备一些能力，例如言语能力和知觉能力，但是我们没有一种通用的能力叫做智力。表 10.2 展示了瑟斯顿所提出的基本心理能力。

> **表 10.2**

瑟斯顿的基本心理能力

基本心理能力	描述
词汇流畅	解决字谜游戏和发觉韵律等能力
言语理解	理解词汇和语句的能力
数字能力	完成心理和其他数字运算的能力
空间视觉	将不同方位朝向的复杂图形视觉化的能力。
联想记忆	回忆言语资料、学习无关词对等能力
知觉速度	迅速识别细节的能力
推理能力	根据若干案例归纳出一般规则的能力

斯皮尔曼、瑟斯顿以及其他卓越的数学家之间的争论很大程度上是技术性的，在过去半个世纪的时间里，心理学家争论的焦点是，是否存在着 g 因素。然而，到了 20 世纪 80 年代，一种新的计算方法验证性因素分析（confirmatory factor analysis）的出现基本上

智力的两因素理论 斯皮尔曼的理论认为，若要完成每一项任务，都需要综合一般能力（斯皮尔曼称之为 g 因素）和针对这种任务的特殊技能（斯皮尔曼称之为 s 因素）。

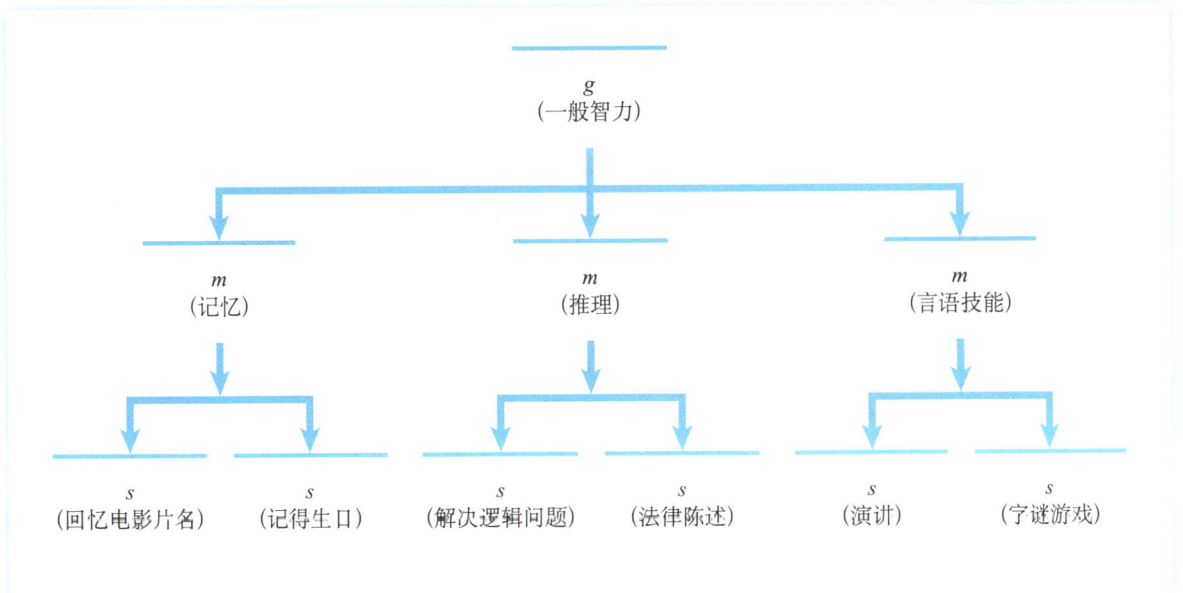

图 10.2 三水平的层级结构。对于大多数智力测验数据，最好的方式就是纳入三水平层级结构，在这个结构模型中，一般智力（g）在顶部，特殊能力（s）在底部，中间一层是若干几个中层能力（m）（有时候，也被称为群因素）。

终结了这种争论，这种方法证明了斯皮尔曼和瑟斯顿的理论均有其正确的可取之处。具体说来，这种新方法显示，对于各种不同的心理能力测验分数之间的相关关系来说，最好的表述方式就是一种包括三种水平的层级结构（见图 10.2），在这一结构中包含一个一般因素（general factors，类似斯皮尔曼理论中的 g 因素）在最上层，特殊因素（specific factors，类似斯皮尔曼理论中的 s 因素）在最底层，以及处在中层由一系列因素组成的群因素（group factors，类似瑟斯顿理论中的一般心理能力）（Gustafsson，1984）。在过去 60 年间，科学家对超过 130,000 名健康人成年、学校学生、婴幼儿、大学生、学习障碍人群以及患有心理和生理疾病人群收集了海量数据，对这些数据进行重新分析，得到的结果表明，过去半个世纪几乎所有的研究都能够被纳入这个包含三个水平的层级系统中（Carroll，1993）。这种层级结构模型提出，人们具有一种极为通用的能力叫做智力，且智力是一个由位于中层能力组成的小型集合，而中层能力则是由多种特殊能力构成的大型集合，特殊能力是针对某种特定任务而存在的，具有单一性的特征。过去一百多年的争论以这种方式得到了解决，虽然这不会让人特别激动，但是它依旧是向着真理又趋近了一步。

斯皮尔曼与瑟斯顿之间的学术争论是如何得以解决的？

中层能力

迈克尔·乔丹篮球打得远比棒球出色,但是他在这两项运动上的表现比绝大多数人都要厉害。乔丹的特殊能力让他能够在一项运动上比另一项更加成功,然而乔丹的一般能力却使他在篮球场和棒球场上有超越世界上99.9%人的表现。显而易见,在迈克尔·乔丹身上同时存在着若干特殊能力(带球)和一种一般能力(竞技能力),但是却很难确切地说出在乔丹身上的中层能力有哪些。我们是不是应当要泾渭分明地在速度和力量、假动作和耐心以及团队协作能力和单兵作战能力之间划出一条界限?我们是不是应当将乔丹的竞技能力视为3种中层能力的集合发挥作用的现象,或者是4种、6种还是9种中层能力联合起效果?

当我们思考智力这个问题的时候,就会遇到类似的问题。大多数心理学家认同的是,存在着若干几种特殊心理能力以及一种非常一般的心理能力,而对于处于二者之间的中层能力来说,心理学家在表述它们时遇到了严峻的挑战。一些心理学家对此的解决之道是,采用一种基于数据的方法(data-based approach),这种方法以人们在智力测验中的反应行为作为起点,然后探索这些反应行为能够聚合成哪几种相互之间独立的聚类。另一些心理学家的解决方案则是,使用一种基于理论的方法(theory-based approach),这种方法以对人类能力的大规模调查为起点,然后看看这其中哪些能力是能够被智力测验所测量的——或者,哪些能力是智力测验无法测量的。这些不同的方法导致在对组成智力的中层能力的最佳表述方式上存在着差异。

基于数据的方法

确定中层能力本质特性的一种方法是,从数据出发,跟随数据的脚步。正如斯皮尔曼和瑟斯顿的研究工作,我们可以获取大规模人群在大量各种智力测验上的成绩,然后再计算这些智力测验成绩之间的相关系数,下一步再看这些相关系数会以怎样的方式聚类。例如,想象一下我们测试的是,(1)平衡茶杯、(2)理解莎士比亚著作、(3)拍打苍蝇,以及(4)计算1到1,000加起来的总数是多少,我们要看的是大量参与者完成这4项测验的速度和准确性。现在,再想象一下,我们计算每一个测验成绩之间的相关系数,然后观察这些相关系数之间所形成的模式,类似于在图10.3a中所示。那么,这个模式能够给我们提供什么信息呢?

这种模式显示,如果一个人拍苍蝇的表现很好,那么他也能很好地平衡茶杯;如果一个能够很好地领会莎士比亚的著作,那么他也能够在数字加法上有很好的表现;但是如

相关系数的模式是如何揭示中层能力的?

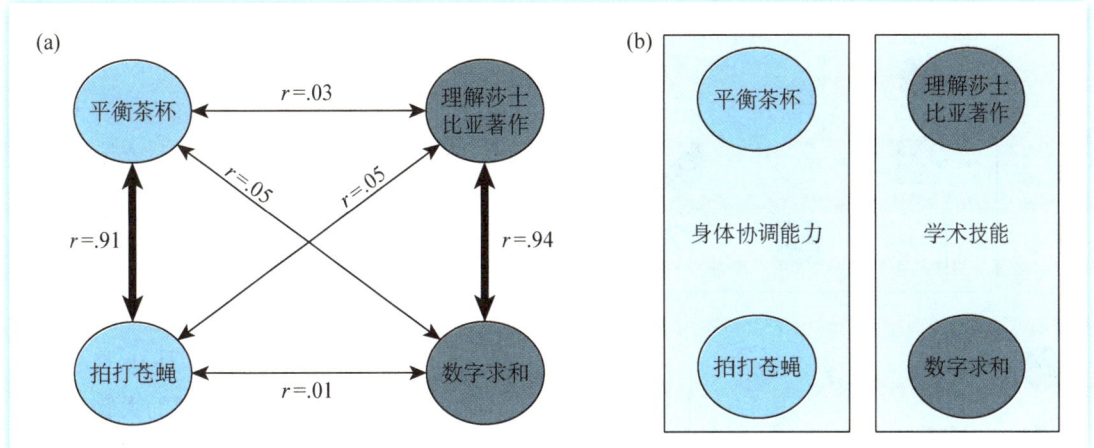

图 10.3 相关系数的模式能够揭示中层能力。如图（a）所示，相关系数的模式显示，这个例子表明 4 种特殊能力能够被视为 2 种中层能力；如图（b）所示，这 2 种中层能力是身体协调和学术技能。

果一个人在拍苍蝇上和平衡茶杯上的表现都很好，也许他能够在数字加法或理解莎士比亚上表现得也很好，但也有可能表现得很糟糕。从这种模式上，我们可以认为存在着两种中层能力（见图 10.3b），一种我们也许可以称之为身体协调能力（能够确保完成拍苍蝇和平衡茶杯的能力），另一种可以称之为学术技能（能够确保理解莎士比亚著作和完成数字加法的能力）。这种模式还显示，对于诸如拍苍蝇和平衡茶杯等不同的特殊能力来说，它们的背后是由一种被称为身体协调性的中层能力所支撑的，这种中层能力与另一种被称之为学术技能的中层能力之间相互独立，而学术技能则是用来支撑参与者完成对莎士比亚著作的理解和完成数字加法的。正如这个例子所展示的，仅是简单考察由不同测验之间相关系数所构成的模式就能够让我们对中层能力的本质特性和数量加以预测。

当然，在现实生活中并不仅仅是上面所提及的四种测验。所以，心理学家会遇到这样的问题，对于所有那些研究涉及并使用到的心理能力，我们首先获得这些能力所对应的测验分数，接下来计算这些分数之间的相关系数，然后再计算出模式，这样一来，我们究竟要面对多少种模式呢？这正是心理学家约翰·卡罗尔（John Carroll，1993）研究所取得的成果，卡罗尔收集了过去半个多世纪关于智力的 500 多项研究中的智力测验成绩，并且对这些数据做了里程碑式的分析。卡罗尔发现，这些测验成绩之间相关关系的模式表明，存在着八种相互独立的中层能力：学习和记忆（memory and learning）、视知觉（visual perception）、听知觉（auditory perception）、信息提取能力（retrieval ability）、认知敏捷性（cognitive speediness）、加工速度（process speed）、晶体智力

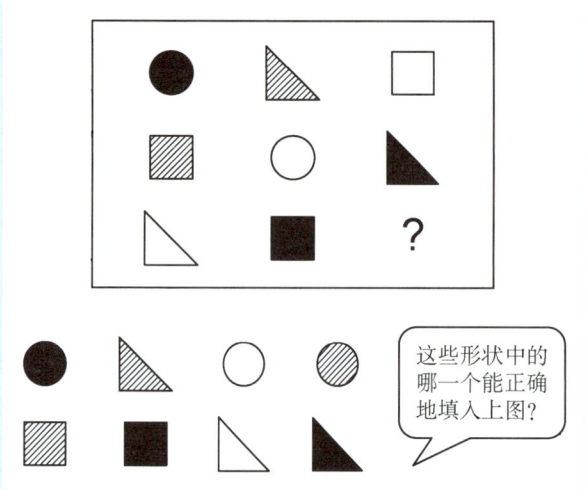

图 10.4 瑞文推理测验。这是瑞文推理测验中的一道题目，测试的是非言语的推理能力，且这种测验不太可能受到文化偏见的影响。

（crystal intelligence）以及流体智力（fluid intelligence）。

虽然这个中层能力列表中的大部分能力是不言自明的，但是最后两个却不是。**流体智力**指的是，领会抽象关系和获取逻辑推理的能力；**晶体智力**则指的是，保持和使用知识的能力，这些知识是通过经验来获取的（Horn 和 Cattell, 1966）。如果我们将人类的大脑视为一个信息加工装置，那么晶体智力指的就是"信息"的部分，而流体智力则指的就是"加工"的部分（Salthouse, 2000）。但是，通常而言晶体智力是通过言语测试和对事实性信息的测试等方法来评测的，流体智力则是通过必须在时间压力下解决新异且抽象的问题来加以评估的，例如瑞文推理测验（Raven's Standard Progressive Matrices，见图 10.4）。这两类智力之间的差异似乎也对应着大脑不同部位的激活，这也许就能解释为什么一类智力受损，另一类智力却不一定也被损害。例如，自闭症和阿尔茨海默病损害的都是晶体智力，但是流体智力却未受到损害，而如果受损的是前额叶皮质（无论是由于事故造成的损害还是由于正常的衰老所造成的）则出现的症状便是相反的（Blair, 2006）。

基于理论的方法

基于数据的方法试图通过分析人们在智力测验中对题目的回答来研究和探索中层能力。这种方法的优势是，通过该方法获得的结论具有坚实的证据基础。但是，这种方法也存在劣势，对于已有的智力测验无法测量到的那些中层能力，基于数据的方法就变得无能为力了（Stanovich, 2009）。例如，没有智力测验会要求受试者说出一只折纸鱼的 3 种新用途，或者要求受试者回答，"有什么

使用基于理论的方法来研究智力的优势是什么？

流体智力（fluid intelligence） 领会抽象关系和获取逻辑推理的能力。
晶体智力（crystallized intelligence） 保持和使用知识的能力，这些知识是通过经验来获取的。

问题是你觉得应该问你而没有问到的吗？"因此，从这些智力测验中得到的分数很可能无法揭示出某些中层能力，例如想象力或创造力。那么，有哪些中层能力是无法使用基于数据的方法来研究的？

心理学家罗伯特·斯滕伯格（Robert Sternberg，1999）认为，事实上，存在着三类智力，但是其中只有一类能够被标准的智力测验所测量到。分析性智力（analytic intelligence）指的是，识别和界定问题并且能够找到问题解决方案的能力；应用性智力（practical intelligence）指的是，在日常生活环境中应用和执行这些解决方案的能力；创造性智力（creative intelligence）指的是，产生其他人没有想到的解决方案。根据斯滕伯格的观点，标准的智力测验通常都是要求受试者处理界定清晰的问题，这种问题只有一个正确答案，而且测验提供给受试者的信息全部都是用于解决这个问题的。解决这类问题要用到的就是分析性智力。但是，在每天的日常生活中人们会面临各种情境，人们首先要在情境中发掘并界定问题，找到解决问题所需的相关信息，然后在多个可行的方案之间做出选择。那么，在这些情境中，人们需要的就是应用性智力和创造性智力了。一些研究显示，不同类型的智力之间是相互独立的。例如，在牛奶加工厂的工人设计出一套复杂的策略，这套策略可以高效地把只装了一半的牛奶盒聚合在一起，在这件事情上，工人们的表现不但远远超过了受过大量教育的白领员工，而且他们的表现和他们在智力测验上的成绩无关，这种现象说明了应用性智力和分析性智力并不是同一个事物（Scribner，1984）。斯滕伯格认为，如果要对一个人的工作绩效做出更好地预测，那么就应当对他/她的应用性智力加以测量，而不是测量他/她的分析性智力，然而斯滕伯格这种观点也受到了一些批评和质疑（Brody，2003; Gottfredson，2003）。

当然，并不是所有使用智力可以解决的问题都是分析性、应用性或者创造性的。例如，你如何跟一个朋友说她平常话太多了而同时不伤害她的感受？在一次考试失利后，你如何让自己振作起来？你如何确定自己当前的情绪是焦虑还是愤怒？心理学家约翰·梅尔（John Mayer）和彼得·沙洛维（Peter Salovey）提出了**情绪智力（emotional intelligence）**的概念，情绪智力的定义是个体对情绪的推理和使用情绪促进推理的能力（Mayer，Roberts 和 Barsade，2008; Salovey 和 Grewal，2005）。情绪智力高的人能够知道某一个特定的事件将会触发一

在情绪智力高的人身上，哪些技能会特别突出？

情绪智力（emotional intelligence） 个体对情绪的推理和使用情绪促进推理的能力。

这是情绪智力测验中的两道题目。题目 1 测量的是，一个人能够判断情绪表情的准确度（左图）。题目 2 测量的是，一个人对外部事件可能引发的情绪反应的预测能力（右图）。两道题目的正确答案都是 a（Mayer，Robert 和 Barsade，2008）。

个人哪几种情绪体验，他们可以鉴别、描述并管理自己的情绪，他们知道如何使用自己的情绪来优化决策，并且他们能够通过面部表情和声音语调来鉴别他人的情绪。除此之外，情绪智力高的人能够相当容易地做到上述这些，这就是为什么在和情绪智力不高的人相比时，他们在解决情绪问题时表现出更少的神经活动（Jausovec 和 Jausovec，2005; Jausovec, Jausovec 和 Gerlic, 2001）。这些技能对社会关系来说也是相当重要的。情绪智力高的人社交技巧更出色同时拥有的朋友也更多（Eisenberg 等, 2000; Mestre 等, 2006; Schultz, Izard 和 Bear, 2004），他们在与他人交往时更加游刃有余（Brackett 等, 2006），他们的恋爱关系也更好（Elfenbein 等, 2007; Lopes 等, 2006），同时他们在工作场所的人际关系也更和谐（Brackett, Warner 和 Bosco, 2005）。鉴于所有这些，情绪智力高的人活得更加幸福（Brackett 和 Mayer, 2003; Brackett 等, 2006）且生活满意度更高（Ciarrochi, Chan 和 Caputi, 2000; Mayer, Caruso 和 Salovey, 1999），这也都是意料之中的。

基于数据的方法对另外一种情况也是无能为力的，即当中层能力是植根于文化之中的，而在这些文化背景下智力测验是并不常见的事物。例如，西方人认为一个人说话语速快且经常讲话是智力高的表现，但是非洲人却认为为人谨慎稳重且安静是智力高的表现（Irine, 1978）。中国的儒家传统重视的是一个人行为举止是否合乎礼仪，道家传统重视的是谦逊与自我觉知，而佛家传统则重视一个人的决心与心理努力（Yang 和 Sternberg, 1997）。与西方社会不同的是，在许

情绪智力的概念在不同文化背景下会有怎样的差异？

多非洲和亚洲社会中，智力应当还包含着社会反应性和协作性（Azuma 和 Kashiwagi, 1987; Serpell, 1974; White 和 Kirkpatrick, 1985），而且智力这个词语在津巴布韦语中是 ngware，它意味着社会关系中的智慧。甚至在同一个文化背景下，智力的定义也可能各不相同：生活在加利福尼亚的拉丁美洲人后裔更有可能将智力等同于社交能力，而生活在加利福尼亚的亚洲人后裔则更有可能将智力等同于认知技能（Okagaki 和 Sternberg, 1993）。一些研究人员指出，以上这些现象意味着智力这个概念在不同文化背景下的界定是大相径庭的，但是另一些研究人员则提出，这些对智力概念界定上的不同只是由于语言的差异而造成的。这些研究人员进一步指出，每一种文化都相当重视解决重大问题的能力，而文化之间的差异其实是，它们对哪些问题才是重大问题的界定是不同的。

小结

▲ 个体在一项心理能力测验上表现良好，一般而言，他在另外几项测验上的表现也会是良好的，这一点提示了存在着一种被称为 g 因素（一般智力）的能力。

▲ 个体在一项心理能力测验上表现良好，并不一定意味着他在另外几项测验上的表现也会是良好的，这一点提示了存在着一种被称为 s 因素（特殊智力）的能力。

▲ 研究发现，在 g 因素和 s 因素之间存在着若干中层能力。

▲ 使用基于数据的研究方法发现，中层能力的数量是 8 种。

▲ 使用基于理论的研究方法发现，也许存在着一些采用标准智力测验而无法测量到的中层能力，例如应用性智力、创造性智力以及情绪智力。在非西方文化背景下，对智力的界定可能是包含着社会反应性和协作性成分的。

非洲人认为，智力高的人应当是谨慎稳重且安静的。"思想在独孤中而神圣"，尼日利亚剧诗人沃莱·索因卡（Wole Soyinka）写道，他由于自己激进的作品而被捕，并在监狱中孤独地度过了将近 2 年的时间。十年之后，索因卡获得了诺贝尔文学奖。

智力从何而来?

没有人一生下来就懂微积分,也没有人一生下来就必须有人教才会眨眼。有些事情是后天习得的,有些事情却不是。但是,人类绝大多数真正有意思的事情都是一种复合产物,其中包含了存在于人类基因中的先天特征以及可以通过后天在环境中学习到的经验。智力就是这些真正有意思的事物之一,它同时受到先天和后天的影响。让我们从智力的先天成分看起。

基因对智力的影响

智力就存在于人们的"血液之中",这种观点伴随了我们相当长的一段时间。例如,在《理想国》中,哲学家柏拉图曾提出,有些人生来就是领袖,有些人生来就是战士,而有些人生来就是商人。但是,直到19世纪末期这一议题才成为科学研究的对象。弗朗西斯·高尔顿爵士(Sir Francis Galton)与查尔斯·达尔文(Charles Darwin)是半个表兄弟,他在科学研究方面的贡献从气象学到指纹学,跨度很大。在自己的晚年,高尔顿(1869)开始对智力的起源产生了兴趣。他对当时社会上一些杰出的家族做了仔细的族谱学研究,收集到了12,000人的测量数据,从头围大小到他们区分音调的能力,不一而足。在著作《遗传的天才》(Hereditary Genius)中,高尔顿总结道:智力是遗传而来的。那么,高尔顿的观点是否正确呢?

针对亲属的研究

智力表现出"家族内的共性"这一事实并不能作为智力受基因影响的有效证据。毕竟,兄弟姐妹们不但基因相似,而且在许多其他方面也都存在着共性。他们通常在同一栋房子里长大,去同一所学校接受教育,读的书也很相似,而且会有很多共同的朋友。家庭成员的智力水平相近是因为他们拥有共同的基因、共同的环境,或者两者兼而有之。如果想要将基因和环

为什么智力测验分数在存在血缘关系的人们之间非常相近?

境因素分离开来,我们需要考察拥有相同基因但环境不同的人在智力测验上的得分(例如,在血缘上是兄弟姐妹但是出生时即被分开在不同的家庭环境中抚育成长),基因不同但是生活环境相同的人在智力测验上的得分(例如,没有血缘关系的人通过领养而成为在一起生活成长的兄弟姐妹),以及基因相同且环境相同的人在智力测验上的得分(例如,有血缘关系且生长在一起的兄弟姐妹)。

在生活中，存在着多种基因相关度不同的血缘关系。当子女的父母相同但生日不同，那么他们的基因有平均 50% 的相似性。**异卵双胞胎（fraternal twin）或称异卵双生子（dizygotic twin）** 是由两个不同的卵子发育而来的，这两个卵子经由两个不同的精子分别受精；这两个孩子虽然在同一天出生，并在同一个子宫内发育，但是他们也只有平均 50% 的基因相似性。**同卵双胞胎（identical twin）或称同卵双生子（monozygotic twin）** 是由一个单独的卵子分裂而来的，这个卵子经由一个精子受精；不同于其他类型的血缘关系，同卵双胞胎彼此复制了对方的基因，因此他们在基因上是 100% 相同的。

心理学家可以利用这些基因相关度上的差异开展研究，探索基因对智力的影响作用。研究发现，如果是在相同环境下长大，同卵双胞胎之间的智商得分存在着高度的相关（$r=0.86$），但是如果在不同的环境下长大，同卵双胞胎之间的智商得分仍然存在着高度的相关（$r=0.78$）。事实上，正如表 10.3 所示，和一起长大的异卵双胞胎相比，同卵

▶表 10.3
不同血缘关系人群之间智力测验成绩相关系数

血缘关系	相同家庭环境？	相同基因（%）	智力测验成绩之间的相关系数（r）
双胞胎			
同卵双胞胎（$n = 4,672$）	是	100	.86
同卵双胞胎（$n = 93$）	否	100	.78
异卵双胞胎（$n = 5,533$）	是	50	.60
父母与子女			
父母—有血缘子女（$n = 8,433$）	是	50	.42
父母—有血缘子女（$n = 720$）	否	50	.24
无血缘父母—领养子女（$n = 1,491$）	是	0	.19
兄弟姐妹			
有血缘的兄弟姐妹（同父同母）（$n = 36,473$）	是	50	.47
无血缘的兄弟姐妹（不同父不同母）（$n = 714$）	是	0	.32
有血缘的兄弟姐妹（同父同母）（$n = 203$）	否	50	.24

来源：Plomin, DeFries, et al., 2001a, p.168

异卵双胞胎（fraternal twin，或异卵双生子，dizygotic twin） 由两个不同的卵子发育而来，这两个卵子是由两个不同的精子分别受精的（见同卵双胞胎）。

同卵双胞胎（identical twin，或同卵双生子 monozygotic twin） 由一个单独的卵子分裂而来，这个卵子是经过一个精子受精的（见异卵双胞胎）。

双胞胎即便在不同的环境下长大，他们的智商相关系数也是更大的。

无论成长的环境是否相同，基因相似的人智商水平更接近，这种现象意味着什么？事实上，两个从未谋面的同卵双胞胎在智力测验成绩上的相关程度，基本上等于同一个人在不同时间两次完成同一个测验！与之相反的是，对于生长在同一环境下却毫无血缘关系的两个人来说，他们的智力测验分数之间只存在着中等程度的相关，相关系数大约是 $r=0.26$（Bouchard 和 McGue, 2003）。相关系数上呈现出的这些模式表明，基因在决定人类智力方面扮演着一个非常重要的角色。我们对此无需惊讶。从一定程度上说，智力就是大脑如何工作的一种因变量，鉴于大脑是由我们的基因决定的，那么如果基因在决定一个人的智力水平上没有发挥重要作用，这才会是出乎意料的。事实上，一条单一染色体上仅仅20个基因的差异就能让人免于患上威廉斯氏综合征。所以，显而易见，基因对智力是有影响作用的。

遗传

然而，基因对智力到底产生了多大程度上的影响作用？**遗传系数**（heritability coefficient，通常使用 h^2 表示）是一种统计指标，用来表示人与人之间智力测验成绩的差异中能够被基因差异解释的比率。对大量来自成年人和儿童研究的数据加以分析，结果显示，智力中的遗传成分大约是 .5，这个数据意味着不同人群之间智力测验分数的差异里有大约50%是基因不同造成的（Plomin 和 Spinath, 2004; Plomin 等, 2013; cf. Chabris 等, 2012）。

图 10.5 **如何提出一个愚蠢的问题**。这四个矩形的面积各不相同。四个矩形的面积差异在多大程度上是由它们的长度造成的，又在多大程度上是由于高度造成的？答案：分别是 100% 和 0%。现在，矩形 A 的面积在多大程度上是由其长度决定的，又在多大程度上是由其高度决定的？答案：这问题真愚蠢。

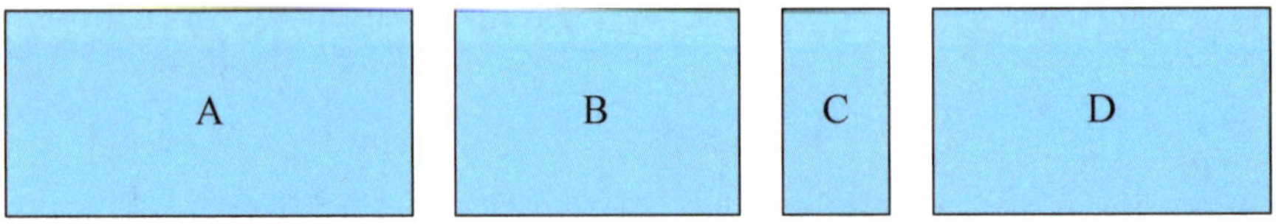

上述说法很容易让你得到如下结论，你的智力一半是由你的基因决定的，另一半是由你的经验决定的，但是，这种观点是错误的。为了理解为什么这种观点是不正确的，请看图 10.5 中的几个矩形。这些矩形的面积明显不同，那么如果有人问你这些矩形在面积上的差异有百分之多少是矩形高度

遗传系数（heritability coefficient） 一种统计指标（通常使用 h^2 表示），用来表示人与人之间智力测验成绩异中能够用基因上的差异解释的比率。

导致的，又有百分之多少是矩形长度导致的，你会准确地说出这些矩形面积的差异100%是长度差异造成的，0%是高度造成的（毕竟，这些矩形的高度都是相同的）。回答得很好。现在，如果有人让你说出矩形A的面积在多大程度上是由A的高度决定的，又有多大程度上是由A的长度决定的，你也会给出正确答案，"这个问题太傻了。"这个问题傻是因为一个矩形的面积是由它的长度和高度共同决定的，不能说是"由"这个还是那个特征决定的。

和上面这个例子相似，如果你要测量在一场篮球比赛中所有参赛人员的智力水平，随后有人问你，这些人在智力上的差异能够被基因解释的百分比是多少，能够被后天经验因素解释的百分比又是多少，你可以很合理地做出推断，这两个因素造成的影响大约各占50%。遗传系数为.5所表达的意义大致就是如此。但是，如果接下来问你，在第17排4号座位上有个发型糟糕且招人讨厌的家伙，他的智力有多少百分比可以被他的基因解释，又有多少百分比能够被他的经验解释，你就会说，"这问题真蠢。"这个问题很蠢是因为特定的某一个人的智力是其基因和经验共同作用的产物——就像一个特定的矩形的面积是由长度和宽度共同决定的一样——于是，不能说一个人的智力受某一个因素的影响更多，另一个因素的影响更少。

遗传系数的意义是，它向我们解释了为什么在某一个特定群体中个体之间存在着智力上的差异，因此，遗传系数的值随着测量群体的变化而变化。例如，对于富裕家庭中的孩子，他们智力的遗传系数大约是0.72，

为什么富裕人群的 h^2 数值要高于贫困人群？

而对于贫困家庭中的孩子，其智力的遗传系数则大约是0.10（Turkheimer等，2003）。怎么会出现这种情况？如果我们假设富裕家庭中孩子的成长环境是大致相似的——也就是说，如果所有家境良好的家庭都为孩子准备了充足的书籍、相当多的空余时间、充足的营养等等其他方面——那么，这些富裕家庭孩子的智力差异就应当全部是由一个因素导致的，这个唯一的因素可以将每一个孩子区分开来，这个因素就是，基因。与富裕家庭的情况相反，如果我们假设贫困家庭中孩子的成长环境是大相径庭的——也就是说，一部分家庭为孩子准备了书籍、空余时间和充足的营养，而另一些家庭则只具备极少甚至是不具备这些条件——那么，两种因素中的哪一种都有可能造成贫困家庭孩子之间的智力差异，这两个因素就是，基因与环境（Tucker-Drob等，2010）。遗传系数的数值还有可能随着被测量群体的年龄变化而变化，在成年人群体中遗传系数的值要大于儿童群体的遗传系数的值（见图10.6），这就说明了，对于任何一对65岁的成年来说，他们生活的环境比任何一对3岁儿童生长的环境相似程度更大。简而言之，当人们生活的环境

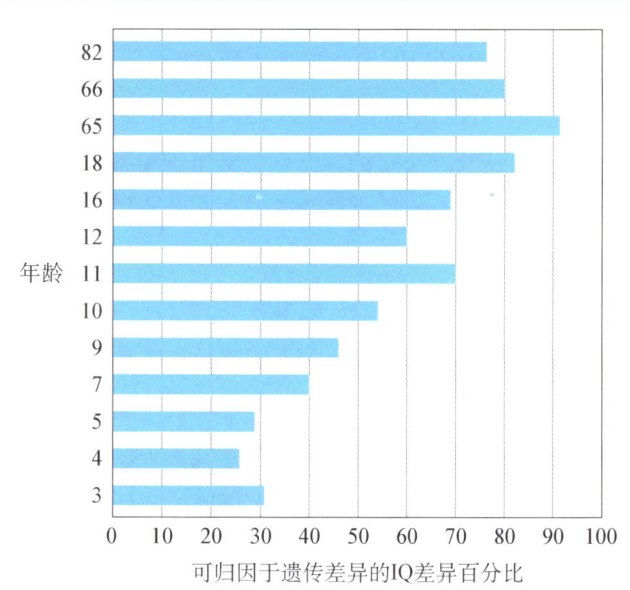

图 10.6 年龄与智力的遗传系数。一般而言，智力的遗传系数随着所测量群体的年龄增长而增加。

是相同的，那么他们在智力上的差异就必然是由基因上的不同所造成的；当人们的基因是相同的，那么他们在智力上的差异就必然是由环境的不同所造成的。这种论调看似荒谬实则是有道理的，而在科幻小说所描绘的完美的克隆世界中，智力（以及其他所有事物）的遗传系数数值只能是 0。

这是不是意味着，在科幻小说的世界里，生活在完全相同的房子里，接受完全相同的饮食、教育、父母抚养等的个体，他们的遗传系数数值就应当是 1.00 呢？也不尽然。两个生活在同一所房子里且没有血缘关系的人，他们的经验只有部分相同而不是所有方面都相同。**共享环境（shared environment）** 指的是，一个生活场所内所有相关成

家庭中第一个出生的孩子会比后续出生的兄弟姐妹智力水平更高。但是，如果第一个孩子在婴儿期夭折，第二个孩子最终的智力水平会和第一个孩子的平均智力水平持平（Kristensen 和 Bjerkedal, 2007）。这一点说明，造成第一个孩子比兄弟姐妹们更聪明的原因在于，他所体验到的家庭环境是不同的。那么，如果乔（Joe）和尼克（Nick）合伙干掉保罗（Paul）……呃，算我什么都没说。

共享环境（shared environment） 一个生活场所内所有相关成员所共同体验到的那些环境因素。

彼得·基斯拉尔（Pieter Gijselaar）身高7英尺（约合2.13米），他比自己绝大多数的朋友都要高——但也没有高出那么多。最近，荷兰政府调整建筑物门高标准，现在荷兰建筑物门高必须是7英尺又6.5英寸（约合2.30米）。

员所共同体验到的那些环境因素。例如，在同一场所内成长的兄弟姐们，他们在富裕程度上处于同一水平，他们能够接触到的书籍数量相同，饮食也相同等等。**非共享环境（unshared environment）** 指的是，一个生活场所内所有相关成员未能共同体验到的那些环境因素。在同一场所内成长的兄弟姐们，他们可能有不同的朋友圈，在学校里的教师不同，而且可能感染到的疾病也不同。这也许就是年龄相近的兄弟姐妹们的智商分数之间相关系数更高的原因（Sundet, Eriksen 和 Tambs, 2008）。在同一场所内被抚养长大只是对两个人的经验和经历相似性的一个比较粗略的测量指标（Turkheimer 和 Waldron, 2000）；因此，双生子研究很可能高估了基因的影响作用，而低估了经验的影响作用（Nisbett, 2009）。正如心理学家艾瑞克·特克海默（Eric Turkheimer, 2000, 第162页）所写的：

> 合理的结论（从大量双生子研究中）是，并不是家庭环境因素对一个人的发展不产生作用，而是在部分家庭环境中兄弟姐妹所接触到的共同因素不产生作用而已。真正起作用的是每一个孩子成长所处的具体的环境，他们的同龄伙伴群体不同，他们所接触到的父母教养的方式也是有所不同的。

环境对智力的影响

美国人相信，每一个人在通往成功的人生道路上都应当拥有相同的机会，所以当听到基因会对智力造成影响时，人们就会被激怒，这其中的一个原因是人们存在一个认识的误区：认为我们的基因就等同于我们的命运——这时候，"基因"就成为了"不可改变"的同义词（Pinker, 2003）。事实上，人类的特质会受到基因的强烈影响，同时也会受到环境因素的强烈影响。一个人的身高是一种遗传特质，这就是为什么都很高的父母生出

非共享环境（unshared environment） 一个生活场所内所有相关成员未能共同体验到的那些环境因素。

来的孩子也倾向于非常高；但是，韩国男孩的平均身高在过去50年中增长了大于7英寸（约合17.8厘米），而原因仅仅是膳食营养水平的改善（Nisbett, 2009）。在1848年时，25%的荷兰男性在应征入伍的时候被军方拒绝，原因是他们的身高低于5英尺2英寸（约合158厘米），但是今天荷兰男性的平均身高已经超过了6英尺（约合183厘米；Max, 2006）。基因也许可以用来解释两个人饮食结构相同但身高不同的现象——也就是说，为什么Chang-sun比Kwan-ho高，为什么Thiji比Daan高——但是，基因无法用来说明这几个男孩子中任何一个人最终可以生长到的实际高度。

　　从这个角度看，智力是不是和身高存在着相似性？阿尔弗雷德·比纳（1909）认为确实如此：

> 有部分当代哲学家认为一个人的智力是一个固定的数值，是无法提升的。我们必须抗议并回击这种粗暴的悲观主义论调……通过实践、训练以及所有可用的方法，我们已经找到了可以有效提高我们的注意力、记忆力以及判断力的途径，与过去的自己相比，我们的智力水平确实可以变得更高。

　　事实证明比纳是正确的。如图10.7所示，智力会随着时间的推移而发生改变（Owens, 1966; Schaie, 1996, 2005; Schwartzman, Gold和Andres, 1987）。对于绝大多数人来说，智力会在青春期和中年阶段不断提升，随后下降。最明显的下降发生在老年阶段（Kaufman, 2001; Salthouse, 1996a, 2000; Schaie, 2005），造成这种现象的原因可能是大脑加工速度的整体减缓（Salthouse, 1996b; Zimprich和Martin, 2002）。与年龄相关的智力下降在某些方面比另外一些方面表现得更加明显。例如，对于词汇、一般性信息以及言语推理测验来

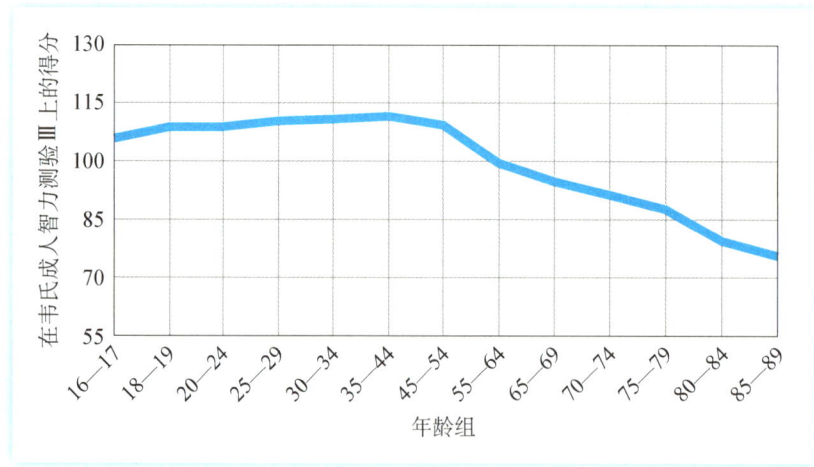

图10.7　绝对智商随时间的变化。数据来源：Kautman, 2001。

说，年龄跨度从 18 岁到 70 岁的人群只表现出了很小的差异，但是当测验是限定时间的、包含抽象材料的、涉及记忆新的材料，或者需要对空间关系做出推理的时候，大多数人会在中年阶段之后出现一个明显的成绩下降（Avolio 和 Waldman, 1994; Lindenberger 和 Baltes, 1997; Rabbitc 等，2004; Salthouse, 2001）。

智力不但会随着生命的进程而变化，而且在代际间也会发生变化。弗林效应（Flynn effect）是詹姆斯·弗林（James Flynn）偶然间发现的现象，它指的是人们的平均智商分数比上一个世纪提高了 30 分（Dickens 和 Flynn, 2001; Flynn, 2012; cf. Lynn, 2013）。今天的普通人比 1900 年时 95% 的人都要聪明！为什么每一代人的智商分数都会比上一代人有所提高呢？一些研究人员将之归功与营养水平的改善、良好的学校教育和家庭养育（Lynn, 2009; Neisser, 1998），而另一些研究人员则提出，智力水平最差的人群难以参与到人类繁衍后代的活动中去（Mingroni, 2007）。但是，绝大多数（包括弗林本人在内）的研究人员相信，工业和技术革命对日常生活本质特征的改变才是原因，这种改变导致人们现在用来准确解决各类抽象问题的时间日益增多，而这些抽象问题正是智力测验所包含的内容——此外，正如我们所知的那样，熟能生巧（Flynn, 2012）。换句话说，你在智力测验上的得分很有可能比你的祖父母要高，就是因为你每天的生活更像是一场智力测验，而过去你祖父母的生活却不是这样的！

现在，几乎可以肯定的是你感到困惑了：虽然智力水平在人的一生中会发生变化，但是一个人在不同时间点两次完成智力测验的成绩之间仍然存在着高度的相关（Deary 2000; Deary 等，2004; Deary Batty 和 Gale, 2008; Deary Batty, Pattie 和 Gale, 2008）。表 10.4 展示了一些研究结果，

105 岁的卡迪嘉（Khatijah，前排右二）家庭五世同堂。根据弗林效应，智力水平会随着代际不断升高。

表 10.4

不同时间测量的智力测验分数之间的相关系数

研究	平均初始年龄（年）	平均追踪年龄（年）	相关（r）
1	1	9	.50—60
2	14	42	.60—80
3	19	61	.70—80
4	25	65	.70—80
5	30	43	.64—.79
6	50	70	.90

数据来源：Deary, 2000.

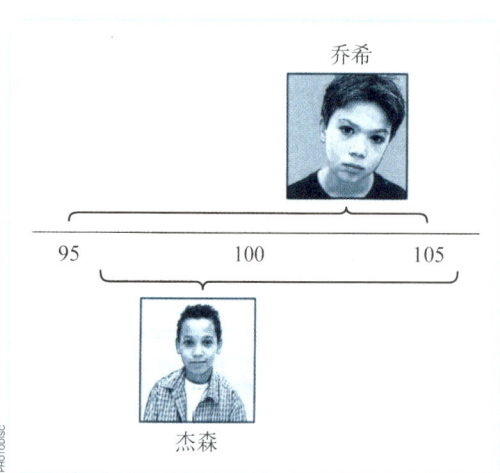

图 10.8 **基因和环境**。基因也许会决定一个人智力水平所在的"范畴"（range），但是环境决定了智力水平落在这个范畴内的具体位置。虽然杰森（Jason）的基因给了他智力水平更高的选择，而乔希（Josh）基因不如杰森，但是两个人后天饮食的差异可以很轻易地导致乔希比杰森获得更高的智力分数。

这些研究均对上述现象提供了证据支持。这是怎么回事？如果人的智力水平是随着时间而变化的，那为什么在儿童时期完成的智力测验和在老年阶段完成的智力测验在成绩上如此密切相关呢？对这个问题的回答是这样的，智力水平确实会随着时间改变，但是这种改变对于每一个人来说几乎是以相同的模式发生的。对于在不同时间完成的智力测验来说，分数之间的高度相关向我们提供的信息仅仅是这样的，人在进行第一次智力测验的时候得到了最好的（或最坏的）成绩，那么他在进行第二次智力测验的时候也倾向于取得最好的（或最坏的）成绩。我们刚才已经以身高为例做了说明。从儿童时期开始到成年期，人们的身体会不断长高，而当身高最高的儿童进入成年期之后，他仍然有可能属于身高最高的成人群体。和身高相似，一个人智力的绝对水平会随着时间而改变，但是他/她与其他人相比的相对智力水平仍然会保持不变。

智力会随着生命进程的不同而改变，并且也会随着代际不同而改变，这些现象表明一个人的智力不是"一个无法提升的固定数值"。我们的基因也许会决定我们的智力处于人群中的哪个区间，但是我们的经验却决定了我们在区间中的准确位置（Hunt, 2011，见图 10.8）。经验中起到最大作用的两个因素分别是：经济水平和受教育程度。

经济水平

金钱也许买不来爱情，但是金钱肯定能买到智力。对一个人智力水平的最佳预测指标之一就是这个人生长的家庭的物质富裕程度——我们称之为社会经济地位（socioeconomic status, SES）。研究显示，在高 SES 家庭长大的人比在低 SES 家庭长大的人智商成绩要高 12 到 18 分（Nisbett, 2009, van Ijzendoorn, Juffer 和 Klein Poelhuis, 2005）。例如，某一项研究对比了在低 SES 家庭出生的子女的情况。在每一个案例中都包含着两名来自同一低 SES 家庭的孩子，一个孩子在亲生父母身边长大，而另一个孩子则会被高 SES 家庭收养，随后在高 SES 家庭中长大。结果发现，平均而言，在高 SES 家庭长大的孩子比他/她同父同母的兄弟姐妹的智商分数要高 14 分左右（Schiff 等，1978）。虽然参加研究的每一个案例中孩子的基因都是相似的，但是他们最终的智商水平却相差甚远，这纯粹只是因为其中一个孩子是在富裕家庭长大的。

那么，SES 究竟是如何对智力产生影响的？其中一种方式是对人的大脑本身产生影响。低 SES 的孩子，他们能够得到的膳食营养和医疗保健护理会较欠缺，这些孩子所体验到的日常生活压力也更大，同时他们更有可能暴露于环境的有毒物质当中，例如空气污染和铅污染——所有这些因素都会损害大脑的发育（Chen, Cohen 和 Miller, 2010; Evans, 2004; Hackman 和 Farah, 2008）。低 SES 损害儿童的大脑发育也许能够解释下面这个问题：为什么在儿童早期便已经历贫困生活的孩子，其智力水平要低于在儿童中期或者晚期才经历贫困生活的儿童（Duncan 等，1998）。

为什么生活富裕的人智力更高？

SES 不但会对大脑产生影响，而且还会对大脑的发育和学习的环境产生影响。智能模拟（intellectual simulation）能够提高智力（Nelson 等, 2007），研究显示高 SES 的家长能够给孩子提供更多智能模拟的机会（Nisbett, 2009）。例如，高 SES 的家长给孩子读书和讲故事的频率更高，而且高 SES 的家长会把故事里面的情节和孩子生活的外部世界联结起来（"比利有一只橡皮鸭。你认识的人里面还有谁有橡皮鸭呢？"；Heath, 1983; Lareau, 2003）。当高 SES 的家长和孩子说话时，他们更加倾向于问一些带有模拟性质的问题（"你觉得一只小鸭子会不会喜欢吃草呢？"），而低 SES 的家长则更加倾向于直接对孩子发号施令（"请把你的鸭子拿开。"；Hart 和 Risley, 1995）。到了 3 岁的时候，高 SES 家庭的孩子听到的不同词汇的数量平均值已经达到了 3 千万，而低 SES 家庭的孩子听到的不同词汇数量的平均值却只有 1 千万，这种情况导致的结果就是，高 SES 家庭的孩子比同龄的低 SES 家庭的孩子了解的词汇要多 50%。家庭环境的智能丰富性也许能够解释，为什么低 SES 家庭的孩子在不用上学的暑假期间会出现智力的下降，而高 SES 家庭的孩子却不会有这种情况发生（Burkham 等，2004; Cooper 等，1996）。显而易见，贫穷是智力的敌人（Evans 和 Kim, 2012）。

受教育程度

阿尔弗雷德·比纳相信，如果贫穷是智力的敌人，那么教育就是智力的朋友。这次，真理再次站在了比纳一边。一个人接受正规教育的程度和他/她的智力水平之间的相关系数是相当大的，数值大约在 $r=0.55$ 到 0.90 之间（Ceci, 1991; Neisser 等, 1996）。相关系数如此之高的原因之一是，聪明的人呆在学校里面的时间更长，但是另一个原因却是，

科学热点

阿呆和阿瓜

就人类大部分历史而言,最聪明的人总是会拥有最多的孩子,这使我们的物种可以获得更多的遗传优势。但在19世纪中叶,这种趋势发生了逆转,最聪明的人生育的孩子越来越少,这种趋势被科学家称之为劣生生育(dysgenic fertility)。这种趋势延续至今。

但是,等一下。如果最聪明的人生的孩子越来越少,且IQ主要受遗传的影响,那么——正如詹姆斯·弗林指出的那样——为什么目前人类的IQ是持续增长的呢?

一些研究猜测有两件事情在同时发生:我们的先天智力在逐代递减,我们后天智力在持续增长。换句话说,我们出生时的大脑能力比我们的父母要弱,但我们的时代和过去不同,从营养到视频游戏都可以极大的促进智力的发展,我们和父母之间微弱的先天智力差异很快就会被填平。但我们如何证明这个假设的正确性呢?

弗朗西斯·高尔顿(Francis Galton)第一个指出,反应时(一个人对刺激做出反应的速度)是能够体现个人心理能力(mental ability)的一个基础指标,他这种思想已经被当代的一些研究(Deary, Der 和 Ford, 2001)所证实。近期,有一组研究人员(Woodley, teNijenhuis 和 Murphy, 2013)追溯和分析了自1884年到2004年间所有能够收集到的人类反应时数

学校同时也会让人变得更加聪明(Ceci 和 Williams, 1997)。当学校教育受到战争、政治运动,或缺少合格教师等因素的影响而受到损害时,儿童的智力水平会出现显著的下降(Nisbett, 2009)。事实上,在一年中出生在1—9月的儿童会比出生在10—12月的儿童早入学整整一年的时间,结果发现,生日在一年中后三个月的人,他们的智力测验分数要低于出生在头九个月的人(Baltes 和 Reinert, 1969)。

是不是只要出现在学校教室里就意味着任何人都能成为天才呢?很不幸,情况并非如此。虽然接受教育可以有效地提高智力水平,但是这种效应却是微小的。有些研究显示,学校教育只是提高了学生应对测验的能力,而不是提升了学生的整体认知能力,而且对应试能力的提高也会在随后若干年内消失(Perkins 和 Grotzer, 1997)。换句话说,教育对提高智力的作用比我们希望看到的似乎要更微弱、范围更狭窄,同时效应持续时间也更短暂(Nisbett, 2009)。这也许意味着,要么教育可能根本对改变智力起不了那么大的

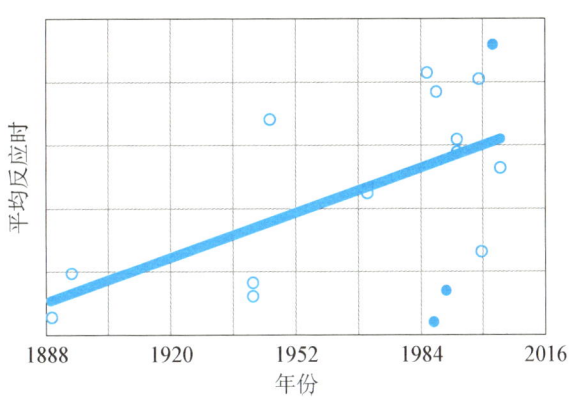

据（其中包括由高尔顿亲自收集的数据），他们的发现是很明确的：自维多利亚时代以来，人类的平均反应时正在逐渐增加（变慢）。上面的图展示了在数个不同年份的不同研究中人类的平均反应时情况。

这是否意味着我们出生时正在变得越来越不聪明，但这种不聪明又因为我们所处时代对智力的大幅度提升而变得微乎其微？也许是，也许不是。我们对过去数据收集的条件不太清楚，并且过去的研究覆盖的人群取样也不能代表所有人类。尽管如此，这个发现也是具有极大意义的——现代生活对我们认知能力的提升作用可能大大超出我们的认识。

教育能够提高智力。但是，不是所有人都能从中受益。例如，在阿富汗，塔利班使用酸性化学物质、枪支和毒药袭击年轻的女孩，阻止她们在学校接受教育。

作用，要么教育对提高智力有着潜在的强大效果，只不过现代学校教育的方式未能很好地实现这一点。这方面的研究倾向于支持后一种观点。虽然绝大多数教育实验——从英才学校（magnet school）和特许公立学校（charter school）到凭单制度（voucher system）再到开端计划（Head Start program）——都未能使学生的智力水平真正地获得实打实的益处，但还是有若干研究取得了相当的成功。这些研究表明，教育确实能够实实在在地提高学生的智力水平，即便事实证明这一点常常难以实现。现在，谁也不知道最优化的教育模式会对智力产生多大的影响，但是，有一点似乎是明朗的，我们当前的教育制度距离最优化的模式还有很长一段的路要走。

基因和环境

基因和环境共同对智力产生影响。但是，对这一结论的解读不应当是认为基因和环境因素是分别起作用的两种独立成分，而是应当把基因和环境看作是智商配方上的面粉和砂糖，它们是混合在一起的。事实上，基因和环境在以一种非常复杂的方式协同作用着，二者之间的界限是模糊不定的。

例如，想象一下有一种基因能够让人喜欢上图书馆灰尘的味道，或者让人对电视机发出的闪光有异常的过敏性。那么，带有这种基因的人很可能阅读更多的书籍，因此也会变得更加聪明。在这种情况下，是基因提高了智力还是环境提高了智力呢？好的，如果人们不具备这种基因的话，那么他们就不会去图书馆，但是如果他们不去图书馆，那么他们也不会变得更加聪明。事实是这样的，基因能够对一个人施加最强有力影响的方式不仅是改变一个人的大脑结构，同时也会去改变一个人所处的环境（Dickens 和 Flynn，2001；Nisbett，2009；Plomin，DeFries，等，2001）。如果一种基因可能赋予一个人良好的社交天赋，那么就可能让她保持和同龄人之间的良好关系，然后可能导致她呆在学校的时间更久，接下来让她成为更聪明的人。那我们能不能把这种基因称为一种"社交基因"或者一种"智力基因"呢（Posthuma 和 de Geus，2006）？我们要将这个人的智力水平归功于她的基因，还是归功于基因为她创造出的这个环境呢？正如这类问题所示，基因和环境对智力的影响作用是相互依存的，先天和后天之间的差异其实并不像第一眼看上去那么清晰。

基因是如何对智力施加影响的？

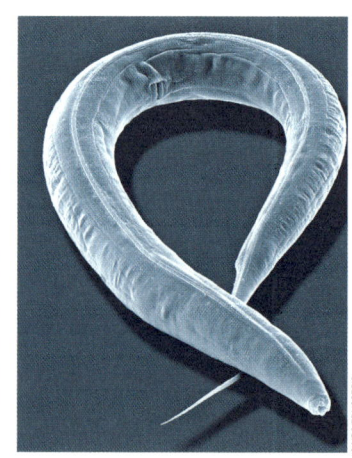

蛔虫身上有一条被称为 NPR-1 的基因，且蛔虫并不喜欢低氧环境，它经常呆在充满着细菌的环境中。因而，这些蛔虫极少被感染。NPR-1 是不是一种健康的基因呢？

> **小 结**

▲ 基因和环境共同对智力产生影响。

▲ 遗传系数（h^2）表示的是，不同的个体在智力测验成绩上的差异在多大程度上是由于他们在基因上的差异所造成的。

▲ 相对智力水平通常会随着时间保持稳定，但是绝对智力水平会随着时间而变化。

▲ SES 会对智力水平产生巨大影响，受教育水平会对智力产生中等程度的影响作用。

谁的智力最高

如果世界上所有人的智力都是相同的，那么这个世界上可能根本就不存在智力这个词。让智力变成一个如此受人关注且至关重要的议题的原因就是，有些人——有些群体——比另一些人/另一些群体的智力要高。

智力水平的个体差异

智商的平均数是 100，我们中绝大多数人——事实上，大约有 70%——智商分数在 85 到 115 之间（见图 10.9）。智商分数比这个大多数人所在的中等区间要高的人，被称之为智力资优（intellectually gifted），智商分数比这个中等区间要低的人，被称之为智力欠缺（intellectually disabled）。处在智力连续体两端的个体有一点共同之处：他们是男

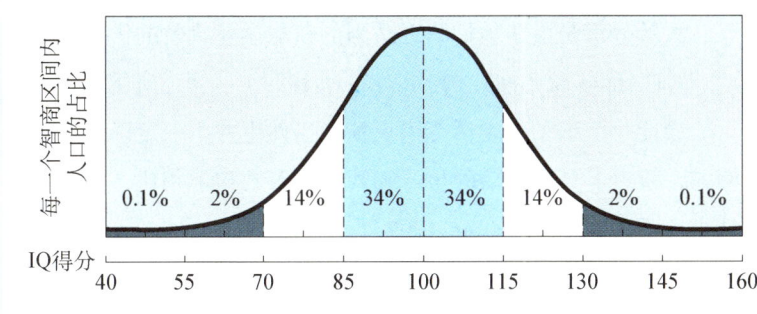

图 10.9 智力的正态分布。智商分数的离差产生了一种正态分布。这张图显示了每一个智商区间内人口的占比。

性的概率要大于女性。虽然男性群体和女性群体的平均智商是相同的，但是男性智商分数分布的变异性要大于女性智商分数的分布，这就说明，在智商分布的最顶端和最低端，出现男性的概率要大于女性（Hedges 和 Nowell, 1995; Lakin, 2013; Wai, Putallaz 和 Makel, 2012）。导致这一差异的并且已经确定的部分原因是，男性和女性的社会化过程是不同的。而这一差异是否是由男性和女性之间存在着的先天生理差异造成的，这种观点至今仍旧是心理学界热议且未能达成共识的议题（Ceci, Williams 和 Barnett, 2009; Nisbett 等, 2012; Spelke, 2005）。

我们这些处于智力连续体中等区间的大多数人，通常会神化那些处于智力连续体最顶端和最低端的人。例如，在影视作品中，这类人通常都会被描绘为"倍受折磨的天才"，这个人（通常是男性）聪明绝顶、富有创造力，但是常常受到人们的误解，意志消沉，还会或多或少有些古怪或怪癖。虽然一些心理学家确实认为富有创造力的天才人物和某些形式的精神病理学之间存在着联系（Gale 等, 2012; Jamison, 1993; cf. Schlesinger, 2012），但是现实情况和好莱坞电影中的大多数情节比起来是相反的：和智力极其低的人相比，智力极其高的人患上精神疾病的概率更低（Dekker 和 Koot, 2003; Didden 等, 2012; Walkei 等, 2002）。事实上，智商分数每下降 15 分，随后患上精神分裂、情感障碍、酒精相关障碍（Gale 等, 2010）以及人格障碍的概率就会提高 50%（Moran 等, 2009）。就好像智力能够阻碍人们患上生理疾病一样，智力似乎也能够让人们远离精神疾病。

文森特·梵高是标志性的"饱受折磨的天才"形象。但是，数据显示，梵高的智力水平相当低，且智力水平不高是和精神疾病相关最显著的因素。

另一个带有强烈好莱坞标签式人物的类型是"智商高但社会适应差的孩子"。事实却是，研究显示，对于智商分数高的儿童来说，他们的社交与周围的同龄人相比并无二致，在这些智商高的孩子身上，任何社会性或情绪性的问题似乎大部分都是由于他们缺乏适当的获取学业成就的机会造成的（Garland 和 Zigler, 1999; Neihart, 1999）。智力资优并不一定会让一个孩子的生活变得更糟，当然也并不一定确保这个孩子的生活会变得更好。例如，智力上具有天赋的孩子和智力中等的孩子相比，更有可能对他们所从事的工作领域做出重大贡献（Richert, 1997; Terman 和 Oden, 1959）。目前还没有人确知为什么儿童时期的优秀资质并不总是能够在成年时期转化为丰硕的成果：也许是因为，智力在促进一个人取得成果方面有着天然的限制，或者也许是因为，教育系统未能帮助资优儿童最大化地发挥他们的天赋（Robinson 和 Clinkenbeard, 1998; Winner, 2000）。

需要指出的一点是，资优儿童极少在所有领域都展现出天赋，他们的天赋会表现在一个单一的方面，诸如数学、语言或者音乐。超过95%的资优儿童会表现出在数学能力和言语能力之间巨大的差异（Achter, Lubinski 和 Benbow, 1996）。由于资优儿童基本上是"单一天赋"的，那么他们也就是单一思维模式的，他们会展现出一种"狂热式的投入"，专注于他们天赋所在的领域。

能够清晰地区分出有天赋孩子的一项指标是什么？

曾经有一位专家指出，"谁都很难把孩子从他们天赋所在的活动中拉走，无论他们的活动是在一件乐器上、一台电脑上、一块素描画板上，还是一本数学书上。这些孩子……对自己领域内的活动过于关注，从而失去了对外部世界的感受"（Winner, 2000, 第162页）。事实上，一些研究提示，具备天赋的儿童与那些不具备天赋的同龄儿童相比，最明显的一个不同就是，他们全心投入自己表现优异领域上的时间数量（Ericsson 和 Charness, 1999）。自然天赋中一个很大的部分也许就是投身于一项单一活动的巨大热情（Mayer 等, 1989; cf. Hambrick 等, 2013）。

智力连续体上的另外一端是智力欠缺的人群，从轻度（50<IQ<69）欠缺到中度（35<IQ<49）、重度（20<IQ<34），再到极为严重（IQ<20）。智商分数处在这个区间的人70%是男性，两种最常见导致智力欠缺的原因是唐氏综合症（Down syndrome，由于人体的第21对染色体的三体变异造成的）和胎儿酒精综合征（fetal alcohol syndrome，由于母亲在怀孕期间饮酒造成的）。这些智力欠缺是非常普遍的现象，智力欠缺通常会对大多数或者所有的认知任务成绩造成损害。关于智力欠缺人群的各种传言不绝于耳。例如，许多人认为智力欠缺的人是有精神疾病的，但是事实却是，智力欠缺人群患精神疾病的概率和普通人相近（Skotko, Levine 和 Goldstein, 2011）。另一条关于智力欠缺人群的传言是，他们都是不幸福的。最近一项关于唐氏综合症患者的调查（Deb, Thomas 和 Bright, 2001）显示，超过96%的患者对自己的生活感到幸福，对自己感到满意，对自己的外貌也感到满意。智力欠缺人群在生活中会面临诸多挑战与困难，而人们对他们的误解是众多问题中最严重的一项。

智力的群体差异

在刚刚进入20世纪时，斯坦福大学教授刘易斯·推孟就已经将比纳和西蒙的研究工作向前推进了一步，并在此基础上研发了目前为人们所知的斯坦福—比纳智力测验（Stanford-Binet Intelligence Scale）。在使用推孟这份智力测验所获得的众多发现之中，有一条是这样的，白种人的智力测验成绩要好于非白种人的成绩。"低等种族是否真的是低等的，或者造成这种情况只是因为，这些人运气不好，缺乏学习的机会？"推孟提出了上述问题，随后他给出了肯定的回答："有些人的愚钝似乎是由于种族所造成的，或者说，至少是受到其家庭出身所影响的。"推孟继而提出，"身处这一群体的儿童应当被分离出来，安置在隔离的班级里面……因为这些孩子难以掌握抽象的内容，但是他们可以被打造成高效率的工人"（Terman，1916，第91-92页）。

一个世纪过去了，推孟的这些文字让我们中的大多数人感到不寒而栗。推孟做出了三条论断：第一，智力受到来自基因的影响；第二，部分种族群体的成员比另一些种族的成员在智力测验上成绩更好；第三，智力测验成绩的差异源自于基因上的差异。事实上，所有当代科学家都同意推孟前两个论断的真实性：智力确实会被基因所影响，并且某些群体确实在智力测验上的成绩要优于另一些群体。但是，推孟的第三个论断——基因的差异是导致某些群体优于另一些群体的原因——却不是事实。实际上，这是一种带有煽动性的推测，引发了轰轰烈烈且辛辣尖刻的争论。关于这个问题，科学会告诉我们什么呢？

在回答这个问题之前，我们应当明确一件事情：智力在群体间的差异并不会在本质上造成棘手的难题。没有人会质疑这件事的可能性：诺贝尔奖获得者的平均智力水平就是要高于皮鞋售货员，包括皮鞋售货员本人在内也不会觉得这有什么问题。另一方面，我们中的绝大多数人确实会被这样的可能性所困扰：某一种性别、种族或者国籍的人可能比另外一种性别、种族或国籍的人智力更高，因为智力是一种具有价值的商品，如果某些群体因为自己无法控制的因素而丧失了这种商品在市场上的竞争力，例如出身和地理因素，这似乎看起来对他们是不公平的。

然而，无论公平与否，这是客观存在的事实。白种人通常在智力测验上的成绩好于拉丁美洲裔人，拉丁美洲裔人又好于黑人（Neisser等，1996；Rushton，1995）。当测验涉及快速提取和使用语音信息、产生和理解复杂文字、精细动作技巧以及言语智力和知觉速度时，女性的成绩通常要好于男性；当测验涉及视觉信息或空间记忆的变形、某些动作技能、对时间与空间做出反应以及在抽象的数学和科学领域做出流畅推理时，男性的成绩通常要好于女性（Halpern，1997；Halpern等，2007）。实际上，智力测验成绩的群体差异"是所有心理学研究发现中被记录最为详尽彻底的"（Suzuki和Valencia，1997，第1104页）。虽然群体之间的平均差异要显著小于群体内部的平均差异，但是，当推孟提出某些群体的智力测验成绩要好于其他群体时，他是正确的。那么，问题就变成了：

为什么？

测验与测验受试者

一种可能性是测验本身存在着缺陷。实际上，最早期智力测验的那些问题的答案，对某一群体（通常是欧洲裔白人）的成员（相对于另一群体成员）来说，是更容易做出回答的，现在几乎没有人质疑这一事实。例如，当比纳和西蒙询问学生，"当一个人侵犯了你，然后要求你原谅他，你应该做什么？"比纳和西蒙期待的答案是类似这样的，"大度地接受道歉"。诸如"要求对方赔偿三头山羊"这样的答案就会被视为错误的。然而，在过去一个世纪之中，智力测验有了长足的发展，人们必须得花点力气才有可能在当代的智力测验题目里面找到像比纳和西蒙测验那样显而易见的文化偏向性（Suzuki 和 Valencia，1997）。除此之外，群体差异仍然会出现在一些考察非言语技能的智力测验之中，例如瑞文推理测验（见图10.4）。现在已经很难再说存在于不同群体之间的智力测验平均成绩上的极大差异是完全——或者说大部分——由于智商测验中的文化偏见造成的。

当然，即便测验问题是非偏向性的，测验情境也可能会造成偏差。例如，研究显示，如果测试要求在答题纸的顶部报告自己的种族，非洲裔美国学生的成绩就会变得更差，原因是这样做会引起非洲裔学生的焦虑（Steele 和 Aronson，1995），这种焦虑来自于确认自己所属种族而引发的刻板印象，并且这种由于刻板印象而引发的焦虑情绪会使这些学生的测验成绩降低（Reeve，Heggestad 和 Lievens，2009）。如果要求欧洲裔美国学生在答题纸上报告自己的种族就不会出现上面的效应。如果在测验时向亚洲裔美国女性提示她们的性别，这些女性在测验中的数学技能成绩通常会相当糟糕，对导致这种现象的原因的推测是，她们知道人们对女性的刻板印象：她们搞不定数学。但是，当同样还是

测验环境是如何影响一个人在智商测验上的表现的？

这些南卡罗来纳州高中的学生们正在参加 SAT 考试。当人们为了自己的种族或性别可能引发的刻板印象而焦虑时，他们的测验成绩就会受到负面影响。

这群女性在测验时被提示她们的种族而不是性别时,她们通常会在测验中表现优异,对导致这种现象的原因的推测是,她们知道人们对亚洲人的刻板印象:特别擅长数学(Shih, Pittinsky 和 Ambady, 1999)。客观上,当女性在参加测验前阅读一篇关于数学能力受到基因的强大影响的文章时,她们在随后的数学测验中成绩就会更加糟糕(Dar-Nimrod 和 Heine, 2006)。这类研究发现提示我们,实施智力测验的情境对于不同群体的成员会产生不同的影响,这可能会造成不同群体的测验成绩差异,而这种群体间差异并不能反映群体之间在智力上客观存在着的差异。

环境与基因

测验情境的偏差也许能够部分解释智力测验成绩的群体间差异,但是可能无法解释全部的群体间差异。如果我们假设,这些差异实际上确实反映了智力测验想要测量的那些能力上的真实存在着的差异,那么是什么造成了这些能力差异呢?

众多科学家已经达成广泛一致意见的是,环境在其中发挥了主要作用。例如,对于非洲裔美国儿童来说,他们出生时的体重更低、膳食营养水平更差、患有长期疾病的比例更高、享受到的医疗服务更少、入学时的学校质量更差。此外,和欧洲裔美国儿童比起来,非洲裔美国儿童生长在单亲家庭的概率是前者的三倍(Acevedo-Garcia 等, 2007; 美国国家卫生统计中心, National Center for Health Statistics, 2004)。非洲裔儿童在智商平均成绩上要比欧洲裔美国儿童低 10 分,人们无需对此大惊小怪,因为两个群体在 SES 水平上存在

环境因素如何能够帮助解释在智力水平上的群体间差异?

着巨大的差距。对这种智商的不同而言,基因是否起到了影响作用?截止到目前,科学家还未能找到对这种结论的支持证据,但是却找到了若干证据来质疑这种结论。例如,平均而言,在非洲裔美国人身上存在着 20% 的欧洲裔基因,但是非洲裔美国人身上的欧洲基因多一点或者少一点都不影响他们的智商水平的高低,这与人们之前的预期不同:欧洲裔基因会让人更加聪明(Loehlin, 1973; Scarr 等, 1977)。与此相似,非洲裔美国儿童和不同种族的混血儿童相比,他们身上带有欧洲裔基因的多少是存在着差异的,但是,当这些孩子被中产阶级家庭领养之后,他们在智商水平上却没有表现出差异(Moore, 1986)。对于智力的群体间差异是由基因差异造成的这种说法,以上这些事实并不能完全排除这种可能性,但是以上事实的确在很大程度上降低了这种可能性。

如果要证明不同群体在行为和心理上的差异是由基因造成的,那么需要提供哪些

证据？科学家们在以往研究中发现，不同群体之间确实存在着生理差异，这种差异能够提供一部分证据。例如，对丙型肝炎患者的处方通常会包括抗病毒药物，欧洲裔美国人比非洲裔美国人能够从这种治疗方案中获得更多的益处。内科医生们曾经认为，造成这种现象的原因是，和非洲裔美国人比起来，欧洲裔美国人拿到药物后服用的可能性更高。但是科学家们近期发现了一种基因，这种基因会让人的身体对抗病毒药物不产生反应——现在来猜一猜，谁拥有这种基因？和欧洲裔美国人比起来，非洲裔美国人身上出现这种基因的概率会高很多（Ge等，2009）。是什么造成了智力的群体间差异？如果想要解决这一争论，科学家们缺少的正是上述这种客观存在于群体间的基因差异的确凿证据。正如最近一位研究人员指出的那样，"没有哪一种单一基因的变异体能够明确无误地与人的智力水平产生关联，或者明确无误地解释健康个体身上随着年龄而产生的智力水平的变化"（Deary, 2012，第463页）。这也许意味着智力会受到许许多多作用极其微小的基因的影响，而不是受到若干主要"智力基因"的左右（Davies等，2011）。如果研究人员能够锁定几种"智力基因"，或者，如果研究人员能够证明这类基因在某一个群体中是普遍存在的，而在另一个群体中是普遍不存在的，只有到了这样的时刻，绝大数心理学家才会信服：基因是可以用来解释群体间的智力水平差异的。实际上，一些专家，例如心理学家理查德·尼斯贝特（Richard Nisbett）相信，关于这种争论的所有种种已经结束了，"白人和黑人之间的智商差异完全不应该用基因加以解释；可测量的环境因素可以对智商差异提供完整的解释和说明"（Nisbett, 2009，第118页）。

提高智力

智商是可以提高的——比如，依靠金钱，依靠教育。但是，绝大多数人不可能随便打个响指就能变得更加富有，并且接受教育也是要花时间的。那么，有没有什么方法可以让普通家长用来提高孩子的智商呢？研究人员最近分析了过去几十年来所有关于这个问题的高水平科学研究（ProLzko, Aronson 和 Blair, 2013），结果发现，有四种手段能够可靠地提高孩子的智力。首先，在怀孕妇女和新生儿的饮食中添加长链多不饱和脂肪酸成分（这种物质存在于妇女的母乳之中），这种方法可以把孩子的智商提高大约4分。第二，让生长在低SES家庭的婴儿参与早期教育活动，这种方法可以把孩子的智商提高大约6分（然而，让人惊讶的是，孩子在年龄幼小的时候参与早教和长大一些再参与早教，在效果上不产生差异）。第三，以互动的方式为孩子读书或阅读，这种方法可以把孩子的智商提高大约6分（在这个方面，家长越早开始亲子共读，效果就越好）。第四也是最后，把儿童送到学前班，这种方法可以把孩子的智商提高大约6分。显而易见，确实还是有一些方法可以为家长所用，让自己的孩子更加聪明。

也许以上所有方法在未来都能够被简化。认知强化剂（cognitive enhancer），作为一种药物，能够优化智力行为背后的心理加工过程。例如，利他林[①]（Ritalin、派醋甲酯）和阿得拉[②]（Adderall，混合苯丙胺盐）这类兴奋剂能够提高人们的认知表现（Elliott等，1997; Halliday等，1994; McKetin等，1999），这也是为什么使用这种药物的健康学生的数量在过去数年内不断增加。调查结果显示，有将近7%的美国大学生会使用兴奋剂处方药来强化自己的认知，在某些校园里，学生服药的比例甚至高达25%（McCabe等，2005）。这些药物能够提高人们集中注意的能力、处理工作记忆中信息的能力，以及灵活控制反应的能力（Sahakian和Morein-Zamir, 2007）。另一类提高人们认知成绩的药物称为安帕金（ampakines; Ingvar等，1997）。莫达非尼[③]（Modafinil）就是安帕金类药物的一种，研究在年轻且健康的实验志愿者身上发现，这种药物能够促进短时记忆和组织计划能力（Turner等，2003）。

当然，我们应当要对滥用这类药物而感到忧心忡忡了。然而，通过服用药物而强化认知和使用其他方式强化认知之间的差异并非是泾渭分明的。正如一些杰出的科学家（Greely等，2008, p. 703）最近指出的那样，"就强化剂而言，这些药物也许看上去是各不相同的，它们通过各自不同的方式来改变大脑的功能，从而产生药效，但是现实却是，任何类型的干预方式都能够起到认知强化剂的作用。近期的研究发现，体育锻炼、充足的营养、睡眠，以及学习和阅读，这些都可以使大脑神经产生有益的变化。"换句话说，如果药物和体育锻炼都可以通过改变大脑功能而强化认知，那么这二者之间的差别究竟在哪里？另一些科学家相信，过不了多久这个问题就会变得没有意义，因为强化认知在将来不但可以通过改变大学生大脑中的化学过程，而且还可以通过改变人们出生时的大脑基本结构来实现。通过对基因的操纵而控制脑中海马体的发育，科学家已经

如何能够提高你的下一代的智力？

[①] 利他林，别名利他灵，为中枢兴奋药，多用于治疗儿童多动症、注意力不足过动症，服用后能促使患儿增强自我控制能力。由于其在"改善注意力、记忆力和反应速度"方面有一定作用，被不少人误用为"聪明药"。——译者注

[②] 阿得拉，一种控制中枢神经的西药，含有安非他命。甲基安非他命可以增加体力消耗，同时抑制食欲。用药后精神异常兴奋，可能会导致激动不安和暴力行为。长期服用会对中枢神经系统造成一定损害。此外，阿得拉具有一定的上瘾性，有可能引发精神问题。——译者注

[③] 莫达非尼，一种兴奋剂，该药原先只被限定用于治疗严重的嗜睡症，1998年被美国食品及药物管理局批准上市。——译者注

创造出了一种被称为"聪明鼠"的鼠类分支，这种"聪明鼠"具有异常优异的记忆和学习能力，导致科学家提出了这样的结论，"通过基因强化剂提高哺乳动物的心理特性和认知特性是可行的，例如智力和记忆能力"（Tang等，1999，第64页）。虽然，现在还没有什么人发明出一种安全且强效的"聪明药丸"或者"聪明基因疗法"，但许多专家相信，在接下来的几年里，这是会发生的（Farah等，2004；Rose，2002；Turner和Sahakian，2006）。当这些真的成为了现实的那一天，我们需要的是拥有真正的智慧去了解如何才能对这些方法加以掌控和合理的使用。

其他声音　科学如何让你变得更好

智力，通常意味着更幸福的生活。人们普遍认为可以通过完善的教育和健康的饮食来提高智力。但另一方面，智力也可以通过药物手段强化，并且人们相信在不久的将来，可以通过更强大的科技提高智力。但这也随之带来一些负面问题和道德讨论，比如，谁可以优先使用这种科技？作者戴维·尤因·邓肯认为我们目前就应该回答这个问题——在年龄延长真正实现之前。以下是他在《纽约时报》（*The New York Times*）上发表文章的节选。

在过去的数十年间，通过谈话和演讲，我向上千人问过一个假设性的问题："如果我给你一种药丸，能让你的孩子记忆力提升25%，你会让他吃吗？"这项非正式调查的结果是，超过80%的人选择"不"，一种一边倒式的结果。

我继续提问，"如果这药片是安全的，并且可以帮助你孩子的成绩从平均B提升到A呢？"人们出现了一点小小的兴奋和紧张，并且开始观察周围的人如何表态，最后有一半的人选择了"是"（同时很多人弃权）。

然后当我问出"如果其他所有的孩子都吃了这药片呢？"人们的紧张消失了，并且几乎所有人都同意给孩子使用。

当前，并没有这种可以提升人智商25%的药片存在。神经科学家告诉我有医药公司正在进行针对痴呆和记忆丧失患者记忆力提升药物的初步人体实验。没有人知道这些药物对健康人是否有记忆改善作用，但我相信将来肯定会研发出这种药物的。

更有趣的观点则指出，超级记忆或超级注意力药丸有一天或许会用于一些需要精神高度集中的工种，比如飞行员、外科医生、警察——或者美国的首席执行官们。生命伦理学家托马斯·墨瑞（Thomas H. Murray）表示，事实上，也许是我们需要这部分人服用这种药。墨瑞先生是黑斯廷斯中心（The Hastings Center）的前任主席，这是一家生命伦理学研究机构；墨瑞先生表示，"对于一个外科医生而言，如果他不服用既安全又能让他的双手保持稳定性的药物，也许这才真的是不道德的。这就像医生使用未经消毒的手术刀一样。"……

多年以来，科学家对动物进行基因操纵，以提高它们神经系统的表现、强度和敏捷性，以及实现其他的增强功能。通过使用"基因疗法"直接改变人类的DNA目前仍然是危险的，并且面临着各种伦理上的挑战。但是，也许可能的方案是，研发可以改变与基因相关的酶或蛋白质的药物，从而提升人类大脑包括速度、耐力、多巴胺水平等在内的神经性能。

合成生物学家主张，细胞和基因重塑也许有一天可以帮助人们消除疾病，小部分人甚至相信我们通过定制的方式来塑造人类。其他人则相信，干细胞也许有一天可以用来制造鲜活的大脑、心脏或肝细胞，从而加强或改善这些器官的细胞以及其他器官的细胞。

不是所有的强化都是借助高科技或侵入性的。神经科学家发现，用于训练和发展认知能力的神经反馈和视频游戏，冥想和节食、运动以及睡眠的改善均可以提升大脑能力。来自加利佛尼亚大学的神经科学家亚当·贾乐利（Adam Gazzaley）在旧金山指出，未来我们将看到一种融合这些技术的成果。他正在与卢卡斯艺术[①]（Lucas Art）的开发者和工程师合作研发一种大脑改善游戏。

对于将要来临的"强化时代"来说，除了基本的安全性问题以外，它所面临的伦理挑战包括，哪些人可以获得这种强化剂，费用多少，以及哪些人会通过使用这类强化剂而领先于他人等。当今社会已经呈现出了巨大的贫富差异，如果只有富人才可以负担得起这种生理的、基因或仿生学的强化，那么民主的平等特性将会面临着严峻的挑战。对于生而为一名人类的意义，强化剂也将会提出挑战。

无论如何，强化剂正在向我们逼近，它的脚步难以阻止。真正的问题是，一旦强化剂变得无法抗拒的时候，我们应当拿它怎么办。

摘录自纽约时报，2012年11月3日

[①] 卢卡斯艺术是由《星球大战》（*Star Wars*）系列电影的总监乔治·卢卡斯（George Lucas）于1982年创立的，是业内为数不多的老牌游戏开发商兼发行商之一。2013年卢卡斯艺术公司关闭。——译者注

小 结

▲ 某些群体在智力测验上的表现优于另一些群体，因为（1）测验情境对某些群体会造成负面影响，而对另一些群体则不会；（2）某些群体生活在不太健康且刺激不足的环境之中。

▲ 目前没有可靠的证据显示，群体之间智力的差异是由基因差异造成的。

▲ 若要区分基因和环境对智力的影响是相当困难的。例如，基因能够通过将有机体引向某种环境而影响有机体的行为。

▲ 智力和精神健康相关，那些富有天赋的儿童在适应环境方面与同龄人无异。

▲ 人类的智力能够暂时性地被认知强化剂提升，例如利他林和阿得拉，人类的智力是无法永久性地因为基因操纵而提升的。

本章回顾

关键概念小测试

1. 以下哪个能力不属于已知智力的特点？
   a. 指导思想的能力
   b. 适应环境的能力
   c. 照顾自己的能力
   d. 从经验中学习的能力

2. 智力测试_____。
   a. 最初用于帮助那些落后于同龄人的儿童
   b. 用于衡量先天才能而不是后天教育结果
   c. 曾用于不好的目的
   d. 以上都是

3. 通过智力测试可以预测_____。
   a. 学业成就
   b. 心理健康
   c. 生理健康
   d. 以上都是

4. 在一项心智能力测试中得分较高的人通常也在其他测试中得分较高，这意味着_____。
   a. 各种心智能力测试之间高度相关
   b. 智力测试是无意义的
   c. 智力是一种一般能力
   d. 智力是由遗传决定的

5. 双因素理论认为智力是综合能力和_____

的结合。

   a. 因素分析能力

   b. 特殊能力

   c. 基本心理能力

   d. 创造性智力

6. 大多数科学家现在相信智力是_____。

   a. 一系列因素的组合

   b. 两因素结构

   c. 单一的整体的能力

   d. 三层级结构

7. 标准智力测试一般用于衡量_____。

   a. 分析性智力

   b. 应用性智力

   c. 创造性智力

   d. 以上全是

8. 智力可以被以下哪些因素影响?

   a. 只有基因

   b. 基因和环境

   c. 只有环境

   d. 不是基因也不是环境

9. 遗传系数是用于描述不同人智力得分之间的差异在多大程度上可被_____解释的。

   a. 测试本身

   b. 环境差异

   c. 基因差异

   d. 测试时的年龄

10. 智力在以下什么情况下会发生变化?

    a. 随着个体生命的发展,在不同世代之间。

    b. 随着个体生命的发展,但不发生的世代之间。

    c. 不同世代之间,但不随个体生命发展而变化。

    d. 既不在世代之间,也不随个体生命发展而变化。

11. 一个人的社会经济身份对智力的影响_____。

    a. 很大

    b. 微不足道

    c. 无事实根据的

    d. 不知道

12. 下面哪种表述是错误的?

    a. 现代智力测试有很强的文化偏见。

    b. 测试情境更容易影响一些人群的测试结果。

    c. 测试结果会受到受测者固有的种族或性别刻板印象的影响。

    d. 一些民族的智力测试表现会优于其他民族。

13. 科学家们对以下哪句话存在着共识?

    a. 不同种族之间智力测试的得分差异是由于种族间基因差异造成的。

    b. 某些因素对不同种族之间智力测试的得分差异影响不同,例如时的低体重和较差的饮食。

    c. 不同种族之间智力测试的得分差异更加真实地反应了智力之间的差异。

    d. 在有些群体中,基因和智力的关系更加密切。

14. 天才儿童更容易_____。

    a. 在几个领域中都有天赋

    b. 在某一个领域中有天赋

    c. 在成年后丧失天赋

    d. 相对更快转变兴趣所在

关键术语

| 智力 | 比率智商 | 离差智商 | 因素分析 |
| 智力的两因素理论 | 流体智力 | 晶体智力 | 情绪智力 |

异卵双胞胎（或称异卵双生子）　　　　　　同卵双胞胎（或称同卵双生子）

遗传系数　　　　　　共享环境　　　　　　非共享环境

> 转变观念

1. 在生物课上，话题谈到了遗传。教授描述了一种"道格"鼠（"Doggie" mouse）。在20世纪90年代的电视剧里，尼尔·帕特里克·哈里斯（Neil Patrick Harris）扮演的一位天才儿童叫做（Doggie Howser）道格·霍瑟，道格鼠就是以此命名的。道格鼠经过了遗传改造使得它们比其他在遗传上未经改造的老鼠更加聪明。你的同班同学转过头来向着你。"这个我知道"，她说，"毕竟，就是存在着一种'聪明基因'——有些人身上有，有些人身上没有，这就是为什么有些人聪明，有些人就不聪明。"关于遗传对智力的影响，你将会和她说些什么？除了基因之外，还有哪些因素会在决定一个人的智力水平上起到重要作用？

2. 你一个朋友和你谈起了自己的姐姐。"我们之间是非常强烈的竞争关系"，他说，"但是，她更聪明一点。在我们俩还小的时候，都做了智商测验，她分数是104，但是我只有102。"关于智商分数和智力之间的关系，你会和你的朋友说些什么？智商分数真正意味着什么？

3. 一位演说家到访你们大学后发现，在学术圈依旧存在着性别差异；例如，在全国的数学系里，助理教授中只有26%是女性，而正教授中只有10%是女性。你一个同班同学对这个统计结果并不感到吃惊："女生在数学上就是不如男生，"他说，"所以，很少有女生选择数学相关的领域发展事业也毫不奇怪。"基于你在本章读到的关于智力性别差异的内容，为什么女性在数学或者科学测试上比男性表现要差，即使是这两个群体实际上拥有相似的能力水平？

4. 你的一位表亲有一个年轻的儿子，她对这个孩子所取得的成绩感到非常自豪。"他特别聪明"，她说，"我知道这一点，因为他的记忆力特别好：他在所有的词汇考试中都是满分。"词汇考试中测量的是哪种技能？虽然这些技能对于智力来说是重要的，但是还有哪些能力也是一个人总体智力水平的组成部分？

> 关键概念小测试答案

1. c；2. d；3. d；4. c；5. b；6. d；7. a；8. b；9. c；10. a；
11. a；12. a；13. b；14. b。

需要更多帮助？更多资源请访问LauchPad，

网　址：http://www.worthpublisher.com/lauchpad/schacter3e

第 11 章
发展

▲ **妊娠期：子宫有话说** _572
妊娠阶段的发展 _573
妊娠环境 _575
其他声音　男人，谁需要他们？ _576

▲ **婴儿期与儿童期：成为一个人** _579
知觉与动作发展 _579
认知发展 _582
科学热点　摇篮里的统计学家 _586
社会性发展 _596
现实世界　走这里 _597
道德发展 _604

▲ **青春期：对鸿沟的意识** _611
青春期的延长 _613
性 _616
父母与同龄人 _620
科学热点　历史错觉的终结 _623

▲ **成年期：自己也难以置信的变化** _624
变化中的能力 _624
变化中的目的 _626
变化中的角色 _629
其他声音　你终将死去 _632

母亲叫他阿迪（Adi），对他充满慈爱，但是父亲对他就没那么温和了。后来他姐姐回忆道："阿迪极尽所能地挑战父亲的权威，换来的却是父亲每天的痛打……另一方面，伴随着母亲的亲吻、爱抚和尽可能的关爱而来的是父亲的严厉管教。"虽然父亲希望阿迪能成为一名公务员，但是阿迪真正热爱的却是艺术，只有母亲默默地支持着他这种高雅的兴趣。在阿迪 18 岁那年，母亲被诊断为癌症晚期，母亲去世的时候，阿迪的心都要碎了。

然而，留给阿迪哀伤的时间却极少。正如他日后写道的那样："贫穷和残酷的现实迫使我必须马上做出决定。我面临的问题是如何想办法维系生计。"阿迪决心以艺术家为职业养活自己。他向艺术院校提出了入学申请，但是被干脆地拒绝了。阿迪承受着丧母之痛又身无分文。他在街头游荡了五年之久，睡在公园的长椅上，住在流浪收容所，吃在救济贫民的流动厨房；与此同时，他还在竭尽全力地推销着自己的素描和水彩画作。

在接下来的短短10年间，阿迪得到了他梦寐以求的名声，甚至还有更多的东西。今天，收藏家们为求他的画作一掷千金。持有阿迪作品最多的收藏家是美国政府，这些作品被锁在华盛顿特区的一个房间之内。收藏馆长玛丽露·吉尔恩斯（Marylou Gjernes）曾经评论说，"我常常看着这些画作沉思，'如果？如果他被艺术学校录取？第二次世界大战还会爆发吗？'"吉尔恩斯馆长的这个疑问不无道理。对于这位艺术家，母亲叫他阿迪，而其他人所熟知的名字却是阿道夫·希特勒。

一个20世纪最大的人类大屠杀刽子手、一个热爱绘画的温和男孩、一个照顾病重母亲的富有同情心的少年，以及一个为了追求理想专注于艺术而忍受着饥寒交迫的年轻人，为什么人们很难将这些角色联系在一起？毕竟，如今的你已经不同于出生时，奇怪的是你仍未定型。从出生到婴孩、从幼儿到少年、从青年到晚年，人类随着岁月变迁不断变化。在容貌外形、所思所想、所感所受以及行为方式方面，人类的发展不但会发生巨大的转变，同时也具备了显著的稳定性与一致性。**发展心理学（development psychology）** 是一门研究人类毕生连续性与变化性的学科。关于这种变化，在过去的一个世纪中发展心理学家们已经探索并发现了一些真正令人惊异的事实。

让我们从你的生命之初开始。我们首先关注的是在受孕到出生之间的9个月时间，看一看在出生前的胎儿期所发生的事将会为以后的日子打下怎样的基础。然后，我们关注的是儿童期的你，在这段时间里，一个人必须学会如何审视和思考这个世界以及自己与这个世界之间的关系，如何理解他人并与他人构建关系，区分什么是对什么是错。第三，

阿迪的画作风格多样，包括如本图中的风格写实、构图良好的水彩画。2013年的一次拍卖会上，他的一副画作被拍出了4万美元。

发展心理学（development psychology） 一门研究人类毕生连续性与变化性的学科。

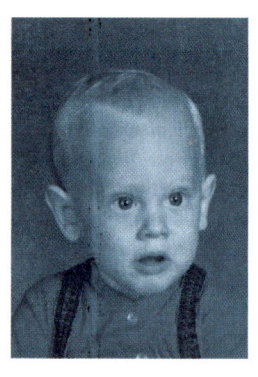   

出生到婴孩、幼儿再到成年，人类既展现出了连续性同时也表现出了变化性。

我们关注的是一个相对较新的发现，即青春期，在这一时期，儿童开始变得具有独立性并且开始出现第二性征。最后，我们关注的是成年期，在这一时期人们通常会离开自己的父母，寻得伴侣，并生育下一代。

妊娠期：子宫有话说

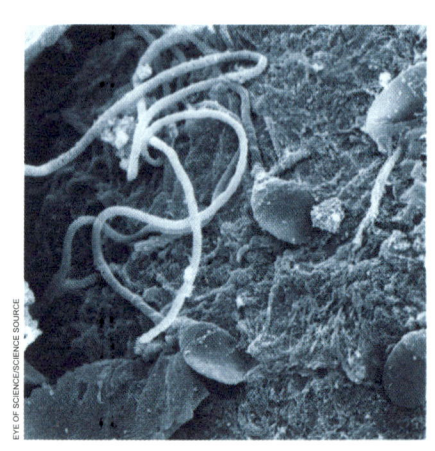

这张电子显微镜照片显示了若干人类精子，其中一个精子正在与卵子受精。与许多人想的不同，受精不是即刻发生的。受精的过程通常在性行为之后1—2天发生，甚至可以在性行为之后5天仍然可以发生。

你可能从出生之日起计算自己的年龄。但是，事实却是你在出生之时就已经9个月大了。产前阶段的发展终止于出生那一刻，开始于9个月前大约2亿个精子的漫漫征途，这场征途以女性的阴道为起点，途经子宫，然后到达输卵管。这是一场危险的征途。许多精子由于自身缺陷导致活力不足，无法向前游动；另一些则被困在一场精子的大堵车之中，因为有太多的精子在同一时间朝着同一方向游动着。当然，那些历经艰难后成功通过子宫的精子有很多会走错方向，它们最终到达的是没有卵子的那一侧输卵管。事实上，2亿精子之中只有大约200个能够成功到达有卵子的那一侧输卵管，到达与卵子足够接近的距离，释放出消化酶从而除去卵子外面的保护层。第一个精子成功穿透卵子外层的那一刻，卵子就会释放出一种化学物质将自己的外层包裹起来以阻止再有其他精子进入。在战胜了自己1 999 999 999个最亲密的伙伴之后，这位独一无二的胜利者会褪掉自己的尾巴，然后使卵子受精。在大约 12 个小时之后，卵子将会与精子的细胞核结合，随后一个独特的人类个体就开始了产前发展。

妊娠阶段的发展

受精卵（zygote）就是一个受精之后的卵子，包含了来自一个卵子和一个精子共同的染色体。自受精成功那一刻起，一颗受精卵和它的最终形态——人——存在一个共同之处：性别。人类的每一个精子和每一个卵子都包含着 23 条染色体。其中一条染色体（第 23 条）有两种变体，即 X 和 Y。一个卵子通常带的是 X 染色体，但是一个精子有两种可能，要么是带一条 X 染色体，要么是带一条 Y 染色体。如果卵子由带一条 Y 染色体的精子受精，那么受精卵的性别就是男性（XY）；如果卵子由带一条 X 染色体的精子受精，那么受精卵的性别就是女性（XX）。

胚种阶段（germinal stage）指的是受孕之后 2 周的这段时间。在这个阶段，单细胞形态的受精卵会分裂成两个细胞，然后分裂成四个细胞，然后八个细胞，以此类推。到了婴儿出生之时，身体包含了数以万亿计的细胞，每一个细胞都是从最初的这一个受精卵发育而来，每一个细胞都带有一个包含着 23 条自精子而来的染色体集以及一个包含着 23 条自卵子而来的染色体集。在胚种阶段，受精卵再次途径输卵管，随后到子宫壁上着床。这又是一次艰难的旅程，大约有半数的受精卵都无法完成这一过程，或是因为受精卵的自身缺陷，或是因为子宫内的有些部分无法让受精卵着床。对于男性受精卵而言，这一旅程更加难以完成，但目前还不清楚这一现象背后的原因（虽然有些喜剧演员曾经调侃，那是因为男性受精卵特别不愿意停下来问问路）。

妊娠期包含哪三个阶段？

一旦受精卵成功使自己在子宫壁上着床，便可以称为胚胎了，一个新的发展阶段也随之开始了。**胚胎阶段**（embryonic stage）指的是从第 2 周开始到第 8 周这段时间（见图 11.1）。在这个阶段，胚胎继续分裂，细胞也开始分化。胚胎此时只有大约 1 英尺长，但已经有了心跳并发育了一些身体部分，例如胳膊和腿。带有 XY 染色体的胚胎开始产生一种叫做睾丸激素的荷尔蒙，促使胚胎的生殖器官男性化。

在大约 9 周的时候，胚胎有了一个新名字：胎儿（fetus）。**胎儿阶段**（fetal stage）

受精卵（zygote）　一个受精之后的卵子，包含了来自一个卵子和一个精子两方的染色体。
胚种阶段（germinal stage）　受孕之后 2 周的这段时间。
胚胎阶段（embryonic stage）　从第 2 周到第 8 周这段时间。
胎儿阶段（fetal stage）　从第 9 周开始到出生这段时间。

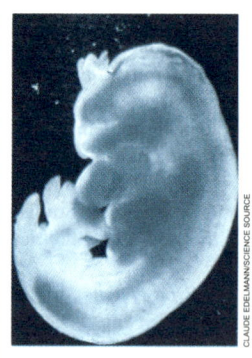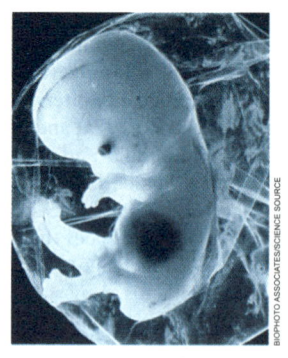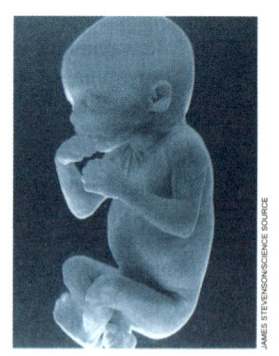

图 11.1 人类在出生之前的 9 个月妊娠期会经历极大的发展。这些图片展示了胚胎在 30 天时（和一颗罂粟种子一般大小），在 8 到 9 周时（和一个橄榄一般大小），以及胎儿在 5 个月时（和一颗石榴一般大小）。

指的是，从第 9 周开始到出生这段时间。胎儿已长出骨架和肌肉，具备动作的能力。在皮肤之下发育出了一层绝缘的脂肪，消化系统和呼吸系统也成熟了。在受孕之后的第 3、4 周前后，那些最终会发育成大脑的细胞分裂的速度极快，在 24 周前后完成这个过程。在胎儿阶段，大脑细胞开始出现轴突和树突，使得大脑细胞之间可以相互联系。这些细胞还会开始经历另一过程（见"神经科学与行为"一章）：**髓鞘化（myelination）**，即在神经元轴突外形成一层脂肪鞘。就像包裹在电线外面的那层绝缘塑料，髓磷脂确保了每一个大脑细胞的绝缘性，防止沿轴突传输的神经信号外泄。这个过程从胎儿阶段开始，需持续数年；例如，大脑皮层的髓鞘化过程就会一直延续至成年期。

虽然大脑在胎儿期经历了快速且复杂的发育过程，但是人在出生时的大脑体积与成年时的大脑体积还是相去甚远。新生的黑猩猩大脑接近成年黑猩猩大脑体积的 60%，而人类新生儿大脑只有成年人大脑体积的 25%，也就是说人类大脑 75% 的发展是在母体子宫之外发生的。为什么人类出生时的大脑是这种未发育完全的状态呢？

首先，成年人类头部很大。如果人类新生儿的头部是成年人大小的 60% 的话——就像新生的黑猩猩那样——那么人类就极难出生了，因为假如孩子头大，就很难通过母亲的产道。其次，我们人类最卓越的天赋之一就是，拥有适应大量各种各样新异环境的能力，无论是不同的自然环境、社会环境或是其他环境。已经发育完备的大脑也许能够适应环境的需求，但也可能无法适应。与其出生时带着这样既定的大脑，人类还不如把大脑发育的大部分任务放到自己以后最终要适应并生存的那几种主要环境之中去。事实是，我们带着这种未发育完备的大脑出生，在我们接下来需要生存的独特社会和物理环境中，大脑得到了特异性的塑造，这正是人类具备极大适应性的

为什么人类出生时的大脑为发育完备？

髓鞘化（myelination） 在神经元轴突外形成一层脂肪鞘。

主要原因之一。

妊娠环境

子宫是一个对发育产生显著影响的环境（Coe 和 Lubach, 2008; Glynn 和 Sandman, 2011; Wadhwa, Sandman 和 Garite, 2001）。例如，在生理上，胎盘是通过血流将母亲和胚胎或胎儿联系起来的，通过胎盘某些化学物质能够完成交换。这就是为什么在妊娠期女性的饮食会影响到未出生孩子的原因。妊娠期母亲营养不良通常会造成孩子的各种生理问题（Stein 等，1975）和心理问题，其中最突出的就是会增加孩子患精神分裂症和反社会人格障碍的风险（Neugebauer, Hoek 和 Susser, 1999; Susser, Brovvn 和 Matte, 1999）。妊娠期女性的饮食还会塑造孩子的饮食偏好；研究显示，当婴儿在母亲子宫期间，母亲吃什么，婴儿就会倾向于喜欢吃什么食物和香料（Mennella, Johnson 和 Beauchamp, 1995）。

然而，影响胚胎的并不只有母亲的饮食。女性几乎所有吃的、饮用的、通过呼吸的、注射的、吸嗅的、吸食的，以及在皮肤上涂抹的东西都能够透过胎盘影响到孩子。损伤发育的物质被称作**畸胎剂（teratogen）**，字面上的意思就是"魔鬼制造者"。畸胎剂包括环境毒素，例如水中的铅、空气中油漆挥发出来的烟尘或者残留在鱼身上的汞，但是最常见畸胎剂却是可以在 7-11 便利店买到的酒。**胎儿乙醇综合征（FAS）**是一种发展型障碍，由于母亲在妊娠期酗酒所致，患有 FAS 的儿童身上会出现多种大脑异常和认知障碍（Carmichael Olson 等, 1997; Streissguth 等, 1999）。有些研究显示，适度少量饮酒不会对胎儿造成伤害，但是人们对喝多少叫做适度少量却没有达成共识（Warren 和 Hewitt, 2009）。但是，所有人都同意"滴酒不沾"才是绝对安全的剂量。

烟草是另一种常见的畸胎剂，其所带来的危害人所共识。大约 20% 的美国母亲在怀孕期间仍在吸烟（美国物质滥用和精神卫生管理局，Substance Abuse and Mental Health Service Administration, 2005）。这些母亲导致每年有 50 万的婴儿出生时身长小于正常标准（Horta 等, 1997）。此外，这些婴儿在儿童期出现知觉和注意力问题的风险也更高（Espy 等，2011; Fried 和 Watkinson, 2000）。即便是二手烟也会造成婴儿出生时体重的降低以及在注意力与学习方面的缺陷（Makin, Fried 和 Watkinson, 1991; Windham, Eaton 和 Hopkins, 1999）。相对于胎儿阶段而言，孩子在胚胎阶段更易受到畸胎剂的伤害。然而，在女性整个妊娠阶段，诸如中枢神经系统等生理结构都会受到畸胎剂的影响。一些研究显示，如果全美所有的怀孕女性全部戒烟，那么死胎率将会降低 11%，新生儿死亡率也将

畸胎剂（teratogen） 损伤发育的物质，例如药物和病毒。
胎儿乙醇综合症（fetal alcohol syndrome，FAS） 一种发展型障碍，由于母亲在妊娠期酗酒所致。

> **其他声音** 男人，谁需要他们？

格雷格·汉普伊基安（Greg Hampikian）是美国博伊西州立大学（Boise State University）生物与犯罪学教授，爱达荷州清白计划（Idaho Innocence Project）主任。

本书的所有作者都是男性，所以我们非常乐于见到男性继续生存下去。然而，生物学家格雷格·汉普伊基安（Greg Hampikian, 2012）一篇不必太当真的短文相当到位地解释了为什么就我们人类这一物种的延续而言，仅仅从生物学角度看，男人是如此的不重要。

……随着生育选择的日益增多，我们估计会看到越来越多的女性选择完全不需要男人的生育方式。幸运的是，只由女性单独抚养的儿童的数量正在增加。正如普林斯顿的社会学家萨拉·麦克拉纳罕（Sara S. McLanahan）所指出的那样，贫穷伤害的是儿童，却不影响为人父母者的数量或性别。

这很好啊，既然女性不但是生育的必要条件又是充分条件，而男性既不是必要条件也不是充分条件。从第一个细胞（卵子）产生之日起到胎儿的发育，孩子的呱呱坠地，再到母乳喂养，父亲都可以缺席。父亲们可以去工作，可以在家、在监狱或是在战场上，父亲是死是活都无所谓。想想你自己的成长历程吧。你的生命开始时，确切说从你母亲发育中的卵巢里的一颗卵子开始，你的母亲还没有出生呢；你其实是被裹在还是胎儿形态的母亲体内的，你和你母亲都在外祖母的体内发育着。

你和你的母亲离开外祖母的子宫之后，你母亲的卵巢还处于进入青春期前的儿童阶段，你享受着青春期前母亲卵巢的保护。然后，在你们俩离开外祖母体内后的12到50年间的某一刻，你突然出现了，然后被母亲的输卵管伞吸入输卵管。你沿着输卵管滑动，愉快地享受着母亲已经为你存储好的营养物质和遗传信息。

然后，在某个时刻，你的父亲靠近了几分钟之后便又离开了。在极短的时间之后，你就遇见了父亲留下的一些很奇怪的小细胞。这些细胞既不会和你融合，也不会给你提供任何细胞膜或者营养物质——仅仅几乎小到忽略不计的一包DNA，质量也不及你的百万分之一。

在接下来的9个月时间里，你从母亲的骨骼里面"盗取"矿物质，从她的血液里面"偷"来氧气，你的所有营养、能量和免疫力保护都来自于母亲。到了你出生之时，母亲会给你6到8磅的重量。随后，作为临别礼物，母亲还会从她的产道和腹股沟那里给你数以十亿计的细菌来继续保护你的皮肤、消化系统以及你的整体健康。相比之下，自从人类1 070亿名婴儿出生后，来自父亲的3.3皮克（1皮克约合1万亿分之一克）的男性遗传物质（DNA）的总重量，还不到1磅。

虽然孩子的出生好像是一种分离，对于我们哺乳动物而言，这只是与我们的女性家长之间另一种新的附属形式罢了。几乎自人类物种存在之日起，母乳喂养就是我们哺育下一代的方式。如果你的母亲是用母乳喂养你，你所需的所有水、蛋白质、糖、脂肪，甚至是免疫力保护都是来自于你对母亲的吸吮。通过紧抱和亲吻（也许父亲也会这样做），母亲就能了解到你是否生病了。但是，和父亲不同，母亲对你生病感染的反应是产生抗体并通过母乳将抗体传递给你。

我并不是想抹杀自己充当慈父的那些岁月。那时我呆在家里做家庭主夫，照顾两个年幼的孩子。我自己的父亲也对抚养孩子付出良多，对我的一生产生了重大的影响。父亲的角色在抚养孩子方面益处颇多。但是，这些和生育繁衍的"充分和必要条件"相比还差得远呢。

如果一名女性想要生孩子但不需要男人，她只需要从捐赠者（不管生或死）获取安全的精子即可（或新鲜的，或冷冻的）。女性实现自我受孕的技术只需要一个试管或滴管。自5世纪犹太法典大学（Talmudic University）的学者争论无性人工授精对宗教教义的影响起，这种基本技术并没什么大的变化。即使地球上的所有男性一起死绝了，人类物种仍可以依靠冷冻精子延续下去。如果所有女性消失了，那么人类也就灭绝了。

终极问题是，"人类"是否真的需要男性？随着人类克隆技术近在咫尺，并且这个世界已经有了足够数量的精子能够生育许多代人了，也许我们应该就是否需要男性这个问题做一下成本—收益分析了。

没错，在传统意义上养家糊口的是男人们。然而，自从20世纪80年代以来，女性中受过高等教育的占比已经相当高了，而且这一数字仍在增加。没错，一般而言，男性比女性拥有更多的肌肉。但是，在这个武器无处不在的年代，谁的武器好（以及谁能更好地使用法律武器），谁取胜。

与此同时，女性的寿命更长、更健康、出现暴力犯罪的可能性也更低。如果把男人比作是一辆车，经常出致命车祸，经常违章被扣押，谁还会买这辆用不了多久的车？

最近，遗传学家克雷格·温特尔（J. Craig Venter）实现了通过机器合成某一器官的所有遗传物质并植入所谓的"人造细胞"中的技术。事实上，这有点新闻稿似的夸张了：温特尔先生能够从一个功能正常的细胞内置换出DNA。通过这样的做法，温特尔已然在不经意之间证明了，女性在有性繁殖过程中的地位是无可替代的，因为卵细胞是无法人造的，而男性是可以通过技术被替代。

当我将以上种种解释给我的一名女性同事的时候，我问她，如果男性还有那么任何一点不可替代之处，在她看来会是什么，她回答道，"男人可以拿来娱乐。"

先生们，让我们期待这就是足够的理由吧。

来自：New York Times, August 24, 2012. © 2012 The New York Times. All rights reserved. Used by permission and protected by the Copyright Laws or ma United States. The printing, copying, redistribution, or retransmission of this Content without express written permission is prohibited. http://www.nytimes.com/2012/08/25/opinion/men.who.naedsfiem.htm #h

照片中这个孩子有着明显的 FAS 面部特征：窄眼裂、扁平的面中部、人中平滑、薄薄的上唇以及未发育完全的下巴。

降低 5%（March of Dimes, 2010）。

在妇女的妊娠环境中充斥着各种各样的化学物质，同时也充斥着大量信息。一辆汽车只有在全部零件安装完毕之后才能发动，而与汽车不同的是人类的大脑在不断发育的过程中就已经开始工作了。研究发现，发育中的胎儿能够接收感觉刺激信号并从中学习。由于只有最强烈的光线才能透过女性的肚子，所以子宫是一个黑暗的环境，但子宫并不是一个安静的环境。胎儿可以听到母亲的心跳声，母亲在消化食物时肠胃系统的声音，还有母亲说话的声音。我们怎么知道这些的呢？与听到陌生女性的声音相比，新生儿在听到母亲的声音后会更加起劲地吸吮乳头（Querleu 等，1984），这证明新生儿已经对母亲的声音更加熟悉了。相应地，如果母亲在怀孕期间大声朗读《帽子里的猫》（*The Cat in the Hat*），新生儿出生后听到这个故事就会表现出熟悉感（DeCasper 和 Spence, 1986）。如果向新生儿呈现两种语言信号，他们会更加偏好母亲母语的那种语言；除非他们的母亲是双语者，那么新生儿听到这两种语言才都会表现出愉快感（Byers-Heinlein, Burns 和 Werker, 2010）。新生儿在妊娠期听到的声音甚至会对他们出生时发出的声音造成影响：法国新生儿的哭声会是一种升调，而德国新生儿的哭声则呈现出一种降调，这是对母亲母语音调的一种模仿（Mampe 等，2009）。显而易见，胎儿是具有听力的。

> 胎儿能够听到什么？

小结

▲ 发展心理学是一门研究人类毕生连续性与变化性的学科。

▲ 妊娠阶段的发展从精子与卵子受精时开始，这个过程会产生一颗受精卵。受精卵带有来自精子与卵子的染色体，在大约 2 周时发育成为胚胎，然后在 8 周时进入胎儿阶段。

▲ 胎儿所处的环境对胎儿生理和心理方面都会产生极为重大的影响。除了妇女妊娠期的饮食之外，畸胎剂或其他损害胎儿发育的药剂都会对胎儿产生影响。一些最常见的畸胎剂包括烟草和酒精。

▲ 虽然在子宫中几乎什么也看不到，但是胎儿仍然能够听到声音，他们会对经常听到的那些声音变得熟悉，例如自己母亲的声音。

婴儿期与儿童期：成为一个人

新生儿可能表现得几乎什么都不会，他们能做的只有哭哭闹闹和扭动身体。但是，在过去十年间，研究者已经发现，新生儿能做的可比他们看起来会的东西多多了。**婴儿期（infancy）**指的是，从出生开始到18至24个月之间的发展阶段。正如你所了解的那样，如果没有受过专业训练，你是很难察觉孩子在这一阶段的大量变化的。

知觉与动作发展

新晋父母喜欢站在婴儿床边对着孩子做各种鬼脸，因为他们觉得孩子肯定会喜欢。事实是，新生儿的视觉范围相当有限。在相距20英尺（约6米）左右，新生儿能看到事物细节的程度大致相当于成年人对600英尺（约183米）之外事物能看到的事物的细节程度（Banks和Salapatek, 1983）。换句话说，新生儿其实看不到多少家长这种摇篮边的鬼脸和逗弄。另一方面，当刺激信号出现在8到12英寸（约20到30厘米）之内（大致相当于喂奶时孩子眼睛和母亲面孔之间的距离）的范围内时，新生儿就能对视觉刺激做出反应。我们是如何了解新生儿能看到哪些东西的？在一项研究中，科研人员一遍又一遍地向新生儿重复呈现一个带有对角线的圆形图案，在一开始婴儿盯着圆形看的时间很长，但在一次又一次的连续呈现过程中，婴儿注视的行为越来越少。从"学习"这一章我们得知，**习惯化（habituation）**是一种倾向，即当某一刺激呈现的频率越高，感官便对这种刺激反应强度越低的一种倾向。我们成人如此，婴儿的习惯化也是如此。那么，当研究人员将圆形旋转90°，会发生什么么呢？新生儿再一次全神贯注地注视着圆形，这说明新生儿能够发觉到圆形的朝向发生

新生儿能够看到什么？

婴儿期（infancy） 从出生开始到18至24个月之间的发展阶段。

婴儿能够模仿成年人的面部表情——当然，反之亦然。

了变化（Slater, Morison 和 Somers, 1988）。

新生儿会对社会性刺激给予更多的注意。例如，在一项研究中，研究人员向新生儿呈现一个圆形图案，里面是简笔画人脸或者正常人脸。当圆形在视野范围内移动时，新生儿会转动头和眼睛追随圆形——但是追随带有正常人脸圆形的时间要显著长于追随其他圆形图案的时间（Johnson 等，1991）。新生儿确实更加倾向于追踪社会性刺激。在一项实验中，研究人员站在靠近一组新生儿的地方对着他们吐舌头，站在靠近另一组新生儿的地方对着他们撅起嘴唇。第一组新生儿比第二组新生儿出现吐舌头的行为更加频繁，第二组新生儿比第一组新生儿则更多地出现撅起嘴唇的行为（Meltzoff 和 Moore, 1977）。事实上，新生儿在出生之后，确切说就是第一个小时，就会表现出模仿他人面部表情的能力（Reissland, 1988）；同时，最早在 12 周时，婴儿开始出现模仿别人说话声音的行为（Kuhl 和 Meltzoff, 1996）。

虽然婴儿出生后马上就有视觉了，但是他们仍必须花费大量的时间学习如何使用身体的其他部位。**动作发展（motor development）** 指的是操控身体动作能力的出现，例如伸够、抓握、爬行以及行走。婴儿出生时就具备了一系列**反射（reflex）**，反射指的是新生儿能够被某些特定的感觉刺激触发的特异性动作反应模式。例如，觅食反射指的是，如果有任何物体触碰婴儿面颊，婴儿会倾向于将头转向物体刺激的那个方向；吸吮反射指的是，婴儿会倾向于吸吮任何放到自己嘴里的物体。这两种反射确保了新生儿能够找到自己母亲的乳头并开始觅食——这种行为可谓生死攸关，是大自然的固定设置，深深植入我们每一个人身上的。很有意思的是，婴儿在出生时即拥有的这两种反射和其他反射似乎会在出生后的头几个月之内消失，在婴儿学会了操控身体做出更加精细的动作后消失。

为什么新生儿出生时就具备了某些反射行为？

婴儿更为精细的行为发展常常遵循着两条基本原则。第一条原则是**头尾原则（cephalocaudal rule）**（又称"自上而下"原则），这指的是婴儿动作技能的发展遵循着从头到脚的先后顺序。婴儿通常首先能控制的是自己的头部、胳膊，躯干次之，最后

动作发展（motor development） 操控身体动作能力的出现，例如伸够、抓握、爬行以及行走。
反射（reflex） 新生儿能够被某些特定的感觉刺激触发的特异性动作反应模式。
头尾原则（cephalocaudal rule） "自上而下"原则，婴儿动作技能的发展遵循从头到脚的先后顺序。

是控制自己的双腿。如果把小婴儿以趴着的姿势放置，她可能会抬起头部和胸部，用胳膊支撑身体，但是通常腿几乎没有动作。第二条原则是**近远原则**（proximodisatl rule）（又称"从内到外"原则），这指的是婴儿动作技能的发展遵循着从中央头到外周的先后顺序。婴儿在学会控制自己的手肘和膝盖之前就已经学会了如何控制自己的躯干，而在学会控制手肘和膝盖之后，才是对自己双手双脚的控制（见图11.2）。

婴儿学习控制和使用身体部分的先后次序是什么？

动作技能的出现通常遵循着固定的顺序，但是并不遵循着严格的时间表。相反，这些动作技能出现的时间点会受到许多因素的影响，例如婴儿伸够物品的动机强度、身体重量、肌肉发展水平，以及活动的基本水平。在一项研究中，一些婴儿的床头上方会挂有明显可见且可以移动的刺激物，这些婴儿与床头没有悬挂刺激物的婴儿相比，出现伸够物品动作的时间要早大约6周（White和

图11.2 动作发展。 婴儿遵循着从头到脚、从中央到外周的顺序学习控制自己的身体。这些技能的出现并非遵循着严格的时间表，但是却遵循着严格的先后顺序。

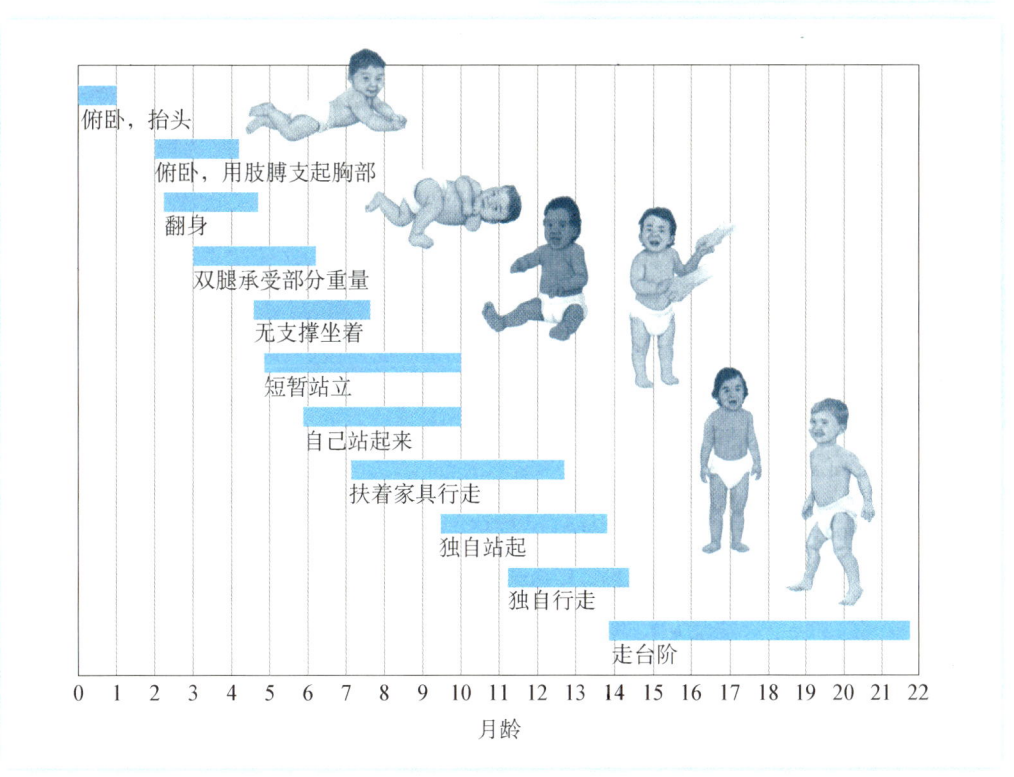

近远原则（proximodisatl rule） "从内到外"原则，婴儿动作技能的发展遵循着从中央头到外周的先后顺序。

Held, 1966）。除此之外，不同的婴儿也可能以不同的方式获得同一种技能。一项研究密切追踪了 4 个婴儿的发展历程，考察孩子是如何学习伸够动作的（Thelen 等，1993）。其中两个婴儿特别好动，他们首先出现的是两个胳膊做出画圆圈似的大动作。为了更加精准地摸到物品，这两个婴儿必须学习利用肘部稳定地支撑胳膊从而抑制这种画圈的大动作，然后学习伸手击打物品。另外两个婴儿没有那么好动，他们并没有出现这种画圈的大动作。因此，他们首先要学会伸够动作的第一步是学习对抗重力而抬起自己的胳膊，然后将胳膊向前伸出。通过仔细观察发现，虽然绝大多数婴儿都能学会伸够动作，但是不同婴儿学习的方式却是大相径庭的（Adolph 和 Avoilio，2000）。

认知发展

婴儿具有听力和视力以及身体运动能力。但是，他们具备思考能力吗？在 20 世纪的前 50 年，瑞士生物学家让·皮亚杰对这个问题产生了兴趣。他发现，当面临难题的时候（是大的玻璃杯装的水多还是小的玻璃杯装的水多？你看到了什么，是不是比利也能看到？），同一年龄的儿童通常都会犯同样的错误。此外，随着孩子年龄的增大，他们也会在大致同一时间停止再犯这些错误。这些现象致使皮亚杰提出，儿童都会经历**认知发展**（**cognitive development**）的若干具体阶段，在这一过程中儿童会发展出思考和理解的能力。在婴儿期和成人期之间，儿童必须要逐渐学会理解三件重要的事情：（1）外部的客观世界是如何运行的，（2）他们的思维是如何来表征外部世界的，（3）其他人的思维是如何来表征外部世界的。让我们来看一看儿童是如何来完成这三项关键任务的。

认知发展的三项关键任务是什么？

让·皮亚杰（1896—1980），现代发展心理学之父，同时也是最后一个带贝雷帽好看的男人。

探索世界

皮亚杰（1954）提出，认知发展包含四个阶段：感觉运动阶段、前运算阶段、具体运算阶段，以及形式运算阶段（见表 11.1）。**感觉运动阶段**（**sensorimotor stage**）指的是，从出生开始一直持续整个婴儿期的这段时间。感觉运动这个词指的是，处于这个

认知发展（cognitive development） 思考和理解能力的出现。

感觉运动阶段（sensorimotor stage） 从出生开始一直持续整个婴儿期的发展阶段，在感觉运动阶段通过感知和运动来获取关于自己所处世界的信息。

> 表 11.1

皮亚杰认知发展的四个阶段

阶段	主要特征
感觉运动 （出生—2 岁）	婴儿通过自己的动作和感觉获取对世界的经验，发展图式，开始出现有目的的行为，并且证据显示，婴儿对客体恒存有所理解。
前运算 （2—6 岁）	儿童获得了运动技能，但是不能理解物理特征的守恒性。在这一阶段的开始，儿童的思维以自我为中心，而在这一阶段结束时，儿童对他人的思维有了基本的了解。
具体运算 （6—11 岁）	儿童对客观事物和事件能够进行逻辑思考，能够理解物理特征的守恒性。
形式运算 （11 岁及以上）	儿童能够对抽象的命题和假设进行逻辑思维。

阶段的婴儿主要是通过不停地使用自己的感觉能力和自己的运动能力来获取关于这个世界的信息。通过自己的眼睛、嘴以及手指主动地探索环境，婴儿开始建构**图式**（schemas），即关于这个世界如何运行的理论。

所有科学家都知道，构建一个理论最关键的进展是，一个人能够使用这一理论去预测并控制在全新的情境中将要发生的事情。如果婴儿发现自己拉一个充气动物玩具就能让玩具靠近自己，那么观察到的这些信息就会被整合到婴儿关于客观事物如何运行的理论中去；随后，当婴儿想让另一件东西（如拨浪鼓或者皮球）靠近自己的时候，他就能够用这个理论了。皮亚杰把这个过程称为**同化**（assimilation），当婴儿在新异情境中

在感觉运动阶段会发生什么？

使用了自己的图式，同化就发生了。当然，如果婴儿拉的是家里宠物猫的尾巴，猫咪就可能冲向婴儿的反方向。婴儿关于世界的理论（"如果我拉物体，他们就靠近我。"）就会因为这个情况而不再成立了。因此，婴儿就必须依据情境中的新经验来调整自己的图式（"啊哈！只有对那些没有生命的物体，我拉它们，它们才会靠近我。"）。皮亚杰把这个过程称为**顺应**（accommodation），当婴儿根据新信息修正自己的图式时，顺应就发生了。

婴儿会发展、应用和调整哪些图式？皮亚杰提出，婴儿缺少关于客观世界的基本理解，因而就必须通过经验来获取这些理解。例如，当你把鞋子放到柜子里之后，如果你后来再打开柜子的那一刻却发现柜子是空的，你会觉得吃惊。但是，根据皮亚杰的理论，这

图式（schemas） 关于这个世界如何运行的理论。
同化（assimilation） 婴儿在新异情境中使用自己图式的过程。
顺应（accommodation） 婴儿根据新信息修正自己图式的过程。

 儿童何时会形成客体恒存的理论?

种情况确不会让一个婴儿觉得奇怪,因为婴儿不具备关于**客体恒存**(object permanence)的理论,客体恒存是一种信念,即物体即使在我们看不见的时候也依然是客观存在的。皮亚杰指出,在生命的最初几个月里,婴儿的行为表现是,当物体离开了他们的视线之外,婴儿就认为这个物体消失了。比如说,皮亚杰观察过一个2个月大的女婴,她用眼睛追随着一个运动中的物品,然而,一旦物体离开了她的视野范围内,她就不会再去找这个物品了。把鞋子放进柜子,然后——噗!——鞋子消失了!

皮亚杰的观点是否正确?从一般原则上讲,当婴儿展现出某种能力,那么他们肯定是具备了这种能力。但是当婴儿没有展现出某种能力,那么他们有可能是不具备这种能力,还可能是用来测试婴儿的工具灵敏度不够,导致无法测量到这种能力。现代的研究显示,当换用其他的测试方法,儿童表现出客体恒存的年龄比皮亚杰提出的年龄要早得多(Shinskey 和 Munakata, 2005)。例如,在一项实验中,研究者让婴儿看一个可以上下弹动的微缩吊桥(见图11.3)。一旦婴儿习惯

> **图11.3 不可能事件**。(a)在适应条件下,婴儿看到的是吊桥毫无阻碍的前后弹动,直到婴儿觉得无聊了。然后,一个盒子被放到了吊桥的后面,接下来婴儿会看到这两个事件的其中一件:在可能事件的条件下,因为盒子的存在,阻碍了吊桥完全放倒;在不可能事件的条件下,盒子不阻碍吊桥放倒。(b)图表显示的是,婴儿在适应条件和测试条件下的注视时间长短。在测试条件下,婴儿的兴趣的被不可能事件再次激发了,而可能事件则无法再激起婴儿的兴趣(Baillargeon, Spelke 和 Wasserman, 1985)。

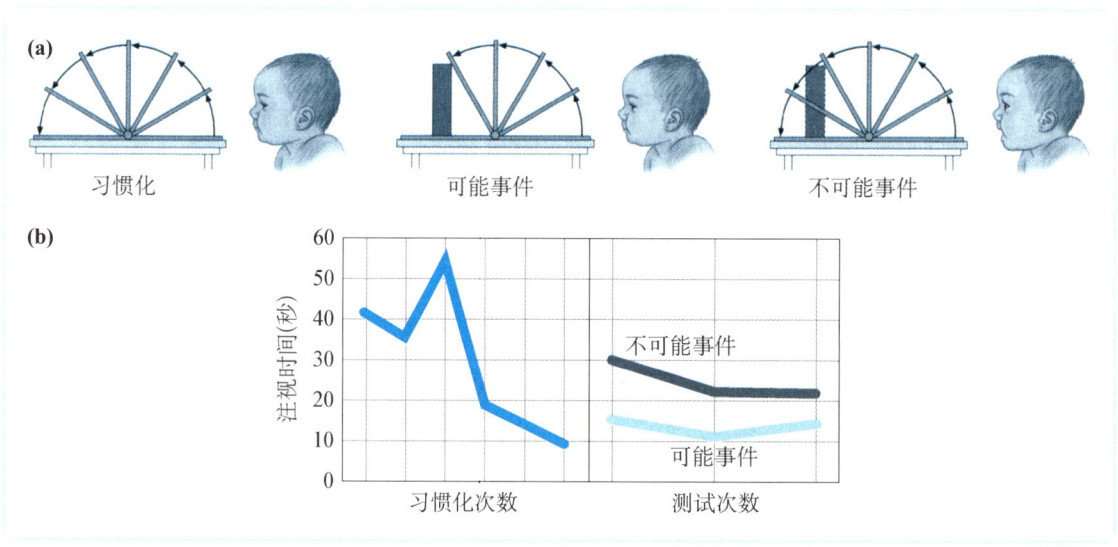

客体恒存(object permanence) 物体即使在看不见的时候也依然是客观存在的信念。

了吊桥的上下开闭，他们会看到一个盒子被放到吊桥后面——盒子的位置在吊桥上下开闭的路径上，但是婴儿看不到。一些婴儿看到的是可能事件：吊桥开始运动，然后突然就停住了，就好像吊桥被那个婴儿看不到的盒子阻住了。另一些婴儿看到的是不可能事件：吊桥开始运动，然后继续运动，就好像盒子对吊桥一点阻碍都没有。婴儿会做何反应？4个月大的婴儿注视不可能事件的时间要显著长于注视可能事件的时间，说明不可能事件让他们感觉到疑惑了（Baillargeon, Spelke 和 Wasserman, 1985）。当然，唯一让婴儿觉得疑惑的事情是，那个看不见的盒子并没有阻止吊桥的运动（Fantz, 1964）。

类似的多项研究显示，婴儿确实能够在4个月大的时候就对客体恒存有所理解了。比如说，当婴儿看到了在图11.4中标记为A的那条线后会出现怎样的行为？成年人看到的是一条蓝色的线条被它前方的一块橘黄色的固体块挡住了。婴儿会把线条A当作一条连续的但被挡住的直线，还是会把它看成在一个橘黄色物体两边的两条蓝色线条呢？研究结果显示，当婴儿熟悉了图形A之后，当他们再看到线条C时会显得更加惊诧，当他们再看到线条B时就没那么惊诧，尽管事实上与线条B相比，线条C看上去和线条A更加相似（Kellman 和 Spelke, 1983）。这一结果提示，婴儿是将A视为一个连续的线条的。非常明显，婴儿并不只是依据视觉获取的信息来思考这个世界的，在生命的非常早期的阶段，婴儿似乎就"知道"即便是当物体离开了自己视野之内的时候，它还是继续存在着的（Wang 和 Baillargeon, 2008）。

皮亚杰（1927/1977，第199页）写道，"很不走运，儿童生命的第一年对于心理学家而言仍旧是一个神秘莫测的无底洞。当我们在观察儿童行为时，如果能够了解他们的思维之中发生了什么，只有到了这种时候，才算我们真的了解关于儿童心理学的方方面面。"虽然婴儿思维的秘密远未揭开，但是也已经不再是一个无底洞了。关于婴儿知道什么和不知道什么的，研究已经给了我们大量信息。总体上的结论是，婴儿所了解的东西远远超过当初皮亚杰（或者孩子们父母）的推测。

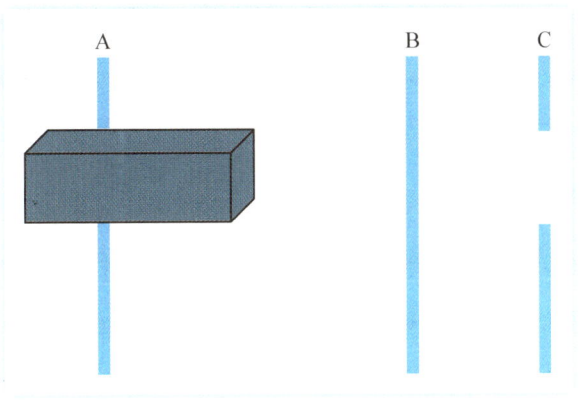

图11.4 **客体恒存。**在婴儿看来，线条A是连续的还是断裂的？当婴儿看过了线条A之后，他们接下来再看线条C时所表现出来的兴趣要远多于他们看线条B时所表现出来的兴趣。这提示了，婴儿认为相对于线条B，线条C是更为新异的刺激，这说明婴儿认为线条A是连续的而不是断裂的（Kellman 和 Spelke, 1983）。

科学热点

摇篮里的统计学家

一个魔术师给你一副扑克牌,让你洗牌,然后让你说出你最喜欢的那一张牌是什么。随后,魔术师蒙上了双眼,伸出手,从一沓牌中抽出了你喜欢的那一张牌。你被震惊了——你震惊的原因是,你知道当魔术师拿到这 52 张牌时,要从里面找出你喜欢的那一张牌,如果完全只靠运气,这个几率是极其小的。

这个小把戏会不会也让婴儿感到震惊?我们很难想象这种情况。毕竟,要理解这个小把戏,就必须要了解一些统计学的基本原理,换句话说,随机取样和取样来源的总体应当是大致相似的。然而,近期研究显示(Denison, Reed 和 Xu, 2013),只有 24 个星期大的婴儿也能明白这些。

在实验中,研究者让婴儿看两个盒子:一个盒子里面几乎都是粉色的小球,只有几个黄色的小球;另一个箱子里面几乎都是黄色的小球,只有几个粉色的小球。然后,婴儿看到实验人员闭上了眼睛,把手伸进几乎都是粉色小球的盒子里面,从里面拿出几个小球,再把拿出来的小球放到婴儿面前的一个容器里面。有时,实验人员放到容器里面的是 4 个粉色小球和 1 个黄色小球;有时,实验人员放到容器里面的是 4 个黄色小球和 1 个粉色小球。婴儿会做些什

探索思维

在婴儿期之后的相当长一段时间被称为**儿童期**(childhood),儿童期从孩子大约 18 至 24 个月时开始,直到 11 至 14 岁时结束。根据皮亚杰的理论,孩子在某个认知发展阶段进入童年期,在另一个发展阶段结束童年期。孩子进入**前运算阶段**(preoperational stage)也就进入童年期。认知发展的前运算阶段大约从 2 岁开始,在大约 6 岁时结束,在这个过程中儿童会发展出对客观世界的初步理解。前运算阶段结束时,孩子的认知发展处于具体运算阶段,**具体运算阶段**(concrete operational stage)大约在 6 岁时开始,

---

儿童期(childhood) 从孩子大约 18 至 24 个月时开始,直到 11 至 14 岁时结束。

前运算阶段(preoperational stage) 认知发展的前运算阶段大约从 2 岁开始,在大约 6 岁时结束,在这个过程中儿童发展出对客观世界的初步认识。

具体运算阶段(concrete operational stage) 大约在 6 岁时开始,在 11 岁前后结束,在这个过程中,孩子会学习行为或"运算"是如何改变客观世界中"具体"事物的。

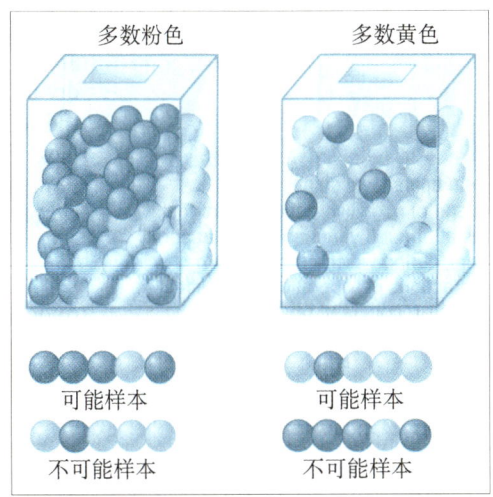

么呢?

当实验者从主要都是粉色小球的盒子里面拿出来5个小球中粉色的居多时,婴儿只是瞟了一眼就去看别的东西了。但是,当实验者从主要都是粉色小球的盒子里面拿出来5个小球中的黄色的居多时,婴儿就会盯着看,就好像一个火车失事事故中的目击者一样。婴儿盯着不可能样本的时间比盯着可能样本的时间更长,这个结果说明婴儿对前者感到更加惊诧;换句话说,婴儿是具备一些对随机抽样方式的基本了解的。

这个实验——和大量发展心理学实验相似——告诉我们,人们会根据非专业观察对婴儿进行推测,但事实是婴儿了解的东西比人们的这种推测多得多。

在11岁前后结束,在这个过程中,孩子会学习行为或"运算"是如何改变客观世界中"具体"事物的。

皮亚杰通过巧妙的实验把这两个阶段之间的差异明确地展现了出来。在实验中,皮亚杰给儿童展示了一排杯子,然后要求儿童在每个杯子里面都放一个鸡蛋。处于前运算阶段和具体运算阶段之间的区别是什么?

前运算阶段的儿童能够做到这一点,并坚定地认为,杯子的数量和鸡蛋一样,有多少个杯子就有多少个鸡蛋。接下来,皮亚杰把鸡蛋从杯子里面拿出来,并把鸡蛋也排成一排,摆的长度比那排杯子更长。处于前运算阶段的儿童会因为鸡蛋排成的长度要比杯子排成的长度更长,而错误地宣称现在鸡蛋的数量要比杯子多。然而,处于具体运算阶段的儿童就能正确地说出,就算当鸡蛋摆成一排的长度比杯子更长,鸡蛋的数量还是没有变化。

这些处于具体运算阶段的儿童明白，**数量是一个具体物体集合的属性，这种属性并不会因为运算的发生而改变**。例如，分散排开会改变物体的外观，却不能改变数量属性（Piaget，1954）。皮亚杰将儿童的这种洞察力称为**守恒（conservation）**，守恒是一种概念，即一个物体的外观改变而数量属性会保持不变。

为什么处于前运算阶段的儿童好像不能掌握守恒的概念呢？皮亚杰提出了几个儿童的思维过程来解释这种错误。例如中心化（centration），指儿童只关注客体的一个特征属性而忽略其他方面的过程。成年人能够同时考虑客体的多个属性，而儿童能关注到的只是鸡蛋排成一排的长度，不能同时考虑到鸡蛋和鸡蛋之间相隔的距离。皮亚杰提出的另一个观点是，儿童不具备思考可逆性（reversibility）的能力。也就是说，把一排鸡蛋摆得更长的运算是可逆的：鸡蛋能够被重新排列，如果鸡蛋之间彼此靠近，那么排出的那条线就会变得更短；但是儿童是考虑不到这个事实的。中心化和缺少可逆性这类思维过程导致前运算阶段的儿童无法理解：鸡蛋排成的长度更长并不意味着鸡蛋的数量更多。

然而，处于前运算阶段的儿童不能完全掌握守恒概念还有更深层次的原因：儿童不能完全了解到自己是具有思维（mind）的以及自己的思维中还包含着对现实世界的心理表征（mental representation）！作为成年人，我们可以自然而然地区分主观与客观，区分表象与现实，区分思维中的事物和现实世界中的事物。成年人能够意识到事物并不总是和它们的外观一致：一辆红色的车也可以由于布满尘土而看上去呈现出灰色；高速公路本来是干燥的，但由于高温而导致路面上看起来湿湿的。成年人能够在事物是什么和看上去是什么之间做出区分。成年人准确地知道有些事物应该像是这样的，但是看起来却是那样的，这就是视错觉让我们觉得很有意思的原因。处于前运算阶段的儿童不具备成年人这种区分的能力。如果有些东西看上去是湿湿的或灰的，那么儿童就会认为这些东西就是湿湿的或灰色的。

当儿童从前运算阶段向具体运算阶段过渡时，他们会出现一次重要的关于客观世界的顿悟，顿悟的内容会一直伴随着他接下来的人生：世界的外观不一定就是它真实的样子。儿童意识到，自己的思维能够表征——同时也能够错误表征——外部世界中的客体。当解决一个问题需要儿童忽略客观事物的主观表象时，儿童这种思维表征能力可以确保他们顺利解决问题（cf. Deak，2006）。比如说，处于具体运算阶段的儿童能够理解一个粘土做成的小球可以搓圆，可以拉长，也可以拍扁，无论怎样这块粘土变换哪种形状，外形是不是看上去更大了，儿童都能理解粘土的量并没有发生改变。他们还能理解，把水从一个矮胖的杯子倒进一个瘦高的圆筒里面，尽管圆筒上的水位线更高了，但是水的

守恒（conservation）　一个物体的外观改变而它数量属性会保持不变的概念。

量没有变化。他们也能够理解，当一块海绵被喷上灰色而看起来像一块石头时，无论外表看上去如何，这还是一块海绵而不是石头。一旦儿童能够区分客体本身和自己关于客体的心理表征时，他们就开始理解了某些运算——例如挤压、倾倒和延展——能够改变客体外观而不能改变客体。

一旦进入具体运算阶段，儿童就能够正确解决诸如鸡蛋排列和粘土挤压等这类物理问题了。在进入形式运算阶段之后，儿童会像解决物理问题一样轻易地解决一些非物理问题；**形式运算阶段**（formal operational stage）指的是，认知发展的最后一个阶段，从 11 岁左右开始，在这个阶段中儿童将学会使用抽象概念进行推理。形式运算阶段的开始就意味着儿童期的结束，进入形式运算阶段的个体（皮亚杰认为，有些人永远不会发展到这个阶段）能够使用抽象概念进行系统性的推理，例如自由和爱，能够对还没有发生的事件进行假设与反事实推理，还能够对可能发生但没有发生的事件进行推理。自由与爱这种词语，在客观世界中是找不到能够与之相对应的具体的客体的，就像处于具体运算阶段儿童能够通过挤压和折叠的方式完成思考和推理一样，处于形式运算阶段的个体以相同的方式对概念进行思考和推理。产生、思考、推理或者在心理上"运算"抽象事物的能力是形式运算的标志性特征。

形式运算阶段的关键性特征是什么？

进入形式运算阶段的个体能够对诸如自由和正义等抽象概念进行推理。照片里是两名在白宫外的示威者，他们要求关闭美军在古巴关塔那摩港的监狱。

探索他人的思维

随着儿童的不断发展，他们不但探索自己的思维，同时也在探索他人的思维。因为处于前运算阶段的儿童还不能完全理解自己的思维能够对客体加以心理表征，所以这个阶段的儿童不能完全理解别人的思维会对同一个客体产生不同的心理表征。因此，处于前运算阶段的儿童通常会认为别人眼里的世界和自己眼里看到的世界是一样的。如果你

形式运算阶段（formal operational stage） 认知发展的最后一个阶段，从 11 岁左右开始，在这个阶段中儿童将学会使用抽象概念进行推理。

问一个 3 岁的孩子：坐在桌子对面的人会看到什么，孩子通常的回答是，别人看到的东西和自己看到的是一样的。**自我中心**（egocentrism）指的是，不能理解不同的人看待世界的方式是不同的。自我中心是前运算阶段的标志性特征，从很多方面都能够观察到这个有趣的现象。

通过错误信念任务，研究发现了什么？

知觉和信念。就像 3 岁的孩子不能理解别人眼中看到的世界和自己看到的世界是不同的，这个年龄的儿童也不能理解别人不知道自己所知道的东西。已经有数百项研究使用错误信念任务（false belief task）证实了这一现象的存在（Wimmer 和 Perner，1983）。在这种实验任务的标准版本中，儿童首先看到一个叫做马克西(Maxi)的木偶在橱柜里面放了一些巧克力，然后离开了房间。不久之后，第二个木偶来到了房间，发现了巧克力，随后把巧克力放到了另一个橱柜里。接下来，实验人员询问儿童，马克西回来以后会去哪个橱柜找巧克力呢：是马克西最开始放巧克力的第一个橱柜，还是儿童最后看到的第二个橱柜。绝大多数 5 岁的儿童会说马克西会去第一个橱柜找巧克力，因为马克西没有看到第二个木偶做的事情，也就是说，马克西不知道巧克力已经被移动了。然而，3 岁大的孩子通常会说，马克西会去第二个橱柜里面找巧克力。为什么？因为，3 岁大的儿童自己认为巧克力在哪里，巧克力就在哪里——他们知道的事情，所有人都知道！4—6 岁之间的儿童能够完成错误信念任务（Callaghan 等，2005），完成这项任务的年龄在某些文化背景下比其他文化背景下更早一些（Liu 等，2008）。

就像皮亚杰关于客体恒存的测试实验受到批评一样，一些研究者认为错误信念任务也无法让低龄幼儿展示出他们真实的能力。最近一些研究显示，低龄儿童确实能够在错误信念任务实验的变式中做出正确的选择（Baillargeon, Scott 和 He，2010; Onishi 和 Baillargeon，2005; Rubin-Fernandez 和 Geurts，2012; Senju 等，2011; Southgate, Senju 和 Csibra，2007）。然而，现在还不清楚的是，低龄儿童完成这些实验任务的方式是否与年龄大一些的孩子相同。也就是说，我们还无法确定，低龄儿童是否真正能够理解他人所持的信念和想法可以和自己所持的想法不同（Apperly 和 Butterfill，2009; Low 和 Watts，2013）。但是，无论低龄幼儿是做出了什么样的行为，他们的表现都是令人印象深刻的，看上去这些孩子开始理解他人思维本质的年龄要远远小于皮亚杰的推测。

正如自我中心化会影响儿童对他人思维的理解，自我中心化同样也会影响到他人对

自我中心（egocentrism）　儿童不能理解不同的人看待世界的方式是不同的。

自己思维的理解。实验人员给幼儿看一个 M&M 巧克力豆盒子，然后打开盒子，结果放在盒子里面的是铅笔而不是巧克力豆。接下来，实验人员关上盒子，询问儿童，"我一开始给你看的时候盒子和现在一样是关上的，那么在一开始的时候你觉得盒子里面会装着什么呢？"虽然 5 岁儿童会说是 M&M 巧克力豆，但是几乎所有 3 岁儿童都会说是铅笔（Gopnik 和 Astington，1988）。对于 3 岁儿童来说，过去的自己就和别人一样，所以过去的自己肯定是知道现在的自己所掌握的事情。

意愿与情绪。不同的人有不同的知觉和信念。不同的人也会有不同的意愿和情绪。那么，儿童是否能够理解他人心理活动的这些方面和自己是有差异的呢？令人惊讶的是，即使是非常年幼的孩子，就算他们还不能完全理解别人可以和自己的知觉及信念存在不同，他们似乎也能够理解他人能够产生不同的意愿。例如，一个喜欢狗的 2 岁孩子就已经能够明白别人可能不喜欢狗，也能够正确地预测出，自己看到狗会上前靠近，但别的孩子可能看到狗会躲开。如果一个 18 个月大的学步儿看到成年人吃了自己喜欢的食物之后表现出的是厌恶，那么他们就会递给成年人其他的食物，就好像他们明白不同的人口味偏好不同一样（Repacholi 和 Gopnik，1997）。有意思的是，当幼儿的意愿已经得到充分的满足之后，并且自己的意愿与他人的意愿不相冲突的时候，幼儿对他人意愿的理解是最准确的（Atance，Belanger 和 Meltzoff，2010）。

儿童对他人信念的理解和对他人情绪的理解，哪种更准确？

与对他人的意愿有较好的理解力相反，儿童可能需要花费更长的时间来理解别人和自己是可能会产生不同情绪反应的。当听到故事里，小红帽敲奶奶家的门却不知道大灰狼在屋里面时，5 岁大的孩子能够意识到，自己知道大灰狼在屋里而小红帽不知道；但是，他们会觉得小红帽敲门时的感受和自己的感受一致，即恐惧（Bradmetz 和 Schneider，2004：DeRosnay 等，2004；Harris 等，1989）。当儿童被问到，在马克西不在屋里的时候巧克力被移动了，那么马克西会到哪里去找巧克力时，儿童能够正确地回答出，马克西会到第一个柜子里面找；但是，他们却不能对马克西的情绪做出判断，他们会说，马克西会觉得难过。只有到了 6 岁左右儿童才会开始明白，因为自己和别人知道的事情不同，所以别人和自己在同一个情境中时可能会体验到不同的情绪。

心理理论（Theory of Mind）。显而易见，要明白思维是如何工作的，儿童要学习的还有很多——绝大多数的儿童最终能够完成这项任务。大多数儿童最终会理解，自己和他人都是具有思维的，并且自己和他人会以各自不同的方式对外部世界加以表征。当儿童具备了这样的能力，我们就说他们获得了一种**心理理论**，即儿童会理解一个人的心理表征会左右他的行为。

我们最终都会获得一种心理理论，但是有两类群体的心理理论发展在一定程度上较常人缓慢。自闭症（autism）儿童通常在与人沟通和交朋友方面存在着困难（自闭症这种障碍我们将会在"心理障碍"一章做详细叙述）。有些心理学家提出，自闭症儿童在这些方面存在困难的原因是他们难以获取心理理论（Frith, 2003）。虽然自闭症儿童通常在绝大多数智力维度上是正常的——有时候他们的智力比普通人还要高很多——但是，自闭症儿童难以理解他人的内心活动（Dawson 等，2007）。他们好像不能理解其他人可以有错误信念（Baron-Colien, Leslie 和 Frith, 1985; Senju 等, 2009），此外，自闭症儿童在理解与错误信念相关的情绪方面也存在着特殊的困难，例如尴尬和羞愧（Baron-Cohen, 1991; Heerey Keltner 和 Capps, 2003）。有意思的是，在获得心理理论之前，"打哈欠也会传染"这种现象在儿童身上是观察不到的（Platek 等, 2003）。事实上，自闭症患者出现"被他人传染而打哈欠"现象的可能性更低（Senju 等, 2007）。

那些儿童会在获取心理理论上存在特殊的困难？

第二个与同龄人相比在获取心理理论方面较为迟滞的群体是父母不会使用手语的耳聋儿童。耳聋儿童在学习与他人交往方面较为迟缓，因为他们无法使用传统的语言沟通渠道，这似乎也限制了耳聋儿童对他人思维理解能力的发展。类似于患有自闭症的儿童那样，耳聋儿童甚至到了 5 到 6 岁也难以理解错误信念（DeVillicrs, 2005; Peterson 和 Siegal, 1999）。就像学习某种口头语言能够帮助听力正常儿童获取心理理论一样，学习一种手语也能够帮助耳聋儿童获取心理理论（Pyers 和 Senghas, 2009）。

儿童在发展心理理论的年龄阶段似乎受到了各种各样因素的影响，例如家中兄弟姐妹的数量、儿童玩过家家游戏的频率、儿童是否会想象出一个陪伴自己的朋友，以及儿童家庭的社会经济水平。但是研究者曾经关注过的所有这些因素中，语言似乎是最重要的影响因素（Aslington 和 Baird, 2001）。儿童的语言技能是对他们在错误信念任务中表现优劣的一个极好的预测指标（Happe, 1995）。预测儿童在错误信念任务中表现优劣的另一个有效预测指标是，儿童的照顾者和孩子说话的方式。也许人们普遍接受的是，如果儿童的照顾者经常对孩子说出自己的想法和感受，那么这样的儿童就会倾向于表现出对他人信念以及对与他人信念相关的情绪的良好理解力。有些心理学家推测，如果经常听到诸如想要、我想、我知道以及悲伤等与人的心理活动相关的词汇，那么儿童心理理

心理理论（theory of mind） 理解一个人的心理表征会左右个体的行为。

论的发展便会从中获益；有些心理学家提出，如果儿童经常听到一些语法复杂的句子且这些句子里包含着上述与人的心理活动相关的词语，那么儿童也会从中受益；另一些心理学家则认为，如果儿童的照顾者使用与人的心理活动相关的词汇，那么他们也会更多地在儿童身上观察到与心理活动相关的反应行为。无论哪种解读，非常明确的是，语言——尤其是关于人的想法和感受的语言——是帮助儿童了解自己与他人思维的一种重要工具（Harris, deRosnay 和 Pons, 2005）。

对皮亚杰理论的补充。认知发展是一场令人惊喜并且复杂的旅程。皮亚杰关于认知发展的观点是具有极大开创性的。极少有心理学家能够在这一领域产生如此深远而巨大的影响。皮亚杰的许多观点得到了证实，但是在过去几十年间，心理学家们发现，皮亚杰的观点在两个方面存在着缺陷。第一，皮亚杰认为，儿童从一个发展阶段进入下一个发展阶段的方式就如同儿童从幼儿园毕业进入小学一年级一样：这个孩子要么在幼儿园，要么上了一年级，他永远无法同时处于这两种状态，在两个阶段之间存在着一个界限分明的过渡时间点，就好像每个人的发展存在着一个时钟或一个时间表，每个时间点都很明确。现代心理学家却认为，发展更像是一个液态的连续体，是一种和皮亚杰阶段性观点不同的过程。当儿童处于两个阶段之间的过渡期时，他们可能今天会表现出成熟的行为，第二天出现的行为反而变得欠成熟了。认知发展的发展更像是四季的交替，而不太像在学校里从一个阶段毕业进入下一个阶段。

皮亚杰观点的缺陷在哪里？

皮亚杰观点的第二个问题是，他错误地提出了认知发展中那些过渡发生的年龄。大体而言，这些过渡发生的时间比皮亚杰提出的要更早（Gopnik, 2012）。比如说，皮亚杰提出，婴儿是不具备客体恒存概念的，理由是当物体在婴儿视野中消失，婴儿就不再继续主动寻找了。但是，当研究人员使用特定的实验程序允许婴儿"展示自己知道的"（show what they know），即使是4个月大的婴儿也能表现出客体恒存的意识。皮亚杰提出，儿童需要几年时间克服自我中心化，然后才能理解别人是无法知道自己所知道的那些东西的。但是，新的实验程序获得了一些证据显示，13个月大的婴儿也能理解别人不知道自己知道什么（Baillargeon 等, 2010）。每一年，聪慧的研究人员们都能找到测试婴儿和儿童的新方法，而且每一年教科书的作者们都要把孩子达到认知发展的里程碑年龄下调

发展并非像皮亚杰想象的那样呈现出一种阶段性的特征。儿童处于两个发展阶段的过渡时，可能今天表现出比较成熟的行为，第二天表现出的却是欠成熟的行为。

一些。

探索我们的文化

在皮亚杰眼里，儿童是孤单的科学家，他们观察这个世界，然后发展出理论，再根据新的观察修正之前的理论。然而，大多数科学家并不是从胡乱涂鸦开始的。相反，他们会接受更有经验的其他科学家的培训，他们也会继承自己所从事的学科中的一些理论和方法。根据俄国心理学家维果茨基（Lev Vygotsky）的观点，儿童也是按照上述方式成长的。维果茨基生于1896年，与皮亚杰同年；但与皮亚杰不同的是，维果茨基认为，儿童的认知发展不是儿童与具体客体互动的结果，而在很大程度上是儿童与自己所处的文化成员之间互动的结果。维果茨基提出，例如语言和计数系统等文化工具对儿童认知的发展会产生巨大的影响（Vygotsky, 1978）。

例如，在英语系统中，超过20的数字会通过1个十进位标志（twenty）带1个数字（one）并遵循一种逻辑模式（twenty-one, twenty-two, twenty-three等）表示。在中文系统中，从11到19的数字以一种和英语类似的方式表示（十一、十二、十三……）。但是，在英语系统，从11到19的数字要么把1个十进位标志和1个数字以相反的方式排列（sixteen, seventeen），要么就完全用字母表示（eleven, twelve）。这两种语言系统规则的差异会对学习语言的儿童产生不同的影响。对中国儿童来说，12——他们说"十一二"（ten-two）——是由10和2组成的，这是很直截了当的；但是，对于说英文的儿童来说，12是"twelve"，就不是那么直截了当的（见图11.5）。在一项研究中，来自多个国家的儿童需要按要求递给实验者一定数量的积木。实验用的积木一些是单一的，另一些积木被黏成一长条表示10。当实验者要求亚裔儿童递给自己积木的数字是26时，亚裔儿童会倾向于选择两个长条表示10的积木，再加上6块单一积木。非亚裔儿童则倾向于使用比较笨拙的策略，他们会数出26块单一的积木递给实验者（Miura等，1994）。这样的结果提示，儿童继承来的计数系统规则既可能帮助儿童也可能阻碍儿童发现：由两个

文化是如何影响认知发展的？

儿童不是孤独的探索者，他们不仅是依靠自己发现这个世界，而是依靠着家庭、社区以及社会中的成员教会他们所需要了解的大多数知识。

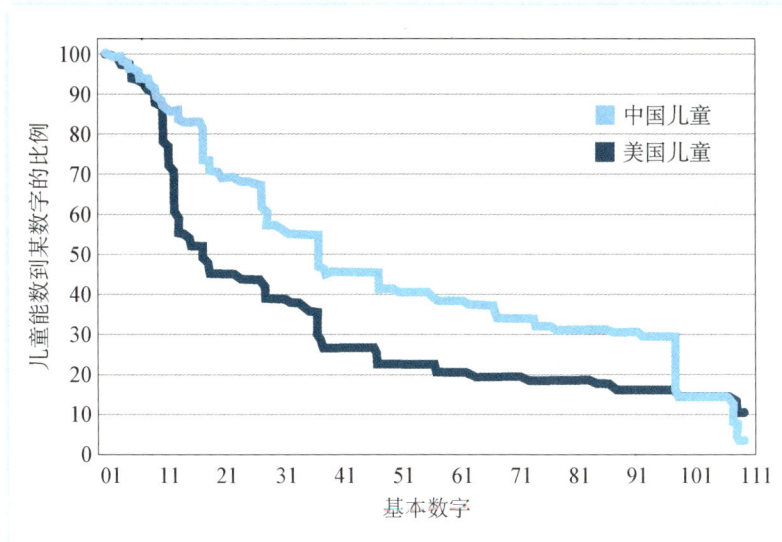

图 11.5 十二或二十？正如本图所显示，美国儿童能数基本数字的比例在数字 11 之后急剧下降，而中国儿童的这一比例下降得则缓慢得多（Miller, Smith 和 Zhu, 1995）。

数字组成的两位数是能够被分解的（Gorclon, 2004; Imbo 和 LeFevre, 2009）。

当然，如果你曾经尝试去训练宠物蛇，你就会知道，不是所有的物种都能够从其他成员身上学习的。在这一点上，人类可以说是"冠军"，有三种技能确保了人类成为大自然学校里最杰出的学生（Meltzoff 等，2009; Striano 和 Reid, 2006）。

➢ 如果一名成年人把自己的头向左转，小婴儿（3 个月）和大婴儿（9 个月）都会向左看。但是，如果成年人首先闭上自己的眼睛，然后再向左转，小婴儿会看向左边，而大婴儿就不会了（Brooks 和 Mejtzoff, 2002）。这个结果提示，大婴儿跟随的不仅是成年人头部的运动，同时也在跟随成年人的注视点：婴儿会尝试去看他们认为成年人正在看的东西。如果大婴儿只能听到声音而看不到成年人，他们就会根据声音线索来判断成年人要看向的方位，然后自己再往那个方位看去（Rossano, Carpentei 和 Tomasello, 2012）。能够关注到他人关注点的能力被称为联合注意（joint attention），这是婴儿能够学会他人所教授事物的先决条件（见图 11.6）。

➢ 儿童是天生的模仿者，他们经常模仿自己看到的成年人的行为（Jones, 2007）。但是，在非常早期的时候，婴儿开始模仿的是成年人的意图（intention）而不是成年人行为本身。当一个 18 个月婴儿看到一个成年人用手做出滑动的动作，好像这个成年人打算拉开一个罐子的盖子，婴儿不会去复制成人这个滑动的动作，但取而代之的是，婴儿会做出成人意图行为，即移开盖子（Meltzorf, 1995, 2007）。这种成年人做什么婴儿就跟着做什么的倾向——或者婴儿做出成年人意图做出的行为——被称作模仿（imitation）。到了 3 岁大，儿童开始能够极为

(a)   (b)   (c)

> 精确地复制成年人的行为，即便是知道成年人行为没有意义或者不相干，儿童还是会模仿成年人的部分动作，这种现象被称为过度模仿（overimitation）（Lyons, Young 和 Keil, 2007; Simpson 和 Riggs, 2011）。

> 当一个婴儿靠近一个新玩具的时候，他经常会停下来回头看看自己的母亲，把母亲的脸作为一种线索：妈妈，这是不是一个玩具，这有没有危险。使用他人的反应来指导我们如何来认识这个世界的能力，称作社会参照（social reference）（Kim, Walden 和 Knieps, 2010; Walden 和 Ogan, 1988）。（您将会在本书的"社会心理学"一章中了解到更多关于成年人继续使用这种方法的内容，对于成年人来说，这被称为信息性影响（informational influence））。

图11.6 联合注意确保了儿童能够向他人学习。 当一个12个月大的婴儿如图（a）与一名成人互动时，成人看向一个物体，如图（b），婴儿通常会看向同一个物体，如图（c）——但是，婴儿只有在成人眼睛是睁开的时候才会看向这个物体（Meltzoff, 2009）。

联合注意（"我能看到你所看到的"），模仿（"我能做你所做的"），以及社会参照（"我能思考你所思考的"），这三种基本能力确保了婴儿能够向人类其他成员学习。

社会性发展

  与海龟幼崽不同，人类婴儿离开照顾者无法生存。但是，照顾者为婴儿提供的到底是什么？一些显而易见的回答是，温暖、安全以及食物，这些显而易见的答案是正确的。然而，照顾者还能够提供一些人们几乎不可见的东西，但所有这些看不见的事物对婴儿的发展来说都是至关重要的。

  在第二次世界大战期间，心理学家对生活在孤儿院等待被领养的婴儿进行了研究。虽然这些婴儿生活在温暖、安全且饮食良好的条件下，但是许多人都出现了生理上和心理上双重的发展性障碍，接近40%的婴儿在被领养之前就死亡了（Spitz, 1949）。几年之后，心理学家哈罗（Harry Harlow）（1958; Harlow 和 Harlow, 1965）发现，将恒河猴的婴儿置

现实世界

走这里

家长们常常抱怨自己的孩子无视自己的建议。但是，科研人员发现，即便只有18个月大的婴儿也知道什么时候该听父母的——什么时候该忽略他们。

研究人员（Tamis-LeMonda 等，2008）建造了一个上升的平台，这个平台的坡度可以调整，然后研究人员让一些婴儿站在平台的上面，他们的母亲站在下面，研究人员希望考察婴儿是否会尝试着沿着平台往下走，走向自己的母亲。一些情况下，平台被调整得完全平坦和安全；一些情况下，平台被设定得极为陡峭且危险；另一些情况下，平台的坡度处于这两个极端条件之间。对母亲的指导语有两种，要么她们需要鼓励婴儿走下平台，要么她们需要阻止婴儿这么走。

那么，婴儿会出现怎样的行为？他们是信任自己的母亲还是信任自己的眼睛？正如你从下图中看到的那样，当升降台处于明显是安全的状态或者明显是危险的状态时，婴儿都会忽略自己的母亲。在升降台处于完全放平的状态下，即使母亲不让婴儿过来，婴儿还是会在平台上一路小跑下来；而当升降台处于危险的状态下，即使母亲对婴儿说没问题，婴儿还是会拒绝下来。但是，当升降台处于安全和危险之间的某种状态时，婴儿便会倾向于听从母亲的意见。

这些数据显示，婴儿能够以一种相当微妙而熟练的方式使用社会性信息。当自己的感官提供的信息是确定且清晰的时，婴儿就会忽略其他人告知他们的内容。然而，当感觉到自己处于不确定的情况下时，婴儿肯定会接受家长的意见。这似乎说明，从孩子开始学会走路那一刻起，他们就知道了什么时候该听父母的，什么时候该对着父母摇头，翻白眼，做自己乐意做的。

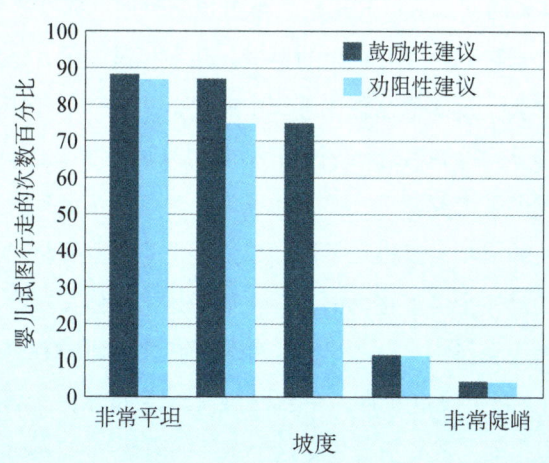

哈罗实验中的猴子更偏好由柔软衣服做成且能带来舒适和温暖的母亲（左边），而不喜欢铁丝做成的母亲（右边），即便铁丝母亲是和食物联系起来的。

于温暖安全且喂食良好的环境中，但是不允许这些恒河猴婴儿在出生后的6个月内与其他猴子有任何的社会接触，结果这些猴子发展出了各种各样的异常变态行为。这些猴子会撕咬自己，并在咬的时候会不由自主地出现强迫性的来回摇晃，而且当把这些猴子介绍给其他猴子时，他们会完全避免和自己的同类接触。这群社会孤立的猴子最终无法与其他猴子交流，也无法向种群中其他猴子学习，而且当这群猴子中的母猴子在发育成熟并做了母亲之后，她们会忽视、拒绝甚至有时会攻击自己的幼崽。哈罗还发现，如果在社会孤立的猴子的笼子里面放上两个"人造母亲"——其中一个由铁丝做成且身上挂着食物，另一个包裹着衣服但身上没有食物——笼子里的猴子几乎所有时间都靠在由柔软的衣服做成的母亲身上，即便铁丝做成的母亲是他食物和营养的来源。显而易见的是，所有物种的婴儿除了维持生存所需之外，还需从照顾者身上获取更多的东西。但是，他们需要的是什么呢？

建立依恋

当洛伦兹（Konrad Lorenz）还是个小男孩的时候，拥有一只小鸭子让他觉得特别骄傲，随后他很快意识到一些有意思的事情。几十年过去了，洛伦兹发现的那些事实帮助他赢得了诺贝尔奖。正如他在获奖感言中所说，"从一个邻居那里，我得到了一只出生只有1天的小鸭子，然后我发现，并且让我觉得兴趣盎然的是，这只小鸭子就跟着我转。"通常情况下，母鸭子走到哪里，鸭子幼崽就会跟着母亲走到哪里；洛伦兹在孩提时代的发现（并在洛伦兹成年后以科学手段加以证明）是，刚孵化出来的鸟类会一直忠实地跟着它们接触到的第一个能够移动的物体。如果这个物体是一个人类或者一个网球，那么刚孵化出来的鸟类会忽略自己的母亲，并取而代之地跟随着这个物体。洛伦兹建立的理论提出，这是由大自然设定好的，鸟类会把自己看到的第一个移动的物体印刻（imprinted）到自己的大脑里，即"我必须要呆在这个东西的附近"（Lorenz, 1952）。

洛伦兹的研究工作，哈罗关于恒河猴在孤立环境下成长的研究成果，以及关于孤儿院儿童的研究，这些都让精神病学家约翰·鲍比（John Bowlby）深深地着迷，

婴儿是如何辨别谁是自己的主要照顾者的？

他希望了解人类婴儿是如何与自己的照顾者之间形成依恋关系的（Bowlby, 1969, 1973, 1980）。鲍比的研究以刚出生的猴子，紧跟在自己母亲后面的鸭子，以及紧抓着在自己母亲毛茸茸胸口的猴子等作为起点，因为这些物种的新生儿都必须紧紧依靠在照顾者身边才能存活。鲍比提出，人类婴儿也有相似的需要，但是人类婴儿的生理发展远远落后于鸭子或猴子幼崽，因此人类婴儿既无法跟在照顾者身后，也无法紧紧抓住照顾者。婴儿能做的只有微笑和啼哭。因为人类婴儿既没有带蹼的双脚，也没有毛茸茸的双手来确保自己紧挨在照顾者周围，那么婴儿依靠什么确保照顾者靠近自己呢。当一个婴儿啼哭、咯咯笑、发出咕咕的声音、眼神接触或者微笑时，绝大多数成年人会反射性地靠近婴儿，鲍比指出，这就是为什么婴儿是被设定好释放这些信号的。

根据鲍比的观点，婴儿最初会向视力和听力范围内所有的对象发出这些信号。在出生后的大约6个月左右的时间，婴儿会有一个"心理排行榜"（mental tally）：谁对我的信号反应最频繁，谁对我的信号反应最迅速，随后婴儿很快就开始确定反应最快最好的目标，这个人也被称为主要照顾者（primary caregiver）。这个人迅速成为婴儿世界的情感中心。当主要照顾者在自己身边的时候，婴儿会感受到安全，也会开心地到处爬，用自己眼睛、耳朵、手指和嘴探索周围环境。但是，如果主要照顾者远离了自己，婴儿就开始感到不安全，他们会想办法缩短自己与主要照顾者之间的距离，也许是通过爬向自己的照顾者，也许是通过啼哭，直到照顾者靠近自己。鲍比认为，以上所有的种种都是人类进化过程中已经给婴儿设定好的社会性反射，这种社会性反射和引起婴儿吸吮和抓握的生理反射一样，对人类而言都是极为基础的。鲍比提出，人类的婴儿天生就会具有与自己的主要照顾者之间形成某一种**依恋关系（attachment）**的趋势——换句话说就是，与主要照顾者之间的一种情感纽带。

被剥夺了获得依恋经验机会的婴儿会在日后出现各种各样的负面后果（Gillespie 和 Nemeroff, 2007；O'Connor 和 Rutter, 2000；Rutter, O'Connor 和 The English and Romanian Adoptees Study Team, 2004）。然而，即便依恋关系确实形成了，也有出现或成功或不太成功的情况（Ainsworth 等, 1978）。玛丽·爱因斯沃斯（Mary Ainsworth）发展出了一种测量依恋关系的方法：**陌生情境（strange situation）**，这是一种用于确定儿童依恋风

依恋关系（attachment） 与主要照顾者之间的一种情感纽带。
陌生情境（strange situation） 一种用于确定儿童依恋风格的行为测试。

研究者是如何评估婴儿的依恋风格的?

格的行为测试。陌生情境测试包含如下过程：首先一名儿童和他/她的主要照顾者（通常是孩子的母亲）一起来到一间实验室，然后实验人员会实施一系列的情境，其中包括主要照顾者短暂离开房间随后再返回，在这期间，心理学家会检测婴儿会出现怎样的行为反应。研究人员发现，婴儿的反应行为倾向归于以下四种模式中的一种，所谓模式即依恋风格（attachment style）。

> 大约 60% 的美国婴儿属于**安全型**（secure）依恋风格。当照顾者离开时，婴儿可能会也可能不会表现出焦虑。当照顾者返回后，没有出现焦虑的婴儿会通过眼神的一瞥或者打招呼来确认照顾者已经回来了，表现出焦虑的婴儿则会向照顾者靠近，照顾者的出现会让婴儿平静下来。

> 大约 20% 的美国婴儿属于**回避型**（avoidant）依恋风格。当照顾者离开时，婴儿不会表现出焦虑，在照顾者返回后，婴儿也不会去确认照顾者已经回来了。

> 大约 15% 的美国婴儿属于**矛盾型**（ambivalent）依恋风格。当照顾者离开时，婴儿会表现出焦虑，而当照顾者回来之后，婴儿却很抗拒她，拒绝她所有企图安抚自己的努力，拱起后背，并不停扭动着向远离照顾者。

> 大约 5% 的美国婴儿属于**混乱型**（disorganized）依恋风格。这些婴儿对照顾者离开和返回都不会表现出固定或一致行为反应模式。

研究者指出，儿童在实验室陌生情境中的行为表现和他/她在家的行为表现有相当大程度上的关联（Solomon 和 George,1999；见图 11.7）。然而，儿童随着时间推移而改变依恋风格也是常见的（Lamb, Sternberg 和 Prodromidis, 1992）。虽然依恋风格某些方面特征具有跨文化的稳定性——安全型依恋是全世界范围内最为常见的依恋风格（van

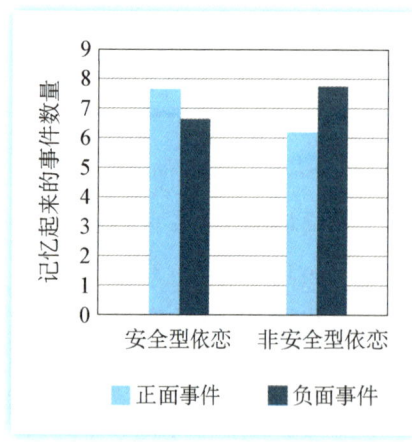

图 11.7 依恋风格与记忆。人们通常对符合自己世界观的时间记忆最好。实验人员使用陌生情境任务测试一群 1 岁儿童的依恋风格。2 年之后，同一群儿童再次回来，他们会看到一个木偶，这个木偶会经历一些开心的事件（例如，木偶得到了一件礼物）和一些不开心的事件（例如，木偶弄洒了一杯果汁）。随后的测试发现，安全型依恋的儿童对开心事件的记忆要好于对不开心事件的记忆，而非安全型依恋的儿童则表现出了相反的模式（Belskg, Spritz, & Ernic, 1996）。

IJzendoorn 和 Kroonenberg, 1988）——其他依恋风格根据文化的差异会在某些方面有所变化。举例来说，德国儿童（家长倾向于培养孩子的独立性）出现回避型依恋的可能性要高于出现矛盾型依恋的可能性，而日本儿童（母亲通常是全职在家，不会让别人来照顾孩子）出现矛盾型依恋的可能性就要高于出现回避型依恋的可能性（Takahashi, 1986）。

依恋风格从何而来？

儿童的依恋风格部分是由他天生所具备的生物性特征所决定的。不同儿童天生的**气质（temperaments）**不同，或者说，情绪反应的特异性模式不同（Thomas 和 Chess, 1977）。无论是通过家长的报告还是通过对诸如心率或大脑血流等生理指标的测量，很小的孩子就在恐惧表现、易激惹性、活跃性、正面情绪以及其他情绪特质等方面表现出了差异（Rothbart 和 Bates, 1998）。随着时间的推移，这些差异具有相当大的稳定性。例如，对新异刺激表现出恐惧反应的婴儿——诸如物体的突然移动、响亮的声音，或者不熟悉的人——在4岁大的时候会倾向于表现得更加顺从，较低的社会性水平以及更少的积极情绪（Kagan, 1997）。这些婴儿身上的气质差异似乎是源自先天的生物性差异（Baker 等，2013）。例如，10%到15%的婴儿拥有高反应水平的大脑边缘系统（也许你能从"神经科学与行为"那一章内容里想起来，边缘系统是大脑中包含杏仁核在内的多个区域，杏仁核在人类情绪反应方面扮演了重要的角色）。这部分婴儿在面前出现一个新玩具或陌生人时，会出现拍打和哭泣的行为。在进入儿童期之后，这部分婴儿会变得回避不认识的人、物体和情境，在进入成年期之后，这部分婴儿的性格会是安静、小心翼翼且害羞的（Schwartz 等，2003）。

基于婴儿生物特征的气质在决定他/她的依恋风格方面具有影响作用，但是，在绝大多数情况下，依恋风格是由婴儿与照顾者之间的社会互动决定的。研究显示，安全型依恋儿童的母亲对于孩子情绪状态信号特别敏锐，这些母亲尤其擅长于发觉婴儿想要获取安抚和安慰的"需求"，同时也会对这些需求做出及时反应（Ainsworth 等，1978; De Wolff 和 van IJzendoorn, 1997）。矛盾型依恋婴儿的母亲倾向于对孩子表现出不稳定的行为反应，当孩子表现出焦虑的信号时，这些母亲只有在部分情况下才会回应自己的孩子。回避型依恋婴儿的母亲通常会对孩子想要获得安慰的需求表现出冷漠与冷淡，甚至还可能拒绝孩子的身体靠近自己的要求（Isabelle, 1993）。这些行为导致的结果是，婴儿会发展出一套**人际关系内部工作模型（internal working model of relationship）**，这个模型

气质（temperaments）　情绪反应的特异性模式。
人际关系内部工作模型（internal working model of relationship）　婴儿关于自我、主要照顾者以及自我与主要照顾者之间人际关系的信念集合。

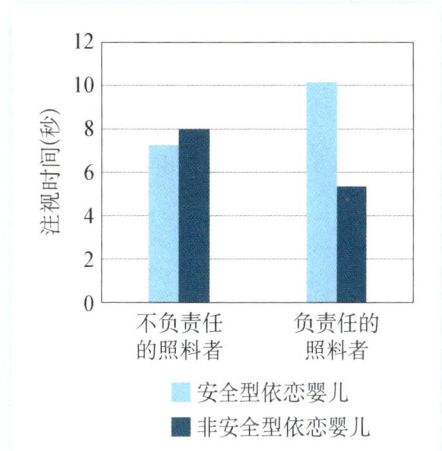

图 11.8 **工作模型。** 婴儿是否真的有内部工作模型？事实似乎是这样的。心理学家发现，当婴儿看到出乎自己意料之外的物体时，他们盯着看的时间会更长。当安全型依恋的婴儿观看母亲照顾孩子的卡通时，如果看到的是母亲不照顾孩子的画面，那么婴儿盯着看的时间就会显著长于看到母亲照顾孩子的画面，而非安全型依恋的婴儿在观看相同卡通画面时，则表现出了完全相反的行为模式（Johnson, Oweck 和 Chen, 2001）。

是婴儿关于自我、主要照顾者以及自我与主要照顾者之间人际关系的信念集合（Bretherton 和 Munhollancl, 1999）。不同依恋风格的婴儿会发展出不同的人际关系工作模型（见图 11.8）。具体而言，安全型依恋风格婴儿的行为方式就好像他们确定当自己感到不安全时主要照顾者一定会回应自己；回避型依恋风格婴儿的行为方式就好像他们确定主要照顾者一定不会回应自己；矛盾型依恋风格婴儿的行为方式就好像他们不确定主要照顾者是否会回应自己。混乱型依恋风格婴儿似乎会对自己的照顾者表现出困惑，这就导致一些心理学家推测，这种混乱型依恋风格是遭受虐待儿童的主要特征（Carolson, 1998; Cicchetti 和 Toth, 1998）。

图 11.9 **父母的依恋风格。** 依恋关系是存在于两个人之间的互动，互动中的两方——主要照顾者和孩子——在决定儿童工作模型的本质方面都产生了影响作用。研究显示，安全型依恋婴儿的父母自身通常也具有安全依恋的工作模型（van IJzendoorn, 1995）。这又是为什么呢？

如果照顾者的反应性（在相当大程度上）决定了儿童的工作模型，且儿童的工作模型（在相当大程度上）决定了他/她的依恋风格，那么又是什么决定了照顾者反应性（见图 11.9）？照顾者反应的差异（很大程度上）可能是由于他们对婴儿情绪状态判断能力的差异造成的。如果照顾者对婴儿的情绪信号具有高敏感度，那么这些照顾者的孩子出

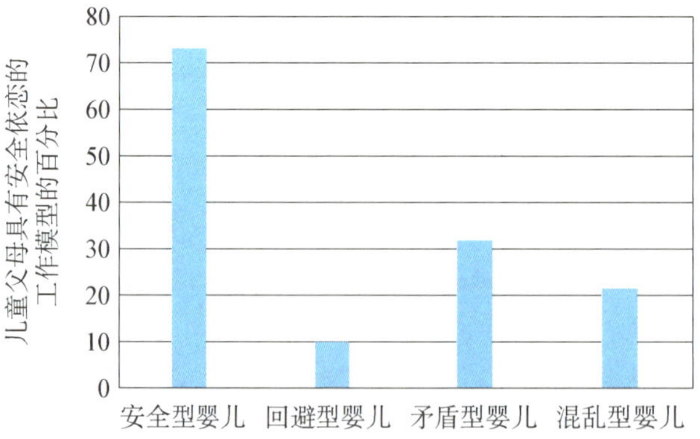

现安全型依恋风格的可能性几乎会 2 倍于那些对情绪信号低敏感度照顾者的孩子（van Ijzendoorn 和 Sagi, 1999）。如果母亲把自己的孩子视为具有情绪体验的独特个体，并且母亲认为孩子除了强烈的生理需求之外还有别的需求，那么婴儿就会发展出与母亲之间的安全型依恋关系（Meins, 2003; Meins 等，2001）。虽然，这些数据之间存在仅仅的是相关关系，但是我们仍然有理由推测，母亲的敏感度和反应性是塑造婴儿依恋风格的成因。举例来说，实验人员曾经在一项研究中考察了一组年轻的母亲，这些母亲的孩子或带有易激怒特征或者是困难型儿童。在这些婴儿 6 个月大的时候，一些母亲被分配到参与一项旨在提高她们对婴儿情绪信号敏感度的培训项目之中，此外，培训项目还鼓励这些母亲提高对婴儿的反应性。实验人员对参与了培训项目的母亲的孩子进行了追踪，追踪分别设定在这些孩子 18 个月大、24 个月大以及 3 岁的时候。结果显示，与母亲没有参加培训项目的孩子相比，这群孩子表现出安全型依恋风格的可能性更高（van den Boom, 1994: 1995）。

照顾者是如何对婴儿依恋风格产生影响的？

参加日托是否会对儿童依恋的形成造成不好的影响？美国国家儿童健康和人类发展研究所（National Institute for Child Health and Human Development）开展的一项大规模的长期跟踪研究显示，儿童依恋风格受到母亲敏感度和反应性的巨大影响，但是这种影响与托儿所日托的质量、孩子参与日托的时长、稳定性，以及日托的类型没有关系（Friedman 和 Boyle, 2008）。

依恋风格是否真的重要？

婴儿的依恋风格是否会对他/她接下来的发展产生影响？与非安全型依恋关系的儿童相比，在婴儿期形成安全型依恋关系的儿童在非常广泛的领域中会表现得更加出色，从心理上的幸福感（Madigan 等，2013）到他们日后的学业成就（Jacobson 和 Hoffman, 1997），再到他们今后人际关系的质量（McElxvain, Booth-LaForce 和 Wu, 2011; Schneider, Atkinson 和 Tardif, 2001; Simpson, Collins 和 Salvatore, 2011; Steele 等，1999; Vonclra 等，2001），均是如此。

例如，基于一项从人们婴儿期到成年期的追踪研究，研究人员发现，对于那些在陌生情境实验中表现出非安全型依恋风格的1岁大婴儿来说，当他们长到21岁的时候，在解决自己与恋人之间严重的感情冲突时，会体验到更多的负面情绪（Simpson 等，2007）。对于那些陌生情境实验中表现出安全型依恋风格的1岁大婴儿来说，在他们进入成年期之后，能够从与恋人之间的严重冲突中更加迅速地复原（Salvatore 等，2011）。一些心理学家提出，人们会把婴儿时期形成的工作模型用到自己日后与老师、朋友和恋人之间的关系上；换句话说，依恋风格决定了婴儿进入成年期后是发展成一名成功的成年人还是不太成功的成年人（Sroufe, Egeland 和 Kruetzer, 1990）。但是，也有另外一些心理学家认为，婴儿时期的依恋风格与随后成年期之间产生相关仅仅是因为这二者都是由同一种环境因素决定的；换句话说，照顾者的敏感度和反应性才是导致婴儿时期依恋风格与成年行为模式之间产生关联的原因（Lamb 等，1985）。

道德发展

从出生的那一刻起，人类就能对一件事做出快速而准确的判断，这件事就是对愉快和痛苦的区分。在自己的小屁股裹上第一块尿布之前，婴儿就能区分自己什么时候感觉很好，什么时候很糟，而且他能让听力范围内的所有人了解到自己对前者强烈的偏好。在接下来几年里，孩子就会开始意识到，自己的快乐（"乱扔食物很有意思"）常常建立在别人的痛苦上（"乱扔食物会让妈妈抓狂"），这就可能会产生一个问题，因为婴儿需要这些"别人"来提供自己的生存所需。因此，孩子开始学着如何在自己的需要和周围其他人的需要之间保持平衡，发展出错与对的区分能力能够帮助儿童达成上述目的。

知道什么是对的

儿童是如何思考对和错的？皮亚杰对此也提出了相应的观点。皮亚杰和儿童玩游戏，通过小测试来了解儿童是如何掌握游戏规则的，以及如何应对在游戏中犯规的人。通过仔细倾听孩子们说的话，皮亚杰总结道，儿童以三种重要的方式发展道德思维（Piaget, 1932/1965）。

根据皮亚杰的观点，道德发展过程中的三种转变的特征分别是什么？

> 第一，皮亚杰发现，儿童的道德思维会从现实主义（realism）向相对主义（relativism）转变。对于年纪极为幼小的儿童来说，道德准则是关于这个世界真实存在且神圣不可侵犯的真理。对幼儿来说，正确与错误就像一天中的白昼与黑夜一样：是真实存在于这个世界，并且不以人们的思维和语言为转移。这就是为什么儿童通常不会理解一个坏的行为（例如，打人）也可能有好的方面，即使所有人都允许这

种行为的发生。随着儿童的成熟，儿童开始意识到一些道德准则（例如，妻子应当服从自己的丈夫）是被人们发明出来的事物而不是被人们发现的客观事物，因此，对于这类道德准则来说，人们可以认可它们，也可以改变它们，或者也可以彻底抛弃它们。

> 第二，皮亚杰发现，儿童的道德思维会从惯例（prescriptions）向原则（principles）转变。幼儿认为，道德准则是在具体情境下对具体行为的指导规则（"每个孩子只能玩5分钟iPad，然后就要让给坐在自己左边的小朋友玩儿"）。随着儿童的成熟，他们开始把道德准则视为是多种更为通用原则的表述，例如，公平和平等。也就是说，在道德准则不能满足通用原则的情况下，它是可以被弃用或加以修正的（"如果杰森错过了这轮玩iPad的机会，那么他现在应当能玩两次"）。

> 第三，也是最后一种，皮亚杰发现，儿童的道德思维会从后果（outcomes）向意图（intentions）转变。对于幼儿来说，与一个造成轻度伤害的有意识行为（"乔什发了疯，还弄坏了爸爸的铅笔"）相比，一个造成巨大伤害的无意识行为（"乔什不小心弄坏了爸爸的iPad"）似乎是"更加错误的"，因为幼儿的道德判断标准是行为的后果而不是行为的意图。随着儿童的成熟，他们对行为道德判断的关键便会依赖于行为当事人思想状态。

一般而言，皮亚杰关于儿童道德发展的观点是经受得住检验的，尽管他在此高估了这些过渡期发生的年龄段。举例来说，有研究显示3岁儿童在对他人行为做道德判断时确实可以依据行为的意图做出判断（Yuill和Perner，1988）。心理学家劳伦斯·科尔伯格（Lawrence Kohlberg）在皮亚杰工作的基础上做了进一步的深化，提出了一种更为细化的儿童道德推理发展理论（Kohlberg，1963，1986）。根据科尔伯格的理论，儿童的道德推理会经历三个基本阶段。科尔伯格（1958）理论的基础建立在人们关于一系列道德两难故事的反应之上，比如下面这个故事：

  一个女人因为患有一种特殊的癌症而濒临死亡。医生说有一种药也许能够救她。住在同一个小镇的药剂师最近研发了一种形式的元素镭可以制药。这种药制作起来非常昂贵，但是药剂师售出药品的价格是制作成本的10倍。他花了200美元买这种镭，在出售的时候，一份小剂量的药物就要卖2 000美元。那名重病妇女的丈夫海因茨已经向他认识的所有人借了钱，但还是只有1 000美元，这只是药费的一半。海因茨和药剂师说自己的妻子生命垂危，请他把药卖得便宜一些，或者他过些时候再把剩下的钱补上。但是，药剂师却说，"不行，我研发这种药就是为了赚钱的。"因此，海因茨感到无比绝望，然后，他潜入药店为妻子偷药。海因茨是否应当这样做？

 科尔伯格提出的道德发展三阶段分别是什么?

根据对这个故事做出的反应,科尔伯格得出结论,绝大多数儿童都处在**前习俗阶段(preconventional stage)**,前习俗阶段是道德发展过程中一个阶段,处于这个阶段的个体对行为做道德判断的依据是该行为会对当事人造成怎样的后果。不道德行为简单来说就是会带来惩罚性后果的行为,那么对任何道德两难情境的合理解决方案是选择带来惩罚可能性最低的行为。例如,对于海因茨这个故事,处于这个阶段的儿童通常会根据一种决策("如果海因茨因为妻子的死而受到责备,那么这就是件坏事")的后果和另一种决策("如果海因茨因为偷药而进监狱,那么这就是件坏事")的后果来做出判断。

科尔伯格指出,儿童的道德水平处于前习俗阶段,但是在青春期前后,他们的道德水平就会进入**习俗阶段(conventional stage)**。习俗阶段是道德发展过程中一个阶段,处于这个阶段的个体对行为做道德判断的依据是该行为符合社会准则的程度。处在这个阶段的个体认为,所有人都应当遵从自己所处文化背景下人们普遍接受的规范,都应当遵守所处社会的法律,履行自己作为公民的义务,并且担负起家庭和家族的责任。对于海因茨这个故事,处在习俗道德阶段的个体认为必须衡量两件事,一件是海因茨因为偷窃而让自己和家族蒙羞(例如,触犯法律),另一件是如果因为自己的不作为而导致妻子死亡带来的内疚(例如,没有尽到丈夫的责任)。处于这个道德阶段的个体不但会考虑体罚和入狱的判决,而且还会考虑到他人的认可。不道德的行为就是那些受到人们道义上谴责的行为。

最后,科尔伯格指出,在成年期,有部分(而不是所有的)成年人会进入**后习俗阶段(postconventional stage)**。后习俗阶段是道德发展过程中一个阶段,处于这个阶段的个体对行为做道德判断的依据是该行为是否符合一系列的普适原则,这些普适原则反映着某些核心价值观,例如,生存的权利、自由的权利以及追求幸福的权利。当一种行为违背了这些原则,那么它就是不道德的,而且如果法律与这些原则相冲突,那么这样的法律就不应当遵守。对于已经达到后习俗道德水平的个体而言,海因茨故事里妻子的生命要比药剂师的利润更加重要,因此,偷药就不再仅仅是一种道德行为了,而是上升

前习俗阶段(preconventional stage) 道德发展过程中一个阶段,处于这个阶段的个体对行为做道德判断的依据是该行为会对当事人造成怎样的后果。

习俗阶段(conventional stage) 道德发展过程中一个阶段,处于这个阶段的个体对行为做道德判断的依据是该行为符合社会准则的程度。

后习俗阶段(postconventional stage) 道德发展过程中一个阶段,处于这个阶段的个体对行为做道德判断的依据是该行为是否符合一些列的普适原则,这些普适原则反映着某些核心价值观。

到一种道德责任了。

研究大体上支持了科尔伯格的观点：人们的道德推理会从关注惩罚过渡到关注社会准则，最后过渡到关注伦理上的原则（Walker, 1988）。但是，研究结果也显示，

科尔伯格理论的正确之处和谬误之处分别是什么？

这些道德阶段之间并没有科尔伯格认为的那样界限清晰。举例而言，一个人可能会在不同的情境下使用前习俗、习俗以及后习俗道德思维，这就说明，一个发展中的个体不会"到达某一阶段"，而是更像是个体"获得了某项技能"，在特定的环境下，他可能会使用也可能不会去使用这项技能。

我在这里的行文中是有意使用男性代名词的。因为科尔伯格是以美国男孩为样本提出自己的理论的，这导致部分批评者指出，科尔伯格的理论未能涵盖女孩的道德思维发展（Glligan, 1982），并且未能涵盖非西方儿童的道德思维发展（Simpson, 1974）。第一种批评几乎未能得到科学研究证据的支持（Jaffee 和 Hyde, 2000; Turiel, 1998），然而第二种批评的声音却得到了支持。例如，在非西方文化的社会中，人们的价值观是崇尚服从和集体更甚于崇尚自由和个体的；因此，在这些社会中，人们的道德推理可能会表现出一种忠于社会准则的风俗，这确实反映了对伦理原则的一种后习俗化的重视。另一些批评者提出，虽然儿童的道德推理水平与他/她的道德行为呈现出了正相关（Blasi, 1980），但是这种相关却并不强，且在道德行为是需要做出善行而不是抑制恶行的时候，上述观点尤其正确（Haidt, 2001; Thoma 等，1999）。这些批评的声音提示我们，上述这些观点只是关注人们如何进行道德推理以及道德推理本身，而这些理论没有告诉我们的是，人们在日常生活中是怎样做出道德行为的。但是，如果道德行为不由道德推理决定，那么人们的道德行为是由什么决定的？

感受什么是对的

关于道德推理的研究显示，人就像法庭上的法官一样，使用理性分析——有时候简单有时候复杂——来区分正确与错误。但是，道德两难情境不但会让我们思考；也会触发我们的感受。我们来下面这个情境：

> 你站在一座大桥上。你看到在桥下有一辆车沿着铁轨向 5 个人猛冲过去，如果火车不改变现在的轨道，那么这 5 个人必死无疑。假如你搬动杠杆手柄让火车改向行驶到另一条轨道上，就肯定能拯救这 5 个人的生命，但是，这样做会导致另一条轨道上的 1 个人死亡。那么搬动手柄用 1 个人的生命来换取另外 5 个人的生命，在

道德上，这样做是不是被允许的？

现在我们来看一看这个故事的另一个版本：

你和一个大块头一起站在一座大桥上。你看到在桥下有一辆车沿着铁轨向5个人猛冲过去，如果火车不改变现在的轨道，那么这5个人必死无疑。假如你把旁边这个大块头的人推到铁轨上，就肯定能拯救这5个人的生命，因为这个大块头的身体会卡住火车轮子并让火车在撞上那5个人之前停下来。那么用这个大块头1个人的生命来换取另外5个人的生命，在道德上，这样做是不是被允许的？

上述情节和场景见图11.10。如果你和大多数人类似，你的结论会是，在道德上，搬动手柄是被允许的，而把1个人推下铁轨是不被允许的（Greene等，2001）。在这两个故事中，你需要做出的判断都是是否要牺牲1个人而拯救5个人，你对其中一个故事做出了肯定的答复，而对另一个故事做出了否定的答复。道德推理怎么会导致这种不一致的结论？纯粹的道德推理在这两种情境下不会导致不一致的结论，人们这种奇异的不一致结论根本就和道德推理无关。相反，把另一个人推到火车疾驰而来的铁轨上，然后看着他被火车撞得血肉横飞，这种想法只是会让你产生一种强烈的负面情绪反应，强烈的情绪反应会让你立刻得出结论：把人推下去是错误的。当然，你能拿出一些相当好的理由来支持自己的这个结论（"万一他转过来咬我怎么办？"或者"我讨厌弄脏我的新鞋子。"），

图11.10 电车难题。都是用一条人命换五条人命，为什么搬动手柄就是道德上被允许的，而推人下桥就是道德上不被允许的？研究显示，图（b）中的场景会比图（a）中的场景触发人们更强的负面情绪反应，这种情绪反应可能就是人们道德直觉的基础。

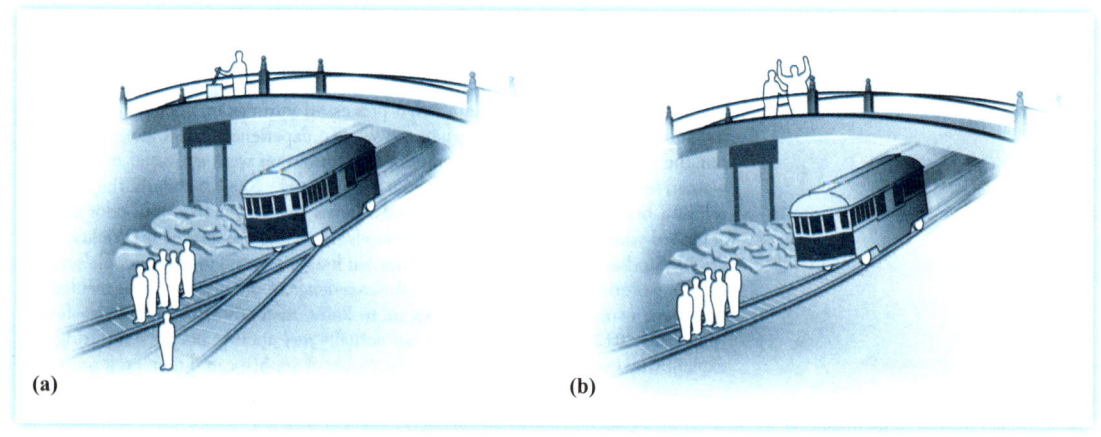

(a)　　　　　　　　(b)

然而，这些理由并不是在你得出结论之前产生的，很可能是在你得出结论之后才出现的（Greene, 2013）。

心理学家们根据人们这种反应方式提出，道德判断是情绪反应的结果——而不是情绪反应的原因（Haidt, 2001）。根据这种道德直觉论（moral intuitionist）观点，通过进化，人类会对与自己的小家庭相关的事件产生情绪反应，在这些事件涉及繁衍后代和生死攸关的时候尤其如此，为了鉴别及解释自己的这些情绪反应，人类还会发展出对正确和错误区分的能力（Hamjin, Wynn 和 Bloom, 2007）。

道德判断是发生在情绪反应之前还是之后？

例如，我们中绝大对数人认为，乱伦让人恶心厌恶，因为它是错误的；而另一种可能性是，我们认为乱伦是错误的，是因为它让我们觉得恶心厌恶。就繁衍出遗传优异的后代而言，乱伦是一种效能很低的方式。因此，自然选择的作用让人类厌恶乱伦。那么，人们关于乱伦的不道德感也许是这种厌恶情绪的结果，而不是厌恶情绪的诱发因素。

一些研究为道德直觉理论提供了证据支持。例如，在一项研究中，参与实验的是有脑损伤的被试，这种脑损伤让被试无法再有正常的情绪体验，对于在图11.10所示的两个故事场景，这些患有脑损伤的被试做出了完全相同的判断：在对两种不同的情境，都会牺牲1个人的生命去换取5个人的生命（Koenigs 等, 2007）。在另一项研究中（Wheatley 和 Haidt, 2005），被试会被催眠，实验人员会告诉被试当他们听到 take 这个词，他们就会感觉到"一阵短暂的难受和恶心……胃里一阵作呕的感觉。"当这些被试走出催眠状态之后，研究人员要求他们给一些行为做道德等级的评价。有些情况下，对这些待评价行为的表述里面包含"take"这个词（"警察收取 take 贿赂的不道德程度是怎样的"），另一些情况下，对待评价行为的表述里不含"take"（"警察接受 accept 贿赂的不道德程度是怎样的？"）。当行为表述中包含 take 这个词的时候，被试对该行为的道德度评价会更低。这种结果提示，是被试的负面情绪感受引发了道德推理——而不是道德推理引发了负面的情绪感受。

以上所有这些都提示，人们会认为把别人推下铁轨是不道德的，原因很简单，就是人们的这种观念：别人因为自己的行为而承受痛苦会让自己感觉到难受（Greene 等, 2001）。事实上，研究显示，当人们目睹他人承受痛苦时激活的脑区和自己承受痛苦时激活的脑区是完全相同的（Carr 等, 2003，见本书"神经科学与行为"一章对

当我们目睹他人承受痛苦时会发生什么？

镜像神经元的讨论）。在一项研究中，参加实验的女性被试会面对两种实验情境：自己受到电击，或者目睹自己的爱人在不同身体部位受到电击。这些女性负责处理身体哪些部位受到电击的脑区在她们自己被电击的条件下会被激活，但是，无论是在自己受到电击还是目睹自己的爱人受到电击时，这些女性负责加工情绪性信息的脑区都会被激活（Singer 等，2004）。和这个研究相似的是，在自己闻到腐败气味和目睹他人闻到腐败气味时，人们与情绪相关的脑区都会得到激活（Wicker 等，2003）。这类研究结果提示，在看到他人表现出痛苦时，我们大脑的反应是在大脑里为我们创造出痛苦的体验，这种机制可能是由于进化而来，因为这种机制让我们立刻就能够体验到他人的感受（de Waal，2012）。我们能够确确实实感受到其他人在承受痛苦这个事实也许有助于解释这种现象：为什么即便是年龄很小而无法做出复杂精细道德推理的孩子也能判断出一个人让他人受到伤害的行为是错误的，尤其是当受到伤害的这个人和小孩有相似之处时，更是如此（Hamlin 等，2013）。

这也许解释了为什么人类在儿童时代相当早期的时候就会对目睹他人承受痛苦而产生厌恶感（Warneken 和 Tomasello，2009）。当成年人假装用锤子砸到自己大拇指时，即便是年龄非常小的孩子也会表现出似乎很惊恐的样子，并会试图去安慰成年人（Zahn-Waxler 等，1992）。事实上，即便是年龄非常小的孩子也能够区分不同类型的错误行为：是由于违反了社会准则而导致的错误行为，还是由于造成他人痛苦而导致的错误行为。如果向幼儿提问：假如学校允许把玩具留在地板上，那么把玩具留在地板上可不可以，幼儿会倾向于回答，这是可以的。如果向幼儿提问：假如学校允许可以打别的小朋友，那么打人可不可以，幼儿会倾向于回答，这是不行的（Smetana,1981; Smetana 和 Braeges，1990）。即便有一个人成年人告诉其他人打人是可以的，幼儿还是会说，这是错误的（Laupa 和 Turiel，1986）。似乎在人生非常早期的阶段，他人所承受的痛苦就会变成我们的痛苦，而且这种机制会促使我们得出这样的结论，引起别人痛苦的行为就是不道德的行为。

小 结

▲ 婴儿的视野范围有限，但是他们能够看清并记住出现在视野之内的物体。婴儿会以自上而下和中央到外周的顺序学习控制自己的身体。

▲ 婴儿会慢慢发展出关于客观世界如何运作的各种理论。皮亚杰认为，这些理论通过四个阶段发展而来，儿童会通过这四个阶段学习关于客观世界的基本情况，例如即便当物体离开

了自己的视线内，它依旧会继续存在的；物体具有稳定的属性特征，即便物体表面上看上去的产生了变化，某些属性也不会改变。儿童还会学习到，思维会产生物体的表征；因此，物体也许并不像它外表看上去的那样，而且其他人看待物体的方式也许和儿童看待同一物体方式不相同。

▲ 儿童认知的发展也是通过社会互动完成的，在这个过程中，儿童会掌握一些理解社会互动过程的工具，这些工具都是儿童所在的文化背景下，其他社会成员经过千百年发展而来的。

▲ 在生命非常早的阶段，人类会发展出与自己主要照顾者之间强烈的情感纽带。这些情感纽带的质量取决于照顾者的行为以及儿童天生的气质。

▲ 人们通过学习并且遵守道德准则而实现彼此间的和谐相处。

▲ 儿童对于正确与错误的推理判断最初是基于行为所造成的后果的，但是，随着儿童的不断成熟，他们会开始考虑行为主体的意图以及行为在遵从抽象道德准则的程度。

▲ 道德判断可能来自于人们对他人承受痛苦的情绪反应。

青春期：对鸿沟的意识

在儿童期和成年期之间是一个被延长的发展阶段，也许将之称为"时期"并不是那么适合，但是这却是一个与在它之前的儿童期和之后的成年期之间泾渭分明的阶段。**青春期（adolescence）**，是一个发展时期，始于个体性成熟的肇始（大约在 11 至 14 岁之间），一直持续到个体成年期的开始（大约在 18 至 21 岁之间）。与从胚胎到胎儿或者从婴儿到儿童的过渡不同，青春期的转变是突然且带有明显标志的。在仅仅 3 到 4 年的时间里，青少年平均会增长约 40 磅（约为 18 公斤）的体重，身高平均增长 10 英寸（约为 25.4 厘米）。对于女孩而言，所有这些发育始于 10 岁前后，终结于她

青春期（adolescence） 一个发展时期，始于个体性成熟的肇始（大约在 11 至 14 岁之间），一直持续到个体成年期的开始（大约在 18 至 21 岁之间）。

们身高不再增长之时，这大约是在15.5岁前后。对于男孩而言，青春期始于12岁前后，终结于大概17.5岁。

这些急剧增长的发育标志着**发身期（puberty）**的出现，发身指的是与性成熟相关的身体变化。这些变化包括**第一性征（primary sex characteristics）**，即直接包含于生殖系统内的身体构造，例如女孩月经的出现，男孩睾丸、阴囊和阴茎的增大，以及射精能力的出现。这个发育过程还包括了**第二性征（secondary sex characteristics）**，即在性成熟过程中发生剧变的身体构造，但是不直接包含于生殖系统之内，例如女孩增大的胸部与臀部，面部毛发、阴毛和腋毛的出现，以及男孩和女孩都会变低的声线。这种变化的模式是由于在女孩身上日益增加的雌激素和在男孩身上日益增加的睾丸素导致的。

青少年在青春期阶段身体会发生变化，他们的大脑同样也会经历变化。例如，在进入发身期之前，联接大脑内各个不同脑区组织的生长率会出现一次显著的增长（Thompson等，2000）。在6岁到13岁之间，大脑颞叶（专门负责语言的脑区）和顶叶（专门理解空间位置关系的脑区）之间的联接会迅速以数倍的速率增加，然后停止——此时大约正是学习一种语言终止的关键时段（见图11.11）。

大脑在发身期会产生怎样的变化？

然而，神经系统最重要的变化出现在前额叶皮层。婴儿的大脑会形成许多新的突触连接，突触的数量大于实际所需的数量。随着时间的推移，儿童到了2岁左右，大脑中每一个神经元都具有大约15,000个突触，这个数据相当于成人平均值的两倍左右（Huttenlocher，1979）。随着这种早期的突触激增（synaptic proliferation）而来的是一个突触修剪（synaptic pruning）的过程，在这个过程中，使用频率低的突触连接将会消失。这种聪明的系统允许大脑的连接配置可以部分地由其所在的客观世界的经验所决定。科学家们曾经认为这种过程在生命的早期阶段就终止了，但是最近的研究证据指出，前额叶皮层就在个体进入发身期之前还会经历第二轮突触增长，以及随后在青春期中的第二轮突触修剪（Giedd等，1999）。显而易见，青少年的大脑是一个不断进步的系统。

发身期（puberty） 与性成熟相关的身体变化。
第一性征（primary sex characteristics） 直接包含于生殖系统内的身体构造。
第二性征（secondary sex characteristics） 在性成熟过程中发生剧变的身体构造，但是不直接包含于生殖系统之内。

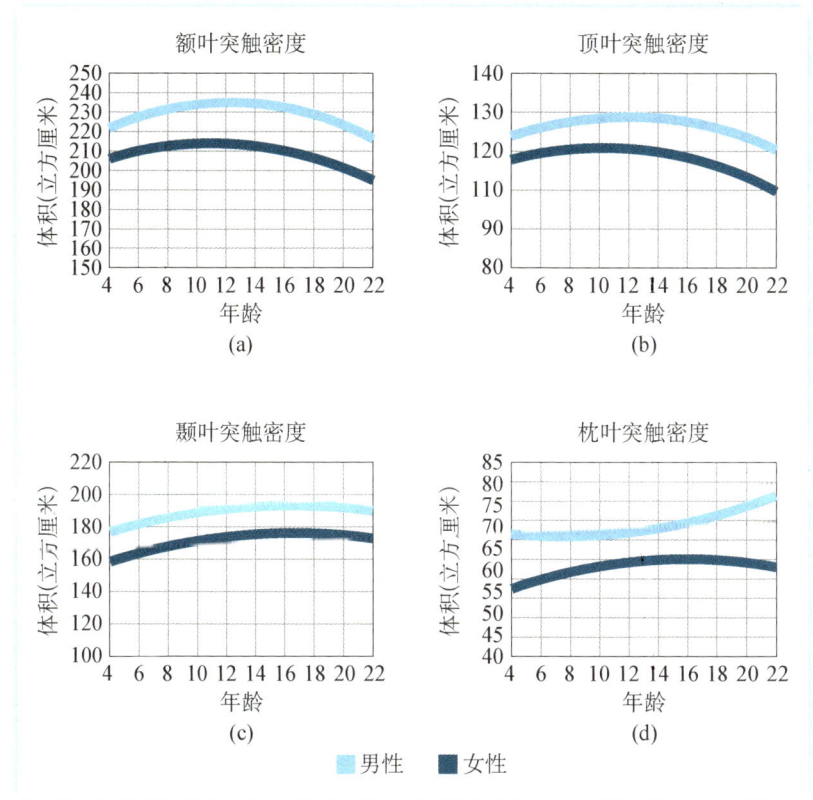

图 11.11 发身期中的大脑。前额叶和顶叶神经元发育的顶峰出现在 12 岁前后（图 a，b），颞叶神经元发育的顶峰出现在 16 岁前后（图 c），接下来，枕叶的发育高峰出现在大约 20 岁（图 d）。

青春期的延长

对于不同的个体而言，发身期开始的时间各不相同（例如，个体出现发身期的年龄与他们同性父母出现发身期的年龄大致相同），对于不同文化环境下的个体而言，发身期的开始时间也各不相同（例如，非洲裔美国女孩发身期开始的时间会早于欧洲裔美国女孩）。不同年代的人群之间，发身期出现的时间也是不同的（Malina, Boucharci 和 Beunen, 1988）。例如，在

在过去的一个世纪里，发身期的初始时间发生了怎样的变化？

英国的斯堪的纳维亚（Scandinavia）和美国，在 19 世纪时，女孩出现首次月经的年龄是在 16 到 17 岁之间，但是到了 1960 年，这个时间提前到了大约 13 岁。最近的一项研究发现，丹麦女孩乳房发育的平均年龄从 1992 年开始到现在整整向前提了一年（Aksglaede 等，2009）。美国男孩开始发身期的平均年龄降到了目前的 9 到 10 岁（Herman-Giddens 等，2012）。为什么青少年发育的平均年龄在过去几十年间提前了这么多？身体内脂肪含量会加速发身期的出现（Kim 和 Smith, 1998），发身期出现的年龄降低很大程度上是由于

饮食和健康水平的提升所造成的（Ellis 和 Garber，2000）。但是，如果女孩的生活环境中含有能够模拟雌激素的有毒物质（Buck Louis 等，2008），或者生活在压力较大的家庭环境之中（Belsky，2012），她们的发身期也会被提前。

不断提前的发身期初始年龄会带来对个体心理上的重大影响。仅仅是两个世纪前，儿童期和成年期之间的间隔还是相当短暂的，因为人们达到生理成熟的年龄基本上和他们准备好接受成人的社会角色的时间是同步的，当时社会对成人角色需求通常不包含较长时间的学校教育。然而，在现代社会中，人们通常在进入发身期之后通常还要接受3到10年的学校教育。因此，虽然个体在生理上成为成年人的年龄日益降低，但是他们准备好或者能够承担起成年人责任的年龄却在增高，因而儿童期与成年期之间的间隔被拉长了。这种被延长的青春期会导致怎样的后果呢？

青春期通常会被描绘为一段内心狂野、行为鲁莽的阶段，一些心理学家提出，青春期的延长是造成这种负面评价的部分原因（Moffitt，1993）。根据这些理论，青少年已经是成年了，但是人们拒绝承认他们在成年社会中可以占有一席之地。对于美国青少年来说，他们受到的各种限制10倍于年纪较大的成年人，2倍于正在服役的美国海军陆战队队员或正在监禁期的重刑犯（Epstein，2007a）。因此，美国青少年会感到一种特别强烈的力量迫使他们做一些事来对抗这些限制，以此来证明他们已经是成年人，例如吸烟、饮酒、服用药物、发生性关系，甚至是犯罪。就是在这种情况下，青少年似乎是被迫在两个世界之间的奇怪夹缝中生活，青少年的心理问题或精神疾患在一定程度上是由于这种困境所造成的。正如有研究人员指出的那样，"青少年被困在一个充斥着轻率莽撞同龄文化的世界里，事实上，这些年轻人是通过周围自己熟悉的其他青少年来学习所有的事物，而不是从成人那里学习，成人角色才是青少年将要成为的对象。被孤立于成人世界之外，被错误地像孩子一样地对待，难怪一些青少年的行为举止从成年人的标准和角度上看，是那么的鲁莽冲动，或不负责任"（Epstein，2007b）。

但是，青春期的暴风骤雨和压力重重既不是普遍现象也不是不可避免的，并不像HBO[①]所展现给我们的那样（Steinberg 和 Morris，2001）。研究显示，受到"愤怒的荷尔蒙"影响而造就的"情绪化的青少年"大多数情况下只是一种神话式的传言。与儿童相比，青少年并没有表现出更严重的情绪化（Buchanan、Eccles 和 Becker，1992），青少年荷尔蒙水平的波动也只是对他们情绪产生了很小的影响（Brooks-Gunn、Graber 和 Paikorf，1994）。虽然青少年更冲动，和成年人相比也更容易受到同龄群体的影响（见图 11.12），但是，如果有高质量的信息提供给他们，青少年还是具备做出明智决策的

[①] HBO（英文名：Home Box Office），是总部位于美国纽约的有线电视网络媒体公司。全天候播出电影、音乐、纪录片、体育赛事等娱乐节目，占到美国付费电视频道市场的90%。——译者注

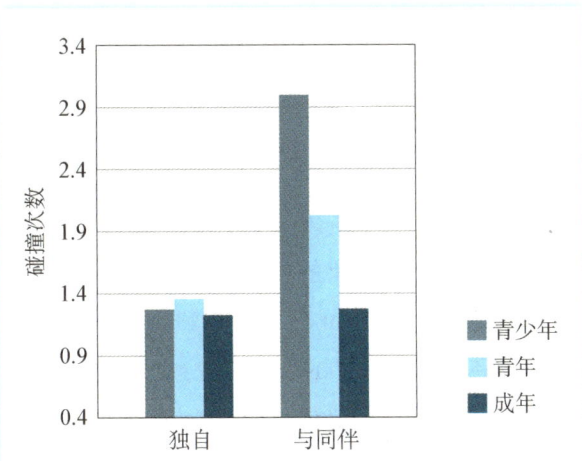

图 11.12 同龄人是如何影响青少年的决策的？没有其他人在场的情况下，青少年做出的决策质量更高！在一项研究中，在一个房间里，被试在自己的同龄人在场和不在场的情况下，玩一项视频驾驶游戏。同龄人的出现极大地增加了青少年做出冒险以及撞车行为的数量，但是，同龄人对成年人的影响极小甚至是毫无影响（Gardner 和 Steinberg, 2005）。

能力的（Steinberg, 2007）。的确，多数青少年会去尝试一些不良行为，但是这并不真的意味着他们以后会沉溺于这些不良行为。例如，在美国绝大多数青少年会在高中毕业之前至少喝醉过一次，但是，极少有人会发展出酗酒问题，也不会让酒精损害自己学业上的成功或者人际上的关系（Hughs, Power 和 Francis, 1992; Johnston, Bachman. 和 O'Malley, 1997）。绝大多数青少年的尝试不会带来长期的不良后果，尝试过嗑药或违犯法律的绝大部分青少年最终成为清醒且守法的成年人（Steinberg, 1999）。简而言之，青少年这种狂欢作乐的行径通常只是少部分人的行为，而且也只是暂时性的，在某些文化背景下，青少年几乎完全不会出现上述行为（Epstein, 2007b）。对于多数人来说，青春期不是陷入

这些密苏里大学的学生（左图）可能会尝试去做一些莽撞的行为，但是他们不太可能发展成为莽撞的成年人。佛蒙特州警察正在检查一辆事故车（右图），4个十几岁的青少年在一个醉酒之夜后死在了这辆车里，那么，佛蒙特州警队就很可能会提醒大家：当然，上面这条原则只能适用于还活着的那些年轻人。

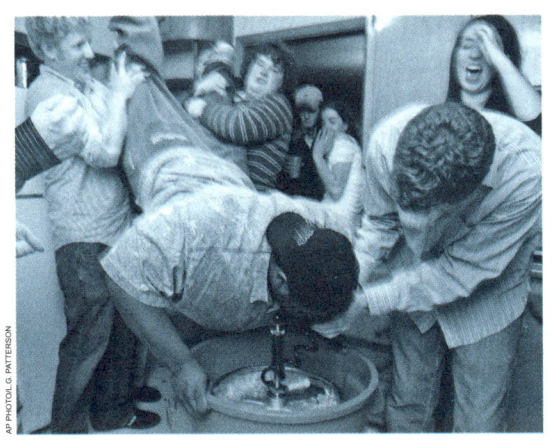

麻烦泥沼的时期，随着时间推移，"年龄增长"会把多数陷于麻烦的青少年"拉出来"（Sampson 和 Laub, 1995）。

性

发身期可以是一段困难的时光，对于比同龄人更早进入发身期的女孩来说，这更会是一段特别艰难的时期。这些女孩承受一系列负面后果的可能性更大，这些负面后果可能包括从悲伤抑郁到不良行为和疾病等（Mendle, Turkheimer 和 Emery 2007; 见图11.13）。发生这种情况的原因有几种（Ge 和 Natsuaki, 2009）。首先，早发育的女孩没有和同龄人同等长度的时间去发展应对青春期问题的必要技能（Peterson 和 Grockett 1985）。但是，因为她们看上去更加成熟，人们就会期待她们的行为举止更像成年人。换句话说，提早出现的发身期会造成人们一种对青少年不切实际的期望和要求，这可能会导致问题的出现。第二，早发育的女孩吸引年长男性注意的可能性更高，在这些年长男性的引导下，女孩可能会卷入一系列不健康的活动之中（Ge, Conger 和 Elder, 1996）。一些研究指出，发身期出现的时间点（timing）所造成的情绪和行为问题比发身期出现本身造成的问题对女孩的影响要大得多（Buchanan 等,1992）。在发身期出现的时间点对男孩造成的影响方面，研究未能得到一致性的结果：一些研究显示，早发育的男孩比同龄人能够更好地应对青春期；一些研究显示，发育早的男孩在青春期时的应对更差；还有一些研究显示，发身期出现早晚对男孩根本就不产生影响（Ge, Conger 和 Elder, 2001）。有意思的是，近期的一些研究表明，速度，也就是男孩从发身期第一阶段过渡到最后一个阶段的速度，也许是对负面后果更好的预测指标，而不是发身期出现的时间点（Mendle 等，2010）。

对于一些青少年而言，由于自己会被同性所吸引，从而导致自己在发身期需要面临的问题变得更为复杂。大多数男性同性恋者报告他们开始意识到自己性取向的年龄是在 6 岁到 18 岁之间，大多数女性同性恋者报告开始意识到自己性取向的年龄是

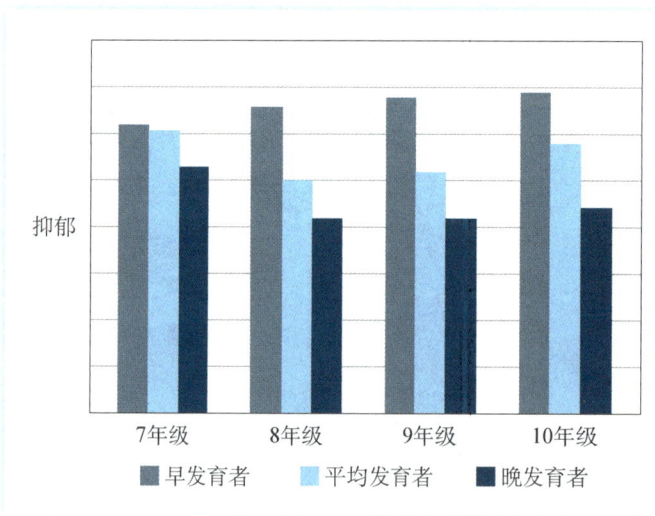

图11.13 更早出现的发身期。
更早出现的发身期对于女性而言，是心理问题的来源之一（Ge, Eonger 和 Elder, 1996）。

在11岁到26岁之间（Calzo等，2011）。性取向上的不同不仅是同性恋青少年区别于广大同龄群体的差异之处（仅有3.5%的美国成年人会意识到自己是女同性恋者、男同性恋者或者双性恋者；Gates，2011），而且还会导致他们受到来自家庭、朋友和社区的排斥。美国人已经开始迅速对同性恋表现出越来越多的宽容（见图11.14），但是仍有相当数量的人不接受同性恋。而且，在一些国家，人们对同性恋的排斥更大：同性恋公民会被送到监狱甚至被宣判死刑。

图 11.14 民意调查走势。在过去若干年里，美国民众对同性恋的态度发生了巨大的转变，其中的证据支持体现在美国民众对同性婚姻看法的急速变化。

是什么决定了一个人最初的性取向是同性还是异性的呢？在相当长一段时期内，心理学家相信，一个人的性取向主要是由于他/她的抚养因素所决定的。例如，持精神分析理论的学者提出，男孩在成长过程中，如果母亲处于强势主导地位且父亲是处于从属地位，那么孩子认同父亲的可能性就会降低，从而导致了他更有可能成为同性恋者。好吧，这理论还不错。但是，事实却是，科学研究并没有发现任何父母教养因素会对孩子最终的性取向产生显著性的影响（Bell, Weinberg和Hammersmith, 1981）。也许，最能说明问题的事实依据是，对于被双方都是同性恋的家长抚养长大的孩子和被双方都是异性恋的家长抚养长大的孩子来说，这两类孩子成长为异性恋成年人的概率是相同的（Patterson, 1995）。此外，也几乎没有证据支持如下观点：人们最早遇到的性伴侣会对他/她今后的性取向产生长期而持久的影响（Bohan, 1996）。

 性取向是先天形成的还是后天形成的？

那么，到底是什么决定了一个人的性取向呢？现在已经有相当数量的证据表明，生物因素在其中起了主要作用。和异性恋者相比，同性恋者的兄弟姐妹中也是同性恋的比例更高（Bailey等，1999），而且对于一个男性同性恋者来说，他同卵双胞胎（两个人的基因100%相同）也是同性恋者的概率是50%，对一个男性同性恋者的异卵双胞胎（两个人的基因50%相同）和非双胞胎兄弟来说，他们成为同性恋者的概率只有15%（Bailey和Pillard, 1991; Gladue, 1994）。在针对女性群体的研究中，结果同样发现了与上述数

据相似的模式（Bailey, 1993）。一些证据表明，在胎儿时期所处的环境对决定一个人的性取向方面也会起到影响作用，子宫内高水平的雄激素可能会导致个体——无论是男性或是女性——在随后的成长与发展中产生对女性的性偏好（Ellis 和 Ames, 1987; Meyer-Bahlberg 等，1995）。也许这就是为什么某性别（例如男性）的同性恋者大脑看上去和另一性别（例如女性）的异性恋者大脑是相似的（Savic 和 Lindstrom, 2008）。例如，对于男性异性恋者和女性同性恋者（女性对这两类人产生性吸引力）而言，他们大脑的两半球往往是大小不同的；而对与女性异性恋者和男性同性恋者（男性对这两类人产生性吸引力）而言，他们大脑的两半球往往是大小相同的。

 为什么许多青少年会做出与性相关的不理智决策？

当然，基因和妊娠期的生物性因素并不是决定一个人性取向的全部原因，因为对于许多男性和女性同性恋者来说，与他们分享相同妊娠环境和基因的同卵双胞胎还是会成为异性恋者。那么，这其中必然还存在着其他一些我们目前还所未知的因素在起作用。但是，无论是什么决定了人们的性取向，有一件事是我们确知的，没有证据显示所谓的转化疗法（conversion therapy）会改变人们的性取向（American Psychological Association, 2009）。还有一个事实是有必要指出的，大约有1%的人声称，在自己身上不存在任何种类的性取向，无论男性或女性都不会让自己产生具有性吸引力的体验（Bogaert, 2004）。有关性取向的科学仍然处于起步阶段，并且充满着相互矛盾的发现，但是，有一件事也许是极其清晰的：性取向并不仅仅是一件关乎选择的事情。

但是，性行为是一件关乎选择的事情，许多美国青少年都会做出这种选择。虽然美国青少年群体发生性行为的百分比数据在稳定地下降（见图11.15），但这个数据仍然超过了三分之一。这其中的问题在于，青少年对于性的兴趣通常大于他们所掌握的性知识。绝大多数美国父母从来不和子女就性的话题进行真正深入的讨论（Ansuini, Fiddler-Woite 和 Woite, 1996），美国父母之所以倾向于不会较早地与子女探讨性话题是因为他们对子女开始性活动时间的错误估计（Jaccard, Dittus 和 Gordon, 1998;

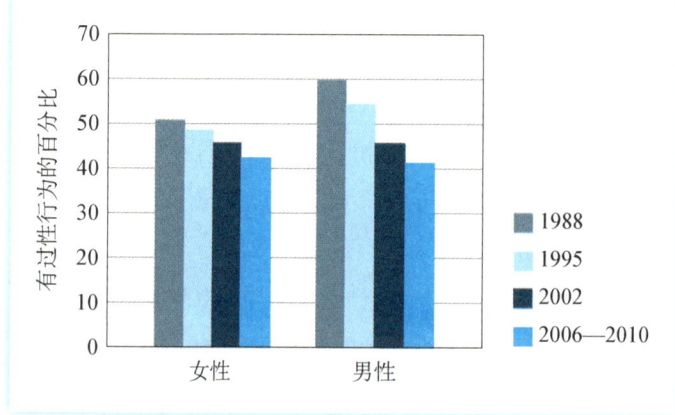

图 11.15 青少年性行为。美国青少年发生性行为的比例在逐年下降（Martinez 等，2011）。

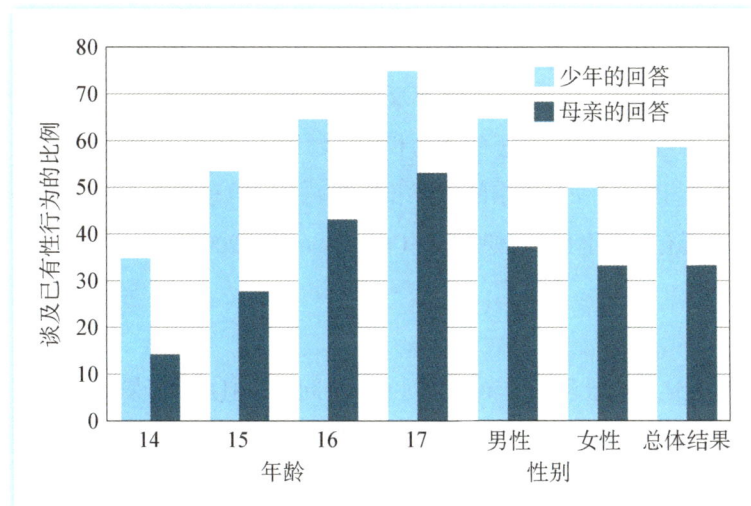

图 11.16 家长对青少年性行为的看法。当美国父母和青少年子女谈及性问题时，通常不是谈得太浅就是谈得太迟了。研究表明，美国青少年发生性行为的年龄要早于家长的预计（Jaccard 等，1998）。

见图 11.16）。父母的忽视会带来不良后果。四分之一的美国青少年到了高中三年级时已经有过 4 个或者更多数量的性伴侣，然而其中只有一半的青少年报告说自己在最近一次的性活动中使用了避孕套（Centers for Disease Control, 2002）。虽然美国少女母亲的比率在过去 20 年呈下降走势，但是在发达国家中，美国少女母亲的比例仍然是最高的。这种现象导致的结果是，美国堕胎比率也是发达国家之中最高的。

面对这样的情况，能做点什么呢？尽管某些人会提出某些观点，但是最佳的科学证据表明，性教育并不会增加青少年发生性行为的概率。与之相反的是，性教育会使青少年推迟首次发生性行为的时间，增加他们在性行为中使用节育方法的概率，并且降低他们怀孕或感染性病的可能性（Mueller, Gavin 和 Kulkarni, 2008; Satcher, 2001）。尽管有这些已经得到证实的好处，然而美国学校中性教育的情况常常是要么缺失、要么被开展得漫不经心，或者其目的是推行禁欲而不是保护学生免受来自于性方面的伤害。除此之外，几乎没有证据显示以实现禁欲为目标的教育项目是行之有效的（Kohler, Manharl 和 Laffercy, 2008）。一些研究显示，对于那些做出禁欲宣誓

人类乳头瘤病毒是一种会导致子宫颈癌的性传播疾病。幸运的是，已经有可以预防此种病毒的疫苗存在了。一些家长担心接种疫苗会鼓励他们的女儿过早地出现性行为。但是研究结果显示，接种疫苗和未接种疫苗的青年女性相比，两个群体发生性行为的早晚不存在差异（Bednarczyk 等，2012）。

的青少年来说，他们发生性行为的概率与没有做出宣誓的青少年相比并无二致，并且这些曾经宣誓的青少年在性行为中使用节育手段的概率反而更低（Rosenbauni, 2009）。这实在是太糟了，因为少女母亲和其他没有孩子的少女相比，她们在学业和经济成就的几乎所有层面上的发展都要更差；这些少女母亲的孩子和育龄妇女的孩子相比，她们在学业成就和情绪幸福感的几乎所有层面上也都表现更差（Olausson 等，2001）。

父母与同龄人

"我是谁？"这是所有失忆症患者和青少年都会问的一个问题，但是二者发问的原因却不相同。儿童对自己和自己所处世界的观点是和他们父母的观点紧密联系在一起的，但是发身期的出现会让青少年出现一系列新的需求，他们会把视线从父母的身上转向周围的同龄人，这切断了过往孩子与家长之间那些密切的联系。心理学家爱利克·埃里克森（Erik Erikson, 1959）以个体要面临的主要任务为依据，将人的一生分为了几个阶段。埃里克森的心理发展阶段（stages of psychological development）（见表11.2）提示，青少年阶段的主要任务是发展出一种成年人身份。虽然儿童几乎是通过自己与父母和兄弟姐妹之间的关系来定义自己的，但是青少年对自己的定义方式会从家庭关系转向对与同龄人关系的关注之上。

▶ 表11.2

埃里克森的心理社会发展阶段

埃里克森提出，在每一个发展阶段，"关键事件"会导致挑战或"危机"的出现，人们对此可能做出的是积极应对，也可能是消极应对。

年龄	阶段	关键事件	危机	积极对策
1. 出生到12—18个月	口唇—感觉期	喂养	信任对不信任	婴儿发展出一种信念，即周围环境是可以信任的、可以满足自己基本的生理和社会需要的。
2. 18个月到3岁	肌肉—肛门期	如厕训练	自主对羞愧/疑虑	儿童习得哪些是自己可以控制的，发展出一种自由意志的意识，如果不能较好地控制自己，儿童会相应地发展出后悔和羞愧感。
3. 3—6岁	运动期	独立	主动对内疚	儿童习得做出行为，去探索、去想象，以及会对行为体验到内疚。
4. 6—12岁	潜伏期	入学	勤奋对自卑	儿童学习参照一种标准或他人来以良好或正确的方式做事。
5. 12—18岁	青春期	同伴关系	同一性对角色混乱	青少年在与他人的关系中以及在与自己内心的想法和欲望的互动中发展出自我意识。
6. 19—40岁	成年早期	爱情关系	亲密对孤独	人们发展出给予和接受爱的能力；开始对关系做出长期的承诺。
7. 40—65岁	成年中期	养育子女	繁殖对停滞	人们发展出指导下一代发展的兴趣。
8. 65岁至死亡	成熟期	反省和接受生活	自我整合对绝望	人们

有两点会导致这种转变很艰难。首先，儿童不能选择自己的父母，但是青少年可以选择自己周围的同龄伙伴。因此，青少年有能力通过加入不同群体来塑造自己，加入不同群体会导致青少年获得新的价值观、态度、信念以及视角。从某个角度上看，青少年是有机会按个人的意愿来把自己打造成他/她接下来想要成为的那种成年人，而这样的机会所带来的责任对青少年来说是难以驾驭的。第二，就在青少年争取更大的自主权的同时，他们的父母自然而然会加以抵制。例如，父母和青少年会在孩子什么时候才能被允许做一些成年人的行为上发生异议——诸如晚归或发生性行为，而且这根本不用科学家告诉你在冲突中父母和青少年各持什么观点吧（Holmbeck 和 O'Donnell, 1991）。由于青少年和自己的家长经常在谁应当掌控青少年的行为这个问题上意见相左，因而他们关系中的对抗性会增加而亲密感会降低，家长和青少年之间的互动也会变得更少且更加简短（Larson 和 Richards, 1991）。即便如此，令人吃惊的是，青少年和家长之间冲突是极少的（Chung, Flook 和 Fuligni, 2009），而且他们之间的争论也只是集中在一些小事上，例如穿什么样的衣服和使用怎样的语言（这就解释了为什么青少年和自己的母亲争论更多，因为通常来说母亲主要是管这些小事的人，而父亲则不过问这些；Caspi 等，1993）。

在青春期，青少年与家庭和同龄人之间的关系会怎样发生变化？

青少年会远离父母，但是更为重要的是，他们会向同龄人靠近。研究显示，在多种不同文化背景下、在不同的历史时期，甚至是在不同物种之间，同龄人之间的关系都会遵循着一种相似的发展模式（Dunphy, 1963; Weisfeld, 1999）。年纪较小的青少年最初会和同性同龄人形成各种群体（group）或者"小团体"（clique），团体中很多人在儿童时期就已经是朋友了（Brown, Mory 和 Kinney, 1994）。接下来，男性小团体和女性小团体会在一些公共场所相遇，例如城镇的广场上或者购物中心里，然后这些小团体开始产生互动——但是，这些互动只是以团体形式，并且只发生在公共场合。短短几年之后，年龄渐长的成员会从同性小团体中

同性小团体中的青少年在公共场合遇到了异性小团体。最终，这些人会形成包含两性的小团体，随后是形成两个人之间的爱情关系，结婚，生孩子，然后在自己孩子在青春期做着和自己年轻时一样的事情的时候，忧心忡忡。

脱离，随后形成规模更小且两性兼有的小团体，这类小团体可能在私人场所也可能在公共场所中形成，但是这是形成的通常会是一个群体。最后，配偶（通常是一男一女）会从这种规模更小且两性兼有的小团体中脱离，然后开始发展爱情关系。

研究显示，在整个青春期进程中，青少年花在与异性同龄人相处的时间日益增加，同时他们还会确保与同性同龄人相处的时间不变（Richards 等，1998）。要做到这一点，他们的方式是减少与自己父母相处的时间（Larson 和 Richards，1991）。虽然同龄人会对青少年的观念和行为产生巨大的影响力，但是这种影响力产生的基础是青少年对同龄人的尊重、敬佩和喜爱，而不是来自于同龄人之间所施加的压力（Susman 等，1994）。事实上，随着年龄的增加，青少年会表现出对同龄人所施加的压力越来越强烈的反抗倾向（Steinberg 和 Monahan，2007）。对青少年而言，被同龄人所接受有着难以言喻的重要意义，而那些被同龄人所排斥的青少年会表现出退缩、孤独以及压抑（Pope 和 Bierman，1999）。幸运的是，对于我们这种七年级的书呆子来说，在青春期初期不受欢迎的书呆子会在青春期后期变得受欢迎，这是由于周围的同龄人会变得不再那么冷冰冰的了，且容忍度也增加了（Kinney，1993）。

小结

▲ 青春期是一个发展阶段，区别于它之前和之后的一个阶段。青春期开始于身体突飞猛进的发育、发身期的出现以及性成熟的发生。当前青少年发身期出现的时间比过去以往任何时间都要早，而年轻人进入成年人社会的时间则被推迟了。

▲ 处在这个"中间阶段"，青少年或多或少都会倾向于去做一些带有冒险性或者触犯法律的事情，但是他们却极少会给自己或他人造成严重或持续性的损害。

▲ 在青春期，对性的兴趣会激增，在一些文化中，在青春期会发生初次性行为。性行为通常是有规律可循的，其中的很多方面具有跨文化的一致性。虽然绝大多数人会被异性所吸引，但是研究提示，生物因素在决定一个人的性取向上发挥了关键作用。

▲ 由于青少年会寻求发展自己的成年人身份，因而他们会从父母身上索求更多的自主权，也会变得更加同龄人导向，首先形成单一性别的小团体，随后形成混合性别的小团体，最后是发展为两人组成的配偶形式。

历史错觉的终结

"我终于到达了。"在回头审视自己快速变化的儿童期和青春期的时候,许多刚进入成年期的人都会产生这种感觉,而在向前展望成年期时,人们则会产生相对平缓航行的感觉。但是,最近的研究却显示,事实上这种到达的感受是一种错觉——而且,这是一种人们终其一生都会有的错觉。

在一项新近的研究中(Quoidbach,Gilbert 和 Wilson,2013),研究人员要求几千名参与者回忆:在过去 10 年中,自己人格的变化程度有多少,或者,在今后 10 年中,自己人格的变化程度将会有多少。随后,研究人员做了两两比较:特定年龄组参与者的"回看"记忆与比特定年龄年轻 10 岁的参与者的"展望"预测。也就是,比如说,研究人员记录了 18 岁的参与者认为自己人格将会产生的变化,以及 28 岁的参与者认为自己的人格产生了哪些变化,然后将这两组人的回答的内容加以对比,此外研究人员对 18 到 68 岁的参与者都做了上述对比。

正如图表所示,参与者回忆人生特定 10 年间所发生的变化是显著大于人们对同样这 10 年的预测的——而且,从 18 岁到 68 岁,每一个 10 年情况都是如此!当研究者把问题换成要求人们回忆或预测自己基本价值观和偏好的时候,结果仍然出现了和上述图表中一模一样的模式。研究人员将这种结果称之为,历史错觉的终结。

看上去,成年期是人生中一段充满着不可预测的变化的时光,或者"自己也难以置信的变化"。虽然青少年和他们的祖辈似乎认为个人的变化已经放缓了下来,他们终于成为了一个再也不会变化的人了,但是数据却显示,完全不是这样的。变化,虽然缓慢,但是却从未停止,而且变化的步伐比我们想的要快得多。

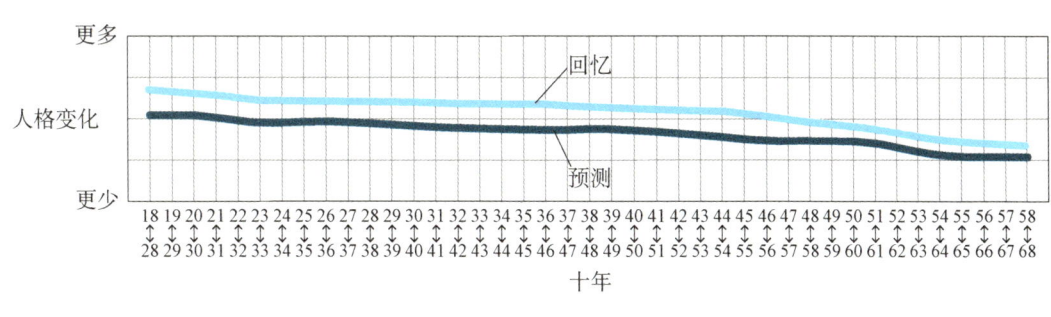

成年期：自己也难以置信的变化

从一个单细胞胚胎到成为登记选民大约需要 7,000 天。**成年期（adulthood）**，是一个发展阶段，它始于 18 岁至 21 岁前后，终止于死亡。从策马奔腾转而放慢到徐徐而行，成年期的生理变化会放缓，所以我们中的许多人便把成年期视为人生发展过程将到达的最后终点，一旦我们进入了成年期，那么人生的旅途就差不多完成了。没有什么可再向前进一步的了，从到达法定年龄后的第一口啤酒到生命的最后一口呼吸，这段时期包含了我们要经历的所有变化：生理上的、认知上的以及情感上的。

变化中的能力

20 岁出头的时候是一个人健康、耐力、精力和体力的巅峰岁月。由于我们的心理与生理是极其密切地联系在一起的，所以 20 出头的时候我们的认知能力也是最敏锐的。就在这个阶段，也许是一个人能够看得更远、听得更清晰、记得更多的时候，同时也是一生中体重最轻的时候。尽情享受吧。这种身体巅峰状态的美好时刻仅仅会持续大概几十个月——然后，在大约在 26 岁到 30 岁前后，你的身体就开始缓慢且稳定地一直走下坡路了。在发身期之后的短短 10 年到 15 年，你的身体在几乎所有方面都会开始走下坡路。你的肌肉将会被脂肪所取代，你的皮肤将会开始丧失弹性，你的头发会变得稀疏，你的骨骼会变得脆弱，你的感觉能力会开始变得不那么敏锐，以及你的大脑细胞开始以越来越快的速度凋亡。最终，如果你是一名女性，你的卵巢会停止产生卵子，你会丧失生育能力。最终，如果你是一名男性，你阴茎的勃起会变得更加疲软、次数更少，且两次勃起间隔时间也会拉长。事实上，除了对寒冷的耐受性以及对疼痛的敏感度会降低之外，你日益衰老的身体再也不会像你年轻时候那样运转良好了。

但是，别担心，还有更糟糕的呢。这些身体变化的不断累积也会对一个人的心理造成显著的后果（Salthouse, 2006；见图 11.7）。举例来说，随着你大脑的衰老，前额叶皮质和与之相关的皮层下联接恶化的速度比大脑其他部位更快（Raz, 2000），然后你会体验到自己在处理许多认知任务时明显的退化，这些认知任务需要投入努力、主动性或需要使用策略。你的记忆力也会恶化，虽然不是记忆力的所有方面都以相同的速度恶化。你将感到自己工作记忆的能力（把信息放进"思维里"的能力）比长时记忆（提

 伴随着成年期，人的生理和心理会发生哪些变化？

成年期（adulthood） 一个发展阶段，始于 18 至 21 岁前后，终止于死亡。

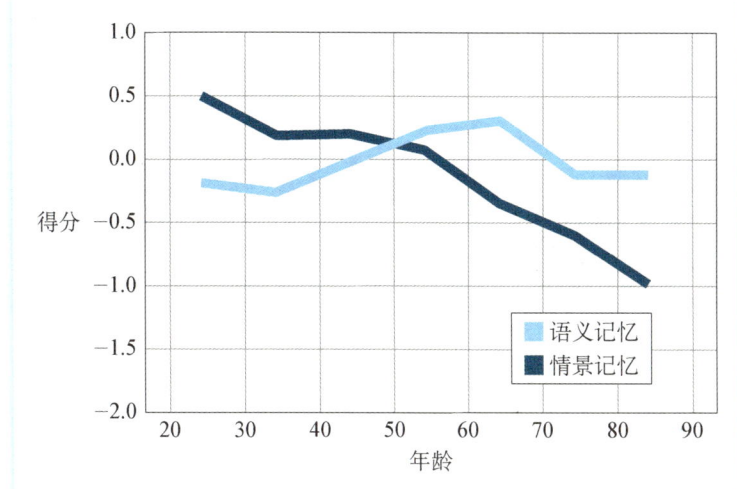

图 11.17 认知下降。在 20 岁以后,人们在一些认知任务上出现了显著的下降,但是也不是所有的方面都会呈现这种趋势（Salthouse, 2006）。例如,随着衰老的进程,人们回忆以往事件的能力（情景记忆）会下降,但是回忆单词意义的能力（语义记忆）却不会下降。

取信息的能力）退化的程度更大,情景记忆（记得过往特定事件的能力）比语义记忆（记住一般性信息的能力,例如词语的意义）退化的程度更大,记忆信息提取准确性比信息再认准确性退化的程度更大,还有其他一些更大的……呃……我们现在也想不起是什么了。

我们听到的是否都是坏消息?也不尽然。因为即便我们的认知机制开始变得有点生锈,但是研究却显示,人们会更加有技巧性地使用自己的认知能力,这在一定程度上对上述问题做出了补偿（Backman 和 Dixon, 1992; Salthouse, 1987）。年长的国际象棋选手在记忆棋子位置的时候远不如年轻的棋手,但是年长的棋手仍然可以在下棋时高水平发挥,因为他们学会了以更加高效的方式对棋盘进行搜索（Charness, 1981）。

成年人为什么会且如何补偿自身日益降低的能力?

年长的录入员比年轻的录入员反应速度慢得多,但是他们录入的速度和准确性却没有受损,因为年长的录入员能够更好地预测口语和文本中即将出现的下一个词是什么（Salthouse, 1984）。在使用短时记忆来完成一个记忆单词列表的任务时,年长飞行员的表现明显比年轻飞行员表现更糟糕,但是当这个单词列表是由控制塔台每天发给飞行员的航向命令组成时,在前一种记忆任务出现的年龄差异便会消失（Morrow 等,1994）。所有这些证据显示,年长的成人在记忆力和注意力方面由年龄造成的退化都可以得到补偿（Park 和 McDonough, 2013）。

补偿是如何做到的?正如从本书"神经科学与行为"一章所知,年轻的大脑是高度分化的,也就是说,大脑的不同区域完成不同的任务。我们现在知道随着大脑的衰老,它会变得去分化（de-differentiated）（Lindenberger 和 Baltes, 1994）。例如,年轻人专门

第 11 章 发展 625

在自己58岁生日前的一周，全美航空公司的飞行员切斯利·萨伦伯格（Chesley Sullenberger）在哈德森河（Hudson River）上完成了一次完美的着陆，并且拯救了机上所有人的生命。没有乘客希望这时驾驶飞机的是一位年轻的飞行员。

处理面孔和场景知觉的视觉皮层到了年老的时候，其专用化程度会更低（Grady 等, 1992: Park 等, 2004）。这就好像，在年轻和能够胜任的时候，大脑是由一群各自独立工作的专业人员组成的，但是当每一名专业人员年纪渐长并且速度放缓的时候，他们就会聚在一起形成一个团队（Park 和 McDonough, 2013）。例如，当一个年轻的成年人尝试在工作记忆中保存言语信息时，他左侧前额叶皮质的激活程度要大于右侧前额叶皮质；当年轻的成年人试图去在工作记忆中保存空间信息时，他右侧前额叶皮质的激活程度就要大于左侧前额叶皮质了（Simth 和 Jonides, 1997）。但是，这种双侧不对称性（bilateral asymmetry）在年长的成年人身上几乎就会消失。这就提示了，通过唤起其他神经结构的协助，老年化大脑能够对每一个单一神经结构日益恶化的功能做出补偿（Cabeza, 2002；见图11.18）。随着时间的推移，原有生理机制会被打破，大脑应对这种挑战的方式之一就是改变自身的分工模式。

变化中的目的

为什么爷爷找不到车钥匙放在哪了，其中一个原因是他前额叶皮质不再像以前一样运作良好了。但是，另外一个原因却是，爷爷只是不愿意花费自己宝贵时间去记忆车钥匙在哪儿这种事情（Haase, Heckhausen 和 Wrosch, 2003）。根据社会情绪选择理论（socioemotional selective theory）（Carslensen 和 Turk-Charles, 1994），年轻的成年人主要着眼于获取在未来会对自己有用的信息（例如，阅读综述），而年长的成年人却通常会着眼于能够在当下给自己带来情绪满足感的信息（例如，阅读小说）。因为

 成年人的信息获取目的会发生怎样的变化？

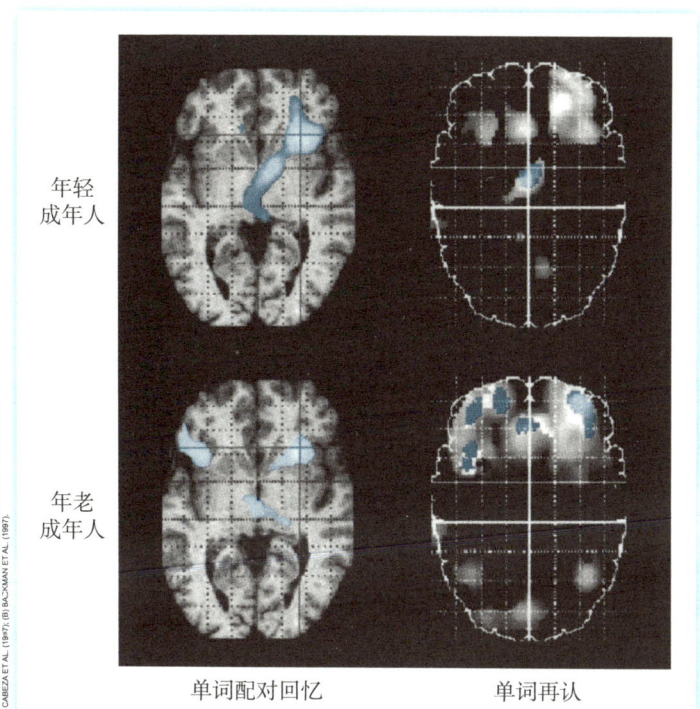

年轻成年人

年老成年人

单词配对回忆　　单词再认

图 11.18　年轻和年长大脑的**双侧性**。通过一系列不同的任务的考察，年长成年人的大脑呈现出双侧激活，而年轻的成年人大脑表现出的却是单侧激活。对这一现象的一种解释是，通过唤起其他神经结构的协助，年长的大脑能够对每一个单一神经结构日益恶化的功能做出补偿（Cabeza, 2002）。

年轻人面前还有长长的未来，所以他们会把时间投入到注意、思考以及记忆能给自己带来美好明天的潜在的有用信息。因为年长者未来短暂，所以他们会把时间花在注意、思考以及记忆那些能给自己带来愉快的今天的积极信息上（见图 11.19）。

例如，当被要求记住一系列不愉快面孔的时候，年长者的表现比年轻人要糟糕很多，但是当要求变成记住一系列愉快面孔的时候，年长者的表现只比年轻人稍微差一点而已（Malher 和 Carslensen, 2003）。年轻人在看到让人非常愉快和让人非常不愉快的图片时，两种情况下杏仁核激活的程度是相当的；而年长者在看到令人非常愉快的图片时，杏仁核的激活程度要显著大于他们观看令人不愉快图片的时候。这一结果提示，年长者是不去注意那些不能给自己带来快乐感觉的信息（Malher 等，2004）。事实上，和年轻人相比，年长者通常在保持正面情绪并且降低负面情绪方面表现更出色（Isaacowitz, 2012; Isaacowitz 和 Blanchard-

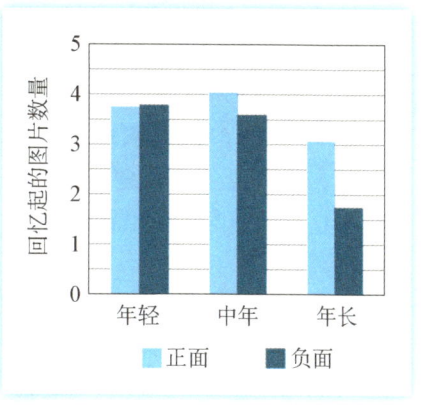

图 11.19　对图片的记忆。通常而言，记忆力会随着年龄下降，但是记忆负面信息的能力——例如，令人不愉快的图片——会比记忆正面信息的能力下降得更加迅速（Carstensen 等，2000）。

Fields, 2012; Lawton 等, 1992; Matlier 和 Carstensen, 2005）。此外，年长者所体验到的负面情绪也更少（Carscensen 等 ,2000; Charles, Reynolds 和 Gatz, 2001; Mroczek 和 Spiro, 2005, Schilling, Wrahl 和 Wiegering, 2013），并且在面对负面情绪时，接纳程度也更高（Shallcross 等, 2013）。鉴于这些情况，对于处于成年晚期的人经常说这是自己人生中最开心、满意度最高的岁月，你应当不会觉得奇怪吧（见图 11.20）。虽然你不应该觉得惊讶，但是你很可能还是会觉得吃惊，因为年轻人会把变老这个问题看待得过分夸张了（Pew Research Center for People 和 the Press, 2009; 见图 11.21）。

对于大多数人来说，成年晚期是一段愉快还是一段不愉快的时光？

由于面对短暂的未来，人们会着眼于给自己带来情感上满足感的地方，而不是去关注能够让自己的才智获益的经历，因此年长者对于自己交往的对象就变得更为挑剔，他们会选择和自己的家人以及三五知己好友共度时光，而不是去维系一个庞大的人脉圈。一项始于 20 世纪 30 年代止于 60 年代的研究追踪了一群参与者，结果发现，他们与熟人的互动频率从成年中期开始不断下降，但是这些参与者与自己配偶、父母以及兄弟姐妹之间的互动却一直保持稳定或有所增长（Carstensen, 1992）。一项针对 69 岁到 104 岁老人的研究发现，与较为年轻的成年相比，这些老人外周的社交对象数量显

随着年纪渐长，人们更愿意花时间和自己的家人以及三五知己好友共度时光，而不是去维系一个庞大的人脉圈。

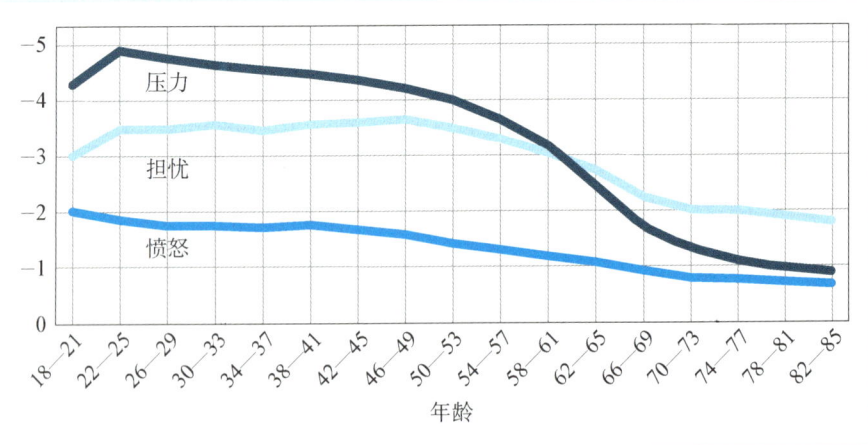

图 11.20 情绪与年龄。 与年轻的成年人相比，年长的成年人感受到压力、担忧和愤怒的程度更低（Stone 等 ,2010）。

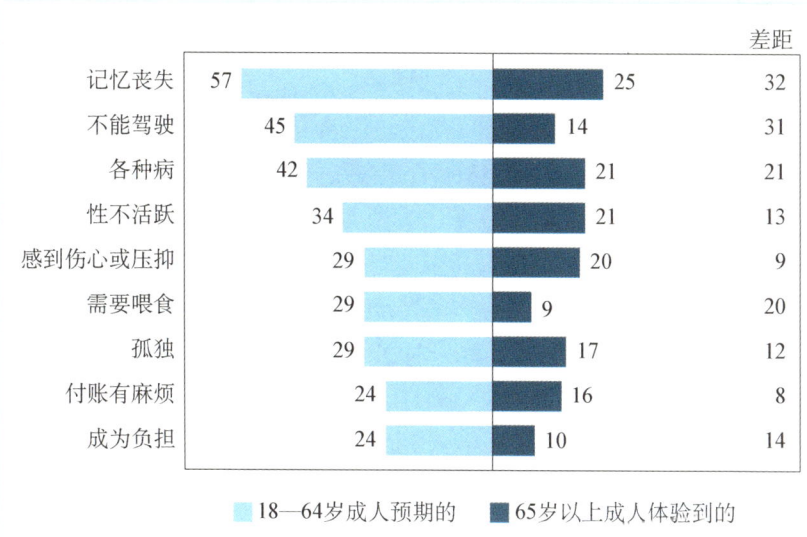

图 11.21 **这比你想象中的更好**。研究结果显示，年轻成年人过分夸大了年老所面临的问题（Pew Research Center for People 和 the Press, 2009）。

著地更少，但是他们拥有感情上亲密的对象的数量和年轻人相当，这些亲密的对象被他们称为"内部小圈子"的成员（Lang 和 Carstensen, 1994）。"让我们去结识一些新人吧"并不是绝大多数 60 多岁的人会说的话，但是"让我们去和老朋友呆一会儿"却是他们的语言。虽然令人悲伤但却需要指出的是，在一些身患绝症而时日无多的年轻人身上，也会观察到这些相同的认知和情感变化（Carstensen 和 Fredrickson, 1998）。

变化中的角色

与父母心理上的分离始于青春期，通常在成年期成为现实。在绝大多数人类社会中，年轻的成年人离开家、结婚，然后拥有自己的孩子。婚姻和成为家长是成年生活最重大的两项议题。人口统计表明，如果你现在是一名处于上大学年纪的美国人，那么你可能在 27 岁左右结婚，然后会有大约 1.8 名子女，并且你会把自己的伴侣和孩子视为人生中最大的幸福来源。事实上，大约 93% 的美国母亲声称，在所有和大多数时候，孩子是自己幸福的源头（Pew Research Center, 1997）。

是婚姻让人幸福，还是幸福的人更容易走入婚姻？

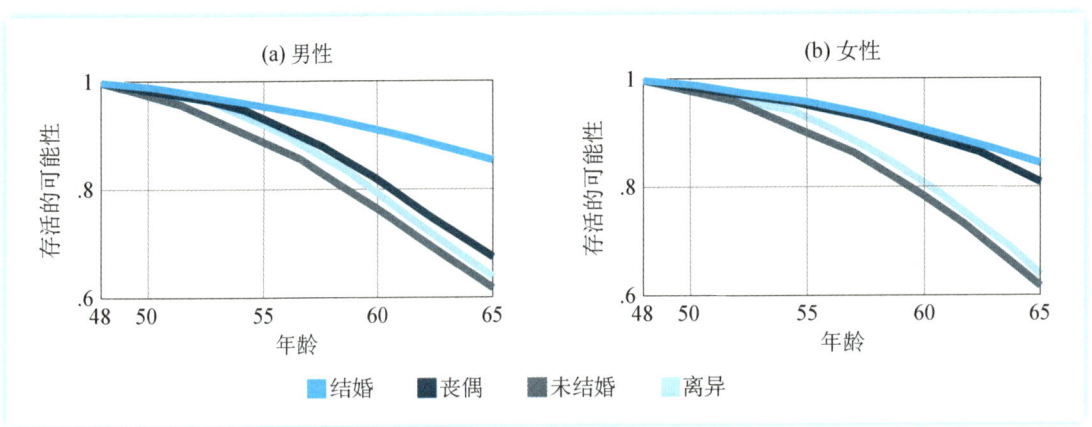

图 11.22　直至死亡将我们分开。已婚人士比未婚人士寿命更长，对于男性和女性来说皆是如此。虽然鳏居男性去世的年龄与从未结过婚的男性以及离异男性的年龄相当（图a），但是寡居女性却比从未结婚或离异女性的寿命更长（图b）。换句话说，丧妻通常是坏事，但是丧夫只有在你希望让你丈夫活下去的时候才是坏事情（Lillard 和 Waite, 1995）。

 对于婚姻、孩子和幸福感，研究结果怎么说？

但是婚姻和孩子是不是真的会让我们幸福？研究显示，已婚人士寿命更长（见图11.22），性行为的频率更高（同时享受性的程度也更高），以及收入也会是未婚人士的数倍（Waite, 1995）。鉴于这些差异，已婚人士说自己比未婚人士更加幸福也就丝毫不奇怪了——无论未婚人士是单身、丧偶、离异或是同居状态（Johnson 和 Wu, 2002）。这就是为什么很多研究会将婚姻视为自己人生幸福最好的投资之一。但是，另一些研究却提出，已婚人士更幸福也许是因为幸福的人更容易走进婚姻，那么结婚也许是幸福的结果——而不是幸福的原因（Lucas 等，2003）。而科学家们对这个问题的共识似乎是这样的，两种观点都有其可取之处：即便是在结婚之前，那些走进婚姻的人也比那些从未结婚的人要幸福，但是婚姻似乎也确实随后会给人带来更多的益处。

孩子就是另外一码事了。一般而言，研究结果显示，孩子并不会增加家长的幸福感，而且还有可能会破坏幸福感（DiTella, MacCulloch 和 Oswald, 2003; Simon, 2008; Senior, 2014）。例如，和没有孩子的人相比，有孩子的人通常会报告说自己的婚姻满意度更低——而且孩子越多，婚姻满意度越低（Twenge, Campbell 和 Foster, 2003）。在人们一生中不同时刻的婚姻满意度研究揭示出一种有意思的起伏模式：婚姻满意度在结婚最初时会相当高，大约在孩子穿尿布的时候骤然下跌，然后开始恢复，然后在孩子处于青春期的时候再次下跌，随后只有在孩子离开家之后才会回到婚前的水平（见图11.23）。与父亲相比，

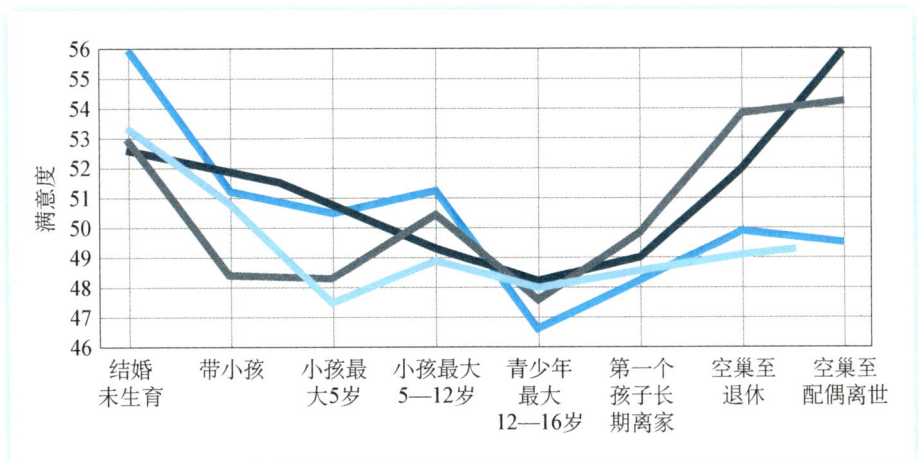

图 11.23 人们一生中的婚姻满意度。这张图表显示了四项关于男性和女性婚姻满意度的独立研究结果。所有四项研究都显示，在孩子出生前和离家之后的婚姻满意度是最高的（Walker，1977）。

由于母亲通常对孩子的照料更多，所以成为家长对女性的负面影响要大于男性是毫无悬念的。在孩子幼小的时候，女性特别容易会经历角色的冲突（"我应该如何成功做好一个全职母亲还是一名全职律师？"）和个人自由受到限制（"我再也没时间打网球了。"）。一项研究考察了美国女性在日常活动中不同时刻的幸福感，结果发现，和吃东西、运动、购物、小憩以及看电视相比，女性在照看孩子时的幸福感更低——照看孩子的幸福感只比做家务稍微高出一点点而已（Kahneman 等，2004）。

以上所有这些是不是意味着如果人们不要孩子就会更幸福一点？也不尽然。因为研究者不可能随机把人们分配到做家长组和不做家长组，针对成为家长对人们的影响效应的研究仅仅是相关性的。对于想要孩子和已经有孩子的人们，他们的幸福感也许比从来不想要孩子或者没有孩子的人更低。但是也有另外一种可能，如果想要孩子的人要不上孩子，他们的幸福感也许会更低。无论如何，有一点是明确的：养育孩子是一项充满挑战的工作。对于大多数人而言，自己并非身在其中的时候，才会觉得这是一项有意义有价值的工作。

小结

▲ 年长者在工作记忆、情景记忆以及回忆提取任务中会表现出下降的能力，但是他们通常发展出各种策略来加以补偿。

▲ 生理上的逐渐退步始于成年早期，这一过程会伴随着明显的心理后果，但其中某些退步会被逐步增长的技能和专业知识所抵消。

▲ 年长者会更加关注能够带来情绪满足感的信息，这会对他们基本的认知表现、社会关系网的规模及其结构、以及总体幸福感产生影响。

▲ 对于绝大多数人而言，成年期意味着离开家、结婚以及生育下一代。已婚人士通常幸福感更强，但是孩子和成为家长而带来的责任感会给人带来极大的挑战，对女性尤其如此。

其他声音　你终将死去

人类的发展始于受孕那一刻，终止于死亡。我们中大多数人宁可去关注怀孕，变老似乎是让人恐惧且压抑的事情。我们将老人送到养老院的理由之一就是，这样一来我们就不用再目睹他们皱纹丛生、日渐衰弱和死亡。评论家蒂姆·克莱德（2013）确认为这是一种巨大的损失——不是对老年人而言，而是对年轻一些的人而言。

由于母亲决定搬家，我和妹妹最近参观了退休社区。我曾经有过面对大量精神不健全、在各种仪器帮助下生活的老人的经历，那时我必须努力压抑自己想要逃跑的欲望。但是现在这个社区和我当时的感觉完全不一样。它由神学院改建而成，是一个轻松、现代且功能齐全的综合体。每间房都有独立的厨房和阳光房，还有设备齐全的餐厅、烧烤区、零食区，一个健身中心，一个音乐大厅，一个图书馆，一个艺术教室，几个漂亮的沙龙区，一个银行和一个华丽的意大利大理石小礼拜堂。你可以很方便地使用地下通道和树丛间的玻璃走廊在这个综合体中穿行，甚至都不需要走到户外。我母亲形容这里除了男孩没有那么帅气外，就像一个大学宿舍。尽管如此，我还是很难过。

每当我们的生活面临危机的时候，朋友和家人总是成为我们的避风港，安抚我们低落的情绪。每个人都觉得母亲决定搬到养老中心的决定很棒，尤其这是她自己做出的决定。他们拿出了自己90岁高龄的父母不愿意搬出自己破旧的小房子直到中风或髋骨骨折的例子来给我做对比。"你应该感到放松和高兴,她在那里会非常开心的。"所有的人都劝我不应该由于自己难过就反对母亲的决定。

我知道我的难过是很自私的。我的朋友们是对的,这完全是我母亲自己的计划。她很期待搬到那里,并且她会在那里过得很快乐。但同时这个决定意味着失去我爸爸1976年购买的农场,我和我妹妹在那里长大,我父亲1991年在那里去世。我们将失去自福特总统执政时期就有的电话号码,我对这个号码的了解就像我的中间名一样。无论我离开多久,这个农场都是我在地球上觉得最温暖的地方,也是我成年以后遇到打击总是会想要回去的地方。我意识到,我之所以对这个地方如此念念不忘,不能舍弃,是因为我总是幻想,当这一切疯狂结束的时候,我可以回到9岁,和我的爸爸、妈妈和妹妹一起坐在餐桌旁。而隐藏在这一切之下的原因,是我幼稚的孩子一般的害怕:今后有谁能来照顾我,尽管我已经45岁了。我记得母亲告诉我,当她的母亲过世时,她已经40岁了,她当时第一个想法就是,我是个孤儿了。

在我之前已经有很多人感叹过,工业化让我们把老人当作不事生产的工人或废弃的产品,把他们排除在主流机构以外,不再愿意负担让他们在自己家养老的职责。大多数的批评都是针对那些对老人的差异化而粗鲁的行为,但我想探讨的是这种行为对我们其他人的影响。

隔离那些衰老的、生病的、残疾的人是一种幻想,这种幻想就像期盼资本主义停止扩张和期盼青春和健康永恒一样不切实际;在这样的幻想里,变老似乎是一种对于生活方式的选择,这种选择糟糕到让人难以理解的程度,就好像你虽然接受过良好的教育或者足够时尚,但你却选择垃圾食品作为食谱或选择小货车作为代步工具一样。随着年龄的增长,你的视力开始退化,你不能再随心所欲地吃东西,宿醉的感觉会持续好几天,这一切不由你自己做主,就像是被偷窃和欺骗了一样。衰老让人感觉太不公平了。就好像有个人应该为此而被告上法庭。

在电视和电影中,我们很少看到年老或者虚弱的人。我们喜欢屏幕中血淋淋爆炸性的死亡,不能接受那种缓慢的、灰色的、不可抑制的衰老和死亡。衰老和死亡是对医疗水平的羞辱,它们就像痔疮和湿疹,眼不见为净。那些从重病或重伤中痊愈的人曾经写道:当自己病倒了或者行动不便了,他们就觉得自己被放逐到了另一个完全不同的世界,一个病人的世界,一个对我们其他人来说隐形的世界。丹尼斯·约翰逊(Denis Johnson)在他的小说《基督之子》(Jesus' Son)中写道:"你和我不会理解那些病痛,直到有一天我们自己成了患者,到了那时,我们也将会被他人视而不见。"

我父亲是在家里去世的,他离去的那个房间是我童年时的卧室。从某种意义上来说,他最终是个幸运的人。现在大多数人都是在医院离开这个世界的,虽然肯定没人真的愿意如此,可是一旦我们濒临死亡,就已经失去了决定的权利,而最终的结果并没有那么仁慈。当然,我们让老者和病人就医是有充分理由的(照顾的悉心,病痛的缓解)。但我同时也认为这种把老者与病人隔离于社会的其他部分之外的行为是因为我们对他们心存恐惧,就好像衰老会如同传染病一样传播。而事实是,确实如此。

……人们时时刻刻都在变老,当下是你的今后人生中最年轻的一瞬。人类的死亡率是100%。人们用很多方法来对抗衰老和死亡:高温瑜伽、素食、抗氧化剂,甚至仅仅是拒绝接受,这种行为是懦弱而无效的。"面对它,永远面对它,这是最好的应对方式。"康拉德(Conrad)

在《暴风雨》（Typhoo）中写道。"面对它"，他意境所指业已超越了暴风雨。从他纵马外出偶遇那一名老者的一刻起，养尊处优的悉达多·乔达摩（Siddhartha Gautama）王子便注定走上了一条成为释迦摩尼佛的道路。这位老者正是一位病入膏肓之人，一位濒临死亡之人。如果没有那一刻的停留，释迦摩尼仍旧沉溺于困惑，只能与身受点化擦肩而过。

昨天我母亲给我寄来了一首她大学时代读过的诗——蓝斯顿·休斯（Langston Hughes）的《母亲对儿子说》（Mother to Sun）。母亲说，她至今记得当年第一次看到这首诗是在一本美国文学笔记中，那是在高盛学院的宿舍里。书的名字已经不可考证了。

生命之于我不是一座水晶楼梯。

它告诉我生活不是一个故事、冒险或自我发现的精神旅行。

它是一个标语。

指引我们一直前行。

不要害怕放弃，无论什么事我总是支持你的。

因为我是你的母亲。

你赞同克莱德的观点吗：我们隔离老年人对年轻人是一种伤害？

摘录自纽约时报，2013年1月20日

来自：the New York Times, January20, 2013 © 2013 the New York Times. All rights reserved.

本章回顾

关键概念小测试

1. 产前发育的顺序是_____。
   a. 胎儿，胚胎，受精卵
   b. 受精卵，胚胎，胎儿
   c. 胚胎，受精卵，胎儿
   d. 受精卵，胎儿，胚胎
2. 学习开始于_____。
   a. 子宫
   b. 出生后
   c. 新生儿阶段
   d. 婴儿期
3. 近远原则意味着_____。
   a. 动作技能从中心向四肢发展
   b. 动作技能从上而下发展
   c. 如翻身这样的动作技能是天生的

d. 简单动作技能会因为精密动作技能的发展而消失

4. 诸如"伸手够东西"这样的动作技能是_____。

    a. 有一系列的发展顺序和严格的时间表

    b. 有严格的时间表但没有发展顺序

    c. 受婴儿外部刺激的影响

    d. 所有婴儿的发展方式都是一样的

5. 皮亚杰相信婴儿期将确立关于世界操作的理论_____。

    a. 同化

    b. 适应

    c. 图式

    d. 习惯化

6. 当孩子了解到人类行为是受心理表征的影响，他们就实现了_____。

    a. 联合注意

    b. 心理理论

    c. 形式运算能力

    d. 自我中心化

7. 当能够以母亲的面部作为行为线索时，婴儿此时表现出的能力称为_____。

    a. 联合注意

    b. 社会参考

    c. 模仿

    d. 以上都是

8. 依恋也许是一种天生的能力，但依恋的质量会受到_____的影响。

    a. 婴儿的气质类型

    b. 主要照顾者对孩子情绪状态的理解能力

    c. 婴儿和主要照顾者之间的互动

    d. 以上都是

9. 幼儿的依恋类型是_____。

    a. 通过一种行为测试获得的：陌生情境测试

    b. 通常是安全型依恋，但存在文化间差异

    c. 在实验室和家里有很大不同

    d. 不随时间而改变

10. 根据科尔伯格的理论，道德发展每个阶段都会有一个特别的关注点。下列发展阶段正确的顺序是_____。

    a. 关注结果，关注道德规则，关注社会规则

    b. 关注道德规则，关注社会规则，关注结果

    c. 关注结果，关注社会规则，关注道德规则

    d. 关注社会规则，关注结果，关注道德规则

11. 证据指出，美国青少年是_____。

    a. 比儿童更情绪化

    b. 荷尔蒙过剩的受害者

    c. 可能会发生酗酒等问题

    d. 面临儿童期和成人期巨大的差异

12. 科学证据表明 _____ 在很大程度上决定了一个人的性取向。

    a. 个人选择

    b. 父母的类型

    c. 兄弟姐妹关系

    d. 生理因素

13. 与_____的关系对青春期的影响很大。

    a. 同龄人

    b. 父母

    c. 兄弟姐妹

    d. 非父母的权威人物

14. 健康、活力、精力和勇气的巅峰年龄在_____。

    a. 儿童期

    b. 十岁出头

    c. 二十出头

    d. 三十出头

15. 数据显示，对大部分人来说，生命的最后阶段将会_____。

a. 以负面情绪的增加为特点　　　　　　　c. 极其满意
b. 关注于最有用的信息　　　　　　　　　d. 将会开始和更多的人发生互动

> 关键术语

发展心理学	受精卵	胚种阶段	胚胎阶段
胎儿阶段	髓鞘化	畸胎剂	胎儿乙醇综合症（FAS）
婴儿期	动作发展	反射	头尾原则
近远原则	认知发展	感觉运动阶段	图式
同化	顺应	客体恒存	儿童期
前运算阶段	具体运算阶段	守恒	形式运算阶段
自我中心化	心理理论	依恋	陌生情境
气质	人际关系内部工作模型	前习俗阶段	习俗阶段
后习俗阶段	青春期	发身期	第一性征
第二性征	成年期		

> 转变观念

1. 最近，你的朋友和丈夫喜结连理，并打算要孩子。你和她提到，一旦要怀孕了她就必须要戒酒。她对此不屑一顾。"他们把这个说得好像孕妇喝酒就是谋杀自己的孩子一样。你看，我妈怀我的时候每个周末都会喝红酒，我也好好的。"关于酒精对于妊娠期的影响，有哪些是你这位朋友没有了解到的？还有哪些畸胎剂是你还应当告诉她的？

2. 正当你在杂货店的时候，你看了一个在手推车里苦恼的孩子。孩子的妈妈把孩子抱起来，抱在怀里不停哄着，直到孩子不哭了。杂货店售货员就站在你旁边，一边往货架上放东西一边弯下腰和你说，"就这个，典型的错误教养。如果孩子每次一哭你就抱起来哄，那你就是在强化孩子的这种行为，结果就是孩子被宠坏了。"你同意吗？关于当孩子哭的时候抱起来哄的效果，亲子依恋关系的研究给了我们怎样的提示？

3. 你和室友正在看电影，影片里一个年轻的男人正在告诉自己的父母，他是一名同性恋。父母对此反应强烈，决定把他送到一家"营地"去，在那里让他学学怎么改变自己的性取向。室友转向你，说："关于这个问题你了解吗？一个人真的能从同性恋被变成异性恋吗？"根据在本章你所读到的内容，关于决定一个人性取向的因素，你会怎样回答你的朋友？

4. 你一个表哥刚刚迈入30大关，发现了一根灰色的头发就让他心惊胆战。"这就是终点了"，他说，"很快我就会失明，长出双下巴，忘记怎么用手机。衰老就是一条漫长、迟缓并且让人烦躁的下坡路。"告诉他哪些内容能给他打打气？随着变老，是不是人生中所有的事情都会恶化？

| 关键概念小测试答案 |

1. b；2. a；3. a；4. c；5. c；6. b；7. b；8. d；9. a；10. c；
11. d；12. d；13. a；14. c；15. c。

需要更多帮助？更多资源请访问 LauchPad，

网址：http://www.worthpublisher.com/lauchpad/schacter3e

第 12 章
人格

- ▲ 什么是人格，如何测量 _639
  - 人格的描述和解释 _639
  - 人格的测量 _640

- ▲ 特质理论：行为模式的识别 _644
  - 作为行为倾向和动机的特质 _645
  - 核心特质的探索 _646
  - 科学热点　表面人格 _648
  - 特质的生物学基础 _650
  - 现实世界　是否存在"男性"和"女性"人格？_651

- ▲ 心理动力学理论：意识之外的力量 _655
  - 心理结构：本我、自我和超我 _656
  - 性心理阶段和人格的发展 _658

- ▲ 人本—存在主义理论：作为一种选择的人格 _659
  - 人类需要和自我实现 _660
  - 作为一种存在的人格 _661

- ▲ 社会认知理论：情境中的人格 _662
  - 人格的跨情境一致性 _662
  - 个体建构 _664
  - 文化与社区　你的人格会随你说哪种语言而改变吗？_664
  - 个人目标和预期 _665

- ▲ 自我：镜子里的人格 _667
  - 自我概念 _668
  - 自尊 _670
  - 其他声音　人格研究是不是需要更多的"人格"？_676

在成长历程中，史蒂芬妮·乔安妮·安吉丽娜·杰尔马诺塔（Stefani Joanne Angelina Germanotta）似乎独具个性。据说她在还是孩子的时候就已经会在偶尔的家庭聚会中展示自己。现在作为以艺名嘎嘎小姐（Lady Gaga）闻名世界的明星，她仍然保持着特立独行的传统。她的第一张专辑是《成名在望》（The Fame），改版《成名的怪兽》（The Fame Monster），她称呼她的歌迷为"小怪兽"，称自己为"怪兽之母"。这些都暗示了她可能有问题。但正如大多数人一样，她也有多面性。是的，她的作风古怪，甚至看起来显得愚蠢（如鲜肉装）。但正如她的歌"生而如此"（Born This Way）所展示的，她也是人道主义与双性人、同性恋和变性人等人权事业的支持者。嘎嘎小姐是独一无二的，具有与众不同的人格。

造就各种人格的力量总是有点神秘。你的人格与众不同，在家里、教室和其他场合里都表现一致。但是，人们在心理上为什么会如此不同，又是如何变得不同的？通过对很多不同个体的研究，心理学家力图收集足够的信息来对这些人格心理学的核心问题进行科学的解答。

人格是个体行为、思维和情感所表现出的独特心理行为模式。不管嘎嘎小姐的怪异行为是真实的表现还是仅仅为了做秀，这些都是她的行为，表现出她特有的人格。本章探讨人格，首先介绍什么是人格及其测量，然后介绍理解人格的四种理论：特质一生物理论、心理动力学理论、人本主义理论和社会认知理论。心理学家也有人格（好吧，是大多数），因此即使是研究人格，心理学家也有不同的方法，这并不令人感到奇怪。本章最后介绍自我心理学，讨论自我观如何塑造和解释我们的人格。

什么是人格，如何测量

如果有人说你没有人格，你会是什么感受？像个千篇一律的人，无聊得需要尽快获得一个人格吗？一般来说，人们通常不会谋求人格，而是会随着成长自然发展。心理学家试图理解人格的发展过程，因而仔细思考了人格的描述问题（人有何区别？）、解释问题（人们为什么不同？）以及更定量化的测量问题（如何评估人格？）。

2010 年 9 月 MTV 音乐电视大奖上身着鲜肉装的歌手嘎嘎小姐。

人格的描述和解释

如同第一个生物学家试图对所有动植物（不管是地衣或蚂蚁还是狮子化石）进行分类一样，人格心理学家也是从不同人格的分类和描述开始。达尔文进化论对物种差异产生的原因作出了解释，这标志着生物学时代的到来。同样，心理学家对个体心理差异的原因作出了解释，这标志着人格研究的成熟。

人格（personality） 个体行为、思维和情感所表现出的独特心理行为模式。

霍华德·斯特恩

希拉里·克林顿

蕾哈娜

你会如何描述这些人的人格？

克里斯蒂亚诺·罗纳尔多

大多数人格心理学家关注心理意义上的个体差异，如诚实、焦虑、情绪化等具体特质。尽管如此，人格经常被认为是主观的，因人而异。例如，当一个人把别人描述成"自负的混蛋"，你可能想知道你对描述者或被描述者的了解是否更多了一点。有趣的是，在熟人之间相互描述的研究中，某个人对其他不同人的描述高度相似。例如，杰森认为卡洛斯体谅他人，勒娜特善良，让·保罗待人很好。相反，不同人对同一个人的描述却可能大相径庭。例如，卡洛斯认为杰森聪明，勒娜特认为他好胜，让·保罗却认为他幽默感很强（Dornbusch等，1965）。

说人格是主观的，这说明了什么？

是什么导致嘎嘎小姐娱乐行为的极端化？一般来说，为了解析特定的人格特质，对人格差异的解释需要关注塑造个体人格的过去事件或驱动个体行为的预期事件。在以往的生物性事件中，史蒂芬妮·杰尔马诺塔遗传了父母的基因，使她成长为爱作秀（且不说鲜肉装）和挑起争议的人。对过去事件感兴趣的学者研究基因、大脑和其他生物因素，也深入研究潜意识、环境和人际情境。预期事件的研究则强调人自身的主观性，在对内部体验（希望、恐惧和愿望）的自省中似乎常常表现出个体性和私密性。

当然，我们对这位名叫史蒂芬妮·杰尔马诺塔的婴儿如何成长为艺名为嘎嘎小姐的成年人（或其他成年女性或男性）的理解也取决于我们对过去和预期事件交互作用的理解：我们需要了解她的过往历史如何造就她现在的动机。

人格的测量

人格可能是心理学家最难测量的。如何捕捉一个人的独特性？人格的哪些方面最需要了解，应该如何量化？人格的测量一般可以大致分为人格量表和投射技术。

人格量表

要了解一个人的人格，可以拿着记事本紧跟着他，记录他做的、说的、想的和感受的每一件事（包括多长时间后他才会因为你跟踪他而报警)。一些观察结果可能掺杂了观察者的主观印象(如第5天：似乎越来越烦躁易怒);另一些观察则是任何人都可以查证的客观事件(如第7天：抢走我的铅笔折成两段,然后咬我的手)。

为了在不严重干扰被观察者的前提下获取客观的人格数据,心理学家想出了很多方法。最常用的方法是**自陈报告**法,即个体通过问卷或访谈等方式提供对自己的思想、情感或行为的主观信息。大多数自陈量表都要求被试圈出量表上的数字,表明他们对该条目描述自己情况的认可程度(例如,根据0—5的量表报告自己在多大程度上相信自己是个多虑的人),或表明某个条目对自己的描述是正确的还是错误的。然后,学者综合各项答案,得出个体特定方面的人格。表12.1给出了一个测量多种人格特质的自陈量表的10个项目(Gosling, Rentfrow 和 Swann, 2003)。在该量表中,被试需要报告每个人格特质对他/她是否适用。表格底部列出了五个特质对应的两道题目,只需要将两道题的评分相加就得到了每个特质的测量分数。

那么,如何编制一个自陈量表?通常的策略是收集一组反映不同程度人格特点的描述性语句。例如,为了测量友好性,可以问人们对这些描述的认同程度：从"我有点友好"到"我非常友好",甚至"我喜欢每时每刻和人在一起"。

> **表 12.1**
>
> ## 10 项目人格量表(Ten-Item Personality Inventory, TIPI)
>
> 下面有一些人格特质的描述,可能对你适用,也可能对你不适用。请在每个题目旁边写一个数字来表明你在多大程度上同意或不同意这一说法。你应该根据每个题目里的两个特质来综合评定对你的适用程度,即使其中一个特质比另一个更适合。
>
> 1= 强烈不同意
> 2= 中等程度的不同意
> 3= 有点不同意
> 4= 既不同意也不反对
> 5= 有点同意
> 6= 中等程度的同意
> 7= 强烈同意
>
> 我认为自己是：
> 1____ 外向的,精力充沛的
> 2____ 挑剔的,爱争论的
> 3____ 可信赖的,自律的
> 4____ 焦虑的,易心烦的
> 5____ 容易接受新经验的,常有新想法的
> 6____ 矜持的,安静的
> 7____ 有同情心的,热情的
> 8____ 缺乏条理性的,粗心的
> 9____ 冷静的,情绪稳定的
> 10____ 循规蹈矩的,缺乏创造性的
>
> TIPI 量表评分(R= 反向计分项目)：外向性(1, 6R);宜人性(2R, 7);尽责性(3, 8R);情绪稳定性(4R, 9);开放性(5, 10R)。
> 资料来源:Gosling, Rentfrow 和 Swann, 2003。

将被试认同自己友好的题目累加起来(再减去认同自己不友好的题目数量),就可以得到个体自我报告的友好性测量。自陈报告量表可以用来评估各种各样的人格特征,从总体幸福感等一般倾向(Lyubomirsky, 2008; Lyubomirsky 和 Lepper, 1999)到面对侮辱时的快速反应(Swann 和 Rentfrow, 2001)或服务投诉(Lerman, 2006)等特定问题。

最常用的人格测验之一是**明尼苏达多相人格量表(MMPI)**。这是一个得到了广泛

自陈报告(self-report) 个体通过问卷或访谈等方式提供对自己的思想、情感或行为的主观信息的方法。
明尼苏达多项人格量表(Minnesota Multiphasic Personality Inventory, MMPI) 一个得到广泛研究,用来评估人格和心理问题的临床问卷。

的研究，用来评估人格和心理问题的临床问卷。MMPI 编制于 1939 年，多年来历经多次修订，最终形成了目前的版本：MMPI-2-RF（重构版，Ben-Porath 和 Tellegen, 2008）。MMPI-2-RF 由 338 道题目组成，每道题有三个反应选项："真"、"假"或"说不清"。MMPI-2-RF 测量了多种心理结构：临床问题（如反社会行为、思维障碍），躯体问题（如头痛、认知能力抱怨），内化问题（如焦虑、自我怀疑），外化问题（如攻击、药物滥用），人际问题（如家庭问题、社会退缩）。MMP1-2-RF 还包括效度量表，用来评估对测验的态度，检测虚假作答的反应倾向。

MMPI-2-RF 等人格量表很容易施测，只需要测试题和笔（或计算机版）。然后计算被试分数，并与其他成千上万被试的平均分数进行比较。由于不需要专门对被试的作答反应进行解释（即"真"指正确，"假"指错误，等等），量表的主观误差减到最小。当然，准确的人格测量必须以人们准确作答为前提。尽管自陈报告量表很容易获得结果，但批评者强调了几点局限性。一个问题是许多人的作答都存在社会赞许性倾向，因而会少报告令人不快或尴尬的事情。也许更成问题的是有许多事情我们不知道以至无法报告出来。研究表明，人们在报告过去经历的事情、现在行为的动机和未来的感受或行为时常常是不准确的（Wilson, 2009）。

> 人格量表要求人们报告他们拥有的特质；然而，许多心理学家认为，人们并不总是知道自己内心在想什么。我们能完全依靠人们来准确地报告他们的人格吗？

人格量表有何局限性？

投射技术

第二类评估人格的工具是**投射测验**。这是为了规避上述自陈报告的局限性而设计的，尽管现在仍然有些争议。投射测验是专门设计的测验，通过分析对一套标准化两可刺激的反应来解读个体人格的内在特征。投射测验的设计者假设人们会把愿望、关切、冲动和世界观等潜意识的人格特征投射在两可刺激上，并且不会"掩饰"这些反应。最著名的投射测验可能是**罗夏墨迹测验**。罗夏墨迹测验是通过分析对一套无结构墨迹图的反应

投射测验（projective tests） 专门设计的测验，通过分析对一套标准化两可刺激的反应来解读个体人格的内在特征。

罗夏墨迹测验（Rorschach Inkblot Test） 通过分析对一套无结构墨迹图的反应来解读被试内部思维和情感的投射技术。

来解读被试内部思维和情感的投射技术。一个墨迹图例子如图 12.1 所示。测验根据一套复杂的分类系统（部分来自于心理障碍患者的研究）对被试反应进行评分（Exner, 1993; Rapaport, 1993）。例如，大多数人从图 12.1 看到的是鸟或人。而一些人看到的是一些不寻常的事物（如"我看到两个紫色的老虎吃芝士软汉堡"），反映了其可能异于常人的思想和情感体验。

主题统觉测验（TAT）是通过分析被试针对两可图所编的故事来解读被试内部动机、关切和世界观的投射技术。请看图 12.2 来初步感受一下 TAT。主试给被试呈现图画，要求他/她根据图画编一个故事，包含如下要素：这些人是谁？正发生什么事？什么导致他们处于这种状态？接下来会发生什么？不同的人编的故事千差万别。根据所编的故事，一般认为被试会认同故事里的主人公，并且将自己对他人和世界的看法投射在对图画细节的描述里面。因此，任何明显不属于该图画内容的细节都被认为是投射了被试自身的愿望和内部冲突。

TAT 的许多图画往往会诱发一组类似的主题，如成功和失败，竞争和嫉妒，与父母和兄弟姐妹的冲突，亲密关系的感受，攻击和性。例如，一张图画内容是，一个男人站在一个躺在床上的孩子旁边，这通常容易诱发有关被试在生活中和年长男人关系为主题的故事，如与父亲、老师、老板或治疗师的关系。主试可能想了解被试认为躺着的人的性别，以及站着的人是否正在帮助或伤害躺着的人。下面是一个年轻人根据图片内容所编的故事："躺着的男孩在学校度过了辛苦的

图 12.1 罗夏墨迹图示例。呈现给被试如图所示的卡片，问"这是什么？"。他们所看到的内容、观察的位置以及为什么墨迹图看上去是这样的，这些都被假定反映了人格的无意识特征。

图 12.2 TAT 图画示例。给被试呈现如示例图之类的两可场景图画卡片，要求他/她根据图画发生的事情编一个故事。故事的主题、主角的想法和情感、故事如何进行和解决，这些都被认为是反映个体人格无意识特征的指标（Murray, 1943）。

主题统觉测验（Thematic Apperception Test, TAT） 通过分析被试针对两可图所编的故事来解读被试内部动机、关切和世界观的投射技术。

一天。他为了考试学习太用功了，以致他在考完回家后连衣服都没脱就睡着了。不管男孩如何努力，他永远不会让他的父亲满意。父亲厌倦了儿子在学校的不好表现，因而正打算杀了他。他让男孩窒息而死。"主试可能将这种反应解释为被试认为他父亲对他有很高的期望，但没有得到满足，也许父亲对他很失望和愤怒。

投射测验的价值在心理学界存在争议。虽然投射测验继续被临床医生广泛使用，但批评者认为，罗夏测验和TAT测验存在主试偏差。上述TAT故事似乎能说明一些问题；然而，主试必须有一个解释（这真正反映了被试的父亲和他自身对学业不好的担忧？或者被试只是为了好玩或刺激？），这种解释也可能是主试对被试内心的投射。因此，尽管投射测验提供了对个体人格的丰富描述和对个体动机的洞察，但这些测验主要是作为心理学家了解个体的一种主观方式（McClelland等，1953）。如果依据严格的科学标准来衡量，并没有研究发现TAT和罗夏测验等投射测验在预测个体行为方面是可靠和有效的（Lilienfeld，Lynn和Lohr，2003）。

新的人格测量方法已经超越了自陈报告和投射测验（Robins，Fraley和Krueger，2007）。无线通信、实时计算分析和自动的行为识别等高科技手段为人格测量提供了跨越跟踪观察和记录的方式，并获得了令人惊讶的发现。例如，女性比男性更健谈的刻板印象开始被质疑。梅尔等（Mehl等，2009）让美国和墨西哥的396名大学生在几天内佩戴电子录音器，记录他们说话的随机片段，结果发现女性和男性一样健谈，每天平均用词都达1.6万字。对人们行为异同的新测量方法是理解人格的关键一步。

小 结

▲ 在心理学里，人格是个体行为、思维和情感所表现出的独特心理行为模式。

▲ 人格心理学家试图寻求描述人格的最好方法，解释人格如何产生，测量人格。

▲ 人格测验分为两大类：人格量表（如MMPI-2-RF）和投射技术（如罗夏墨迹测验和TAT）。新的高科技手段已被证明更有效。

特质理论：行为模式的识别

想象一下你正在以你认识的人为主角撰写故事。为了抓住他们的特点，你可能描述他们的特质：姬莎友好，但有点放肆、盛气凌人；赛斯古怪、幽默但浅薄。只要一本字典和一个空闲的下午，你甚至可以把威廉描述成敏锐、残忍且身材匀称。人格的特质理论使用这些特质术语来描述个体差异。在构建有意义且不杂乱的描述术语集方面，特质理论家面临两个重要的挑战：第一，缩减几乎无限的形容词集合；第二，回答更基本的问题，即为什么人们有特质以及这些特质是否有生物或遗传基础。

作为行为倾向和动机的特质

理解人格的一种方式是将人格视为特质的组合。这是早期特质理论家高尔顿·奥尔波特（Gordon Allport, 1937）所采用的方法。奥尔波特认为正如物体可以用属性来描述一样，人也可以用特质来描述。他认为**特质**是相对稳定的倾向，表现为某种一贯的、特定的行为方式。例如，如果 个人书架上的书按字母顺序排列，衣柜里的衣服整齐地挂着，熟知当地公交车时间表，日常计划都有明确的日程，以及日程表里填写着朋友和家人的生日，那么可以说他具有条理性的特质。这个特质能够始终在各种场景中体现出来。

虽然条理性特质是对个体的描述，但其并不能对他或她的行为作出解释，即为什么这个人的行为是这种方式？特质作为行为的解释有两种基本的方式：特质是引起行为的既存倾向（preexisting disposition），或者它是引导行为的动机。奥尔波特将特质看作是既存倾向，是能够稳定可靠地触发某种行为的起因（cause）。例如，条理性是这个人的内在属性，导致这个人在很多场合下都喜欢整洁有序。其他人格理论家，如亨利·默里（TAT 的创立者），则认为特质反映了某种动机。正如饥饿动机也许可以解释一个人多次到小吃店，条理性需要或许可以解释衣柜的整洁性、日程表的条理性以及对公交时刻表的熟悉性（Murray 和 Kluckhohn，1953）。持特质即起因观点的学者使用人格量表来测量特质，而持特质即动机观点的学者则更常使用投射测验。

特质如何解释行为？

在过去的几十年里，学者已经描述和测量了数百个不同的人格特质。早在第二次世界大战之后的 20 世纪 40 年代，心理学家都对右翼独裁主义，或者政治保守主义、服从权威和从众倾向很感兴趣。当时，学者试图了解是什么原因使得人们支持纳粹德国和法西斯的崛起（Adorno 等，1950）。尽管导致独裁的人格特质研究仍然在继续（Perry 和 Sibley，2012），但该主题随着第二次世界大战退出历史舞台不再成为研究热点。多年来比较时兴的其他特质包括了诸如认知复杂性，防御性，感觉寻求和乐观。正如电视节目里秀场和发型一样，特质维度方面的热点也随着时间的推移变化不定。

特质（trait）　相对稳定的倾向，表现为某种一贯的、特定的行为方式。

核心特质的探索

选择一个时兴的特质且深入研究并没有让我们在人类核心特质探索方面走得很远。核心特质指的是，定义人类彼此之间如何相互区别的基本特质集合。人们对可口可乐与百事可乐或狗与猫之间可以有很不同的选择，但这些差异重要吗？学者又是如何尝试探索核心人格特质的？

基于语言的分类

核心特质的研究始于对人格的语言（即智慧媒介）表征的探索。一代又一代，人们一直在用一些词汇来形容人。因此，早期心理学家提出，可以通过找出所有性格形容词中的主旨来确定核心特质。根据这种方法，对英文词典相关词汇的辛苦筛选得到了 18 000 多个特质词表（Allport 和 Odbert, 1936）。基于特质之间可能是分层关联的理论观点，研究者尝试对词表进行简化（参见图 12.3）：即一般性或抽

在很多人看来，巴沙尔·阿萨德是一个专制统治者，他将那些反对他的人关进监狱、折磨并杀死他们。为什么会有人想要追随这样的独裁者？权威人格研究的灵感来自于这种观点：有些人可能会追随大多数人，因为他们的人格使他们忠于权力等级，服从上级，支配下级。

象的特质比具体的特质处在词表的更高层级上。也许更抽象的特质反映了人格的核心。

为了确定这个核心，学者采用因素分析的计算方法。这种方法在"智力"那章有所描述，根据人们如何用特质来评价自己，将各种特质术语或描述性词语分成少数几个潜在的维度或因素。在典型的因素分析研究中，数百人通过评定数以百计的形容词如何准确地描述自己的人格来评估自己。学者随后进行计算以确定人们评价模式的相似之处。例如，那些形容自己有野心的人，是否也形容自己是积极主动的，而不是懒散或知足的。因素分析还可以发现哪些形容词之间是无关的。例如，如果那些形容自己有野心的人认为自己有中等的创造力或创新性，因素分析就会发现野心和创造力/创新代表着不同的因素。每一个因素通常都是连续的变量，从一端（如有野心）到相反的另一端（如懒散）。

不同的因素分析技术产生了对人格结构的不同观点。卡特尔（Cattell, 1950）提出了 16 因素人格理论（从 18 000 多个词汇减少到 16 个，但仍显得很多），而其他人提出了基本维度更少的

心理学家如何确定核心的人格特质？

人格理论（John, Naumann 和 Soto, 2008）。汉斯·艾森克（Hans Eysenck, 1967）用二维人格模型很好地简化了人格结构（尽管他后来扩展为三维）。艾森克两因素模型的第一个

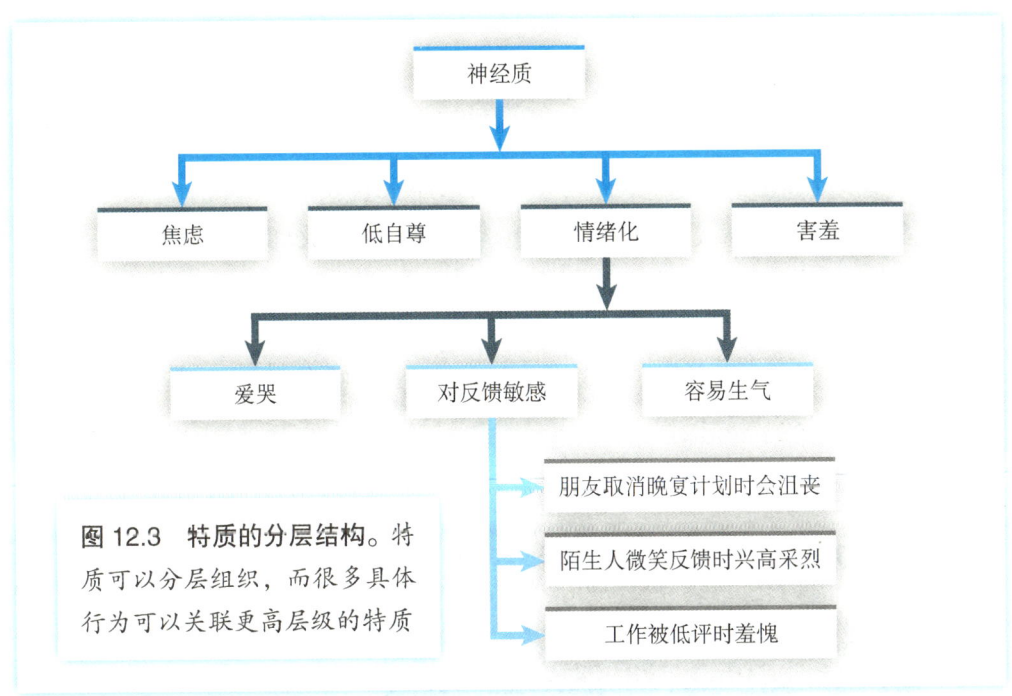

图12.3 特质的分层结构。特质可以分层组织,而很多具体行为可以关联更高层级的特质

维度将活跃/社交型(外向)与内省/平和型(内向)区分开;第二个维度则区分神经质或情绪不稳定倾向与情绪稳定倾向。他认为,可以通过它们与核心特质外向性和神经质的关系来理解许多行为倾向。他提出的第三个维度是精神质,指的是一个人多大程度上是冲动或敌意的。(值得注意的是,术语"精神质"现在多指以脱离现实为标志的异常精神状态。这将在"心理障碍"那章进一步讨论。)

大五人格

现在,大多数学者认为最好的人格结构是5个因素,而不是2、3、16或18 000个(John和Srivastava, 1999; McCrae和Costa, 1999)。他们亲切地称之为大五人格。**大五人格**是五因素人格模型的特质:开放性、尽责性、外向性、宜人性和神经质(见表12.2,5个

表12.2

大五因素模型

	特质高分	特质低分
开放性	富于想象力的	踏实的
	多样化的	常规的
	独立的	从众的
尽责性	有条理的	紊乱的
	谨慎的	粗心大意的
	自律的	意志薄弱的
外向性	社会化的	孤僻的
	风趣的	严肃的
	有激情的	冷淡的
宜人性	心地善良的	无情的
	令人信任的	可疑的
	有帮助的	不合作的
神经质	忧虑的	平和的
	不安全的	安全的
	自怜自艾的	自满的

来源:McCrae和Costa, 1990, 1999.

大五人格(Big Five) 五因素人格模型的特质:开放性、尽责性、外向性、宜人性和神经质。

科学热点

表面人格

当你判断一个人是朋友还是敌人，有趣或惹人烦，值得雇佣或应该解雇时，你是怎么做出这样的判断的？如果你认为你的人格印象有某种深刻而坚实的基础，那么这是很好的。你不会基于外貌这种表面的信息评估人格，是不是？你不会仅通过观看某人在谷歌图片搜索和 Facebook 页面上的信息来形成人格印象，是不是？这些东西作为理解人格的基础似乎是浅薄的，但事实证明可以根据这些表面线索做出一些有效的人格评估。在某些情况下，这种评

他们说你不能以貌取人，但是一些新研究表明可以通过 Facebook 来评估一个人。

维度的首字母是 O.C.E.A.N.）。这个五因素模型与卡特尔以及艾森克的开创性工作部分重叠，之所以被广泛接受有以下三个原因：第一，现代因素分析技术确认这 5 因素在人格变异解释量和特质重叠上达到了很好的平衡；第二，大量的研究使用不同类型的数据都出现了相同的五个因素，包括对自己人格的自评、他评、访谈检核表和行为观察等方面的数据；第三，也许最重要的是基本的五因素结构似乎存在于很多人身上，包括不同语言和文化下的儿童和成人；这表明大五人格可能是普遍适用的（John 和 Srivastava，1999）。

 五因素模型的优势是什么？

事实上，大五是如此的普遍，甚至在人们对陌生人特质的评估中都会出现（Passini 和 Norman，1966）。这一发现表明，这些人格维度可能存在于人们的思想中：即人们用来评价别人的分类系统，而不管他们对别人有多了解。然而，这并不仅仅是一种感觉。这些

估非常准确。

事实证明，你可以通过外貌得到关于他人的一些准确信息。最近研究表明，外向者比其他人有更多的微笑，更显得时尚和健康（Naumann等，2009），并且高开放性者更可能有纹身和其他身体上的改变（Nathanson, Paulhus 和 Williams, 2006）。类似这样的发现表明人们可以操纵他们的表面特征来引导别人形成自己期望的印象，因此人格的表面标识可能是虚假或误导的。Facebook页面显然是个人根据自己意愿体现个体人格表面特点的地方。然而，最近一项对Facebook个人页面的研究发现人们在线投射的人格和现实人格有高度的相关，并且高于其和个人理想人格的相关（Back等，2010）。人格的表面标识可能并非仅仅是虚有其表的。

更进一步来讲，事实证明人们的Facebook活动和自评的人格特质显著相关。例如，高外向者报告有更多的Facebook好友以及更多的状态更新和评论。高自尊的Facebook用户也有更多的更新和评论。高宜人性的Facebook用户对朋友的帖子有更多的评论，而高感觉寻求和开放性的人们则报告玩的游戏很多。正如你可能已经猜到的一样，高自恋者发布很多的评论（特别是与自己理想自我有关的评论）和自己的照片（Seidman, 2013; Wang等，2012）。

特质的现实意义已经在研究中表露无疑，大五人格的自评结果可以预测人们的行为模式和社会结果。例如，高外向性的人更倾向于花时间与很多人相处，更有可能比内向者注视别人。高尽责性一般在工作中表现良好，往往活得更久。低尽责性和低宜人性的人更可能成为未成年犯（John 和 Srivastava，1999）。大五人格特质也被证明可以预测人们在Facebook等社交网络上的在线行为（见"科学热点"专栏）。

有趣的是，大五人格研究表明人格在人的一生中往往会保持相对稳定：在某个时间的评分和后来的评分（甚至几十年后）有很强的相关性（Caspi, Roberts 和 Shiner, 2005）。威廉·詹姆斯（William James）认为："我们大多数人的性格在30岁的时候就已经和石膏一样永远不会再软化"（James, 1890, 第121页），但这个假设已经被证明太强了。有些变化虽然在青春期较少，但在儿童期是很典型的。对于某些人来说，有些性格改变甚至可以发生在成年期（Srivistava等，2003）。

特质的生物学基础

我们可以解释为什么人有一组稳定的人格特质吗？许多特质理论家们认为，稳定的大脑和生物过程产生了人一生中相当稳定的人格特质。奥尔波特认为特质是影响人们对环境的反应方式的大脑特性。而且，正如你所看到的，艾森克研究了特质维度和大脑功能的个体差异之间的关系。

正如经典个案菲尼亚斯·盖奇（Phineas Gage）所表明的（见"神经科学与行为"那章），脑损伤肯定会产生某种人格上的变化。你可能还记得，盖奇的额叶在爆炸事故中被一根钢筋刺穿后，他社会行为中的适当性和尽责性严重缺失（Damasio，1994）。事实上，如果个体的人格发生显著变化，相关测试常常也会发现了某种脑病变，例如阿尔茨海默氏症，中风或脑肿瘤（Feinberg，2001）的存在。服用抗抑郁药和其他改变大脑化学过程的药物也可引起人格变化，例如使人们更外向以及神经质水平的下降（Bagby等，1999；Knutson等，1998）。

基因、特质与人格

一些最有说服力的证据来自行为遗传学领域，这些证据表明了生物因素对人格的重要性。就像遗传对智力的影响研究一样（见"智力"那章），人格心理学家们检查了同卵（共享相同基因）和异卵（平均共享一半基因）双生子的特质之间的相关性。这些研究证据基本一致：一篇涉及 24 000 多对双生子研究的文献综述表明同卵双生子人格的相似性明显高于异卵双生子（Loehlin，1992）。

简单地说，你和某个人拥有的相同基因越多，你们的人格越有可能相似。基因似乎影响了大多数人格特质。目前研究估计人格的平均遗传成分在 0.40 至 0.60 之间。正如你在"智力"那章所了解的，这些遗传系数表明大约有一半的个体变异来自遗传因素（Bouchard 和 Loehlin，2001）。当然，遗传因素并不能解释一切，其余的人格变异仍然需要通过生活经验和其他因素的差异来解释（见"现实世界"专栏）。双生子研究表明，大五人格的遗传率为 0.35—0.49 之间（见表 12.3）。

> **表 12.3**
>
> **大五人格特质的遗传性**
>
> | 特质维度 | 遗传率 |
> |---|---|
> | 开放性 | .45 |
> | 尽责性 | .38 |
> | 外向性 | .49 |
> | 宜人性 | .35 |
> | 神经质 | .41 |
>
> 来源：Loehlin, 1992

人格的双生子研究说明了什么？

和智力研究一样，潜在的混淆因素必须被排除，以保证是真正的遗传效应，而非外部环境经验的效应。外界对待同卵双生子更相似吗？他们比异卵双生子有更大的共享环境吗？儿童时期，他们是不是穿相同的时髦衣服，参加同一个少年棒球队？这在某种程度上是不是造成了他们性格相似？同卵双生子如果由相距甚远的不同家庭收养，就几乎消除了共享环境因素的潜在影响。对这样的双生子进行研究表明共享环境的影响不大，分开抚养的同卵双生子最终和一起长大的双生子一样具有相似的人格（McGue 和 Bouchard，1998；Tellegen 等，1988）。

现实世界：是否存在"男性"和"女性"人格？

你认为有典型的女性人格或典型的男性人格吗？研究已经发现，男性和女性之间在自评的特质、态度和行为上存在一些可靠的差异。一些研究的发现与北美对男性化和女性化的刻板印象一致。例如，学者发现女性更善于口头表达，对非语言线索更敏感，并比男性更有教养后代的能力。男性比女性更有身体攻击性，但女性从很小开始就比男性有更多的社会关系性攻击（从社会关系方面伤害别人，如有意孤立别人，Crick 和 Grotpeter，1995）。其他性别差异包括男性比女性更自信，自尊略高，性爱更随意和感觉寻求倾向更强。在大五维度上，来自许多文化的研究表明女性的神经质、外向性、宜人性和尽责性更高；至于开放性，女性更富于情感，男性更富于创意（Costa，Terracciano 和 McCrae，2001；Schmitt 等，2008）。在乐于助人等其他各种人格特征上，男女之间的差异一般并不稳定可靠。整体而言，男女之间的相似性似乎远远多于差异性（Hyde, 2005）。

虽然人格的性别差异是相当小的，但却往往会受到很多的关注。对于人格性别差异的起源存在着争议，往往涉及进化生物学与社会认知理论（称为社会角色理论）的对比。进化论认为，男人和女人进化为不同的人格特征，部分原因是繁殖后代的成功率受不同行为影响。例如，男性的攻击性可能有恐吓竞争对手的适应价值，女性的宜人性和教养能力可能具有保护和确保后代存活（Campbell, 1999）和追求可靠的伴侣和养家者的进化作用（Buss, 1989）。

根据社会角色理论，男女之间的人格特征和行为差异源于在社会认可的工作、活动、家庭岗位等方面的文化标准和对他们的不同期望

（Eagly 和 Wood，1999）。由于身高体壮并且无需生育子女，男性历来扮演的角色具有更大的权力，尽管这些角色在后工业社会不一定需要体力。这些差异像滚雪球一样，使男性的角色一般需要自信和攻击性（例如总经理、校长、外科医生），而女性追求的角色则强调更多的支持性和教养性（如护士、日托人员、教师）。

无论人格的性别差异来源于哪里，人们对男性化和女性化刻板印象的认同程度可能会告诉我们人与人之间重要的人格差异。桑德拉·贝姆（Sandra Bem，1994）设计了贝姆性别角色量表，用来评估对男性化和女性化刻板印象的认同程度。贝姆认为，心理双性人（即同时认同善良等积极女性特质和自信等积极男性特质的人）适应能力可能会比那些仅认同单一性别角色的人更强。

有趣的是，尽管人格特质相当稳定，但也会随着时间发生变化。一般来说，人们在20多岁时更尽责（坚守工作），在30多岁时宜人性更高（不放弃朋友）。神经质随着年龄下降，但只限于女性（Srivastava 等，2003）。因此，享受你现在的人格吧，它可能会很快改变。

贝姆性别角色量表例题

被试根据贝姆性别角色量表的每一个题目自评，但不会看到任何性别分类。然后，计算男性化（使用男性化刻板印象题目）、女性化分数（使用女性化刻板印象题目）和双性化（同时使用男性化和女性化的刻板印象形容词来描述自己）分数（贝姆，1974）。

男性化题目	女性化题目
自我依赖	柔顺
维护自己的信念	有情义的
独立的	值得一捧的
自信的	有同情心的
坚强的	对他人的需求敏感

的确，一个令人兴奋的相关发现是诸如父母离婚或父母管教方式这种共享环境因素可能对人格几乎没有直接的影响（Plomin 和 Caspi，1999）。根据这些研究，简单地在同一个家庭成长并不会让人非常相似。实际上，如果两个兄弟姐妹性格相似，通常会被认为主要是遗传相似性的结果。

学者也评估了双生子在特定行为和态度上的相似性。这些研究发现的遗传证据往往非常令人震惊。一项针对3 000对同卵、异卵双生子的研究发现，对社会主义、教会权威、死刑和混血婚姻等方面的保守观点也表现出遗传性（Martin 等，1986）。当然，特定基因直接负责复杂心理结果（如社会或政治问题等方面的信仰）极不可能。相反，一组基因（或者，更可能的是多组基因的相互作用）在保守或自由思维方式方面产生特定的特征或倾向却是有可能的。最近的一项研究调查了 13 000 人的 DNA，并测量它们报告的保守或自由态度，发现保守——自由主义与心理灵活性的染色体区域或人们应对环境变化时思维的变化程度密切相关。这可能是影响人们对社会和政治问题看法的因素之一（Hatemi 等，2011）。目前心理家的研究是为了更好地了解遗传变异如何有助于人格的发展。

基因会通过不同方式影响我们的人格。例如，遗传变异可以影响我们如何严格或灵活地思考宗教和政治。茶党 (Tea Party) 可能主张家庭的其他成员也共享相同的宗教和政治倾向。

动物有人格吗？

人格生物学基础的另一类证据来源于非人类动物的研究。所有的狗主人、动物园管理员、或牧牛场农民可以告诉你每只动物都有特殊的行为模式。据报道，密苏里州一个女人很享受在郊区家里养鸡的乐趣。她说："最精彩的部分"是"将它们看作一个个的人"（Tuck, 2003）。据我们所知，这家宠物主人并没有给她带羽毛的同伴进行人格测试，但学者萨姆·高斯林（Sam Gosling, 1998）对一群斑鬣狗进行了人格研究。当然，不完全是人格测试。他招募了 4 个观察者用人格量表来评价不同的鬣狗。当他检查量表评分时，他发现了五个维度：3 个与大五人格特质非常相似，包括神经质（即悲伤、情绪反应），开放性（即好奇心）和宜人性（即没有攻击性）。

在对孔雀鱼和章鱼的类似研究中，类似外向性和神经质方面的个体差异也被发现了（Gosling 和 John, 1999）。在每个研究中，学者观察动物的日常活动，将他们认为反映每种特质的具体行为辨别出来。例如，章鱼很少参加聚会，所以无法评估他们的社交倾向（"他只是动手动脚！"），但他们在是否愿意在巢穴里安全进食还是愿意冒险出外觅食等方面各不相同（Gosling 和 John, 1999）。不同观察者似乎对每只动物在每个维度的评价都比较一致，因此这些发现并不只是某个观察者的想象或倾向于将动物拟人化（即赋予非人类动物人类的特点）。这些行为方式的跨物种共性进一步支持如下观点：由许多物种共享的人格特质具有生物学机制。

从进化的角度来看，人格差异反映了人类和非人类等物种应对生存和繁衍挑战的不同适应性进化。例如，如果你在酒吧呆上一两个晚上，你很快

 为什么要研究动物的行为方式？

就会发现人类为吸引和留住伴侣而进化出来的方法不止一种。外向者可能会炫耀来吸引眼球,而宜人性高的人很可能表现情感与体贴(Buss,1996)。根据不同的环境,这两种方法都可以有效吸引伴侣,确保成功繁衍。通过这种自然选择,那些在生存进化中被证明是成功的特质就会传递给后代。

大脑中的特质

哪些神经生理机制会影响人格特质的发展?这方面的很多研究都集中在外向—内向维度之上。艾森克(1967)在他的人格模型里推测外向和内向可能源于皮层唤醒的个体差异。艾森克认为外向者追求刺激,是因为他们的网状结构(调节唤醒或警觉性的大脑系统一部分,见"神经科学和行为"那章)不容易激活。艾森克认为,为了获得更高的皮层兴奋和警觉性,外向者通过社会交往、聚会和其他活动获得精神兴奋性。与此相反,内向者可能更喜欢阅读或安静的活动,因为他们的皮层很容易激活,超过最佳的警觉性。

你会如何评价这只蜜獾?它是对抗的还是宜人的?神经质还是情绪稳定的?研究发现即使是动物也似乎有人格。或许这应该称为"动物性格"?

外向者通过人际交往、高噪音和鲜艳的色彩等形式追求刺激。内向者往往喜欢柔和、安静的场合。小测试:妮琪·米娜(Nikki Minaj)是性格内向还是外向?

是什么神经差异解释了为什么外向者比内向者追求更多的刺激?

行为和生理研究普遍都支持艾森克的观点。当给内向者和外向者一系列不同强度的刺激时,内向者反应更加强烈,包括柠檬汁滴在舌头上时分泌更多的唾液,对电击或高分贝噪音的反应更负面(Bartol 和 Costello,1976;Stelmack,1990)。这种反应对注意力的集中会产生影响,外向者通常在那些嘈杂而高唤醒环境下的任务(如调酒或教学)中表现出色,而内向者在安静环境中的工作做得更好(如图书馆管理员或夜间保安员的工作;Geen,1984;Lieberman 和 Rosenthal,2001;Matthews 和 Gilliland,1999)。

在艾森克唤醒性观点的基础上,杰弗里·格雷(Jeffrey Gray,1970)提出,外向—内向和神经质维度反映了两个基本的大脑系统。行为激活系统(BAS),本质上是"进行(go)"系统,激活对奖赏预期的趋近反应。外向者具有高反应性的BAS,并会积极融入环境、寻求社会强化而"忙碌"着。行为抑制系统（BIS），是"停止（stop）"系统，抑制对惩罚刺激信号的行为反应。焦虑者有高反应性的 BIS，关注负面结果，密切关注"停止"信号。因为这两个系统独立工作，有些人可能同时激活和抑制，表现为这两个特质之间的冲突不断。脑电（EEG）和脑功能成像（fMRI）研究表明，激活和抑制的个体差异体现为不同大脑系统的激活（DeYoung 和 Gray，2009）。最近的研究甚至表明，这些核心人格特质的个体差异可能与各特质关联脑区的体积大小有关。例如，神经质与威胁敏感性脑区的体积相关，宜人性与他人心理状态信息处理的脑区相关，尽责性与自我调节脑区相关，外向性与奖赏脑区相关（DeYoung 等，2010）。对于大脑的结构和活动如何促进人格特质形成的研究还处于早期阶段，但标志着该领域的新兴方向。许多人认为，这对我们更好地了解每个人如何发展成独特的人大有帮助，并且前景广阔。

小结

▲ 特质理论尝试确定可以用于表征个体行为的人格维度。学者试图将人们的海量行为、思想和情感归纳为一些核心人格特质。

▲ 很多人格心理学家目前重点关注大五人格因素：开放性，尽责性，外向性，宜人性和神经质。

▲ 为了解决为什么特质会产生的问题，特质理论家往往从生物学视角出发，将人格视为很大程度上是遗传对大脑功能影响的结果。

心理动力学理论：意识之外的力量

弗洛伊德并不从描述个体差异的大理论去理解人格，而是从细节处解读人格：即仔细分析个体思想和行为上小缺陷所揭示的意义和洞察。在治疗那些没有躯体问题却又有症状的患者的过程中，他从解释他们日常错误和记忆差错（现在称为弗洛伊德式口误）的根源开始。

弗洛伊德使用术语精神分析来概括他的人格理论和治疗病人的方法。弗洛伊德的观点是原创的，是很多理论的基础。他认为人格对于个体是个谜，因为个体也无法知道自己内心最深处的动机。弗洛伊德及其追随者（在心理障碍的"治疗"那章中讨论）的理论被称为**心理动力学理论**，即把人格看作是由大部分在意识之外的需要、努力和欲望所形成的动机，这些动机可以导致情绪障碍。根据这个观点，真正驱动人格的是我们基本上没有觉察到的力量。

心理学家将这种结构称为**动态无意识**，即一种活跃的系统，包含人一生中隐藏的记忆，最深层的本能和欲望，以及试图控制这些力量的内部努力。无意识的力量被认为起源于早期经验及其内容。这些早期经验在人能够把想法和感受表达成文字之前就对大脑进行塑造，而且这些经验的内容主要是令人尴尬、难以启齿的，甚至令人恐惧的，是没有通过意识控制的。想象一下，你和父亲之间发生"暴力竞争"的感受（"我希望我能打他一顿"）或希望兄弟姐妹死亡的"愿望"（"如果我的废物妹妹从楼梯上摔下，那多好啊"）。哟，像这些冲动通常都是潜伏在无意识中，因为这种强大的力量太多了以至于意识无法承担。心理动力学家认为，这种冲动一直在思维中以觉察不到的斗争持续进行。

心理结构：本我、自我和超我

为了解释困扰病人的情绪问题，弗洛伊德提出人格是由本我、超我和自我这三个相互独立、相互制约而又相互冲突的系统组成。

本我是最基本的系统，人格的一部分，包含出生时就出现的驱力。这是我们生理需要、希望、欲望和冲动（尤其是性和攻击性驱力）的来源。本我按快乐原则行事。快乐原则是驱动人们寻求对任何冲动即时满足的心理力量。如果由本我单独控制，你在餐厅等候用餐时将永远无法忍受饥饿而会去夺取邻桌别人的食物。

本我的对立面是**超我**，即反映文化规则内化的心理系统，主要是在父母行使家长权威的时候学会的。超我是由一套调节和控制我们的行为、思维和梦想的准则、内部标准和其他行为规范组成。它作为一种道德良知，在发现我们犯错误时惩罚我们（产生罪恶感或其他痛苦的感觉），在生活理想实现时奖励我们（自豪或沾沾自喜的感觉）。

根据精神分析理论，最后一个系统是**自我**，即人格的组成部分，通过与外部世界的接触发展而来，使我们能够应对生活中的实际需求。自我根据现实原则行事，是使个体

心理动力学理论（psychodynamic approach） 把人格看作是由大部分在意识之外的需要、努力和欲望所形成的动机，这些动机可以导致情绪障碍。

动态无意识（dynamic unconscious） 一种活跃的系统，包含人一生中隐藏的记忆，最深层的本能和欲望，以及试图控制这些力量的内部努力。

本我（ID） 心理（mind）的一部分，包含出生时就出现的驱力，这是我们生理需要、希望、欲望和冲动（尤其是性和攻击性驱力）的来源。

超我（superego） 反映文化规则内化的心理系统，主要是在父母行使家长权威的时候学会的。

自我（ego） 人格的组成部分，通过与外部世界的接触发展而来，使我们能够应对生活中的实际需求。

在现实世界中延迟即时需要的满足和有效行事的调节机制。这是本我和超我之间的调停人。自我帮助个体抵抗抢夺他人食物的冲动，寻找餐厅并付费。

弗洛伊德认为，人格三个系统之间相互作用的相对强度（即通常是哪个系统占主导地位）决定了一个人的基本人格结构。个体需要的本我力量，平息这些需要压力的超我力量和现实需求的自我力量一起产生了不断的内部冲突。他认为，本我、超我和自我之间的动力学很大程度上是由焦虑（anxiety）掌控。焦虑是一种在不必要的想法或情感出现时的不舒服感受。例如，本我寻求满足时，而自我认为这会导致现实世界的危险或超我认为会招致惩罚。当自我接收到表现为焦虑形式的"报警信号"时，它就进入防御机制以消除焦虑。根据弗洛伊德的观点，自我会使用几种不同的防御机制。防御机制是减少焦虑的无意识应对机制，这些焦虑来自于不可接受的冲动所产生的威胁（见表12.4）。心理动力学的心理学家认为，**防御机制**能够帮助我们克服焦虑和有效适应外部世界，并且防御模式成为我们应对外部世界的一种标志，是人格的要素。

根据弗洛伊德的观点，本我、超我和自我的互动如何塑造人格？

▶表12.4

防御机制

压抑是自我尝试的第一个防御机制，但如果压抑不住，其他防御机制就会开始起作用。

防御机制	定义	举例
压抑	将痛苦体验和不可接受的冲动排除在意识之外，即"动机性遗忘"。	生气时控制剧烈的身体攻击性动作；不去想不好的体验。
合理化	为不可接受的情感和行为寻找一个合理的解释来掩盖自己或他人的潜在动机或情感。	微积分课程逃课，据说是因为教室里空气不好。
反向作用	无意识地将威胁性的内部愿望和梦想夸张表现为对立面。	对喜欢的人态度粗鲁。
投射	将自己的威胁性感受、动机或冲突看成是别人的。	认为自己不诚实，就判断别人也不诚实。
倒退	表现出幼稚行为，或倒退至感觉更安全的人生早期阶段以应对内部冲突和感受到的威胁。	即使能正常表达，也要使用儿语应对困境。
替代	将不可接受的愿望或内驱力表现为中性或威胁更小的方式。	大力关门；对其他人（并非自己发火的对象）吼叫。
认同	无意识地表现出比自己更强大或更好相处的人的特点来应对威胁和焦虑的感受。	被欺负的小孩开始欺负人。
升华	将不可接受的性或攻击性内驱力转变为社会文化接受的活动。	通过足球、橄榄球或其他身体接触运动项目发泄愤怒。

防御机制（defense mechanisms） 减少焦虑的无意识应对机制，这些焦虑来自不可接受的冲动产生的威胁。

性心理阶段和人格的发展

弗洛伊德提出，一个人的基本人格在 6 岁之前的一系列敏感时期或人生阶段形成，这个时期的经历会影响人一辈子。弗洛伊德称这段时期为**性心理阶段**。这是独特的人生早期阶段，在儿童从不同的身体部位体验性快感和看护人对这些快乐的引导和干预中形成了人格。他认为，由于成人干预儿童的快感寻求，儿童体验到冲突。不同的身体部位或性敏感区在每个阶段主导儿童的主观体验（如在口唇期，快感集中在嘴上）。每个部位承载了儿童的本我和成人世界之间的冲突。

弗洛伊德认为，在任何性心理阶段遇到的问题和冲突都会影响成年后的人格。在特定阶段的剥夺或溺爱造成的冲突可能导致**固着**，即个人的快感寻求心理停留在某个性心理阶段。弗洛伊德将某种人格特质描述为由不同性心理阶段的固着派生而来。下面是他对每个阶段的解释和每个阶段固着的影响。

- 1 岁半，婴儿处于**口唇期**。这是第一个性心理阶段，快乐和挫折体验集中在嘴、吸吮和喂食上。缺少喂食或过度喂食的婴儿被认为其人格的重点是满足和空虚相关的问题以及能从别人那里获得什么的问题。

- 2—3 岁之间，儿童进入**肛门期**。这是第二个性心理阶段，快乐和挫折体验集中在肛门、排泄和克制以及如厕训练上。协调这些冲突困难的人被认为性格死板并重视控制问题。

- 3—5 岁，孩子进入**性器期**。这是第三个性心理阶段，快乐、冲突和挫折体验集中在生殖器和应对乱伦相关的爱恨、嫉妒等情感和冲突。根据弗洛伊德的观点，性器期的儿童会体验到**俄狄浦斯冲突**，即对异性父母的冲突通常通过对同性父母的认同来解决的发展性体验。

- 轻松一点的阶段发生在 5—13 岁的**潜伏期**，儿童不再需要应对性和攻击性内驱力。这是第四个性心理阶段，儿童的主要兴趣是智力、创造力、人际关系和运动技能的进一步发展。弗洛伊德认为人格发展的最重要方面发生在 6 岁之前，因此

性心理阶段（psychosexual stages） 独特的人生早期阶段，在儿童从不同的身体部位体验性快感和看护人对这些快乐的引导和干预中形成了人格。

固着（fixation） 个人的快感寻求心理停留在某个性心理阶段的现象。

口唇期（oral stage） 第一个性心理阶段，快乐和挫折体验集中在嘴、吸吮和喂食上。

肛门期（anal stage） 第二个性心理阶段，快乐和挫折体验集中在肛门、排泄和克制，如厕训练。

性器期（phallic stage） 第三个性心理阶段，快乐、冲突和挫折体验集中在生殖器和应对乱伦相关的爱恨、嫉妒等情感和冲突。

俄狄浦斯冲突（Oedipus conflict） 对异性父母的冲突通常通过认同同性父母来解决的发展性体验。

潜伏期（latency stage） 第四个性心理阶段，儿童的主要兴趣是智力、创造力、人际关系和运动技能的进一步发展。

心理动力学派不再提及潜伏期的固着。不受早期阶段冲突的干扰而自然地进入潜伏期是人格健康发展的一个标志。

> 青春期及其以后是人格发展的第五个阶段，即**生殖期**，也是最后一个阶段。生殖期中的个体将迎来成熟的人格，爱和工作的能力，以及通过互相满足和互相帮助建立人际关系的能力。弗洛伊德认为固着在前阶段的人无法形成健康的成人性取向以及适应良好的成人人格。

我们应该如何理解这一切？一方面，性心理阶段的精神分析理论提供了早期家庭关系和对儿童基本需要和愿望满足程度的有趣画面。另一方面，批评者认为心理动力学的解释没有任何确凿的证据，往往是带有争议性的事后解释，而不是可检验的预测。性心理阶段理论提供了一系列引人注目的"故事"来解释已经过去的生活，但还没有产生得到研究支持的明确预测。

为什么批评者说弗洛伊德的性心理阶段是推测性解释多于证据性解释？

小结

▲ 弗洛伊德认为，人格很大程度上是由无意识的力量形成的，由本我、超我和自我的相互作用塑造。

▲ 防御机制是用来减少不可接受冲动所产生的焦虑的方法。

▲ 弗洛伊德还认为，人的发展经过一系列性心理阶段，某个阶段的发展失败会导致固着，表现为相应的人格特质。

人本—存在主义理论：作为一种选择的人格

在20世纪50年代和60年代，心理学家开始尝试用不同于特质理论的生物决定论和弗洛伊德童年经历的无意识驱力的观点来理解人格。这些新的人本—存在主义理论转而

生殖期（genital stage） 第五个性心理阶段，也是最后一个，是个体形成成熟的人格，爱和工作的能力，以及通过互相满足和互相帮助建立人际关系的能力的时期。

几十年的研究表明，在贫困环境中成长通常也伴随着较差的教育、职业和健康。人本主义心理学家认为人们在这样的环境下必须努力满足他们的基本生活需要，因此不具备自我实现的机会。

关注人类如何做出健康选择，认为人们的健康选择塑造了自己的人格。人本主义心理学家强调对人性积极乐观的看法，突出人类固有的善良本性和个人成长的潜力。存在主义心理学家重视个体的责任，认为在死亡的现实问题和人生意义问题的超越过程中个体可以自由选择自己的生活。人本—存在主义学派将这些见解加以融合，关注人格如何达到最优化。

人类需要和自我实现

人本主义认为**自我实现倾向**是人格的重要因素。自我实现倾向反映了人实现自我内在潜能的动机。对知识的追求，表现自己的创造力，追求精神超脱和奉献社会的愿望都是自我实现的例子。正如你在"情绪与动机"那章中所看到的，著名的人本主义理论家亚伯拉罕·马斯洛（Abraham Maslow，1943）提出了需要层次理论，认为人类的基本需要是根据优先级渐进排序：

自我实现的含义是什么？

基本的生理和安全需要必须首先满足，才有能力关注更高层次的心理需要。只有当这些基本需要得到满足后，人们才可以追求更高的需要，最终完成自我实现：高品质生活、自我存在感和寻找生命意义的需要。

人本主义心理学家从环境促进或阻碍心理需要满足的各种方式来解释人格的个体差异。例如，如果一个人的精力和资源都用于满足安全、归属感和爱等基本需要，那么那些有潜力成为伟大的科学家、艺术家、父母或老师的人可能并不能发挥出这些天赋。研究表明，当生活目标与本性和真实能力不匹配时，人们的幸福感会低于那些生活和目标匹配的人（Ryan 和 Deci，2000）。

做你所能做的，这是最好的感觉。米哈里·契克森米哈（Mihaly Csikszentmihalyi，1990）发现，参与完全匹配自己能力的任务能够产生一种叫做心流（flow）①的精神状态（见图 12.4）。难度低于能力的任务使人无聊，太具有挑战性的任务使人焦虑，"恰到好处"

自我实现倾向（self-actualizing tendency）　反映人们实现自我内在潜能的动机。

① 也翻译为"沉浸体验"、"神驰"，指全神贯注于某种活动且乐在其中而忘我的一种状态，是一种令人愉悦的自我实现状态。——译者注

的任务产生心流体验。例如，如果你懂得如何弹钢琴，弹奏熟悉的肖邦前奏曲刚好和你的能力匹配，你很可能会体验到这种最佳状态。人们报告，在这些时间里的幸福感比任何其他时间都高。人本主义学者认为这种巅峰体验或心流状态，反映了个体潜能的实现，并代表了人格发展的高度。

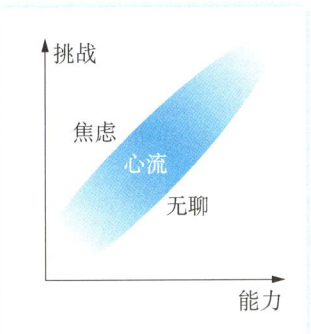

图 12.4 心流（flow）体验。做稍稍挑战自己能力但又不挑战太大的事情，感觉会比较好。契克森米哈（1990）将这种无聊和焦虑之间的感受称为"心流体验"。

作为一种存在的人格

存在主义学者认同人本主义学者对人格特征的许多观点，但强调对更深层人性的挑战，而非成长环境的缺失。例如，罗洛·梅（Rollo May，1983）和维克多·弗兰克（Victor Frankl，2000）认为自我生存意识和选择行为的能力等具体化人性具有双刃剑的性质：它们带来了丰富多彩和尊严的人生，但也迫使我们面临死亡预期等难以面对的现实。**存在主义理论**是认为个体在生命和死亡的现实背景下的不断选择和决策支配着人格的理论。

根据存在主义的观点，我们在寻找生命意义和接受自由选择的责任的过程中所面临的困难会引起一种存在主义学者所称的存在焦虑（angst）。人类可以思考无限的目标和行动，这种能力是令人振奋的，但它也带来了深层次的问题，例如：我为什么存在？我生命的意义是什么？

> 什么是存在焦虑，它是如何产生的？

思考存在的意义也能唤起死亡必然性的意识。那么，我们每时每刻应该做什么？如果生命终归要结束，那么生存的目的是什么？或者说，生命如此短暂，是否还有更多的意义？存在主义理论家并不建议人们每一天时时刻刻考虑这些深层次的存在主义问题。人们通常追求表面的答案来帮助应对体验到的存在焦虑和恐惧，而非反复思考死亡和人生意义。他们构建的防御机制就成为自己的人格基础（Binswanger，1958；May，1983）。有些人的生活以物质财富获取为中心，有些人可能会沉浸在强迫性的网页浏览、视频游戏或看电视等药物或成瘾行为中以麻木应对存在的现实问题。

对存在主义学者来说，更健康的解决办法是正面面对问题，学会接受和容忍存在的痛苦。事实上，作为真正的人意味着要面对存在的现实，而不是否认或安慰性的幻想。这需要勇气来接受内在焦虑与对非存在的恐惧。通过发展与其他提供无条件正面关怀者的支持性关系，这种勇气可以巩固加强。此外，爱的关系可以帮助消除"存在焦虑"。

存在主义理论（existential approach） 认为个体在生命和死亡的现实背景下的不断选择和决策支配着人格的理论。

> **小结**

▲ 人格的人本—存在主义理论脱胎于传统哲学，与特质理论与精神分析理论的大部分假设不一致。

▲ 人本主义认为，自我实现和发展独特人类潜能的内在努力引导着人格的发展。

▲ 存在主义强调人们面对生命意义和死亡必然性问题产生的存在焦虑和防御性反应。

社会认知理论：情境中的人格

作为一个人，应该是什么样子？**社会认知理论**从个体如何思考日常生活情境和相应的行为反应的角度来认识人格。通过融合社会心理学、认知心理学和学习理论的观点，这种方法强调人对情境的体验和解释（Bandura, 1986； Mischel 和 Shoda, 1999； Ross 和 Nisbett, 1991； Wegner 和 Gilbert, 2000）。

社会认知学者认为当前情境和过去学习经验是行为的重要决定因素，强调人们如何感知环境。人们会考虑行为的目标和后果以及在不同情境下如何达到目标（Lewin, 1951）。社会认知理论着眼于人格和情境的互动如何影响行为、人格在情境表征构建中的作用以及人们的目标和预期如何影响情境反应。

社会认知学者认为人格产生于过去的经验还是当前环境？

人格的跨情境一致性

尽管社会认知心理学家将行为归因于个体的人格和情境，但情境的影响经常大于人格。例如，如果一个人在追悼会和酒会的行为完全一样，那必定是非常奇怪的。根据社会认知观点，强烈的情境作用几乎可以影响每个人；而传统人格心理学认为人格特征（特质、需要、无意识驱力等）使人们在不同的情境和时间内表现相同的行为方式。因此，社会认知心理学家的观点和传统人格心理学的基本假设并不一致。社会认知理论的核心

社会认知理论（social-cognitive approach） 从个体如何考虑日常生活的情境和相应的行为反应的角度认识人格的理论。

是**人格情境争论**，是个天生未解的难题：行为是更多地由人格还是情境因素决定。

这场争论正式开始于沃尔特·米歇尔（Walter Mischel，1968）。他认为人格特质经常不能很好地预测个体的行为。米歇尔回顾了数十年来标准人格测验分数与实际行为的比较研究，检查了以"内向维度高分者是否确实比低分者花更多的时间独处？"等类似问题导向的研究证据。米歇尔给以往研究带来了一个破坏性的结论：特质和行为的平均相关只有0.30。这当然是比零相关（即没有关系）好点，但并不是很好。毕竟，完美的预测需要相关为1.0。

米歇尔还指出，了解一个人在某个情境下的行为对预测他在另一个情境中的行为并不是特别有用。例如，在哈特松和梅伊（Hugh Hartshorne 和 M.A. May，1928）的经典研究中，他们通过儿童在测试中作弊的意愿来评估儿童的诚实性，结果发现这种不诚实在不同情境中并不一致。欺骗情境评估的儿童诚实特质对于预测儿童在其他不同情境（如有机会偷钱的情境）是否会诚实几乎没有任何作用。米歇尔提出，测量的特质不能很好地预测行为，这是因为行为更多地由情境因素决定，情境因素的作用远大于人格理论家所愿意承认的。

那么，是不是没有人格了呢？人们只是按情境要求行事吗？自从米歇尔的批评以来，人格情境争议激发了许多研究。事实证明，人格和情境信息对于准确预测行为都是必要的（Fleeson，2004；Mischel，2004）。有些情境尤其具有影响力，不管是什么人格，大多数人都有类似的行为（Cooper 和 Withey，2009）。在葬礼上，几乎所有人都看起来情绪低落；地震期间，几乎每个人都害怕颤抖。但在更为缓和的情境下，人格可以影响行为（Funder，2001）。哈特松和梅伊（1928）的研究表明，如果情境相似，儿童在当前测试中是否作弊实际上可以很好预测随后测试中的作弊行为。因而，人格一致性问题似乎转变成某种行为在何时何地会倾向于表现出来（见文化与社区专栏）。社会认知理论家认为这些人格一致性模式源自不同个体解释情境的方式和在该情境下所追求的目标。

考试作弊的学生是否比其他人更有可能偷糖果吃或欺骗他的祖母？社会认知研究表明，在某个情境下的行为不一定能预测其他不同情境下的行为。

 人格抑或当前情境可以预测一个人的行为吗？

人格情境争论（person-situation controversy） 行为是更多地由人格还是情境因素决定的问题。

个体建构

我们应该如何理解情境解释方式的差异？请想想，我们的人格概念往往是主观的。情境也同样可能是主观的。"你的宝，我的草。"很久以前，乔治·凯利（George Kelly，1955）就意识到这些视角

为什么并非每个人都喜欢小丑？

文化与社区

你的人格会随你说哪种语言而改变吗?

不同文化背景下，人们的人格往往会各不相同。举例来说，有研究发现美国人和墨西哥人的人格测试结果确实不同。美国人比墨西哥人更外向，宜人性和尽责性更高（Ramirez-Esparzaetal，2004）。这是为什么？作者指出，这可能是个体主义与集体主义文化的差异。个体主义文化(如美国)强调个人成就，而集体主义文化（如墨西哥）重视家庭和社群。作者指出了大五人格的一些特性刚好可以体现在这两种文化区分上。例如，成就是作为尽责性一部分测量的，自信是外向性的一部分，社交友好性是宜人性的一部分。

然而，有趣的是当学者让美国得克萨斯州、加州和墨西哥的双语者参加西班牙语和英语两种语言版本的测验时，双语者的英语版测试结果比西班牙语版显得更外向，宜人性和尽责性更高。作者认为这种差异是文化框架转换的结果，即二元或者多元文化的人们会调整自己的思维、情感和行为方式以使他们更紧密地符合当前社交群体的文化。重要的是这种变化是非常微妙的（更多的是上下波动地调整，而不是人格总体发生变化），但这也突出了人格研究要考虑文化和情境的重要性。

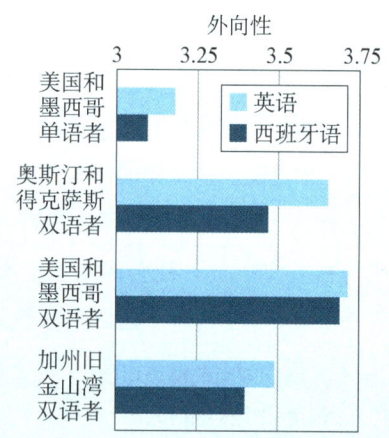

差异可以用来理解个体的人格。他认为人们从不同的视角看世界，而这些不同的视角是由**个体建构**的应用而产生的。个体建构是人们给经验赋予意义时使用的认知结构。例如，不同个体对小丑有不同的个体建构：有人可能认为是一种乐趣，有人认为是个悲剧人物，而有人却觉得令人恐惧而不惜一切代价避开麦当劳小丑。

凯利通过询问人们一些问题来评估社会关系的个体建构：（1）列出生活中出现的人们；（2）考虑其中的三个人，找出相似的两个不同于第三个的地方；（3）重复其他的三人组合，从而生成用于朋友和家人的分类维度列表。例如，有的被试可能会关注人们（包括自己）懒惰或勤奋的程度，有的可能注意人们善于交际或不友好的程度。

这些人中是两个高一个矮吗？是两个不戴帽子一个带头巾吗？或者是两个女儿和一个妈妈吗？乔治·凯利认为我们用来区分生活中不同个体的个体建构是人格的基本要素。

凯利认为不同的个体建构（解释）是人格差异的关键。也就是说，不同的解释导致人们不同的行为。悠闲午餐后长时间的休息对你来说可能觉得懒散。但对于你的朋友来说，这个休息时间似乎是偶遇朋友的好机会，并且他会好奇为什么你总是选择在办公桌上吃午餐。人们对世界的体验和解释方式是不同的，社会认知理论依此来解释对情境的不同反应。

个人目标和预期

社会认知理论也认识到个体对情境的独特视角会在他或她有意识的个人目标中反映出来。事实上，人们通常可以告诉你他们的目标：寻找周末约会、心理变得更健康、构建自我实现的职业生涯，或者只是把薯条袋子打开。这些目标通常反映了合乎个体当前情境的任务，从更广泛的意义上来说，则是符合个体角色及其所处的人生阶段（Cantor, 1990; Klinger, 1990; Little, 1983; Vallacher 和 Wegner, 1985）。例如，青少年的共同目标包括受人欢迎、独立于父母和家庭、进入好大学。成年人的共同目标包括有意义的职

个体建构（personal constructs） 人们给经验赋予意义时使用的认知结构。

业生涯发展、找到伴侣、确保经济稳定和成家。

在某种程度上，人们通过**结果预期**将目标转变成行为。结果预期是对未来行为可能后果的个体假设。正如实验室老鼠学会按压操纵杆获得食丸一样，我们也学会"如果我对别人好，别人也会对我好"，"如果我让别人'拉我的手指①（要放屁）'，别人就会远离我"。因此，我们学会那些预期结果能够接近目标的行为。结果预期可以通过直接经验（不管是苦是甜）习得，也可以通过仅仅观察别人的行动和后果来习得。

结果预期与个人目标结合一起形成个体独特的行为风格。如果个体以交朋友为目标并预期善良会产生温暖的回报，那么他的行为很可能和那些以获得名声为目标和相信"无耻的自我推销是成名之路"的个体大不一样。显然，我们并不期望从生活中获得相同的收获。我们的人格很大程度上反映了我们追求的目标和我们对追求目标的最好方式的预期。

> **表 12.5**

罗特控制源量表

对于每道题，请选择最接近你信念的选项。然后检查最下面的答案，看看你更多的是内部控制源还是外部控制源。

1. a. 人们生活中很多不幸的事都与运气不好有一定关系。
   b. 人们的不幸起因于他们所犯的错误。
2. a. 我常常发现那些将要发生的事果真发生了。
   b. 对我来说，信命运不如下决心干实事好。
3. a. 取得成功是要付出艰苦努力的，运气几乎甚至完全不相干。
   b. 找到一个好工作主要靠时间、地点合宜。
4. a. 当我订计划时，我几乎可以肯定我可以实行它们。
   b. 事先订出计划并非总是上策，因为很多事情到头来只不过是运气好坏的产物。

资料来源：罗特，1966。
答案：反映内部控制源的选项为 1b, 2b, 3a 和 4a。

人们对达到目标的一般预期不尽相同。有些人似乎认为他们能够完全控制生活中发生的一切，而有些人却觉得个人的奖赏和惩罚由外界决定而与他们自身的行为无关。朱利安·罗特（Julian Rotter, 1966）开发了**控制源**问卷（见表 12.5），用来测量每个人的控制源特质，即人们认为奖励由自我内部控制还是外部环境控制的倾向。那些相信他们控制自己命运的人是内部控制源，而那些认为结果是由运气随机决定或由他人控制的人则是外部控制源。这些信念会反映到情绪和行为上的个体差异上。例如，内部控制源的人往往比外部控制源的人更不容易焦虑、更有成就、能够更好地应对压力（Lefcourt, 1982）。如果要了解你在这个特质维度上的位置，请选择表 12.5 中控制源量表中每道样题的一个选项。

内部控制源的优势是什么？

结果预期（outcome expectancies）　对未来行为可能后果的个体假设。

控制源（locus of control）　人们认为奖励由自我内部控制还是外部环境控制的倾向。

① "拉手指"指"某人要放个屁"的美式调侃俚语。一些美国人如果要放屁了，为了提醒自己亲近的人，就打趣地说"拉我的手指"，调侃说"屁是别人帮忙拉出来的"。——译者注

小 结

▲ 社会认知理论认为人格由情境中的个体行为产生。根据凯利的个体建构理论,情境对不同的人意味着不同的东西。

▲ 根据社会认知人格理论家,同一个人在不同情境的行为可能会有所不同,但在类似的情境下应表现出行为一致性。

▲ 人们通过结果预期将目标转变成行为。结果预期是对未来行为可能后果的个体假设。

自我:镜子里的人格

想象你明天早上醒来,强迫自己进浴室照镜子,但却不认识镜子里那张看着自己的脸。这是神经学家托德·范伯格(Todd Feinberg,2001)研究的一个病人所遇到的问题。该病人为女性,结婚30年,是两个未成年子女的母亲。有一天开始她觉得镜子里的自己是另外一个不同的人。她对镜子里的人说话并较劲。如果没有任何反应,她就试图攻击它,就好像它是一个入侵者。她的丈夫为这个怪异的行为所震惊,带她去找神经学家。神经学家逐渐说服她镜像实际上是她自己。

我们大多数人都很熟悉镜子里那张看着自己的脸。我们在18个月时就已经发展出认识镜像自我的能力(见"意识"那章的讨论),这是在镜子面前长大的我们和黑猩猩以及其他类人猿的共有技能。镜像自我识别反映了我们惊人的反省性思维能力,以及注意自己思想、情感和行为的能力,使我们能够构建自己人格的信念。人类有丰富而详细的自我认识,不像一头牛永远不会知道它自己缺少幽默感,也不像一只猫永远不会知道它自己非常友好。

不可否认,并非所有人都知道我们并不了解我们自己的人格。事实上,有时候别人可能比我们还了解我们自己(Vazire 和 Mehl,2008)。但我们确实有足够的自我认识来可靠地完成人格量表测试以报告我们的特质和行为。这些观察是以我们如何认识自己(自我概念)和对自己的评价(自尊)为基础的。自我概念和自尊是人格至关重要的方面,不仅仅是因为它们揭示了人们如何看待自己的人格,而且因为它们能够引导人们思考别人如何看待他们。

自我概念

威廉·詹姆斯（1890）在他著名的心理学教科书里提出了一个自我理论，指出自我的两个方面：主我和客我。主我是思考、体验世界和做出行为的自我，是作为意识主体的自我。客我是作为世界客体的自我，是作为被认识者的自我。主我非常像意识，是所有经验的主体（见"意识"那章），但客我并不神秘，只是一种人的概念。

如果要描述你的客我，你可能会提到你的身体属性（男性或女性，高或矮，肤色深或浅），你的活动（听嘻哈、另类摇滚、爵士、或古典音乐），你的人格特质（外向的、内向的、宜人的或独立的），或者你的社会角色（学生、儿子或女儿、徒步俱乐部成员、小丑舞者）。这些特征构成了**自我概念**，即一个人对他或她自己的行为、特质和其他个人特点的外显知识。自我概念是由社会经验发展而来的结构化知识，对一个人的毕生行为产生深远的影响。

自我概念的组织

几乎每个人都有自己的纪念空间，如某个抽屉或盒子，用来留存作为客我的所有人生记忆，包括相片、年鉴、卡片和信件等所有感情纪念品，或许也包括废弃的旧安全毯①。也许你有时想整理这些记忆，但却从来没有抽出时间来。幸运的是，存储在自传体记忆中的自我认识似乎自然地用两种方式组织起来：作为生活事件的叙事和特质描述（类似"记忆"那章中讨论的情节记忆和语义记忆）。

作为自我概念形式之一的自我叙事（介绍自己的故事）可以简短也可以很长。你的人生故事可以从你的出生和成长经历开始，描述一系列的关键时刻，然后以你现在的情况作为结束。你可以选择特定的事件和经验、生活目标和人生任务，以及曾经影响过你的地点和人物记忆。自我叙事将你的人生高潮和低谷组织成一个以你为主角的故事，并将故事整合进你的自我概念中（McAdams, 1993; McLean, 2008）。心理动力学和人本主义心理学家认为人们的自我叙事反映了他们对核心动机和生存方式的梦想和思考。

你自己的人生故事即你的自我叙事是什么？

自我概念也可以通过人格特质这种更抽象的方式来组织。正如你可以从属性来判断物体（这个苹果是绿色的吗？），你能够从任意特质维度来评价自己，如你是不是体贴、聪明、懒惰、积极或不成熟的？而且，这样做相当可靠，在多个不同场合都是相同的评价。黑兹尔·马库斯（Hazel Markus, 1977）观察到每个人都会发现某些独特的人格特质对于自我概念化尤其重要。例如，有的人可能认为自己是独立的，而有的人可能不会在意她

自我概念（self-concept） 一个人对他或她自己的行为、特质和其他个人特点的外显知识。

① 安全毯是儿童时期的依恋物品，用来提供心理上的慰藉和安全感，尤其是在不同寻常的环境里。——译者注

的独立性水平，而是强调她的风格。马库斯将人们用来自我概念化的特质称为自我图式，强调将自我信息整合为统一的图式。马库斯要求被试根据自己是否有某种特质来按键反应，结果发现被试对自我图式的判断反应时比其他特质快。自我概念的某些方面似乎具有自动化的特点，使我们能很快判断我们是谁和我们不是谁。

研究还表明，人们用来自我评价的特质通常都扎根在记忆中。当人们自我评价某种特质时，随后的特质回忆成绩比评价别人同一特质时更好（Rogers，Kuiper 和 Kirker，1977）。例如，无论你的答案是什么，回答诸如"你慷慨吗？"的问题可能会提高你对慷慨特质的记忆。在记忆的自我相关性效应研究中，学者使用脑成像技术发现，特质相关自我概念的简单评价伴随着内侧前额叶（medial prefrontal cortex，mPFC）的激活（Kelley 等，2002）。然而，这个脑区激活在人们评价自己时激活比评价别人时更强（见图 12.5，Kelley 等，2002）。而且，这种更强激活是与对评价特质更好的记忆相关联的（Macrae 等，2004）。研究尚未完全确定哪些脑区参与自我信息的处理（Morin，2002），但确实表明自我评价过程中特质的记忆在 MPFC 激活时得到增强。

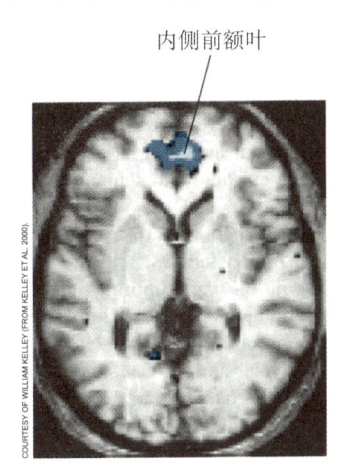

图 12.5 大脑中的自我概念。fMRI 扫描发现与评价别人时相比，人们评价自己是否有某种特质时激活了内侧前额叶（medial prefrontal cortex, mPFC, 红色和黄色区域）（来源：Kelley 等，2002）。（见插页）

如何比较自我描述的行为与特质相关的自我概念？这两种自我概念化的方法并不总是完全匹配。例如，你可能认为自己是诚实的人，但你是否还记得你曾经拿走了父母梳妆台上的零钱却没有放回去？我们用来描述自己的特质总是高度概括的，但并非每一件事情都符合这些特质。事实上研究表明，我们对行为和特质的知识在记忆存储中并非完全整合（Kihlstrom, Beer 和 Klein, 2002）。例如，失忆症患者的行为记忆可能会丢失，但特质相关的自我概念却保持稳定（Klein, 2004）。尽管可能不记得当时的具体行为，但人们却可以有很强烈的"我是谁"的感觉。

 为什么特质并不总是反映行为的知识？

自我概念的成因及其影响

自我概念如何产生，又如何影响我们？从某种意义上说，你每天都会了解一些你自己的信息。尽管我们可以在私下内省时获得关于自我的知识，但我们更多地是在与他人交往中触及自我概念。特别是幼儿会收到很多父母、老师、兄弟姐妹和朋友对自己特征的反馈。这有助于他们了解他们是谁。如果没有别人的分享反馈，即使是成年人也会发现认为自己是"善良的"或"聪明的"是很困难的事情。因此，自我感觉主要是在人际关系中发展和维持的。

然而在人的一生中，我们对于他人评价的记忆会越来越少。社会学家乔治·赫伯特·米德（George Herbert Mead, 1934）观察到，人们所说关于我们的事情在积累一段时间后会变成一种"概化他人"的共识。我们通常会接受并坚持这种概化自我观。因此，别人说你混蛋可能会暂时让你心烦，但是你会恢复到安全的认同感：你真的不是一个混蛋。如果别人试图告诉我们"冰箱是内裤"，我们可能强烈地反驳。同样，我们很可能会保卫我们的自我概念，反对任何偏离自我概念的他人观点。

自我概念是很稳定的。因此，自我概念的一个主要作用是促进行为的跨情境一致性（Lecky, 1945）。正如存在主义学者所强调的，人们从"我是谁"的认识中获得安慰性的熟悉感和稳定感。我们倾向于进行威廉·斯旺（William Swann, 1983, 2012）所说的**自我证实**，即寻找证据证实自我概念的倾向。如果别人对自己的评价和自我评价大相径庭，我们会觉得不安。在一项研究中，斯旺（Swann, 1983）给那些自认为柔顺的人反馈说他们似乎非常强势。结果发现，这些人并不接受这种矛盾的信息，行为反而变得极为顺从。

自我概念如何影响行为？

我们倾向于把自我概念投射到外部世界，保持人格的连贯性。这种自我反省的能力使人格能够自我维持稳定。

自尊

当你想到你自己时，你感觉良好吗？觉得自己有价值吗？你喜欢自己，还是感觉不好，有自我批评的消极想法？**自尊**是个体在多大程度上喜欢、看重并认可接纳自我的结果。大量研究考察了高自尊和低自尊的差异。研究者在研究自尊时通常要求被试填写自尊问卷，如表 12.6 所示（Rosenberg, 1965）。这种被广泛使用的自尊测量问卷要求人们根据每个描述评价自己。强烈认同积极描述而强烈不认同消极描述的人被认为具有很强的自尊心。

一些人格心理学家认为，自尊几乎决定了个体生活中的一切（从犯罪和暴力活动倾向到职业上的成功）。然而，累积的证据表明高自尊的优势并不那么突出和包罗万象，但仍然意义重大。一般来说，与低自尊者相比，那些高自尊者通常生活更快乐更健康，

自我证实（self-verification）　寻找证据证实自我概念的倾向。

自尊（self-esteem）　个体在多大程度上喜欢、看重并认可接纳自我的结果。

能更好地应对压力,更可能坚持面对困难。相比之下,低自尊者更有可能从别人的模糊反馈中体验到拒绝,更容易出现饮食障碍(Baumeister 等,2003)。这种人格特质是如何发展的?为什么每个人(不管自尊高低)都想要高自尊?

自尊的来源

一些心理学家主张高自尊主要来自于重要他人的认可和看重(Brown,1993)。另一些心理学家强调具体的自我评价的影响:如外貌、运动或学业等领域的价值或能力评价。

表 12.6

罗森伯格自尊量表

请仔细阅读每一项,在四个可能的答案中圈选:SA 非常同意,A 同意,D 不同意,SD 非常不同意。

1. 整体而言,我对自己感到满意。	SA	A	D	SD
2. 我有时认为自己一无是处。	SA	A	D	SD
3. 我觉得我有许多优点。	SA	A	D	SD
4. 我做事可以做得和大多数人一样好。	SA	A	D	SD
5. 我觉得自己没有什么值得自豪的地方。	SA	A	D	SD
6. 有时我的确感到自己很没用。	SA	A	D	SD
7. 我认为自己是个有价值的人,至少与别人不相上下。	SA	A	D	SD
8. 我要是能看得起自己就好了。	SA	A	D	SD
9. 总的来说,我倾向于认为自己是一个失败者。	SA	A	D	SD
10. 我对自己持有一种肯定的态度。	SA	A	D	SD

来源:Rosenberg,1965
评分标准:在 1、3、4、7、10 题中,SA、A、D、SD 的分值分别为 3 分、2 分、1 分、0 分;在 2、5、6、8、9 题中,SA、A、D、SD 的分值分别为 0 分、1 分、2 分、3 分。总分越高,自尊越高。

一个重要因素是人们选择与谁进行比较。例如,詹姆斯(James,1890)指出,一个世界第二的成功运动员理应感到很自豪,但如果比较的标准是世界第一,他可能并不自豪。事实上,1992 年奥运会的颁奖仪式上银牌获得者看起来比铜牌获得者还不快乐(Medvec, Madey 和 Gilovich,1995)。如果现实自我未能达到理想自我,人们往往感到悲伤或沮丧,如果意识到现实自我与责任自我不一致,人们可能会感到焦虑或不安(Higgins,1987)。

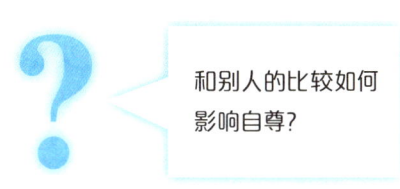

和别人的比较如何影响自尊?

对反馈的无意识看法也会影响我们的自我价值感。在一项研究中,学者测查了年轻

这是 2012 年伦敦奥运会 10 米跳台颁奖仪式上的银牌得主中国邱波、金牌得主美国大卫·布迪亚（David Boudia）和铜牌得主英国汤姆·戴利（Tom Daley）。请注意比较邱波与金牌和铜牌得主的脸上表情。

的天主教女大学生的自尊，研究权威人物的反对对自尊的影响。这些大学生读了《柯梦波丹》（Cosmopolitan）杂志上一篇描述女人性梦（PG-13 级①）的文章，并"看了"表现出不赞同表情的教皇或陌生人照片。这些照片是阈下呈现的。也就是说，在这短暂的一闪而过中，被试不会意识到她见到这些照片。在随后的自我评价中，教皇照片组比陌生人照片组表现出明显的自尊下降：她们认为自己能力较差，更焦虑，更不道德。用学者的话说，无意识出现在脑海中的权威人物可以影响到自尊（Baldwin, Carrel 和 Lopez, 1989，第 435 页）。

自我概念中哪种领域最重要也会影响自尊。例如，有的人的自我价值可能完全取决于她在学校的表现有多好，而另一个人的自我价值可能基于她的外表吸引力（Crocker 和 Wolfe, 2001；Pelham, 1985）。某个人的自尊可能会因考了好成绩而大大增强，但如果别人称赞她的新发型，自尊却很少提高。对于另一个人来说，这种效应可能会完全相反。

自尊的需要

自尊有多重要？为什么人们想积极地看待自己而避免消极地看待自己？自尊效益的主要理论强调地位、归属感和安全感。

自我感觉良好是因为它反映了我们的社会优势和地位吗？高自尊者似乎带有类似于其他社会动物的高地位姿态。例如，占统治地位的雄性大猩猩显得自信和舒适，不焦虑或不退缩。人类的高自尊也许反映了社会地位高，或者这个人值得尊敬。这种认知自然触发了情感反应（Barkow, 1980；Maslow, 1937）。

自尊在进化中是怎么起作用的？

自尊的需要可能产生于归属或关系的基本需要吗？进化理论认为，早期那些能够生存并传递基因的人类是能够与他人保持良好关系的人，而不是被驱逐而自立生活的人。

---

① PG-13，美国电影分级制度里的普通级，但不适于 13 岁以下儿童；表示可能包括不适合 13 岁以下儿童观看的内容，比如不算严重的暴力、裸体、性感、粗话等等。——译者注

英美电视真人秀节目：幸存者、单身汉和老大哥（Survivor, The Bachelor, Big Brother）。为什么现在这么流行"群体中的生存斗争"之类的真人秀节目？是因为节目演绎了进化的归属需要吗？（或者人们只是喜欢看别人被踢出俱乐部？）（见插页）

显然，有组织归属是具有适应价值的，表明你是否被认可接纳。因此，自尊可能是一种"社会标尺"，反映了个体在任何时候感到被人接纳的一种内在指标（Leary 和 Baumeister，2000）。根据进化理论，我们追求更高的自尊是因为我们已经找到家庭、工作群体和文化的归属感，更高的自尊表明我们被认可接纳。

自尊是一种安全感，这种观点与人格的人本主义理论和心理动力学理论相一致。死亡提醒（mortality salience）的研究（见"情绪与动机"那章的讨论）认为，消极自尊中痛苦的来源从根本上说是死亡恐惧（Solomon, Greenberg 和 Pyszczynski, 1991）。根据这个观点，人类觉得预期自己死亡会引发焦虑（事实上是恐惧）。因此他们试图通过专心于有意义有价值的活动（如赚钱或打扮得更有吸引力）来抵御这种意识。自尊的需要可能根源于发现自我价值来摆脱死亡认知焦虑的需要。我们的自尊越高，我们对"总有一天我们将不在"的焦虑越少。

不管是什么原因使低自尊感觉糟糕和高自尊感觉良好，人们通常有积极看待自己的动机。事实上，为了让自己自我感觉良好，我们处理信息经常带有某种自利偏差（又称自我服务偏见）。**自利偏差**研究表明，人们倾向于把成功归因于自己，但淡化自己对失败的责任。你可能也注意到你也有这种倾向，特别是在你的考试获得好成绩（如：我很努力，我擅长这门课）或成绩不好时（考题太难了，老师不公平）。

总的来说，大多数人通过自利偏差来满足高自尊需要和维持适当的积极自我观（Miller 和 Ross，1975；Shepperd, Malone 和 Sweeny，2008）。事实上，如果要求人们评价自己的一系列特质，他们往往认为自己在大多数领域都比普通人更好（Alicke 等，1995）。例如，90% 的司机描述他们的驾驶技术比一般人好，86% 的工人认为他们的工作表现高于平均水平。即使是大学教授，也有 94% 的人觉得他们的教学能力与其他教授相比是高于平均

自利偏差（self-serving bias） 人们把成功归因于自己，但淡化自己对失败的责任的倾向。

水平的（Cross，1977）。这类简单的自我评价不可能是准确的，因为从统计学的角度来说，一群人的平均只能是平均值，不会超过平均值！然而，这种特别的误差是具有适应价值的。不通过自利偏差来提高自尊的人往往更容易患上抑郁症、焦虑症和其他相关的健康问题（Taylor和Brown，1988）。

自利偏差和抑郁有什么关系？

另一方面，一些人的积极自尊走到了极致。不幸的是，把自己看得比普通人更好的方式（**自恋**特质，即夸大的自我观与寻求他人赞赏并利用他人的倾向的结合体）也会带来一些代价。事实上，自恋在极端情况下是一种人格障碍（见"心理障碍"那章）。研究已经表明了过于膨胀的自我观的弊端，其中大部分产生于不惜一切代价捍卫夸大自我观的需要。例如，当高度自恋的青少年解释应该感到羞愧的任务表现时，他们的攻击性增加，表现为在实验室游戏中愿意提供高分贝爆炸噪音来惩罚对手（Thomaes等，2008）。

内隐的自我中心

你最喜欢什么字母？大约30%的人的回答恰好是他们名字的第一个字母。这种选择是不是说明一些人高度评价自己，以至在看似无关的主题判断中也以自我相关性的大小作为判断依据？

研究者在很多年前就已经发现了这种姓名字母效应（Nuttin，1985），但最近有学者发现这种偏好的自我中心偏差具有普遍性。布雷特·佩勒姆（Brett Pelham）和他的同事们发现了微妙但又系统的自我中心偏差，包括人们对居住的城市、街道、甚至职业的选择（Pelham, Mirenberg和Jones，2002）。例如，学者调查了很多迁移到美国南部几个州的人。他们发现名叫乔治（George）的人比其他人更可能搬到乔治亚州（Georgia）。弗洛伦斯（Florences）与佛罗里达（Florida），肯尼斯（Kenneths）与肯塔基州（Kentucky），路易斯（Louises）与路易斯安那州（Louisiana）也都是如此。你可以猜到"弗吉尼亚（Virginia）"们会倾向于迁到哪里。姓斯特里特（Street）的人似乎偏好选择以"街（street）"为结尾的地址，而莱恩们（Lanes）喜欢"巷（lanes）"。名字效应似乎也影响职业：与其他职业相比，名叫丹尼斯（Dennis）和丹妮丝（Denise）的人更多选择牙科（dentistry），劳拉斯（Lauras）和劳伦斯（Lawrences）更多选择法律（law）。虽然这种偏差很小，但是他们在许多假设的检验中都发现是一致的。

这些偏差被称为内隐自我中心的表达，因为人们通常不会意识到他们受自己名字的

自恋（narcissism） 一种特质，反映夸大的自我观与寻求他人赞赏并利用他人的倾向的结合体。

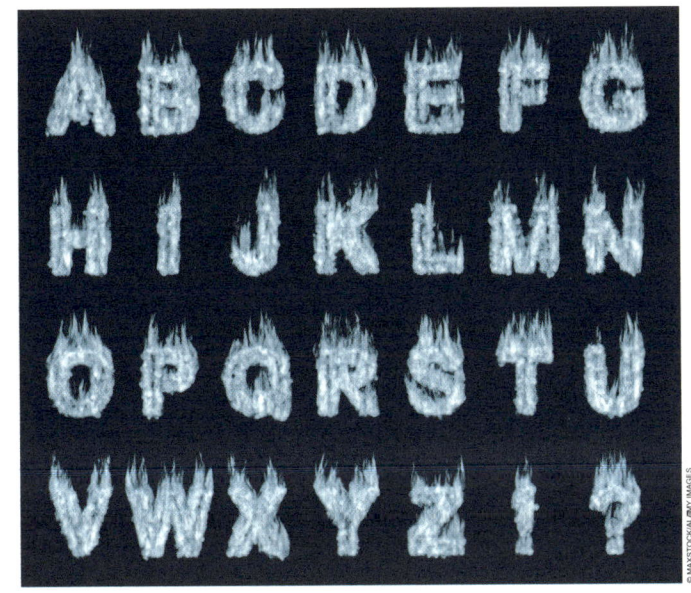

如果你想用字母灯点亮房间,你的第一选择是不是你名字的首字母?

影响(Pelham, Carvallo 和 Jones, 2005)。当巴菲(Buffy)迁移到布法罗(Buffalo)时,她不可能想到她这样做是因为这和她的名字相匹配。然而,在某种方式上表现这种自我中心偏差的人在其他方式上也倾向于表现出来。强烈

人们对居住的城市和职业的选择会部分受到自己名字的影响吗?

偏好自己名字字母的人也很可能会选择他们的出生日期作为他们最喜欢的数字(Koole, Dijksterhuis 和 van Knippenberg, 2001)。那些喜欢自己名字字母的人也被发现在人格特质上积极评价自己,尤其是在要求快速反应的情况下更是如此。那些偏好自己名字字母的人做出的快速判断会偏积极,表明他们的自我欣赏是一种下意识的自动反应。

当然,某种程度的自我中心可能是对我们有利的。有些人讨厌自己名字或自我的快速判断是"我一文不值",遇到这样的人是令人悲伤的。然而,在另一个意义上,内隐自我中心所产生的微妙错误是很有趣的:我们在生活中要做什么和要去哪里的偏差判断只是因为我们恰好有某个名字。是的,这只是一个很小的偏差。但是本书作者可能会问:我们在选择同事时没有受这种偏差影响吧?我们能找到更好的工作伙伴吗?本书的前三个作者(丹,丹和丹)认为他们通过增加了一个名字不是丹的作者打破了上述偏差。但是,在马特(Matt)成为本书作者后不久,他决定与子女马修(Matthew)和玛雅(Maya)一起搬家到马萨诸塞州(Massachusetts)。

自我是人们了解并能够报告的人格的一部分。本章提到的一些人格测量(如自陈量表)实际上和自我概念的测量没有什么差别。这些测量方法都依赖于人们对自己行为和特质

的认知和记忆。但人格远比这些测量深刻。心理动力学理论揭示的无意识力量为行为和心理障碍的根源提供了图式，无法通过自我报告检测。人本—存在主义理论提醒我们需要面对的深层焦虑和在理解塑造自我观的所有力量时面对的困难。最后，社会认知理论强调人格如何塑造我们对社会生活的认知，使自我成为研究的中心主题。毕竟，自我是每个人的社会世界的中心。

小结

▲ 自我概念是个体对自我的知识，包括具体生活事件的自我叙事和更抽象的特质或自我图式。

▲ 人们的自我概念通过社会反馈发展而来，人们经常采取行动通过自我证实的过程试图证实自我观。

▲ 自尊是一个人的自我评价，来源于他人对自己的认可接纳以及我们如何通过比较来评价自己。解释为什么我们寻求积极自尊的理论认为，我们通过这样的过程来实现地位、归属感的认知和死亡焦虑的防范。

▲ 人们通过自利偏差和内隐的自我中心争取形成积极的自我观。

其他声音 人格研究是不是需要更多的"人格"？

如本章所述，一些人格的旧观点（比如心理动力学理论和人本—存在主义理论等小节所描述的）很有趣但缺乏证据，所以在当今并没有广泛的研究。相反，当今人格研究的目标是理解哪些人格特质通过哪个基因遗传，以及大五人格与大脑结构和功能的映射关系。旧观点缺乏证据，但人格研究的新理论新方法是否缺少了点什么吗？大卫·布鲁克斯（David Brooks）似乎是这样认为的。

在20世纪,精神分析学家是重要的人物。心灵(psyche)理论对于人们如何看待这个世界和自我有很大影响。有许多畅销书的作者都围绕着这一主题。这不仅包括弗洛伊德和荣格,也包括埃里克·埃里克森(Erick Erikson),埃里希·弗罗姆(Erich Fromm),卡尔·罗杰斯(Carl Rogers),维克多·弗兰克(Viktor Frankl)和菲利普·里夫(Philip Rieff)。当今我们更关注认知和大脑。多年来,研究的重点从灵魂转移到人格再到决策,关注的焦点从救赎转变为心理安全感再到成功。

就精神疾病的治疗而言,我想我很高兴我们已经做出了这种转变。我对药物和认知治疗比对弗洛伊德和荣格的分析更有信心。但是,有得必有失。与精神分析时期相比,我们更不善于谈论人格和神经症。

……例如,在21世纪中期,凯伦·霍妮(Karen Horney)提出了一系列有影响力的人格理论。和人格理论的许多作者一样,她在欧洲长大,二战前移民到美国。相比于当时的大多数男性学者,霍妮认为人由焦虑和安全需要驱动。她认为,严重失调的人往往采取三种反应方式中的一种。

有些人通过采取行动反对他人来应对他们的"伤口"。这种敌对型的人通过征服和超越别人来建立安全感。他们否认自己的弱点,很少受自我怀疑困扰,害怕依赖和无助。他们把孩子和配偶作为工具为自己赢得声誉。

另一些人通过趋向他人来应对焦虑。这些依从型的人试图通过服从来赢得人们的感情。他们避免冲突,关注人际关系,没有主见,相信人性本善,即使有些人曾经很残忍。

还有另一些人远离他人。这些分离型的人试图孤立自己,对生活采取旁观者的态度。正如库珀(Terry D. Cooper)在他的书《罪恶、傲慢和自我接纳》(*Sin, Pride and Self-Acceptance*)中总结的分类一样,"为了保证安宁,必须远离人际关系'战场'中经常发生的威胁。"……

敌对型的人相信,如果他赢得人生的'战役',就没有什么能伤害他。依从型的人相信,如果他回避私利并顺从他人的愿望,那么外界也会善待他。分离型的人相信,如果他不向外界要求什么,外界也不会要求他什么。显然,这些都是理想中的概念分类。许多20世纪中期提出的人格类型也添加进来:内部导向,外部导向,组织人(Organization Man),肛门期驻留,自恋狂,局外人。

解释这些理论的书都是好坏参半的书。好坏参半的书(从奥威尔(Orwell)短语派生出来的类别)以偏概全,把人们"团"成大组。有时这些说法并不合乎情理,但仍然发人深省,有所助益。这些分类可以方便我们理解周围的人,看看这些类别是否合适,更准确地思考哪里不合适。

现在霍妮这些人几乎被遗忘。因此,我们可能显得有点贫乏,不再善于分析人格。我们可能很少有分析人格的机会……

大卫·布鲁克斯对吗？像弗洛伊德、马斯洛、弗兰克等人的人格理论是种包罗万象的总体理论，试图在一个理论中解释人们的所有行为方式。但当今的人格研究已经转变为对人格结构的分解，试图理解先天与后天因素如何产生这些核心特质。我们对人格的理解真的变得更差了吗？总的来说，有趣的理论有一些有趣的人格假设，但没有数据来支持是否正确。那么，是否只是因为一个更有趣的故事就要保留这些理论？如果你正在阅读这本书，你代表了心理学的未来。我们应该怎样才能更好地理解和测量人格？未来最重要的步骤是什么？

选自《纽约时报》，2012年10月12日。

本章回顾

关键概念小测试

1. 从心理学的角度看，人格是指_____。
   a. 个体行为、思维和情感的特有风格
   b. 表现为心理的生理素质
   c. 塑造个体当前行为的过去事件
   d. 人们应对文化规范所做出的选择

2. 评估人格的投射技术包括_____。
   a. 个人问卷
   b. 自我报告
   c. 对模棱两可刺激的反应
   d. 精算统计方法

3. 以某种一致性的行为方式为特征的相对稳定的倾向是_____。
   a. 动机
   b. 目标
   c. 特质
   d. 反射

4. 下列哪个不是大五人格因素之一？
   a. 尽责性
   b. 宜人性
   c. 神经质
   d. 条理性

5. 有令人信服的证据表明生物因素对人格的重要性，最能体现这些证据的研究是_____。
   a. 养育风格
   b. 分开养育的同卵双生子
   c. 脑损伤
   d. 因素分析

6. 弗洛伊德的心理理论中哪个系统会迫使在饥饿时一进入餐厅就夺取别人盘子里的食物？
   a. 本我
   b. 现实原则
   c. 自我
   d. 快乐原则

7. 你在考试失利后逃课，说你和教授不对眼。根据弗洛伊德的观点，你使用了哪种防御机制？
   a. 倒退

b. 合理化

c. 投射

d. 反向作用

8. 根据弗洛伊德的观点，太关注财产、金钱、顺从和反抗问题并担忧整洁与混乱问题的人是固着在哪个性心理阶段？

   a. 口唇期

   b. 肛门期

   c. 潜伏期

   d. 性器期

9. 人本主义学者认为人格的目标是_____。

   a. 存在主义

   b. 自我实现

   c. 健康的成年性行为

   d. 升华

10. 根据存在主义的观点，我们在寻求人生意义和接受自由选择的责任时所面临的困难会引发什么焦虑？

    a. 存在焦虑

    b. 流

    c. 自我实现的倾向

    d. 死亡提醒

11. 下列哪个不是社会认知理论的重点吗？

    a. 人格和情境如何相互作用产生行为

    b. 人格如何帮助人们建构情境表征

    c. 人们的目标和预期影响他们对情境的反应

    d. 人们如何面对现实，而不是沉迷于安慰性幻想

12. 根据社会认知学者的观点，_____是人们给经验赋予意义时使用的认知结构？

    a. 个体建构

    b. 结果预期

    c. 控制源

    d. 个人目标

13. 我们如何认识自己称为_____；我们对待自己的态度称为_____。

    a. 自我叙事；自我证实

    b. 自我概念；自尊

    c. 自我概念；自我证实

    d. 自尊；自我概念

14. 自尊效益的主要理论强调什么？

    a. 地位

    b. 归属感

    c. 安全感

    d. 上述所有选项

15. 当人们把成功归因于自己，但淡化自己对失败的责任时，他们表现出_____。

    a. 自恋

    b. 内隐的自我中心

    c. 自利偏差

    d. 名字字母效应

关键术语

人格	自陈报告	明尼苏达多项人格量表（MMPI）
投射测验	罗夏墨迹测验	主题统觉测验　　特质
大五人格	心理动力学理论	动态无意识　　本我

超我	自我	防御机制	性心理阶段
固着	口唇期	肛门期	性器期
俄狄浦斯冲突	潜伏期	生殖期	自我实现倾向
存在主义理论	社会认知留念	人格情境争议	个体建构
结果预期	控制源	自我概念	自我证实
自尊	自利偏差	自恋	

转变观念

1. 总统候选人在电视直播上出现了弗洛伊德式口误，把他母亲描述为"小气（petty）"，他迅速纠正自己，说他想说的是"美丽（pretty）"。第二天，这段视频迅速蹿红。早间脱口秀节目讨论了候选人存在未解之恋母情结冲突的可能性。如果是这样，他固着在性器期，可能是一个相对多变的人，看重魅力、权力和权威（这可能是他为什么想当总统的原因）等问题。你的室友知道你正在做上心理学课程，因而询问你的看法："仅仅因为无意中的一个词，我们真的可以看出一个人的性压抑，看出他可能爱上了自己的母亲吗？"你会怎么回答？弗洛伊德的人格观点被现代心理学家接受的范围有多广？

2. 在阅读杂志时，你看到了一篇关于人格的天性与教养争议的文章。杂志描述了一些领养研究。在这些研究中，被领养的儿童彼此之间没有共同的基因，但在同一个家庭长大。研究发现，领养儿童彼此之间并不比陌生人更相像。这表明家庭环境和父母行为对人格的影响很微弱。你让朋友看了这篇文章，朋友却难以相信这个结果："我总是认为如果父母不表达感情，那么会使孩子难以维持持久的关系。"你会如何向你的朋友解释天性、教养和人格之间的关系？

3. 你的朋友找到了一个人格测试的在线网站。他做了测试，结果报告说他是一个"直觉"人格，而不是"感知"人格，喜欢着眼于大局而不是此时此地的体验。他说，"这能解释了很多东西，包括为什么我难以记住别人生日等细节信息，为什么我很难在最后期限前完成项目。"除了警告你朋友通过网络测验自我诊断的危险性外，你会告诉他哪些人格类型和行为关系方面的信息？人格测验分数预测实际行为有多准确？

4. 你的朋友告诉你，她的男朋友对她不忠，所以她不会再和他约会，也不会和那些曾经不忠的人约会了。因为她觉得"一朝是骗子，永生是骗子"。她接着解释人格和品格是长时间保持稳定的，所以人们总是会做出相同的决定，重复同样的错误。我们所了解的人格和情境交互的内容，有哪些可能证实或否认她的话吗？

关键概念小测试答案

1. a; 2. c; 3. c; 4. d; 5. b; 6. a; 7. b; 8. b; 9. b; 10. a;
11. d; 12. a; 13. b; 14. d; 15. c.

需要更多帮助吗？更多的资源请参见 LaunchPad 网站：

http://www.worthpublishers.com/launchpad/schacter3e

第 13 章
社会心理学

▲**社会行为：与他人交往** _683
生存：对于资源的争夺 _684
科学热点 老鼠的命运 _694
繁殖：永恒的需求 _696
现实世界 采取行动 _698
离婚：当成本大于收益 _705

▲**社会影响：掌控他人** _707
享乐动机：快乐优于痛苦 _708
认可动机：被接受优于被拒绝 _709

文化与社区 免费停车 _710
其他声音 91%的学生阅读了以下内容并爱上了它 _714
正确性动机：正确信息优于错误信息 _719

▲**社会认知：理解他人** _722
刻板印象：从类别中作出推论 _723
科学热点 婚礼策划师 _724
归因：从行动中作出推论 _730

特里（Terry）、罗伯特（Robert）和约翰（John）有着共同之处：他们都曾经遭受过折磨。特里是一名美国记者，当他在黎巴嫩工作时曾经被真主党游击队绑架过；罗伯特是一名半职业拳击手，当他在路易斯安娜生活的时候，曾经被逮捕并关进监狱；约翰曾经是一名海军飞行员，他在北越执行任务时曾经被击落并被敌方俘虏。三人都经历了各种各样的折磨，并都认为上述经历是人生中最痛苦的时光。

> 约翰：这是非常可怕的事情。它比其他任何形式的虐待更为有效地削弱你的抵抗，摧毁你的意志。
> 罗伯特：这是一个噩梦。我从未见过人如此绝望过。犯人撞击监狱的大门，绝食并自残身体……它将人性中的专注和理智掠夺殆尽。
> 特里：我担心自己会丧失理智，会完全失去对自我的掌控。我希望我能够死去。我时常祈祷上帝能够以他高兴的任何方式来结束这一切。

上述三人所描述的残酷的折磨并非是电击或水刑，也不需要借助蜡烛、绳索或是锋利的剃刀。它是一项非常简单的技术，几千年以来一直被用来击垮人们的身体，摧毁人们的意志。它被称之为单独禁闭（solitary confinement）。约翰·麦凯恩在单人牢房里被关押了2年，特里·安德森被关押了7年，而罗伯特·金则被关押了长达29年。

一提起折磨，我们通常会想到通过剥夺人们赖以生存的事物来使人产生痛苦，例如，氧气、水、食物或是睡眠。然而，社会交往的需要对于人类来说同样非常重要。对于罪犯的研究表明，长时间的隔离会导致他们出现精神错乱的症状（Grassian，2006），即使隔离的时间不长，也会对人造成伤害。正常人被社会隔离后更容易变得抑郁，滋生疾病或过早死亡。事实上，社会隔离给你的健康所带来的损害等同于肥胖和吸烟（Cacioppo和Patrick，2008；House，Landis和Umberson，1988）

哪种动物在独处时会生病或发疯？是人类。人类是地球上最具有社会性的物种，人类的一切，从大脑结构到社会结构都受到这一事实的影响。**社会心理学（social psychology）**是关于人类社会性起因和后果的研究。本章中，我们将首先研究社会行为（人们如何与他人交往），探讨这些社会行为如何解决每一个生物所面临的问题；然后，我们将会研究社会影响（social influence）（人们如何改变他人），探讨人类所具备的三个基本动机，这三个动机使得人们对他人的行为作出反应；最后，我们将研究社会认知（social cognition）（人们如何看待对方），探讨人们如何使用信息来判断他人。

社会行为：与他人交往

蜈蚣没有社会性，蜗牛和棕熊同样如此。事实上，绝大多数的动物都是独来独往，都偏爱独处。而我们人类为什么不是这样呢？

所有动物都必须生存和繁殖，族群是完成这两项重要目标的一个策略。当寻找食物或是抵御外敌时，牛群、羊群和鸟群经常能够完成个体无法完成的行为，这也是百万年以来众多物种发现族群很有用的原因。然而，在地球上成千上万的族群物种当中，仅有四个物种形成了超族群。这意味着它们构建了社会，大量的个体在社会中为了相互的利益进行分工和合作。这四个物种分别是膜翅目昆虫（例如，蚂蚁、蜜蜂和黄蜂），白蚁，裸鼹鼠以及人类（Haidt，2006）。然而，人类又区别于其他三个物种，因为我们并非依靠基因上的相关而构建了整个社会。事实上，有科学家认为我们所处社会的复杂性是自然赋予我们如此巨大大脑的主要原因（Sallet等，2011；Shultz和Dunbar，2010；Smith等，2010）。如果1万年前你将地球上所有的哺乳动物放在一个巨大的体重秤上，人类只占

社会心理学（social psychology） 关于人类社会性起因和后果的研究。

总重量的 0.01%，但是今天人类能够占到 98%。我们人类之所以成为生存和繁殖中的重量级冠军是因为完全社会化了，并且你即将会看到，人类绝大部分的社会行为围绕着两个基本目标所展开。

生存：对于资源的争夺

所有动物都面临着生存的问题。为了生存，动物必须寻找诸如食物、水和居所等资源。然而这些资源通常非常稀少，即使暂时充足，也会随着种群数量的增多而枯竭。对于动物来说，它们通常通过伤害敌手或帮助伙伴来解决资源稀少的问题。伤害（hurting）和帮助（helping）是一对反义词，人们通常认为两者之

人类是地球上唯一一种构建了由不相关的个体所组成的大规模社会网络的生物。根据脸谱网（Facebook）的信息，嘎嘎小姐（Lady Gaga）的朋友多达 6 000 万，在这 6 000 万人里，几乎没有人和她有着共同的基因。

间几乎没有相同之处，但是正如你将会看到的，这两个不同的行为实际上是针对同一问题的两种解决方案（Hawley，2002）。

攻击

解决稀缺资源问题的最简单方法是占有这些资源、并将试图阻止你占有资源的任何人踢出局。**攻击（aggression）**是以伤害他人为目的的行为（Anderson 和 Bushman，2002；Bushman 和 Huesmann，2010），它是地球上所有动物都会使用的策略。攻击与其说是动物用来获取自身利益的方式，不如说是它们用来得到资源的一种方法。**挫折—攻击假设（frustration-aggression hypothesis）**认为动物攻击是因为它们的欲望受到了挫折（Dollard 等，1939）。黑猩猩想要香蕉（欲望），但是鹈鹕想要将香蕉抢走（挫折），所以黑猩猩用拳头威胁鹈鹕（攻击）。抢劫犯想要钱，但是出纳员将所有钱锁在保险柜里（挫折），所以抢劫犯用枪威胁出纳员（攻击）。

挫折攻击假设就其本身是正确的，但是很多科学家认为其对于攻击的解释还远远不够。有研究者认为攻击行为的原因来自于消极的情绪（俗称心情不好），欲望受挫仅仅是可能导致消极情绪的众多原因中的一个（Berkowitz，1990）。如果动物攻击是因为它

攻击（aggression） 以伤害他人为目的的行为。

挫折—攻击假设（frustration-aggression hypothesis） 当动物的目标受挫时，它们会出现攻击行为。

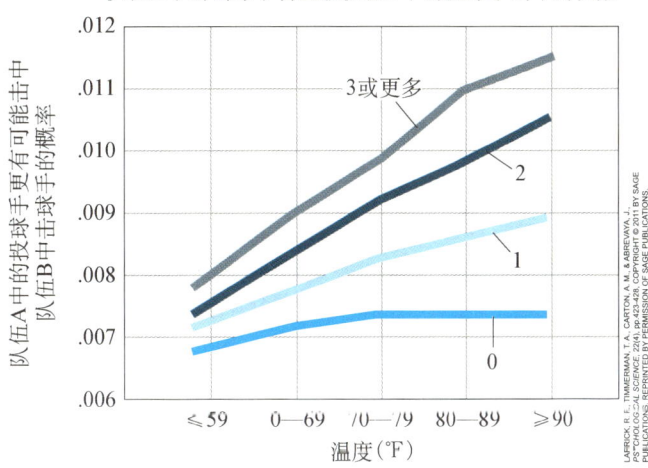

图13.1 **炎热和烦躁**。专业投手投技高超，所以当他们将棒球投掷到击球手身上时，可以肯定地说这绝不是一次意外。这张图表中的数据来自于美国职业棒球大联盟6万多场比赛。正如你所看到的，随着赛场温度的增高，队伍A中的投球手更有可能击打队伍B中的击球手，尤其是当队伍A中的击球手在之前的比赛中曾被队伍B中的投手击中时，上述情况更有可能发生。这表明队伍B中的投手在报复对方（Larrick等，2011）。

们感觉不好，那么任何能够导致动物感觉不好的事情都应该增加它们的攻击行为。已有证据证明了上述假设。当给予实验室老鼠电击使其疼痛难忍时，老鼠会攻击笼子里的任何事物，包括其他动物，毛绒娃娃，甚至网球（Kruk等，2004）。当要求人们将双手放在冰水当中或者要求他们坐在非常热的房间里，在随后的实验中，这些人更有可能用噪音骚扰他人，更倾向于强迫别人吃辣椒（Anderson，1989；Anderson，Bushman和Groom，1997）。认为攻击是对消极情绪反应的观点也许能够解释为什么大量的攻击行为——从暴力犯罪到运动场上的斗殴——更有可能发生在炎热的日子里。当天气炎热时，人们会感到恼火和不舒服（见图13.1）。需要注意的是并非每一种消极情绪都会引起攻击。例如，当人们感到厌恶时，他们实际上变得不太可能出现攻击行为（Pond等，2012）。

当然，并非每个人心情不好的时候都会攻击他人。那么，哪些人更可能出现攻击行为？原因又是什么呢？已有研究表明生物和文化因素在人们是否、以及何时会产生攻击行为中都起着重要的作用。

生物因素和攻击。如果你想知道哪些人更可能表现出攻击行为，你可以问他们一个最为简单的问题："你是男性还是女性？"（Wrangham和Peterson，1997）。诸如袭击、殴打以及谋杀等暴力犯罪的主体几乎无一例外是男性，尤其是年轻男性。有研究表明在美国90%的谋杀案和80%的暴力犯罪由男性实施（Strueber，Lueck和Roth，2006）。虽然大多数社会鼓励男性应比女性更具有攻击性，但是男性的攻击性并非仅仅是社会化的产物。研究表明攻击行为与一种被称为睾丸酮的荷尔蒙的存在有着高度相关，而男性的睾丸酮水平通常高于女性，年轻人通常高于老年人，暴力罪犯通常高于非暴力罪犯。

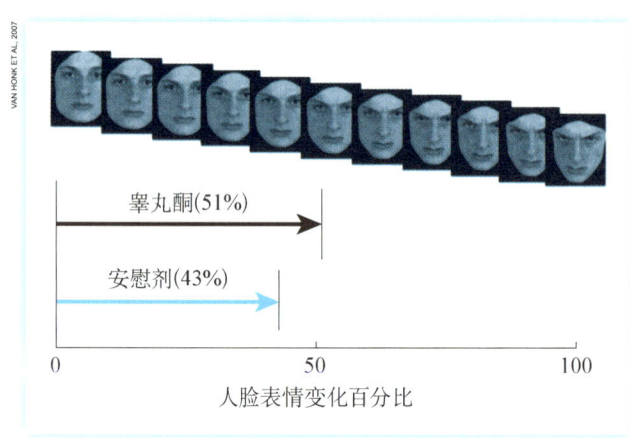

图13.2 我检测出了威胁。注射了睾丸酮的被试需要当图片表情更具有威胁性时，才能将其检测出来（van Honk和Schutter，2007）。

睾丸酮并不直接导致攻击行为，而是使人们感到强大并相信自己有能力获得胜利（Eiseneger等，2010; Eisenegger，Haushofer和Fehr，2011）。睾丸酮水平高的雄性大猩猩会挺起胸脯并高昂起头（Muller和Wrangham，2004）。睾丸酮水平高的人行走更为坚定，更直接专注于与自己谈话的人，会以一种更为冒昧和自信的方式说话（Dabbs等，2001）。睾丸酮还会使人们对挑衅更为敏感（Ronay和Galinsky，2011），但对报复的信号更不敏感。在一项研究中，被试需要在屏幕上观看人脸图片，而同一张人脸的表情从中性到威胁性不断地变化，被试需要尽快地对威胁性的表情作出反应（见图13.2）。结果发现，在实验前注射了少量睾丸酮的被试辨认出威胁性表情的速度要低于其他被试（van Honk和Schutter，2007）。没有觉察到你批评的人正在变得越来越愤怒，这会导致争斗的产生。

引起男性争斗最有效的方法莫过于挑战他的身份和地位。事实上，在所有的谋杀案中，有3/4是由于对于地位的竞争或是为了挽回面子（Daly和Wilson，1998）。与人们的常识不同，不切实际的高自尊的男性，而非低自尊的男性，更容易出现攻击行为。这是由于这类人特别容易将他人的行为视作对自己夸大的身份和地位的挑战（Baumeister，Smart和Boden，1996）。研究表明男性似乎对争夺女性注意的挑战尤为敏感（Ainsworth和Maner，2012）。

虽然女性也和男性一样具有攻击性，但她们的攻击行为更倾向于有预谋的，而非一时的冲动；更有可能是为了获得或保护已有资源，而非自己的地位。女性不太可能像男性一样在没有任何挑衅的时候就攻击他人，也不太可能造成对方

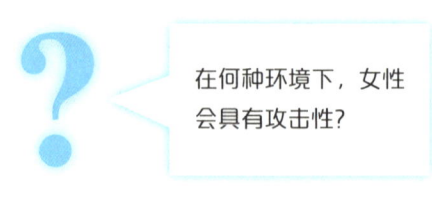

在何种环境下，女性会具有攻击性？

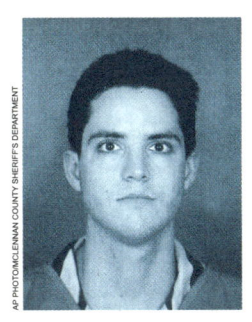

男性攻击他人常常是因为地位受到挑战。2005年，安德森（Anderson，右图）在一家社交网站中辱骂罗素·塔瓦斯（Russell Tavares，左图）为"书呆子"。为此，塔瓦斯驾驶他的汽车，行驶了1 300英里，将安德森的拖车给烧毁了。"我原来不相信有人会愚蠢到因为网络上的一次冲突而试图将对方杀死。"安德森说道。罗素·塔瓦斯后来被判处了7年徒刑。

身体上的伤害，但是女性在面临挑衅的时候同样会表现出攻击行为，并对对方心理造成伤害（Bettencourt和Miller，1996; Eagly和Steffen，1986）。事实上，女性的攻击可能比男性更具有社会危害性（Benenson等，2011），例如，对他人的排斥或传播恶意的谣言（Crick和Grotpeter，1995）。

文化因素和攻击。 威廉·詹姆斯（William James，1911，第272页）曾经写道："我们的祖先将好斗的天性植入我们的骨髓当中，以至于几千年的和平并未将其泯灭。"詹姆斯的观点正确吗？虽然攻击行为的确是人类进化遗产的一部分，但是这并不意味着其不可避免。事实上，战争发生的频次和谋杀率仅在上个世纪就已大大降低了，正如心理学家史蒂芬·平克（Steven Prinker，2007）所指出的：

> 我们已经变得越来越仁慈和温和。将残忍视为娱乐；沉迷于迷信以至于用人来祭祀；将奴隶视为节省劳动力的工具；将征服视为政府的使命；用种族灭绝来获得土地和房产；将折磨和致残视为常规的惩罚；仅仅因为行为不当和意见不合便以死刑作为惩罚；将暗杀作为政治继承的机制；将强奸作为战争的战利品；将大屠杀作为发泄的渠道；将杀人作为解决冲突的主要方式；上述种种行为在人类历史上的大多数时候是普遍存在的。然而，现如今，在西方社会这些行为几乎不复存在，在世界的其他地方较之于以前也大大减少，它们即使出现也是很隐蔽的，而且一旦被暴露出来便会遭到普遍的谴责。

正如攻击行为会随着时间发生变化，它同样也会受到地理位置的影响（见图13.3）。例如，暴力犯罪在美国南部地区更为普遍，这里的父母从小就教育孩子当感到

与北部各州出生的投手相比，南部各州出生的投手在比赛中故意用棒球击打对方击球手的可能性高出40%（Timmerman，2007）。

图 13.3 暴力的地理分布。文化因素对暴力的影响很大。有趣的是，一个可以区分低暴力国家和高暴力国家的因素是"性别平等"（Caprioli，2003; Melander，2005）。一个国家中的女性得到越好的对待，其走向战争的可能性就越低。

自己的地位受到威胁和挑战时需要作出攻击性的回应（Brown，Osterman 和 Barnes，2009; Nisbett 和 Cohen，1996）。在一系列研究中，研究者分别侮辱了来自美国南部和北部地区的被试，结果发现，南部美国人睾丸酮的水平更可能大幅提升，他们感到自己的地位彻底受到了威胁（Cohen 等 1996）。在被试离开实验室，一名身材魁梧的男子径直向他们走来时，南方人在让行前仍然怒形于色，而北方人则只是让行而已。有意思的是，在控制实验中研究者不对被试进行侮辱，此时南方人比北方人更早地给他人让行，这意味着当未受到侮辱时，南方人比北方人更有礼貌！

时间和地理因素上的差异表明，文化能够决定我们与生俱来的攻击倾向是否最终会导致攻击行为（Leung 和 Cohen，2011）。这就是为什么有研究者认为观看暴力电视节目以及玩暴力电子游戏会使人们更具有攻击

有哪些证据表明文化能够影响攻击行为？

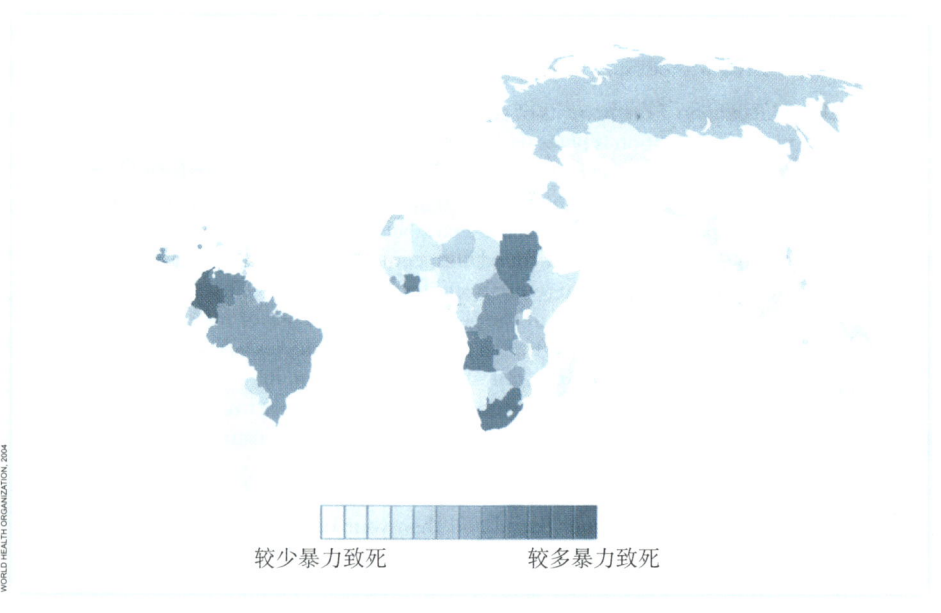

较少暴力致死　　　较多暴力致死

 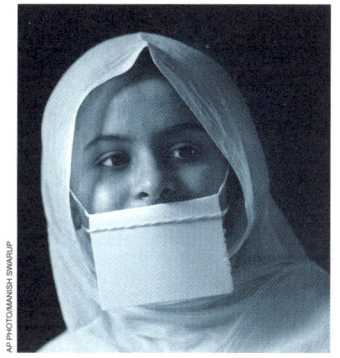

文化对于暴力的影响巨大。在有些国家,杀害生命司空见惯,男孩在很小的时候便开始玩模拟杀人的游戏。在印度,信仰耆那教的青少年整天头戴口罩,以免吸入昆虫和微生物从而伤害到它们。

性(Anderson 等,2010)以及更少与他人**合作**(Sheese 和 Graziano,2005;Ferguson,2010)的原因。但是,文化同样能够起到积极的作用(Fry,2012)。在20世纪80年代中期,一场不同寻常的疾病杀死了某个部落中绝大多数攻击性最强的野生雄性狒狒,却未伤害攻击性不强的雄性狒狒。十年后,研究者发现一种新的"和平文化"在这些狒狒后代中出现了。新一代的雄性狒狒攻击性较低,更有可能从属于雌性,更能容忍级别低的雄性(Sapolsky 和 Share,2004)。如果狒狒都能学会好好相处,人类当然更加可以。

合作

攻击行为是解决稀缺资源问题的一种方法,然而这并不是最好的方法,因为当个体开始合作时,每个个体通常比不合作时能够获得更多的资源。合作是两人或多人之间的互惠行为(Deutsch,1949;Pruitt,1998)。除了语言,火和电吉他,它是人类最伟大的发明之一(Axelrod,1984;Axelrod 和 Hamilton,1981;Nowak,2006)。每一条道路,每一座超市,每一台 iPod 和手机,每一曲芭蕾,每一台手术都是合作的结果,我们很难想出人类哪一项重要的成就与合作无关。

风险和信任。既然合作的好处如此之大,那么我们为什么不时时刻刻与他人合作呢?原因在于合作虽然有好处,但也存在风险。一个被称为"囚徒困境"(The prisoner's dilemma)的小游戏可以很好地说明这一点。假想一下,你和你的朋友非法入侵了银行的主机并将银行的几百万美金汇入了个人账户,你们因此被逮捕。现在你们被关在不同的房间里分开接受审讯。检察官告诉你们,如果你们两人都坦白交代,你们将因盗窃重罪而被判10年刑;如果你们两人都拒绝坦白,你们将因为扰乱治安而被判刑1年。然而,如果你们当中的任何一人坦白了,而另一人拒绝坦白,那么坦白的人将获得自由,而拒绝坦白的人将被判刑30年。你会怎么做?如果你仔细权衡图13.4中的归类,你会发现

合作(cooperation)　两人或多人之间的互惠行为。

	合作 （B 拒绝坦白）	不合作 （B 坦白）
合作 （A 拒绝坦白）	A 获刑 1 年 B 获刑 1 年	A 获刑 30 年 B 立刻释放
不合作 （A 坦白）	A 立刻释放 B 获刑 30 年	A 获刑 10 年 B 获刑 10 年

图 13.4 囚徒困境游戏。该游戏说明了合作的成本和收益。玩家 A 和玩家 B 收益的大小取决于他们独自一人时是否选择合作。如果两者都选择合作，他们将得到中等程度的收益。但是，如果一人选择合作，一人拒绝合作，那么不合作者将得到巨大的收益，而合作者却一无所获。

是什么使合作充满风险？

最为明智的结果是你和你的朋友选择合作。如果你信任你的朋友并拒绝坦白，而你的朋友也是如此，那么你们俩都会被轻判。然而如果你选择信任你的朋友而他却出卖了你，将会发生什么呢？你的朋友将会无罪释放，而你未来 30 年的人生将在监狱里度过。

囚徒困境不仅仅是一个游戏，它反映了人们日常生活中合作潜在的成本和效益。例如，如果每个人都缴纳赋税，那么人们都将享受坚固的桥梁和一流的博物馆所带来的好处。如果人人都不缴纳赋税，那么桥梁将会倒塌，博物馆将会关闭。可见，如果大家都缴税，那么人们都将会得到一定程度的好处，但是对于那些拒绝合作、拒绝缴税的极少数人，他们得到的好处将是更为巨大的，因为他们可以免费使用桥梁和博物馆。这一两难困境使人们很难作出如下抉择：是应该冒着被嘲笑为傻瓜的风险缴税？还是应该冒着桥梁倒坍和博物馆关闭的风险逃税？如果你和大多数人一样，你会非常愿意合作缴税，但是你肯定会担心别人不会做同样的事情。

生活就像策略游戏。我们会敬重在游戏中诚实守信的人，而鄙视背信弃义的人。当人们被问起最希望身边的人具备什么样的品质时，答案是诚信（Cottrell，Neuberg 和 Li，2007），而当他人缺乏诚信时，我们往往会痛心疾首。例如，最后通牒游戏（The ultimatum game）设计了这样一种情境：如果有一天，你撞上大运，居然有人白送你 1 万块钱，条件是你与另一个陌生人分享这笔钱。规则很严格：你们两人分别在不同的房间，无法互相交流，通过掷硬币来选择谁有权分配这笔钱。假设你被选中，你（分配者）可以决定如何分配这笔钱，而另一个人（裁决者）可以表示同意或拒绝。如果裁决者表示同意，那么交易成功；如果他拒绝，那么你们两人谁也拿不到一分钱。无论出现哪种情况，游戏都算结束，而且不再重复。研究表明，当裁决者认为分配不公平时，他们通常会拒绝交易，他们宁愿一无所获也不愿被他人欺骗（Fehr 和 Gaechter，2002；Thaler，1988）。换言之，人们会惩罚那些对待他们不公正的人。不仅仅是人类，动物似乎也讨厌不公平的待遇。在一项研究中（Brosnan 和 DeWaal，2003），一群猴子原本愿意为了得到一片黄瓜而劳作,然而当它们看到另一只猴子做更少的活,却能得到更为美味的食物时,这群猴子拒绝继续原来的劳作。

群体和偏爱。 合作意味着我们需要冒如下风险:使那些没有给我们带来好处的人受益,并相信他们会和我们一样做同样的事情。但是我们能够信任哪些人呢?

偏见和歧视的区别是什么?

凯文·哈特(Kevin Hart)在佐治亚州法戈市拥有一家汽车旅馆。哈特采用诚信的方式经营这家旅馆。客人可以想住多久住多久,离开时只需将房费放在屋内的梳妆台上。如果只有少数人不付钱,将不会影响房费,但是如果大多数人都不付钱,房费将会提高。你会选择付钱还是不付钱呢?在你回答这一问题之前,请注意图中的那条大狗。

群体是区别于他人的、有着共同之处的人的集合体。我们每个人都是众多群体中的一员——从家庭和团队到宗教组织和国家。虽然这些群体彼此迥异,但是它们都存在一个共同点,即群体中的每个人对待群体中的其他人都特别和善。**偏见**是个体基于所在群体内成员对他人产生的积极或消极的评价。**歧视**则是个体基于所在群体成员对他人产生的积极或消极的行为(Devidio 和 Gaertner,2010)。群体的特征之一便是成员积极看待并优待群体内其他成员(DiDonato,Ullrich 和 Krueger,2011)。偏爱自己所在群体的倾向是人类进化的产物(Fu 等,2012; Mahajan 等,2011),在个体成长的早期便已出现(Dunham,Chen 和 Banaji,2013),并且很容易被激发(Efferson,Lalive 和 Fehr,2008)。即使当人们被随机分配到群体当中时,例如"组 1"或"组 2",人们仍然会优待自己所在组的成员(Hodson 和 Sorrentino,2001; Locksley,Ortiz 和 Hephuin,1980)。似乎仅仅知道"我是我们中的一员,而不是他们中的一员"就已足够产生偏见和歧视(Tajfel 等,1971)。因为群体内成员能够彼此依赖,互相喜欢,所以群体内成员的合作风险较小。

然而,虽然群体能够带来利益,但群体同样需要付出代价。例如,当群体决策时,其决策效果通常会低于组织中最优秀的成员所作出的决策——有时候,群体甚至经常作出糟糕的决策(Minson 和 Mueller,2012)。造成以上现象的原因之一在于群体并未完全利用好专家级成员的意见(Hackman 和 Katz,2010)。例如,学校董事会经常不把教授

群体(group)　区别于他人的,有着共同之处的人的集合体。
偏见(prejudice)　个体基于所在群体内的成员对他人产生的积极或消极的评价。
歧视(discrimination)　个体基于所在群体内的成员对他人产生的积极或消极的行为。

和专家的意见放在心上，而过于看重群体中具有较高身份地位者的意见或看重能言善辩者的意见。群体容易受到**共同知识效应（common knowledge effect）**的影响，这是指群体在讨论时更关注所有人都共享的信息的倾向（Gigone 和 Hastie，1993）。然而所有人都共享的信息（例如，健身房的大小）通常是相对不重要的，真正重要的信息（例如，不同社区里的学校如何解决它的预算危机）往往只有少数人知道。此外，群体讨论通常会成为初步意见的"倍增器"。**群体极化（group polarization）**是指在群体进行决策时，人们往往比个体单独决策时更为极端的倾向（Myers 和 Lamm，1975）。一个最初较为温和的意见（"我们应该只是修缮礼堂"）最终会演变为极端的决策（"我们需要建设一所新高中！"）这可能仅仅是因为在讨论的过程中，每个成员都接触到许多不同的有利于某一立场的争论（Isenberg，1986）。久而久之，群体内成员开始在意其他成员的感受，有时他们不愿意破坏现状虽然现状需要作出改变。**群体思维（groupthink）**是指群体内成员为了促进人际和谐而达成共识的倾向（Janis，1982）。和谐非常重要（尤其当群体为一个合唱团时），然而研究表明群体经常会为了和谐而牺牲决策的质量（Turner 和 Pratkantis，1998）。基于以上种种原因，在很多任务上，群体决策的效果要差于个体决策。

 群体的代价是什么？

群体带来的危害不仅仅是作出糟糕的决策那么简单，一个人会在群体影响下去做一些他在独处时不会去做、也不敢去做的可怕的事情（Yzerbyt 和 Demoulin，2010）。例如，滥用私刑、暴乱、轮奸——为什么当聚集成团的时候，我们的行为表现会如此之差呢？

原因之一在于**去个性化（deindividuation）**，是指在群体压力的影响下，个体变得较少关心他们的个人价值。我们可能想从珠宝商的商店中抢走劳力士手表，或者在图书馆中想亲吻迷人的陌生异性，但是我们却不会付诸行动，因为这些事情与我们的个人价值观相冲突。研究表明，当人们的注意力集中于自身时，他们极有可能考虑个人价值（Wicklund，1975），而当身处群体中，人们的注意力会被他人吸引。因此，人们不太会考虑个人价值，而是认同群体的价值（Postmes 和 Spears，1998）。

原因之二在于**责任扩散（diffusion of responsibility）**，是指个体在群体中时，感到责任感的降低，不太考虑自身行为后果的倾向。责任扩散的现象在我们的日常生活中经常出现，例如，**社会惰化（social loafing）**现象是指个体与群体其他成员一起做某件事

共同知识效应（common knowledge effect） 群体在讨论时更关注所有人都共享的信息的倾向。
群体极化（group polarization） 群体进行决策时，人们往往比个体单独决策时更为极端的倾向。
群体思维（groupthink） 群体内成员为了促进人际和谐而达成共识的倾向。
去个性化（deindividuation） 在群体压力的影响下，个体变得较少关心他们的个人价值。
责任扩散（diffusion of responsibility） 个体在群体中时，感到责任感的降低，不太考虑自身行为后果的倾向。
社会惰化（social loafing） 个体与群体其他成员一起做某件事情时，个人所付出的努力比单独时偏少的倾向。

情时，个人所付出的努力比单独时偏少的倾向。例如，和大群体相比，小群体在观看表演时人们鼓掌的声音更大（Latane，Willams 和 Harkins，1979），在运动队中付出更多的努力（Williams 等，1989），在餐厅中会给更多的小费（Freeman 等，1975），会捐助钱给慈善机构（Wiesenthal，Austrom 和 Silverman，1983），甚至会对行人问好（Jones 和 Foshay，1984）。此外，责任扩散还能带来更大的危害。例如，**旁观者干预效应（bystander intervention）**是指在紧急情况下给予陌生人帮助的行为。关于该效应的研究发现当旁观者越多时，人们越不愿意帮助处于痛苦中的陌生人，这仅仅由于人们认为他人比自己应该承担更多的救助责任（Darley 和 Latane）。如果你发现同学在考场作弊，当考场仅有 3 人时，你会比考场有 3 000 人时更觉得有责任报告这一作弊行为（见图 13.5）。

既然群体会导致糟糕的决策并滋生不良行为，那么脱离群体我们会过得更好吗？答案是否定的。个体健康的最有效的预测指标之一便是群体生活的程度和质量（Myers 和 Diener，1995）。被群体排斥在外的个体会出现焦虑、孤独、压抑等典型反应，他们更有可能被疾病侵袭，甚至更早死亡（Cacioppo 和 Patrick，2008; Cohen，1988; Leary，1990）。归属感不仅仅是心理和生理健康的源泉，同时也是认同感的来源（Ellemers，2012; Leary，2010; Tajfel 和 Turner，1986），这也是为什么人们在介绍自己时通常会介绍自己所在的群体（"我是一名加拿大建筑师"）的原因。群体可能会导致我们判断失误，行为失常，但是同时也给我们带来快乐和幸福。一个人不能依靠群体，却也离不开群体。

图 13.5 **暴行的规模和暴民的数量。**群体会做出可怕的事情。图中的两个人仅仅偷了一辆轿车，他们所在镇上的居民便打算私自将他们处死，幸运的是警察解救了他们。较大规模的群体给人们提供了更多的去个性化和责任扩散的机会，因此，暴行会随着暴民与受害者比例的增大而变得越来越可怕（Leader，Mullen 和 Abrams，2007）。

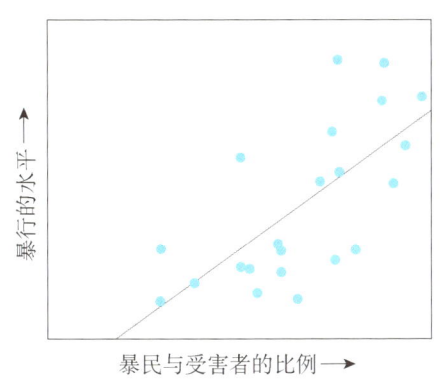

旁观者干预效应（bystander intervention） 在紧急情况下给予陌生人帮助的行为。

科学热点

老鼠的命运

你愿意花多少钱来拯救一条生命？答案可能取决于这一决定是否由你自己作出。遗传学实验室用作实验而繁殖的小老鼠经常会过剩。因为给这些小老鼠提供一生的食宿过于昂贵，所以剩余的小老鼠通常会被杀死。对此，波恩大学的研究者决定看看人们愿意花多少钱来拯救一条小老鼠的生命（Falk 和 Szech，2013）。主试实验前支付给被试 10 欧元（约 15 美元），等到被试拿到钱后，主试向他们呈现即将被杀死的小老鼠的图片，并告诉被试如果他们愿意还回之前得到的 10 欧元，那么这些钱将会用来喂养小老鼠直至它们老死。研究结果发现，绝大部分被试——确切的说是 54% 的被试——愿意为了拯救老鼠的生命而还回已得的实验报酬。

然而，当主试将这些老鼠的命运交到两名被试的手上时，研究结果发生了很大的改变。在该项研究的第二种条件下，两名被试共同讨论将如何处置老鼠。主试特别告知被试，如果他们达成协议来分配 20 欧元，他们将得到之前商量好的报酬，同时老鼠将被杀死。如果他们中的一人不同意分配，他们将一无所得而老鼠也得以善终。所以，如果被试想要拯救老鼠的生命，他们只需要拒绝任何对于报酬的分配。那么结果怎样呢？这一次绝大部分被试——确切的说是 72% 的被试——同意了他们搭档对报酬的分配而将老鼠送向了死亡。

为什么会这样？当人们联合作决策时，每个人都感觉到应承担责任的降低。在第一种实验条件下，被试面临着道德的两难困境：我是应该按照内心的真实想法拿钱走人，还是按照我认为是正确的事拯救那些老鼠？无论人们作出怎样的决定，他们都需要为这些决定负责。而在第二种实验条件下，当被试一起作决策时他们会更容易屈服于金钱的诱惑，这是因为被试觉得有人和自己一起承担责任。

利他

合作解决了资源匮乏的问题。但是这是我们与他人合作的唯一原因吗？难道不能仅仅是因为……好吧，善良吗？**利他（altruism）** 是指不计较自身利益而去帮助他人的行为。

利他（altruism） 不计较自身利益而去帮助他人的行为。

几个世纪以来，科学家和哲学家们一直在争论人类是否有着真正意义上的利他行为？这一争论看似非常奇怪。毕竟，人们会给受伤的人献血，会给无家可归的人食物，会搀扶行动不便的老年人。我们充当志愿者，我们缴纳赋税，我们捐赠物品，人们一直在做善事。这些难道不就是利他的证据吗？

人类有真正的利他行为吗？

然而，事实并非如此。那些看似利他行为的背后往往隐藏着潜在的利益。以动物行为为例来看一些简单的例子。鸟类和土拨鼠当发现捕食者的时候会报警，这增大了其他鸟类和土拨鼠逃生的机会，却使自己陷入了被吃掉的危险之中。蜜蜂和蚂蚁用尽毕生精力照顾蜂后和蚁后的后代，而非它们自己的后代。虽然这些行为似乎是利他行为，但实际上并不是，这是因为帮助者和被帮助者存在着遗传关系。土拨鼠最有可能给予报警的是在洞穴中与其他土拨鼠关系最密切的同类（Maynard-Smith，1965），同样，虽然蜜蜂的确养育蜂后的后代，但这是由于基因变异导致蜜蜂在遗传上与蜂王的后代，而非自己的后代更为相似。可见，任何动物的促进其亲属存活的行为实际上是促进了其自身基因的存活（Hamilton，1964）。**亲缘选择（kin selection）** 是指进化会选择那些愿意与自己亲属合作的个体。相应地，帮助与自己基因相似的个体并不是真正的利他行为。然而，帮助那些与自己基因不相似的个体也并不一定是利他行为。雄性狒狒会冒着受伤的危险去帮助与自己没有亲缘关系的雄性狒狒打架，猴子也会花费时间为其他猴子梳理毛发，但事实证明，动物在给予其他动物好处时都期望得到回报。**互惠利他（reciprocal altruism）** 是指给予他人好处的同时期望将来得到他人回报的行为。尽管这一术语的第二个词是"利他"，但其仍然不是真正的利他行为（Trivers，1972）。事实上，互惠利他行为仅仅是合作在时间上的延伸。

动物之间很少有真正意义上的利他行为（参见：Bartal，Decety和Mason，2011）。那么人类呢？我们有什么不同之处吗？和动物一样，与陌生人相比，我们更愿意帮助我们的亲属（Burnstein，Crandall和Kitayama，1994; Komter，2010），我们期望自己帮助过的人会给予我们回报（Burger等，2009）。但是和动物不同的是，我们会无偿地帮助他人，尽管这些人不可能给予我们任何回报（Baston，2002; Warneken和Tomasello，2009）。我们会给陌生人开门，会给再也不会入住的宾馆的服务生小费，我们会做的还远远不止这些：2001年11月11日的早晨，世贸大厦遭到恐怖袭击，燃起熊熊大火。此时，正在海边帆船上游玩的普通市民并没有驾船远离，而是朝着正被摧毁的世贸大厦疾驰而

亲属选择（kin selection） 进化会选择那些愿意与自己亲属合作的个体。
互惠利他（reciprocal altruism） 给予他人好处的同时期望将来得到他人回报的行为。

去，从而发起了美国历史上规模最大的水路营救行动。正如一名目击者所说："如果你正舒适地躺在水上游艇当中，发现海边的建筑物燃起大火，单纯从理性出发，你此时应该驾船驶向新泽西。然而，人们却冒着潜在的危险去拯救陌生人。这就是社会。"（Dreifus，2003）。可见，人类具有真正的利他行为，一些研究表明人类实际上比他们自己能意识到的更具有利他性（Miller 和 Ratner，1998）。

繁殖：永恒的需求

所有动物都必须生存和繁殖。社会行为对于生存是有帮助的，但是对于繁殖却是绝对的先决条件。繁殖征程中的第一步是寻找那些愿意伴随我们在人生道路上走下去的人。那么我们该怎么做呢？

选择性

除了一些知名的摇滚明星，人们不会随意寻找配偶，而是会精心挑选他们的性伴侣。任何在地球上生活满 7 分钟的人都会知道与男性相比，女性更为精挑细选（Feingold，1992a; Fiore 等，2010）。当研究者安排一位有魅力的人在大学校园里走近一名陌生人，并询问："你愿意和我出去约会吗？"研究者发现大约一半男性和一半女性同意了约会的请求。而当这位有魅力的人询问："你愿意和我上床吗？"研究者发现所有女性拒绝了该请求，而四分之三的男性同意了该请求（Clark 和 Hatfield，1989）。虽然在该情境下女性拒绝性要求的原因有很多（Conley，2011），但是研究表明在大多数情况下，女性都比男性更为挑剔（Buss 和 Schmitt，1993; Schmitt 等，2012）。

为什么女性比男性更挑剔呢？

原因之一在于生理因素。男性在一生中会生产数以亿计的精子，他们明天的致孕能力不会受到今天致孕的抑制，并且致孕对男性的身体没有任何影响。另一方面，女性一生中生产卵子的数量有限，受孕会导致她们在未来的至少 9 个月当中不能再怀孕，并且怀孕需要摄入大量的营养，这会使女性身体发生很大的改变。此外，怀孕还有可能将女性置于生病甚至死亡的危险之中。因此，如果一名男性娶了一名女性，而该名女性无法生产健康的后代或是不愿意抚养后代，该名男性的损失并不大。但是，如果女性犯了同样的错误，她将会失去一个珍贵的卵子，承担怀孕的代价，在分娩中冒着生命危险，并且错过了至少 9 个月的再次生殖的机会。可见，我们基本的生理特质使得女性发生性行为的风险要高于男性。

基础的生理因素使得女性较之于男性更为精挑细选，而文化和经验则进一步扩大了这种差异（Peterson 和 Hyde，2010; Zentner 和 Mitura，2012）。例如，女性更为挑剔的原因可能仅仅是因为她们更经常被人接近（Conley 等，2011），或者是因为滥交的声誉成本对于女性来说过于高昂（Eagly 和 Wood，1999; Kasser 和 Sharma，1999）。事实上，对于男性来说，如果性成本过高（例如，当男性性行为的目的是寻求稳定的婚姻，而非短期的艳遇时），他们会和女性一样挑剔（Kenrick 等，1990）。可见，求偶行为的相对微小的变化都会使男性比女性更为挑剔（见"现实世界"栏目）。因此，虽然生理因素使得女性的性行为比男性的性行为更有风险，但是文化因素能够加大、均衡甚至逆转这些风险。风险越高，人们（无论是男性还是女性）越倾向于精挑细选。

吸引

对大多数人来说，我们只愿意和少数人发生性行为，只愿意和极少数人繁殖后代。所以，当遇见某个人的时候，我们如何来决定他就是我们心目中的真命天子呢？生活中的很多事情可以左右我们对于另一半的选择，但是其中最为重要的莫过于一种简单的感觉，我们称之为吸引（Berscheid 和 Reis，1998）。研究表明很多因素会导致吸引的产生，我们较为粗略地将其划分为三种因素，分别是情境因素、生理因素和心理因素。

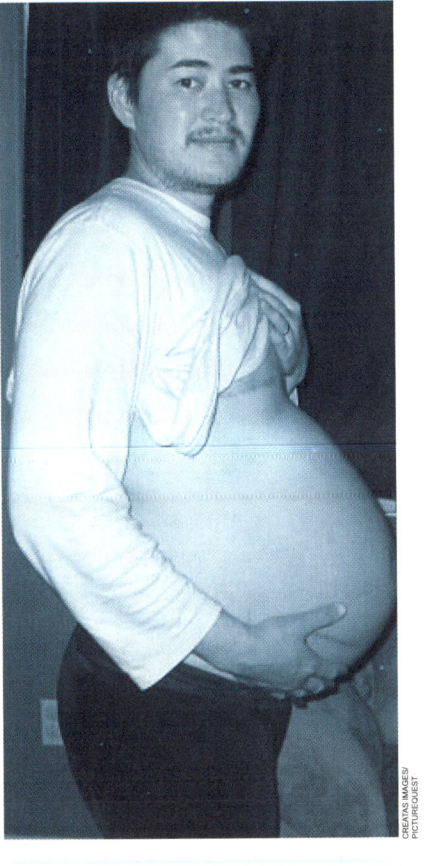

如果男性能怀孕，他们的行为将发生怎样的变化呢？海马是由雄性来生育后代，并非巧合的是，雄性海马比雌性海马更为挑剔。

情境因素。最能预测人际关系的指标之一是人们之间物理距离的远近（Nahemow 和 Lawton，1975）。在一项研究中，学生被试被随机分配到大学的各个宿舍中，一年后，研究者要求被试说出关系最好的三名朋友，结果接近一半的被试选择了他们的邻室好友（Festinger，Schachter 和 Back，1950）。我们以为我们是基于人格、外貌等因素来选择爱人——事实上的确如此——但是我们的选择范围只局限于我们所遇见过的人，并且我们更有可能选择与我们距离最近的人。当你开始排除潜在的结婚对象时，地理因素已经为你排除了 99.999% 的可能性。距离上的接近性不仅会产生吸引力，也会导致动机：人们会很努力地喜欢上那些自己期待会与之交往的人（Darley 和 Berscheid，1967）。当你必须和他人同处一室或一起共事时，你意识到与不喜欢他们相比，使自己喜欢他们会使日常生活更加轻松愉快，因此你会更加注意他们的优点，而忽略他们的缺点。

现实世界

采取行动

当人们开始选择生活伴侣时，女性较之于男性更为精挑细选。很多科学家认为这一男女之间的差异与他们的繁殖系统有关，然而心理学家 Eli Finkel 和 Paul Eastwick（2009）认为这也与人们的求爱行为有关。

当靠近潜在的伴侣时，对对方更有兴趣的一方应该更倾向于"迈出第一步"。当然，在绝大多数文化中，男性被认为应该更为主动。那么，是否是因为这种主动性导致男性较之于女性认为自己对对方更为感兴趣？也就是说，主动性是否是导致女性更为精挑细选的原因之一？

为了验证这一假设，研究者与当地的一个闪电约会服务机构合作，创设了两种闪电约会的社交场合。在传统的约会场合，女性待在自己的座位上，男性在室内来回走动，在每一位女性面前停留并与其交谈几分钟时间。而在非传统的约会场合，男性待在自己的座位上，女性则来回走动，在每一位男性面前停留并与其交谈几分钟时间。当约会结束后，研究者私下询问每一位男性和女性约会者是否愿意和约会中的某位异性交换手机号码。

研究结果出人意料（如图所示）。当男性为主动的一方时（符合传统习惯），女性更为挑剔，即男性更希望得到女性的手机号码。然而，当女性为主动的一方时，男性则更为挑剔，即女性更希望得到男性的手机号码。显然，主动接近某人使得我们更为急切，而被动被他人接近使得我们更为谨慎。所以，在绝大多数文化中，导致女性更为精挑细选的原因可能是男性被认为应该更为主动。

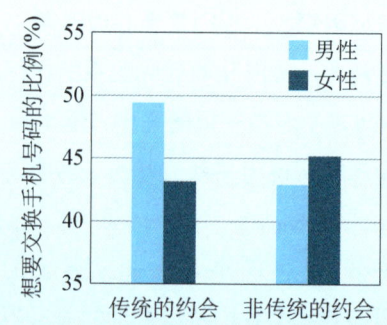

距离的接近性还会导致其他方面的微妙变化。每当我们再次遇见某个人的时候，我们对他会更为熟悉。人们通常喜欢熟悉的事物，而不喜欢新奇的事物。这种经常出现就能增加喜欢程度的倾向，心理学家称之为**曝光效应**（Mere exposure effect, Bornstein, 1989; Zajonc, 1968）。例如，在一些研究中，主试在电脑屏幕上向被试呈现几何图形、面孔或字母符号等图片，这些图片快速闪现以至于被试根本没有意识到看见过它们。随后，主试再向被试呈现之前闪现过的"老"图片以及从未呈现过的"新"图片。结果发现，被试虽然不能确定地指出哪些图片是老图片，哪些是新图片，但是较之于新图片，被试更喜欢老图片（Monahan, Murphy 和 Zajonc, 2000）。曝光现象可以解释为

> 为什么接近性会影响吸引?

"我是野兽，我是动物，我是镜子里的那个怪物。"不论喜欢与否，镜子是亚瑟小子（Usher）最能经常看见自己的地方。因此，他可能更加喜欢水平翻转的自己的照片（左图）。然而，亚瑟小子的粉丝却可能更喜欢未经水平翻转的他的照片（右图）。曝光效应会使得人们更喜欢他们更为熟悉的摄影图片（Mita, Dermer 和 Knight, 1977）。

什么参加心理学实验的大学生在一年后很有可能和实验中随机分配的邻桌成为好朋友（Back, Schmukle 和 Egloff, 2008）。虽然在有些情况下"熟悉滋生轻视"（Norton, Frost 和 Ariely, 2007），但是，在绝大多数情况下，熟悉会孕育喜欢（Reis 等, 2011）。

吸引力的产生可能是由于人们在相同的时间、相同的地点遇到了对方。然而，某个时段或某个地点要明显好于其他时段或地点。在一项研究中，主试选择穿越摇晃吊桥的男性为研究对象。当这些男性被试正处于吊桥的中间，或者当他们已经走过吊桥时，一名漂亮的女性主试走近他们并要求他们填写一项问卷调查。当这些男性被试完成调查之后，这名主试留下了自己的联系方式，并告知他们如果他们打电话，她将对调查结果给予详细的解释。研究结果表明，当男性被试位于吊桥中间时，更有可能会给女性主试回电话。这是为什么呢？你可能还记得本书情绪和动机章节的内容：人们会将生理唤醒曲解为产生吸引的信号（Byrne 等, 1975; Schachter 和 Singer, 1962）。当男性被试处于吊

曝光效应（mere exposure effect） 经常出现就能增加喜欢程度的倾向。

桥中间时，他们的情绪更容易被唤醒，所以有些被试将这种唤醒误当作是吸引力的产生。

生理因素。当人们在同一时间、同一地点相遇时，他们便开始了解对方各方面的特质。在绝大多数的情况下，人们所了解对方的第一个特质就是外表。我们都知道外表会影响吸引力，但是这种影响力之深绝对超出你的想象。在一项研究中，研究者为大一新生举办了一场舞会，并为每一名新生随机选择了一名异性舞伴。在舞会的中途，新生私下报告他们对自己舞伴的喜欢程度，自己舞伴的吸引力水平以及他们渴望能够再次见到自己舞伴的迫切程度。研究者测量了新生的众多特质——从态度到人格特点——结果发现舞伴的外表是决定吸引力的唯一因素（Walster 等，1966）。现场研究证实了上述发现。例如，一项研究发现男性的身高和女性的体重最能预测个人广告得到回应的频次（Lynn 和 Shurgot，1984），另一项研究也发现外表是否具有吸引力是在线约会能否成功的唯一因素（Green，Buchanan 和 Heuer，1984）。人类就是这么肤浅！

漂亮带给我们的好处远不止约会那么简单（Etoff，1999；Langlois 等，2000）。长得漂亮的人享受更多的性生活，拥有更多的朋友，并且较之于其他人更容易收获快乐（Gurran 和 Lippold，1975），甚至在他们一生中收入要比其他人高出 10%（Hamermesh 和 Biddle，1994；见图 13.6）。我们还倾向于认为漂亮的人具备优秀的人格特质（Dion，Berscheid 和 Walster，1972），而在某些情况下的确如此。例如，由于漂亮的人拥有更多的朋友以及社会交往的机会，因此他们比不漂亮的人掌握了更好的社会技能（Feingold，

为什么外貌如此重要？

图 13.6 **身高很重要**。美国橄榄球联盟四分卫汤姆·布莱迪（Tom Brady）身高 6 英尺 4 英寸，他的妻子超模吉赛尔·邦臣（Gisele Bunchen）身高 5 英尺 10 英寸。研究表明，高个子的人每高一英寸，每年至少多赚 789 美元。数据图描述了美国白人男性平均时薪随身高变化而变化的情况（Mankiw 和 Weinzierl，2010）。

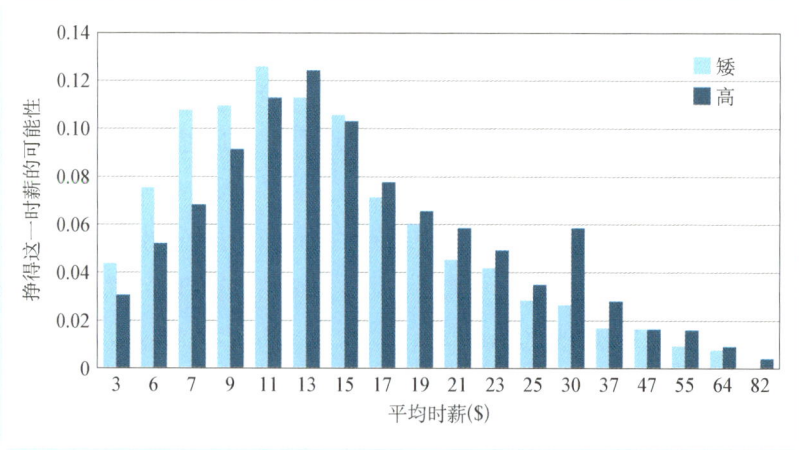

1992b）。外表的重要性甚至还会影响母亲对待自己孩子的方式：当孩子长得漂亮时，他们的母亲更具备爱心和活力（Langlois 等，1995）。事实上，漂亮的唯一坏处在于有的时候会给他人带来威胁感（Agthe，Sporrle 和 Maner，2010）。需要注意的是，男人和女人受到潜在伴侣外貌的影响程度是相同的（Eastwick 等，2011），但是只有男人更愿意承认这一点（Feingold，1990）。

以上是漂亮的好处，那么究竟什么是漂亮呢？对于这一问题，不同文化有不同答案。例如，在美国，绝大多数的女性都希望苗条，但是在毛里塔利亚，年轻女孩每天会强迫自己喝 5 加仑高脂牛奶，以希望哪天她们能够变得肥胖来吸引未来的丈夫。正如一位毛里塔利亚的妇女所说："男人希望女人胖，于是女人都很丰满。女人希望男人瘦，于是男人都很苗条。"（LaFraniere，2007）。在美国，绝大多数男人希望自己身材高挑，然而在加纳，大多数男人身材矮小，并且认为长得高是一种诅咒。一名典型身高的加纳男人认为"高个子会很尴尬，"另一名加纳男人则说道："当高个子站在人群中，身材矮小的人都会嘲笑他。"（French，1997）。

虽然不同的文化对漂亮有不同的评价标准，但是这些标准存在共同之处（Cunningham 等，1995）。例如，所有文化中的人对于自己理想伴侣的身材、面孔以及年龄都有相似的偏好。

> 体型。呈现"倒三角"的男性体型被认为更具有吸引力（即宽阔的肩膀，狭窄的腰部和臀部），而呈现"沙漏状"的女性体型被认为更具有吸引力（即宽阔的肩膀和臀部，狭窄的腰部）。事实上，很多文化认为最具有吸引力的女性体型应该是"完美沙漏"，即女性的腰部恰好是其臀部大小的 70%（Singh，1993）。文化可能会决定男人对女人胖瘦的喜好，但是在所有文化中，男人都偏好这样的女性的腰臀比例。

> 对称性。在所有文化中，人们都喜欢两边对称性的面孔和身材——即面孔和身材的左半部分是右半部分的镜像（Perilloux，Webster 和 Gaulin，2010；Perrett 等，1999）。

> 年龄。诸如大眼睛、高眉毛和小下巴等特征使人看起来不成熟或"娃娃脸"（Berry 和 McArthur，1985）。一般情况下，具备不成熟的特征的女性面孔被认为更有吸引力，而具备成熟特征的男性面孔被认为更有吸引力（Cunningham，Barbe 和 Pike，1990；Zebrowitz 和 Montepare，1992）。在已研究的所有文化中，女性喜欢岁数大的男性，而男性则喜欢年轻的女性（Buss，1989）。

外表传达了何种信息？

这是为什么呢？上述现象的产生有没有什么特殊原因？心理学家认为原因是存在的，他们认为自然决定了我们更容易被（a）拥有优秀基因的人以及（b）将来会成为称职父母的人所吸引（Gallup 和 Frederick，2010；Neuberg，Kenrick 和 Schaller，2010）。我们认为人具有吸引力的特点恰好是上述两点的可靠预测指标。例如：

> 体型。睾丸酮使得男性身体呈现"倒三角"正如雌激素使得女性身体呈现"沙漏状"。睾丸酮水平高的男性在社会上更容易占据主导地位，从而为抚育他们的后代提供更多的资源，而雌激素水平高的女性生殖能力更强，能够利用男性获得的资源来生育更多的后代。换句话说，体型是男性主导力和女性生殖能力的指标。事实上，拥有"完美沙漏"体型的女性较之于其他腰臀比例的女性生出的孩子更为健康（Singh，1993）。

> 对称性。对称性是基因健康的标志（Jones 等，2001；Thornhill 和 Gangestad，1993），这解释了为什么人们如此擅长发现它。事实上，女性能够仅仅通过气味辨别对称或不对称的男性，并且在排卵期的时候，女性对对称男性的偏好更为明显（Thornhill 和 Gangestad，1999）。

> 年龄。一般来说，年轻女性比年长女性生殖能力更强，而年长男性比年轻男性拥有更多的资源。因此，年轻的外貌是女性生殖能力的标志，正如成熟的外貌是男性抚养能力的标志。

如果我们仅仅会被拥有优秀基因的人或是将来会成为称职父母的人所吸引，那么就很难解释为什么不同文化的人会欣赏异性身上的如此之多的相同特质。当然，欣赏是一回事，行动是另一回事。研究表明，虽然每个人都渴望和最漂亮的人交往，但大多数人都会选择和自己吸引力相近的人约会和结婚（Berscheid 等，1971；Lee 等，2008）。

心理因素。如果吸引力仅仅是雄壮的二头肌或是高高的颧骨，那么为什么我们不跳过简单的交谈而直接从照片中挑选我们的伴侣呢？这是因为对于人类来说，吸引力远远不止这些（Lenton 和 Francesconi，2010）。在异性双方认识的早期阶段通过外表来评估对方是较为容易的，并且外表决定了谁会吸引我们的注意力，加快我们的心跳。然而一旦双方开始交往，人们会迅速地将注意力从外表上移走（Cramer，Schaefer 和 Reid，1996；Regan，1998）。他人的内在特质——人格、观点、态度、信念、价值、抱负以及能力——会决定我们是否会继续对他们保持兴趣。此外，还有一些众所周知的特质在人们心中的吸引力列表上占据前位。例如，智力、幽默、敏感和野心，而"恋爱经验丰富"则并不能吸引所有的人（Daniel 等，1985）。

我们希望自己的伴侣能够有多睿智呢？研究表明人们更会被与自己相似的人所吸引（Byrne，Ervin 和 Lamberth，1970；Byrne 和 Nelson，1965；Hatfield 和 Rapson，1992；

Neimeyer 和 Mitchell，1988）。我们会和与自己有相似教育水平，宗教背景，种族渊源，社会经济地位以及人格特质的人结婚（Botwin，Buss 和 Shackelford，1997; Buss，1985; Caspi 和 Herbener，1990）。我们甚至会被与我们用相同的方式使用代词的人所吸引（Ireland 等，2010）。事实上，在心理学家已研究的所有变量中，只有性别是唯一一个绝大多数人对不相似性存在偏好的变量。

为什么相似性是吸引力强大的决定因素？

为什么相似性如此具有吸引力？首先，我们更容易和与自己相似的人交往。双方能够在众多的问题上达成共识，例如，吃什么？在哪里居住？如何抚育孩子以及如何花钱？其次，当有人和我们拥有相同的态度和信念时，我们会更加相信这些态度和信念是正确的（Byrne 和 Clore，1970）。事实上，研究表明当人们的态度或者信念受到挑战时，他们更容易被相似的人所吸引（Greenberg 等，1990; Hirschberger，Florian 和 Mikulincer，2002）。最后，如果我们喜欢与我们有相同态度和信念的人，那么我们有理由期望对方因为相同的原因而喜欢我们，被喜欢是一种强大的吸引力的源泉（Aronson 和 Worchel，1966; Backman 和 Secord，1959; Condon 和 Crano，1988）。尽管我们喜欢那些喜欢我们的人，但值得注意的是，我们特别喜欢那些只喜欢我们而不喜欢其他人的人（Eastwick 等，2007）。

相似性是吸引力非常重要的来源。

我们对于相似性的渴求不仅仅局限于态度和信念，对于能力也是如此。例如，我们可能会崇拜杰出的运动员和演员，但是当他们成为我们的朋友或爱人时，这些杰出的人会威胁到我们的自尊，并且使我们对自己的能力有些许紧张（Tesser，1991）。因此，一般来说我们会被与自己能力相当的人所吸引——和我们一样——在某些方面无能为力。为什么？这是因为似乎完美无缺的人都是令人讨厌的。存在着某些缺陷或"人性弱点"的人会使得他们显得容易亲近——并且和我们更为相似（Aronson，Willerman 和 Floyd，1966）。

关系

一旦我们选择并吸引了一名配偶，我们便开始准备进行繁殖。一般来说，人类只有在建

为什么人们会建立长久的浪漫关系？

立了忠诚的、长期的两性关系之后才开始繁殖后代（Clark 和 Lemay，2010）。只有少数动物会建立这样的关系，那么为什么人类会这样呢？

答案之一在于我们还未成熟便已出生。由于人类需要较大的头部以容纳自己的大脑，因而完全发育的婴儿无法通过母亲的产道，所以婴儿尚未发育完全就出生。这意味着他们需要父母双方的照顾。如果人类婴儿和蝌蚪一样——一出生便可以游泳，寻找食物，并且能够躲避捕食者——那么，他们的父母可能就没有必要建立并保持两性关系。但是人类婴儿的生命是如此脆弱，以至于他们在能照顾自己之前需要父母多年细心照顾。这就是为什么成人在建立了忠诚的、长期的两性关系之后才开始繁殖后代的一个原因（顺便提一下，某些幼鸟也需要远多于一方哺育者所能提供的食物，相应地这些物种的成年鸟类同样倾向于建立长期的两性关系）。

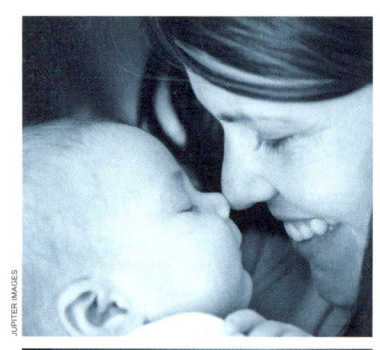

人类和鸟类有着共同之处：两者的后代在出生时都非常脆弱无助，都需要父母的精心照顾。因此，两者的父母都能保持长久的两性关系，并且两者对这一关系都非常推崇。

爱和婚姻。 在大多数文化当中，忠诚长期的两性关系由婚姻来建立，我们的文化同样如此。81%的美国男性和86%的美国女性在40岁前就已结婚（Goodwin，McGill 和 Chandra，2009）。但是当被问及结婚的原因时，很少有人会说他们是为了抚育尚未发育完全的下一代，大多数人会说他们是因为爱。事实上，85%的美国人表示如果没有爱他们将不会结婚（Kephart，1967；Simpson，Campbell 和 Berscheid，1986）；绝大多数美国人表示他们会牺牲其他的生活目标以获得爱情（Hammersla 和 Frease-McMahan，1990）；大多数美国人将爱看作是生命中两大最为重要的快乐源泉之一（Freedman，1978）。由爱而结合看似无庸置疑，然而在几个世纪以前并非如此（Brehm，1972；Fisher，1993；Hunt，1959）。古希腊和古罗马人会结婚，但是他们将爱情视作为一种疯狂（Heine，2010）。12 世纪的欧洲人也会结婚，但是在一般人看来，爱情是骑士和宫廷贵妇之间的游戏（这些贵妇的丈夫并不是骑士）。纵观历史，婚姻通常还具备经济功能（当然这其中绝无一丝浪漫）——从氏族之间达成协议到偿还债务——并且在很多文化中，婚姻仍然被如此看待。事实上，直到 17 世纪的时候，西方人才开始思考爱情可能是婚姻的一个原因。

但是究竟什么是爱？心理学家区分出两种最基本的类型：分别是**激情之爱**（passionate love），是指狂热的情感、寻求亲密无间以及强烈的性渴望等体验，以及**伴侣之爱**（companionate love），是指双方相互依恋、相互信任以及相互扶持等体验（Acevedo 和 Aron，2009; Hatfield，1988; Rubin，1973; Sternberg，1986）。理想的两性关系包含上述两种类型的爱，但是两者在产生速度、变化轨迹以及持续时间上明显不同（见图 13.7）。激情之爱使两性结合在一起：它来得迅速而猛烈，很快便达到顶点，并在随后的几个月中开始慢慢减弱（Aron 等，2005）。伴侣之爱使婚姻能够维持：它需要一段时间才能建立，其强度增长缓慢但永远不会停止增长（Gonzaga 等，2001）。

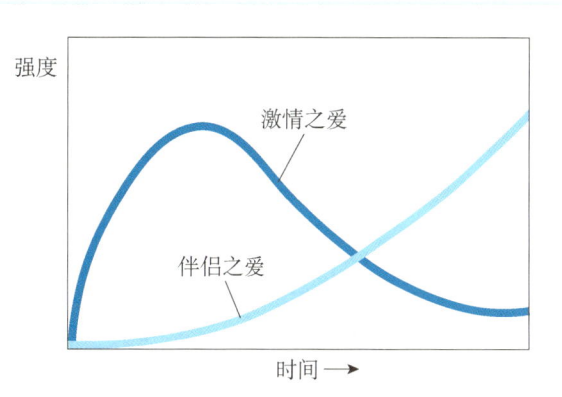

图 13.7 激情之爱和伴侣之爱。时间进程和变化轨迹是不同的。激情之爱在产生之后的几个月内开始减弱，而伴侣之爱虽然增长缓慢但随着岁月的流逝而愈加稳定。

离婚：当成本大于收益

最近的一次美国人口普查显示每两对夫妻当中，就有一对以离婚而告终。为什么会这样？虽然爱、快乐以及满足感可能会引导我们走向婚姻的殿堂，但是这些感觉的缺乏却似乎不至于导致婚姻的失败。婚姻的满意度和稳定性之间的关系

 人们如何衡量婚姻关系中的成本和利益？

是非常微弱的（Karney 和 Bradbury，1995），这说明夫妻关系的破裂或维持远不止满意度这么简单（Drigotas 和 Rusbult，1992; Rusbult 和 Van Lange，2003）。夫妻关系不仅给双方带来好处（爱，性生活以及经济保障），还给双方造成损失（责任，争吵以及失去自由）。**社会交换**（social exchange）理论认为只要人们对成本收益比满意，便会与他人维持这段关系（Homans，1961; Thibaut 和 Kelley，1959）。例如，人们能够接受某种关系中的成本收益比，那么这种关系便能得以保持，否则关系将会破裂。社会交换理论总体上是正确的，但是有三点重要的注意事项。

激情之爱（passionate love） 狂热的情感、寻求亲密无间以及强烈的性渴望等体验。
伴侣之爱（companionate love） 双方相互依恋、相互信任以及相互扶持等体验。
社会交换（social exchange） 只要人们对成本收益比满意，便会与他人维持这段关系。

- 任何可以接受的成本收益比取决于人们是否有选择的余地。个体的**比较水平**（comparison level）是指人们认为自己应该或者能够从另一段关系中所获得的成本收益比（Rusbult 等，1991; Thibaut 和 Kelley，1959）。男女双方被困在荒岛之中时可接受的成本收益比，当同样的两人处于繁华的大都市并且周围可以接触到其他的潜在伴侣时可能会变得不能被接受。因此，我们此刻能够得到的最好的，或者应该得到的成本收益比是我们可以接受的。

- 人们可能希望付出较少便可以得到较高的回报，但是他们也希望与自己伴侣的成本收益比大致相等。研究表明人们很看重**平等**（equity），其是指双方的成本收益比大致相等的情况（Bolton 和 Ockenfels，2000; Messick 和 Cook，1983; Walster, Walster 和 Berscheid，1978）。例如，较之于对成本收益比不甚满意，当伴侣双方的成本收益比存在差异时，人们会感到更加苦恼，甚至当自己所获得的成本收益比远远高于伴侣时同样如此（Schafer 和 Keith，1980）。事实上，给予对方太多的人与给予对方太少的人一样不受人喜欢（Parks 和 Stone，2010）。

- 人们之间关系的建立可以看作是人们对于时间、金钱以及情感的投资。研究表明，人们一旦开始为了建立关系而投入资源，他们将愿意接受不太满意的成本收益比（Kelley，1983; Rusbult，1983）。这就是为什么时间较短的婚姻比时间较长的婚姻更容易破碎的原因（Bramlett 和 Mosher，2002; Cherlin，1992）。

小结

▲ 生存和繁殖需要稀缺资源，攻击和合作是得到稀缺资源的两种途径。

▲ 攻击通常由消极情绪所致。产生消极情绪的原因很多，例如受到侮辱或天气炎热。个体感受到消极情绪从而攻击他人由两个因素决定，分别是生理因素（例如，睾丸酮高低）以及文化因素（例如，地理位置）。

▲ 合作是有益的，但也存在风险。降低合作风险的策略之一在于建立群体，群体中的成员对彼此存有积极的偏见。然而，不幸的是，群体经常做出错误的决策和糟糕的行为。

▲ 人类的很多行为看似在帮助他人，而实际上具有潜在的目的。但毫无疑问的是，人类有些

比较水平（comparison level） 人们认为在自己另一段关系中应该或者能够获得的成本收益比。

平等（equity） 双方的成本收益比大致相等的情况。

▲ 行为是完全利他的。

▲ 生理和文化因素使得女性繁殖的代价高于男性，这也是为什么女性在选择潜在伴侣时比男性更精挑细选的原因。

▲ 吸引力的大小取决于情境因素（例如接近性），外貌因素（例如身材是否对称）以及心理因素（例如相似性）。

▲ 男女双方在建立了长时间的恋爱关系后通常会繁殖后代。人们会权衡夫妻关系中的收益和成本，当人们认为自己在双方关系中应该获得更多的好处，或者当夫妻双方成本收益比相差太大，或者人们在这段关系中没有付出，人们都会倾向于结束这段关系。

社会影响：掌控他人

我们这些看着星期六上午的卡通片长大的人经常幻想自己最应该拥有某种超能力。力大无穷和风驰电掣显然会带给我们好处，隐身和可以发射 X 射线的眼睛既有趣又很实用，还有很多人很喜欢飞行能力。但是如果这一幻想真的能够实现，能够控制他人的能力无疑是最有用的。毕竟如果我们能够控制他人，谁还需要举起拖拉机或逮捕罪犯呢？如果我们能够控制他人，我们将会从他人那里得到美味的食物、有趣的工作、宽敞的居所以及豪华的轿车。如果我们能够控制他人，我们还能得到生活中最想要的事情——充满爱的家庭、忠诚的朋友、令人羡慕的子女以及欣赏你的上司。

社会影响 是指控制他人行为的能力（Cialdini 和 Coldstin，2004）。它是如何起作用的呢？如果你希望他人能够给予你时间、金钱、忠诚以及感情，你应该首先考虑他人的需要。人类有三种基本动机，这三种动机使得他们在面对社会影响时不堪一击（Bargh，Gollwitzer 和 Oettingen，2010; Fiske，2010）。首先人类具有享受快乐、逃避痛苦的动机（享乐动机）；其次人类具有追求被接受、避免被拒绝的动机（认可动机）；最后人类具有相信正确信息、不相信错误信息的动机（正确性动机）。正如你将要看到的，绝大多数的社会影响都通过上述一个或更多的动机在起作用。

社会影响（social influence） 控制他人行为的能力。

享乐动机：快乐优于痛苦

如果在世界上有一种动物喜欢痛苦而非快乐，那么它一定隐藏得很好，因为迄今为止，人类还没有发现它的踪迹。享乐是最基本的动机，社会影响通常这样起作用：按照我们希望的去做，你就能得到更多的快乐。父母、老师、政府以及商业机构通过给予奖赏和威胁惩罚来影响我们的行为（见图13.8）。奖赏和惩罚如何起作用没有任何神秘可言，并且经常是行之有效的。当新加坡政府法律规定在公共场合咀嚼口香糖者一旦被抓，将面临监禁一年、罚款5 500美元的惩罚时，世界各地都愤怒了。而当愤怒消退之后，不能忽视的一个事实是在公共场合咀嚼口香糖的现象在新加坡已经降到了历史最低点。可见，一次教训会让人记忆深刻。

奖励与惩罚的效果如何？

"记忆"一章中曾经介绍过即使是海蛞蝓这种甲壳内软体动物，在受到奖励时也会重复之前的行为，而受到惩罚时则会规避之前的行为。虽然人类同样是这样，但有的时候奖励和惩罚的效果却会适得其反。在一项研究中，研究者招募了一批对绘画感兴趣的学年前儿童，要求他们在单独的房间里作画，并告知其中一部分孩子，如果他们参与实

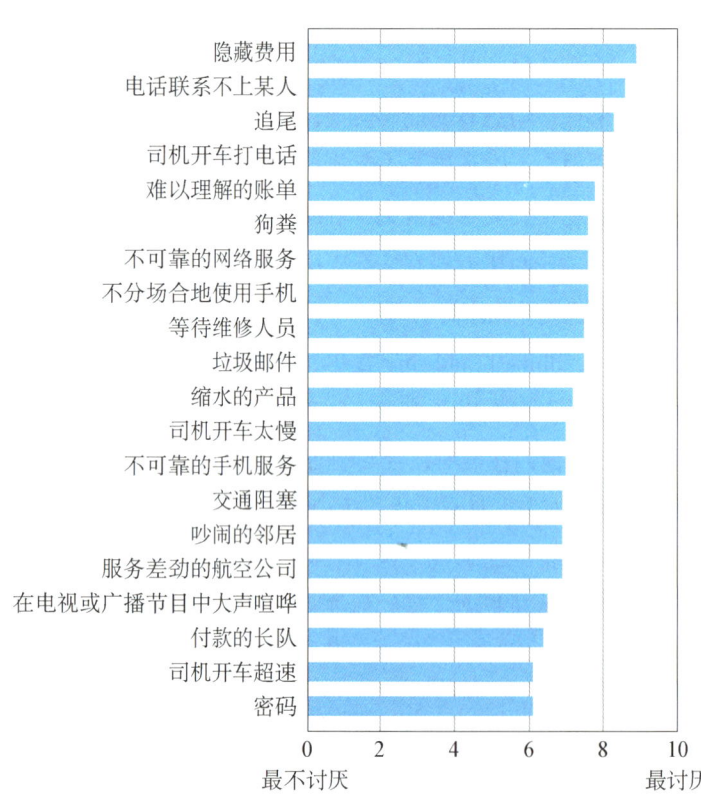

他人是我们奖励和惩罚的来源。在2010年的一项调查中，当美国人被问及他们最讨厌的事情时，在排名前20的事情当中，有19件是由其他人造成的。剩下的1件事情则是由他人养的狗造成的。

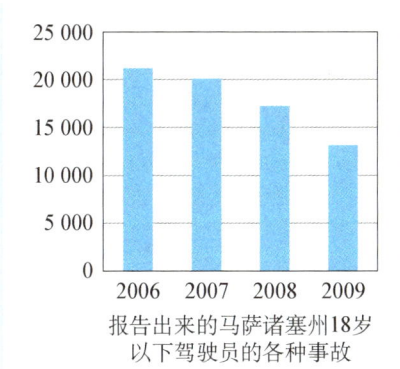

图13.8 超速的司机。马萨诸塞州曾经对于超速的惩罚很轻微。然而在2006年，立法机关修改了法律，规定年龄小于18岁的驾驶员一旦被发现超速行使将吊销驾驶证90天，罚款500美元，参加8小时的课堂培训，并重新参加美国的驾考。猜猜结果会怎样？18岁以下的驾驶员死亡率在短短的3年间便下降了38%，也就是说，多达8000名年轻生命因为享乐动机的作用而得到了拯救。

验，将得到一份带有金色印章和绶带的证书。结果第二天，这些奖励了的孩子和没有奖励的孩子相比，绘画兴趣反而下降了（Lepper，Greene和Nisbett，1973）。为什么会这样？第一天得到奖励的孩子认为绘画理所当然应该受到奖励，所以当没有人给他们奖励时，他们为什么还要绘画呢（Deci，Koesster和Ryan，1999）？此外，奖励和惩罚会导致适得其反的结果可能仅仅是因为人们不喜欢被人操纵。在一项研究中，研究者在一所大学的两间洗手间安置不同的警示牌。第一间中的警示牌上写着"请不要在墙上乱涂乱画"，第二间中的警示牌上写着"任何时候不允许在墙上乱涂乱画"。两周后，第二间洗手间的墙上出现了更多的涂鸦，这可能是因为学生不喜欢警示牌上的威胁语调，所以故意在墙上画画以证明他们不愿意受到威胁（Pennebake和Sanders，1976）。

认可动机：被接受优于被拒绝

因为他人的存在，我们免受了饥饿的痛苦、被捕食的危险以及孤独的折磨。因为他人的存在，我们甚至能够在海难中得以幸存。我们依靠他人来获得安全、得到食物并避免孤独，所以我

我们是如何受到他人行为影响的？

们具有强烈的让别人喜欢我们、接受我们并认可我们的动机（Baumeister和Leary，1995；Leary，2010）。同享受动机一样，认可动机使我们面对社会影响时不堪一击。

规范性影响

让我们来回想一下我们是如何坐电梯的。人们走进电梯后通常是面对电梯门，并且即使走进电梯前人们可能还在夸夸其谈，一旦进入电梯后人们往往缄默不语。除非电梯中只有两个人，在这种情况下，人们也只会侧着身子交谈，而不会背对着电梯门。虽然

文化与社区

免费停车

人们不喜欢被操控,当人们感到有人威胁到自己随心所欲做事情的自由时会变得不安和生气。这是不是西方人的典型反应?为了证明这一点,心理学家伊娃·乔纳斯(Eva Jonas)和她的同事要求大学生帮一个忙,并测量大学生们随后被激怒的水平(Jonas 等,2009)。在一种条件下,他们询问大学生是否愿意放弃自己在校园内一周的停车权利("你是否介意我使用你的停车卡,这样我就能在这栋大楼里参加一项研究?")在另一种条件下,他们询问大学生是否愿意放弃每个人在校园内一周的停车权利("你是否介意我们为了网球锦标赛而关闭整个停车场?")学生们对于这两个请求是如何作出反应的呢?

这取决于他们所在的文化。如图所示,欧裔美国学生更容易被限

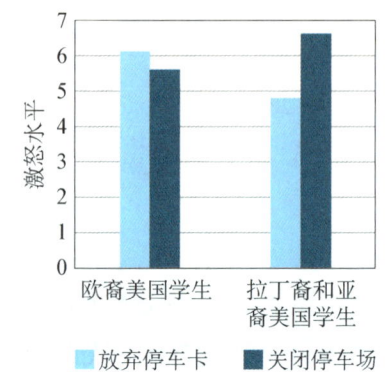

制他们个体自由,而非每个人自由的请求所激怒。("如果人们都不可以停车,那的确是不方便的。但是如果除了我之外每个人都能停车,那就太不公平了。")拉丁裔和亚裔美国学生则表现出与欧裔美国学生完全相反的反应。("他人的需求比单个学生的需求更重要,但是没有所有学生的需求重要。")由此看来,人们的确看中自由,但人们所看中的并非仅仅是自己的自由。

并没有人教过你上述规则,你却很容易领会到这一点。支配社会行为的不成文的规则被称为**规范**,它是被某一文化内的所有成员广泛分享的行为习惯标准(Cialdini, 2013; Miller 和 Prentice, 1996)。我们很容易习得这些规范,并会严格加以遵守,这是因为我们知道如果我们不这样,他人将不会认同我们。例如,任何人类文化都有存在着**互惠规范(norm of reciprocity)**,它指的是一种不成文的规定,即人们应该使那些让我们受

规范(norms) 被某一文化内的所有成员广泛分享的行为习惯标准。

互惠规范(norm of reciprocity) 一种不成文的规定,即人们应该使那些让自己受益的人受益。

益的人受益（Gouldner, 1960）。当一个朋友为你买了午餐，你会回请他；如果你不这样，你的朋友会感到恼火。事实上，互惠规范的力量是如此强大，以至于当研究者从电话簿中随机挑选陌生人并赠送他们圣诞卡片时，绝大多数人会回赠卡片（Kunz 和 Woolcott, 1976）。

规范是社会影响游戏中的强大武器。当他人的行为提供了关于"什么是恰当的"信息时，**规范性影响**便发生了（见图13.9）。例如，服务员精通所有的互惠规范，因此当他们给顾客账单时通常会赠送几粒糖果。研究表明，收到糖果的顾客会认为服务员给予了他们"额外的好处"，所以他们觉得有必要给予服务员"额外的恩惠"（Strohmetz 等，2002）。事实上，人们有的时候会拒绝他人给予的小礼物正是因为人们不想欠别人人情（Shen，Wan 和 Wyer，2011）。

互惠规范涉及交换，但交换的东西并不一定是利益。**吃闭门羹技巧（door-in-the-face technique）**是一种故意使某人拒绝自己最初请求的影响策略。它是这样起作用的：你向某人提出一个较大的请求，这一请求并非是你真实所想，你等待对方拒绝后（"将你拒之门外"），接着你提出一个较小的请求，这一请求才是你真实所想。例如，当研究者要求大学生被试作为志愿者照看野外旅行中的青少年时，只有17%的被试接受了这一要求。而当研究者首先要求被试承诺在两年内每周花费2小时在青少年拘留中心工作（几乎所有被试拒绝了这一要求），再要求他们照看野外旅行中的青少年时，50%的被试接受了这一要求（Cialdini 等，1975）。为什么会这样？互惠规范在起作用！研究者首先让被试帮一个大忙，被试拒绝了。接着，研究者作出让步，让被试帮一个小忙，因为研究者已经作出了让步，所以互惠规范导致被试同样作出

平均起来，你肥胖的风险会增长……

……57%
当你的一般朋友变得肥胖。

……171%
当你的亲密朋友变得肥胖。

……100%
如果你是男性，当你的男性朋友变得肥胖。

……38%
如果你是女性，当你的女性朋友变得肥胖。

……37%
当你的配偶变得肥胖。

……40%
当你的兄弟姐妹变得肥胖。

……67%
如果你是女性，当你的姐妹变得肥胖。

……44%
如果你是男性，当你的兄弟变得肥胖。

图13.9 关系的危害。 他人的行为定义了什么是"规范"，这就是为什么肥胖能够在社会关系网中"传播"的原因（Christakis 和 Fowler, 2007）。资料来源：1971年至2003年，弗明汉心脏研究（Framingham Heart Study）中对于12 067名被试的分析。

规范性影响（normative influence） 发生于他人行为成为"行为标准"时的一种现象。
吃闭门羹技巧（door-in-the-face technique） 故意使某人拒绝自己最初请求的影响策略。

了让步——让步的被试高达 50%！

从众

他人可以借助广为熟知的规范影响我们，例如互惠规范。但是，如果你曾经在餐厅里悄悄地偷看邻桌用餐，希望自己使用刀叉的方式和他人一样，那么你就能理解在模糊的、混乱的以及新颖的环境中，他人可以通过定义新的规范来影响我们。**从众（conformity）** 是指仅仅因为他人正在做某事而跟着他人去做此事的倾向，其部分原因是由于规范的影响。

为什么我们会效仿别人做事情？

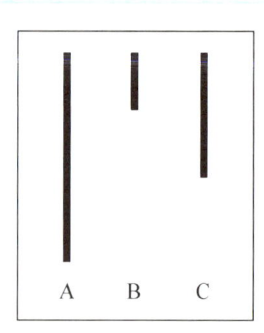

图 13.10　阿希从众研究。 如果有人问你右图中的三条线段（A，B，或者 C）哪条与左图的标准线段长度相等，你会怎么回答？从众研究表明，你的回答在某种程度上会受到同处一室的其他人对于该问题回答的影响。

在一项经典的研究，心理学家阿希（Solomon Asch）让真正的被试与其他 7 名假被试坐在同一实验室内，这 7 名假被试是训练有素的演员（Asch，1951，1956）。一名实验助手向被试解释实验任务：主试将给被试呈现两张卡片，其中一张卡片上印有一条"标准线段"，被试需要在另一张印有三条线段的卡片上找出与"标准线段"长度相同的线段（图 13.10）。主试要求被试轮流作答，而真正的被试被安排在最后作答。在前两个试次中一切正常，但从第三个试次开始，奇怪的事情发生了：所有假被试故意给出错误的答案！此时，真正的被试会怎么做呢？75% 的被试至少在一个试次中趋向从众选择了错误的答案。后继的调查显示被试们并非错误地感知了线段的长度，而是屈服于规范性影响（Asch，1955；Nemeth 和 Chiles，1988）。作出错误的回答显然是在"做正确的事情"，所以被试作出了这样的选择。

其他人的行为告诉我们哪些行为是合适的、恰当的、被期待的以及被人接受的（换句话说，他人的行为定义了规范），并且一旦规范被制定，我们会尊重它。当位于亚利

从众（conformity）　仅仅因为他人正在做某事而跟着他人去做此事的倾向。

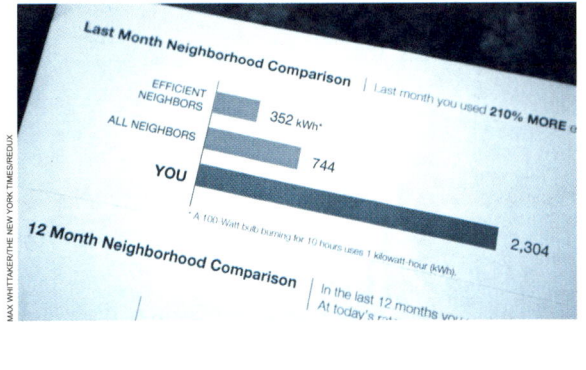

图 13.11　家居生活的规范性影响。 2012 年，萨克拉门托市政部门随机挑选了 35 000 名客户，并给他们寄去了如图所示的电费单。这一电费单上不仅显示了每个家庭的用电量，还显示了与他们家庭规模相似的邻居的用电量。当市政部门分析数据后发现，收到上述电费单的客户较之于收到传统电费单的客户，用电量下降了 2%（Kaufman，2009）。显然，规范性影响可以是一股积极的力量。

桑那州坦佩的假日酒店（Holiday Inn）在顾客的浴室内留下各种卡片信息，希望顾客能够重复使用酒店提供的毛巾，而不是每天都拿去洗涤时，发现最有效的信息是"75% 的顾客不止一次的重复使用他们的毛巾"（Cialdini，2005）。当萨克拉门托市政部门随机挑选了 35 000 名客户，并给他们寄去了标有与他们邻居用电量相比较的电费单时（见图 13.11），用电量下降了 2%（Kaufman，2009）。可见，规范性影响可以是一股积极的力量。

服从

他人的行为可以提供关于规范的信息，但是在大多数情况下，我们会认同少数人享有特殊的权利，他们能够制定并执行规范。在电影院工作的家伙可能是一些有着狂热喜好的高中生，他们留着糟糕的头发，晚上 10 点前必须返回校园，但是在电影院当中，他们就是权威。所以当他们要求你在看电影时停止发短信并收起手机时，你会按照要求去做。**服从（obedience）** 就是按照权威人士要求我们做的去做的倾向。

为什么我们会服从权威人士呢？好吧，的确，有时候他们有枪。尽管权威人士通常具备奖励和惩罚我们的权利，然而研究表明绝大多数的影响来自于规范的力量（Tyler，1990）。心理学家米尔格拉姆（Stanley Milgram）在一项著名的心理学实验中证明了这一点。在实验开始前，被试会遇到一名自称同样是来参加实验的中年男子，而实际上该名男子是一名训练有素的演员。随后，一名身穿实验室工作服的主试向被试解释实验任务：被试需要扮演教师的角色，而演员则需要扮演一名学生。教师和学生分处不同房间，教师通过麦克风阅读单词给学生听，学生需要重复这些单词给教师反馈。一旦学生在反馈

服从（obedience） 按照权威人士要求我们做的去做的倾向。

> **其他声音**　91%的学生阅读了以下内容并爱上了它

酗酒是美国大学校园普遍存在的问题（Wechsler和Nelson，2001）。大约一半以上的学生报告有酗酒行为。酗酒会导致缺课、学习落后、醉驾以及没有保护措施的性行为的产生。那么，学校应该怎么做呢？

大学采取了一系列的措施，包括教育和禁酒，但是没有一项措施效果明显。然而最近，一些学校采取了一种被称为"社会规范"的新举措。这一举措虽然出人意料的有效，但是也存在着争议。蒂娜·罗森伯格最新的一本著作为《加入俱乐部：同伴压力如何改变世界》（*Join the Club: How Peer Pressure Can Transform the World*）。在下面的文章中，她描述了上述技术及争议。

……同大多数大学一样，坐落在美国迪尔卡市的北伊利诺伊大学面临着严重的学生酗酒问题。20世纪80年代，学校采用了一些常规方法试图降低学生饮酒量。一种方法是警告青少年酗酒产生的后果。"这是一种'不要拿着尖锐的棍子跑，否则就会戳瞎你的眼睛'的行为改变策略，"学校促进健康服务机构协调员迈克尔·海恩斯（Michael Haines）说道。当上述策略不见成效时，海恩斯尝试采用了恐吓和提供指导性信息相结合的方法："好吧，可以喝，但不要喝得太多——一旦你饮酒过多，糟糕的事情就会发生在你的身上。"

上述策略同样失败了。1989年，在被调查的学生当中，共有45%的学生报告说在聚会上他们饮酒要超过5杯，这一比例比学校采取措施之前反而略微有所提升，并且学生认为过量饮酒很平常，他们相信69%的同学在聚会上同样会喝这么多酒。

然而，恰恰是在那个时候，海恩斯已经开始了一些新的尝试。1987年，海恩斯参加了美国教育部举办的关于高等教育中的酗酒问题的会议。会议中，韦斯·帕金斯（Wes Perkins），一名霍巴特和威廉史密斯学院的社会学教授，以及艾伦·博格维茨（Alan Berkowitz），一名学校咨询中心的心理学家，展示了一篇他们刚刚发表的心理学论文，该论文的主题关于学生的饮酒行为如何受到同伴的影响。"同伴影响的研究已经有几十年了——这篇论文并没有什么新的东西。"帕金斯在会议上说道。然而这篇论文的创新之处在于研究者发现当学生被问及同伴的饮酒量时，学生大大高估了这一数值。研究者认为，如果这是学生对同伴压力的一种回应，那么这种同伴一定是学生虚构的群体。

据此，帕金斯和博格维茨得出结论：也许学生的酗酒行为可以仅仅通过告诉他们事情的真相而得到改变。

海恩斯随后在北伊利诺斯大学做了调查，发现在学生中的确存在着歪曲同伴饮酒量的情况。因此，他决定尝试新的措施，该措施的主题定为"绝大多数学生饮酒很适度"。针对该措施的活动主要包括在校园报纸《北极之星》上刊登一系列的公益广告，广告上配有学生图片和醒目的标题，标题上写着"北伊利诺斯大学三分之二的学生（72%）在聚会时仅喝5杯酒或更少。"

海恩斯的工作人员还制作了关于校园饮酒事实的海报，并告诉学生如果当校园巡视员走过来时这些海报已经贴在墙上，他们将得到5美元（共有35%的学生这样做了）。然后工作人员们为兄弟会和姐妹会的学生们制作了一些圆形小徽章——这些学生酗酒更为严重——也就是这些学生声称"我们中的大多数（都会喝5杯以上）"。这些学生如果被发现佩戴了这种圆形小徽章，将会再得到5美元。这些圆形小徽章被刻意做得很神秘，因此打开了话匣子。

在这一措施实施的头一年中，学生感知到的酗酒率便从69%跌至61%，而实际酗酒率从45%跌至38%。这一措施共持续了10年。最终，北伊利诺斯大学的学生认为在他们的同伴中只有33%的人阵发性地酗酒，而实际上这一比率仅为25%——相对于之前的44%下降了很多。

为什么这一措施没有得到广泛推广呢？原因之一在于其存在争议。告诉学生"你们当中的绝大多数人饮酒很适度"与告诉他们"不能饮酒"完全不同（两者是如此的不同，事实上，由美国安海斯—布希公司赞助的、总部坐落在弗吉尼亚大学的国家社会规范研究所，决定削弱对这一措施的支持）。这一措施还激起了一些人的愤怒，他们到处游说，主张应该采取清晰的、强有力的禁止喝酒的措施——尽管如此，禁止并不能减少不良行为，而社会规范的影响却可以……

社会规范是一种强有力的但同时充满争议的改变行为的工具。当我们在和学生谈论校园饮酒问题时，我们是应该告诉他们真相（即使真相有点丑陋），还是应该告诉他们什么是最应该做的（即使他们不太可能照此去做）？

来源：《纽约时报》，2013年3月27日。

中出错，教师需要按下按钮对学生实施电击（见图13.12）。电击仪（实际上完全是假的）提供30种不同水平的电击，最低15伏特（标记为轻微电击），最高450伏特（标记为严重电击）。

为什么我们要按照他人告诉我们做的去做？

在学生被绑在椅子上之后，实验开始了。学生第一次犯错时，被试按照要求施加了15伏特的电击。随着错误逐渐增多，学生被电击的次数也越来越多。当被试施加75伏特电击时，学生痛苦地叫出声来。当150伏特时，学生开始大声尖叫："让我离开这儿。

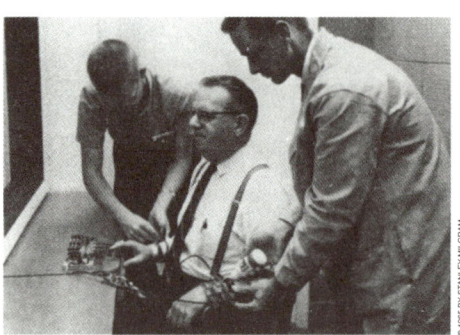

图 13.12 米尔格拉姆服从研究。在米尔格拉姆服从研究中,学生(左图)正被连接到电击仪(右图)上。

我告诉过你我有心脏问题……我拒绝继续下去。让我出去!"随着电击伏特数的增高,学生的尖叫声越来越惊人。当电压升至 330 伏特时,学生停止了所有反应。被试看到这一切后会感到不安,会要求主试停止实验,但主试只是回答说:"你没有选择,你必须继续下去。"主试并未以任何形式的惩罚威胁被试,他只是手里拿着笔记本,冷静地站在一边命令被试继续按钮。那么被试会怎么做呢? 80%的被试会继续电击学生,即使当学生开始尖叫,不断抱怨,苦苦哀求最终保持沉默时仍然如此;62%的被试坚持到实验的最后,施加了可能达到的最高电压。米尔格拉姆的实验虽然已经过去的将近半个世纪,而近期的一项研究重复了该实验的结果,并得到了相同比例的服从率(Burger,2009)。

这些人是精神不正常的虐待狂吗?或者仅仅是因为那些身穿实验室工作服的家伙告诉他们这样去做时,这些正常人才会选择向陌生人施加电刑吗?只要"正常"在此意味着对社会规范的敏感,那么后者似乎是合理的解释。实验中的被试明白伤害他人通常是错误的,但却并不总是消极的:医生打针会带来疼痛;学校考试会造成痛苦。在很多情况下伤害他人是允许的,甚至是可取的,例如,为了使某人达到更高的目标而对其进行磨练。主试冷静而坚持的命令使被试觉得主试明白在此情景下哪些行为是恰当的,自己要做的只是按照命令行事。后续的研究进一步证明了被试的服从是由于规范性影响。当主试的权威受到削弱(例如,当主试们的意见产生分歧或主试并未穿着实验工作服时),被试很少会遵从命令行事(Milgram,1974; Miller,1986)。

正确性动机:正确信息优于错误信息

当你感到饥饿时,你会打开冰箱拿出苹果来吃,这是因为你知道苹果(a)味道不错并且(b)贮藏在冰箱里。上述行为同绝大多数行为一样都依赖于**态度(attitude)**和**信念(belief)**。前者指的是对某个对象或事件、积极或消极的持久性评价,后者指的是对

态度(attitude) 对某个对象或事件持久的、积极或消极的评价。

信念(belief) 对某个对象或事件持久的知识。

某个对象或事件持久的知识。在某种程度上，我们的态度告诉我们应该做什么（吃苹果），我们的信念告诉我们如何去做（打开冰箱）。如果我们的态度或信念不够准确——即如果我们不能区分好与坏，对与错——那么我们的行为将一无所获。因为我们是如此依赖我们的态度和信念，所以我们希望它们都是正确的就不足为奇了。

信息性影响和规范性影响的不同之处是什么？

信息性影响

如果购物中心里的每个人突然尖叫着向逃生通道狂奔，你极有可能会加入他们的行列——并不是因为你害怕得不到他们的认可——而是因为他们的行为表明他们这样做是有道理的。当他人的行为提供了"什么是正确的"信息时，**信息性影响（informational influence）**便产生了。你可以通过一个小实验来体会信息性影响的重要性：你站在人行道的中间，抬起头来盯着一座高楼的顶部，研究发现在此情境下几分钟之内，其他人将会效仿你的行为（Milgram、Bickman 和 Berkowitz，1969）。为什么会这样？这是因为人们认为如果你在看些什么，那么必定有什么事情是值得一看的。

我们时刻会成为信息性影响的目标。当销售人员告诉你"大部分人会用富余的钱来买 iPad 时"，他实际上是在巧妙地暗示你在购买相关产品时应该考虑他人的信息。那些自称是"最受欢迎的"软饮料以及"最畅销"的热卖书的广告在提醒你其他人正在购买广告中的饮料和书籍，并暗示他们知道一些你不知道的信息，所以你应该效仿他们的行为。情景喜剧里会穿插录制好的笑声，因为制片商明白当你听见笑声的时候，你会盲目地认为一定有什么会很有趣（Fein、Goethal 和 Kugler，2007；Nosanchuk 和 Lightstone，1974）。即使还有很多空置的包厢，酒吧和夜总会也会故意安排顾客排队等候，因为他们知道行人将会看到排队的人并由此认为夜总会物有所值。总之，世界上充满了我们知之甚少的事情和事物，我们能够通过留意他人解决这些事情的方式来弥补自身的无知。正是那些促使我们向信息开放的事情使得我们容易被他人操控。

说服

随着下一次美国总统大选的临近，有两件事情将会上演。首先，候选人表示他们将会对民众关心的问题给出好的解决方案。随后他们开始忽略问题、避免争论，试图通过廉价的把戏和情感上的诉求来赢得选票。候选人承诺去做的和他们实际会做的反映了两

信息性影响（informational influence） 他人的行为提供了"正确"信息时所发生的现象。

现在在总统竞选电视辩论中播放选民对候选人反应的实时画面的情况非常普遍。然而最新的研究表明这些信息不仅会影响到观众对谁将赢得电视辩论的看法，还会影响到他们的投票决定（Davis，Bowers 和 Memon，2011）。

种基本的**说服**（persuasion）模式，说服是指人们的态度和信念在与他人交往过程中受到影响时发生的现象（Albarracin 和 Vargas，2010；Petty 和 Wegener，1998）。为了说服你，候选人将会承诺他们会解决你所关注的问题，并表明他们在该问题上的立场是最实际的、最明智的、最公平的和最有益的。为了使承诺更为有力，他们会动用大量经济资源，利用一切的手段和方法，例如，穿着得体、保持微笑；邀请著名的体育和电影明星伴其左右；将其对手的照片与本拉登的头像放在一起等等。换言之，候选人在竞选当中作出的承诺属于**系统性说服**（systematic persuasion）方式，是指通过诉诸于理性来改变态度和信念的过程。然而，实际上他们会将大量的时间和金钱用在**启发式说服**（heuristic persuasion）方式上，是指通过诉诸于习惯

什么时候诉诸于理由比诉诸于情感更有效呢？

或情感来改变态度和信念的过程（Chaiken，1980；Petty 和 Cacippo，1986）。

这两种形式的说服是如何起作用的呢？系统性说服诉诸于逻辑和理由，认为当证据充足、论证充分时，人们更容易被说服。启发式说服诉诸于习惯和情感，认为人们不会权衡各种证据和观点，而是会使用启发式（捷径或"经验规则"）来帮助他们决定是否相信某个信息（见"语言和思维"章节）。哪种说服方式更为有效取决于人们的意愿以及分析和权衡问题的能力。

在一项研究中，学生们听到一段演讲，演讲的内容是关于学校制定综合性考试的理由。其中有些理由较为充分，而有些理由较为薄弱（Petty，Cacioppo 和 Goldman，1981）。一

说服（persuasion） 人们的态度和信念在与他人交往过程中受到影响的现象。
系统性说服（systematic persuasion） 通过诉诸于理由来改变态度和信念的过程。
启发式说服（heuristic persuasion） 通过诉诸于习惯或情感来改变态度和信念的过程。

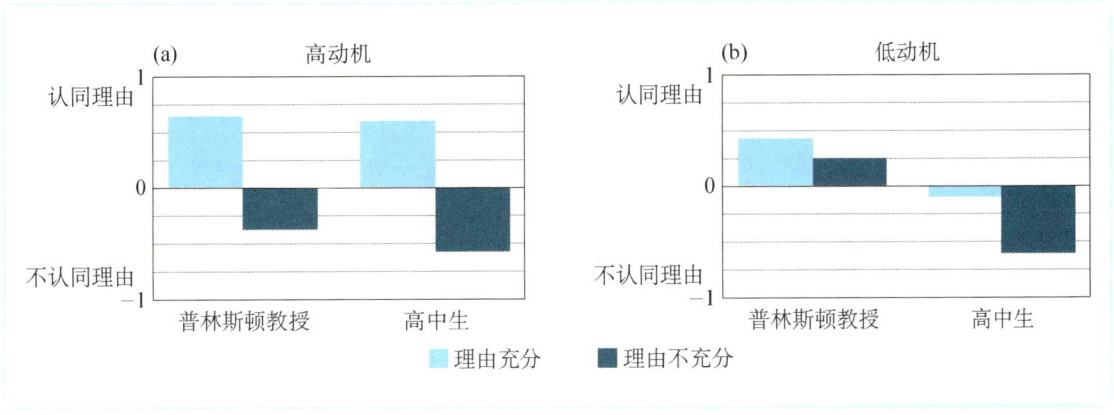

部分学生被告知演讲者是普林斯顿大学的教授，另一部分学生则被告知演讲者是一名高中生——学生可以利用这一信息快速判断演讲是否可信；此外，一部分学生被告知学校考虑立刻将这些考试付诸实施，另一部分学生则被告知学校考虑十年后实施这些考试——这一信息决定了学生是否有动机去分析这些理由。如图 13.13 所示，当学生的动机被激发时，他们更容易受到系统性说服的影响，即他们的态度和信念受到理由充分性而非演讲者身份的影响；然而当学生的动机未被激发时，他们更容易受到启发式说服的影响，即他们的态度和信念受到演讲者身份而非理由充分性的影响。

图 13.13 系统性说服和启发式说服。（a）系统性说服：由于自己将受到影响，学生分析理由的动机被激发起来，他们的态度将受到理由充分性的影响（理由充分较之于理由薄弱更具有说服力），但并未受到信息传达者身份的影响（普林斯顿大学教授并不比高中生更具有说服力）。（b）启发示说服：由于与己无关，学生分析理由的动机未被激发，他们的态度将受到信息传达者身份的影响（普林斯顿大学教授比高中生更具有说服力），但未受到理由成分性的影响（理由充分并不比理由薄弱更具有说服力）。

 为什么我们要在乎一致性?

一致性

如果一位朋友告诉你一群兔子在南极洲发动政变，停止了所有的胡萝卜出口，你一定不会打开美国有线电视新闻网（CNN）。你会立刻明白你的朋友正和你开玩笑（或者愚不可及），因为该信息与你的常识不一致。例如，兔子无法发动革命并且南极洲也不出产胡萝卜。人们通过评估新信念与旧信念的一致性来判断新信念的准确性。虽然这并不能保证每次判断都能准确无误，但其提供了较为准确的近似估计。我们有着追求准确性的动机，而一致性能够大致反映准确性的情况，因此我们同样有着追求一致性的动机（Cialdini，

Trost 和 Newsom，1995）。

这一动机使我们容易接受社会影响。例如，**登门槛效应（foot-in-the-door）**是指提较大的请求之前先提一个较小的请求（Burger，1999）。在一项研究中（Freedman 和 Fraser，1966），实验人员到两个居民区劝人在房前竖一块写有"小心驾驶"的大标语牌。在第一个居民区向人们直接提出这个请求，结果遭到很多居民的拒绝，接受的仅为被要求者的17%。在第二个居民区，先请求各居民在一份赞成安全驾驶的请愿书上签字，这是很容易做到的小小要求，几乎所有的被要求者都照办了。几周后再向他们提出竖牌的请求，结果接受者竟占被要求者的55%！为什么居民更有可能答应两个请求，而不是一个请求呢？

让我们体会一下第二个居民区居民的感受：他们认为安全驾驶非常重要，并且已经在赞成安全驾驶的请愿书上签了字，然而他们从内心并不愿意在自家门前竖立大标语牌，当试图解决这一矛盾时，他们已经陷入了**认知失调（cognitive dissonance）**之中。认知失调是指个人由于自身行为、态度或信念的不一致性所产生的不愉快的状态（Festinger，1957）。一旦人们体验到认知失调，第一反应便是缓解这一感受，其中一种方法是使新行为与自己之前一贯的行为、态度以及信念保持一致（Aronson，1969; Cooper 和 Fazio，1984）。因此，第二个居民区的居民才会同意实验人员进一步的请求。最近的研究表明利用这一现象能够产生良好的效果：当要求酒店顾客在承诺成为"地球的朋友"的请愿书上签字时，25%的顾客在入住期间会重复使用浴室的毛巾（Baca-Motes 等，2013）。

我们通过改变我们的行为、态度和信念以缓解认知失调的事实会产生一些有趣的、潜在的影响。例如，一项研究中，实验人员要求女大学生参加每周一次的讨论，讨论的主题是关于"性心理"。控制组中的女性被允许立刻参与讨论，而实验组的女性需要首先阅读淫秽小说给一名陌生男子听，并进行相应的、令人尴尬的测试，随后才能参加讨论。虽然实验人员尽可能地使讨论枯燥无味，但实验组中的女性与控制组中的女性相比，认为讨论更为有趣（Aronson 和 Mills，1958）。为什么呢？实验组中的女性认为她们为参加讨论付出了高昂的代价（"我大声阅读了整个色情小说！"），但是这一代价却与讨论本身的价值不相称。因此，她们体验到了认知失调，为了缓解认知失调所带来的不适，她们改变了对于讨论是否有价值的信念（见图13.14中的解决方案1）。我们通常认为我们愿意为某件事情付出代价是因为这件事情对我们有价值，但是正如上述研究所示，人们有时候认为某件事

当我们不一致时会发生什么？

登门槛效应（foot-in-the-door technique） 提较大的请求之前先提一个较小的请求的说服技术。

认知失调（cognitive dissonance） 个人由于自身行为、态度或信念的不一致性所产生的不愉快的状态。

情有价值恰恰是因为他们已为此付出了金钱、时间、注意力、泪水、汗水及血水等诸多代价。明白了这一点就不难理解为什么一些学生社团利用受辱来培育忠诚；一些宗教组织要求信徒捐献大量财物，做出个人牺牲；一些美食餐厅漫天要价却能不断吸引回头客；一些男人或女人玩着欲擒故纵的游戏却总能保持住追求者的兴趣。

我们有着追求一致性的动机，但是有时候我们并不能始终保持一致。例如，当你朋友的发型实际上很难看时，你可能却会评价说很"前卫"。在这种情境下，我们为什么没有感到认知失调，却相信自己的谎言呢？这是因为评价你朋友的发型很"前卫"虽然和事实不一致，但是却和一个人应该对朋友友善的信念想吻合。当较小的不一致置于较大的一致背景下时，认知失调便降低了。

例如，在一项研究中，主试要求被试完成一项及其枯燥的任务，即先朝一个方向旋转旋钮，然后再朝相反方向旋转，依次不断重复。任务完成之后，主试要求他们告诉下一个等待完成任务的被试这个工作非常有趣，只要愿意说谎，每个

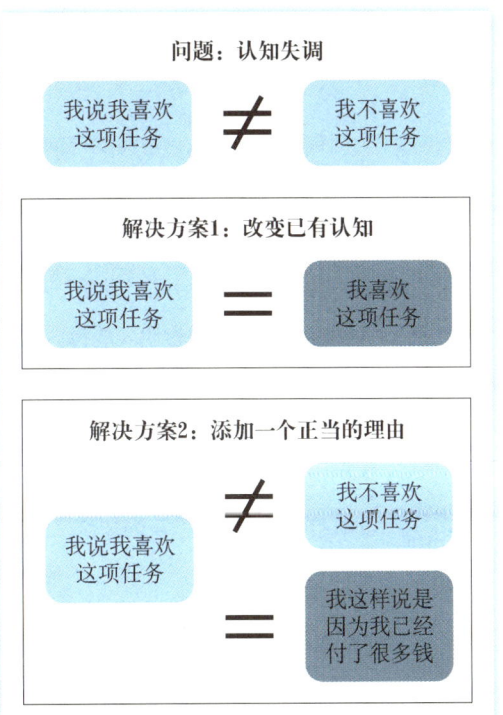

图 13.14　减轻认知失调。为了没有价值的事物而受苦会导致认知失调。减轻认知失调的方法之一在于改变对于已有事物价值的认识。

人都可获得一笔 1 美元或 20 美元的报酬。几乎所有的被试都答应了这个说服的工作，并拿到了报酬。最后，研究者再让这些被试填写问卷，评估他们刚做的这些任务的枯燥程度。结果显示，获得 20 美元说谎报酬的被试对任务的评价很低，不愿意再参加类似的任务，而获得 1 美元说谎报酬的被试反而觉得这任务好像并不那么枯燥、很有趣，甚至表示下次还愿意参加类似的任务（Festinger 和 Carlsmith，1959）。这是为什么呢？因为对于被试来说，当他被迫说谎时，他就出现了认知失调：一方面的认知是刚刚完成的任务的确枯燥，另一方面的认知是我被要求说谎，告诉别人这些任务比较有趣。在这个时候，拿钱多少就影响了他解决认知失调的方式。拿 20 美元的被试会觉得，虽然我说了谎，但是我拿到了一笔不小的报酬，所以说谎是值得的。这样，通过引入外部原因，他就在保留了认为任务枯燥的认知的情况下解决了认知失调问题。但是拿 1 美元的被试不可能利用这微薄的报酬解决认知失调，他的解决方案就是改变之前的信念：提高对任务有趣性的认知——既然自己是真心这么认为，这样他对别人讲这任务有趣时就不算说谎，于是

> **小结**

▲ 人们有着追求快乐、避免痛苦的动机（享乐动机），因此人们会受到奖励和惩罚的影响，虽然影响的效果有时候会适得其反。

▲ 人们有着获得他人认可的动机（认可动机），因此人们会受到社会规范的影响，例如互惠规范。人们经常会通过观察他人的行为来判断什么是规范，从而最终遵从或服从于他人，这有时候会导致灾难性结果。

▲ 人们有着追求真理的动机（正确性动机），因此人们会受到他人行为和表达的影响。这一动机会促使人们在自身的态度、信念和行为中寻找一致性。

认知失调也解决了（见图 13.14 中的解决方案 2）。

社会认知：理解他人

想想歌手弗朗西斯·奥申（Frank Ocean）就会激活你大脑皮层的内侧前额叶皮质。你还在想着他吗？是吗？是吗？

弗朗西斯·奥申（Frank Ocean）即性感又有才华。无论你是否赞同上述观点，这句话都激活了你大脑皮层的内侧前额叶皮质。当人们在思考其他人的特征，而非其他事物特征时，这一大脑区域被激活（Mitchell，Heartherton 和 Macrae，2002）。虽然当你在休息的时候，大脑的绝大部分区域活动水平降低，但这一区域却始终保持活跃状态（Buckener，Andrews-Hanna 和 Schacter，2008）。为什么在人脑当中存在这样一个特殊区域用来专门加工你可能遇到的百万分之一的物体的信息？为什么这一区域始终保持活跃？

在你可能遇到的无数事物当中，其他人的信息是最为重要的。**社会认知（social cognition）**是指人们理解他人的过程，你的大脑整天都在为此奔波忙碌。无论你是否知道，你的大脑始终在推断他人的想法和

社会认知（social cognition） 人们理解他人的过程。

感觉，信念和欲望，能力和愿望，意向，需求以及特征。这种推断基于两种信息：人们所属的类别以及人们的言行。

刻板印象：从类别中作出推论

让我们回顾一下"语言和思维"章节的内容。归类是指人们将单个刺激识别为某类相关刺激的成员的过程。一旦我们将某个新异刺激视为某类刺激的一员（"那是一本教科书"），我们就可以利用已有类别的知识去推断新异刺激的属性（"这很可能非常昂贵"）并据此去行事（"我想我会去非法下载"）。

我们推断事物的能力同样会用来推断他人。**刻板印象（stereotyping）** 是指人们基于他人归属类别的知识推断他人特征的过程。一旦我们将某人归为某一类别，我们就可以利用已有类别的知识来推测他的特征。例如，如果我们将某人归类为成年人、男性、棒球运动员、俄国人，那么我们可以作出如下推论：他会剃胡子而不会剃腿毛；他熟知内野高飞球的规则；他

刻板印象可以是不准确的。史洛莫·凯尼格（Shlomo Koenig）并不符合人们对于警察或老师的刻板印象，但他两者都是。

刻板印象是如何起作用的？

比我们更了解弗拉基米罗维奇·普京（Vladimir Putin）。当我们给儿童糖吃而不是香烟；当我们向加油站工作人员询问方向而不是财务建议，我们实际上就是在根据这些我们之前从未见过的人的所属类别来推论他们的特征。正如上述例子所示，刻板印象对于我们非常有用（Allport，1954），然而，自从该词由记者沃尔特·李普曼（Walter Lippmann）在 1936 年创造出来之后，其一直存在着贬义。为什么？因为刻板印象虽然很有用，但经常会产生有害的结果。刻板印象的四种特性——不准确性、过度使用、自我延续和自动化——会使我们经常犯错误。

刻板印象有时并不准确

我们对他人作出的推论并非总是很正确。虽然没有任何证据表明犹太人特别贪图

刻板印象（stereotyping） 人们基于他人归属类别的知识推断他人特征的过程。

科学热点

婚礼策划师

人类大脑的大小在短短的 200 万年间已经增大了 2 倍。社会脑假说（The social brain hypothesis，Schultz 和 Dunbar，2010）认为这主要是为了帮助人们处理每天生活在大的社会群体中的复杂的事情。那么有哪些复杂的事情呢？

好吧，让我们想象一下在一场婚礼当中为了安排宾客就座，你需要知道的事情。雅各布叔叔喜欢诺拉奶奶吗？诺拉奶奶讨厌表哥迦勒吗？如果确实如此，雅各布叔叔也讨厌表哥迦勒吗？如果婚礼中仅有 150 名宾客，你就需要考虑超过 10 000 对这样的二元关系——然而，尽管人们不会算帐或无法解决"数独"问题，在处理上述问题时却得心应手。人类天生是社会学家吗？

在最近的一项研究中（Mason 等，2010），研究者试图回答这一问题。研究者直接比较了人们解决社会问题和解决非社会问题的能力。非社会问题涉及对于金属的推论。主试告诉被试有两组基本的金属类型，属于同一类型组的金属彼此互相"吸引"，而属于不同类型组的金属彼此互相"排斥"。在经过一系列试次的练习之后，主试告诉被试某对特定金属之间的关系，并要求被试对于金属之间缺失的关系进行推论。例如，主试告诉被试"金"和"锡"都被"铂"所排斥，然后要求被试判断"金"和"锡"的

享乐或者非裔美国人特别懒惰，美国大学生却在上世纪绝大部分时间内持有上述观点（Gilbert，1951；Karlins，Coffman 和 Walters，1969；Katz 和 Braly，1933）。这些观点并非与生俱来，那么它们是如何获得的？无非有两种途径：亲眼所见或道听途说。事实上，我们所知道的某类人的信息绝大多数来自于他人的谈论。大多数对犹太人或非裔美国人存有偏见的人在现实生活中可能从未接触过这两类人，他们的观点完全来自于道听途说。

为什么即使我们亲眼所见，仍然可能对群组产生错误的信念？

然而即使亲眼所见也会形成不正确的刻板印象。例如，在一项研究中，被试需要观看一系列积极和消极行为，主试告诉被试这些行为由两组成员完成：组 A 和组 B（见图 13.15）。主试将消极行为的呈现时间严格控

关系。

对于上述关系的推论,研究者还设计了另外一个社会问题的版本。主试告诉被试有两组人,属于相同组的人互相吸引,而属于不同组的人互相排斥。经过一系列试次的练习之后,被试掌握了特定个体之间的关系,例如戈登和蒂姆被帕特里克所排斥,此时主试要求被试推论戈登和蒂姆之间的关系(正确答案是"他们互相吸引。")

虽然上述社会问题任务和非社会问题任务在逻辑上是相似的,但研究结果显示被试在回答社会问题时速度更快,也更为准确。当研究者借助磁共振成像(MRI)重复上述实验时,发现两种任务都激活了大脑皮层中用来演绎推理的脑区的活动,但仅有社会问题任务激活了大脑皮层中用来理解他人思想的脑区的活动。

可见,我们思考他人的能力比我们思考其他事物的能力要强得多,这对于社会脑的假说是个好消息——对于婚礼策划师的推广同样是好消息。

制为总时间的三分之一,并使组 A 的成员人数多于组 B 的人数。当观看完这些行为后,被试准确地报告出组 A 中消极行为的呈现时间,却错误地认为组 B 中的消极行为占到总时间的一半以上(Hamilton 和 Gifford,1976)。

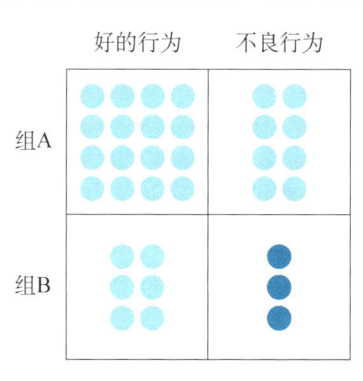

图 13.15 无中生有的联系。组 A 和组 B 都表现出 2/3 的好的行为和 1/3 的消极行为,但由于不良行为较少且组 B 人数也较少,以至于当两个条件同时发生时会引起被试的注意和记忆,从而导致被试在群组成员和行为之间建立了并不真正存在的联系。

为什么会这样？不良行为较少并且组 B 人数也较少，因此，当两个条件同时满足时会格外引起被试的注意（"嘿！异常的 B 组人又在做异常糟糕的事情"）。这一结果可以解释为什么大群体成员会高估小群体成员的犯罪率。可见，即使我们亲眼所见，仍然会对其他群体中的成员产生不正确的信念。

刻板印象易被过度使用

? 分类如何歪曲感知？

因为所有的图钉都很相像，所以我们对于图钉的刻板印象（小，便宜，被戳到会很痛）非常有用。我们能毫不费力地将一类图钉和另一类图钉区分开来。但是人与人之间差异太大，以至于刻板印象只能提供某类人群的极其粗略的线索。你可能认为男性的上肢力量要大于女性，这种观点总体来说是正确的。但是不同类别个体的上肢力量差异很大，因此你不能仅仅依据性别来判断对方究竟能够提起多重的物体。人类类别的内在变异使得刻板印象没有想象中的那么大作用。

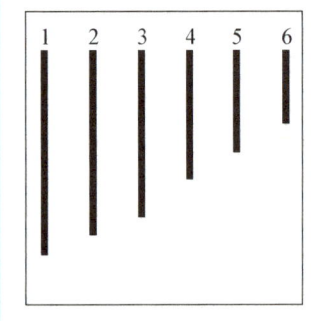 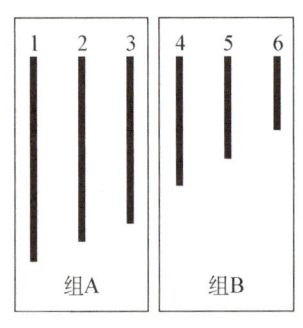

图 13.16 分类如何歪曲感知。在右图中，人们倾向于高估线段 1 和线段 3 之间的相似性，而低估线段 3 和线段 4 之间的相似性。简单地将线段 1—3 标记为组 A，而将线段 4—6 标记为组 B 使得同组内的线段看似更相似，而不同组内的线段看似更不相似。

但是，我们却很少能认识到这一点，这是因为仅仅是分类这一行为也会歪曲我们对于类别变异性的感知。例如，在一些研究中，主试向被试呈现多条不同长度的线段（见图 13.16；McGarty 和 Turner, 1992; Tajfel 和 Wilkes, 1963）。对于第一组被试，较长的线段被标记为组 A，较短的线段被标记为组 B（见图 13.16 右图）；对于第二组被试，线段不做任何标记（见图 13.16 左图）。有趣的是，研究结果发现第一组被试会高估组 A 和组 B 组内线段的相似性，而低估组 A 和组 B 组间线段的相似性。

你肯定有过类似经历。例如，我们都会对颜色进行分类（蓝或绿），这种分类会使我们高估同类颜色的相似性，而低估不同类颜色的相似性。这就是为什么我们在观看彩虹时，会将流畅的颜色连续体知觉为离散色带的原因（见图 13.17）。当两座城市（孟菲斯和皮尔）同属于一个国家时，人们会低估他们之间的距离；而当两座城市（孟菲斯和多伦多）分属于不同国家时，人们则会高估他们之间的距离（Burris 和 Branscombe,

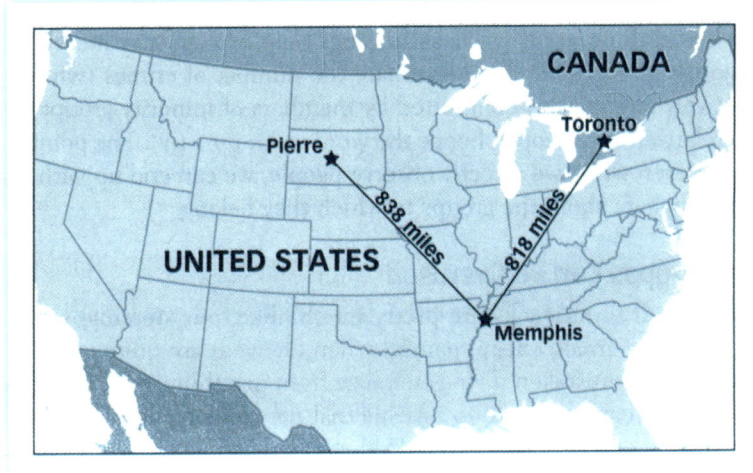

图 13.17 感知的类别。分类能够影响我们如何感知颜色以及估计距离。

2005)。事实上人们相信较之于邻国地震，当自己国家地震时，他们更能够感觉到 230 英里以外的地震（Mishra 和 Mishra，2010）。

我们对于颜色相似性和城市距离的认知错误同样会发生在对他人特征的判断上。仅仅是关于黑人或白人，犹太人或非犹太人，艺术家或会计师的划分也会使我们低估相同类别人与人之间的差异性（"所有艺术家都很古怪"），而高估不同类别人与人之间的差异性（"艺术家比会计师更古怪"）。当我们低估相同类别人与人之间差异的时候，实际上我们就高估了刻板印象的作用（Park 和 Hastie，1987；Rubin 和 Badea，2012）。

刻板印象能够自我延续

当我们遇见一名喜欢芭蕾舞而不喜欢足球的司机，或者遇见一名喜欢嘻哈音乐而不喜欢巴赫的老年人时，为什么我们不能改变已有的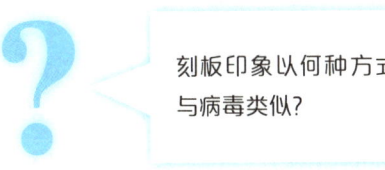
刻板印象以何种方式与病毒类似？

刻板印象呢？答案在于刻板印象能够自我延续。同病毒和寄生虫一样，一旦它们占据了我们的思想便会和我们抵抗到底。具体来说，有以下三个原因：

> **自我实现预言** 是指人们会按照他人对自己的期望去行事的倾向。当人们了解到他人对自己形成了负面刻板印象时，他们会感到**刻板印象威胁**，害怕他人可能持有的负面信念得到确认和加强（Aronson 和 Steele，2004；Schmader，Johns 和 Forbes，2008；Walton 和 Spencer，2009）。然而，这种担心却可能会强化威胁自己的负面刻板印象。在一项研究中，非裔美国人和白人学生分别被安排参加一项

自我实现预言（self-fulfilling prophecy） 人们会按照他人对自己的期望去行事的倾向。
刻板印象威胁（stereotype threat） 害怕他人可能持有的负面信念得到确认和加强。

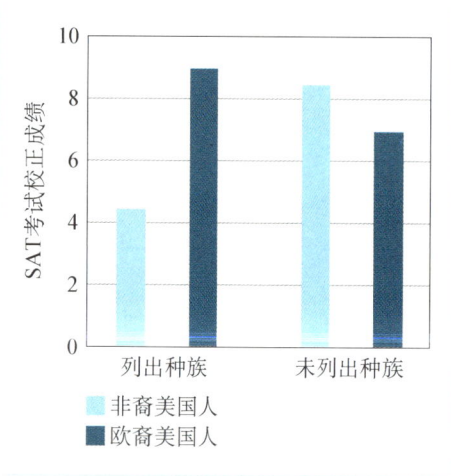

图 13.18 刻板印象威胁。当要求被试做测试之前表明他们的种族时，他们的测试成绩要低于平时的学业水平（通过他们的 SAT 分数来测定）。

测试，研究者要求每组学生的一半在试卷顶端填写他们的种族信息。结果发现，当学生未被要求填写自己所属种族时，他们都发挥了正常的考试水平；然而当学生被要求填写该信息时，非裔美国人担心会强化他人对自己种族的负面刻板效应，从而导致他们考试发挥失常（见图 13.18）。刻板印象能够自我延续的部分原因在于人们的行为会强化他人对自己所形成的刻板印象。

> 即使人们并未强化他人对自己的刻板印象，旁观者也会经常认为他们已经强化了。**知觉证实（perceptual confirmation）**是指人们会按照自己期望所能感知的去知觉他人的倾向。在一项研究中，被试通过广播收听一场大学篮球比赛，并被要求评估其中一名队员的表现。虽然所有被试收听的内容相同，但研究者使其中一部分被试相信该名队员是非裔美国人，而使另一部分被试相信其是白种人。结果发现，被试会根据对不同种族所形成的刻板印象来评价该名运动员的表现。前者认为该名运动员展现出非凡的运动能力，而后者认为其表现出了杰出的篮球智商（Stone，Perry 和 Darley，1977）。刻板印象能够自我延续的部分原因在于它会使我们对他人的感知出现偏差，从而使我们相信他人的行为证实了我们的刻板印象，虽然事实并非如此。

那么当他人的行为与我们的刻板印象明显不一致时会发生什么呢？**亚归类（subtyping）**是指当人们接受到不一致的证据时，倾向于修正而不是丢弃已有的刻板印象（Weber 和 Crocker，1983）。例如，绝大多数人认为公关人员擅于交际。在一项研究中，被试了解到一名公关人员不太擅于交际，在得知这一信息后，被试略微调整了已形成的对公关人员的刻板印象。但是，当被试了解到该名公关人员非常不擅于交际时，他们的刻板印象未得到丝毫改变（Kunda 和 Oleson，1997）。相反，他们通过认为该名公关人员是"特例"来保持已有刻板印象的完整性。亚归类是人们面对自相矛盾的证据时保存已有刻板印象的一种强有力的方法。

知觉证实（perceptual confirmation） 人们会按照自己期望所能感知的去知觉他人的倾向。
亚归类（subtyping） 当人们接受到不一致的证据时，倾向于修正而不是丢弃已有的刻板印象。

刻板印象可以自动形成

如果我们认识到刻板印象是不准确的并且能够自我延续，那么我们为什么不下定决心停止使用它们呢？这是由于刻板印象的产生是无意识的（这意味着我们并不总能知道我们正在做什么）和自动化的（这意味着尽管我们费尽心思却仍无法避免它的形成;Banaji 和 Heiphetz，2010; Greenwald, McGhee 和 Schwartz，1998; Greenwald 和 Nosek，2001）。

我们能够决定不使用刻板印象吗？

例如，在一项研究中，主试要求被试玩一种电子游戏。游戏中，被试需要向指定的图片射击。图片有四种类型，分别是拿着枪的黑人男性，拿着枪的白人男性，拿着照相机的黑人男性以及拿着照相机的白人男性，图片在屏幕上快速闪现，时间小于1秒钟。当被试向拿着枪的男性射击时将会赢钱，但当被试向拿着照相机的男性射击时将会输钱。研究结果显示被试会犯两种类型的错误：他们倾向于向拿着照相机的黑人男性射击，而不向拿着枪的白人男性射击（Gorrell 等，2002）。虽然图片在屏幕上呈现的速度非常快以至于被试没有足够时间思考他们的刻板印象，但是刻板印象在潜意识中仍然发挥着作用：人们会误将黑人手中的照相机当作是枪，而将白人手中的枪当作是照相机。令人遗憾的是，黑人被试会和白人被试一样犯同样的错误。为什么会出现这种情况？

刻板印象由某类人的所有信息组成，这些信息来自于多年以来我们与他人的交往，来自于阅读书籍和浏览博客，来自于笑话、电影以及夜间电视节目。当我们在电影中看见黑人拿着枪时，我们将两者联系在一起。虽然我们意识到这是电影片段而并非真实的生活场景，这种联系仍然建立起来并被我们牢记，而随后我们无法决定自己不受任何影响。

事实上，一些研究表明尝试不使用刻板印象反而会使事情变得更糟。在一项研究中，主试向被试呈现一张粗暴的"光头"男性的照片，并要求被试写一篇文章来描述该名男性生活中代表性的一天。主试提醒一部分被试不应让对于光头的刻板印象影响到自己的写作，而对另一部分被试没有任何提醒。接着，主试将被试带到一间屋子，屋内有八张空椅子，第一张椅子上放有一件外套。此时，主试向被试解释这件外套属于一个光头，他刚刚去了洗手间。那么此时被试会选择

2007年，路透社新闻摄影师纳米尔·卢·埃尔登（Namir Noor-Eldeen）被美军直升飞机上的士兵开枪打死，士兵错将他的摄像机当成了武器。如果埃尔登是一名金发白人或一名女性，士兵还会犯同样的错误吗？

坐在哪里呢？结果发现，之前接到主试提醒的被试较之于没有接到提醒的被试选择离第一张椅子更远的椅子入座（Macrae 等，1994）。正如"意识"那章所指出的，思维压抑的讽刺性在于我们尝试避免去做的却经常是我们正在做的事情。

刻板印象是无意识的和自动化的，但它并非是不可避免的（Blair，2002; Kawakani 等，2000; Milne 和 Grafman，2010; Rudman，Ashmore 和 Gary，2001）。例如，经过特殊训练的警察在玩上述照相机和枪的视频游戏时并不会像普通人那样犯同样的错误（Correll 等，2007）。同普通人一样，他们在决定向白人射击而不向黑人射击时需要花费几毫秒的时间思考，这表明刻板印象无意识地、并自动化地影响着他们的思维。但与普通人不同的是，他们向黑人射击的频次并不比白人多，这表明他们已经学会如何阻止这些刻板印象影响自己的行为。其他研究也表明即使最简单的锻炼也能减少刻板印象自动化的影响（Phills 等，2011; Todd 等，2011）。

归因：从行动中作出推论

1963 年，马丁·路德·金（Martin Luther King）发表了《我有一个梦想》的演说。在演说中，他描述了自己对美国的愿景："我梦想有一天，我的四个儿女将生活在一个不是以皮肤的颜色，而是以品格的优劣作出判断标准的国家里。"对于刻板印象的研究表明时至今日，金博士的担忧仍然是合理的。我们的确凭借着肤色、性别、国籍、宗教信仰、年龄以及职业来评价他人，正因为这样，我们经常会犯错误。然而，如果我们以品格的优劣来评价他人，情况是否会好转呢？如果我们能设法"关掉"我们的刻板印象而将每个人作为个体对待，我们的判断是否会准确呢？

一个人的行为能告诉我们关于他的什么信息？

未必如此！将每个人作为个体对待意味着依靠他们的言行来作出判断。这比听起来要难得多，因为某人是什么样的人与他的言行之间的关系并不总是简单明朗的。一个诚实的人为了减少朋友的尴尬可能会撒谎，一个不诚实的人为了提升自己的信誉可能会说真话。快乐的人会有伤感的时刻，彬彬有礼的人在遇到交通堵塞时也会很粗鲁，瞧不起我们的人在需要帮忙时更会对我们阿谀奉承。总之，人们的行为有时会告诉我们他们是什么样的人，但有时它只是告诉我们他们碰巧所处的情境。

为了了解他人，我们不仅需要知道人们在做什么，还需要知道人们为什么这样做。那名打出本垒打的击球手是一名天才球员，还是仅仅是由于运气？那名正在发表反对堕胎演说的政治家是真正反对堕胎，还是仅仅是为了赢得保守派的选票？当我们对这些问题作出回答时，我们便是在作出**归因**，是指人们对于他人行为原因的推论（Epley 和 Waytz，2010；Gilbert，1998）。当我们判定他人的行为是由于一些临时性的原因所致（"他很幸运，风将球吹到了看台上"），我们是在作出情境归因（situational attributions）；而当我们判定他人的行为是由于其相对持久的思维倾向、感觉方式或行为习惯所致，我们是在作出个性归因（dispositional attributions）（"他眼神锐利，挥棒有力"）。

我们怎么知道是应该做出个性归因还是应该做出情境归因呢？根据共变模型（covariation model）理论（Kelly，1967），我们在对他人行为归因时需要考虑三种信息，分别是一贯性、一致性和特异性。例如，为什么图 13.19 的男人会戴乳酪状的帽子？他很愚蠢吗（个性归因）？或者他是一个正常人，只不过正在去威斯康辛橄榄球比赛的路上（情境归因）？根据共变模型，你可以通过了解三个方面的信息来回答上述问题：他的行为是否具有一贯性（他经常戴这顶帽子吗？）、一致性（其他人也戴这样的帽子吗？）以及特异性（他还做了别的愚蠢的事情吗？）。如果他每天都戴这样的帽子（高一贯性），今天没有人戴乳酪形状的帽子（低一致性），并且他还会做其他一些愚蠢的事，例如，穿着小丑鞋子向着路人奇怪地吼叫（低特异性），你就可以做出个性归因（"他是一个彻头彻尾的傻瓜"）。另一方面，如果他很少戴这样的帽子（低一贯性），今天很多人戴乳酪形状的帽子（高一致性），并且他没有做其他愚蠢的事（高特异性），你就可以做出情境归因（"他是一名观看比赛的球迷"）。如图 13.19 所示，一贯性、一致性和特异性提供了关于他人行为起因的有用

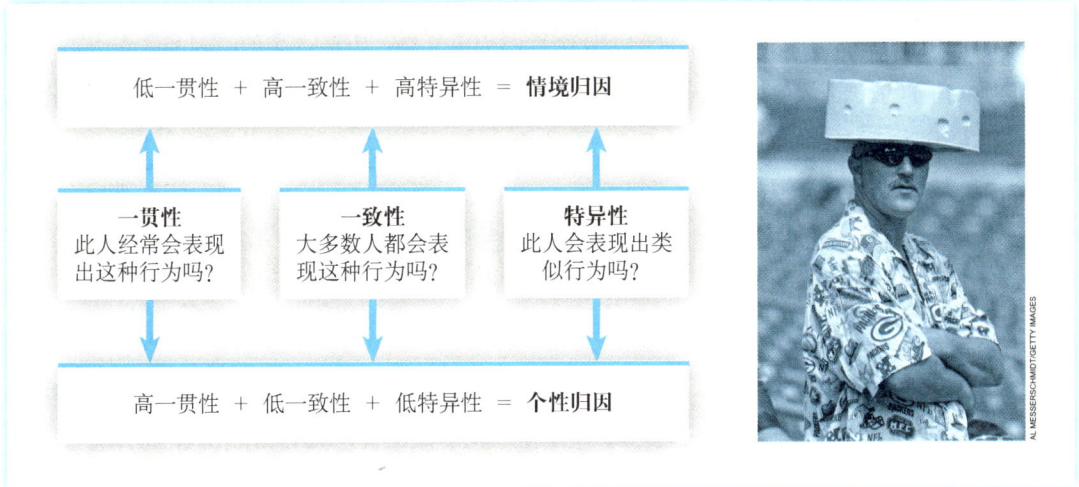

图 13.19 归因的共变模型。共变模型告诉我们对于他人的行为我们是应该作出个性归因还是情境归因。

归因（attribution） 人们对于他人行为原因的推论。

信息。

虽然看似很合理，但研究表明人们并不总是会使用这些他们应该使用的信息。**对应偏差（correspondence bias）** 是指当我们应该做出情境归因时却做出个性归因的倾向（Gilbert 和 Malone，1995; Jones 和 Harris，1967; Ross，1977）。这种偏差很常见、很基础，因此我们通常将其称为基本归因错误（fundamental attribution errors）。例如，在一项研究中三名被试一起玩一项小游戏。其中一名被试扮演测试者并编制一些非同寻常的问题；另一名被试扮演参赛者并需要回答测试者的问题；第三名被试扮演观察者，他只需要观看前两人之间的提问和作答。测试者会基于自己特有的知识背景故意提一些棘手的问题，对于这些问题参赛者通常无法作答，观察者的任务则是判断测试者和参赛者谁更有学问。虽然测试者的问题很精彩，参赛者的回答很糟糕，但是观察者应该明白这只是由于他们在游戏中所扮演的角色决定的，如果两者的角色互换，参赛者同样会给出精彩的问题，而测试者的回答同样会非常糟糕。即便如此，观察者仍然倾向于认为测试者比观察者更有学问（Ross，Amabile 和 Steinmetz，1977），并在接下来的游戏中更喜欢选择测试者作为自己的合作伙伴（Quattrone，1982）。即使我们知道一名成功的运动员常常有着主场优势，一名成功的企业家也常常有着家族背景。但我们仍然倾向于将他们的成功归因为天赋和坚韧。

是什么原因导致了对应偏差的产生？首先，行为的情境性起因经常是无法看见的（Ichheiser，1949）。例如，教授们会认为奉承他们的学生是真正崇拜他们，尽管这些学生溜须拍马的强烈动机来源于教授们掌控了他们的成绩。问题是，教授们可以看到学生面对无知的笑话却哈哈大笑，听完无聊的讲座却热烈鼓掌，但是他们看不到自己控制着学生的分数。情境不像人的行为那么有形或可见，所以它太容易被我们忽视（Taylor 和 Fiske，1978）。其次，情境归因比个性归因更复杂，需要更多的时间和注意力。一项研究中，被试需要在承担认知负荷任务（即记住一个 7 位数的数字）的同时做出归因，结果发现他们在做个性归因时不费吹灰之力，但是在做情境归因时却困难重重（Gilbert，Pelham 和 Krull，1988; Winter 和 Uleman，1984）。简言之，关于情境的信息很难得到，也很难使用，因此，即使从情境方面可以做出相当合理的解释，我们却更愿意相信他人的行为取决于他们的性格。

对应偏差在某些文化中比其他文化（Choi，Nisbett 和 Norenzayan，1999）、在某些人中比其他人（D'Agostino 和 Fincher-Kinfer，1992; Li 等，1999）、在某些情境中比其他情境更为强烈。例如，较之于评价自己，我们在评价他人的时候更容易出现对应偏

对应偏差（correspondence bias） 当我们应该做出情境归因时却做出个性归因的倾向。

差。**行动者/观察者效应（actor-observer effect）** 是指解释自己行为时做情境归因，而观察别人行为时做个性归因的倾向（Jones 和 Nisbett，1972）。当要求大学生解释自己和朋友选择某专业的原因时，他们倾向于从情境方面解释自己的选择（"我选择经济学是因为，我父母告诉我一旦上了大学，我必须自给自足"），而从个性方面解释朋友的选择（"利亚选择经济学是因为她是一个物质的人"）（Nisbett 等，1973）。行动者/观察者效应发生的原因在于与他人相比，人们通常掌握了导致自己行为产生的更多的情境性信息。我们都能记得从父母那儿听来的"哪些专业将来更有用"的"讲座"，但我们无法得知利亚是否也从父母那了解到了这些知识。作为观察者，我们自然而然地关注对方的行为，但是作为行动者，我们则完全关注我们行为发生的情境。事实上，当让人们观看自己的谈话录像，允许他们了解朋友眼中的自己时，他们会对自己的行为做出个性归因，而对朋友的行为做出情境归因（Storm，1973; Taylor 和 Fiske，1975）。

布什兄弟（州长杰布，总统乔治）都是事业有成的人。他们的成功是由于自身的特点还是家族的金钱和声望？

小结

▲ 人们基于他人所属的类别来推论他人（刻板印象）。但由于刻板印象是不准确的、易被过度使用，能够自我延续，并且是无意识的和自动化的，因此刻板印象会导致我们误解他人。

▲ 人们基于他人的行为来推论他人。但由于人们更倾向于将他人的行为归因为个性而非情境，因此这种归因方式会导致我们误解他人。

行动者/观察者效应（actor-observer effect） 解释自己行为时做情境归因，而观察别人行为时做个性归因的倾向。

本章回顾

关键概念小测试

1. _____是指使用武力以获得稀缺资源。
   a. 攻击
   b. 挫折
   c. 目标设定
   d. 社会性

2. 某人侵入了你的电脑，盗取了你的个人信息，用你的账户，以你的名义购买了商品和服务，他是基于以下哪个原则来行事的？
   a. 攻击
   b. 社会认知
   c. 负性情感
   d. 挫折——攻击

3. 为什么攻击行为——从暴力犯罪到运动员之间的冲突——更有可能发生在炎热的日子里，尤其当我们感到恼火和不舒服的时候？
   a. 挫折
   b. 负性情感
   c. 资源稀缺
   d. 生理因素和文化因素的交互作用

4. 攻击行为的最佳预测指标是什么？
   a. 温度
   b. 年龄
   c. 性别
   d. 地位

5. 囚徒困境游戏描述了_____。
   a. 假设证实偏见
   b. 责任扩散
   c. 群体极化
   d. 合作的成本和效益

6. 以下哪一项不是群体所带来的负面效应？
   a. 群体内成员会对群体内其他成员持有积极性偏见，并且以对他们有利的方式对待他们。
   b. 群体内成员对非群体内成员持有偏见和歧视。
   c. 群体有时候会做出错误的决定。
   d. 群体可能会采取极端的行为，这一行为在个体身上不会发生。

7. 以下哪一项更好地描述了互惠利他主义？
   a. 当置身于群体当中时，人们变得不关心个人的价值。
   b. 被排除在群体之外所产生的焦虑、孤独和沮丧。
   c. 长时间的合作。
   d. 个体与自己亲属合作的进化过程。

8. 以下哪一项不是女性在选择配偶时越来越精挑细选的原因？
   a. 较之于男性，女性性行为会付出更高的代价。
   b. 共同抚养孩子的方式可以用来解释女性精挑细选的原因。
   c. 从历史上来看，较之于男性，女性性行为的声誉代价更高。
   d. 怀孕增大了女性对于营养的需要，并将她们置于疾病和死亡的风险当中。

9. 以下哪一项是影响吸引力的情境因素？
   a. 接近性

b. 相似性

c. 外貌

d. 人格

10. 目前，大约_____的美国男性和_____美国女性在40岁前就已结婚？

　　a. 50%；50%

　　b. 90%；10%

　　c. 80%；85%

　　d. 10%；90%

11. 以下哪种假设认为只要人们觉得成本收益比是可行的，便会与他人保持这段关系？

　　a. 伴侣之爱

　　b. 曝光效应

　　c. 社会交换

　　d. 公平

12. 以下哪种动机描述了人们如何积极地追求快乐和逃避痛苦？

　　a. 情绪动机

　　b. 正确性动机

　　c. 认同动机

　　d. 享乐动机

13. 按照权威人士要求我们做的去做的倾向被称为_____。

　　a. 说服

　　b. 服从

　　c. 一致性

　　d. 自我实现预言

14. 人们开始了解他人的过程被称为_____。

　　a. 个性归因

　　b. 正确性动机

　　c. 社会认知

　　d. 认知失调

15. 我们应该做出情境归因时却做出个性归因的倾向被称为_____。

　　a. 比较水平

　　b. 刻板印象

　　c. 共变

　　d. 对应偏差

关键术语

社会心理学	攻击	挫折—攻击假设	合作
群体	偏见	歧视	共同知识效应
群体极化	群体思维	去个性化	责任扩散
社会惰化	旁观者干预	利他主义	亲缘选择
互惠利他	曝光效应	激情之爱	伴侣之爱
社会交换	比较水平	平等	社会影响
规范	互惠规范	规范性影响	吃闭门羹技巧
从众	服从	态度	信念

信息性影响	系统性说服	启发式说服	登门槛效应
认知失调	社会认知	刻板印象	自我实现预言
刻板印象威胁	知觉证实	亚归类	归因
对应偏差	行动者—观察者效应		

> **转变观念**

1. 你所在国家的一名参议员正在支持一项议案。如果该项议案通过，将会对闯红灯的攻击性驾驶员处以数额巨大的罚款。你的一位同学认为这是一个好主意："教科书已经教给了我们很多关于惩罚和奖励的知识。这很简单。如果我们惩罚了攻击性驾驶员，开车闯红灯的数量将会下降。"你同学的观点是正确的吗？新的法规会适得其反吗？有没有另外一种促进安全驾驶的行之有效的措施？

2. 你的一位朋友性格外向，有趣，并且是学校女子篮球队的运动明星。她正在和一个男生约会。该男生性格内向，喜欢玩电脑游戏，不喜欢参加聚会。你取笑他们之间的性格差异，她回答到："好吧，异性相吸。"她是对的吗？

3. 2011年底，一位联邦法官裁定纽约市消防部门长期进行歧视性招聘，系统性地排斥少数民族，从而导致部门内成员白人占到总数的97%，而黑人占到纽约市人口的25%。你的朋友阅读了该案例，并嘲笑到："人们总是这么快就断言别人是种族主义。的确，现在仍然存在着一些种族主义者，但是如果你做一项调查询问人们对于其他种族的看法，人们会说他们觉得很好。"你会和朋友说些什么？

4. 你的一个朋友有着非常独特的时尚观，穿着总是与众不同。例如，一套霓虹灯似的橙色运动服配上一个破旧的浅顶软呢帽。你欣赏你朋友的古怪性格。一天，他精心挑选了衣服并在你面前发表了时尚宣言："大多数人都会随大流，但是我不会。我是独立的个体，我不受他人影响自己做出选择。"他有可能是对的吗？你会举哪些例子来支持或反对你朋友的宣言。

5. 一名同学在得知米尔格拉姆（Milgram, 1963）的研究之后被深深震撼了。在该项研究中，被试愿意服从命令给他人施加痛苦的电击，即使当被电击者苦苦哀求，被试仍然没有停止电击。更糟糕的是，博格（Burger, 2009）的研究表明并不只是那个年代的被试会做出这样的行为，现代人同样会这样。"有些人只是温顺的羊羔！"你的同学说道，"我知道你和我都不会那样做的。"她是对的吗？你有什么证据来支持或反对她的观点？

6. 当你的家族聚在一起过感恩节时，你的表弟温迪带来了他的未婚妻阿曼达。这是阿曼达第一次和你的整个家族见面，她似乎有点紧张。她说话有点多，笑声也太大，使得在场的每个人都有点不高兴。聚会结束后,当你单独和你的母亲在一起时,你母亲向你翻起了白眼并说道:"很难想象温迪想要和如此令人讨厌的人生活一辈子。"你不同意你母亲的观点,你觉得应该更加宽容。你认为你母亲可能落入了对应偏差的陷阱。你如何改变你母亲的观点呢?

> **关键概念小测试答案**

1. a; 2. d; 3. b; 4. c; 5. d; 6. a; 7. c; 8. b; 9. a; 10. c; 11. c; 12. d; 13. b; 14. c; 15. d.

第 14 章
应激与健康

▲ **应激的来源：是什么让你应激** _739
应激事件 _740
慢性应激源 _740
科学热点 歧视能导致应激与疾病吗？_742
对应激事件的控制感 _743

▲ **应激反应：记忆复苏** _744
躯体反应 _745
心理反应 _751

▲ **压力管理：应对它** _754
思维管理 _754
躯体管理 _757
情境管理 _760

文化与社区 自由之岛，应激之家？_762

▲ **疾病心理学：心胜于物** _765
疾病的心理效应 _765
识别疾病，寻求治疗 _766
现实世界 这是你的大脑安慰剂效应 _768
躯体性症状障碍 _770
作为患者 _770
医患互动 _771

▲ **健康心理学：感觉良好** _773
人格与健康 _773
健康促进行为和自我调节 _776
其他声音 不健康的自由 _780

"有把刀在你脖子上。别出声，快从床上爬起来跟我走，不然我就杀了你和全家。"这番话惊醒了 14 岁的伊丽莎白·斯玛特（Elizabeth Smart）。那时，她正在自己的卧室里睡觉，身边躺着 9 岁的妹妹玛丽·凯瑟琳（Mary Katherine）。那是 2002 年 6 月 5 日的午夜。出于对自己和家人的生命安全的担忧，她保持镇静，跟着绑架者走出家门。她妹妹恐惧万分，躲在卧室里好几个小时后才叫醒父母："她走了，伊丽莎白走了"。伊丽莎白被一个叫做布莱恩·戴维·米切尔（Brian David Mitchell）的工人绑架，这个人之前曾被伊丽莎白的父母雇来修理家里的屋顶。米切尔通过一扇打开的窗户钻进伊丽莎白位于盐湖城的家，并绑架了她。他和他的妻子万达·艾琳·巴泽（Wanda Ileen Barzee）将伊丽莎白囚禁了 9 个月。在此期间，米切尔多次对伊丽莎白实施强奸并威胁要杀了她和

她全家。最终，米切尔、巴泽和斯玛特在街边散步时被一对夫妇发现。这对夫妇看过最近播放的电视节目《全美通缉令》（America's Most Wanted），认出他们并报了警。米切尔和巴泽被捕，伊丽莎白也终于回到家中。

在很长一段时间里，伊丽莎白所遭受的境遇令人难以想象，尤其是对于一个14岁的女孩来说，这可能是压力最大的处境之一。那么伊丽莎白变成什么样呢？幸运的是，她现在安然无恙，婚姻幸福，还是一名活动家及ABC新闻评论员。她经受了为期数月的危及生命的压力，毫无疑问，这些经历将会影响她整个人生。同时，她的经历也让我们见证了生命的韧性。尽管她曾经面对过极为艰难的处境，不过，她似乎已经重新振作起来，过上了幸福快乐、卓有成效、充满价值的生活。她的故事是一个应激与健康同在的例证。

所幸我们之中只有极少部分的人不得不遭遇伊丽莎白·斯玛特曾经经历的那种压力。但是，生活中可能会有一连串难以应对的惊吓、困扰以及迫在眉睫的灾难。你可能差点就被一个鲁莽的司机撞到；你可能会受到某种形式的歧视、威胁或恐吓；你可能因为一场火灾而露宿街头。生活中充满了各种**应激源**、特定事件或慢性压力，需要人加以应对，否则威胁人的身心健康。这些应激源尽管很少会涉及死亡威胁，但对健康的影响既有即时效应，也有累加效应。

在本章中，我们将看看心理学家和医生所了解的、会给我们带来**应激**的各种生活事件，以及面对内源性和外源性应激源时的生理和心理反应；对这些应激源的典型反应；以及处理压力的方法。应激对健康有如此巨大的影响，因此，我们在本章中同时考虑应激和健康两个方面。同时，疾病和健康并非只是躯体的特征，因此，我们将探讨**健康心理学**中的一些更广泛的主题。健康心理学是一门探讨影响躯体疾病发生和治疗以及保健的心理因素的心理学子学科。你将会看到，对疾病的认识是如何影响疾病发展过程，促进健康的行为又是如何提升人们的生活质量的。

应激的来源：是什么让你应激

首先，应激的来源是什么？自然灾难，是一个显而易见的应激源，例如飓风、地震或者火山爆发。但是，对于大多数人来说，应激源是那些影响我们日常舒适的生活模式并给我们带来一定困扰的个人事件。让我们看一看那些能够导致应激的生活事件、慢性

应激源（stressors） 要求个体应对或威胁个体身心健康的特定事件或慢性压力。
应激（stress） 对内源性或外源性应激源的生理和心理反应。
健康心理学（health psychology） 一门心理学的分支学科，探讨心理因素对躯体疾病的发生和治疗，以及保健的影响。

应激源，以及失控感与应激源之间的关系。

应激事件

人们似乎经常在经历了重大生活事件后会生病。托马斯·霍姆斯和理查德·拉厄（Thomas Holmes 和 Richard Rahe, 1967）在他们的开创性研究中对此现象进行追踪观察后指出：重大生活变故导致应激，而且应激程度的增加又会导致疾病产生。为了验证这个观点，他们要求被试对再适应程度进行评定，每一种生活事件都与疾病的发生相关（Rahe, 1964）。由此而形成的生活事件清单具有显著的预测功能：仅仅把所经历的每个生活变故的应激评分累加起来，就能显著预测个体将来得病的可能性（Miller, 1996）。例如，如果某人在一年内同时经历了离异、失业和朋友离世，那么相对于只在这一年内遭受离异的人来说，他更有可能患病。

表 14.1 呈现的版本是大学生生活事件量表（它的缩写是 CUSS，全称为大学生应激量表（College Undergraduate Stress Scale））。让我们来评估一下你的应激事件：逐次核对去年发生在你身上的事件，然后把你的总分加起来。在心理学入门课程班中选择学生大样本，得到的平均分数为 1 247，分值从 182 到 2 571 分（Renner 和 Mackin, 1998）。

你在应激量表的哪个位置上？

看着这个清单，你可能会感到疑惑：为什么这个量表还会有正性生活事件？应激生活事件不是那些令人讨厌的事件吗？结婚为什么还会有压力？婚礼难道不应该是有趣的吗？已有研究表明，相对于负性事件，正向事件所带来的心理沮丧和躯体症状更少（McFarlane 等，1980），而且幸福感有时甚至会抵消负向事件所带来的影响（Fredrickson, 2000）。然而，正向事件经常需要我们进行准备并再调整，这些准备和再调整过程对于许多人来说压力是相当大的（如 Brown 和 McGill, 1989）。因此这些事件也被包含在了生活变故量表分数的计算指标之中。

慢性应激源

如果像结婚或失业诸如此类的偶发应激事件是我们所要面对的唯一应激源，那么生活就会简单许多。至少每个事件都被限定在一定范围内，都有它的开头部分、中间部分，在理想情况下还有个结尾部分。然而，不幸的是，生活让我们持续地暴露于**慢性应激源**中，即持续时间长或反复出现的压力来源。紧张的人际关系、歧视、欺凌、超负荷工作、金钱纠纷，（这些小应激源）积聚起来能够产生痛苦和疾病。如果它们只是偶尔出现，

慢性应激源（chronic stressors） 持续或反复发生的应激源。

表 14.1
大学生应激量表

事件	应激评分	事件	应激评分
被强奸	100	睡眠缺乏	69
发现你是 HIV 阳性	100	居住环境的改变（骚扰、迁居）	36
被指控强奸	98	在公共场合比赛或表演	69
挚友离世	97	打架	66
近亲死亡	96	与室友相处困难	66
接触性传播疾病（除 AIDS 外）	94	工作变动（申请新工作、工作麻烦）	65
担心怀孕	91	选专业或对未来计划的担忧	65
期末考试周	90	你讨厌的一门课	62
担心你的伴侣怀孕	90	酗酒或使用药物	61
考试睡过头	89	与教授的冲突	60
一门课不及格	89	新学期开始	58
男朋友/女朋友对你不忠	85	第一次约会	57
结束一段稳定的恋爱关系	85	注册	55
密友或家人患有重病	85	维持一段稳定的恋爱关系	55
经济困难	84	上学或上班挤公交，或两者兼之	54
写一篇重要的结课论文	83	同辈压力	53
考试作弊被抓	83	第一次离家	53
酒驾	82	生病	52
感到学习或工作超负荷	82	担忧你的外貌	52
一天内有两场考试	80	全拿 A	51
对你的男朋友/女朋友不忠	77	你喜欢的一门难懂的课程	48
结婚	76	结交新朋友；与朋友相处	47
醉酒或使用药物的负面后果	75	兄弟会或姐妹会招新	47
你最好的朋友陷入抑郁或危机	73	在课堂上睡觉	40
与父母相处困难	73	参加一项运动活动	20
在全班面前讲话	72		

注：为了计算你的生活变故分数，把去年一年内发生在你身上的所有事件的应激评分加起来。
来源：Renner 和 Mackin（1998）

可能很容易会被忽视。那些报告自己经常被日常琐事所扰的人也表示自己有更多的心理症状（LaPierre 等，2012）和躯体症状（Piazza 等，2013），而且这些小应激源带来的影响往往比重大生活事件带来更重大、更持久的影响。

城市生活可能很有趣，不过，高强度的噪音、拥挤和暴力也可能是居住在城市的慢性应激的来源。

许多慢性应激源都与社会关系有关联。例如，正如"社会心理学"那一章所描述的那样，人们通常根据种族、文化、兴趣、声望等形成不同的社会群体。游离在群体之外可能有压力，而成为群体内成员的攻击目标会带来更大的压力，尤其是当这种攻击反复发生时（见"科学热点"栏目）。慢性应激源也可能与特定的环境相关联。例如，噪音、交通堵塞、人口密集、污染乃至暴力威胁等城市生活特征都是慢性应激持续不断的来源（Evans, 2006）。当然，农村地区也有其自己的慢性应激源，尤其是与外界隔绝以及卫生保健等基础设施的缺乏。

科学热点

歧视能导致应激与疾病吗？

你是否曾经因为种族、性别、性取向或某些其他特征而受到歧视呢？如果答案是肯定的，那么你就知道，这可能也是一次充满压力的经历。反复发生的歧视对任何人来说都是冲击力很强的应激源。但它究竟对人产生了什么样的影响呢？

最近的一项研究表明，歧视能以多种方式导致压力增加，并对健康带来负面效果。歧视，使得社会地位低下的人们体验到更高水平的压力，并且他们更经常地采用一些适应不良的行为（如酗酒、抽烟和暴饮暴食）应对这些压力。这些人还可能在与医疗保健专业人员的互动中遇到困难（如，临床医生偏见，病人怀疑治疗；Major, Mendes 和 Dovidio, 2013）。总而言之，这些因素可能有助于解释：为什么社会地位低下群体中的成员的患病率比处于社会优势群体中的成员更高（Penner 等, 2010）。

一些新近的研究结果向我们揭示了歧视是如何"侵入皮肤"对健康造成负面影响的。Wendy Mendes 和他的同事们在一项研究中（Jamieson, Koslov 等, 2013）将白人和黑人参与认识到慢性应激源与环境的关系,促使了**环境心理学**的诞生,这个分支学科是用科学方法来研究环境对于个体行为及健康的影响。

 你所知道的环境因素导致慢性压力的例子有哪些?

在一项探讨噪音对儿童影响的研究中,环境心理学家对建在英国伦敦希斯罗机场航线下的学校里的学生入学情况进行考察。他们想知道,每天从头顶飞过的1 250多架飞机所产生的噪音除了让孩子们大声嚷嚷才能被彼此听到之外,还会带来什么样的影响?研究结果发现,与低噪音区学校里的孩子们(匹配控制组)相比,在航线下学习的孩子们所报告的噪音烦扰水平更高,并且阅读理解能力更差(Haines等,2001)。为了孩子们,请你下次试着在飞往机场的时候更安静一点。

对应激事件的控制感

灾难、应激性生活变故以及生活琐事有何共同之处?当然,它们对个体或现状的威者置于同种族或异种族的社会情境中,以此来检测相对于一般的社会排斥,歧视本身是否还包含一些特别有害的因素。为了检验这个假设,他们要求参与者通过视频聊天软件向在不同房间内的两个同盟者发表演讲,之后这两个同盟者会对参与者的演讲给予负面反馈。参与者无法看到这两个同盟者,但他可以通过计算机虚拟化身来判断这个同盟者是否与自己同一种族。有趣的是,尽管排斥的本质在所有情况下都是一样的,但是相对于同种族的人排斥他们,参与者对异种族的排斥有明显不同的反应。具体来说,被与你自己同种族的人排斥与高水平的羞耻感和与回避状态有关的生理变化(皮质醇升高)相关,而被异种族成员排斥则与愤怒、高危险警惕性、趋近状态有关的生理变化(如更大的心输出量和较低的血管阻力)以及更高的冒险性相关。

与此类似的研究将有助于解释不同社会群体在健康状况方面存在的某些差异。该研究表明,歧视可能会导致生理、认知和行为改变,这些改变在短期内可以让人做好行动准备,但长此以往就会对身体健康带来负面影响。

胁是显而易见的。应激源向你发出挑战，你必须做出反应来消除或克服这个应激源。

与此相矛盾的是，当你对某些事件束手无策，或者没办法应对挑战时，这些事件带来的压力最大。对发生在自己身上的事件的可控性的预期，可以预测到个体对压力处理的有效性。在一项控制感的经典研究中，戴维·格拉斯和杰罗姆·辛格（David Glass 和 Jerome Singer，1972）考察了个体对噪音的可控性所带来的后续效果。他们要求参与者在一个安静的房间或一个充满噪音的房间解决一些难题或进行校对。格拉斯和辛格发现，那种突发噪音损害了人们在噪音结束后的行为表现。然而，对于那些在噪音阶段被告知可以通过按键来结束噪音的参与者，却能够避免这种行为绩效显著下降的现象。他们并不需要真的去按这个键，仅仅知道自己有权使用这个"紧急按钮"就能使他们免遭噪音的损害。

是什么使事件产生的压力最大？

后续的研究也发现，缺乏控制感也是构成其他应激源的根本原因。比如，过度拥挤所带来的应激效应可能是由于你觉得自己不能控制远离拥挤的条件（Evans 和 Stecker，2004）。而住在拥挤的宿舍里对你来说可能更容易处理，毕竟你能意识到你可以出去散散步，来彻底远离这一切。

小 结

▲ 应激源是指对个体提出特定要求或有损个体健康的事件或威胁。

▲ 应激的来源包括重大生活事件（甚至是愉悦的生活事件）、灾难性事件以及慢性困扰，其中一些可以追溯到特定的环境。

▲ 当我们感知到自己无法控制或处理挑战时，生活事件所产生的压力是最大的。

应激反应：记忆复苏

像往常一样，这是纽约市的一个星期二的上午。大学生们正坐在早课的课堂上，上班的人们刚刚到达工作地点，街上开始挤满了熙熙攘攘的购物者和旅游者。就在那时，上午 8 点 46 分，一架美国航空 11 号班机撞在了世贸中心北塔上。人们惊恐地目击这一幕。怎么可能会发生这种事情？这看起来像是一场可怕的事故。接着，在上午 9 点 03 分时，联合航空 175 号班机又撞入了世贸中心南塔。紧接着就有报告称有一架飞机撞入了五角大楼。还有一架飞机撞入了宾夕法尼亚的某个地方。美国正在遭遇恐怖袭击，没人知道在 2001 年 9 月 11 日这个骇人听闻的早晨之后还会发生什么。恐怖分子对世贸中心的袭击对许多人来说，无论是生理上还是心理上，都是一个巨大的、影响深远的应激源。研究发现，在 9·11 期间居住在世贸中心附近（1.5 英里之内）的人比住在 200 英里以外的人，其海马、脑岛、扣带前部和内侧前额叶皮层的灰质更少，这表明与袭击相关的应激可能使这些在情绪、记忆和决策方面起重要作用的脑区缩小（Ganzel 等，2008）。而看过较多有关 9·11 事件电视新闻的儿童比那些观看较少的儿童产生更多的创伤后应激障碍症状（Otto 等，2008）。在全国范围内，对 9·11 事件

诸如 9·11 袭击事件中许多纽约市居民所体验到的死亡或受伤的威胁，能够导致巨大的、持久的躯体反应和心理应激反应。

有较强急性应激反应的人在接下来的三年内心脏疾病的发病率增加了 53%（Holman 等，2008）。应激能改变躯体和脑的各个系统，刺激躯体反应和心理反应。下面让我们依次探讨躯体反应和心理反应。

躯体反应

沃尔特·坎农（Walter Cannon, 1929）为描述威胁性刺激造成的身体反应创造了一个新词：**战斗或逃跑反应（the fight-or-flight response）**，一种做好行动准备以应对紧急事件时的情绪反应和生理反应。大脑问："我是应该留下来，以某种方式与它作战，还是应该拼命地逃跑？"然后，身体准备好做出反应。此刻，如果你是一只猫，你的毛发就会竖起来。如果你是一个人，你的毛发也会竖起来，只不过不明显而已。坎农意识到不同种群间都有共同的反应，他猜想这可能是身体在面对所有威胁时最先调动的资源。

自坎农之后，大量的研究已经揭示了在应激反应过程中脑和躯体所发生的变化。在面对威胁时，下丘脑被激活，刺激临近的垂体并释放一种被称为 ACTH（促肾上腺皮

战斗或逃跑反应（fight-or-flight response） 一种做好行动准备以应对紧急事件时的情绪反应和生理反应。

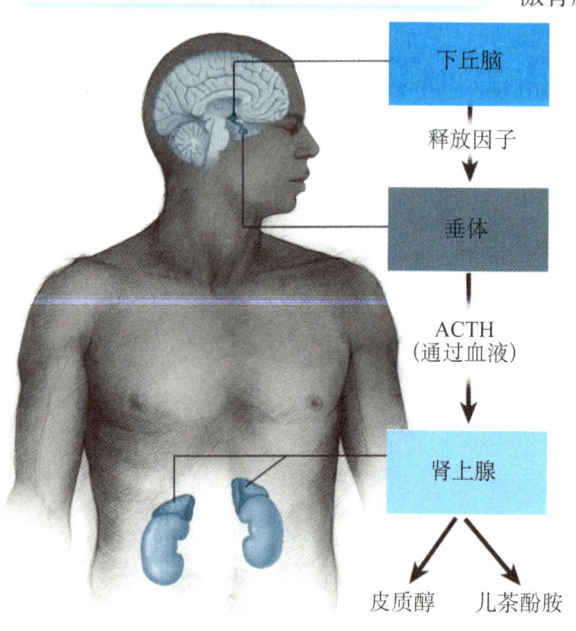

图 14.1 HPA 轴。在感知到恐惧性刺激的几秒钟后，下丘脑刺激垂体释放促肾上腺皮质激素（ACTH）。随后，ACTH 随着体内的血液循环系统运输并刺激肾上腺释放儿茶酚胺和皮质醇，从而为战斗或逃跑反应提供能量。

躯体是如何对战斗或逃跑的情形做出反应的?

质激素的缩写，adrenocorticotropic hormone）的激素。ACTH 随着体内循环的血液到达并刺激肾脏顶端的肾上腺（见图 14.1）。在 HPA 轴（下丘脑—垂体—肾上腺皮质轴，hypothalamic-pituitary-adrenocortical axis）的连锁反应中，肾上腺被激活并释放包括儿茶酚胺（肾上腺素和去甲肾上腺素）在内的激素，该激素使交感神经系统的活性增强（因而使心率、血压和呼吸频率增加），而使副交感神经系统的活性降低（见"神经科学与行为"一章）。呼吸加快和血压升高使肌肉可利用的氧气增多，从而为攻击或逃跑提供能量。肾上腺还能释放皮质醇，一种能增加血液中葡萄糖浓度从而为肌肉提供燃料的激素。这一切都为了全速应对压力而做好准备。

一般适应性综合征

如果 9·11 事件中的几次恐怖袭击之间间隔数天或数周，可能会发生什么事情？自 20 世纪 30 年代以来，汉斯·塞里（Hans Selye），一名加拿大医生，开展了各种各样的实验以探讨对健康具有严重威胁的生理后果。他将小鼠置于高温、寒冷、感染、创伤、出血及其他长期的应激源中（小鼠及小鼠的同情者几乎不可能与他成为朋友），不过，这些实验让他对于应激了解甚多。那些受到应激的小鼠出现一系列生理反应，包括肾上腺增大、淋巴腺萎缩、胃溃疡。他发现，许多不同种类的应激源会带来相似的生理变化模式，他将这种反应称为**一般适应性综合征**（**general adaption syndrome，GAS**），并将其定义为不管遇到何种应激源都会出现的三阶段生

GAS 有哪三个发展阶段？

一般适应性综合征（general adaption syndrome GAS） 不管遇到何种应激源都会出现的生理应激反应三阶段。

理应激反应。GAS 是非特异性的，也就是说，不管那些反复出现的应激的来源是什么，这种反应都不会发生变化。

这些都算不上是什么好事。尽管弗里德里克·尼采（Friedrich Nietzsche）曾经说过"那些杀不死我的东西只会让我变得更强大"，但塞里发现，严重的应激会对身体造成伤害。他认为，GAS 反应分为三个阶段（见图 14.2）：

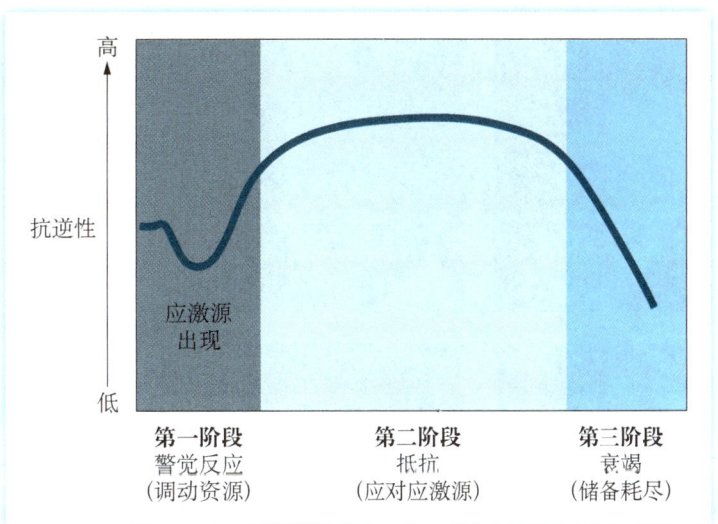

图 14.2 塞里的应激反应三阶段。根据塞里的理论，对应激的抵抗随时间而逐渐形成，但只能持续到衰竭阶段出现前。

- 第一阶段为警觉期，机体迅速动员躯体资源以对威胁做出反应。躯体从它所储存的脂肪和肌肉中获取所需要的能量。警觉期相当于坎农的"战斗或逃跑反应"。
- 接下来是抵抗期，机体在设法应对应激源时适应了它的高唤醒状态。机体持续从脂肪和肌肉中提取资源并暂时关闭了一些不必要的生理过程：消化、生长、性驱力暂停；月经停止；睾丸素和精子生成减少。机体疲于抵抗，所有有趣的东西都被束之高阁。
- 如果 GAS 持续的时间足够长，就会进入衰竭期。此时，机体的抵抗失效。抵抗期的许多防御反应在运行过程中会产生渐进性损坏，导致机体为此付出巨大的代价，包括易感染、肿瘤生长、老化、不可逆性器官受损，或死亡。

应激对健康和衰老的影响

此刻，你正处在（我们希望！）享受健康生活的时代。遗憾的是，随着人们年龄增长，机体开始慢慢地出现故障（问问这本书的任何一个作者就知道）。有意思的是，最近一项研究表明应激显著地加快了衰老过程。伊丽莎白·斯玛特的父母注意到，在与女儿分离了 9 个月之后重聚时，她成熟得让他们几乎认不出她来（Smart，Smart 和 Morton，2003）。斯玛特一家的经历是一个极端的例子；但在每天的生活中，在你周围都可以看到应激对衰老影响的例子。处于慢性应激中的人们，不管是由于人际关系、工作还是别的事情，都会体验到这些事件对他们的身体所带来的实际损耗和衰老的加速。对比一下

慢性应激确实能够加速衰老进程。只要看一下历任三位总统就职期间衰老程度就能一目了然。大学时期的学习压力也很大，但是希望不会大到你毕业的时候满头白发。

美国历任三位总统任职前后的照片（可以说，这是世界上应激强度最大的工作之一）。你可以看到，在第一张照片和第二张照片之间他们似乎老了4—8岁。环境中的应激源到底是如何加快衰老过程的呢？

要了解应激加速衰老的过程，需要知道一些有关衰老是如何发生的知识。我们机体的细胞在持续不断地分裂，作为细胞分裂过程的一部分，染色体也在反复地复制，从而使基因信息被带入新的细胞中。**端粒**的存在有助于这个过程的进行，端粒是指覆盖在每个染色体末端以对末端加以保护并防止它们黏在一起的结构。它们有点像你的鞋带末端的胶带，可以使鞋带免受磨损从而有效地发挥作用。细胞在每次分裂时，端粒都会变短一点。如果它们变得过短的话，细胞就不能再分裂，这就会导致肿瘤和各种疾病的发生。幸而我们的机体会通过产生一种叫做端粒酶的物质来解决这个问题。**端粒酶**是一种在染色体顶端再造端粒的酶。在我们的生命进程中，随着细胞的不断分裂，端粒酶会竭尽全力地使染色体重新覆盖上端粒。最终，端粒酶不能保证生产端粒的速度，细胞开始失去分裂的能力，衰老形成并最终导致细胞死亡。最近，由伊丽莎白·布莱克本（Elizabeth Blackburn）及其同事们完成的一项研究中，发现了端粒及端粒酶的功能，以及它们与衰老和疾病关系。这是过去几十年来科学领域中最令人鼓舞的进展之一。

有意思的是，社会应激源对这一过程起着重要的作用。暴露于慢性压力的人，其端粒长度更短，端粒酶的活性更低（Epel 等，2004）。实验

 什么是端粒酶？它对我们有什么作用？

端粒（telomeres） 端粒是指覆盖在每个染色体末端以对末端加以保护并防止它们黏在一起的结构。
端粒酶（telomerase） 一种在染色体顶端再造端粒的酶。

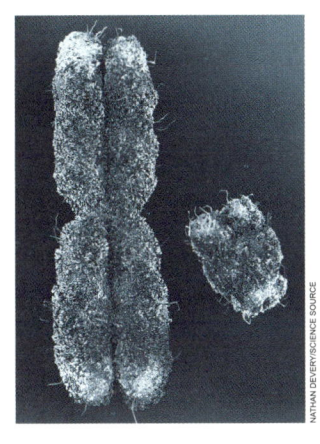

由于伊丽莎白·布莱克本博士在端粒（黄色部分）和端粒酶功能上所做的开拓性研究，她被授予2009年诺贝尔奖。

室研究表明，皮质醇可以降低端粒酶的活性，而端粒酶活性的降低将会导致端粒缩短，从而为身体带来一些负面影响，主要表现为衰老加速和各种疾病的发生，包括患癌症、心血管疾病、糖尿病和抑郁的风险性增加（Blackburn 和 Epel, 2012）。这听起来很严重，但你可以做点什么来阻止这个过程，从而过上更健康、更长寿的生活。诸如运动和冥想似乎可以阻止慢性压力造成的端粒缩短，这可以解释为什么这些活动会让健康获益，益处包括延长寿命和降低患病的风险（Epel 等 2009; Puterman 等 2010）。

应激对免疫系统的影响

免疫系统是一种保护机体免受细菌、病毒和其他异质物侵扰的复杂反应系统。该系统是由能够产生抗体以抵抗感染的白血球组成，例如**淋巴球**（包括 T 细胞和 B 细胞）。免疫系统对心理因素的反应性尤其明显。心理神经免疫学是研究免疫系统对诸如应激源等心理变量的反应性的学科。应激源可以产生糖皮质激素，该激素能够进入大脑（见"神经科学与行为"一章），使免疫系统受到损耗，并使其抵抗入侵者的能力降低（Webster Marketon 和 Glaser, 2008）。

应激是如何影响免疫系统的?

例如，在一项研究中，一些医学生志愿者们同意研究人员在其上颚处做一个小创面。研究者们观察到，这些创面在考试期比暑假期愈合得更慢（Marucha, Kiecolt-Glaser, 和 Fava-gehi, 1998）。在另一项研究中，研究人员把感冒病毒涂在一组身体健康的志愿者的鼻子里（志愿者允许他们这么做）（Cohen 等，1998）。你可能以为，直接接触病毒就好比对着你的脸打喷嚏，所有的参与者都可能会患上感冒。可是，研究人员发现，有

免疫系统（immune system） 一种保护机体免受细菌、病毒和其他异质物侵扰的复杂反应系统。
淋巴球（lymphocytes） 能够产生抗体以抵抗感染的白血球，包括 T 细胞和 B 细胞。

些人患上了感冒，而另一些人却没有——应激有助于解释这种差异。经历过慢性应激（持续一个月或更长）的志愿者更有可能患感冒。特别是那些失业或与家人或朋友之间存在长期的人际关系问题的志愿者更容易感染感冒病毒。短暂的应激性生活事件（持续时间少于一个月）却不产生影响。因此，如果你正在和你的朋友或家人闹矛盾，最好让矛盾快点过去，这样做对你的健康有益。

应激对免疫系统的影响可能有助于解释社会地位与健康之间的关系。对英国国家公务员的研究开始于 20 世纪 60 年代，研究结果发现，无论死亡的原因是什么，公务员的死亡率恰好随着其级别的变化而变化：级别越高，死亡率越低（Marmot 等，1991）。有一种解释是，从事低社会地位工作的人有更为频繁的不健康的行为，如抽烟和饮酒，有相关的研究证据为证。但也有研究证据表明，生活在社会底层所带来的应激削弱了免疫系统，从而增加了感染的风险性。例如，那些认为自己所处社会地位低下的人比那些没有承受这种社会压力的人更容易患呼吸道感染——这一结果同样适用于地位低的雄性猴子身上（Cohen，1999）。

应激与心血管健康

心脏和循环系统也对应激敏感。举个例子，在 1991 年伊拉克对伊朗实行导弹袭击数天之后，特拉维夫市的居民心脏发病率显著增加（Meisel 等，1991）。应激对心血管系统的影响早于心脏病发作时间：慢性应激导致机体发生变化，从而使机体更容易受到伤害。

冠心病的主要原因是动脉粥样硬化，是指动脉血管逐渐变得狭窄，这是由脂肪沉积或血小板集聚在动脉内壁所致。变窄的动脉导致血液供应减少，当它被血凝块或分离的血小板堵塞时，就会最终导致心脏病发作。尽管吸烟、久坐的生活方式以及高脂、高胆固醇能够导致冠心病的发生，但慢性应激也是一个主要原因（Krantz 和 McCeney，2002）。在应激状态下，交感神经系统被唤醒，血压持续升高，这种高血压状态会逐渐对血管造成损害。受损的血管中血小板集聚，而且血小板越多，患上冠心病的几率也越大。例如，一项对芬兰 42 岁到 60 岁的男性进行考察的大型研究发现，在持续 4 年的研究过程中，那些面对压力血压升高的人以及报告自己工作环境压力很大的人，会在颈动脉上出现渐进性动脉粥样硬化（Everson 等，1997）。

慢性应激是如何增加心脏病发作几率的？

在 20 世纪 50 年代，心脏病学家迈耶·弗里德曼和雷·罗森曼（Meyer Friedman 和 Ray Rosenman，1974）展开的一项开创性研究表明，工作相关压力与冠心病相关。他们采访并测试了 3 000 名健康的中年男性,然后追踪他们后续的心血管健康状况。弗里德曼和罗森曼在他们自己研究的基础上,提出了 **A 型行为模式** 的概念。A 型行为模式的特征是:容易引起敌意、不耐烦、有时间紧迫感和争强好胜。他们将具有 A 型行为模式的人与不那么有紧迫感的行为模式(有时称作 B 型)的人做比较。他们通过会谈时对方对问题的回答(认为自己走路说话都很快,工作到很晚,为自己设定目标,为了成功而努力拼搏,容易沮丧,容易冲别人发火),以及对方在回答问题时固执和不耐烦的态度来辨识 A 型行为模式的个体。A 型行为模式的个体会不断地看钟表,回答问题时大吼大叫,打断会谈者,有时候甚至会用一条鱼(拐弯抹角地)来侮辱会谈者。好吧,关于鱼的部分是错的,但你会发现:这些人非常紧张。研究者发现,在后续九年的随访中,258 个心脏病患者中,有 2/3 的人被归为 A 型行为模式,只有 1/3 的人被归为 B 型行为模式。

随后,在一项关于应激和愤怒的研究中,研究者对一些医学生进行追踪直到他们年满 48 周岁,目的是探讨他们年轻时的行为是否与后期的冠心病易感性相关(Chang 等,2002)。研究发现,用愤怒和敌意应对压力的学生比那些不用愤怒应对压力的学生,后期患上早发性心脏病的概率要高 3 倍,出现早期心脏病发作的概率甚至高 6 倍。敌意,尤其是对于男性而言,比其他任何主要病因如吸烟、高热量饮食甚至是低密度脂蛋白,都更能预测心脏病的发生(Niaura 等,2002;也见图 14.3)。应激在一定程度上影响每个人的心血管系统,但它对那些以敌意来应对压力事件的人特别有害。

哪种病因最能预测心脏病发作?

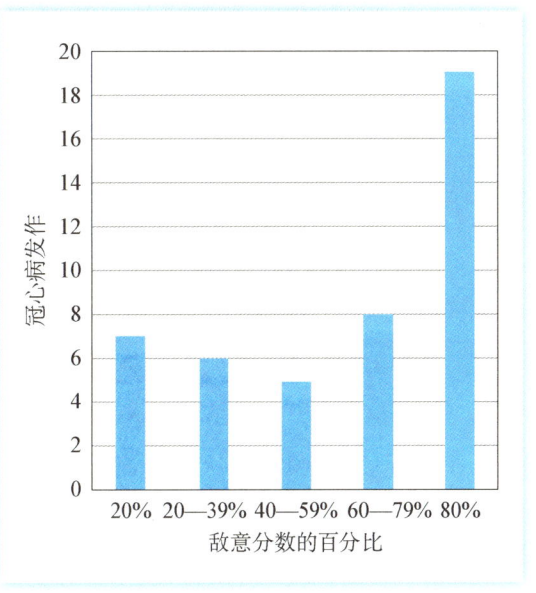

图 14.3 敌意和冠心病。在一项对 2 280 名男性为期 3 年的研究中,45 人有冠心病病历,比如心脏病发作。大部分冠心病发作发生在敌意分数的初始得分在第 80 百分位数之上的这一组人中(Niaura 等,2002)。

心理反应

躯体对应激的生理反应也夹杂着心理反应。或许在面对应激的时候,大脑所做的第一件事是试图找到解决问题的方法——解释某个事件是否具有危险——如果有危险,是

A 型行为模式(type A behavior pattern)　易引起敌意、不耐烦、时间紧迫感和争强好胜的倾向。

否能做点什么来消除危险。

对应激的解释

解释某个刺激是否具有应激性，被称为初级评价（Lazarus 和 Folkman，1984）。初级评价会让你意识到，你衬衣上的一个小黑点是应激源（蜘蛛！），或者一辆小车装满大声尖叫的人以 70 英里/小时的速度急速下坠可能并不是应激源（过山车！）。研究者为了证明解释的重要性，让参与者观看一个恐怖的阴茎下切口影片（某些土著人以阴茎手术作为成年礼），以此给他们造成严重的应激（Speisman 等，1964）。参与者的自我报告和自主唤醒（心率和皮电）被用来测量其应激水平。在观看影片前，一组参与者会听到关于淡化痛苦和成年礼重要性的介绍，相比于另一组被试（观影前向他们强调这个手术所带来的痛苦和创伤），这种介绍显著地降低了观影者的应激水平。

解释的下一步是次级评价，确定你是否能应付这个应激源；也就是说，你是否能控制这个应激事件（Lazarus 和 Folkman，1984）。有趣的是，机体对于应激源是威胁（你认为自己可能无法克服的应激源）还是挑战（你相信自己能够控制这个应激源；Blascovich 和 Tomaka，1996）时的反应方式截然不同。同样是期中考试，如果你已经准备好了，你会把它看作是一个挑战，但如果你根本没有做功课，你就会把它视为一个威胁。最近的一项研究表明（Jamieson 等，2010），引导学生把即将到来的考试所引起的焦虑看作是激励，这有助于改善他们在考试中的行为表现。这种唤醒实际上是增加了交感神经的兴奋性（标志着一种挑战导向的应激源），并提高了他们的考试成绩。如果下次要考试的时候你再感到焦虑的话，记住这个方法：唤醒度增加可以提高你的成绩！

威胁和挑战的区别是什么？

尽管威胁和挑战都能使心率升高，但威胁会增加血管反应性（例如血管收缩使血压升高；见"科学热点"栏目，第 552 页）。在一项研究中，研究者发现，即使像谈话这种温和的互动方式也能产生威胁或挑战反应，这取决于谈话对象的种族。当被要求与另一个不熟悉的学生交谈时，如果对方是白种人，白人学生则表现出挑战反应，而如果对方是非裔美国人，白人学生会表现出威胁反应（Mendes 等，2002）。相似的威胁反应也会出现在白人学生与意料之外的搭档如有美国南部口音的亚洲学生交谈的情境中（Mendes 等，2007）。似乎是社会不熟悉性造成了这种与考试缺乏准备相同的应激反应。而有意思的是，先前与陌生群体成员之间的互动经历能够缓和这种威胁反应（Blascovich 等，

2001）。

倦怠

你是否曾经上过这样一堂课：讲师对工作完全失去了兴趣？这种综合征很容易辨别：这个老师看起来冷漠、茫然，几乎就像个机器人一样单调，每天上课的内容想都可以想到，好像别人听不听都无关紧要。现在，想象一下你就是这个讲师。当初，你决定教书是因为你想去塑造年轻一代的心灵。你工作努力，曾经一帆风顺。但是，有一天，你抬头看到满教室都是可怜的学生，他们百无聊赖，根本不在乎你说了什么。在你讲课的时候，他们在更新自己的 Facebook 主页，还没下课就开始把资料混在一起塞进书包。当人们对自己的工作或事业出现这种感觉的时候，他们正在遭受**倦怠**的困扰。这是一种由于长时间处于高情感需求的情境而产生的生理、情绪及精神耗竭的状态，并伴随着工作绩效和工作动机的降低。

倦怠在助人行业是一个比较特殊的问题（Maslach，Schaufeli 和 Leiter，2001）。教师、护士、牧师、医生、牙医、心理专家、社会工作者、警察以及其他一些人在工作中经常会遇到一些情绪波动，因而他们只可能在有限的一段时间内保持高效地工作。最终，许多人都会屈服于倦怠症：过度耗竭、愤世嫉俗、脱离工作以及无效能感和缺乏成就感（Maslach，2003）。他们的坏心情甚至会传播给其他人；倦怠的人会更容易变成心怀不满的员工，他们为同事的失败而窃窃自喜，对同事们的成功却视而不见（Brennikmeijer，Vanyperen 和 Buunk，2001）。

 为什么倦怠在助人行业是一个特别的问题？

造成倦怠的原因是什么？有一种理论认为，造成倦怠的罪魁祸首是让工作承载你生命的意义（Pines，1993）。如果你只是用职业来定义自己，用工作成就来估量你的自我价值，那么，一旦工作不如意，你可能就会感到一无所有。例如，一个濒于倦怠的教师最好在家庭、兴趣爱好或其他表现自我的活动中投入更多的时间。还有人认为，无论人们怎样处理工作，一些会产生情绪压力的工作总会导致倦怠，因此，在倦怠发生之前就积极努力地克服这种压力尤为重要。下一节所讨论的压力管理技术可能对从事这样工作的人来说是一个救生圈。

倦怠（burnout） 一种由于长时间处于高情感需求的情境而产生的生理、情绪和精神耗竭的状态，并伴随着工作绩效和工作动机的降低。

> ## 小 结
>
> ▲ 躯体面对应激时先以战斗或逃跑的方式进行反应，这种反应激活了下丘脑—垂体—肾上腺（HPA）轴，并使机体为面对威胁或逃跑做准备。
>
> ▲ 一般适应性综合征（GAS）是指无论面对何种类型的应激源都会发生应激反应三阶段：警告，抵抗和耗竭。
>
> ▲ 慢性应激能削弱免疫系统，使机体对感染、衰老、肿瘤生长、器官受损和死亡的易感性增强。
>
> ▲ 对应激的反应会随着对该应激源是否能被应对而发生变化。
>
> ▲ 对应激的长时间的心理反应会导致倦怠。

压力管理：应对它

绝大多数大学生（92%）认为，自己有时会对所面临的任务感到不知所措，而且超过三分之一的学生声称自己在面对重大压力时会选择退课或在考试中得分很低（Duenwald，2002）。毫无疑问，你是幸运的8%中的一员。这8%的成员相当潇洒且毫无压力。但为了以防万一，你可能会对我们的压力管理技术感兴趣：通过直接管理你的思维和身体，来抵消心理反应和生理应激反应，并通过控制情境来避免压力。

思维管理

应激性生活事件会被思维放大。例如，如果你害怕当众演讲，仅仅在脑海里想一想将在众人面前做演讲就能产生焦虑。如果你在演讲中卡壳了（比如，大脑一片空白或脱口说些难为情的话），你的大脑在事后会不断播放有关这个应激性事件的侵入性记忆。

抑制性应对

控制自己的思维并不容易，但有些人似乎能够从头脑中将那些不愉快的想法全部抹去。这种处理压力的方式被称为**抑制性应对**，其特点是回避那些让你想起某个应激源的情境或想法，保持一种虚假的积极态度。当然，每个人都会遇到一些麻烦，但抑制者很善于故意忽略它们（Barnier，Levin 和 Maher，2004）。因此，举个例子来说，当抑制者遇到心脏病发作，他们在随后几天或几周内报告出现心脏问题的可能性比其他人更低（Ginzburg，Solomon 和 Bleich，2002）。

像伊丽莎白·斯玛特一样，人们在她在获救后的几年内更关注她的的生活现状，而不是反复讨论她被囚禁的过去。人们通常会为了避免应激情境而重新安排自己的生活。例如，许多遭受强奸的受害者不仅会避开强奸发生的地点，还可能会离开他们的家或社区（Ellis，1983）。她们期望或试图回避让她们想起那些创伤经历的东西；她们变得对陌生人充满警惕，尤其是那些长得像攻击者的男性；她们比以往更频繁地检查门、锁和窗。如果你是那种善于将不愉快的想法和情绪抛到九霄云外的人，那么，设法回避应激性的想法和情境可能是合乎情理的（Coifman 等，2007）。然而，对有些人来说，回避不愉快的想法和情境如此困难，他们把所有的焦点都聚在回避上（Parker 和 McNally，2008; Wegner 和 Zanakos，1994）。所以，对于那些不能有效回避消极情绪的人，最好的办法可能是认真地处理它们。这就是**理性应对**的基本思想。

何时回避应激性想法是有效的？何时回避会成为一个问题？

理性应对

理性应对是指直面应激源并努力克服它。这种策略与抑制性应对相反，因而可能是你在面对应激时所能做到的最不愉快、最不舒服的事。为了削弱应激源的长期负面影响，我们需要直面而不是回避应激源（Hayes，Strosahl 和 Wilson，1999）。理性应对的过程有三个步骤：接受——开始意识到应激源存在，而且不能凭主观愿望使其消失；接触——关注应激源，思考并寻求解决问题的办法；理解——努力发现应激源在你生命中的意义。

理性应对的三个步骤是什么？

当创伤程度特别强烈时，人们可能很难采取理性应对的方法。例如在强奸造成的创伤中，即使是接受这个事实也要花费一定的时间和努力。人们最初的冲动就是否认这个事实，并努力活下去，好像事情从未发生一样。心理治疗中的暴露疗法通过帮助受害者

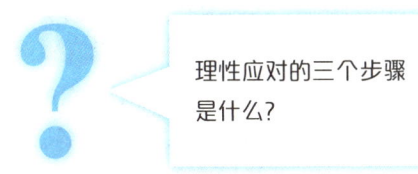

抑制性应对（repressive coping） 回避那些让你想起某个应激源的情境或想法，保持一种虚假的积极观点。

理性应对（rational coping） 直面应激源并努力克服。

直面并回忆所发生的事情而发挥效用。长期暴露疗法技术，要求强奸受害者口述该事件并录音，每天听这段录音，从而在自己的想象中再次体验此次创伤事件。在一项研究中，研究人员引导被强奸者在她们的生活场景中找到那些让她们感到焦虑或试图回避，但客观上却很安全的情境。这听起来确实像一剂苦药，但它却非常有效，相比无治疗或其他渐进、温和的暴露疗法，这种方法显著降低焦虑和创伤后应激障碍症状（Foa 等，1999）。

理性应对的第三个要素是理解应激事件的意义。创伤受害者可能会在大脑中一遍又一遍地想：为什么是我？这事儿是怎么发生的？为什么？遭遇乱伦的幸存者经常表达出想要理解创伤意义的愿望（Silver，Boon 和 Stones，1983），但这个过程在受害者的抑郁发作期或者刻意回避时很难进行，甚至是完全不可能的。

改变思维方式

改变思考问题的方式是处理压力的另一种方法。**改变思维方式**，是指用一种新的或有创意的方法来思考应激源，从而削弱它的威胁性。举个例子，如果一想到当众演讲你就感到焦虑，那么，你可以把这些观众是在评价你的想法，转变为是你在评价他们。这样会使你的演讲变得更为容易。

研究证明，写下你心灵最深处的想法和感受对健康大有益处。只要保证把你的日记放在一个安全的地方。

改变思维方式 对于中等程度的应激情境可能很有效，但是，如果面对诸如公众演讲这种应激程度强到让你无法思考的情境，这种技术可能就无效了。**应激免疫训练**（stress inoculation training，SIT）也是一种改变思维方式的技术，它通过对应激情境形成正面看法来帮助人们应对压力。例如，在一项研究中，难以控制愤怒的人用如下的句子来训练自己并练习从新的角度看待自己的想法："大事化小，别杞人忧天"、"你不需要证明你自己"、"我不会再让他使我烦心"、"他这样做真丢人"、"我会让他出丑"。有愤怒倾向的人练习这些技巧后，在面对实验室诱发的挑衅（不管是想象的还是真实的）时，其生理被唤醒的可能性更小一些。随后关于 SIT 的研究也证明，这种训练在帮助那些经

改变思维方式（reframing）　用一种新的或有创意的方法思考应激源，从而削弱它的威胁。
应激免疫训练（stress inoculation training，SIT）　一种重构技术，通过对应激情境形成正面思考的方式帮助人们应对压力。

历过创伤事件的人时也是有用的，SIT 使他们学会接受这些创伤事件并活得更自在（Foa 和 Meadows，1997）。

如果人们有机会花时间思考并写下应激性事件，重构就可以自然而然地产生。在杰米·彭尼贝克（Jamie Pennebaker，1989）开展的一系列的重要研究中发现，大学生花几个小时写下他们心灵最深处的想法和感受后，他们的生理健康得到了明显的改善。相比那些写别的东西的学生，自我表露组的成员在接下来的几个月内去学生健康中心的可能性更低；而且服用阿司匹林的次数更少，获得的成绩更好（Pennebaker 和 Chung，2007）。事实上，也有研究发现，这种表达性写作还能够提高免疫系统的功能（Pennebaker，KiecoltGlaser 和 Glaser，1998），而抑制情绪性内容的表达则削弱其功能（Petrie，Booth 和 Pennebaker，1998）。自我表露写作的正面效果可能表明它在重新理解创伤事件的意义以及降低应激程度上是有效的。

如何显示写下应激性事件是有帮助的？

躯体管理

应激通常会表现为颈部肌肉紧张、背部疼痛、胃部抽搐、手心出汗或是镜子里那张布满愁云的脸。由于应激经常以躯体症状的形式表现出来，一些躯体管理技术如冥想、放松治疗、生理反馈和有氧训练都很有用。

冥想

冥想是一种有意观想的练习。冥想技术与各种宗教传统有关，但也会在宗教之外的场景中练习。这种技术的差异很大：有些冥想形式需要尽力清空大脑中的念头，另一些冥想形式则要求人们把注意力集中到某个单一的念头上（例如，想象一下蜡烛的火焰），还有一些则需要把注意力集中到呼吸或某种咒语（反复发一种声音如 om）上。但是，这些技术至少有一个相同之处，那就是在一段时间内保持平静。

冥想可以使人感到放松并能恢复元气。除了这些直接的益处，许多人冥想还为了体验一种更深的或被转化的意识状态。不管原因是什么，冥想确实有一些积极的心理效应（Holzel 等，2011）。许多人相信，这种正面的心理效应在某种程度上是通过注意控制来实现的。许多冥想形式注重教会我们如何保持关注并接受当下体验，例如正念修习。有趣的是，与非冥想者对比，有经验的冥想者在冥想过程中其默认网络（与心不在焉有

冥想（meditation） 有意观想的练习。

关；见"意识"一章的图 5.6）失活（Brewer 等，2011）。研究还发现，即使是对大学生进行短期的冥想训练，也提高了冲突监控相关脑区和认知/情绪控制相关脑区之间的连接，这种连接性的增强是通过髓鞘形成增多（或许是神经元的激活增强）和轴突的其他变化（见"神经科学与行为"；Tang 等，2012）实现的。总而言之，这些研究结果表明，冥想者能够更好地控制他们的思维和情绪，从而能更好地处理人际关系、焦虑情绪和一些别的需要意识努力的活动（Sedlmeier 等，2012）。

冥想的正面效果是什么？

放松

想象一下你正在抓你的下巴。不要真的去抓，只是想一下。你会注意到在想象的过程中，你的身体轻微地移动了一下，肌肉紧张和放松交替进行。埃德蒙·雅各布森（Edmund Jacobson, 1932）利用肌电（EMG）发现了这一效应，EMG 是用来测量肌肉轻微活动的技术。想象划船或在灌木丛中摘一朵鲜花，会产生与执行该动作相关的一系列低水平的肌肉紧张。雅各布森还发现，即使人们没感到紧张，放松肌肉的想法有时还是会降低肌电活动。每天，机体对我们想做的所有事都会有所反应。即使我们认为我们什么也没做，这些想法还是会使肌肉紧张。

这些观察结果使雅各布森发明了**放松治疗**，一种通过有意识地放松躯体肌肉来消除紧张的技术。在放松治疗中，你可能会被要求一次放松一个特定的肌肉群或想象一阵暖流流遍全身，或想象一个放松的场景。这种想象活动会激发**放松反应**，一种降低肌肉张力、皮层活性、心率、呼吸频率和血压的状况（Benson, 1990）。基本上，一旦你找到一个舒适的姿势，静下心来，把注意力集中在一些重复或舒缓的东西上，你就放松下来了。

定期放松可以减少应激症状（Carlson 和 Hoyle, 1993），甚至可以降低皮质醇水平（一种应激反应的生化指标）（McKinney 等，1997）。比如，有紧张性头痛的人，放松降低了引起头痛的紧张程度；患癌症的人，放松使他们更容易处理那些压力巨大的治疗；而对于那些应激相关心血管疾病的病人，放松可以使血压降低（高血压会使心脏处于危险之中）（Mandle 等，1996）。

生物反馈

如果你不需要学习放松技术，只要按下开关就能尽快放松，那该多好？**生物反馈**就

放松治疗（relaxation therapy） 一种通过有意识地放松躯体肌肉来消除紧张的技术。
放松反应（relaxation response） 一种降低肌肉张力、皮层活性、心率、呼吸频率和血压的状况。
生物反馈（biofeedback） 使用外部监测仪来获得躯体机能的信息，并可能通过该信息增强对此机能的控制。

是以此为目标的高科技大脑放松技术,它是指使用外部监测仪来获得关于躯体机能的信息,并对该机能进行控制。举个例子,你可能现在还没有意识到你的手指是暖还是冷,但可以用一个电子温度计将温度数据呈现在你面前,这种感知自体温度的能力可能让你(需要稍微训练一下)能随意改变自己手部的冷暖度(如 Roberts 和 McGrady, 1996)。

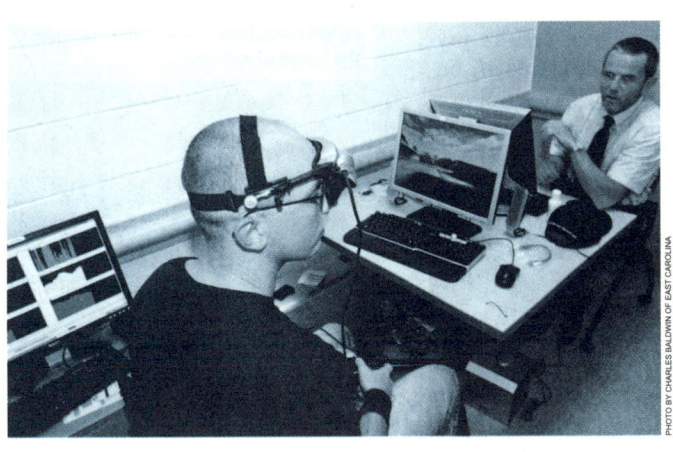

生物反馈能够帮助人们对那些无法通过其他方法察觉到的生理功能进行控制。例如,现在你可能并不清楚你的大脑正在产生的脑电波模式。20 世纪 50 年代,乔·卡米亚(Joe Kamiya, 1969)通过脑电图(也叫 EEG,在"神经科学与行为"一章讨论过)发现,当个体被允许监测自己的 EEG 数据时,人们的脑电波可以从警觉的 β 波变为放松的 α 波。一场脑电波生物反馈革命由此爆发。

生物反馈向人们提供了心理生理功能状态如心率、呼吸、脑电活动或皮肤温度的视觉或听觉反馈,这些功能状态是我们无法直接察觉到的。

 生物反馈是如何运作的?

近来的研究表明,EEG 生物反馈(或神经反馈)技术在治疗脑电波异常的疾病如癫痫(Yucha 和 Gilbert, 2004)以及教会人们降低与强烈的情绪反应(常见于某些形式的精神病)相关脑区的活动性上(Hamilton 等, 2010)小有成就。然而,使大脑放松的生物反馈变得有点过于看重技术,这种生物反馈可能并不比人们在吊床上伸个懒腰或哼个开心的小调更有效。尽管生物反馈不是一颗灵丹妙药,不能解决所有的由压力引起的健康问题,但它在诸如增强放松和减轻慢性疼痛等领域确实是一项有用的技术。

有氧锻炼

一名穿着一套得体的尼龙运动套装的慢跑者在人行道上原地跳动着,一旦信号灯由红变绿就迅速跑开。这不禁让人以为,这个慢跑者就是那幅心理健康宣传图片上的人物:快乐、轻松、生机勃勃。事实证明,这种刻板的印象是对的:研究指出,有氧运动(可以在一段时间内增加心率和摄氧量的运动)与心理健康相关(Hassmen, Koivula 和 Utela, 2000)。但是,是运动带来了心理健康,还是心理健康促使人们去运动?也许幸福感是激发这名慢跑者运动的动力。或者是某个未知的第三因素(尼龙裤?)不仅激发

运动对降低应激很有效，除非像约翰·斯蒂巴德（John Stibbard）那样，你的锻炼是把奥运火炬带到位于 70 米峡谷上的一个摇摆不定的吊桥上。

了运动的需要也带来了幸福感？正如我们多次提到的，相关并不总是意味着因果关系。

为了尽量剔除一些偶然因素，研究人员把参与者随机分配到有氧运动组和无运动对照组，结果发现运动确实能降低压力并提升幸福感。一项最近的元分析（对已有的相关研究进行定量综述）从 90 项研究中收集数据，其中有一项研究是把一万多名有慢性疾病的人随机分配到运动和不运动条件下，发现有氧运动组抑郁症状显著改善（Herring 等，2012）。其他的元分析也得出相似的结论，例如，运动对于抑郁症患者的有效性堪比最有效的心理干预（Rimer 等，2012），运动甚至给精神分裂症患者带来积极的生理健康和心理健康效果（Gorczynski 和 Faulkner，2011）。运动作为一种简单、无时间限制且没有副作用的干预措施，其效果相当不错！

运动的好处是什么？

运动产生这些正面影响的原因还不甚明了。有研究者提出，这些效果来自机体中的神经递质，如对情绪有正面作用的血清素（见"神经科学与行为"一章中的讨论）或内啡肽（内源性阿片肽类，见"神经科学与行为"和"意识"两章；Jacobs，1994）的生成增多。

除了促进正向情绪外，运动还能为你未来的健康投资。当前，美国政府指出每天进行 30 分钟的适当的高强度运动将会降低患慢性疾病的风险（膳食指南咨询委员会，2005）。也许，为了提升幸福感和健康水平，你能做的最简单的事情就是定期参加有氧活动。挑一个你觉得好玩儿的事：上一堂舞蹈课，定期参加篮球比赛，或者划独木舟——只是别一次把这些活动都做了。

情境管理

在你试着通过管理你的大脑和躯体来应对应激后，你还可以去管理些什么呢？看看周围，你会发现你还有一个大千世界。也许，是时候好好管理一下它。情境管理是指改变周围的生活环境，以降低应激对大脑和躯体的影响。管理情境的方式包括寻求社会支持、宗教或灵性修行，以及在你的生活中为幽默找到一席之地。

社会支持

"一定要和你的伙伴一起游泳",这是国家安全委员会所立的第一条规则。但是,只有当水漫过你的头顶时,这条规则的睿智之处才开始变得显而易见。人们经常意识不到同样的原则也适用于其他任何危险时刻,尤其是在应激状况下,他人也可以为你提供帮助。**社会支持**就是通过与他人交往而获得帮助。也许你在生活中所做的最失败的事莫过于与他人失去联系。例如,独身有损你的健康:不婚族患心血管疾病、癌症、肺炎和流感、慢性阻碍性肺疾病,以及肝病和肝硬化后的死亡风险性显著升高(Johnson, Backlund 等, 2000)。一般而言,与家人朋友保持良好的关系,参加社会活动或某个宗教团体可能像运动和不吸烟一样对你的健康有益(Umberson 等, 2006)。社会支持好处多多:

- 亲密伴侣能够时刻提醒你锻炼身体并遵循医嘱。和伴侣在一起,你可能会养成比较健康的饮食习惯,而自己一个人就可能会抱着零食大嚼特嚼。
- 与家人朋友讨论你所遇到的难题可以为你带来如同专业心理咨询一般的好处,这还不用计时收费。
- 困难时期两人共同分担任务,互帮互助,可以减少彼此生活中的工作量和担忧。

不过,有个强大的社会关系网所带来的好处不仅仅是纯粹的便利性。孤独的人比其他人更有可能感到压力和抑郁(Baumeister 和 Leary, 1995)。由于免疫功能低于正常水平,他们可能更容易患病(Kiecolt-Glaser 等, 1984)。许多新入学的大一学生都会体验到某种程度的社会支持危机。不管他们在高中有多外向、多受欢迎,大一新生们通常会发现,建立一段新的社会关系的任务相当艰巨。新形成的友情似乎很浅薄,与老师的关系可能是淡如水,甚至还具有威胁性,而遇到的社团又似乎像是一座失魂之岛("嗨,我们正准备成立一个社团来调查学校里社团缺乏的问题——想参加吗?")。因此,有研究结果显示,孤立感最强的学生对流感疫苗的免疫反应也降低了(Pressman 等, 2005),这也就不足为怪了。所以,花点时间来了解新的社会环境以及新的人,就是一笔对你自身健康的投资。

社会支持在对抗压力上的作用可能存在很大的性别差异:通常女性在压力下会寻求支持,但很少有男性会这样做。谢利·泰勒(Shelley Taylor, 2002)对性别差异的研究表明,应激下的战斗或逃跑反应可能更多地是一种男性的反应模式。泰勒认为,女性的应激反应具有友善的倾向,照顾别人,并团结别人。像男性一样,女性面对应激源时交感神经系统也被唤醒,肾上腺素和去甲肾上腺素被释放;但与男性不同的是,她们还释放催产素,一种在怀孕和哺乳时由垂体释放的激素。在雌性激素存在的情况下,催产素触发的是亲社会反应:趋向寻求社会接触,抚育他人,制造并维持团体的合作。在一天的紧张工作结束后,男性可能会沮丧地回到家,同时还为工作忧心忡忡,然后独自一人喝着啤酒抽

社会支持(social support) 通过与他人交往获得帮助。

文化与社区

自由之岛，应激之家？

有可能会出现这种情况：你、你的父母、祖父母或你的某个亲戚移民到了美国。许多家庭为了追求更好的生活品质，漂洋过海，来到美国。搬到新的地方，生活是不是马上就变好了呢？或者移居到陌生领土是否增加了你的应激水平，由此导致负面的健康后果？

为了回答这些问题，乔舒亚·布雷斯劳（Joshua Breslau）和他的同事们（2007）以居住在美国或墨西哥两地且都会说英语的墨西哥人为大规模代表性样本，目的是调查这组人一生中焦虑和情绪障碍的患病率。他们发现，受访者居住在墨西哥时是否患有焦虑障碍这一因素，能预测他们移民到美国后的状况（即如果你居住在墨西哥时就很焦虑，搬到美国后更是如此）。除此之外，他们还发现，移民到美国之后患焦虑或情绪障碍的可能性增加，患持久性焦虑的风险性也提高。作者认为，这些结果是"文化适应应激"假设的有力证据，文化适应应激是指居住在一个异国文化环境下会增加应激程度（由于交流障碍以及地方习俗差异等等），减少社会支持，这两方面的共同作用增加了健康隐患的风险。移居到美国后，患精神障碍的高危人群是那些移民时年龄在0—12岁的儿童，这表明这种成长早期的扰动可能是相当有害的。有意思的是，其他研究也在新近移民中发现得精神障碍的风险性增加（可能是由于应激）。但这些研究也一致地表明，美国移民比那些土生土长的美国人患精神障碍的水平更低一些（如"心理障碍"一章所述，美国是世界上精神障碍患病率最高的国家之一；Borges 等，2011；Breslau 和 Chang，2006）。因此，移居到一个新的国家和文化环境会带来很大的压力，在一定程度上可能是因为你的新环境本身就存在应激和健康问题。

着烟。而在同样的压力下，女性可能会选择和孩子们一起玩闹或者和朋友聊聊电话。这种"照料+交友"的应激反应模式可能有助于解释女性比男性更健康、更长寿的原因。战斗或逃跑的典型男性反应模式放大了应激对健康的不利影响，而女性反应模式则对自身心理和躯体的危害更小，同时，她们还为周围人提供一定的社会支持。

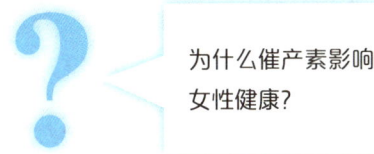

宗教体验

许多人会花大量的时间静静地祷告、反思和观想。全美调查指出，超过90%的美国人相信上帝，而且大多数人每天至少会做一次祷告。尽管相信上帝的人认为，他们的命运在来世会得到奖励，但这种信仰可能在他们有生之年就会为他们带来一些益处。有一项大型研究目的是考察虔诚（皈依或参加某个特定的宗教仪式）和灵性（有信仰但不必与特定的宗教有瓜葛）与正面的健康结果之间的关系。结果发现虔诚和灵性给人带来的益处很多，包括降低心脏病的患病率和减轻慢性疼痛，而且还改善了心理健康水平（Seybold 和 Hill，2001）。

为什么相信虔诚和灵性的人会有更健康的精神和身体？是神在保佑他们吗？目前，研究者们已经提出了许多可测验的假设。参与虔诚/灵性修行，比如每周进行的宗教仪式，可能会发展出更牢固、更广泛的社交网络，这对健康的好处是众所周知的。那些虔诚/灵性的人能够很好地遵循虔诚/灵性学习中所提供的建议，这也可能使他们在心理上和生理上更健康一些。也就是说，他们更有可能严格控制饮食，不服用毒品或酒精，并对每天的生活保持一种更乐观和积极的态度，所有这些都会为健康带来更正面的影响（Seeman，Dubin 和 Seeman，2003; Seybold 和 Hill，2001）。但总的来说，许多由宗教团体所发出的声明并未被证实，比如代祷的效益（见图14.4）。心理学家正在积

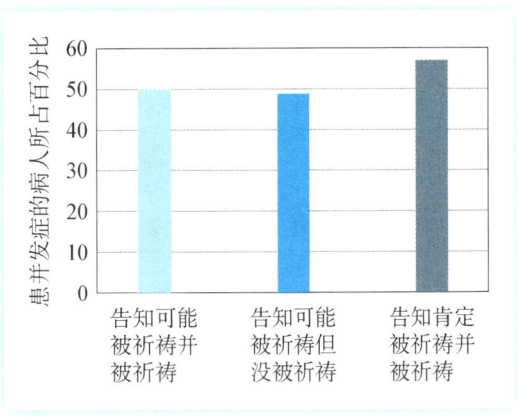

图14.4 **为我祈祷**？为了验证在他人有难的时候为他人祈祷是否确实能帮助他们，研究者把即将进行心脏搭桥手术的1 802名病人随机分配到以下三种条件中：告诉病人他们可能会被祈祷并确实如此；告诉病人他们可能会被祈祷而实际上并没有被祈祷；告诉他们肯定会被祈祷并确实被祈祷。不幸的是，那些被祈祷和没被祈祷的人在并发症的发生率上并没有差异。更为糟糕的是，那些知道他们会被祈祷并确实被祈祷的病人反而比其他两组人出现了更多的并发症（Beson 等，2006）。

极地探讨不同的宗教和灵性修行的有效性，目的是更好地理解它们是如何改善人的身心健康状态的。

为什么虔诚及灵性与健康相关？

幽默

对你的麻烦一笑置之并继续前进不是很好吗？我们大多数人都认识到，幽默可以淡化不愉快的处境，缓解糟糕的情绪；在生活中营造乐趣的确有助于减缓压力。有关这个话题的极端观点在题为《健康、疗愈及娱乐系统》和《这有什么大不了？领会日常压力中的幽默》等类似的自助书籍中可以找到。大笑真的是一剂良药吗？那么，我们是否应该关闭医院，去叫一些小丑过来为人们治病？

幽默是如何减轻应激的？

有一系列的理论观点认为，幽默能帮助我们应对压力。例如，幽默可以降低对疼痛和沮丧的敏感性，因为研究者们发现，当要求参与者佩戴过度充气的血压带时，相比观看中性录像带或引导性放松，观看令人捧腹大笑的喜剧录像带的参与者对疼痛的容忍度更高（Cogan 等，1987）。

幽默可以减少在经历应激事件后恢复平静所需要的时间。例如，在观看一场有关三个工业事故的高应激影片后，研究者要求所有男性被试大声讲述这个影片的内容，其中一组需要态度严肃地描述这些事故，另一组则需要使他们的评论尽可能地有趣。尽管两组被试都报告在观看影片时感觉很紧张，并表现出交感神经唤醒水平的增加（心率和皮电增加，皮肤温度降低），但幽默评论组比严肃描述组能更快地恢复到正常唤醒水平（Newman 和 Stone，1996）。

如果笑声和娱乐可以在短期内快速减轻压力，那么这种效应是否可以不断积累以改善健康和延长寿命？遗憾的是，有证据表明事实并非如此（Provine，2000）。在一项题为"喜剧能取得最后的胜利吗？"的研究中，研究人员对比并追踪了喜剧演员与其他演艺人员和非演艺人员的寿命长短（Rotton，1992）。结果发现，喜剧演员更早逝——或许无数个夜晚在舞台上的思考，我将要死在这里。

小 结

▲ 应激管理包括那些对思维、躯体和情境产生影响的策略。

▲ 人们通过抑制应激性想法或避免应激情境、理性应对应激源以及改变思考方式等来试图控制思维活动。

▲ 躯体管理策略是通过冥想、放松、生理反馈以及有氧锻炼来减少应激症状。

▲ 通过控制情境来克服应激的方式包括寻求社会支持、参与宗教活动或尝试从应激事件中发现幽默之处。

疾病心理学：心胜于物

心理因素对身体健康和疾病的主要影响之一在于个体心理对躯体症状的敏感性。对躯体症状的关注可以促使个体去寻求治疗，但对症状的过度敏感可能会迅速膨胀成对疾病的专注，从而对个体造成一定的伤害，并可能会诱发一些更深层次的问题。

疾病的心理效应

为什么生病会让你感觉很糟糕？你注意到喉咙里的瘙痒或者想要打个喷嚏，你觉得你可能染上了某种疾病。在短短的几个小时内，你就会全身发痒，没有精力，没有食欲，发烧，感觉迟钝，无精打采。你生病了。问题是，为什么生病就必须得这样？就不能有点好的感觉吗？既然你为生病付出了不得不呆在家里并准备好错过某些事情的代价，那么，生病就不能因此而少点痛苦吗？

生病有充分的理由使你感觉凄惨。首先，痛苦是疾病反应的一部分，疾病反应是由大脑对疾病的一系列适应性反应（Hart，1998; Watkins 和 Maier，2005）。觉得不舒服会让你留在家里，那你就不会把细菌传给更多的人。更重要的是，疾病反应使你避免活动并躺着不动，为对抗疾病而保存你可能通常会用到其他行动上的能量。缺乏食欲也一样有用：保存了将要消耗在消化上的能量。因此，伴随疾病而来的行为改变并不是可有可无的副作用，它能帮助机体对抗疾病。随着年龄的增长，这些反应的持续时间延长，症状被放大——这是我们的身体在失去抵抗力的微妙信号（Barrientos 等，2009）。

疾病反应会带来什么好处？

面对疾病，大脑是如何知道自己应该怎么做的？对抗感染的免疫反应开始于免疫反应的一个组成成分——白血球的激活，白血球吃掉细菌并释放细胞因子，一种在体内循环并与其他白血球交流,从而将疾病反应传达给大脑的蛋白质(Maier 和 Watkins,1998)。给动物注入细胞因子能人为地制造疾病反应,而在注入对抗细胞因子的药物后,即使是在感染持续的情况下也能阻断疾病反应。细胞因子不能进入大脑,但可以激活肠、胃、胸直到大脑的迷走神经,诱发出"我被传染了"的信息(Goehler 等,2000)。也许这种来自躯体正中心的折磨人的痛苦就是我们常常感到"胃肠道"不舒服的原因。

有意思的是,疾病反应可能仅仅是因为压力而没有任何感染的情况下被引起的。例如,向某种动物呈现捕食者的气味就能诱发无力感的疾病反应,同时还会出现感染症状,如发烧和白血球数目增多(Maier 和 Watkins,2000)。对于人类,抑郁症可以很好地阐明疾病反应、免疫反应和应激之间的联系,因为在抑郁症中所有疾病机制都在全速运行。因此,除了疲倦和萎靡不振,抑郁的人还表现出感染症状,包括血液中循环的细胞因子水平升高(Maes,1995)。正如疾病使你感到有点抑郁一样,重型抑郁似乎也调动了大脑的疾病反应,使你觉得不舒服(Watkins 和 Maier,2005)。

识别疾病,寻求治疗

你可能在一分钟前没注意到你的呼吸,但现在读这个句子的时候,你注意到了。有时,我们会对自己的身体状况非常关注。而在其他时候,机体似乎开启了"自动"模式,在没有意识介入的情况下自动运行,直到特定的症状自行表达,或被烦人的教科书作者指了出来。

把注意力放在身体上能够影响到我们所感知的症状。例如,当人们无聊时,会把更多的可利用的注意资源投向自己,因此,他们会更加关注自身的躯体症状。彭尼贝克(Pennebaker,1980)对发生在教室里的情况进行录像,发现当有人刚刚咳嗽完时,其他人更有可能咳嗽,并且当课程很无聊时,最有可能出现这种心理感染。有意思的是,咳嗽并不是人们故意的(因为彭尼贝克在一群睡着的消防员中也记录到了阵发性咳嗽)。因此,一些无法控制的心理因素会影响我们对生理症状的感知以及症状的发生。

人们对躯体症状的关注及报告程度有很大的差异。那些报告有多种生理症状的人在其他方面也倾向于消极,他们认为自己经常焦虑、抑郁并时刻处于压力状态下(Watson 和 Pennebaker,1989)。有多种主诉症状的人真的有很多问题吗?还是,他们只不过爱抱怨而已?为了回答这个问题,

如果你一直在读这本非常精彩的教科书,你可能一直没机会打哈欠。然而,看到这个家伙打哈欠可能会让你的大脑也立马启动一个大哈欠。

疼痛和大脑活动之间的关系是什么？

研究者们使用 fMRI 对大脑进行扫描，并将疼痛感严重程度的主观报告与疼痛体验相关的脑区激活水平进行比较。他们在志愿者的腿部多次施加热刺激（110—120°F），正如你可能预料到的那样，有些参与者比其他人觉得更痛苦。在施加疼痛刺激时的扫描揭示，前扣带回、躯体感觉皮层和前额叶皮层（已知的对引起疼痛的躯体刺激进行反应的区域）在这些报告高疼痛水平的参与者身上尤其活跃（见图14.5）。这表明人们可以准确地报告自己所体验到的疼痛程度（Coghill，McHaffie 和 Yen，2003；见"现实世界"一栏）。

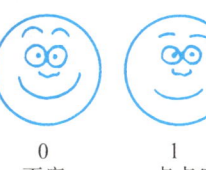

0 不疼　　1 一点点疼　　2 有些疼　　3 疼　　4 很疼　　5 最疼

疼痛程度如何？疼痛是一种很难测量的心理状态。有一种方法是为疼痛标上数字，以此让人们根据自己的内部状态评价这些外部表情。

与爱抱怨的人恰恰相反的是那些低估症状和疼痛及忽略或否认自己有患病可能性的人。对症状不敏感会付出一定的代价：延迟寻求治疗的时间，有时甚至会带来严重的后果。一项研究显示，在 2404 个接受心脏病治疗的病人中，有 40% 的人从首次发现可疑症状到就医之间延迟了 6 个多小时（Gurwitz 等，1997）。严重的胸部疼痛或先前有心脏手术史的人会立即去医院，然而，那些有着更细微症状的人在叫救护车或家庭医生之前通常会等几个小时，他们仅仅希望麻烦

图 14.5　疼痛的大脑。 分别对疼痛刺激下高（左）敏感性和低（右）敏感性的大脑活动进行 fMRI 扫描。前扣带皮层和初级躯体感觉区在高疼痛水平的参与者身上尤其活跃。活动强度等级最高为黄色和红色，接下来是浅蓝和深蓝（Coghill，McHaffie 和 Yen，2003）。（见插页）

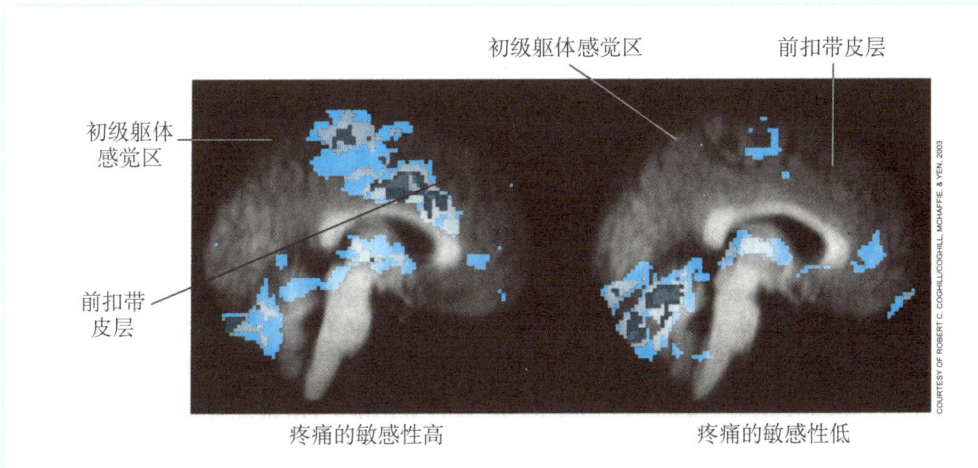

疼痛的敏感性高　　　　疼痛的敏感性低

这是你的大脑安慰剂效应

创可贴有些神奇之处。不管你家孩子伤到哪里,他通常只需一片创可贴就期望痛苦立减。事实也常常确实如此。如果有哪个好心的大人给孩子贴上创可贴,这个孩子常常会说伤口或疼痛被"治愈"了。当然,创可贴并不会真的减轻痛苦——还是真会呢?

安慰剂效应对医生和心理学家来说一直是一个谜:临床上那些对治疗无效的物质或程序却有着明显的生理或心理效应。传统的安慰剂是糖片,但创可贴、注射、电热垫、颈部按摩、顺势疗法和友善谈话也具有安慰剂效应(Diederich和Goetz,2008)。甚至是虚假的头部手术也比完全无治疗更有效一些(McRae等,2004)。然而,只有当病人知道自己正在被治疗时,这种安慰剂效应就最显著(Stewart-Williams,2004)。积极治疗也是如此:如果你知道吗啡正在注入你体内,吗啡注射的效果比你不知道时更显著(Benedetti,Maggi和Lopiano,2003)。知识的作用相当特殊,例如,如果病人了解药性,那么,两粒药丸比一粒药丸的效果好,而注射则比一粒药丸的效果好(de Craen等,1999)。

安慰剂是如何起作用的?接受疼痛治疗的人是否确实感觉到了疼痛,

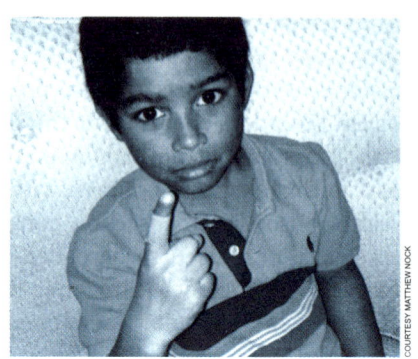

创可贴能治疗你所有的伤口和疼痛吗?像这个小家伙一样,许多孩子会说,不管哪个部位受伤,如果贴个创可贴,痛苦就会立刻减轻。尽管大多数成人都知道,创可贴不能治疗疼痛,但这种安慰剂效应终其一生都强而有力。

但为了与他们的治疗信念相吻合才扭曲了对该体验的主观报告?还是安慰剂确实能减轻病人的疼痛体验?霍华德·菲尔兹(Howard Fields)和乔恩·莱文(Jon Levine)(1984)发现,安慰剂触发了内啡肽(或内源性阿片肽)的释放,这是由大脑所产生的一种类似于吗啡的止痛化学物质(见"意识"一章)。他们从实验结果中发现,注射纳洛酮——一种阻断阿片肽的药物,通常会同时减小阿片类(如吗啡)和安慰剂的效用,表明安慰剂是由于触发了内啡肽的释放才产生止痛效应。

对这些效应研究的另一个进展

是，安慰剂降低了与疼痛相关脑区的激活水平。一项fMRI研究考察了暴露于电击或高温中的志愿者其大脑的激活状况（Wager等，2004）。在为暴露于这些疼痛刺激做准备时，研究人员给其中一组参与者皮肤上涂一种安慰剂乳膏，并告诉参与者这是一种能减轻痛苦的止痛剂。对另一组参与者则没有施加这种处理，只需要他们去体验这种痛苦。正如下图所示，fMRI扫描显示，在安慰剂止痛膏使用组中，丘脑、前扣带回和脑岛这些对疼痛敏感的脑区（在疼痛时会被激活）的激活程度降低。这些结果表明，安慰剂不是让人们错误地报告他们的疼痛体验，而是降低了在疼痛体验中会被激活的脑区活动性。

这些研究结果并不是告诉你，下次肚子疼时，你可以贴张创可贴来自行治疗。在某种程度上，安慰剂效应依赖于个体有意识的期望（希望它有效）；当你不这么期望时，安慰剂很难使你相信你感觉好点了。尽管感觉上好点的倾向是通过经典条件反射习得的，不过，一部分安慰剂效应是通过潜意识起作用的。如果你曾经被某个医生，或某种疗法，或在某个特定场景下治疗被治愈，当你再次遇到一个相像的医生、相像的疗法，或相像的场景时，无意识的学习机制可能会显著地改善你的状况，即使你并没有有意识地期望它会给你带来改善（Benedetti, Pollo等，2003）。接触过去给你抚慰的东西会让你安心。

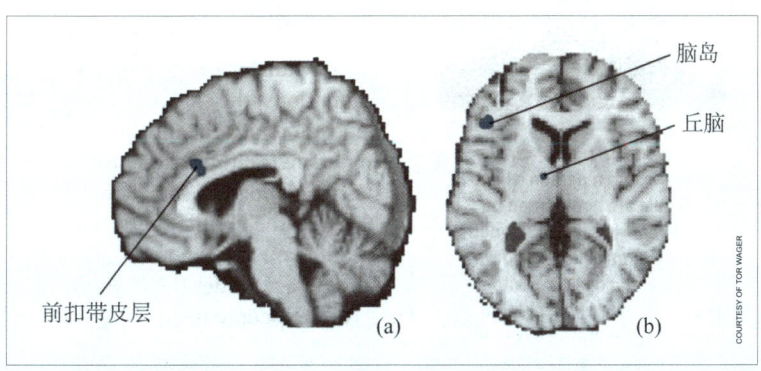

大脑对安慰剂的反应 fMRI扫描揭示，人们在报告电击时的疼痛通常会激活一些大脑区域，而给予安慰剂止痛膏时这些区域在电击时会失活。这些大脑区域包括前扣带皮层（见上图，大脑的右侧内视图）以及脑岛和丘脑（见下图，大脑的腹侧图；Wager等，2004）。

会自行消失。这并不是一个好主意，因为许多减轻心脏病病发危害的治疗在发病早期最有效。就你自身的健康而论，否认疾病使你免受沮丧心理的折磨，但这可能会让你的身体置于极大的危险之中。

躯体性症状障碍

否认疾病的对立面是对疾病的过度敏感，然而事实证明，过度敏感也有它的危害性。确实，对症状或病症的过度敏感会导致各种心理问题的出现，并可能因此而损害躯体健康。研究**心身疾病**（心理和躯体相互作用而产生疾病）的心理学家力求探讨心理（psyche）影响机体（soma）的方式，以及机体影响心理的方式。心—身交互的研究主要关注的是一种被称为**躯体性症状障碍**的心理障碍，它是指有一种或多种躯体性疾病的个体会表现出明显的与健康相关的焦虑，他们对自身的症状表现出极不相符的担忧，并对此症状或健康问题投入过多时间和精力。这种障碍类似于"心理障碍"一章中所讨论的那些失调，但它们与躯体症状的关系又与本章所讨论的应激和健康的内容有关。这种过度关注躯体疾病的障碍曾被叫做躯体形式障碍，它还包括像疑病症这类疾病。躯体形式障碍是指那些人们体验到的却难以用医学进行解释的症状，这种障碍被认为是由心理因素造成的。然而，目前对心身疾病的关注点已从由心理产生的躯体症状转移到对可解释的医学症状的过度担忧上；有观点认为，后者虽很严重，却可以得到心理干预的帮助。有研究者认为，这种关注点的转移是有问题的，它会导致心理学家和精神科医生给个体对自身健康的正常担忧贴上心理障碍的标签。哪些应该被视为心理障碍，哪些又不在此范畴之内，是一个有意思并有些复杂的问题，我们在下一章中会更直接地探讨这个问题。

对症状的过度敏感是如何损害健康的？

作为患者

生病不仅仅是躯体状态的改变，还包括个体身份的改变。这种改变可能在某种重大疾病中尤其明显：一片乌云笼罩头顶，你现在的感觉截然不同。这种转变能够影响你在患病这个新世界里所感觉和接触到的一切。你甚至承担了一个新的生命角色——**患病角色**：社会所认可的一系列与疾病相关的权利及义务（Parsons, 1975）。生病的人可以免于承担

心身疾病（psychosomatic illness） 心理和躯体相互作用能够产生疾病。

躯体性症状障碍（somatic symptom disorders） 它是多种心理障碍的组合，是指有一种或多种躯体性疾病的个体表现出明显的健康相关焦虑，他们对自身的症状表现出不成比例的担忧，并对此症状或健康问题投入大量的时间和精力。

患病角色（sick role） 一些与疾病相关并被社会认可的权利和义务。

日常生活中的多种职责，并享受日常活动的豁免权。例如，除了可以逃学、不用写家庭作业、一整天都窝在沙发里外，生病的孩子还能看电视，不用在晚餐时吃那些讨厌的东西。在极端情况下，生病的人还可以侥幸逃脱粗鲁、懒惰、苛求和吹毛求疵的指责。作为对这些豁免权的补偿，患病角色还担负着一定的义务。"生病的"人不能表现出很享受疾病或想生病的迹象，他们必须积极寻求治疗以结束这种"糟糕的"状态。帕森斯（Parsons）发现，疾病包含心理、社会甚至道德因素。你可能会想起当你在疾病和健康之间起冲突的时候，好像面对的是一个道德抉择：你应该把你自己拽下床，尽全力赶上化学考试，还是应该赖在床上，沉湎于你的"痛苦"？

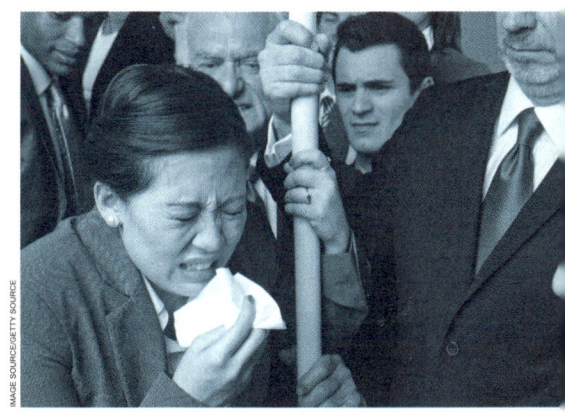

你是否曾经在公共交通上坐在一个不断干咳的人旁边？我们被各种药物广告所轰炸，这些药物可以抑制疾病症状，使我们继续生活下去。因感冒而呆在家里是一种社会认可的行为，还是一种诈病？这又如何与患病角色的概念相符合？

为了达到自己的目的，有些人会假装一些生理或心理症状，这种行为被称为诈病行为。由于许多疾病的症状是无法伪装的（即使是疼痛的面部表情都很难模仿；Williams，2002），诈病只可能出现在有限的几种类型的病中。当生病带来的好处超过生病的代价时，比如休息、不用做烦心的任务，或者得到他人帮助时，装病就会被怀疑。生病带来的好处可能非常小，就像孩子躺在床上只是为了得到父母的安慰，否则父母就会忽略他们；也可能非常明显，就像"最佳演员"可以得到保险赔偿的回报。一些能导致疾病的行为可能并不在病人的控制之下，比如自我饥饿可能是无法控制的进食障碍的一部分（见"情绪和动机"一章）。鉴于此，诈病可能很难诊断和治疗（Feldman，2004）。

生病可能会带来什么好处？

医生和病人有两种互动模式，技术模式和人际交往模式。用机器人患者进行医学训练，可以帮助医学生学习健康护理的专业知识，但对提升人际互动方面却可能起不到什么作用。

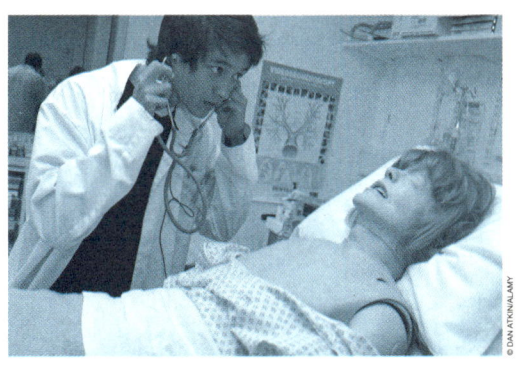

医患互动

医学护理通常是通过不同寻常的互动方式

实现的。互动的一方是患者——他们常常很可怜，期望自己被提问被检查，还有可能期望自己被刺激弄疼，或从医生那里得到坏消息。互动的另一方是健康护理人员——对于患者为何来看病一无所知，但通过询问大量极其个人的问题（并检查极其隐私的身体部位），以希望尽快从患者那里获得相关信息；识别问题和可能的解决方案；以某种方式帮助他们；并尽量高效地解决以上所有问题，因为还有更多的患者在等着他们。这似乎不像是治疗病痛的时间，而更像是令人尴尬的场合。医生的共情度是有效的医疗互动的关键因素之一（Spiro 等，1994）。为了使治疗成功，临床医生必须同时了解病人的躯体状态和心理状态。但医生通常都会犯这样的错误：只关注与疾病相关的技术问题，根本不去了解病人的情绪状态（Suchman 等，1997）。这是极其不幸的，因为有相当一部分寻求医疗的病人来看病，只是为了治疗心理问题和情绪问题（Taylor，1986）。正如希腊医生希波克拉底（Hippocrates）在公元前 4 世纪写道："尽管有些病人意识到自己的状况非常危险，但仅仅是医生对他们表达善意就能使他们恢复健康。"最好的医生不仅能治愈病人的身体，也能治愈病人的心理。

为什么医生表达共情是重要的？

医疗互动中的另一个重要部分是激励病人遵循医嘱（Miller 和 Rollnick，2012）。在一项研究中，研究者对病人的药瓶（处方药）里所剩药片的数量进行计数，以此来检查病人的依从性。结果发现，病人经常在遵循医嘱上做得特别差（见图 14.6）。当治疗的

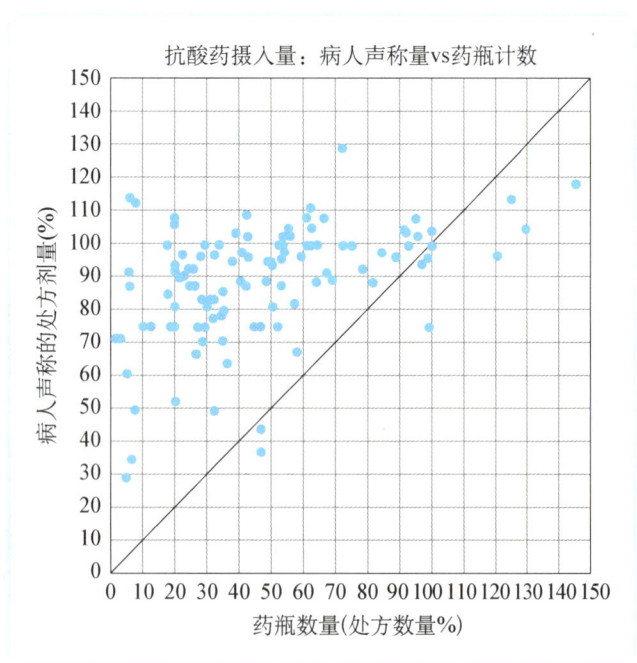

图 14.6 抗酸药摄入量。对 116 名病人要求的抗酸药摄入量（以瓶计算）与病人声称的摄入量之间的散点图。当实际摄入量和声称摄入量相同时，点落在对角线上；当声称的摄入量大于实际摄入量，点出现在对角线之上。从图中可以看出大多数病人都夸大了他们的摄入量（Roth 和 Caron，1978）。

次数比较频繁时，例如，治疗青光眼需要每隔几小时就滴一次眼药水，或者治疗不便利或给病人带来痛苦时（例如控制糖尿病需要抽血或注射），病人的依从性便会变差最终，依从性会随着治疗次数的增加而降低。这是一个令人担忧的问题，尤其是对于老年人来说，他们很可能难以记住吃药的时间。因此，治疗护理的失败很可能是由于健康护理人员没能意识到病人在自我照顾时所遇到的心理挑战。帮助患者遵循医嘱是一项与药物无关的心理挑战，并且这也是健康促进中必不可少的一部分。

小 结

▲ 疾病心理学主要探讨个体对躯体的敏感性是如何让人们识别疾病和寻求治疗的。

▲ 躯体性症状障碍可能是由于个体对生理问题的过度敏感所造成的。

▲ 患病角色包括一些与疾病相关的权利和义务；一些人假装生病是为了获得这些权利。

▲ 一名成功的健康护理人员与病人互动是为了了解病人的生理和心理状态。

健康心理学：感觉良好

有两种心理因素会对个体的健康产生影响：与健康相关的人格特质和行为。人格能通过相对持久的特质影响健康，而某些特质使一些人特别容易感染某些健康问题或压力，但却使其他人免遭这些困扰或对他们起到保护作用。A 型行为模式就是这样一个例子。由于人格一般是我们无法选择的东西（"我想有点幽默感、外向，但不要唠叨"），所以，这种健康的来源是个人无法控制的。相比之下，培养一些积极的健康行为则是任何人都能做的事，至少原则上是这样。

人格与健康

不同的社会群体似乎被不同的健康问题所困扰。例如，男性比女性更容易患心脏病，非裔美国人比亚洲人或欧美人更容易患上哮喘。除了这些一般的社会类属，人格尤其是个体在乐观和意志力上的差异也被证明是影响身心健康的一个重要因素。

乐观

波丽安娜（Pollyanna）是文学著作中最有名的乐观者之一。在埃莉诺·H·波特（Eleanor H. Porter）1913年的小说中，波丽安娜被塑造成一个以无尽的喜悦迎接每一天生活的女孩，即使在她成为孤儿后被送去与残忍的姑妈住在一起。阳光明媚时，她赞美这好天气，但面对阴沉的一天时，她会说，并非每一天都是阴天，多么幸运！她那易怒的波丽姑妈却有着完全相反的态度，总是无缘无故地把每个快乐时刻变成严厉惩罚的机会。一个人的乐观或悲观态度会随着时间而变得相当稳定。一项研究比较了在一起抚养的双胞胎与被分开抚养的双胞胎在乐观或悲观态度上的人格特征，结果发现这些特质具有一定的遗传性（Plomin 等，1992）。也许波丽安娜和波丽姑妈"生来如此"。

2013年在波士顿马拉松比赛上发生了一起爆炸事件，阿德里安娜·哈斯利特（Adrianne Haslet）离其中一个爆炸点只有大约4英尺远。尽管爆炸使她失去了左脚，但阿德里安娜发誓，她还会继续从事她的舞蹈生涯——并且还会参加2014年的波士顿马拉松比赛。她是一个乐观主义者，而乐观能带来积极的健康效果。

乐观者相信"在不确定的时候，我总是期待最好的情况出现"，悲观者相信"如果有些事对我来说可能出错，那就一定会出错"。乐观者可能比悲观者更健康。一项最近的综述对多项研究进行回顾，这些研究有着数以千计的参与者。该综述结果表明，在那些被测量的心理健康指标中，乐观是预测心血管健康的最有力因素（Boehm 和 Kubzansky，2012）。尤为重要的是，在控制了包括抑郁和焦虑等传统的心脏病风险因素后，乐观与心血管健康之间的关系仍然具有统计上的显著性。这表明，预测个体健康水平并不只是无心理病态，而是对未来的积极期待。但是，仅仅对未来有个正面态度就能带来健康吗？很遗憾，事实并非如此。

乐观并不会直接改善身体健康，乐观似乎是通过在面对躯体疾病时保持心理健康，从而达到改善身体健康的目的。生病时，乐观者比悲观者更有可能保持正向情绪，避免产生负面情绪如焦虑和抑郁，严格遵守医护人员规定的医疗方案，并保持与他人之间的社会联系。例如，在实施乳腺癌手术的女性中，乐观者比悲观者在术后体验到沮丧和疲劳的几率更低，这主要是因为乐观者在治疗过程中会保持社交联系并积极地参与一些娱乐性活动（Carver，Lehman 和 Antoni，2003）。乐观似乎也有助于保持身体健康。例如，乐观与心血管健康相关，因为乐观的人更倾向于保持健康的行为，比如平衡饮食和运动，这种健康的行为又带来更健康的血脂状态（即高密度脂蛋白胆固醇的含量更高，高密度脂蛋白胆固醇能有效降低甘油三酯，防止在动脉聚集；甘油三酯是躯体脂肪储存的一种化学形式），从而降低了患心脏疾病的风险性（Boehm 等，2013）。因此，乐观是一种正面资产，但徒有乐观并不足以产生良好的健康状态。

谁更健康，乐观者还是悲观者？为什么？

乐观所带来的好处引出了一个重要议题：如果乐观特质和悲观特质保持稳定，不随时间而改变——甚至无法改变——那么，悲观者还有希望得到乐观带来的好处吗（Heatherton 和 Weinberger，1994）？研究表明，即使是顽固不化的悲观者，经过训练也会变得更乐观。这种训练可以改善心理健康水平。例如，悲观的乳腺癌患者在接受为期10周的压力管理技术训练后变得更乐观，并在癌症治疗的过程中比那些只接受放松训练的人感到痛苦和疲劳的水平更低（Antoni 等，2001）。

坚韧

有些人好像感觉较为迟钝，能够设法应付对别人来说可能是毁灭性的压力或伤害。是否存在某些人格特质可以促进这种抗逆力，保护机体免受压力所致疾病？为了识别这种人格特质，苏珊娜·科巴萨（Suzanne Kobasa，1979）以商业行政主管为研究对象。这些人所报告的压力生活事件的水平很高，但疾病史却相对较少。相比之下，与其相似的另一组人暴露压力后患病较多。抗压组（科巴萨称之为坚韧组）有几个相同特质，为方便起见，这些特质都以字母 C 开头。他们有担当（commitment），一种参与生活中各种挑战的能力，迎接挑战而不是浅尝辄止。他们表现出控制

有时，坚韧会让你变得有勇无谋。在冬季来临时，康尼岛北极熊俱乐部的成员在每个周日都会一头扎入其中。

（control）信念，期望自己的言行能够直接影响生活和周围环境。他们愿意接受**挑战**（challenge），愿意改变并接受成长的机会。

任何人都能培养出坚韧的品质吗？研究者们一直试图给出答案，他们在这方面的研究已小有成就。在其中一项研究中，志愿者共参加 10 节韧性训练课程（每周一次），研究人员鼓励他们评估自身的压力水平，并为处理压力制定一系列行动计划；志愿者们主动探索自己在面对压力时的躯体反应，并在无法改变处境时找到努力补偿的办法而不是

陷入自怜之中。与控制组（进行放松和冥想训练或对压力进行小组讨论的人）相比，韧性训练组报告说，自己感知到的压力大大减少，同时疾病症状也变少（Maddi，Kahn 和 Maddi，1998）。在大学生群体中，韧性训练有着相似的正面效果，一些人的平均课业分数甚至得到了显著提高（Maddi 等，2009）。

健康促进行为和自我调节

即使不改变我们的人格，我们也可以做一些健康的事情。众所周知，健康饮食、安全性行为和戒烟是十分重要的。但我们似乎并不把这些常识付诸于行动。在 21 世纪之初，20 岁以上的美国人中，有 69% 的人超重或肥胖（国家健康统计中心，2012）。虽然不安全性行为的流行度很难估计，但目前有六千五百万的美国人正遭受着难以治愈的性传播疾病（STD），而且每年有两千万人感染一种或多种新的 STD（Satterwhite 等，2013）。另有一百万人患有人类免疫系统缺陷病毒／获得性免疫缺陷综合征（HIV/AIDS），其中有 18.1% 的人并不知道自己被感染了这种病毒，而这种病毒通常由与已感染的伴侣进行无保护的性行为进行传播（疾病控制中心，2012）。尽管被给予无数遍的警告，仍有 21% 的美国人在吸烟（Pleis 等，2009）。这究竟是怎么了？

自我调节

做对你有益的事并没有想象得那么简单。马克·吐温（Mark Twain）曾经说过："保持健康的唯一方法是吃你不想吃的，喝你不愿意喝的，做你宁可不做的事。"有益健康的行为包括**自我调节**，是指自愿地控制自己，使自己达到最佳标准。举个例子来说，当你决定吃沙拉而不是牛肉三明治时，你就在控制你的冲动和行为，使你成为你想成为的那个健康的人。自我调节通常会为了获得长远益处而拒绝即时满足。

自我调节需要一种内在的力量或意志力。有一种理论认为，自我控制是一种可能会疲劳的力量（Baumeister，Heatherton 和 Tice，1995；Baumeister，Vohs 和 Tice，2007）。换句话说，试图控制某方面的行为可能会损耗自我控制，从而导致其他方面的行为不受控制。为了检验这个理论，研究者让饥饿的志愿者坐在一碟新鲜热巧克力曲奇旁边。他们要求其中一些参与者不要理会这些曲奇饼，但可以吃一些由萝卜做成的健康零食，而其他的参与者可以随意吃这些曲奇饼。随后，研究人员让所有的参与者完成一个难度特别大的数字追踪任务，结果发现，自我控制组比自我放纵组更有可能会放弃这个困难的任务——这种行为被认为是自我控制组耗尽了他们的自我控制资源（Baumeister 等，

自我调节（self-regulation） 对自我进行有意控制的训练，从而达到更高的标准。

1998)。这个实验所传达给我们的关键信息是，要想成功地控制行为，我们必须选择战斗，把自我控制主要用在对健康最有害的人性弱点上。

 为什么获得并维持自我控制很困难？

有时，自我控制与其说是蛮力不如说是策略。一些武术家们声称，任何人使用正确的动作都可以轻易地战胜强大的攻击者。因此，克服我们自身危险的冲动也会是个策略性的问题。让我们来仔细看一看怎样用健康的方法迎接自我控制的几个重要挑战——饮食、安全性行为和吸烟——学会"明智的动作"，帮助我们迎接战斗。

合理饮食

在许多西方国家中，居民的平均体重正在以惊人的速度增长。有一种基于进化论的理论解释说：我们的祖先发现，为了确保自己能够生存下去，在物质丰富时期吃好点，可以用于储存能量来度过物质匮乏时期。然而，在21世纪的后工业时代是不会出现物质匮乏的，过度摄取使人们不能消耗掉他们所摄入的全部能量（Pinel，Assanand和Lehman，2000）。那么，为什么肥胖症没有蔓延在整个西方世界里？为什么法国人一般比美国人要瘦一些，即使是他们食物中的脂肪含量更高？原因之一是法国人活动量更大。保罗·罗津（Paul Rozin）及其同事所做的研究还发现，比起美国人，法国人的食量明显较小，而且吃完这些小份量食物的时间却很长。在法国的麦当劳店中，就餐者平均用22分钟吃完一份食物，而在美国，就餐者只用不足15分钟的时间（Rozin，Kabnick等，2003）。现在的美国人好像参加了某种国家竞吃比赛一样狼吞虎咽，而法国人则对着小份食物细嚼慢咽，也许这种吃饭方式让他们更能意识到自己在吃什么。然而，具有讽刺意味的是，这种饮食方式可能会导致薯条消耗量降低。

那么除了移居法国之外，你还能做些什么？研究表明，节食并不总是有用的，因为压力可能很容易削弱有意识的自我控制行为，导致那些本来想控制自己的人却又失去控制，沉浸于那些恰好是他们一直想要克服的行

法国人比美国人更瘦的原因之一是法国用餐者通常会花22分钟吃完一顿快餐，而美国用餐者平均只花15分钟。平均就餐时间的长短是如何影响个人体重的？

为之中。这可能让你回想到"意识"一章所讨论的一般性原则：强迫自己不做某件事，常常可能会直接导致那种不当行为（Wegner，1994a，1994b）。

克制所带来的问题可能恰恰是自我控制的内在组成部分（Polivy 和 Herman，1992）。要想获得正常体重，应该重视运动和营养，而不是节食（Prochaska 和 Sallis，2004）。在强调吃什么有益上，人们可以海阔天空地想象着各种食物，不必试图压抑这些念头。增加运动而不是减少食量，会让人们去追寻正向、主动的目标。把关注点放在要做的事而不是不要做的事上时，自我调节更有效（Molden，Lee 和 Higgins，2009；Wegner 和 Wenzlaff，1996）。

> 为什么运动比节食更有效地减少体重？

避免危险的性行为

当人们进行无保护措施的阴道性交、口交或肛交时，就会将自己置于危险之中。性活跃的青年人和成年人通常都意识到这种风险，更不用说意外怀孕的风险，然而，许多人还是会这样做。为什么有这样的风险意识却不能避免发生这样的行为呢？冒险者们都抱有唯独自己刀枪不入的错觉，这种系统性偏差导致人们相信自己比别人更不可能沦为某个麻烦的受害者（Perloff 和 Fetzer，1986）。例如，一项对性活跃的女大学生调查显示，受访者判断自己在未来一年内怀孕的几率在 10% 以下，但她们认为学校里其他女性怀孕的平均概率为 27%（Burger 和 Burns，1988）。与此相矛盾的是，那些报告使用不恰当的避孕方法或根本不用避孕方法的女性表现出这种错觉更为强烈。倾向于认为"不会发生在我身上"的想法也许在事情可能会发生在自己身上的时候最为明显。

无保护措施的性行为通常是最后一刻情绪冲动的产物。当酒精或毒品使人更加神志不清时，人们通常都不会使用避孕套，从而增加了怀孕、感染艾滋病病毒和许多其他性传播疾病的风险性。和其他形式的自我控制一样，避免风险性行为需要一些行动计划，而阻碍人们实现这一规划的状况却很容易破坏这种计划。所以，降低风险性行为的方法之一就是帮助人们找到未雨绸缪的方法。性教育课程就为青少年提供了这样的机会，该课程鼓励他们在还没有太多性经验之前，去思考当需要他们做出决定时他们应该怎么做。尽管性教育有时受到批判，因为有人认为它增加了青少年对性的意识和兴趣，但研究结果是明晰的：性教育降低了青少年进行无保护措施的性行为的概率，并有益于他们的身体健康（美国心理学会，2005）。这个结论对成年人同样适用。

 为什么事先计划会降低性风险？

请勿吸烟

每两个吸烟者中就有一个会过早死于与吸烟相关的疾病,如肺癌、心脏疾病、肺气肿以及口腔咽喉疾病。单是肺癌所造成的死亡率就比其他任何一种癌症多,而 80% 的肺癌都是由吸烟引起的。尽管美国的总体吸烟比率在下降,但新的吸烟者层出不穷,而且许多有烟瘾的人似乎无法戒掉烟瘾。大学生也和其他人一样吞云吐雾,调查显示,目前有 20% 的大学生染有烟瘾(Thompson 等,2007)。知道吸烟会带来这些有害的健康后果,人们为什么还不戒烟?

香烟中的活跃成分——尼古丁可以使人上瘾,因此,一旦染上烟瘾就很难戒除(见"意识"一章)。正如其他形式的自我控制一样,戒烟的决心往往都很脆弱,而且似乎很容易在压力之下败下阵来。例如,在 9/11 事件之后数月,马赛诸塞州的香烟销售量猛增了 13%(Phillips,2002)。在戒烟后的一段时间内,戒烟者对环境中的相关线索依然很敏感:吃东西或喝饮料、糟糕的心情、焦虑,或只是看见别人吸烟,就足以激起他们来一根香烟的渴望(Shiffman 等,1996)。让人欣慰的是,人们远离尼古丁的时间越长,吸烟冲动就会慢慢削弱,他们复吸的可能性也会降低。

某些心理治疗方案和技术可以帮助人们戒除烟瘾,包括尼古丁替代治疗,诸如口香糖和皮肤贴片、心理咨询和催眠,但这些方案并不总是有效。显然,不停地尝试各种不同的戒烟方法可能是最好的解决办法(Schachter,1982)。毕竟,为了永久戒烟,你只需要比之前少吸一次。但是,如同对饮食和性行为的自我管理一样,对吸烟的自我管理需要努力及坚定意志。古希腊人把自我控制问题归咎于 akrasia(意志力薄弱),而现代心理学很少把原因归咎于自我管理欠佳,更多地关注任务难度对自我控制的影响。以健康的行为方式来保持健康,是生活中最大的挑战之一(见"其他声音"一栏)。

为了永久戒烟,你需要戒多少次?

小结

▲ 个性和行为的自我管理对健康有影响,探讨它们之间的关系能够揭示身心之间的联系。

▲ 乐观和坚韧的人格特质与疾病风险性降低相关,这也许是由于具有这些特质的人能够更好地对抗压力。

▲ 对诸如饮食、性和吸烟这种行为的自我控制对许多人来说都很困难,因为自我控制很容易被压力所破坏;使用自我控制的策略可以显著改善健康,提高生活质量。

其他声音 不健康的自由

在"情绪和动机"一章中,你了解到,健康和风险与你所吃的东西有关。在本章中,你又得知,你的所做(你锻炼身体吗?)和所想(你是个乐观主义者吗?)也能影响你的应激体验和健康。还有一些研究结果清楚地表明,合理饮食并经常运动的人有更好的心理健康和躯体健康水平。那么,引导人们合理饮食、适度运动是否属于我们的职责范围?

最近,纽约市市长迈克尔·布隆伯格(Michael Bloomberg)提出对大份量的含糖饮料进行征税,这一提议被大众笑称为"苏打税"。一些人对这一提议大力赞扬,他们认为把我们的社会建造成一个有益人民尤其是儿童健康生活的社会是我们的职责所在。另有一些人则对这项提议加以指责,他们认为我们生在一个自由国度里,只要人们愿意,人们应该自由地选择自己喝什么样的苏打并避免任何一种运动。考虑到苏打税所存在的优缺点,经济学家罗伯特·弗兰克最近也加入了对此事的讨论之中。

近期,纽约州法院以技术上难以实现的理由拒绝了市长迈克尔·R·布隆伯格限制大容量苏打和其他含糖饮料的提议。虽然市长先生正在上诉这一判决,但许多人认为,市长的提议标志着美国正在走向保姆式国家的下坡路,所以他们对法院的这一判决拍手称快。批判者除了质疑该提议的内容(对特定地点售卖的含糖饮料份量限定在16盎司),他们还从哲学的角度反对该提议,认为人们应该有自由选择的权利。

尽管几乎所有的人都会赞美抽象意义上的自由,但捍卫某个你所珍视的自由往往需要你牺牲另一个。不管布隆伯格先生的提议中有何漏洞,它都源于一种完全值得注意的观点:保护父母抚养健康后代的自由的愿望。

自由地做某件事并不仅仅意味着法律允许你这样做,它还意味着你能够这样做是合理的。父母不希望他们的孩子变得过于肥胖或者遭受由饮食引起的糖尿病所带来的困扰。然而,当前的社会环境正在鼓励人们摄入大量的含糖软饮料,这就使肥胖或糖尿病出现的概率大大增加。因此,这样的环境明显限制了父母实现那个抚养健康后代的目标的自由。而对市长进行批判的人,他们想要保护的是自己能够喝上32盎司的大罐饮料的自由。但当两种特定的自由相冲突的时候我们应该怎么做?捍卫自由的标语并没有为此提供任何指导,就像此事一样。这些标语也没有告知我们,税收或其他替代政策通常会让这种看似艰难的决策变得没那么必要。合理的决策方针往往需要仔细地对相关备选方案的利弊进行评估,而不是仅仅提个标语就完事大吉。

频繁地饮用超大杯的苏打水是否真的限制了父母抚养健康后代的自由?这或许还有商榷

的余地，因为人们都相信，自己通常不会被他人的意见或行为所左右。但这个所谓的自信并不像人们所相信的那样。

1842年，作为伊利诺斯州议员的亚伯兰罕·林肯（Abraham Lincoln）巧妙地阐述了这种自负中所隐含的荒谬："让我问问那个在某个周末去教堂做礼拜的男子，他能接受什么样的补偿来戴他妻子的帽子？"林肯推测，大多数男人可能需要一笔相当大的补偿——显然，这并不是因为戴女式帽子不合法或不道德，而仅仅是因为这种行为看起来是如此的不合时宜。

即使是那些承认社会环境有着巨大影响力的人，也没理由担忧自己的选择会改变环境。然而，总体来看，我们的选择是可以彻底地改变环境的，但通常是以造成严重问题的方式来改变。这就使得社会环境变成了一个公众所共同关注的合法的对象。

想象一下1964年以前的美国，不受制约的个人选择造成了吸烟比率的快速上升——有超过50%的成年人吸烟。即使是那些最坚定的自由主义者都无法否认他们的孩子在这样的环境下成长更有可能会成为一个吸烟者。

吸烟者不仅伤害他们自己和那些吸入二手烟的人，还伤害那些希望孩子长大后不吸烟的父母。父母可能在一定程度上能够监督他们的孩子，使他们不受同伴的影响，但那通常都会以失败而告终。

所有有关禁烟政策的理性思考都不能忽略吸烟所造成的伤害这一事实，而这种思考又有助于提出一系列的禁烟政策。例如，在纽约市，禁止在公共场所吸烟，而且现在州政府和市政府对每包烟的征税接近6美元。

自1965年以来，这些政策就使全国的吸烟率降低了一半多，这就使得美国的父母更容易培养出将来不抽烟的孩子。这是一个相当大的收益。反对吸烟限制令的人必须做好准备，证明受到他们不利影响的人所遭受的危害要远大于好处。但由于绝大多数的吸烟者自己都不后悔染上烟瘾，所以要证明这一点将是一个极其艰巨的任务。

同样的论点也适用于含糖饮料。除非我们准备好去否定有关环境会对孩子们的选择产生有力影响的所有证据，否则，我们就必须承认这样一个事实：拒绝布隆伯格先生的提议会剥夺父母想要抚养健康后代这个合理目标的自由。允许那些反对市长提议的人去妨碍父母自由的理由是什么？仅仅是为了让自己免于买一杯16盎司的苏打水所带来的那些微不足道的不便吗？

幸而社会对其环境的干预不需要通过粗暴的禁令来实现。支持市长提议的公共政策也能以更直接和低侵入性的方式来服务社会。

例如，我们可以对含糖软饮料征税。曾在2010年纽约州提出对每盎司苏打征税1便士，市长大力对这一提议称赞，但由于饮料行业的强烈反对该提议最终被撤销。

再次引入这一案例是很有说服力的。毕竟我们必须对某样东西征点税，对软饮料征税可以降低目前正在被征税的有益活动上的税务。例如，在联邦政府一级，对苏打征税可以降低工资征税，这就鼓励企业去雇佣更多的工人。

正如很少有吸烟者会庆幸他们吸烟一样，也很少有人临死前会希望他和他的爱人本应该多喝一点含糖软饮料。有证据表明，当前这种大容量软饮料的消费已经造成了巨大的社会代价。

因此，对于那些成功游说反对苏打税的人，我提出这样一个简单的问题：如何才能让你喝免税苏打水的权利所带来的好处，远远超过它所带来的巨大代价？

你站在哪一边？在这本教科书里所列的研究都清楚地表明，健康的饮食和行为将为你带来更加健康的效果——提高生产率和降低以后的疾病带来的健康代价以及为个人和社会带来更广泛的利益。但是，政府是否有权利去惩罚那些选择喝苏打水和其他含糖饮料的人？另一方面，在那些对他们有害（且由于巨额的医疗支出而让社会付出更大的代价）的饮料上多收几分钱就真的侵犯了人们的自由吗？有关人类健康和行为的科学研究又如何能够用来对现实社会中人类的健康和行为产生影响？

摘自《纽约时报》，2013年3月23版。

本章回顾

关键概念小测试

1. 如果你居住在一个人口密集、交通拥挤且充满噪音和污染的城区，你更有可能会暴露于哪些应激源？
   a. 文化应激源
   b. 间歇性应激源
   c. 慢性应激源
   d. 正性应激源

2. 在一项实验中，两组人在试图完成一项任务的时候受到干扰。A组成员被告知他们可以通过按一个按钮来消除干扰，而B组人并不知道这个信息。为什么A组在此项任务上的成绩可能会比B组好？
   a. B组的工作环境不同。
   b. A组认为自己已对妨碍任务的应激源加以控制。
   c. B组被A组更不容易分心。
   d. 影响B组的干扰现在是一个慢性的。

3. 对威胁进行反应的大脑激活开始于_____。
   a. 脑下垂体
   b. 肾上腺
   c. 下丘脑
   d. 胼胝体

4. 根据一般适应性综合征，当躯体试图应对应激源时，在_____阶段躯体使自己适应于高唤醒状态。
   a. 衰竭

b. 阻抗

c. 警觉

d. 能量

5. 下面哪个对生理应激反应的描述最准确?

　a. A 型行为模式有心理后果但没有生理后果。

　b. 工作相关应激和冠心病之间没有联系。

　c. 应激源可以导致激素涌入大脑,强化免疫系统。

　d. 免疫系统对心理影响具有显著的反应性。

6. 冥想是改变了的意识状态,它发生在_____。

　a. 药物辅助下

　b. 催眠状态下

　c. 自然发生或通过特殊练习

　d. 做梦一般的大脑活动的结果

7. 参与有氧运动是通过控制_____来处理压力的一种方式。

　a. 环境

　b. 处境

　c. 躯体

　d. 空气摄入

8. 找到一种新的或创造性的方法来思考应激源,可以降低它的威胁性被称为_____。

　a. 应激免疫

　b. 抑制性应对

　c. 改变思维方式

　d. 理性应对

9. 与虔诚和灵性相关的积极健康效果被认为是以下选项的结果,除了_____。

　a. 社会支持的增强

b. 更健康的行为

c. 希望和乐观的支持

d. 代祷

10. 假装生病违反了_____。

　a. 诈病

　b. 躯体形式障碍

　c. 患病角色

　d. B 型行为模式

11. 下面哪句话是对一个成功的健康护理者的描述?

　a. 展现共情。

　b. 关注患者的生理状态和心理状态。

　c. 用心理学来促进患者的依从性。

　d. 以上所有。

12. 生病时,乐观者比悲观者更有可能_____。

　a. 保持积极情绪

　b. 变得抑郁

　c. 忽视护理者的建议

　d. 避免与他人接触

13. 下面哪个选项是与坚韧无关的一个特质?

　a. 担当

　b. 对批评的厌恶

　c. 控制感

　d. 愿意接受挑战

14. 应激_____饮食和吸烟等行为的自我调节。

　a. 强化

　b. 不影响

　c. 扰乱

　d. 正常化

> 关键术语

| 应激源 | 端粒 | 理性应对 | 生物反馈 |
| 应激/压力 | 端粒酶 | 改变思维方式 | 社会支持 |

第 14 章　应激与健康 < **783**

健康心理学	免疫系统	应激免疫训练（SIT）	心身疾病
慢性应激源	淋巴球	躯体性症状障碍	战斗或逃跑反应
A 型行为模式	冥想	一般适应性综合征（GAS）	倦怠
放松治疗	患者角色	抑制性应对	放松反应
自我调节			

转变观念

1. 在 2002 年，研究者们比较了大学生在相对无应激期和考试高应激期的重度痤疮问题。在控制了其他诸如睡眠或饮食改变等变量后，研究者们总结道：痤疮严重程度的增加与应激水平的增加有着很强的相关关系。了解这项研究后，你的室友非常吃惊："痤疮是皮肤病，"你的室友说，"我不明白它怎么会与你的精神状态有关。"你如何衡量应激在疾病中的作用？对于应激对疾病的影响的方式，你还能举出其他例子吗？

2. 你的朋友课业负担很重，他向你坦露自己快要崩溃了。"我受不了这种压力，"他说，"有时，我会幻想居住在某个小岛上，在那儿我可以躺在阳光下，没有一点压力。"对于应激，你可以对你的朋友说些什么？所有的应激都是不好的吗？没有应激的生活会是什么样的？

3. 你的一个同班同学花了一个夏天的时间在神经学家的办公室里实习。"最有趣的事情之一"，她说，"是那些患有心身疾病的人。有些人患有癫痫或手臂局部麻痹，但他们并没有神经系统上的损伤——因此，他们全受到心理因素的影响。那个神经学家试图把这些患者转到精神科医师那去，但许多患者认为，他是在指控自己伪装了这些症状，他们觉得很受侮辱。"对于身心疾病，你能跟你的朋友聊些什么？"头脑里想出来的"疾病真的能产生如癫痫或局部麻痹的症状吗？或者这些病人确实是伪装了他们的症状吗？

关键概念小测试答案

1. c；2. b；3. b；4. c；5. d；6. c；7. b；8. c；9. d；10. c；
11. d；12. a；13. b；14. c。

需要更多的帮助？更多资源可以查询以下网站：

http://www.worthpublishers.com/launchpad/schacter3e

第 15 章①
心理障碍

▲ 界定心理障碍：何谓异常？_787
心理障碍的构念化 _788
心理障碍的分类：DSM_789
心理障碍的成因 _790
文化与社区　心理障碍在世界各地 _793
理解心理障碍的新方向：RDoC_794
现实世界　心理障碍是怎样被定义和诊断的？_796
标签的危险 _797

▲ 焦虑障碍：恐惧来袭 _798
恐怖障碍 _799
惊恐障碍 _801
广泛性焦虑障碍 _803

▲ 强迫症：陷入怪圈 _805

▲ 创伤后应激障碍：创伤后的困扰 _807

▲ 抑郁障碍及双相障碍：任由情绪支配 _808

抑郁障碍 _809
双相障碍 _813

▲ 精神分裂症及其他精神病性障碍：失去对现实的掌控 _817
精神分裂症的症状及类别 _817
生物因素 _820
心理因素 _822
其他声音　成功与精神分裂 _824

▲ 儿童及青少年心理障碍 _826
孤独症谱系障碍 _826
科学热点　孤独症谱系障碍的乐观结果 _828
注意缺陷/多动障碍 _828
品行障碍 _830

▲ 人格障碍：走极端 _832
人格障碍的类型 _832
反社会型人格障碍 _834

▲ 自伤行为：心智转向攻击自己 _835
自杀行为 _836
非自杀的自我伤害行为 _837

弗吉尼亚·伍尔夫（Virginia Woolf）在大衣口袋里装了一块大石头，把足迹留在河岸，

---

① 本章交替出现"psychological disorder"和"mental disorder"，词义相同。由于本书为心理学教科书，因此，统一译作"心理障碍"，而不是"精神障碍"。——译者注

走向水中。三周后，人们才找到她的遗体。她在留给丈夫的遗言中写道："亲爱的，毫无疑问，我又要精神崩溃……这一次，我好不了了。我开始听到声音，我不能集中注意力。因此，最佳之举似乎就是我现在做的事情了。"（Dally，1999，第182页）就这样，1941年3月28日，一个生命结束在英国萨塞克斯郡的罗德麦尔附近。这位多产的小说家和散文家、先锋派文学沙龙布卢姆斯伯里小组的核心人物、颇具影响力的女性主义者不幸成为终生"精神崩溃"的受害者，在严重的抑郁和失控的躁狂之间颠波，饱受情绪大起大落的折磨。

现在，人们已经知道，让伍尔夫饱受其苦的是双相障碍（bipolar disorder）。她的抑郁发作极度严重：阴郁沮丧，毫无创意；有时，卧床数月。当抑郁期被躁狂期所替代，正如她丈夫伦纳德（Leonard）所回忆的那样，"那时，她在房间里滔滔不绝，两三天不理会任何人，也不理会别人对她说什么。"她的语言"变得完全不连贯，词不达意。"在她癫狂的顶峰时期，小鸟对她说希腊语，她已去世的母亲复现并训斥她，有声音命令她去"去做狂野的事情"。她拒绝进食，满纸写着无意义的话，言辞激烈、长篇累牍地谩骂攻击她的丈夫和陪护员（Dally，1999，第240页）。

在双相障碍发作期之外的时光里，伍尔夫不知怎么地就成就了辉煌的文学生涯。她出生于维多利亚的家庭，家里不会考虑让女人上大学。不过，没上过学并未阻止伍尔夫成为爱德华·阿尔比（Edward Albee）（1962）的剧本《谁怕弗吉尼亚·伍尔夫》（*Who's Afraid of Virginia Woolf?*）中久负盛名、才华横溢的杰出人物。据说，她写过9本小说、1部剧本、5本散文集和14本以上的日记和信札。她的小说摆脱了传统上循规蹈矩的情节和场景，转向探索人物的内心世界和沉思，而且她的观察显示出她对自己的心理障碍体验有敏锐和充分的理解。她在一封给友人的信中写道，"疯狂，作为一种体验，令人恐怖……但又不能对它嗤之以鼻，在它那熔岩般的灼热中，我仍然找到了大部分我写的东西。"（Dally，1999，第240页）。当然，伍尔夫为她的天赋付出了高昂的代价。她的丈夫和陪护共同分担她的心理障碍和去世所带来的重负。心理障碍能够制造无边的痛苦。

在本章中，我们首先考虑的问题是：什么是异常？弗吉尼亚·伍尔夫在抑郁及躁狂发病期以及她最终自杀，无疑是异常的，因为大多数人未曾有过这些经历，但她有时过着完美的常态生活。无比复杂的人类心智能够产生各种行为、思维和情绪，每时每刻都在发生彻底的改变。心理学家如何

弗吉尼亚·伍尔夫（Virginia Woolf，1882—1941），英国小说家和评论家，卒于1941年。她终生饱受双相心理障碍的痛苦，终以自杀结束生命，但疾病的躁狂状态也铸就她多产的写作。

断定一个人的思维、情绪和行为是"错乱的"呢？我们先要仔细查验做出这样决定时最看重的关键因素。然后，我们会聚焦于几类主要的心理障碍（mental disorder）：重性抑郁障碍及双相障碍；焦虑、强迫以及与创伤相关的心理障碍；精神分裂症；始于童年和青少年时期的心理障碍；以及自我伤害行为。在分析每种心理障碍时，我们将仔细考察这些障碍有何表现，及其流行程度和成因。

本章所考察的心理障碍是人类潜能的不幸损失。当心智出错造成心理障碍时，痛与苦侵蚀着人类本应享受的满足、和平和爱。科学模式（恰当的说法是生物—心理—社会模式（biopsychosocial model））主张生物因素、心理因素和社会因素联合导致心理障碍，并开始梳理心理障碍的症状及成因。正如我们在下一章所看到的那样，科学模式已经提出针对某些心理障碍显著有效的治疗方法，为将来减轻其他心理障碍所造成的痛苦及苦难带来希望。

界定心理障碍：何谓异常？

心理障碍的概念看似简单，但仔细推敲却非常复杂棘手（类似于清楚地定义"意识"、"应激/压力"或"人格"）。你的思维、感受或行为与众不同，并非一定是心理障碍。例如，考试前严重焦虑、失去挚爱后感到悲伤，或者晚上过度饮酒——这些尽管是不开心的状态，但未必是病态。同样地，也不能将偏离常态的惯常模式判定为心理障碍。如果那样，我们就会把那些最有创意、最有远见的人诊断为心理障碍——这些人的想法总是别出心裁、与众不同。

那么，什么是心理障碍呢？对于"心理障碍"一词的准确定义尚无普遍共识，这或许出人意料。然而，根据一般的共识，**心理障碍**能够被定义为：行为、思维或情绪持久地紊乱或功能失调，导致严重的痛苦或缺陷（Stein 等，2010，Wakefield，2007）。定义心理障碍的方法之一，就是把它界定为人类正常心理过程（你在本书中已经学到过的）的功能失调或缺陷。有心理障碍的人在知觉、记忆、学习、情绪、动机、思维以及社交过程方面出问题。你可能会问：但这仍然是一个宽泛的定义，何种紊乱才"算"是心理障碍？它们一定要持续多长时间才被认为是"持久"？要有多少痛苦或缺陷？这些都是这个领域中备受争议的问题。这些争议持续多年，未来仍将继续（后面有更详细的讨论）。

心理障碍（mental disorder）　　行为、思维或情绪持久地紊乱或功能失调，导致严重的痛苦或缺陷。

心理障碍构念化[1]

据史上记载，自古就有人举止异常，想法或情绪怪诞。不久前，这些麻烦还被看作是宗教的或超自然力量的结果。在某些文化中，心理病态仍然被解释为神灵或鬼怪附体，是女巫或巫师的魔法妖术使然，或是上帝对作恶的惩罚。在许多社会中，包括我们自己的社会，人们恐惧并嘲弄有心理障碍的人，常常把他们当作罪犯：惩罚、监禁，或因他们偏离常态的"罪"而置之于死地。

在过去的 200 多年中，世界多数地方已经用**医学模式（medical model）**取代这些对心理异常的看法，即异常的心理经验被构念化为像躯体疾病一样的疾病，有其生物和环境的原因，有其特定症状，以及可能的治愈方法。把偏常的思维和行为构念化为疾病，提示诊断是确定问题性质的第一步。

帮助有心理障碍的人，第一步是什么？

在诊断时，医生及治疗师设法确定一个人的心理障碍的性质，是通过评估表征（该障碍客观的、可观察到的指标）和症状（主观报告的行为、想法和情绪）完成的；这些表征和症状提示有潜在的疾病。例如，正如自我报告流鼻涕和咳嗽是感冒的症状一样，失去勇气和极度兴奋交替出现，造成弗吉尼亚·伍尔夫的情绪大起大落，可以被看作是双相障碍的症状。区分三个相关的医学分类术语是很重要的：

> 障碍（A disorder），是指一组常见的表征和症状；
> 疾病（A disease），是指已知的影响身体的病理过程；
> 诊断（A diagnosis），是指确定是否存在某种障碍或疾病的决定（Kraemer，Shrout 和 Rubio-Stipec，2007）。

重要的是，我们要知道，某种障碍存在（例如，诊断）并不必然意味着我们知道身体产生表征和症状的基本疾病过程。

把心理障碍看作是医疗问题，提醒我们，那些饱受痛苦折磨的人理应得到的是照顾和治疗，而不是谴责。尽管如此，仍有一些对医学模式的批评。有些心理学家指出，用求助者的主观自我报告，而不用病理的身体检查（像其他领域的医疗诊断那样）来确定是否存在潜在的疾病是不恰当的。另一些心理学家却指出，医学模式常常把正常的人类行为"医疗化（medicalizes）"或"病理化（pathologizes）"。例如，极度悲伤可能被看

医学模式（medical model） 异常的心理经验被构念化为像躯体疾病一样的疾病，有其生物和环境的原因，有其特定症状，以及可能的治愈方法。

[1] Conceptualization 在此处被译作"构念化"，特指用现有的专业知识去理解临床现象，以便形成治疗师头脑中的假设，强调"形成过程"之意。而"概念化"则强调静态标签，"概念"一词也容易使人误解为是远离现实生活的抽象概念，与英文词义相反。——译者注

极度害羞,还是社交焦虑障碍?对医学模式的批评是什么?

作是一种被称为"重性抑郁障碍"的疾病;极度害羞可能被诊断为一种被称为"社交焦虑障碍"的疾病;不能专注上课被称为注意缺陷/多动障碍。尽管对于当前心理障碍的定义和分类方法存在一些合理的担忧,但比起旧的方法——把心理障碍看作是巫术或对于原罪的惩罚,仍有无可置疑的优势。不过,当心理学家努力改善诊断程序时,应牢记这些担忧。

心理障碍分类: DSM

那么,如何运用医学模式去对范围广泛的人类异常行为进行分类呢?心理学家、精神病学家(研究和治疗心理障碍的医生)和大多数心理障碍领域的其他工作者使用标准化的系统去分类心理障碍。美国精神病学会承认,需要有由医生/治疗师和研究者达成共识的诊断系统,并于1952年发行了第一版**心理障碍诊断及统计手册(diagnostic and statistical manual of mental disorder,DSM)**。DSM是一个分类系统,描述用于诊断每一种公认的心理障碍的特征,并指明如何区分某种障碍不同于其他障碍及类似问题。每种障碍被命名和分类为明确的疾病。DSM第一版以及1968年发表的第二版DSM-Ⅱ,为讨论心理障碍提供了一套共同语言。这是研究心理障碍的一个重大进步。然而,这些早期版本所列举的诊断标准非常模糊,理论假设基础薄弱。例如,笼统地把那些长期极端抑郁或焦虑的人诊断为"神经症反应(neurosis reaction)"。

后面两个版本的DSM(DSM-Ⅲ出版于1981年,DSM-Ⅳ出版于1994年)不再模糊地描述各种心理障碍,而是非常详细地列举必然出现的症状(或诊断标准),以便对

心理障碍诊断与统计手册(Diagnostic and Statistical Manual of Mental Disorders,DSM) 是一个分类系统,描述用于诊断每一种公认的心理障碍的特征,并指明如何区分某种障碍不同于其他障碍及类似问题。

某种心理障碍做出诊断。例如，除了极端悲伤或抑郁（至少持续2周），一个人还至少要符合抑郁的9种症状中的5种（例如，减少对平常喜爱的活动的兴趣，体重明显降低或增加，睡眠明显增加或减少，失去活力，无价值感或内疚感，难以专注）。诊断采用包含200多种心理障碍的症状清单，显著地增加了心理障碍诊断的信度或一致性。现在，两个医生访谈同一人，更容易针对出现何种心理障碍达成一致意见，大大增加了诊断过程（以及精神病学和临床心理学领域）的可靠性。

DSM怎样随着时间的推移而改变？

2013年5月，美国精神病学会发布了更新手册：DSM-5。DSM-5描述了22个大类别，其中包含200多种不同的心理障碍（见表15.1）。除了列举的22大类心理障碍外，DSM-5还包含一些迄今为止尚有待进一步研究的心理障碍。另外，还有一节专门讨论诊断心理障碍所要考虑的文化问题。为什么把罗马数字换成阿拉伯数字呢？这是希望我们在理解心理障碍方面有更迅速的进展。我们可以随着所知增多而不断修订（DSM-5.1，5.2，5.3，等等），而不是再等上20年才更新。

在DSM正文的22章中，每一章都列举了一个人被诊断为每一种心理障碍必须符合的具体诊断标准。美国对有代表性的大规模人口样本的研究显示，大约有一半的美国人报告说，在有生之年至少罹患过一种心理障碍（Kessler，Berglund等，2005）。而且，大多数有一种心理障碍的人（80%以上）报告有**并发症（comorbidity）**，并发症是指两种或以上心理障碍同时发生在同一个人身上（Gadermann等，2012）。

心理障碍的成因

心理障碍的医学模式指出，了解一个人的诊断是有用的，因为任何特定的精神疾病类别都会有一个明确的成因。换句话说，正如不同的病毒、细菌或遗传变异导致不同身体疾病一样，不同的心理障碍也存在特定的成因模式（或成因学，etiology）。医学模式还指出，各种心理障碍很可能会有共同的预后（prognosis），即随时间而演变的典型病程，以及对治疗和治愈的易感程度。不幸的是，这个基本的医学模式通常过分简单化，只关注单一的个人内在成因，单一的治疗方法难以奏效。

为了理解哪些因素可能会导致各种心理障碍，大多数心理学家采用整合的**生物—心理—社会视角（biopsychosocial perspective）**，用以说明各种心理障碍是生物、心理和社会多重因素交互作用的结果。

并发症（commorbidity） 指两种或以上心理障碍同时发生在同一个人身上。
生物—心理—社会视角（biopsychosocial perspective） 用以说明各种心理障碍是生物、心理和社会多重因素交互作用的结果。

> **表 15.1**

DSM-5 心理障碍主要类别

1. 神经发育障碍：这些状态始于发育早期，导致严重的功能缺陷，例如智力障碍（以前称为"精神发育迟缓"）、自闭症谱系障碍，以及注意缺陷/多动障碍。

2. 精神分裂症谱系及其他精神病性障碍：这类心理障碍的特点是，知觉、思维、语言、情绪和行为严重失调。

3. 双相及相关障碍：这些障碍包括心境严重起伏——从躁狂到抑郁——并且还包括精神病的经历。因此，DSM-5 把这类障碍放在精神病性障碍与抑郁障碍之间。

4. 抑郁障碍：这些状态的特点是心情极端抑郁并持久。

5. 焦虑障碍：这些障碍的特点是过度恐惧，并且焦虑极端到足以损害个人的功能，例如惊恐障碍、广泛性焦虑障碍，以及特定的恐怖症。

6. 强迫及相关障碍：这些状态的特点是出现偏执的想法，然后用强迫行为去回应那种偏执的想法。

7. 创伤及应激相关障碍：这些是作为对创伤事件的反应而出现的心理障碍，例如创伤后应激障碍。

8. 解离障碍：这些状态的特点是意识、记忆和身份瓦解或不连续，例如解离性身份障碍（以前被称为"多重人格障碍"）。

9. 躯体症状及相关障碍：在这些状态下，个人所经历的与严重的痛苦或障碍相关的躯体症状（例如，疼痛、疲劳）

10. 喂食及进食障碍：这些障碍是进食出现问题，损害健康或功能，例如厌食症和暴食症。

11. 排泄障碍：这些障碍涉及排尿不当或排便不当（例如，尿床）。

12. 睡眠—觉醒障碍：这些障碍是指睡眠—唤醒周期出现问题，例如失眠、嗜睡发作，以及睡眠呼吸暂停。

13. 性功能失调：所出现的这些问题与不满意的性活动有关，例如勃起障碍及提前射精。

14. 性别困扰：这是一个单一的心理障碍，特点是个人所体验的/所表达的性别与先天的性别不一致。

15. 破坏性、冲动控制及品行障碍：这种状态涉及情绪控制及行为控制出现问题，例如品行障碍、间歇性暴怒障碍，以及盗窃癖。

16. 化学物质相关及成瘾障碍：这组障碍涉及不顾后果地长期使用一些药物或执行某些行为（例如，赌博）。

17. 神经认知障碍：这些思维障碍是由诸如老年痴呆或创伤性脑损伤导致的。

18. 人格障碍：这些障碍是导致严重生活问题的、持久的思维模式、情感模式和行为模式。

19. 性欲倒错障碍：这些状态的特点是不当的性活动，例如恋童癖障碍。

20. 其他精神障碍：这是其余不符合上述类别但与严重痛苦或缺陷相关的类别，例如医疗干预导致的非特异性心理障碍。

21. 药物所致的运动障碍及其他不良反应：这些身体动作问题是由药物导致的（例如：震颤、强直）。

22. 可能成为临床关注焦点的其他状况：这些包括与虐待、疏忽照顾、人际关系相关的问题，以及其他问题。

来源：DSM-5（美国精神病学会，2013）

生物学关注的是遗传和表观遗传的影响（见图 3.23）、生化失衡，以及脑结构及功能异常。心理学角度则关注适应不良的学习与应对、认知偏见、功能不良的态度，以及人际关系问题。社会因素包括社会化贫乏、生活压力，以及文化不平等和社会不平等。错综复杂的因果关系提示，不同的人患有同样的心理障碍（例如，抑郁），会出于不同的原因。一个人陷入抑郁可能是由于生物原因（例如，遗传、荷尔蒙）、心理原因（例如，错误的信念、无望、应对丧失的策略不好）和环境原因（例如，压力或孤独）导致的结果；或者更可能的是这些因素的某些联合影响所导致的。当然，多重成因意味着不可能只有单一的治愈方法。

为什么评估需要看很多因素？

大多数心理障碍既有内在的（生物及心理）成因，又有外在的（环境）成因，这个观察产生了众所周知的**素质—压力理论模式**，提示一个人可能先天就有某种心理障碍的倾向，在压力的激发下表现出来。素质是内在的倾向，而压力是外部的引爆物。例如，大多数人能够应对自己对 2001 年 9 月 11 日恐怖袭击的强烈情绪反应。然而，对于一些倾向于产生负面情绪的人来说，其应对能力承受不了事件的恐怖程度，因而会突然出现心理障碍。尽管素质是能被遗传的，但遗传不是宿命。牢记这一点是非常重要的。通过遗传来继承某种素质的人可能从来不会遇到突如其来的压力，而少有某种心理障碍遗传倾向的人却可能遭受特定压力的冲击。把心理障碍归因于单一的内在原因，容易把心理障碍过分简单化，这一点在解释脑在心理障碍中发挥的作用时表现得淋漓尽致。心理障碍者及无心理障碍者的脑扫描图可能会给人留下不同寻常的强烈印象，即心理问题是内在的、永久的、不可防治的，甚至是不可治愈的。脑的影响及其影响过程对于了解心理障碍的全部故事绝对重要，但并不是故事的唯一版本。

心理障碍可能是由生物因素、心理因素和环境因素所导致的。素质—压力模式提示：一个人可能先天倾向于出现某种心理障碍，只有在压力的刺激下才会表现出来。假如两个同卵双生子（有同样的基因谱）生长在同一屋檐下（相同的父母、基本饮食和对电视的接触等）。到了少年时代，其中一个出现某种心理障碍，例如精神分裂症，而另一个并不出现。这种情况可能吗？

素质—压力理论模式（diathesis-stress model）提示一个人可能先天就有某种心理障碍的倾向，在压力的激发下表现出来。

文化与社区

心理障碍在世界各地

世界不同地方的人是否也会体验到我们在美国看到的障碍？为了更好地理解心理障碍的流行病学（研究健康和疾病的分布及成因），罗纳德和凯斯勒（Ronald and Kessler）及其同事发起了世界卫生组织全球精神卫生调查，在这个大规模的研究中，被评估是否患有心理障碍的人们来自世界各地大约 24 个国家（Kessler 和 Üstün，2008）。这个研究的结果显示，在美国见到的主要心理障碍同样出现在世界各地所有的国家及文化。例如，抑郁、焦虑、注意缺陷/多动障碍和化学物质滥使用障碍可见于全球各地。不同国家报告的比率不同（美国人报告的心理障碍比率最高），但是，抑郁和焦虑永远是最常见的，仅次于冲动控制和化学物质滥用障碍。

尽管所有国家似乎都有上述常见的心理障碍，但显然，文化背景能够影响到心理障碍如何被经验、被描述、被评估和被治疗。为了说明这个问题，DSM-5 包含了文化要素一节，其中包括文化要素访谈（Cultural Formulation Interview, CFI）。CFI 包括 6 个提问，由医生/治疗师在心理健康评估中向求助者提出，以便帮助医生/治疗师理解：求助者的文化背景会如何影响他们心理障碍的经验、表达和解释。

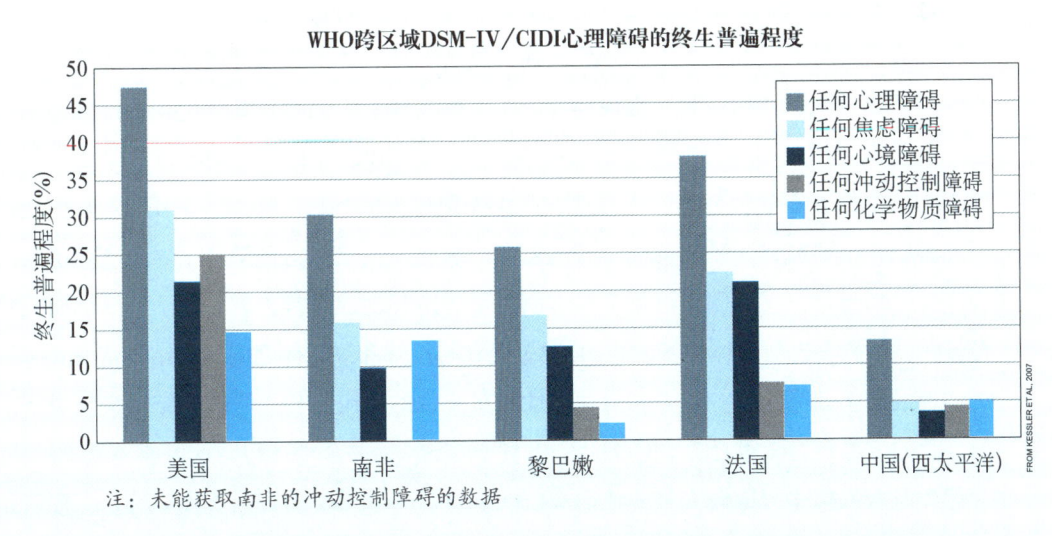

理解心理障碍的新方向：RDoC

尽管 DSM 提供了一个有用的心理障碍分类框架，但有关引起心理病态的生物—心理—社会因素的科学研究结果并没有清晰地描绘个体的 DSM 诊断，这一点理应成为人们日益关注的事实。说起当前的状况，托马斯·因赛尔（Thomas R. Insel），全美精神卫生研究所所长（NIMH，美国心理障碍研究的主要资助者）一语中的：尽管许多人把 DSM 描述为一部圣经，不过，把它当作一个提供标签和当前定义的字典则比较准确："人们以为，DSM 的标准包罗万象，但是，你知道吗？生物学从不照本宣科。"［因塞尔（Insel），援引自贝拉克（Belluck）和凯里（Carey），2013 年，A13 页］。为了更好地理解什么才是导致心理障碍的成因，NIMH 的研究者们已经提出了一个新的框架，用以考量心理障碍——不再聚焦于当前 DSM 界定的心理障碍类别，而是关注那些更基本的生物、认知和行为架构。人们相信这些架构是构成心理障碍的模块。这个新体系被称为"**研究范畴标准的方案（research domain criteria project，RDoC）**"，这一创新的目的是，通过展现产生心理障碍的基本过程，来引导对于心理障碍的分类及理解。RDoC 并非有意立即取代 DSM，而是要在未来几年里影响 DSM 的修改版（详见"真实世界"）。

研究者们用 RDoC 研究心理功能异常成因的焦点是基因—细胞—脑回路的生物学因素，诸如学习、注意、记忆的心理学范畴，以及各种社交过程与行为（详见表 15.2 范畴列表）。NIMH 想要通过 RDoC 这一框架，使研究者们从研究当前定义的 DSM 分类，转向在连续体的另一端研究那些导致心理障碍的多维度生物—心理—社会过程。其长远目标是为了更好地理解哪些异常因素导致不同的心理障碍，并且根据那些根本成因对心理障碍进行分类，而不是根据所观察到的症状。这个框架将使心理障碍研究与其他医学障碍研究并行不悖。例如，如果你感到胸痛、剧烈头疼、疲劳以及呼吸困难，你不可能正在经验四种彼此孤立的病变（胸痛病变、头痛病变等）。而是正如我们现在所知道的，这些都是高血压基本病程所表现出来的症状。与此相似，RDoC 框架的目的是要转移关注点：从根据表面症状分类，转向理解产生失调行为的过程。例如，采用 RDoC 框架的研究者们不是研究作为一种明确障碍的可卡因成瘾，而是努力理解什么导致"对奖赏的反应性"的异常，这一因素可见于可卡因过量者及其他成瘾行为者。的确，最近研究已经显示，编码多巴胺受体的基因（DRD2）变异与额叶和纹状体之间的连结异常有关（详见"神经科学及行为"一章）。与冲动性和对奖赏的反应性相关联的连结缺失反过来又与广泛的成瘾行为障碍有关（Buckholtz 和 Meyer-Lindenberg，2012）。这可能有助于说明，为什么有些人似乎有成瘾人格，他们难以约束自己寻求奖赏的行为。重要的是，理解是

研究范畴标准的方案（Research Domain Criteria Project，RDoC） 是一项创新，目的是通过展现产生心理障碍的基础过程，来指引对于心理障碍的分类及理解。

> 表 15.2

RDoC 模板草案

范畴/架构	分析单位							
	基因	分子	细胞	回路	生理	行为	自评	范式
负面心理效价系统								
严重的威胁（"恐惧"）								
潜在的威胁（"焦虑"）								
持续的威胁								
丧失								
没有奖赏造成的挫折								
正面心理效价系统								
接近的动机								
对奖赏的初始反应								
对奖赏的持续反应								
有奖赏的学习								
习惯								
认知系统								
注意								
知觉								
工作记忆								
陈述性记忆								
语言行为								
认知（需要努力的）控制								
社交过程系统								
归属与依恋								
社交沟通								
对自我的知觉与理解								
对他人的知觉与理解								
唤起及调节系统								
唤起								
生理昼夜节律								
睡眠及失眠								

哪些过程引起类似成瘾的问题，会帮助我们发展更有效的治疗措施，我们将在下一章更详细地讨论这个话题。

现实世界

心理障碍是怎样被定义和诊断的？

谁来决定DSM的走向？这些决定是如何做出的？在心理学和精神病学领域，正如早期研究人类健康与行为的大多数领域一样，这些都是由当前研究领域中的泰斗们达成的共识所决定的。在过去的几年里，这些研究泰斗多次会面，为的是决定哪些心理障碍应该被纳入到DSM的新版本，以及应该如何定义它们。而做出这些决定的依据是关于哪些临床症状容易同时出现的描述性研究报告。每个人都赞同，我们需要有一个分类和定义心理障碍的系统；然而，随着当前有关心理障碍知识的增长，这个领域已不再局限于单纯地根据基本生物—心理—社会过程对心理障碍进行描述性诊断分类（例如，研究范畴标准的规划草案）。未来有关如何界定心理障碍的决定，仍会继续依据该领域泰斗们的共识，而有关这些心理障碍根本成因的研究将会更直接地推动这样的决定。

谁来决定某个人是否要有诊断？这些决定是怎样做出的？在过去的几年里，研究者已经发展出结构化的临床访谈，把DSM中的症状列单转化成一系列的访谈提问，医生/治疗师（心理学家、精神科医生、社工）根据访谈结果，确定某个人是否符合每种心理障碍的诊断标准（Nock等，2001）。例如，根据DSM-5，一个人至少要具备重性抑郁障碍9种症状中的5种，才会符合重性抑郁障碍的诊断标准。结构化临床访谈一般包括抑郁的9个问题（每个症状一条问题）。如果被访谈者至少说出这些症状中的5种，医生/治疗师就可以得出结论：这个人患有重性抑郁障碍。现在，新的诊断主要是由求助者自己报告症状决定的。许多人希望，随着对心理障碍根本成因的关注增加，未来我们会有生物学和行为学的测量指标，帮助我们确定谁有精神疾病，谁没有精神疾病。

你可能已经注意到，表15.2的范畴列单看起来好像是比较详细的本书目录！RDoC框架从始至终地强调神经科学（第3章），特别关注情绪系统和动机系统的异常（第8章）、认知系统例如记忆（第6章）、学习（第7章）、语言及认知（第9章）、社交过程（第13章），以及应激及唤起（第14章）。从RDoC的角度来看，心理障碍可以被看作是心理过程异常或功能失调的结果。通过了解本书中的这些心理过程，你容易更好地理解有关心理障碍的新定义，这是近年来发展的前沿领域。

标签的危险

标签效应，是心理障碍诊断及分类的一个重要的难题。精神病学标签可能会有负面后果，因为很多标签带有负面刻板印象和污名化的看法，例如认为心理障碍是一个人软弱的标志，或者认为精神病人是危险的。与心理障碍相关的污名可以说明，为什么大多数可被诊断为心理障碍的人（大约60%）不寻求治疗（Kessler, Demler 等，2005; Wang, Berglund 等，2005）。

为什么有人会回避寻求帮助？

不幸的是，教育人们了解心理障碍并不能消除那些心理障碍者蒙受的污名（Phelan等，1997）。事实上，精神病学的标签所制造的期望有时甚至抵消心理健康专业人员的判断（Garb, 1998, Langer 和 Abelson, 1974; Temerlin 和 Trousdale, 1969）。这一现象的典型表现是，心理学家戴维·罗森汉（David Rosenhan）及其6位同事到不同的精神病院诉说自己"听到声音"，这一症状可见于患有精神分裂症的人。每个人被收住在不同的医院后，就立即表示症状消失。尽管如此，医护人员仍然不愿确定这些人是正常的：这些"病人"平均住院19天才获批出院，并且还是带着"缓解期精神分裂症"的诊断出院的（Rosenhan，1973）。显然，一旦医护人员给这些病人贴上心理疾病的标签，这个标签就会永远贴在身上。

这些标签效应特别令人不安。有证据显示，有心理障碍的人住院很少是必要的。弗蒙特（Vermont）的一组研究是跟踪分析病人的生活，这些病人被认为过于危险以至于不能出院，因而多年住在医院的病区。他们出院后并没有给社区带来危害（Harding 等，1987），而进一步研究显示，那些有一种心理障碍的人比那些没有心理障碍的人更不容易出现暴力（Elbogen 和 Johnson, 2009; Monahan, 1992）。

标签化，甚至影响到被贴标签的人如何看待他们自己；人被贴上这样的标签，可能不仅会把自己看作是有心理障碍的人，而且也是没有希望的人，或是没有价值的人。这样的看法可能会导致他们产生挫败的生活态度，使他们不能为自

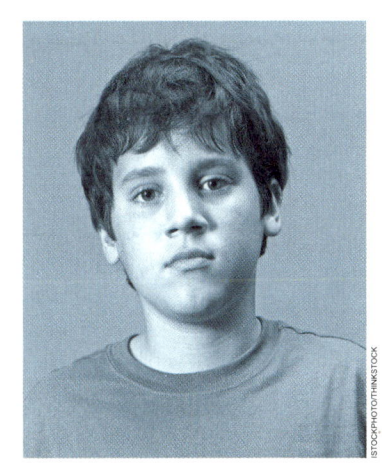

尽管我们标示心理障碍，但我们不应该用那些标识给人们贴标签。例如，不要说某人"是ADHD"，而是说，某人当前符合ADHD的诊断标准。

己的康复付出努力。医生/治疗师开展重要的临床实践时只是用这些标签标示心理障碍，而不是人，这是抵制标签不良后果迈出的一小步。例如，一个人可以被描述为"患有精神分裂症的人"，而不是"精神分裂症的人"。你会留意到，我们在这本教科书中就是遵循这个约定。

小结

▲ DSM-5 是一种定义心理障碍的分类系统，当一个人出现产生痛苦或缺陷或由内在原因引起的思维、情绪或行为紊乱时，就被界定为心理障碍。

▲ 根据生物—心理—社会模式，心理障碍源于生物、心理和社会因素的交互作用，被认为是素质（内在的先天素质）和压力（环境中生活事件）的联合影响。

▲ RDoC 是一种新的分类系统，关注心理障碍的生物学、认知及行为方面。

焦虑障碍：恐惧来袭

"没错儿，随堂测验占你这门课的一半分数。"如果你的老师真的这样说，你可能会受到焦虑及害怕的冲击。你的反应是恰当的——无论你的感受有多强烈——都不表示你有心理障碍。事实上，与情境相关的焦虑是正常的，并且具有适应功能：在这种情况下，或许提醒你要跟上教科书上的作业，让自己为随堂测验做准备。当所产生的焦虑与真实危险及挑战不相称时，就是不适切的：它可能会控制人们的生活，悄悄偷走人们内心的安宁，并且削弱人们正常发挥功能的能力。**焦虑障碍**，是一种病态的焦虑，焦虑，是这类心理障碍的主要特征。人们常常在特定时间里不止体验到一种焦虑障碍，而是同时体验到焦虑和抑郁（Beesdo 等，2010；Brown 和 Barlow，2002）。其中，DSM-5 公认的焦虑障碍包括恐怖症（Phobia disorder）、惊恐障碍（Panic disorder），以及广泛性焦虑障碍（generalized anxiety disorder）。

何时焦虑是有害的？何时焦虑是有益的？

焦虑障碍（Anxiety disorder） 焦虑，是这类心理障碍的主要特征。

恐怖障碍

想一下玛丽（Mary），47岁，三个孩子的妈妈，因幽闭恐怖症（Claustrophobia）——对密闭空间的强烈恐惧——而寻求治疗。她追溯到她的恐惧来自童年：哥哥姐姐吓唬她——把她关在衣柜里，盖在毯子下。她自己的孩子长大后，她想要工作却无法工作，因为害怕电梯及其他密闭空间。她觉得，这些密闭空间会困住她无法回家（Carson, Butcher和Mineka, 2000）。许多人在密闭空间中都会感到些许焦虑，不过，玛丽的恐惧不正常，是功能失调，因为这些恐惧与实际危险不相符，并且损坏她正常生活的能力。DSM-5描述**恐怖障碍**的特点为：明显、持久、过度的恐惧，并且回避特定的对象、活动或情境。一个患有恐怖症的人会承认，恐惧是不合理的，但却无法阻止其干扰日常生活功能。

特定恐怖症（specific phobia），是对某个特定对象或情境不合理的恐惧，明显地干扰一个人执行功能的能力。特定的恐怖包括以下5类：（1）动物（如：狗、猫、老鼠、蛇、蜘蛛）；（2）自然环境（如：高空、黑暗、水、暴风雨）；（3）情境（如：桥、电梯、隧道、密闭空间）；（4）血、注射、损伤；（5）其他恐怖症，包括窒息和呕吐。对儿童来说，还有很大声的噪音和穿戏装的人物。在美国，大约12%的人在其一生中会出现一种特定恐怖症（Kessler, Berglund等, 2005），女性略高于男性（Kessler等, 2012）。

社交恐怖症（social phobia） 指不合理地恐惧当众出丑或尴尬。社交恐怖症限于以下情境，例如当众讲话、当众进食或在公厕撒尿，或者泛化到各种社交场合——被观察或与不熟悉的人交往。有社交恐怖症的人努力回避可能被不熟悉的人评价的场合。当不能回避在公众场合露面时，他们就会体验到强烈的焦虑和不安。社交恐怖症可能出现在童年，不过，它一般出现在刚刚进入青少年时期和刚刚步入成年之间（Kessler, Berglund等, 2005）。许多人都会有社交恐怖症的经历，大约12%的男性及14%的女性在其一生中的某段时间符合这个诊断（Kessler等, 2012）。

为什么恐怖症如此普遍呢？高比率的特定恐怖症和社交恐怖症提示，人有恐惧某些对象及情境的先天素质。的确，人们恐惧的大多数情境及对象都可能造成真实的威胁，例如：从高处跌落，或者受到疯狗、毒蛇或蜘蛛袭击。社交场合也有其危险。满屋子的陌生人不会袭击或撕咬你，但他们可能会形成一些印象，影响你未来的交友、工作或婚姻。

恐怖障碍（phobia disorder） 这类心理障碍的特点是明显、持久、过度的恐惧，并且回避特定的对象、活动或情境。

特定恐怖症（specific phobia） 这类心理障碍涉及不合理地恐惧某个特定对象或情境，明显地干扰一个人执行功能的能力。

社交恐怖症（social phobia） 这类心理障碍涉及不合理地恐惧在众人面前感到羞愧或尴尬。

预先准备理论说明为什么大多数旋转木马能载着孩子骑上漂亮的木马。这位妈妈如果让女儿骑一只大蜘蛛或一条蛇,那就麻烦啦。

当然,在极为罕见的情况下,他们也会袭击或撕咬你。

如此这般的观察奠定了恐怖症的**预先准备理论(preparedness theory)**基础。该理论主张,人本能上就容易有某些恐惧。预先准备理论是由马丁·赛利格曼(Martin E.P. Seligman, 1971)提出来的,已经得到研究的证实:人和猴都能够迅速建立条件反射,不过,只对诸如蛇和蜘蛛的刺激做出恐惧反应,不会对诸如花或玩具兔子等中性刺激做出恐惧反应(Cook 和 Mineka, 1989; Öhman, Dimberg 和 Öst, 1985)。同样的,有关面部表情的研究显示,比起其他类型的面部表情,人们更容易对恐惧、愤怒的面部表情建立条件反射(Öhman, 1996; Woody 和 Nosen, 2008)。那些通过进化使我们预先倾向于回避的对象,特别容易形成恐怖症。这个构想也得到了恐怖症遗传可能性的研究证实。特定恐怖症的家族研究表明,同卵双生子的一致性大于异卵双生子(Kendler, Myers 和 Prescott, 2002; O'Laughlin 和 Malle, 2002)。其他研究也发现,30% 以上有特定恐怖症的人的第一级亲属(first-degree relatives)(父母、兄弟姐妹,或子女)有同一种恐怖症(Fryer 等, 1990)。

为什么我们会先天倾向于某些恐怖症呢?

气质,也可能会在恐怖症的易感性中起到重要的作用。研究者们已经发现,那些表现出过分羞怯和抑制的婴儿在后来的生活中出现恐怖症行为的风险增加(Morris, 2001; Stein, Chavira 和 Jang, 2001)。神经生物学因素也可能起作用。比起没有报告恐怖症的人来说,神经递质 5-羟色胺和多巴胺异常在那些报告有恐怖症的人中更常见(Stein, 1998)。除此之外,患有恐怖症的人有时杏仁核异常活跃。杏仁核是与发展情绪联系相关的脑区(讨论见于本书"情绪与动机"一章,及 Stein 等, 2001)。有趣的是,尽管比起没有社交恐怖症的人来说,那些有社交恐怖症的人更多地表示,自己在完成涉及社会

预先准备理论(preparedness theory) 主张人本能上就容易有某些恐惧。

评价的任务时（例如当众讲话）感到极为痛苦，不过，他们的生理唤起并不比别人多（Jamieson, Nock 和 Mendes, 2013）。这提示，社交恐怖症可能是由于一个人对于情境的主观经验产生的，而不是对于这些情境的异常生理应激反应。

研究证据未排除环境和养育对于发展过度恐惧反应的影响。学习理论创始人约翰·华生（John Watson）多年前指出（1924），恐怖症可能是经典条件反射（见"学习"一章中"小阿尔伯特及小白鼠"）。同样的，遭狗咬的不舒服感可能在狗与痛之间建立了条件反射的联系，导致不合理地恐惧所有的狗。然而，"恐怖症是从可怕对象引起的情绪经验中学来的"这一构想尚不能完全说明所有恐怖症的发生。大多数研究发现，有恐怖症的人比没有恐怖症的人更不容易回忆有关可怕对象的个人经验，可怕对象可能只是构成经典条件反射的基础（Craske, 1999; McNally 和 Steketee, 1985）。此外，许多人被狗咬，但是，很少人会出现恐怖症。尽管"恐怖是学来的"这一构想有不足之处，不过，它为治疗提供了一个有用的模式（见"治疗"一章）。

恐怖症是涉及过度及持久地恐惧某个具体对象、活动或情境的焦虑障碍。有些恐怖症可能是通过经典条件反射习得的：与引起焦虑的非条件化刺激（US）配对的被条件化的刺激（CS）本身，诱发条件化的恐惧反应（CR）。假如你的朋友对狗的恐惧如此强烈，以至于邻家的一条狗对他叫时，他就害怕出门。运用你在"学习"一章所学到的经典条件反射原理，你可以怎样帮助他克服恐惧呢？

惊恐障碍

如果你突然发现自己有死亡的危险（那头狮子向我们迎面而来！），惊恐可能会涌遍你的全身。那些遭受惊恐发作的人常常承受不了如此强烈的恐惧，以及焦虑带来的强烈躯体症状，但却是在完全没有真实危险的情况下。韦斯利（Wesley），一位20岁的大学生，开始有频繁增加的惊恐发作，经常一天发作两三次，他最终到一家诊所寻求帮助。这些惊恐发作始于一次突然涌起的"强烈的、极可怕的恐惧"，似乎是无缘由的，常常伴有头昏眼花、胸部发紧，以及"自己将要昏厥或可能死去"的念头。韦斯利的惊恐发作始于几年前，从那以后间歇发作。韦斯利决定前来治疗，是因为他开始回避公交车、火车和公共场所，害怕他会如此发作，无法逃离。

韦斯利的状况被称为**惊恐障碍**，其特点是突然出现多个心理症状和生理症状，导致

惊恐障碍（panic disorder） 其特点是突然出现多个心理症状和生理症状，导致极度恐慌的感觉。

极度恐慌的感觉。惊恐发作的急性症状一般只持续几分钟，还包括呼吸短促、心悸、出汗、晕厥、失去自我感（感到与自己的身体抽离）或失去现实感（感到外部世界是陌生的或不真实的），并且恐惧自己会疯掉或死掉。不足为奇，惊恐发作经常使人因相信自己心脏病发作而冲向急诊室或医生的诊室。不幸的是，因为许多症状与各种医疗病症相像，得出正确诊断可能会用几年的时间，使用昂贵的医学检查却发现结果正常（Katon，1994）。根据DSM-5诊断标准，只有经常经历突如其来的发作，并宣称对下一次发作极度焦虑，才算是惊恐障碍。

广场（陌生环境）恐怖症（agoraphobia），是一种常见的惊恐发作并发症，是涉及恐惧公共场所的特定恐怖症。包括韦斯利在内的、患有广场恐怖症的许多人本人并不害怕公共场合，而是害怕在公共场合或在蔑视自己、无法帮助自己的陌生人身边惊恐发作。在严重的情况下，伴有广场恐怖症的惊恐发作病人无法走出家门，有时持续多年。

> 许多患有广场恐怖症的人恐惧的是公共场所的什么？

大约22%的美国人宣称，至少有一次惊恐发作（Kessler, Chiu等，2006），一般在极大压力期间（Telch, Lucas和Nelson, 1989）。偶尔经历一次不足以诊断惊恐发作：个人还必须体验到极度担心和焦虑再次发作。当采用这个标准时，大约5%的人会在他们生命中某些时候被诊断为惊恐发作（Kessler, Berglund等，2005）。惊恐发作在女性中（7%）比在男性中（3%）更普遍（Kessler, 2012）。家族研究提示，惊恐发作有一些遗传成分，惊恐发作的倾向性差异30%—40%归因于基因的影响（Hetteman, Neale和Kendler, 2001）。

为了理解生理唤起在惊恐发作中发挥的作用，研究者们比较了有惊恐发作的实验参与者与没有惊恐发作的实验参与者对于乳酸钠的反应。乳酸钠是一种化学物质，能够产生快速、表浅的呼吸及心悸。研究发现，那些有惊恐发作的实验参与者对于药物极其敏感；给药几分钟后，60%—90%的人就体验到惊恐发作。而没有惊恐发作的参与者则很少对药物产生惊恐发作的反应（Liebowtz等，1985）。

对化学物质反应的差异可能是由于对焦虑的生理体征的不同解释，即那些体验惊恐发作的人可能对于焦虑的生理体征过于敏感，他们的解释是：对自己身心健康有灾难性后果。证实这一认知解释的研究显示，那些焦虑敏感度高的人（如：他们相信，身体唤起和其他焦虑症状能产生可怕的后果）有体验惊恐发作的高风险（Olatunji和Wolitzky-Taylor, 2009）。因此，惊恐发作的概念可以表述为"对恐惧本身的恐惧"。

广场（陌生环境）恐怖症（agoraphobia） 是一种常见的惊恐发作并发症，是涉及恐惧公共场所的特定恐怖症。

广泛性焦虑障碍

吉纳（Gina），24 岁的姑娘，在临床心理学研究生院就读第一年，开始体验到体弱力衰的焦虑。最初，她担心自己是否能完成所有的作业，后来，她担心她的求助者状况是否改善，或者她实际上是否使求助者状况恶化。不久，她的忧虑扩展到她的健康（她是否有未被诊断的医学问题？）以及她男朋友的健康（他吸烟……他也许正在自寻癌症？）她持续地忧虑了一年，最终休学治疗她的忧虑、极度焦虑不安、筋疲力尽，以及感到悲伤和抑郁。

吉娜的症状是典型的**广泛性焦虑障碍**（generalized anxiety disorder，GAD）——被称作广泛性，是因为持续不断的忧虑并不限于任何特定的威胁；实际上，忧虑常常被放大且不合理。GAD 是一种长期的过度忧虑，伴有三种或以上下列症状：不安、疲劳、集中注意力困难、易激惹、肌肉紧张，以及睡眠紊乱。在遭受 GAD 痛苦的人当中，不可控制的忧虑产生一种失控感，侵蚀自信心，以至于做一个简单的决定似乎都要为出现可怕的后果而忧心忡忡。例如，吉娜挣扎于做日常生活的决定，小到在市场买哪一种菜以及如何准备晚饭。

哪些因素促使 GAD 的发生？

大约 6% 的美国人在其一生中的某个时期患有 GAD（Kessler，Berglund 等，2005），其中女性经历 GAD 的比率（8%）高于男性（5%）（Kessler 等，2012）。研究显示，生物因素和心理因素都增加 GAD 发生的风险。家族研究显示，遗传可能会有些微影响，甚至中度影响（Narrholm 和 Ressler，2009）。尽管很少有关于 GAD 的单卵双生子研究，不过，一些证据表明，与异卵双生子研究相比，同卵双生子的一致率稍高（共有同一特征的配对比例，Hettema 等，2001）。此外，很难排除环境因素和人格因素对于一致性的影响。

有关 GAD 的生物学解释提示，神经递质不平衡可能起到一定的作用。尚不清楚这种不平衡的确切性质。苯二氮䓬类药物（Benzodiazepin）（一种镇静药物，在"治疗"一章讨论；如：安定、利眠宁），似乎刺激神经递质 γ-氨基丁酸（GABA），有时可以减轻 GAD 症状，提示这种神经递质在 GAD 发生中发挥了潜在的作用。然而，其他不直接影响 GABA 水平的药物（如：丁螺环酮及诸如百忧解的抗抑郁药）也有助于治疗 GAD（Gobert 等，1999；Michelson 等，1999；Roy-Byrne 和 Cowley，1998）。由于情况复杂，这些不同的处方药并不能帮助所有人，而且在某些情况下，有可能会产生严重的副作用

广泛性焦虑障碍（generalized anxiety disorder） 是一种长期的过度忧虑，伴有三种或以上下列症状：不安、疲劳、集中注意力困难、易激惹、肌肉紧张，以及睡眠紊乱。

重大应激生活事件，例如失去工作或家庭，能够导致广泛性焦虑障碍。该状态的特点是长期、过度地忧心忡忡。

和药物依赖。

心理学的解释聚焦于激发焦虑的情境，来说明严重的 GAD。这种情况在以下人群中特别普遍——收入低、居住在大城市，并且/或者处于政治和经济动荡造成的不可预期的环境中。女性中 GAD 的比率相对高，可能也与压力有关，因为女性比男性更容易生活贫困、经历歧视，遭受性侵犯或身体虐待（Koss，1990; Strickland，1991）。研究显示，童年不可预期的创伤经历增加产生 GAD 的风险，而且这个证据也支持压力经验起作用的论断（Torgensen，1986）。丧失的经历或感知到自己的处境危险，也会增加 GAD 的风险（Kendler 等，2003），例如由于丧失抵押品赎回权而丢掉了家（McLaughlin 等，2012）。另外，许多可能会出现 GAD 的人并没有出现 GAD，支持素质—压力学说——人的易感性也是一个关键因素。

小 结

▲ 患有焦虑障碍的人有不合理的忧虑和恐惧，削弱了他们正常执行功能的能力。

▲ 恐怖症的特点是，过分恐惧和回避特定的对象、活动或情境。

▲ 饱受惊恐障碍痛苦的人体验到突如其来、强烈的焦虑发作——极度可怕并可能导致他们因为害怕当众出丑，而变成广场恐怖症并居家不出。

▲ 广泛性焦虑障碍（GAD）是指长期的焦虑状态，而恐怖症则涉及与特定对象或情境相关的焦虑。

强迫症：陷入怪圈

你可能会有这样的体验：有无法抵制的强烈愿望想要回去检查你是否真的锁了门或关了烤箱，即使你十分肯定你已做到。或者你可能无法抵制做出一些迷信行为，例如在某个日子穿幸运衫，或参加体育活动。对有些人来说，这些想法或行动不断增加直至失控，从而变成了严重问题。

凯伦（Karen），34岁，有四个孩子，在她体验到反复侵入的念头之后寻求治疗。她想象自己的孩子遇到严重的意外事故。除此之外，一系列的保护性计数仪式妨碍她的日常生活。例如，去杂货店买东西时，凯伦感到，如果她从货架上选第一件商品（比方一盒麦片），她最大的孩子就会遇到可怕的事情。如果她选第二件商品，未知的灾难就会降临在她第二个孩子身上。如此涉及4个孩子。孩子们的年纪也是重要的。例如，一排中的第六件商品与她最小的六岁孩子有关联。

治愈强迫症的刻意努力会多有效？

凯伦被数字侵扰，其影响延伸到其他活动，最明显的是她吸烟和喝咖啡的方式。如果她有一只香烟，她感到她必须至少吸一排中的4支，否则，她的其中一个孩子就会受到一定的伤害。如果她喝咖啡，她感到必须喝4杯以上，以便保护她的孩子免受伤害。她承认，自己的计数仪式不合理，但是，当她努力停止计数时，就会变得极度焦虑（Oltmanns，Neals和Davison，1991）。

凯伦的症状是典型的**强迫症（obsessive-compulsive disorder，OCD）**，即反复入侵的念头（偏执）和仪式化的行为（强迫），用于抵制那些明显干扰个人功能的念头。焦虑在这种心理障碍中发挥作用，因为偏执的念头一般会产生焦虑，而采取强迫的行为是为了缓解焦虑。在OCD中，这些偏执和强迫是强烈的、经常的，并且被体验为不合理的和过分的。通过努力压制或忽视来应对偏执念头收效甚微，甚至无益。事实上（参见"意识"一章的讨论），压制念头会产生事与愿违的结果，增加偏执念头的频率和强度（Wegner，1989；Wenzlaff和Wegner，2000）。尽管焦虑发挥作用，但在DSM-5中，OCD的分类独立于焦虑障碍，因为OCD被认为有明确的成因，并通过脑中与焦虑障碍不同的神经回路维持着。

尽管28%的美国成年人宣称在其一生中的某个时间点经历过偏执或强迫（Ruscio等，2010），但是只有2%的人会出现真正的OCD（Kesslerm，Berglund等，2005）。与焦虑

强迫症（obsessive-compulsive disorder，OCD） 即反复入侵的念头（偏执）和仪式化的行为（强迫），用于抵制那些明显干扰个人功能的念头。

豪伊·曼德尔（Howie Mandel）是一名成功的喜剧演员，但是，他与OCD搏斗却不是令人捧腹的话题。像大约2%的美国人一样，曼德尔挣扎于对被病菌感染的极端恐惧中，反复核查和反复清洗的行为常常干扰他的日常生活。他在公众演讲中讲述自己与OCD的搏斗及寻求有效治疗的重要性。

障碍相似，女性患有OCD的比率比男性高（Kessler等，2012）。在那些患有OCD的人中，最常见的偏执和强迫包括核查（占OCD70%）、秩序（57%）、道德忧虑（43%）及污染（26%; Rucsio等，2010）。尽管强迫行为总是过度的，但在强度和频率上相当不同。例如，恐惧污染可能导致一些人洗手15分钟，而另一些人可能需要与消毒剂和烫水待上几个小时，用力擦洗双手，直到出血。

受OCD折磨的人具有偏执，一般是源于担心可能造成真实的危险（例如污染或疾病），这一点支持了预先准备理论。反复思量我们离家时是否忘记关炉子，是可以理解的。毕竟，我们想要回到完好的家。预先准备的概念把OCD放在和恐怖症一样的进化背景（Szechtman和Woody，2006）。然而，正如对待恐怖症那样，我们需要考虑其他因素，来说明为什么达到进化目的的恐惧可以变得如此扭曲和适应不良。

家族研究表明，OCD有中等程度的基因遗传可能性：单卵双生子比异卵双生子呈现比较高的一致性。有OCD的人的亲属本身没有OCD，但他们比一般公众有更高风险患有其他类型的焦虑障碍（Billet，Richter和Kennedy，1998）。研究者尚未确定促成OCD的生物学机制（Fridlander和Desrocher，2006），但是，一个假设提示，脑尾状核神经活动增加是其中的原因。尾状核是脑基底部的一个部位（在"神经科学及行为"一章讨论），已知涉及发起有意的行动（Rappoport，1990）。增加脑神经递质活动的药物能够抑制尾状核的活动，并缓解一些强迫症的症状（Hansen等，2002）。然而，这个研究结果尚未表明尾状核过度活跃是OCD的成因。OCD的影响结果也可能是这样的：有OCD的人常常乐意接受心理治疗，并且尾状核活动呈现相应的减低（Baxter等，1992）。

小结

▲ 有强迫症的人会有反复出现的、引发焦虑的念头，迫使他们做出仪式化的、不合理的行为。

创伤后应激障碍：创伤后的困扰

对于压力的心理反应能够导致应激障碍。例如，那些有不可控制的可怕经历的人可能会出现**创伤后应激障碍**（posttraumatic stress disorder，PTSD），这个心理障碍的特点是，长期的生理唤起，反复出现不想要的念头或创伤的影像，并且回避一切能唤起创伤事件记忆的人和事物。

创伤事件留下的心理伤痕没有战争明显。许多从战场归来的士兵经历PTSD症状，包括战斗场面的闪回、被放大的焦虑和惊吓反应，甚至并非由身体损伤造成的、需要医疗干预的状态（如：瘫痪或慢性疲劳）。这些症状大部分属于常态，是对恐怖事件的恰当反应。对于大多数人来说，这些症状会随着时间而消退。PTSD的症状能够持续很长时间。例如，大约12%近年来在伊拉克作战的美国老兵退役后符合PTSD的诊断标准，所观察到的PTSD比

战争的创伤事件使许多人被PTSD折磨得疲惫不堪。但是，因为PTSD是一个看不见的伤口，难以确切诊断，美国国防部五角大楼规定：心理伤员没有资格获得紫心勋章（the Purple Heart）——授予那些对敌作战的伤员或牺牲者的神圣奖牌。

率甚至高于非西方的发展中国家（Keane，Marshall和Taft，2006）。如今，PTSD的影响不仅见于战争的受害者、见证者和加害者，也见于那些在平民生活中经受恐怖事件创伤的普通人。据估计，大约7%的美国人在他们一生中的某些时候患有PTSD（Kessler，Berglund等，2005）。

并非每个经历创伤事件的人都会出现PTSD，这提示人们对于创伤的敏感性不同。采用脑成像技术检测脑结构和脑功能的研究已经确认了与PTSD相关的、重要的神经活动。具体而言，那些患有PTSD的人显示出杏仁核活动增加（该脑区与评价危险信息和建立恐惧条件反射相关）、脑皮层前额叶中间延伸区活动减少（这是恐惧条件反射消退的重要脑区），并且海马体积比较小（与记忆联系最紧密的脑部分，在"神经科学及行为"和"记忆"两章讨论，Shin，Raunch和Pitman，2006）。当然，一个重要的问题是，那些具有这些脑特征的人们如果遭受创伤，会有更高的风险患有PTSD吗？还是对某些人来说，脑的这些特征只是创伤的后果？例如，缩小的海马体积是否反映了预先存在的条

创伤后应激障碍（posttraumatic stress disorder，PTSD） 这个心理障碍的特点是，长期生理唤起，反复出现不想要的念头或创伤的影像，并且回避一切唤起创伤事件记忆的人与事物。

图 15.1 越战老兵及其孪生兄弟的海马容量。四组被试的平均海马容量：（1）参加过战斗，并且后来出现 PTSD 的老兵；（2）第一组未曾参加战斗且未出现 PTSD 的孪生兄弟；（3）参加过战斗，但从未出现 PTSD 的老兵；（4）第二组未曾参加战斗且未出现 PTSD 的孪生兄弟。参加过战斗并且后来出现 PTSD 的老兵（第一组）及其未曾参加战斗且未出现 PTSD 老兵的孪生兄弟（第二组）海马容量小于没有出现 PTSD 的老兵（第三组）及其孪生兄弟（第四组）。研究结果显示，海马容量先天较小可能使某些人对于导致 PTSD 的条件比较敏感。

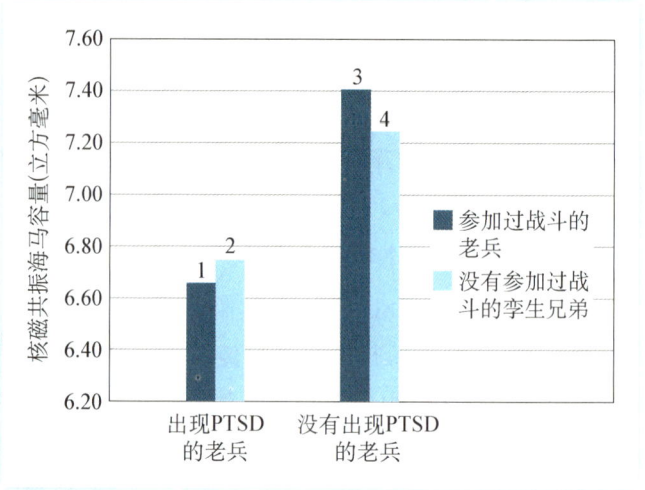

件使脑对压力/应激敏感，还是创伤压力本身以某种方式杀死了神经细胞？一个重要的研究显示，尽管一组患有 PTSD 的参战退伍老兵显示海马体积缩小，不过，他们的男性同卵双生兄弟也是同样的（见图 15.1），即使孪生兄弟从来没有去过战场或没有出现 PTSD（Gilbertson 等，2002）。这提示，退伍老兵的海马缩小并不是由于参战导致的，而是这些退伍老兵及其孪生兄弟可能本身就海马比较小。这个预先存在的条件使得他们后来接触创伤事件时，更容易出现 PTSD。

小 结

▲ 威胁生命的可怕事件，例如参战经历或被强奸，能够导致出现创伤后应激障碍（PTSD）。这时，人会经验慢性生理唤起，不想要的念头或创伤事件的影像，并且回避一切使人想起创伤事件的东西。

抑郁障碍及双相障碍：任由情绪支配

你可能现在正处于一种心境状态。你这时或许正在吃点心，觉得开心；或者你在听一位朋友诉说，感到悲伤——或者没有什么原因，你可能会感觉好或感觉不好。正如你在"情绪与动机"那一章所了解到的,心境是相对持久的、非特异的情绪状态——非特异的意思是说,我们可能会经常不知道是什么原因引起一种心境。改变心境,就会改变我们的体验,就像不同色彩的光束照到我们展现自己人生的舞台上。然而,对于像弗吉尼亚·伍尔夫及其他有心境障碍的人来说,心境可能变得如此强烈,以至于他们被绊住,或者被拉扯到采取威胁生命的行动。**心境障碍(mood disorders)** 是多种心理障碍,其主要特点是心境紊乱,有两种主要形式:抑郁(也被称为单相抑郁)和双相障碍(如此命名是因为人在情绪的一端(极度抑郁)和另一端(极度狂躁)相互转换)。

抑郁障碍

每个人都会有时感到悲伤、悲观、无精打采。但是,对于大多数人来说,这样的时段相对较短,程度轻微。抑郁,却远比一般的悲伤要强烈得多。马克(Mark),34岁男性,他的经历相当典型。他找到医生,主诉长期疲劳。在见医生的过程中,他提到入睡及安睡困难,这使他长期疲累,恐惧自己可能会有身体毛病。他说,在过去的6个月中,他不再有精力去运动,体重增加了10磅。他也完全没兴趣与朋友一起出行,甚至不想与别人说话。他平常享受的一切,甚至性活动,都不能给他带来任何乐趣;他不能集中注意力,而且健忘、易怒、没耐心,有挫败感。马克的心境及行为改变,并且他感到无望和厌倦,已经超出了正常的悲伤。抑郁障碍是功能失调的、慢性的,超出了社会期望或文化期望的范畴。

抑郁与悲伤之间的差别是什么?

重性抑郁障碍(major depressive disorder)(或单相抑郁(unipolar depression)),我们在这里简称抑郁症,其特点是严重的抑郁心境且/或不能体验快乐至少持续2周或以上,并伴有无价值感、无精打采,以及睡眠及进食紊乱。**心境恶劣(dysthymia)**①,是一种与之相关的状态,会像抑郁那样出现一些认知问题和身体问题,但这些症状不太严重,只是会持续较长时间,至少持续2年。当两种类型的抑郁障碍并存时,所导致的状态被称为**双重抑郁(double depression)**,即中等程度的抑郁心境,持续至少2年,

---

心境障碍(mood disorders) 是多种心理障碍,心境紊乱是主要特征。

重性抑郁障碍(major depressive disorder)或单相抑郁(unipolar depression) 该心理障碍的特点是严重的抑郁心境且/或不能体验快乐至少持续2周或以上,并伴有无价值感、无精打采,以及睡眠及进食紊乱。

心境恶劣(dysthymia) 像抑郁那样会出现一些认知问题和身体问题,这些症状不太严重,但会持续较长时间,至少持续2年。

双重抑郁(double depression) 中等程度的抑郁心境,至少持续2年,并穿插重性抑郁障碍周期发作。

① 又称持续性抑郁障碍(chronic depression)——译者注。

并穿插重性抑郁障碍周期发作。

有些人反复出现抑郁发作呈季节性规律，一般被称为**季节性情感障碍（seasonal affective disorder，SAD）**。在大多数情况下，抑郁发作开始出现在秋季或冬季，在春季缓解。这是由于在比较寒冷的季节光照减少（Westrin 和 Lam，2007）。尽管如此，反复出现的夏季抑郁发作也时有耳闻，且由来已久。与冬季相关的抑郁模式似乎在高纬度地区更普遍。

大约 18% 的美国人在其一生的某些时候符合抑郁的诊断标准（Kessler 等，2012）。平均而言，重性抑郁障碍大约持续 12 周（Eaton 等，2008）。然而，大约 80% 的人会经历至少一次抑郁障碍而没有接受治疗（Judd，1997；Mueller 等，1999）。相比那些有一次抑郁经历的人来说，反复出现抑郁的人有更严重的症状，其家人抑郁比率更高，更多的人有自杀企图，并且离婚率较高（Meikangas，Wicki 和 Angst，1994）。

季节性情感障碍不仅是因天气而忧郁，好像也是由于在冬季那几个月里光照减少。

与焦虑障碍相类似，女性的抑郁比率（22%）高于男性（14%）（Kessler 等，2012）。社会经济地位一直被用来解释女性患抑郁风险的增加：她们的收入较男性低，并且贫困能够引起抑郁。荷尔蒙的性别差异也是另一个可能：雌激素、雄激素和黄体酮影响抑郁；有些女性经历产后抑郁（Postpartum depression）（生孩子之后的抑郁）是由于荷尔蒙平衡的改变。女性较高抑郁比率也可能反映了女性更愿意面对抑郁并寻求帮助，因而导致诊断率较高（Nolen-Hoeksema，2008）。女性倾向于接受、表露和反复思考自己的负面情绪，而男性更容易否认负面情绪，并用分散自己注意力的方式缓解情绪，例如工作和饮酒。

为什么女性比男性更容易经历抑郁？

生物因素

重性抑郁障碍的遗传可能性范围一般估计是 33%—45%（Plomin 等，1997；Wallace，Schnieder 和 McGuffin，2002）。然而，像大多数类型的心理障碍一样，抑郁的遗传可能性比率受其严重程度的影响。例如，相对大规模的双生子研究发现，重性抑郁障碍（3 次或以上的抑郁经历）的一致性比率相当高，同卵双生者的比率为 59%，异卵双生者的

季节性情感障碍（seasonal affective disorder，SAD） 反复出现的抑郁发作呈季节性规律。

比率为30%（Bertelsen，Harald和Hauge，1977）。与之形成鲜明对照的是，不严重的重性抑郁障碍（少于三次抑郁经历）一致性的比率下降：同卵双生者为33%，异卵双生者为14%。心境恶劣障碍的遗传可能性比率低且不一致（Plomin等，1997）。这使得有遗传可能的抑郁障碍好像复杂的医学问题那样，例如糖尿病2型和哮喘。

从20世纪50年代开始，研究者就注意到，提升神经递质去甲肾上腺素和5-羟色胺水平的药物有时能够缓解抑郁。这个观察提示，抑郁可能是由于绝对或相对缺乏这些神经递质所致，因而引发重性抑郁障碍药物治疗的革命（Schildkraut，1965），引领研制并广泛使用诸如百忧解和舍曲林的流行处方药，这些药物可以增加脑对于血清素的利用量。不过，进一步研究显示，这些神经递质的水平降低并不是导致抑郁的全部原因。例如，有些研究发现，抑郁者的去甲肾上腺素活动增加（Thase和Howland，1995）。此外，即使抗抑郁药在不足一天的时间里改变神经化学物质传递，抑郁者们一般也要花2周时间才能缓解重性抑郁障碍症状，并且许多个案并不能因此而有效地减少重性抑郁障碍症状。用以说明可证实的抑郁生物化学模式尚在发展中。

比较新颖的抑郁生物学模式一直试图使用素质—压力理论框架来理解抑郁。例如，艾弗谢罗姆·凯蒲赛（Avshalom Caspi）及其同事（2003）发现，生活压力事件更容易导致那些具有与神经递质血清素相关的某种遗传特质（易感性）的人产生抑郁；结果显示，天性和养育相互作用，影响抑郁者的脑结构、脑功能以及化学性质（见图15.2）。

近来的研究也开始告诉我们：抑郁者哪个部分脑区显示异常。例如，一些重要的发现出自最近一项对24个脑成像研究的元分析（定量分析很多个研究）。结果显示，当那些抑郁者看到负面刺激时（语词或图像），与加工情绪信息相关的脑区活动增加，而与认知控制相关的脑区活动降低（见图15.3; Hamilton等，2012）。当然，这并非全部真相，这些研究结果并不能解释重性抑郁障碍的所有症状，也不能说明抑郁为何来去，何时来去，或者治疗如何奏效。已知抑郁并不是由于单个基因或脑区

图15.2　抑郁中的基因与环境交互作用。
应激生活经历非常容易导致那些血清素传递基因有一个短对立形质的人后来出现抑郁，有两个短对立形质的人更容易出现抑郁。那些有长对立形质的人（长对立形质与更有效率地执行5-羟色胺功能相关）显示没有增加抑郁的风险，即使那些经历过严重虐待的人也是如此。

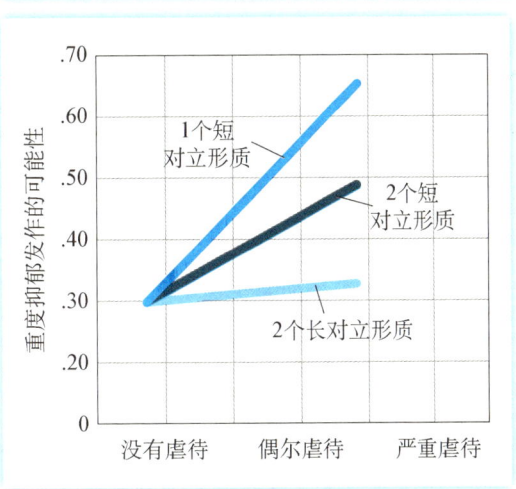

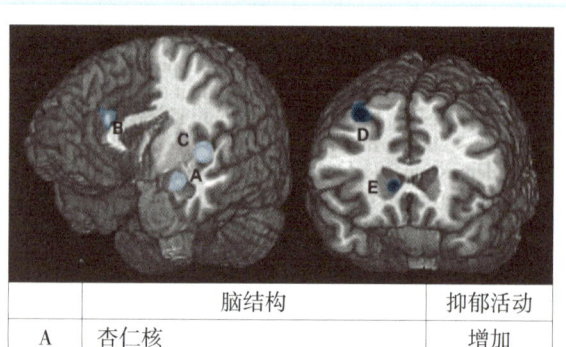

图 15.3 脑与抑郁。当呈现负面信息时，抑郁的人显示与情绪加工相关的脑区激活增加，例如杏仁核、脑岛、背前侧扣带回皮质（ACC）；与认知控制相关的脑区活动减少，例如背面纹状体、背外侧前额叶皮质（DLPFC；Hamilton 等，2012）。

	脑结构	抑郁活动
A	杏仁核	增加
B	背前侧扣带回皮质	增加
C	脑岛及颞上回	增加
D	背面纹状体、背外侧前额叶皮质	减少
E	尾状体	减少

所引起的，而是似乎源于不同生物系统的交互作用，并且每个生物系统都会产生不同的心理特质。这些心理特质见于重性抑郁障碍。我们可能需要很多年才能完全理解抑郁障碍的生物学原因（Krishman 和 Nestler，2008）。

心理因素

如果说，乐观者是用玫瑰色的眼镜看世界，那么抑郁者倾向于透过黑灰色的眼镜看待世界。显然，他们一贯用负面的认知方式不时争辩，这些都始于童年形成负面自我观念的经验（Blatt 和 Homann，1992；Gibb，Alloy 和 Tierney，2001）。阿伦·贝克（Aaron T. Beck）（1967）是首先提出思维在抑郁中发挥作用的理论家之一。他指出，他的抑郁病人扭曲对个人经验的感知，抱着不适切的态度，促成产生并维持负面的心境状态。他的观察引领他发展了抑郁认知模式（a cognitive model of depression），指出信息被注意、加工和记忆的方式导致并维持了抑郁。

为了说明这个初步构想，研究者们提出一个关于抑郁的理论，强调人们对于个人经验的原因做负面推断所起到的作用（Abramson，Selingman 和 Teasdale，1978）。**无助感理论（helplessness theory）**，是抑郁认知模式的一个组成部分，主张有抑郁倾向的人自动地把负面体验归因于内在的原因（如：他们自己的过错）、稳定的原因（如：不容易改变的），以及概括的原因（如：普遍的）。例如，一位有抑郁风险的学生看待一次数学测验的分数是低智商的标志（内在的）、永远不能改变的（稳定的），以及会导致他／

无助感理论（helplessness theory） 这个构想主张，有抑郁倾向的人会自动地把负面经验归因于内在的原因（如：他们自己的过错）、稳定的原因（如：不容易改变的），以及概括的原因（如：普遍的）。

她未来所有努力都会失败（概括的）。相对地，一名没有抑郁倾向的学生可能会有相反的反应，把分数归因于一些外在的因素（老师教得不好）、不稳定的因素（学习时间不够），以及/或个别的因素（不喜欢这个科目）。

在过去几十年中，个人感知与抑郁之间的关系已经得到进一步的发展和证实。贝克的认知模式也与时俱进，提示由于遗传易感性和早年负面生活事件的结合，抑郁者发展出一种负面图式（在"发展"一章讨论过）。这种负面图式的特点就是在如下方面有偏见：

> 对信息的解释（倾向于负面解释中性信息——透过灰色眼镜看世界）；
> 注意（与负面信息难解难分）；
> 记忆（比较多地回忆负面信息；Gotlib和Joormann，2010）。

例如，一位有抑郁风险的学生在一次测验中得了坏分数，可能会对老师的好意评论（"这次测验你很努力"）做出负面解释（"她在讽刺挖苦！"）；很难忘记考试分数和所感知到的负面评论；而且以后仍念念不忘这次测验（"无疑，我会考好英语考试，但是，不能忘记上个月那次糟糕的数学考试"）。提出这些偏见，可能有助于说明抑郁者内在的、稳定的和总体的归因。除此之外，近年的研究还提示，那些抑郁的人存在脑结构和脑功能方面的差异，这可能会有助于说明某些认知偏见。例如，抑郁的人涉及注意和记忆的脑区有异常，特别是当呈现负面信息时（Disner等，2011）。尽管我们尚不能完全理解抑郁的成因，但是当你阅读这些内容时，正在寻找并拼接现有的组图块。

双相障碍

如果说，抑郁是令人苦恼、令人痛苦的，那么，相反的极端状态是否更好一些呢？无论是弗吉尼亚·伍尔夫，还是朱丽叶，答案都是否定的。朱丽叶，20岁，大学二年级学生。第一次见心理治疗师时，她已经5天没睡觉了，就像伍尔夫一样，极度活跃并表达一些奇怪的念头和想法。她向朋友们正式宣布，她还没有来月经，是因为她是"第三性别，这个性别凌驾于人类的两性之上"。她宣称自己是个"女超人"，能够在规避人类性活动的条件下仍有能力生孩子。沉溺于全球的裁军政治，她感到自己的灵魂已经转移到她所在州的高级参议员

躁狂并不仅仅是非常开心。经历躁狂状态的人会几天无法入睡，一天购买四辆汽车，思维奔逸，以至于他们不能真正地说出连贯的话。

身上，她已经接触到他的想法和记忆，并且能够拯救世界免于核破坏。她开始为入选美国政府职位而参加竞选（即使那段时间地区并未安排选举活动）。由于担心她会忘记自己的想法，她一直随处留下几百张便条记录自己的想法和活动，包括在宿舍的墙上和家具上（Vitkus，1999）。

除了她的躁狂经历外，朱丽叶（像伍尔夫一样）还有抑郁史。**双相障碍（bipolar disorder）**就是这种组合症状的诊断称号，这种状态的特点是，异常、持续的心境高涨（躁狂）和心境低落（抑郁）交替出现、循环往复。大约三分之二有双相障碍的人，其躁狂发作在抑郁发作之前或者抑郁发作之后立即出现（Whybrow，1997）。临床上无法区分双相障碍的抑郁阶段常常与重性抑郁障碍（Jonhson，Cuellar 和 Miller，2009）。在躁狂阶段，必须至少持续一周才符合 DSM 的要求：心境高涨、澎湃或易怒。其他明显的症状包括浮夸、降低睡眠需要、滔滔不绝、思维奔逸、随境转移和不计后果的轻率行为（例如强迫性赌博、性方面不检点、无节制地开销狂饮）。可能会出现例如幻觉（错误的知觉）和妄想（错误的信念）等精神失常特征，因此，双相障碍可能会被误诊为精神分裂症（讨论见于下一节）。

为什么双相障碍有时被错误诊断为精神分裂症?

让我们看一看凯·雷德菲尔德·贾米森（Kay Redfield Jamison）（1995，第67页）在《动荡的心灵：一部心境与疯癫的自传》（*An Uniquiet Mind: A Memoir of Moods and Madness*）一书中如何描述她自己的双相障碍经验：

> 疯癫中充斥着特殊的痛苦、欣快感、孤独感和恐怖感。你情绪高涨，它就巨大无比。想法和感受转瞬即逝，常常快得就像流星一样迅雷不及掩耳。你追逐它们，直到找到更好、更明亮的那颗星……然而，说不定在什么地方，一切都变了。迅猛的思想跑得太快、太多；承受不了的混乱状态取代了明晰清澈。记忆没了。恐惧和忧虑取代了幽默和对朋友面庞的关注。以前随心而动的一切现在却变得相反——易怒、愤怒、害怕、失控，完全陷入心灵中最黑暗的洞穴。你永远不知道那些洞穴就在那里。它永远不会结束，因为疯癫的洞穴有其自己的现实。

人在一生中大约有 2.5% 的风险患有双相障碍，男女之间没有差异（Kessler 等，2012）。一般来说，双相障碍是反复出现的，大约 90% 患有双相障碍的人一生中会多次发作（Coryell 等，1995）。大约 10% 有双相障碍的人有快速交替的双相障碍（rapid cycling bipolar disorder），其特点是每年至少有四次心境起伏（或是躁狂，或是抑郁），并且这种形式的心理障碍特别难治（Post 等，2008）。快速交替循环在女性比在男性中

双相障碍（bipolar disorder） 这种状态的特点是，异常、持续的心境高涨（躁狂）和心境低落（抑郁）交替出现、循环往复。

更常见，有时服用某种抗抑郁药可以沉静下来（Liebenluft，1996；Wwhybrow，1997）。不幸的是，双相障碍容易持久。在一项研究中，24%的研究参与者在康复后的6个月时复发，并且77%的人在康复的4年之内至少发作一次（Coryell等，1995）。

有人指出，患有精神病及心境障碍（特别是双相障碍）的人高智商，并有高超的创造力（Andreasen，2011）。对于双相障碍而言，这种说法指的是，在躁狂变得太明显之前，人的精力和宏伟的抱负或许有可能促使实现伟大的事业。除了弗吉尼亚·伍尔夫之外，被认为有双相障碍的名人还包括牛顿、梵高、林肯、海明威、丘吉尔和罗斯福。

生物因素

在所有心理障碍中，双相障碍是遗传可能性比率最高的一种，同卵双生者的一致性比率为40%—70%，异卵双生者为10%（Craddock和Jones，1999）。就像大多数其他心理障碍一样，双相障碍更倾向于多基因遗传，源于多个基因交互作用，从而联合产生见于那些有双相障碍者身上的症状；然而，这些基因一直很难识别。除了复杂性之外，还有研究证实有多效（向）效应，即一个基因影响一个人对多种心理障碍的易感性。例如，一项最近的研究显示，双相障碍和精神分裂症共有同一种遗传易感性。与两种心理障碍相关联的基因与以下两种能力的损害相关：即过滤不必要信息的能力和再认记忆能力；而且还与多巴胺及血清素传递障碍相关。这些因素出现在以上两种类型的心理障碍中（Huang等，2010）。一项调查6万多人的追踪研究显示，常见的遗传风险因素与双相障碍和精神分裂症相关，也与重性抑郁障碍、自闭症系列障碍及注意缺陷/多动障碍相关。这些心理障碍有共有的症状，例如心境调节困难、认知损害和社会退缩（Cross-Disorder Group of the Psychiatric Genomics Consortium，2013）。类似的研究结果开始帮助我们理解：为什么以前以为彼此无关的心理障碍会有相似的症状。这个发现令人鼓舞。尽管已经找到一些遗传关联性，但我们目前缺乏理解的是：不同的生物因素如何联合作用，产生在双相障碍和其他心理障碍者身上可观察到的症状。

哪些研究发现提供了令人振奋的新证据：为什么不同的心理障碍似乎有重叠的症状？

越来越多的研究证实：你在"神经科学与行为"一章中了解到的表观遗传改变，能够有助于解释遗传风险因素如何影响双相障碍及其他相关心理障碍的发展。切记，那些很少得到母鼠舔舐和理毛的幼鼠如何经历表观遗传学的改变（降低DNA的甲基化）进而导致不良的压力反应？正如你所期望的，这类表观遗传学效应似乎有助于解释哪些人会出现心理障碍的症状，而哪些人不会。例如，针对单卵双生子的研究（同卵双生子共有 DNA100%）中，一对双生子中的一位患有双相障碍或精神分裂症，另一个却没有，显示两者之间有显著的表观遗传学差异。在基因位点降低甲基化，一直被认为对脑发育和双相障碍及精神分裂症的产生有重要作用（Dempster 等，2011；Labrie，Pai 和 Petronis，2012）。

心理因素

应激生活经验经常出现在躁郁症发作之前（Johnson，Cuellar 等，2008）。一项研究发现，重压之下的人从躁郁症发作中恢复过来所需要的时间比那些不受压力影响的人多三倍（Jonhson 和 Miller，1997）。压力与心理障碍之间的关系并不简单，然而，比起那些性格比较内向的人来说，性格外向的人很少受到高压力的影响（Swednsen 等，1995）。研究还发现，人格特征，例如神经质及谨小慎微，可以预期随着时间的推移而增加双相症状（Lozano 和 Jonhson，2011）。最后，与**情绪发泄（expressed emotion）** 程度高的家庭成员住在一起的人比那些得到家人鼓励、同情和支持的人更容易复发（Miklowtz 和 Jonhson，2006）。情绪发泄是一种测量工具，测量家人与患心理障碍者谈话时所表现的敌意、批评及情绪过分卷入的数量。这种情况不止适合那些双相障碍者，情绪发泄也与各种心理障碍复发率相关（Hooley，2007）。

压力如何与躁狂—抑郁发作有关？

小结

▲ 心境障碍是一类心理障碍，其显著特征是心境紊乱。

▲ 重性抑郁障碍（或单相抑郁）的特征是，严重的抑郁心境且／或不能体验快乐至少持续 2 周或以上，并伴有无价值感、没精打采，以及睡眠及进食紊乱。心境恶劣障碍是一种与之相关的状态，会像抑郁那样出现一些认知问题和身体问题，但这些症状不太严重，只是会持续较长时间，至少持续 2 年。

▲ 双相障碍是一种不稳定的情绪状态，包括抑郁和躁狂的两极心境起伏。躁狂发作的特点是周期性异常、持续的心境高涨、澎湃或易怒，至少持续 1 周。

情绪发泄（expressed emotion） 是一种测量工具，测量家人与患心理障碍者谈话时所表现的敌意、批评及情绪过分卷入的数量。

精神分裂症及其他精神病性障碍：失去对现实的掌控

玛格丽特，一位39岁的母亲，坚信上帝正在惩罚她与一位她不爱的男人结婚，并把两个孩子带到这个世界。作为对她的惩罚，上帝使她和她的孩子们长生不死，让他们永远在不快乐的家庭生活中受苦——一天晚上，她的信念变成现实。当她洗碗时，看见一个餐叉横卧在一把餐刀上，构成十字形。玛格丽特进一步发现两个支持她的信念的证据：第一，地方电视台正在回放一集老电视剧《度蜜月者》（Honeymoones），这是一部20世纪50年代的情境喜剧，剧中的主人公经常互相争吵。她把这一点看作是来自上帝的示意：她自己的婚姻冲突将永远继续下去。第二，她（错误地）坚信她的两个孩子眼睛里的瞳孔大小固定，既不会扩散，也不会收缩——这标志着他们永生不死。在家里，她把自己锁在自己的房间里几个小时，有时是几天。在给她诊断的前一周，她让7岁的儿子不上学留在家里，与她及4岁的妹妹一起高声朗读圣经（Oltmanns等，1991）。玛格丽特患有最广为人知并被广泛研究的精神失常病症：精神分裂症。在所有的心理障碍中，精神分裂症是最令人困惑不解、最令人崩溃的心理障碍之一。

精神分裂症的症状及类别

精神分裂症（schizophrenia） 是一种精神失常的心理障碍（精神病是一种与现实脱离的心理障碍），其特点是：基本心理过程遭到全面彻底的破坏；扭曲地感知现实；情绪多变或轻率；以及紊乱的思维、动机和行为。传统上，精神分裂症主要被看作是思维和知觉的紊乱，包括对现实的感觉受到特别严重的扭曲，非常混乱。然而，现在对这种心理状态的理解是，它以各种不同的方式影响多种功能。根据DSM-5，当两种或以上症状至少连续出现1个月，并伴有心理障碍体征至少持续6个月时，才可以得出精神分裂症的诊断。精神分裂症的症状通常被分为阳性症状、阴性症状和认知症状。

什么是精神分裂症？

精神分裂症的**阳性症状（positive symptoms）**是指那些在没有精神分裂症的人中看不到的念头和行为，例如：

➤ **幻觉（hallucinations）** 是虚假的知觉经验，尽管缺乏外在刺激，仍有不可抗拒

精神分裂症（schizophrenia） 这种心理障碍的特点是：基本心理过程遭到全面彻底的破坏；扭曲地感知现实；情绪多变或轻率；以及紊乱的思维、动机和行为。

阳性症状（positive symptoms） 出现在有精神分裂症的人身上而在没有精神分裂症的人身上看不到的念头和行为，例如妄想和幻觉。

幻觉（hallucinations） 一种虚假的知觉经验，尽管缺乏外在刺激，仍有不可抗拒的真实感。

的真实感。与精神分裂症相关的知觉紊乱涉及听觉、视觉、嗅觉或对不存在的东西有触觉。精神分裂症的幻觉常常是听觉（如：听到别人听不到的声音）。在患有精神分裂症的人中，大约65%的人报告反复听到声音（Frith和Fletcher，1995）。英国精神病学家亨利·莫兹利（Henry Maudsley）（1886）在很久以前就指出，那些声音实际上是产生于患精神分裂症者的头脑里，最近的研究证实了他的构想。在一项PET成像研究中发现，幻听伴有布洛卡区Broca区激活（讨论见于"神经科学与行为"一章），该脑区与语言的产生相关联（McGuire，Shah和Murray，1993）。不幸的是，被精神分裂症患者听到的声音听起来很少像自己的声音，或很少像慈爱的叔叔给予忠告，而是命令、申斥、建议怪异的行动，或者提出低劣的评论。一个人声称有声音在说，"他现在正在起床。他将要去洗漱。时间到了"（Frith和Fletcher，1995）。

➢ **妄想（delusions）**是明显的虚假信念，经常是奇怪的、浮夸的，尽管不合理，仍坚信不疑。例如，一个患有精神分裂症的人可能会相信，他/她是耶稣基督、拿破仑、法国女民族英雄贞德，或者其他著名人物。这种身份妄想容易使人误解，以为精神分裂症包含多重人格。然而，患精神分裂症的人所用的身份不会交替出现，只是记忆缺失，忘了自己，否则就是"人格分裂"。被害妄想也很常见。有的人坚信，美国中央情报局、魔鬼、外星人或其他邪恶势力正在密谋伤害自己，或者操控自己的思想，这可能代表着试图理解令人苦恼的妄想（Roberts，1991）。患有精神分裂症的人很少或没有洞察到自己的感知及思维过程是扭曲的（Karow等，2007）。由于不能理解自己对自己的思维已丧失控制，他们可能会发展归因于外在人与物控制的不寻常信念和理论。

➢ **语言紊乱无序（disorganized speech）**是指语言交流的严重破坏，即思维在无关联的话题之间迅速、不连贯地转换。精神分裂症者异常的言语模式反映了组织思维和集中注意力出现困难。回应提问常常是不相关的，思维联系松散，用词怪异。例如，医生问，"你能告诉我这个地方的名称吗？"一位患有精神分裂症的人回答道，"我已经16年不酗酒啦。'车夫'分配'羽管'任务后，我就让头脑休息。你知道，是'裹笔的'。我已经接触过华纳兄弟工作室（Warner Brothers Studio），而且尤金（Eugene）打破了摄影记录，但是麦克抗议。我曾经在警察署工作35年。我是血肉之躯——看，大夫"（撩起她的连衣裙）（Carson等，2000，第474页）。

妄想（delusions） 一个明显的虚假信念体系，经常是奇怪的、浮夸的，尽管不合理，仍坚信不疑。

语言紊乱无序（disorganized speech） 语言交流受到严重破坏，即思想在无关联的话题之间迅速、不连贯地转换。

- **粗鲁失序的行为（grossly disorganize behavior）**，是指与场合不符或对实现目标无效的行为，经常有特定的动作紊乱。一个人可能会持续地表现得像孩子似的傻傻的，以及失当的性行为（例如当众自慰）、衣着不整，或者大声喊叫或发誓。特定的动作紊乱包括奇怪的动作、僵硬的姿势、怪异的言谈举止、做奇怪的鬼脸或多动。
- **强直行为（catatonic behavior）** 是指所有动作明显减少，或者肌肉紧张度增加并多动。有紧张症（catatonia）的人会主动抵制动作（当有人试图移动他们时），或在紧张性木僵（Catatonic stupor）时，变得完全没有反应，对其周遭环境没有觉察。除此之外，接受药物治疗的人也会出现运动症状（例如僵直或痉挛），这是药物的副作用使然。实际上，DSM-5 有一类诊断类别，被称为药物导致的动作障碍（medication-induced movement disorders），用以辨别源于使用治疗精神分裂症常用药物的运动紊乱。

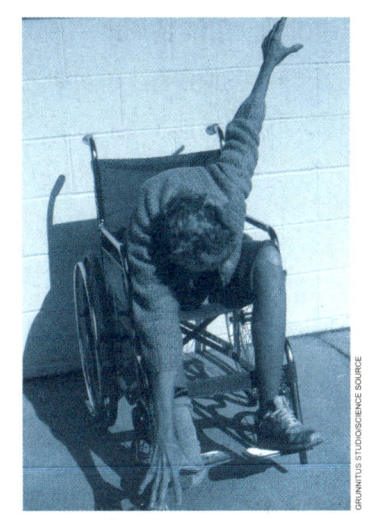

患有强制性昏厥精神分裂的人可能会做出不寻常的姿势，一动不动地持续数小时。

阴性症状（negative symptoms）是指常态情绪及行为的缺陷或破坏。包括情绪退缩和社交退缩、淡漠、语言贫乏以及缺乏其他正常行为、动机、情绪的迹象或迹象不足。这些症状是指患有精神分裂症的人所缺失的东西。阴性症状会夺走人的情绪，例如，使人变得无趣，面无表情；对人或活动失去兴趣，或集中注意力的能力受损。

认知症状（cognitive symptoms）是指认知能力的缺陷，特别是执行功能、注意力以及工作记忆方面的缺陷。这些症状最难被注意到，因为比起阳性症状和阴性症状来说，认知症状没有那么离奇，不在公开场合表现。然而，这些认知缺陷常常在阻止患有精神分裂症的人完成高层次功能中起着重要的作用，例如维持友谊和完成工作（Green 等，2000）。

精神分裂症在人口中的发生率大约是 1%（Jablensky, 1997），男性比女性略常见（McGrath 等，2008）。早期版本的 DSM 曾指出，精神分裂症可能会发生很早——以婴

粗鲁失序的行为（grossly disorganize behavior） 是指与场合不符或对实现目标无效的行为，经常有特定的动作紊乱。

强直行为（catatonic behavior） 所有动作明显减少，或者肌肉紧张度增加并多动。

阴性症状（negative symptoms） 常态情绪及行为的缺陷或破坏（如：情绪退缩和社交退缩；淡漠；语言贫乏，以及缺乏其他正常行为、动机、情绪的迹象或迹象不足。

认知症状（cognitive symptoms） 认知能力的缺陷，特别是执行功能、注意力以及工作记忆方面的缺陷。

儿自闭症的形式——但比较近期的研究提示，这是两种截然不同的心理障碍，而且精神分裂症很少在青少年初期之前出现（Rapoport 等，2009）。初次发作一般发生在青少年后期或者成年初期（Gottesman，1991）。尽管精神分裂症发作频率相对较低，但几乎 40% 入住州立或县立精神病院的病人都被诊断为精神分裂症，位居第一；对入住其他机构精神病病房的病人来说，精神分裂症是第二常见的诊断（Rosenstein，Milazzo-Sayre 和 Manderscheid，1990）。住院率和发病率的不匹配也证实了精神分裂会导致人的生活全面崩溃。

生物因素

1899 年，德国精神病学家 Emil Kraepeline 首次描述我们现已知道的精神分裂症综合征，他宣称，这个心理障碍如此严重，以至于暗示其有"器质性"或生物学根源。多年过去了，来自对遗传因素、生化因素和神经解剖学的研究积累了大量证据，显示生物学在探索精神分裂症的历程中所扮演的角色。

遗传因素

家族研究表明，与患有精神分裂症者的遗传关联越近，出现精神分裂症的可能性就越大（Gottesman，1991）。正如图 15.4 所示，同病率随生物学关联性而显著增加。其比率是由估计得出的，各研究极其不同，但是几乎每个研究都发现，平均而言，同卵双生子的同病率（48%）高于异卵双生子同病率（17%），提示精神分裂症具有遗传成分（Torrey

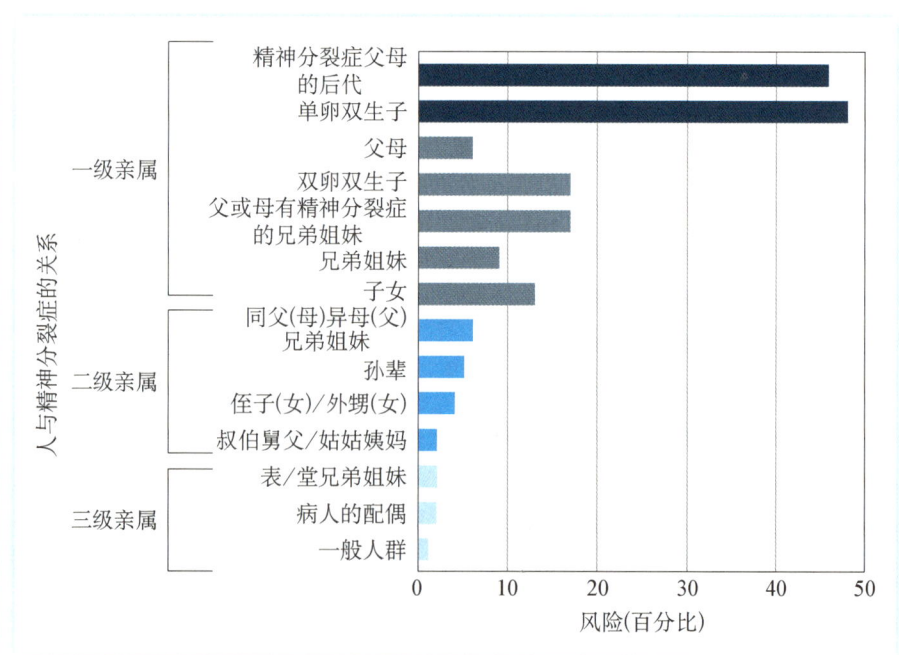

图 15.4 发生精神分裂症的平均风险。 血缘亲属之间患有精神分裂症的风险高于其他亲属关系。患有精神分裂症的同卵双生子发生精神分裂症的风险为 48%，例如，双亲患有精神分裂症，其后代有 46% 发生精神分裂症的风险。改编自戈特斯曼（Gottesman），1991。

等，1994）。

尽管遗传学呈现出精神分裂症的先天因素，但相当多的证据表明，环境因素，例如出生前和出生后的环境，也影响同病率（Jurewicz, Owen 和 O'Donovan, 2001; Thaker, 2002; Torrey 等，1994）。例如，因为大约70%的同卵双生子血液供给一样，母体血液中有害物质会促使高同病率。比较晚近的研究（已在前面一节双相障碍讨论过）正在推进更好地理解环境压力源如何能够激发表观遗传学的改变，从而增加对于精神分裂症的易感性。

生化因素

在20世纪50年代，人们发现，强安定剂能够通过降低神经递质多巴胺而缓解精神分裂症症状。许多药物缓解精神分裂症症状的效果与药物消减多巴胺对于某些脑区神经递质作用相关。这个发现形成**多巴胺假设（dopamine hypothesis）**，即精神分裂症涉及多巴胺活动的过分活跃。这个假设至今一直被援引，用以说明为什么苯异丙胺/苯齐巨林会增加多巴胺水平，从而常常放大精神分裂症的症状（Iverson, 2006）。

如果只是这样，事情就简单多了。不过，相当多的证据表明，这个假设是不充分的（Moncrieff, 2009）。例如，很多患有精神分裂症的人对多巴胺阻断剂药物（如，强安定剂）的反应并不理想，有的服药者很少显示完全消除症状。此外，很多药物能够非常迅速地阻断多巴胺受体，而患有精神分裂症的人一般在数周内还不能出现有益的反应。最后，研究已经表明，其他神经递质是精神分裂症的起因，提示精神分裂症可能涉及多种生化物质之间复杂的交互作用（Risman 等，2008; Sawa 和 Snyder, 2002）。总而言之，尚未确定神经递质在精神分裂症中扮演的精确角色。

神经解剖学

当神经影像技术便于使用时，研究者们立即开始在患有精神分裂症的人中寻找明确的脑解剖学特征。最早的观察显示，脑室扩大，充填脑脊液的空洞区位于脑中心的深处（见图15.5; Johnstone 等，1976）。有些人（主要是那些有慢性的阴性症状者）脑室异常扩大，提示可能存在出生前异常发育所致的脑组织核团缺失（Arnold 等，1998; Heaton 等，1994）。

然而，理解精神分裂脑异常的重要意义要同时考虑几个因素。第一，这些扩大的脑室仅在少数精神分裂症个案中被发现。第二，一些没有精神分裂症的人也会显示脑室扩

多巴胺假设（dopamine hypothesis） 精神分裂症涉及多巴胺活动过分活跃的构想。

图 15.5 精神分裂症者被扩大的脑室。这些对同卵双生子的核磁共振扫描图显示，(a)受精神分裂症影响的双生子显示脑室扩大（中央的全部白色区）；(b)未受精神分裂症影响的双生子（Kunugi 等，2003）。

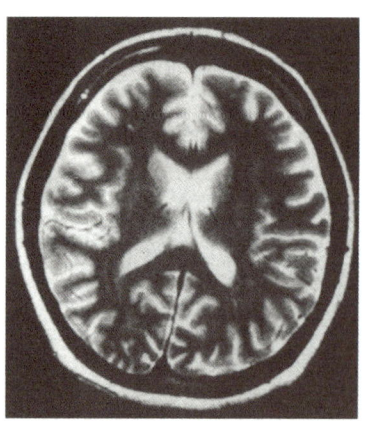
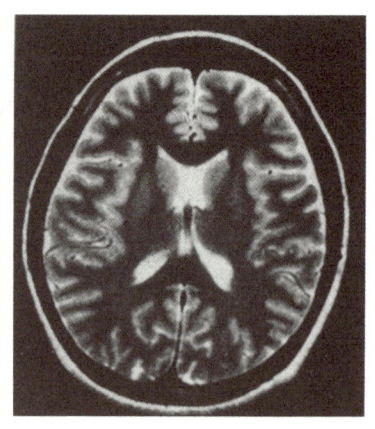

(a) 患有精神分裂症的双生子　　(b) 没有精神分裂症的双生子

大的证据。最后，这种脑异常可能是由于长期服用精神分裂症常用的处方抗精神病药物所致（Breggin，1990; Gur 等，1998）。

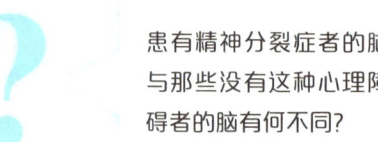

患有精神分裂症者的脑与那些没有这种心理障碍者的脑有何不同？

神经影像学提供了精神分裂症各种脑异常的证据。保罗·汤普森（Paul Thompson）及其同事（2001）检查青少年的脑变化，追溯他们在精神分裂症发生之前的核磁共振影像。研究者们通过把图像还原成标准化的脑，查明渐进式的脑组织缺损——始于顶叶，最终包围脑的更多部位（见图 15.6）。所有青少年都会在脑随时间推移的正常"修枝"中丢失一些灰质，但是，在那些出现精神分裂症的青少年中，这种丢失是巨大的，足以看似病态。其他研究发现脑的各种具体改变也提示，脑的生物学改变与精神分裂症发展有清楚的关系（Shenton，等，2001）。

心理因素

有这么多促使精神分裂症可能发生的生物学因素，你可能会以为，很少有心理或社会的原因。然而，几项研究却提示，家庭环境在精神分裂症的发展和康复中发挥着重要的作用。一项大规模研究比较健康家庭领养的孩子与有严重困扰的家庭领养的孩子产生精神分裂症的风险（Tieari 等，2004）。（有困扰的家庭被定义为那些有严重冲突、缺乏沟通或关系混乱的家庭。）在那些生母有精神分裂症的孩子中，动荡不安的环境增加了孩子出现精神分裂症的可能性——那些在动荡不安的家庭长大但生母没有精神分裂症的孩子没有出现这个结果。这个研究发现证实了前面所介绍的素质—压力模式。

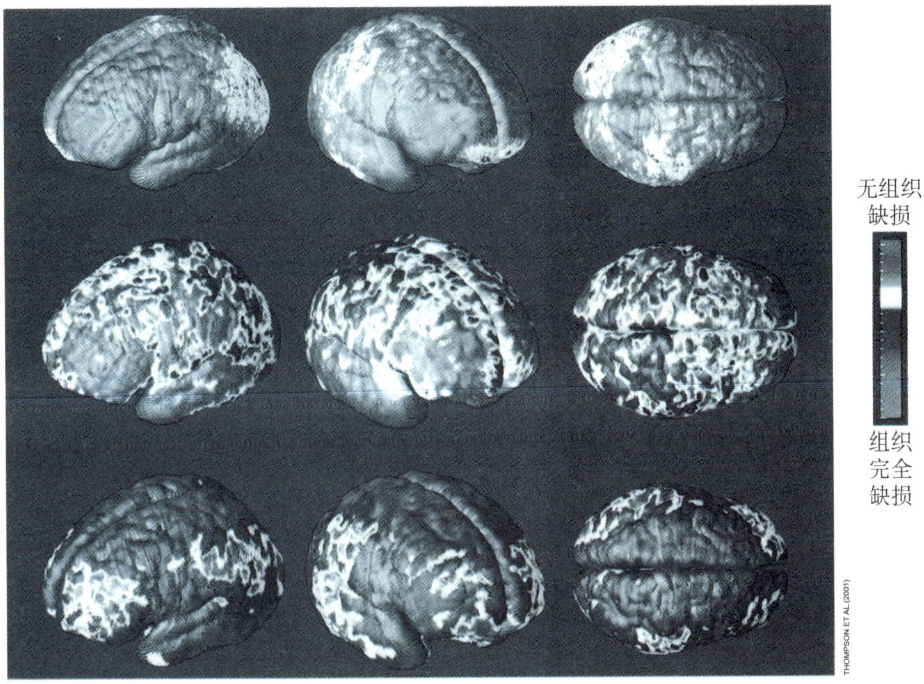

侧位　　　　　　　　　　　顶位

正常脑

早期缺损

5年后

无组织缺损

组织完全缺损

THOMPSON ET AL (2001)

图 15.6 患有精神分裂症的青少年脑组织缺损。核磁共振成像扫描图显示：被诊断为精神分裂症的青少年脑组织缺损。常态脑显示，由于"修枝（Pruning）"导致略微缺损（上）。早期缺失扫描显示顶叶缺损（中）；人在这个阶段会体验到幻觉或古怪思维。5 年后扫描显示，脑皮质广泛的组织缺损（下）；人在这个阶段容易出现偏执、言语及行为混乱，并出现阴性症状，例如社会退缩（Thompson 等，2001）。（见插页）

小结

▲ 精神分裂症是一种严重的心理障碍，包括幻觉、妄想、混乱的思维和行为，以及情绪退缩和社交退缩。

▲ 精神分裂症只影响 1% 的人口，但在精神病住院率中却占据了与之不相称的比例。

▲ 降低多巴胺可用性的首批药物有时可以减轻精神分裂症的症状，提示精神分裂症涉及多巴胺活动过分活跃，不过，近来的研究提示，精神分裂症会涉及各神经递质之间复杂的交互作用。

▲ 产生精神分裂症的风险包括遗传因素、生化因素（或许是很多神经递质之间复杂的交互作用）、脑异常，以及有压力的家庭环境。

第 15 章　心理障碍 < 823

其他声音 成功与精神分裂

这一章教给我们：心理障碍的特点和成因是什么，下一章将介绍通常如何治疗这些心理障碍。对于一些比较严重的心理障碍来说，比如精神分裂症，前景看起来并不美好。被诊断为精神分裂症的人经常被告知这是终生的。尽管目前的治疗显示对于降低那些患有精神分裂症的人经常出现的妄想思维和幻觉有一定的疗效，但是，有精神分裂症的人经常不能保住全职工作的职位，不能维持健康的人际关系，不能实现高品质的生活。

艾琳·赛克斯（Elyn Saks）就是这样一个人：被医生诊断为精神分裂症，并被告知这种疾病的预后。在下面这篇曾刊载于纽约时报（2013）的长文中，她描述了接下来发生了什么。

30年前，我被诊断为精神分裂症。我的预后是"坟墓"：永远不能独立生活，不能保住工作职位，不能找到爱侣，不能结婚。寄宿照顾机构就是我的家。我的日子就是和那些饱受精神疾病折磨的人们一起在一间起居室里看电视打发时间……

于是，我做了一个决定。我要通过写作讲述我的故事。今天，我是南加州大学Gould法学院的客座教授。我在圣地亚哥的加州大学医学院精神病学系有一个助理职位。麦克阿瑟基金会（MacArthur Foundation）给我一份天才人物津贴。

尽管我与这个诊断战斗了多年，开始接受我有精神分裂症并将在接受治疗中度过余生……但我拒绝接受的是，医生给我的预测结果。

在传统的精神病学思想及其诊断分类看来，不存在像我这样的人。要么我没有精神分裂症（请告知那些涌入我头脑里的妄想），要么我不能有成就（请告知南加州大学公共事务学院委员会）。但是，我有精神分裂症，而且我也有成就。我与南加州大学和加利福尼亚大学洛杉矶分校的同事们共同承担研究，显示我不孤单。患有精神分裂症、其妄想和幻觉等症状活跃的其他人也有重大的学术和专业成就。

在过去的几年里，我的同事……和我已经在洛杉矶聚集20名患有高功能精神分裂症的研究被试。他们饱受轻微妄想或幻觉行为之苦。他们平均年龄40岁，一半男性，一半女性，一半以上的人是少数族裔。所有人都有高中文凭，绝大多数人具有或通过工作获得大学学位或研究生学位。他们是研究生、管理者、技师或专业人员，包括医生、律师、心理学家和非盈利组织的主管。同时，大多数人未婚且无子，这与他们的预测结果一致……四分之三以上的人曾2至3次因病住院，3人从未住院。

这些患有精神分裂症的人如何在学业和高层次的工作上获得成功？我们了解到，除了服药和治疗，所有参与者都发展出让精神分裂症走投无路的技巧。对于有的人来说，这些技巧是认知的。一位有硕士学位的教育者说，他学会了面对自己的幻觉，并质疑，"证据是什么？或许只是感知出了问题？"另一位参与者说，"我总是听到不敬的声音……你只是必须赶走它们……"

我的研究参与者引述的其他技巧包括：控制感觉（信息）输入。例如，这意味着保持简单的生活空间（裸墙、没电视、只有安静的音乐），而其他人则要分散注意力的音乐。"如果我不想听那些东西，我就听喧闹的音乐"，一位有执照的护理助理如是说。其他人还提到运动、健康饮食、禁酒和有足够的睡眠……

帮助我们的研究参与者处理他们症状最经常被提到的技巧之一就是工作。"工作，一直是我这个人的重要部分"我们小组中的一位教育工作者说。"当你变得对组织有用，并在那个组织中感到被尊重的，就会感到有价值，有归属感。"这个人在周末也工作，是因为要分散注意力。换句话说，通过投身于工作，疯癫的东西常常退到一边……

这就是为什么当医生告诉病人不要期待或追求使人满足的事业时，是多么令人痛苦。极其常见的是，按照传统的方式对待精神病人，只是看到一堆症状是人的特征。于是，很多精神科医生以为，用药物治疗症状就是在治疗精神病症。但是，这样做不会考虑个人的力量和能力，导致心理健康专业人员低估了病人在这个世界上有所作为的希望……最近的《纽约时报》杂志刊登一篇文章，报道一家新公司雇佣有自闭症的高功能成年人，善用他们不寻常的记忆技能和注意细节的能力……

治疗方法除了关注症状，还要找到个人的力量，就有助于驱赶围绕在精神病症的悲观态度。正如一位有精神分裂症的病人所说，"在病中找健康"应该成为一个治疗目标。医生应该敦促病人发展人际关系，参加有意义的工作。他们应该鼓励病人去找到自己的技能库来处理症状，追求他们自己定义的高品质生活。医生应该给病人提供资源——治疗、药物和支持——让这一切发生……

埃琳·赛克斯（Elyn Saks）的故事令人难忘，令人振奋。这是极不寻常的。我们应该如何整合她的故事以及她所描述的参加研究的那些人的故事？这些人是否是极端情况——只是很小心地选取一群有不寻常满意结果的人（认定洛杉矶人口多，因此，人们理所当然会认为这样的个案只能聚集成小样本）？或者赛克斯教授触及到当前心理障碍构念化、分类和治疗领域中的主要限制？我们是否过于关注什么是错的，是否关注专业化的健康照顾如何处理病态却不能充分调动人所固有的内在力量——帮助他们克服挑战、高水平地执行功能，并实现高质量的生活？这些都是要用心理科学的方法验证的，其答案会有助于改善许多人的生活。

（来源：《纽约时报》2013年1月25日。2013纽约时报。保留所有版权，受美国版权法许可和保护。没有书面许可禁止印刷、复印、分发或传播本文内容）

儿童及青少年心理障碍

上述所有心理障碍都有可能在童年、青少年和成年期发作。有些心理障碍通常从生命的早期开始（大多数青少年会出现焦虑障碍或抑郁）。事实上，14岁开始出现的心理障碍占半数，四分之三的心理障碍始于24岁（Kessler，Berglund等，2005）。这意味着你到了24岁或以上，就几乎会脱离险境。然而，其他心理障碍直到成年初期才开始容易出现，例如双相障碍和精神分裂症（我们说的是"几乎"）。按照定义，有些心理障碍永远始于童年或青少年时期。如果那时你没得，你就永远不会遇上它们。这些心理障碍包括孤独症谱系障碍、注意缺陷/多动障碍、品行障碍、智障（以前称为智力缺陷）、学习障碍、交流障碍，以及运动技能障碍，再加上其他障碍。前三种是最常见的，并众所周知，因此，我们在此简要地回顾这三种心理障碍。

孤独症谱系障碍

马尔科，一位4岁的独生子。他的父母一直担忧，因为尽管他妈妈整天和他待在一起，并试图和他玩、同他说话，他却始终一字不说，甚至没兴趣尝试。他花大量的时间玩他的玩具火车，好像是他生命中最享受的事。他常常一坐就是几个小时，盯着旋转的车轮，或把玩具火车推来推去，好像完全沉浸于自己的世界，根本没兴趣和别人玩。马尔科的父母担心儿子明显地不能说话、对其他人没兴趣，并且出现一些怪异的言谈举止，例如无缘由地反复抖动自己的双臂。

孤独症谱系障碍（Aautism Spectrum Disorder，ASD），这种状态始于童年早期，表现出持续的交流缺陷和反复、受限的行为、兴趣或活动模式。在DSM-5中，ASD包括多种障碍，这些在DSM-IV中是独立分类的，包括：自闭症、阿斯伯格症（Asperger, disorder）、儿童分裂症（childhood disintegrative disorder）、非特异性的广泛发展障碍（即这些障碍在DSM中不再被承认）。

很难准确地描述真正的ASD比率，特别是近年来改变了诊断的定义。20世纪60年代的估计显示，自闭症的诊断是罕见的，每10 000名儿童中有4人发病。估算数字逐年增长，现在每10 000名儿童中大约有10—20人发病。如果包括DSM-5中ASD之下的所有障碍，发病率为每10 000名儿童中60人发病（Newschaffer等，2007）。发病率增加是否是由于人们增加了对于ASD的觉察和识别、有了更好的筛查和诊断工具，或者其他别的因素，目前尚不清楚。男孩患有ASD的比率高于女孩，为4∶1。

孤独症谱系障碍（aautism spectrum disorder，ASD）　这种状态始于童年早期，表现出持续的交流缺陷和反复、受限的行为、兴趣或活动模式。

自闭症的早期理论把自闭症描述为"儿童精神分裂症",但是,现在人们已经理解,它与精神分裂症是两种截然不同的心理障碍。精神分裂症的诊断在儿童中非常罕见,主要发生于青少年或年轻人(Kassler 和 Wang,2008)。ASD 目前被看作是一种多样混杂的特质群聚集在某些家族(ASD 遗传可能性的估计高达 90%),使得一些孩子有轻微的 ASD 特质,而另一些孩子则表现出更为严重的自闭症(Geschwind,2009)。有趣的是,一些患有 ASD 的人有独一无二的特长。例如,那些患有 ASD 的人在感知或记忆细节、运用符号系统例如数学或音乐等方面能力超群(Happe 和 Vital,2009)。

 ADS 与共情之间的关系是什么?

目前有一个模式提示,ASD 可以被理解为共情才能受损(capacity for empathizing),即了知别人心智状态的能力;却具有卓越的系统化能力(ability for systematizing),即理解对象结构和功能的组织规则的能力(Baron-Cohen 和 Belmonte,2005)。脑成像研究与该模式相一致,显示患有自闭症的人其与理解他人心智相关的脑区活动相对减少,却更强烈地激活与基本对象知觉相关的脑区(Sigman,Spence 和 Wang,2006)。

尽管很多患有 ASD 的人体验到贯穿终生、阻止他们保持人际关系和保住工作岗位的损害,不过,许多人经过不断努力,事业非常成功。享有盛誉的行为科学家及作家坦普尔·葛兰汀(Temple Grandin)(2006)写出了她与自闭症相处的个人经验。她在 3 岁时被诊断为自闭症,后来学会说话,再后来因怪异的习惯和"愚蠢的"行为而受到嘲弄。幸运的是,她发明了很多应对方法,并为她的特殊才干——理解动物行为——找到了合适的工作岗位(Sacks,1996)。现在,她是科罗拉多州立大学动物科学的教授,是诸如《转变中的动物》等名著的作者,是在大牧场、农场和动物园广泛应用的动物管理系统的设计师,是根据她的生活拍摄成 HBO 电影中的主人公。坦普尔·葛兰汀的故事让我们知道,结局也有令人高兴的部分。总的来说,那些在童年被诊断为 ASD 的人有着极为不同的人生轨迹,有些人会实现常态功能,甚至是优于常态功能。另一些人则与严重的心理障碍搏斗。自闭症是一种童年心理障碍,到了成年可能会有很多路向的转机(详见"科学热点"栏目)。

坦普尔·葛兰汀(Temple Grandin),科罗拉多州立大学动物科学教授,一个活生生的例证——患有孤独症谱系障碍的人也能拥有非常成功的专业生涯。

科学热点

孤独症谱系障碍的乐观结果

当你想起"自闭症"一词，你的脑海里会涌现出什么？你会想象到哪类人？如果你想到成年人，他们生活在你的想象中是什么样？他们能保住工作职位吗？他们能照顾自己吗？ASD被许多人认为是一种终生状态——那些受ASD影响的人将会永远地经验严重困难，在人际关系、教育和职业功能方面失能。最近几个研究正在帮助改变这种看法。

德博拉·费恩（Deborah Fein）及其同事（2013）近年来描述了样本中一些人在童年被诊断为自闭症，但后来不再符合ASD的诊断标准。怎么会是这样呢？多年来，研究者已经留意到，有一部分被诊断为自闭症的儿童后来并不符合诊断标准。一份最近的综述提示，3%—25%的儿童随着时间的推移最终会去除ASD的诊断（Helt等，2008）。对此，有几个可能的解释。最显而易见的解释是，一部分被诊断为ASD的孩子被误诊，并不真的有这种心理障碍。或许，他们过于羞怯或安静，或者说话能力比其他孩子发育晚，这些都被错误地解释为ASD。另一个可能性是，去除ASD诊断的孩子有轻微的心理障碍，且/或较早地被识别及治疗。这个解释得到一些证实，因为预测ASD康复的指标包括高智商、语言能力较强，并且及早识别和治疗（Helt等，2008）。

有效治疗ASD的可能性最初是由伊瓦尔·洛瓦斯（Ivar Lovaas）于1987年在一个重要的研究中提出来的。洛

注意缺陷/多动障碍

你曾偶有这样的经验：上课时分心或读其他教科书。我们都有时会难以集中注意力。与常态的分心大相径庭的是**注意缺陷/多动障碍（attention-deficit/hyperactivity disorder，ADHD）**，这是一种持续的、严重粗心及/或过分活跃或冲动的模式，导致严重的功能损害。这与偶尔走神或突发动作截然不同。符合ADHD标准要求有多种注意力涣散症状（如：持续地在保持注意力、思维整合、记忆和遵守指令方面有困难）、多动—冲动（如：持续地在保持安静、排队等候方面有困难，干扰别人），或者两者兼而有之。大多数儿童在某个时点都会经历一些这样的行为，但是，符合ADHD标准的儿童必须有

注意缺陷/多动障碍（attention-deficit/hyperactivity disorder，ADHD）　这是一种持续的、严重粗心及/或过分活跃或冲动的模式，导致严重的功能损害。

瓦斯给 19 名患有自闭症的儿童分配密集的行为干预：每周接受一对一行为治疗 40 余小时，持续 2 年；40 名儿童作为对照组，每周接受不足 10 小时的治疗。令人惊奇的是，随访这些被治疗的孩子显示，47% 接受密集行为治疗的儿童智力及教育功能达到常态水平——通过了正常的一年级考试——而相比之下，控制组的儿童只有 2% 通过。

加拉丁·道森（Garaldine Dawson）及其同事（2010）拓展了早期工作，正在探索"早开始的丹佛模式"（the Early Start Denver Model，ESDM）。同样的，设计密集的行为治疗干预（每周 20 小时持续 2 年），用于改善那些患有 ASD 儿童的结果。采用随机分组的控制测验，道森及其同事发现，患有 ASD 的幼童中，接受 ESDM 的幼童比那些接受标准社区治疗的儿童在智商（提高 17 分！）、语言、适应功能及社交功能有显著的改善。有趣的是，ESDM 中的幼童经过治疗后，显示正常的脑活动（即：当看见面孔时，脑的激活增大），这反过来又与改善社交行为有关；那些在控制组的幼童则显现相反的模式（道森（Dawson）等，2012）。

上述密集的行为干预如何有效？费恩（Fein）及其同事（2013）的数据提示，一些被诊断为 ASD 的人能够达到理想的结果，意味着他们在智商、语言、交流或社会化方面的确不同于常人——这些主要的缺陷是 ASD 的特点。这是当前非常热门的研究领域，能够对于那些被诊断为 ASD 的人颇具意义。

很多这样的行为至少持续 6 个月，在至少两个场合（如：家里和学校）达到损害儿童在校表现或与家人相处能力的程度。

什么是 ADHD 的诊断标准？

大约 10% 的男孩和 4% 的女孩符合 ADHD 标准（Polanczyk 等，2007）。DSM-5 的要求是，在 12 岁之前出现 ADHD 症状才符合这个心理障碍的诊断标准。你可以想象，患有 ADHD 的儿童及青少年经常在教室里挣扎。最近一项针对 500 名 ADHD 者的研究发现，大约一半人的学习成绩是 C 或更低，大约三分之一的人在特殊班级（Biedeman 等，2006）。长期以来，ADHD 被认为是一种只影响儿童及青少年的心理障碍，年长的人可以逃过它。然而，我们现在知道，在很多情况下，这种心理障碍会持续到成年期。同样的症状可同时用于儿童和成年人的诊断（如：患有 AHDH 的儿童会在教室里与注意力和专心搏斗,而成年人在开会时会遇到同样的困难)。大约4%的成年人符合ADHD标准,并且有这种心理障碍的成年人更容易是男性、离婚者及失业者——而且大多数人没有为ADHD接受治疗(Kessler, Adler等,2006)。不幸的是,大多数人仍然认为ADHD是一种儿童心理障碍,并没有意识到成年人也会患有ADHD。这可能就是为什么很少ADHD的成年人接受治疗,以及为什么这种心理障碍常常以诉诸武力、破坏工作表现和人际关系的方式表达出来。

像大多数心理障碍一样,ADHD是通过范围广泛的症状定义的,因此不太可能只是来自单一的成因或功能失调。ADHD确切的原因尚未得知,但是,有一些有前景的理论框架。遗传研究提示,生物学的影响很大,估计ADHD遗传可能性为76%(Faraone等,2005)。脑影像研究提示,那些患有ADHD者脑容量较小(Castellanos等,2002),并且与注意力和行为抑制相关的额叶皮层下网络结构及功能异常(Makris等,2009)。好的消息是,当前针对ADHD的药物治疗有效,而且似乎能够减少后来的心理问题和学业问题(Biederman等,2009)。

品行障碍

米歇尔,一位8岁男孩,他妈妈带他到地区诊所就诊,是因为他的行为逐渐变得失控。他的父母和老师再也管不住他了。尽管米歇尔的两个哥哥和一个妹妹在家和学校都表现很好,但是,米歇尔总是惹祸。在家里,他一贯欺负哥哥和妹妹,向家人扔杯子和盘子,在很多场合对父母拳打脚踢。在家外,米歇尔也一直惹麻烦,到店里偷东西,对老师大吼大叫,向校长吐唾沫。一天晚上,米歇尔的父母发现他正在床罩上纵火,父母仅有的一线希望破灭了。他们试图通过拿走玩具、限制特权来惩罚他,还试图用有背胶的图表鼓励他,但是,什么都不能改变他的行为。

品行障碍(conduct disorder),处于这种状态下的儿童或青少年表现出持久的偏差行为模式,涉及攻击人或动物、破坏财物、欺骗或偷盗,或严重地破坏规则。大约9%的美国人声称一生中有品行障碍史(12%是男孩,7%是女孩;Nock等,2006)。这个数字似乎有点高,但是,一般而言,大约40%有品行障碍的人只有以下三种症状:破坏规则、偷盗/欺骗,或攻击他人。另外60%的人有更多症状,平均占15个所定义的症状中的6—8个。他们在更多方面出问题,在后来的生活中有更高风险患有其他心理障碍(Nock等,2006)。

为什么难以确定品性障碍的成因?

符合品行障碍的诊断标准要求具备品行障碍

品行障碍(conduct disorder) 一种持久的偏差行为模式,涉及攻击人或动物、破坏财物、欺骗或偷盗,或者严重地破坏规则。

15 个症状中的 3 个症状。这意味着大约有 32 000 种症状组合符合标准,因而那些有品行障碍的人是一群形形色色的人。症状如此多样导致很难弄清品行障碍的成因。不过,似乎清楚的是,大范围的遗传、生物因素与环境因素交互作用,会导致这种心理障碍。的确,品行障碍的风险因素包括母亲妊娠期间吸烟,在童年受到虐待和家庭暴力,与偏差行为的同伴群体交往,以及执行功能缺陷(如:决策、冲动控制;Boden 等,2010;Burke 等,2002)。研究者近年来努力更好地理解遗传因素与环境压力源(如:童年逆境)交互作用通过什么途径形成脑结构及脑功能的特征(如:降低与计划和决策相关的脑区活动);脑结构及脑功能的特征又如何反过来与环境因素交互作用(如:与偏差行为同伴交往),导致具

心理学家正在努力识别品性障碍的原因,希望能够减少伤害行为,比如经常与品性障碍并行的欺凌。

有品行障碍特征的行为。毫不奇怪,品性障碍与(以决策及冲动控制出问题为特症的)其他心理障碍并存,例如 ADHD、化学物质滥用障碍,以及反社会型人格障碍,后者在下一节详述。

小结

▲ 有些心理障碍永远始于童年或青少年时期,并在某些情况下(ASD,ADHD)持续到成年期。

▲ ASD 在童年早期出现,处于这种状态的人有持久的交流缺陷,以及反复、受限的行为模式、兴趣模式或活动模式。

▲ ADHD 在 12 岁左右开始出现,包括持续的、严重的粗心及/或过分活跃或冲动问题,导致明显的功能损伤。

▲ 品行障碍始于童年或青少年时期,包括持续的偏差行为模式,即攻击人或动物、破坏财物、欺骗或偷盗,或严重地破坏规则。

人格障碍：走极端

想一下高中的熟人——人格使他们独树一帜，但并非总是以好的方式。是否有的人古怪得不可理喻、奇装异服，有时对聊天无动于衷——或者用占星术或读心术等怪诞的方式做出反应？或者戏剧性的（女）人是否做出戏剧效果和表达出夸张的情绪而把一切都当作大事？不要忘了有洁癖的人，强迫加控制的完美主义者有着条理十足的储物柜、精心梳理的发型、丝毫不起球儿的毛衣。描述这种人的一种说法是，他们只有"个性"，即我们在"人格"一章中所探讨的独特的特质模式。不过，多种人格特质有时变得如此僵化和狭隘，而混杂融合为各种心理障碍。**人格障碍**（personality disorder）是指持久的、偏离文化期望并导致痛苦或功能损害的思维模式、情感模式、或与他人建立关系的模式、或冲动控制模式。

人格障碍始于青少年时期或成年初期，并随时间相对稳定。让我们看一看人格障碍的类型，然后仔细考查有时会使人坐牢的人格障碍：反社会型人格障碍。

人格障碍的类型

DSM-5 列举了 10 类具体的人格障碍（见表 15.3），分为三组：（a）古怪/异常，（b）戏剧化/飘忽不定，（c）焦虑/拘谨。例如，一个举止怪异的高中生可以有精神分裂样人格障碍（古怪/异常组）；戏剧性的（女）人可以有戏剧化人格障碍（戏剧化/飘忽不定组）；洁癖者可以有偏执—强迫人格障碍（焦虑/拘谨组）。实际上，借助这个清单可以唤醒你在高中的其他记忆。然而，不要匆忙评判。大多数同学可能非常健康，完全不符合诊断标准；毕竟，每个人的高中时代都是摇摆不定的时期，这就是为什么儿童或青少年不能被诊断为人格障碍。DSM-5 甚至提出，早期的人格问题常常不会持续到成年。另外，各种人格障碍提示，有多种方式可以让一个人独一无二的人格禀赋成为麻烦。

人格障碍一直颇有争

借一本《建筑学文摘》，问问自己：谁会住在这样完美无瑕的家里？有强迫症的人最适合。顺便说一句，不应该把该人格障碍（特点是过分的完美主义）与强迫症混为一谈。强迫症是一种焦虑障碍，有这种障碍的人会反复出现不想要的念头或行动。

人格障碍（personality disorder） 是指持久的、偏离文化期望并导致痛苦或功能损害的思维模式、情感模式、或与他人建立关系的模式、或冲动控制模式。

▶表 15.3

人格障碍分组

组别	人格障碍	特点
A 古怪/异常	偏执型	不信任他人，怀疑别人有险恶的动机。倾向于挑战朋友的忠诚，并从他人行动中读出敌意。倾向于爆发愤怒和攻击，否则就情感冷淡。经常嫉妒、有保留、遮遮掩掩，过于严肃。
	分裂样	极端内向并从各种人际关系中退缩。偏好独处，对他人几乎没有兴趣。没有幽默感，疏离，经常沉醉于自己的思想和感受，日夜做梦。恐惧亲近，社交技能缺陷，经常被看作是"孤独者"。
	分裂型	怪异的或异乎寻常的言谈或衣着。奇怪的信念。"不可思议的思维方式"，例如相信超感官知觉或心灵感应。建立人际关系困难。在闲谈中可能会有奇怪的反应，或没反应，或自说自话。说话罗嗦，或缺乏连贯性（可能是轻微的精神分裂症）。
B 戏剧化/飘忽不定	反社会型	贫乏的道德感或"良心"。有欺骗史、犯罪史、违法问题、冲动及攻击的暴力行为。几乎没有情感共情，或不会懊悔伤害别人。操控、冷漠、麻木不仁。化学物质滥用和酗酒的风险高。
	边缘型	心境不稳定，人际关系紧张、激烈。心情经常改变并愤怒，有不可预期的冲动。用自残或自杀威胁/姿态博得他人的注意或操控。自我形象起伏，倾向于把别人看作"全好"或"全坏"。
	表演型	持续地寻求关注。语言造作、衣着性感、夸大病况，所有这一切都是为了得到关注。相信每个人都爱他们。情绪化、活泼、过度引人注目、热心、过分调情。情绪肤浅且不稳定。"像在舞台上表演"。
	自恋型	自我重要感膨胀，沉浸在自我及成功的幻想中。夸大自我成就，假定别人会承认他们优秀。第一印象好，但长久的人际关系差。剥削他人。
C 焦虑/拘谨	回避型	社交焦虑和不舒服，除非他们相信自己被别人喜欢。与分裂样人格障碍相反，他们渴望社交接触。害怕被批评，并担心在别人面前难为情。由于害怕被拒绝而回避社交场合。
	依赖型	服从、依赖、过分要求赞许、保证和忠告。依附别人并害怕失去他们。缺乏自信。独处时感到不舒服。结束亲近的关系会使之崩溃，或者以自杀相威胁。
	强迫型	认真/勤奋/有责任心、有序、追求完美。过分需要做"对"所有的事。僵化的高标准及小心谨慎可能干扰他们的创造力。害怕出错可能使他们严厉和控制。情绪表达能力差。（与强迫症不一样。）

来源：DSM-5（美国精神病学学会，2013 年）

议，其中的几个理由是：第一，批评者质疑，有问题的人格是否真的是一种心理障碍。根据 DSM-5 的诊断标准，大约 15% 的美国人有某种人格障碍。或许最好只是承认很多人都有困难，仅此而已。另一个质疑是，人格问题是否都要对应一种确切类型的"障碍"，还是最好被理解为是特质维度的某个极端值，例如在"人格"一章所讨论的大五特质（Trull

和 Durrett，2005）。在 DSM-IV 中，人格障碍似乎是一种有别于上述其他心理障碍的、独立类型的心理障碍（具体而言，那些主要的心理障碍都属于轴 I 分类，而人格障碍属于轴 II 分类）。然而，在 DSM-5 中，人格障碍已经与那些完整的心理障碍并驾齐驱。其中，得到最充分研究的人格障碍之一就是反社会型人格障碍。

反社会型人格障碍

1914 年巴黎，亨利·德西雷·兰德鲁（Henri Desire Landru）最初用个人广告吸引一名想要婚姻生活的女性，并相继引诱 10 名女性，骗取她们的储蓄，对她们下毒、焚尸，期间还杀害了一个男孩和一条狗。他在笔记本里记录了他的谋杀过程，并且维持一段婚姻，还有一个情妇。像兰德鲁这样令人可憎可怕的连环杀手令人毛骨悚然、不可思议。然而，欺凌者、有强迫倾向的说谎者，甚至习惯于在校区加速行驶的司机，都同样地对人类的痛苦麻木不仁，令人震惊。DSM-5 包含**反社会型人格障碍（antisocial personality disorder，APD）**，并把它定义为：处处无视并破坏他人权利的行为模式，始于童年或青少年初期，并延续到成年期。

有反社会型人格障碍（APD）诊断的成年人一般在 15 岁之前有品行障碍史。在成年期，被诊断为 APD 的人表现出 7 种诊断症状中的 3 种或以上：非法行为、欺骗、冲动、肢体攻击、鲁莽轻率、不负责任、对不道德的行为缺乏悔恨之意。一般人口中大约有 3.6% 的人有 APD，男性发生比率高于女性 3 倍（Grant 等，2004）。

反社会者（sociopath）和精神变态者（Psychopath）这些名词都用于描述那些有 APD 的人，他们特别冷漠无情、操纵控制及冷酷残忍——却也可能油腔滑调、颇具魅力（Cleckley，1976；Hare，1998）。尽管心理学家通常试图说明异常行为的发展是童年经验或者艰难生活环境的产物，但是那些与 APD 工作的人却似乎很少原谅他们，常常指出有这种人格障碍的人十分危险。许多有 APD 的人实施犯罪，许多人因频频违法而臭名远扬甚至被逮捕。在一项研究中，22 790 名犯人中的 47% 的男性和 21% 的女性被诊断为 APD（Fazel 和 Danesh，2002）。这些统计数字支持"犯罪人格"的概念。

生命早期出现品行障碍并缺乏成功的治疗，表明终生犯罪常常有其内在的根源（Lykken，1995）。研究者们正在聚集有 APD 者脑异常的证据（Blair，Peschardt 和 Mitchell，2005）。另一研究已经关注到精神病态者及没有精神病态者对于恐惧的敏感性。例如，研究显示，那些精神变态的犯人使用激起负面情绪的词汇，例如"仇恨"或"死尸"，其杏仁核及海马的活动比不犯罪者活动少（Kiehl 等，2001）。这两个脑区涉及恐惧的条

反社会型人格障碍（antisocial personality disorder，APD） 处处无视并破坏他人权利的行为模式，始于童年或青少年初期，并延续到成年期。

件反射过程（Patrick，Cuthbert 和 Lang，1994），因此，它们在这些研究中相对不活跃，提示精神病态者比其他人对于恐惧更不敏感。暴力的精神病态者会把攻击指向他人，也会指向自己，常常采取行动而不计后果，最终导致暴力结果。终生"没有恐惧"似乎平安，但是，恐惧或许有助于使人避免极端的反社会行为。

 哪些因素促使 APD 的产生？

小结

▲ 人格障碍是持久的、导致痛苦或功能损害的思维模式、情感模式、建立人际关系的模式，或控制冲动的模式。

▲ 人格障碍包括三组症状：古怪/异常、戏剧化/飘忽不定、焦虑/拘谨。

▲ 反社会型人格障碍与缺乏道德情感及行为有关；有反社会型人格障碍的人可能是操控的、危险的和轻率的，经常伤害他人，有时也伤害自己。

自伤行为：心智转向攻击自己

我们都有想要活下去的内在驱动力。我们饿了进食，不开快车，并为谋生而上学，以便让自己和家人活下去（见"心理学的科学之路"一章中讨论的进化心理学）。异常人类行为最极端的表现之一，就是一个人采取与保存自己的驱动力截然相反的行动，并做出有意自我破坏的行为。自有史以来，就有关于故意伤害自己的记载。然而，我们开始理解人们为什么有意做伤害自己的事，却只是近几十年的事情。

在 DSM-5 第三节（需要进一步研究的心理障碍）中，包含两种自我伤害行为：自杀行为障碍和

我们都有让自己活下去的内在驱动力。但是，为什么有人故意做些事情伤害他们自己呢？

非自杀自我伤害障碍。

自杀行为

蒂姆（Tim），会计，35岁，表面看来生活一贯阳光、成功。他与高中恋人结婚并育有两子。不过，在过去的几年里，他的工作负荷日渐加重，他开始体验到与工作相关的压力。与此同时，他与太太开始经历一些经济压力，他酗酒增多，使家庭承受着巨大的压力，并开始影响他的工作。蒂姆的同事特别指出，他后来变得特别愤怒，争论不休——甚至有几次对同事大吼。一天晚上，蒂姆与妻子因家庭经济问题大吵，并喝了很多酒。他冲进洗手间吞下满满一瓶处方药，想要结束生命。他被送到医院，在那里接受针对自杀行为的治疗。

自杀（suicide），是指故意伤害自己致死的行为，占美国人死因的第十位，占 15—24 岁人口死因的第二位。在美国，每年被自杀夺去生命者是 HIV/AIDS 感染者致死的 5 倍，是被凶杀者致死的 2 倍（Hoyert 和 Xu，2012）。自杀率的人口统计学差异很大。例如，在美国及全球范围内，大约 80% 的自杀者是男性，而且美国白人男性比其他种族更容易自杀，占所有自杀者的 90%（Centers for Disease Control and Prevention，2013）。不幸的是，我们当前并没有很好地理解，为什么这些社会人口统计学数字存在巨大的差异。

非致命的**自杀企图**（suicide attempt），是指一个人有意致死而做出的可能造成伤害的行为，比自杀致死更经常发生。在美国，大约 15% 的成年人声称，他们在一生的某个时刻曾认真地考虑过自杀，5% 的人曾制定自杀的计划，5% 的人实际上有自杀企图。美国的这些行为比率略高于世界各国家，后者相应的比率为：9%（考虑过自杀）、3%（曾计划自杀）、3%（曾企图自杀）（Nock 等，2008）。正如这些数字所提示的，想过自杀的人中，只有三分之一的人实际有自杀企图。尽管自杀致死者男性多于女性，但是，女性有自杀念头及（非致死）的自杀企图显著地高于男性（Nock 等，2008）。此外，自杀念头和自杀企图的比率在青少年和年轻人中显著增加。一项最近的研究采用大约 1 万美国青少年的代表性样本，结果显示，在 10 岁之前，自杀念头及自杀行为几乎不存在，但在 12—18 岁期间显著增加（见图 15.7），到成年初期平稳（Nock 等，2013）。

这些数字令人难以置信。不过，为什么人们试图杀死自己呢？简短的答案是：我们还不知道，因为这很复杂。访谈那些被送到医院的有自杀企图的人，大多数人表示，

自杀（suicide） 是指故意自我伤害致死的行为。

自杀企图（suicide attempt） 是指一个人有意致死而做出的可能造成伤害的行为。

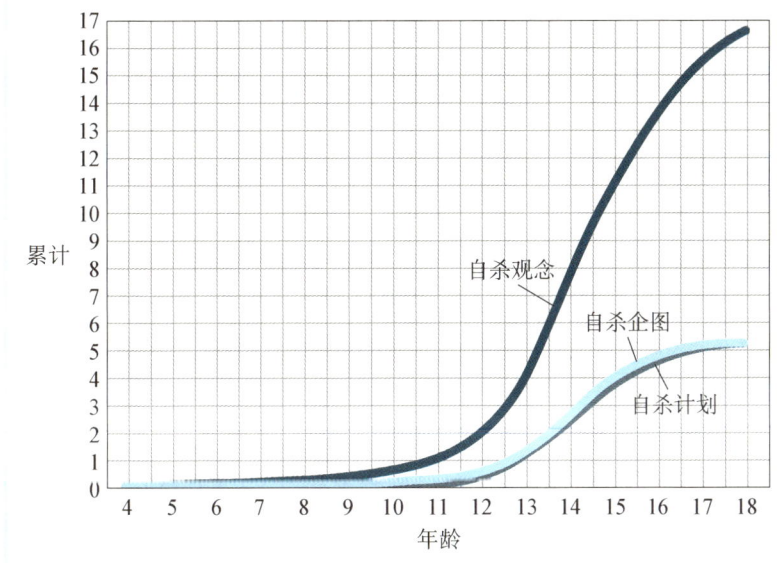

图 15.7 青少年时期出现自杀行为的年龄。最近的一项全美青少年代表性样本的调查显示，尽管儿童中的自杀想法和自杀行为非常罕见（1—4岁比率为0），但从12岁开始显著增加，并且在整个青少年时期连续攀升。

他们想要杀死自己，是为了逃避无法容忍的精神状态，或者逃避难以应付的生活处境（Boergers，Spirito 和 Donaldson，1998）。研究结果与这个解释相一致：如果一个人体验到那些能够造成严重痛苦状态的因素，就会增加自杀行为的风险，例如存在多种心理障碍（90%自杀致死的人至少有一种心理障碍）、在童年及成年经历重大的负面生活事件（如：身体虐待或性骚扰），以及存在严重的身体疾病（Nock，Borges 和 Ono，2012）。为了更全面的理解，还需要继续探索：有些人如何以及为何用自杀念头及行为回应负面的生活事件，以及采用哪些方法才能更好地预测及预防这些灾难性后果。

非自杀的自我伤害行为

路易莎（Louisa），大学生，18岁，悄悄地割腕、割大腿，每周一次，一般是当她对自己或别人感到强烈愤怒和仇恨时。用她自己的话说，她过去总有那么点"一帆风顺"，直到14岁情况大变，她开始用自我伤害的方式平复情绪。路易莎说，实际上，每次她割自己的时候，有一点羞耻，但是，当她变得痛苦时，她不知道如何安静下来，而且她并没有打算停止这个行为。

路易莎做出的行为叫做**非自杀的自我伤害行为**（**nonsuicidal self-injury，NSSI**），没有致死意图，却直接、故意地破坏自己的身体组织。从有历史记载以来，NSSI一直都见诸报道，然而，在过去几十年中，这种行为才浮出表面。最近的研究提示，多达

非自杀的自我伤害行为（nonsuicidal self-injury，NSSI） 没有致死意图，却直接、故意地破坏自己的身体组织。

人们为什么自我伤害？到目前为止，人类已经知道了什么？

15%—20%的青少年和3%—6%的成年人表示，在他们一生中某个时点曾有NSSI（Klonsky，2011；Muenlenkamp等，2012）。这个比率似乎男女相当，各种族相当。就像自杀行为一样，NSSI实际上并不出现在童年期，而是在青少年时期显著增加，在成年期似乎下降。

在世界一些地方，切割皮肤是被社会接受的，在有些情况下甚至鼓励把这种行为作为成人礼的仪式（Favazza，2011）。在世界的另一些地方，社会不鼓励切割自己，为什么一个人不想死却要有意地伤害自己呢？近年来的研究提示，那些做出自伤行为的人对于负面事件有强烈的情绪反应和生理反应，他们感到不能忍受这些反应，就用NSSI减轻这个反应的强度（Nock，2009）。还有一些证据显示，在很多情况下，人们做出自伤行为，作为转移痛苦或调动他人帮助的手段（Nock，2010）。尽管我们正在着手理解人们为什么采取NSSI，但是，这个行为的很多方面是我们尚未理解的，NSSI是日渐活跃的研究领域。

不幸的是，像自杀行为一样，我们对于遗传和神经生物因素如何影响NSSI的理解是有限的，目前尚无有效治疗这一问题的药物。行为干预或预防项目的证据也非常有限（Mann等，2005）。因此，不幸的是，自杀行为和NSSI是一些最混乱、最危险，也是最令人费解的心理障碍。近年来，我们已经在理解这些行为问题方面迈出一大步，但是，我们若能够准确并有效地预测和预防，还要走漫长的道路。

小结

▲ 自杀，在美国和全球都是主要的致死原因。大多数自杀致死的人有心理障碍，并且自杀企图最经常的动机是试图逃避不能容忍的精神状态或生活处境。

▲ NSSI像自杀行为一样，在青少年时代显著增加，但对许多人来说，这个问题持续贯穿于成年期。尽管NSSI没有表现出自杀企图，但它像自杀行为一样，最经常的动机是试图逃避痛苦的精神状态。

本章回顾

关键概念小测试

1. 把心理障碍构念化为疾病——有症状及可能的治愈方法,是指_____。
   a. 医学模式
   b. 人相学
   c. 综合征基本框架
   d. 诊断系统

2. 最好把 DSM-5 描述为_____。
   a. 医学模式
   b. 分类系统
   c. 理论假设体系
   d. 生理学定义集

3. 心理障碍并发症是指_____。
   a. 源于与内在功能失调的症状
   b. 由心理障碍导致死亡的相关风险
   c. 两种或以上的心理障碍同时出现在同一个人身上
   d. 心理障碍存在于从常态到异常的连续体上

4. 不合理的忧虑及恐惧削弱了人的正常执行功能的能力,其指标是_____。
   a. 遗传异常
   b. 心境恶劣障碍
   c. 素质
   d. 焦虑障碍

5. 涉及与特定对象或情境相关的焦虑的心理障碍是_____。
   a. 广泛性焦虑障碍
   b. 环境障碍
   c. 惊恐发作障碍
   d. 恐怖症

6. 广场恐怖症是_____的结果。
   a. 预先准备理论
   b. 强迫症
   c. 惊恐障碍
   d. 社交恐怖

7. 凯莉(Kally)恐惧细菌,导致她整天在极烫的水中反复洗手,常常持续半个小时以上。凯莉患的是哪种心理障碍?
   a. 惊恐发作
   b. 强迫症
   c. 恐怖症
   d. 广泛性焦虑障碍

8. 焦虑障碍的特征是严重的抑郁心境至少持续_____。
   a. 2 周
   b. 1 周
   c. 1 个月
   d. 6 个月

9. 双相障碍的特征是,在_____之间极端心境起伏。
   a. 抑郁与躁狂
   b. 压力与没精打采
   c. 焦虑与唤起
   d. 偏执与强迫

10. 精神分裂症的特点是以下哪一个?
    a. 幻觉
    b. 思维及行为混乱

c. 情绪退缩和社交退缩

d. 以上都是

11. 精神分裂症大约影响_____%的人口并能解释大约_____%州立及县立精神病院住院率。

　a. 5；20

　b. 5；5

　c. 1；1

　d. 1；40

12. 孤独症谱系障碍的特征是以下哪一个？

　a. 交流缺陷，以及受限、反复的行为

　b. 幻觉及妄想

　c. 自杀念头

　d. 以上都是

13. 注意缺陷/多动障碍_____。

a. 必定始于7岁前

b. 从来不会持续到成年期

c. 有时持续到成年期

d. 只影响男孩

14. 在美国，那些自杀风险最高的人是_____。

a. 男人

b. 白人

c. 有一种心理障碍的人

d. 以上都是

15. 非自杀自我伤害发生在_____%的青少年中。

a. 1—2

b. 3—5

c. 15—20

d. 50

> 关键术语

心理障碍	医学模式	心理障碍诊断与统计手册	并发症
生物心理社会视角	素质—压力理论模式	研究范畴标准的方案	焦虑障碍
恐怖障碍	特定恐怖症	社交恐怖症	预先准备理论
惊恐障碍	广场（陌生环境）恐怖症	广泛性焦虑障碍	强迫症
创伤后应激障碍	心境障碍	重性抑郁障碍或单相抑郁	心境恶劣障碍
双重抑郁	季节性情感障碍	无助感理论	双相障碍
情绪发泄	精神分裂症	阳性症状	幻觉
妄想	语言紊乱无序	粗鲁失序的行为	强直行为
阴性症状	认知症状	多巴胺假设	孤独症谱系障碍
注意缺陷/多动障碍	品行障碍	人格障碍	反社会型人格障碍
自杀	自杀企图	非自杀的自我伤害行为	

> 转变观念

1. 你听到一个名人在电视访谈中谈到母亲患有重性抑郁障碍,自己的童年不容易。"有时,我妈妈整天整天地躺在床上,甚至不起身吃东西,"他说,"那时,全家都被重性抑郁障碍淹没了。我的父母是移民,他们生长的文化把心理问题看作是羞耻的。人们假定你有足够的意志力克服你的困难,也不能得到别人的帮助。所以,我妈妈从来没有得到治疗。"精神疾病的医学模式理念如何帮助这个女人及其家人决定是否寻求治疗?

2. 你正在为心理学考试复习功课,你的同学悄然到你身边说,"我刚才上体操课,碰见了苏(Sue)。她肯定是精神分裂:这一刻友善,下一刻就刻薄。"你的同学(不正确地)把苏归于哪种精神病性障碍?这个障碍与精神分裂症的区别是什么?

3. 你的一位朋友有一位家人正在经历严重的心理问题,包括妄想并失去动机。"我们已经看过一位精神科医生,"她说,"并且得出精神分裂症的诊断。我们曾寻求其他观点,其他医生说可能是双相障碍。他们都是好医生,他们都用同样的 DSM 诊断——他们怎么能够得出不同的诊断呢?"

4. 读过本章后,你的一位同学对你长长地出了一口气。"我终于弄明白了。我哥哥游手好闲,总是惹麻烦,然后怪别人,即使他因为超速驾驶被罚,他也从来不认为是自己的错——说是警察找茬,或者乘客催他开快些。我总是以为,他只是一个失败者,但现在我意识到,他有人格障碍。"你同意你的同学对她哥哥的诊断吗?你要如何告诫你的同学自我诊断或诊断朋友及家人的危险?

> 关键概念小测试答案

1. a; 2. b; 3. c; 4. d; 5. d; 6. c; 7. b; 8. a; 9. a; 10. d; 11. d; 12. a; 13. c; 14. d; 15. c.

第16章
心理障碍的治疗

▲ **治疗：给需要者以帮助** _843
为什么很多人未能寻求治疗 _844
现实世界 心理治疗师的类型 _846
治疗方法 _848
文化与社区 世界各地的心理障碍治疗 _848

▲ **心理治疗：通过互动疗愈心智** _850
心理动力学疗法 _850
人本主义疗法和存在主义疗法 _853
行为疗法和认知疗法 _855
团体治疗：同时疗愈多人心智 _861
科学热点 "重启"心理治疗 _862

▲ **医学和生物学治疗：用物质改变脑**

以疗愈心智 _866
抗精神病药物 _866
现实世界 严重心理障碍的治疗 _868
抗焦虑药物 _869
抗抑郁剂和心境稳定剂 _870
草药和天然产品 _873
药物治疗与心理治疗相结合 _873
其他声音 诊断：人 _875
非药物治疗的生物学疗法 _877

▲ **治疗的有效性：更好还是更坏** _880
治疗的假象 _880
治疗效果研究 _883
哪些治疗有效？ _884

"在我办公楼外的小巷里，我看到一只死老鼠，今天我们就要去摸它。"詹金斯（Jenkins）博士说。"好吧，我们去吧，我准备好了。"克里斯廷（Christine）回答道。他们两人走到小巷，触碰然后抚摸那只死老鼠，用了50分钟。之后，他

在基于暴露的治疗方法中，个体要学习面对其焦虑源和恐惧源，已经证明这类方法是治疗焦虑障碍的有效途径。

们回到楼上,计划克里斯廷在下次来诊室治疗前的7天里,要触摸什么令人难以接受的东西。是的,这就是对克里斯廷强迫症(OCD)心理治疗的组成部分。这种方法叫做暴露及反应预防(exposure and response prevention,ERP)疗法。在这种方法中,人们逐步面对令其产生强迫症状的对象,并被阻止做出强迫反应。克里斯廷的强迫观念是认为自己会被细菌感染并死于癌症,强迫行为是每天洗澡数小时并用酒精用力擦拭周围的一切物品。人们经过很多次暴露,并且不做自认为能让自己安全的行为,最终就会认识到自己的强迫观念并不正确,而且不是非得让冲动付诸行动。虽然ERP可能是非常令人害怕的治疗方法,但是已经证明在减轻强迫症状以及帮助OCD患者恢复高水平日常功能方面,它有神奇效果。在开发出ERP之前,人们一直普遍认为OCD是不可治愈的。目前则认为ERP是治疗OCD最为有效的方法(Foa,2010)。然而ERP只是你在最后这章所学到的目前用于帮助人们战胜心理障碍的诸多方法之一。

有很多不同的治疗心理障碍的方法,可以改变与心理障碍有关的想法、行为和情绪,在本章我们将探讨最为常见的心理治疗方法。首先,我们将考察人们为什么需要寻求心理帮助;然后探讨个体心理治疗如何建立在一些主要理论基础之上,这些有关心理障碍原因和治疗的理论包括精神分析、人本主义、存在主义、行为主义和认知理论。我们也会探讨关注直接调节脑功能和结构的生物学治疗方法;还将讨论治疗方法是否有效,以及我们如何知道治疗有效;并将通过探讨应用创新技术评估和治疗心理障碍的令人振奋的新方向来展望心理治疗的未来。

治疗:给需要者以帮助

据估计,美国有46.4%的人在一生某个时段受过某种心理障碍的困扰(Kessler, Berglund等,2005),并且有26.2%的人一年中患过至少一种心理障碍(Kessler, Chiu等,2005)。心理障碍造成的个人损失包括患病的痛苦和日常生活能力所受的干扰。想想上述案例中的克里斯廷,如果她没有(或不能)寻求治疗,她的日常生活能力会一直因OCD而受损。OCD给她的生活带来严重问题,她不得不终止在当地咖啡店的工作,因为她不能接触没清洗过的钱或被别人接触过的其他东西;她和男朋友的关系遇到麻烦,因为他对她要不断确保(她或他的)洁净越来越感到厌烦。所有这些问题反过来又增加她的焦虑和抑郁,使她的强迫症状变得更为严重。她迫切想要也需

心理疾病(mental illness)有哪些个人、社会和经济损失?

要可以打破这一恶性循环的方法。她需要有效的治疗。

心理障碍给个人和社会带来的负担也是巨大的。心理障碍一般比躯体障碍的发病年龄早,明显的损害为不能完成日常活动,如不能上学或上班,或者家庭关系和个人关系出现问题。心理障碍的损害和癌症、慢性疼痛和心脏病之类躯体障碍的损害同样严重,在很多情况下甚至更为严重(Ormel 等,2008)。例如,重度抑郁患者可能无法坚持工作,甚至很难有条理地收集自己的伤残检查材料,而且患有多种障碍的人无法与家人相处、照顾子女或帮助他人。

心理障碍还会带来经济损失。抑郁是世界上导致能力丧失的第四大主要原因,预计到2020年会上升为第二大主要原因(Murray 和 Lopez,1996a,1996b)。重度抑郁症患者常常因病不能工作,即使工作,也往往绩效较差。据最新估计,抑郁相关的工作能力丧失所带来的经济损失每年大约在300亿至500亿美元(Kessler,2012)。如果再加上焦虑障碍、精神病性障碍、物质相关障碍和所有其他心理问题的数据,总的损失则是天文数字。对心理障碍的有效治疗不仅给个人带来好处,也会使社会受益。

所有心理障碍患者都接受治疗了吗?绝不是。在过去12个月中,美国患有一种心理障碍的人只有18%同期接受了治疗,世界其他地方的治疗率甚至更低,尤其是低收入或发展中国家(Wang 等,2007)。严重心理障碍患者的治疗率相对较高,在过去一年中,美国患有一种严重心理障碍的患者(主要日常活动基本都受到影响)的治疗率将近40%(Wang, Demler 和 Kessler,2002)。然而,这些数据清楚地表明,大部分心理障碍患者没有接受治疗,在接受了治疗的患者中,从发病到首次治疗之间的平均延迟时间也超过10年(Wang 等,2004)!

为什么很多人未能寻求治疗

大部分人出现牙痛之类躯体症状会去看牙科医生——通常此行能够得到成功的治疗。明确的疼痛来源和显而易见的解决办法有助于做出快速有效的反应。而与此相反,心理障碍的成功治疗之路常常很不清晰,很多人不熟悉他们应该何时或者该到何处寻求对心理障碍的治疗。心理障碍患者没能得到治疗的原因可能有很多,以下是报道最多的三种原因:

> 是什么阻碍心理疾病的治疗?

1. 很多人可能没有意识到所患心理障碍可以得到有效治疗。没有寻求治疗的心理障碍患者中,大约45%的人报告说没有寻求治疗的原因是不认为自己需要接受治疗（Mojtabai 等，2011）。对心理障碍常常不能像对躯体疾病那样重视，可能是因为心理障碍的起源是"隐匿的"，通常不能通过血液化验或 X 光检查来诊断。而且，虽然大多数人知道牙痛是什么及其可以治愈，但是知道何时患上心理障碍以及可以如何治疗的人却比想象的少得多。

2. 治疗有很多阻碍，比如阻碍人们获得帮助的观念和境遇。人们可能认为他们应该能够自己解决问题。事实上，这也正是心理障碍患者不寻求治疗（72.6%）和过早停止治疗（42.2%）的主要原因（Mojtabai 等，2011）。其他态度方面的求治阻碍包括认为问题没有那么严重（占未寻求治疗者的 16.9%）、治疗不会有效果（16.4%），以及感到被别人冠以污名（9.1%）。

3. 结构性障碍阻碍人们得到切实治疗。和寻找好律师或好管道工一样，只是通过翻阅黄页或搜索网页很难找到合适的心理治疗师，甚至更难。因为有太多不同类型的治疗可用（见"现实世界"栏目"心理治疗师的类型"），所以这种令人困惑的状态是可以理解的。即使你找到适合你的治疗师，你可能也会遭遇下列结构性障碍：承担不起治疗费用（占未寻求治疗者的 15.3%）、缺少可提供治疗的治疗师（12.8%）、不便参加治疗（9.8%）和难以找到去诊所的交通工具（5.7%；Mojtabai 等，2011）。

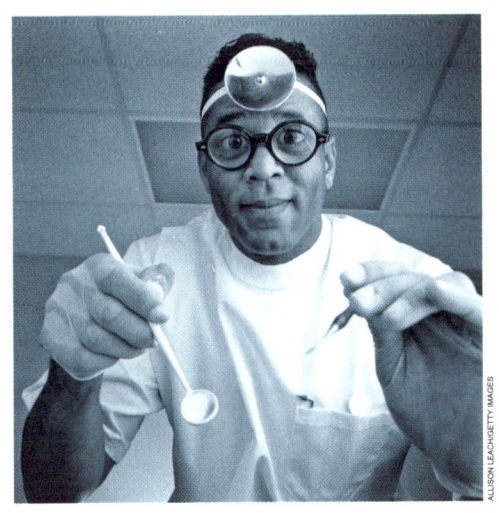

你牙痛时会去找牙科医生，但你如何知道何时该去找心理治疗师？

即使人们寻求到帮助，他们有时也得不到有效的治疗，这使事情变得更为复杂。首先大部分心理障碍的治疗是全科医生提供的，而不是心理健康专家提供的（Wang 等，2007）。即使人们找的是心理健康专家，也不是总能得到尽可能有效的治疗。实际上，只有比较少的心理障碍患者（<40%）得到最低限度的治疗，严重心理障碍患者中只有 15.3% 的人得到最低限度的治疗。对于患有精神病性障碍的美国南部非裔年轻人来说，治疗不足的问题尤为突出，而且治疗还是在全科医疗体系中进行的（Wang 等，2002）。显然，在选择或指定治疗方法之前，我们需要知道都有哪些方法可用，并搞清楚对于特定心理障碍来说什么方法最好。

现实世界

心理治疗师的类型

如果你准备寻求心理健康专业人士的帮助，你要做些什么？你要去找谁？治疗师的背景和所受训练各不相同，这会影响他们提供服务的类型。所以在选择治疗师之前，了解治疗师的背景、所受训练和领域专长是大有益处的。心理健康专业人士有这样几种主要类型。

心理治疗师 从事心理治疗的心理学家具有临床心理学专业的博士学位（哲学博士学位或心理学博士学位）。攻读该学位大约需要5年时间，攻读期间要在治疗、心理障碍评估和研究方面接受大量训练。心理治疗师有时会有某方面专长，如做青少年工作，或帮助人们克服睡眠障碍，通常采用包含会谈的治疗方法。心理治疗师必须得到本州执业资格，而且大部分州要求申请者在督导下完成大约2年的实习训练，并要参加资格考试。如果你在《黄页》或门诊处寻找，通常会找到具有这种背景的心理治疗师。

精神科医生 精神科医生是在心理障碍评估与治疗方面受过专业训练并获得学位的医学博士。精神科医生可以开药物处方，有些也提供心理治疗。全科医生也能开治疗心理障碍的药物处方，而且因为人们有各方面健康问题都会向他们咨询，所以他们常常是最先给心理障碍患者看病的人。然而，全科医生一般接受的心理障碍诊治训练不多，因此他们不做心理治疗。

社会工作者 社会工作者具备社会工作专业的硕士学位，在对贫穷、无家可归或有家庭冲突等生活困苦的人工作方面受过专业训练。临床社会工作者或精神科社会工作者也受过专业训练，可以帮助处于上述境遇的心理障碍患者。社会工作者常常在政府或私人社会服务机构工作，也可能在医院工作或者开办私人诊所。

咨询师 咨询师要接受各种训练，比如，要成为咨询心理师，需要具有心理师相关的博士学位，并在国家法规监管下接受实习训练。但是各州对咨询师的界定各不相同。有的州要求咨询师必须有硕士学位，并接受过大量治疗方面的训练；而在其他州，则可能只要求咨询师受过最基本的培训或相关教育。在学校工作的咨询师通常要有硕士学位，并受过在教育机构咨询的专业训练。

有人打着貌似专业术语的旗号提

供治疗，如"心/身疗愈师"或"婚姻调解顾问"。所发明的这些术语常常是为了误导来访者和逃避执照许可部门的管理。这样的"治疗师"可能没有接受过专业训练或者根本没有专业知识。当然，也有声称得到许可的从业人员其实并没有执业资格。曾当过脱衣舞女"夏恩公主（Princess Cheyenne）"的路易丝·怀特曼（Louise Wightman），因以心理治疗师身份对数十位来访者进行心理治疗而于2007年被定为欺骗罪。她声称自己不知道在网上购买的哲学博士学位是伪造的（Associated Press, 2007）。提供治疗的人可能是善意的，甚至是有帮助的，但是他们也可能造成伤害。所以为安全起见，明智地选择受过专业培训、有可信资质的治疗师是很重要的。

应该如何去寻找这样的治疗师呢？可以从你认识的人开始：你的全科医生、学校咨询师、值得信任的朋友或可能认识好治疗师的家庭成员。你也可以去学院诊所或医院；或者访问美国心理学会之类组织的网站，在这类网站可以查到有执照的心理健康服务提供者。当你与他们联系时，他/她通常能够进一步给你提供有关适合找哪类治疗师的建议。

在你同意去找治疗师治疗之前，你应该问下面这样一些问题，以评估这位治疗师的类型或背景是否与你的问题相匹配：

- 你做哪种类型的治疗？
- 你通常治疗哪类问题？
- 通常治疗多长时间？
- 治疗包括"谈话"治疗、药物治疗还是两者都有？
- 这类方法对我这类问题的治疗效果如何？
- 你的治疗费用是多少？在医疗保险覆盖范围之内吗？

治疗师对这些问题的回答不仅会告诉你其背景和经验，而且会告诉你其治疗来访者的方法。然后，你就可以基于这些信息决定你需要哪种类型的服务。

虽然你应该考虑何种类型的治疗师最能满足你的需要，但有时治疗师的个性特征和所用方法也与其背景或所受训练同样重要。你应该找到愿意回答问题、能清楚理解促使你寻求治疗的这类问题、对你表现出尊重和共情的人。治疗师是你将心理健康托付予其的人，只有在你和治疗师关系融洽时，你才能进入这样的托付关系。

治疗方法

治疗方法可以概括地分为两类：(a) 心理治疗，在这种方法中，人们与治疗师互动，以实现用环境改变大脑和行为；(b) 生物治疗，在这种方法中，用药物、手术或其他直接干预方法治疗大脑。有些情况下，心理学的和生物学的两类治疗都要使用。比如，克里斯廷的强迫症，可能不仅采用 ERP 疗法，也使用减少强迫思维和强迫冲动的药物。多年来，由于可采用的生物学疗法很少，所以心理治疗是心理障碍的主要干预形式。不过总还有些偏方似乎有生物学基础，如曾试图用水疗法（hydrotherapy）（向心理障碍患者身上倾倒冷水）、穿颅术（trephination）（在颅骨上钻孔让恶灵跑出去）和放血术（bloodletting）（让血从身体里流走）治愈心理障碍（备注：不要在家中尝试这些方法。已证明这些方法是无效的）。随着我们对大脑生物和化学基础的了解不断加深，始于脑的心理障碍治疗方法变得越来越普遍。正如你将在本章后面部分所看到的，很多有效的治疗方法是心理学和生物学干预方法的结合。

文化与社区

世界各地的心理障碍治疗

世界各地都存在心理障碍治疗受到阻碍的问题，但有些地方的问题要比其他地方更为严重。一项最新研究调查了全球 17 个国家的心理障碍患者在过去一年接受治疗的百分比（Wang 等，2007）。几个有趣的结果值得关注。首先，严重心理障碍患者得到治疗的可能性更大，这很容易理解。举例来说，如果你的障碍严重到无法上学或工作，你可能就会寻求治疗，但如果障碍没有对你的日常生活带来实际影响，你可能就不去寻求帮助。其次，高收入水平国家（参照世界银行的界定）的人比中等或低收入国家的人接受治疗的可能性大得多，这也很好理解。国家的财力越强，越可能给人们提供心理治疗。第三，大多数心理障碍患者没有接受任何治疗。即使在收入水平最高的国家也是如此。这意味着尽管我们对心理障碍比以前有更多的了解（如上一章所述），我们也比以前有更好的治疗方法（如本章所述），我们仍然不得不更加努力地去消除阻碍心理障碍患者获得帮助的障碍。

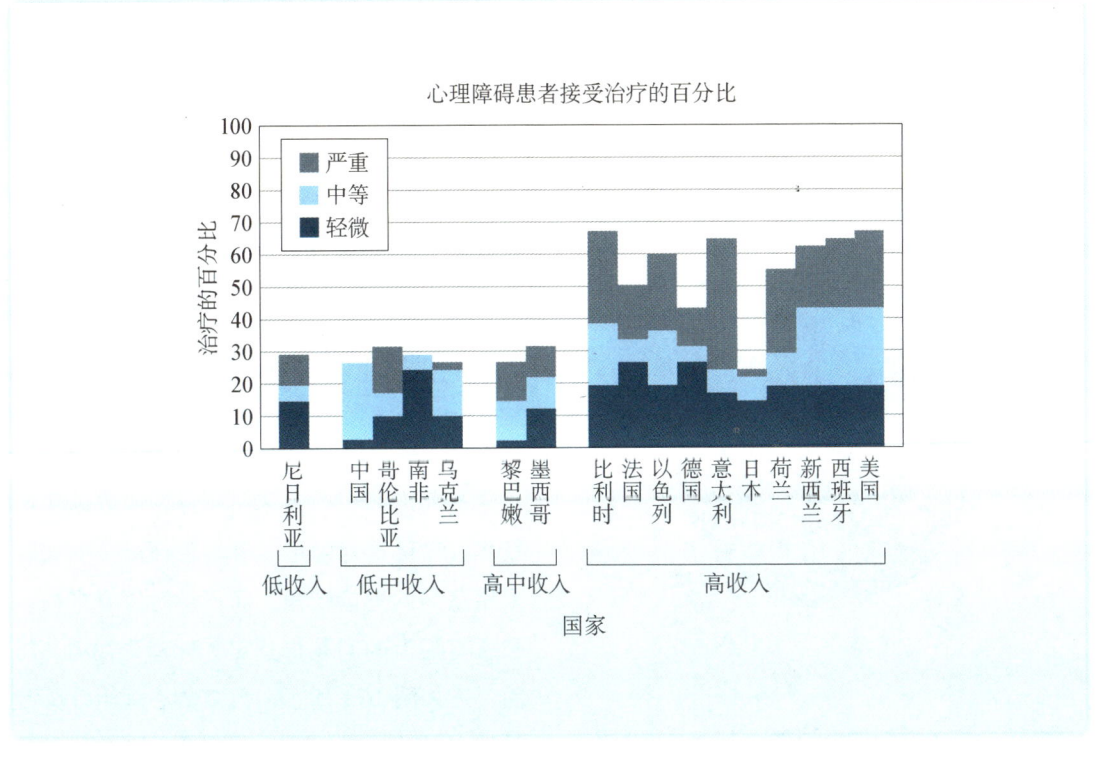

小 结

▲ 心理疾病经常受到误解,因此也常常得不到治疗。

▲ 心理疾病如果未经治疗,可能要付出高昂代价,会影响个体实现功能的能力并给社会和经济带来负担。

▲ 很多饱受心理疾病之苦的人没有得到所需要的帮助,可能是因为他们不知道自己有问题,也可能是不想因此得到帮助,或者面临阻碍治疗的结构性障碍。

▲ 治疗方法包括关注心智的心理学疗法,以及关注脑和身体的医学疗法和生物学疗法。

心理治疗：通过互动疗愈心智

心理学的治疗或**心理治疗**，是取得社会认可资质的治疗师与有心理问题的人之间的互动，目的是提供支持或缓解问题。目前有500多种形式各异的心理治疗方法。虽然所有心理治疗方法之间有相似之处，但每种疗法有其独特的目标、目的和方法。有调查邀请1 000名心理治疗师表述自己的主要理论取向（Norcross, Hedges和Castle, 2002；见图16.1），超过三分之一的治疗师报告说采用的是**整合心理治疗**。这种形式的心理治疗根据来访者和问题的不同而采用不同治疗方法中的技术，这使治疗师可以针对正在治疗的问题采用适当的理论视角，而不是对所有来访者和所有类型的问题都坚守一种理论视角。然而，正如图16.1所示，大多数心理治疗师是采用一种治疗方法，如心理动力学疗法、人本主义疗法和存在主义疗法、行为疗法和认知疗法，或者是团体治疗。我们将逐一探讨这四大主流心理治疗方法。

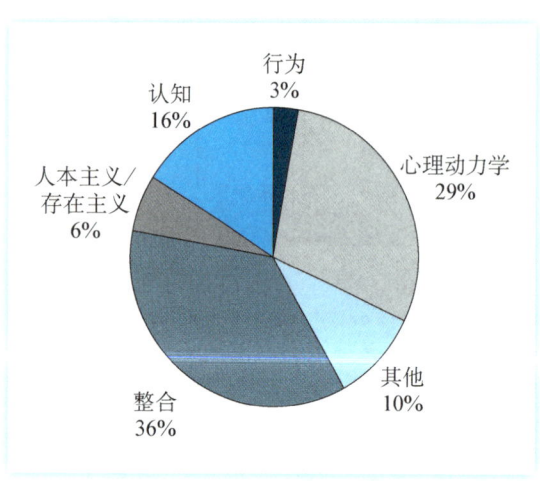

图 16.1　21世纪的心理治疗方法。该图显示各种主要心理治疗取向心理治疗师（来自美国心理学会心理治疗分会的1 000名会员）的百分比（来自Norcross等，2002）

心理动力学疗法

心理动力学疗法来源于弗洛伊德的精神分析取向的人格理论。**心理动力学疗法**探索个体的童年期事件，并鼓励个体运用这种理解来发展对自己心理问题的洞察力。精神分析是最早创立的心理动力学治疗方法，但它已经在很大程度上被现代心理动力学疗法所取代，比如人际心理治疗（interpersonal psychotherapy，IPT）。

精神分析

正如你在"人格"那章所读到的，精神分析疗法假定人生来具有攻击性和性冲动，

心理治疗（psychotherapy）　是取得社会认可资质的临床医师与心理问题患者之间的互动，目的是提供支持或缓解问题。

整合心理治疗（eclectic psychotherapy）　这种形式的心理治疗根据来访者和问题的不同而采用不同治疗方法中的技术。

心理动力学疗法（psychodycamic psychotherapies）　这类治疗方法是探索个体的童年期事件，并鼓励个体运用这种理解来发展对自己心理问题的洞察力。

并在童年期发展阶段，受到所用防御机制的压抑。精神分析鼓励来访者把压抑的冲突带到意识层面，这样来访者就能理解自己，从而减少不利影响。精神分析非常关注童年早期事件，因为其认为冲动和冲突可能是在这一时期被压抑的。

传统精神分析每周有4或5次治疗，平均需要3至6年（Ursano和Silberman，2003）。在治疗中，来访者半躺在沙发上，背对着分析师，被要求说出头脑中浮现的任何想法和感受。偶尔治疗师会评论来访者呈现的某些信息，但不会表达他/她的价值观和评判。常见的对心理治疗的印象——一个躺在沙发上的人和一个坐在椅子上的人在谈话——就是源于这一治疗方法。

精神分析过程中会发生什么

精神分析的目标是让来访者在弗洛伊德称之为发展洞察力的过程中理解潜意识。精神分析师会用下列这些关键技术帮助来访者发展洞察力。

自由联想。在自由联想中，来访者不加审查和过滤地说出浮现在脑海中的每个想法。这种方法可以让意识流畅通无阻。如果来访者停下来，治疗师会促使其进一步联想（"你又想到什么？"）。治疗师可能会寻找治疗过程中重复出现的主题。

梦的解析。精神分析会把梦当作象征潜意识冲突或愿望并包含伪装线索的隐喻，治疗师可以借此帮助来访者理解他的问题。精神分析的治疗过程可能从邀请来访者详细讲述梦开始，然后可能请来访者通过对梦的自由联想来参与解释。

解释。这是治疗师破译来访者言行意义（如潜意识的冲动或幻想）的过程。解释贯穿整个治疗，在自由联想和分析梦的过程中，以及治疗的其他阶段都包含解释。在解释的过程中，治疗师提出来访者言行中可能有的意义，并寻找发现正确意义的线索。

对阻抗（resistance）的分析。在"尝试"对来访者想法和举动进行各种解释的过程中，治疗师会提出来访者特别不能接受的解释。**阻抗**是因为害怕面对令人不快的潜意识内容而不愿意配合治疗的现象。例如，治疗师可能提示来访者，强迫性地担心健康问题，可能要追溯到自己童年时与母亲竞争父亲的爱和关注。来访者可能发现这一提示有侮辱性而抵制这一解释。治疗师会将这一阻抗理解为解释对路而并非错误。如果来访者总是将讨论话题从某个特定想法上转移开，可能提示治疗师，这的确是来访者要发展洞察力就应该直接面对的问题。

来访者的阻抗对精神分析师来说意味着什么？

阻抗（resistance） 是因为害怕面对令人不快的潜意识内容而不愿意配合治疗的现象。

通过在这么长的时间里如此频繁地会面,来访者和精神分析师常常能建立起密切的关系。弗洛伊德留意到他在精神分析中建立的这种关系,并且起初受到它的困扰:来访者通常会对他建立起不同寻常的强烈的依恋,好像几乎把他看作是父母或爱人,他担心这会干扰洞察目标的实现。然而,随着时间的推移,他终于相信这种关系的建立和解决是精神分析的关键过程。当分析师开始在来访者的生活中具有重要意义,来访者基于童年期幻想对分析师做出反应时就会出现**移情(transference)**。成功的精神分析包括分析移情,以便使来访者理解这种反应及其发生的原因。

精神分析之后的疗法(Beyond Psychoanalysis)

尽管弗洛伊德的洞察和技术是基础,但是现代的心理动力学疗法在内容和程序方面都已不同于经典的精神分析。应用最广的现代心理动力学疗法之一是**人际心理治疗**,它是关注于帮助来访者改善当前人际关系的心理治疗形式(Weissman, Markowitz 和 Klerman, 2000)。在内容方面,治疗师不用自由联想,而是用 IPT 和来访者谈论他们人际交往中的行为和感受。他们尤其关注来访者的悲伤(对丧失所爱的过分强烈的反应)、角色纷争(role disputes)(与重要他人的冲突)、角色转变(role transitions)(生活状态的改变,如开始新工作、结婚或退休)或人际缺陷(interpersonal deficits)(缺少开始或维持人际关系的必要技巧)。治疗关注人际功能,基于的假设是,随着人际关系的改善,症状就会消退。

与弗洛伊德精神分析不同的其他心理动力学理论的常用方法是什么?

像 IPT 这样的现代心理动力学疗法在程序上也与经典精神分析不同。首先,在现代心理动力学疗法中,治疗师和来访者典型的坐法是面对面坐。此外,治疗也不密集,通常一周会面一次,持续数月而不是数年。与经典精神分析相比,现代心理动力学治疗师更可能将症状的缓解看作是适当的治疗目标(除了促进洞察力的目标之外)。而且除了解释,他们更可能提供支持或建议(Barber 等, 2013)。现在,治疗师可能也很少把来访者的陈述解释为潜意识中性冲动或攻击冲动的迹象。然而,其他概念,如移情和促进对潜意识加工的洞察,仍然是大多数心理动力学疗法的特征。弗洛伊德的躺椅影响

移情(transference) 是在精神分析中,当分析师开始在来访者的生活中具有重要意义,并且来访者基于潜意识中的童年期幻想与分析师互动时所发生的现象。

人际心理治疗(interpersonal psychotherapy,IPT) 是关注于帮助来访者改善当前人际关系的心理治疗形式。

深远。

尽管心理动力学疗法已经存在了很长时间，并持续在多个国家广泛使用，但有关其有效性的证据还相当少。与认知行为疗法（后文将讲述）之类其他治疗方法的比较表明，心理动力学疗法并不那么有效（Watzke 等，2012）。而且有证据表明，心理动力学疗法长期以来被认为有效的成分中有些实际上反倒可能是有害的。比如，研究表明治疗师对于知觉到的来访者的移情解释得越多，治疗联盟和临床效果就越差（Henry 等，1994）。尽管有这样的发现，但也有证据表明长程心理动力学治疗（持续至少 1 年）比短程心理治疗更为有效（Leichsenring 和 Rabung，2008）。虽然心理动力学疗法已经不如从前应用得广泛，但很多心理学家仍然在实践中使用它，而且很多人说他们出现该方法很有帮助。

人本主义疗法和存在主义疗法

人本主义疗法和存在主义疗法产生于 20 世纪中期，部分是作为反对精神分析对人性所持有的消极看法而产生的。人本主义疗法和存在主义疗法假定人性普遍是积极的，它们强调每个人的本性都倾向于追求自我提升。人本主义疗法和存在主义疗法都认为心理问题源自疏离感和孤独感，这些感受可以追溯到无法实现自己的潜能（人本主义的观点）或无法找到生活的意义（存在主义的观点）。尽管对这些疗法的兴趣在 20 世纪 60 年代和 70 年代达到顶峰，但一些治疗师至今还在使用这些疗法。两种著名的疗法是以人为中心疗法（person-centered therapy）（人本主义取向）和格式塔疗法（gestalt therapy）（存在主义取向）。

人本主义关于人性的观点与心理动力学观点有何不同？

以人为中心疗法

以人为中心疗法（或来访者中心疗法） 认为，所有人都趋向于成长，而且治疗师的接纳和真诚反应能够促进这种成长。心理学家卡尔·罗杰斯（1902—1987）在 20 世纪 40 年代和 50 年代创立了以人为中心疗法（Rogers, 1951）。该疗法认为每个人都有资格决定自己的治疗目标，比如感到更加自信或做出生涯决定，甚至是治疗频次和时长。在这种非指导性的治疗中，治疗师往往对于来访者应该做什么不提供意见和建议，而只是意译来访者的话，映射来访者的想法和情绪（如"我想我听到你说……"）。以人为中心疗法相信来访者只要有足够的支持就会识别出正确的要做的事情。

以人为中心疗法（person-centered therapy）（或来访者中心疗法）（client-centered therapy） 认为所有人都趋向于成长，而且治疗师的接纳和真诚反应能够促进这种成长。

罗杰斯鼓励以人为中心疗法的治疗师展现3种基本品质：真诚、共情和无条件的积极关注。真诚指在治疗关系中开放、诚实和表里如一，并确保治疗师在所有层面都传达相同的信息。例如，治疗师说的话、表情和身体语言都一定要传达相同的信息。当说"我想你的担心是有根据的"时就不能傻笑。共情是指不断尝试进入到来访者思考、感受和理解世界的方式中去理解来访者。有趣的是，研究表明来访者越是说他们的治疗师是共情的，来访者和治疗师在那一时刻的生理唤醒水平就越相似（Marci等，2007），这表明共情的治疗师可能真的在感受一些来访者正在发生的感受。从来访者的角度看世界，可以使治疗师更好地领会来访者的忧虑、担心或恐惧。最后，治疗师一定要以无条件的积极关注来对待来访者，提供无评判的、温暖和接纳的氛围，让身处其中的来访者表达想法和感受时能感到安全。

以人为中心疗法的目标不是像精神分析那样揭示被压抑的冲突，而是努力理解来访者的体验，并以支持性的方式将这一体验反馈给来访者，激发来访者与生俱来的成长倾向。这种类型的治疗让人联想到精神分析鼓励来访者自由表达想法和感受的方式。

格式塔疗法

格式塔疗法是弗雷德里克·弗里茨·珀尔斯（Frederick "Fritz" Perls，1893—1970）和同事在20世纪40年代和50年代创立的（Pens, Hefferkine和Goodman, 1951）。**格式塔疗法**的目标是帮助来访者觉察到自己的想法、行为、体验和感受，并"认领"（"own"）它们或为它们承担起责任。与以人为中心疗法一样，格式塔疗法也鼓励治疗师热情和热心地对待来访者。为了有助于促进来访者的觉察，格式塔治疗师也向来访者反馈他们对来访者的印象。

格式塔疗法重视在治疗过程中的特殊时刻所产生的体验和行为。例如，如果来访者正在谈论前一周发生的应激性事件，治疗师可能通过询问"当你描述发生在你身上的事情时，你有什么样的感受？"而把来访者的注意力转移到当前的体验中。这种技术被称为聚焦（focusing）。还会鼓励来访者将感受投入到行动中。这样做的方式之一是空椅技术（empty chair technique）。在这种技术中，来访者想象另一个人（如配偶、父母、同事）坐在空椅子上，就坐在来访者的正对面。然后来访者从这把椅子到那把椅子，来回变换位置，转换角色，扮演他/她会对另外那个人说什么，并扮演他/她想象的那个人会如何回应。格式塔技术始创时是心理治疗方法，但现在经常用于咨询或"生活教练"（life coaching），用来帮助人们为新的工作或家庭状况做准备（Grant, 2008）。

格式塔疗法（gestalt therapy） 目标是帮助来访者觉察到自己的想法、行为、体验和感受并"认领"它们或为它们承担起责任。

行为疗法和认知疗法

与上述谈话疗法不同,行为疗法和认知疗法强调,主动改变当前的想法和行为,是减少或消除心理病理症状的途径。在心理治疗方法的演变过程中,来访者起初在精神分析中是躺着,然后在心理动力学及其相关疗法中是坐着,而在行为疗法和认知疗法中,则常常是站着并完成所布置的在日常生活中改变行为的家庭作业。

行为疗法

弗洛伊德所创立的精神分析,衍生自他之前的其他治疗师所使用的催眠技术和其他技术,而行为疗法的创立则是基于早期行为学派心理学家的实验室研究结果。正如你在"心理学的科学之路"那章所读到的,行为学家拒绝接受以难以测查和不能直接观察的"看不见"的心理特征为基础的理论。行为学家发现精神分析理念特别难以测

> 行为学家认为精神分析理念的主要问题是什么?

查:你如何知道人是否有潜意识冲突或者是否产生了洞察?相反,行为原理只关注可以观察的行为(如,拒绝乘坐飞机之类的对恐惧事物的回避)。**行为疗法**假定失调行为是习得的,通过将明显适应不良的行为转变为更有建设性的行为就能缓解症状。基于你在"学习"那章所读到的学习原理,已经对很多心理障碍研发出各种行为治疗技术,包括操作性条件反射程序(关注强化和惩罚)和经典条件反射程序(关注消退)。这里介绍三种使用较多的行为治疗技术:

消除不受欢迎的行为。你如何改变3岁男孩在杂货店大发脾气的习惯?行为治疗师会弄清楚在发脾气之前和之后发生了什么:儿童是得到糖果"就闭嘴"吗?有关操作性条件反射的研究表明,行为受到结果(随后的强化或惩罚事件)的影响,调节结果或许有助于改变行为。使结果缺乏强化(不给糖果!)而且具有惩罚性(在杂货店面壁隔离一段时间,父母在附近观看而不是匆忙给予关注)就

行为疗法的治疗师会通过以隔离来停止强化的方法,处理儿童的乱发脾气。这是根据操作性条件反射的行为原理,并能确保儿童不会因为不受欢迎的行为而受到奖赏。

行为疗法(behavior theropy) 这种疗法的假设是失调行为是习得的,通过将明显适应不良的行为转变为更有建设性的行为就能缓解症状。

会消除问题行为。

促进所需要的行为。糖果和隔离对儿童的行为有很强的影响力,但对成人就没有那么奏效了。你如何让精神分裂症患者从事日常活动?如何让可卡因成瘾者停止吸毒?已证明在这些情况下有一种行为治疗技术相当有效,叫**代币制**(token economy),就是出现想要的行为就给来访者"代用币",他们之后可以用"代用币"购买奖品。比如,对于可卡因成瘾者,想要的行为是不使用可卡因。方法就是奖励有凭证的(通过尿样证实)不用可卡因的行为,奖品可用来兑换钱、汽车票、衣服等等,已经表明该方法能够显著减少可卡因的使用和相关心理问题(Petry, Alessi 和 Rash, 2013)。类似方法也用于促进课堂上、工作场所和商业广告中受欢迎的行为(如航空公司和信用卡的奖励办法)。

减少不想要的情绪反应。减少恐惧最有力的方式之一是逐步暴露于所恐惧的事物或情境。**暴露疗法**(exposure therapy)是指反复直接面对唤起情绪的刺激,直到最后情绪反应降低。这一技术借助的是习惯化和反应消退机制。例如,在克里斯廷的案例中,她的治疗师让她逐步暴露于给她带来强迫症状的事物(灰尘和细菌),随着反复暴露,痛苦变得越来越轻。对于害怕社交交往和不能上学或工作的来访者,行为治疗都可能包括这样的类似过程,首先暴露于想象的情境,在想象情境中先只与一个人简短交谈,然后与一个中等大小的小组交谈比较长的时间,最后对一群人演讲。现在已知,在真实生活中暴露比在想象中暴露更有效(Choy, Fyer 和 Lipsitz, 2007)。换句话说,如果一个人害怕社交情境,那这个人在社会交往中练习要比只是在想象中练习效果更好。行为治疗师使用暴露等级量表让来访者逐步暴露于害怕的事物或情境。来访者首先练习比较容易的情境,当恐惧减少,再进而练习比较难或更为可怕的情境(见表 16.1)。

暴露疗法会如何帮助治疗对特定事物的害怕或恐惧?

▶表 16.1

社交恐惧的暴露等级量表

条目	恐惧等级(1—100)
1. 举办聚会并邀请单位里的所有人	99
2. 参加假日聚会 1 小时并且不喝酒	90
3. 请辛蒂(Cindy)吃晚餐和看电影	85
4. 接受工作面试	80
5. 向老板请一天假	65
6. 在工作会议上提问题	65
7. 和同事一起吃午饭	60
8. 在公共汽车上和陌生人交谈	50
9. 和表妹在电话里交谈 10 分钟	40
10. 在加油站问路	35

来自:Ellis(1991)

代币制(token economy) 这一行为治疗形式是出现想要的行为就给来访者"代用币",他们之后可以用"代用币"购买奖品。

暴露疗法(exposure therapy) 这种治疗方法是反复直接面对唤起情绪的刺激,直到最后情绪反应降低。

暴露疗法也能通过暴露及反应预防的方式来帮助人们克服不想要的情绪和行为反应。例如，强迫症患者可能经常会想他们的手脏需要洗。尽管他们洗了又洗以寻求解脱，但是通过洗手只能暂时中止污染所带来的不适感受。在暴露及反应预防疗法中，可能要求他们在治疗中故意把手弄脏（先是触摸从地上捡起的硬币，然后触碰公共马桶，后来又触摸死老鼠），并让手在数小时里就这么脏着。他们可能只需要这样做几次，就可以打破循环，并从强迫性仪式中解脱出来（Foa等，2007）。

对担心在公共厕所受到感染的强迫症患者进行暴露治疗可能会布置这样的"家庭作业"：每周去三个这样的公共厕所，接触马桶然后不要洗手。

认知疗法

行为疗法主要关注改变行为，而**认知疗法**（cognitive therapy），顾名思义，关注的是帮助来访者识别并纠正有关自己、他人或世界的歪曲想法（Beck, 2005）。例如，行为学家会将恐惧解释为经典条件反射的结果，比如被狗咬过，通过在狗和疼痛体验之间建立联系，就会因狗咬而形成对狗的恐惧。而认知理论家会强调对事件的解释，甚至认为不是事件本身，而是个体有关事件和所害怕的刺激的信念和假设引起了恐惧。在被狗咬的案例中，认知理论家可能关注新的或更为牢固的狗很危险的信念对恐惧的解释作用。

来访者如何将消极的自我印象重新建构成积极的？

认知治疗师采用的主要技术叫**认知重建**（cognitive restructuring），这一治疗方法会引导来访者质疑常常引发消极情绪的自动化的信念、假设和预言，并用更为现实和积极的信念来替代消极想法。特别是，会教来访者核查支持和反对某一特定信念的证据，或者教他们变得更能接受不想要但还可控的结果。例如，抑郁的来访者可能相信她是愚蠢的而且永远无法通过大学考试——这些都是基于一次不好的成绩。在这种情况下，治疗师会和来访者一起核查这一信念的有效性。治疗师会考虑相关的证据，如以前考试的成绩、其他课程的成绩和学习之外的聪明事例。可能来访者以前的课程从没有不好过，

认知疗法（cognitive therapy） 关注帮助来访者识别和更正有关自己、他人或世界的歪曲想法。

认知重建（cognitive restructuring） 这一治疗方法会引导来访者质疑常常引发消极情绪的自动信念、假设和预言，并用更为现实和积极的信念来替代消极想法。

▶ 表 16.2

常见不合理信念及其可能引发的情绪反应

信念	情绪反应
我必须马上把它做完。	焦虑、紧张
我必须是完美的。	
要有麻烦事了。	
大家都在看着我。	窘迫、社交焦虑
我不会交朋友。	
人们知道我做错了事。	
我是个失败者而且永远是失败者。	伤心、抑郁
没人会爱我。	
她故意对我那么做。	生气、易怒
他坏，应该受到惩罚。	
事情不应该是这样的。	

来自：Ellis（1991）

而且过去这门课程的成绩特别好。在这种情况下，治疗师会鼓励来访者在确定她是否真的"愚蠢"时全面考虑所有这些信息。表16.2展示了各种潜在的不合理想法，这些想法会引发愤怒、抑郁或焦虑之类不受欢迎的情绪。这些不合理信念如果不受到挑战并成为认知重建的潜在目标，就会使人遭受严重情绪问题的折磨。在治疗过程中，认知治疗师会帮助来访者辨别支持和不支持每种消极想法的证据，以便帮助来访者形成更能准确反映事情真实状态的适宜想法。换言之，治疗师会努力去除来访者看世界的昏暗镜片，目的不是代之以玫瑰色镜片，而是替换成清晰的镜片。通过下面这段简短的对话记录可以部分了解认知治疗的咨询过程是怎样的。

治疗师：上周我请你想着记录令你感到非常抑郁的情境，至少每天记录1次，并且记录头脑中自动浮现的想法，你能做吗？

来访者：能。

治疗师：非常好。你今天带来了吗？

来访者：带来了，给您。

治疗师：太好了，很高兴你能完成这项作业。我们一起看一下，你记录的第一个情境是什么？

来访者：嗯……我周五晚上和朋友一起外出，我想这可能挺有意思，能让我觉得好点。但是我感到情绪低落。实际上，最终没和任何人说话，我只是坐在角落里，整晚都在喝酒，我喝醉了，在聚会上晕倒了。第二天醒来感到很难为情，比以前感到更加抑郁。

治疗师：是，这听起来像是个挺不容易的情境。那么，这个情境是，你喝了太多酒，晕倒了。情绪结果是抑郁。用0到100来打分，你给你抑郁情绪的强烈程度打多少分？

来访者：90。

治疗师：好的。你头脑中自动出现的想法是什么？

来访者：我不能控制自己。我永远也不能控制住自己。我的朋友认为我是个失败者，再也不想跟我一起出去了。

治疗师：好的，在这些想法中，哪一个让你感到最抑郁？

来访者：朋友认为我是个失败者，再也不想跟我一起出去了。

治疗师：好的，让我们花几分钟来关注这一点。你认为有什么证据支持这一想法？

来访者：哦……嗯……我确实喝醉了，所以他们只能认为我是个失败者。我的意思是，谁会那样做？

治疗师：好的，在这一栏里记下你的想法。还有吗？还有你认为支持那些想法的其他证据吗？

来访者：没有了。

治疗师：好吧。现在让我们花点时间想想，是否有证据不支持这些想法。有没有发生什么事情，表明你的朋友没有认为你是个失败者，或者他们想跟你一起出去？

来访者：嗯……据说我晕倒时，有人取笑我，我的朋友们不让他们取笑。他们还把我安全送回了家，第二天还给我打电话，拿发生的事情开玩笑。我的朋友汤米说"我们都有过这样的情况"，他想这周末还一起出去。

治疗师：好的，太好了。在下一栏把它写下来。这很有趣。所以，一方面，你感到郁闷，认为你是个失败者，你的朋友不喜欢你。但是，另一方面，你有一些非常真实的证据表明，尽管你喝得太多了，他们仍然在你身边，实际上，他们还想和你一起出去，对吗？

来访者：是，如果你那样想，我猜你是对的。我没有那样想。

治疗师：那么，如果现在我们用基于证据的更为适当的想法替换你的第一个看起来没有真实依据的想法，新的想法会是什么？

来访者：可能像这样，我那天喝醉了，可能让朋友不高兴了，因为那样，他们不得不照顾我，但是他们是我的朋友，他们陪伴我并且还想和我一起出去。

治疗师：做得非常好。我认为这听起来是准确的、有根据的，把它记在下一栏。用0—100来打分，你相信这个新想法的程度可以打多少分？

来访者：我想这确实是非常准确的，所以我想说95。

治疗师：想到这个新的更适当的想法而不是你的第一个想法，你会给自己的抑郁程度打多少分？

来访者：比之前低得多，可能40。我还是不高兴我喝醉了，但因为朋友感到的抑郁少多了。

除了试图将想法变得更为适当或准确的认知重建技术，认知疗法的治疗形式还包括应对不受欢迎的想法和感受的、很像冥想（见"意识"那章）的技术。治疗师会鼓励来访者关注对其产生困扰的想法或情绪，或让来访者采用冥想技术以获得新的关注点（Hofmann 和 Asmundson，2008）。在这类技术中，有一种称为**正念冥想（mindfulness meditation）**，是引导个体全然地存在于每个时刻，觉察自己的想法、感受和感觉，并在症状成为问题之前就察觉到。研究者发现正念冥想有助于预防抑郁复发。有研究表明，从抑郁中康复的人，接受基于正念冥想的认知治疗与接受常规治疗相比，在60周的评估期内，前者抑郁复发的可能性大约只是后者的一半（Teasdale, Segal, 和 Williams, 2000）。

认知行为疗法

在历史上，认知疗法和行为疗法曾被看作不同的治疗体系，有人一直沿用这样的区分，因而只采用行为技术或认知技术。如今，治疗师根据自己个人的风格和所处理问题的类型来确定采用认知技术和行为技术的程度。大多数治疗师采用认知疗法和行为疗法相调和的策略来处理焦虑和抑郁，这通常被称作**认知行为疗法（cognitive behavioral therapy，CBT）**。在某种意义上，这一技术认为，会存在人们用理性想法无法控制的行为，但是也有方法可以帮助人们更加理性地思考，这时想法也确实能起作用。与传统行为疗法和认知疗法相比，CBT 是关注问题的，意思是说它只对特定问题（如减少惊恐发作频率或抑郁发作之后重返工作）采用；而且是行动取向的，意思是说治疗师努力帮助来访者选择有助于解决这些问题的特定行动策略。期望来访者做事情，如做暴露练习，练习改变行为的技巧，或是写日记监控相关症状（如，抑郁情绪的严重程度、惊恐发作的症状）。相比较而言，心理动力学或其他疗法则可能没有明确讨论目标或者没有明确达成一致目标，而且来访者唯一需要采取的行动就是参加治疗。

为什么大多数治疗师采用认知疗法和行为疗法相调和的策略？

在有关来访者能知道什么的假设上，CBT 也与心理动力学疗法形成鲜明对比。CBT 是透明的，对来访者毫无保留。疗程最后，大多数来访者对他们所接受的治疗以及用来获得想要的改变的特定技术都有很好的理解。例如，害怕污染的强迫症患者，会很自信

正念冥想（mindfulness meditation） 引导个体全然地存在于每个时刻，觉察自己的想法、感受和感觉，并在症状成为问题之前就察觉到。

认知行为疗法（cognitive behavioral therapy，CBT） 认知疗法和行为疗法相调和的策略。

地知道如何面对公共厕所之类的恐惧情境以及为什么面对这种情境会有帮助。已发现认知行为疗法对很多心理障碍有效（Butler 等，2006; 见"科学热点"栏目）。已发现 CBT 对单相抑郁、广泛性焦虑障碍、惊恐障碍、社交恐怖症、创伤后应激障碍、童年期抑郁和焦虑障碍有实质性疗效。CBT 对婚姻问题、愤怒、躯体性症状障碍和慢性疼痛有中等但相对较低的疗效。

团体治疗：同时疗愈多人心智

把心理病理学症状当作只影响一个个体的疾病是很自然的事情。例如，某个人得了"抑郁"或"焦虑"。然而，每个人都生活在他人的世界里，和他人的交往可能会加重甚至引发心理障碍。抑郁的人离开朋友和喜欢的人后可能会感到孤独，或者焦虑的人可能会担心来自父母的压力。这些观点提示，人们从心理障碍中康复的方式或许与得病的方式相同——不仅仅靠一个人的努力，而是通过社会互动过程。

什么时候最好选择团体治疗？

夫妻治疗和家庭治疗

当一对夫妻"出现问题"时，两个人可能都会出现心理病症。更确切地说，可能是关系本身失调了。夫妻治疗是指结婚、同居或者约会双方一起来治疗，通常是来解决他们关系中出现的问题。夫妻治疗通常用于因在关系中感到不幸福而寻求帮助的夫妇。在这种情况下，希望夫妻双方都来参加治疗，并且认为问题源于他们的互动，而非夫妻任何一方所致。治疗策略以改变双方为目标，关注的是如何打破他们反复出现的功能紊乱的关系模式。

有时候，有必要和更大的团体一起治疗。个体有问题——比如说，青少年滥用酒精——但可能问题的根源却是个体与家庭成员的关系。可能母亲自己就是酗酒者，她无形中鼓励儿子喝酒，而且父亲旅行在外、不照顾家庭。在这种情况下，治疗师用家庭治疗同时对全家人开展工作会更有用。家庭治疗是家庭成员共同参与的心理治疗。当儿童青少年出现问题时，家庭治疗特别有效（Masten, 2000）。

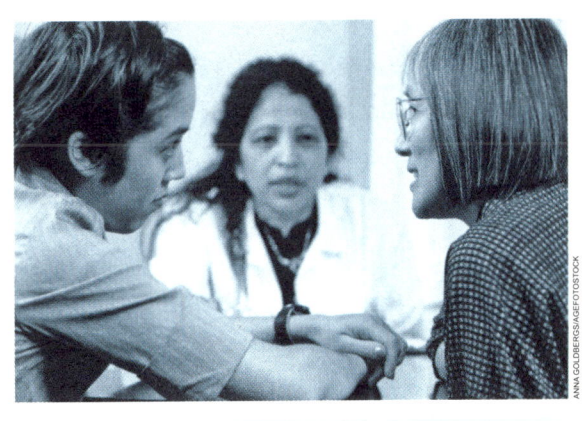

家庭参加治疗的原因有多种，有时是为了帮助特定成员，有时是因为家庭中一个或多个关系存在问题。

科学热点

"重启"心理治疗

现代心理治疗的进步已经远远超过弗洛伊德及其进行自由联想的病人所处的时代。我们现在有更为高级的（sophisticated）治疗方法。这些方法以心理科学最新进展为基础，并且得到实验研究的支持：这些方法也确实减少了人们心理上的痛苦。但是，心理治疗方法在很多方面仍和当初一样，通常包括来访者与治疗师每周会面一次，治疗师尝试通过会谈解决心理障碍——就像最早期的心理治疗一样。在最近的一篇文章中，艾伦·凯兹丁（Alan Kazdin）和他的学生斯泰西·布拉泽（Stacey Blase）呼吁"重启"（rebooting）心理治疗研究和实践（Kazdin和Blase，2011）。他们认为，需要有一系列能体现最新技术进展的治疗途径。

尽管大多数心理治疗师仍用传统心理疗法为心理障碍患者提供治疗，但也有研究者在开发和测试评估和治疗心理障碍的新方法，这些方法创造性地运用了最新技术。心理治疗激动人心的最新进展之一是计算机化的训练项目。例如，有研究提示信息加工方式的偏差会导致心理障碍。认知偏差矫正（Cognitive bias modification，CBM）是计算机化的干预方法，关注的就是消除这些偏差（MacLeod和Mathews，2012）。社交焦虑的人就会表现出对可怕信息的选择性注意（如，当呈现多张面孔时，他们有寻找愤怒面孔的自动化倾向）。在一种针对社交焦虑的CBM中，患者完成一项计算机化的训练项目。在这一训练中，反复给患者呈现成对的面孔，一张是愤怒的，另一张是中性的，在屏幕上非常快速地闪现（持续500毫秒）。成对闪现面孔后，在其中一张面孔后会出现字母"E"或"F"中的一个，患者的任务是指出出现的字母是"E"还是"F"。在CBM中，"E"或"F"总是或几乎总是出现在中性面孔之后，经过一段时间就会教会患者忽

在家庭治疗中，"来访者"是整个家庭。家庭治疗师认为，某个家庭成员表现出的问题行为是家庭功能紊乱的结果。例如，一个患有贪食症的青春期女孩，可能要与她的母亲、父亲和哥哥一起治疗。治疗师要努力了解家庭成员之间是如何相处的、家庭是如何组织的，以及家庭是如何随时间变化的。在和家庭讨论时，治疗师可能会发现，父母过度热心于女孩哥哥的运动生涯，使女孩试图通过控制体重变得"漂亮"，来获得父母

视愤怒面孔而注意中性面孔，这样就减少了他们注意危险面孔的倾向。这一训练的目的是拓展到面孔之外，减少对一般危险刺激的注意。在最近一次安慰剂对照实验中，埃尔达尔（Eldar）和同事（2012）最新发现4次CBM治疗显著减少焦虑儿童样本中的各种焦虑障碍症状。CBM已经在对多种不同心理障碍的治疗中进行了测试（Beard, Sawyer 和 Hofmann, 2012），而且代表了治疗发展的令人鼓舞的新方向。然而，有一点很重要，CBM和很多新兴治疗方法一样，在最初的成功实验之后并未能重复出之前的结果（Enock 和 McNally, 2013），这表明评审委员会还不会对这种新型治疗方法的有效性做出定论。

除了能够在诊所中使用的新的治疗方式，技术进步还让心理治疗师可以将诊所带到人们的日常生活中。心理治疗师目前正在利用计算机、手机和可穿戴生物感应设备测量患者在现实生活中的实时体验，并远在诊所之外实施干预（如，利用短信提醒患者不要抽烟或练习上次治疗中学到的技巧）。"移动健康"（mobile health 或 mHealth）干预的发展一直非常令人振奋。然而，最新的一项综述发现，应用移动技术的干预方法半数以上没能证明有任何益处（Kaplan 和 Stone, 2013）。所以，尽管便携式技术设备的发展为干预提供了大量新机会，但重要的是，心理学家要谨慎评估何者有助于增进健康，何者只是发烧友提供的无效治疗方式。

的赞赏。夫妻治疗和家庭治疗都是至少两个人共同参与治疗，问题和解决办法都被看作是源自这些个体之间的互动而不是简单地源自任何一个个体。

团体治疗

再进一步考虑，如果个体（或家庭）能受益于同心理治疗师的会谈，那么他们可能团体治疗的利弊是什么？

也会受益于同该治疗师的其他来访者交谈。这就是**团体治疗**。在这一技术中，多个参与者（通常起初互不相识）在团体氛围中处理他们各自的问题。团体治疗的治疗师更多是作为讨论的引领者而不是个人的治疗师，通过与个体交谈和鼓励他们相互交谈来引导咨询过程。团体治疗通常用于有共同问题的人，如药物滥用，但也能用于有不同问题的人。

人们为什么选择团体治疗？一个好处是，和有相似问题的其他人参加同一个团体，可以让来访者看到不只是他们有痛苦。此外，团体成员会为彼此塑造适当的行为，并分享关于如何解决问题的见解。团体治疗通常和个体治疗一样有效（如，Jonsson 和 Hougaard，2008）。所以，从社会角度来看，团体治疗效率更高。

团体治疗也有不利之处。要召集一群有类似需求的人会比较困难。这对于 CBT 尤其是个问题，因为 CBT 倾向于关注抑郁或惊恐障碍之类特定问题。如果一个或多个小组成员有损于其他成员的治疗，团体治疗就可能成为问题。如果一些小组成员主导讨论，威胁到其他小组成员，或者让其他成员感到不舒服（如试图和其他成员约会），也可能出现问题。最后一点是，来访者在团体治疗中要比在个体心理治疗中得到的关注少。

自助团体与支持团体

团体治疗的重要分支概念是自助团体和支持团体，这些讨论团体关注某种特定的障碍或困难的生活经历，常常由自身也在为同样问题而抗争的人来运行。最有名的自助

自助和支持团体的利弊是什么？

团体和支持团体是匿名戒酒互助社（Alcoholics Anonymous，AA）、匿名戒赌互助会（Gamblers Anonymous）和戒酒互助会（Al-Anon，支持酗酒问题者的家人和朋友的项目）。还有其他自助团体为癌症患者、孤独症儿童父母或有心境障碍、饮食障碍和物质滥用问题的人提供支持。事实上，几乎所有心理障碍都可以有自助团体和支持团体。除了节约成本，自助团体和支持团体还可以让人们意识到他们不是唯一有特定问题的人，并给他们机会根据个人的成功经验相互提供指导和支持。

然而，有些情况下，自助团体和支持团体会带来害处而不是好处。有些成员会干扰他人，或具有攻击性，或相互促成与治疗目的相反的行为（如，回避恐惧情境或用喝酒来应对）。有中等程度问题的人可能会受到有严重问题的人的影响，并会变得对某些症

团体治疗（group theropy） 这一技术是多个人（起初互不相识）在团体氛围中处理他们各自的问题。

状过于敏感，而那些症状以前并不会让他们觉得受到困扰。因为自助团体和支持团体常常不是由受过训练的治疗师带领，所以适于评估这些小组或确保其质量的机制还很少。

AA 在美国拥有超过 200 万成员，在世界各地有 185 000 次团体会面（Mack, Franklin 和 Frances, 2003）。其鼓励成员按照"12 个步骤"实现终生禁酒的目标，步骤包括相信更高的力量，练习祈祷和冥想，以及弥补对他人的伤害。大多数成员每周参加几次团体会面，两次会面之间还能收到来自"主办者"的额外支持。已经开展的几项考察 AA 有效性的研究发现，参加 AA 比不参加 AA 的人更可能成功克服酗酒问题（Fiorentine, 1999; Morgenstern 等，1997）。然而，研究不支持 AA 的几项哲学信条。总的来说，我们知道 AA 项目是有用的，但尚未研究 AA 项目的哪些部分最有帮助。

总之，诸多心理治疗的社团形式揭示出人际关系对于我们每个人是多么重要。虽然可能并不一定清楚心理疗法是如何奏效的，一种方法是否比另一种方法好，或者应该用什么特定理论去理解问题是如何发生的，但是，清楚的是，人们之间的社会交往——无论在个体治疗中还是在各种形式的团体治疗中——对于治疗心理障碍都是有用的。

小结

▲ 心理动力学疗法，包括精神分析，强调帮助来访者洞察潜意识冲突。传统精神分析每周治疗 4 到 5 次，来访者躺在沙发上进行自由联想。而现代心理动力学疗法每周治疗 1 次，治疗师是通过面对面互动和交流帮助来访者解决人际问题。

▲ 人本主义疗法（如以人为中心疗法）和存在主义疗法（如格式塔疗法）关注帮助人们发掘个人的价值感。

▲ 行为疗法运用学习原理解决特定行为问题。

▲ 认知疗法关注帮助人们改变对生活事件的看法，引导他们挑战非理性想法。

▲ 认知行为疗法（CBT）是认知疗法和行为疗法的融合，已表明其对很多心理障碍都有效。

▲ 团体治疗的对象是夫妻、家庭或为共同解决问题而聚在一起的来访者团体。

▲ 自助团体和支持团体，如 AA，在美国和世界各地很常见，但还没有得到很好的研究。

医学和生物学治疗：用物质改变脑以疗愈心智

这是来自法国阿尔萨斯地区石器时代遗址（大约公元前 5900—6200 年）的有环形钻孔的颅骨。颅骨上被钻了两个孔，但从覆盖在洞孔之上的再生骨可以看出个体是能存活的（来自 Alt 等，1997）。千万不要在家中做这样的尝试。

自从有人发现重击头部会影响心智，人们就开始思考，直接干预脑可能是治疗心理障碍的关键。例如，考古证据表明，几千年前就偶见有人用穿颅术（trephining，在颅骨上钻孔）治病，可能是认为这样可以把影响心智的恶灵放出去（Alt 等，1997）。现在外科方法是治疗心理障碍的最后一招，针对大脑的治疗通常不是激动人心的干预方法。在史前时代就发现有用药物干预大脑（例如，酒精就曾流行了很长时间）。从那以后，药物治疗在种类、效果和流行程度上不断增长，如今已成为治疗心理障碍最常用的医学方法（见图 16.2）。

图 16.2 抗抑郁剂的使用情况。 精神科药物的流行近年来一路飙升。一项最新的政府报告表明，从 1988 年到 2008 年，抗抑郁剂的使用增加了 400%[国家健康统计中心（National Center for Health Statistics），2012]。这一增长可能是由于多方面原因，包括这些药物有效性数据的公布、不断努力向处方医生宣传这些药物，以及加大力度直接向消费者销售这些药物。图中数据表明，女性与男性相比，可能由于总体来说女性的发病率和治疗率都更高，因此女性使用抗抑郁剂的比率更高。

抗精神病药物

严重心理障碍的药物治疗始于 20 世纪 50 年代氯丙嗪（chlorpromazine）[商品名冬眠灵（Thorazine）]的使用。该药最初是作为止痛剂来研发的，但当给精神分裂症患者使用时，经常可以使他们变得愉悦和温顺,尽管他们之前狂躁而且无药可治(Barondes, 2003)。氯丙嗪是一系列**抗精神病药物**中最先使用的一种,它能治疗精神分裂症和相关精神病性障碍,并彻底改变了精神分裂症的控制方式。其他相关药物,如硫利达嗪(thioridazine)[甲硫哒嗪(Mellaril)]和氟哌啶醇(haloperidol, Haldol)是随后出现的。在采用抗精神病药物之前,精神分裂症患者常常表现出奇怪的症状,有时是破坏性的和难以控制的,保护他们(和其他人)的唯一方式是让他们住在为心理障碍患者开办的医院里,这种医院最初叫收容所(asylums),现在叫精神病医院(见"现实世界"栏目"严重心理障碍的治疗")。采用这些药物之后,精神病医院的患者数量减少三分之二。抗精神病药物使成千上万患者的去机构化(deinstitutionalization)成为可能,并且是**心理药理学**领域——研究药物对心理状态和症状的影响——的主要推动力量。

抗精神病药物被相信能阻断脑内部分区域的多巴胺受体,如中脑边缘区(mesolimbic area),以及被盖(tegmentum,在中脑)和各种皮层下结构之间的区域(见"神经科学与行为"那章)。药物能减

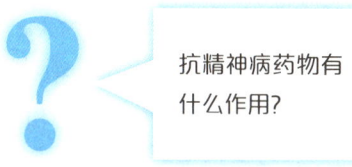

抗精神病药物有什么作用?

弱这些区域的多巴胺活性。精神分裂症药物治疗的有效性引出多巴胺假说(在"心理障碍"那章表述过),提示精神分裂症可能是突触部位多巴胺过量所致。研究已经发现大脑中脑边缘区多巴胺活动过度确实与幻觉和妄想之类精神分裂症的怪异阳性症状有关(Marangell 等,2003)。

尽管抗精神病药物对阳性症状非常有效,但其实精神分裂症阴性症状,如情绪麻木和社交退缩,则可能与大脑中脑皮层区(mesocortical areas,连接被盖区和皮层的区域)多巴胺活动减低有关。这有助于解释为什么抗精神病药物不能有效缓解阴性症状。阴性症状需要的是增加突触部位多巴胺数量的药物,而不是阻断多巴胺受体的药物。这是药物治疗有广泛心理效应却不是作用于特定心理症状的很好的例子。

采用抗精神病药物之后,在超过四分之一世纪的时间里,精神分裂症所用的治疗方法都没有什么改变。然而,20 世纪 90 年代,开始采用一类新型抗精神病药物。这些新药,包括氯氮平(clozapine, Clozaril)、利司培酮(risperidone, Risperidal)和奥氮平(olanzapine)[再普乐(Zyprexa)],已经成为非典型抗精神病药物(atypical antipsychotics,以前的药物现在常常被称为传统或典型抗精神病药物)。与以前的

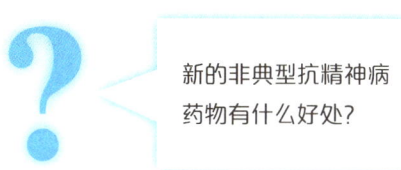

新的非典型抗精神病药物有什么好处?

抗精神病药物(antipsychotic drugs) 用于治疗精神分裂症和相关精神病性障碍的药物。
心理药理学(psychopharmacology) 研究药物对心理状态和症状的影响。

现实世界

严重心理障碍的治疗

社会一直不是很清楚该如何对待严重心理障碍患者。从大量的历史记录来看，心理疾病患者曾遭受过虐待，流落街头沦为乞丐，或者更糟糕的是在监狱里饱受非人待遇。之后，由于18世纪的一项改革，以当时少数富人的私人"疯人院"为雏形，在英国和法国建立了公共收容所。

在北美，收容所运动的推动者最初是本杰明·拉什（Benjamin Rush）（宪法的签名者之一）医生，后来是心理健康改革者多萝西娅·迪克斯（Dorothea Dix）。迪克斯参观了马萨诸塞州的监狱和济贫院，并于1843年向立法机关汇报了广泛存在的对精神错乱者的残忍。她在北美和欧洲开创了非常有效的个人运动，最终使数以百计的精神病人收容所得以建立。

建立收容所可以鼓励人道的治疗，但却无法确保如此。因鼓动人心的贝德兰姆（bedlam，精神病院）一词而出名的伦敦圣玛丽伯利恒精神病医院（London's St. Mary's of Bethlehem Hospital）就是个典型，它甚至向观看被收容者的参观者收取费用，以此作为机构的盈利方式。一位在1753年去过这家人类动物园的参观者说，"令我大为震惊，我发现至少有100人，每人支付两个便士后，便被允许独自在病房中肆意妄为，拿可怜的住院者取笑和娱乐。"（Hitchcock, 2005）。在某种程度上来说，这只是从狱卒对疯癫囚犯的虐待转变成了收容所员工对精神病患者的虐待。对重症患者，常常根本就没有"治疗"，收容所关注的可不仅仅是监护（Jones, 1972）。

收容所运动的这些不足最终导致

抗精神病药物不同，这些新药看来不仅影响多巴胺系统也影响5-羟色胺系统，阻断这两种类型的受体。阻断5-羟色胺受体的能力是有益的补充，因为大脑5-羟色胺活性增强与精神分裂症的一些核心症状有关，如认知和感知觉障碍（cognitive and perceptual disruptions），以及心境紊乱。这可以解释为什么非典型抗精神病药物不仅对精神分裂症阳性症状至少和传统药物一样有效，而且还对阴性症状有相当好的效果（Bradford, Stroup和Lieberman, 2002）。

和大多数药物一样，抗精神病药物也有副作用。副作用会让人非常不舒服，以至于有的患者中止用药，宁愿选择继续留有症状也不愿意选择用药。长期用药经常会出现的了对心理健康治疗的另一项改革——20世纪60年代的去机构化运动。药物的出现可以帮助患者控制疾病并在医院外生活。随着肯尼迪政府为"社区心理健康服务"（community mental health）提供资金，美国各地的很多精神病医院被关闭。数千名患者接受了培训，包括购物、做饭和乘坐公共交通工具，否则无法应对出院后的生活。之前收容所里的病人被送回家中或者安置在寄养家庭或集体公寓，但在许多情况下，他们被释放出去却无处可去，最终变成无家可归。除了最难治的病人，治疗的管理都交给社区心理健康中心。该中心作为辅助机构，必要时提供急诊住院治疗，但主要提供门诊治疗，并为患者在社区的生活提供帮助（Levine, 1981）。

这一试验有效吗？一方面，开始实行去机构化以来，一些重症患者的治疗得到改善，帮助患者管理院外生活的基本药物得到细化和改进；另一方面，精神病医院的条件和治疗得到了极大的改善，与你在电影里看到的相反，精神科病房和医院实际看起来就像综合医院的诊疗大楼一样。

然而，在医院的院墙外，20世纪80年代，里根政府停止了对社区心理健康中心网络的联邦资助，州立项目和私营看护服务机构（private managed care providers）又没有弥补上差额（Cutler, Bevilacqua 和 McFarland, 2003）。所以，尽管去机构化使严重心理疾病患者从收容所中出来，获得了更多的自由，但是很多患者最终还是流落街头、无家可归、穷困潦倒和担惊受怕。在过去的100多年里，对于严重心理疾病患者的治疗得到了改善，但我们清楚地知道，我们还有很长的路要走。

一种副作用是迟发型运动障碍（tardive dyskinesia），一种面颊、口唇和四肢不自主地运动的状态。实际上，患者常常需要服用另一种药物来治疗传统抗精神病药物的副作用。新型药物的副作用是不同的，有时比传统抗精神病药物的副作用温和。因此，非典型抗精神病药物现在常常作为治疗精神分裂症的一线药物（Meltzer, 2013）。

抗焦虑药物

抗焦虑药物是有助于减少个体恐惧或焦虑体验的药物。最常见的抗焦虑药物是苯二

抗焦虑药物（antianxiety medications） 有助于减少个体恐惧或焦虑体验的药物。

开抗焦虑药处方要谨慎的原因是什么?

苯二氮卓类药物(benzodiazepines),是增进神经递质 γ-氨基丁酸(GABA)作用的一类镇静剂。正如你在"神经科学与行为"那章所看到的,GABA 抑制脑内某些神经元,这种抑制效应会对人产生镇静作用。常用的苯二氮卓类药物包括安定(diazepam,Valium)、劳拉西泮(lorazepam)[安定文(Ativan)]和阿普唑仑(alprazolam)[相呐斯(Xanax)]。苯二氮卓类药物通常在几分钟内生效,能有效缓解焦虑障碍的症状(Roy-Byrne 和 Cowley,2002)。

尽管如此,最近医生开苯二氮卓类药物的处方时还是相当谨慎的。首先需要关注的是,这些药物有潜在的滥用可能。它们常常与药物耐受的发生有关。耐受后就需要在长时间使用时随时间加大剂量才能得到相同的效果(见"意识"那章)。而且,对药物耐受之后,停药时就可能有明显的戒断症状。戒断症状包括心率加快、震颤、失眠、躁动和焦虑——这些就是药物被撤除时的症状!所以,长期服用苯二氮卓类药物的人脱离这些药物时会比较困难,应该逐渐停药,尽可能减少戒断症状(Schatzberg、Cole 和 DeBattista, 2003)。开苯二氮卓类药物处方还需要考虑的是它们的副作用。尽管苯二氮卓类药物对协调性和记忆有负面影响,但最常见的副作用还是嗜睡。而且,苯二氮卓类药物与含酒精的饮品共同使用时会抑制呼吸,有潜在的引发意外死亡的可能性。

当焦虑引发失眠时,安眠药之类的药物有助于睡眠。此类药物之一是唑吡坦(zolpidem)[安比恩(Ambien)],应用广泛而且通常有效,但有报道称,服用这种药物后可能出现走路、吃饭甚至开车时睡着的情况(Hughes, 2007)。针对焦虑的另一种药物是丁螺环酮(buspirone)[布斯帕(Buspar)],已有证据表明该药能够降低广泛性焦虑障碍患者的焦虑(Roy-Byrne 和 Cowley,2002)。

抗抑郁剂和心境稳定剂

抗抑郁剂是有助于提升心境的一类药物。这类药物最早是在 20 世纪 50 年代,当发现曾经是治疗肺结核药物的异烟酰异丙肼(iproniazid)可以提升心境时,开始推广使用的(Selikoff、Robitzek 和 Ornstein, 1952)。异烟酰异丙肼是单胺氧化酶抑制剂(monoamine oxidase inhibitor, MAOI),能阻止单胺氧化酶分解去甲肾上腺素、5- 羟色胺和多巴胺等神经递质。但是,尽管单胺氧化酶抑制剂有这样的作用,也很少使用。单胺氧化酶抑制剂的副作用,如嗜睡和性欲减退,通常令人难以忍受,而且这类药可以和包括非处方感

抗抑郁剂(antidepressants)　有助于提升心境的一类药物。

冒药在内的其他很多药物发生反应。当和含有酪胺的食物共同食用时，它们可能会使血压升高到危险程度。酪胺是乳酪、豆类、陈年肉类、豆制品和生啤酒中的蛋白质分解时产生的正常物质。

第二类抗抑郁剂是三环类抗抑郁剂（tricyclic antidepressants），它也是20世纪50年代开始使用的。这类药包括丙咪嗪（imipramine）[妥富脑（Tofranil）]和阿密曲替林（amitriptyline）[盐酸阿米替林（Elavil）]。这类药物阻断去甲肾上腺素和5-羟色胺的再摄取，所以会增加神经元突触间隙的神经递质数量。三环类抗抑郁剂最常见的副作用包括口干、便秘、排尿困难、视物模糊和心跳加速（Marangell等，2003）。尽管医生还在开这些药，但由于副作用，它们现在的使用率已经比以前少多了。

如果你看电视，你会看到一些药物的广告。电视直销广告真的有效吗？当然有效！最近有项研究让人扮演患者到内科医生诊室要求开特定药物，结果患者的要求对医生的行为产生很大影响：那些要求开特定药物的人比那些没有要求的人更可能得到处方（Kravitz等，2005）。

如今最常用的抗抑郁剂有选择性5-羟色胺再摄取抑制剂（selective serotonin reuptake inhibitors），或SSRIs，包括氟西汀（fluoxetine）[百忧解（Prozac）]、西酞普兰（citalopram，Celexa）和帕罗西汀（paroxetine，Paxil）。SSRIs通过阻断脑内5-羟色胺的再摄取来产生效应，这样可以使神经元之间的突触间隙有更多能发挥作用的5-羟色胺。突触中可利用的5-羟色胺越多，神经元就越有机会"识别"和利用这一神经递质来发送信号。研发SSRIs所基于的假说是，5-羟色胺水平低与抑郁有因果关系。SSRIs对抑郁有效，也对很多其他问题有效，都表明支持这一假说。SSRIs之所以被称为是选择性的，是因为它们不像三环类抗抑郁剂作用于5-羟色胺和去甲肾上腺素系统，而是更为特异性地作用于5-羟色胺系统（见图16.3）。

 现在最常用的抗抑郁剂是什么？它们如何发挥作用？

终于，郁复伸（Effexor）[文拉法辛（venlafaxine）]和安非他酮（Wellbutrin，bupropion）提供了不同的选择。郁复伸是5-羟色胺和去甲肾上腺素再摄取抑制剂（serotonin and norepinephrine reuptape inhibitor，SNRI）中的一例。SSRIs只作用于5-羟色胺，而SNRIs作用于5-羟色胺和去甲肾上腺素。相比之下，安非他酮是去甲肾上腺素和多巴胺

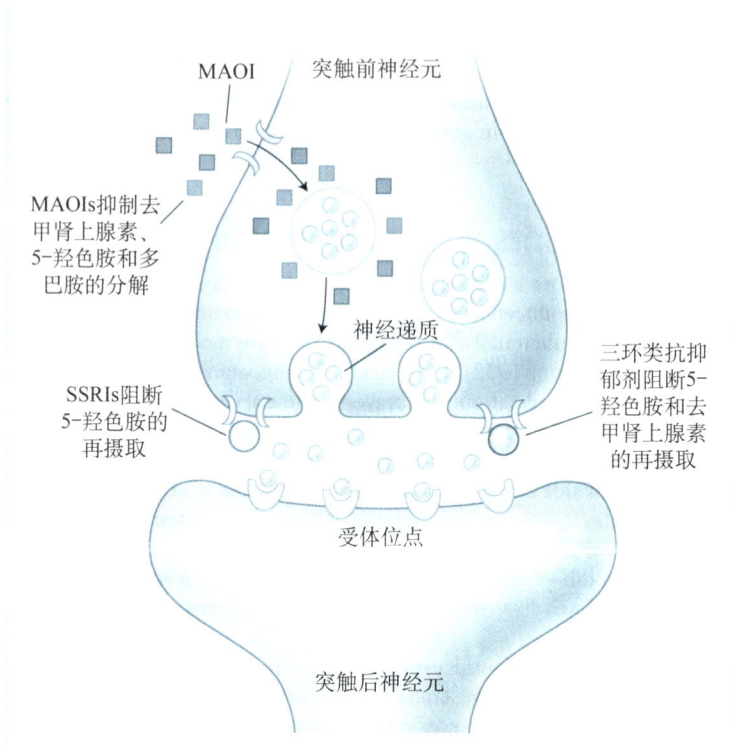

图 16.3 抗抑郁剂的作用。 抗抑郁剂，如 MAOIs、SSRIs 和三环类抗抑郁剂，通过抑制分解和阻断再摄取，作用于 5-羟色胺、多巴胺和去甲肾上腺素之类神经递质。这些作用使神经递质可以释放得更多，并且使突触间隙留有更多的神经递质，以激活突触后神经元受体位点。这些药物缓解抑郁并通常能减轻焦虑和其他心理障碍的症状。

的再摄取抑制剂。这些药物和其他新研发的抗抑郁剂比三环类抗抑郁剂和 MAOIs 的副作用少（或者至少是不同）。

大多数抗抑郁剂要服用 1 个月才能开始对心境产生作用。除了缓解抑郁症状，几乎所有抗抑郁剂都对焦虑障碍有效，而且其中很多药还能解决其他问题，比如进食障碍。

 为什么抗抑郁剂不用于双相障碍？

实际上，生产 SSRIs 的几家公司已经将这些药物作为治疗焦虑障碍的药物而不是因其抗抑郁效果来销售。尽管抗抑郁剂对重症抑郁有效，但不推荐用它们治疗双相障碍，双相障碍的特点是躁狂或轻度躁狂发作（见"心理障碍"那章）。不用抗抑郁剂是因为在提升心境的过程中，实际可能引发双相障碍患者的躁狂发作。而双相障碍是用心境稳定剂（mood stabilizers）治疗。它们是用于抑制心境在狂躁和抑郁之间波动的药物。常用的心境稳定剂有锂（lithium）和丙戊酸钠（valproate）。即使对单相抑郁症，对于单独用抗抑郁剂无效的患者，锂和传统抗抑郁剂联合使用有时也会有效。

锂可能与肾脏和甲状腺的长期损害有关，所以，服用锂的患者必须定期监测血中锂的水平。而且，锂有精确的对人体有益的浓度范围，这是应该通过血液化验密切监测其水平的另一个原因。相比之下，丙戊酸钠则不需要这样认真地进行血液监测。尽管丙戊酸钠也会有副作用，但它目前在美国是治疗双相障碍最常用的药物（Schatzberg 等，2003）。总之，虽然抗抑郁剂对很多不同的心理障碍有效，但当患者的症状是像双相障碍这样在上下两极之间波动时，就要用心境稳定剂。

草药和天然产品

一项对 2 000 多美国人的调查报告显示，7% 有焦虑障碍的人和 9% 有严重抑郁症的人在用草药、大剂量维生素、顺势疗法（homeopathic remedies）或自然疗法（naturopathic remedies）替代药物疗法来治疗这些障碍（Kessler 等，2001）。患者用这些产品的主要原因是它们很容易在柜台买到，也比较便宜，而且被视为合成或人造药物的"天然"替代品。草药和天然产品治疗心理健康问题有效吗？还是只是骗人的"万灵油"（snake oil）？

为什么用草药治疗？它们有实际效果吗？

回答这个问题可不是简单的事情。美国食品和药品管理局（the U.S. Food and Drug Administration）之类的管理机构认为草药制品不是药物，所以没有对它们进行缜密的研究以建立其安全标准和有效性标准。草药制品被归类为营养补充品，和食品的管理方式相同。有关草药制品的科学信息很少，包括与其他药物可能产生的相互作用、可能产生的耐受性和戒断症状、副作用、适当的剂量、如何产生作用，甚至是否有作用——不同品牌的制品纯度常常各不相同（Jordan, Cunningham 和 Manes, 2010）。

有研究支持有些草药和天然产品有效，但并不是压倒性证据（Lake, 2009）。肌醇（inositol，一种麸糠衍生物）、卡瓦胡椒（kava，一种和黑胡椒有关的草药）、ω-3 脂肪酸（omega-3 fatty acid，一种鱼油）和 S 腺苷蛋氨酸（SAM-e，一种氨基酸衍生物）被当作健康食品销售，并被描述为具有各种积极的心理效应，但证据混杂。例如，圣约翰草（St. John's wort，一种草，其实是草药），有研究表明其效果优于安慰剂 [如，金丝桃属植物抗抑郁成分试验研究小组（Hypericum Depression Trial Study Group），2002]。ω-3 脂肪酸与抑郁和自杀率低有关，几项治疗研究已经反复证明，ω-3 脂肪酸在减轻抑郁方面优于安慰剂（见图 16.4；Lewis 等，2011; Parker. Gibson, 等，2006）。总的来说，草药疗法虽然值得继续研究，但在对这些制品的安全性和有效性有更多了解之前，应该受到密切监管并审慎使用。

药物治疗与心理治疗相结合

既然已表明心理治疗和药物治疗都能有效治疗心理障碍，那接下来自然要问的是：哪一种更有效？心理治疗和药物治疗相结合是否比各自单独使用更有效？很多研究已经

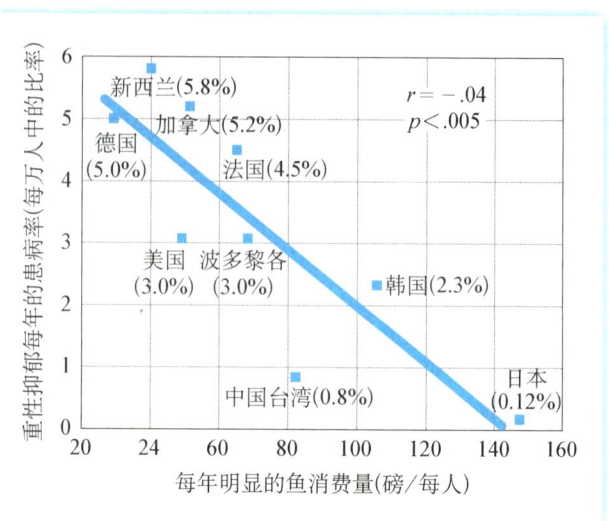

图16.4 ω-3脂肪酸与抑郁。最近的研究表明 ω-3脂肪酸的消费与各种对心理健康的积极效果有关。如，乔·希本（Joe Hibbeln, 1998）的研究表明，消费鱼油（ω-3脂肪酸的主要食物来源）较多的国家抑郁的发生率明显较低。

比较了心理治疗、药物治疗以及这些方法的结合对心理障碍的效果。这些研究的结果往往取决于所针对的特定障碍。如，对精神分裂症和双相障碍，研究者发现药物治疗比心理治疗更有效，因此认为药物治疗是治疗必不可少的组成部分。最近的研究倾向于考查补充社会技能训练或认知行为治疗之类的心理治疗是否有帮助（的确会有帮助）。对于心境障碍和焦虑障碍，药物和心理治疗效果相同。一项研究比较了认知行为疗法、丙咪嗪（一种也称为盐酸丙咪嗪的抗抑郁剂）、这两种疗法的结合（CBT加丙咪嗪）以及安慰剂（服用一种惰性药物）对惊恐障碍的治疗（Barlow等，2000）。经过12周的治疗，单独采用CBT或单独使用丙咪嗪都比安慰剂的效果好，CBT加丙咪嗪的响应率（response rate）也比安慰剂高，但都不显著优于单独用CBT治疗或单独用丙咪嗪治疗。换句话说，任何一种治疗都比不治疗要好，但综合治疗与任何一种治疗相比，都没有更加显著的效果（见图16.5），可见越多不一定越好。

图16.5 药物治疗和心理治疗对惊恐障碍的有效性。一项CBT和药物（丙咪嗪）治疗惊恐障碍的研究发现，尽管CBT、药物以及CBT与药物相结合的疗法都比安慰剂的效果好，但从短期效果来看，三种治疗形式之间没有显著差异（Barlow等，2000）。

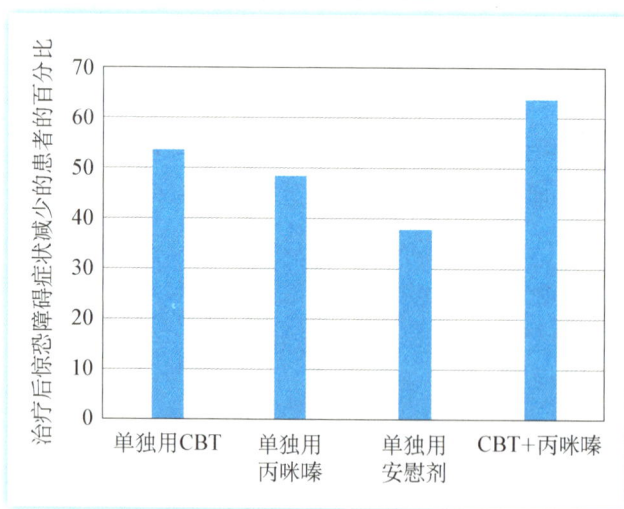

其他声音 诊断：人

人们应该多接受心理治疗还是药物治疗？或者哪个应该少一些？一方面，数据表明大多数心理障碍患者没有接受治疗，而且未经治疗的心理障碍是痛苦和苦难的巨大源头。另一方面，有人认为，我们太急于给正常人的行为贴上"失调"的标签，太愿意用药物治疗令我们感到不适的行为、想法或感受。特德·噶普（Ted Gup）是这些人之一，以下是他发表在2013年4月3日纽约时报上、标题为《诊断：人》的专栏文章。

目前有11%（相当于640万）的学龄儿童被诊断为注意缺陷多动障碍（attention deficit hyperactivity disorder），这一新闻令我心生寒意。我的儿子戴维（David）就是被给予这一诊断的儿童之一。

当时，他在一年级。的确，有精神科医生甚至在给他看病之前就给他开了药。一位精神科医生说，在他用药之前，他甚至不会给他看病。一年里，我拒绝到药房按处方取药。最后，我心软了。所以，戴维持续服用利他林（Ritalin），然后是阿得拉（Adderall）以及其他据说有助于改变状况的药物。

换个时代，戴维可能被称为动作粗暴（rambunctious）。对于他的身体来说，他的能量有点太大。所以，他会在沙发上跳，跳着去够天花板，并通过美好的爆发展示出充沛的生命力。

21岁，大学高年级时，他被发现躺在房间的地板上，死于致命的酒精和毒品的混合服用。日期是2011年10月18日。没有人让他服用海洛因（heroin）和酒精，但我忍不住要让自己和别人来承担责任。我不知不觉地和制度体系一起共谋了这一事件，贬低谈话治疗，迫不及待地使用药物，无意中传递了完全可以接受自行用药的信息。

我的儿子不是天使（尽管他对我们来说是），而且据说他在销售阿得拉，在那些太渴望染指于毒品的同学中建立了毒品分销市场。不能原谅他所做的，但是应该理解他所做的。他所做的是创立了一个市场，这个市场完全反映了他在其中成长的社会和文化。在这种文化中，大型制药公司因在适应症之外使用药物而昌盛，常常不在儿童中进行测试，并且用于很多没被批准的用途。

因此，在鼓励药物治疗的环境中成长起来的一代学生，在教室中模仿专业人员，将毒品用作学业增强剂。我们想知道为什么他们如此放任地使用毒品。正如所有父母都知道的——

在他们懊悔时——我们的孩子不仅在教室里上学也在家里上学，他们作为青少年和青年为自己建构的文化正是对他们儿时被引入的文化的模仿。

随意用药和过度诊断的问题远比多动症的影响深远。美国精神病学会（American Psychiatric Association, APA）将于5月出版其《DSM-5》，即《精神疾病诊断与统计手册》。它被称为专业人士的圣经。它的最新版本，和以前的一样，不仅仅是这个专业的窗口，也是它所服务的文化的窗口，这二者都在反映并塑造着社会准则（例如，直到20世纪70年代，同性恋还被归类为精神疾病）。

新的、比较有争议的规定之一是将抑郁症扩展到包含某些形式的悲伤。表面看来这是有意义的。悲伤常常表现出抑郁症的所有指征——丧失生活兴趣、食欲减退、睡眠模式不规律、功能下降等。但是，正如其他人所观察到的，这些同样的症状也恰恰是悲伤本身的标志。

我们的时代是这样一个时代，广播电视和媒体就是一个巨大的药品商场，声称可以解决一切，从睡眠到性。我担心作为人本身很快会成为一种疾病。似乎我们正在试图遏制悲伤和像我所经历的丧失所带来的绝对痛苦。我们已经变得与生死的模式越来越分离和疏远，我们为自己人性的混乱、老化和最终的死亡而感到不适。

挑战和困难已经被病理化和货币化。不增强我们的应对技能，却破坏它，并且寻求根本不存在的捷径，削弱我们每个人在生命中某个时刻必须仗持的韧性。将悲伤诊断为抑郁症的一部分，恰恰是在冒取消悲伤合法地位的真正风险，悲伤是最具人性的——是我们的爱和彼此依恋的纽带。DSM的新条目无法通过给悲伤命名或把它细分来抑制它，也不会使之更不令人恐惧或更容易处理。

DSM一定知道一颗破碎的心不是疾病，药物治疗不适合用来弥补眼泪。时间不能治愈所有创伤，愈合只是谎言，上帝从来不让我们承受我们不能承受的这一观念也是谎言。忍受难以忍受的，有时正是生活对我们的要求。

但即使在我如此强烈的痛苦中也有甜蜜。那就是让我感到还和儿子在一起的事情。是的，即使在痛苦中也有抚慰。到时我会让痛苦过去，不参照DSM，也不借助一粒药物。

在对心理障碍的命名和治疗上我们是否走得太远？或是我们走得还不够远？我们如何能确信我们不是在治疗正常行为，同时又确保给真正遭受心理障碍痛苦的人以帮助？

内容来自2013年4月3日《纽约时报》。

既然心理治疗和药物治疗都有效，那就有一个问题，它们是否通过相似的机制产生效果。一项研究分别检测了社交恐怖症患者用西酞普兰（一种 SSRI）和 CBT 治疗时的脑血流模式（Furmark 等，2002）。两组被试都被告知不久他们可能不得不当众讲话。在这一挑战中，两组中对治疗有响应的人，杏仁核、海马和邻近皮质区域都表现出相似的激活减弱（见图 16.6）。杏仁核在靠近海马的位置（见图 6.18），在对情绪信息的记忆中发挥重要作用。这些发现表明，心理治疗和药物治疗都影响与恐惧反应有关的脑区。虽然可能看起来影响大脑的事件是生理的——毕竟，大脑是个生物体——但重要的是要记住，在环境中的学习经验，如心理治疗，对大脑有相似的影响。

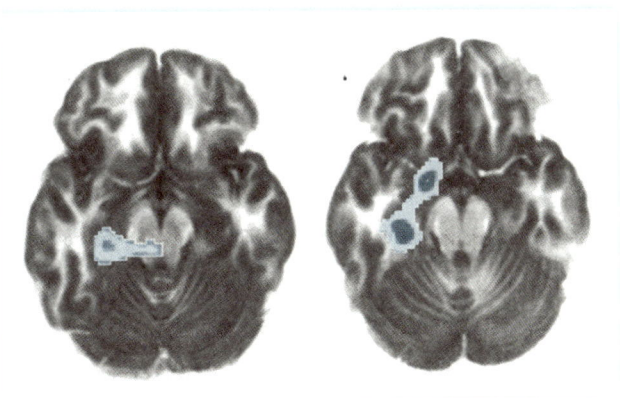

图 16.6 **药物治疗和心理治疗对脑的影响。** 对社交恐怖症患者的 PET 扫描显示，他们接受 CBT（左图）和西酞普兰，一种 SSRI（右图），治疗后，杏仁核-海马区的激活有相似的减弱（来自 Furmark 等，2002）。（见插页）

在药物治疗和心理治疗相结合的治疗过程中，一个复杂的问题是，这些治疗常常由不同的人提供。精神科医生是在医学院校接受的药物治疗的训练（他们可能也提供心理治疗），而心理治疗师提供心理治疗但不提供药物治疗。这就意味着，协调的治疗常常需要心理治疗师和精神科医生之间的相互合作。

心理治疗和药物治疗是通过相似的机制产生作用吗？

心理治疗师是否应该被授权开药物处方的问题一直是心理学家和医生之间争论的问题（Fox 等，2009）。目前虽然只有路易斯安那州和新墨西哥州允许有执照并受过专门训练的心理治疗师有处方权，但已经又有 9 个州正在考虑这个问题（Munsey, 2008）。反对者认为心理治疗师没有受过医学训练，不懂治疗药物与其他药物的相互作用。支持授予处方权者则认为只要建立了严格的培训程序就不会损害患者的安全。这个问题仍然是争论的焦点。目前，药物治疗和心理治疗的协调应用通常需要精神病学和心理学的团队合作。

非药物治疗的生物学疗法

药物治疗是一种有效的生物学疗法，但药物治疗对有些人不起作用或副作用无法忍受。如果心理治疗对这样的患者也没有效果，他们还有什么其他选择可以缓解症状呢？

如果心理治疗和药物治疗都失败的话,患者要向何者求助?

还有一些有帮助的其他方法,但有些是有风险的或缺乏了解的。

常用的一种治疗严重心理障碍的生物学方法是**电休克疗法**(electroconvulsive therapy,ECT),有时称为休克疗法(shock therapy),是向大脑传送电击诱发短暂癫痫发作的疗法。对患者头部的电击不能超过1秒。虽然ECT也可用于治疗双相障碍,但主要用于治疗对抗抑郁剂治疗没有反应的严重抑郁症患者(Khalid等,2008; Poon等,2012)。患者要预先使用肌肉松弛剂并且要全身麻醉,所以他们意识不到操作过程。ECT的主要副作用是对短期记忆的损害,通常治疗结束后一或两个月可以改善。此外,进行这种治疗的患者有时报告头痛和后来出现肌肉痛(Marangell等,2003)。尽管有这些副作用,治疗还是有效的。ECT比模拟ECT、安慰剂以及三环类和MAOIs类抗抑郁剂的效果都更好(Pagnin等,2008)。

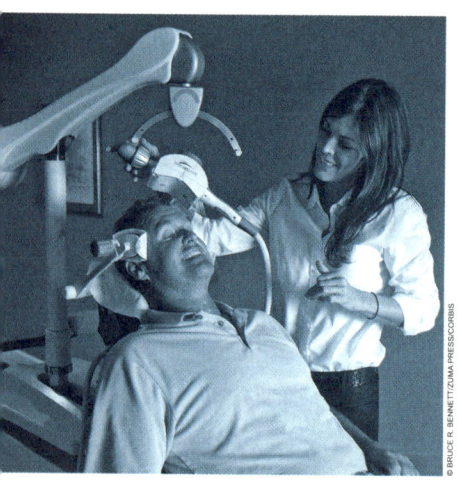

经颅磁刺激(TMS)是激动人心的新技术,可以让研究者和治疗师使用磁力棒改变大脑活动而无需手术。

另一项不用药物的生物学方法是**经颅磁刺激**(transcranialmagnetic stimulation,TMS),是在头皮放置强大脉冲磁体改变大脑神经元活动的疗法。作为抑郁症的治疗方法,磁体要放置在眼眶左侧或右侧的正上方,尽量刺激左侧或右侧前额叶皮层(与抑郁有关的脑区)。TMS的开发是令人振奋的,因为它是无创的,而且比ECT(见"神经科学与行为"那章)的副作用少。TMS副作用是最少的,虽然有轻微的头痛和很小的癫痫发作的风险,但对记忆和专注力没有影响。对于那些对药物治疗没有反应的抑郁症患者,TMS治疗特别有效(Avery等,2009)。事实上,比较TMS和ECT的研究发现,两种方法都有效,它们之间没有显著差异(Janicak等,2002)。其他研究发现TMS也可以用于治疗精神分裂症的幻听(Aleman, Sommer和Kahn, 2007)。

光疗(phototherapy),反复暴露于明亮光线下的治疗方法,可能对有季节性发作模式的抑郁症有帮助。这可能包括季节性情感障碍患者(SAD;见"心理障碍"那章)或者只在冬

电休克疗法(electroconvulsive therapy,ECT) 是向大脑传送电击诱发短暂癫痫发作的疗法。

经颅磁刺激(transcranial magnetic stimulation,TMS) 是在头皮放置强大脉冲磁体改变大脑神经元活动的疗法。

光疗(phototherapy) 反复暴露于明亮光线下的治疗方法。

季由于缺少阳光才有抑郁体验的人。一般的做法是，使用专门为此设计的灯，让患者早晨暴露于此灯光中。还没有像对心理治疗或药物治疗那样对光疗很好地进行研究，但少量研究表明，在治疗SAD时，它和抗抑郁剂的治疗效果相似（Thaler等，2011）。

在极少数情况下，**精神外科疗法（psychosurgery）**，对特定脑区的手术损毁，会用来治疗心理障碍。精神外科在历史上是有争议的，它开始于20世纪30年代葡萄牙医生埃加斯·莫尼兹（Egas Moniz，1874—1955）发明的脑叶切除术。莫尼兹在发现对动物脑进行的一些手术可以使其行为变得安静之后，开始对狂暴或躁动患者使用相似的技术。脑叶切除术是通过患者眼窝或在头部侧面钻孔向脑内插入仪器，目的是切断前额叶与已知同情绪有关的丘脑等脑内结构之间的连接。虽然有些脑叶切除术的结果非常成功，而且莫尼兹1949年因此获得了诺贝尔奖，但是明显的副作用，如极度的嗜睡和孩子般的任性，削弱了这些好处。脑叶切除术被广泛使用了多年，留下了很多饱受这些永久副作用之苦的患者，因此，一直有运动挑战莫尼兹所获的诺贝尔奖。20世纪50年代研发的抗精神病药物为治疗狂暴患者提供了安全方法，并结束了脑叶切除术的应用（Swayze，1995）。

精神外科疗法现在很少使用，只在没有任何其他有效干预方法，病人又对疾病症状无法忍受时，才用于极其严重的病例。例如，精神外科治疗有时用于心理治疗和药物治疗都无效、日常生活功能完全受损的严重强迫症患者。与脑叶切除术早期应用时，脑组织的广泛区域受到损毁不同，现代精神外科疗法是为了阻断已知与强迫症状有关的大脑回路，能非常精确地损毁脑组织，精确性的提高能产生更好的效果。例如，治疗（包括多个疗程的药物治疗和认知行为治疗）无效的强迫症患者可能受益于称为扣带回切开术（cingulotomy）和内囊前肢毁损术（anterior capsulotomy）的特定外科治疗。扣带回切开术是对部分胼胝体（见图3.18）和扣带回（胼胝体正上方的隆起）的损毁。内囊前肢毁损术是制造小的损害以损坏尾状核（caudate nucleus）和壳核（putamen）之间的通路。因为精神外科疗法的病例数量相对较少，所以对这些技术的研究不像对其他疗法那么多。但是，已有的研究表明，精神外科疗法的代表性效果是对短期和长期严重强迫症患者都有实质性的改善（Csigo等，2010; van Vliet等，2013）。

最后一种方法叫脑深部电刺激（deep brain stimulation，DBS），是综合使用精神外科方法和电流（如同在ECT和TMS中）。在DBS中，刚刚最新研发出的一种疗法，是将用电池供电的小设备植入体内，向已知与所要治疗的障碍有关的特定脑区发送电刺激。这一技术已被成功用于对强迫症的治疗（Abelson等，2009），并能为各种神经疾病患者提供帮助。已有证据表明，伴随帕金森病的震颤能够用这种方法治疗（Perlmutter

---

精神外科疗法（psychosurgery） 对特定脑区的手术损毁。

和 Mink，2006），一些没有其他办法治疗的严重抑郁症也同样可以使用（Mayberg 等，2005）。早期，精神外科疗法被看作是治疗心理障碍的最后手段，然而这个观点正在被一个谨慎的希望所替代，那就是关注治疗已知在某些心理障碍中功能异常的大脑回路的新方法，已经取得有益的效果（Ressler 和 Mayberg，2007）。

小 结

▲ 药物治疗已经被用来治疗很多心理障碍，包括抗精神病药物（用于治疗精神分裂症和精神病性障碍）、抗焦虑药物（用于治疗焦虑障碍）和抗抑郁剂（用于治疗抑郁和相关障碍）。

▲ 药物治疗常常和心理治疗相结合。

▲ 其他生物医学疗法包括电休克疗法（ECT）、经颅磁刺激（TMS）和精神外科疗法——最后一种用于其他方法无计可施的极端案例。

治疗的有效性：更好还是更坏

回头来想本章开头的克里斯廷和死老鼠。如果不对克里斯廷用暴露及反应预防疗法，而是用精神分析或精神外科疗法，会怎样？用这些方法治疗她的强迫症会同样有效（和合理）吗？在本章，我们已经探讨了各种能够帮助人们治疗心理障碍的心理学和生物学疗法，但是这些疗法有实际效果吗？哪些方法比其他方法的效果更好些？

正如你在"心理学研究方法"那章中学到的，确定一种效应的特异性原因是很困难的。由于对治疗方法的许多评价很不科学，这种考察工作就更加困难，往往只是凭借注意到有改善（或没有改善，或者症状甚至变得更加严重），并且基于简单的观察就得出结论。治疗有效性的测查可能被假象所误导，只有通过仔细和科学的评估才能识破这些假象。

治疗的假象

想象你得了病，医生说："吃药吧。"你遵照医生的处方吃药，病好了。你的康复要归功于什么？如果你和大多数人一样，你会得出结论说是药物治愈了你。这是一种可能的解释，但至少还有三种其他解释：也许不管怎样你都会康复；也许药物不是在你康复过程中发挥作用的成分；或者也许康复之后，你错误 三种治疗的假象是什么？

地记成你曾经病得比实际情况严重。这些可能性指出了三种可能存在的治疗假象：自然缓解、安慰剂效应和重构性记忆所造成的假象。

自然缓解

自然缓解（natural improvement）是症状回到平均或平常水平的趋势。当无论如何你都会好起来，而你却错误地得出结论说是治疗使你好转时，就会发生这种假象。当症状极为严重时，人们通常都会寻求心理治疗或药物治疗。在这种情况下，来访者的症状常常无论是否接受治疗都会有改善。当你跌至谷底时，除了向上移动你别无去处。例如，在大多数情况下，严重得足以使个体寻求治疗的抑郁在几个月内都会倾向于改善，无论他们做什么。因抑郁而寻求心理治疗的人，可能会产生治疗有效的错觉，是因为治疗过程和疾病的典型病程以及人天生具有的自愈倾向恰好巧合了。我们如何能知道改变是治疗的结果还是自然缓解的结果呢？正如在"心理学研究方法"那章所讨论的，我们可以做实验，在实验中安排一半抑郁症患者接受治疗，而另一半患者不接受治疗，然后记录他们随时间所发生的变化，看看是否接受治疗的患者实际表现出了更大程度的好转。正如下文所详述的，研究者恰恰就是这样检验不同干预方法的效果。

安慰剂效应

康复也可能是非特异性治疗效应（nonspecific treatment effects）所产生的结果，这种效应与被认为有效的特定治疗机制无关。例如，可能只是因为开药的医生是一个令人愉快和满怀希望的人，他/她给来访者带来希望，并让来访者乐观地认为事情会改善。来访者和医生一样，都可能把来访者的改善归因于药物对脑的作用。然而真正发挥作用的成分却是来访者与医生之间温暖人心的关系或其被改善了的人生观。

只是知道你在接受治疗就能有非特异性治疗效应。安慰剂能产生积极影响就是这样的例子。**安慰剂**是被用来期望产生康复反应的一种惰性物质或操作过程。例如，如果你吃不含任何治疗头痛的止痛成分的糖片，却以为它是泰诺（Tylenol）或阿司匹林，这个糖片就是安慰剂。安慰剂对心理治疗有意义深远的影响。研究表明，很大比例的焦虑、抑郁以及其他情绪和生理问题用安慰剂治疗后都有显著改善（见"现实世界"栏目："这

安慰剂（placebo） 被用来期望产生康复反应的一种惰性物质或操作过程。

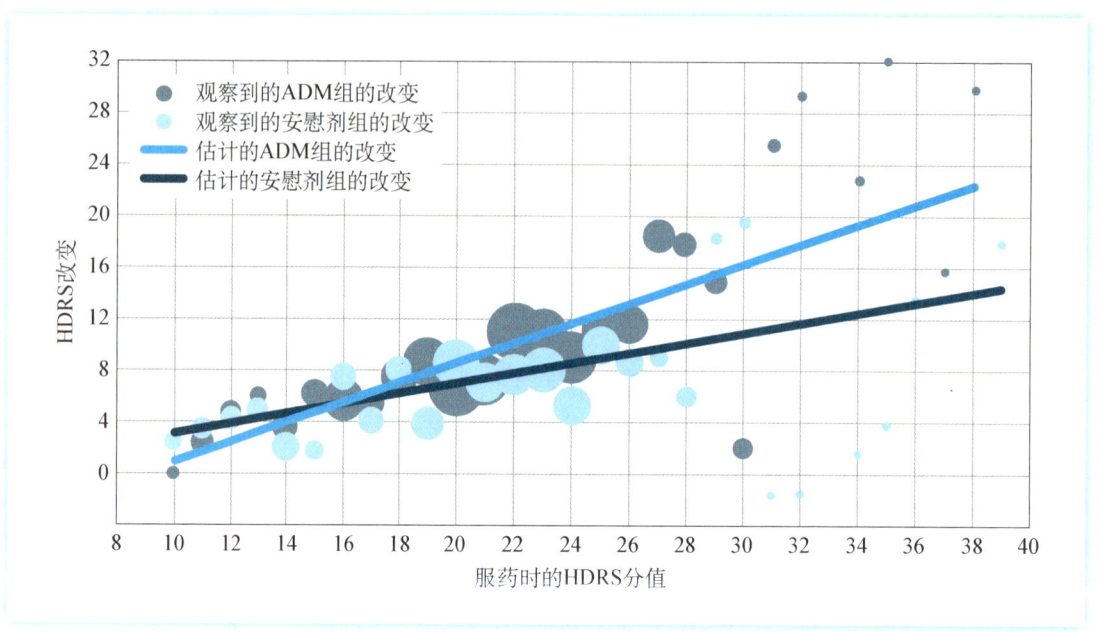

图 16.7 抗抑郁剂与安慰剂对抑郁症的治疗。来自 6 项不同研究的总计 713 名抑郁患者，服用药物治疗抑郁。随机给予一半患者抗抑郁药物治疗（ADM），给予另一半安慰剂。重要的是，被试不知道他们服用的是抗抑郁剂还是只是安慰剂。对于轻度或中度抑郁患者，用汉密尔顿抑郁评定量表（the Hamilton Depression Rating Scale，HDRS）测量，抗抑郁剂的效果不比安慰剂好。但是，对于严重抑郁患者，抗抑郁剂治疗的改善效果比安慰剂好得多。圆圈大小代表每个点上有数据的患者的数量（来自 Fournier 等，2010）。

是你的大脑安慰剂效应"第 766 页）。

最近一项研究比较了被随机给抗抑郁剂或安慰剂的 713 名患者抑郁症状的减轻情况（Fournier 等，2010）。接受药物治疗的被试，经过治疗，症状的减轻令人振奋。但是，服用安慰剂的人也是同样的结果。仔细分析数据发现，在减低症状方面，对轻度或中度抑郁患者来说，安慰剂和抗抑郁剂同样有效；只有在治疗严重抑郁时，抗抑郁剂比安慰剂的效果更好（见图 16.7）

重构性记忆

当来访者用记忆重构最初症状时，如果好转的动机使重构出来的症状出现错误，就会出现第三种治疗假象。当你把实际情况记错了：错误地认为，你治疗之前的症状比实际情况严重，你就可能认为你已经因为治疗而好转了。这种倾向最早是在考查学习技能课有效性的研究中发现的（Conway 和 Ross，1984）。想上学习技能课的学生中有一些报上了名，另外一些则被随机分配在等候再次开课的名单中。后来测量他们的学习能力时发现，那些上了这个课的学生在学习上不比等候上课的对照组好。但是，上了课的学生却说他们的能力已经提高了。这是怎么回事呢？是因为那些被试回忆他们上这个课之前的学习能力比实际水平低。康韦和罗斯（Conway 和 Ross，1984）将这种动机性的重构过去称为"修订你已有的去获得你想要的"。强烈期望治疗成功的来访者，可能会因为把以前的症状和问题回忆得比实际情况严重，而认为本来没有效果的治疗是有效的。

治疗效果研究

我们如何能确信我们正在采用的治疗实际产生了效果，而不是用无用甚至有害的疗程浪费时间？心理学研究者用在"心理学研究方法"那章中所讲述的方法构建实验，并检验治疗是否对上一章所描述的各种心理障碍有效。

治疗效果研究（treatment outcome studies）被设计用来评价特定的治疗是否有效，常常还涉及其他治疗条件或对照条件。例如，研究者为了研究对抑郁的治疗效果，可能要比较最初都有抑郁的两组患者的自我报告症状，这两组是接受 6 周心理治疗组和对照组；对照组被选来做研究，但被指定等待后来的治疗，并且只是在被选 6 周后接受了测验。治疗效果研究能确定治疗是否有效。

研究者采用很多方法来确保任何被观察的效应不是由前文所述的治疗假象造成的。例如，当患者比较治疗前后的症状时会发生自然缓解和重构性记忆造成的治疗假象，为了避免这个问题，治疗（或实验）组和对照组是随机分配的，然后治疗结束时进行比较。在这种情况下，自然缓解或动机所致的重构性记忆不会造成治疗有效的假象。

为什么在评估治疗有效性时双盲实验如此重要？

但是在治疗中对照组会发生什么？如果他们只是待在家里等着直到后来能得到治疗（等候治疗控制组），他们将不接受安慰剂治疗。所以，理想的情况是，疗效用双盲实验（double-blind experiment）来评估。双盲实验是被试和研究者／治疗师都不知道被试接受的是哪种治疗的研究方法。在药物治疗研究中，这不难安排，因为有效药物和安慰剂可以被制作得让研究中的被试和研究者看着都是一样的。但在心理治疗研究中，让被试和研究者都"被蒙在鼓里"要难得多。事实上，在大多数情况下是不可能的。被试和治疗师能很容易注意到治疗的差异，比如精神分析和行为治疗，所以在评估心理治疗的有效性时，没有办法完全让被试和治疗师的想法和期望不干扰研究。然而，通过将治疗方法与无治疗或其他干预方法比较（如其他心理治疗或药物治疗），研究者就能确定哪种治疗产生了效果，以及治疗各种心理障碍最有效的方法是哪些。

哪些治疗有效？

1957年，有关心理治疗有效性的研究还相对较少，杰出的心理学家汉斯·艾森克（Hans Eysenck，1916—1991）基于对相关研究的综述，得出心理治疗——尤其是精神分析——不仅无效而且似乎阻碍康复的结论，这一结论激怒了治疗师（Eysenck，1957）。从那时起，对大量研究进行了统计分析。分析结果支持比较乐观的结论：接受心理治疗的来访者通常比四分之三未经治疗的个体过得好（Seligman，1995；Smith，Glass 和 Miller，1980）。虽然对心理治疗的评论一直指出，在来访者如何被测验、诊断和治疗中存在不足（Baker，McFall 和 Shoham，2009；Dawes，1994），但强大的证据普遍支持，很多治疗是有效的（Nathan 和 Gorman，2007），包括心理动力学疗法（Shedler，2010）。于是，关键问题变成：哪些治疗方法对哪些问题有效（Hunsley 和 Di Giulio，2002）？

心理治疗师如何知道什么治疗有效和什么治疗可能有害？

临床心理学中最持久的争论之一是如何对各种心理疗法的效果进行比较。争论了多年之后，一些心理学家认为，证据支持大多数心理疗法的效果大致相同。这一观点认为，是各种形式心理疗法的共同因素，如与专业人士的互动和来自专业人士的共情，促成了改变（Luborsky 等，2002；Luborsky 和 Singer，1975）。相反，其他人赞成治疗方法之间有重要差别，某些治疗比其他治疗更加有效，尤其是治疗特定类型的问题时（Beutler，2002；Hunsley 和 Di Giulio，2002）。我们如何理解这些不同观点？

1995 年，美国心理学会（the American Psychological Association，APA）首次尝试出版界定标准，来确定特定类型心理治疗是否对特定问题有效 [心理学程序改进和传播工作组（Task Force on Promotion and Dissemination of Psychological Procedures），1995]。治疗方法实证有效的官方标准界定了两种实证支持水平：已经得到确认的治疗（well-established treatments）——得到较高程度支持的治疗（比如，有来自几项随机对照试验的证据）；可能有效的治疗（probably efficacious treatments）——初步得到支持的治疗。这些标准建立之后，APA 建立了有实证支持的治疗方法的清单（Chambless 等，1998；Woody 和 Sanderson，1998）。最近一篇有关这些方法的综述突出强调了几种具有特异性的、已经表明有效、甚至比包括药物治疗在内的其他治疗方法效果更好的心理治疗方法（Barlow 等，2013）。表 16.3 列出了这些治疗方法中的几种。

有人质疑，在严格控制的研究中有效的治疗方法，是在大学门诊中进行的，到现实世界中是否会有效。例如，有人注意到大部分文献中报道的治疗效果研究没有大量少数民族被试，所以不清楚这些治疗是否对不同民族和文化的群体有效。最近一项研究广泛综述了所有可以获得的数据，结果表明虽然文献上有欠缺，但有数据

表 16.3

与药物治疗或其他治疗方法比较后选出的具有特异性的心理治疗方法清单

障碍	治疗	结果
抑郁	CBT	PT=meds；PT+meds> 各自单独使用
惊恐障碍	CBT	随访中 PT>meds；治疗结束时 PT=meds；PT 和 meds 都 > 安慰剂
创伤后应激障碍	CBT	PT> 当下中心疗法（present-centered therapy）
抽动秽语综合征（Tourette's disorder）	相反习惯训练	PT> 支持疗法
失眠	CBT	PT> 药物疗法或安慰剂
老年痴呆患者的抑郁或躯体健康问题	运动和行为管理	PT> 常规医疗护理
海湾战争退伍军人的病症	CBT 和运动	PT> 常规护理或替代疗法

注：CBT= 认知行为疗法；PT= 心理治疗；meds= 药物治疗。
来源：Barlow 等，2013

可用，目前有证据支持的心理治疗对少数民族患者和对白人患者同样有效（Miranda 等，2005）。

比确定一种治疗是否有效更为复杂的是确定心理治疗或药物治疗是否实际也可能造成伤害。阅读了药品杂志广告并且重点研究了主要副作用、可能的药物相互作用和并发症的人都清楚药物治疗的危险。很多用于心理治疗的药物可能成瘾，造成伴随严重戒断症状的长期依赖。对药物治疗最为强烈的批评是药物只是向他人出售了一种不受欢迎的症状：性欲减退所致的抑郁，对毒副作用的焦虑，或嗜睡和情绪反应迟钝所带来的麻烦（如，见 Breggin，2000）。

心理治疗的危险比较隐蔽，但我们要非常清楚地知道在有些情况下确实存在。**医源性疾病（Iatrogenic illness）**是医学治疗或心理治疗的结果本身所造成的障碍或症状（如，Boisvert 和 Faust，2002）。例如，当心理治疗师确信来访者患有障碍而实际上来访者并没有

心理治疗会如何造成伤害？

时，就可能出现这种疾病。结果，治疗师帮助来访者接受诊断并进行针对那种障碍的心理治疗。在某些情况下，对障碍的治疗能使人表现出正是那种障碍才有的症状——于是就产生了医源性疾病。

医源性疾病（iatrogenic illness） 医学治疗或心理治疗的结果本身所造成的障碍或症状。

有的来访者受到催眠和反复建议治疗的影响，相信他们患有分离性身份识别障碍（dissociative identity disorder）（甚至开始表现出多重人格）或相信他们童年期受到创伤事件的伤害并且"恢复"了对此类事件的记忆，而调查却显示，治疗之前并没有与这些问题有关的证据（Acocella, 1999; McNally, 2003; Ofshe 和 Watters, 1994）。有些已经接受治疗的人会模糊感觉自己发生了奇怪的事情，在接受催眠或其他增强想象力的技术之后会坚信其治疗师的理论是正确的：他们被外星人挟持了（Clancy, 2005）。不用说，导致来访者产生这种怪异信念的治疗弊大于利。

就像心理学家已经建立了有效治疗方法清单一样，他们也要开始建立有害治疗方法清单。这么做的目的是让其他研究者、治疗师和公众了解应该避免使用哪些治疗方法。

> 表 16.4

造成伤害的心理治疗

治疗类型	可能有的伤害	证据来源
CISD	增加 PTSD 的风险	RCTs
恐吓从善	加重行为问题	RCTs
针对行为问题的新兵训练营干预方法	加重行为问题	元分析（对很多研究的综述）
DARE 项目	增加对酒精和毒品的使用	RCTs

注：CISD= 严重事件晤谈；PTSD= 创伤后应激障碍；RCTs= 随机控制实验
来源：Lilienfeld [2007].

很多人以为虽然不是所有心理治疗都有效，但有治疗要比没有治疗好。然而，结果却是很多本想帮助患者减轻症状的干预实际却使他们变得更糟！你的高中学校是否有抵制药物滥用教育（Drug Abuse and Resistance Education，D.A.R.E.）？你是否听说过严重事件晤谈（critical-incident stress debriefing, CISD）、恐吓从善（scared straight）和新兵训练营项目（boot-camp programs）？这些听起来好像都会有效果，但是谨慎的科学实验已经证明，其实参加这些干预项目的人这样做后变得更加糟糕（见表 16.4；Lilienfeld, 2007）！

为了管控心理治疗可能存在的强有力的影响，心理学家要信守对心理障碍患者进行治疗的一系列伦理守则（American Psychological Association, 2002）。美国心理学会的成员被要求坚守这些守则，州认证委员会（state licensing boards）也会对心理治疗伦理守则的坚守情况进行监督。这些伦理守则包括：（a）努力让来访者受益，同时注意不要造成伤害；（b）与来访者建立信任关系；（c）提升准确性、诚实性和真实性；（d）治疗中寻求公正并采取措施避免偏见；（e）尊重所有人的尊严和价值。当心理障碍患者来向心理治疗师寻求帮助时，坚持这些指导原则是心理治疗师起码应该做到的。理想的情况是，他们怀着解除痛苦的愿望，能够做到更多。

小 结

▲ 在治疗过程中所观察到的改善并不一定意味着治疗是有效的,它可能反映的是自然缓解、非特异性治疗效应(如安慰剂效应)以及重构性记忆。

▲ 关注治疗结果和过程的治疗效果研究,采用特定的研究方法,如双盲法和安慰剂对照。

▲ 总的来说,对心理障碍进行治疗比根本不治疗有效,而且对于某些心理障碍,有的方法比其他方法更有效。但是药物治疗和心理治疗都有危险,合乎伦理要求的治疗师必须认真考虑这些危险。

本章回顾

关键概念小测试

1. 下列哪一项不是心理障碍患者没有得到治疗的原因?
   a. 患者没有意识到他们的心理障碍需要治疗。
   b. 心理障碍患者的受损程度堪比慢性生理疾病患者,甚至更为严重。
   c. 治疗可能存在障碍,如阻碍患者寻求治疗的信念和环境因素。
   d. 即使患者知道他们有问题,也可能不知道到哪里寻求服务。

2. 整合心理治疗_____。
   a. 专注于对梦的解释
   b. 将患者引到陌生的情境
   c. 利用各种不同治疗方法中的技术
   d. 关注对阻抗的分析

3. 不同的心理动力学疗法都共同强调_____。
   a. 集体无意识的影响
   b. 为心理问题承担责任的重要性
   c. 行为治疗与认知治疗相结合
   d. 发展对心理障碍潜意识根源的洞察力

4. 哪种精神分析技术中,来访者不加审查和过滤地报告头脑中出现的每一个想法?
   a. 移情
   b. 自由联想
   c. 解释
   d. 阻抗分析

5. 哪种治疗可能对非理性恐高患者效果最好?
   a. 心理动力学
   b. 格式塔

c. 行为

d. 人本主义

6. 正念冥想是哪种治疗方法的组成部分？

a. 人际

b. 人本主义

c. 心理动力学

d. 认知

7. 哪种治疗看重来访者的行动，而且治疗细节也完全公开透明？

a. 认知行为

b. 人本主义

c. 存在主义

d. 团体

8. 了解没有实现个人潜能的状况体现的是 ____ 疗法，而了解没有找到生活意义的状况体现的则是 ____ 治疗方法。

a. 认知；行为

b. 人主主义；存在主义

c. 心理动力学；认知行为

d. 存在主义；人本主义

9. 自助团体是 _____ 疗法的重要分支。

a. 认知行为疗法

b. 支持性团体

c. 以人为中心疗法

d. 团体治疗

10. 抗精神病药物是用来治疗 _____。

a. 抑郁

b. 精神分裂症

c. 焦虑

d. 心境障碍

11. 非典型抗精神病药物 _____。

a. 对不同的个体作用于不同的神经递质

b. 只影响多巴胺系统

c. 只影响5-羟色胺系统

d. 作用于多巴胺和5-羟色胺系统

12. 下列哪种关于抗抑郁剂的说法不准确？

a. 目前的抗抑郁剂综合作用于不同神经递质系统。

b. 抗抑郁剂在治疗双相障碍时有显著的积极效果。

c. 抗抑郁剂也被医生用来治疗焦虑。

d. 大部分抗抑郁剂需要一个月才能开始对心境产生作用。

13. 电休克疗法、经颅磁刺激和光疗的共同之处是什么？

a. 在它们的治疗方案中都包含草药治疗。

b. 它们都会用外科手术损毁特定脑区。

c. 它们都是不用药物治疗的生物学疗法。

d. 它们通常和心理疗法联合使用。

14. 抗抑郁剂治疗 ____ 抑郁患者的效果最强。

a. 无

b. 轻度

c. 中度

d. 重度

15. 现有研究表明接受过正规心理治疗的来访者比 _____ 未接受心理治疗的个体过得好。

a. 二分之一

b. 相同数量

c. 四分之一

d. 四分之三

关键术语

心理治疗	整合心理治疗	心理动力学治疗	阻抗
移情	人际心理治疗（IPT）	以人为中心疗法（或来访者中心疗法）	
格式塔疗法	行为疗法	代币制	暴露疗法
认知疗法	认知重建	正念冥想	认知行为疗法（CBT）
团体治疗	抗精神病药物	心理药理学	抗焦虑药物
抗抑郁剂	电休克疗法（ECT）	经颅磁刺激（TMS）	光疗
精神外科疗法	安慰剂	医源性疾病	

转变观念

1. 你的一位朋友最近有位亲密的家庭成员在悲惨的交通事故中失去了生命，他要崩溃了。他一直没来上课，当你调查他的情况时，知道他睡不好觉，饮食不规律。你想帮助他，但又感觉有点超出你的能力所及，所以你建议他去学校的咨询中心同心理治疗师谈谈。他说："只有疯了的人才去做心理咨询。"你会和朋友说些什么来消除他的这种观念？

2. 当你正在和你丧失了亲人的朋友说话时，他的室友进来了。这位室友赞成你关于做心理治疗的建议，但他进而说："我告诉你我的心理治疗师的名字，他帮我戒了烟——他也会有能力很快治好你的抑郁。"为什么认为一个好的心理治疗师能治好所有人和所有问题是危险的？

3. 在"心理学研究方法"那章中，你已经知道，路易丝·海（Louise Hay）在她的畅销书《生命的重建》中，提出一种心理治疗方法：教读者如何改变想法并因此不仅改善内心世界也增强身体健康，而且那章援引了海的说法：她的主张无须用科学证据来证实。本章所描述的主要心理治疗方法有科学基础吗？如何用科学实验来评估治疗方法的有效性？

4. 2009年6月，流行歌王迈克尔·杰克逊（Michael Jackson）在注射致命剂量的麻醉剂异丙酚（propofol）后死亡。异丙酚有时不按说明书使用，而被用作抗焦虑药物。尸检确认他体内含有多种处方药，包括苯二氮卓类药物、氯羟去甲安定和安定。[杰克逊的心脏病专家，康拉德·默里（Conrad Murray）医生，后来因使用致命剂量药物被判过失杀人罪]。其他死于通常治疗焦虑和抑郁的药物的知名人士有死于2008年的希思·莱杰（Heath Ledger）和死于2007年的安娜·妮可尔·史密斯（Anna Nicole Smith）。你的室友评论说，"这些药物很危险，有心理问题的人应该用谈话疗法来治疗，而远离药物治疗，即使是负责任的医生开的药。"你是否同意药物治疗如果错误使用是危险的？你如何为用药物治疗严重心理障碍做辩护？

> 关键概念小测试答案

1.b; 2.c; 3.d; 4.b; 5.c; 6.d; 7.a; 8.b; 9.d; 10.b; 11.d; 12.b; 13.c; 14.d; 15.d.

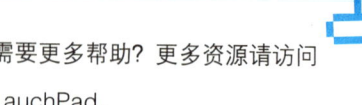

需要更多帮助？更多资源请访问 LauchPad,

网　址：http://www.worthpublisher.com/lauchpad/schacter3e

参考文献

Aarts, H., **Custers**, R., & **Marien**, H.(2008). Preparing and motivating behavior outside of awareness. *Science, 319*,1639.

Abbott, J.M., **Klein**, B., & **Ciechomski**, L.(2008). Best practices in online therapy. *Journal of Technology in Human Services, 26*,360-375.

Abel, T., **Alberini**, C., **Ghirardi**, M., **Huang**, Y.-Y., **Nguyen**, P., & **Kandel**, E.R.(1995). Steps toward a molecular definition of memory consolidation. In D.L. Schacter (Ed.), *Memory distortion: How minds, brains and societies reconstruct the past* (pp.298-328). Cambridge, MA: Harvard University Press.

Abelson, J., **Curtis**, G., **Sagher**, O., **Albucher**, R., **Harrigan**, M., **Taylor**, S., ... **Giordani**, B.(2009). Deep brain stimulation for refractory obsessive-compulsive disorder. *Biological Psychiatry, 57*,510-516.

Abrams, M., & **Reber**, A.S.(1988). Implicit learning: Robustness in the face of psychiatric disorders. *Journal of Psycholinguistic Research, 17*,425-439.

Abramson, L.Y., **Seligman**, M.E.P., & **Teasdale**, J.D.(1978). Learned helplessness in humans: Critique and reformulation. *Journal of Abnormal Psychology, 87*,49-74.

Acevedo, B.P., & **Aron**, A.(2009). Does a long-term relationship kill romantic love? *Review of General Psychology, 13*,59-65.

Acevedo-Garcia, D., **McArdle**, N., **Osypuk**, T.L., **Lefkowitz**, B., & **Krimgold**, B.K.(2007). *Children left behind: How metropolitan areas are failing America's children*. Boston: Harvard School of Public Health.

Achter, J.A., **Lubinski**, D., & **Benbow**, C.P.(1996). Multipotentiality among the intellectually gifted: "It was never there and already it's vanishing." *Journal of Counseling Psychology, 43*,65-76.

Acocella, J.(1999). *Creating hysteria: Women and multiple personality disorder*. San Francisco: Jossey-Bass.

Addis, D.R., **Wong**, A.T., & **Schacter**, D.L.(2007). Remembering the past and imagining the future: Common and distinct neural substrates during event construction and elaboration. *Neuropsychologia, 45*,1363-1377.

Addis, D.R., **Wong**, A.T., & **Schacter**, D.L.(2008). Age-related changes in the episodic simulation of future events. *Psychological Science, 19*,33-41.

Adelmann, P.K., & **Zajonc**, R.B.(1989). Facial efference and the experience of emotion. *Annual Review of Psychology, 40*,249-280.

Adolph, K.E., & **Avoilio**, A.M.(2000). Walking infants adapt locomotion to changing body dimensions. *Journal of Experimental Psychology: Human Perception and Performance, 26*,1148-1166.

Adolph, K.E., **Cole**, W.G., **Komati**, M., **Garciaguirre**, J.S., **Badaly**, D., **Lingeman**, J.M., ... **Sotsky**, R.B.(2012). How do you learn to walk? Thousands of steps and dozens of falls per day. *Psychological Science, 23*(11),1387-1394. doi:10.1177/0956797612446346

Adolphs, R., **Russell**, J.A., & **Tranel**, D.(1999). A role for the human amygdala in recognizing emotional arousal from unpleasant stimuli. *Psychological Science, 10*,167-171.

Adolphs, R., **Tranel**, D., **Damasio**, H., & **Damasio**, A.R.(1995). Fear and the human amygdala. *The Journal of Neuroscience, 15*,5879-5891.

Adorno, T.W., **Frenkel-Brunswik**, E., **Levinson**, D.J., & **Sanford**, R.N.(1950). *The authoritarian personality*. New York: Harper & Row.

Aggleton, J. (Ed.).(1992). *The amygdala: Neurobiological aspects of emotion, memory and mental dysfunction*. New York: Wiley-Liss.

Agin, D.(2007). *Junk science: An overdue indictment of government, industry, and faith groups that twist science for their own gain*. New York: Macmillan.

Agren, T., **Engman**, J., **Frick**, A., **Björkstrand**, J., **Larsson**, E.M., **Furmark**, T., & **Fredrikson**, M.(2012). Disruption of reconsolidation erases a fear memory trace in the human amygdala. *Science, 337*,1550-1552.

Agthe, M., **Spörrle**, M., & **Maner**, J.K.(2010). Don't hate me because I'm beautiful: Anti-attractiveness bias in organizational evaluation and decision making. *Journal of Experimental Psychology, 46*(6),1151-1154. doi:10.1016/j.jesp.2010.05.007

Aharon, I., **Etcoff**, N., **Ariely**, D., **Chabris**, C.F., **O'Conner**, E., & **Breiter**, H.C.(2001). Beautiful faces have variable reward value: fMRI and behavioral evidence. *Neuron, 32*,537-55l.

Ahlskog, J.E.(2011). Pathological behaviors provoked by dopamine agonist therapy of Parkinson's disease. *Physiology & Behavior, 104*,168-172.

Ainslie, G.(2001). *Breakdown of will*. New York: Cambridge University Press.

Ainsworth, M.D.S., **Blehar**, M.C., **Waters**, E., & **Wall**, S.(1978) *Patterns of attachment*: *A psychological study of the strange situation*. Hillsdale, NJ: Erlbaum.

Ainsworth, S.E., & **Maner**, J.K.(2012). Sex begets violence: Mating motives, social dominance, and physical aggression in men. *Journal of Personality and Social Psychology, 103*(5),819-829. doi:10.1037/a0029428

Aksglaede, L., **Sorensen**, K., **Petersen**, J.H., **Skakkebaek**, N.E., & **Juul**, A.(2009). Recent decline in age at breast development: The Copenhagen puberty study. *Pediatrics, 123*(5), e932-e939.

Alasaari, J.S., **Lagus**, M., **Ollila**, H.M., **Toivola**, A., **Kivimaki**, M., **Vahterra**, J., ... **Paunio**, T.(2012). Environmental stress affects DNA methylation of a CpG rich promoter region of serotonin transporter gene in a nurse cohort. *PLoS One, 7*, e45813. doi:10.1371/journal.pone.0045813

Albarracín, D., & **Vargas**, P.(2010). Attitudes and persuasion: From biology to social responses to persuasive intent. In S.T. Fiske, D.T. Gilbert, & G. Lindzey (Eds.), *The handbook of social psychology* (5th ed., Vol.1, pp.389-422). New York: Wiley.

Albee, E.(1962). *Who's afraid of Virginia Woolf?* New York: Atheneum.

Aleman, A., **Sommer**, I.E., & **Kahn**, R.S.(2007). Efficacy of slow repetitive transcranial magnetic stimulation in the treatment of resistant auditory hallucinations in schizophrenia: A meta-analysis. *Journal of Clinical Psychiatry, 68*,416-421.

Allen, P., **Larøi**, F., **McGuire**, P.K., & **Aleman**, A.(2008). The hallucinating brain: A review of structural and functional neuroimaging studies of hallucinations. *Neuroscience and Biobehavioral Reviews, 32*,175-191.

Alicke, M.D., **Klotz**, M.L., **Breitenbecher**, D.L., **Yurak**, T.J., & **Vredenburg**, D.S.(1995). Personal contact, individuation, and the better-than-average effect. *Journal of Personality and Social Psychology, 68*,804-824.

Allison, D.B., **Fontaine**, K.R., **Manson**, J.E., **Stevens**, J., & **Vanltallie**, T.B.(1999). Annual deaths attributable to obesity in the United States. *Journal of the American Medical Association, 282*,1530-1538.

Allison, D.B., **Kaprio**, J., **Korkeila**, M., **Koskenvuo**, M., **Neale**, M.C., & **Hayakawa**, K.(1996). The heritability of body mass index among an international sample of monozygotic twins reared apart. *International Journal of Obesity, 20*(6),501-506.

Alloway, T.P., **Gathercole**, S.E., **Kirkwood**, H., & **Elliott**, J.(2009). The cognitive and behavioral characteristics of children with low working memory. *Child Development, 80*,606-621.

Allport, G.W.(1937). *Personality*: *A psychological interpretation*. New York: Holt.

Allport, G.W.(1954). *The nature of prejudice*. Cambridge, MA: Addison-Wesley.

Allport, G.W., & **Odbert**, H.S.(1936). Trait-names: A psycholexical study. *Psychological Monographs, 47*,592.

Alt, K.W., **Jeunesse**, C., **Buitrago-Téllez**, C.H., **Wächter**, R., **Boës**, E., & **Pichler**, S.L.(1997). Evidence for stone age cranial surgery. *Nature, 387*,360.

Alvarez, L.W.(1965). A pseudo experience in parapsychology. *Science, 148*,1541.

American Academy of Pediatrics.(2000, July 26). *The impact of entertainment violence on children*. Joint statement issued at a meeting of the Congressional Public Health Summit. Retrieved from http://www.aap.org/advocacy/releases/jstmtevc.htm

American Psychiatric Association.(2000). *Diagnostic and statistical manual of mental disorders* (4th ed., text rev.). Washington, DC: Author.

American Psychiatric Association.(2013). *Diagnostic and statistical manual of mental disorders* (5th ed.). Washington, DC: Author.

American Psychological Association.(2002). *Ethical principles of psychologists and code of conduct*. Washington, DC: Author. Retrieved from apa.org/code/ethics/index.aspx [includes 2010 amendments].

American Psychological Association.(2005). *Resolution in favor of empirically supported sex education and HIV prevention programs for adolescents*. Washington, DC: Author.

American Psychological Association.(2009). *Report of the American Psychological Association task force on appropriate therapeutic responses to sexual orientation*. Washington, DC: Author.

Anand, **S.**, **& Hotson**, **J.**(2002). Transcranial magnetic stimulation: Neurophysiological applications and safety. *Brain and Cognition*, *50*,366-386.

Anderson, **C.A.**(1989). Temperature and aggression: Ubiquitous effects of heat on occurrence of human violence. *Psychological Bulletin*, *106*,74-96.

Anderson, **C.A.**, **Berkowitz**, **L.**, **Donnerstein**, **E.**, **Huesmann**, **L.R.**, **Johnson**, **J.D.**, **Linz**, **D.**, ... **Wartella**, **E.**(2003). The influence of media violence on youth. *Psychological Science in the Public Interest*, *4*,81-110.

Anderson, **C.A.**, **& Bushman**, **B.J.**(2001). Effects of violent video games on aggressive behavior, aggressive cognition, aggressive affect, physiological arousal, and prosocial behavior: A metaanalytic review of the scientific literature. *Psychological Science*, *12*(5),353-359.

Anderson, **C.A.**, **& Bushman**, **B.J.**(2002). Human aggression. *Annual Review of Psychology*, *53*,27-51.

Anderson, **C.A.**, **Bushman**, **B.J.**, **& Groom**, **R.W.**(1997). Hot years and serious and deadly assault: Empirical tests of the heat hypothesis. *Journal of Personality and Social Psychology*, *73*,1213-1223.

Anderson, **C.A.**, **Shibuya**, **A.**, **Ihori**, **N.**, **Swing**, **E.L.**, **Bushman**, **B.J.**, **Sakamoto**, **A.**, ... **Saleem**, **M.**(2010). Violent video game effects on aggression, empathy, and prosocial behavior in Eastern and Western countries: A meta-analytic review. *Psychological Bulletin*, *136*(2),151-173. doi:10.1037/a0018251

Anderson, **J.R.**, **& Schooler**, **L.J.**(1991). Reflections of the environment in memory. *Psychological Science*, *2*,396-408.

Anderson, **J.R.**, **& Schooler**, **L.J.**(2000). The adaptive nature of memory. In E. Tulving & F.I.M. Craik (Eds.), *Handbook of memory* (pp.557-570). New York: Oxford University Press.

Anderson, **M.C.**(2003). Rethinking interference theory: Executive control and the mechanisms of forgetting. *Journal of Memory and Language*, *49*,415-445.

Anderson, **M.C.**, **Bjork**, **R.A.**, **& Bjork**, **E.L.**(1994). Remembering can cause forgetting: Retrieval dynamics in long-term memory. *Journal of Experimental Psychology*: *Learning*, *Memory*, *and Cognition*, *20*,1063-1087.

Anderson, **M.C.**, **Ochsner**, **K.N.**, **Kuhl**, **B.**, **Cooper**, **J.**, **Robertsoon**, **E.**, **Gabrieli**, **S.W.**, ... **Gabrieli**, **J.D.E.**(2004). Neural systems underlying the suppression of unwanted memories. *Science*, *303*,232-235.

Anderson, **R.C.**, **Pichert**, **J.W.**, **Goetz**, **E.T.**, **Schallert**, **D.L.**, **Stevens**, **K.V.**, **& Trollip**, **S.R.**(1976). Instantiation of general terms. *Journal of Verbal Learning and Verbal Behavior*, *15*,667-679.

Andreasen, **N.C.**(2011). A journey into chaos: Creativity and the unconscious. *Mens Sana Monographs*, *9*,42-53.

Andrewes, **D.**(2001). *Neuropsychology*: *From theory to practice*. Hove, England: Psychology Press.

Andrews, **I.**(1982). Bilinguals out of focus: A critical discussion. *International Review of Applied Linguistics in Language Teaching*, *20*,297-305.

Andrews-Hanna, **J.R.**(2012). The brain's default network and its adaptive role in internal mentation. *Neuroscientist*, *18*,251-270.

Annis, **L.F.**, **& Annis**, **D.B.**(1982). A normative study of students' reported preferred study techniques. *Literacy Research and Instruction*, *21*,201-207.

Ansfield, **M.**, **Wegner**, **D.M.**, **& Bowser**, **R.**(1996). Ironic effects of sleep urgency. *Behavior Research and Therapy*, *34*,523-531.

Ansuini, **C.G.**, **Fiddler-Woite**, **J.**, **& Woite**, **R.S.**(1996). The source, accuracy, and impact of initial sexuality information on lifetime wellness. *Adolescence*, *31*,283-289.

Antoni, **M.H.**, **Lehman**, **J.M.**, **Klibourn**, **K.M.**, **Boyers**, **A.E.**, **Culver**, **J.L.**, **Alferi**, **S.M.**, ... **Carver**, **C.S.**(2001). Cognitivebehavioral stress management intervention decreases the prevalence of depression and enhances benefit finding among women under treatment for early-stage breast cancer. *Health Psychology*, *20*,20-32.

Apicella, C.L., **Feinberg**, D.R., & **Marlowe**, F.W.(2007). Voice pitch predicts reproductive success in male hunter-gatherers. *Biology Letters*, *3*(6),682-684. doi:10.1098/rsbl.2007.0410

Apperly, I.A., & **Butterfill**, S.A.(2009). Do humans have two systems to track beliefs and belief-like states? *Psychological Review*, *116*,953-970.

Arellano, D., **Varona**, J., & **Perales**, F.(2008). Generation and visualization of emotional states in virtual characters. *Computer Animation and Virtual Worlds*, *19*(3-4),259-270.

Aristotle.(1998). *The Nichomachean ethics* (D.W. Ross, Trans.). Oxford, England: Oxford University Press. (Original work circa 350 BCE)

Ariyasu, H., **Takaya**, K., **Tagami**, T., **Ogawa**, Y., **Hosoda**, K., **Akamizu**, T., ... **Hosoda**, H.(2001). Stomach is a major source of circulating ghrelin, and feeding state determines plasma ghrelin-like immunoreactivity levels in humans. *Journal of Clinical Endocrinology and Metabolism*, *86*,4753-4758.

Armstrong, D.M.(1980). *The nature of mind*. Ithaca, NY: Cornell University Press.

Arnold, M.B. (Ed.).(1960). *Emotion and personality*: *Psychological aspects* (Vol.1). New York: Columbia University Press.

Arnold, S.E., **Trojanowski**, J.Q., **Gur**, R.E., **Blackwell**, P., **Han**, L., & **Choi**, C.(1998). Absence of neurodegeneration and neural injury in the cerebral cortex in a sample of elderly patients with schizophrenia. *Archives of General Psychiatry*, *55*,225-232.

Aron, A., **Fisher**, H., **Mashek**, D., **Strong**, G., **Li**, H., & **Brown**, L.(2005). Reward, motivation, and emotion systems associated with early-stage intense romantic love. *Journal of Neurophysiology*, *93*,327-337.

Aronson, E.(1963). Effect of the severity of threat on the devaluation of forbidden behavior. *Journal of Abnormal and Social Psychology*, *66*,584-588.

Aronson, E.(1969). The theory of cognitive dissonance: A current perspective. In L. Berkowitz (Ed.), *Advances in experimental social psychology* (Vol.4, pp.1-34): Academic Press.

Aronson, E., & **Mills**, J.(1958). The effect of severity of initiation on liking for a group. *Journal of Abnormal and Social Psychology*, *59*,177-181.

Aronson, E., **Willerman**, B., & **Floyd**, J.(1966). The effect of a pratfall on increasing interpersonal attractiveness. *Psychonomic Science*, *4*,227-228.

Aronson, E., & **Worchel**, P.(1966). Similarity versus liking as determinants of interpersonal attractiveness. *Psychonomic Science*, *5*,157-158.

Aronson, J., & **Steele**, C.M.(2004). Stereotypes and the fragility of academic competence, motivation, and self-concept. In A.J. Elliot & C.S. Dweck (Eds.), *Handbook of competence and motivation* (pp.436-456). New York: Guilford Press.

Asch, S.E.(1946). Forming impressions of personality. *Journal of Abnormal and Social Psychology*, *41*,258-290.

Asch, S.E.(1951). Effects of group pressure on the modification and distortion of judgments. In H. Guetzkow (Ed.), *Groups, leadership, and men* (pp.177-190). Pittsburgh, PA: Carnegie Press.

Asch, S.E.(1955). Opinions and social pressure. *Scientific American*, *193*,31-35.

Asch, S.E.(1956). Studies of independence and conformity: 1. A minority of one against a unanimous majority. *Psychological Monographs*: *General and Applied*, *70*,1-70.

Aschoff, J.(1965). Circadian rhythms in man. *Science*, *148*,1427-1432.

Aserinsky, E., & **Kleitman**, N.(1953). Regularly occurring periods of eye motility, and concomitant phenomena, during sleep. *Science*, *118*,273-274.

Ashby, F.G., & **Ell**, S.W.(2001). The neurobiology of human category learning. *Trends in Cognitive Sciences*, *5*,204-210.

Ashby, F.G., & **O'Brien**, J.B.(2005). Category learning and multiple memory systems. *Trends in Cognitive Sciences*, *9*,83-89.

Ashcraft, M.H.(1998). *Fundamentals of cognition*. New York: Longman.

Associated Press.(2007). Former stripper guilty of posing as psychologist. *Boston Herald*. Retrieved from http://www.bostonherald.com.

Astington, J.W., & **Baird**, J.(2005). *Why language matters for theory of mind*. Oxford, England: Oxford University Press.

Atance, C.M., **Bélanger**, M., & **Meltzoff**, A.N.(2010). Preschoolers' understanding of others' desires: Fulfilling mine enhances my understanding of yours. *Developmental Psychology, 46*(6),1505-1513. doi:10.1037/a0020374

Avery, D., **Holtzheimer**, P., III, **Fawaz**, W., **Russo**, J., **Naumeier**, J., **Dunner**, D., ... **Roy-Byrne**, P.(2009). A controlled study of repetitive transcranial magnetic stimulation in medication-resistant major depression. *Biological Psychiatry, 59*,187-194.

Aviezer, H., **Hassin**, R.R., **Ryan**, J., **Grady**, C., **Susskind**, J., **Anderson**, A., ... **Bentin**, S.(2008). Angry, disgusted, or afraid? Studies on the malleability of emotion perception. *Psychological Science, 19*,724-732.

Aviezer, H., **Trope**, Y., & **Todorov**, A.(2012). Body cues, not facial expressions, discriminate between intense positive and negative emotions. *Science, 338*,1225-1229.

Avolio, B.J., & **Waldman**, D.A.(1994). Variations in cognitive, perceptual, and psychomotor abilities across the working life span: Examining the effects of race, sex, experience, education, and occupational type. *Psychology and Aging, 9*,430-442.

Axelrod, R.(1984). *The evolution of cooperation*. New York: Basic Books.

Axelrod, R., & **Hamilton**, W.D.(1981). The evolution of cooperation. *Science, 211*,1390-1396.

Ayduk, O., **Shoda**, Y., **Cervone**, D., & **Downey**, G.(2007). Delay of gratification in children: Contributions to social-personality psychology. In G. Downey, Y. Shoda, & C. Cervone (Eds.), *Persons in context: Building a science of the individual* (pp.97-109). New York: Guilford Press.

Ayres, C.E.(1921). Instinct and capacity. 1. The instinct of belief-ininstincts. *Journal of Philosophy, 18*,561-565.

Azuma, H., & **Kashiwagi**, K.(1987). Descriptors for an intelligent person: A Japanese study. *Japanese Psychological Research, 29*,17-26.

Baars, B.J.(1986). *The cognitive revolution in psychology*. New York: Guilford Press.

Baca-Motes, K., **Brown**, A., **Gneezy**, A., **Keenan**, E.A., & **Nelson**, L.D.(2013). Commitment and behavior change: Evidence from the field. *Journal of Consumer Research, 39*(5),1070-1084. doi:10.1086/667226

Back, M.D., **Schmukle**, S.C., & **Egloff**, B.(2008). Becoming friends by chance. *Psychological Science, 19*,439-440.

Back, M.D., **Stopfer**, J.M., **Vazire**, S., **Gaddis**, S., **Schmukle**, S.C., **Egloff**, B., & **Gosling**, S.(2010). Facebook profiles reflect actual personality not self-idealization. *Psychological Science, 21*,372-374.

Backman, C.W., & **Secord**, P.F.(1959). The effect of perceived liking on interpersonal attraction. *Human Relations, 12*,379-384.

Bäckman, L., **Almkvist**, O., **Andersson**, J., **Nordberg**, A., **Winblad**, B., **Reineck**, R., & **Långström**, B.(1997). Brain activation in young and older adults during implicit and explicit retrieval. *Journal of Cognitive Neuroscience, 9*,378-391.

Bäckman, L., & **Dixon**, R.A.(1992). Psychological compensation: A theoretical framework. *Psychological Bulletin, 112*,259-283.

Baddeley, A.D.(2001). Is working memory still working? *American Psychologist, 56*,851-864.

Baddeley, A.D., & **Hitch**, G.J.(1974). Working memory. In S. Dornic (Ed.), *Attention and performance* (Vol.6, pp.647-667). Hillsdale, NJ: Erlbaum.

Bagby, R.M., **Levitan**, R.D., **Kennedy**, S.H., **Levitt**, A.J., & **Joffe**, R.T.(1999). Selective alteration of personality in response to noradrenergic and serotonergic antidepressant medication in depressed sample: Evidence of non-specificity. *Psychiatry Research, 86*,211-216.

Bahrick, H.P.(1984). Semantic memory content in permastore: 50 years of memory for Spanish learned in school. *Journal of Experimental Psychology: General, 113*,1-29.

Bahrick, H.P.(2000). Long-term maintenance of knowledge. In E. Tulving & F.I.M. Craik (Eds.), *The Oxford handbook of memory* (pp.347-362). New York: Oxford University Press.

Bahrick, H.P., **Hall**, L.K., & **Berger**, S.A.(1996). Accuracy and distortion in memory for high school grades. *Psychological Science, 7*,265-271.

Bahrick, H.P., **Hall** L.K., & **DaCosta**, L.A.(2008). Fifty years of college grades: Accuracy and distortions. *Emotion, 8*,13-22.

Bailey, J.M., & **Pillard**, R.C.(1991). A genetic study of male sexual orientation. *Archives of General Psychiatry, 48*,1089-1096.

Bailey, J.M., Pillard, R.C., Dawood, K., Miller, M.B., Farrer, L.A., Trivedi, S., ... Murphy, R.L.(1999). A family history study of male sexual orientation using three independent samples. *Behavior Genetics*, *29*,79-86.

Bailey, J.M., Pillard, R.C., Neale, M.C., & Agyes, Y.(1993). Heri-table factors influence sexual orientation in women. *Archives of General Psychiatry*, *50*,217-223.

Baillargeon, R., Scott, R.M., & He, Z.(2010). False-belief understanding in infants. *Trends in Cognitive Sciences*, *14*(3),110-118.

Baillargeon, R., Spelke, E.S., & Wasserman, S.(1985). Object permanence in 5-month-old infants. *Cognition*, *20*,191-208.

Baird, B., Smallwood, J., Mrazek, M.D., Kam, J.W.Y., Franklin, M.S., & Schooler, J.W.(2012). Inspired by distraction: Mind wandering facilitates creative incubation. *Psychological Science*, *23*,1117-1122.

Baker, E., Shelton, K.H., Baibazarova, E., Hay, D.F., & van Goozen, S.H.M.(2013). Low skin conductance activity in infancy predicts aggression in toddlers 2 years later. *Psychological Science*, *24*(6),1051-1056. doi:10.1177/0956797612465198

Baker, T.B., Brandon, T.H., & Chassin, L.(2004). Motivational influences on cigarette smoking. *Annual Review of Psychology*, *55*,463-491.

Baker, T.B., McFall, R.M., & Shoham, V.(2009). Current status and future prospects of clinical psychology: Toward a scientifically principled approach to mental and behavioral health care. *Psychological Science in the Public Interest*, *9*,67-103.

Baldwin, M.W., Carrell, S.E., & Lopez, D.F.(1989). Priming relationship schemas: My advisor and the pope are watching me from the back of my mind. *Journal of Experimental Social Psychology*, *26*,435-454.

Baler, R.D., & Volkow, N.D.(2006). Drug addiction: The neurobiology of disrupted self-control. *Trends in Molecular Medicine*, *12*,559-566.

Baltes, P.B., & Reinert, G.(1969). Cohort effects in cognitive development of children as revealed by cross-sectional sequences. *Developmental Psychology*, *1*,169-177.

Banaji, M.R., & Heiphetz, L.(2010). Attitudes. In S.T. Fiske, D.T. Gilbert, & G. Lindzey (Eds.), *The handbook of social psychology* (5th ed., Vol.1, pp.348-388). New York: Wiley.

Bandura, A.(1965). Influence of models' reinforcement contingencies on the acquisition of imitative responses. *Journal of Social and Personality Psychology*, *1*,589-595.

Bandura, A.(1977). *Social learning theory*. Englewood Cliffs, NJ: Prentice Hall.

Bandura, A.(1986). *Social foundations of thought and action*: *A social cognitive theory*. Englewood Cliffs, NJ: Prentice Hall.

Bandura, A.(1994). Social cognitive theory of mass communication. In J. Bryant & D. Zillmann (Eds.), *Media effects*: *Advances in theory and research* (pp.61-90). Hillsdale, NJ: Erlbaum.

Bandura, A., Ross, D., & Ross, S.(1961). Transmission of aggression through imitation of adult models. *Journal of Abnormal and Social Psychology*, *63*,575-582.

Bandura, A., Ross, D., & Ross, S.(1963). Vicarious reinforcement and imitative learning. *Journal of Abnormal and Social Psychology*, *67*,601-607.

Banks, M.S., & Salapatek, P.(1983). Infant visual perception. In M. Haith & J. Campos (Eds.), *Handbook of child psychology*: *Biology and infancy* (pp.435-572). New York: Wiley.

Banse, R., & Scherer, K.R.(1996). Acoustic profiles in vocal emotion expression. *Journal of Personality and Social Psychology*, *70*,614-636.

Barber, J.P., Muran, J.C., McCarthy, K.S., & Keefe, J.R.(2013). Research on dynamic therapies. In M. Lambert (Ed.), *Bergin and Garfield's handbook of psychotherapy and behavior change* (6th ed., pp.443-494). Hoboken, NJ: Wiley.

Barber, S.J., Rajaram, S., & Fox, E.B.(2012). Learning and remembering with others: The key role of retrieval in shaping group recall and collective memory. *Social Cognition*, *30*,121-132.

Bard, P.(1934). On emotional experience after decortication with some remarks on theoretical views. *Psychological Review*, *41*,309-329.

Bargh, J.A., & Chartrand, T.L.(1999). The unbearable automaticity of being. *American Psychologist*, *54*,462-479.

Bargh, J.A., Chen, M., & Burrows, L.(1996). The automaticity of social behavior: Direct effects of trait concept and stereotype activation on action. *Journal of Personality and Social Psychology, 71*,230-244.

Bargh, **J**.**A**., **Gollwitzer**, **P**.**M**., **Lee-Chai**, **A**., **Barndollar**, **K**., & **Trötschel**, **R**.(2001). The automated will: Nonconscious activation and pursuit of behavioral goals. *Journal of Personality and Social Psychology, 81*,1014-1027.

Bargh, **J**.**A**., **Gollwitzer**, **P**.**M**., & **Oettingen**, **G**.(2010). Motivation. In S.T. Fiske, D.T. Gilbert, & G. Lindzey (Eds.), *The handbook of social psychology* (5th ed., Vol.1, pp.263-311). New York: Wiley.

Bargh, **J**.**A**., & **Morsella**, **E**.(2008). The unconscious mind. *Perspectives on Psychological Science, 3*,73-89.

Barker, **A**.**T**., **Jalinous**, **R**., & **Freeston**, **I**.**L**.(1985). Noninvasive magnetic stimulation of the human motor cortex. *Lancet, 2*,1106-1107.

Barkow, **J**.(1980). Prestige and self-esteem: A biosocial interpretation. In D.R. Omark, F.F. Stayer, & D.G. Freedman (Eds.), *Dominance relations* (pp.319-322). New York: Garland.

Barlow, **D**.**H**., **Bullis**, **J**.**R**., **Comer**, **J**.**S**., & **Ametaj**, **A**.**A**.(2013). Evidence-based psychological treatments: An update and a way forward. *Annual Review of Clinical Psychology, 9*,1-27.

Barlow, **D**.**H**., **Gorman**, **J**.**M**., **Shear**, **M**.**K**., & **Woods**, **S**.**W**.(2000). Cognitive-behavioral therapy, imipramine, or their combination for panic disorder: A randomized controlled trial. *Journal of the American Medical Association, 283*(19),2529-2536.

Barnier, **A**.**J**., **Levin**, **K**., & **Maher**, **A**.(2004). Suppressing thoughts of past events: Are repressive copers good suppressors? *Cognition and Emotion, 18*,457-477.

Baron-Cohen, **S**.(1991). Do people with autism understand what causes emotion? *Child Development, 62*,385-395.

Baron-Cohen, **S**., & **Belmonte**, **M**.**K**.(2005). Autism: A window onto the development of the social and analytic brain. *Annual Review of Neuroscience, 28*,109-126.

Baron-Cohen, **S**., **Leslie**, **A**., & **Frith**, **U**.(1985). Does the autistic child have a "theory of mind"? *Cognition, 21*,37-46.

Barondes, **S**.(2003). *Better than Prozac*. New York: Oxford University Press.

Barrett, **L**.**F**., **Mesquita**, **B**., & **Gendron**, **M**.(2011). Context in emotion perception. *Current Directions in Psychological Science, 20*(5),286-290. doi:10.1177/0963721411422522

Barrientos, **R**.**M**., **Watkins**, **L**.**R**., **Rudy**, **J**.**W**., & **Maier**, **S**.**F**.(2009). Characterization of the sickness response in young and aging rats following *E. coli* infection. *Brain, Behavior, and Immunity, 23*,450-454.

Bartal, **I**.**B**.**-A**., **Decety**, **J**., & **Mason**, **P**.(2011). Empathy and prosocial behavior in rats. *Science, 334*(6061),1427-1430.

Bartlett, **F**.**C**.(1932). *Remembering: A study in experimental and social psychology*. Cambridge, England: Cambridge University Press.

Bartol, **C**.**R**., & **Costello**, **N**.(1976). Extraversion as a function of temporal duration of electric shock: An exploratory study. *Perceptual and Motor Skills, 42*,1174.

Bartoshuk, **L**.**M**.(2000). Comparing sensory experiences across individuals: Recent psychophysical advances illuminate genetic variation in taste perception. *Chemical Senses, 25*,447-460.

Bartoshuk, **L**.**M**., & **Beauchamp**, **G**.**K**.(1994). Chemical senses. *Annual Review of Psychology, 45*,419-445.

Basden, **B**.**H**., **Basden**, **D**.**R**., **Bryner**, **S**., & **Thomas**, **R**.**L**.(1997). A comparison of group and individual remembering: Does collaboration disrupt retrieval strategies? *Journal of Experimental Psychology: Learning, Memory, and Cognition, 23*,1176-1191.

Bates, **E**., & **Goodman**, **J**.**C**.(1997). On the inseparability of grammar and the lexicon: Evidence from acquisition, aphasia, and real-time processing. *Language and Cognitive Processes, 12*,507-584.

Bateson, **M**., **Nettle**, **D**., & **Roberts**, **G**.(2006). Cues of being watched enhance cooperation in a real-world setting. *Biology Letters, 2*(3),412-414.

Batson, **C**.**D**.(2002). Addressing the altruism question experimentally In S.G. Post & L.G. Underwood (Eds.), *Altruism & altruistic love: Science, philosophy, & religion in dialogue* (pp.89-105). London: Oxford University Press.

Batty, **G**.**D**., **Deary**, **I**.**J**., **Schoon**, **I**., & **Gale**, **C**.**R**.(2007). Mental ability across childhood in relation to risk factors for premature mortality in adult life: The 1970 British Cohort Study. *Journal of Epidemiology & Community Health, 61*(11),997-1003. doi:10.1136/jech.2006.054494

Baumeister, **R**.**F**., **Bratslavsky**, **E**., **Muraven**, **M**., & **Tice**, **D**.**M**.(1998). Ego depletion: Is the active self a limited resource?

Journal of Personality and Social Psychology, 74,1252-1265.

Baumeister, R.F., Campbell, J.D., Krueger, J.I., & Vohs, K.D.(2003). Does high self-esteem cause better performance, interpersonal success, happiness, or healthier lifestyles? *Psychological Science in the Public Interest, 4*,1-44.

Baumeister, R.F., Cantanese, K.R., & Vohs, K.D.(2001). Is there a gender difference in strength of sex drive? Theoretical views, conceptual distinctions, and a review of relevant evidence. *Personality and Social Psychology Review, 5*,242-273.

Baumeister, R.F., Heatherton, T.F., & Tice, D.M.(1995). *Losing control*. San Diego, CA: Academic Press.

Baumeister, R.F., & Leary, M.R.(1995). The need to belong: Desire for interpersonal attachments as a fundamental human motivation. *Psychological Bulletin, 117*,497-529.

Baumeister, R.F., Smart, L., & Boden, J.M.(1996). Relation of threatened egotism to violence and aggression: The dark side of high self-esteem. *Psychological Review, 103*,5-33.

Baumeister, R.F., Vohs, K.D., & Tice, D.M.(2007). The strength model of self-control. *Current Directions in Psychological Science, 16*,351-355.

Baxter, L.R., Schwartz, J.M., Bergman, K.S., Szuba, M.P., Guze, B.H., Mazziotta, J.C., Alazraki, A., ... Munford, P.(1992). Caudate glucose metabolic rate changes with both drug behavior therapy for obsessive-compulsive disorder. *Archives of General Psychiatry, 49*,681-689.

Bayley, P.J., Frascino, J.C., & Squire, L.R.(2005). Robust habit learning in the absence of awareness and independent of the medial temporal lobe. *Nature, 436*,550-553.

Bayley, P.J., Gold, J.J., Hopkins, R.O., & Squire, L.R.(2005). The neuroanatomy of remote memory. *Neuron, 46*,799-810.

Beard, C., Sawyer, A.T., & Hoffmann, S.G.(2012). Efficacy of attention bias modification using threat and appetitive stimuli: A metaanalytic review. *Behavior Therapy, 43*,724-740.

Bechara, A., Damasio, A.R., Damasio, H., & Anderson, S.W.(1994). Insensitivity to future consequences following damage to human prefrontal cortex. *Cognition, 50*,7-15.

Bechara, A., Damasio, H., Tranel, D., & Damasio, A.R.(1997). Deciding advantageously before knowing the advantageous strategy. *Science, 275*,1293-1295.

Bechara, A., Dolan, S., Denburg, N., Hindes, A., & Anderson, S.W.(2001). Decision-making deficits, linked to a dysfunctional ventromedial prefrontal cortex, revealed in alcohol and stimulant abusers. *Neuropsychologia, 39*,376-389.

Bechara, A., Tranel, D., & Damasio, H.(2000). Characterization of the decision-making deficit of patients with ventromedial prefrontal cortex lesions. *Brain, 123*,2189-2202.

Beck, A.T.(1967). *Depression: Causes and treatment*. Philadelphia: University of Pennsylvania Press.

Beck, A.T.(2005). The current state of cognitive therapy: A 40-year retrospective. *Archives of General Psychiatry, 62*,953-959.

Beckers, G., & Zeki, S.(1995). The consequences of inactivating areas Vl and V5 on visual motion perception. *Brain, 118*,49-60.

Bednarczyk, R.A., Davis, R., Ault, K., Orenstein, W., & Omer, S.B.(2012). Sexual activity-related outcomes after human papillomavirus vaccination of 11-to 12-year-olds. *Pediatrics, 130*(5),798-805. Doi: 10.1542/peds. 2912-1516

Bedny, M., & Saxe, R.(2012). Insights into the origins of knowledge from the cognitive neuroscience of blindness. *Cognitive Neuropsychology, 29*,56-84.

Beek, M.R., Levin, D.T., & Angelone, B.(2007). Change blindness blindness: Beliefs about the roles of intention and scene complexity in change detection. *Consciousness and Cognition, 16*,31-51.

Beesdo, K., Pine, D.S., Lieb, R., & Wittchen, H.U.(2010). Incidence and risk patterns of anxiety and depressive disorders and categorization of generalized anxiety disorder. *Archives of General Psychiatry, 67*,47-57.

Békésy, G. von.(1960). *Experiments in hearing*. New York: McGrawHill.

Bekinschtein, T.A., Peeters, M., Shalom, D., & Sigman, M.(2011). Sea slugs, subliminal pictures, and vegetative state patients: Boundaries of consciousness in classical conditioning. *Frontiers in Psychology, 2*, article 337. doi:10.3389/fpsyg.2011.00337

Bell, A.P., Weinberg, M.S., & Hammersmith, S.K.(1981). *Sexual preference: Its development in men and women*. Bloomington: Indiana University Press.

Belluck, P., & **Carey**, B.(2013, May 7). Psychiatry's guide is out of touch with science, experts say. *New York Times*, p.A13. Retreived from http://www.nytimes.com/2013/05/07/psychiatrys-new-guide-fallsshort-experts-say.html

Belsky, J.(2012). The development of human reproductive strategies: Progress and prospects. *Current Directions in Psychological Science*, *21*(5),310-316. doi:10.1177/0963721412453588

Belsky, J., **Spritz**, B., & **Crnic**, K.(1996). Infant attachment security and affective-cognitive information processing at age 3. *Psychological Science*, *7*,111-114.

Bem, S, L.(1974). The measure of psychological androgyny. *Journal of Consulting and Clinical Psychology*, *42*,155-162.

Benedetti, F., **Maggi**, G., & **Lopiano**, L.(2003). Open versus hidden medical treatment: The patient's knowledge about a therapy affects the therapy outcome. *Prevention & Treatment*, *6*, Article 1. Retrieved June 23,2003, from http://content.apa.org/psycarticles/2003-07872-001

Benedetti, F., **Pollo**, A., **Lopiano**, L., **Lanotte**, M., **Vighetti**, S., & **Rainero**, I.(2003). Conscious expectation and unconscious conditioning in analgesic, motor, and hormonal placebo/nocebo responses. *The Journal of Neuroscience*, *23*,4315-4323.

Benenson, J.F., **Markovits**, H., **Thompson**, M.E., & **Wrangham**, R.W.(2011). Under threat of social exclusion, females exclude more than males. *Psychological Science*, *22*(4),538-544. doi:10.1177/0956797611402511

Bennett, I.J., **Romano**, J.C., **Howard**, J.H., & **Howard**, D.V.(2008). Two forms of implicit learning in young adults with dyslexia. *Annals of the New York Academy of Sciences*, *1145*,184-198.

Benoit, R.G., & **Anderson**, M.C.(2012). Opposing mechanisms support the voluntary forgetting of unwanted memories. *Neuron*, *76*,450-460.

Benoit, S.C., **Kemp**, C.J., **Elias**, C.F., **Abplanalp**, W., **Herman**, J.P., **Migrenne**, S., ... **Clegg**, D.J.(2009). Palmitic acid mediates hypothalamic insulin resistance by altering pkc-theta subcellular localization in rodents. *The Journal of Clinical Investigation*, *119*(9),2577-2589.

Ben-Porath, Y.S., & **Tellegen**, A.(2008). *Minnesota Multiphasic Personality Inventory-2-Restructured Form*: *Manual for administration, scoring, and interpretation*. Minneapolis: University of Minnesota Press.

Benson, H. (Ed.).(1990). *The relaxation response*. New York: Harper Torch.

Benson, H., **Dusek**, J.A., **Sherwood**, J.B., **Lam**, P., **Bethea**, C.F., **Carpenter**, W., ... **Hibberd**, P.L.(2006). Study of the therapeutic effects of intercessory prayer (STEP) in cardiac bypass patients: A multicenter randomized trial of uncertainty and certainty of receiving intercessory prayer. *American Heart Journal*, *151*,934-942.

Berger, H.(1929). Über das Elektrenkephalogramm des Menschen [Electroencephalogram of man]. *Archiv für Psychiatrie und Nervenkrankheiten*, *87*,527-570.

Berglund, H., **Lindstrom**, P., & **Savic**, I.(2006). Brain response to putative pheromones in lesbian women. *Proceedings of the National Academy of Sciences, USA*, *103*,8269-8274.

Bering, J.(2004). A critical review of the "enculturation hypothesis": The effects of human rearing on great ape social cognition. *Animal Cognition*, *7*,201-212.

Berkowitz, L.(1990). On the formation and regulation of anger and aggression: A cognitive-neoassociationistic analysis. *American Psychologist*, *45*,494-503.

Bernard, L.L.(1924). *Instinct*: *A study in social psychology*. New York: Holt.

Bernat, J.L.(2009). Ethical issues in the treatment of severe brain injury: The impact of new technologies. *Annals of the New York Academy of Sciences*, *1157*,117-130.

Berridge, K.C.(2007). The debate over dopamine's role in reward: The case for incentive salience. *Psychopharmacology*, *191*,391-431.

Berry, D.S., & **McArthur**, L.Z.(1985). Some components and consequences of a babyface. *Journal of Personality and Social Psychology*, *48*,312-323.

Berry, J.W., **Poortinga**, Y.H., **Segall**, M.H., & **Dasen**, P.R.(1992). *Cross-cultural psychology*: *Research and applications*. New York: Cambridge University Press.

Berscheid, E., **Dion**, K., **Walster**, E., & **Walster**, G.W.(1971). Physical attractiveness and dating choice: A test of the matching hypothesis. *Journal of Experimental Social Psychology*, *7*(2),173-189.

Berscheid, E., & **Reis**, H.T.(1998). Interpersonal attraction and close relationships. In D.T. Gilbert, S.T. Fiske, & G. Lindzey (Eds.), *The handbook of social psychology* (4th ed., Vol.2, pp.193-281). New York: McGraw-Hill.

Bertelsen, B., **Harvald**, B., & **Hauge**, M.(1977). A Danish twin study of manic-depressive disorders. *British Journal of Psychiatry*, *130*,330-351.

Bertenthal, B.I., **Rose**, J.L., & **Bai**, D.L.(1997). Perception-action coupling in the development of visual control of posture. *Journal of Experimental Psychology*: *Human Perception & Performance*, *23*,1631-1643.

Berthoud, H.-R., & **Morrison**, C.(2008). The brain, appetite, and obesity. *Annual Review of Psychology*, *59*,55-92.

Best, J.B.(1992). *Cognitive psychology* (3rd ed.). New York: West Publishing.

Bettencourt, B., A., & **Miller**, N.(1996). Gender differences in aggression as a function of provocation: A meta-analysis. *Psychological Bulletin*, *119*,422-447.

Beutler, L.E.(2002). The dodo bird is extinct. *Clinical Psychology*: *Science and Practice*, *9*,30-34.

Bhargava, S.(2011). Diagnosis and management of common sleep problems in children. *Pediatrics in Review*, *32*,91.

Bialystok, E.(1999). Cognitive complexity and attentional control in the bilingual mind. *Child Development*, *70*,636-644.

Bialystok, E.(2009). Bilingualism: The good, the bad, and the indifference. *Bilingualism*: *Language and Cognitive Processes*, *12*,3-11.

Bialystok, E., **Craik**, F.I.M., & **Luk**, G.(2012). Bilingualism: Consequences for mind and brain. *Trends in Cognitive Sciences*, *16*,240-250.

Bickerton, D.(1990). *Language and species*. Chicago: University of Chicago Press.

Biederman, I.(1987). Recognition-by-components: A theory of human image understanding. *Psychological Review*, *94*,115-147.

Biederman, J., **Faraone**, S.V., **Spencer**, T.J., **Mick**, E., **Monuteaux**, M.C., & **Aleardi**, M.(2006). Functional impairments in adults with self-reports of diagnosed ADHD: A controlled study of 1001 adults in the community. *Journal of Clinical Psychiatry*, *67*,524-540.

Biederman, J., **Monuteaux**, M.C., **Spencer**, T., **Wilens**, T.E., & **Faraone**, S.V.(2009). Do stimulants protect against psychiatric disorders in youth with ADHD? A 10-year follow-up study. *Pediatrics*, *124*,71-78.

Billet, E., **Richter**, J., & **Kennedy**, J.(1998). Genetics of obsessivecompulsive disorder. In R. Swinson, M. Anthony, S. Rachman, & M. Richter (Eds.), *Obsessive-compulsive disorder*: *Theory, research, and treatment* (pp.181-206). New York: Guilford Press.

Binet, A.(1909). *Les idées modernes sur les enfants* [Modern ideas about children]. Paris: Flammarion.

Binswanger, L.(1958). The existential analysis school of thought. In R. May (Ed.), *Existence*: *A new dimension in psychiatry and psychology* (pp.191-213). New York: Basic Books.

Bjork, D.W.(1983). *The compromised scientist*: *William James in the development of American psychology*. New York: Columbia University Press.

Bjork, D.W.(1993). *B.F. Skinner*: *A life*. New York: Basic Books.

Bjork, E.L., & **Bjork**, R.A.(2011). Making things hard on yourself, but in a good way: Creating desirable difficulties to enhance learning. In M.A. Gernsbacher, R.W. Pewe, L.M. Hough, & J.R. Pomerantz (Eds.), *Psychology and the real world*: *Essays illustrating fundamental contributions to society* (pp.56-64). New York: Worth Publishers.

Bjork, R.A.(2011). On the symbiosis of remembering, forgetting, and learning. In A.S. Benjamin (Ed.), *Successful remembering and successful forgetting*: *A festschrift in honor of Robert A. Bjork* (pp.1-22). London: Psychology Press.

Bjork, R.A., & **Bjork**, E.L.(1988). On the adaptive aspects of retrieval failure in autobiographical memory. In M.M. Gruneberg, P.E. Morris, & R.N. Sykes (Eds.), *Practical aspects of memory*: *Current research and issues* (pp.283-288). Chichester, England: Wiley.

Bjork, R.A., **Dunlosky**, J., & **Kornell**, N.(2013). Self-regulated learning: Beliefs, techniques, and illusions. *Annual Review of Psychology*, *64*,417-444.

Blackburn, E.H., & **Epel**, E.S.(2012). Too toxic to ignore. *Nature*, *490*,169-171.

Blair, C.(2006). How similar are fluid cognition and general intelligence? A developmental neuroscience perspective on fluid cognition as an aspect of human cognitive ability. *Behavioral and Brain Sciences*, *29*(2),109-125 (article), 125-160 (discussion). doi:10.1017/S0140525X06009034

Blair, I.V.(2002). The malleability of automatic stereotypes and prejudice. *Personality and Social Psychology Review*, *6*,242-261.

Blair, J., Peschardt, K., & Mitchell, D.R.(2005). *Psychopath: Emotion and the brain*. Oxford, England: Blackwell.

Blascovich, J., Mendes, W.B., Hunter, S.B., Lickel, B., & Kowai-Bell, N.(2001). Perceiver threat in social interactions with stigmatized others. *Journal of Personality and Social Psychology*, *80*,253-267.

Blascovich, J., & Tomaka, J.(1996). The biopsychosocial model of arousal regulation. In M.P. Zanna (Ed.), *Advances in experimental social psychology* (Vol.28, pp.1-51). San Diego, CA: Academic Press.

Blasi, A.(1980). Bridging moral cognition and moral action: A critical review of the literature. *Psychological Bulletin*, *88*,1-45.

Blatt, S.J., & Homann, E.(1992). Parent-child interaction in the etiology of dependent and self-critical depression. *Clinical Psychology Review 12*,47-91.

Blesch, A., & Tuszynski, M.H.(2009). Spinal cord injury: Plasticity, regeneration and the challenge of translational drug development. *Trends in Neurosciences, 32*,41-47

Bliss, T.V.P.(1999). Young receptors make smart mice. *Nature, 401*,25 27.

Bliss, T.V.P., & Lømo, W.T.(1973). Long-lasting potentiation of synaptic transmission in the dentate area of the anesthetized rabbit following stimulation of the perforant path. *Journal of Physiology*, *232*,331-356.

Bloch, C., Kaiser, A., Kuenzli, E., Zappatore, D., Haller, S., Franceschini, R., ... Nitsch, C.(2009). The age of second language acquisition determines the variability in activation elicited by narration in three languages in Broca's and Wernicke's area. *Neuropsychologia*, *47*,625-633.

Bloom, C.M., Venard, J., Harden, M., & Seetharaman, S.(2007). Non-contingent positive and negative reinforcement schedules of supersitious behaviors. *Behavioural Process*, *75*,8-13.

Blumen, H.M., & Rajaram, S.(2008). Influence of re-exposure and retrieval disruption during group collaboration on later individual recall. *Memory*, *16*,231-244.

Boden, J.M., Fergusson, D.M., & Horwood, L.J.(2010). Risk factors for conduct disorder and oppositional/defiant disorder: Evidence from a New Zealand birth cohort. *Journal of the American Academy of Child and Adolescent Psychiatry*, *49*,1125-1133.

Boecker, H., Sprenger, T., Spilker, M.E., Henriksen, G., Koppenhoefer, M., Wagner, K.J., ... Tolle, T.R.(2008). The runner's high: Opioidergic mechanisms in the human brain. *Cerebral Cortex*, *18*,2523-2531.

Boehm, J.K., & Kubzansky, L.D.(2012). The heart's content: The association between positive psychological well-being and cardiovascular health. *Psychological Bulletin*, *138*,655-691.

Boehm, J.K., Williams, D.R., Rimm, E.B., Ryff, C., & Kubzansky, L.D.(2013). Relation between optimism and lipids in midlife. *American Journal of Cardiology*, *111*,1425-1431.

Boergers, J., Spirito, A., & Donaldson, D.(1998). Reasons for adolescent suicide attempts: Associations with psychological functioning. *Journal of the American Academy of Child and Adolescent Psychiatry*, *37*,1287-1293.

Bogaert, A.F.(2004). Asexuality: Its prevalence and associated factors in a national probability sample. *The Journal of Sex Research*, *41*,279-287.

Bohan, J.S.(1996). *Psychology and sexual orientation: Coming to terms*. New York: Routledge.

Boinski, S., Quatrone, R.P., & Swartz, H.(2000). Substrate and tool use by brown capuchins in Suriname: Ecological contexts and cognitive bases. *American Anthropologist*, *102*,741-761.

Boisvert, C.M., & Faust, D.(2002). Iatrogenic symptoms in psychotherapy: A theoretical exploration of the potential impact of labels, language, and belief systems. *American Journal of Psychotherapy*, *56*,244-259.

Bolger, N., Davis, A., & Rafaeli, E.(2003). Diary methods: Capturing life as it is lived. *Annual Review of Psychology*, *54*,579-616.

Bolton, G.E., & Ockenfels, A.(2000). Erc: A theory of equity, reciprocity, and competition. *American Economic Review*, *90*,166-193.

Boomsma, D., Busjahn, A., & Peltonen, L.(2002). Classical twin studies and beyond. *Nature Reviews Genetics*, *3*,872-882.

Bootzin, R.R., & Epstein, D.R.(2011). Understanding and treating insomnia. *Annual Review of Clinical Psychology*, *7*,435-458.

Borges, G., Breslau, J., Orozco, R., Tancredi, D.J., Anderson, H., Aguilar-Gaxiola, S., & Medina-Mora, M.-E.(2011). A cross-national study on Mexico-US migration, substance use and substance use disorders. *Drug and Alcohol Dependence*, *117*,16-23.

Borghol, N., Suderman, M., McArdle, W., Racine, A., Hallett, M., Pembrey, M., ... Szyf, M.(2012). Associations with early-life socioeconomic position in adult DNA methylation. *International Journal of Epidemiology*, *41*,62-74.

Borkenau, P., & Liebler, A.(1995). Observable attributes as manifestations and cues of personality and intelligence. *Journal of Personality*, *63*,1-25.

Borkevec, T.D.(1982). Insomnia. *Journal of Consulting and Clinical Psychology*, *50*,880-895.

Born, R.T., & Bradley, D.C.(2005). Structure and function of visual area MT. *Annual Review of Neuroscience*, *28*,157-189.

Börner, K., Klavans, R., Patek, M., Zoss, A.M., Biberstine, J.R., Light, R.P., Larivière, V., & Boyack, K.W.(2012). Design and update of a classification system: The UCSD map of science. *PLoS ONE*, *7*, e39464.

Bornstein, R.F.(1989). Exposure and affect: Overview and metaanalysis of research, 1968-1987. *Psychological Bulletin*, *106*,265-289.

Boroditsky, L.(2001). Does language shape thought? Mandarin and English speakers' conceptions of time. *Cognitive Psychology*, *43*,1-22.

Botwin, M.D., Buss, D.M., & Shackelford, T.K.(1997). Personality and mate preferences: Five factors in mate selection and marital satisfaction. *Journal of Personality*, *65*,107-136.

Bouchard, T.J., & Loehlin, J.C.(2001). Genes, evolution, and personality. *Behavioral Genetics*, *31*,243-273.

Bouchard, S.M., Brown, T.G., & Nadeau, L.(2012). Decision making capacities and affective reward anticipation in DWI recidivists compared to non-offenders: A preliminary study. *Accident Analysis and Prevention*, *45*,580-587.

Bouchard, T.J., & McGue, M.(2003). Genetic and environmental influences on human psychological differences. *Journal of Neurobiology*, *54*,4-45.

Bouton, M.E.(1988). Context and ambiguity in the extinction of emotional learning: Implications for exposure therapy. *Behaviour Research and Therapy*, *26*,137-149.

Bower, B.(1999, October 30). The mental butler did it — research suggests that subconscious affects behavior more than thought. *Science News*, *156*,208-282.

Bower, G.H.(1981). Mood and memory. *American Psychologist*, *36*,129-148.

Bower, G.H., Clark, M.C., Lesgold, A.M., & Winzenz, D.(1969). Hierarchical retrieval schemes in recall of categorical word lists. *Journal of Verbal Learning and Verbal Behavior*, *8*,323-343.

Bowers, K.S., Regehr, G., Balthazard, C., & Parker, D.(1990). Intuition in the context of discovery. *Cognitive Psychology*, *22*,72-110.

Bowlby, J.(1969). *Attachment and loss*: *Vol.1. Attachment*. New York: Basic Books.

Bowlby, J.(1973). *Attachment and loss*: *Vol.2. Separation*. New York: Basic Books.

Bowlby, J.(1980). *Attachment and loss*: *Vol.3. Loss*: *Sadness and depression*. New York: Basic Books.

Boyack, K.W., Klavans, R., & Börner, K.(2005). Mapping the backbone of science. *Scientometrics*, *64*,351-374.

Boyd, R.(2008, February 7). Do people use only 10 percent of their brains? *Scientific American*. Retrieved from http://www.scientificamerican.com/article.cfm?id=people-only-use-10-percent-of-brain&page=2

Bozarth, M.A. (Ed.).(1987). *Methods of assessing the reinforcing properties of abused drugs*. New York: Springer-Verlag.

Bozarth, M.A., & Wise, R.A.(1985). Toxicity associated with longterm intravenous heroin and cocaine self-administration in the rat. *Journal of the American Medical Association*, *254*,81-83.

Brackett, M.A., & Mayer, J.D.(2003). Convergent, discriminant, and incremental validity of competing measures of emotional intelligence. *Personality and Social Psychology Bulletin*, *29*,1147.

Brackett, M.A., **Rivers**, S.E., **Shiffman**, S., **Lerner**, N., & **Salovey**, P.(2006). Relating emotional abilities to social functioning: A comparison of self-report and performance measures of emotional intelligence. *Journal of Personality and Social Psychology*, *91*,780.

Brackett, M.A., **Warner**, R.M., & **Bosco**, J.(2005). Emotional intelligence and relationship quality among couples. *Personal Relationships*, *12*(2),197-212.

Bradford, D., **Stroup**, S., & **Lieberman**, J.(2002). Pharmacological treatments for schizophrenia. In P.E. Nathan & J.M. Gorman (Eds.), *A guide to treatments that work* (2nd ed., pp.169-199). New York: Oxford University Press.

Bradmetz, J., & **Schneider**, R.(2004). The role of the counterfactually satisfied desire in the lag between false-belief and false-emotion attributions in children aged 4-7. *British Journal of Developmental Psychology*, *22*,185-196.

Braet, W., & **Humphreys**, G.W.(2009). The role of reentrant processes in feature binding: Evidence from neuropsychology and TMS on late onset illusory conjunctions. *Visual Cognition*, *17*,25-47.

Bramlett, M.D., & **Mosher**, W.D.(2002). *Cohabitation, marriage, divorce, and remarriage in the United States* (Vital and Health Statistics Series 23, No.22). Hyattsville, MD: National Center for Health Statistics.

Brandt, K.R., **Gardiner**, J.M., **Vargha-Khadem**, F., **Baddeley**, A.D., & **Mishkin**, M.(2009). Impairment of recollection but not familiarity in a case of developmental amnesia. *Neurocase*, *15*,60-65.

Braun, A.R., **Balkin**, T.J., **Wesensten**, N.J., **Gwadry**, F., **Carson**, R.E., **Varga**, M., ... **Herskovitch**, P.(1998). Dissociated pattern of activity in visual cortices and their projections during rapid eye movement sleep. *Science*, *279*,91-95.

Breckler, S.J.(1994). Memory for the experiment of donating blood: Just how bad was it? *Basic and Applied Social Psychology*, *15*,467-488.

Brédart, S., & **Valentine**, T.(1998). Descriptiveness and proper name retrieval. *Memory*, *6*,199-206.

Bredy, T.W., **Wu**, H., **Crego**, C., **Zellhoefer**, J., **Sun**, Y.E., & **Barad**, M.(2007). Histone modifications around individual BDNF gene promoters in prefrontal cortex are associated with extinction of conditioned fear. *Learning and Memory*, *14*,268-276.

Breggin, P.R.(1990). Brain damage, dementia, and persistent cognitive dysfunction associated with neuroleptic drugs: Evidence, etiology, implications. *Journal of Mind and Behavior*, *11*,425-463.

Breggin, P.R.(2000). *Reclaiming our children*. Cambridge, MA: Perseus Books.

Brehm, S.S.(1992). *Intimate relationships* (2nd ed.). New York: McGraw-Hill.

Breland, K., & **Breland**, M.(1961). The misbehavior of organisms. *American Psychologist*, *16*,681-684.

Brennan, P.A., & **Zufall**, F.(2006). Pheromonal communication in vertebrates. *Nature*, *444*,308-315.

Brenninkmeijer, V., **Vanyperen**, N.W., & **Buunk**, B.P.(2001). I am not a better teacher, but others are doing worse: Burnout and perceptions of superiority among teachers. *Social Psychology of Education*, *4*(3-4),259-274.

Breslau, J., **Aguilar-Gaxiola**, S., **Borges**, G., **Castilla-Puentes**, R.C., **Kendler**, K.S., **Medina-Mora**, M.-E., ... **Kessler**, R.C.(2007). Mental disorders among English-speaking Mexican immigrants to the US compared to a national sample of Mexicans. *Psychiatry Research*, *151*,115-122.

Breslau, J., & **Chang**, D.F.(2006). Psychiatric disorders among foreign-born and US-born Asian-Americans in a US national survey. *Social Psychiatry & Psychiatric Epidemiology*, *41*,943-950.

Bretherton, I., & **Munholland**, K.A.(1999). Internal working models in attachment relationships: A construct revisited. In J. Cassidy & P.R. Shaver (Eds.), *Handbook of attachment*: *Theory, research and clinical applications* (pp.89-114). New York: Guilford Press.

Brewer, J.A., **Worhunsky**, P.D., **Gray**, J.R., **Tang**, Y.-Y., **Weber**, J., & **Kober**, H.(2011). Meditation experience is associated with differences in default mode network activity and connectivity. *Proceedings of the National Academy of Sciences*, *108*,20254-20259.

Brewer, W.F.(1996). What is recollective memory? In D.C. Rubin (Ed.), *Remembering our past*: *Studies in autobiographical memory* (pp.19-66). New York: Cambridge University Press.

Broadbent, D.E.(1958). *Perception and communication*. London: Pergamon Press.

Broberg, D.J., & **Bernstein**, I.L.(1987). Candy as a scapegoat in the prevention of food aversions in children receiving chemotherapy. *Cancer, 60*,2344-2347.

Broca, P.(1861). Remarques sur le siège de la faculté du langage articulé; suivies d'une observation d'aphémie (perte de la parole) [Remarks on the seat of the faculty of articulated language, following an observation of aphemia (loss of speech)]. *Bulletin de la Société Anatomique de Paris, 36*,330-357.

Broca, P.(1863). Localisation des fonction cérébrales: Siège du langage articulé [Localization of brain functions: Seat of the faculty of articulated language]. *Bulletin de la Société d'Anthropologie de Paris, 4*,200-202.

Brock, A.(1993). Something old, something new: The "reappraisal" of Wilhelm Wundt in textbooks. *Theory & Psychology, 3*(2),235-242.

Brody, N.(2003). Construct validation of the Sternberg Triarchic Abilities Test: Comment and reanalysis. *Intelligence, 31*(4),319-329.

Brooks, D.(2011, July 7). The unexamined society. *New York Times*. Retrieved from http://www.nytimes.com/2011/07/08/opinion/08brooks.html

Brooks, D.(2012a, May 3). The campus tsunami. *New York Times*. Retreived from http://www.nytimes.com/2012/05/04/opinion/brooks-the-campus-tsunami.html

Brooks, D.(2012b, October 12). The personality problem. *New York Times*. Retrieved from http:/www.nytimes.com/2012/10/12/opinion/brooks-the-personality-problem.html

Brooks, R., & Meltzoff, A.N.(2002). The importance of eyes: How infants interpret adult looking behavior. *Developmental Psychology, 38*,958-966.

Brooks-Gunn, J., Graber, J.A., & Paikoff, R.L.(1994). Studying links between hormones and negative affect: Models and measures. *Journal of Research on Adolescence, 4*,469-486.

Brosnan, S.F., & DeWaal, F.B.M.(2003). Monkeys reject unequal pay. *Nature, 425*,297-299.

Brown, A.S.(2004). *The déjà vu experience*. New York: Psychology Press.

Brown, B.B., Mory, M., & Kinney, D.(1994). Casting crowds in a relational perspective: Caricature, channel, and context. In G.A.R. Montemayor & T. Gullotta (Eds.), *Advances in adolescent development*: *Personal relationships during adolescence* (Vol.5, pp.123-167). New-bury Park, CA: Sage.

Brown, J.D.(1993). Self-esteem and self-evaluation: Feeling is believing. In J.M. Suls (Ed.), *The self in social perspective*: *Psychological perspectives on the self* (Vol.4, pp.27-58). Hillsdale, NJ: Erlbaum.

Brown, J.D., & McGill, K.L.(1989). The cost of good fortune: When positive life events produce negative health consequences. *Journal of Personality and Social Psychology, 57*,1103-1110.

Brown, L.E., Wilson, E.T., & Gribble, P.L.(2009). Repetitive transcranial magnetic stimulation to the primary cortex interferes with motor learning by observing. *Journal of Cognitive Neuroscience, 21*,1013-1022.

Brown, R.(1958). *Words and things*. New York: Free Press.

Brown, R., & Hanlon, C.(1970). Derivational complexity and order of acquisition in child speech. In J.R. Hayes (Ed.), *Cognition and the development of language* (pp.11-53). New York: Wiley.

Brown, R., & Kulik, J.(1977). Flashbulb memories. *Cognition, 5*,73-99.

Brown, R., & McNeill, D.(1966). The "tip-of-the-tongue" phenomenon. *Journal of Verbal Learning and Verbal Behavior, 5*,325-337.

Brown, R.P., Osterman, L.L., & Barnes, C.D.(2009). School violence and the culture of honor. *Psychological Science, 20*(11),1400-1405.

Brown, S.C., & Craik, F.I.M.(2000). Encoding and retrieval of information. In E. Tulving & F.I.M. Craik (Eds.), *The Oxford handbook of memory* (pp.93-107). New York: Oxford University Press.

Brown, T.A., & Barlow, D.H.(2002). Classification of anxiety and mood disorders. In D.H. Barlow (Ed.), *Anxiety and its disorders*: *The nature and treatment of anxiety and panic* (2nd ed.). New York: Guilford Press.

Brownell, K.D., Greenwood, M.R.C., Stellar, E., & Shrager, E.E.(1986). The effects of repeated cycles of weight loss and regain in rats. *Physiology and Behavior, 38*,459-464.

Bruner, J.S.(1983). Education as social invention. *Journal of Social Issues, 39*,129-141.

Brunet, A., Orr, S.P., Tremblay, J., Robertson, K., Nader, K., & Pitman, R.K.(2008). Effects of post-retrieval propranolol on psychophysiologic responding during subsequent script-driven traumatic imagery in posttraumatic stress disorder. *Journal of Psychiatric Research, 42*,503-506.

Brunet, A., Poundjia, J., Tremblay, J., Bui, E., Thomas, E., Orr, S.P., ... Pitman, R.K.(2011). Trauma reactivation under the influence of propranolol decreases posttraumatic stress symptoms and disorder. *Journal of Clinical Psychopharmacology, 31*,547-550.

Brunner, D.P., Dijk, D.J., Tobler, I., & Borbely, A.A.(1990). Effect of partial sleep deprivation on sleep stages and EEG power spectra. *Electroencephalography and Clinical Neurophysiology, 75*,492-499.

Bryck, R.L., & Fisher, P.A.(2012). Training the brain: Practical applications of neural plasticity from the intersection of cognitive neuroscience, developmental psychology, and prevention science. *American Psychologist, 67*,87-100.

Buchanan, C.M., Eccles, J.S., & Becker, J.B.(1992). Are adolescents the victims of raging hormones? Evidence for activational effects of hormones on moods and behavior at adolescence. *Psychological Bulletin, 111*,62-107.

Buchanan, T.W.(2007). Retrieval of emotional memories. *Psychological Bulletin, 133*,761-779.

Buckholtz, J.W., & Meyer-Lindenberg, A.(2012). Psychopathology and the human connectome: Toward a transdiagnostic model of risk for mental illness. *Neuron, 74*,990-1003.

Buck Louis, G.M., Gray, L.E., Marcus, M., Ojeda, S.R., Pescovitz, O.H., Witchel, S.F., ... Euling, S.Y.(2008). Environmental factors and puberty timing: Expert panel research. *Pediatrics, 121* (Suppl.3), S192-S207. doi:10.1542/peds1813E

Buckner, R.L., Andrews-Hanna, J.R., & Schacter, D.L.(2008). The brain's default network: Anatomy, function, and relevance to disease. *Annals of the New York Academy of Sciences, 1124*,1-38.

Buckner, R.L., Petersen, S.E., Ojemann, J.G., Miezin, F.M., Squire, L.R., & Raichle, M.E.(1995). Functional anatomical studies of explicit and implicit memory retrieval tasks. *The Journal of Neuroscience, 15*,12-29.

Bunce, D.M., Flens, E.A., & Neiles, K.Y.(2011). How long can students pay attention in class? A study of student attention decline using clickers. *Journal of Chemical Education, 87*,1438-1443.

Bureau of Justice Statistics.(2008). *Prisoners in 2007* (No. NCJ224280 by H.C. West & W.J. Sabol). Washington, DC: U.S. Department of Justice.

Burger, J.M.(1999). The foot-in-the-door compliance procedure: A multiple-process analysis and review. *Personality and Social Psychology Review, 3*,303-325.

Burger, J.M.(2009). Replicating Milgram: Would people still obey today? *American Psychologist, 64*,1-11.

Burger, J.M., & Burns, L.(1988). The illusion of unique invulnerability and the use of effective contraception. *Personality and Social Psychology Bulletin, 14*,264-270.

Burger, J.M., Sanchez, J., Imberi, J.E., & Grande, L.R.(2009). The norm of reciprocity as an internalized social norm: Returning favors even when no one finds out. *Social Influence, 4*(1),11-17.

Burke, D., MacKay, D.G., Worthley, J.S., & Wade, E.(1991). On the tip of the tongue: What causes word failure in young and older adults? *Journal of Memory and Language, 30*,237-246.

Burke, J.D., Loeber, R., & Birmaher, B.(2002). Oppositional defiant disorder and conduct disorder: Part II. A review of the past 10 years. *Journal of the American Academy of Child and Adolescent Psychiatry, 41*,1275-1293.

Burkham, D.T., Ready, D.D., Lee, V.E., & LoGerfo, L.F.(2004). Social-class differences in summer learning between kindergarten and first grade: Model specification and estimation. *Sociology of Education, 77*,1-31.

Burks, S.V., Carpenter, J.P., Goette, L., & Rustichini, A.(2009). Cognitive skills affect economic preferences, strategic behavior, and job attachment. *Proceedings of the National Academy of Sciences, 106*(19),7745-7750. doi:10.1073/pnas.0812360106

Burns, D.J., Hwang, A.J., & Burns, S.A.(2011). Adaptive memory: Determining the proximate mechanisms responsible for the memorial advantages of survival processing. *Journal of Experimental Psychology*: *Learning, Memory, and Cognition, 37*,206-218.

Burnstein, E., Crandall, C., & Kitayama, S.(1994). Some neoDarwinian decision rules for altruism: Weighing cues for inclusive fitness as a function of the biological importance of the decision. *Journal of Personality and Social Psychology, 67*,773-789.

Burris, **C.T.**, **& Branscombe**, **N.R.**(2005). Distorted distance estimation induced by a self-relevant national boundary. *Journal of Experimental Social Psychology, 41*,305-312.

Bushman, **B.J.**, **& Huesmann**, **L.R.**(2010). Aggression. In S.T. Fiske, D.T. Gilbert, & G. Lindzey (Eds.), *The handbook of social psychology* (5th ed., Vol.2, pp.833-863). New York: Wiley.

Buss, **D**.**M**.(1985). Human mate selection. *American Scientist, 73*,47-51.

Buss, **D**.**M**.(1989). Sex differences in human mate preferences: Evolutionary hypotheses tested in 37 cultures. *Behavioral and Brain Sciences, 12*,1-49.

Buss, **D**.**M**.(1996). Social adaptation and five major factors of personality. In J.S. Wiggins (Ed.), *The five-factor model of personality: Theoretical perspectives* (pp.180-208). New York: Guilford Press.

Buss, **D**.**M**.(1999). *Evolutionary psychology: The new science of the mind.* Boston; Allyn & Bacon.

Buss, **D**.**M**.(2000). *The dangerous passion: Why jealousy is as necessary as love and sex.* New York: Free Press.

Buss, **D**.**M**.(2007). The evolution of human mating. *Acta Psychologica Sinica, 39*,502-512.

Buss, **D**.**M**., **& Haselton**, **M**.**G**.(2005). The evolution of jealousy. *Trends in Cognitive Sciences, 9*,506-507.

Buss, **D.M.**, **Haselton**, **M.G.**, **Shackelford**, **T.K.**, **Bleske**, **A.L.**, **& Wakefield**, **J.C.**(1998). Adaptations, exaptations, and spandrels. *American Psychologist, 53*,533-548.

Buss, **D.M.**, **& Schmitt**, **D.P.**(1993). Sexual strategies theory: An evolutionary perspective on human mating. *Psychological Review, 100*,204-232.

Butler, **A.C.**, **Chapman**, **J.E.**, **Forman**, **E.M.**, **& Beck**, **A.T.**(2006). The empirical status of cognitive-behavioral therapy: A review of metaanalyses. *Clinical Psychology Review, 26*,17-31.

Butler, **M.A.**, **Corboy**, **J.R.**, **& Filley**, **C.M.**(2009). How the conflict between American psychiatry and neurology delayed the appreciation of cognitive dysfunction in multiple sclerosis. *Neuropsychology Review, 19*,399-410.

Byers-Heinlein, **K.**, **Burns**, **T.C.**, **& Werker**, **J.F.**(2010). The roots of bilingualism in newborns. *Psychological Science, 21*(3),343-348. doi:10.1177/0956797609360758

Byrne, **D.**, **Allgeier**, **A.R.**, **Winslow**, **L.**, **& Buckman**, **J.**(1975). The situational facilitation of interpersonal attraction: A three-factor hypothesis. *Journal of Applied Social Psychology, 5*,1-15.

Byrne, **D.**, **& Clore**, **G.L.**(1970). A reinforcement model of evaluative responses. *Personality: An International Journal, 1*,103-128.

Byrne, **D.**, **Ervin**, **C.R.**, **& Lamberth**, **J.**(1970). Continuity between the experimental study of attraction and real-life computer dating. *Journal of Personality and Social Psychology, 16*,157-165.

Byrne, **D.**, **& Nelson**, **D.**(1965). Attraction as a linear function of proportion of positive reinforcements. *Journal of Personality and Social Psychology, 1*,659-663.

Cabeza, **R.**(2002). Hemispheric asymmetry reduction in older adults: The HAROLD model. *Psychology and Aging, 17*,85-100.

Cabeza, **R.**, **Grady**, **C.L.**, **Nyberg**, **L.**, **McIntosh**, **A.R.**, **Tulving**, **E.**, **Kapur**, **S.**, ... **Craik**, **F.I.M.**(1997). Age-related differences in neural activity during memory encoding and retrieval: A positron emission tomography study. *The Journal of Neuroscience, 17*,391-400.

Cabeza, **R.**, **Rao**, **S.**, **Wagner**, **A.D.**, **Mayer**, **A.**, **& Schacter**, **D.L.**(2001). Can medial temporal lobe regions distinguish true from false? An event-related fMRI study of veridical and illusory recognition memory. *Proceedings of the National Academy of Sciences, USA, 98*,4805-4810.

Cacioppo, **J.T.**, **& Patrick**, **B.**(2008). *Loneliness: Human nature and the need for social connection.* New York: Norton.

Cahill, **L.**, **Haier**, **R.J.**, **Fallon**, **J.**, **Alkire**, **M.T.**, **Tang**, **C.**, **Keator**, **D.**, ... **McGaugh**, **J.L.**(1996). Amygdala activity at encoding correlated with longterm, free recall of emotional information. *Proceedings of the National Academy of Sciences, USA, 93*,8016-8021.

Cahill, **L.**, **& McGaugh**, **J.L.**(1998). Mechanisms of emotional arousal and lasting declarative memory. *Trends in Neurosciences,*

21,294-299.

Calder, **A.J.**, **Young**, **A.W.**, **Rowland**, **D.**, **Perrett**, **D.I.**, **Hodges**, **J.R.**, & **Etcoff**, **N.L.**(1996). Facial emotion recognition after bilateral amygdala damage: Differentially severe impairment of fear. *Cognitive Neuropsychology*, *13*,699-745.

Calkins, **M.W. (Ed.)**.(1930). *Mary Whiton Calkins* (Vol.1). Worcester, MA: Clark University Press.

Callaghan, **T.**, **Rochat**, **P.**, **Lillard**, **A.**, **Claux**, **M.L.**, **Odden**, **H.**, **Itakura**, **S.**, ... **Singh**, **S.**(2005). Synchrony in the onset of mentalstate reasoning: Evidence from five cultures. *Psychological Science*, *16*,378-384.

Calvin, **C.M.**, **Deary**, **I.J.**, **Fenton**, **C.**, **Roberts**, **B.A.**, **Der**, **G.**, **Leckenby**, **N.**, & **Batty**, **G.D.**(2010). Intelligence in youth and allcause-mortality: Systematic review with meta-analysis. *International Journal of Epidemiology*, *40*(3),626-644. doi:10.1093/ije/dyq190

Calzo, **J.P.**, **Antonucci**, **T.C.**, **Mays**, **V.M.**, & **Cochran**, **S.D.**(2011). Retrospective recall of sexual orientation identity development among gay, lesbian, and bisexual adults. *Developmental Psychology*, *47*(6),1658-1673. doi:10.1037/a0025508

Cameron, **C.D.**, & **Payne**, **B.K.**(2011). Escaping affect: How motivated emotion regulation creates insensitivity to mass suffering. *Journal of Personality and Social Psychology*, *100*(1),1-15.

Campbell, **A.**(1999). Staying alive: Evolution, culture, and women's intra-sexual aggression. *Behavioral & Brain Sciences*, *22*,203-252.

Campbell, **C.M.**, & **Edwards**, **R.R.**(2012). Ethnic differences in pain and pain management. *Pain Management*, *2*,219-230.

Campbell, **C.M.**, **Edwards**, **R.R.**, & **Fillingim**, **R.B.**(2005). Ethnic differences in responses to multiple experimental pain stimuli. *Pain*, *113*,20-26.

Cannon, **W.B.**(1929). *Bodily changes in pain, hunger, fear, and rage: An account of recent research into the function of emotional excitement* (2nd ed.). New York: Appleton-Century-Crofts.

Cantor, **N.**(1990). From thought to behavior: "Having" and "doing" in the study of personality and cognition. *American Psychologist*, *45*,735-750.

Caparelli, **E.C.**(2007). TMS & fMRI: A new neuroimaging combinational tool to study brain function. *Current Medical Imaging Review*, *3*,109-115.

Caprioli, **M.**(2003). Gender equality and state aggression: The impact of domestic gender equality on state first use of force. *International Interactions*, *29*(3),195-214. doi:10.1080/03050620304595

Carey, **N.**(2012). *The epigenetics revolution: How modern biology is rewriting our understanding of genetics, disease, and inheritance*. New York: Columbia University Press.

Carlson, **C.**, & **Hoyle**, **R.**(1993). Efficacy of abbreviated progressive muscle relaxation training: A quantitative review of behavioral medicine research. *Journal of Consulting and Clinical Psychology*, *61*,1059-1067.

Carmichael Olson, **H.**, **Streissguth**, **A.P.**, **Sampson**, **P.D.**, **Barr**, **H.M.**, **Bookstein**, **F.L.**, & **Thiede**, **K.**(1997). Association of prenatal alcohol exposure with behavioral and learning problems in early adolescence. *Journal of the American Academy of Child & Adolescent Psychiatry*, *36*(9),1187-1194.

Carolson, **E.A.**(1998). A prospective longitudinal study of attachment disorganization/disorientation. *Child Development*, *69*,1107-1128.

Carpenter, **S.K.**(2012). Testing enhances the transfer of learning. *Current Directions in Psychological Science*, *21*,279-283.

Carr, **L.**, **Iacoboni**, **M.**, **Dubeau**, **M.**, **Mazziotta**, **J.C.**, & **Lenzi**, **G.L.**(2003). Neural mechanisms of empathy in humans: A relay from neural systems for imitation to limbic areas. *Proceedings of the National Academy of Sciences*, *USA*, *100*,5497-5502.

Carroll, **J.B.**(1993). *Human cognitive abilities*. Cambridge, England: Cambridge University Press.

Carson, **R.C.**, **Butcher**, **J.N.**, & **Mineka**, **S.**(2000). *Abnormal psychology and modern life* (11th ed.). Boston: Allyn & Bacon.

Carstensen, **L.L.**(1992). Social and emotional patterns in adulthood: Support for socioemotional selectivity theory. *Psychology and Aging*, *7*,331-338.

Carstensen, **L.L.**, & **Fredrickson**, **B.L.**(1998). Influence of HIV status and age on cognitive representations of others. *Health Psychology*, *17*,1-10.

Carstensen, **L.L.**, **Pasupathi**, **M.**, **Mayr**, **U.**, & **Nesselroade**, **J.R.**(2000). Emotional experience in everyday life across the adult life span. *Journal of Personality and Social Psychology, 79*,644-655.

Carstensen, L.L., & Turk-Charles, S.(1994). The salience of emotion across the adult life span. *Psychology and Aging, 9*,259-264.

Carver, C.S.(2006). Approach, avoidance, and the self-regulation of affect and action. *Motivation and Emotion, 30*,105-110.

Carver, C.S., Lehman, J.M., & Antoni, M.H.(2003). Dispositional pessimism predicts illness-related disruption of social and recreational activities among breast cancer patients. *Journal of Personality and Social Psychology, 84*,813-821.

Carver, C.S., & White, T.L.(1994). Behavioral inhibition, behavioral activation, and affective responses to impending reward and punishment: The bis/bas scales. *Journal of Personality and Social Psychology, 67*(2),319-333.

Casasanto, D., & Boroditsky, L.(2008). Time in the mind: Using space to think about time. *Cognition, 106*,579-593.

Casazza, K., Fontaine, K.R., Astrup, A., Birch, L.L., Brown, A.W., Bohan Brown, M.M., ... Allison, D.B.(2013). Myths, presumptions, and facts about obesity. *New England Journal of Medicine, 368*(5),446-454.

Caspi, A., & Herbener, E.S.(1990). Continuity and change: Assortative marriage and the consistency of personality in adulthood. *Journal of Personality and Social Psychology, 58*,250-258.

Caspi, A., Lynam, D., Moffitt, T.E., & Silva, P.A.(1993). Unraveling girls' delinquency: Biological, dispositional, and contextual contributions to adolescent misbehavior. *Developmental Psychology, 29*,19-30.

Caspi, A., Roberts, B.W., & Shiner, R.L.(2005). Personality development: Stability and change. *Annual Review of Psychology, 56*,453-484.

Caspi, A., Sugden, K., Moffitt, T.E., Taylor, A., Craig, I.W., Harrington, H., ... Poulton, R.(2003). Influence of life stress on depression: Moderation by a polymorphism in the 5-HTT gene. *Science, 301*,386-389.

Castel, A.D., McCabe, D.P., & Roediger, H.L. III.(2007). Illusions of competence and overestimation of associate memory for identical items: Evidence from judgments of learning. *Psychonomic Bulletin & Review, 14*,197-111.

Castellanos, F.X., Patti, P.L., Sharp, W., Jeffries, N.O., Greenstein, D.K., Clasen, L.S., ... Rapoport, J.L.(2002). Developmental trajectories of brain volume abnormalities in children and adolescents with attention-deficit/hyperactivity disorder. *Journal of the American Medical Association, 288*,1740-1748. doi:10.1001/jama. 288.14.1740

Catrambone, R.(2002). The effects of surface and structural feature matches on the access of story analogs. *Journal of Experimental Psychology: Learning, Memory, & Cognition, 28*,318-334.

Cattell, R.B.(1950). *Personality: A systematic, theoretical, and factual study*. New York: McGraw-Hill.

Ceci, S.J.(1991). How much does schooling influence general intelligence and its cognitive components? A reassessment of the evidence. *Developmental Psychology, 27*,703-722.

Ceci, S.J., DeSimone, M., & Johnson, S.(1992). Memory in context: A case study of "Bubbles P.," a gifted but uneven memorizer. In D.J. Herrmann, H. Weingartner, A. Searleman, & C. McEvoy (Eds.), *Memory improvement: Implications for memory theory* (pp.169-186). New York: Springer-Verlag.

Ceci, S.J., & Williams, W.M.(1997). Schooling, intelligence, and income. *American Psychologist, 52*,1051-1058.

Ceci, S.J., Williams, W.M., & Barnett, S.M.(2009). Women's underrepresentation in science: Sociocultural and biological considerations. *Psychological Bulletin, 135*(2),218-261. doi:10.1037/a0014412

Centers for Disease Control and Prevention (CDC).(2002, June 28). Youth risk behavior surveillance. *Surveillance Summary, 51*(SS-4),1-64. Washington, DC: Author.

Centers for Disease Control and Prevention.(2012). Monitoring selected national HIV prevention and care objectives by using HIV surveillance data — United States and 6 U.S. dependent areas — 2010. *HIV Surveillance Supplemental Report, 17* (No.3, part A).

Centers for Disease Control and Prevention.(2013). *Injury prevention and control: Data and statistics (WISQARS)*. Retrieved from http://www.cdc.gov/injury/wisqars/index.html

Cepeda, N.J., Pashler, H., Vul, E., Wixted, J.T., & Rohrer, D.(2006). Distributed practice in verbal recall tests: A review and quantitative synthesis. *Psychological Bulletin, 132*,354-380.

Chabris, C.F., Hebert, B.M., Benjamin, D.J., Beauchamp, J., Cesarini, D., van der Loos, M., & Laibson, D.(2012). Most reported genetic associations with general intelligence are probably false positives. *Psychological Science, 23*(11),1314-1323.

doi:10.1177/0956797611435528

Chabris, **C.**, & **Simons**, **D.**(2012, November 16). Using just 10% of your brains? Think again. *Wall Street Journal Online*. Retrieved from http://online.wsj.com/article/SB1000142412788732455630457811935187421218.html

Chaiken, **S.**(1980). Heuristic versus systematic information processing and the use of source versus message cues in persuasion. *Journal of Personality and Social Psychology*, *39*,752-766.

Chalmers, **D.**(1996). *The conscious mind*: *In search of a fundamental theory*. New York: Oxford University Press.

Chambless, **D.L.**, **Baker**, **M.J.**, **Baucom**, **D.H.**, **Beutler**, **L.E.**, **Calhoun**, **K.S.**, **Crits-Christoph**, **P.**, ... **Woody**, **S.R.**(1998). Update on empirically validated therapies, II. *Clinical Psychologist*, *51*(1),3-14.

Chandler, **J.**, & **Schwarz**, **N.**(2009). How extending your middle finger affects your perception of others: Learned movements influence concept accessibility. *Journal of Experimental Social Psychology*, *45*,123-128.

Chandrashekar, **J.**, **Hoon**, **M.A.**, **Ryba**, **N.J.**, & **Zuker**, **C.S.**(2006). The receptors and cells for human tastes. *Nature*, *444*,288-294.

Chang, **P.P.**, **Ford**, **D.E.**, **Meoni**, **L.A.**, **Wang**, **N.**, & **Klag**, **M.J.**(2002). Anger in young men and subsequent premature cardiovascular disease. *Archives of Internal Medicine*, *162*,901-906.

Charles, **S.T.**, **Reynolds**, **C.A.**, & **Gatz**, **M.**(2001). Age-related differences and change in positive and negative affect over 23 years. *Journal of Personality and Social Psychology*, *80*,136-151.

Charness, **N.**(1981). Aging and skilled problem solving. *Journal of Experimental Psychology*: *General*, *110*,21-38.

Charpak, **G.**, & **Broch**, **H.**(2004). *Debunked!*: *ESP, telekinesis, and other pseudoscience* (B.K. Holland, Trans.). Baltimore, MD: Johns Hopkins University Press.

Chartrand, **T.L.**, & **Bargh**, **J.A.**(1999). The chameleon effect: The perception-behavior link and social interaction. *Journal of Personality and Social Psychology*, *76*,893-910.

Chartrand, **T.L.**, & **Kay**, **A.**(2006). *Mystery moods and perplexing performance*: *Consequences of succeeding and failing at a nonconscious goal*. Unpublished manuscript.

Chen, **E.**, **Cohen**, **S.**, & **Miller**, **G.E.**(2010). How low socioeconomic status affects 2-year hormonal trajectories in children. *Psychological Science*, *21*(1),31-37.

Cheney, **D.L.**, & **Seyfarth**, **R.M.**(1990). *How monkeys see the world*. Chicago: University of Chicago Press.

Cheng, **D.T.**, **Disterhoft**, **J.F.**, **Power**, **J.M.**, **Ellis**, **D.A.**, & **Desmond**, **J.E.**(2008). Neural substrates underlying human delay and trace eyeblink conditioning. *Proceedings of the National Academy of Sciences*, *USA*, *105*,8108-8113.

Cherlin, **A.J. (Ed.)**.(1992). *Marriage, divorce, remarriage* (2nd ed.). Cambridge, MA: Harvard University Press.

Cherry, **C.**(1953). Some experiments on the recognition of speech with one and two ears. *Journal of the Acoustical Society of America*, *25*,275-279.

Choi, **I.**, **Nisbett**, **R.E.**, & **Norenzayan**, **A.**(1999). Causal attribution across cultures: Variation and universality. *Psychological Bulletin*, *125*,47-63.

Chomsky, **N.**(1957). *Syntactic structures*. The Hague: Mouton.

Chomsky, **N.**(1959). A review of *Verbal Behavior* by B.F. Skinner. *Language*, *35*,26-58.

Chomsky, **N.**(1986). *Knowledge of language*: *Its nature, origin, and use*. New York: Praeger.

Chorover, **S.L.**(1980). *From Genesis to genocide*: *The meaning of human nature and the power of behavior control*. Cambridge, MA: MIT Press.

Choy, **Y.**, **Fyer**, **A.J.**, & **Lipsitz**, **J.D.**(2007). Treatment of specific phobia in adults. *Clinical Psychology Review*, *27*,266-286.

Christakis, **N.A.**, & **Fowler**, **J.H.**(2007). The spread of obesity in a large social network over 32 years. *New England Journal of Medicine*, *357*(4),370-379.

Christianson, **S.-Å.**, & **Loftus**, **E.F.**(1987). Memory for traumatic events. *Applied Cognitive Psychology*, *1*,225-239.

Chung, **G.H.**, **Flook**, **L.**, & **Fuligni**, **A.J.**(2009). Daily family conflict and emotional distress among adolescents from Latin American, Asian, and European backgrounds. *Developmental Psychology*, *45*,1406-1415.

Cialdini, R.B.(2005). Don't throw in the towel: Use social influence research. *American Psychological Society, 18*,33-34.

Cialdini, R.B.(2013). The focus theory of normative conduct. In P.A.M. van Lange, A.W. Kruglanski, & E.T. Higgins (Eds.), *Handbook of theories of social psychology* (Vol.3, pp.295-312). New York: Sage.

Cialdini, R.B., & **Goldstein**, N.J.(2004). Social influence: Compliance and conformity. *Annual Review of Psychology, 55*(1),591-621 . doi:10.1146/annurev.psych.55.090902.142015

Cialdini, R.B., **Trost**, M.R., & **Newsom**, J.T.(1995). Preference for consistency: The development of a valid measure and the discovery of surprising behavioral implications. *Journal of Personality and Social Psychology, 69*,318-328.

Cialdini, R.B., **Vincent**, J.E., **Lewis**, S.K., **Catalan**, J., **Wheeler**, D., & **Darby**, B.L.(1975). Reciprocal concessions procedure for inducing compliance: The door-in-the-face technique. *Journal of Personality and Social Psychology, 31*,206-215.

Ciarrochi, J.V., **Chan**, A.Y., & **Caputi**, P.(2000). A critical evaluation of the emotional intelligence concept. *Personality & Individual Differences, 28*,539.

Cicchetti, D., & **Toth**, S.L.(1998). Perspectives on research and practice in developmental psychopathology. In I.E. Sigel & K.A. Renninger (Eds.), *Handbook of child psychology*: Vol.4. *Child psychology in practice* (5th ed., pp.479-583). New York: Wiley.

Clancy, S.A.(2005). *Abducted*: *How people come to believe they were kidnapped by aliens*. Cambridge, MA: Harvard University Press.

Clark, M.S., & **Lemay**, E.P.(2010). Close relationships. In S.T. Fiske, D.T. Gilbert, & G. Lindzey (Eds.), *The handbook of social psychology* (5th ed., Vol.2). New York: Wiley.

Clark, R.D., & **Hatfield**, E.(1989). Gender differences in receptivity to sexual offers. *Journal of Psychology and Human Sexuality, 2*,39-55.

Clark, R.E., **Manns**, J.R., & **Squire**, L.R.(2002). Classical conditioning, awareness and brain systems. *Trends in Cognitive Sciences, 6*,524-531.

Clark, R.E., & **Squire**, L.R.(1998). Classical conditioning and brain systems: The role of awareness. *Science, 280*,77-81.

Cleckley, H.M.(1976). *The mask of sanity* (5th ed.). St. Louis: Mosby.

Coe, C.L., & **Lubach**, G.R.(2008). Fetal programming prenatal origins of health and illness. *Current Directions in Psychological Science, 17*,36-41.

Cogan, R., **Cogan**, D., **Waltz**, W., & **McCue**, M.(1987). Effects of laughter and relaxation on discomfort thresholds. *Journal of Behavioral Medicine, 10*,139-144.

Coghill, R.C., **McHaffie**, J.G., & **Yen**, Y.(2003). Neural correlates of individual differences in the subjective experience of pain. *Proceedings of the National Academy of Sciences, USA, 100*,8538-8542.

Cohen, D., **Nisbett**, R.E., **Bowdle**, B.F., & **Schwarz**, N.(1996). Insult, aggression, and the southern culture of honor: An "experimental ethnography." *Journal of Personality and Social Psychology, 70*,945-960.

Cohen, G.(1990). Why is it difficult to put names to faces? *British Journal of Psychology, 81*,287-297.

Cohen, S.(1988). Psychosocial models of the role of social support in the etiology of physical disease. *Health Psychology, 7*,269-297.

Cohen, S.(1999). Social status and susceptibility to respiratory infections. *New York Academy of Sciences, 896*,246-253.

Cohen, S., **Frank**, E., **Doyle**, W.J., **Skoner**, D.P., **Rabin**, B.S., & **Gwaltney**, J.M., Jr.(1998). Types of stressors that increase susceptibility to the common cold in healthy adults. *Health Psychology, 17*,214-223.

Coifman, K.G., **Bonanno**, G.A., **Ray**, R.D., & **Gross**, J.J.(2007). Does repressive coping promote resilience? Affective-autonomic response discrepancy during bereavement. *Journal of Personality and Social Psychology, 92*,745-758.

Colcombe, S.J., **Erickson**, K.I., **Scalf**, P.E., **Kim**, J.S., **Prakesh**, R., **McAuley**, E., ... **Kramer**, A.F.(2006). Aerobic exercise training increases brain volume in aging humans. *Journals of Gerontology Series A*: *Biological Sciences and Medical Sciences, 61*,1166-1170.

Colcombe, S.J., **Kramer**, A.F., **Erickson**, K.I., **Scalf**, P., **McAuley**, E., **Cohen**, N.J., ... **Elavsky**, S.(2004). Cardiovascular fitness, cortical plasticity, and aging. *Proceedings of the National Academy of Sciences, USA, 101*,3316-3321.

Cole, M.(1996). *Cultural psychology: A once and future discipline*. Cambridge, MA: Belknap Press of Harvard University Press.

Coman, A., Manier, D., & Hirst, W.(2009). Forgetting the unforgettable through conversation: Social shared retrieval-induced forgetting of September 11 memories. *Psychological Science, 20*,627-633.

Condon, J.W., & Crano, W.D.(1988). Inferred evaluation and the relation between attitude similarity and interpersonal attraction. *Journal of Personality and Social Psychology, 54*,789-797.

Conley, T.D.(2011). Perceived proposer personality characteristics and gender differences in acceptance of casual sex offers. *Journal of Personality and Social Psychology, 100*(2),309-329. doi:10.1037/a0022152

Conley, T.D., Moors, A.C., Matsick, J.L., Ziegler, A., & Valentine, B.A.(2011). Women, men, and the bedroom: Methodological and conceptual insights that narrow, reframe, and eliminate gender differences in sexuality. *Current Directions in Psychological Science, 20*(5),296-300. doi:10.1177/0963721411418467

Conway, M., & Ross, M.(1984). Getting what you want by revising what you had. *Journal of Personality and Social Psychology, 47*,738-748.

Cook, M., & Mineka, S.(1989). Observational conditioning of fear to fear-relevant versus fear-irrelevant stimuli in rhesus monkeys. *Journal of Abnormal Psychology, 98*(4),448-459.

Cook, M., & Mineka, S.(1990). Selective associations in the observational conditioning of fear in rhesus monkeys. *Journal of Experimental Psychology: Animal Behavior Process, 16*,372-389.

Coontz, P.(2008). The responsible conduct of social research. In K. Yang & G.J. Miller (Eds.), *Handbook of research methods in public administration* (pp.129-139). Boca Raton, FL: Taylor & Francis.

Cooper, H., Nye, B., Charlton, K., Lindsay, J., & Greathouse, S.(1996). The effects of summer vacation on achievement test scores: A narrative and meta-analytic review. *Review of Educational Research, 66*(3),227-268.

Cooper, J., & Fazio, R.H.(1984). A new look at dissonance theory. In L. Berkowitz (Ed.), *Advances in experimental social psychology* (Vol.17, pp.229-266). New York: Academic Press.

Cooper, J.C., Hollon, N.G., Wimmer, G.E., & Knutson, B.(2009). Available alternative incentives modulate anticipatory nucleus accumbens activation. *Social Cognitive and Affective Neuroscience, 4*,409-416.

Cooper, J.M., & Strayer, D.L.(2008). Effects of simulator practice and real-world experience on cell-phone related driver distraction. *Human Factors, 50*,893-902.

Cooper, J.R., Bloom, F.E., & Roth, R.H.(2003). *Biochemical basis of neuropharmacology*. New York: Oxford University Press.

Cooper, M.L.(2006). Does drinking promote risky sexual behavior? A complex answer to a simple question. *Current Directions in Psychological Science, 15*,19-23.

Cooper, W.H., & Withey, W.J.(2009). The strong situation hypothesis. *Personality and Social Psychology Review, 13*,62-72.

Corbetta, M., Shulman, G.L., Miezin, F.M., & Petersen, S.E.(1995). Superior parietal cortex activation during spatial attention shifts and visual feature conjunction. *Science, 270*,802-805.

Coren, S.(1997). *Sleep thieves*. NewYork: Free Press.

Corkin, S.(2002). What's new with the amnesic patient HM? *Nature Reviews Neuroscience, 3*,153-160.

Corkin, S.(2013). *Permanent present tense: The unforgettable life of the amnesic patient, H.M.* New York: Basic Books.

Correll, J., Park, B., Judd, C.M., & Wittenbrink, B.(2002). The police officer's dilemma: Using ethnicity to disambiguate potentially threatening individuals. *Journal of Personality and Social Psychology, 83*,1314-1329.

Correll, J., Park, B., Judd, C.M., Wittenbrink, B., Sadler, M.S., & Keesee, T.(2007). Across the thin blue line: Police officers and racial bias in the decision to shoot. *Journal of Personality and Social Psychology, 92*,1006-1023.

Corsi, P.(1991). *The enchanted loom: Chapters in the history of neuroscience*. New York: Oxford University Press.

Corti, E.(1931). *A history of smoking* (P. England, Trans.). London: Harrap.

Coryell, W., Endicott, J., Maser, J.D., Mueller, T., Lavori, P., & Keller, M.(1995). The likelihood of recurrence in bipolar affective disorder: The importance of episode recency. *Journal of Affective Disorders, 33*,201-206.

Costa, P.T., Terracciano, A., & McCrae, R.R.(2001). Gender differences in personality traits across cultures: Robust and surprising findings. *Journal of Personality and Social Psychology, 81*,322-331.

Costanza, A., Weber, K., Gandy, S., Bouras, C., Hof, P.R., Giannakopoulos, G., & Canuto, A.(2011). Contact sport-related chronic traumatic encephalopathy in the elderly: Clinical expression and structural substrates. *Neuropathology and Applied Neurobiology, 37*,570-584.

Cottrell, C.A., Neuberg, S.L., & Li, N.P.(2007). What do people desire in others? A sociofunctional perspective on the importance of different valued characteristics. *Journal of Personality and Social Psychology, 92*,208-231.

Cox, D., & Cowling, P.(1989). *Are you normal?* London: Tower Press.

Coyne, J.A.(2000, April 3). Of vice and men: Review of R. Tornhill and C. Palmer, *A natural history of rape. The New Repubic*, pp.27-34.

Craddock, N., & Jones, I.(1999). Genetics of bipolar disorder. *Journal of Medical Genetics, 36*,585-594.

Craik, F.I.M., Govoni, R., Naveh-Benjamin, M., & Anderson, N.D.(1996). The effects of divided attention on encoding and retrieval processes in human memory. *Journal of Experimental Psychology: General, 125*,159-180.

Craik, F.I.M., & Tulving, E.(1975). Depth of processing and the retention of words in episodic memory. *Journal of Experimental Psychology: General, 104*,268-294.

Cramer, R.E., Schaefer, J.T., & Reid, S.(1996). Identifying the ideal mate: More evidence for male-female convergence. *Current Psychology, 15*,157-166.

Craske, M.G.(1999). *Anxiety disorders: Psychological approaches to theory and treatment.* Boulder, CO: Westview Press.

Crick, N.R., & Grotpeter, J.K.(1995). Relational aggression, gender, and social-psychological adjustment. *Child Development, 66*,710-722.

Crocker, J., & Wolfe, C.T.(2001). Contingencies of self-worth. *Psychological Review, 108*(3),593-623.

Crombag, H.F.M., Wagenaar, W.A., & Van Koppen, P.J.(1996). Crashing memories and the problem of "source monitoring." *Applied Cognitive Psychology, 10*,95-104.

Cross, E.S., Kraemer, D.J.M., Hamilton, A.F. de C., Kelley, W.M., & Grafton, S.T.(2009). Sensitivity of the action observation network to physical and observational learning. *Cerebral Cortex, 19*,315-326.

Cross, P.(1977). Not can but willcollege teachers be improved? *New Directions for Higher Education, 17*,1-15.

Cross-Disorder Group of the Psychiatric Genomics Consortium.(2013). Identification of risk loci with shared effects on five major psychiatric disorders: A genome-wide analysis. *Lancet, 381*,1371-1379.

Cruse, D., Chennu, S., Fernández-Espejo, D., Payne, W.L., Young, G.B., & Owen, A.M.(2012). Detecting awareness in the vegetative state: Electroencephalographic evidence for attempted movements to command. *PLoS One, 7*(11), e49933. doi:10.1371/journal.pone.0049933

Csigó, K., Harsányi, A., Demeter, G., Rajkai, C., Németh, A., & Racsmány, M.(2010). Long-term follow-up of patients with obsessivecompulsive disorder treated by anterior capsulotomy: A neuropsychological study. *Journal of Affective Disorders, 126*,198-205.

Csikszentmihalyi, M.(1990). *Flow: The psychology of optimal experience.* New York: Harper & Row.

Cuc, A., Koppel, J., & Hirst, W.(2007). Silence is not golden: A case of socially shared retrieval-induced forgetting. *Psychological Science, 18*,727-733.

Cummins, D.D.(2012). *Good thinking: Seven powerful ideas that influence the way we think.* New York: Cambridge University Press.

Cunningham, M.R., Barbee, A.P., & Pike, C.L.(1990). What do women want? Facial metric assessment of multiple motives in the perception of male facial physical attractiveness. *Journal of Personality and Social Psychology, 59*,61-72.

Cunningham, M.R., Roberts, A.R., Barbee, A.P., Druen, P.B., & Wu, C.-H.(1995). "Their ideas of beauty are, on the whole, the same as ours": Consistency and variability in the cross-cultural perception of female physical attractiveness. *Journal of Personality and Social Psychology, 68*,261-279.

Cunningham, W.A., & Brosch, T.(2012). Motivational salience: Amygdala tuning from traits, needs, values, and goals. *Current Directions in Psychological Science, 21*(1),54-59.

Curran, J.P., & Lippold, S.(1975). The effects of physical attraction and attitude similarity on attraction in dating dyads. *Journal of Personality, 43*,528-539.

Curtiss, S.(1977). *Genie: A psycholinguistic study of a modern-day "wildchild."* New York: Academic Press.

Cutler, D.L., Bevilacqua, J., & McFarland, B.H.(2003). Four decades of community mental health: A symphony in four movements. *Community Mental Health Journal, 39*,381-398.

Dabbs, J.M., Bernieri, F.J., Strong, R.K., Campo, R., & Milun, R.(2001). Going on stage: Testosterone in greetings and meetings. *Journal of Research in Personality, 35*,27-40.

Dabbs, J.M., Carr, T.S., Frady, R.L., & Riad, J.K.(1995). Testosterone, crime, and misbehavior among 692 male prison inmates. *Personality and Individual Differences, 18*,627-633.

Dael, N., Mortillaro, M., & Scherer, K.R.(2012). Emotion expression in body action and posture. *Emotion, 12*,1085-1101.

D'Agostino, P.R., & Fincher-Kiefer, R.(1992). Need for cognition and correspondence bias. *Social Cognition, 10*,151-163.

Dahger, A., & Robbins, T.W.(2009). Personality, addiction, dopamine: Insights from Parkinson's disease. *Neuron, 61*,502-510.

Dahl, G., & Della Vigna, S.(2009). Does movie violence increase violent crime? *The Quarterly Journal of Economics, 124*,677-734.

Dally, P.(1999). *The marriage of heaven and hell: Manic depression and the life of Virginia Woolf.* New York: St. Martin's Griffin.

Dalton, P.(2003). Olfaction. In H. Pashler & S. Yantis (Eds.), *Stevens' handbook of experimental psychology: Vol.1. Sensation and perception* (3rd ed., pp.691-746). New York: Wiley.

Daly, M., & Wilson, M.(1988). Evolutionary social psychology and family homicide. *Science, 242*,519-524.

Damasio, A.R.(1989). Time-locked multiregional retroactivation: A systems-level proposal for the neural substrates of recall and recognition. *Cognition, 33*,25-62.

Damasio, A.R.(1994). *Descartes' error: Emotion, reason, and the human brain.* New York: Putnam.

Damasio, A.R.(2005). *Descartes' error: Emotion, reason, and the human Brain.* New York: Penguin.

Damasio, A.R., Grabowski, T.J., Bechara, A., Damasio, H., Ponto, L.L.B., Parvisi, J., & Hichwa, R.D.(2000). Subcortical and cortical brain activity during the feeling of self-generated emotions. *Nature Neuroscience, 3*,1049-1056.

Damasio, H., Grabowski, T., Frank, R., Galaburda, A.M., & Damasio, A.R.(1994). The return of Phineas Gage: Clues about the brain from the skull of a famous patient. *Science, 264*,1102-1105.

Damasio, H., Grabowski, T.J., Tranel, D., Hichwa, R.D., & Damasio, A.R.(1996). A neural basis for lexical retrieval. *Nature, 380*,499-505.

Damsma, G., Pfaus, J.G., Wenkstern, D., Phillips, A.G., & Fibiger, H.C.(1992). Sexual behavior increases dopamine transmission in the nucleus accumbens and striatum of male rats: Comparison with novelty and locomotion. *Behavioral Neurosciences, 106*,181-191.

Daneshvar, D.H., Nowinski, C.J., McKee, A.C., & Cantu, R.C.(2011). The epidemiology of sport-related concussion. *Clinical Sports Medicine, 30*,1-17.

Daniel, H.J., O'Brien, K.F., McCabe, R.B., & Quinter, V.E.(1985). Values in mate selection: A 1984 campus survey. *College Student Journal, 19*,44-50.

Danner, U.N., Ouwehand, C., van Haastert, N.L., Homsveld, H., & de Ridder, D.T.(2012). Decision-making impairments in women with binge eating disorder in comparison with obese and normal weight women. *European Eating Disorders Review, 20*, e56-e62.

Darley, J.M., & Berscheid, E.(1967). Increased liking caused by the anticipation of interpersonal contact. *Human Relations, 10*,29-40.

Darley, J.M., & Gross, P.H.(1983). A hypothesis-confirming bias in labeling effects. *Journal of Personality and Social Psychology, 44*,20-33.

Darley, J.M., & Latané, B.(1968). Bystander intervention in emergencies: Diffusion of responsibility. *Journal of Personality and Social Psychology, 8*,377-383.

Dar-Nimrod, I., & Heine, S.J.(2006). Exposure to scientific theories affects women's math performance. *Science, 314*,435.

Darwin, C.(2007). *The expression of the emotions in man and animals*. New York: Bibliobazaar. (Original work published 1899)

Darwin, C.(1998). *The expression of the emotions in man and animals* (P. Ekman, Ed.). New York: Oxford University Press. (Original work published 1872)

Darwin, C.J., Turvey, M.T., & Crowder, R.G.(1972). An auditory analogue of the Sperling partial report procedure: Evidence for brief auditory storage. *Cognitive Psychology, 3*,255-267.

Dauer, W., & Przedborski, S.(2003). Parkinson's disease: Mechanisms and models. *Neuron, 39*,889-909.

Daum, I., Schugens, M.M., Ackermann, H., Lutzenberger, W., Dichgans, J., & Birbaumer, N.(1993). Classical conditioning after cerebellar lesions in humans. *Behavioral Neuroscience, 107*,748-756.

Davidson, R.J., Ekman, P., Saron, C., Senulis, J., & Friesen, W.V.(1990). Emotional expression and brain physiology I: Approach/withdrawal and cerebral asymmetry. *Journal of Personality and Social Psychology, 58*,330-341.

Davidson, R.J., Putnam, K.M., & Larson, C.L.(2000). Dysfunction in the neural circuitry of emotion regulation — a possible prelude to violence. *Science, 289*,591-594.

Davies, G.(1988). Faces and places: Laboratory research on context and face recognition. In G.M. Davies & D.M. Thomson (Eds.), *Memory in context*: *Context in memory* (pp.35-53). New York: Wiley.

Davies, G, Tenesa, A., Payton, A., Yang, J., Harris, S.E., Liewald, D., ... Deary, I, J.(2011). Genome-wide association studies establish that human intelligence is highly heritable and polygenic. *Molecular Psychiatry, 16*(10),996-1005. doi:10.1038/mp2011.85

Davila Ross, M., Menzler, S., & Zimmermann, E.(2008). Rapid facial mimicry in orangutan play. *Biology Letters, 4*(1),27-30.

Davis, C.(2008, March 30). Simon Cowell admits to using Botox. *People Magazine*. Retrieved from http://www.people.com/people/article/0,,20181478,00.html

Davis, C.J., Bowers, J.S., & Memon, A.(2011). Social influence in televised election debates: A potential distortion of democracy. *PLosONE, 6*(3), e18154.

Davis, J.L., Senghas, A., Brandt, F., & Ochsner, K.N.(2010). The effects of BOTOX injections on emotional experience. *Emotion, 10*(3),433-440. doi:10.1037/a0018690

Dawes, R.M.(1994). *House of cards*: *Psychology and psychotherapy built on myth*. New York: Free Press.

Dawood, K., Kirk, K.M., Bailey, J.M., Andrews, P.W., & Martin, N.G.(2005). Genetic and environmental influences on the frequency of orgasm in women. *Twin Research, 8*,27-33.

Dawson, G., Rogers, S., Munson, J., Smith, M., Winter, J., Greenson, J., ... Varley, J.(2010). Randomized, controlled trial of an intervention for toddlers with autism: The Early Start Denver Model. *Pediatrics, 125*, e17-e23.

Dawson, G., Jones, E.J.H., Merkle, K., Venema, K., Lowry, R., Faja, S., ... Webb, S.J.(2012). Early behavioral intervention is associated with normalized brain activity in young children with autism. *Journal of the American Academy of child and Adolescent Psychiatry, 51*,1150-1159.

Dawson, M., Soulieres, I., Gernsbacher, M.A., & Mottron, L.(2007). The level and nature of autistic intelligence. *Psychological Science, 18*,657-662.

Day, J.J., & Sweatt, J.D.(2011). Epigenetic mechanisms in cognition. *Neuron, 70*,813-829.

Dayan, P., & Huys, Q.J.M.(2009). Serotonin in affective control. *Annual Review of Neuroscience, 32*,95-126.

Deák, G.O.(2006). Do children really confuse appearance and reality? *Trends in Cognitive Sciences, 10*(12),546-550.

de Araujo, I.E., Rolls, E.T., Velazco, M.I., Margot, C., & Cayeux, I.(2005). Cognitive modulation of olfactory processing. *Neuron, 46*,671-679.

Deary, I.J.(2000). *Looking down on human intelligence*: *From psychometrics to the brain*. New York: Oxford University Press.

Deary, I.J.(2012). Intelligence. *Annual Review of Psychology, 63*(1),453-482. doi:10.1146/annurev-psych-120710-100353

Deary, I.J., Batty, G.D., & Gale, C.R.(2008). Bright children become enlightened adults. *Psychological Science, 19*(1),1-6.

Deary, I.J., Batty, G.D., Pattie, A., & Gale, C.R.(2008). More intelligent, more dependable children live longer: A 55-year longitudinal study of a representative sample of the Scottish nation. *Psychological Science, 19*,874.

Deary, **I.J.**, **Der**, **G.**, & **Ford**, **G.**(2001). Reaction time and intelligence differences: A population based cohort study. *Intelligence*, *29*(5),389-399.

Deary, **I.J.**, **Taylor**, **M.D.**, **Hart**, **C.L.**, **Wilson**, **V.**, **Smith**, **G.D.**, **Blane**, **D.**, & **Starr**, **J.M.**(2005). Intergenerational social mobility and mid-life status attainment: Influences of childhood intelligence, childhood social factors, and education. *Intelligence*, *33*(5),455-472. doi:10.1016/j.intell.2005.06.003

Deary, **I.J.**, **Weiss**, **A.**, & **Batty**, **G.D.**(2011). Intelligence and personality as predictors of illness and death: How researchers in differential psychology and chronic disease epidemiology are collaborating to understand and address health inequalities. *Psychological Science in the Public Interest*, *11*(2),53-79. doi:10.1177/1529100610387081

Deary, **I.J.**, **Whiteman**, **M.C.**, **Starr**, **J.M.**, **Whalley**, **L.J.**, & **Fox**, **H.C.**(2004). The impact of childhood intelligence on later life: Following up the Scottish mental surveys of 1932 and 1947. *Journal of Personality and Social Psychology*, *86*,130-147.

Deb, **S.**, **Thomas**, **M.**, & **Bright**, **C.**(2001). Mental disorder in adults with intellectual disability: I. Prevalence of functional psychiatric illness among a community-based population aged between 16 and 64 years. *Journal of Intel-lectual Disability Research*, *45*(Pt.6),495-505.

DeCasper, **A.J.**, & **Spence**, **M.J.**(1986). Prenatal maternal speech influences newborns' perception of speech sounds. *Infant Behavior and Development*, *9*,133 150.

Deci, **E.L.**(1971). Effects of externally mediated rewards on intrinsic motivation. *Journal of Personality and Social Psychology*, *18*,105-115.

Deci, **E.L.**, **Koestner**, **R.**, & **Ryan**, **R.M.**(1999). A meta-analytic review of experiments examining the effects of extrinsic rewards on intrinsic motivation. *Psychological Bulletin*, *125*,627-668.

de Craen, **A.J.M.**, **Moerman**, **D.E.**, **Heisterkamp**, **S.H.**, **Tytgat**, **G.N.J.**, **Tijssen**, **J.G.P.**, & **Kleijnen**, **J.**(1999). Placebo effect in the treatment of duodenal ulcer. *British Journal of Clinical Pharmacology*, *48*,853-860.

Deese, **J.**(1959). On the prediction of occurrence of particular verbal intrusions in immediate recall. *Journal of Experimental Psychology*, *58*,17-22.

DeFelipe, **J.**, & **Jones**, **E.G.**(1988). *Cajal on the cerebral cortex: An annotated translation of the complete writings*. New York: Oxford University Press.

Degenhardt, **L.**, **Chiu**, **W.T.**, **Sampson**, **N.**, **Kessler**, **R.C.**, **Anthony**, **J.C.**, **Angermeyer**, **M.**, ... **Wells**, **J.E.**(2008). Toward a global view of alcohol, tobacco, cannabis, and cocaine use: Findings from the WHO World Mental Health surveys. *PLoS Medicine*, *5*, e141.

Degenhardt, **L.**, **Dierker**, **L.**, **Chiu**, **W.T.**, **Medina-Mora**, **M.E.**, **Neumark**, **Y.**, **Sampson**, **N.**, ... **Kessler**, **R.C.**(2010). Evaluating the drug use "gateway" theory using cross-national data: Consistency and associations of the order of initiation of drug use among participants in the WHO World Mental Health surveys. *Drug and Alcohol Dependence*, *108*,84-97.

Dekker, **M.C.**, & **Koot**, **H.M.**(2003). DSM-IV disorders in children with borderline to moderate intellectual disability: I. Prevalence and impact. *Journal of the American Academy of Child and Adolescent Psychiatry*, *42*(8),915-922. doi:10.1097/01.CHI.0000046892.27264.1A

Dekker, **S.**, **Lee**, **N.C.**, **Howard-Jones**, **P.**, & **Jolles**, **J.**(2012). Neuromyths in education: Prevalence and predictors of misconceptions among teachers. *Frontiers in Psychology 3*:429. doi:10.3389/fpsyg.2012.00429

Delgado, **M.R.**, **Frank**, **R.H.**, & **Phelps**, **E.A.**(2005). Perceptions of moral character modulate the neural systems of reward during the trust game. *Nature Neuroscience*, *8*,1611-1618.

Demb, **J.B.**, **Desmond**, **J.E.**, **Wagner**, **A.D.**, **Vaidya**, **C.J.**, **Glover**, **G.H.**, & **Gabrieli**, **J.D.E.**(1995). Semantic encoding and retrieval in the left inferior prefrontal cortex: A functional MRI study of task difficulty and process specificity. *The Journal of Neuroscience*, *15*,5870-5878.

Dement, **W.C.**(1959, November 30). Dreams. *Newsweek*.

Dement, **W.C.**(1978). *Some must watch while some must sleep*. New York: Norton.

Dement, **W.C.**(1999). *The promise of sleep*. New York: Delacorte Press.

Dement, **W.C.**, & **Kleitman**, **N.**(1957). The relation of eye movements during sleep to dream activity: An objective method for the study of dreaming. *Journal of Experimental Psychology*, *53*,339-346.

Dement, **W.C.**, & **Wolpert**, **E.**(1958). Relation of eye movements, body motility, and external stimuli to dream content. *Journal*

of Experimental Psychology, 55,543-553.

Dempster, **E.L.**, **Pidsley**, **R.**, **Schalkwyk**, **L.C.**, **Owens**, **S.**, **Georgiades**, **A.**, **Kane**, **F.**, ... **Mill**, **J.**(2011). Disease-associated epigenetic changes in monozygotic twins discordant for schizophrenia and bipolar disorder. *Human Molecular Genetics, 20*,4786-4796.

Denison, **S.**, **Reed**, **C.**, & **Xu**, **F.**(2013). The emergence of probabilistic reasoning in very young infants: Evidence from 4.5-and 6-month-olds. *Developmental Psychology, 49*(2),243-249. doi:10.1037/a0028278

Dennett, **D.**(1991). *Consciousness explained*. New York: Basic Books.

DePaulo, **B.M.**, **Charlton**, **K.**, **Cooper**, **H.**, **Lindsay**, **J.J.**, & **Muhlenbruck**, **L.**(1997). The accuracy-confidence correlation in the detection of deception. *Personality and Social Psychology Review, 1*,346-357.

DePaulo, **B.M.**, **Lindsay**, **J.J.**, **Malone**, **B.E.**, **Muhlenbruck**, **L.**, **Charlton**, **K.**, & **Cooper**, **H.**(2003). Cues to deception. *Psychological Bulletin, 129*,74-118.

DePaulo, **B.M.**, **Stone**, **J.I.**, & **Lassiter**, **G.D.**(1985). Deceiving and detecting deceit. In B.R. Schlenker (Ed.), *The self and social life* (pp.323-370). New York: McGraw-Hill.

Der, **G.**, **Batty**, **G.D.**, & **Deary**, **I.J.**(2009). The association between IQ in adolescence and a range of health outcomes at 40 in the 1979 U.S. national longitudinal study of youth. *Intelligence, 37*(6),573-580.

DeRosnay, **M.**, **Pons**, **F.**, **Harris**, **P.L.**, & **Morrell**, **J.M.B.**(2004). A lag between understanding false belief and emotion attribution in young children: Relationships with linguistic ability and mothers' mental-state language. *British Journal of Developmental Psychology, 24*(1),197-218.

Des Jarlais, **D.C.**, **McKnight**, **C.**, **Goldblatt**, **C.**, & **Purchase**, **D.**(2009). Doing harm reduction better: Syringe exchange in the United States. *Addiction, 104*(9),1331-1446.

Des Jardin, **J.L.**, **Eisenberg**, **L.S.**, & **Hodapp**, **R.M.**(2006). Sound beginnings: Supporting families of young deaf children with cochlear implants. *Infants and Young Children, 19*,179-189.

Deutsch, **M.**(1949). A theory of cooperation and competition. *Human Relations, 2*,129-152.

DeVilliers, **P.**(2005). The role of language in theory-of-mind development: What deaf children tell us. In J.W. Astington & J.A. Baird (Eds.), *Why language matters for theory of mind* (pp.266-297). Oxford, England: Oxford University Press.

De Vries, **M.H.**, **Barth**, **A.C.R.**, **Maiworm**, **S.**, **Knecht**, **S.**, **Zwitserlood**, **P.**, & **Flöel**, **A.**(2010). Electrical stimulation of Broca's area enhances implicit learning of an artificial grammar. *Journal of Cognitive Neuroscience, 22*,2427-2436.

de Waal, **F.B.M.**(2012). The antiquity of empathy. *Science, 336*(6083),874-876. doi:10.1126/science.1220999

Dewhurst, **D.L.**, & **Cautela**, **J.R.**(1980). A proposed reinforcement survey schedule for special needs children. *Journal of Behavior Therapy and Experimental Psychiatry, 11*,109-112.

De Witte, **P.**(1996). The role of neurotransmitters in alcohol dependency. *Alcohol & Alcoholism, 31*(Suppl.1),13-16.

De Wolff, **M.**, & **van IJzendoorn**, **M.H.**(1997). Sensitivity and attachment: A meta-analysis on parental antecedents of infant attachment. *Child Development, 68*,571-591.

DeYoung, **C.G.**, & **Gray**, **J.R.**(2009). Personality neuroscience: Explaining individual differences in affect, behavior, and cognition. In P.J. Corr & G. Matthews (Eds.), *The Cambridge handbook of personality psychology* (pp.323-346). New York: Cambridge University Press.

DeYoung, **C.G.**, **Hirsh**, **J.B.**, **Shane**, **M.S.**, **Papademetris**, **X.**, **Rajeevan**, **N.**, & **Gray**, **J.R.**(2010). Testing predictions from personality neuroscience: Brain structure and the Big Five. *Psychological Science, 21*,820-828.

Diaconis, **P.**, & **Mosteller**, **F.**(1989). Methods for studying coincidences. *Journal of the American Statistical Association, 84*,853-861.

Diano, **S.**, **Farr**, **S.A.**, **Benoit**, **S.C.**, **McNay**, **E.C.**, **da Silva**, **I.**, **Horvath**, **B.**, ... **Horvath**, **T.L.**(2006). Ghrelin controls hippocampal spine synapse density and memory performance. *Nature Neuroscience, 9*(3),381-388.

Dickens, **W.T.**, & **Flynn**, **J.R.**(2001). Heritability estimates versus large environmental effects: The IQ paradox resolved. *Psychological Review, 108*,346-369.

Dickinson, **A.**, **Watt**, **A.**, & **Griffiths**, **J.H.**(1992). Free-operant acquisition with delayed reinforcement. *Quarterly Journal of Experimental Psychology Section B: Comparative and Physiological Psychology, 45*,241-258.

Didden, R., **Sigafoos**, J., **Lang**, R., **O'Reilly**, M., **Drieschner**, K., & **Lancioni**, G.E.(2012). Intellectual disabilities. In P. Sturmey & M. Hersen (Eds.), *Handbook of evidence-based practice in clinical psychology*. Hoboken, NJ: Wiley. Retrieved from http://doi.wiley.com/10.1002/9781118156391.ebcp001006

DiDonato, T.E., **Ullrich**, J., & **Krueger**, J.I.(2011). Social perception as induction and inference: An integrative model of intergroup differentiation, ingroup favoritism, and differential accuracy. *Journal of Personality and Social Psychology*, *100*(1),66-83. doi:10.1037/a0021051

Diederich, N.J., & **Goetz**, C.G.(2008). The placebo treatments in neurosciences: New insights from clinical and neuroimaging studies. *Neurology*, *71*,677-684.

Diekelmann, S., & **Born**, J.(2010). The memory function of sleep. *Nature Reviews Neuroscience*, *11*,114-126.

Dietary Guidelines Advisory Committee.(2005). *Dietary guidelines for Americans 2005*. Retrieved October 15,2007, from http://www.health.gov/dietaryguidelines

Dijksterhuis, A.(2004). Think different: The merits of unconscious thought in preference development and decision making. *Journal of Personality and Social Psychology*, *87*,586-598.

Dimberg, U.(1982). Facial reactions to facial expressions. *Psycho-physiology*, *19*,643-647.

Dion, K., **Berscheid**, E., & **Walster**, E.(1972). What is beautiful is good. *Journal of Personality and Social Psychology*, *24*,285-290.

Disner, S.G., **Beevers**, C.G., **Haigh**, E.A., & **Beck**, A.T.(2011). Neural mechanisms of the cognitive model of depression. *Nature Reviews Neuroscience*, *12*,467-477.

DiTella, R., **MacCulloch**, R.J., & **Oswald**, A.J.(2003). The macroeconomics of happiness. *Review of Economics and Statistics*, *85*,809-827.

Dittrich, W.H., **Troscianko**, T., **Lea**, S., & **Morgan**, D.(1996). Perception of emotion from dynamic point-light displays represented in dance. *Perception*, *25*,727-738.

Dollard, J., **Doob**, L.W., **Miller**, N.E., **Mowrer**, O.H., & **Sears**, R.R.(1939). *Frustration and aggression*. Oxford, England: Yale University Press.

Domhoff, G.W.(2007). Realistic simulation and bizarreness in dream content: Past findings and suggestions for future research. In D.B.P. McNamara (Ed.), *The new science of dreaming*: Content, recall, and personality correlates (Vol.22, pp.1-27). Westport, CT: Praeger.

Domjan, M.(2005). Pavlovian conditioning: A functional perspective. *Annual Review of Psychology*, *56*,179-206.

Donner, T.H., **Kettermann**, A., **Diesch**, E., **Ostendorf**, F., **Villiringer**, A., & **Brandt**, S.A.(2002). Visual feature and conjunction searches of equal difficulty engage only partially overlapping frontoparietal networks. *NeuroImage*, *15*,16-25.

Dornbusch, S.M., **Hastorf**, A.H., **Richardson**, S.A., **Muzzy**, R.E., & **Vreeland**, R.S.(1965). The perceiver and perceived: Their relative influence on categories of interpersonal perception. *Journal of Personality and Social Psychology*, *1*,434-440.

Dorus, S., **Vallender**, E.J., **Evans**, P.D., **Anderson**, J.R., **Gilbert**, S.L., **Mahowald**, M., ... **Lahn**, B.T.(2004). Accelerated evolution of nervous system genes in the origin of *Homo sapiens*. *Cell*, *119*,1027-1040.

Dostoevsky, F.(1988). *Winter notes on summer impressions* (D. Patterson, Trans.). Evanston, IL: Northwestern University Press. (Original work published 1863)

Dovidio, J.F., & **Gaertner**, S.L.(2010). Intergroup bias. In S.T. Fiske, D.T. Gilbert, & G. Lindzey (Eds.), *The handbook of social psychology* (5th ed., Vol.2, pp.1085-1121). New York: Wiley.

Downer, J.D.C.(1961). Changes in visual gnostic function and emotional behavior following unilateral temporal damage in the "splitbrain" monkey. *Nature*, *191*,50-51.

Downing, P.E., **Chan**, A.W.Y., **Peelen**, M. V, **Dodds**, C.M., & **Kanwisher**, N.(2006). Domain specificity in visual cortex. *Cerebral Cortex*, *16*,1453-1461.

Draguns, J.G., & **Tanaka-Matsumi**, J.(2003). Assessment of psychopathology across and within cultures: Issues and findings. *Behaviour Research and Therapy*, *41*,755-776.

Dreifus, C.(2003, May 20). Living one disaster after another, and then sharing the experience. *New York Times*, p.D2.

Drigotas, S.M., & **Rusbult**, C.E.(1992). Should I stay or should I go? A dependence model of breakups. *Journal of Personality*

and Social Psychology, 62,62-87.

Druckman, **D**., & **Bjork**, **R.A**.(1994). *Learning, remembering, believing: Enhancing human performance*. Washington, DC: National Academy Press.

Duckworth, **A.L**., & **Seligman**, **M.E.P**.(2005). Self-discipline outdoes IQ in predicting academic performance of adolescents. *Psychological Science, 16*,939-944.

Dudai, **Y**.(2012). The restless engram: Consolidations never end. *Annual Review of Neuroscience, 35*,227-247.

Dudycha, **G.J**., & **Dudycha**, **M.M**.(1933). Some factors and characteristics of childhood memories. *Child Development, 4*,265-278.

Duenwald, **M**.(2002, September 12). Students find another staple of campus life: Stress. *New York Times*. Retrieved from http://www.nytimes.com/2002/09/17/health/students-find-another-staple-of-campus-life-stress.html?pagewanted=all&src=pm

Duncan, **D.E**.(2012, November 4). How science can build a better you. *The New York Times*. Retrieved from http://www.nytimes.com/2012/11/04/sunday-review/how-science-can-build-a-better-you.html_r=0

Duncan, **G.J**., **Yeung**, **W.J**., **Brooks-Gunn**, **J**., & **Smith**, **J.R**.(1998). How much does childhood poverty affect the life chances of children? *American Sociological Review, 63*,406-423.

Duncker, **K**.(1945). On problem-solving. *Psychological Monographs, 58*(5).

Dunham, **Y**., **Chen**, **E.E**., & **Banaji**, **M.R**.(2013). Two signatures of implicit intergroup attitudes: Developmental invariance and early enculturation. *Psychological Science, 6*,860-868. doi:10.1177/0956797612463081

Dunlap, **K**.(1919). Are there any instincts? *Journal of Abnormal Psychology, 14*,307-311.

Dunlop, **S.A**.(2008). Activity-dependent plasticity: Implications for recovery after spinal cord injury. *Trends in Neurosciences, 31*,410-418.

Dunlosky, **J**., & **Rawson**, **K.A**.(2012). Overconfidence produces underachievement: Inaccurate self-evaluations undermine students' learning and retention. *Learning and Instruction, 22*,271-280.

Dunlosky, **J**., **Rawson**, **K.A**., **Marsh**, **E.J**., **Nathan**, **M.J**., & **Willingham**, **D.T**.(2013). Improving students' learning with effective learning techniques: Promising directions from cognitive and educational psychology. *Psychological Science in the Public Interest, 14*(1),4-58.

Dunlosky, **J**., & **Thiede**, **K.W**.(2013). Four cornerstones of calibration research: Why understanding students' judgments can improve their achievement. *Learning and Instruction, 24*,58-61.

Dunphy, **D.C**.(1963). The social structure of urban adolescent peer groups. *Sociometry, 26*,230-246.

Dutton, **D.G**., & **Aron**, **A.P**.(1974). Some evidence for heightened sexual attraction under conditions of high anxiety. *Journal of Personality and Social Psychology, 30*,510-517.

Duval, **S**., & **Wicklund**, **R.A**.(1972). *A theory of objective self awareness*. New York: Academic Press.

Dyer, **D**., **Dalzell**, **F**., & **Olegario**, **F**.(2004). *Rising Tide: Lessons from 165 years of brand building at Procter & Gamble*. Cambridge, MA: Harvard Business School Press.

Eacott, **M.J**., & **Crawley**, **R.A**.(1998). The offset of childhood amnesia: Memory for events that occurred before age 3. *Journal of Experimental Psychology: General, 127*,22-33.

Eagly, **A.H**., **Ashmore**, **R.D**., **Makhijani**, **M.G**., & **Longo**, **L.C**.(1991). What is beautiful is good, but ...: A meta-analytic review of research on the physical attractiveness stereotype. *Psychological Bulletin, 110*,109-128.

Eagly, **A.H**., & **Steffen**, **V.J**.(1986). Gender and aggressive behavior: A meta-analytic review of the social psychological literature. *Psychological Bulletin, 100*,309-330.

Eagly, **A.H**., & **Wood**, **W**.(1999). The origins of sex differences in human behavior: Evolved dispositions versus social roles. *American Psychologist, 54*,408-423.

Eastwick, **P.W**., **Eagly**, **A.H**., **Finkel**, **E.J**., & **Johnson**, **S.E**.(2011). Implicit and explicit preferences for physical attractiveness in a romantic partner: A double dissociation in predictive validity. *Journal of Personality and Social Psychology, 101*(5),993-1011. doi:10.1037/a0024061

Eastwick, **P.W**., **Finkel**, **E.J**., **Mochon**, **D**., & **Ariely**, **D**.(2007). Selective versus unselective romantic desire: Not all reciprocity is created equal. *Psychological Science*, *18*,317-319.

Eaton, **W.W.**, **Shao**, **H.**, **Nestadt**, **G.**, **Lee**, **B.H.**, **Bienvenu**, **O.J.**, & **Zandi**, **P.**(2008). Population-based study of first onset and chronicity of major depressive disorder. *Archives of General Psychiatry*, *65*,513-520.

Ebbinghaus, **H.**(1964). *Memory: A contribution to experimental psychology*. New York: Dover. (Original work published 1885)

Eddy, **D.M.**(1982). Probabilistic reasoning in clinical medicine: Problems and opportunities. In D. Kahneman, P. Slovic, & A. Tversky (Eds.), *Judgments under uncertainty: Heuristics and biases* (pp.249-267). New York: Cambridge University Press.

Edgerton, **V.R.**, **Tillakaratne**, **J.K.T.**, **Bigbee**, **A.J.**, **deLeon**, **R.D.**, & **Roy**, **R.R.**(2004). Plasticity of the spinal neural circuitry after injury. *Annual Review of Neuroscience*, *27*,145-167.

Edwards, **W.**(1955). The theory of decision making. *Psychological Bulletin*, *51*,201-214.

Efferson, **C.**, **Lalive**, **R.**, & **Fehr**, **E.**(2008). The coevolution of cultural groups and ingroup favoritism. *Science*, *321*,1844-1849.

Eich, **J.E.**(1980). The cue-dependent nature of state-dependent retention. *Memory & Cognition*, *8*,157-173.

Eich, **J.E.**(1995). Searching for mood dependent memory. *Psychological Science*, *6*,67-75.

Eichenbaum, **H.**(2008). *Learning & memory*. New York: Norton.

Eichenbaum, **H.**, & **Cohen**, **N.J.**(2001). *From conditioning to conscious recollection: Memory systems of the brain*. New York: Oxford University Press.

Eickhoff, **S.B.**, **Dafotakis**, **M.**, **Grefkes**, **C.**, **Stoecker**, **T.**, **Shah**, **N.J.**, **Schnitzler**, **A.**, ... **Siebler**, **M.**(2008). fMRI reveals cognitive and emotional processing in a long-term comatose patient. *Experimental Neurology*, *214*,240-246.

Eimas, **P.D.**, **Siqueland**, **E.R.**, **Jusczyk**, **P.**, & **Vigorito**, **J.**(1971). Speech perception in infants. *Science*, *171*,303-306.

Einstein, **G.O.**, & **McDaniel**, **M.A.**(1990). Normal aging and prospective memory. *Journal of Experimental Psychology: Learning, Memory, and Cognition*, *16*,717-726.

Einstein, **G.O.**, & **McDaniel**, **M.A.**(2005). Prospective memory: Multiple retrieval processes. *Current Direction in Psychological Science*, *14*,286-290.

Eisenberg, **N.**, **Fabes**, **R.A.**, **Guthrie**, **I.K.**, & **Reiser**, **M.**(2000). Dispositional emotionality and regulation: Their role in predicting quality of social functioning. *Journal of Personality and Social Psychology*, *78*,136.

Eisenegger, **C. Haushofer**, **J.**, & **Fehr**, **E.**(2011). The role of testosterone in social interaction. *Trends in Cognitive Sciences*, *15*(6),263-271. doi:10.1016/j.tics.2011.04.008

Eisenegger, **C.**, **Naef**, **M.**, **Snozzi**, **R.**, **Heinrichs**, **M.**, & **Fehr**, **E.**(2010). Prejudice and truth about the effect of testosterone on human bargaining behaviour. *Nature*, *463*,356-359.

Ekman, **P.**(1965). Differential communication of affect by head and body cues. *Journal of Personality and Social Psychology*, *2*,726-735.

Ekman, **P.**(1972). Universals and cultural differences in facial expressions of emotion. In J.K. Cole (Ed.), *Nebraska Symposium on Motivation, 1971* (pp.207-283). Lincoln: University of Nebraska Press.

Ekman, **P.**(1992). *Telling lies*. New York: Norton.

Ekman, **P.**(2003). Darwin, deception, and facial expression. *Annals of the New York Academy of Sciences*, *1000*,205-221.

Ekman, **P.**, & **Friesen**, **W.V.**(1968). Nonverbal behavior in psychotherapy research. In J.M. Shlien (Ed.), *Research in psychotherapy* (Vol.3, pp.179-216). Washington, DC: American Psychological Association.

Ekman, **P.**, & **Friesen**, **W.V.**(1971). Constants across cultures in the face and emotion. *Journal of Personality and Social Psychology*, *17*,124-129.

Ekman, **P.**, & **Friesen**, **W.V.**(1982). Felt, false, and miserable smiles. *Journal of Nonverbal Behavior*, *6*,238-252.

Ekman, **P.**, **Levenson**, **R.W.**, & **Friesen**, **W.V.**(1983). Autonomic nervous system activity distinguishes among emotions. *Science*, *221*,1208-1210.

Elbogen, **E.B.**, & **Johnson**, **S.C.**(2009). The intricate link between violence and mental disorder. *Archives of General Psychiatry*, *66*(2),152-161.

Eldar, **S.**, **Apter**, **A.**, **Lotan**, **D.**, **Edgar**, **K.P.**, **Naim**, **R.**, **Fox**, **N.A.**, ... **Bar-Heim**, **Y.**(2012). Attention bias modification treatment for pediatric anxiety disorders: A randomized controlled trial. *American Journal of Psychiatry*, *169*,213-220.

Eldridge, **L.L.**, **Knowlton**, **B.J.**, **Furmanski**, **C.S.**, **Bookheimer**, **S.Y.**, & **Engel**, **S.A.**(2000). Remembering episodes: A selective role for the hippocampus during retrieval. *Nature Neuroscience*, *3*,1149-1152.

Eldridge, **M.A.**, **Barnard**, **P.J.**, & **Bekerian**, **D.A.**(1994). Autobiographical memory and daily schemas at work. *Memory*, *2*,51-74.

Elfenbein, **H.A.**, & **Ambady**, **N.**(2002). On the universality and cultural specificity of emotion recognition: A meta-analysis. *Psychological Bulletin*, *128*,203-235.

Elfenbein, **H.A.**, **Der Foo**, **M.D.**, **White**, **J.**, & **Tan**, **H.H.**(2007). Reading your counterpart: The benefit of emotion recognition accuracy for effectiveness in negotiation. *Journal of Nonverbal Behavior*, *31*,205-223.

Ellemers, **N.**(2012). The group self. *Science*, *336*(6083),848-852. doi:10.10.1126/science.1220987

Ellenbogen, **J.M.**, **Payne**, **J.D.**, & **Stickgold**, **R.**(2006). The role of sleep in declarative memory consolidation: Passive, permissive, or none? *Current Opinion in Neurobiology*, *16*,716-722.

Elliott, **R.**, **Sahakian**, **B.J.**, **Matthews**, **K.**, **Bannerjea**, **A.**, **Rimmer**, **J.**, & **Robbins**, **T.W.**(1997). Effects of methylphenidate on spatial working memory and planning in healthy young adults. *Psychopharmacology*, *131*,196-206.

Ellis, **A.**(**1991**). *Reason and emotion in psychotherapy*. New York: Carol.

Ellis, **B.J.**, & **Garber**, **J.**(2000). Psychosocial antecedents of variation in girls' pubertal timing: Maternal depression, stepfather presence, and marital and family stress. *Child Development*, *71*,485-501.

Ellis, **E.M.**(1983). A review of empirical rape research: Victim reactions and response to treatment. *Clinical Psychology Review*, *3*,473-490.

Ellis, **L.**, & **Ames**, **M.A.**(1987). Neurohormonal functioning in sexual orientation: A theory of homosexuality-heterosexuality. *Psychological Bulletin*, *101*,233-258.

Ellman, **S.J.**, **Spielman**, **A.J.**, **Luck**, **D.**, **Steiner**, **S.S.**, & **Halperin**, **R.**(1991). REM deprivation: A review. In S.J. Ellman & J.S. Antrobus (Eds.), *The mind in sleep*: *Psychology and psychophysiology* (2nd ed., pp.329-376). New York: Wiley.

Ellsworth, **P.C.**, & **Scherer**, **K.R.**(2003). Appraisal processes in emotion. In R.J. Davidson, K.R. Scherer, & H.H. Goldsmith (Eds.), *The handbook of affective science* (pp.572-595). New York: Oxford University Press.

Emerson, **R.C.**, **Bergen**, **J.R.**, & **Adelson**, **E.H.**(1992). Directionally selective complex cells and the computation of motion energy in cat visual cortex. *Vision Research*, *32*,203-218.

Epel, **E.S.**, **Blackburn**, **E.H.**, **Lin**, **J.**, **Dhabhar**, **F.S.**, **Adler**, **N.E.**, **Morrow**, **J.D.**, & **Cawthorn**, **R.M.**(2004). Accelerated telomere shortening in response to life stress. *Proceedings of the National Academy of Sciences*, *101*,17312-17315.

Enock, **P.M.**, & **McNally**, **R.J.**(2013). How mobile apps and other webbased interventions can transform psychological treatment and the treatment development cycle. *Behavior Therapist*, *36*(3),56,58,60,62-66.

Epel, **E.S.**, **Daubenmier**, **J.**, **Moskowitz**, **J.T.**, **Foldman**, **S.**, & **Blackburn**, **E.H.**(2009). Can meditation slow rate of cellular aging? Cognitive stress, mindfulness, and telomerase. *Annals of the New York Academy of Sciences*, *1172*,34-53.

Epley, **N.**, **Savitsky**, **K.**, & **Kachelski**, **R.A.**(1999). What every skeptic should know about subliminal persuasion. *Skeptical Inquirer*, *23*,40-45,58.

Epley, **N.**, & **Waytz**, **A.**(2010). Mind perception. In S.T. Fiske, D.T. Gilbert, & G. Lindzey (Eds.), *The handbook of social psychology* (5th ed., Vol.1, pp.498-541). New York: Wiley.

Epstein, **R.**(2007a). *The case against adolescence*: *Rediscovering the adult in every teen*. New York: Quill Driver.

Epstein, **R.**(2007b). The myth of the teen brain. *Scientific American Mind*, *18*,27-31.

Erber, **R.**, **Wegner**, **D.M.**, & **Therriault**, **N.**(1996). On being cool and collected: Mood regulation in anticipation of social interaction. *Journal of Personality and Social Psychology*, *70*,757-766.

Erffmeyer, **E.S.**(1984). Rule-violating behavior on the golf course. *Perceptual and Motor Skills*, *59*,591-596.

Ericsson, **K.A.**, & **Charness**, **N.**(1999). Expert performance: Its structure and acquisition. In S.J. Ceci & W.M. Williams (Eds.), *The nature-nurture debate*: *The essential readings* (pp.200-256). Oxford, England: Blackwell.

Ericson, **E.H.**(1959). *Identity and the life cycle*. New York: International Universities Press.

Espy, K.A., Fang, H., Johnson, C., Stopp, C., Wiebe, S.A., & Respass, J.(2011). Prenatal tobacco exposure: Developmental outcomes in the neonatal period. *Developmental Psychology*, *47*(1),153-169. doi:10.1037/a0020724

Etcoff, N.(1999). *Survival of the prettiest*: *The science of beauty*. New York: Doubleday.

Evans, G.W.(2004). The environment of childhood poverty. *American Psychologist*, *59*(2),77-92.

Evans, G.W.(2006). Child development and the physical environment. *Annual Review of Psychology*, *57*,423-451.

Evans, S.W., & Kim, P.(2012). Childhood poverty and young adults' allostatic load: The mediating role of childhood cumulative risk exposure. *Psychological Science*, *23*(9),979-983. doi:10.1177/0956797612441218

Evans, G.W., & Stecker, R.(2004). Motivational consequences of environmental stress. *Journal of Environmental Psychology*, *24*,143-165.

Evans, J. St.B., Barston, J.L., & Pollard, P.(1983), On the conflict between logic and belief in syllogistic reasoning. *Memory & Cognition*, *11*,295-306.

Evans, P.D., Gilbert, S.L., Mekel-Bobrov, N., Vallender, E.J., Anderson, J.R., Vaez-Azizi, L.M., ... Lahn, B.T.(2005). Microcephalin, a gene regulating brain size, continues to evolve adaptively to humans. *Science*, *309*,1717-1720.

Everson, S.A., Lynch, J.W., Chesney, M.A., Kaplan, G.A., Goldberg, D.E., Shade, S.B., ... Salonen, J.T.(1997). Interaction of workplace demands and cardiovascular reactivity in progression of carotid atherosclerosis: Population based study. *British Medical Journal*, *314*,553-558.

Exner, J.E.(1993). *The Rorschach*: *A comprehensive system*: *Vol.1. Basic Foundations*. New York: Wiley.

Eysenck, H.J.(1957). The effects of psychotherapy: An evaluation. *Journal of Consulting Psychology*, *16*,319-324.

Eysenck, H.J.(1967). *The biological basis of personality*. Springfield, IL: Charles C Thomas.

Eysenck, H.J.(1990). Biological dimensions of personality. In L.A. Pervin (Ed.), *Handbook of personality*: *Theory and research* (pp.244-276). New York: Guilford Press.

Falk, A., & Szech, N.(2013). Morals and markets. *Science*, *340*(6133),707-711. doi:10.1126/science.1231566

Falk, R., & McGregor, D.(1983). The surprisingness of coincidences. In P. Humphreys, O. Svenson, & A. Vari (Eds.), *Analysing and aiding decision processes* (pp.489-502). New York: North Holland.

Fancher, R.E.(1979). *Pioneers in psychology*. New York: Norton.

Fantz, R.L.(1964). Visual experience in infants: Decreased attention to familiar patterns relative to novel ones. *Science*, *164*,668-670.

Farah, M.J., Illes, J., Cook-Deegan, R., Gardner, H., Kandel, E., King, P., ... Wolpe, P.R.(2004) Neurocognitive enhancement: What can we do and what should we do? *Nature Reviews Neuroscience*, *5*,421-426.

Farah, M.J., & Rabinowitz, C.(2003). Genetic and environmental influences on the organization of semantic memory in the brain: Is "living things" an innate category? *Cognitive Neuropsychology*, *20*,401-408.

Faraone, S.V., Perlis, R.H., Doyle, A.E., Smoller, J.W., Goralnick, J.J., Holmgren, M.A., & Sklar, P.(2005). Molecular genetics of attention-deficit/hyperactivity disorder. *Biological Psychiatry*, *57*,1313-1323.

Farivar, R.(2009). Dorsal-ventral integration in object recognition. *Brain Research Reviews*, *61*,144-153.

Farooqi, I.S., Bullmore, E., Keogh, J., Gillard, J., O'Rahilly, S., & Fletcher, P.C.(2007). Leptin regulates striatal regions and human eating behavior. *Science*, *317*,1355.

Farooqi, I.S., Matarese, G., Lord, G.M., Keogh, J.M., Lawrence, E., Agwu, C., & O'Rahilly, S.(2002). Beneficial effects of leptin on obesity, T cell hyporesponsiveness, and neuroendocrine/metabolic dysfunction of human congenital leptin deficiency. *The Journal of Clinical Investigation*, *110*(8),1093-1103.

Farrar, M.J.(1990). Discourse and the acquisition of grammatical morphemes. *Journal of Child Language*, *17*,607-624.

Favazza, A.(2011). *Bodies under siege*: *Self-mutilation, nonsuicidal self-injury, and body modification in culture and psychiatry*. Baltimore, MD: Johns Hopkins University Press.

Fazel, S., & Danesh, J.(2002). Serious mental disorder in 23,000 prisoners: A review of 62 surveys. *Lancet*, *359*,545-550.

Fechner, G.T.(1966). *Elements of psychophysics* (H.E. Alder, Trans.). New York: Holt, Rinehart, & Winston. (Original work published 1860)

Feczer, D., & Bjorklund, P.(2009). Forever changed: Posttraumatic stress disorder in female military veterans, a case report. *Perspectives in Psychiatric Care*, *45*,278-291.

Fehr, E., & Gaechter, S.(2002). Altruistic punishment in humans. *Nature*, *415*,137-140.

Fein, D., Barton, M., Eigsti, I.-M., Kelley, E., Naigles, L., Schultz, R.T., ... Tyson, K.(2013). Optimal outcome in individuals with a history of autism. *Journal of child Psychology and Psychiatry*, *54*,195-205.

Fein, S., Goethals, G.R., & Kugler, M.B.(2007). Social influence on political judgments: The case of presidential debates. *Political Psychology*, *28*,165-192.

Feinberg, T.E.(2001). *Altered egos*: *How the brain creates the self*. NewYork: Oxford University Press.

Feingold, A.(1990). Gender differences in effects of physical attractiveness on romantic attraction: A comparison across five research paradigms. *Journal of Personality and Social Psychology*, *59*,981-993.

Feingold, A.(1992a). Gender differences in mate selection preferences: A test of the parental investment model. *Psychological Bulletin*, *112*,125-139.

Feingold, A.(1992b). Good-looking people are not what we think. *Psychological Bulletin*, *111*,304-341.

Feinstein, J.S., Buzza, C., Hurlemann, R., Follmer, R.L., Dahdaleh, N.S., Coryell, W.H., ... Wemmie, J.A.(2013). Fear and panic in humans with bilateral amygdala damage. *Nature Neuroscience*, *3*,270-272.

Feldman, D.E.(2009). Synaptic mechanisms for plasticity in neocortex. *Annual Review of Neuroscience*, *32*,33-55.

Feldman, M.D.(2004). *Playing sick*. New York: Brunner-Routledge.

Ferguson, C.J.(2010). Blazing angels or resident evil? Can violent video games be a force for good? *Review of General Psychology*, *14*(2),68-81. doi:10.1037/a0018941

Fernandez-Espejo, D., Junque, C., Vendrell, P., Bernabeu, M., Roig, T., Bargallo, N., & Mercader, J.M.(2008). Cerebral response to speech in vegetative and minimally conscious states after traumatic brain injury. *Brain Injury*, *22*,882-890.

Fernbach, P.M., Rogers, T., Fox, C.R., & Sloman, S.A.(2013). Political extremism is supported by an illusion of understanding. *Psychological Science*, *24*(6),939-946.

Fernyhough, C.(2012). *Pieces of light*: *The new science of memory*. London: Profile Books.

Ferster, C.B., & Skinner, B.F.(1957). *Schedules of reinforcement*. New York: Appleton-Century-Crofts.

Festinger, L.(1957). *A theory of cognitive dissonance*. Stanford, CA: Stanford University Press.

Festinger, L., & Carlsmith, J.M.(1959). Cognitive consequences of forced compliance. *Journal of Abnormal and Social Psychology*, *58*,203-210.

Festinger, L., Schachter, S., & Back, K.(1950). *Social pressures in informal groups*: *A study of human factors in housing*. Oxford, England: Harper & Row.

Field, G.C.(1921). Faculty psychology and instinct psychology. *Mind*, *30*,257-270.

Fields, G.(2009, May 14). White House czar calls for end to "War on Drugs." *Wall Street Journal*, p.A3. Retrieved May 14,2009, from http://online.wsj.com/article/SB 124225891527617397.html

Fields, H.L., & Levine, J.D.(1984). Placebo analgesia: A role for endorphins? *Trends in Neurosciences*, *7*,271-273.

Finkel, E.J., & Eastwick, P.W.(2009). Arbitrary social norms influence sex differences in romantic selectivity. *Psychological Science*, *20*,1290-1295.

Finkelstein, E.A., Trogdon, J.G., Cohen, J.W., & Dietz, W.(2009). Annual medical spending attributable to obesity: Payer- and servicespecific estimates. *Health Affairs*, *28*(5), w822-w831.

Finkelstein, K.E.(1999, October 17). Yo-Yo Ma's lost Stradivarius is found after wild search. *New York Times*, p.34.

Finn, R.(1991). Different minds. *Discover*, *12*,54-59.

Fiore, A.T., Taylor, L.S., Zhong, X., Mendelsohn, G.A., & Cheshire, C.(2010). Who's right and who writes: People, profiles, contacts, and replies in online dating. *Proceedings of Hawaii International Conferences on Systems Science*, *43*, Persistent Conversation minitrack.

Fiorentine, R.(1999). After drug treatment: Are 12-step programs effective in maintaining abstinence? *American Journal of*

Drug and Alcohol Abuse, 25,93-116.

Fiorillo, **C**.**D**., **Newsome**, **W**.**T**., & **Schultz**, **W**.(2008). The temporal precision of reward prediction in dopamine neurons. *Nature Neuroscience, 11*,966-973.

Fisher, **H**.**E**.(1993). *Anatomy of love*: *The mysteries of mating, marriage, and why we stray*. New York: Fawcett.

Fisher, **R**.**P**., & **Craik**, **F**.**I**.**M**.(1977). The interaction between encoding and retrieval operations in cued recall. *Journal of Experimental Psychology: Human Learning and Perception, 3*,153-171.

Fiske, **S**.**T**.(1998). Stereotyping, prejudice, and discrimination. In D.T. Gilbert, S.T. Fiske, & G. Lindzey (Eds.), *The handbook of social psychology* (4th ed., Vol.2, pp.357-411). New York: McGrawHill.

Fiske, **S**.**T**.(2010). *Social beings*: *A core motives approach to social psychology*. Hoboken, NJ: Wiley.

Fleeson, **W**.(2004). Moving personality beyond the person-situation debate: The challenge and opportunity of within-person variability. *Current Directions in Psychological Science, 13*,83-87.

Flegal, **K**.**M**., & **Troiano**, **R**.**P**.(2000). Changes in the distribution of body mass index of adults and children in the U.S. population. *International Journal of Obesity, 24*,807-818.

Fletcher, **P**.**C**., **Shallice**, **T**., & **Dolan**, **R**.**J**.(1998). The functional roles of prefrontal cortex in episodic memory. I. Encoding. *Brain, 121*,1239-1248.

Flor, **H**., **Nikolajsen**, **L**., & **Jensen**, **T**.**S**.(2006). Phantom limb pain: A case of maladaptive CNS plasticity? *Nature Reviews Neuroscience, 7*,873-881.

Flynn, **E**.(2008). Investigating children as cultural magnets: Do young children transmit redundant information along diffusion chains? *Philosophical Transactions of the Royal Society of London Series B, 363*,3541-3551.

Flynn, **E**., & **Whiten**, **A**.(2008). Cultural transmission of tool-use in young children: A diffusion chain study. *Social Development, 17*,699-718.

Flynn, **J**.**R**.(2012). *Are we getting smarter? Rising IQ in the twenty-first century*. New York: Cambridge University Press.

Foa, **E**.**B**.(2010). Cognitive behavioral therapy of obsessive-compulsive disorder. *Dialogues in Clinical Neuroscience, 12*,199-207.

Foa, **E**.**B**., **Dancu**, **C**.**V**., **Hembree**, **E**.**A**., **Jaycox**, **L**.**H**., **Meadows**, **E**.**A**., & **Street**, **G**.**P**.(1999). A comparison of exposure therapy, stress inoculation training, and their combination for reducing posttraumatic stress disorder in female assault victims. *Journal of Consulting and Clinical Psychology, 67*,194-200.

Foa, **E**.**B**., **Liebowitz**, **M**.**R**., **Kozak**, **M**.**J**., **Davies**, **S**., **Campeas**, **R**., **Franklin**, **M**.**E**., ... **Tu**, **X**.(2007). Randomized, placebo-controlled trial of exposure and ritual prevention, clomipramine, and their combination in the treatment of obsessive-compulsive disorder. *Focus, 5*,368-380.

Foa, **E**.**B**., & **Meadows**, **E**.**A**.(1997). Psychosocial treatments for posttraumatic stress disorder: A critical review. *Annual Review of Psychology, 48*,449-480.

Fogassi, **L**., **Ferrari**, **P**.**F**., **Gesierich**, **B**., **Rozzi**, **S**., **Chersi**, **F**., & **Rizzolatti**, **G**.(2005). Parietal lobe: From action organization to intention understanding. *Science, 308*,662-667.

Folley, **B**.**S**., & **Park**, **S**.(2005). Verbal creativity and schizotypal personality in relation to prefrontal hemispheric laterality: A behavioral and near-infrared optical imaging study. *Schizophrenia Research, 80*,271-282.

Forkstam, **C**., **Hagoort**, **P**., **Fernández**, **G**., **Ingvar**, **M**., & **Petersson**, **K**.**M**.(2006). Neural correlates of artificial syntactic structure classification. *Neurolmage, 32*,956-967.

Foroni, **F**., & **Semin**, **G**.**R**.(2009). Language that puts you in touch with your bodily feelings: The multimodal responsiveness of affective expressions. *Psychological Science, 20*(8),974-980.

Fournier, **J**.**C**., **DeRubeis**, **R**., **Hollon**, **S**.**D**., **Dimidjian**, **S**., **Amsterdam**, **J**.**D**., **Shelton**, **R**.**C**., & **Fawcett**, **J**.(2010). Antidepressant drug effects and depression severity. *Journal of the American Medical Association, 303*,47-53.

Fouts, **R**.**S**., & **Bodamer**, **M**.(1987). Preliminary report to the National Geographic Society on "Chimpanzee intrapersonal signing." *Friends of Washoe, 7*,4-12.

Fox, **M**.**J**.(2009). *Always looking up*. New York: Hyperion.

Fox, P.T., Mintun, M.A., Raichle, M.E., Miezin, F.M., Allman, J.M., & Van Essen, D.C.(1986). Mapping human visual cortex with positron emission tomography. *Nature, 323*,806-809.

Fox, R.E., DeLeon, P.H., Newman, R., Sammons, M.T., Dunivin, D.L., & Baker, D.C.(2009). Prescriptive authority and psychology: A status report. *American Psychologist, 64*,257-268.

Fragaszy, D.M., Izar, P., Visalberghi, E., Ottoni, E.B., & de Oliveria, M.G.(2004). Wild capuchin monkeys *(Cebus libidinosus) use anvils and stone pounding tools. American Journal of Primatology, 64*,359-366.

Francis, D., Diorio, J., Liu, D., & Meaney, M.J.(1999). Nongenomic transmission across generations of maternal behavior and stress responses in the rat. *Science, 286*,1155-1158.

François, C., Chobert, J., Besson, M., & Schon, D.(2013). Music training for the development of speech segmentation. *Cerebral Cortex, 9*,2038-2043. doi:10.1093/cercor/bhs180

Frank, M.G., Ekman, P., & Friesen, W.V.(1993). Behavioral markers and recognizability of the smile of enjoyment. *Journal of Personality and Social Psychology, 64*,83-93.

Frank, M.G., & Stennet, J.(2001). The forced-choice paradigm and the perception of facial expressions of emotion. *Journal of Personality and Social Psychology, 80*,75-85.

Frankl, V.(2000). *Man's search for meaning*. New York: Beacon Press.

Fredman, T., & Whiten, A.(2008). Observational learning from tool using models by human-reared and mother-reared capuchin monkeys *(Cebus apella). Animal Cognition, 11*,295-309.

Fredrickson, B.L.(2000). Cultivating positive emotions to optimize health and well-being. *Prevention and Treatment, 3*, Article 0001a. doi:10.1037/1522-3736.3.1.31a. Retrieved September 21,2013 from http: //psycnet.apa.org

Freedman, J.(1978). *Happy people: What happiness is, who has it, and why*. New York: Harcourt Brace Jovanovich.

Freedman, J.L., & Fraser, S.C.(1966). Compliance without pressure: The foot-in-the-door technique. *Journal of Personality and Social Psychology, 4*,195-202.

Freeman, S., Walker, M.R., Borden, R., & Latané, B.(1975). Diffusion of responsibility and restaurant tipping: Cheaper by the bunch. *Personality and Social Psychology Bulletin, 1*,584-587.

French, H.W.(1997, February 26). In the land of the small it isn't easy being tall. *New York Times*. Retrieved from http://www.nytimes.com/1997/02/26/world/in-the-land-of-the-small-it-isn-t-easy-being-tall.html

Freud, S.(1938). The psychopathology of everyday life. In A.A. Brill (Ed.), *The basic writings of Sigmund Freud* (pp.38-178). New York: Basic Books. (Original work published 1901)

Freud, S.(1953). Three essays on the theory of sexuality. In J. Strachey (Ed. & Trans.), *The standard edition of the complete psychological works of Sigmund Freud* (Vol.7, pp.135-243). London: Hogarth Press. (Original work published 1905)

Freud, S.(1965). *The interpretation of dreams* (J. Strachey, Trans.). New York: Avon. (Original work published 1900)

Frick, R.W.(1985). Communicating emotion: The role of prosodic features. *Psychological Bulletin, 97*,412-429.

Fried, P.A., & Watkinson, B.(2000). Visuoperceptual functioning differs in 9- to 12-year-olds prenatally exposed to cigarettes and marijuana. *Neurotoxicology and Teratology, 22*,11-20.

Friedlander, L., & Desrocher, M.(2006). Neuroimaging studies of obsessive-compulsive disorder in adults and children. *Clinical Psychology Review, 26*,32-49.

Friedman, J.M.(2003). A war on obesity, not the obese. *Science, 299*(5608),856-858.

Friedman, J.M., & Halaas, J.L.(1998). Leptin and the regulation of body weight in mammals. *Nature, 395*(6704),763-770.

Friedman, M., & Rosenman, R.H.(1974). *Type A behavior and your heart*. New York: Knopf.

Friedman, S.L., & Boyle, D.E.(2008). Attachment in U.S. children experiencing nonmaternal care in the early 1990s, *Attachment & Human Development, 10*(3),225-261.

Friedman-Hill, S.R., Robertson, L.C., & Treisman, A.(1995). Parietal contributions to visual feature binding: Evidence from a patient with bilateral lesions. *Science, 269*,853-855.

Friesen, W.V.(1972). *Cultural differences in facial expressions in a social situation: An experimental test of the concept of display rules*. Unpublished doctoral dissertation, University of California, San Francisco.

Frith, C.D., & Fletcher, P.(1995). Voices from nowhere. *Critical Quarterly, 37*,71-83.

Frith, U.(2003). *Autism: Explaining the enigma*. Oxford, England: Blackwell.

Fry, D.P.(2012). Life without war. *Science, 336*(6083),879-884. doi:10.1126/science.1217987

Fryer, A.J., Mannuzza, S., Gallops, M.S., Martin, L.Y., Aaronson, C., Gorman, J.M., ... Klein, D.F.(1990). Familial transmission of simple phobias and fears: A preliminary report. *Archives of General Psychiatry, 47*,252-256.

Fu, F., Tarnita, C.E., Christakis, N.A., Wang, L., Rand, D.G., & Novak, M.A.(2012). Evolution of in-group favoritism. *Scientific Reports, 2*, Article 460. doi:10.1038/srep00460

Fukui, H., Murai, T., Fukuyama, H., Hayashi, T., & Hanakawa, T.(2005). Functional activity related to risk anticipation during performance of the Iowa gambling task. *NeuroImage, 24*,253-259.

Funder, D.C.(2001). Personality. *Annual Review of Psychology, 52*,197-221.

Furmark, T., Tillfors, M., Marteinsdottir, I., Fischer, H., Pissiota, A., Långström, B., & Fredrikson, M.(2002). Common changes in cerebral blood flow in patients with social phobia treated with citalopram or cognitive behavioral therapy. *Archives of General Psychiatry, 59*(5),425-433.

Fuster, J.M.(2003). *Cortex and mind*. New York: Oxford University Press.

Gadermann, A.M., Alonso, J., Vilagut, G., Zaslavsky, A.M., & Kessler, R.C.(2012). Comorbidity and disease burden in the National Comorbidity Survey Replication (NCS-R). *Depression and Anxiety, 29*,797-806.

Gais, S., & Born, J.(2004). Low acetylcholine during slow-wave sleep is critical for declarative memory consolidation. *Proceedings of the National Academy of Sciences, USA, 101*,2140-2144.

Galati, D., Scherer, K.R., & Ricci-Bitt, P.E.(1997). Voluntary facial expression of emotion: Comparing congenitally blind with normally sighted encoders. *Journal of Personality and Social Psychology, 73*,1363-1379.

Gale, C.R., Batty, G.D., McIntosh, A.M., Porteous, D.J., Deary, I.J., & Rasmussen, F.(2012). Is bipolar disorder more common in highly intelligent people? A cohort study of a million men. *Molecular Psychiatry, 18*(2),190-194. doi:10.1038/mp.2012.26

Gale, C.R., Batty, G.D., Tynelius, P. Deary, I.J., & Rasmussen, F.(2010). Intelligence in early adulthood and subsequent hospitalization for mental disorders. *Epidemiology, 21*(1),70-77. doi:10.1097/EDE.0b013e3181c17da8

Galef, B.(1998). Edward Thorndike: Revolutionary psychologist, ambiguous biologist. *American Psychologist, 53*,1128-1134.

Gallistel, C.R.(2000). The replacement of general-purpose learning models with adaptively specialized learning modules. In M.S. Gazzaniga (Ed.), *The new cognitive neurosciences* (pp.1179-1191). Cambridge, MA: MIT Press.

Gallo, D.A.(2006). *Associative illusions of memory*. New York: Psychology Press.

Gallo, D.A.(2010). False memories and fantastic beliefs: 15 years of the DRM illusion. *Memory & Cognition, 38*,833-848.

Gallup, G.G.(1977). Self-recognition in primates: A comparative approach to the bidirectional properties of consciousness. *American Psychologist, 32*,329-338.

Gallup, G.G.(1997). On the rise and fall of self-conception in primates. *Annals of the New York Academy of Sciences, 818*,73-84.

Gallup, G.G., & Frederick, D.A.(2010). The science of sex appeal: An evolutionary perspective. *Review of General Psychology, 14*(3),240-250. doi:10.1037/a0020451

Galton, F.(1869). *Hereditary genius: An inquiry into its laws and consequences*. London: Macmillan/Fontana.

Ganzel, B.L., Kim, P., Glover, G.H., & Temple, E.(2008). Resilience after 9/11: Multimodal neuroimaging evidence for stress-related change in the healthy adult brain. *NeuroImage, 40*,788-795.

Garb, H.N.(1998). *Studying the clinician: Judgment research and psychological assessment*. Washington, DC: American Psychological Association.

Garcia, J.(1981). Tilting at the windmills of academe. *American Psychologist, 36*,149-158.

Garcia, J., & Koelling, R.A.(1966). Relation of cue to consequence in avoidance learning. *Psychonomic Science, 4*,123-124.

Gardner, R.A., & Gardner, B.T.(1969). Teaching sign language to a chimpanzee. *Science, 165*,664-672.

Gardner, M., & **Steinberg**, L.(2005). Peer influence on risk taking, risk preference, and risky decision making in adolescence and adulthood: An experimental study. *Developmental Psychology, 41*, (4),625-635. doi:10.1037/0012-1649.41.4.625

Garland, A.F., & **Zigler**, E.(1999). Emotional and behavioral problems among highly intellectually gifted youth. *Roeper Review, 22*(1),41.

Garrett, B.L.(2011). *Convicting the innocent: Where criminal prosecutions go wrong*. Cambridge, MA: Harvard University Press.

Garry, M., **Manning**, C., **Loftus**, E.F., & **Sherman**, S.J.(1996). Imagination inflation: Imagining a childhood event inflates confidence that it occurred. *Psychonomic Bulletin & Review, 3*,208-214.

Gaser, C., & **Schlaug**, G.(2003). Brain structures differ between musicians and nonmusicians. *Journal of Neuroscience, 23*,9240-9245.

Gates, F.J.(2011). *How many people are lesbian, gay, bisexual, and transgender?* Los Angeles: UCLA School of Law, Williams Institute. Retrieved from http://williamsinstitute.law.ucla.edu/wp-content/uploads/Gates-How-Many-People-LGBT-Apr-2011.pdf

Gathercole, S.E.(2008). Nonword repetition and word learning: The nature of the relationship. *Applied Psycholinguistics, 27*,513-543.

Gazzaniga, M.S. (Ed.).(2000). *The new cognitive neurosciences*. Cambridge, MA: MIT Press.

Gazzaniga, M.S.(2006). Forty-five years of split brain research and still going strong. *Nature Reviews Neuroscience, 6*,653-659.

Ge, D., **Fellay**, J., **Thompson**, A.J., **Simon**, J.S., **Shianna**, K.V., **Urban**, T.J., ... **Goldstein**, D.B.(2009). Genetic variation in il28b predicts hepatitis C treatment-induced viral clearance. *Nature, 461*,399-401.

Ge, X.J., **Conger**, R.D., & **Elder**, G.H.(1996). Coming of age too early: Pubertal influences on girls' vulnerability to psychological distress. *Child Development, 67*,3386-3400.

Ge, X.J., **Conger**, R.D., & **Elder**, G.H., Jr.(2001). Pubertal transition, stressful life events, and the emergence of gender differences in adolescent depressive symptoms. *Developmental Psychology, 37*(3),404-417. Doi: 10.1037/0012-1649.37.3.404

Ge, X.J., & **Natsuaki**, M.N.(2009). In search of explanations for early pubertal timing effects on developmental psychopathology. *Current Directions in Psychological Science, 18*,327-331.

Geen, R.G.(1984). Preferred stimulation levels in introverts and extraverts: Effects on arousal and performance. *Journal of Personality and Social Psychology, 46*,1303-1312.

Gegenfurtner, K.R., & **Kiper**, D.C.(2003). Color vision. *Annual Review of Neuroscience, 26*,181-206.

Geier, A., **Wansink**, B., & **Rozin**, P.(2012). Red potato chips: Segmentation cues substantially decrease food intake. *Health Psychology, 31*,398-401.

Gendron, M., **Roberson**, D., **van der Vyver**, J.M., & **Barrett**, L.F. (in press). Perceptions of emotion from facial expressions are not culturally universal: Evidence from a remote culture. *Emotion*.

Gershoff, E.T.(2002). Corporal punishment by parents and associated child behaviors and experiences: A meta-analytic and theoretical review. *Psychological Bulletin, 128*,539-579.

Geschwind, D.H.(2009). Advances in autism. *Annual Review of Medicine, 60*,67-80.

Gibb, B.E., **Alloy**, L.B., & **Tierney**, S.(2001). History of childhood maltreatment, negative cognitive styles, and episodes of depression in adulthood. *Cognitive Therapy and Research, 25*,425-446.

Gibbons, F.X.(1990). Self-attention and behavior: A review and theoretical update. In M.P. Zanna (Ed.), *Advances in experimental social psychology* (Vol.23, pp.249-303). San Diego, CA: Academic Press.

Gick, M.L., & **Holyoak**, K.J.(1980). Analogical problem solving. *Cognitive Psychology, 12*,306-355.

Giedd, J.N., **Blumenthal**, J., **Jeffries**, N.O., **Castellanos**, F.X., **Liu**, H., **Zijdenbos**, A., ... **Rapoport**, J.L.(1999). Brain development during childhood and adolescence: A longitudinal MRI study. *Nature Neuroscience, 2*,861-863.

Gierlach, E., **Blesher**, B.E., & **Beutler**, L.E.(2010). Cross-cultural differences in risk perceptions of disasters. *Risk Analysis, 30*,1539-1549.

Gigerenzer, G.(1996). The psychology of good judgment: Frequency formats and simple algorithms. *Journal of Medical Decision Making, 16*,273-280.

Gigerenzer, G., & Hoffrage, U.(1995). How to improve Bayesian reasoning without instruction: Frequency formats. *Psychological Review, 102*,684-704.

Gigone, D., & Hastie, R.(1993). The common knowledge effect: Information sharing and group judgment. *Journal of Personality and Social Psychology, 54*,959-974.

Gilbert, D.T.(1991). How mental systems believe. *American Psychologist, 46*,107-119.

Gilbert, D.T.(1998). Ordinary personology. In D.T. Gilbert, S.T. Fiske, & G. Lindzey (Eds.), *The handbook of social psychology* (4th ed., Vol.2, pp.89-150). New York: McGraw-Hill.

Gilbert, D.T.(2006). *Stumbling on happiness*. New York: Knopf.

Gilbert, D.T., Brown, R.P., Pinel, E.C., & Wilson, T.D.(2000). The illusion of external agency. *Journal of Personality and Social Psychology, 79*,690-700.

Gilbert, D.T., Gill, M.J., & Wilson, T.D.(2002). The future is now: Temporal correction in affective forecasting. *Organizational Behavior and Human Decision Processes, 88*,430-444.

Gilbert, D.T., & Malone, P.S.(1995). The correspondence bias. *Psychological Bulletin, 117*,21-38.

Gilbert, D.T., Pelham, B.W., & Krull, D.S.(1988). On cognitive busyness: When persons perceive meet persons perceived. *Journal of Personality and Social Psychology, 54*,733-740.

Gilbert, G.M.(1951). Stereotype persistence and change among college students. *Journal of Abnormal and Social Psychology, 46*,245-254.

Gilbertson, M.W., Shenton, M.E., Ciszewski, A., Kasai, K., Lasko, N.B., Orr, S.P., & Pitman, R.K.(2002). Smaller hippocampal volume predicts pathological vulnerability to psychological trauma. *Nature Neuroscience, 5*,1242-1247.

Gillespie, C.F., & Nemeroff, C.B.(2007). Corticotropin-releasing factor and the psychobiology of early-life stress. *Current Directions in Psychological Science, 16*,85-89.

Gillette, J., Gleitman, H., Gleitman, L., & Lederer, A.(1999). Human simulation of vocabulary learning. *Cognition, 73*,135-176.

Gilligan, C.(1982). *In a different voice: Psychological theory and women's development*. Cambridge, MA: Harvard University Press.

Gilovich, T.(1991). *How we know what isn't so: The fallibility of human reason in everyday life*. New York: Free Press.

Ginzburg, K., Solomon, Z., & Bleich, A.(2002). Repressive coping style, acute stress disorder, and posttraumatic stress disorder after myocardial infarction. *Psychosomatic Medicine, 64*,748-757.

Giovanello, K.S., Schnyer, D.M., & Verfaellie, M.(2004). A critical role for the anterior hippocampus in relational memory: Evidence from an fMRI study comparing associative and item recognition. *Hippocampus, 14*,5-8.

Gladue, B.A.(1994). The biopsychology of sexual orientation. *Current Directions in Psychological Science, 3*,150-154.

Glass, D.C., & Singer, J.E.(1972). *Urban stress*. New York: Academic Press.

Glenwick, D.S., Jason, L.A., & Elman, D.(1978). Physical attractiveness and social contact in the singles bar. *Journal of Social Psychology, 105*,311-312.

Glynn, L.M., & Sandman, C.A.(2011). Prenatal origins of neurological development: A critical period for fetus and mother. *Current Directions in Psychological Science, 20*(6),384-389. doi:10.1177/0963721411422056

Gneezy, U., & Rustichini, A.(2000). A fine is a price. *Journal of Legal Studies, 29*,1-17.

Gobert, A., Rivet, J.M., Cistarelli, L., Melon, C., & Millan, M.J.(1999). Buspirone modulates basal and fluoxetine-stimulated dialysate levels of dopamine, noradrenaline, and serotonin in the frontal cortex of freely moving rats: Activation of serotonin 1A receptors and blockade of alpha2-adrenergic receptors underlie its actions. *Neuroscience, 93*,1251-1262.

Goddard, H.H.(1913). *The Kallikak family: A study in the heredity of feeble-mindedness*. New York: Macmillan.

Godden, D.R., & Baddeley, A.D.(1975). Context-dependent memory in two natural environments: On land and underwater. *British Journal of Psychology, 66*,325-331.

Goehler, L.E., Gaykema, R.P.A., Hansen, M.K., Anderson, K., Maier, S.F., & Watkins, L.R.(2000). Vagal immune-to-brain communication: A visceral chemosensory pathway. *Autonomic Neuroscience: Basic and Clinical, 85*,49-59.

Goel, V.(2007). Anatomy of deductive reasoning. *Trends in Cognitive Sciences, 11*,435-441.

Goel, V., & Dolan, R.J.(2003). Explaining modulation of reasoning by belief. *Cognition, 87*,11-22.

Goetzman, E.S., Hughes, T., & Klinger, E.(1994). *Current concerns of college students in a midwestern sample.* Unpublished report, University of Minnesota, Morris.

Goff, L.M., & Roediger, H.L., III.(1998). Imagination inflation for action events — repeated imaginings lead to illusory recollections. *Memory & Cognition, 26*,20-33.

Goldman, M.S., Brown, S.A., & Christiansen, B.A.(1987). Expectancy theory: Thinking about drinking. In H.T. Blane & K.E. Leonard (Eds.), *Psychological theories of drinking and alcoholism* (pp.181-266). New York: Guilford Press.

Goldstein, M.H., Schwade, J.A., Briesch, J., & Syal, S.(2010). Learning while babbling: Prelinguistic object-directed vocalizations signal a readiness to learn. *Infancy, 15*,362-391

Goldstein, R., Almenberg, J., Dreber, A., Emerson, J.W., Herschkowitsch, A., & Katz, J.(2008). Do more expensive wines taste better? Evidence from a large sample of blind tastings. *Journal of Wine Economics, 3*,1-9.

Goldstein, R., & Herschkowitsch, A.(2008). *The wine trials.* Austin, TX: Fearless Critic Media.

Gomez, C., Argandota, E.D., Solier, R.G., Angulo, J.C., & Vazquez, M.(1995). Timing and competition in networks representing ambiguous figures. *Brain and Cognition, 29*,103-114.

Gontier, N.(2008). Genes, brains, and language: An epistemological examination of how genes can underlie human cognitive behavior. *Review of General Psychology, 12*,170-180.

Gonzaga, G.C., Keltner, D., Londahl, E.A., & Smith, M.D.(2001). Love and the commitment problem in romantic relations and friendship. *Journal of Personality and Social Psychology, 81*,247-262.

Goodale, M.A., & Milner, A.D.(1992). Separate visual pathways for perception and action. *Trends in Neurosciences, 15*,20-25.

Goodale, M.A., & Milner, A.D.(2004). *Sight unseen.* Oxford, England: Oxford University Press.

Goodale, M.A., Milner, A.D., Jakobson, L.S., & Carey, D.P.(1991). A neurological dissociation between perceiving objects and grasping them. *Nature, 349*,154-156.

Goodwin, P., McGill, B., & Chandra, A.(2009). *Who marries and when? Age at first marriage in the United States, 2002* (Data Brief 19). Hyattsville, MD: National Center for Health Statistics.

Gootman, E.(2003, March 3). Separated at birth in Mexico, united at campuses on Long Island. *New York Times*, p.A25.

Gopnik, A.(2012). Scientific thinking in young children: Theoretical advances, empirical research, and policy implications. *Science, 337*(6102),1623-1627. doi:10.1126/science.1223416

Gopnik, A., & Astington, J.W.(1988). Children's understanding of representational change and its relation to the understanding of false belief and the appearance reality distinction. *Child Development, 59*,26-37.

Gopnik, M.(1990a). Feature-blind grammar and dysphasia. *Nature, 344*,715.

Gopnik, M.(1990b). Feature blindness: A case study. *Language Acquisition*: *A Journal of Developmental Linguistics, 1*,139-164.

Gorczynski, P., & Faulkner, G.(2011). Exercise therapy for schizophrenia. *Cochrane Database of Systematic Reviews, 5*, CD004412.

Gordon, P.(2004). Numerical cognition without words: Evidence from Amazonia. *Science, 306*,496-499.

Gorno-Tempini, M.L., Price, C.J., Josephs, O., Vandenberghe, R., Cappa, S.F., Kapur, N., & Frackowiak, R.S.(1998). The neural systems sustaining face and proper-name processing. *Brain, 121*,2103-2118.

Gosling, S.D.(1998). Personality dimensions in spotted hyenas *(Crocuta crocuta). Journal of Comparative Psychology, 112*,107-118.

Gosling, S.D., & John, O.P.(1999). Personality dimensions in nonhuman animals: A cross-species review. *Current Directions in Psychological Science, 8*,69-75.

Gosling, S.D., Rentfrow, P.J., & Swann, W.B., Jr.(2003). A very brief measure of the Big-Five personality domains. *Journal of Research in Personality, 37*,504-528.

Gotlib, I.H., & Joormann, J.(2010). Cognition and depression: Current status and future directions. *Annual Review of Clinical Psychology, 6*,285-312.

Gottesman, I.I.(1991). *Schizophrenia genesis: The origins of madness*. New York: Freeman.

Gottesman, I.I., & Hanson, D.R.(2005). Human development: Biological and genetic processes. *Annual Review of Psychology*, *56*,263-286.

Gottfredson, L.S.(1997). Mainstream science on intelligence: An editorial with 52 signatories, history, and bibliography. *Intelligence*, *24*,13-23.

Gottfredson, L.S.(2003). Dissecting practical intelligence theory: Its claims and evidence. *Intelligence*, *31*(4),343-397.

Gottfredson, L.S., & Deary, I.J.(2004). Intelligence predicts health and longevity, but why? *Current Directions in Psychological Science*, *13*,1-4.

Gottfried, J.A.(2008). Perceptual and neural plasticity of odor quality coding in the human brain. *Chemosensory Perception*, *1*,127-135.

Gouldner, A.W.(1960). The norm of reciprocity. *American Sociological Review*, *25*,161-178.

Grady, C.L., Haxby, J.V., Horwitz, B., Schapiro, M.B., Rapoport, S.I., Ungerleider, L.G., ... Herscovitch, P.(1992). Dissociation of object and spatial vision in human extrastriate cortex: Age-related changes in activation of regional cerebral blood flow measured with [^{15}O] water and positiron emission tomography. *Journal of Cognitive Neuroscience*, *4*(1),23-34. doi:10.1162/jocn.1992.4.1.23

Graf, P., & Schacter, D.L.(1985). Implicit and explicit memory for new associations in normal subjects and amnesic patients. *Journal of Experimental Psychology: Learning, Memory, and Cognition*, *11*,501-518.

Grandin, T.(2006). *Thinking in pictures: My life with autism* (expanded edition). Visalia, CA: Vintage.

Grant, A.M.(2008). Personal life coaching for coaches-in-training enhances goal attainment, insight, and learning. *Coaching*, *1*(1),54-70.

Grant, B.F., Hasin, D.S., Stinson, F.S., Dawson, D.A., Chou, S.P., & Ruan, W.J.(2004). Prevalence, correlates, and disability of personality disorders in the U.S.: Results from the National Epidemiologic Survey on Alcohol and Related Conditions. *Journal of Clinical Psychiatry*, *65*,948-958.

Gray, H.M., Gray, K., & Wegner, D.M.(2007). Dimensions of mind perception. *Science*, *315*,619.

Gray, J.A.(1970). The psychophysiological basis of introversion — extraversion. *Behavior Research and Therapy*, *8*,249-266.

Gray, J.A.(1990). Brain systems that mediate both emotion and cognition. *Cognition and Emotion*, *4*,269-288.

Greely, H., Sahakian, B., Harris, J., Kessler, R.C., Gazzaniga, M., Campbell, P., & Farah, M.J.(2008). Towards responsible use of cognitive enhancing drugs by the healthy. *Nature*, *456*(7223),702-705.

Green, C.S., & Bavelier, D.(2007). Action video-game experience alters the spatial resolution of vision. *Psychological Science*, *18*,88-94.

Green, D.A., & Swets, J.A.(1966). *Signal detection theory and psychophysics*. New York: Wiley.

Green, M.F., Kern, R.S., Braff, D.L., & Mintz, J.(2000). Neurocognitive deficits and functional outcome in schizophrenia: Are we measuring the "right stuff"? *Schizophrenia Bulletin*, *26*,119-136.

Green, S.K., Buchanan, D.R., & Heuer, S.K.(1984). Winners, losers, and choosers: A field investigation of dating initiation. *Personality and Social Psychology Bulletin*, *10*,502-511.

Greenberg, J., Pyszczynski, T., Solomon, S., Rosenblatt, A., Veeder, M., Kirkland, S., & Lyon, D.(1990). Evidence for terror management theory II: The effects of mortality salience on reactions to those who threaten or bolster the cultural worldview. *Journal of Personality and Social Psychology*, *58*,308-318.

Greenberg, J., Solomon, S., & Arndt, J.(2008). A basic but uniquely human motivation: Terror management. In J.Y. Shah & W.L. Gardner (Eds.), *Handbook of motivation science* (pp.114-134). New York: Guilford Press.

Greene, J.(2013). *Moral tribes: Emotion, reason, and the gap between us and them*. New York: Penguin.

Greene, J.D., Sommerville, R.B., Nystrom, L.E., Darley, J.M., & Cohen, J.D.(2001). An fMRI investigation of emotional engagement in moral judgment. *Science*, *293*,2105-2108.

Greenwald, A.G.(1992). New look 3: Unconscious cognition reclaimed. *American Psychologist*, *47*,766-779.

Greenwald, A.G., McGhee, D.E., & Schwartz, J.L.K.(1998). Measuring individual differences in implicit cognition: The implicit association test. *Journal of Personality and Social Psychology, 74*,1464-1480.

Greenwald, **A.G.**, & **Nosek**, **B.A.**(2001). Health of the Implicit Association Test at age 3. *Zeitschrift für Experimentelle Psychologie, 48*,85-93.

Gropp, **E.**, **Shanabrough**, **M.**, **Borok**, **E.**, **Xu**, **A.W.**, **Janoschek**, **R.**, **Buch**, **T.**, ... **Brüning**, **J.C.**(2005). Agouti-related peptideexpressing neurons are mandatory for feeding. *Nature Neuroscience, 8*,1289-1291.

Gross, **J.J.**(1998). Antecedent- and response-focused emotion regulation: Divergent consequences for experience, expression, and physiology. *Journal of Personality and Social Psychology, 74*,224-237.

Gross, **J.J.**(2002). Emotion regulation: Affective, cognitive, and social consequences. *Psychophysiology, 39*,281-291.

Gross, **J.J.**, & **Munoz**, **R.F.**(1995). Emotion regulation and mental health. *Clinical Psychology: Science and Practice, 2*,151-164.

Groves, **B.**(2004, August 2). Unwelcome awareness. *The San Diego Union-Tribune*, p.24.

Grün, **F.**, & **Blumberg**, **B.**(2006). Environmental obesogens: Organotins and endocrine disruption via nuclear receptor signaling. *Endocrinology, 147*, s50-s55.

Guerin, **S.A.**, **Robbins**, **C.A.**, **Gilmore**, **A.W.**, & **Schacter**, **D.L.**(2012a). Interactions between visual attention and episodic retrieval: Dissociable contributions of parietal regions during gist-based false recognition. *Neuron, 75*,1122-1134.

Guerin, **S.A.**, **Robbins**, **C.A.**, **Gilmore**, **A.W.**, & **Schacter**, **D.L.**(2012b). Retrieval failure contributes to gist-based false recognition. *Journal of Memory and Language, 66*,68-78.

Guillery, **R.W.**, & **Sherman**, **S.M.**(2002). Thalamic relay functions and their role in corticocortical communication: Generalizations from the visual system. *Neuron, 33*,163-175.

Gup, **T.**(2013, April 3). Diagnosis: Human. *New York Times*, p.A27.

Gur, **R.E.**, **Cowell**, **P.**, **Turetsky**, **B.I.**, **Gallacher**, **F.**, **Cannon**, **T.**, **Bilker**, **W.**, & **Gur**, **R.C.**(1998). A follow-up magnetic resonance imaging study of schizophrenia: Relationship of neuroanatomical changes to clinical and neurobehavioral measures. *Archives of General Psychiatry, 55*,145-152.

Gurwitz, **J.H.**, **McLaughlin**, **T.J.**, **Willison**, **D.J.**, **Guadagnoli**, **E.**, **Hauptman**, **P.J.**, **Gao**, **X.**, & **Soumerai**, **S.B.**(1997). Delayed hospital presentation in patients who have had acute myocardial infarction. *Annals of Internal Medicine, 126*,593-599.

Gusnard, **D.A.**, & **Raichle**, **M.E.**(2001). Searching for a baseline: Functional imaging and the resting human brain. *Nature Reviews: Neuroscience, 2*,685-694.

Gustafsson, **J.-E.**(1984). A unifying model for the structure of intellectual abilities. *Intelligence, 8*,179-203.

Gutchess, **A.H.**, & **Schacter**, **D.L.**(2012). The neural correlates of gist-based true and false recognition. *NeuroImage, 59*,3418-3426.

Guthrie, **R.V.**(2000). Kenneth Bancroft Clark (1914-). In A.E. Kazdin (Ed.), *Encyclopedia of Psychology* (Vol.2, p.91). Washington, DC: American Psychological Association.

Haase, **C.M.**, **Heckhausen**, **J.**, & **Wrosch**, **C.**(2013). Developmental regulation across the life span: Toward a new synthesis. *Developmental Psychology, 49*(5),964-972. doi:10.1037/a0029231

Hacking, **I.**(1975). *The emergence of probability*. New York: Cambridge University Press.

Hackman, **D.A.**, & **Farah**, **M.J.**(2008). Socioeconomic status and the developing brain. *Trends in Cognitive Sciences, 13*,65-73.

Hackman, **J.R.**, & **Katz**, **N.**(2010). Group behavior and performance. In S.T. Fiske, D.T. Gilbert, & G. Lindzey (Eds.), *The handbook of social psychology* (5th ed., Vol.2, pp.1208-1251). New York: Wiley.

Haedt-Matt, **A.A.**, & **Keel**, **P.K.**(2011). Revisiting the affect regulation model of binge eating: A meta-analysis of studies using ecological momentary assessment. *Psychological Bulletin, 137*(4),660-681.

Haggard, **P.**, & **Tsakiris**, **M.**(2009). The experience of agency: Feelings, judgments, and responsibility. *Current Directions in Psychological Science, 18*,242-246.

Haidt, **J.**(2001). The emotional dog and its rational tail: A social intuitionist approach to moral judgment. *Psychological Review, 108*,814-834.

Haidt, **J.**(2006). *The happiness hypothesis: Finding modern truth in ancient wisdom*. New York: Basic Books.

Haidt, J., & **Keltner**, D.(1999). Culture and facial expression: Openended methods find more expressions and a gradient of recognition. *Cognition and Emotion, 13*,225-266.

Haines, M.M., **Stansfeld**, S.A., **Job**, R.F., **Berglund**, B., & **Head**, J.(2001). Chronic aircraft noise exposure, stress responses, mental health and cognitive performance in school children. *Psychological Medicine, 31*,265-277.

Hallett, M.(2000). Transcranial magnetic stimulation and the human brain. *Nature, 406*,147-150.

Halliday, R., **Naylor**, H., **Brandeis**, D., **Callaway**, E., **Yano**, L., & **Herzig**, K.(1994). The effect of D-amphetamine, clonidine, and yohimbine on human information processing. *Psychophysiology, 31*,331-337.

Halpern, B.(2002). Taste. In H. Pashler & S. Yantis (Eds.), *Stevens' handbook of experimental psychology: Vol.1. Sensation and perception* (3rd ed., pp.653-690). New York: Wiley.

Halpern, D.F.(1997). Sex differences in intelligence: Implications for education. *American Psychologist, 52*,1091-1102.

Halpern, D.F., **Benbow**, C.P., **Geary**, D.C., **Gur**, R.C., **Hyde**, J.S., & **Gernsbacher**, M.A.(2007). The science of sex differences in science and mathematics. *Psychological Science in the Public Interest, 8*,1-51.

Hambrick, D.Z., **Oswald**, F.L., **Altmann**, E.M., **Meinz**, E.J., **Gobet**, F., & **Campitelli**, G.(2013). Deliberate practice: Is that all it takes to become an expert? *Intelligence*. Advance online publication. doi:10.1016/j.intell.2013.04.001

Hamermesh, D.S., & **Biddle**, J.E.(1994). Beauty and the labor market. *American Economic Review, 84*,1174-1195.

Hamilton, A.F., & **Grafton**, S.T.(2006). Goal representation in human anterior intraparietal sulcus. *The Journal of Neuroscience, 26*,1133-1137.

Hamilton, A.F., & **Grafton**, S.T.(2008). Action outcomes are represented in human inferior frontoparietal cortex. *Cerebral Cortex, 18*,1160-1168.

Hamilton, D.L., & **Gifford**, R.K.(1976). Illusory correlation in interpersonal perception: A cognitive basis of stereotypic judgements. *Journal of Experimental Social Psychology, 12*,392-407.

Hamilton, J.P., **Etkin**, A., **Furman**, D.J., **Lemus**, M.G., **Johnson**, R.F., & **Gotlib**, I.H.(2012). Functional neuroimaging of major depressive disorder: A meta-analysis and new integration of baseline activation and neural response data. *American Journal of Psychiatry, 169*,693-703.

Hamilton, J.P., **Glover**, G.H., **Hsu**, J.J., **Johnson**, R.F., & **Gotlib**, I.H.(2010). Modulation of subgenual anterior cingulated cortex activity with real-time neurofeedback. *Human Brain Mapping, 32*,22-31.

Hamilton, W.D.(1964). The genetical evolution of social behaviour. *Journal of Theoretical Biology, 7*,1-16.

Hamlin, J.K., **Mahajan**, N., **Liberman**, Z., & **Wynn**, K.(2013). Not like me = bad: Infants prefer those who harm dissimilar others. *Psychological Science, 24*(4),589-594. doi:10.1177/0956797612457785

Hamlin, J.K., **Wynn**, K., & **Bloom**, P.(2007). Social evaluation by preverbal infants. *Nature, 450*(7169),557-559.

Hammersla, J.F., & **Frease-McMahan**, L.(1990). University students' priorities: Life goals vs. relationships. *Sex Roles, 23*,1-14.

Hampikian, G.(2012, August 24). Men, who needs them? *The New York Times*. Retrieved from http://www.nytimes.com/2012/08/25/opin-ion/men-who-needs-them.html

Haney, C., **Banks**, W.C., & **Zimbardo**, P.G.(1973). Study of prisoners and guards in a simulated prison. *Naval Research Reviews, 9*,1-17.

Hannon, E.E., & **Trainor**, L.J.(2007). Music acquisition: Effects of enculturation and formal training on development. *Trends in Cognitive Sciences, 11*,466-472.

Hansen, E.S., **Hasselbalch**, S., **Law**, I., & **Bolwig**, T.G.(2002). The caudate nucleus in obsessive-compulsive disorder. Reduced metabolism following treatment with paroxetine: A PET study. *International Journal of Neuropsychopharmacology, 5*,1-10.

Happé, F.G.E.(1995). The role of age and verbal ability in the theory of mind performance of subjects with autism. *Child Development, 66*,843-855.

Happé, F.G.E., & **Vital**, P.(2009). What aspects of autism predispose to talent? *Philosophical Transactions of the Royal Society B: Biological Science, 364*,1369-1375.

Harand, C., **Bertran**, F., **La Joie**, R., **Landeau**, B., **Mézenge**, F., ... **Rauchs**, G.(2012). The hippocampus remains activated over the long term for the retrieval of truly episodic memories. *PLoS ONE*, *7*, e43495. doi:10.1371/journal.pone.0043495

Harding, **C.M.**, **Brooks**, **G.W.**, **Ashikaga**, **T.**, **Strauss**, **J.S.**, **& Brier**, **A.**(1987). The Vermont longitudinal study of persons with severe mental illness, II: Long-term outcome of subjects who retrospectively met DSM-III criteria for schizophrenia. *American Journal of Psychiatry*, *144*,727-735.

Hare, **R.D.**(1998). *Without conscience*: *The disturbing world of the psychopaths among us*. New York: Guilford Press.

Harkness, **S.**, **Edwards**, **C.P.**, **& Super**, **C.M.**(1981). Social roles and moral reasoning: A case study in a rural African community. *Developmental Psychology*, *17*,595-603.

Harlow, **H.F.**(1958). The nature of love. *American Psychologist*, *13*,573-685.

Harlow, **H.F.**, **& Harlow**, **M.L.**(1965). The affectional systems. In A.M. Schrier, H.F. Harlow, & F. Stollnitz (Eds.), *Behavior of nonhuman primates* (Vol.2, pp.287-334). New York: Academic Press.

Harlow, **J.M.**(1848). Passage of an iron rod through the head. *Boston Medical and Surgical Journal*, *39*,389-393.

Harris, **B.**(1979). Whatever happened to Little Albert? *American Psychologist*, *34*,151-160.

Harris, **P.L.**, **de Rosnay**, **M.**, **& Pons**, **F.**(2005). Language and children's understanding of mental states. *Current Directions in Psychological Science*, *14*,69-73.

Harris, **P.L.**, **Johnson**, **C.N.**, **Hutton**, **D.**, **Andrews**, **G.**, **& Cooke**, **T.**(1989). Young children's theory of mind and emotion. *Cognition and Emotion*, *3*,379-400.

Hart, **B.L.**(1988). Biological basis of the behavior of sick animals. *Neuroscience and Biobehavioral Reviews*, *12*,123-137.

Hart, **B.**, **& Risley**, **T.R.**(1995). *Meaningful differences in the everyday experience of young American children*. Baltimore, MD: Brookes.

Hart, **W.**, **Albarracin**, **D.**, **Eagly**, **A.H.**, **Lindberg**, **M.J.**, **Merrill**, **L.**, **& Brechan**, **I.**(2009). Feeling validated versus being correct: A meta-analysis of selective exposure to information. *Psychological Bulletin*, *135*,555-588.

Hartshorne, **H.**, **& May**, **M.**(1928). *Studies in deceit*. New York: Macmillan.

Hasher, **L.**, **& Zacks**, **R.T.**(1984). Automatic processing of fundamental information: The case of frequency of occurrence. *American Psychologist*, *39*,1372-1388.

Haskell, **E.**(1869). *The trial of Ebenezer Haskell, in lunacy, and his acquittal before Judge Brewster, in November, 1868, together with a brief sketch of the mode of treatment of lunatics in different asylums in this country and in England*: *with illustrations, including a copy of Hogarth's celebrated painting of a scene in old Bedlam, in London, 1635*. Philadelphia, PA: Ebenezer Haskell.

Haslam, **C.**, **Wills**, **A.J.**, **Haslam**, **S.A.**, **Kay**, **J.**, **Baron**, **R.**, **& McNab**, **F.**(2007). Does maintenance of colour categories rely on language? Evidence to the contrary from a case of semantic dementia. *Brain and Language*, *103*,251-263.

Hassabis, **D.**, **Kumaran**, **D.**, **Vann**, **S.D.**, **& Maguire**, **E.A.**(2007). Patients with hippocampal amnesia cannot imagine new experiences. *Proceedings of the National Academy of Sciences*, *USA*, *104*,1726-1731.

Hasselmo, **M.E.**(2006). The role of acetylcholine in learning and memory. *Current Opinion in Neurobiology*, *16*,710-715.

Hassin, **R.R.**, **Bargh**, **J.A.**, **& Zimerman**, **S.**(2009). Automatic and flexible: The case of non-conscious goal pursuit. *Social Cognition*, *27*,20-36.

Hassmen, **P.**, **Koivula**, **N.**, **& Uutela**, **A.**(2000). Physical exercise and psychological well-being: A population study in Finland. *Preventive Medicine*, *30*,17-25.

Hasson, **U.**, **Hendler**, **T.**, **Bashat**, **D.B.**, **& Malach**, **R.**(2001). Vase or face? A neural correlate of shape-selective grouping processes in the human brain. *Journal of Cognitive Neuroscience*, *13*,744-753.

Hatemi, **P.K.**, **Gillespie**, **N.A.**, **Eaves**, **L.J.**, **Maher**, **B.S.**, **Webb**, **B.T.**, **Heath**, **A.C.**, ... **Martin**, **N.G.**(2011). A genome-wide analysis of liberal and conservative political attitudes. *The Journal of Politics*, *73*,271-285.

Hatfield, **E.**(1988). Passionate and companionate love. In R.J. Sternberg & M.L. Barnes (Eds.), *The psychology of love* (pp.191-217). New Haven, CT: Yale University Press.

Hatfield, **E.**, **& Rapson**, **R.L.**(1992). Similarity and attraction in close relationships. *Communication Monographs*, *59*,209-212.

Hausser, **M.**(2000). The Hodgkin-Huxley theory of the action potential. *Nature Neuroscience*, *3*,1165.

Havas, D.A., **Glenberg**, A.M., **Gutowski**, K.A., **Lucarelli**, M.J., & **Davidson**, R.J.(2010). Cosmetic use of botulinum toxin-A affects processing of emotional language. *Psychological Science, 21*(7),895-900. doi:10.1177/0956797610374742

Hawley, P.H.(2002). Social dominance and prosocial and coercive strategies of resource control in preschoolers. *International Journal of Behavioral Development, 26*,167-176.

Haxby, J.V., **Gobbini**, M.I., **Furey**, M.L., **Ishai**, A., **Schouten**, J.L., & **Pietrini**, P.(2001). Distributed and overlapping representations of faces and objects in ventral temporal cortex. *Science, 293*,2425-2430.

Hayes, J.E., **Bartoshuk**, L.M., **Kidd**, J.R., & **Duffy**, V.B.(2008). Supertasting and PROP bitterness depends on more than the TAS2R38 gene. *Chemical Senses, 23*,255-265.

Hayes, K., & **Hayes**, C.(1951). The intellectual development of a home-raised chimpanzee. *Proceedings of the American Philosophical Society, 95*,105-109.

Hayes, S.C., **Strosahl**, K., & **Wilson**, K.G.(1999). *Acceptance and commitment therapy: An experiential approach to behavior change*. New York: Guilford Press.

Hay-McCutcheon, M.J., **Kirk**, K.I., **Henning**, S.C., **Gao**, S.J., & **Qi**, R.(2008). Using early outcomes to predict later language ability in children with cochlear implants. *Audiology and Neuro-Otology, 13*,370-378.

Heath, S.B.(1983). *Way with words: Language, life and work in communities and classrooms*. Cambridge, England: Cambridge University Press.

Heatherton, T.F., & **Weinberger**, J.L. (Eds.).(1994). *Can personality change?* Washington, DC: American Psychological Association.

Heaton, R., **Paulsen**, J.S., **McAdams**, L.A., **Kuck**, J., **Zisook**, S., **Braff**, D., ... **Jeste**, D.V.(1994). Neuropsychological deficits in schizophrenia: Relationship to age, chronicity, and dementia. *Archives of General Psychiatry, 51*,469-476.

Heavey, C.L., **Hurlburt**, R.T., & **Lefforge**, N.L.(2012). Toward a phenomenology of feelings. *Emotion, 12*(4),763-777.

Hebb, D.O.(1949). *The organization of behavior*. New York: Wiley.

Hebl, M.R., & **Heatherton**, T.F.(1997). The stigma of obesity in women: The difference is Black and White. *Personality and Social Psychology Bulletin, 24*,417-426.

Hebl, M.R., & **Mannix**, L.M.(2003). The weight of obesity in evaluating others: A mere proximity effect. *Personality and Social Psychology Bulletin, 29*,28-38.

Hedges, L.V., & **Nowell**, A.(1995). Sex differences in mental test scores, variability, and numbers of high-scoring individuals. *Science, 269*(5220),41-45.

Heerey, E.A., **Keltner**, D., & **Capps**, L.M.(2003). Making sense of self-conscious emotion: Linking theory of mind and emotion in children with autism. *Emotion, 3*,394-400.

Heine, S.J.(2010). Cultural psychology. In S.T. Fiske, D.T. Gilbert, & G. Lindzey (Eds.), *The handbook of social psychology* (5th ed., Vol.2, pp.1423-1464). New York: Wiley.

Heine, S.J., & **Lehman**, D.R.(1995). Cultural variation in unrealistic optimism: Does the West feel more invulnerable than the East? *Journal of Peronality and Social Psychology, 68*,595-607.

Helt, M., **Kelley**, E., **Kinsbourne**, M., **Pandey**, J., **Boorstein**, H., **Herbert**, M., & **Fein**, D.(2008). Can children with autism recover? If so, how? *Neuropsychology Review, 18*,339-366.

Henderlong, J., & **Lepper**, M.R.(2002). The effects of praise on children's intrinsic motivation: A review and synthesis. *Psychological Bulletin, 128*,774-795.

Henrich, J., **Heine**, S.J., & **Norenzayan**, A.(2010). Most people are not WEIRD. *Nature, 466*,29.

Henry, W.P., **Strupp**, H.H., **Schacht**, T.E., & **Gaston**, L.(1994). Psychodynamic approaches. In A.E. Bergin & S.L. Garfield (Eds.), *Handbook of psychotherapy and behavior change* (pp.467-508). New York: Wiley.

Herman, C.P., **Roth**, D.A., & **Polivy**, J.(2003). Effects of the presence of others on food intake: A normative interpretation. *Psychological Bulletin, 129*,873-886.

Herman-Giddens, M.E., **Steffes**, J., **Harris**, D., **Slora**, E., **Hussey**, M., **Dowshen**, S.A., & **Reiter**, E.O.(2012). Secondary sexual characteristics in boys: Data from the pediatric research in office settings network. *Pediatrics, 130*(5), e1058-e1068. doi:10.1542/peds.2011-3291

Herring, M.P., **Puetz**, T.W., **O'Connor**, P.J., & **Dishman**, R.K.(2010). Effect of exercise training on depressive symptoms among patients with chronic illness: A systematic review and meta-analysis of randomized controlled trials. *Archives of Internal Medicine*, *172*,101-111.

Herrnstein, R.J.(1977). The evolution of behaviorism. *American Psychologist*, *32*,593-603.

Hertenstein, M.J., **Holmes**, R., **McCullough**, M., & **Keltner**, D.(2009). The communication of emotion via touch. *Emotion*, *9*,566-573.

Hertig, M.M., & **Nagel**, B.J.(2012). Aerobic fitness relates to learning on a virtual Morris water maze task and hippocampal volume in adolescents. *Behavioral Brain Research*, *233*,517-525.

Hertwig, R., & **Gigerenzer**, G.(1999). The "conjunction fallacy" revisited: How intelligent inferences look like reasoning errors. *Journal of Behavioral Decision Making*, *12*,275-305.

Herz, R.S., & **von Clef**, J.(2001). The influence of verbal labeling on the perception of odors. *Perception*, *30*,381-391.

Hettema, J.M., **Neale**, M.C., & **Kendler**, K.S.(2001). A review and meta-analysis of the genetic epidemiology of anxiety disorders. *American Journal of Psychiatry*, *158*,1568-1578.

Heyes, C.M., & **Foster**, C.L.(2002). Motor learning by observation: Evidence from a serial reaction time task. *Quarterly Journal of Experimental Psychology (A)*, *55*,593-607.

Heyman, G.M.(2009). *Addiction: A disorder of choice*. Cambridge, MA: Harvard University Press.

Heymsfield, S.B., **Greenberg**, A.S., **Fujioka**, K., **Dixon**, R.M., **Kushner**, R., **Hunt**, T., ... **McCarnish**, M.(1999). Recombinant leptin for weight loss in obese and lean adults: A randomized, controlled, dose-escalation trial. *Journal of the American Medical Association*, *282*(16),1568-1575.

Hibbeln, J.R.(1998). Fish consumption and major depression. *Lancet*, *351*,1213.

Hickok, G.(2009). Eight problems for the mirror neuron theory of action understanding in monkeys and humans. *Journal of Cognitive Neuroscience*, *21*,1229-1243.

Higgins, E.T.(1987). Self-discrepancy theory: A theory relating self and affect. *Psychological Review*, *94*,319-340.

Higgins, E.T.(1997). Beyond pleasure and pain. *American Psychologist*, *52*,1280-1300.

Hilgard, E.R.(1965). *Hypnotic susceptibility*. New York: Harcourt, Brace and World.

Hilgard, E.R.(1986). *Divided consciousness: Multiple controls in human thought and action*. New York: Wiley-Interscience.

Hillman, C.H., **Erickson**, K.I., & **Kramer**, A.F.(2008). Be smart, exercise your heart: Exercise effects on brain and cognition. *Nature Reviews Neuroscience*, *9*,58-65.

Hilts, P.(1995). *Memory's ghost: The strange tale of Mr. M and the nature of memory*. New York: Simon & Schuster.

Hine, T.(1995). *The total package: The evolution and secret meanings of boxes, bottles, cans, and tubes*. Boston: Little, Brown.

Hintzman, D.L., **Asher**, S.J., & **Stern**, L.D.(1978). Incidental retrieval and memory for coincidences. In M.M. Gruneberg, P.E. Morris, & R.N. Sykes (Eds.), *Practical aspects of memory* (pp.61-68). New York: Academic Press.

Hirschberger, G., **Florian**, V., & **Mikulincer**, M.(2002). The anxiety buffering function of close relationships: Mortality salience effects on the readiness to compromise mate selection standards. *European Journal of Social Psychology*, *32*,609-625.

Hirst, W., & **Echterhoff**, G.(2012). Remembering in conversations: The social sharing and reshaping of memory. *Annual Review of Psychology*, *63*,55-79.

Hirst, W., **Phelps**, E.A., **Buckner**, R.L., **Budson**, A.E., **Cuc**, A., **Gabrieli**, J.D.E., ... **Vaidya**, C.J.(2009). Long-term memory for the terrorist attack of September 11: Flashbulb memories, event memories, and the factors that influence their retention. *Journal of Experimental Psychology: General*, *138*,161-176.

Hirstein, W., & **Ramachandran**, V.S.(1997). Capgras syndrome: A novel probe for understanding the neural representation of the identity and familiarity of persons. *Proceedings: Biological Sciences*, *264*,437-444.

Hishakawa, Y.(1976). Sleep paralysis. In C. Guilleminault, W.C. Dement, & P. Passouant (Eds.), *Narcolepsy: Advances in sleep research* (Vol.3, pp.97-124). New York: Spectrum.

Hitchcock, S.T.(2005). *Mad Mary Lamb: Lunacy and murder in literary London*. New York: Norton.

Hobson, J.A.(1988). *The dreaming brain*. New York: Basic Books.

Hobson, J.A., & McCarley, R.W.(1977). The brain as a dream-state generator: An activation-synthesis hypothesis of the dream process. *American Journal of Psychiatry, 134*,1335-1368.

Hockley, W.E.(2008). The effects of environmental context on recognition memory and claims of remembering. *Journal of Experimental Psychology: Learning, Memory, and Cognition, 34*,1412-1429.

Hodgkin, A.L., & Huxley, A.F.(1939). Action potential recorded from inside a nerve fibre. *Nature, 144*,710-712.

Hodson, G., & Sorrentino, R.M.(2001). Just who favors the ingroup? Personality differences in reactions to uncertainty in the minimal group paradigm. *Group Dynamics, 5*,92-101.

Hoek, H.W., & van Hoeken, D.(2003). Review of the prevalence and incidence of eating disorders. *International Journal of Eating Disorders, 34*,383-396.

Hoffrage, U., & Gigerenzer, G.(1996). The impact of information representation on Bayesian reasoning. In G. Cottrell (Ed.), *Proceedings of the Eighteenth Annual Conference of the Cognitive Science Society* (pp.126-130). Mahwah, NJ: Erlbaum.

Hoffrage, U., & Gigerenzer, G.(1998). Using natural frequencies to improve diagnostic inferences. *Academic Medicine, 73*,538-540.

Hofmann, S.G., & Asmundson, G.J.G.(2008). Acceptance and mindfulness-based therapy: New wave or old hat? *Clinical Psychology Review, 28*,1-16.

Hofmann, W., Vohs, K.D., & Baumeister, R.F.(2012). What people desire, feel conflicted about, and try to resist in everyday life. *Psychological Science, 23*,582-588.

Hollins, M.(2010). Somesthetic senses. *Annual Review of Psychology, 61*,243-271.

Holloway, G.(2001). *The complete dream book: What your dreams tell about you and your life.* Naperville, IL: Sourcebooks.

Holman, E.A., Silver, R.C., Poulin, M., Andersen, J., Gil-Rivas, V., & McIntosh, D.N.(2008). Terrorism, acute stress, and cardiovascular health. *Archives of General Psychiatry, 65*,73-80.

Holman, M.A., Carlson, M.L., Driscoll, C.L.W., Grim, K.J., Petersson, R., Sladen, D.P., & Flick, R.P.(2013). Cochlear implantation in children 12 months of age or younger. *Otology & Neurology, 34*,251-258.

Holmbeck, G.N., & O'Donnell, K.(1991). Discrepancies between perceptions of decision making and behavioral autonomy. In R.L. Paikoff (Ed.), *New directions for child development: Shared views in the family during* adolescence (no.51, pp.51-69). San Francisco: Jossey-Bass.

Holmes, J., Gathercole, S.E., & Dunning, D.L.(2009). Adaptive training leads to sustained enhancement of poor working memory in children. *Developmental Science, 12*,F9-F15.

Holmes, T.H., & Rahe, R.H.(1967). The social readjustment rating scale. *Journal of Psychosomatic Research, 11*,213-318.

Hölzel, B.K., Carmody, J., Vangel, M., Congleton, C., Yerramsetti, S.M., Gard, T., & Lazar, S.W.(2011). Mindfulness practice leads to increases in regained gray matter density. *Psychiatry Research: Neuroimaging, 191*(1),36-43.

Homan, K.J., Houlihan, D., Ek, K., & Wanzek, J.(2012). Cultural differences in the level of rewards between adolescents from America, Tanzania, Denmark, Honduras, Korea, and Spain. *International Journal of Psychological Studies, 4*,264-272.

Homans, G.C.(1961). *Social behavior.* New York: Harcourt, Brace and World.

Hooley, J.M.(2007). Expressed emotion and relapse of psychopathology. *Annual Review of Clinical Psychology, 3*,329-352.

Hopper, L.M., Flynn, E.G., Wood, L.A.N., & Whiten, A.(2010). Observational learning of tool use in children: Investigating cultural spread through diffusion chains and learning mechanisms through ghost displays. *Journal of Experimental Child Psychology, 106*,82-97.

Horn, J.L., & Cattell, R.B.(1966). Refinement and test of the theory of fluid and crystallized general intelligences. *Journal of Educational Psychology, 5*,253-270.

Horner, V., Whiten, A., Flynn, E., & de Waal, F.B.M.(2006). Faithful replication of foraging techniques along cultural transmission chains by chimpanzees and children. *Proceedings of the National Academy of Sciences, USA, 103*,13878-13883.

Horrey, W.J., & Wickens, C.D.(2006). Examining the impact of cell phone conversation on driving using meta-analytic techniques. *Human Factors, 48*,196-205.

Horta, B.L., Victoria, C.G., Menezes, A.M., Halpern, R., & Barros, F.C.(1997). Low birthweight, preterm births and intrauterine growth retardation in relation to maternal smoking. *Pediatrics and Perinatal Epidemiology, 11*,140-151.

Hosking, S.G., **Young**, K.L., & **Regan**, M.A.(2009). The effects of text messaging on young drivers. *Human Factors, 51*,582-592.

Houlihan, D., **Jesse**, V.C., **Levine**, H.D., & **Sombke**, C.(1991). A survey of rewards for use with teenage children. *Child & Family Behavior Therapy, 13*,1-12.

House, J.S., **Landis**, K.R., & **Umberson**, D.(1988). Social relationships and health. *Science, 241*,540-545.

Howard, I.P.(2002). Depth perception. In S. Yantis & H. Pashler (Eds.), *Stevens'handbook of experimental psychology: Vol.1. Sensation and perception* (3rd ed., pp.77-120). New York: Wiley.

Howard, J.H., Jr., & **Howard**, D.V.(1997). Age differences In implicit learning of higher order dependencies in serial patterns. *Psychology and Aging, 12*,634-656.

Howard, M.O., **Brown**, S.E., **Garland**, E.L., **Perron**, B.E., & **Vaughn**, M.G.(2011). Inhalant use and inhalant use disorders in the United States. *Addiction Science & Clinical Practice, 6*,18-31.

Howard-Jones, P.A., **Blakemore**, S.-J., **Samuel**, E.A., **Summers**, I.R., & **Claxton**, G.(2005). Semantic divergence and creative story generation: An fMRI investigation. *Cognitive Brain Research, 25*,240-250.

Howes, M., **Siegel**, M., & **Brown**, F.(1993). Early childhood memories — accuracy and affect. *Cognition, 47*,95-119.

Hoyert, D.L., & **Xu**, J.(2012). Deaths: Preliminary data for 2011. *National Vital Statistics Reports, 61*,1-51.

Huang, J., **Perlis**, R.H., **Lee**, P.H., **Rush**, A.J., **Fava**, M., **Sachs**, G.S., ... **Smoller**, J.W.(2010). Cross-disorder genomewide analysis of schizophrenia, bipolar disorder, and depression. *American Journal of Psychiatry, 167*,1254-1263.

Hubel, D.H.(1988). *Eye, brain, and vision*. New York: Freeman.

Hubel, D.H., & **Wiesel**, T.N.(1962). Receptive fields, binocular interaction and functional architecture in the cat's visual cortex. *Journal of Physiology, 160*,106-154.

Hubel, D.H., & **Wiesel**, T.N.(1998). Early exploration of the visual cortex. *Neuron, 20*,401-412.

Huesmann, L.R., **Moise-Titus**, J., **Podolski**, C.-L., & **Eron**, L.D.(2003). Longitudinal relations between children's exposure to TV violence and their aggressive and violent behavior in young adulthood: 1977-1992. *Developmental Psychology, 39*,201-221.

Hughes, J.R.(2007). A review of sleepwalking (somnambulism): The enigma of neurophysiology and polysomnography with differential diagnosis of complex partial seizures. *Epilepsy & Behavior, 11*,483-491.

Hughs, S., **Power**, T., & **Francis**, D.(1992). Defining patterns of drinking in adolescence: A cluster analytic approach. *Journal of Studies on Alcohol, 53*,40-47.

Hunsley, J., & **Di Giulio**, G.(2002). Dodo bird, phoenix, or urban legend? The question of psychotherapy equivalence. *Scientific Review of Mental Health Practice, 1*,13-24.

Hunt, E.B.(2011). *Human intelligence*. New York: Cambridge University Press.

Hunt, M.(1959). *The natural history of love*. New York: Knopf.

Hunter, J.E., & **Hunter**, R.F.(1984). Validity and utility of alternative predictors of job performance. *Psychological Bulletin, 96*,72-98.

Hurvich, L.M., & **Jameson**, D.(1957). An opponent process theory of color vision. *Psychological Review, 64*,384-404.

Hussey, E., & **Safford**, A.(2009). Perception of facial expression in somatosensory cortex supports simulationist models. *The Journal of Neuroscience, 29*(2),301-302.

Huttenlocher, P.R.(1979). Synaptic density in human frontal cortex — developmental changes and effects of aging. *Brain Research, 163*,195-205.

Huxley, A.(1932). *Brave new world*. London: Chatto and Windus.

Huxley, A.(1954). *The doors of perception*. New York: Harper & Row.

Hyde, K.L., **Lerch**, J., **Norton**, A., **Forgeard**, M., **Winner**, E., **Evans**, A.C., & **Schlaug**, G.(2009). Musical training shapes structural brain development. *Journal of Neuroscience, 29*,3019-3025.

Hyman, I.E., Jr., **Boss**, S.M., **Wise**, B.M., **McKenzie**, K.E., & **Caggiano**, J.M.(2010). Did you see the unicycling clown?

Inattentional blindness while walking and talking on a cell phone. *Applied Cognitive Psychology*, 24(5),597-607.

Hyman, I.E., Jr., & Pentland, J.(1996). The role of mental imagery in the creation of false childhood memories. *Journal of Memory and Language*, 35,101-117.

Hyman, S.E.(2010). The diagnosis of mental disorders: The problem of reification. *Annual Review of Clinical Psychology*, 6,155-179.

Hypericum Depression Trial Study Group.(2002). Effect of Hypericum perforatum (St. John's wort) in major depressive disorder: A randomized controlled trial. *Journal of the American Medical Association*, 287,1807-1814.

Iacoboni, M.(2009). Imitation, empathy, and mirror neurons. *Annual Review of Psychology*, 60,653-670.

Iacoboni, M., Molnar-Szakacs, I., Gallese, V., Buccino, G., Mazziotta, J.C., & Rizzolatti, G.(2005). Grasping the intentions of others with one's own mirror neuron system. *PLoS Biology*, 3,529-535.

Ichheiser, G.(1949). Misunderstandings in human relations: A study in false social perceptions. *American Journal of Sociology*, 55 (Pt.2): 1-70.

Imbo, I., & LeFevre, J.-A.(2009). Cultural differences in complex addition: Efficient Chinese versus adaptive Belgians and Canadians. *Journal of Experimental Psychology: Learning, Memory, and Cognition*, 35,1465-1476.

Inciardi, J.A.(2001). *The war on drugs III*. New York: Allyn & Bacon.

Ingram, R.E., Miranda, J., & Segal, Z. V.(1998). *Cognitive vulnerability to depression*. New York: Guilford Press.

Ingvar, M., Ambros-Ingerson, J., Davis, M., Granger, R., Kessler, M., Rogers, G.A., ... Lynch, G.(1997). Enhancement by an ampakine of memory encoding in humans. *Experimental Neurology*, 146,553-559.

Inui, A.(2001). Ghrelin: An orexigenic and somatotrophic signal from the stomach. *Nature Reviews Neuroscience*, 2,551-560.

Ireland, M.E., Slatcher, R.B., Eastwick, P.W., Scissors, L.E., Finkel, E.J., & Pennebaker, J.W.(2010). Language style matching predicts relationship initiation and stability. *Psychological Science*, 22(1),39-44. doi:10.1177/0956797610392928

Irvine, J.T.(1978). Wolof magical thinking: Culture and conservation revisited. *Journal of Cross-Cultural Psychology*, 9,300-310.

Isaacowitz, D.M.(2012). Mood regulation in real time: Age differences in the role of looking. *Current Directions in Psychological Science*, 21(4),237-242. doi:10.1177/0963721412448651

Isaacowitz, D.M., & Blanchard-Fields, F.(2012). Linking process and outcome in the study of emotion and aging. *Perspectives on Psychological Science*, 7(1),3-17. doi:10.1177/1745691611424750

Isabelle, R.A.(1993). Origins of attachment: Maternal interactive behavior across the first year. *Child Development*, 64,605-621.

Isen, A.M., & Patrick, R.(1983). The effect of positive feelings on risk-taking: When the chips are down. *Organizational Behavior and Human Performance*, 31,194-202.

Isenberg, D.J.(1986). Group polarization: A critical review and metaanalysis. *Journal of Personality and Social Psychology*, 50(6),1141-1151. Doi: 10.1037/0022-3514.50.6.1141

Ishii, K., Reyes, J.A., & Kitayama, S.(2003). Spontaneous attention to word content versus emotional tone. *Psychological Science*, 14(1),39-46.

Ittelson, W.H.(1952). *The Ames demonstrations in perception*. Princeton, NJ: Princeton University Press.

Izard, C.E.(1971). *The face of emotion*. New York: Appleton-Century-Crofts.

Jablensky, A.(1997). The 100-year epidemiology of schizophrenia. *Schizophrenia Research*, 28,111-125.

Jaccard, J., Dittus, P.J., & Gordon, V.V.(1998). Parent-adolescent congruency in reports of adolescent sexual behavior and in communications about sexual behavior. *Child Development*, 69,247-261.

Jacobs, B.L.(1994). Serotonin, motor activity, and depression-related disorders. *American Scientist*, 82,456-463.

Jacobson, E.(1932). The electrophysiology of mental activities. *American Journal of Psychology*, 44,677-694.

Jacobson, T., & Hoffman, V.(1997). Children's attachment representations: Longitudinal relations to school behavior and academic competency in middle childhood and adolescence. *Developmental Psychology*, 33,703-710.

Jaffee, S., & Hyde, J.S.(2000). Gender differences in moral orientation: A meta-analysis. *Psychological Bulletin*, 126,703-726.

Jahoda, G.(1993). *Crossroads between culture and mind*. Cambridge, MA: Harvard University Press.

James, T.W., **Culham**, J., **Humphrey**, G.K., **Milner**, A.D., & **Goodale**, M.A.(2003). Ventral occipital lesions impair object recognition but not object-directed grasping: An fMRI study. *Brain, 126*,2463-2475.

James, W.(1884). What is an emotion? *Mind, 9*,188-205.

James, W.(1890). *The principles of psychology*. Cambridge, MA: Harvard University Press.

James, W.(1911). *Memories and studies*. New York: Longman.

Jamieson, J.P., **Koslov**, K., **Nock**, M.K., & **Mendes**, W.B.(2013). Experiencing discrimination increases risk-taking. *Psychological Science, 24*,131-139.

Jamieson, J.P., **Mendes**, W.B., **Blackstock**, E., & **Schmader**, T.(2010). Turning the knots in your stomach into bows: Reappraising arousal improves performance on the GRE. *Journal of Experimental Social Psychology, 46*,208-212.

Jamieson, J.P., **Mendes**, W.B., & **Nock**, M.K.(2013). Improving acute stress responses: The power of reappraisal. *Current Directions in Psychological Science, 22*(1),51-56.

Jamieson, J.P., **Nock**, M.K., & **Mendes**, W.B.(2013). Changing the conceptualization of stress in social anxiety disorder: Affective and physiological consequences. *Clinical Psychological Science*. Advance online publication. doi:10.1177/2167702613482119

Jamison, K.R.(1993). *Touched with fire: Manic-depressive illness and the artistic temperament*. New York: Free Press.

Jamison, K.R.(1995). *An unquiet mind: A memoir of moods and madness*. New York: Random House.

Janicak, P.G., **Dowd**, S.M., **Martis**, B., **Alam**, D., **Beedle**, D., **Krasuski**, J., ... **Viana**, M.(2002). Repetitive transcranial magnetic stimulation versus electroconvulsive therapy for major depression: Preliminary results of a randomized trial. *Biological Psychiatry, 51*,659-667.

Jams, I.L.(1982). *Groupthink: Scientific studies of policy decisions and fiascoes*. Boston: Houghton-Mifflin.

Jarosz, A.F., **Colflesh**, G.J.H., & **Wiley**, J.(2012). Uncorking the muse: Alcohol intoxication facilitates creative problem solving. *Consciousness and Cognition, 21*,487-493.

Jarvella, R.J.(1970). Effects of syntax on running memory span for connected discourse. *Psychonomic Science, 19*,235-236.

Jarvella, R.J.(1971). Syntactic processing of connected speech. *Journal of Verbal Learning and Verbal Behavior, 10*,409-416.

Jausovec, N., & **Jausovec**, K.(2005). Differences in induced gamma and upper alpha oscillations in the human brain related to verbal performance and emotional intelligence. *International Journal of Psychophysiology, 56*,223.

Jausovec, N., **Jausovec**, K., & **Gerlic**, I.(2001). Differences in eventrelated and induced electroencephalography patterns in the theta and alpha frequency bands related to human emotional intelligence. *Neuroscience Letters, 311*,93.

Jaynes, J.(1976). *The origin of consciousness in the breakdown of the bicameral mind*. London: Allen Lane.

Jenkins, H.M., **Barrera**, F.J., **Ireland**, C., & **Woodside**, B.(1978). Signal-centered action patterns of dogs in appetitive classical conditioning. *Learning and Motivation, 9*,272-296.

Jenkins, J.G., & **Dallenbach**, K.M.(1924). Obliviscence during sleep and waking. *American Journal of Psychology, 35*,605-612.

John, O.P., **Naumann**, L.P., & **Soto**, C.J.(2008). Paradigm shift to the integrative Big-Five trait taxonomy: History, measurement, and conceptual issues. In O.P. John, R.W. Robins, & L.A. Pervin (Eds.), *Handbook of personality: Theory and research* (pp.114-158). New York: Guilford Press.

John, O.P., & **Srivastava**, S.(1999). The Big Five trait taxonomy: History, measurement, and theoretical perspectives. In L.A. Pervin & O.P. John (Eds.), *Handbook of personality: Theory and research* (2nd ed., pp.102-138). New York: Guilford Press.

Johnson, C.A., **Xiao**, L., **Palmer**, P., **Sun**, P., **Wang**, Q., **Wei**, Y.L., ... **Bechara**, A.(2008). Affective decision-making deficits, linked to dysfunctional ventromedial prefrontal cortex, revealed in 10th grade Chinese adolescent binge drinkers. *Neuropsychologia, 46*,714-726.

Johnson, D.H.(1980). The relationship between spike rate and synchrony in responses of auditory-nerve fibers to single tones. *Journal of the Acoustical Society of America, 68*,1115-1122.

Johnson, D.R., & **Wu**, J.(2002). An empirical test of crisis, social selection, and role explanations of the relationship between marital disruption and psychological distress: A pooled time-series analysis of four-wave panel data. *Journal of Marriage and the Family, 64*,211-224.

Johnson, **J.D.**, **Noel**, **N.E.**, **& Sutter-Hernandez**, **J**.(2000). Alcohol and male sexual aggression: A cognitive disruption analysis. *Journal of Applied Social Psychology, 30*,1186-1200.

Johnson, **J.S.**, **& Newport**, **E.L**.(1989). Critical period effects in second language learning: The influence of maturational state on the acquisition of English as a second language. *Cognitive Psychology, 21*,60-99.

Johnson, **K**.(2002). Neural basis of haptic perception. In H. Pashler & S. Yantis (Eds.), *Stevens' handbook of experimental psychology*: *Vol.1. Sensation and perception* (3rd ed., pp.537-583). New York: Wiley.

Johnson, **M.H.**, **Dziurawiec**, **S.**, **Ellis**, **H.D.**, **& Morton**, **J**.(1991). Newborns' preferential tracking of face-like stimuli and its subsequent decline. *Cognition, 40*,1-19.

Johnson, **M.K.**, **Hashtroudi**, **S.**, **& Lindsay**, **D**.S.(1993). Source monitoring. *Psychological Bulletin, 114*,3-28.

Johnson, **N.J.**, **Backlund**, **E.**, **Sorlie**, **P.D.**, **& Loveless**, **C**.A.(2000). Marital status and mortality: The National Longitudinal Mortality Study. *Annual Review of Epidemiology, 10*,224-238.

Johnson, **S.L.**, **Cuellar**, **A.K.**, **& Miller**, **C**.(2009). Unipolar and bipolar depression: A comparison of clinical phenomenology, biological vulnerability, and psychosocial predictors. In I.H. Gottlib & C.L. Hammen (Eds.), *Handbook of depression* (2nd ed., pp.142-162). New York: Guilford Press.

Johnson, **S.L.**, **Cuellar**, **A.K.**, **Ruggiero**, **C.**, **Winnett-Perman**, **C.**, **Goodnick**, **P.**, **White**, **R.**, **& Miller**, **I**.(2008). Life events as predictors of mania and depression in bipolar 1 disorder. *Journal of Abnormal Psychology, 117*,268-277.

Johnson, **S.L.**, **& Miller**, **I**.(1997). Negative life events and time to recover from episodes of bipolar disorder. *Journal of Abnormal Psychology, 106*,449-457.

Johnston, **L.**, **Bachman**, **J.**, **& O'Malley**, **P**.(1997). *Monitoring the future*. Ann Arbor, MI: Institute for Social Research.

Johnstone, **E.C.**, **Crow**, **T.J.**, **Frith**, **C.**, **Husband**, **J.**, **& Kreel**, **L**.(1976). Cerebral ventricular size and cognitive impairment in chronic schizophrenia. *Lancet, 2*,924-926.

Joiner, **T.E.**, **Jr**.(2006). *Why people die by suicide*. Cambridge, MA: Harvard University Press.

Jonas, **E.**, **Graupmann**, **V.**, **Kayser**, **D.N.**, **Zanna**, **M.**, **Traut-Mattausch**, **E.**, **& Frey**, **D**.(2009). Culture, self, and the emergence of reactance: Is there a "universal" freedom? *Journal of Experimental Social Psychology, 45*,1068-1080.

Jones, **B.C.**, **Little**, **A.C.**, **Penton-Voak**, **I.S.**, **Tiddeman**, **B.P.**, **Burt**, **D.M.**, **& Perrett**, **D**.I.(2001). Facial symmetry and judgements of apparent health: Support for a "good genes" explanation of the attractiveness-symmetry relationship. *Evolution and Human Behavior, 22*,417-429.

Jones, **E.E.**, **& Harris**, **V** A.(1967). The attribution of attitudes. *Journal of Experimental Social Psychology, 3*,1-24.

Jones, **E.E.**, **& Nisbett**, **R.E**.(1972). The actor and the observer: Divergent perceptions of the causes of behavior. In E.E. Jones, D.E. Kanouse, H.H. Kelley, R.E. Nisbett, S. Valins, & B. Weiner (Eds.), *Attribution*: *Perceiving the causes of behavior* (pp.79-94). Morristown, NJ: General Learning Press.

Jones, **K**.(1972). *A history of mental health services*. London: Routledge and Kegan Paul.

Jones, **L.M.**, **& Foshay**, **N.N**.(1984). Diffusion of responsibility in a nonemergency situation: Response to a greeting from a stranger. *Journal of Social Psychology, 123*,155-158.

Jones, **S.S**.(2007). Imitation in infancy. *Psychological Science, 18*(7),593-599.

Jonsson, **H.**, **& Hougaard**, **E**.(2008). Group cognitive behavioural therapy for obsessive-compulsive disorder: A systematic review and meta-analysis. *Acta Psychiatrica Scandinavica, 117*,1-9.

Jordan, **S.A.**, **Cunningham**, **D.G.**, **& Marles**, **R.J**.(2010). Assessment of herbal medicinal products: Challenges and opportunities to increase the knowledge base for safety assessment. *Toxicology and Applied Pharmacology, 243*,198-216.

Judd, **L.L**.(1997). The clinical course of unipolar major depressive disorders. *Archives of Ceneral Psychiatry, 54*,989-991.

Jung-Beeman, **M**.(2005). Bilateral brain processes for comprehending natural language. *Trends in Cognitive Sciences, 9*,512-518.

Jung-Beeman, **M.**, **Bowden**, **E.M.**, **Haberman**, **J.**, **Frymiare**, **J.L.**, **Arambel-Liu**, **S.**, **Greenblatt**, **R.**, ... **Kounios**, **J**.(2004).

Neural activity when people solve verbal problems with insight. *PLoS Biology, 2*,500-510.

Jurewicz, **I**., **Owen**, **R.J**., & **O'Donovan**, **M.C**.(2001). Searching for susceptibility genes in schizophrenia. *European Neuropsychopharmacology, 11*,395-398.

Kaas, **J.H**.(1991). Plasticity of sensory and motor maps in adult mammals. *Annual Review of Neuroscience, 14*,137-167.

Kagan, **J**.(1997). Temperament and the reactions to unfamiliarity. *Child Development, 68*,139-143.

Kahneman, **D**., **Krueger**, **A.B**., **Schkade**, **D.A**., **Schwarz**, **N**., & **Stone**, **A.A**.(2004). A survey method for characterizing daily life experience: The day reconstruction method. *Science, 306*,1776-1780.

Kahneman, **D**., & **Tversky**, **A**.(1973). On the psychology of prediction. *Psychological Review, 80*,237-251.

Kahneman, **D**., & **Tversky**, **A**.(1979). Prospect theory: An analysis of decision under risk. *Econometrica, 47*,263-291.

Kamin, **L.J**.(1959). The delay-of-punishment gradient. *Journal of Comparative and Physiological Psychology, 52*,434-437.

Kamiya, **J**.(1969). Operant control of the EEG alpha rhythm and some of its reported effects on consciousness. In C.S. Tart (Ed.), *Altered states of consciousness* (pp.519-529). Garden City, NY: Anchor Books.

Kan, **P.F**., & **Kohnert**, **K**.(2008). Fast mapping by bilingual preschool children. *Journal of Child Language, 35*,495-514.

Kandel, **E.R**.(2000). Nerve cells and behavior. In E.R. Kandel, G.H. Schwartz, & T.M. Jessell (Eds.), *Principles of neural science* (pp. 19-35). New York. McGraw-Hill.

Kandel, **E.R**.(2006). *In search of memory*: *The emergence of a new science of mind*. New York: Norton.

Kang, **S.H.K**., **McDermott**, **K.B**., & **Roediger**, **H.L. III**.(2007). Test format and corrective feedback modify the effect of testing on long-term retention. *European Journal of Cognitive Psychology, 19*,528-558.

Kanwisher, **N**.(2000). Domain specificity in face perception. *Nature Neuroscience, 3*,759-763.

Kanwisher, **N**., **McDermott**, **J**., & **Chun**, **M.M**.(1997). The fusiform face area: A module in human extrastriate cortex specialized for face perception. *The Journal of Neuroscience, 17*,4302-4311.

Kanwisher, **N**., & **Yovel**, **G**.(2006). The fusiform face area: A cortical region specialized for the perception of faces. *Philosophical Transactions of the Royal Society (B), 361*,2109-2128.

Kaplan, **R.M**., & **Stone**, **A.A**.(2013). Bringing the laboratory and clinic to the community: Mobile technologies for health promotion and disease prevention. *Annual Review of Psychology, 64*,471-498.

Kapur, **S**., **Craik**, **F.I.M**., **Tulving**, **E**., **Wilson**, **A.A**., **Houle**, **S**., & **Brown**, **G.M**.(1994). Neuroanatomical correlates of encoding in episodic memory: Levels of processing effects. *Proceedings of the National Academy of Sciences, USA, 91*,2008-2011.

Karau, **S.J**., & **Williams**, **K.D**.(1993). Social loafing: A meta-analytic review and theoretical integration. *Journal of Personality and Social Psychology, 65*,681-706.

Karlins, **M**., **Coffman**, **T.L**., & **Walters**, **G**.(1969). On the fading of social stereotypes: Studies in three generations of college students. *Journal of Personality and Social Psychology, 13*,1-16.

Karney, **B.R**., & **Bradbury**, **T.N**.(1995). The longitudinal course of marital quality and stability: A review of theory, methods, and research. *Psychological Bulletin, 118*,3-34.

Karow, **A**., **Pajonk**, **F.G**., **Reimer**, **J**., **Hirdes**, **F**., **Osterwald**, **C**., **Naber**, **D**., & **Moritz**, **S**.(2007). The dilemma of insight into illness in schizophrenia: Self-and expert-rated insight and quality of life. *European Archives of Psychiatry and Clinical Neuroscience, 258*,152-159.

Karpicke, **J.D**.(2012). Retrieval-based learning: Active retrieval promotes meaningful learning. *Current Directions in Psychological Science, 21*,157-163.

Karpicke, **J.D**., & **Blunt**, **J.R**.(2011). Retrieval practice produces more learning than elaborative studying with concept mapping. *Science, 331*,772-775.

Karpicke, **J.D**., & **Roediger**, **H.L.**, **III**.(2008). The critical importance of retrieval for learning. *Science, 319*,966-968.

Kassam, **K.S**., **Gilbert**, **D.T**., **Swencionis**, **J.K**., & **Wilson**, **T.D**.(2009). Misconceptions of memory: The Scooter Libby effect. *Psychological Science, 20*,551-552.

Kasser, **T**., & **Sharma**, **Y.S**.(1999). Reproductive freedom, educational equality, and females' preference for resourceacquisition characteristics in mates. *Psychological Science*, *10*,374-377.

Katon, **W**.(1994). Primary care — psychiatry panic disorder management. In B.E. Wolfe & J.D. Maser (Eds.), *Treatment of panic disorder*: *A consensus development conference* (pp.41-56). Washington, DC: American Psychiatric Press.

Katz, **D**., & **Braly**, **K**.(1933). Racial stereotypes of one hundred college students. *Journal of Abnormal and Social Psychology*, *28*,280-290.

Kaufman, **A**.**S**.(2001). WAIS-III IQs, Horn's theory, and generational changes from young adulthood to old age. *Intelligence*, *29*,131-167.

Kaufman, **L**.(2009, January 30). Utilities turn their customers green, with envy. *New York Times*. Retrieved from http://www.nytimes.com/2009/01/31/science/earth/31compete.html

Kawakami, **K**., **Dovidio**, **J**.**F**., **Moll**, **J**., **Hermsen**, **S**., & **Russin**, **A**.(2000). Just say no (to stereotyping): Effects of training in the negation of stereotypic associations on stereotype activation. *Journal of Personality and Social Psychology*, *78*,871-888.

Kazdin, **A**.**E**., & **Blaise**, **S**.**L**.(2011). Rebooting psychotherapy research and practice to reduce the burden of mental illness. *Perspectives on Psychological Science*, *6*,21-37.

Keane, **T**.**M**., **Marshall**, **A**.**D**., & **Taft**, **C**.**T**.(2006). Posttraumatic stress disorder: Etiology, epidemiology, and treatment outcome. *Annual Review of Clinical Psychology*, *2*,161-197.

Keefe, **F**.**J**., **Abernathy**, **A**.**P**., & **Campbell**, **L**.**C**.(2005). Psychological approaches to understanding and treating disease-related pain. *Annual Review of Psychology*, *56*,601-630.

Keefe, **F**.**J**., **Lumley**, **M**., **Anderson**, **T**., **Lynch**, **T**., & **Carson**, **K**.**L**.(2001). Pain and emotion: New research directions. *Journal of Clinical Psychology*, *57*,587-607.

Kelley, **H**.**H**.(1967). Attribution theory in social psychology. In D. Levine (Ed.), *Nebraska Symposium on Motivation* (Vol.15, pp.192-238). Lincoln: University of Nebraska Press.

Kelley, **H**.**H**.(1983). Love and commitment. In H.H. Kelley, E. Berscheid, A. Christensen, & J.H. Harvey (Eds.), *Close relationships* (pp.265-314). New York: W.H. Freeman and Company.

Kelley, **W**.**M**., **Macrae**, **C**.**N**., **Wyland**, **C**.**L**., **Caglar**, **S**., **Inati**, **S**., & **Heatherton**, **T**.**F**.(2002). Finding the self? An event-related fMRI study. *Journal of Cognitive Neuroscience*, *14*,785-794.

Kellman, **P**.**J**., & **Spelke**, **E**.**S**.(1983). Perception of partly occluded objects in infancy. *Cognitive Psychology*, *15*,483-524.

Kelly, **G**.(1955). *The psychology of personal constructs*. New York: Norton.

Keltner, **D**.(1995). Signs of appeasement: Evidence for the distinct displays of embarrassment, amusement, and shame. *Journal of Personality and Social Psychology*, *68*,441-454.

Keltner, **D**., & **Buswell**, **B**.**N**.(1996). Evidence for the distinctness of embarrassment, shame, and guilt: A study of recalled antecedents and facial expressions of emotion. *Cognition and Emotion*, *10*,155-171.

Keltner, **D**., & **Haidt**, **J**.(1999). Social functions of emotions at four levels of analysis. *Cognition and Emotion*, *13*,505-521.

Keltner, **D**., & **Harker**, **L**.**A**.(1998). The forms and functions of the nonverbal signal of shame. In P. Gilbert & B. Andrews (Eds.), *Shame*: *Interpersonal behavior*, *psychopathology*, *and culture* (pp.78-98). New York: Oxford University Press.

Keltner, **D**., & **Shiota**, **M**.**N**.(2003). New displays and new emotions: A commentary on Rozin and Cohen (2003). *Emotion*, *3*,86-91.

Kendler, **K**.**S**., **Hettema**, **J**.**M**., **Butera**, **F**., **Gardner**, **C**.**O**., & **Prescott**, **C**.**A**.(2003). Life event dimensions of loss, humiliation, entrapment, and danger in the prediction of onsets of major depression and generalized anxiety. *Archives of General Psychiatry* *60*,789-796.

Kendler, **K**.**S**., **Myers**, **J**., & **Prescott**, **C**.**A**.(2002). The etiology of phobias: An evaluation of the stress-diathesis model. *Archives of General Psychiatry*, *59*,242-248.

Kenrick, **D**.**T**., **Neuberg**, **S**.**L**., **Griskevicius**, **V**., **Becker**, **D**.**V**., & **Schaller**, **M**.(2010). Goal-driven cognition and functional behavior: The fundamental motives framework. *Current Directions in Psychological Science*, *19*(1),63-67.

Kenrick, **D**.**T**., **Sadalla**, **E**.**K**., **Groth**, **G**., & **Trost**, **M**.**R**.(1990). Evolution, traits, and the stages of human courtship: Qualifying the parental investment model. *Journal of Personality*, *58*,97-116.

Kensinger, E.A., Clarke, R.J., & Corkin, S.(2003). What neural correlates underlie successful encoding and retrieval? A functional magnetic resonance imaging study using a divided attention paradigm. *The Journal of Neuroscience, 23*,2407-2415.

Kensinger, E.A., & Schacter, D.L.(2005). Emotional content and reality monitoring ability: fMRI evidence for the influence of encoding processes. *Neuropsychologia, 43*,1429-1443.

Kensinger, E.A., & Schacter, D.L.(2006). Amygdala activity is associated with the successful encoding of item, but not source, information for positive and negative stimuli. *The Journal of Neuroscience, 26*,2564-2570.

Kephart, W.M.(1967). Some correlates of romantic love. *Journal of Marriage and the Family, 29*,470-474.

Kershaw, T.C., & Ohlsson, S.(2004). Multiple causes of difficulty in insight: The case of the nine-dot problem. *Journal of Experimental Psychology: Learning, Memory, and Cognition, 30*,3-13.

Kertai, M.D., Pal, N., Palanca, B.J., Lin, N., Searleman, S.A., Zhang, L., ... B-Unaware Study Group.(2010). Association of perioperative risk factors and cumulative duration of low bispectral index with intermediate-term mortality after cardiac surgery in the B-Unaware trial. *Anesthesiology, 112*(5),1116-1127.

Kessler, R.C.(2012). The costs of depression. *Psychiatric Clinics of North America, 35*,1-14.

Kessler, R.C., Adler, L., Barkley, R., Biederman, J., Connors, C.K., Demler, O., ... Zaslavsky, A.M.(2006). The prevalence and correlates of adult ADHD in the United States: Results from the National Comorbidity Study Replication. *American Journal of Psychiatry, 163*,716-723.

Kessler, R.C., Angermeyer, M., Anthony, J.C., deGraaf, R., Demyittenaere, K., Gasquet, I., ... Üstün, T.B.(2007). Lifetime prevalence and age-of-onset distributions of mental disorders in the World Health Organization World Mental Health Survey Initiative. *World Psychiatry, 6*,168-176.

Kessler, R.C., Berglund, P., Demler, M.A., Jin, R., Merikangas, K.R., & Walters, E.E.(2005). Lifetime prevalence and age-of-onset distributions of *DSM-IV disorders in the National Comorbidity Survey replication. Archives of General Psychiatry*, 62,593-602.

Kessler, R.C., Chiu, W.T., Dernier, O., & Walters, E.E.(2005). Prevalence, severity, and comorbidity of 12-month *DSM-IV disorders in the National Comorbidity Survey replication. Archives of General Psychiatry, 62*,617-627.

Kessler, R.C., Chiu, W.T., Jin, R., Ruscio, A.M., Shear, K., & Walters, E.E.(2006). The epidemiology of panic attacks, panic disorder, and agoraphobia in the National Comorbidity Survey Replication. *Archives of General Psychiatry, 63*,415-424.

Kessler, R.C., Demler, O., Frank, R.G., Olfson, M., Pincus, H.A., Walters, E.E., ... Zaslavsky, A.M.(2005). Prevalence and treatment of mental disorders, 1990 to 2003. *New England Journal of Medicine, 352*(24),2515-2523.

Kessler, R.C., Petukhova, M., Sampson, N.A., Zaslavsky, A.M., & Wittchen, H.U.(2012). Twelve-month and lifetime prevalence and lifetime morbid risk of anxiety and mood disorders in the United States. *International Journal of Methods in Psychiatric Research, 21*(3),169-184.

Kessler, R.C., Soukup, J., Davis, R.B., Foster, D.F., Wilkey, S.A., Van Rompay, M.I., & Eisenberg, D.M.(2001). The use of complementary and alternative therapies to treat anxiety and depression in the United States. *American Journal of Psychiatry, 158*,289-294.

Kessler, R.C., & Üstün, T.B. (Eds.).(2008). *The WHO Mental Health surveys: Global perspectives on the epidemiology of mental health*. Cambridge, England: Cambridge University Press.

Kessler, R.C., & Wang, P.S.(2008). The descriptive epidemiology of commonly occurring mental disorders in the United States. *Annual Reviews of Public Health, 29*,115-129.

Keuler, D.J., & Safer, M.A.(1998). Memory bias in the assessment and recall of pre-exam anxiety: How anxious was I? *Applied Cognitive Psychology, 12*, S127-S137.

Khalid, N., Atkins, M., Tredget, J., Giles, M., Champney-Smith, K., & Kirov, G.(2008). The effectiveness of electroconvulsive therapy in treatment-resistant depression: A naturalistic study. *The Journal of ECT, 24*,141-145.

Khalid, R.(1991). Personality and academic achievement: A thematic apperception perspective. *British Journal of Projective Psychology, 36*,25-34.

Khan, R.M., Luk, C.-H., Flinker, A., Aggarwal, A., Lapid, H., Haddad, R., & Sobel, N.(2007). Predicting odor pleasantness from odorant structure: Pleasantness as a reflection of the physical world. *Journal of Neuroscience, 27*,10015-10023.

Kiecolt-Glaser, J.K., Garner, W., Speicher, C., Penn, G., & Glaser, R.(1984). Psychosocial modifiers of immunocompetence in medical students. *Psychosomatic Medicine, 46*,7-14.

Kiefer, **H**.M.(2004). *Americans unruffled by animal testing*. Retrieved August 8,2009, from http://www.gallup.com/poll/11767/Americans-Unruffled-Animal-Testing.aspx

Kiefer, **M**., **Schuch**, **S**., **Schenk**, **W**., & **Fiedler**, **K**.(2007). Mood states modulate activity in semantic brain areas during emotional word encoding. *Cerebral Cortex, 17*,1516-1530.

Kiehl, **K**.A., **Smith**, **A**.M., **Hare**, **R**.D., **Mendrek**, **A**., **Forster**, **B**.B., **Brink**, **J**., & **Liddle**, **P**.F.(2001). Limbic abnormalities in affective processing by criminal psychopaths as revealed by functional magnetic resonance imaging. *Biological Psychiatry, 50*,677-684.

Kihlstrom, **J**.F.(1985). Hypnosis. *Annual Review of Psychology, 36*,385-418.

Kihlstrom, **J**.F.(1987). The cognitive unconscious. *Science, 237*,1445-1452.

Kihlstrom, **J**.F., **Beer**, **J**.S., & **Klein**, **S**.B.(2002). Self and identity as memory. In M.R. Leary & J.P. Tangney (Eds.), *Handbook of self and identity* (pp.68-90). New York: Guilford Press.

Killingsworth, **M**.A., & **Gilbert**, **D**.T.(2010). A wandering mind is an unhappy mind. *Science, 330*,932.

Kim, **G**., **Walden**, **T**.A., & **Knieps**, **L**.J.(2010). Impact and characteristics of positive and fearful emotional messages during infant social referencing. *Infant Behavior and Development, 33*,189-195.

Kim, **K**., & **Smith**, **P**.K.(1998). Childhood stress, behavioural symptoms and mother-daughter pubertal development. *Journal of Adolescence, 21*,231-240.

Kim, **U**.K., **Jorgenson**, **E**., **Coon**, **H**., **Leppert**, **M**., **Risch**, **N**., & **Drayna**, **D**.(2003). Positional cloning of the human quantaitive trait locus underlying taste sensitivity to phenylthiocarbamide. *Science, 299*,1221-1225.

Kinney, **D**.A.(1993). From nerds to normals — the recovery of identity among adolescents from middle school to high school. *Sociology of Education, 66*,21-40.

Kirchner, **W**.H., & **Towne**, **W**.F.(1994). The sensory basis of the honeybee's dance language. *Scientific American, 270*(6),74-80.

Kirsch, **I**., **Cardena**, **E**., **Derbyshire**, **S**., **Dienes**, **Z**., **Heap**, **M**., **Kallio**, **S**., ... **Whalley**, **M**.(2011). Definitions of hypnosis and hypnotizability and their relation to suggestion and suggestibility: A consensus statement. *Contemporary Hypnosis and Integrative Therapy, 28*,107-115.

Kirwan, **C**.B., **Bayley**, **P**.J., **Galvan**, **V**.V., & **Squire**, **L**.R.(2008). Detailed recollection of remote autobiographical memory after damage to the medial temporal lobe. *Proceedings of the National Academy of Sciences, USA, 105*,2676-2680.

Kish, **S**.J., **Lerch**, **J**., **Furukawa**, **Y**., **Tong**, **J**., **McCluskey**, **T**., **Wilkins**, **D**., ... **Bioleau**, **I**.(2010). Decreased cerebral cortical serotonin transporter binding in ecstacy users: A positron emission tomography [11c] DASB and structural brain imaging study. *Brain, 133*,1779-1797.

Kitayama, **S**., **Duffy**, **S**., **Kawamura**, **T**., & **Larsen**, **J**.T.(2003). Perceiving an object and its context in different cultures: A cultural look at the new look. *Psychological Science, 14*,201-206.

Kitayama, **S**., & **Uskul**, **A**.K.(2011). Culture, mind, and the brain: Current evidence and future directions. *Annual Review of Psychology, 62*,419-449.

Klein, **C**.T.F., & **Helweg-Larsen**, **M**.(2002). Perceived control and the optimistic bias: A meta-analytic review. *Psychology and Health, 17*,437-446.

Klein, **S**.B.(2004). The cognitive neuroscience of knowing one's self. In M. Gazzaniga (Ed.), *The cognitive neurosciences* (3rd ed., pp.1007-1089). Cambridge, MA: MIT Press.

Klein, **S**.B., **Robertson**, **T**.E., & **Delton**, **A**.W.(2011). The futureorientation of memory: Planning as a key component mediating the high levels of recall found with survival processing. *Memory, 19*,121-139.

Klein, **S**.B., & **Thorne**, **B**.M.(2007). *Biological psychology*. New York: Worth Publishers.

Klingberg, **T**.(2010). Training and plasticity of working memory. *Trends in Cognitive Sciences, 14*,317-324.

Klinger, **E**.(1975). Consequences of commitment to and disengagement from incentives. *Psychological Review, 82*,1-25.

Klinger, **E**.(1977). *Meaning and void*. Minneapolis: University of Minnesota Press.

Klonsky, E.D.(2011). Non-suicidal self-injury in United States adults: Prevalence, sociodemographics, topography, and functions. *Psychological Medicine, 41*,1981-1986.

Klump, K.L., & Culbert, K.M.(2007). Molecular genetic studies of eating disorders: Current status and future directions. *Current Directions in Psychological Science, 16*(1),37-41.

Klüver, H., & Bucy, P.C.(1937). "Psychic blindness" and other symptoms following bilateral temporary lobectomy in rhesus monkeys. *American Journal of Physiology, 119*,352-353.

Knowlton, B.J., Ramus, S. J,, & Squire, L.R.(1992). Intact artificial grammar learning in amnesia: Dissociation of classification learning and explicit memory for specific instances. *Psychological Science, 3*,173-179.

Knutson, B., Adams, C.M., Fong, G.W., & Hommer, D.(2001). Anticipation of increasing monetary reward selectively recruits nucleus accumbens. *The Journal of Neuroscience, 21*,159.

Knutson, B., Wolkowitz, O.M., Cole, S.W., Chan, T., Moore, E.A., Johnson, R.C., Reus, V.I.(1998). Selective alteration of personality and social behavior by serotonergic intervention. *American Journal of Psychiatry, 155*,373-379.

Kobasa, S.(1979). Stressful life events, personality, and health: An inquiry into hardiness. *Journal of Personality and Social Psychology, 37*,1-11.

Koehler, J.J.(1993). The influence of prior beliefs on scientific judgments of evidence quality. *Organizational Behavior and Human Decision Processes, 56*,28-55.

Koenigs, M., Young, L., Adolphs, R., Tranel, D., Cushman, F., Hauser, M., & Damasio, A.(2007). Damage to the prefrontal cortex increases utilitarian moral judgements. *Nature, 446*,908-911.

Koffka, K.(1935). *Principles of Gestalt psychology*. New York: Harcourt, Brace and World.

Kohlberg, L.(1958). *The development of modes of thinking and choices in years 10 to 16*. Unpublished doctoral dissertation, University of Chicago.

Kohlberg, L.(1963). Development of children's orientation towards a moral order (Part I). Sequencing in the development of moral thought. *Vita Humana, 6*,11-36.

Kohlberg, L.(1986). A current statement on some theoretical issues. In S. Modgil & C. Modgil (Eds.), *Lawrence Kohlberg: Concensus and controversy* (pp.485-546). Philadelphia: Falmer.

Kohler, P.K., Manhart, L.E., & Lafferty, E.(2008). Abstinence-only and comprehensive sex education and the initiation of sexual activity and teen pregnancy. *Journal of Adolescent Health, 42*,344-351.

Kolb, B., & Whishaw, I.Q.(2003). *Fundamentals of human neuropsychology* (5th ed.). New York: Worth Publishers.

Kolbert, E.(2009, July 20). XXXL. *The New Yorker*, pp.73-77.

Koller, D.(2011, December 5). Death knell for the lecture: Technology as a passport to personalized education. Retrieved from http://www.nytimes.com/2011/12/06/science/daphne-koller-technology-as-a-passport-to-personalized-education.html?pageswanted=all

Kolotkin, R.L., Meter, K., & Williams, G.R.(2001). Quality of life and obesity. *Obesity Reviews, 2*,219-229.

Komter, A.(2010). The evolutionary origins of human generosity. *International Sociology, 25*(3),443-464.

Konen, C.S., & Kastner, S.(2008). Two hierarchically organized neural systems for object information in human visual cortex. *Nature Neuroscience, 11*,224-231.

Koole, S.L., Dijksterhuis, A., & van Knippenberg, A.(2001). What's in a name: Implicit self-esteem and the automatic self. *Journal of Personality and Social Psychology, 80*,669-685.

Koss, M.P.(1990). The women's mental health research agenda: Violence against women. *American Psychologist, 45*,374-380.

Kosslyn, S.M., Alpert, N.M., Thompson, W.L., Chabris, C.F., Rauch, S.L., & Anderson, A.K.(1993). Visual mental imagery activates topographically organized visual cortex: PET investigations. *Journal of Cognitive Neuroscience, 5*,263-287.

Kosslyn, S.M., Pascual-Leone, A., Felician, O., Camposano, S., Keenan, J.P., Thompson, W.L., ... Alpert, N.M.(1999). The role of area 17 in visual imagery: Convergent evidence from PET and rTMS. *Science, 284*,167-170.

Kosslyn, S.M., Thompson, W.L., Constantini-Ferrando, M.F., Alpert, N.M., & Spiegel, D.(2000). Hypnotic visual illusion alters color processing in the brain. *American Journal of Psychiatry, 157*,1279-1284.

Kounios, J., & Beeman, M.(2009). The Aha! moment. *Current Directions in Psychological Science, 18*,210-216.

Kounios, J., Fleck, J.L., Green, D.L., Payne, L., Stevenson, J.L., Bowden, E.M., & Jung-Beeman, M.(2008). The origins of insight in resting-state brain activity. *Neuropsychologia, 46*,281-291.

Kounios, J., Frymiare, J.L., Bowden, E.M., Fleck, J.I., Subramaniam, K., Parrish, T.B., & Jung-Beeman, M.(2006). The prepared mind: Neural activity prior to problem presentation predicts subsequent solution by sudden insight. *Psychological Science, 17*,882-890.

Kovalevskaya, S.(1978). *A Russian childhood*. New York: Springer-Verlag.

Kraemer, H.C., Shrout, P.E., & Rubio-Stipec, M.(2007). Developing the *Diagnostic and Statistical Manual-V*: What will "statistical" mean in *DSM-V? Social Psychiatry and Psychiatric Epidemiology, 42*,259-267.

Kraepelin, E.(1899). *Psychiatrie*. Leipzig, Germany: Barth.

Krantz, D.S., & McCeney, M.K.(2002). Effects of psychological and social factors on organic disease: A critical assessment of research on coronary heart disease. *Annual Review of Psychology, 53*,341-369.

Kraus, N., & Chandrasekaran, B.(2010). Music training for the development of auditory skills. *Nature Reviews Neuroscience, 11*,599-605.

Kravitz, D.J., Saleem, K.S., Baker, C.I., & Mishkin, M.(2011). A new neural framework for visuospatial processing. *Nature Reviews Neuroscience, 12*,217-230.

Kravitz, D.J., Saleem, K.S., Baker, C.I., Ungerleider, L.G., & Mishkin, M.(2013). The ventral visual pathway: An expanded neural framework for the processing of object quality. *Trends in Cognitive Sciences, 17*,26-49.

Kravitz, R, L., Epstein, R.M., Feldman, M.D., Franz, C.E., Azari, R., Wilkes, M.S., ... Franks, P.(2005). Influence of patients' requests for direct-to-consumer advertised antidepressants: A randomized controlled trial. *Journal of the American Medical Association, 293*,1995-2002.

Kreider, T.(2013, January 20). You are going to die. *New York Times*. Retrieved from http://opinionator.blogs.nytimes.com/2013/01/20/you-are-going-to-die/

Kringelbach, M.L., O'Doherty, J., Rolls, E.T., & Andrews, C.(2003). Activation of the human orbitofrontal cortex to a liquid food stimulus is correlated with its subjective pleasantness. *Cerebral Cortex, 13*,1064-1071.

Krings, T., Topper, R., Foltys, H., Erberich, S., Sparing, R., Willmes, K., & Thron, A.(2000). Cortical activation patterns during complex motor tasks in piano players and control subjects. A functional magnetic resonance imaging study. *Neuroscience Letters, 278*,189-193.

Krishnan, V., & Nestler, E.J.(2008). The molecular neurobiology of depression. *Nature, 455*,894-902.

Kristensen, P., & Bjerkedal, T.(2007). Explaining the relation between birth order and intelligence. *Science, 316*,1717.

Kroeze, W.K., & Roth, B.L.(1998). The molecular biology of serotonin receptors: Therapeutic implications for the interface of mood and psychosis. *Biological Psychiatry, 44*,1128-1142.

Kruk, M.R., Halasz, J., Meelis, W., & Haller, J.(2004). Fast positive feedback between the adrenocortical stress response and a brain mechanism involved in aggressive behavior. *Behavioral Neuroscience, 118*,1062-1070.

Kubovy, M.(1981). Concurrent-pitch segregation and the theory of indispensable attributes. In M. Kubovy & J.R. Pomerantz (Eds.), *Perceptual organization* (pp.55-96). Hillsdale, NJ: Erlbaum.

Kuhl, B.A., Dudukovic, N.M., Kahn, I., & Wagner, A.D.(2007). Decreased demands on cognitive control reveal the neural processing benefits of forgetting. *Nature Neuroscience, 10*,908-917.

Kuhl, P.K.(2010). Brain mechanisms in early language acquisition. *Neuron, 67*,713-727.

Kuhl, P.K., & Meltzoff, A.N.(1996). Infant vocalizations in response to speech: Vocal imitation and developmental change. *The Journal of the Acoustical Society of America, 100*(4),2425. doi:10.1121/1.417951

Kuhl, P., & Rivera-Gaxiola, M.(2008). Neural substrates of language acquisition. *Annual Review of Neuroscience, 31*,511-534.

Kuhn, S., & Gallinat, J.(2012). The neural correlates of subjective pleasantness. *NeuroImage, 61*,289-294.

Kunda, Z.(1990). The case for motivated reasoning. *Psychological Bulletin, 108*,480-498.

Kunda, Z., & Oleson, K C.(1997). When exceptions prove the rule: How extremity of deviance determines the impact of deviant examples on stereotypes. *Journal of Personality and Social Psychology, 72*,965-979.

Kunugi, **H.**, **Urushibara**, **T.**, **Murray**, **R.M.**, **Nanko**, **S.**, & **Hirose**, **T.**(2003). Prenatal underdevelopment and schizophrenia: A case report of monozygotic twins. *Psychiatry and Clinical Neurosciences, 57*,271-274.

Kunz, **P.R.**, & **Woolcott**, **M.**(1976). Season's greetings: From my status to yours. *Social Science Research, 5*,269-278.

Kvavilashvili, **L.**, **Mirani**, **J.**, **Schlagman**, **S.**, **Foley**, **K.**, & **Kornbrot**, **D.E.**(2009). Consistency of flashbulb memories of September 11 over long delays: Implications for consolidation and wrong time slice hypotheses. *Journal of Memory and Language, 61*,556-572.

LaBar, **K.S.**, & **Phelps**, **E.A.**(1998). Arousal-mediated memory consolidation: Role of the medial temporal lobe in humans. *Psychological Science, 9*,490-493.

Labrie, **V.**, **Pai**, **S.**, & **Petronis**, **A.**(2012). Epigenetics of major psychosis: Progress, problems, and perspectives. *Trends in Genetics, 28*,427-435.

Lachman, **R.**, **Lachman**, **J.L.**, & **Butterfield**, **E.C.**(1979). *Cognitive psychology and information processing: An introduction.* Hillsdale, NJ: Erlbaum.

Lackner, **J.R.**, & **DiZio**, **P.**(2005). Vestibular, proprioceptive, and haptic contributions to spatial orientation. *Annual Review of Psychology, 56*,115-147.

LaFraniere, **S.**(2007, July 4). In Mauritania, seeking to end an overfed ideal. *New York Times.* Retrieved from http://www.nytimes.com/2007/07/04/world/africa/04mauritania.html?pagewanted=all

Lahkan, **S.E.**, & **Kirchgessner**, **A.**(2012, March 12). Chronic traumatic encephalopathy: The dangers of getting "dinged." *Springer Plus*, 1:2 doi:10.1186/2193-1801-1-2

Lai, **Y.**, & **Siegal**, **J.**(1999). Muscle atonia in REM sleep. In B. Mallick & S. Inoue (Eds.), *Rapid eye movement sleep* (pp.69-90). New Delhi, India: Narosa Publishing House.

Lake, **J.**(2009). Natural products used to treat depressed mood as monotherapies and adjuvants to antidepressants: A review of the evidence. *Psychiatric Times, 26*,1-6.

Lakin, **J.M.**(2013). Sex differences in reasoning abilities: Surprising evidence that male-female ratios in the tails of the quantitative reasoning distribution have increased. *Intelligence, 41*(4),263-274. doi:10.1016/j.intell.2013.04.004

Lakshminarayanan, **V.R.**, **Chen**, **M.K.**, & **Santos**, **L.R.**(2011). The evolution of decision-making under risk: Framing effects in monkey risk preferences. *Journal of Experimental Social Psychology, 47*(3),689-693. doi:10.1016/j.jesp.2010.12.011

Lam, **L.L.**, **Emberly**, **E.**, **Fraser**, **H.B.**, **Neumann**, **S.M.**, **Chen**, **E.**, **Miller**, **G.E.**, ... **Kobor**, **M.S.**(2012). Factors underlying variable DNA methylation in a human community cohort. *Proceedings of the National Academy of Sciences, USA, 109*(Suppl.2),17253-17260.

Lamb, **M.E.**, **Sternberg**, **K.J.**, & **Prodromidis**, **M.**(1992). Nonmaternal care and the security of infant/mother attachment: A reanalysis of the data. *Infant Behavior & Development, 15*,71-83.

Lamb, **M.E.**, **Thompson**, **R.A.**, **Gardner**, **W.**, & **Charnov**, **E.L.**(1985). *Infant-mother attachment: The origins and developmental significance of individual differences in Strange Situation behavior.* Hillsdale, NJ: Erlbaum.

Landauer, **T.K.**, & **Bjork**, **R.A.**(1978). Optimum rehearsal patterns and name learning. In M.M. Gruneberg, P.E. Morris, & R.N. Sykes (Eds.), *Practical aspects of memory* (pp.625-632). New York: Academic Press.

Lang, **F.R.**, & **Carstensen**, **L.L.**(1994). Close emotional relationships in late life: Further support for proactive aging in the social domain. *Psychology and Aging, 9*,315-324.

Langer, **E.J.**, & **Abelson**, **R.P.**(1974). A patient by any other name.... Clinician group difference in labeling bias. *Journal of Consulting and Clinical Psychology, 42*,4-9.

Langleben, **D.D.**, **Loughead**, **J.W.**, **Bilker**, **W.B.**, **Ruparel**, **K.**, **Childress**, **A.R.**, **Busch**, **S.I.**, & **Gur**, **R.C.**(2005). Telling truth from lie in individual subjects with fast event-related fMRI. *Human Brain Mapping, 26*,262-272.

Langlois, **J.H.**, **Kalakanis**, **L.**, **Rubenstein**, **A.J.**, **Larson**, **A.**, **Hallam**, **M.**, & **Smoot**, **M.**(2000). Maxims or myths of beauty? A metaanalytic and theoretical review. *Psychological Bulletin, 126*,390-423.

Langlois, **J.H.**, **Ritter**, **J.M.**, **Casey**, **R.J.**, & **Sawin**, **D.B.**(1995). Infant attractiveness predicts maternal behaviors and attitudes. *Developmental Psychology, 31*,464-472.

LaPierre, S., **Boyer**, R., **Desjardins**, S., **Dubé**, M., **Lorrain**, D., **Préville**, M., & **Brassard**, J.(2012). Daily hassles, physical illness, and sleep problems in older adults with wishes to die. *International Psychogeriatrics, 24*,243-252.

Lareau, A.(2003). *Unequal childhoods*: *Class*, *race*, *and family life*. Berkeley: University of California Press.

Larrick, R.P., **Timmerman**, T.A., **Carton**, A.M., & **Abrevaya**, J.(2011). Temper, temperature, and temptation: Heat-related retaliation in baseball. *Psychological Science, 22*(4),423-428. doi:10.1177/0956797611399292

Larsen, S.F.(1992). Potential flashbulbs: Memories of ordinary news as baseline. In E. Winograd & U. Neisser (Eds.), *Affect and accuracy in recall*: *Studies of "flashbulb memories"* (pp.32-64). New York: Cambridge University Press.

Larson, R., & **Richards**, M.H.(1991). Daily companionship in late childhood and early adolescence — changing developmental contexts. *Child Development, 62*,284-300.

Lashley, K.S.(1960). In search of the engram. In F.A. Beach, D.O. Hebb, C.T. Morgan, & H.W. Nissen (Eds.), *The neuropsychology of Lashley* (pp.478-505). New York: McGraw-Hill.

Latané, B., & **Nida**, S.(1981). Ten years of research on group size and helping. *Psychological Bulletin, 89*(2),308-324.

Latané, B., **Williams**, K., & **Harkins**, S.(1979). Many hands make light the work: The causes and consequences of social loafing. *Journal of Personality and Social Psychology, 37*,822-832.

Lattal, K.A.(2010). Delayed reinforcement of operant behavior. *Journal of the Experimental Analysis of Behavior, 93*,129-139.

Laupa, M., & **Turiel**, E.(1986). Children's conceptions of adult and peer authority. *Child Development, 57*,405-412.

Laureys, S., **Giacino**, J.T., **Schiff**, N.D., **Schabus**, M., & **Owen**, A.M.(2006). How should functional imaging of patients with disorders of consciousness contribute to their clinical rehabilitation needs? *Current Opinion in Neurology, 19*,520-527.

Lavie, P.(2001). Sleep-wake as a biological rhythm. *Annual Review of Psychology, 52*,277-303.

Lawrence, N.S., **Jollant**, F., **O'Daly**, O., **Zelaya**, F., & **Phillips**, M.L.(2009). Distinct roles of prefrontal cortical subregions in the Iowa Gambling Task. *Cerebral Cortex, 19*,1134-1143.

Lawton, M.P., **Kleban**, M.H., **Rajagopal**, D., & **Dean**, J.(1992). The dimensions of affective experience in three age groups. *Psychology and Aging, 7*,171-184.

Lazarus, R.S.(1984). On the primacy of cognition. *American Psychologist, 39*,124-129.

Lazarus, R.S., & **Alfert**, E.(1964). Short-circuiting of threat by experimentally altering cognitive appraisal. *Journal of Abnormal and Social Psychology, 69*,195-205.

Lazarus, R.S., & **Folkman**, S.(1984). *Stress, appraisal, and coping*. New York: Springer.

Leader, T., **Mullen**, B., & **Abrams**, D.(2007). Without mercy: The immediate impact of group size on lynch mob atrocity. *Personality and Social Psychology Bulletin, 33*(10),1340-1352.

Leary, M.R.(1990). Responses to social exclusion: Social anxiety, jealousy, loneliness, depression, and low self-esteem. *Journal of Social and Clinical Psychology, 9*,221-229.

Leary, M.R.(2010). Affiliation, acceptance, and belonging: The pursuit of interpersonal connection. In S.T. Fiske, D.T. Gilbert, & G. Lindzey (Eds.), *The handbook of social psychology* (5th ed., Vol.2, pp.864-897). New York: Wiley.

Leary, M.R., & **Baumeister**, R.F.(2000). The nature and function of self-esteem: Sociometer theory. In M.P. Zanna (Ed.), *Advances in experimental social psychology* (Vol.32, pp.1-62). San Diego: Academic Press.

Leary, M.R., **Britt**, T.W., **Cutlip**, W.D., & **Templeton**, J.L.(1992). Social blushing. *Psychological Bulletin, 112*,446-460.

Lecky, P.(1945). *Self-consistency*: *A theory of personality*. New York: Island Press.

Lecrubier, Y., **Clerc**, G., **Didi**, R., & **Kieser**, M.(2002). Efficacy of St. John's wort extract WS 5570 in major depression: A double-blind, placebo-controlled trial. *American Journal of Psychiatry, 159*,1361-1366.

Lederman, S.J., & **Klatzky**, R.L.(2009). Haptic perception: A tutorial. *Attention, Perception, & Psychophysics, 71*,1439-1459.

LeDoux, J.E.(1992). Brain mechanisms of emotion and emotional learning. *Current Opinion in Neurobiology, 2*,191-197.

LeDoux, J.E.(2000). Emotion circuits in the brain. *Annual Review of Neuroscience, 23*,155-184.

LeDoux, J.E., **Iwata**, J., **Cicchetti**, P., & **Reis**, D.J.(1988). Different projections of the central amygdaloid nucleus mediate autonomic and behavioral correlates of conditioned fear. *Journal of Neuroscience, 8*,2517-2529.

Lee, D.N., & Aronson, E.(1974). Visual proprioceptive control of standing in human infants. *Perception & Psychophysics*, *15*,529-532.

Lee, L., Loewenstein, G., Ariely, D., Hong, J., & Young, J.(2008). If I'm not hot, are you hot or not? Physical-attractiveness evaluations and dating preferences as a function of one's own attractiveness. *Psychological Science*, *19*,669-677.

Lee, M.H., Smyser, C.D., & Shimoy, J.S.(2013). Resting-state fMRI: A review of methods and clinical applications. *American Journal of Neuroradiology*, *34*,1866-1872. doi:10.3174/ajnr.A3263

Lefcourt, H.M.(1982). *Locus of control*: Current trends in theory and research (2nd ed.). Hillsdale, NJ: Erlbaum.

Leichsenring, F., & Rabung, S.(2008). Effectiveness of long-term psychodynamic psychotherapy: A meta-analysis. *Journal of the American Medical Association*, *300*,1551-1565.

Lempert, D.(2007). *Women's increasing wage penalties from being overweight and obese*. Washington, DC: U.S. Bureau of Labor Statistics.

Lenoir, M., Serre, F., Chantin, L., & Ahmed, S.H.(2007). Intense sweetness surpasses cocaine reward. *PLoS ONE*, *2*, e698.

Lenton, A.P., & Francesconi, M.(2010). How humans cognitively manage an abundance of mate options. *Psychological Science*, *21*(4),528-533. doi:10.1177/0956797610364958

Lentz, M.J., Landis, C.A., Rothermel, J., & Shaver, J.L.(1999). Effects of selective slow wave sleep disruption on musculoskeletal pain and fatigue in middle aged women. *Journal of Rheumatology*, *26*,1586-1592.

Leon, D.A., Lawlor, D.A., Clark, H., Batty, G.D., & Macintyre, S.(2009). The association of childhood intelligence with mortality risk from adolescence to middle age: Findings from the Aberdeen children of the 1950s cohort study. *Intelligence*, *37*(6),520-528.

Lepage, M., Ghaffar, O., Nyberg, L., & Tulving, E.(2000). Prefrontal cortex and episodic memory retrieval mode. *Proceedings of the National Academy of Sciences*, *USA*, *97*,506-511.

LePort, A.K.R., Mattfield, A.T., Dickinson-Anson, H., Fallon, J.H., Stark, C.E.L., Kruggel, F., ... McGaugh, J.L.(2012). Behavioral and neuroanatomical investigation of highly superior autobiographical memory (HSAM). *Neurobiology of Learning and Memory*, *98*,78-92.

Lepper, M.R., Greene, D., & Nisbett, R.E.(1973). Undermining children's intrinsic interest with extrinsic rewards: A test of the "over-justification" hypothesis. *Journal of Personality and Social Psychology*, *28*,129-137.

Lerman, D.(2006). Consumer politeness and complaining behavior. *Journal of Services Marketing*, *20*,92-100.

Lerman, D.C., & Vorndran, C.M.(2002). On the status of knowledge for using punishment: Implications for treating behavior disorders. *Journal of Applied Behavior Analysis*, *35*,4312-4464.

Leung, A.K.-Y., & Cohen, D.(2011). Within-and between-culture variation: Individual differences and the cultural logics of honor, face, and dignity cultures. *Journal of Personality and Social Psychology*, *100*(3),507-526. doi:10.1037/a0022151

Levelt Committee, Noort Committee, Drenth Committee.(2012, November 28). *Flawed science*: The fraudulent research practices of social psychologist Diederik Stapel. Retrieved from http://www.tilburguniversity.edu/nl/nieuws-en-agenda/finalreportLevelt.pdf

Levenson, J.M., & Sweatt, J.D.(2005). Epigenetic mechanisms in memory formation. *Nature Reviews Neuroscience*, *6*,108-118.

Levenson, R.W., Cartensen, L.L., Friesen, W.V., & Ekman, P.(1991). Emotion physiology, and expression in old age. *Psychology and Aging*, *6*,28-35.

Levenson, R.W., Ekman, P., & Friesen, W.V.(1990). Voluntary facial action generates emotion-specific autonomic nervous system activity. *Psychophysiology*, *27*,363-384.

Levenson, R.W., Ekman, P., Heider, K., & Friesen, W.V.(1992). Emotion and automatic nervous system activity in the Minangkabau of West Sumatra. *Journal of Personality and Social Psychology*, *62*,972-988.

Levin, D.T., & Simons, D.J.(1997). Failure to detect changes to attended objects in motion pictures. *Psychonomic Bulletin & Review*, *4*,501-506.

Levin, R., & Nielsen, T.(2009). Nightmares, bad dreams, and emotion dysregulation: A review and new neurocognitive model of dreaming. *Current Directions in Psychological Science*, *18*,84-88.

Levine, M.(1981). *History and politics of community mental health*. New York: Oxford University Press.

Levine, R.V., Norenzayan, A., & Philbrick, K.(2001). Cross-cultural differences in helping strangers. *Journal of Cross-Cultural Psychology, 32*,543-560.

Levy, J., Trevarthen, C., & Sperry, R.W.(1972). Perception of bilateral chimeric figures following hemispheric disconnection. *Brain, 95*,61-78.

Lewin, K.(1936). *Principles of topological psychology*. New York: McGraw-Hill.

Lewin, K.(1951). Behavior and development as a function of the total situation. In K. Lewin (Ed.), *Field theory in social science*: *Selected theoretical papers* (pp.791-843). New York: Harper & Row.

Lewis, M., & Brooks-Gunn, J.(1979). *Social cognition and the acquisition of self*. New York: Plenum Press.

Lewis, M, B.(2012). Exploring the positive and negative implications of facial feedback. *Emotion, 12*(4),852-859.

Lewis, M.D., Hibbeln, J.R., Johnson, J.E., Lin, Y.H., Hyun, D.Y., & Loewke, J.D.(2011). Suicide deaths of active duty U.S. military and omega-3 fatty acid status: A case control comparison. *Journal of Clinical Psychiatry, 72*,1585-1590.

Lewontin, R., Rose, S., & Kamin, L.J.(1984). *Not in our genes*. New York: Pantheon.

Li, R., Polat, U., Makous, W., & Bavelier, D.(2009). Enhancing the contrast sensitivity function through action video game training. *Nature Neuroscience, 12*,549-551.

Li, Y.J., Johnson, K.A., Cohen, A.B., Williams, M.J., Knowles, E.D., & Chen, Z.(2012). Fudamental (ist) attribution error: Protestants are dispositionally focused. *Journal of Personality and Social Psychology, 102*(2),281-290. doi:10.1037/a0026294

Libet, B.(1985). Unconscious cerebral initiative and the role of conscious will in voluntary action. *Behavioral and Brain Sciences, 8*,529-566.

Liebenluft, E.(1996). Women with bipolar illness: Clinical and research issues. *American Journal of Psychiatry, 153*,163-173.

Lieberman, M.D., Inagaki, T.K., Tabibnia, G., & Crockett, M.J.(2011). Subjective responses to emotional stimuli during labeling, reappraisal, and distraction. *Emotion, 11*,468-480.

Lieberman, M.D., & Rosenthal, R.(2001). Why introverts can't always tell who likes them: Multitasking and nonverbal decoding. *Journal of Personality and Social Psychology, 80*,294-310.

Liebowitz, M.R., Gorman, J.M., Fyer, A.J., Levitt, M., Dillon, D., Levy, G., ... Davies, S.O.(1985). Lactate provocation of panic attacks: II. Biochemical and physiological findings. *Archives of General Psychiatry, 42*,709-719.

Lifshitz, M., Aubert Bonn, N., Fischer, A., Kashem, I.R., & Raz, A.(2013). Using suggestion to modulate automatic processes: From Stroop to McGurk and beyond. *Cortex, 49*(2),463-473. doi:10.1016/j.cortex. 2012.08.007

Lilienfeld, S.O.(2007). Psychological treatments that cause harm. *Perspectives on Psychological Science, 2*,53-70.

Lilienfeld, S.O., Lynn, S.J., & Lohr, J.M. (Eds.).(2003). *Science and pseudoscience in clinical psychology*. New York: Guilford Press.

Lilienfeld, S.O., Wood, J.M., & Garb, H.N.(2000). The scientific status of projective techniques. *Psychological Science in the Public Interest, 1*,27-66.

Lindenberger, U., & Baltes, P.B.(1994). Sensory functioning and intelligence in old age: A strong connection. *Psychology and Aging, 9*(3),339-355. doi:10.1037/0882-7974.9.3.339

Lindenberger, U., & Baltes, P.B.(1997). Intellectual functioning in old and very old age: Cross-sectional results from the Berling aging study. *Psychology and Aging, 12*,410-432.

Lindquist, K., & Barrett, L.F.(2008). Constructing emotion: The experience of fear as a conceptual act. *Psychological Science, 19*,898-903.

Lindquist, S.I., & McLean, J.P.(2011). Daydreaming and its correlates in an educational environment. *Learning and Individual Differences, 21*,158-167.

Lindstrom, M.(2005). *Brand sense*: *How to build powerful brands through touch, taste, smell, sight and sound*. London: Kogan Page.

Liou, A.P., Paziuk, M., Luevano, J.-M., Machineni, S., Turnbaugh, P.J., & Kaplan, L.M.(2013). Conserved shifts in the gut microbiota due to gastric bypass reduce host weight and adiposity. *Science Translational Medicine, 5*(178),178ra41-178ra41.

Little, B.R.(1983). Personal projects: A rationale and method for investigation. *Environment and Behavior, 15*,273-309.

Little, B.R.(1993). Personal projects and the distributed self: Aspects of a conative psychology. In J.R. Suls (Ed.), *Psychological perspectives on the self* (Vol.4, pp.157-185). Hillsdale, NJ: Erlbaum.

Liu, D., Diorio, J., Tannenbaum, B., Caldji, C., Francis, D., Freedman, A., ... Meaney, M.J.(1997). Maternal care, hippocampal glucocorticoid receptors, and hypothalamic-pituitary-adrenal responses to stress. *Science, 277*,1659-1662.

Liu, D., Wellman, H.M., Tardif, T., & Sabbagh, M.A.(2008). Theory of mind development in Chinese children: A meta-analysis of false belief understanding across cultures and languages. *Developmental Psychology, 44*,523-531.

Livingstone, M., & Hubel, D.(1988). Segregation of form, color, movement, and depth: Anatomy, physiology, and perception. *Science, 240*,740-749.

Locksley, A., Ortiz, V., & Hepburn, C.(1980). Social categorization and discriminatory behavior: Extinguishing the minimal intergroup discrimination effect. *Journal of Personality and Social Psychology, 39*,773-783.

Loehlin, J.C.(1973). Blood group genes and Negro-White ability differences. *Behavior Genetics, 3*(3),263-270.

Loehlin, J.C.(1992). *Genes and environment in personality development*. Newbury Park, CA: Sage.

Loftus, E.F.(1993). The reality of repressed memories. *American Psychologist, 48*,518-537.

Loftus, E.F.(2003). Make-believe memories. *American Psychologist, 58*,867-873.

Loftus, E.F., & Ketcham, K.(1994). *The myth of repressed memory*. New York: St. Martin's Press.

Loftus, E.F., & Klinger, M.R.(1992). Is the unconscious smart or dumb? *American Psychologist, 47*,761-765.

Loftus, E.F., & Pickrell, J.E.(1995). The formation of false memories. *Psychiatric Annals, 25*,720-725.

Lopes, P.N., Grewal, D., Kadis, J., Gall, M., & Salovey, P.(2006). Emotional intelligence and positive work outcomes. *Psicothema, 18*,132.

Lord, C.G., Ross, L., & Lepper, M.R.(1979). Biased assimilation and attitude polarization: The effects of prior theories on subsequently considered evidence. *Journal of Personality and Social Psychology, 37*,2098-2109.

Lorenz, K.(1952). *King Solomon's ring*. New York: Crowell.

Lovaas, O.I.(1987). Behavioral treatment and normal educational and intellectual functioning in young autistic children. *Journal of Consulting and Clinical Psychology, 55*,3-9.

Low, J., & Watts, J.(2013). Attributing false beliefs about object identity reveals a signature blind spot in humans' efficient mind-reading system. *Psychological Science, 24*(3),305-311. doi:10.1177/0956797612451469

Lozano, B.E., & Johnson, S.L.(2001). Can personality traits predict increases in manic and depressive symptoms? *Journal of Affective Disorders, 63*,103-111.

Luborsky, L., Rosenthal, R., Diguer, L., Andrusyna, T.P., Berman, J.S., Levitt, J.T., ... Krause, E.D.(2002). The dodo bird verdict is alive and well — mostly. *Clinical Psychology: Science and Practice, 9*,2-12.

Luborsky, L., & Singer, B.(1975). Comparative studies of psychotherapies: Is it true that "everyone has won and all must have prizes"? *Archives of General Psychiatry, 32*(8),995-1008.

Lucas, R.E., Clark, A.E., Georgellis, Y., & Diener, E.(2003). Reexamining adaptation and the set point model of happiness: Reactions to changes in marital status. *Journal of Personality and Social Psychology, 84*,527-539.

Ludwig, A.M.(1966). Altered states of consciousness. *Archives of General Psychiatry, 15*,225-234.

Lykken, D.T.(1995). *The antisocial personalities*. Hillsdale, NJ: Erlbaum.

Lynn, M., & Shurgot, B.A.(1984). Responses to lonely hearts advertisements: Effects of reported physical attractiveness, physique, and coloration. *Personality and Social Psychology Bulletin, 10*,349-357.

Lynn, R.(2009). What has caused the Flynn effect? Secular increases in the development quotients of infants. *Intelligence, 37*(1),16-24.

Lynn, R.(2013). Who discovered the Flynn effect? A review of early studies of the secular increase of intelligence. *Intelligence*. Advance online publication. doi:10.1016/j.intell.2013.03.008

Lyons, D.E., Young, A.G., & Keil, F.C.(2007). The hidden structure of overimitation. *Proceedings of the National Academy of*

Sciences, 104(50),19751-19756. doi:10.1073/pnas.0704452104.

Lyubomirsky, **S.**(2008). *The how of happiness*: *A scientific approach to getting the life you want*. New York: Penguin.

Lyubomirsky, **S.**, & **Lepper**, **H.S.**(1999). A measure of subjective happiness: Preliminary reliability and construct validation. *Social Indicators Research, 46*,137-155.

MacDonald, **S.**, **Uesiliana**, **K.**, & **Hayne**, **H.**(2000). Cross-cultural and gender differences in childhood amnesia. *Memory, 8*,365-376.

MacGregor, **J.N.**, **Ormerod**, **T.C.**, & **Chronicle**, **E.P.**(2001). Information processing and insight: A process model of performance on the nine-dot and related problems. *Journal of Experimental Psychology*: *Learning, Memory, and Cognition, 27*,176-201.

Mack, **A.H.**, **Franklin**, **J.E.**, **Jr.**, & **Frances**, **R.J.**(2003). Substance use disorders. In R.E. Hales & S.C. Yudofsky (Eds.), *The American Psychiatric Publishing textbook of clinical psychiatry* (4th ed., pp.309-377). Washington, DC: American Psychiatric Publishing.

Maclean, **P.D.**(1970). The triune brain, emotion, and scientific bias. In F.O. Schmitt (Ed.), *The neurosciences*: *A second study program* (pp.336-349). New York: Rockefeller University Press.

MacLeod, **C.**, & **Mathews**, **A.**(2012). Cognitive bias modification approaches to anxiety. *Annual Review of Clinical Psychology, 8*,189-217.

MacLeod, **M.D.**(2002). Retrieval-induced forgetting in eyewitness memory: Forgetting as a consequence of remembering. *Applied Cognitive Psychology, 16*,135-149.

MacLeod, **M.D.**, & **Saunders**, **J.**(2008). Retrieval inhibition and memory distortion: Negative consequences of an adaptive process. *Current Directions in Psychological Science, 17*,26-30.

Macmillan, **M.**(2000). *An odd kind of fame*: *Stories of Phineas Gage*. Cambridge, MA: MIT Press.

Macmillan, **N.A.**, & **Creelman**, **C.D.**(2005). *Detection theory*. Mahwah, NJ: Erlbaum.

Macrae, **C.N.**, **Bodenhausen**, **G.V.**, **Milne**, **A.B.**, & **Jetten**, **J.**(1994). Out of mind but back in sight: Stereotypes on the rebound. *Journal of Personality and Social Psychology, 67*,808-817.

Macrae, **C.N.**, **Moran**, **J.M.**, **Heatherton**, **T.F.**, **Banfield**, **J.F.**, & **Kelley**, **W.M.**(2004). Medial prefrontal activity predicts memory for self. *Cerebral Cortex, 14*,647-654.

Maddi, **S.R.**, **Harvey**, **R.H.**, **Khoshaba**, **D.M.**, **Fazel**, **M.**, & **Resurreccion**, **N.**(2009). Hardiness training facilitates performance in college. *The Journal of Positive Psychology, 4*,566-577.

Maddi, **S.R.**, **Kahn**, **S.**, & **Maddi**, **K.L.**(1998). The effectiveness of hardiness training. *Consulting Psychology Journal*: *Practice and Research, 50*,78-86.

Maddux, **W.W.**, **Mullen**, **E.**, & **Galinsky**, **A.D.**(2008). Chameleons bake bigger pies and take bigger pieces: Strategic behavioral mimicry facilitates negotiation outcomes. *Journal of Experimental Social Psychology, 44*,461-468.

Madigan, **S.**, **Atkinson**, **L.**, **Laurin**, **K.**, & **Benoit**, **D.**(2013). Attachment and internalizing behavior in early childhood: A meta-analysis. *Developmental Psychology, 49*(4),672-689. doi:10.1037/a0028793

Maes, **M.**(1995). Evidence for an immune response in major depression: A review and hypothesis. *Progress in Neuro-Psychopharmacology and Biological Psychiatry, 19*,11-38.

Maguire, **E.A.**, **Woollett**, **K.**, & **Spiers**, **H.J.**(2006). London taxi drivers and bus drivers: A structural MRI and neuropsychological analysis. *Hippocampus, 16*,1091-1101.

Mahajan, **N.**, **Martinez**, **M.A.**, **Gutierrez**, **N.L.**, **Diesendruck**, **G.**, **Banaji**, **M.R.**, & **Santos**, **L.R.**(2011). The evolution of intergroup bias: Perceptions and attitudes in thesus macaques. *Journal of Personality and Social Psychology, 100*(3),387-405. doi:10.1037/a0022459

Mahon, **B.Z.**, **Anzellotti**, **S.**, **Schwarzbach**, **J.**, **Zampini**, **M.**, & **Caramazza**, **A.**(2009). Category-specific organization in the human brain does not require visual experience. *Neuron, 63*,397-405.

Mahon, **B.Z.**, & **Caramazza**, **A.**(2009), Concepts and categories: A cognitive neuropschological perspective. *Cognitive Neuropsychology, 60*,27-51.

Mahowald, **M.**, & **Schenck**, **C.**(2000). REM sleep parasomnias. In M. Kryger, T. Roth, & W. Dement (Eds.), *Principles and* *practices of sleep medicine* (3rd ed., pp.724-741). Philadelphia: Saunders.

Makris, N., Biederman, J., Monuteaux, M.C., & Seidman, L.J.(2009). Towards conceptualizing a neural systems-based anatomy of attention-deficit/hyperactivity disorder. *Developmental Neuroscience, 31*,36-49.

Maier, S.F., & Watkins, L.R.(1998). Cytokines for psychologists: Implications of bidirectional immune-to-brain communication for understanding behavior, mood, and cognition. *Psychological Review, 105*,83-107.

Maier, S.F., & Watkins, L.R.(2000). The immune system as a sensory system: Implications for psychology. *Current Directions in Psychological Science, 9*,98-102.

Major, B., Mendes, W.B., & Dovidio, J.F.(2013). Intergroup relations and health disparities: A social psychological perspective. *Health Psychology, 32*,514-524.

Makin, J.E., Fried, P.A., & Watkinson, B.(1991). A comparison of active and passive smoking during pregnancy: Long-term effects. *Neurotoxicology and Teratology, 16*,5-12.

Malina, R.M., Bouchard, C., & Beunen, G.(1988). Human growth: Selected aspects of current research on well-nourished children. *Annual Review of Anthropology, 17*,187-219.

Malooly, A.M., Genet, J.J., & Siemer, M.(2013). Individual differences in reappraisal effectiveness: The role of affective flexibility. *Emotion, 13*(2),302-313. doi:10.1037/a0029980

Mampe, B., Friederici, A.D., Christophe, A., & Wermke, K.(2009). Newborns' cry melody is shaped by their native language. *Current Biology, 19*,1-4.

Mandel, D.R., & Lehman, D.R.(1998). Integration of contingency information in judgments of cause, covariation, and probability. *Journal of Experimental Psychology*: General, *127*,269-285.

Mandle, C.L., Jacobs, S.C., Arcari, P.M., & Domar, A.D.(1996). The efficacy of relaxation response interventions with adult patients: A review of the literature. *Journal of Cardiovascular Nursing, 10*,4-26.

Mandler, G.(1967). Organization and memory. In K.W. Spence & J. T. Spence (Eds.), *The psychology of learning and motivation* (Vol.1, pp.327-372). New York: Academic Press.

Mankiw, N.G., & Weinzierl, M.(2010). The optimal taxation of height: A case study of utilitarian mcome redistribution. *American Economic Journal*: Economic Policy, *2*,155-176.

Mann, J.J.(2005). The medical management of depression. *New England Journal of Medicine, 353*,1819-1834.

Mann, J.J., Apter, A., Bertolote, J., Beautrais, A., Currier, D., Haas, A., ... Hendin, H.(2005). Suicide prevention strategies: A systematic review. *Journal of the American Medical Association, 294*(16),2064-2074. doi:10.100l/jama.294.16.2064

Marangell, L.B., Silver, J.M., Goff, D.M., & Yudofsky, S.C.(2003). Psychopharmacology and electroconvulsive therapy. In R.E. Hales & S.C. Yudofsky (Eds.), *The American Psychiatric Publishing textbook of clinical psychiatry* (4th ed., pp.1047-1149). Washington, DC: American Psychiatric Publishing.

March of Dimes.(2010). *Smoking during pregnancy*. Retrieved July 15,2010, from http://www.marchofdimes.com/professionals/14332_1171.asp

Marci, C.D., Ham, J., Moran, E., & Orr, S.P.(2007). Physiologic correlates of perceived therapist empathy and social-emotional process during psychotherapy. *Journal of Nervous and Mental Disease, 195*,103-111.

Marcus, G.(2012, December 3). Neuroscience fiction. *New Yorker*. Retrieved from http://www.newyorker.com/online/blogs/newsdesk/2012/12/what-neuroscicnec-really-teaches-us-and-what-it-doesnt.html

Marcus, G.B.(1986). Stability and change in political attitudes: Observe, recall, and "explain." *Political Behavior*, 8,21-44.

Markus, H.(1977). Self-schemata and processing information about the self. *Journal of Personality and Social Psychology, 35*,63-78.

Marlatt, G.A., & Rohsenow, D.(1980). Cognitive processes in alcohol use: Expectancy and the balanced placebo design. In N.K. Mello (Ed.), *Advances in substance abuse*: Behavioral and biological research (pp.159-199). Greenwich, CT: JAI Press.

Marlatt, G.A., & Witkiewitz, K.(2010). Update on harm reduction policy and intervention research. *Annual Review of Clinical Psychology, 6*,591-606.

Marmot, M.G., Stansfeld, S., Patel, C., North, F., Head, J., White, L., ... Feeney, A.(1991). Health inequalities among British civil servants: The Whitehall II study. *Lancet, 337*,1387-1393.

Marr, D., & Nishihara, H.K.(1978). Representation and recognition of the spatial organization of three-dimensional shapes. *Proceedings of the Royal Society B: Biological Sciences, 200*,269-294.

Marsolek, C.J.(1995). Abstract visual-form representations in the left cerebral hemispheres. *Journal of Experimental Psychology: Human Perception and Performance, 21*,375-386.

Martin, A.(2007). The representation of object concepts in the brain. *Annual Review of Psychology, 58*,25-45.

Martin, A., & Caramazza, A.(2003). Neuropsychological and neuroimaging perspectives on conceptual knowledge: An introduction. *Cognitive Neuropsychology, 20*,195-212.

Martin, A., & Chao, L.L.(2001). Semantic memory and the brain: Structure and processes. *Current Opinion in Neurobiology, 11*,194-201.

Martin, K.D., & Hill, R.P.(2012). Life satisfaction, self-determination, and consumption adequacy at the bottom of the pyramid. *Journal of Consumer Research, 38*,1155-1168.

Martin, N.G., Eaves, L.J., Geath, A.R., Jarding, R., Feingold, L.M., & Eysenck, H.J.(1986). Transmission of social attitudes. *Proceedings of the National Academy of Sciences, USA, 83*,4364-4368.

Martinez, G., Copen, C.E., & Abma, J.C.(2011). Teenagers in the United States. Sexual activity, contraceptive use, and childbearing, 2006-2010: National Survey of Family Growth. *Vital Health Statistics, 23*(31).

Marucha, P.T., Kiecolt-Glaser, J.K., & Favagehi, M.(1998). Mucosal wound healing is impaired by examination stress. *Psychosomatic Medicine, 60*,362-365.

Marzuk, P.M., Tardiff, K., Leon, A.C., Hirsch, C., Portera, L., Iqbal, M.I., ... Hartwell, N.(1998). Ambient temperature and mortality from unintentional cocaine overdose. *Journal of the American Medical Association, 279*,1795-1800.

Maslach, C.(2003). Job burnout: New directions in research and intervention. *Current Directions in Psychological Science, 12*,189-192.

Maslach, C., Schaufeli, W.B., & Leiter, M.P.(2001). Job burnout. *Annual Review of Psychology, 52*,397-422.

Maslow, A.H.(1937). Dominance-feeling, behavior, and status. In R.J. Lowry (Ed.), *Dominance, self-esteem, self-actualization: Germinal papers by A.H. Maslow* (pp.49-70). Monterey, CA: Brooks-Cole.

Maslow, A.H.(1954). *Motivation and personality*. New York: Harper & Row.

Maslow, A.H.(1970). *Motivation and personality* (2nd ed.). New York: Harper & Row.

Mason, M.F., Magee, J.C., Kuwabara, K., & Nind, L.(2010). Specialization in relational reasoning: The efficiency, accuracy, and neural substrates of social versus nonsocial inferences. *Social Psychological and Personality Science, 1*(4),318-326. doi:10.1177/1948550610366166

Mason, M.F., Norton, M.I., Van Horn, J.D., Wegner, D.M., Grafton, S.T., & Macrae, C.N.(2007). Wandering minds: The default network and stimulus-independent thought. *Science, 3154*,393-395.

Masten, A.S.(2004). Family therapy as a treatment for children: A critical review of outcome research. *Family Process, 18*,323-335.

Masters, W.H., & Johnson, V E.(1966). *Human sexual response*. Boston: Little, Brown.

Masuda, T., & Nisbett, R.E.(2006). Culture and change blindness. *Cognitive Science, 30*,381-300.

Mather, M., Canli, T., English, T., Whitfield, S., Wais, P., Ochsner, K., ... Cartensen, L.L.(2004). Amygdala responses to emotionally valenced stimuli in older and younger adults. *Psychological Science, 15*,259-263.

Mather, M., & Carstensen, L.L.(2003). Aging and attentional biases for emotional faces. *Psychological Science, 14*,409-415.

Mather, M., & Carstensen, L.L.(2005). Aging and motivated cognition: The positivity effect in attention and memory. *Trends in Cognitive Sciences, 9*(10),496-502.

Matsuda, O., & Saito, M.(1998). Crystallized and fluid intel-ligence in elderly patients with mild dementia of the Alzheimer type. *International Psychogeriatrics, 10*(2),147-154. doi:10.1017/S1041610298005250

Matsumoto, D., & Willingham, B.(2009). Spontaneous facial expressions of emotion of congenitally and noncongenitally blind individuals. *Journal of Personality and Social Psychology, 96*,1-10.

Mattar, A.A.G., & Gribble, P.L.(2005). Motor learning by observing. *Neuron, 46*,153-160.

Matthews, G., & Gilliland, K.(1999). The personality theories of H.J. Eysenck and J.A. Gray: A comparative review. *Personality and Individual Differences*, *26*,583-626.

Matzel, L.D., Han, Y.R., Grossman, H., Karnik, M.S., Patel, D., Scott, N., ... Gandhi, C.C.(2003). Individual differences in the expression of a general learning ability in mice. *Journal of Neuroscience*, *23*(16),6423-6433.

Maudsley, H.(1886). *Natural causes and supernatural seemings*. London: Kegan Paul, Trench.

Max, A.(2006, September 16). Dutch reach new heights. *USA Today*. Retrieved from http://usatoday30.usatoday.com/news/offbeat/2006-09-16-dutch-tall_x.htm

May, R.(1983). *The discovery of being*: Writings in existential psychology. New York: Norton.

Mayberg, H., Lozano, A., Voon, V., McNeely, H., Seminowicz, D., Hamani, C., ... Kennedy, S.H.(2005). Deep brain stimulation for treatmentresistant depresssion. *Neuron*, *45*,651-660.

Mayer, J.D., Caruso, D.R., & Salovey, P.(1999). Emotional intelligence meets traditional standards for an intelligence. *Intelligence*, *27*,267.

Mayer, J.D., Caruso, D.R., Zigler, E., & Dreyden, J.I.(1989). Intelligence and intelligence-related personality traits. *Intelligence*, *13*(2),119-133. doi:10.1016/0160-2896(89)90011-1

Mayer, J.D., Roberts, R.D., & Barsade, S.G.(2008). Human abilities: Emotional intelligence. *Annual Review of Psychology*, *59*,507-536.

Maynard-Smith, J.(1965). The evolution of alarm calls. *American Naturalist*, *100*,637-650.

McAdams, D.(1993). *The stories we live by*: Personal myths and the making of the self. New York: Morrow.

McCabe, S.E., Knight, J.R., Teter, C.J., & Wechsler, H.(2005). Nonmedical use of prescription stimulants among U.S. college students: Prevalence and correlates from a national survey. *Addiction*, *100*,96-106.

McCauley, J., Ruggiero, K.J., Resnick, H.S., Conoscenti, L.M., & Kilpatrick, D.G.(2009). Forcible, drug-facilitated, and incapacitated rape in relation to substance use problems: Results from a national sample of college women. *Addictive Behaviors*, *34*,458-462.

McClelland, D.C., Atkinson, J.W., Clark, R.A., & Lowell, E.L.(1953). *The achievement motive*. New York: Appleton-Century-Crofts.

McConkey, K.M., Barnier, A.J., & Sheehan, P.W.(1998). Hypnosis and pseudomemory: Understanding the findings and their implications. In S.J. Lynn & K.M. McConkey (Eds.), *Truth in memory* (pp.227-259). New York: Guilford Press.

McCrae, R.R., & Costa, P.T.(1990). *Personality in adulthood*. New York: Guilford Press.

McCrae, R.R., & Costa, P.T.(1999). A five-factor theory of personality In L.A. Pervin & O.P. John (Eds.), *Handbook of personality*: Theory and research (pp.139-153). New York: Guilford Press.

McCrea, S.M., Buxbaum, L.J., & Coslett, H.B.(2006). Illusory conjunctions in simultanagnosia: Coarse coding of visual feature location? *Neuropsychologia*, *44*,1724-1736.

McDougall, W.(1930). The hormic psychology. In C. Murchison (Ed.), *Psychologies of 1930* (pp.3-36). Worcester, MA: Ciark University Press.

McElwain, N.L., Booth-LaForce, C., & Wu, X.(2011). Infant — mother attachment and children's friendship quality: Maternal mental state talk as an intervening mechanism. *Developmental Psychology*, *47*(5),1295-1311. doi:10.1037/a0024094

McEvoy, S.P., Stevenson, M.R., McCartt, A.T., Woodward, M., Haworth, C., Palamara, P., & Circarelli, R.(2005). Role of mobile phones in motor vehicle crashes resulting in hospital attendance: A casecrossover study. *British Medical Journal*, *331*,428-430.

McFall, R.M., & Treat, T.A.(1999). Quantifying the information value of clinical assessments with signal detection theory. *Annual Review of Psychology*, *50*,215-241.

McFarlane, A.H., Norman, G.R., Streiner, D.L., Roy, R., & Scott, D.J.(1980). A longitudinal study of the influence of the psychosocial environment on health status: A preliminary report. *Journal of Health and Social Behavior*, *21*,124-133.

McGarty, C., & Turner, J.C.(1992). The effects of categorization on social judgement. *British Journal of Social Psychology*, *31*,253-268.

McGaugh, J.L.(2000). Memory: A century of consolidation. *Science*, *287*,248-251.

McGaugh, J.L.(2006). Make mild moments memorable: Add a little arousal. *Trends in Cognitive Sciences*, *10*,345-347.

McGowan, P.O., Sasaki, A., D'Alessio, A.D., Dymov, S., Labonté, B., Szyf, M., ... Meaney, M.J.(2009). Epigenetic regulation of the glucocorticoid receptor in human brain associates with childhood abuse. *Nature Neuroscience*, *12*,342-348.

McGowan, P.O., Suderman, M., Sasaki, A., Huang, T.C.T., Hallett, M., Meaney, J.J., & Szyf, M.(2011). Broad epigenetic signature of maternal care in the brain of adult rats. *PLoS One*, *6*(2), e14739. doi:10.1371/journal.pone.0014739

McGrath, J., Saha, S., Chant, D., & Welham, J.(2008). Schizophrenia: A concise overview of incidence, prevalence, and mortality. *Epidemiologic Reviews*, *30*,67-76.

McGue, M., & Bouchard, T.J.(1998). Genetic and environmental influences on human behavioral differences. *Annual Review of Neuroscience*, *21*,1-24.

McGuire, P.K., Sbah, G.M., & Murray, R.M.(1993). Increased blood flow in Broca's area during auditory hallucinations in schizophrenia. *Lancet*, *342*,703-706.

McIntyre, S.H., & Munson, J.M.(2008). Exploring cramming: Student behaviors, beliefs, and learning retention in the principles of marketing course. *Journal of Marketing Education*, *30*,226-243.

McKee, A.C., Cantu, R.C., Nowinski, C.J., Hedley-Whyte, E.T., Gavett, B.E., Budson, A.E., ... Stern, R.A.(2009). Chronic traumatic encephalopathy in athletes: Progressive tauopathy after repetitive head injury. *Journal of Neuropathology and Experimental Neurology*, *68*,709-735.

McKee, A.C., Stein, T.D., Nowinski, C.J., Stern, R.A., Daneshvar, D.H., Alvarez, V E., ... Cantu, R.(2012). The spectrum of disease in chronic traumatic encephalopathy. *Brain*, *136*(1),43-64. doi:10.1093/brain/aws307

McKetin, R., Ward, P.B., Catts, S.V., Mattick, R.P., & Bell, J.R.(1999). Changes in auditory selective attention and event-related potentials following oral administration of D-amphetamine in humans. *Neuropsychopharmacology*, *21*,380-390.

McKinney, C.H., Antoni, M.H., Kumar, M., Tims, F.C., & McCabe, P.M.(1997). Effects of guided imagery and music (GIM) therapy on mood and cortisol in healthy adults. *Health Psychology*, *16*,390-400.

McLaughlin, K.A., Nandi, A., Keyes, K.M., Uddin, M., Aiello, A.E., Galea, S., & Koenen, K.C.(2012). Home foreclosure and risk of psychiatric morbidity during the recent financial crisis. *Psychological Medicine*, *42*,1441-1448.

McLean, K.C.(2008). The emergence of narrative identity. *Social and Personality Psychology Compass*, *2*(4),1685-1702.

McNally, R.J.(2003). *Remembering trauma*. Cambridge, MA: Belknap Press of Harvard University Press.

McNally, R.J., & Clancy, S.A.(2005). Sleep paralysis, sexual abuse, and space alien abduction. *Transcultural Psychiatry*, *42*,113-122.

McNally, R.J., & Geraerts, E.(2009). A new solution to the recovered memory debate. *Perspective on Psychological Science*, *4*,126-134.

McNally, R.J., & Steketee, G.S.(1985). Etiology and maintenance of severe animal phobias. *Behavioral Research and Therapy*, *23*,431-435.

McNeilly, A.S., Robinson, I.C., Houston, M.J., & Howie, P.W.(1983). Release of oxytocin and prolactin in response to suckling. *British Medical Journal*, *286*,257-259.

McRae, C., Cherin, E., Yamazaki, G., Diem, G., Vo, A.H., Russell, D., ... Freed, C.R.(2004). Effects of perceived treatment on quality of life and medical outcomes in a double-blind placebo surgery trial. *Archives of General Psychiatry*, *61*,412-420.

McWilliams, P.(1993). *Ain't nobody's business if you do: The absurdity of consensual crimes in a free society*. Los Angeles: Prelude Press.

Mead, G.H.(1934). *Mind, self, and society*. Chicago: University of Chicago Press.

Mead, M.(1968). *Sex and temperament in three primitive societies*. New York: Dell. (Original work published 1935)

Meaney, M.J., & Ferguson-Smith, A.C.(2010). Epigenetic regulation of the neural transcriptome: The meaning of the marks. *Nature Neuroscience*, *13*,1313-1318.

Mechelli, A., Crinion, J.T., Noppeney, U., O'Doherty, J., Ashburner, J., Frackowiak, R.S., & Price, C.J.(2004). Neurolinguistics: Structural plasticity in the bilingual brain. *Nature*, *431*,757.

Medin, D.L., & Schaffer, M.M.(1978). Context theory of classification learning. *Psychological Review*, *85*,207-238.

Medvec, V.H., Madey, S.F., & Gilovich, T.(1995). When less is more: Counterfactual thinking and satisfaction among Olympic medalists. *Journal of Personality and Social Psychology*, *69*,603-610.

Meeren, H.K.M., van Heijnsbergen, C.C.R.J., & de Gelder, B.(2005). Rapid perceptual integration of facial expression and emotional body language. *Proceedings of the National Academy of Sciences, USA*, *102*(45),16518-16523.

Mehl, M.R., Vazire, S., Ramirez-Esparza, N., Slatcher, R. B,, & Pennebaker, J.W.(2009). Are women really more talkative than men? *Science*, *317*,82.

Meindl, J.N., & Casey, L.B.(2012). Increasing the suppressive effect of delayed punishers: A review of basic and applied literature. *Behavioral Interventions*, *27*,129-150.

Meins, E.(2003). Emotional development and attachment relationships. In A. Slater & G. Bremner (Eds.), *An introduction to developmental psychology* (pp.141-164). Malden, MA: Blackwell.

Meins, E., Fernyhough, C., Fradley, E., & Tuckey, M.(2001). Rethinking maternal sensitivity: Mothers' comments on infants' mental processes predict security of attachment at 12 months. *Journal of Child Psychology & Psychiatry & Allied Disciplines*, *42*,637-648.

Meisel, S.R., Dayan, K I., Pauzner, H., Chetboun, I., Arbel, Y., & David, D.(1991). Effect of Iraqi missile war on incidence of acute myocardial infarction and sudden death in Israeli citizens. *Lancet*, *338*,660-661.

Mekel-Bobrov, N., Gilbert, S.L., Evans, P.D., Vallender, E.J., Anderson, J.R., Hudson, R.R., ... Lahn, B.T.(2005). Ongoing adaptive evolution of ASPM, a brain size determinant in *Homo sapiens*. *Science*, *309*,1720-1722.

Melander, E.(2005). Gender equality and intrastate armed conflict. *International Studies Quarterly*, *49*(4),695-714. doi:10.1111/j.14682478.2005.00384.x

Mellon, R.C.(2009). Superstitious perception: Response-independent reinforcement and punishment as determinants of recurring eccentric interpretations. *Behaviour Research and Therapy*, *47*,868-875.

Meltzer, H.Y.(2013). Update on typical and atypical antipsychotic drugs. *Annual Review of Medicine*, *64*,393-406.

Meltzoff, A.N.(1995). Understanding the intentions of others: Reenactment of intended acts by 18-month-old children. *Developmental Psychology*, *31*,838-850.

Meltzoff, A.N.(2007). "Like me": A foundation for social cognition. *Developmental Science*, *10*(1),126-134. doi:10.1111/j.1467-7687.2007.00574x

Meltzoff, A.N., Kuhl, P.K., Movellan, J., & Sejnowski, T.J.(2009). Foundations for a new science of learning. *Science*, *325*,284-288.

Meltzoff, A.N., & Moore, M.K.(1977). Imitation of facial and manual gestures by human neonates. *Science*, *198*,75-78.

Melzack, R., & Wall, P.D.(1965). Pain mechanisms: A new theory. *Science*, *150*,971-979.

Mendes, W.B., Blascovich, J., Hunter, S.B., Lickel, B., & Jost, J.T.(2007). Threatened by the unexpected: Physiological responses during social interactions with expectancy-violating partners. *Journal of Personality and Social Psychology*, *92*,698-716.

Mendes, W.B., Blascovich, J., Lickel, B., & Hunter, S.(2002). Challenge and threat during social interaction with White and Black men. *Personality & Social Psychology Bulletin*, *28*,939-952.

Mendle, J., Harden, K.P., Brooks-Gunn, J., & Graber, J.A.(2010). Development's tortoise and hare: Pubertal timing, pubertal tempo, and depressive symptoms in boys and girls. *Developmental Psychology*, *46*(5),1341-1353. doi:10.1037/a0020205

Mendle, J., Turkheimer, E., & Emery, R.E.(2007). Detrimental psychological outcomes associated with early pubertal timing in adolescent girls. *Developmental Review*, *27*,151-171.

Mennella, J.A., Johnson, A., & Beauchamp, G.K.(1995). Garlic ingestion by pregnant women alters the odor of amniotic fluid. *Chemical Senses*, *20*,207-209.

Merikangas, K.R., Wicki, W., & Angst, J.(1994). Heterogeneity of depression: Classification of depressive subtype by longitudinal course. *British Journal of Psychiatry*, *164*,342-348.

Mervis, C.B., & Bertrand, J.(1994). Acquisition of the "Novel Name" Nameless Category (N3C) principle. *Child Development*, *65*,1646-1662.

Merzenich, M.M., Recanzone, G.H., Jenkins, W.M., & Grajski, K.A.(1990). Adaptive mechanisms in cortical networks underlying cortical contributions to learning and nondeclarative memory. *Cold Spring Harbor Symposia on Quantitative Biology*, 55,873-887.

Messick, D.M., & Cook, K.S.(1983). *Equity theory: Psychological and sociological perspectives*. New York: Praeger.

Meston, C.M., & Buss, D.M.(2007). Why humans have sex. *Archives of Sexual Behavior*, 36,477-507.

Mestre, J.M., Guil, R., Lopes, P.N., Salovey, P., & Gil-Olarte, P.(2006). Emotional intelligence and social and academic adaptation to school. *Psicothema*, 18,112.

Mestry, N., Donnelly, N., Meneer, T., & McCarthy, R.A.(2012). Discriminating Thatcherised from typical faces in a case of prosopagnosia. *Neuropsychologia*, 50,3410-3418.

Metcalfe, J.(2009). Metacognitive judgments and control of study. *Current Directions in Psychological Science*, 18,159-163.

Metcalfe, J., & Finn, B.(2008). Evidence that judgments of learning are causally related to study choice. *Psychonomic Bulletin & Review*, 15,174-179.

Metcalfe, J., & Wiebe, D.(1987). Intuition in insight and noninsight problem solving. *Memory & Cognition*, 15,238-246.

Methven, L., Allen, V.J., Withers, G.A., & Gosney, M.A.(2012). Ageing and taste. *Proceedings of the Nutrition Society*, 71,556-565.

Meyer-Bahlberg, H.F.L., Ehrhardt, A.A., Rosen, L.R., & Gruen, R.S.(1995). Prenatal estrogens and the development of homosexual orientation. *Developmental Psychology*, 31,12-21.

Michaela, R., Florian, S., Gert, G.W., & Ulman, L.(2009). Seeking pleasure and seeking pain: Differences in prohedonic and contrahedonic motivation from adolescence to old age. *Psychological Science*, 20(12),1529-1535.

Michelson, D., Pollack, M., Lydiard, R.D., Tamura, R., Tepner, R., & Tollefson, G.(1999). Continuing treatment of panic disorder after acute responses: Randomized, placebo-controlled trail with fluoxetine. The Fluoxitine Panic Disorder Study Group. *British Journal of Psychiatry*, 174,213-218.

Mikels, J.A., Maglio, S.J., Reed, A.E., & Kaplowitz, L.J.(2011). Should I go with my gut? Investigating the benefits of emotion-focused decision making. *Emotion*, 11(4),743-753.

Miklowitz, D.J., & Johnson, S.L.(2006). The psychopathology and treatment of bipolar disorder. *Annual Review of Clinical Psychology*, 2,199-235.

Milgram, S.(1963). Behavioral study of obedience. *Journal of Abnormal and Social Psychology*, 67,371-378.

Milgram, S.(1974). *Obedience to authority*. New York: Harper & Row.

Milgram, S., Bickman, L., & Berkowitz, O.(1969). Note on the drawing power of crowds of different size. *Journal of Personality and Social Psychology*, 13,79-82.

Miller, A.J.(1986). *The obedience experiments: A case study of controversy in social science*. New York: Praeger.

Miller, C., Seckel, E., & Ramachandran, V.S.(2012). Using mirror box therapy to treat phatom pain in Haitian earthquake victims. *Journal of Vision*, 12, article 1323. doi:10.1167/12.9.1323

Miller, D.T., & Prentice, D.A.(1996). The construction of social norms and standards. In E.T. Higgins & A.W. Kruglanski (Ed.), *Social psychology: Handbook of basic principles* (pp.799-829). New York: Guilford Press.

Miller, D.T., & Ratner, R.K.(1998). The disparity between the actual and assumed power of self-interest. *Journal of Personality and Social Psychology*, 74,53-62.

Miller, D.T., & Ross, M.(1975). Self-serving biases in the attribution of causality: Fact or fiction? *Psychological Bulletin*, 82,213-225.

Miller, G.A.(1956). The magical number seven, plus or minus two: Some limits on our capacity for processing information. *Psychological Review*, 63,81-96.

Miller, K.F., Smith, C.M., & Zhu, J.(1995). Preschool origins of cross-national differences in mathematical competence: The role of number-naming systems. *Psychological Science*, 6,56-60.

Miller, N.E.(1960). Motivational effects of brain stimulation and drugs. *Federation Proceedings*, 19,846-854.

Miller, T.W. (Ed.).(1996). *Theory and assessment of stressful life events*. Madison, CT: International Universities Press.

Miller, W.R., & Rollnick, S.(2012). *Motivational interviewing: Helping people change* (3rd ed.). New York: Guilford Press.

Mills, P.J., & Dimsdale, J.E.(1991). Cardiovascular reactivity to psychosocial stressors. A review of the effects of beta-blockade. *Psychosomatics, 32*,209-220.

Milne, E., & Grafman, J.(2001). Ventromedial prefrontal cortex lesions in humans eliminate implicit gender stereotyping. *Journal of Neuroscience, 21*,1-6.

Milner, A.D., & Goodale, M.A.(1995). *The visual brain in action*. Oxford, England: Oxford University Press.

Milner, B.(1962). Laterality effects in audition. In V.B. Mountcastle (Ed.), *Interhemispheric relations and cerebral dominance* (pp.177-195). Baltimore: Johns Hopkins University Press.

Mineka, S., & Cook, M.(1988). Social learning and the acquisition of snake fear in monkeys. In T. Zentall & B.G. Galef, Jr. (Eds.), *Social learning* (pp.51-73). Hillsdale, NJ: Erlbaum.

Mineka, S., & Ohman, A.(2002). Born to fear: Non-associative vs. associative factors in the etiology of phobia. *Behaviour Research and Therapy, 40*,173-184.

Mingroni, M.A.(2007). Resolving the IQ paradox: Heterosis as a cause of the Flynn effect and other trends. *Psychological Review, 114*,806-829.

Minson, J.A., & Mueller, J.S.(2012). The cost of collaboration: Why joint decision making exacerbates rejection of outside information. *Psychological Science, 23*(3),219-224. doi:10.1177/0956797611429132

Minsky, M.(1986). *The society of mind*. New York: Simon & Schuster.

Miranda, J., Bernal, G., Lau, A., Kihn, L., Hwang, W.C., & LaFramboise, T.(2005). State of the science on psychological interventions for ethnic minorities. *Annual Review of Clinical Psychology, 1*,113-142.

Mischel, W.(1968). *Personality and assessment*. New York: Wiley.

Mischel, W.(2004). Toward an integrative science of the person. *Annual Review of Psychology, 55*,1-22.

Mischel, W., Ayduk, O., Baumeister, R.F., & Vohs, K.D.(2004). Willpower in a cognitive-affective processing system: The dynamics of delay of gratification. In *Handbook of self-regulation: Research, theory, and applications* (pp.99-129). New York: Guilford Press.

Mischel, W., & Shoda, Y.(1999). Integrating dispositions and processing dynamics within a unified theory of personality: The cognitiveaffective personality system. In L.A. Pervin & O.P. John (Eds.), *Handbook of personality: Theory and research*. New York: Guilford Press.

Mischel, W., Shoda, Y., & Rodriguez, M.L.(1989). Delay of gratification in children. *Science, 244*,933-938.

Mishra, A., & Mishra, H.(2010). Border bias: The belief that state borders can protect against disasters. *Psychological Science, 21*(11),1582-1586. doi:10.1177/0956797610385950

Mita, T.H., Dermer, M., & Knight, J.(1977). Reversed facial images and the mere-exposure hypothesis. *Journal of Personality and Social Psychology, 35*,597-601.

Mitchell, J.P.(2006). Mentalizing and Marr: An information processing approach to the study of social cognition. *Brain Research, 1079*,66-75.

Mitchell, J.P., Heatherton, T.F., & Macrae, C.N.(2002). Distinct neural systems subserve person and object knowledge. *Proceedings of the National Academy of Sciences, USA, 99*,15238-15243.

Mitchell, K.J., & Johnson, M.K.(2009). Source monitoring 15 years later: What have we learned from fMRI about the neural mechanisms of source memory? *Psychological Bulletin, 135*,638-677.

Miura, I.T., Okamoto, Y., Kim, C.C., & Chang, C.M.(1994). Comparisons of children's cognitive representation of number: China, France, Japan, Korea, Sweden and the United States. *International Journal of Behavioral Development, 17*,401-411.

Moffitt, T.E.(1993). Adolescence-limited and life-course-persistent antisocial behavior: A developmental taxonomy. *Psychological Review, 100*,674-701.

Moffitt, T.E.(2005). Genetic and environmental influences on antisocial behaviors: Evidence from behavioral-genetic research. *Advances in Genetics, 55*,41-104.

Moghaddam, B., & Bunney, B.S.(1989). Differential effect of cocaine on extracellular dopamine levels in rat medial prefrontal cortex and nucleus accumbens: Comparison to amphetamine. *Synapse, 4*,156-161.

Mojtabai, R., Olfson, M., Sampson, N.A., Jin, R., Druss, B., Wang, P.S., ... Kessler, R.C.(2011). Barriers to mental health treatment: Results from the National Comorbidity Survey replication. *Psychological Medicine, 41*(8),1751-1761.

Molden, D., Lee, A.Y., & Higgins, E.T.(2009). Motivations for promotion and prevention. In J. Shah & W. Gardner (Eds.), *Handbook of motivation science* (pp.169-187). New York: Guilford Press.

Monahan, J.(1992). Mental disorder and violent behavior: Perceptions and evidence. *American Psychologist, 47*,511-521.

Monahan, J.L., Murphy, S.T., & Zajonc, R.B.(2000). Subliminal mere exposure: Specific, general, and diffuse effects. *Psychological Science, 11*,462-466.

Moncrieff, J.(2009). A critique of the dopamine hypothesis of schizophrenia and psychosis. *Harvard Review of Psychiatry, 17*,214-225.

Montague, C.T., Farooqi, I.S., Whitehead, J.P., Soos, M.A., Rau, H., Wareham, N.J., ... O'Rahilly, S.(1997). Congenital leptin deficiency is associated with severe early-onset obesity in humans. *Nature, 387*(6636),903-908.

Monti, M.M.(2012). Cognition in the vegetative state. *Annual Review of Clinical Psychology, 8*,431-454.

Monti, M.M., Coleman, M.R., & Owen, A.M.(2009). Neuroimaging and the vegetative state: Resolving the behavioral assessment dilemma? *Annals of the New York Academy of Sciences, 1157*,81-89.

Monti, M.M., Vanhaudenhuyse, A., Coleman, M.R., Boly, M., Pickard, J.D., Tshibanda, L., ... Laureys, S.(2010). Willful modulation of brain activity in disorders of consciousness. *New England Journal of Medicine, 362*,579-589.

Mook, D.G.(1983). In defense of external invalidity. *American Psychologist, 38*,379-387.

Moon, S.M., & Illingworth, A.J.(2005). Exploring the dynamic nature of procrastination: A latent growth curve analysis of academic procrastination. *Personality and Individual Differences, 38*,297-309.

Moore, D.W.(2003). *Public lukewarm on animal rights*. Retrieved June 22,2010, from http://www.gallup.com/poll/8461/publiclukewarm-animal-rights.aspx

Moore, E.G.J.(1986). Family socialization and the IQ test performance of traditionally and transracially adopted Black children. *Developmental Psychology, 22*,317-326.

Moore, K.L.(1977). *The developing human* (2nd ed.). Philadelphia: Saunders.

Moore, L.(2012, August 31). American's future has to be multilingual. *The Washington Diplomat*. Retrieved from http://www.washdiplomat.com/index.php?option=com_content&view=article&id=8549:op-ed-americans-future-has-to-be-multilingual&catid=1492:september-2012&Itemid=504

Moran, P., Klinteberg, B.A., Batty, G.D., & Vågerö, D.(2009). Brief report: Childhood intelligence predicts hospitalization with personality disorder in adulthood: Eveidence from a population-based study in Sweden. *Journal of Personality Disorders, 23*(5),535-540. doi:10.1521/pedi.2009.23.5.535

Moray, N.(1959). Attention in dichotic listening: Affective cues and the influence of instructions. *Quarterly Journal of Experimental Psychology, 11*,56-60.

Moreno, S., Marques, C., Santos, A., Santos, M., Castro, S.L., & Besson, M.(2009). Musical training influences linguistic abilities in 8-year-old children: More evidence for brain plasticity. *Cerebral Cortex, 19*,712-723.

Morewedge, C.K., & Norton, M.I.(2009). When dreaming is believing: The (motivated) interpretation of dreams. *Journal of Personality and Social Psychology, 96*,249-264.

Morgan, H.(1990). Dostoevsky's epilepsy: A case report and comparison. *Surgical Neurology, 33*,413-416.

Morgenstern, J., Labouvie, E., McCrady, B.S., Kahler, C.W., & Frey, R.M.(1997). Affiliation with Alcoholics Anonymous after treatment: A study of its therapeutic effects and mechanisms of action. *Journal of Consulting and Clinical Psychology, 65*,768-777.

Morin, A.(2002). Right hemisphere self-awareness: A critical assessment. *Consciousness & Cognition, 11*,396-401.

Morin, A.(2006). Levels of consciousness and self-awareness: A comparison of various neurocognitive views. *Consciousness & Cognition, 15*,358-371.

Morin, C.M., Bélanger, L., LeBlanc, M., Ivers, H., Savard, J., Espie, C.A., ... Grégoire, J.P.(2009). The natural history of insomnia: A population-based 3-year longitudinal study. *Archives of Internal Medicine*, *169*,447-453.

Morris, **C.D.**, **Bransford**, **J.D.**, & **Franks**, **J.J.**(1977). Levels of processing versus transfer-appropriate processing. *Journal of Verbal Learning and Verbal Behavior*, *16*,519-533.

Morris, **R.G.**, **Anderson**, **E.**, **Lynch**, **G.S.**, & **Baudry**, **M.**(1986). Selective impairment of learning and blockade of long-term potentiation by an *N-methyl-D-aspartate receptor antagonist, AP5. Nature*, *319*,774-776.

Morris, **T.L.**(2001). Social phobia. In M.W. Vasey & M.R. Dadds (Eds.), *The developmental psychopathology of anxiety* (pp.435-458). New York: Oxford University Press.

Morrow, **D.**, **Leirer**, **V.**, **Altiteri**, **P.**, & **Fitzsimmons**, **C.**(1994). When expertise reduces age differences in performance. *Psychology and Aging*, *9*,134-148.

Moruzzi, **G.**, & **Magoun**, **H.W.**(1949). Brain stem reticular formation and activation of the EEG. *Electroencephalography and Clinical Neurophysiology*, *1*,455-473.

Moscovitch, **M.**(1994). Memory and working-with-memory: Evaluation of a component process model and comparisons with other models. In D.L. Schacter & E. Tulving (Eds.), *Memory systems 1994* (pp.269-310). Cambridge, MA: MIT Press.

Moscovitch, **M.**, **Nadel**, **L.**, **Winocur**, **G.**, **Gilboa**, **A.**, & **Rosenbaum**, **R.S.**(2006). The cognitive neuroscience of remote episodic, semantic and spatial memory. *Current Opinion in Neurobiology*, *16*,179-190.

Moss, **D.**, **McGrady**, **A.**, **Davies**, **T.**, & **Wickramasekera**, **I.(Eds.)**.(2002). *Handbook of mind-body medicine for primary care*. Newbury Park, CA: Sage.

Motley, **M.T.**, & **Baars**, **B.J.**(1979). Effects of cognitive set upon laboratory induced verbal (Freudian) slips. *Journal of Speech & Hearing Research*, *22*,421-432.

Moulin, **C**, **J.A.**, **Conway**, **M.A.**, **Thompson**, **R.G.**, **James**, **N.**, & **Jones**, **R.W.**(2005). Disordered memory awareness: Recollective confabulation in two cases of persistent déià vecu. *Neuropsychologia*, *43*,1362-1378.

Moura, **A.C.A. de**, & **Lee**, **P.C.**(2004). Capuchin stone tool use in Caatinga dry forest. *Science*, *306*,1909.

Mroczek, **D. K**, & **Spiro**, **A.**(2005). Change in life satisfaction during adulthood: Findings from the Veterans Affairs Normative Aging Study. *Journal of Personality and Social Psychology*, *88*,189.

Muehlenkamp, **J.J.**, **Claes**, **L.**, **Havertape**, **L.**, & **Plener**, **P.L.**(2012). International prevalence of adolescent non-suicidal self-injury and deliberate self-harm. *Child and Adolescent Psychiatry and Mental Health*, *6*(10). doi:10.1156/1753-2000-6-10

Mueller, **T.E.**, **Gavin**, **L.E.**, & **Kulkarni**, **A.**(2008). The association between sex education and youth's engagement in sexual intercourse, age at first intercourse, and birth control use at first sex. *The Journal of Adolescent Health*, *42*(1),89-96.

Mueller, **T, I.**, **Leon**, **A.C.**, **Keller**, **M, B.**, **Solomon**, **D.A.**, **Endicott**, **J.**, **Coryell**, **W.**, ... **Maser**, **J.D.**(1999). Recurrence after recovery from major depressive disorder during 15 years of observational followup. *American Journal of Psychiatry*, *156*,1000-1006.

Muenter, **M.D.**, & **Tyce**, **G.M.**(1971). L-dopa therapy of Parkinson's disease: Plasma L-dopa concentration, therapeutic response, and side effects. *Mayo Clinic Proceedings*, *46*,231-239.

Mullen, **M.K.**(1994). Earliest recollections of childhood: A demographic analysis. *Cognition*, *52*,55-79.

Muller, **M.N.**, & **Wrangham**, **R.W.**(2004). Dominance, aggression and testosterone in wild chimpanzees: A test of the "challenge hypothesis." *Animal Behaviour*, *67*,113-123.

Munsey, **C.**(2008, February). Prescriptive authority in the states. *Monitor on Psychology*, *39*,60.

Murphy, **N.A.**, **Hall**, **J.A.**, & **Colvin**, **C, R.**(2003). Accurate intelligence assessments in social interactions: Mediators and gender effects. *Journal of Personality*, *71*,465-493.

Murray, **C.**(2002). *IQ and income inequality in a sample of sibling pairs from advantaged family backgrounds*. Paper presented at the 114th Annual Meeting of the American Economic Association.

Murray, **C.J.**, & **Lopez**, **A.D.**(1996a). Evidence-based health policy — Lessons from the Global Burden of Disease study. *Science*, *274*,740-743.

Murray, **C.J.L.**, & **Lopez**, **A.D.**(1996b). *The Global Burden of Disease: A comprehensive assessment of mortality and disability from diseases, injuries, and risk factors in 1990 and projected to 2020*. Cambridge, MA: Harvard University Press.

Murray, H.A.(1943). *Thematic Apperception Test manual*. Cambridge, MA: Harvard University Press.

Murray, H.A., & Kluckhohn, C.(1953). Outline of a conception of personality. In C. Kluckhohn, H.A. Murray, & D.M. Schneider (Eds.), *Personality in nature, society, and culture* (2nd ed., pp.3-52). New York: Knopf.

Myers, D.G., & Diener, E.(1995). Who is happy? *Psychological Science, 6*,10-19.

Myers, D.G., & Lamm, H.(1975). The polarizing effect of group discussion. *American Scientist, 63*(3),297-303.

Myles, P.S., Leslie, K., McNell, J., Forbes, A., & Chan, M.T.V.(2004). Bispectral index monitoring to prevent awareness during anaesthesia: The B-Aware randomized controlled trial. *Lancet, 363*,1757-1763.

Nadasdy, A.(1995). Phonetics, phonology, and applied linguistics. *Annual Review of Applied Linguistics, 15*,68-77.

Nader, K., & Hardt, O.(2009). A single standard for memory: The case of reconsolidation. *Nature Reviews Neuroscience, 10*,224-234.

Nader, K., Shafe, G., & LeDoux, J.E.(2000). Fear memories require protein synthesis in the amygdala for reconsolidation after retrieval. *Nature, 406*,722-726.

Nagasako, E.M., Oaklander, A.L., & Dworkin, R.H.(2003). Congenital insensitivity to pain: An update. *Pain, 101*,213-219.

Nagell, K., Olguin, R, S., & Tomasello, M.(1993). Processes of social learning in the tool use of chimpanzees *(Pan troglodytes) and human children (Homo sapiens). Journal of Comparative Psychology, 107*,174-186.

Nahemow, L., & Lawton, M.P.(1975). Similarity and propinquity in friendship formation. *Journal of Personality and Social Psychology, 32*,205-213.

Nairne, J.S., & Pandeirada, J. N, S.(2008). Adaptive memory: Remembering with a stone age brain. *Current Directions in Psychological Science, 17*,239-243.

Nairne, J.S., Pandeirada, J. N, S., & Thompson, S.R.(2008). Adaptive memory: The comparative value of survival processing. *Psychological Science, 19*,176-180.

Nairne, J.S., Thompson, S.R., & Pandeirada, J.N.S.(2007). Adaptive memory: Survival processing enhances retention. *Journal of Experimental Psychology*: *Learning, Memory, and Cognition, 33*,263-273.

Nakazato, M., Murakami, N., Date, Y., Kojima, M., Matsuo, H., Kangawa, K., & Matsukura, S.(2001). A role for ghrelin in the central regulation of feeding. *Nature, 409*,194-198.

Naqvi, N., Shiv, B., & Bechara, A.(2006). The role of emotion in decision making: A cognitive neuroscience perspective. *Current Directions in Psychological Science, 15*,260-264.

Nathan, P.E., & Gorman, J.M.(2007). *A guide to treatments that work* (3rd ed.). New York: Oxford University Press.

Nathanson, C., Paulhus, D.L., & Williams, K.M.(2006). Personality and misconduct correlates of body modification and other cultural deviance markers. *Journal of Research in Personality, 40*,779-802.

National Center for Health Statistics.(2004). *Health, United States, 2004* (with chartbook on trends in the health of Americans). Hyattsville, MD: Author.

National Center for Health Statistics.(2012). *Health, United States, 2011* (with special feature on socioeconomic status and health). Hyattsville, MD: Author.

National Research Council.(2003). *The polygraph and lie detection*. Washington, DC: National Academies Press.

Naumann, L.P., Vazire, S., Rentfrow, P.J., & Gosling, S.D.(2009). Personality judgments based on physical appearance. *Personality & Social Psychology Bulletin, 35*,1661-1671.

Neihart, M.(1999). The impact of giftedness on psychological wellbeing: What does the empirical literature say? *Roeper Review, 22*(1),10.

Neimark, J.(2004, July/August). The power of coincidence. *Psychology Today*, pp.47-52.

Neimeyer, R.A., & Mitchell, K.A.(1988). Simidarity and attraction: A longitudinal study. *Journal of Social and Personal Relationships, 5*,131-148.

Neisser, U.(1967). *Cognitive psychology*. New York: Appleton-Century-Crofts.

Neisser, U. (Ed.).(1998). *The rising curve*: *Long-term gains in IQ and related measures*. Washington, DC: American Psychological Association.

Neisser, U., Boodoo, G., Bouchard, T.J., Jr., Boykin, A.W., Brody, N., Ceci, S.J., ... Loehlin, J.C.(1996). Intelligence: Knowns and unknowns. *American Psychologist, 51*,77-101.

Neisser, U., & Harsch, N.(1992). Phantom flashbulbs: False recollections of hearing the news about Challenger. In E. Winograd & U. Neisser (Eds.), *Affect and accuracy in recall*: Studies of "flashbulb memories" (pp.9-31). Cambridge, England: Cambridge University Press.

Nelson, C.A., Zeanah, C.H., Fox, N.A., Marshall, P.J., Smyke, A.T., & Guthrie, D.(2007). Cognitive recovery in socially deprived young children: The Bucharest early intervention project. *Science, 318*,1937-1940.

Nemeth, C., & Chiles, C.(1988). Modelling courage: The role of dissent in fostering independence. *European Journal of Social Psychology, 18*,275-280.

Neuberg, S.L., Kenrick, D.T., & Schaller, M.(2010). Evolutionary social psychology. In S.T. Fiske, D.T. Gilbert, & G. Lindzey (Eds.), *The handbook of social psychology* (5th ed., Vol.2, pp.761-796). New York: Wiley.

Neugebauer, R., Hoek, H.W., & Susser, E.(1999). Prenatal exposure to wartime famine and development of antisocial personality in early adulthood. *Journal of the American Medical Association, 282*,455-462.

Newbold, R.R., Padilla-Banks, E., Snyder, R.J., & Jefferson, W.N.(2005). Developmental exposure to estrogenic compounds and obesity. *Birth Defects Research Part A*: Clinical and Molecular Teratology, 73,478-480.

Newell, A., Shaw, J.C., & Simon, H.A.(1958). Elements of a theory of human problem solving. *Psychological Review, 65*,151-166.

Newman, A.J., Bavelier, D., Corina, D., Jezzard, P., & Neville, H.J.(2002). A critical period for right hemisphere recruitment in American Sign Language processing. *Nature Neuroscience, 5*,76-80.

Newman, J.P., Wolff, W.T., & Hearst, E.(1980). The feature-positive effect in adult human subjects. *Journal of Experimental Psychology*: Human Learning and Memory, 6,630-650.

Newman, M.G., & Stone, A.A.(1996). Does humor moderate the effects of experimentally induced stress? *Annals of Behavioral Medicine, 18*,101-109.

Newschaffer, C.J., Croen, L.A., Daniels, J., Giarelli, E., Grether, J.K., Levy, S.E., ... Windham, G.C.(2007). The epidemiology of autism spectrum disorders. *Annual Review of Public Health, 28*,235-258.

Newsome, W.T., & Paré, E.B.(1988). A selective impairment of motion perception following lesions of the middle temporal visual area (MT). *Journal of Neuroscience, 8*,2201-2211.

Neylan, T.C., Metzler, T.J., Best, S.R., Weiss, D, S., Fagan, J.A., Libermans, A., ... Marmar, C.R.(2002). Critical incident exposure and sleep quality in police officers. *Psychosomatic Medicine, 64*,345-352.

Niaura, R., Todaro, J.F., Stroud, L., Spiro, A. III, Ward, K.D., & Weiss, S.(2002). Hostility, the metabolic syndrome, and incident coronary heart disease. *Health Psychology, 21*,588-593.

Nicoladis, E., & Genesee, F.(1997). Language development in preschool bilingual children. *Journal of Speech-Language Pathology & Audiology, 21*,258-270.

Niedenthal, P.M., Barsalou, L.W., Winkielman, P., Krauth-Gruber, S., & Ric, F.(2005). Embodiment in attitudes, social perception, and emotion. *Personality and Social Psychology Review, 9*(3),184-211.

Nikles, C.D., II, Brecht, D.L., Klinger, E., & Bursell, A.L.(1998). The effects of current concern-and nonconcern-related waking suggestions on nocturnal dream content. *Journal of Personality and Social Psychology, 75*,242-255.

Nikula, R., Klinger, E., & Larson-Gutman, M.K.(1993). Current concerns and electrodermal reactivity: Responses to words and thoughts. *Journal of Personality, 61*,63-84.

Nir, Y., & Tononi, G.(2010). Dreaming and the brain: From phenomenology to neurophysiology. *Trends in Cognitive Sciences, 14*(2),88-100.

Nisbett, R.E.(2009). *Intelligence and how to get it*. New York: Norton.

Nisbett, R.E., Aronson, J., Blair, C., Dickens, W., Flynn, J., Halpern, D.F., & Turkheimer, E.(2012). Intelligence: New findings and theoretical developments. *American Psychologist, 67*(2),130-159. doi:10.1037/a0026699

Nisbett, R.E., Caputo, C., Legant, P., & Maracek, J.(1973). Behavior as seen by the actor and as seen by the observer. *Journal of Personality and Social Psychology, 27*,154-164.

Nisbett, R.E., & Cohen, D.(1996). *Culture of honor: The psychology of violence in the South*. Boulder, CO: Westview Press.

Nisbett, R.E., & Miyamoto, Y.(2005). The influence of culture: Holistic versus analytic perception. *Trends in Cognitive Sciences, 9*,467-473.

Nissen, M.J., & Bullemer, P.(1987). Attentional requirements of learning: Evidence from performance measures. *Cognitive Psychology, 19*,1-32.

Nitschke, J.B., Dixon, G.E., Sarianopoulos, I., Short, S.J., Cohen, J.D., Smith, E.E., ... Davidson, R.J.(2006). Altering expectancy dampens neural response to aversive taste in primary taste cortex. *Neuroscience, 9*,435-442.

Nock, M. K.(2009). Why do people hurt themselves? New insights into the nature and functions of self-injury. *Current Directions in Psychological Science, 18*,78-83. doi:10.1111/j.1467-8721.2009.01613.x

Nock, M.K.(2010). Self-injury. *Annual Review of Clinical Psychology, 6*,339-363. doi:10.1146/annurev.clinpsy.121208.131258

Nock, M.K., Borges, G., Bromet, E.J., Alonso, J., Angermeyer, M., Beautrais, A., ... Williams, D.(2008). Cross-national prevalence and risk factors for suicidal ideation, plans, and attempts. *British Journal of Psychiatry, 192*,98-105.

Nock, M.K., Borges, G., & Ono, Y. (Eds.).(2012). *Suicide: Global perspectives from the WHO World Mental Health Surveys*. New York. Cambridge University Press.

Nock, M.K., Green, J.G., Hwang, I., McLaughlin, K.A., Sampson, N.A., Zaslavsky, A.M., & Kessler, R.C.(2013). Prevalence, correlates and treatment of lifetime suicidal behavior among adolescents: Results from the National Comorbidity Survey Replication-Adolescent Supplement (NCSA-A). *Journal of the American Medical Association Psychiatry, 70*(3),300-310. doi:10.1001/2013.jamapsychiatry.55

Nock, M.K., Holmberg, E.G., Photos, V.I., & Michel, B.D.(2007). Structured and semi-structured interviews. In M. Hersen & J.C. Thomas (Eds.), *Handbook of clinical interviewing with children* (pp.30-49). Thousand Oaks, CA: Sage.

Nock, M.K., Kazdin, A.E., Hiripi, E., & Kessler, R.C.(2006). Prevalence, subtypes, and correlates of *DSM-IV conduct disorder in the National Comorbidity Survey Replication. Psychological Medicine, 36*,699-710.

Nolen-Hoeksema, S.(2008). Gender differences in coping with depression across the lifespan. *Depression, 3*,81-90.

Norcross, J.C., Hedges, M., & Castle, P.H.(2002). Psychologists conducting psychotherapy in 2001: A study of the Division 29 membership. *Psychotherapy: Theory/Research/Practice/Training, 39*,97-102.

Norrholm, S.D., & Ressler, K.J.(2009). Genetics of anxiety and trauma-related disorders. *Neuroscience, 164*,272-287.

Norton, M.I., Frost, J.H., & Ariely, D.(2007). Less is more: The lure of ambiguity, or why familiarity breeds contempt. *Journal of Personality and Social Psychology, 92*(1),97-105. doi:10.1037/0022-3514.92.1.97

Nosanchuk, T.A., & Lightstone, J.(1974). Canned laughter and public and private conformity. *Journal of Personality and Social Psychology, 29*,153-156.

Nowak, M.A.(2006). Five rules for the evolution of cooperation. *Science, 314*,1560-1563.

Nuttin, J.M.(1985). Narcissism beyond Gestalt and awareness: The name letter effect. *European Journal of Social Psychology, 15*,353-361.

Nyborg, H., & Jensen, A.R.(2001). Occupation and income related to psychometric g. *Intelligence, 29*,45-55.

Oately, K., Keltner, D., & Jenkins, J.M.(2006). *Understanding emotions* (2nd ed.). Malden, MA: Blackwell.

Obama, M.(2013, March 8). Address on childhood obesity presented at the 2nd summit of the Partnership for a Healthier America, George Washington University, Washington, DC.

Ochsner, K.N.(2000). Are affective events richly recollected or simply familiar? The experience and process of recognizing feelings past. *Journal of Experimental Psychology: General, 129*,242-261.

Ochsner, K.N., Bunge, S.A., Gross, J.J., & Gabrieli, J.D.E.(2002). Rethinking feelings: An fMRI study of the cognitive regulation of emotion. *Journal of Cognitive Neuroscience, 14*,1215-1229.

Ochsner, K.N., Ray, R.R., Hughes, B., McRae, K., Cooper, J.C., Weber, J., ... Gross, J.J.(2009). Bottom-up and top-down processes in emotion generation: Common and distinct neural mechanisms. *Psychological Science, 20*,1322-1331.

O'Connor, T.G., & Rutter, M.(2000). Attachment disorder following early severe deprivation: Extension and longitudinal follow-up. *Journal of the American Academy of Child and Adolescent Psychiatry, 39*,703-712.

O'Doherty, **J.P.**, **Dayan**, **P.**, **Friston**, **K.**, **Critchley**, **H.**, & **Dolan**, **R.J.**(2003). Temporal difference models and reward-related learning in the human brain. *Neuron, 38*,329-337.

Ofshe, **R.J.**(1992). Inadvertent hypnosis during interrogation: False confession due to dissociative state, misidentified multiple personality, and the satanic cult hypothesis. *International Journal of Clinical and Experimental Hypnosis, 40*,125-126.

Ofshe, **R.**, & **Watters**, **E.**(1994). *Making monsters: False memories, psychotherapy, and sexual hysteria.* New York: Scribner/Macmillan.

Ohayon, **M.M.**(2002). Epidemiology of insomnia: What we know and what we still need to learn. *Sleep Medicine, 6*,97-111.

Ohayon, **M.M.**, **Guilleminault**, **C.**, & **Priest**, **R.G.**(1999). Night terrors, sleepwalking, and confusional arousals in the general population: Their frequency and relationship to other sleep and mental disorders. *Journal of Clinical Psychiatry, 60*,268-276.

Öhman, **A.**(1996). Preferential preattentive processing of threat in anxiety: Preparedness and attentional biases. In R.M. Rapee (Ed.), *Current controversies in the anxiety disorders.* New York: Guilford Press.

Öhman, **A.**, **Dimberg**, **U.**, & **Öst**, **L.G.**(1985). Animal and social phobias: Biological constraints on learned fear responses. In S. Reiss & R. Bootzin (Eds.), *Theoretical issues in behavior therapy* (pp.123-175). New York: Academic Press.

Okagaki, **L.**, & **Sternberg**, **R.J.**(1993). Parental beliefs and children's school performance. *Child Development, 64*,36-56.

Okuda, **J.**, **Fujii**, **T.**, **Ohtake**, **H.**, **Tsukiura**, **T.**, **Tanji**, **K.**, **Suzuki**, **K.**, ... **Yamadori**, **A.**(2003). Thinking of the future and the past: The roles of the frontal pole and the medial temporal lobes. *NeuroImage, 19*,1369-1380.

Okulicz-Kozaryn, **A.**(2011). Europeans work to live and Americans live to work (Who is happy to work more: Americans or Europeans?) *Journal of Happiness Studies, 12*(2),225-243.

Olatunji, **B.O.**, & **Wolitzky-Taylor**, **K.B.**(2009). Anxiety sensitivity and the anxiety disorders: A meta-analytic review and synthesis. *Psychological Bulletin, 135*,974-999.

O'Laughlin, **M.J.**, & **Malle**, **B.F.**(2002). How people explain actions performed by groups and individuals. *Journal of Personality and Social Psychology, 82*,33-48.

Olausson, **P.O.**, **Haglund**, **B.**, **Weitoft**, **G.R.**, & **Cnattingius**, **S.**(2001). Teenage child-bearing and long-term socioeconomic consequences: A case study in Sweden. *Family Planning Perspectives, 33*,70-74.

Olds, **J.**(1956, October). Pleasure center in the brain. *Scientific American, 195*,105-116.

Olds, **J.**, & **Fobes**, **J.I.**(1981). The central basis of motivation: Intracranial self-stimulation studies. *Annual Review of Psychology, 32*,523-574.

Olds, **J.**, & **Milner**, **P.**(1954). Positive reinforcement produced by electrical stimulation of septal areas and other regions of rat brains. *Journal of Comparative and Physiological Psychology, 47*,419-427.

Ollers, **D.K.**, & **Eilers**, **R.E.**(1988). The role of audition in infant babbling. *Child Development, 59*,441-449.

Olofsson, **J.K.**, **Bowman**, **N.E.**, **Khatibi**, **K.**, & **Gottfried**, **J.A.**(2012). A time-based account of the perception of odor objects and valences. *Psychological Science, 23*,1224-1232.

Olsson, **A.**, & **Phelps**, **E.A.**(2007). Social learning of fear. *Nature Neuroscience, 10*,1095-1102.

Oltmanns, **T.F.**, **Neale**, **J.M.**, & **Davison**, **G.C.**(1991). *Case studies in abnormal psychology* (3rd ed.). New York: Wiley.

Olton, **D.S.**, & **Samuelson**, **R.J.**(1976). Remembrance of places passed: Spatial memory in rats. *Journal of Experimental Psychology: Animal Behavior Processes, 2*,97-116.

Onishi, **K.H.**, & **Baillargeon**, **R.**(2005). Do 15-month-old infants understand false beliefs? *Science, 308*,255-258.

Ono, **K.**(1987). Superstitious behavior in humans. *Journal of the Experimental Analysis of Behavior, 47*,261-271.

Ophir, **E.**, **Nass**, **C.**, & **Wagner**, **A.D.**(2009). Cognitive control in media multitaskers. *Proceedings of the National Academy of Sciences, USA, 106*,15583-15587.

Orban, **P.**, **Lungu**, **O.**, & **Doyon**, **J.**(2008). Motor sequence learning and developmental dyslexia. *Annals of the New York Academy of Sciences, 1145*,151-172.

Ormel, **J.**, **Petukhova**, **M.**, **Chatterji**, **S.**, **Aguilar-Gaxiola**, **S.**, **Alonso**, **J.**, **Angermeyer**, **M.C.**, ... **Kessler**, **R.C.**(2008). Disability and treatment of specific mental and physical disorders across the world: Results from the WHO World Mental Health Surveys. *British Journal of Psychiatry, 192*,368-375.

O'Sullivan, L.F., & Allegeier, E.R.(1998). Feigning sexual desire: Consenting to unwanted sexual activity in heterosexual dating relationships. *Journal of Sex Research, 35*,234-243.

Oswald, L., Taylor, A.M., & Triesman, M.(1960). Discriminative responses to stimulation during human sleep. *Brain, 83*,440-453.

Otto, M.W., Henin, A., Hirshfeld-Becker, D.R., Pollack, M.H., Biederman, J., & Rosenbaum, J.F.(2007). Posttraumatic stress disorder symptoms following media exposure to tragic events: Impact of 9/11 on children at risk for anxiety disorders. *Journal of Anxiety Disorders, 21*,888-902.

Owen, A.M., Coleman, M.R., Boly, M., Davis, M.H., Laureys, S., & Pickard, J.D.(2006). Detecting awareness in the vegetative state. *Science, 313*,1402.

Owens, W.A.(1966). Age and mental abilities: A second adult followup. *Journal of Educational Psychology, 57*,311-325.

Oztekin, I., Curtis, C.E., & McElree, B.(2009). The medial temporal lobe and left inferior prefrontal cortex jointly support interference resolution in verbal working memory. *Journal of Cognitive Neuroscience, 21*,1967-1979.

Pagnin, D., de Queiroz, V., Pini, S., & Cassano, G.B.(2008). Efficacy of ECT in depression: A meta-analytic review. *Focus, 6*,155-162.

Paivio, A.(1971). *Imagery and verbal processes*. New York: Holt, Rinehart and Winston.

Paivio, A.(1986). *Mental representations: A dual coding approach*. New York: Oxford University Press.

Palermo, T.M., Eccleston, C., Lewandowski, A.S., Williams, A.C., & Morley, S.(2011). Randomized controlled trials of psychological therapies for management of chronic pain in children and adolescents: An updated meta-analytic review. *Pain, 148*,387-397.

Pantev, C., Oostenveld, R., Engelien, A., Ross, B., Roberts, L.E., & Hoke, M.(1998). Increased auditory cortical representation in musicians. *Nature, 392*,811-814.

Papez, J.W.(1937). A proposed mechanism of emotion. *Archives of Neurology and Pathology, 38*,725-743.

Parbery-Clark, A., Skoe, E., & Kraus, N.(2009). Musical experience limits the degradative effects of background noise on the neural processing of sound. *Journal of Neuroscience, 11*,14100-14107.

Parbery-Clark, A., Strait, D.L., Anderson, S., Hittner, E., & Kraus, N.(2011). Musical experience and the aging auditory system: Implications for cognitive abilities and hearing speech in noise. *PLoS One, 6*, e18082.

Parbery-Clark, A., Tierney, A., Strait, D.L., & Kraus, N.(2012). Musicians have fine-tuned neural distinction of speech syllables. *Neuroscience, 219*,111-119.

Park, B., & Hastie, R.(1987). Perception of variability in category development: Instance-versus abstraction-based stereotypes. *Journal of Personality and Social Psychology, 53*(4),621-635. doi:10.1037/0022-3514.53.4.621

Park, D.C., & McDonough, I.M.(2013). The dynamic aging mind: Revelations from functional neuroimaging research. *Perspectives on Psychological Science, 8*(1),62-67. doi:10.1177/1745691612469034

Park, D.C., Polk, T.A., Park, R., Minear, M., Savage, A., & Smith, M.R.(2004). Aging reduces neural specialization in ventral visual cortex. *Proceedings of the National Academy of Sciences, USA, 101*(35),13091-13095. doi:10.1073/pnas.0405148101

Parker, E.S., Cahill, L.S., & McGaugh, J.L.(2006). A case of unusual autobiographical remembering. *Neurocase, 12*,35-49.

Parker, G., Gibson, N.A., Brotchie, H., Heruc, G., Rees, A.M., & Hadzi-Pavlovic, D.(2006). Omega-3 fatty acids and mood disorders. *American Journal of Psychiatry, 163*,969-978.

Parker, H.A., & McNally, R.J.(2008). Repressive coping, emotional adjustment, and cognition in people who have lost loved ones to suicide. *Suicide and Life-Threatening Behavior, 38*,676-687.

Parkinson, B., & Totterdell, P.(1999). Classifying affect-regulation strategies. *Cognition and Emotion, 13*,277-303.

Parks, C.D., & Stone, A.B.(2010). The desire to expel unselfish members from the group. *Journal of Personality and Social Psychology, 99*(2),303-310. doi:10.1037/a0018403

Parrott, A.C.(2001). Human psychopharmacology of Ecstasy (MDMA): A review of 15 years of empirical research. *Human Psychopharmacology, 16*,557-577.

Parrott, A.C., Morinan, A., Moss, M., & Scholey, A.(2005). *Understanding drugs and behavior*. Chichester, England: Wiley.

Parrott, W.G.(1993). Beyond hedonism: Motives for inhibiting good moods and for maintaining bad moods. In D.M. Wegner & J.W. Pennebaker (Eds.), *Handbook of mental control* (pp.278-308). Englewood Cliffs, NJ: Prentice Hall.

Parsons, T.(1975). The sick role and the role of the physician reconsidered. *Milbank Memorial Fund Quarterly, Health and Society, 53*(3),257-278.

Pascual-Ferrá, P., Liu, Y., & Beatty, M.J.(2012). A meta-analytic comparison of the effects of text messaging to substance-induced impairment on driving performance. *Communication Research Reports, 29*,229-238.

Pascual-Leone, A., Amedi, A., Fregni, F., & Merabet, L.B.(2005). The plastic human brain cortex. *Annual Review of Neuroscience, 28*,377-401.

Pascual-Leone, A., Houser, C.M., Reese, K., Shotland, L.I., Grafman, J., Sato, S., ... Cohen, L.G.(1993). Safety of rapid-rate transcranial magnetic stimulation in normal volunteers. *Electroencephalography and Clinical Neurophysiology, 89*,120-130.

Passini, F.T., & Norman, W.T.(1966). A universal conception of personality structure? *Journal of Personality and Social Psychology, 4*,44-49.

Pasupathi, M., McLean, K.C., & Weeks, T.(2009). To tell or not to tell: Disclosure and the narrative self. *Journal of Personality, 77*,1-35.

Patall, E.A., Cooper, H., & Robinson, J.C.(2008). The effects of choice on intrinsic motivation and related outcomes: A meta-analysis of research findings. *Psychological Bulletin, 134*(2),270-300.

Patrick, C.J., Cuthbert, B.N., & Lang, P.J.(1994). Emotion in the criminal psychopath: Fear image processing. *Journal of Abnormal Psychology, 103*,523-534.

Patterson, C.J.(1995). Lesbian mothers, gay fathers, and their children. In A.R. D'Augelli & C.J. Patterson (Eds.), *Lesbian, gay and bisexual identities across the lifespan: Psychological perspectives* (pp.262-290). New York: Oxford University Press.

Pavlidis, I., Eberhardt, N.L., & Levine, J.A.(2002). Human behaviour: Seeing through the face of deception. *Nature, 415*,35.

Pavlidou, E.V., Williams, J.M., & Kelly, L.M.(2009). Artificial grammar learning in primary school children with and without developmental dyslexia. *Annals of Dyslexia, 59*,55-77.

Pavlov, I.P.(1923a). New researches on conditioned reflexes. *Science, 58*,359-361.

Pavlov, I.P.(1923b, July 23). Pavloff. *Time, 1*(21),20-21.

Pavlov, I.P.(1927). *Conditioned reflexes.* Oxford, England: Oxford University Press.

Payne, J.D., Schacter, D.L., Propper, R., Huang, L., Wamsley, E., Tucker, M.A., ... Stickgold, R.(2009). The role of sleep in false memory formation. *Neurobiology of Learning and Memory, 92*,327-334.

Payne, J.D., Stickgold, R., Swanberg, K., & Kensinger, E.A.(2008). Sleep preferentially enhances memory for emotional components of scenes. *Psychological Science, 19*,781-788.

Pearce, J.M.(1987). A model of stimulus generalization for Pavlovian conditioning. *Psychological Review, 84*,61-73.

Peck, J., & Shu, S.B.(2009). The effect of mere touch on perceived ownership. *Journal of Consumer Research, 36*,434-447.

Peelen, M.V., & Kastner, S.(2009). A nonvisual look at the functional organization of visual cortex. *Neuron, 63*,284-286.

Peissig, J.J., & Tarr, M.J.(2007). Visual object recognition: Do we know more now than we did 20 years ago? *Annual Review of Psychology, 58*,75-96.

Pelham, B.W.(1985). Self-investment and self-esteem: Evidence for a Jamesian model of self-worth. *Journal of Personality and Social Psychology, 69*,1141-1150.

Pelham, B.W., Carvallo, M., & Jones, J.T.(2005). Implicit egotism. *Current Directions in Psychological Science, 14*,106-110.

Pelham, B.W., Mirenberg, M.C., & Jones, J.T.(2002). Why Susie sells seashells by the seashore: Implicit egotism and major life decisions. *Journal of Personality and Social Psychology, 82*,469-487.

Penfield, W., & Rasmussen, T.(1950). *The cerebral cortex of man: A clinical study of localization of function.* New York: Macmillan.

Pennebaker, J.W.(1980). Perceptual and environmental determinants of coughing. *Basic and Applied Social Psychology, 1*,83-91.

Pennebaker, J.W.(1989). Confession, inhibition, and disease. *Advances in Experimental Social Psychology, 22*,211-244.

Pennebaker, J.W., & Chung, C.K.(2007). Expressive writing, emotional upheavals, and health. In H. Friedman & R. Silver (Eds.), *Handbook of health psychology* (pp.263-284). New York: Oxford University Press.

Pennebaker, J.W., Kiecolt-Glaser, J.K., & Glaser, R.(1988). Disclosure of traumas and immune function: Health implications for psychotherapy. *Journal of Consulting and Clinical Psychology, 56*,239-245.

Pennebaker, J.W., & Sanders, D.Y.(1976). American graffiti: Effects of authority and reactance arousal. *Personality and Social Psychology Bulletin, 2*,264-267.

Penner, L.A., Albrecht, T.L., Orom, H., Coleman, D.K., & Underwood, W.(2010). Health and health care disparities. In J.F. Dovidio, M. Hewstone, P. Glick, & V.M. Esses (Eds.), *The Sage handbook of prejudice, stereotyping and discrimination* (pp.472-489). Thousand Oaks, CA: Sage.

Perenin, M.-T., & Vighetto, A.(1988). Optic ataxia: A specific disruption in visuomotor mechanisms. I. Different aspects of the deficit in reaching for objects. *Brain, 111*,643-674.

Perilloux, H.K., Webster, G.D., & Gaulin, S.J.C.(2010). Signals of genetic quality and maternal investment capacity: The dynamic effects of fluctuating asymmetry and waist-to-hip ratio on men's ratings of women's attractiveness. *Social Psychological and Personality Science, 1*(1),34-42. doi:10.1177/1948550609349514

Perkins, D.N., & Grotzer, T.A.(1997). Teaching intelligence. *American Psychologist, 52*,1125-1133.

Perlmutter, J.S., & Mink, J.W.(2006). Deep brain stimulation. *Annual Review of Neuroscience, 29*,229-257.

Perloff, L.S., & Fetzer, B.K.(1986). Self-other judgments and perceived vulnerability to victimization. *Journal of Personality and Social Psychology, 50*,502-510.

Perls, F.S., Hefferkine, R., & Goodman, P.(1951). *Gestalt therapy: Excitement and growth in the human personality*. New York: Julian Press.

Perrett, D.I., Burt, D.M., Penton-Voak, I.S., Lee, K.J., Rowland, D.A., & Edwards, R.(1999). Symmetry and human facial attractiveness. *Evolution and Human Behavior, 20*,295-307.

Perrett, D.I., Rolls, E.T., & Caan, W.(1982). Visual neurones responsive to faces in the monkey temporal cortex. *Experimental Brain Research, 47*,329-342.

Perry, R., & Sibley, C.G.(2012). Big Five personality prospectively predicts social dominance orientation and right wing authoritarianism. *Personality and Individual Differences, 52*,3-8.

Persons, J.B.(1986). The advantages of studying psychological phenomena rather than psychiatric diagnoses. *American Psychologist, 41*,1252-1260.

Pessiglione, M., Seymour, B., Flandin, G., Dolan, R.J., & Frith, C.D.(2006). Dopamine-dependent prediction errors underpin reward-seeking behavior in humans. *Nature, 442*,1042-1045.

Petersen, A.C., & Grockett, L.(1985). Pubertal timing and grade effects on adjustment. *Journal of Youth and Adolescence, 14*,191-206.

Petersen, J.L., & Hyde, J.S.(2010). A meta-analytic review of research on gender differences in sexuality, 1993-2007. *Psychological Bulletin, 136*(1),21-38. doi:10.1037/a0017504

Peterson, C., & Siegal, M.(1999). Representing inner worlds: Theory of mind in autistic, deaf and normal hearing children. *Psychological Science, 10*,126-129.

Peterson, C., Wang, Q., & Hou, Y.(2009). "When I was little": Childhood recollections in Chinese and European Canadian grade school children. *Child Development, 80*,506-518.

Peterson, G.B.(2004). A day of great illumination: B.F. Skinner's discovery of shaping. *Journal of the Experimental Analysis of Behavior, 82*,317-328.

Peterson, L.R., & Peterson, M.J.(1959). Short-term retention of individual verbal items. *Journal of Experimental Psychology, 58*,193-198.

Peterson, S.E., Fox, P.T., Posner, M.I., Mintun, M.A., & Raichle, M.E.(1989). Positron emission tomographic studies of the processing of single words. *Journal of Cognitive Neuroscience, 1*,154-170.

Petersson, K.M., Forkstam, C., & Ingvar, M.(2004). Artificial syntactic violations activate Broca's region. *Cognitive Science, 28*,383-407.

Petitto, **L.A.**, & **Marentette**, **P.F.**(1991). Babbling in the manual mode: Evidence for the ontogeny of language. *Science*, *251*,1493-1496.

Petrie, **K.P.**, **Booth**, **R.J.**, & **Pennebaker**, **J.W.**(1998). The immunological effects of thought suppression. *Journal of Personality and Social Psychology*, *75*,1264-1272.

Petry, **N.M.**, **Alessi**, **S.M.**, & **Rash**, **C.J.**(2013). Contingency management treatments decrease psychiatric symptoms. *Journal of Consulting and Clinical Psychology*, *81*(5),926-931 . doi:10.1037/a0032499

Petty, **R.E.**, & **Cacioppo**, **J.T.**(1986). The elaboration likelihood model of persuasion. In L. Berkowitz (Ed.), *Advances in experimental social psychology* (Vol.19, pp.123-205). New York: Academic Press.

Petty, **R.E.**, **Cacioppo**, **J.T.**, & **Goldman**, **R.**(1981). Personal involvement as a determinant of argument-based persuasion. *Journal of Personality and Social Psychology*, *41*,847-855.

Petty, **R.E.**, & **Wegener**, **D.T.**(1998). Attitude change: Multiple roles for persuasion variables. In D.T. Gilbert, S.T. Fiske, & G. Lindzey (Eds.), *The handbook of social psychology* (4th ed., Vol.1, pp.323-390). Boston: McGraw-Hill.

Pew Research Center for People & the Press.(1997). *Motherhood today*: *A tougher job*, *less ably done*. Washington, DC: Author.

Pew Research Center for People & the Press.(2009). *Growing old in America*: *Expectations vs. reality*. Retrieved May 3,2010, from http://pewsocialtrends.org/pubs/736/getting-old-in-america

Pham, **M.T.**, **Lee**, **L.**, & **Stephen**, **A.T.**(2012). Feeling the future: The emotional oracle effect. *Journal of Consumer Research*, *39*(3),461-477.

Phelan, **J.**, **Link**, **B.**, **Stueve**, **A.**, & **Pescosolido**, **B.**(1997, August). *Public conceptions of mental illness in 1950 in 1996*: *Has sophistication increased? Has stigma declined?* Paper presented at the American Sociological Association, Toronto, Ontario.

Phelps, **E.A.**(2006). Emotion and cognition: Insights from studies of the human amygdala. *Annual Review of Psychology*, *24*,27-53.

Phelps, **E.A.**, & **LeDoux**, **J.L.**(2005). Contributions of the amygdala to emotion processing: From animal models to human behavior. *Neuron*, *48*,175-187.

Phillips, **F.**(2002, January 24). Jump in cigarette sales tied to Sept. 11 attacks. *Boston Globe*, p.B1.

Phills, **C.E.**, **Kawakami**, **K.**, **Tabi**, **E.**, **Nadolny**, **D.**, & **Inzlicht**, **M.**(2011). Mind the gap: Increasing associations between the self and Blacks with approach behaviors. *Journal of Personality and Social Psychology*, *100*(2),197-210. doi:10.1037/a0022159

Piaget, **J.**(1954). *The child's conception of number*. New York: Norton.

Piaget, **J.**(1965). *The moral judgment of the child*. New York: Free Press. (Original work published 1932)

Piaget, **J.**(1977). The first year of life of the child. In H.E. Gruber & J.J. Voneche (Eds.), *The essential Piaget*: *An interpretative reference and guide* (pp.198-214). New York: Basic Books. (Original work published 1927)

Piaget, **J.**, & **Inhelder**, **B.**(1969). *The psychology of the child* (H. Weaver, Trans.). New York: Basic Books.

Piazza, **J.R.**, **Charles**, **S.T.**, **Sliwinski**, **M.J.**, **Mogle**, **J.**, & **Almeida**, **D.M.**(2013). Affective reactivity to daily stressors and long-term risk of reporting a chronic physical health condition. *Annals of Behavioral Medicine*, *45*,110-120.

Pinel, **J.P.J.**, **Assanand**, **S.**, & **Lehman**, **D.R.**(2000). Hunger, eating, and ill health. *American Psychologist*, *55*,1105-1116.

Pines, **A.M.**(1993). Burnout: An existential perspective. In W.B. Schaufeli, C. Maslach, & T. Marek (Eds.), *Professional burnout*: *Recent developments in theory and research* (pp.33-51). Washington, DC: Taylor & Francis.

Pinker, **S.**(1994). *The language instinct*. New York: Morrow.

Pinker, **S.**(1997a). Evolutionary psychology: An exchange. *New York Review of Books*, *44*,55-58.

Pinker, **S.**(1997b). *How the mind works*. New York: Norton.

Pinker, **S.**(2003). *The blank slate*: *The modern denial of human nature*. New York: Viking.

Pinker, **S.**(2007, March 19). A history of violence. *The New Republic Online*.

Pinker, **S.**, & **Bloom**, **P.**(1990). Natural language and natural selection. *Behavioral and Brain Sciences*, *13*,707-784.

Pitcher, **D.**, **Garrido**, **L.**, **Walsh**, **V.**, & **Duchaine**, **B.C.**(2008). Transcranial magnetic stimulation disrupts the perception and embodiment of facial expressions. *Journal of Neuroscience, 28*(36),8929-8933.

Plassman, **H.**, **O'Doherty**, **J.**, **Shiv**, **B.**, **& Rangel**, **A.**(2008). Marketing actions can modulate neural representations of experienced pleasantness. *Proceedings of the National Academy of Sciences, USA, 105*,1050-1054.

Platek, **S.M.**, **Critton**, **S.R.**, **Myers**, **T.E.**, **& Gallup**, **G.G.**, **Jr.**(2003). Contagious yawning: The role of self-awareness and mental state attribution. *Cognitive Brain Research, 17*,223-227.

Plato.(1956). *Protagoras* (O. Jowett, Trans.). New York: Prentice Hall. (Original work circa 380 BCE)

Pleis, **J.R.**, **Lucas**, **J.W.**, **& Ward**, **B.W.**(2009). Summary of health statistics for U.S. adults: National health interview survey, 2008, *Vital Health Stat 10*(242). National Center for Health Statistics.

Plomin, **R.**, **& Caspi**, **A.**(1999). Behavioral genetics and personality. In L.A. Pervin & O.P. John (Eds.), *Handbook of personality: Theory and research* (Vol.2, pp.251-276). New York: Guilford Press.

Plomin, **R.**, **DeFries**, **J.C.**, **McClearn**, **G.E.**, **& Rutter**, **M.**(1997). *Behavioral genetics* (3rd ed.). New York: W.H. Freeman and Company.

Plomin, **R.**, **DeFries**, **J.C.**, **McClearn**, **G.E.**, **& McGuffin**, **P.**(2001). *Behavioral genetics* (4th ed.). New York: W.H. Freeman and Company.

Plomin, **R.**, **Haworth**, **C.M.A.**, **Meaburn**, **E.L.**, **Price**, **T.S.**, **Wellcome Trust Case Control Consortium 2**, **& Davis**, **O.S.P.**(2013). Common DNA markers can account for more than half of the genetic influence on cognitive abilities. *Psychological Science, 24*(4),562-568. doi:10.1177/0956797612457952

Plomin, **R.**, **Scheier**, **M.F.**, **Bergeman**, **C.S.**, **Pedersen**, **N.L.**, **Nesselroade**, **J.R.**, **& McClearn**, **G.E.**(1992). Optimism, pessimism, and mental health: A twin/adoption analysis. *Personality and Individual Differences, 13*,921-930.

Plomin, **R.**, **& Spinath**, **F.M.**(2004). Intelligence: Genetics, genes, and genomics. *Journal of Personality and Social Psychology, 86*,112-129.

Plotnik, **J.M.**, **de Waal**, **F.B.M.**, **& Reiss**, **D.**(2006). Self-recognition in an Asian elephant. *Proceedings of the National Academy of Sciences, USA, 103*,17053-17057.

Poliak, **S.**, **& Pelas**, **E.**(2003). The local differentiation of myelinated axons at nodes of Ranvier. *Nature Reviews Neuroscience, 4*,968-980.

Polivy, **J.**, **& Herman**, **C.P.**(1992). Undieting: A program to help people stop dieting. *International Journal of Eating Disorders, 11*,261-268.

Polivy, **J.**, **& Herman**, **C.P.**(2002). If at first you don't succeed. False hopes of self-change. *American Psychologist, 57*,677-689.

Polzanczyk, **G.**, **de Lima**, **M.S.**, **Horta**, **B.L.**, **Biederman**, **J.**, **& Rohde**, **L.A.**(2007). The worldwide prevalence of ADHD: A systematic review and metaregression analysis. *American Journal of Psychiatry, 164*,942-948.

Pond, **R.S.**, **DeWall**, **C.N.**, **Lambert**, **N.M.**, **Deckman**, **T.**, **Bonser**, **I.M.**, **& Fincham**, **F.D.**(2012). Repulsed by violence: Disgust sensitivity buffers trait, behavioral, and daily aggression. *Journal of Personality and Social Psychology, 102*(1),175-188. doi:10.1037/a0024296

Poole, **D.A.**, **Lindsay**, **S.D.**, **Memon**, **A.**, **& Bull**, **R.**(1995). Psychotherapy and the recovery of memories of childhood sexual abuse: U.S. and British practitioners' opinions, practices, and experiences. *Journal of Consulting and Clinical Psychology, 63*,426-487.

Poon, **S.H.**, **Sim**, **K.**, **Sum**, **M.Y.**, **Kuswanto**, **C.N.**, **& Baldessarini**, **R.J.**(2012). Evidence-based options for treatment-resistant adult bipolar disorder patients. *Bipolar Disorders, 14*,573-584.

Pope, **A.W.**, **& Bierman**, **K.L.**(1999). Predicting adolescent peer problems and antisocial activities: The relative roles of aggression and dysregulation. *Developmental Psychology, 35*,335-346.

Porter, **S.**, **& ten Brinke**, **L.**(2008). Reading between the lies: Identifying concealed and falsified emotions in universal facial expressions. *Psychological Science, 19*,508-514.

Portocarrero, **J.S.**, **Burright**, **R.G.**, **& Donovick**, **P.J.**(2007). Vocabulary and verbal fluency of bilingual and monolingual college students. *Archives of Clinical Neuropsychology, 22*,415-422.

Posner, **M.I.**, **& Raichle**, **M.E.**(1994). *Images of mind*. New York: W.H. Freeman and Company.

Post, **R.M.**, **Frye**, **M.A.**, **Denicoff**, **G.S.**, **Leverich**, **G.S.**, **Dunn**, **R.T.**, **Osuch**, **E.A.**, ... **Jajodia**, **K.**(2008). Emerging trends in the treatment of rapid cycling bipolar disorder: A selected review. *Bipolar Disorders, 2*,305-315.

Posthuma, D., & de Geus, E.J.C.(2006). Progress in the moleculargenetic study of intelligence. *Current Directions in Psychological Science, 15*,151-155.

Postman, L., & Underwood, B.J.(1973). Critical issues in interference theory. *Memory & Cognition, 1*,19-40.

Postmes, T., & Spears, R.(1998). Deindividuation and anti-normative behavior: A meta-analysis. *Psychological Bulletin, 123*,238-259.

Powell, R.A., Symbaluk, D.G., MacDonald, S.E., & Honey, P.L.(2009). *Introduction to learning and behavior* (3rd ed.). Belmont, CA: Wadsworth Cengage Learning.

Power, M.L., & Schulkin, J.(2009). *The evolution of obesity*. Baltimore, MD: Johns Hopkins University Press.

Prasada, S., & Pinker, S.(1993). Generalizations of regular and irregular morphology. *Language and Cognitive Processes, 8*,1-56.

Pratkanis, A.R.(1992). The cargo-cult science of subliminal persuasion. *Skeptical Inquirer, 16*,260-272.

Pressman, S.D., Cohen, S., Miller, G.E., Barkin, A., Rabin, B.S., & Treanor, J.J.(2005). Loneliness, social network size, and immune response to influenza vaccination in college freshmen. *Health Psychology, 24*,297-306.

Price, J.L., & Davis, B.(2008). *The woman who can't forget: The extraordinary story of living with the most remarkable memory known to science*. New York: Free Press.

Prior, H., Schwartz, A., & Güntürkün, O.(2008). Mirror-induced behavior in the magpie *(Pica pica): Evidence of self-recognition*. PLoS Biology, 6, e202.

Prochaska, J.J., & Sallis, J.F.(2004). A randomized controlled trial of single versus multiple health behavior change: Promoting physical activity and nutrition among adolescents. *Health Psychology, 23*,314-318.

Procopio, M., & Marriott, P.(2007). Intrauterine hormonal environment and risk of developing anorexia nervosa. *Archives of General Psychiatry, 64*(12),1402-1407.

Protzko, J., Aronson, J., & Blair, C.(2013). How to make a young child smarter: Evidence from the database of raising intelligence. *Perspectives on Psychological Science, 8*(1),25-40. doi:10.1177/1745691612462585

Provine, R.R.(2000). *Laughter: A scientific investigation*. New York: Viking.

Pruitt, D.G.(1998). Social conflict. In D.T. Gilbert, S.T. Fiske, & G. Lindzey (Eds.), *The handbook of social psychology* (4th ed., Vol.2, pp.470-503). New York: McGraw-Hill.

Punjabi, N.M.(2008). The epidemiology of adult obstructive sleep apnea. *Proceedings of the American Thoracic Society, 5*,136-143.

Puterman, E., Lin, J., Blackburn, E.H., O'Donovan, A., Adler, N., & Epel, E.(2010). The power of exercise: Buffering the effect of chronic stress on telomere length. *PLoS ONE, 5*, e10837.

Pyc, M.A., & Rawson, K.A.(2009). Testing the retrieval effort hypothesis: Does greater difficulty correctly recalling information lead to higher levels of memory? *Journal of Memory and Language, 60*,437-447.

Pyers, J.E., & Senghas, A.(2009). Language promotes false-belief understanding: Evidence from learners of a new sign language. *Psychological Science, 20*(7),805-812.

Pyers, J.E., Shusterman, A., Senghas, A., Spelke, E.S., & Emmorey, K.(2010). Evidence from an emerging sign language reveals that language supports spatial cognition. *Proceedings of the National Academy of Sciences, USA, 107*,12116-12120.

Pyszczynski, T., Holt, J., & Greenberg, J.(1987). Depression, self-focused attention, and expectancy for positive and negative future life events for self and others. *Journal of Personality and Social Psychology, 52*,994-1001.

Quattrone, G.A.(1982). Behavioral consequences of attributional bias. *Social Cognition, 1*,358-378.

Querleu, D., Lefebvre, C., Titran, M., Renard, X., Morillon, M., & Crepin, G.(1984). Réactivité de nouveau-né de moins de deux heures de vie á la voix maternelle [Reactivity of a newborn at less than two hours of life to the mother's voice]. *Journal de Gynécologie Obstétrique et de Biologie de la Reproduction, 13*,125-134.

Quiroga, R.Q., Reddy, L., Kreiman, G., Koch, C., & Fried, I.(2005). Invariant visual representation by single neurons in the human brain. *Nature, 435*,1102-1107.

Quoidbach, J., Gilbert, D.T., & Wilson, T.D.(2013). The end of history illusion. *Science, 339*,96-98.

Qureshi, A., & Lee-Chiong, T.(2004). Medications and their effects on sleep. *Medical Clinics of North America, 88*,751-766.

Rabbitt, P., Diggle, P., Holland, F., & McInnes, L.(2004). Practice and drop-out effects during a 17-year longitudinal study of cognitive aging. *Journal of Gerontology: Psychological Sciences and Social Sciences, 59*(2),84-97.

Race, E., Keane, M.M., & Verfaellie, M.(2011). Medial temporal lobe damage causes deficits in episodic memory and episodic future thinking not attributable to deficits in narrative construction. *Journal of Neuroscience, 31*,10262-10269.

Radford, E., & Radford, M.A.(1949). *Encyclopedia of superstitions*. New York: Philosophical Library.

Rahe, R.H., Meyer, M., Smith, M., Klaer, G., & Holmes, T.H.(1964). Social stress and illness onset. *Journal of Psychosomatic Research, 8*,35-44.

Raichle, M.E., & Mintun, M.A.(2006). Brain work and brain imaging. *Annual Review of Neuroscience, 29*,449-476.

Rajaram, S.(2011). Collaboration both hurts and helps memory: A cognitive perspective. *Current Directions in Psychological Science, 20*,76-81.

Rajaram, S., & Pereira-Pasarin, L.P.(2010). Collaborative memory: Cognitive research and theory. *Perspectives on Psychological Science, 6*,649-663.

Ramachandran, V.S., & Altschuler, E.L.(2009). The use of visual feedback, in particular mirror visual feedback, in restoring brain function. *Brain, 132*,1693-1710.

Ramachandran, V.S., & Blakeslee, S.(1998). *Phantoms in the brain: Probing the mysteries of the human mind*. New York: Morrow.

Ramachandran, V.S., Brang, D., & McGeoch, P.D.(2010). Dynamic reorganization of referred sensations by movements of phantom limbs. *NeuroReport, 21*,727-730.

Ramachandran, V.S., Rodgers-Ramachandran, D., & Stewart, M.(1992). Perceptual correlates of massive cortical reorganization. *Science, 258*,1159-1160.

Ramirez-Esparza, N., Gosling, S.D., Benet-Martinez, V., & Potter, J.P.(2004). Do bilinguals have two personalities? A special case of cultural frame-switching. *Journal of Research in Personality, 40*,99-120.

Randall, A.(2012, May 5). Black women and fat. *New York Times*. Retrieved from http://www.nytimes.com/2012/05/06/opinion/sunday/why-black-women-are-fat.html?_r=0

Rapaport, D.(1946). *Diagnostic psychological testing: The theory, statistical evaluation, and diagnostic application of a battery of tests*. Chicago: Year Book Publishers.

Rapoport, J., Chavez, A., Greenstein, D., Addington, A., & Gogtay, N.(2009). Autism-spectrum disorders and childhood onset schizophrenia: Clinical and biological contributions to a relationship revisited. *Journal of the American Academy of Child and Adolescent Psychiatry, 48*,10-18.

Rappoport, J.L.(1990). Obsessive-compulsive disorder and basal ganglia dysfunction. *Psychological Medicine, 20*,465-469.

Rauschecker, J.P., & Scott, S.K.(2009). Maps and streams in the auditory cortex: Nonhuman primates illuminate human speech processing. *Nature Neuroscience, 12*,718-724.

Raz, A., Fan, J., & Posner, M.I.(2005). Hypnotic suggestion reduces conflict in the brain. *Proceedings of the National Academy of Sciences, 102*,9978-9983.

Raz, A., Shapiro, T., Fan, J., & Posner, M.I.(2002). Hypnotic suggestion and the modulation of Stroop interference. *Archives of General Psychiatry, 59*,1155-1161.

Raz, N.(2000). Aging of the brain and its impact on cognitive performance: Integration of structural and functional findings. In F.I.M. Craik & T.A. Salthouse (Eds.), *The handbook of aging and cognition* (pp.1-90). Mahwah, NJ: Erlbaum.

Read, K.E.(1965). *The high valley*. London: Allen and Unwin.

Reason, J., & Mycielska, K.(1982). *Absent-minded?: The psychology of mental lapses and everyday errors*. Englewood Cliffs, NJ: Prentice-Hall.

Reber, A.S.(1967). Implicit learning of artificial grammars. *Journal of Verbal Learning and Verbal Behavior, 6*,855-863.

Reber, A.S.(1996). *Implicit learning and tacit knowledge: An essay on the cognitive unconscious*. New York: Oxford University

Press.

Reber, **A.S.**, & **Allen**, **R.**(2000). Individual differences in implicit learning. In R.G. Kunzendorf & B. Wallace (Eds.), *Individual differences in conscious experience* (pp.227-247). Philadelphia: John Benjamins.

Reber, **A.S.**, **Walkenfeld**, **F.F.**, & **Hernstadt**, **R.**(1991). Implicit learning: Individual differences and IQ. *Journal of Experimental Psychology: Learning, Memory, and Cognition, 17*,888-896.

Reber, **P.J.**, **Gitelman**, **D.R.**, **Parrish**, **T.B.**, & **Mesulam**, **M.M.**(2003). Dissociating explicit and implicit category knowledge with fMRI. *Journal of Cognitive Neuroscience, 15*,574-583.

Recanzone, **G.H.**, & **Sutter**, **M.L.**(2008). The biological basis of audition. *Annual Review of Psychology, 59*,119-142.

Rechsthaffen, **A.**, **Gilliland**, **M.A.**, **Bergmann**, **B.M.**, & **Winter**, **J.B.**(1983). Physiological correlates of prolonged sleep deprivation in rats. *Science, 221*,182-184.

Redick, **T.S.**, **Shipstead**, **Z.**, **Harrison**, **T.L.**, **Hicks**, **K.L.**, **Fried**, **D.E.**, **Hambrick**, **D.Z.**, ... **Engle**, **R.W.**(2013). No evidence of intelligence improvement after working memory training: A randomized, placebo-controlled study. *Journal of Experimental Psychology: General, 142*,359-379. doi:10.1037/a002908

Reed, **C.L.**, **Klatzky**, **R.L.**, & **Halgren**, **E.**(2005). What vs. where in touch: An fMRI study. *NeuroImage, 25*,718-726.

Reed, **D.R.**(2008). Birth of a new breed of supertaster. *Chemical Senses, 33*,489-491.

Reed, **G.**(1988). *The psychology of anomalous experience* (rev. ed.). Buffalo, NY: Prometheus Books.

Regan, **P.C.**(1998). What if you can't get what you want? Willingness to compromise ideal mate selection standards as a function of sex, mate value, and relationship context. *Personality and Social Psychology Bulletin, 24*,1294-1303.

Regier, **T.**, & **Kay**, **P.**(2009). Language, thought, and color: Whorf was half right. *Trends in Cognitive Sciences, 13*,439-446.

Reichbach, **G.L.**(2012, May 16). A judge's plea for pot [op-ed article]. *New York Times*, p.A27.

Reis, **H.T.**, **Maniaci**, **M.R.**, **Caprariello**, **P.S.**, **Eastwick**, **P.W.**, & **Finkel**, **E.J.**(2011). Familiarity does indeed promote attraction in live interaction. *Journal of Personality and Social Psychology, 101*(3),557-570. doi:10.1037/a0022885

Reiss, **D.**, & **Marino**, **L.**(2001). Mirror self-recognition in the bottle-nose dolphin: A case of cognitive convergence. *Proceedings of the National Academy of Sciences, USA, 98*,5937-5942.

Reissland, **N.**(1988). Neonatal imitation in the first hour of life: Observations in rural Nepal. *Developmental Psychology, 24*,464-469.

Renner, **K.E.**(1964). Delay of reinforcement: A historical review. *Psychological Review, 61*,341-361.

Renner, **M.J.**, & **Mackin**, **R.**(1998). A life stress instrument for classroom use. *Teaching of Psychology, 25*,46-48.

Rensink, **R.A.**(2002). Change detection. *Annual Review of Psychology, 53*,245-277.

Rensink, **R.A.**, **O'Regan**, **J.K.**, & **Clark**, **J.J.**(1997). To see or not to see: The need for attention to perceive changes in scenes. *Psychological Science, 8*,368-373.

Repacholi, **B.M.**, & **Gopnik**, **A.**(1997). Early reasoning about desires: Evidence from 14-and 18-month-olds. *Developmental Psychology, 33*,12-21.

Rescorla, **R.A.**(2006). Stimulus generalization of excitation and inhibition. *Quarterly Journal of Experimental Psychology, 59*,53-67.

Rescorla, **R.A.**, & **Wagner**, **A.R.**(1972). A theory of Pavlovian conditioning: Variations in effectiveness of reinforcement and nonreinforcement. In A. Black & W.F. Prokasky, Jr. (Eds.), *Classical conditioning II* (pp.64-99). New York: Appleton-Century-Crofts.

Ressler, **K.J.**, & **Mayberg**, **H.S.**(2007). Targeting abnormal neural circuits in mood and anxiety disorders: From the laboratory to the clinic. *Nature Neuroscience, 10*,1116-1124.

Ressler, **K.J.**, & **Nemeroff**, **C.B.**(1999). Role of norepinephrine in the pathophysiology and treatment of mood disorders. *Biological Psychiatry, 46*,1219-1233.

Rice, **K.G.**, **Richardson**, **C.M.E.**, & **Clark**, **D.**(2012). Perfectionism, procrastination, and psychological distress. *Journal of Counseling Psychology, 39*,288-302.

Richards, **M.**, **Black**, **S.**, **Mishra**, **G.**, **Gale**, **C.R.**, **Deary**, **I.J.**, & **Batty**, **D.G.**(2009). IQ in childhood and the metabolic syndrome in middle age: Extended follow-up of the 1946 British birth cohort study. *Intelligence*, *37*(6),567-572.

Richards, M.H., Crowe, P.A., Larson, R., & Swarr, A.(1998). Developmental patterns and gender differences in the experience of peer companionship during adolescence. *Child Development*, *69*,154-163.

Richert, E.S.(1997). Excellence with equity in identification and programming. In N. Colangelo & G.A. Davis (Eds.), *Handbook of gifted education* (2nd ed., pp.75-88). Boston: Allyn & Bacon.

Richters, J., de Visser, R., Rissel, C., & Smith, A.(2006). Sexual practices at last heterosexual encounter and occurrence of orgasm in a national survey. *Journal of Sex Research*, *43*,217-226.

Ridenour, T.A., & Howard, M.O.(2012). Inhalants abuse: Status of etiology and intervention. In J.C. Verster, K. Brady, M. Galanter, & P. Conrod (Eds.), *Drug abuse and addiction in medical illness*: *Causes, consequences, and treatment* (pp.189-199). New York: Springer.

Rieber, R.W. (Ed.).(1980). *Wilhelm Wundt and the making of scientific psychology*. New York: Plenum Press.

Riefer, D.M., Kevari, M.K., & Kramer, D.L.F.(1995). Name that tune: Eliciting the tip-of-the-tongue experience using auditory stimuli. *Psychological Reports*, *77*,1379-1390.

Rimer, J., Dwan, K., Lawlor, D.A., Greig, C.A., McMurdo, M., Morley, W., & Mead, G.F.(2012). Exercise for depression. *Cochrane Database of Systematic Reviews*, *7*, CD004366.

Ringach, D.L., & Jentsch, J.D.(2009). We must face the threats. *The Journal of Neuroscience*, *29*,11417-11418.

Risko, E.F., Anderson, N., Sarwal, A., Engelhardt, M., & Kingstone, A.(2012). Every attention: Variation in mind wandering and memory in a lecture. *Applied Cognitive Psychology*, *26*,234-242.

Risman, J.E., Coyle, J.T., Green, R.W., Javitt, D.C., Benes, F.M., Heckers, S., & Grace, A.A.(2008). Circuit-based framework for understanding neurotransmitter and risk gene interactions in schizophrenia. *Trends in Neurosciences*, *31*,234-242.

Rizzolatti, G.(2004). The mirror-neuron system and imitation. In S. Hurley & N. Chater (Eds.), *Perspectives on imitation*: *From mirror neurons to memes* (pp.55-76). Cambridge, MA: MIT Press.

Rizzolatti, G., & Craighero, L.(2004). The mirror-neuron system. *Annual Review of Neuroscience*, *27*,169-192.

Rizzolatti, G., Fabbri-Destro, M., & Cattaneo, L.(2009). Mirror neurons and their clinical relevance. *Nature Clinical Practice Neurology*, *5*,24-34.

Rizzolatti, G., & Sinigaglia, C.(2012). The functional role of the parieto-frontal mirror circuit. *Nature Reviews Neuroscience*, *11*,264-274.

Roberson, D., Davidoff, J., Davies, I.R.L., & Shapiro, L.R.(2004). The development of color categories in two languages: A longitudinal study. *Journal of Experimental Psychology*: *General*, *133*,554-571.

Roberts, G.A.(1991). Delusional belief and meaning in life: A preferred reality? *British Journal of Psychiatry*, *159*,20-29.

Roberts, G.A., & McGrady, A.(1996). Racial and gender effects on the relaxation response: Implications for the development of hypertension. *Biofeedback and Self-Regulation*, *21*,51-62.

Robertson, L.C.(1999). What can spatial deficits teach us about feature binding and spatial maps? *Visual Cognition*, *6*,409-430.

Robertson, L.C.(2003). Binding, spatial attention and perceptual awareness. *Nature Reviews Neuroscience*, *4*,93-102.

Robins, L.N., Helzer, J.E., Hesselbrock, M., & Wish, E.(1980).Vietnam veterans three years after Vietnam. In L. Brill & C. Winick (Eds.), *The yearbook of substance use and abuse* (Vol.11). New York: Human Sciences Press.

Robins, R.W., Fraley, R.C., & Krueger, R.F. (Eds.).(2007). *Handbook of research methods in personality psychology*. New York: Guilford Press.

Robinson, A., & Clinkenbeard, P.R.(1998). Giftedness: An exceptionality examined. *Annual Review of Psychology*, *49*,117-139.

Robinson, D.N.(1995). *An intellectual history of psychology*. Madison: University of Wisconsin Press.

Rodieck, R.W.(1998). *The first steps in seeing*. Sunderland, MA: Sinauer.

Roediger, H.L., III.(2000). Why retrieval is the key process to understanding human memory. In E. Tulving (Ed.), *Memory, consciousness, and the brain*: *The Tallinn conference* (pp.52-75). Philadelphia: Psychology Press.

Roediger, H.L., III, & Karpicke, J.D.(2006). Test-enhanced learning: Taking memory tests improves long-term retention.

Psychological Science, 17,249-255.

Roediger, **H.L.**, **III**, & **McDermott**, **K.B.**(1995). Creating false memories: Remembering words not presented in lists. *Journal of Experimental Psychology: Learning, Memory, and Cognition, 21*,803-814.

Roediger, **H.L.**, **III**, & **McDermott**, **K.B.**(2000). Tricks of memory. *Current Directions in Psychological Science, 9*,123-127.

Roediger, **H.L.**, **III**, **Weldon**, **M.S.**, & **Challis**, **B.H.**(1989). Explaining dissociations between implicit and explicit measures of retention: A processing account. In H.L. Roediger, III & F.I.M. Craik (Eds.), *Varieties of memory and consciousness*: Essays in honor of Endel Tulving (pp.3-41). Hillsdale, NJ: Erlbaum.

Rogers, **C.R.**(1951). *Client-centered therapy: Its current practice, implications, and theory*. Boston: Houghton Mifflin.

Rogers, **T.B.**, **Kuiper**, **N.A.**, & **Kirker**, **W.S.**(1977). Self-reference and the encoding of personal information. *Journal of Personality and Social Psychology, 35*,677-688.

Roig, **M.**, **Skriver**, **K.**, **Lundbye-Jensen**, **J.**, **Kiens**, **B.**, & **Nielsen**, **J.B.**(2012). A single bout of exercise improves motor memory. *PLoS One, 7*, e44594. doi:10.1371/journal.pone.0044594

Romero-Corral, **A.**, **Montori**, **V.M.**, **Somers**, **V.K.**, **Korinek**, **J.**, **Thomas**, **R.J.**, **Allison**, **T.G.**, ... **Lopez-Jiminez**, **F.**(2006). Association of body weight with total mortality and with cardiovascular events in coronary artery disease: A systematic review of cohort studies. *Lancet, 368*(9536),666-678.

Ronay, **R.**, & **Galinsky**, **A.D.**(2011). Lex talionis: Testosterone and the law of retaliation. *Journal of Experimental Social Psychology, 47*(3),702-705. doi:10.1016/j.jesp.2010.11.009

Rosch, **E.H.**(1973). Natural categories. *Cognitive Psychology, 4*,328-350.

Rosch, **E.H.**(1975). Cognitive representations of semantic categories. *Journal of Experimental Psychology: General, 104*,192-233.

Rosch, **E.H.**, & **Mervis**, **C.B.**(1975). Family resemblances: Studies in the internal structure of categories. *Cognitive Psychology, 7*,573-605.

Rose, **S.P.R.**(2002). Smart drugs: Do they work? Are they ethical? Will they be legal? *Nature Reviews Neuroscience, 3*,975-979.

Roseman, **I.J.**(1984). Cognitive determinants of emotion: A structural theory. *Review of Personality and Social Psychology, 5*,11-36.

Roseman, **I.J.**, & **Smith**, **C.A.**(2001). Appraisal theory: Overview, assumptions, varieties and controversies. In K.R. Scherer, A. Schorr, & T. Johnstone (Eds.), *Appraisal processes in emotion: Theory, methods, research* (pp.3-19). New York: Oxford University Press.

Rosenbaum, **J.E.**(2009). Patient teenagers? A comparison of the sexual behavior of virginity pledgers and matched nonpledgers. *Pediatrics, 123*(1), e110-e120.

Rosenberg, **T.**(2013, March 27). The destructive influence of imaginary peers. *New York Times*. Retrieved from http://opinionator.blogs.nytimes.com/2013/03/27/the-destructive-influence-of-imaginary-peers/

Rosenhan, **D.**(1973). On being sane in insane places. *Science, 179*,250-258.

Rosenkranz, **K.**, **Williamon**, **A.**, & **Rothwell**, **J.C.**(2007). Motorcortical excitability and synaptic plasticity is enhanced in professional musicians. *The Journal of Neuroscience, 27*,5200-5206.

Rosenstein, **M.J.**, **Milazzo-Sayre**, **L.J.**, & **Manderscheid**, **R.W.**(1990). Characteristics of persons using specifically inpatient, outpatient, and partial care programs in 1986. In M.A. Sonnenschein (Ed.), *Mental health in the United States* (pp.139-172). Washington, DC: U.S. Government Printing Office.

Rosenthal, **R.**, & **Fode**, **K.L.**(1963). The effect of experimenter bias on the performance of the albino rat. *Behavioral Science, 8*,183-189.

Ross, **L.**(1977). The intuitive psychologist and his shortcomings: Distortions in the attribution process. *Advances in Experimental Social Psychology, 10*,173-220.

Ross, **L.**, **Amabile**, **T.M.**, & **Steinmetz**, **J.L.**(1977). Social roles, social control, and biases in social-perception processes. *Journal of Personality and Social Psychology, 35*,485-494.

Ross, **L.**, & **Nisbett**, **R.E.**(1991). *The person and the situation*. New York: McGraw-Hill.

Ross, M., Blatz, C.W., & Schryer, E.(2008). Social memory processes. In H.L. Roediger III (Ed.), *Learning and memory: A comprehensive reference* (Vol.2, pp.911-926). Oxford, England: Elsevier.

Rossano, F., Carpenter, M., & Tomasello, M.(2012). One-year-old infants follow others' voice direction. *Psychological Science, 23*(11),1298-1302. doi:10.1177/0956797612450032

Rosvall, M., & Bergstrom, C.T.(2008). Maps of random walks on complex networks reveal community structure. *Proceedings of the National Academy of Sciences, USA, 105*,1118-1123.

Roth, H.P., & Caron, H.S.(1978). Accuracy of doctors' estimates and patients' statements on adherence to a drug regimen. *Clinical Pharmacology and Therapeutics, 23*,361-370.

Rothbart, M.K., & Bates, J.E.(1998). Temperament. In W. Damon (Series Ed.) & N. Eisenberg (Vol. Ed.), *Handbook of child psychology: Vol.3. Social, emotional and personality development* (5th ed., pp.105-176). New York: Wiley.

Rothbaum, B.O., & Schwartz, A.C.(2002). Exposure therapy for posttraumatic stress disorder. *American Journal of Psychotherapy, 56*,59-75.

Rotter, J.B.(1966). Generalized expectancies for internal versus external locus of control of reinforcement *Psychological Monographs: General and Applied, 80*,1-28.

Rotton, L.(1992). Trait humor and longevity: Do comics have the last laugh? *Health Psychology, 11*,262-266.

Roy-Byrne, P.P., & Cowley, D.(1998). *Pharmacological treatment of panic, generalized anxiety, and phobic disorders.* New York: Oxford University Press.

Roy-Byrne, P.P., & Cowley, D.S.(2002). Pharmacological treatments for panic disorder, generalized anxiety disorder, specific phobia, and social anxiety disorder. In P.E. Nathan & J.M. Gorman (Eds.), *A guide to treatments that work* (2nd ed., pp.337-365). New York: Oxford University Press.

Rozenblit, L., & Keil, F.C.(2002). The misunderstood limits of folk science: An illusion of explanatory depth. *Cognitive Science, 26*,521-562.

Rozin, P.(1968). Are carbohydrate and protein intakes separately regulated? *Journal of Comparative and Physiological Psychology, 65*,23-29.

Rozin, P., Bauer, R., & Catanese, D.(2003). Food and life, pleasure and worry, among American college students: Gender differences and regional similarities. *Journal of Personality and Social Psychology 85*,132-141.

Rozin, P., Dow, S., Moscovitch, M., & Rajaram, S.(1998). What causes humans to begin and end a meal? A role for memory for what has been eaten, as evidenced by a study of multiple meal eating in amnesic patients. *Psychological Science, 9*,392-396.

Rozin, P., Kabnick, K., Pete, E., Fischler, C., & Shields, C.(2003). The ecology of eating: Smaller portion size in France than in the United States helps to explain the French paradox. *Psychological Science, 14*,450-454.

Rozin, P., & Kalat, J.W.(1971). Specific hungers and poison avoidance as adaptive specializations of learning. *Psychological Review, 78*,459-486.

Rozin, P., Scott, S., Dingley, M., Urbanek, J.K., Jiang, H., & Kaltenbach, M.(2011). Nudge to nobesity: I. Minor changes in accessibility decrease food intake. *Judgment and Decision Making, 6*,323-332.

Rozin, P., Trachtenberg, S., & Cohen, A.B.(2001). Stability of body image and body image dissatisfaction in American college students over about the last 15 years. *Appetite, 37*,245-248.

Rubin, M., & Badea, C.(2012). They're all the same! ... but for several different reasons: A review of the multicausal nature of perceived group variability. *Current Directions in Psychological Science, 21*(6),367-372. doi:10.1177/0963721412457363

Rubin, Z.(1973). *Liking and loving.* New York: Holt, Rinehart & Winston.

Rubin-Fernandez, P., & Geurts, B.(2012). How to pass the false-belief task before your fourth birthday. *Psychological Science, 24*(1),27-33. doi:10.1177/0956797612447819

Rudman, L.A., Ashmore, R.D., & Gary, M.L.(2001). "Unlearning" automatic biases: The malleability of implicit prejudice and stereotypes. *Journal of Personality and Social Psychology, 81*,856-868.

Rusbult, C.E.(1983). A longitudinal test of the investment model: The development (and deterioration) of satisfaction and commitment in heterosexual involvements. *Journal of Personality and Social Psychology, 45*,101-117.

Rusbult, C.E., & Van Lange, P.A.M.(2003). Interdependence, interaction and relationships. *Annual Review of Psychology,*

54,351-375.

Rusbult, **C.E.**, **Verette**, **J.**, **Whitney**, **G.A.**, & **Slovik**, **L.F.**(1991). Accommodation processes in close relationships: Theory and preliminary empirical evidence. *Journal of Personality and Social Psychology, 60*,53-78.

Ruscio, **A.M.**, **Stein**, **D.J.**, **Chiu**, **W.T.**, **Kessler**, **R.C.**(2010). The epidemiology of obsessive-compulsive disorder in the National Comorbidity Survey Replication. *Molecular Psychiatry, 15*,53-63.

Rushton, **J.P.**(1995). Asian achievement, brain size, and evolution: Comment on A.H. Yee. *Educational Psychology Review, 7*,373-380.

Rushton, **J.P.**, & **Templer**, **D.I.**(2009). National differences in intelligence, crime, income, and skin color. *Intelligence, 37*(4),341-346.

Russell, **B.**(1945). *A history of Western philosophy*. New York: Simon & Schuster.

Russell, **J.**, **Gee**, **B.**, & **Bullard**, **C.**(2012). Why do young children hide by closing their eyes? Self-visibility and the developing concept of self. *Journal of Cognition and Development, 13*(4),550-576. doi:10.1080/15248372.2011.594826

Russell, **J.A.**(1980). A circumplex model of affect. *Journal of Personality and Social Psychology, 39*,1161-1178.

Rutledge, **R.B.**, **Lazzaro**, **S.C.**, **Lau**, **B.**, **Myers**, **C.E.**, **Gluck**, **M.A.**, & **Glimcher**, **P.W.**(2009). Dopaminergic drugs modulate learning rates and perseveration in Parkinson's patients in a dynamic foraging task. *Journal of Neuroscience, 29*,15104-15114.

Rutter, **M.**, **O'Connor**, **T.G.**, & **the English and Romanian Adoptees Study Team**.(2004). Are there biological programming effects for psychological development? Findings from a study of Romanian adoptees. *Developmental Psychology, 40*,81-94.

Rutter, **M.**, & **Silberg**, **J.**(2002). Gene-environment interplay in relation to emotional and behavioral disturbance. *Annual Review of Psychology, 53*,463-490.

Ryan, **R.M.**, & **Deci**, **E.L.**(2000). Self-determination theory and the facilitation of intrinsic motivation, social development, and wellbeing. *American Psychologist, 55*,68-78.

Ryle, **G.**(1949). *The Concept of Mind*, Hutchinson, London.

Sachs, **J.S.**(1967). Recognition of semantic, syntactic, and lexical changes in sentences. *Psychonomic Bulletin & Review, 1*,17-18.

Sacks, **O.**(1995). *An anthropologist on Mars*. New York: Knopf.

Sacks, **O.**(1996). *An anthropologist on Mars* (ppbk). Visalia, CA: Vintage.

Saks, **E.R.**(2013, January 25). Successful and schizophrenic. *New York Times*. Retrieved from http://www.nytimes.com/2013/01/27/opinion/sunday/schizophrenic-not-stupid.html

Saffran, **J.R.**, **Aslin**, **R.N.**, & **Newport**, **E.I.**(1996). Statistical learning by 8-month-old infants. *Science, 274*,1926-1928.

Sahakian, **B.**, & **Morein-Zamir**, **S.**(2007). Professor's little helper. *Nature, 450*(7173),1157-1159.

Sakuraba, **S.**, **Sakai**, **S.**, **Yamanaka**, **M.**, **Yokosawa**, **Y.**, & **Hirayama**, **K.**(2012). Does the human dorsal stream really process a category for tools? *Journal of Neuroscience, 32*,3949-3953.

Sallet, **J.**, **Mars**, **R.B.**, **Noonan**, **M.P.**, **Andersson**, **J.L.**, **O'Reilly**, **J.X.**, **Jbabdi**, **S.**, ... **Rushworth**, **M.F.S.**(2011). Social network size affects neural circuits in macaques. *Science, 334*(6056),697-700. doi:10.1126/science.1210027

Salmon, **D.P.**, & **Bondi**, **M.W.**(2009). Neuropsychological assessment of dementia. *Annual Review of Psychology, 60*,257-282.

Salovey, **P.**, & **Grewal**, **D.**(2005). The science of emotional intelligence. *Current Directions in Psychological Science, 14*(6),281-285.

Salthouse, **T.A.**(1984). Effects of age and skill in typing. *Journal of Experimental Psychology: General, 113*,345-371.

Salthouse, **T.A.**(1987). Age, experience, and compensation. In C. Schooler & K.W. Schaie (Eds.), *Cognitive functioning and social structure over the life course* (pp.142-150). Norwood, NJ: Ablex.

Salthouse, **T.A.**(1996a). General and specific mediation of adult age differences in memory. *Journal of Gerontology: Series B: Psychological Sciences and Social Sciences, 51B*, pp.30-42.

Salthouse, **T.A.**(1996b). The processing-speed theory of adult age differences in cognition. *Psychological Review, 103*,403-428.

Salthouse, **T.A.**(2000). Pressing issues in cognitive aging. In D. Park & N. Schwartz (Eds.), *Cognitive aging: A primer* (pp.43-

54). Philadelphia: Psychology Press.

Salthouse, **T.A**.(2001). Structural models of the relations between age and measures of cognitive functioning. *Intelligence*, *29*,93-115.

Salthouse, **T.A**.(2006). Mental exercise and mental aging. *Perspectives on Psychological Science*, *1*(1),68-87.

Salvatore, **J.E**., **Kuo**, **S.I.-C**., **Steele**, **R.D**., **Simpson**, **J.A**., & **Collins**, **W.A**.(2011). Recovering from conflict in romantic relationships: A developmental perspective. *Psychological Science*, *22*(3),376-383. doi:10.1177/0956797610397055

Sampson, **R.J**., & **Laub**, **J.H**.(1995). Understanding variability in lives through time: Contributions of life-course criminology. *Studies of Crime Prevention*, *4*,143-158.

Sandin, **R.H**., **Enlund**, **G**., **Samuelsson**, **P**., & **Lenmarken**, **C**.(2000). Awareness during anesthesia: A prospective case study. *Lancet*, *355*,707-711.

Sapolsky, **R.M**., & **Share**, **L.J**.(2004). A pacific culture among wild baboons: Its emergence and transmission. *PLoS Biology*, *2*, e106.

Sara, **S.J**.(2000). Retrieval and reconsolidation: Toward a neurobiology of remembering. *Learning & Memory*, *7*,73-84.

Sarris, **V** (1989). Max Wertheimer on seen motion: Theory and evidence. *Psychological Research*, *51*,58-68.

Sarter, **M**.(2006). Preclinical research into cognition enhancers. *Trends in Pharmacological Sciences*, *27*,602-608.

Sasanuma, **S**.(1975). Kana and kanji processing in Japanese aphasics. *Brain and Language*, *2*,369-383.

Satcher, **D**.(2001). *The Surgeon General's call to action to promote sexual health and responsible sexual behavior*. Washington, DC: U.S. Government Printing Office.

Satterwhite, **C.L**., **Torrone**, **E**., **Meites**, **E**., **Dunne**, **E.F**., **Mahajan**, **R**., **Ocfernia**, **M.C**., ... **Weinstock**, **H**.(2013). Sexually transmitted infections among U.S. women and men: Prevalence and incidence estimates, 2008. *Sexually Transmitted Diseases*, *40*(3),187-193.

Savage, **C.R**., **Deckersbach**, **T**., **Heckers**, **S**., **Wagner**, **A.D**., **Schacter**, **D.L**., **Alpert**, **N.M**., ... **Rauch**, **S.L**.(2001). Prefrontal regions supporting spontaneous and directed application of verbal learning strategies: Evidence from PET. *Brain*, *124*,219-231.

Savage-Rumbaugh, **S**., & **Lewin**, **R**.(1996). *Kanzi: The ape on the brink of the human mind*. New York: Wiley.

Savage-Rumbaugh, **S**., **Shanker**, **G**., & **Taylor**, **T.J**.(1998). *Apes, language, and the human mind*. Oxford, England: Oxford University Press.

Savic, **I**., **Berglund**, **H**., & **Lindstrom**, **P**.(2005). Brain response to putative pheromones in homosexual men. *Proceedings of the National Academy of Sciences*, *USA*, *102*,7356-7361.

Savic, **I**., & **Lindstrom**, **P**.(2008). PET and MRI show differences in cerebral asymmetry and functional connectivity between homo-and heterosexual subjects. *Proceedings of the National Academy of Sciences*, *USA*, *105*(27),9403-9408.

Sawa, **A**., & **Snyder**, **S.H**.(2002). Schizophrenia: Diverse approaches to a complex disease. *Science*, *295*,692-695.

Sawyer, **T.F**.(2000). Francis Cecil Sumner: His views and influence on African American higher education. *History of Psychology*, *3*(2),122-141.

Scarborough, **E**., & **Furumoto**, **L**.(1987). *Untold lives: The first generation of American women psychologists*. New York: Columbia University Press.

Scarr, **S**., **Pakstis**, **A.J**., **Katz**, **S.H**., & **Barker**, **W.B**.(1977). Absence of a relationship between degree of White ancestry and intellectual skills within a Black population. *Human Genetics*, *39*(1),69-86.

Schachter, **S**.(1982). Recidivism and self-cure of smoking and obesity. *American Psychologist*, *37*,436-444.

Schachter, **S**., & **Singer**, **J.E**.(1962). Cognitive, social, and psychological determinants of emotional state. *Physiological Review*, *69*,379-399.

Schacter, **D.L**.(1987). Implicit memory: History and current status. *Journal of Experimental Psychology: Learning, Memory, and Cognition*, *13*,501-518.

Schacter, **D.L**.(1996). *Searching for memory: The brain, the mind, and the past*. New York: Basic Books.

Schacter, **D.L**.(1999). The seven sins of memory: Insights from psychology and cognitive neuroscience. *American Psychologist*, *54*(3),182-203.

Schacter, D.L.(2001a). *Forgotten ideas, neglected pioneers: Richard Semon and the story of memory*. Philadelphia: Psychology Press.

Schacter, D.L.(2001b). *The seven sins of memory: How the mind forgets and remembers*. Boston: Houghton Mifflin.

Schacter, D.L.(2012). Adaptive constructive processes and the future of memory. *American Psychologist, 67*,603-613.

Schacter, D.L., & Addis, D.R.(2007). The cognitive neuroscience of constructive memory: Remembering the past and imagining the future. *Philosophical Transactions of the Royal Society of London. Series B: Biological Sciences, 362*,773-786.

Schacter, D.L., Addis, D.R., & Buckner, R.L.(2008). Episodic simulation of future events: Concepts, data, and applications. *Annals of the New York Academy of Sciences, 1124*,39-60.

Schacter, D.L., Addis, D.R., Hassabis, D., Martin, V.C., Spreng, R.N., & Szpunar, K.K.(2012). The future of memory: Remembering, imagining, and the brain. *Neuron, 16*,582-583.

Schacter, D.L., Alpert, N.M., Savage, C.R., Rauch, S.L., & Albert, M.S.(1996). Conscious recollection and the human hippocampal formation: Evidence from positron emission tomography. *Proceedings of the National Academy of Sciences, USA, 93*,321-325.

Schacter, D.L., & Buckner, R.L.(1998). Priming and the brain. *Neuron, 20*,185-195.

Schacter, D.L., & Curran, T.(2000). Memory without remembering and remembering without memory: Implicit and false memories. In M.S. Gazzaniga (Ed.), *The new cognitive neurosciences* (2nd ed., pp.829-840). Cambridge, MA: MIT Press.

Schacter, D.L., Dobbins, I.G., & Schnyer, D.M.(2004). Specificity of priming: A cognitive neuroscience perspective. *Nature Reviews Neuroscience, 5*,853-862.

Schacter, D.L., Gaesser, B., & Addis, D.R.(2012). Remembering the past and imagining the future in the elderly. *Gerontologist, 59*(2),143-151. doi:10.1159/000342198

Schacter, D.L., Guerin, S.A., & St. Jacques, P.L.(2011). Memory distortion: An adaptive perspective. *Trends in Cognitive Sciences, 15*,467-474.

Schacter, D.L., Harbluk, J.L., & McLachlan, D.R.(1984). Retrieval without recollection: An experimental analysis of source amnesia. *Journal of Verbal Learning and Verbal Behavior, 23*,593-611.

Schacter, D.L., Israel, L., & Racine, C.A.(1999). Suppressing false recognition in younger and older adults: The distinctiveness heuristic. *Journal of Memory and Language, 40*,1-24.

Schacter, D.L., & Loftus, E.F.(2013). Memory and law: What can cognitive neuroscience contribute? *Nature Neuroscience, 16*,119-123.

Schacter, D.L., Reiman, E., Curran, T., Yun, L.S., Bandy, D., McDermott, K.B., & Roediger, H.L., III.(1996). Neuroanatomical correlates of veridical and illusory recognition memory: Evidence from positron emission tomography. *Neuron, 17*,267-274.

Schacter, D.L., & Tulving, E.(1994). *Memory systems 1994*. Cambridge, MA: MIT Press.

Schacter, D.L., Wagner, A.D., & Buckner, R.L.(2000). Memory systems of 1999. In E. Tulving & F.I.M. Craik (Eds.), *The Oxford handbook of memory* (pp.627-643). New York: Oxford University Press.

Schacter, D.L., Wig, G.S., & Stevens, W.D.(2007). Reductions in cortical activity during priming. *Current Opinion in Neurobiology, 17*,171-176.

Schafer, R.B., & Keith, P.M.(1980). Equity and depression among married couples. *Social Psychology Quarterly, 43*,430-435.

Schaie, K.W.(1996). *Intellectual development in adulthood: The Seattle Longitudinal Study*. New York: Cambridge University Press.

Schaie, K.W.(2005). *Developmental influences on adult intelligence: The Seattle Longitudinal Study*. New York: Oxford University Press.

Schapira, A.H.V., Emre, M., Jenner, P., & Poewe, W.(2009). Levodopa in the treatment of Parkinson's disease. *European Journal of Neurology, 16*,982-989.

Schatzberg, A.F., Cole, J.O., & DeBattista, C.(2003). *Manual of clinical psychopharmacology* (4th ed.). Washington, DC: American Psychiatric Publishing.

Schenk, T., Ellison, A., Rice, N., & Milner, A.D.(2005). The role of V5/MT+in the control of catching movements: An rTMS study. *Neuropsychologia*, *43*,189-198.

Scherer, K.R.(1999). Appraisal theory. In T. Dalgleish & M. Power (Eds.), *Handbook of cognition and emotion* (pp.637-663). New York: Wiley.

Scherer, K.R.(2001). The nature and study of appraisal: A review of the issues. In K.R. Scherer, A. Schorr, & T. Johnstone (Eds.), *Appraisal processes in emotion*: *Theory*, *methods*, *research* (pp.369-391). New York: Oxford University Press.

Schiff, M., Duyme, M., Stewart, J., Tomkiewicz, S., & Feingold, J.(1978). Intellectual status of working class children adopted early in upper middle class families. *Science*, *200*,1503-1504.

Schildkraut, J.J.(1965). The catecholamine hypothesis of affective disorders: A review of supporting evidence. *American Journal of Psychiatry*, *122*,509-522.

Schiller, D., Monfils, M.H., Raio, C.M., Johnson, D.C., LeDoux, J.E., & Phelps, E.A.(2010). Preventing the return of fear in humans using reconsolidation update mechanisms. *Nature*, *463*,49-54.

Schilling, O.K., Wahl, H.-W., & Wiegering, S.(2013). Affective development in advanced old age: Analyses of terminal change in positive and negative affect. *Developmental Psychology*, *49*(5),1011-1020. doi:10.1037/a0028775

Schlegel, A., & Barry, H., III.(1991). *Adolescence*: *An anthropological inquiry*. New York: Free Press.

Schlesinger, J. *The insanity hoax*: *Exposing the myth of the mad genius*. Ardsley-on-Hudson, NY: Shrinktunes Media.

Schmader, T., Johns, M., & Forbes, C.(2008). An integrated process model of stereotype threat effects on performance. *Psychological Review*, *115*,336-356.

Schmidt, F.L., & Hunter, J.E.(1998). The validity and utility of selection methods in personnel psychology: Practical and theoretical implications of 85 years of research findings. *Psychological Bulletin*, *124*,262-274.

Schmitt, D.P., Jonason, P.K., Byerley, G.J., Flores, S.D., Illbeck, B.E., O'Leary, K.N., & Qudrat, A.(2012). A reexamination of sex differences in sexuality: New studies reveal old truths. *Current Directions in Psychological Science*, *21*(2),135-139. doi:10.1177/0963721412436808

Schmitt, D.P., Realo, A., Voracek, M., & Allik, J.(2008). Why can't a man be more like a woman? Sex differences in personality traits across 55 cultures. *Journal of Personality and Social Psychology*, *94*,168-182.

Schneider, B.H., Atkinson, L., & Tardif, C.(2001). Child-parent attachment and children's peer relations: A quantitative review. *Developmental Psychology*, *37*,86-100.

Schnorr, J.A., & Atkinson, R.C.(1969). Repetition versus imagery instructions in the short-and long-term retention of paired associates. *Psychonomic Science*, *15*,183-184.

Schoenemann, P.T., Sheenan, M.J., & Glotzer, L.D.(2005). Prefrontal white matter volume is disproportionately larger in humans than in other primates. *Nature Neuroscience*, *8*,242-252.

Schonberg, T., O'Doherty, J.P., Joel, D., Inzelberg, R., Segev, Y., & Daw, N.D.(2009). Selective impairment of prediction error signaling in human dorsolateral but not ventral striatum in Parkinson's disease patients: Evidence from a model-based fMRI study. *NeuroImage*, *49*,772-781.

Schott, B.J., Henson, R.N., Richardson-Klavehn, A., Becker, C., Thoma, V., Heinze, H.J., & Duzel, E.(2005). Redefining implicit and explicit memory: The functional neuroanatomy of priming, remembering, and control of retrieval. *Proceedings of the National Academy of Sciences*, *USA*, *102*,1257-1262.

Schouwenburg, H.C.(1995). Academic procrastination: Theoretical notions, measurement, and research. In J.R. Ferrari, J.L. Johnson, & W.G. McCown (Eds.), *Procrastination and task avoidance*: *Theory*, *research*, *and treatment* (pp.71-96). New York: Plenum Press.

Schreiner, C.E., Read, H.L., & Sutter, M.L.(2000). Modular organization of frequency integration in primary auditory cortex. *Annual Review of Neuroscience*, *23*,501-529.

Schreiner, C.E., & Winer, J.A.(2007). Auditory cortex mapmaking: Principles, projections, and plasticity. *Neuron*, *56*,356-365.

Schubert, T.W., & Koole, S.L.(2009). The embodied self: Making a fist enhances men's power-related self-conceptions. *Journal of Experimental Social Psychology*, *45*,828-834.

Schultz, D., Izard, C.E., & Bear, G.(2004). Children's emotion processing: Relations to emotionality and aggression.

Development and Psychopathology, *16*(2),371-387.

Schultz, **D.P.**, & **Schultz**, **S.E.**(1987). *A history of modern psychology* (4th ed.). San Diego: Harcourt Brace Jovanovich.

Schultz, **W**.(2006). Behavioral theories and the neurophysiology of reward. *Annual Review of Psychology*, *57*,87-115.

Schultz, **W**.(2007). Behavioral dopamine signals. *Trends in Neurosciences*, *30*,203-210.

Schultz, **W**., **Dayan**, **P**., & **Montague**, **P.R**.(1997). A neural substrate of prediction and reward. *Science*, *275*,1593-1599.

Schwartz, **B.L**.(2002). *Tip-of-the-tongue states*: *Phenomenology, mechanisms, and lexical retrieval*. Mahwah, NJ: Erlbaum.

Schwartz, **C.E.**, **Wright**, **C.I.**, **Shin**, **L.M.**, **Kagan**, **J.**, & **Rauch**, **S.L**.(2003). Inhibited and uninhibited infants "grown up": Adult amygdalar response to novelty. *Science*, *300*,1952-1953.

Schwartz, **J.H.**, & **Westbrook**, **G.L**.(2000). The cytology of neurons. In E.R. Kandel, G.H. Schwartz, & T.M. Jessell (Eds.), *Principles of neural science* (pp.67-104). New York: McGraw-Hill.

Schwartz, **S.**, & **Maquet**, **P**.(2002). Sleep imaging and the neuropsychological assessment of dreams. *Trends in Cognitive Sciences*, *6*,23-30.

Schwartzman, **A.E.**, **Gold**, **D.**, & **Andres**, **D**.(1987). Stability of intelligence: A 40-year follow-up. *Canadian Journal of Psychology*, *41*,244-256.

Schwarz, **N.**, & **Clore**, **G.L**.(1983). Mood, misattribution, and judgments of well-being: Informative and directive functions of affective states. *Journal of Personality and Social Psychology*, *45*,513-523.

Schwarz, **N.**, **Mannheim**, **Z.**, & **Clore**, **G.L**.(1988). How do I feel about it? The informative function of affective states. In K. Fiedler & J. Forgas (Eds.), *Affect cognition and social behavior*: *New evidence and integrative attempts* (pp.44-62). Toronto: C.J. Hogrefe.

Schweizer, **T.A.**, **Ware**, **J.**, **Fischer**, **C.E.**, **Craik**, **F.I.M.**, & **Bialystok**, **E**.(2012). Bilingualism as a contributor to cognitive reserve: Evidence from brain atrophy in Alzheimer's disease. *Cortex*, *48*,991-996.

Scoville, **W.B.**, & **Milner**, **B**.(1957). Loss of recent memory after bilateral hippocampal lesions. *Journal of Neurology, Neurosurgery, and Psychiatry*, *20*,11-21.

Scribner, **S**.(1975). Recall of classical syllogisms: A cross-cultural investigation of errors on logical problems. In R.J. Falmagne (Ed.), *Reasoning*: *Representation and process in children and adults* (pp.153-173). Hillsdale, NJ: Erlbaum.

Scribner, **S**.(1984). Studying working intelligence. In B. Rogoff & J. Lave (Eds.), *Everyday cognition*: *Its development in social context* (pp.9-40). Cambridge, MA: Harvard University Press.

Sedlmeier, **P.**, **Eberth**, **J.**, **Schwarz**, **M.**, **Zimmermann**, **D.**, **Haarig**, **F.**, **Jaeger**, **S.**, & **Kunze**, **S**.(2012). The psychological effects of meditation: A meta-analysis. *Psychological Bulletin*, *138*,1139-1171.

Seeman, **T.E.**, **Dubin**, **L.F.**, & **Seeman**, **M**.(2003). Religiosity/ spirituality and health: A critical review of the evidence for biological pathways. *American Psychologist*, *58*,53-63.

Segall, **M.H.**, **Lonner**, **W.J.**, & **Berry**, **J.W**.(1998). Cross-cultural psychology as a scholarly discipline: On the flowering of culture in behavioral research. *American Psychologist*, *53*(10),1101-1110.

Seidman, **G**.(2013). Self-presentation and belonging on Facebook: How personality influences social media use and motivations. *Personality and Individual Differences*, *54*,402-407.

Seligman, **M.E.P**.(1971). Phobias and preparedness. *Behavior Therapy*, *2*,307-320.

Seligman, **M.E.P**.(1995). The effectiveness of psychotherapy: The consumer reports study. *American Psychologist*, *48*,966-971.

Selikoff, **I.J.**, **Robitzek**, **E.H.**, & **Ornstein**, **G.G**.(1952). Toxicity of hydrazine derivatives of isonicotinic acid in the chemotherapy of human tuberculosis. *Quarterly Bulletin of SeaView Hospital*, *13*,17-26.

Selye, **H.**, & **Fortier**, **C**.(1950). Adaptive reaction to stress. *Psychosomatic Medicine*, *12*,149-157.

Semenza, **C**.(2009). The neuropsychology of proper names. *Mind & Language*, *24*,347-369.

Semenza, **C.**, & **Zettin**, **M**.(1989). Evidence from aphasia from proper names as pure referring expressions. *Nature*, *342*,678-679.

Senghas, **A.**, **Kita**, **S.**, & **Ozyurek**, **A**.(2004). Children create core properties of language: Evidence from an emerging sign language in Nicaragua. *Science*, *305*,1782.

Senior, J.(2014). *All joy and no fun: The paradox of modern parenthood*. New York: Harper-Collins.

Senju, A., Maeda, M., Kikuchi, Y., Hasegawa, T., Tojo, Y., & Osanai, H.(2007). Absence of contagious yawning in children with autism spectrum disorder. *Biology Letters*, *3*(6),706-708.

Senju, A., Southgate, V., Snape, C., Leonard, M., & Csibra, G.(2011). Do 18-month-olds really attribute mental states to others?: A critical test. *Psychological Science*, *22*(7),878-880. doi:10.1177/0956797611411584

Senju, A., Southgate, V., White, S., & Frith, U.(2009). Mindblind eyes: An absence of spontaneous theory of mind in Asperger syndrome. *Science*, *325*,883-885.

Serpell, R.(1974). Aspects of intelligence in a developing country. *African Social Research*, *17*,578-596.

Seybold, K.S., & Hill, P.C.(2001). The role of religion and spirituality in mental and physical health. *Current Directions in Psychological Science*, *10*,21-23.

Seymour, K., Clifford, C.W.G., Logothetis, N.K., & Bartels, A.(2010). Coding and binding of color and form in visual cortex. *Cerebral Cortex*. doi:10.1093/cercor/bhp265

Shafritz, K.M., Gore, J.C., & Marois, R.(2002). The role of the parietal cortex in visual feature binding. *Proceedings of the National Academy of Sciences, USA*, *99*,10917-10922.

Shah, J.Y., Higgins, E.T., & Friedman, R.S.(1998). Performance incentives and means: How regulatory focus influences goal attainment. *Journal of Personality and Social Psychology*, *74*,285-293.

Shallcross, A.J., Ford, B. Q, Floerke, V.A., & Mauss, I.B.(2013). Getting better with age: The relationship between age, acceptance, and negative affect. *Journal of Personality and Social Psychology*, *104*(4),734-749. doi:10.1037/a0031180

Shallice, T., Fletcher, P., Frith, C.D., Grasby, P., Frackowiak, R.S.J., & Dolan, R.J.(1994). Brain regions associated with acquisition and retrieval of verbal episodic memory. *Nature*, *368*,633-635.

Shariff, A.F., & Tracy, J.L.(2011). What are emotion expressions for? *Current Directions in Psychological Science*, *20*(6),395-399.

Sharot, T.(2011). *The optimism bias: A tour of the irrationally positive brain*. New York: Pantheon Books.

Shaw, J.S., Bjork, R.A., & Handal, A.(1995). Retrieval-induced forgetting in an eyewitness paradigm. *Psychonomic Bulletin & Review*, *13*,1023-1027.

Shedler, J.(2010). The efficacy of psychodynamic psychotherapy. *American Psychologist*, *65*,98-109.

Shedler, J., & Block, J.(1990). Adolescent drug use and psychological health: A longitudinal inquiry. *American Psychologist*, *45*,612-630.

Sheehan, P.(1979). Hypnosis and the process of imagination. In E. Fromm & R.S. Shor (Eds.), *Hypnosis: Developments in research and new perspectives* (pp.293-319). Chicago: Aldine.

Sheese, B.E., & Graziano, W.G.(2005). Deciding to defect: The effects of video-game violence on cooperative behavior. *Psychological Science*, *16*,354-357.

Shen, H., Wan, F., & Wyer, R.S.(2011). Cross-cultural differences in the refusal to accept a small gift: The differential influence of reciprocity norms on Asians and North Americans. *Journal of Personality and Social Psychology*, *100*(2),271-281. doi:10.1037/a0021201

Shenton, M.E., Dickey, C.C., Frumin, M., & McCarley, R.W.(2001). A review of MRI findings in schizophrenia. *Schizophrenia Research*, *49*,1-52.

Shepherd, G.M.(1988). *Neurobiology*. New York: Oxford University Press.

Shepperd, J., Malone, W., & Sweeny, K.(2008). Exploring the causes of the self-serving bias. *Social and Personality Psychology Compass*, *2*(2),895-908.

Sherry, D.F., & Schacter, D.L.(1987). The evolution of multiple memory systems. *Psychological Review*, *94*,439-454.

Sherry, S.B., & Hall, P.A.(2009). The perfectionism model of binge eating: Tests of an integrative model. *Journal of Personality and Social Psychology*, *96*(3),690-709.

Shiffman, S., Gnys, M., Richards, T.J., Paty, J.A., & Hickcox, M.(1996). Temptations to smoke after quitting: A comparison of lapsers and maintainers. *Health Psychology*, *15*,455-461.

Shih, **M.**, **Pittinsky**, **T.L.**, & **Ambady**, **N.**(1999). Stereotype susceptibility: Identity salience and shifts in quantitative performance. *Psychological Science*, *10*,80-83.

Shimamura, **A.P.**, & **Squire**, **L.R.**(1987). A neuropsychological study of fact memory and source amnesia. *Journal of Experimental Psychology*: *Learning*, *Memory*, *and Cognition*, *13*,464-473.

Shin, **L.M.**, **Rauch**, **S.L.**, & **Pitman**, **R.K.**(2006). Amygdale, medial prefrontal cortex, and hippocampal function in PTSD. *Annals of the New York Academy of Science*, *1071*,67-79.

Shinskey, **J.L.**, & **Munakata**, **Y.**(2005). Familiarity breeds searching. *Psychological Science*, *16*(8),596-600.

Shipstead, **Z.**, **Redick**, **T.S.**, & **Engle**, **R.W.**(2012). Is working memory training effective? *Psychological Bulletin*, *138*,628-654.

Shiv, **B.**, **Loewenstein**, **G.**, **Bechara**, **A.**, **Damasio**, **H.**, & **Damasio**, **A.R.**(2005). Investment behavior and the negative side of emotion. *Psychological Science*, *16*,435-439.

Shomstein, **S.**, & **Yantis**, **S.**(2004). Control of attention shifts between vision and audition in human cortex. *Journal of Neuroscience*, *24*,10702-10706.

Shore, **C.**(1986). Combinatorial play: Conceptual development and early multiword speech. *Developmental Psychology*, *22*,184-190.

Shultz, **S.**, & **Dunbar**, **R.**(2012). Encephalization is not a universal macroevolutionary phenomenon in mammals but is associated with sociality. *Proceedings of the National Academy of Sciences*, *107*,21582-21586.

Shweder, **R.A.**(1991). *Thinking through cultures*: *Expeditions in cultural psychology*. Cambridge, MA: Harvard University Press.

Shweder, **R.A.**, & **Sullivan**, **M.A.**(1993). Cultural psychology: Who needs it? *Annual Review of Psychology*, *44*,497-523.

Siegel, **A.**, **Roeling**, **T.A.P.**, **Gregg**, **T.R.**, & **Kruk**, **M.R.**(1999).Neuropharmacology of brain-stimulation-evoked aggression. *Neuroscience and Biobehavioral Reviews*, *23*,359-389.

Siegel, **S.**(1976). Morphine analgesia tolerance: Its situational specificity supports a Pavlovian conditioning model. *Science*, *193*,323-325.

Siegel, **S.**(1984). Pavlovian conditioning and heroin overdose: Reports by overdose victims. *Bulletin of the Psychonomic Society*, *22*,428-430.

Siegel, **S.**(2005). Drug tolerance, drug addiction, and drug anticipation. *Current Directions in Psychological Science*, *14*,296-300.

Siegel, **S.**, **Baptista**, **M.A.S.**, **Kim**, **J.A.**, **McDonald**, **R.V.**, & **Weise-Kelly**, **L.**(2000). Pavlovian psychopharmacology: The associative basis of tolerance. *Experimental and Clinical Psychopharmacology*, *8*,276-293.

Siegler, **R.S.**(1992). The other Alfred Binet. *Developmental Psychology*, *28*(2),179-190. doi:10.1037/0012-1649.28.2.179

Sigman, **M.**, **Spence**, **S.J.**, & **Wang**, **T.**(2006). Autism from developmental and neuropsychological perspectives. *Annual Review of Clinical Psychology*, *2*,327-355.

Sigurdsson, **T.**, **Doyere**, **V.**, **Cain**, **C.K.**, & **LeDoux**, **J.E.**(2007).Longterm potentiation in the amygdala: A cellular mechanism of fear learning and memory. *Neuropharmacology*, *52*,215-227.

Silver, **N.**(2013, March 26). How opinion on same-sex marriage is changing, and what it means. *New York Times*. Retrieved from http://fivethirtyeightblogs.nytimes.com/2013/03/26/how-opinion-on-same-sex-marriage-is-changing-and-what-it-means/

Silver, **R.L.**, **Boon**, **C.**, & **Stones**, **M.H.**(1983). Searching for meaning in misfortune: Making sense of incest. *Journal of Social Issues*, *39*,81-102.

Simon, **L.**(1998). *Genuine reality*: *A life of William James*. New York: Harcourt Brace.

Simon, **R.W.**(2008). The joys of parenthood reconsidered. *Contexts*, *7*,40-45.

Simons, **D.J.**, & **Chabris**, **C.F.**(1999). Gorillas in our midst: Sustained inattentional blindness for dynamic events. *Perception*, *28*,1059-1074.

Simons, **D.J.**, & **Levin**, **D.T.**(1998). Failure to detect changes to people during a real-world interaction. *Psychonomic Bulletin & Review*, *5*,644-649.

Simons, **D.J.**, & **Rensink**, **R.A.**(2005). Change blindness: Past, present, and future. *Trends in Cognitive Sciences*, *9*,16-20.

Simpson, A., & Riggs, K.J.(2011). Three-and 4-year-olds encode modeled actions in two ways leading to immediate imitation and delayed emulation. *Developmental Psychology*, *47*(3),834-840. doi:10.1037/a0023270

Simpson, E.L.(1974). Moral development research: A case study of scientific cultural bias. *Human Development*, *17*,81-106.

Simpson, J.A., Campbell, B., & Berscheid, E.(1986). The association between romantic love and marriage: Kephart (1967) twice revisited. *Personality and Social Psychology Bulletin*, *12*,363-372.

Simpson, J.A., Collins, W.A., & Salvatore, J.E.(2011). The impact of early interpersonal experience on adult romantic relationship functioning: Recent findings from the Minnesota Longitudinal Study of Risk and Adaptation. *Current Directions in Psychological Science*, *20*(6),355-359. doi:10.1177/0963721411418468

Simpson, J.A., Collins, W.A., Tran, S., & Haydon, K.C.(2007). Attachment and the experience and expression of emotions in romantic relationships: A developmental perspective. *Journal of Personality and Social Psychology*, *92*(2),355-367. doi:10.1037/0022-3514.92.2.355

Singer, P.(1975). *Animal liberation*: *A new ethics for our treatment of animals*. New York: Random House.

Singer, T., Seymour, B., O'Doherty, J., Kaube, H., Dolan, R.J., & Frith, C.D.(2004). Empathy for pain involves the affective but not sensory components of pain. *Science*, *303*,1157-1162.

Singh, D.(1993). Adaptive significance of female physical attractiveness. Role of waist-to-hip ratio. *Journal of Personality and Social Psychology*, *65*,293-307.

Skinner, B.F.(1938). *The behavior of organisms*: *An experimental analysis*. New York: Appleton-Century-Crofts.

Skinner, B.F.(1948). "Superstition" in the pigeon. *Journal of Experimental Psychology*, *38*,168-172.

Skinner, B.F.(1950). Are theories of learning necessary? *Psychological Review*, *57*,193-216.

Skinner, B.F.(1953). *Science and human behavior*. New York: Macmillan.

Skinner, B.F.(1957). *Verbal behavior*. New York: Appleton-Century-Crofts.

Skinner, B.F.(1958). Teaching machines. *Science*, *129*,969-977.

Skinner, B.F.(1971). *Beyond freedom and dignity*. New York: Bantam Books.

Skinner, B.F.(1972). The operational analysis of psychological terms. In B.F. Skinner, *Cumulative record* (3rd ed., pp.370-384). New York: Appleton-Century-Crofts. (Original work published 1945.)

Skinner, B.F.(1979). *The shaping of a behaviorist*: *Part two of an autobiography*. New York: Knopf.

Skinner, B.F.(1986). *Walden II*. Englewood Cliffs, NJ: Prentice Hall. (Original work published 1948)

Skoe, E., & Kraus, N.(2012). A little goes a long way: How the adult brain is shaped by musical training in adulthood. *Journal of Neuroscience*, *32*,11507-11510.

Skotko, B.G., Levine, S.P., & Goldstein, R.(2011). Self-perceptions from people with Down syndrome. *American Journal of Medical Genetics Part A*, *155*(10),2360-2369. doi:10.1002/ajmg.a.34235

Slagter, H.A.(2012). Conventional working memory training may not improve intelligence. *Trends in Cognitive Sciences*, *16*,582-583.

Slater, A., Morison, V., & Somers, M.(1988). Orientation discrimination and cortical function in the human newborn. *Perception*, *17*,597-602.

Slotnick, S.D., & Schacter, D.L.(2004). A sensory signature that distinguished true from false memories. *Nature Neuroscience*, *7*,664-672.

Smart, E., Smart, L, & Morton, L.(2003). *Bringing Elizabeth home*: *A journey of faith and hope*. New York: Doubleday.

Smetacek, V.(2002). Balance: Mind-grasping gravity. *Nature*, *415*,481.

Smetana, J.G.(1981). Preschool children's conceptions of moral and social rules. *Child Development*, *52*,1333-1336.

Smetana, J.G., & Braeges, J.L.(1990). The development of toddlers' moral and conventional judgments. *Merrill-Palmer Quarterly*, *36*,329-346.

Smith, A.R., Seid, M.A., Jimanez, L.C., & Wcislo, W.T.(2010). Socially induced brain development in a facultatively eusocial sweat bee *Megalopta genalis (Halictidae)*. *Proceedings of the Royal Society B*: *Biological Sciences*.

Smith, **E.E.**, & **Jonides**, **J.**(1997). Working memory: A view from neuroimaging. *Cognitive Psychology*, *33*,5-42.

Smith, **M.L.**, **Glass**, **G.V.**, & **Miller**, **T.I.**(1980). *The benefits of psychotherapy*. Baltimore: Johns Hopkins University Press.

Smith, **N.**, & **Tsimpli**, **I.-M.**(1995). *The mind of a savant*. Oxford, England: Oxford University Press.

Snedeker, **J.**, **Geren**, **J.**, & **Shafto**, **C.**(2007). Starting over: International adoption as a natural experiment in language development. *Psychological Science*, *18*,79-87.

Snedeker, **J.**, **Geren**, **J.**, & **Shafto**, **C.**(2012). Disentangling the effects of cognitive development and linguistic expertise: A longitudinal study of the acquisition of English in internationally adopted children. *Cognitive Psychology*, *65*,39-76.

Solomon, **J.**, & **George**, **C.**(1999). The measurement of attachment security in infancy and childhood. In J. Cassidy & P.R. Shaver (Eds.), *Handbook of attachment*: *Theory, research and clinical applications* (pp.287-316). New York: Guilford Press.

Solomon, **S.**, **Greenberg**, **J.**, & **Pyszczynski**, **T.**(1991). A terror management theory of social behavior: The psychological functions of self-esteem and cultural worldviews. In M.P. Zanna (Ed.), *Advances in experimental social psychology* (Vol.24, pp.93-159). New York: Academic Press.

Solomon, **S.**, **Greenberg**, **J.**, **Pyszczynski**, **T.**, **Greenberg**, **J.**, **Koole**, **S.L.**, & **Pyszczynski**, **T.**(2004). The cultural animal: Twenty years of terror management theory and research. In J. Greenberg, S.L. Koole, & T. Pyszczynski (Eds.), *Handbook of experimental existential psychology* (pp.13-34). New York: Guilford Press.

Son, **L.K.**, & **Metcalfe**, **J.**(2000). Metacognitive and control strategies in study-time allocation. *Journal of Experimental Psychology*: *Learning, Memory, and Cognition*, *26*,204-221.

Sonnby-Borgstrom, **M.**, **Jonsson**, **P.**, & **Svensson**, **O.**(2003). Emotional empathy as related to mimicry reactions at different levels of information processing. *Journal of Nonverbal Behavior*, *27*,3-23.

Southgate, **V.**, **Senju**, **A.**, & **Csibra**, **G.**(2007). Action anticipation through attribution of false belief by two-year-olds. *Psychological Science*, *18*,587-592.

Sparrow, **B.**, **Liu**, **J.**, & **Wegner**, **D.M.**(2011). Google effects on memory: Cognitive consequence of having information at our fingertips. *Science*, *333*,776-778.

Spearman, **C.**(1904). "General intelligence," objectively determined and measured. *American Journal of Psychology*, *15*,201-293.

Speisman, **J.C.**, **Lazarus**, **R.S.**, **Moddkoff**, **A.**, & **Davison**, **L.**(1964). Experimental reduction of stress based on ego-defense theory. *Journal of Abnormal and Social Psychology*, *68*,367-380.

Spelke, **E.S.**(2005). Sex differences in intrinsic aptitude for mathematics and science: A critical review. *The American Psychologist*, *60*(9),950-958. doi:10.1037/0003-066X.60.9.950

Spellman, **B.A.**(1996). Acting as intuitive scientists: Contingency judgments are made while controlling for alternative potential causes. *Psychological Science*, *7*,337-342.

Spencer, **L.G.**(1929). *Illustrated phenomenology*: *The science and art of teaching how to read character — A manual of mental science*. London: Fowler.

Sperling, **G.**(1960). The information available in brief visual presentations. *Psychological Monographs*, *74* (Whole No.48).

Sperry, **R.W.**(1964). The great cerebral commissure. *Scientific American*, *210*,42-52.

Spinoza, **B.**(1982). *The ethics and selected letters* (S. Feldman, Ed., & S. Shirley, Trans.). Indianapolis, IN: Hackett. (Original work published 1677)

Spiro, **H.M.**, **McCrea Curnan**, **M.G.**, **Peschel**, **E.**, & **St. James**, **D.**(1994). *Empathy and the practice of medicine*: *Beyond pills and the scalpel*. New Haven, CT: Yale University Press.

Spitz, **R.A.**(1949). Motherless infants. *Child Development*, *20*,145-155.

Sprecher, **S.**(1999). "I love you more today than yesterday": Romantic partners' perceptions of changes in love and related affect over time. *Journal of Personality and Social Psychology*, *76*,46-53.

Squire, **L.R.**(1992). Memory and the hippocampus: A synthesis from findings with rats, monkeys, and humans. *Psychological Review*, *99*,195-231.

Squire, **L.R.**(2009). The legacy of patient HM for neuroscience. *Neuron*, *61*,6-9.

Squire, L.R., & Kandel, E.R.(1999). *Memory: From mind to molecules*. New York: Scientific American Library.

Squire, L.R., Knowlton, B., & Musen, G.(1993). The structure and organization of memory. *Annual Review of Psychology, 44*,453-495.

Squire, L.R., & Wixted, J.T.(2011). The cognitive neuroscience of memory since HM. *Annual Review of Neuroscience, 34*,259-288.

Srivistava, S., John, O.P., Gosling, S.D., & Potter, J.(2003). Development of personality in early and middle adulthood: Set like plaster or persistent change? *Journal of Personality and Social Psychology, 84*,1041-1053.

Sroufe, L.A., Egeland, B., & Kruetzer, T.(1990). The fate of early experience following developmental change: Longitudinal approaches to individual adaptation in childhood. *Child Development, 61*,1363-1373.

Staddon, J.E.R., & Simmelhag, V.L.(1971). The "superstition" experiment: A reexamination of its implications for the principles of adaptive behavior. *Psychological Review, 78*,3-43.

Stanovich, K.E.(2009). *What intelligence tests miss: The psychology of rational thought*. New Haven, CT: Yale University Press.

Starkey, P., Spelke, E.S., & Gelman, R.(1983). Detection of intermodal numerical correspondences by human infants. *Science, 222*,179-181.

Starkey, P., Spelke, E.S., & Gelman, R.(1990). Numerical abstraction by human infants. *Cognition, 36*,97-127.

Staw, B.M., & Hoang, H.(1995). Sunk costs in the NBA: Why draft order affects playing time and survival in professional basketball. *Administrative Science Quarterly, 40*,474-494.

Steele, C.M., & Aronson, J.(1995). Stereotype threat and the intellectual test performance of African Americans. *Journal of Personality and Social Psychology, 69*,797-811.

Steele, C.M., & Josephs, R.A.(1990). Alcohol myopia: Its prized and dangerous effects. *American Psychologist, 45*,921-933.

Steele, H., Steele, M., Croft, C., & Fonagy, P.(1999). Infant-mother attachment at one year predicts children's understanding of mixed emotions at six years. *Social Development, 8*,161-178.

Stein, D.J., Phillips, K.A., Bolton, D., Fulford, K.W.M., Sadler, J.Z., & Kendler, K.S.(2010). What is a mental/psychiatric disorder? From *DSM-IV* to *DSM-V*. *Psychological Medicine, 40*(11),1759-1765. doi:10.1017/S0033291709992261.

Stein, M., Federspiel, A., Koenig, T., Wirth, M., Lehmann, C., Wiest, ... Dierks, T.(2009). Reduced frontal activation with increasing second language proficiency. *Neuropsychologia, 47*,2712-2720.

Stein, M.B.(1998). Neurobiological perspectives on social phobia: From affiliation to zoology. *Biological Psychiatry, 44*,1277-1285.

Stein, M.B., Chavira, D.A., & Jang, K.L.(2001). Bringing up bashful baby: Developmental pathways to social phobia. *Psychiatric Clinics of North America, 24*,661-675.

Stein, Z., Susser, M., Saenger, G., & Marolla, F.(1975). *Famine and development: The Dutch hunger winter of 1944-1945*. Oxford, England: Oxford University Press.

Steinbaum, E.A., & Miller, N.E.(1965). Obesity from eating elicited by daily stimulation of hypothalamus. *American Journal of Physiology, 208*,1-5.

Steinberg, L.(1999). *Adolescence* (5th ed.). Boston: McGraw-Hill.

Steinberg, L.(2007). Risk taking in adolescence: New perspectives from brain and behavioral science. *Current Directions in Psychological Science, 16*(2),55-59. doi:10.1111/j.1467-8721.2007.00475x

Steinberg, L., & Monahan, K.C.(2007). Age differences in resistance to peer influence. *Developmental Psychology, 43*,1531-1543.

Steinberg, L., & Morris, A.S.(2001). Adolescent development. *Annual Review of Psychology, 52*,83-110.

Steiner, F.(1986). Differentiating smiles. In E. Branniger-Huber & F. Steiner (Eds.), *FACS in psychotherapy research* (pp.139-148). Zurich: Universität Zürich, Department of Clinical Psychology.

Steiner, J.E.(1973). The gustofacial response: Observation on normal and anencephalic newborn infants. In J.F. Bosma (Ed.), *Fourth symposium on oral sensation and perception: Development in the fetus and infant* (DHEW 73-546; pp.254-278). Bethesda, MD: U.S. Department of Heath, Education, and Welfare.

Steiner, J.E.(1979). Human facial expressions in response to taste and smell stimulation. *Advances in Child Development and Behavior, 13*,257-295.

Stellar, J.R., Kelley, A.E., & Corbett, D.(1983). Effects of peripheral and central dopamine blockade on lateral hypothalamic self-stimulation: Evidence for both reward and motor deficits. *Pharmacology, Biochemistry, and Behavior, 18*,433-442.

Stellar, J.R., & Stellar, E.(1985). *The neurobiology of motivation and reward*. New York: Springer-Verlag.

Stelmack, R.M.(1990). Biological bases of extraversion: Psychophysiological evidence. *Journal of Personality, 58*,293-311.

Stephens, R.S.(1999). Cannabis and hallucinogens. In B.S. McCrady & E.E. Epstein (Eds.), *Addictions: A comprehensive guidebook* (pp.121-140). New York: Oxford University Press.

Sterelny, K., & Griffiths, P.E.(1999). *Sex and death: An introduction to philosophy of biology*. Chicago: University of Chicago Press.

Stern, J.A., Brown, M., Ulett, A., & Sletten, I.(1977). A comparison of hypnosis, acupuncture, morphine, Valium, aspirin, and placebo in the management of experimentally induced pain. In W.E. Edmonston (Ed.), *Conceptual and investigative approaches to hypnosis and hypnotic phenomena* (Vol.296, pp.175-193). New York: Annals of the New York Academy of Sciences.

Stern, W.(1914). *The psychological methods of testing intelligence* (G.M. Whipple, Trans.). Baltimore: Warwick & York.

Sternberg, R.J.(1986). A triangular theory of love. *Psychological Review, 93*,119-135.

Sternberg, R.J.(1999). The theory of successful intelligence. *Review of General Psychology, 3*(4),292-316. doi:10.1037/1089-2680.3.4.292

Stevens, G., & Gardner, S.(1982). *The women of psychology* (Vol.1). Rochester: Schenkman Books.

Stevens, J.(1988). An activity approach to practical memory. In M.M. Gruneberg, P.E. Morris, & R.N. Sykes (Eds.), *Practical aspects of memory: Current research and issues* (Vol.1, pp.335-341). New York: Wiley.

Stevens, L.A.(1971). *Explorers of the brain*. New York: Knopf.

Stevenson, R.J., & Boakes, R.A.(2003). A mnemonic theory of odor perception. *Psychological Review, 110*,340-364.

Stevenson, R.J., & Wilson, D.A.(2007). Odour perception: An object-recognition approach. *Perception, 36*,1821-1833.

Stewart-Williams, S.(2004). The placebo puzzle: Putting together the pieces. *Health Psychology, 23*,198-206.

Stickgold, R., Hobson, J.A., Fosse, R., & Fosse, M.(2001). Sleep, learning, and dreams: Off-line memory reprocessing. *Science, 294*,1052-1057.

Stickgold, R., Malia, A., Maguire, D., Roddenberry, D., & O'Connor, M.(2000). Replaying the game: Hypnagogic images in normals and anmesics. *Science, 290*,350-353.

Stigler, J.W., Shweder, R., & Herdt, G. (Eds.).(1990). *Cultural psychology: Essays on comparative human development*. Cambridge, England: Cambridge University Press.

St. Jacques, P.L., & Schacter, D.L.(2013). Modifying memory: Selectively enhancing and updating personal memories for a museum tour by reactivating them. *Psychological Science, 24*,537-543.

Stone, A.A., Schwartz, J.E., Broderick, J.E., & Deaton, A.(2010). A snapshot of the age distribution of psychological well-being in the United States. *Proceedings of the National Academy of Sciences, USA, 107*(22),9985-9990. doi:10.1073/pnas.1003744107

Stone, J., Perry, Z.W., & Darley, J.M.(1997). "White men can't jump": Evidence for the perceptual confirmation of racial stereotypes following a basketball game. *Basic and Applied Social Psychology, 19*,291-306.

Stoodley, C.J., Ray, N., J., Jack, A., & Stein, J.F.(2008). Implicit learning in control, dyslexic, and garden-variety poor readers. *Annals of the New York Academy of Sciences, 1145*,173-183.

Storm, B.C., Bjork, E.L., Bjork, R.A., & Nestojko, J.F.(2006). Is retrieval success a necessary condition for retrieval-induced forgetting? *Psychonomic Bulletin & Review, 2*,249-253.

Storms, M.D.(1973). Videotape and the attribution process: Reversing actors' and observers' points of view. *Journal of Personality and Social Psychology, 27*,165-175.

Strack, F., Martin, L.L., & Stepper, S.(1988). Inhibiting and facilitating conditions of the human smile: A nonobtrusive test of the facial feedback hypothesis. *Journal of Personality and Social Psychology, 54*,768-777.

Strayer, D.L., Drews, F.A., & Johnston, W.A.(2003). Cell phone induced failures of visual attention during simulated driving. *Journal of Experimental Psychology: Applied, 9*,23-32.

Streissguth, A.P., Barr, H.M., Bookstein, F.L., Sampson, P.D., & Carmichael Olson, H.(1999). The long-term neurocognitive consequences of prenatal alcohol exposure: A 14-year study. *Psychological Science, 10*,186-190.

Striano, T., & Reid, V.M.(2006). Social cognition in the first year. *Trends in Cognitive Sciences, 10*(10),471-476.

Strickland, L.H.(1991). Russian and Soviet social psychology. *Canadian Psychology, 32*,580-595.

Striegel-Moore, R.H., & Bulik, C.M.(2007). Risk factors for eating disorders. *American Psychologist, 62*,181-198.

Strohmetz, D.B., Rind, B., Fisher, R., & Lynn, M.(2002). Sweetening the till: The use of candy to increase restaurant tipping. *Journal of Applied Social Psychology, 32*,300-309.

Stroop, J.P.(1935). Studies of interference in serial verbal reactions. *Journal of Experimental Psychology, 18*,643-661.

Strueber, D., Lueck, M., & Roth, G.(2006). The violent brain. *Scientific American Mind, 17*,20-27.

Stuss, D.T., & Benson, D.F.(1986). *The frontal lobes*. New York: Raven Press.

Subramaniam, K., Kounios, J., Parrish, T.B., & Jung-Beeman, M.(2009). A brain mechanism for facilitation of insight by positive affect. *Journal of Cognitive Neuroscience, 21*,415-432.

Substance Abuse and Mental Health Services Administration.(2005). *Results from the 2004 National Survey on Drug Use and Health: National findings* (DHHS Publication No. SMA 05-4062, NSDUH Series H-28). Rockville, MD: U.S. Department of Health and Human Services.

Suchman, A.L., Markakis, K., Beckman, H.B., & Frankel, R.(1997). A model of empathic communication in the medical interview. *Journal of the American Medical Association, 277*,678-682.

Suddendorf, T., & Corballis, M.C.(2007). The evolution of foresight: What is mental time travel and is it unique to humans? *Behavioral and Brain Sciences, 30*,299-313.

Suderman, M., McGowan, P.O., Sasaki, A., Huang, T.C.T., Hallett, M.T., Meaney, M.J., ... Szyf, M.(2012). Conserved epigenetic sensitivity to early life experiences in the rat and human hippocampus. *Proceedings of the National Academy of Sciences, USA, 109* (Suppl.2),17266-17272.

Sulloway, F.J.(1992). *Freud, biologist of the mind*. Cambridge, MA: Harvard University Press.

Sundet, J.M., Eriksen, W., & Tambs, K.(2008). Intelligence correlations between brothers decrease with increasing age difference: Evidence for shared environmental effects in young adults. *Psychological Science, 19*,843-847.

Susman, S., Dent, C., McAdams, L., Stacy, A., Burton, D., & Flay, B.(1994). Group self-identification and adolescent cigarette smoking: A 1-year prospective study. *Journal of Abnormal Psychology, 103*,576-580.

Susser, E.B., Brown, A., & Matte, T.D.(1999). Prenatal factors and adult mental and physical health. *Canadian Journal of Psychiatry, 44*(4),326-334.

Suthana, N., & Fried, I.(2012). Percepts to recollections: Insights from single neuron recordings in the human brain. *Trends in Cognitive Sciences, 16*,427-436.

Suzuki, L.A., & Valencia, R.R.(1997). Race-ethnicity and measured intelligence: Educational implications. *American Psychologist, 52*,1103-1114.

Swann, W.B., Jr.(1983). Self-verification: Bringing social reality into harmony with the self. In J.M. Suls & A.G. Greenwald (Ed.), *Psychological perspectives on the self* (Vol.2, pp.33-66). Hillsdale, NJ: Erlbaum.

Swann, W.B., Jr.(2012). Self-verification theory. In P. Van Lang, A. Kruglanski, & E.T. Higgins (Eds.), *Handbook of theories of social psychology* (pp.23-42). London: Sage.

Swann, W.B., Jr., & Rentfrow, P.J.(2001). Blirtatiousness: Cognitive, behavioral, and physiological consequences of rapid responding. *Journal of Personality and Social Psychology, 181*(6),1160-1175.

Swayze, V.W., II.(1995). Frontal leukotomy and related psychosurgical procedures before antipsychotics (1935-1954): A historical overview. *American Journal of Psychiatry, 152*,505-515.

Swednsen, J., Hammen, C., Heller, T., & Gitlin, M.(1995). Correlates of stress reactivity in patients with bipolar disorder. *American Journal of Psychiatry, 152*,795-797.

Swets, **J.A.**, **Dawes**, **R.M.**, & **Monahan**, **J.**(2000). Psychological science can improve diagnostic decisions. *Psychological Science in the Public Interest*, *1*,1-26.

Swinkels, **A.**(2003). An effective exercise for teaching cognitive heuristics. *Teaching of Psychology*, *30*,120-122.

Szasz, **T.S.**(1987). *Insanity*. New York: Wiley.

Szechtman, **H.**, & **Woody**, **E.Z.**(2006). Obsessive-compulsive disorder as a disturbance of security motivation: Constraints on comorbidity. *Neurotoxicity Research*, *10*,103-112.

Szpunar, **K.K.**(2010). Episodic future thought: An emerging concept. *Perspectives on Psychological Science*, *5*,142-162.

Szpunar, **K.K.**, **Khan**, **N.Y.**, & **Schacter**, **D.L.**(2013). Interpolated memory tests reduce mind wandering and improve learning of online lectures. *Proceedings of the National Academy of Sciences*, *USA*, *110*,6313-6317.

Szpunar, **K.K.**, **Watson**, **J.M.**, & **McDermott**, **K.B.**(2007). Neural substrates of envisioning the future. *Proceedings of the National Academy of Sciences*, *USA*, *104*,642-647.

Tajfel, **H.**, **Billig**, **M.G.**, **Bundy**, **R.P.**, & **Flament**, **C.**(1971). Social categorization and intergroup behaviour. *European Journal of Social Psychology*, *1*,149-178.

Tajfel, **H.**, & **Turner**, **J.C.**(1986). The social identity theory of intergroup behavior. In S. Worchel & W.G. Austin (Eds.), *Psychology of intergroup relations* (pp.7-24). Chicago: Nelson.

Tajfel, **H.**, & **Wilkes**, **A.L.**(1963). Classification and quantitative judgement. *British Journal of Psychology*, *54*,101-114.

Takahashi, **K.**(1986). Examining the Strange Situation procedure with Japanese mothers and 12-month-old infants. *Developmental Psychology*, *22*,265-270.

Tamir, **M.**, & **Ford**, **B.Q.**(2012). Should people pursue feelings that feel good or feelings that do good? Emotional preferences and well-being. *Emotion*, *12*,1061-1070.

Tamis-LeMonda, **C.S.**, **Adolph**, **K.E.**, **Lobo**, **S.A.**, **Karasik**, **L.B.**, **Ishak**, **S.**, & **Dimitropoulou**, **K.A.**(2008). When infants take mothers'advice: 18-month-olds integrate perceptual and social information to guide motor action. *Developmental Psychology*, *44*,734-746.

Tamminga, **C.A.**, **Nemeroff**, **C.B.**, **Blakely**, **R.D.**, **Brady**, **L.**, **Carter**, **C.S.**, **Davis**, **K.L.**, ... **Suppes**, **T**.(2002). Developing novel treatments for mood disorders: Accelerating discovery. *Biological Psychiatry*, *52*,589-609.

Tanaka, **F.**, **Cicourel**, **A.**, & **Movellan**, **J.R.**(2007). Socialization between toddlers and robots at an early childhood education center. *Proceedings of the National Academy of Sciences*, *USA*, *104*(46),17954-17958.

Tang, **Y.-P.**, **Shimizu**, **E.**, **Dube**, **G.R.**, **Rampon**, **C.**, **Kerchner**, **G.A.**, **Zhuo**, **M.**, ... **Tsien**, **J.Z.**(1999). Genetic enhancement of learning and memory in mice. *Nature*, *401*,63-69.

Tang, **Y.Y.**, **Lu**, **Q.**, **Fan**, **M.**, **Yang**, **Y.**, & **Posner**, **M.I.**(2012). Mechanisms of white matter changes induced by meditation. *Proceedings of the National Academy of Sciences*, *109*,10570-10574.

Tarr, **M.J.**, & **Vuong**, **Q.C.**(2002). Visual object recognition. In S. Yantis & H. Pashler (Eds.), *Stevens' handbook of experimental psychology*: *Vol.1. Sensation and perception* (3rd ed., pp.287-314). New York: Wiley.

Tart, **C.T. (Ed.)**.(1969). *Altered states of consciousness*. New York: Wiley.

Task Force on Promotion and Dissemination of Psychological Procedures.(1995). Training in and dissemination of empirically validated psychological treatments: Report and recommendations. *Clinical Psychologist*, *48*,3-23.

Taylor, **D.**, & **Lambert**, **W.**(1990). *Language and culture in the lives of immigrants and refugees*. Austin, TX: Hogg Foundation for Mental Health.

Taylor, **E.**(2001). *William James on consciousness beyond the margin*. Princeton, NJ: Princeton University Press.

Taylor, **S.E.**(1986). *Health psychology*. New York: Random House.

Taylor, **S.E.**(1989). *Positive illusions*. New York: Basic Books.

Taylor, **S.E.**(2002). *The tending instinct*: *How nurturing is essential to who we are and how we live*. New York: Times Books.

Taylor, **S.E.**, & **Brown**, **J.D.**(1988). Illusion and well-being: A social psychological perspective on mental health. *Psychological Bulletin*, *103*,193-210.

Taylor, **S.E.**, & **Fiske**, **S.T.**(1975). Point-of-view and perceptions of causality. *Journal of Personality and Social Psychology*,

32,439-445.

Taylor, S.E., & Fiske, S.T.(1978). Salience, attention, and attribution: Top of the head phenomena. In L. Berkowitz (Ed.), *Advances in experimental social psychology* (Vol.11, pp.249-288). New York: Academic Press.

Teasdale, J.D., Segal, Z.V., & Williams, J.M.G.(2000). Prevention of relapse/recurrence in major depression by mindfulness-based cognitive therapy. *Journal of Consulting and Clinical Psychology, 68*,615-623.

Telch, M.J., Lucas, J.A., & Nelson, P.(1989). Non-clinical panic in college students: An investigation of prevalence and symptomology. *Journal of Abnormal Psychology, 98*,300-306.

Tellegen, A., & Atkinson, G.(1974). Openness to absorbing and self-altering experiences ("absorption"), a trait related to hypnotic susceptibility. *Journal of Abnormal Psychology, 83*,268-277.

Tellegen, A., Lykken, D.T., Bouchard, T.J., Wilcox, K., Segal, N., & Rich, A.(1988). Personality similarity in twins reared together and apart. *Journal of Personality and Social Psychology, 54*,1031-1039.

Temerlin, M.K., & Trousdale, W.W.(1969). The social psychology of clinical diagnosis. *Psychotherapy: Theory, Research & Practice, 6*,24-29.

Terman, L.M.(1916). *The measurement of intelligence* Boston: Houghton Mifflin.

Terman, L.M., & Oden, M.H.(1959). *Genetic studies of genius*: Vol.5. *The gifted group at mid-life*. Stanford, CA: Stanford University Press.

Tesser, A.(1991). Emotion in social comparison and reflection processes. In J. Suls & T.A. Wills (Ed.), *Social comparison: Contemporary theory and research* (pp.117-148). Hillsdale, NJ: Erlbaum.

Teyler, T.J., & DiScenna, P.(1986). The hippocampal memory indexing theory. *Behavioral Neuroscience, 100*,147-154.

Thaker, G.K.(2002). Current progress in schizophrenia research. Search for genes of schizophrenia: Back to defining valid phenes. *Journal of Nervous and Mental Disease, 190*,411-412.

Thaler, K., Delivuk, M., Chapman, A., Gaynes, B.N., Kaminski, A., & Gartlehner, G.(2011). Second-generation antidepressants for seasonal affective disorder. *Cochrane Database of Systematic Reviews*, CD008591.

Thaler, R.H.(1988). The ultimatum game. *Journal of Economic Perspectives, 2*,195-206.

Thase, M.E., & Howland, R.H.(1995). Biological processes in depression: An updated review and integration. In E.E. Beckham & W.R. Leber (Eds.), *Handbook of depression* (2nd ed., pp.213-279). New York: Guilford Press.

Thelen, E., Corbetta, D., Kamm, K., Spencer, J.P., Schneider, K., & Zernicke, R.F.(1993). The transition to reaching: Mapping intention and intrinsic dynamics. *Child Development, 64*,1058-1098.

Thibaut, J.W., & Kelley, H.H.(1959). *The social psychology of groups*. New Brunswick, NJ: Transaction Publishers.

Thoma, S.J., Narvaez, D., Rest, J., & Derryberry, P.(1999). Does moral judgment development reduce to political attitudes or verbal ability? Evidence using the defining issues test. *Educational Psychology Review, 11*,325-341.

Thomaes, S., Bushman, B.J., Stegge, H., & Olthof, T.(2008). Trumping shame by blasts of noise: Narcissism, self-esteem, shame, and aggression in young adolescents. *Child Development, 79*(6),1792-1801.

Thomas, A., & Chess, S.(1977). *Temperament and development*. New York: Brunner/Mazel.

Thomason, M., & Thompson, P.M.(2011). Diffusion imaging, white matter, and psychopathology. *Annual Review of Clinical Psychology, 7*,63-85.

Thompson, B., Coronado, G., Chen, L., Thompson, L.A., Halperin, A., Jaffe, R., ... Zbikowski, S.M.(2007). Prevalence and characteristics of smokers at 30 Pacific Northwest colleges and universities. *Nicotine & Tobacco Research, 9*,429-438.

Thompson, C.P., Skowronski, J., Larsen, S.F., & Betz, A.(1996). *Autobiographical memory: Remembering what and remembering when*. Mahwah, NJ: Erlbaum.

Thompson, P.M., Giedd, J.N., Woods, R.P., MacDonald, D., Evans, A.C., & Toga, A.W.(2000). Growth patterns in the developing brain detected by using continuum mechanical tensor maps. *Nature, 404*,190-193.

Thompson, P.M., Vidal, C., Giedd, J.N., Gochman, P., Blumenthal, J., Nicolson, R., ... Rapoport, J.L.(2001). Accelerated gray matter loss in very early-onset schizophrenia. *Proceedings of the National Academy of Sciences, USA, 98*,11650-11655.

Thompson, R.F.(2005). In search of memory traces. *Annual Review of Psychology, 56*,1-23.

Thomson, **D.M.**(1988). Context and false recognition. In G.M. Davies & D.M. Thomson (Eds.), *Memory in context*: *Context in memory* (pp.285-304). Chichester, England: Wiley.

Thorndike, **E.L.**(1898). Animal intelligence: An experimental study of associative processes in animals. *Psychological Review Monograph Supplements*, *2*,4-160.

Thornhill, **R.**, **& Gangestad**, **S.W.**(1993). Human facial beauty: Averageness, symmetry, and parasite resistance. *Human Nature*, *4*,237-269.

Thornhill, **R.**, **& Gangestad**, **S.W.**(1999). The scent of symmetry: A human sex pheromone that signals fitness? *Evolution and Human Behavior*, *20*,175-201.

Thurber, **J.**(1956). *Further fables of our time*. New York: Simon & Schuster.

Thurstone, **L.L.**(1938). *Primary mental abilities*. Chicago: University of Chicago Press.

Tice, **D.M.**, **& Baumeister**, **R.F.**(1997). Longitudinal study of procrastination, performance, stress, and health: The costs and benefits of dawdling. *Psychological Science*, *8*(6),454-458.

Tienari, **P.**, **Wynne**, **L.C.**, **Sorri**, **A.**, **Lahti**, **I.**, **Läksy**, **K.**, **Moring**, **J.**, ... **Wahlberg**, **K.E.**(2004). Genotype-environment interaction in schizophreniaspectrum disorder: Long-term follow-up study of Finnish adoptees. *British Journal of Psychiatry*, *184*,216-222.

Timmerman, **T.A.**(2007). "It was a thought pitch": Personal, situational, and target influences on hit-by-pitch events across time. *Journal of Applied Psychology*, *92*,876-884.

Tittle, **P. (Ed.)**.(2004). *Should parents be licensed?*: *Debating the issues*. New York: Prometheus Books.

Todd, **A.R.**, **Bodenhausen**, **G.V.**, **Richeson**, **J.A.**, **& Galinsky**, **A.D.**(2011). Perspective taking combats automatic expressions of racial bias. *Journal of Personality and Social Psychology*, *100*(6),1027-1042. doi:10.1037/a0022308

Todd, **J.T.**, **& Morris**, **E.K.**(1992). Case histories in the great power of steady misrepresentation. *American Psychologist*, *47*(11),1441-1453.

Toga, **A.W.**, **Clark**, **K.A.**, **Thompson**, **P.M.**, **Shattuck**, **D.W.**, **& Van Horn**, **J.D.**(2012). Mapping the human connectome. *Neurosurgery*, *71*,1-5.

Tolman, **E.C.**, **& Honzik**, **C.H.**(1930a). "Insight" in rats. *University of California Publications in Psychology*, *4*,215-232.

Tolman, **E.C.**, **& Honzik**, **C.H.**(1930b). Introduction and removal of reward and maze performance in rats. *University of California Publications in Psychology*, *4*,257-275.

Tolman, **E.C.**, **Ritchie**, **B.F.**, **& Kalish**, **D.**(1946). Studies in spatial learning: I: Orientation and short cut. *Journal of Experimental Psychology*, *36*,13-24.

Tomasello, **M.**, **& Call**, **J.**(2004). The role of humans in the cognitive development of apes revisited. *Animal Cognition*, *7*,213-215.

Tomasello, **M.**, **Davis-Dasilva**, **M.**, **Camak**, **L.**, **& Bard**, **K.**(1987). Observational learning of tool use by young chimpanzees. *Human Evolution*, *2*,175-183.

Tomasello, **M.**, **Savage-Rumbaugh**, **S.**, **& Kruger**, **A.C.**(1993). Imitative learning of actions on objects by children, chimpanzees, and enculturated chimpanzees. *Child Development*, *64*,1688-1705.

Tomkins, **S.S.**(1981). The role of facial response in the experience of emotion. *Journal of Personality and Social Psychology*, *40*,351-357.

Tooby, **J.**, **& Cosmides**, **L.**(2000). Mapping the evolved functional organization of mind and brain. In M.S. Gazzaniga (Ed.), *The cognitive neurosciences* (pp.1185-1198). Cambridge, MA: MIT Press.

Tootell, **R.B.H.**, **Reppas**, **J.B.**, **Dale**, **A.M.**, **Look**, **R.B.**, **Sereno**, **M.I.**, **Malach**, **R.**, ... **Rosen**, **B.R.**(1995). Visual-motion aftereffect in human cortical area MT revealed by functional magnetic resonance imaging. *Nature*, *375*,139-141.

Torgensen, **S.**(1986). Childhood and family characteristics in panic and generalized anxiety disorder. *American Journal of Psychiatry*, *143*,630-639.

Torrey, **E.F.**, **Bower**, **A.E.**, **Taylor**, **E.H.**, **& Gottesman**, **I.I.**(1994). *Schizophrenia and manic-depressive disorder*: *The biological roots of mental illness as revealed by the landmark study of identical twins*. New York: Basic Books.

Tracy, J.L., & Beall, A.T.(2011). Happy guys finish last: The impact of emotion expressions on sexual attraction. *Emotion, 11*(6),1379-1387. doi:10.1037/a0022902

Tracy, J.L., Shariff, A.F., Zhao, W., & Henrich, J.(2013). Cross-cultural evidence that the noverbal expression of pride is an automatic status signal. *Journal of Experimental Psychology: General, 142*(1),163-180.

Trebach, A.S., & Zeese, K.B. (Eds.).(1992). *Friedman and Szasz on liberty and drugs: Essays on the free market and prohibition*. Washington, DC: Drug Policy Foundation Press.

Treede, R.D., Kenshalo, D.R., Gracely, R.H., & Jones, A.K.(1999). The cortical representation of pain. *Pain, 79*,105-111.

Treisman, A.(1998). Feature binding, attention and object perception. *Philosophical Transactions of the Royal Society (B), 353*,1295-1306.

Treisman, A.(2006). How the deployment of attention determines what we see. *Visual Cognition, 14*,411-443.

Treisman, A., & Gelade, G.(1980). A feature integration theory of attention. *Cognitive Psychology, 12*,97-136.

Treisman, A., & Schmidt, H.(1982). Illusory conjunctions in the perception of objects. *Cognitive Psychology, 14*,107-141.

Trivers, R.L.(1972). Parental investment and sexual selection. In B. Campbell (Ed.), *Sexual selection and the descent of man, 1871-1971* (pp.139-179). Chicago: Aldine

Trompeteer, S.E., Bettencourt, R., & Barrett-Connor, E.(2012). Sexual activity and satisfaction in healthy community-dwelling older women. *American Journal of Medicine, 125*(1),37-43 . doi:10.1016/j.amjmed.2011.07.036

Trull, T.J., & Durrett, C.A.(2005). Categorical and dimensional models of personality disorder. *Annual Review of Clinical Psychology, 1*,355-380.

Tucker, E.(2003, June 25). Move over, Fido! Chickens are becoming hip suburban pets. *USA Today*. Retrieved from http://usatoday30.usatoday.com/money/2003-06-25-pet-chickens_x.htm

Tucker-Drob, E.M., Rhemtulla, M., Harden, K.P., Turkheimer, E., & Fask, D.(2010). Emergence of a Gene X Socioeconomic Status interaction on infant mental ability between 10 months and 2 years. *Psychological Science, 22*(1),125-133. doi:10.1177/0956797610392926

Tuerlinckx, F., De Boeck, P., & Lens, W.(2002). Measuring needs with the Thematic Apperception Test: A psychometric study. *Journal of Personality and Social Psychology, 82*,448-461.

Tulving, E.(1972). Episodic and semantic memory. In E. Tulving & W. Donaldson (Eds.), *Organization of memory* (pp.381-403). New York: Academic Press.

Tulving, E.(1983). *Elements of episodic memory*. Oxford, England: Clarendon Press.

Tulving, E.(1985). Memory and consciousness. *Canadian Psychologist, 25*,1-12.

Tulving, E.(1998). Neurocognitive processes of human memory. In C. von Euler, I. Lundberg, & R. Llins (Eds.), *Basic mechanisms in cognition and language* (pp.261-281). Amsterdam: Elsevier.

Tulving, E., Kapur, S., Craik, F.I.M., Moscovitch, M., & Houle, S.(1994). Hemispheric encoding/retrieval asymmetry in episodic memory: Positron emission tomography findings. *Proceedings of the National Academy of Sciences, USA, 91*,2016-2020.

Tulving, E., & Pearlstone, Z.(1966). Availability versus accessibility of information in memory for words. *Journal of Verbal Learning and Verbal Behavior, 5*,381-391.

Tulving, E., & Schacter, D.L.(1990). Priming and human memory systems. *Science, 247*,301-306.

Tulving, E., Schacter, D.L., & Stark, H.(1982). Priming effects in wordfragment completion are independent of recognition memory. *Journal of Experimental Psychology: Learning, Memory, and Cognition, 8*,336-342.

Tulving, E., & Thompson, D.M.(1973). Encoding specificity and retrieval processes in episodic memory. *Psychological Review, 80*,352-373.

Turiel, E.(1998). The development of morality. In N. Eisenberg (Ed.), *Handbook of child psychology: Vol.3. Social, emotional and personality development* (pp.863-932). New York: Wiley.

Turkheimer, E.(2000). Three laws of behavior genetics and what they mean. *Current Directions in Psychological Science, 9*,160-164.

Turkheimer, E., Haley, A., Waldron, M., D'Onofrio, B., & Gottesman, I.I.(2003). Socioeconomic status modifies heritability of IQ in young children. *Psychological Science*, *14*,623-628.

Turkheimer, E., & Waldron, M.(2000). Nonshared environment: A theoretical, methodological, and quantitative review. *Psychological Bulletin*, *126*,78-108.

Turner, D.C., Robbins, T.W., Clark, L., Aron, A.R., Dowson, J., & Sahakian, B.J.(2003). Cognitive enhancing effects of modafinil in healthy volunteers. *Psychopharmacology*, *165*,260-269.

Turner, D.C., & Sahakian, B.J.(2006). Neuroethics of cognitive enhancement. *BioSocieties*, *1*,113-123.

Turner, M.E., & Pratkanis, A.R.(1998). Twenty-five years of group-think theory and research: Lessons from the evaluation of a theory. *Organizational Behavior and Human Decision Processes*, *73*(2-3),105-115. doi:10.1006/obhd.1998.2756

Tversky, A., & Kahneman, D.(1973). Availability: A heuristic for judging frequency and probability. *Cognitive Psychology*, *5*,207-232.

Tversky, A., & Kahneman, D.(1974). Judgment under uncertainty: Heuristics and biases. *Science*, *185*,1124-1131.

Tversky, A., & Kahneman, D.(1981). The framing of decisions and the psychology of choice. *Science*, *211*,453-458.

Tversky, A., & Kahneman, D.(1983). Extensional versus intuitive reasoning: The conjunction fallacy in probability judgment. *Psychological Review*, *90*,293-315.

Tversky, A., & Kahneman, D.(1992). Advances in prospect theory: Cumulative representation of uncertainty. *Journal of Risk and Uncertainty*, *5*,297-323.

Twenge, J.M., Campbell, W.K., & Foster, C.A.(2003). Parenthood and marital satisfaction: A meta-analytic review. *Journal of Marriage and Family*, *65*,574-583.

Tyler, T.R.(1990). *Why people obey the law*. New Haven, CT: Yale University Press.

Umberson, D., Williams, K., Powers, D.A., Liu, H., & Needham, B.(2006). You make me sick: Marital quality and health over the life course. *Journal of Health and Social Behavior*, *47*,1-16.

Uncapher, M.R., & Rugg, M.D.(2008). Fractionation of the component processes underlying successful episodic encoding: A combined fMRI and divided-attention study. *Journal of Cognitive Neuroscience*, *20*,240-254.

Ungerleider, L.G., & Mishkin, M.(1982). Two cortical visual systems. In D.J. Ingle, M.A. Goodale, & R.J.W. Mansfield (Eds.), *Analysis of visual behavior* (pp.549-586). Cambridge, MA: MIT Press.

Urban, N.B.L., Girgis, R.R., Talbot, P.S., Kegeles, L.S., Xu, X., Frankie, W.G., ... Laruelle, M.(2012). Sustained recreational use of ecstasy is associated with altered pre-and postsynaptic markers of serotonin transmission in neocortical areas: A PET study with [11c] DASB and [11c] MDL 100907. *Neuropsychopharmacology*, *37*,1465-1473.

Ursano, R.J., & Silberman, E.K.(2003). Psychoanalysis, psychoanalytic psychotherapy, and supportive psychotherapy. In R.E. Hales & S.C. Yudofsky (Eds.), *The American Psychiatric Publishing textbook of clinical psychiatry* (4th ed., pp.1177-1203). Washington, DC: American Psychiatric Publishing.

U.S. Census Bureau.(2012). *The 2012 statistical abstract*: *National data book*. Washington, DC: Author.

U.S. Department of Health and Human Services.(1979). *Ethical principles and guidelines for the protection of human subjects of research*. Retrieved from http://www.hhs.gov/ohrp/humansubjects/guidance/belmont.html

U.S. Department of State.(2013, January). *FY 2012 annual report on intercountry adoption*. Washington, DC: Bureau of Consular Affairs, Office of Children's Issues. Retrieved from http://adoption.state.gov/content/pdf/fy2012_annual_report.pdf

Vacha, E., & McBride, M.(1993). Cramming: A barrier to student success, a way to beat the system, or an effective strategy? *College Student Journal*, *27*,2-11.

Valentine, T., Brennen, T., & Brédart, S.(1996). *The cognitive psychology of proper names*: *On the importance of being Ernest*. London: Routledge.

Valins, S.(1966). Cognitive effects of false heart-rate feedback. *Journal of Personality and Social Psychology*, *4*,400-408.

Vallacher, R.R., & Wegner, D.M.(1985). *A theory of action identification*. Hillsdale, NJ: Erlbaum.

Vallacher, R.R., & Wegner, D.M.(1987). What do people think they're doing? Action identification and human behavior. *Psychological Review*, *94*,3-15.

Vallender, E.J., Mekel-Bobrov, N., & Lahn, B.T.(2008). Genetic basis of human brain evolution. *Trends in Neurosciences*, *31*,637-644.

Vance, E.B., & Wagner, N.N.(1976). Written descriptions of orgasm: A study of sex differences. *Archives of Sexual Behavior*, *5*,87-98.

van den Boom, D.C.(1994). The influence of temperament and mothering on attachment and exploration: An experimental manipulation of sensitive responsiveness among lower-class mothers with irritable infants. *Child Development*, *65*,1457-1477.

van den Boom, D.C.(1995). Do first year intervention effects endure? Follow-up during toddlerhood of a sample of Dutch irritable infants. *Child Development*, *66*,1798-1816.

van Dis, I., Kromhout, D., Geleijnse, J.M., Boer, J.M.A., & Verschuren, W.M. M.(2009). Body mass index and waist circumference predict both 10-year nonfatal and fatal cardiovascular disease risk: Study conducted in 20,000 Dutch men and women aged 20-65 years. *European Journal of Cardiovascular Prevention & Rehabilitation*, *16*(6),729-734.

Van Dongen, E.V., Thielen, J.-W., Takashima, A., Barth, M., & Fernandez, G.(2012). Sleep supports selective retention of associative memories based on relevance for future utilization. *PLoS One*, *7*, e43426. doi:10.1371/journal.pone.0043426

van Honk, J., & Schutter, D.J.L.G.(2007). Testosterone reduces conscious detection of signals serving social correction: Implications for antisocial behavior. *Psychological Science*, *18*,663-667.

van Ijzendoorn, M.H.(1995). Adult attachment representations, parental responsiveness, and infant attachment: A meta-analysis on the predictive validity of the Adult Attachment Interview. *Psychological Bulletin*, *117*,387-403.

van Ijzendoorn, M.H., Juffer, F., & Klein Poelhuis, C.W.(2005). Adoption and cognitive development: A meta-analytic comparison of adopted and nonadopted children's IQ and school performance. *Psychological Bulletin*, *131*,301-316.

van Ijzendoorn, M.H., & Kroonenberg, P.M.(1988). Cross-cultural patterns of attachment: A meta-analysis of the strange situation. *Child Development*, *59*,147-156.

van Ijzendoorn, M.H., & Sagi, A.(1999). Cross-cultural patterns of attachment: Universal and contextual dimensions. In J. Cassidy & P.R. Shaver (Eds.), *Handbook of attachment: Theory, research and clinical applications* (pp.713-734). New York: Guilford Press.

van Ittersum, K., & Wansink, B.(2012). Plate size and color suggestibility: The Delboeuf illusion's bias on serving and eating behavior. *Journal of Consumer Research*, *39*,121-130.

van Praag, H.(2009). Exercise and the brain: Something to chew on. *Trends in Neuroscience*, *32*,283-290.

van Stegeren, A.H., Everaerd, W., Cahill, L., McGaugh, J.L., & Gooren, L.J.G.(1998). Memory for emotional events: Differential effects of centrally versus peripherally acting blocking agents. *Psychopharmacology*, *138*,305-310.

Van Vliet, I.M., van Well, E.P., Bruggeman, R., Campo, J.A., Hijman, R., Van Megen, H.J., ... Van Rijen, P.C.(2013). An evaluation of irreversible psychosurgical treatment of patients with obsessive-compulsive disorder in the Netherlands, 2001-2008. *Journal of Nervous and Mental Disease*, *201*,226-228.

Vargha-Khadem, F., Gadian, D.G., Copp, A., & Mishkin, M.(2005). FOXP2 and the neuroanatomy of speech and language. *Nature Reviews Neuroscience*, *6*,131-138.

Vargha-Khadem, F., Gadian, D.G., Watkins, K.E., Connelly, A., Van Paesschen, W., & Mishkin, M.(1997). Differential effects of early hippocampal pathology on episodic and semantic memory. *Science*, *277*,376-380.

Vazire, S., & Mehl, M.R.(2008). Knowing me, knowing you: The relative accuracy and unique predictive validity of self-ratings and otherratings of daily behavior. *Journal of Personality and Social Psychology*, *95*,1202-1216.

Veldhuizen, M.G., Douglas, D., Aschenbrenner, K., Gitelman, D.R., & Small, D.M.(2011). The anterior insular cortex represents breaches of taste identity expectation. *Journal of Neuroscience*, *31*,14735-14744.

Vinter, A., & Perruchet, P.(2002). Implicit motor learning through observational training in adults and children. *Memory & Cognition*, *30*,256-261.

Vitkus, J.(1999). *Casebook in abnormal psychology* (4th ed.). New York: McGraw-Hill.

Vondra, J.I., Shaw, D.S., Swearingen, L., Cohen, M., & Owens, E.B.(2001). Attachment stability and emotional and behavioral regulation from infancy to preschool age. *Development and Psychopathology*, *13*,13-33.

Von Frisch, K.(1974). Decoding the language of the bee. *Science*, *185*,663-668.

Voon, V., Pessiglione, M., Brezing, C., Gallea, C., Fernandez, H.H., Dolan, R.J., & Hallett, M.(2011). Mechanisms underlying dopaminemediated reward bias in compulsive behaviors. *Neuron*, *65*,135-142.

Vortac, O.U., Edwards, M.B., & Manning, C.A.(1995). Functions of external cues in prospective memory. *Memory*, *3*,201-219.

Vrij, A., Granhag, P.A., Mann, S., & Leal, S.(2011). Outsmarting the liars: Toward a cognitive lie detection approach. *Current Directions in Psychological Science*, *20*(1),28-32.

Vygotsky, L.S.(1978). *Mind in society: The development of higher psychological processes*. Cambridge, MA: Harvard University Press.

Wade, N.J.(2005). *Perception and illusion: Historical perspectives*. New York: Springer.

Wade, S.E., Trathen, W., & Schraw, G.(1990). An analysis of spontaneous study strategies. *Reading Research Quarterly*, *25*,147-166.

Wadhwa, P.D., Sandman, C.A., & Garite, T.J.(2001). The neurobiology of stress in human pregnancy: Implications for prematurity and development of the fetal central nervous system. *Progress in Brain Research*, *133*,131-142.

Wager, T.D., Rilling, J., K., Smith, E.E., Sokolik, A., Casey, K.L., Davidson, R.J., ... Cohen, J.D.(2004). Placebo-induced changes in fMRI in the anticipation and experience of pain. *Science*, *303*,1162-1167.

Wagner, A.D., Schacter, D.L., Rotte, M., Koutstaal, W., Maril, A., Dale, A.M., ... Buckner, R.L.(1998). Remembering and forgetting of verbal experiences as predicted by brain activity. *Science*, *281*,1188-1190.

Wagner, G., & Morris, E.(1987). Superstitious behavior in children. *Psychological Record*, *37*,471-488.

Wai, J., Putallaz, M., & Makel, M.C.(2012). Studying intellectual outliers: Are there sex differences, and are the smart getting smarter? *Current Directions in Psychological Science*, *21*(6),382-390. doi:10.1177/0963721412455052

Waite, L.J.(1995). Does marriage matter? *Demography*, *32*,483-507.

Wakefield, J.C.(2007). The concept of mental disorder: Diagnostic implications of the harmful dysfunction analysis. *World Psychiatry*, *6*,149-56.

Walden, T.A., & Ogan, T.A.(1988). The development of social referencing. *Child Development*, *59*,1230-1240.

Waldfogel, S.(1948). The frequency and affective character of childhood memories. *Psychological Monographs*, *62* (Whole No.291).

Waldmann, M.R.(2000). Competition among causes but not effects in predictive and diagnostic learning. *Journal of Experimental Psychology: Learning, Memory, and Cognition*, *26*,53-76.

Walker, C.(1977). Some variations in marital satisfaction. In R.C.J. Peel (Ed.), *Equalities and inequalities in family life* (pp.127-139). London: Academic Press.

Walker, L.J.(1988). The development of moral reasoning. *Annals of Child Development*, *55*,677-691.

Walker, N.P., McConville, P.M., Hunter, D., Deary, I.J., & Whalley, L.J.(2002). Childhood mental ability and lifetime psychiatric contact. *Intelligence*, *30*(3),233-245. doi:10.1016/S0160-2896(01)00098-8

Wallace, J., Schnieder, T., & McGuffin, P.(2002). Genetics of depression. In I.H. Gottlieb & C.L. Hammen (Eds.), *Handbook of depression* (pp.169-191). New York: Guilford Press.

Wallbott, H.G.(1998). Bodily expression of emotion. *European Journal of Social Psychology*, *28*,879-896.

Walster, E., Aronson, V., Abrahams, D., & Rottmann, L.(1966). Importance of physical attractiveness in dating behavior. *Journal of Personality and Social Psychology*, *4*,508-516.

Walster, E., Walster, G.W., & Berscheid, E.(1978). *Equity: Theory and research*. Boston: Allyn & Bacon.

Walton, D.N.(1990). What is reasoning? What is an argument? *Journal of Philosophy*, *87*,399-419.

Walton, G.M., & Spencer, S.J.(2009). Latent ability: Grades and test scores systematically underestimate the intellectual ability of negatively stereotyped students. *Psychological Science*, *20*,1132-1139.

Waltzman, S.B.(2006). Cochlear implants: Current status. *Expert Review of Medical Devices*, *3*,647-655.

Wamsley, E.J., & Stickgold, R.(2011). Memory, sleep, and dreaming: Experiencing consolidation. *Sleep Medicine Clinics*, *6*,97-108.

Wang, J.L., Jackson, L.A., Zhang, D.J., & Su, Z.Q.(2012). The relationships among the Big Five personality factors, self-esteem, narcissism, and sensation seeking to Chinese university students' uses of social networking sites (SNSs). *Computers in Human Behavior*, *28*,2313-2319.

Wang, L.H., McCarthy, G., Song, A.W., & LaBar, K.S.(2005). Amygdala activation to sad pictures during high-field (4 tesla) functional magnetic resonance imaging. *Emotion*, *5*,12-22.

Wang, P.S., Aguilar-Gaxiola, S., Alonso, J., Angermeyer, M.C., Borges, G., Bromet, E.J., ... Wells, J.E.(2007). Use of mental health services for anxiety, mood, and substance disorders in 17 countries in the WHO World Mental Health Surveys. *Lancet*, *370*,841-850.

Wang, P.S., Berglund, P.A., Olfson, M., & Kessler, R.C.(2004). Delays in initial treatment contact after first onset of a mental disorder. *Health Services Research*, *39*,393-415.

Wang, P.S., Berglund, P., Olfson, M., Pincus, H.A., Wells, K.B., & Kessler, R.C.(2005). Failure and delay ininitial treatment contact after first onset of mental disorders in the National Comorbidity Survey Replication. *Archives of General Psychiatry*, *62*(6),629-640.

Wang, P.S., Demler, O., & Kessler, R.C.(2002). Adequacy of treatment for serious mental illness in the United States. *American Journal of Public Health*, *92*,92-98.

Wang, S.-H., & Baillargeon, R.(2008). Detecting impossible changes in infancy: A three-system account. *Trends in Cognitive Sciences*, *12*(1),17-23

Wansink, B., & Linder, L.R.(2003). Interactions between forms of fat consumption and restaurant bread consumption. *International journal of Obesity*, *27*,866-868.

Wansink, B., Painter, J.E., & North, J.(2005). Bottomless bowls: Why visual cues of portion size may influence intake. *Obesity Research*, *13*,93-100.

Wansink, B., & Wansink, C.S.(2010). The largest last supper: Depictions of food portions and plate size increased over the millennium. *International Journal of Obesity*, *34*,943-944.

Ward, J., Parkin, A.J., Powell, G., Squires, E.J., Townshend, J., & Bradley, V.(1999). False recognition of unfamiliar people: "Seeing film stars everywhere." *Cognitive Neuropsychology*, *16*,293-315.

Warneken, F., & Tomasello, M.(2009). Varieties of altruism in children and chimpanzees. *Trends in Cognitive Sciences*, *13*,397-402.

Warnock, M.(2003). *Making babies: Is there a right to have children?* Oxford, England: Oxford University Press.

Warren, K.R., & Hewitt, B.G.(2009). Fetal alcohol spectrum disorders: When science, medicine, public policy, and laws collide. *Developmental Disabilities Research Reviews*, *15*,170-175.

Warrington, E.K., & McCarthy, R.A.(1983). Category specific access dysphasia. *Brain*, *106*,859-878.

Warrington, E.K., & Shallice, T.(1984). Category specific semantic impairments. *Brain*, *107*,829-854.

Watanabe, S., Sakamoto, J., & Wakita, M.(1995). Pigeons' discrimination of painting by Monet and Picasso. *Journal of the Exprcimental Analysis of Behavior*, *63*,165-174.

Watkins, L.R., & Maier, S.F.(2005). Immune regulation of central nervous system functions: From sickness responses to pathological pain. *Journal of Internal Medicine*, *257*,139-155.

Watson, D., & Pennebaker, J.W.(1989). Health complaints, stress, and distress: Exploring the central role of negative affectivity. *Psychological Review*, *96*,234-254.

Watson, D., & Tellegen, A.(1985). Toward a consensual structure of mood. *Psychological Bulletin*, *98*,219-235.

Watson, J.B.(1913). Psychology as the behaviorist views it. *Psychological Review*, *20*,158-177.

Watson, J.B.(1924). *Behaviorism*. New York: People's Institute.

Watson, J.B.(1928). *Psychological care of infant and child*. New York: Norton.

Watson, J.B., & Rayner, R.(1920). Conditioned emotional reactions. *Journal of Experimental Psychology*, *3*,1-14.

Watson, R.I.(1978). *The great psychologists*. New York: Lippincott.

Watt, H.J.(1905). Experimentelle Beitraege zu einer Theorie des Denkens [Experimental contributions to a theory of thinking].

Archiv fuer die gesamte Psychologie, 4,289-436.

Watzke, B., Rüddel, H., Jürgensen, R., Koch, U., Kristen, L., Grothgar, B., & Schulz, H.(2012). Longer term outcome of cognitive-behavioural and psychodynamic psychotherapy in routine mental health care: Randomised controlled trial. *Behaviour Research and Therapy, 50*,580-387.

Weaver, I.C.G., Cervoni, N., Champagne, F.A., D'Alessio, A.C., Sharma, S., Seckl, J.R., ... Meaney, M.J.(2004). Epigenetic programming by maternal behavior. *Nature Neuroscience, 7*,847-854.

Webb, T.L., Miles, E., & Sheeran, P.(2012). Dealing with feeling: A meta-analysis of the effectiveness of strategies derived from the process model of emotion regulation. *Psychological Bulletin, 138*(4),775-808.

Weber, R., & Crocker, J.(1983). Cognitive processes in the revision of stereotypic beliefs. *Journal of Personality and Social Psychology, 45*,961-977.

Webster Marketon, J.I., & Glaser, R.(2008). Stress hormones and immune function. *Cellular Immunology, 252*,16-26.

Wechsler, H., & Nelson, T.F.(2001). Binge drinking and the American college students: What's five drinks? *Psychology of Addictive Behaviors, 15*(4),287-291. doi:10.1037/0893-164X.15.4.287

Wegner, D.M.(1989). *White bears and other unwanted thoughts*. New York: Viking.

Wegner, D.M.(1994a). Ironic processes of mental control. *Psychological Review, 101*,34-52.

Wegner, D.M.(1994b). *White bears and other unwanted thoughts*: *Suppression, obsession, and the psychology of mental control*. New York: Guilford Press.

Wegner, D.M.(1997). Why the mind wanders. In J.D. Cohen & J.W. Schooler (Eds.), *Scientific approaches to consciousness* (pp.295-315). Mahwah, NJ: Erlbaum.

Wegner, D.M.(2002). *The illusion of conscious will*. Cambridge, MA: MIT Press.

Wegner, D.M.(2009). How to think, say, or do precisely the worst thing for any occasion. *Science, 325*,48-51.

Wegner, D.M., Ansfield, M., & Pilloff, D.(1998). The putt and the pendulum: Ironic effects of the mental control of action. *Psychological Science, 9*,196-199.

Wegner, D.M., Broome, A., & Blumberg, S.J.(1997). Ironic effects of trying to relax under stress. *Behavior Research and Therapy, 35*,11-21.

Wegner, D.M., Erber, R., & Raymond, P.(1991). Transactive memory in close relationships. *Journal of Personality and Social Psychology, 61*,923-929.

Wegner, D.M., Erber, R.E., & Zanakos, S.(1993). Ironic processes in the mental control of mood and mood-related thought. *Journal of Personality and Social Psychology, 65*,1093-1104.

Wegner, D.M., & Gilbert, D.T.(2000). Social psychology: The science of human experience. In H. Bless & J. Forgas (Eds.), *The message within*: *Subjective experience in social cognition and behavior* (pp.1-9). Philadelphia: Psychology Press.

Wegner, D.M., Schneider, D.J., Carter, S.R., & White, T.L.(1987). Paradoxical effects of thought suppression. *Journal of Personality and Social Psychology, 53*,5-13.

Wegner, D.M., Vallacher, R.R., Macomber, G., Wood, R., & Arps, K.(1984). The emergence of action. *Journal of Personality and Social Psychology, 46*,269-279.

Wegner, D.M., & Wenzlaff, R.M.(1996). Mental control. In E.T. Higgins & A. Kruglanski (Eds.), *Social psychology*: *Handbook of basic mechanisms and processes* (pp.466-492). New York: Guilford Press.

Wegner, D.M., Wenzlaff, R.M., & Kozak, M.(2004). Dream rebound: The return of suppressed thoughts in dreams. *Psychological Science, 15*,232-236.

Wegner, D.M., & Zanakos, S.(1994). Chronic thought suppression. *Journal of Personality, 62*,615-640.

Weinstein, N.D.(1980). Unrealistic optimism about future life events. *Journal of Personality and Social Psychology, 39*,806-820.

Weintraub, D., Papay, K., & Siderowf, A.(2013). Screening for impulse control symptoms in patients with de novo Parkinson disease: A case-control study. *Neurology, 80*,176-180.

Weir, C., Toland, C., King, R.A., & Martin, L.M.(2005). Infant contingency/extinction performance after observing partial reinforcement. *Infancy, 8*,63-80.

Weiser, **M.**, **Zarka**, **S.**, **Werbeloff**, **N.**, **Kravitz**, **E.**, **& Lubin**, **G.**(2010). Cognitive test scores in male adolescent cigarette smokers compared to non-smokers: A population-based study. *Addiction, 105*(2),358-363. doi:10.1111/j.1360-0443.2009.02740.x

Weisfeld, **G.**(1999). *Evolutionary principles of human adolescence*. New York: Basic Books.

Weissenborn, **R.**(2000). State-dependent effects of alcohol on explicit memory: The role of semantic associations. *Psychopharmacology, 149*,98-106.

Weissman, **M.M.**, **Markowitz**, **J.C.**, **& Klerman**, **G.L.**(2000). *Comprehensive guide to interpersonal psychotherapy*. New York: Basic Books.

Weldon, **M.S.**(2001). Remembering as a social process. In D.L. Medin (Ed.), *The psychology of learning and motivation: Advances in research and theory* (Vol.40, pp.67-120). San Diego, CA: Academic Press.

Wenzlaff, **R.M.**, **& Wegner**, **D.M.**(2000). Thought suppression. In S.T. Fiske (Ed.), *Annual review of psychology* (Vol.51, pp.51-91). Palo Alto, CA: Annual Reviews.

Wernicke, **K.**(1874). *Der Aphasische Symptomenkomplex* [The aphasic symptom complex]. Breslau: Cohn and Weigart.

Wertheimer, **M.**(1982). *Productive thinking*. Chicago: University of Chicago Press. (Originally published 1945)

Wesch, **N.N.**, **Law**, **B.**, **& Hall**, **C.R.**(2007). The use of observational learning by athletes. *Journal of Sport Behavior, 30*,219-231.

Westrin, **A.**, **& Lam**, **R.W.**(2007). Seasonal affective disorder: A clinical update. *Journal of Clinical Psychiatry, 19*,239-246.

Wexler, **K.**(1999). Maturation and growth of grammar. In W.C. Ritchie & T.K. Bhatia (Eds.), *Handbook of child language acquisition* (pp.55-110). San Diego: Academic Press.

Whalen, **P.J.**, **Rauch**, **S.L.**, **Etcoff**, **N.L.**, **McInerney**, **S.C.**, **Lee**, **M.B.**, **& Jenike**, **M.A.**(1998). Masked presentations of emotional facial expressions modulate amygdala activity without explicit knowledge. *The Journal of Neuroscience, 18*,411-418.

Whalley, **L.J.**, **& Deary**, **I.J.**(2001). Longitudinal cohort study of childhood IQ and survival up to age 76. *British Medical Journal, 322*,1-5.

Wheatley, **T.**, **& Haidt**, **J.**(2005). Hypnotic disgust makes moral judgments more severe. *Psychological Science, 16*,780-784.

Wheeler, **M.A.**, **Petersen**, **S.E.**, **& Buckner**, **R.L.**(2000). Memory's echo: Vivid recollection activates modality-specific cortex. *Proceedings of the National Academy of Sciences, USA, 97*,11125-11129.

White, **B.L.**, **& Held**, **R.**(1966). Plasticity of motor development in the human infant. In J.F. Rosenblith & W. Allinsmith (Eds.), *The cause of behavior* (pp.60-70). Boston: Allyn & Bacon.

White, **F.J.**(1996). Synaptic regulation of mesocorticolimbic dopamine neurons. *Annual Review of Neuroscience, 19*,405-436.

White, **G.M.**, **& Kirkpatrick**, **J.** **(Eds.)**.(1985). *Person, self, and experience: Exploring pacific ethnopsychologies*. Berkeley: University of California Press.

White, **N.M.**, **& Milner**, **P.M.**(1992). The psychobiology of reinforcers. *Annual Review of Psychology, 41*,443-471.

Whitney, **D.**, **Ellison**, **A.**, **Rice**, **N.J.**, **Arnold**, **D.**, **Goodale**, **M.**, **Walsh**, **V.**, **& Milner**, **D.**(2007). Visually guided reaching depends on motion area MT+. *Cerebral Cortex, 17*,2644-2649.

Whorf, **B.**(1956). *Language, thought, and reality*. Cambridge, MA: The MIT Press.

Whybrow, **P.C.**(1997). *A mood apart*. New York: Basic Books.

Wicker, **B.**, **Keysers**, **C.**, **Plailly**, **J.**, **Royet**, **J.-P.**, **Gallese**, **V.**, **& Rizzolatti**, **G.**(2003). Both of us disgusted in *my* insula: The common neural basis of seeing and feeling disgust. *Neuron, 40*,655-664.

Wicklund, **R.**(1975). Objective self-awareness. In L. Berkowitz (Ed.), *Advances in experimental social psychology* (Vol.8, pp.233-275). New York: Academic Press.

Wiederman, **M.W.**(1997). Pretending orgasm during sexual intercourse: Correlates in a sample of young adult women. *Journal of Sex & Marital Therapy, 23*,131-139.

Wiener, **D.N.**(1996). *B.F. Skinner: Benign anarchist*. Boston: Allyn & Bacon.

Wiesenthal, **D.L.**, **Austrom**, **D.**, **& Silverman**, **I.**(1983). Diffusion of responsibility in charitable donations. *Basic and Applied*

Social Psychology, 4,17-27.

Wig, G.S., Buckner, R.L., & Schacter, D.L.(2009). Repetition priming influences distinct brain systems: Evidence from task-evoked data and resting-state correlations. *Journal of Neurophysiology, 101*,2632-2648.

Wiggs, C.L., & Martin, A.(1998). Properties and mechanisms of perceptual priming. *Current Opinion in Neurobiology, 8*,227-233.

Wilcoxon, H.C., Dragoin, W.B., & Kral, P.A.(1971). Illnessinduced aversions in rats and quail: Relative salience of visual and gustatory cues. *Science, 171*,826-828.

Wiley, J.L.(1999). Cannabis: Discrimination of "internal bliss"? *Pharmacology, Biochemistry, & Behavior, 64*,257-260.

Wilhelm, I., Dieckelmann, S., Molzow, I., Ayoub, A., Molle, M., & Born, J.(2011). Sleep selectively enhances memories expected to be of future relevance. *Journal of Neuroscience, 31*,1563-1569.

Wilkinson, L., Teo, J.T., Obeso, I., Rothwell, J.C., & Jahanshahi, M.(2010). The contribution of primary motor cortex is essential for probabilistic implicit sequence learning: Evidence from theta burst magnetic stimulation. *Journal of Cognitive Neuroscience, 22*,427-436.

Williams, A.C.(2002). Facial expression of pain: An evolutionary account. *Behavioral and Brain Sciences, 25*,439-488.

Williams, C.M., & Kirkham, T.C.(1999). Anandamide induces overeating: Mediation by central cannabinoid (CB1) receptors. *Psychopharmacology, 143*,315-317.

Williams, K.D., Nida, S.A., Baca, L, D., & Latané, B.(1989). Social loafing and swimming: Effects of identifiability on individual and relay performance of intercollegiate swimmers. *Basic and Applied Social Psychology, 10*,73-81.

Willingham, D.T.(2007). Critical thinking: Why is it so hard to teach? *American Educator, 31*(2),8-19.

Wilson, K., & Korn, J.H.(2007). Attention during lectures: Beyond ten minutes. *Teaching of Psychology, 34*,85-89.

Wilson, T.D.(2002). *Strangers to ourselves: Discovering the adaptive unconscious*. Cambridge, MA: Harvard University Press.

Wilson, T.D.(2009). Know thyself. *Perspectives on Psychological Science, 4*,384-389.

Wilson, T.D.(2012, July 12). Stop bullying the "soft" sciences. *Los Angeles Times*. Available from http://articles.latimes.com/2012/jul/12/opinion/la-oe-wilson-social-sciences-20120712

Wilson, T.D., & Lassiter, G.D.(1982). Increasing intrinsic interest with superfluous extrinsic constraints. *Journal of Personality and Social Psychology, 42*,811-819.

Wilson, T.D., Meyers, J., & Gilbert, D.T.(2003). "How happy was I, anyway?" A retrospective impact bias. *Social Cognition, 21*,421-446.

Wimber, M., Rutschmann, R.N., Greenlee, M.W., & Bauml, K.-H.(2009). Retrieval from episodic memory: Neural mechanisms of interference resolution. *Journal of Cognitive Neuroscience, 21*,538-549.

Wimmer, H., & Perner, J.(1983). Beliefs about beliefs: Representations and constraining function of wrong beliefs in young children's understanding of deception. *Cognition, 13*,103-128.

Winawer, J., Witthoft, N., Frank, M.C., Wu, L., Wade, A.R., & Boroditsky, L.(2007). Russian blues reveal effects of language on color discrimination. *Proceedings of the National Academy of Sciences, USA, 104*,7780-7785.

Windeler, J., & Kobberling, J.(1986). Empirische Untersuchung zur Einschatzung diagnostischer Verfahren am Beispiel des Haemoccult-Tests [An empirical study of the value of diagnostic procedures using the example of the hemoccult test]. *Klinische Wochenscrhrift, 64*,1106-1112.

Windham, G.C., Eaton, A., & Hopkins, B.(1999). Evidence for an association between environmental tobacco smoke exposure and birth-weight: A meta-analysis and new data. *Pediatrics and Perinatal Epidemiology, 13*,35-57.

Winner, E.(2000). The origins and ends of giftedness. *American Psychologist, 55*,159-169.

Winocur, G., Moscovitch, M., & Bontempi, B.(2010). Memory formation and long-term retention in humans and animals: Convergence towards a transformation account of hippocampal-neocortical interactions. *Neuropsychologia, 48*,2339-2356.

Winter, L., & Uleman, J.S.(1984). When are social judgments made? Evidence for the spontaneousness of trait inferences. *Journal of Personality and Social Psychology, 47*,237-252.

Winterer, G., & Weinberger, D.R.(2004). Genes, dopamine and cortical signal-to-noise ratio in schizophrenia. *Trends in*

Neuroscience, 27,683-690.

Wise, **R.A.**(1989). Brain dopamine and reward. *Annual Review of Psychology, 40*,191-225.

Wise, **R.A.**(2005). Forebrain substrates of reward and motivation. *Journal of Comparative Neurology, 493*,115-121.

Wittchen, **H.**, **Knauper**, **B.**, & **Kessler**, **R.C.**(1994). Lifetime risk of depression. *British Journal of Psychiatry, 165*,16-22.

Wittgenstein, **L.**(1999). *Philosophical investigations.* Upper Saddle River, NJ: Prentice Hall. (Originally published 1953)

Wixted, **J.T.**, & **Ebbensen**, **E.**(1991). On the form of forgetting. *Psychological Science, 2*,409-415.

Wolf, **J.**(2003, May 18). Through the looking glass. *The New York Times Magazine*, p.120.

Wolf, **J.R.**, **Arkes**, **H.R.**, & **Muhanna**, **W.A.**(2008). The power of touch: An examination of the effect of duration of physical contact on the valuation of objects. *Judgment and Decision Making, 3*,476-482.

Wolff, **P.**, & **Holmes**, **K.J.**(2011). Linguistic relativity. *WIRES Cognitive Science, 2*,253-265.

Wong, **D.T.**, **Bymaster**, **F.P.**, & **Engleman**, **E.A.**(1995). Prozac (fluoxetine, Lilly 110140), the first selective serotonin uptake inhibitor and an antidepressant drug: Twenty years since its first publication. *Life Sciences, 57*,411-441.

Wood, **J.M.**, & **Bootzin**, **R.R.**(1990). Prevalence of nightmares and their independence from anxiety. *Journal of Abnormal Psychology, 99*,64-68.

Wood, **J.M.**, **Bootzin**, **R.R.**, **Rosenhan**, **D.**, **Nolen-Hoeksema**, **S.**, & **Jourden**, **F.**(1992). Effects of the 1989 San Francisco earthquake on frequency and content of nightmares. *Journal of Abnormal Psychology, 101*,219-224.

Woodley, **M.A.**, **te Nijenhuis**, **J.**, & **Murphy**, **R.**(2013). Were the Victorians cleverer than us? The decline in general intelligence estimated from a meta-analysis of the slowing of simple reaction time. *Intelligence.* Advance online publication. doi:10.1016/j.intell.2013.04.006

Woods, **S.C.**, **Seeley**, **R.J.**, **Porte**, **D.**, **Jr.**, & **Schwartz**, **M.W.**(1998). Signals that regulate food intake and energy homeostasis. *Science, 280*,1378-1383.

Woody, **S.R.**, & **Nosen**, **E.**(2008). Psychological models of phobic disorders and panic. In M.M. Anthony & M.B. Stein (Eds.), *Oxford handbook of anxiety and related disorders* (pp.209-224). New York: Oxford University Press.

Woody, **S.R.**, & **Sanderson**, **W.C.**(1998). Manuals for empirically supported treatments: 1998 update. *Clinical Psychologist, 51*,17-21.

World Health Organization (WHO).(2004). *Global mortality and burden of disease estimates for WHO member states in 2002* (Data file). Geneva, Switzerland: Author. Retrieved from www.who.int/healthinfo/statistics/bodgbddeathdalyestimates.xls

Wrangham, **R.**, & **Peterson**, **D.**(1997). *Demonic males: Apes and the origin of human violence.* New York: Mariner.

Wren, **A.M.**, **Seal**, **L.J.**, **Cohen**, **M.A.**, **Brynes**, **A.E.**, **Frost**, **G.S.**, **Murphy**, **K.G.**, ... **Bloom**, **S.R.**(2001). Ghrelin enhances appetite and increases food intake in humans. *Journal of Clinical Endocrinology and Metabolism, 86*,5992-5995.

Wrenn, **C.C.**, **Turchi**, **J.N.**, **Schlosser**, **S.**, **Dreiling**, **J.L.**, **Stephenson**, **D.A.**, & **Crawley**, **J.N.**(2006). Performance of galanin transgenic mice in the 5-choice serial reaction time attentional task. *Pharmacology Biochemistry and Behavior, 83*,428-440.

Wulf, **S.**(1994, March 14). Err Jordan. *Sports Illustrated.*

Wundt, **W.**(1900-1920). *Völkerpsychologie. Eine untersuchung der entwicklungsgesetze von sprache, mythos und sitte* [Völkerpsychologie: An examination of the developmental laws of language, myth, and custom]. Leipzig, Germany: Engelmann & Kroner.

Yamaguchi, **S.**(1998). Basic properties of umami and its effects in humans. *Physiology and Behavior, 49*,833-841.

Yang, **S.**, & **Sternberg**, **R.J.**(1997). Conceptions of intelligence in ancient Chinese philosophy. *Journal of Theoretical and Philosophical Psychology, 17*,101-119.

Yeo, **B.T. T.**, **Krienen**, **F.M.**, **Sepulcre**, **J.**, **Sabuncu**, **M.R.**, **Lashkari**, **D.**, **Hollinshead**, **M.**, ... **Buckner**, **R.L.**(2011). The organization of the human cerebral cortex estimated by intrinsic functional connectivity. *Journal of Neurophysiology, 106*,1125-1165.

Yeshurun, **Y.**, & **Sobel**, **N.**(2010). An odor is not worth a thousand words: From multidimensional odors to unidimensional odor objects. *Annual Review of Psychology, 61*,219-241.

Yik, **M.**, **Russell**, **J.A.**, & **Steiger**, **J.H.**(2011). A 12-point circumplex structure of core affect. *Emotion, 11*(4),705-731.

Young, **R**.**M**.(1990). *Mind, brain, and adaptation in the nineteenth century: Cerebral localization and its biological context from Gall to Ferrier*. New York: Oxford University Press.

Yucha, **C**., & **Gilbert**, **C**.**D**.(2004). *Evidence-based practice in biofeedback and neurofeedback*. Colorado Springs, CO: Association for Applied Psychophysiology and Biofeedback.

Yuill, **N**., & **Perner**, **J**.(1988). Intentionality and knowledge in children's judgments of actor's responsibility and recipient's emotional reaction. *Developmental Psychology, 24*,358-365.

Yzerbyt, **V**., & **Demoulin**, **S**.(2010). Intergroup relations. In S.T. Fiske, D.T. Gilbert, & G. Lindzey (Eds.), *The handbook of social psychology* (5th ed., Vol.2, pp.1024-1083). New York: Wiley.

Zahn-Waxler, **C**., **Radke-Yarrow**, **M**., **Wagner**, **E**., & **Chapman**, **M**.(1992). Development of concern for others. *Developmental Psychology, 28*,126-136.

Zajonc, **R**.**B**.(1968). Attitudinal effects of mere exposure. *Journal of Personality and Social Psychology, 9*,1-27.

Zajonc, **R**.**B**.(1989). Feeling the facial efference: Implications of the vascular theory of emotion. *Psychological Review, 96*,395-416.

Zebrowitz, **L**.**A**., **Hall**, **J**.**A**., **Murphy**, **N**.**A**., & **Rhodes**, **G**.(2002). Looking smart and looking good: Facial cues to intelligence and their origins. *Personality and Social Psychology Bulletin, 28*,238-249.

Zebrowitz, **L**.**A**., & **Montepare**, **J**.**M**.(1992). Impressions of babyfaced individuals across the life span. *Developmental Psychology, 28*,1143-1152.

Zeki, **S**.(1993). *A vision of the brain*. London: Blackwell Scientific.

Zeki, **S**.(2001). Localization and globalization in conscious vision. *Annual Review of Neuroscience, 24*,57-86.

Zentall, **T**.**R**., **Sutton**, **J**.**E**., & **Sherburne**, **L**.**M**.(1996). True imitative learning in pigeons. *Psychological Science, 7*,343-346.

Zentner, **M**., & **Mitura**, **K**.(2012). Stepping out of the caveman's shadow: Nations' gender gap predicts degree of sex differentiation in mate preferences. *Psychological Science, 23*(10),1176-1185. doi:10.1177/0956797612441004

Zernike, **K**.(2012, August 25). After gay son's suicide, mother finds blame in herself and in her church. *New York Times*, p.A14.

Zhang, **T**.**Y**., & **Meaney**, **M**.**J**.(2010). Epigenetics and the environmental regulation of the genome and its function. *Annual Review of Psychology, 61*,439-466.

Zhong, **C**.-**B**., **Bohns**, **V**.**K**., & **Gino**, **F**.(2010). Good lamps are the best police: Darkness increases dishonesty and self-interested behavior. *Psychological Science, 21*(3),311-314. doi:10.1177/0956797609360754

Zihl, **J**., **von Cramon**, **D**., & **Mai**, **N**.(1983). Selective disturbance of movement vision after bilateral brain damage. *Brain, 106*,313-340.

Zillmann, **D**., **Katcher**, **A**.**H**., & **Milavsky**, **B**.(1972). Excitation transfer from physical exercise to subsequent aggressive behavior. *Journal of Experimental Psychology, 8*,247-259.

Zimprich, **D**., & **Martin**, **M**.(2002). Can longitudinal changes in processing speed explain longitudinal age changes in fluid intelligence? *Psychology and Aging, 17*,690-695.

Zuckerman, **M**., **DePaulo**, **B**.**M**., & **Rosenthal**, **R**.(1981). Verbal and nonverbal communication of deception. In L. Berkowitz (Ed.), *Advances in experimental social psychology* (Vol.14, pp.1-59). New York: Academic Press.

Zuckerman, **M**., & **Driver**, **R**.**E**.(1985). Telling lies: Verbal and nonverbal correlates of deception. In W. Seigman & S. Feldstein (Eds.), *Multichannel integrations of nonverbal behavior* (pp.129-147). Hillsdale, NJ: Erlbaum.

图书在版编目（CIP）数据

心理学：第三版 /（美）夏克特等著；傅小兰等译 . 一上海：
华东师范大学出版社，2015.12
ISBN 978- 7-5675-4379-9
Ⅰ.①心… Ⅱ.①夏…②傅… Ⅲ.①心理学 Ⅳ.① B84
中国版本图书馆 CIP 数据核字（2015）第 301781 号

心理学（第三版）

著 者	[美]丹尼尔·夏克特（Daniel Schacter）		丹尼尔·吉尔伯特（Daniel Gilbert）	
	丹尼尔·韦格纳（Daniel Wegner）		马修·诺克（Matthew Nock）	
译 者	傅小兰等		策划编辑	彭呈军
审读编辑	张艺捷 单敏月		责任校对	邱红穗
装帧设计	崔 楚			

出版发行　华东师范大学出版社
社　　址　上海市中山北路 3663 号　　　　　邮　　编　200062
网　　址　www.ecnupress.com.cn
电　　话　021-60821666　　　　　　　　　行政传真　021-62572105
客服电话　021-62865537
门市（邮购）电话　021-62869887
地　　址　上海市中山北路 3663 号华东师范大学校内先锋路口
网　　店　http://hdsdcbs.tmall.com

印 刷 者	常熟市文化印刷有限公司		开 本	787×1092　16 开
插 页	6		印 张	65.75
字 数	1363 千字		版 次	2016 年 6 月第 1 版
印 次	2021 年 8 月第 5 次			
书 号	ISBN 978-7-5675-4379-9/B·987		定 价	168.00 元（上下册）

出版人　王　焰

（如发现本版图书有印订质量问题，请寄回本社客服中心调换或电话 021-62865537 联系）